U0738611

2016 中国与全球金融风险报告

ZHONGGUO YU QUANQIU JINRONG FENGXIAN BAOGAO

叶永刚 宋凌峰 张 培 等◎著

人民出版社

前 言

2015年，全球经济活动依然疲软，全球区域性宏观金融风险上升。全球能源和其他大宗商品价格下跌，新兴市场和发展中经济体增长连续下滑，发达经济体继续温和复苏。其中，美国金融条件不断宽松，住房和劳动力市场改善，经济总体活动保持强劲态势；欧元区宽松的金融条件和石油价格的下跌促使私人消费增强；日本经济受益于财政支持和宽松的金融条件，增长坚挺。在此背景下，中国的经济活动逐渐放缓并在进行再平衡调整，从投资和制造业转向消费和服务业，经济下行风险逐渐增加。因此，准确分析与判断中国与全球的宏观金融风险形势，并根据我国面临的宏观金融风险问题提出针对性的宏观金融风险控制与经济发展战略，对促进我国经济保持平稳快速发展显得至关重要。

《2016中国与全球金融风险报告》在沿袭本系列报告的研究框架与分析方法的基础上，继续加强了金融风险变化对区域经济、金融发展的影响的创新研究，并从全球和中国的视角提出了针对性的金融风险管理与经济发展战略。

从全球金融风险来看，新兴市场和发展中经济体面临的经济下行风险尤为显著。随着美国推出异常宽松的货币政策，美元升值预期明显，全球融资条件收紧，对新兴市场带来不利的资产负债表效应。同时，随着市场波动加剧，资金避险情绪增强，新兴市场经济体货币进一步贬值，对经济产生冲击并不断蔓延。在中国，经济处于短期波动与中长期下行交织时期，经济增长进入换挡期，面临经济结构转型和结构优化升级等诸多问题；在巴西，受困于货币贬值、通胀和国际需求疲软、财政状况恶化、美联储加息预期等内外因素，经济一直面临较大的下行压力；在中东地区，石油价格下降拖累经济增长，政府普遍采用财政补贴的方式维持经济增长，但财政赤字和债务负担加重的风险依然存在。

从中国经济和金融情况来看，经济发展在制造业去产能化、金融去杠杆化、房地产去泡沫化的同时，经济结构开始优化，但是宏观金融风险依旧突出，产能过剩导致煤炭价格下跌，企业盈利水平下降；房地产泡沫化依旧严重，去泡沫程度较低；金融杠杆形成的地方政府债务风险逐步显现。在四大经济部门中，公共部门方面，地方政府债务风险问题依然严峻；金融部门方面，银行业金融机构面临的不确定性增加，同业业务较重、资产负债期限错配严重的中小银行流动性风险增加；企业部门方面，经营效率逐渐下降，企业还款能力和还款意愿降低，企业部门违约风险开始暴露；家户部门方面，偿债能力较好，金融风险较小。另外，从区域层面看，2015年除浙江、湖南、广西、重庆、甘肃、新疆外，全国宏观金融风险综合指数普遍增大，我国省域宏观金融风险全面加剧，这与经济下行压力加大、实体经济不景气密切相关。2015年全国宏观金融风险指数排名前三的依次为西藏、青海、福建，贵州、河南、安徽等地宏观金融风险指数比较低。相比2014年，山西、江西、山东等地宏观金融风险排名上升较多，应予以重点关注。

在内容安排上，全书分为2篇，61章。上篇为中国篇，第1—2章为中国宏观金融风险总体和比较研究；第3—13章为东部整体和10个省、市的宏观金融风险研究；第14—17章为东北整体和3个省份的宏观金融风险研究；第18—24章为中部整体和6个省份的宏观金融风险研究；第25—37章为西部整体和12个省、市、自治区的宏观金融风险研究；第38章为中国香港、中国澳门和中国台湾的宏观金融风险研究。下篇为全球篇，第39—44章为欧洲地区整体和德国、法国、英国、俄罗斯、意大利的宏观金融风险研究；第45—50章为亚太地区整体和日本、印度、韩国、澳大利亚、印度尼西亚的宏观金融风险研究；第51—56章为美洲地区整体和美国、加拿大、墨西哥、巴西、阿根廷的宏观金融风险研究；第57—60章为中东非洲地区整体和土耳其、沙特阿拉伯、南非的宏观金融风险研究；第61章为全球宏观金融风险总体研究。本书对中国和全球宏观金融风险的研究属于阶段性成果，考察的时间段主要是2010—2014年，也使用了能够获取的2015年及2016年的部分数据。后续研究将对中国与全球的金融风险状况进行持续跟踪，并按年度公开发布。

《中国与全球金融风险报告》是武汉大学中国金融工程与风险管理研究中心的关于全球宏观金融风险监测与金融工程系统建设的标志性成果，也是教育部哲学社会科学发展报告项目（培育项目）“中国与全球金融风险发展报告”的重要研究成果。武汉大学中国金融工程与风险管理研究中心是湖北省高校人文社会科学重点研究基地，是经济与管理学院、计算机学院、数学与统计学院、国际软件学院、信息管理学院共建的交叉性研究平台。研究中心主要选取经济发展与宏观风险管理、开发宏观金融工具研发平台、开发宏观资本配置平台为研究对象，利用与计算机学科、信息管理学科、数学学科等学科交叉的“跨学科”研究的优势，在研究对象、研究方法、多学科交叉方式等方面进行创新性研究。

本书由叶永刚、宋凌峰和张培总体设计和指导。各章的主要作者是：第1、54、55、56章，阳浪；第2、14、15、16、17章，郑彬彬；第3、8、9、10、11、24、34章，宋尚骞；第4、5、6、7章，项婉玉；第12、45、46、47章，陈璐；第13、48、49、50章，张迅；第18、19、20、21、22章，刘志龙；第23、38、61章，吴良顺；第25、26章，牛红燕；第27、28章，邬诗婕；第29、30、31、32、33章，周爱清；第35、36、37、39章，晏晗；第40、44、51、52章，杨圆圆；第41、42、43章，廖子昂；第53、57、58、59、60章，廖欣瑞。

感谢武汉大学人文社会科学研究院、经济与管理学院和金融系为本书研究工作提供的硬件软件设施和经费支持，感谢为研究提供数据处理和分析的所有老师与同学。本书的出版得到了人民出版社领导的大力支持，巴能强、车金凤编辑做了卓有成效的工作，在此一并感谢。我们对宏观金融风险与经济发展战略的研究在不断探索和深入，存在的问题和不足将在后续研究中进行完善和修正。

武汉大学中国金融工程与风险管理研究中心
2016年10月30日

目　录

中　国　篇

全　球　篇

中国篇》

ZHONG GUO PIAN

第 1 章　中国宏观金融风险研究

2015 年中国经济处于短期波动与中长期下行交织时期，经济增长进入换挡期，面临经济结构转型和结构优化升级等诸多问题。进出口贸易、三次产业增加值、消费和投资等反映实体经济状况的指标出现不同程度的下降态势，同时货币供应量、新增贷款、社会融资总额等金融指标增速也在下降。中国经济发展在制造业去产能化、金融去杠杆化、房地产去泡沫化的同时，经济结构开始优化，但是矛盾风险依旧突出：产能过剩导致煤炭价格下跌，企业盈利水平下降；房地产泡沫化依旧严重，去泡沫程度较低，一线城市房价收入比过高；金融杠杆形成的地方政府债务风险逐步显现。总体来看，公共部门地方政府债务违约风险仍需高度重视，金融部门应重点关注银行体系金融风险，企业部门需防范经济增速下行带来的盈利能力减弱风险。

第 1 节　中国宏观金融风险概况

一、中国宏观经济情况

从经济增长层面来看，2015 年我国名义国内生产总值（GDP）为 67.67 万亿元，同比增长 6.9%。消费、投资、出口增速都在下滑，2015 年全社会固定资产投资 56.20 万亿元，增速比上年回落 5.5 个百分点；社会消费品零售总额 30.09 万亿，增速回落 1.3 个百分点；货物进出口总额 24.58 万亿元，比上年下降 7 个百分点。消费增速低迷在于居民收入增速放缓，投资增速下滑在于制造业、房地产与基建三大投资项目增速低迷，出口增速负增长主要在于外需萎缩以及人民币有效汇率波动。从需求结构来看，2015 年全年最终消费支出对 GDP 增长的贡献率为 66.4%，提高了 15.4 个百分点，保消费增长可以改善宏观经济状况。

从通胀来看，2015 年居民消费价格指数（CPI）同比上涨 1.4%，较上年回落 0.6 个百分点；工业生产者出厂价格指数（PPI）同比下降 5.2%，涨幅扩大 3.3 个百分点。CPI 增速与 PPI 增速之间的分歧仍在拉大。尽管短期内猪肉价格显著上升，但是难以支撑 CPI 增速。PPI 增速仍然存在下跌空间，PPI 增速为负加大了企业的真实债务负担，政府需要防范“债务——通缩”的恶性循环。

从劳动力市场来看，2015 年全国城镇新增就业 1312 万人，城镇登记失业率 4.05%，比上年下降 1.04 个百分点，劳动力市场的供需状况依然较好，没有出现明显失业压力，就业市场较为稳定。

二、中国宏观金融情况

2015 年中国宏观金融风险总体可控，仍需防范银行证券保险行业相关系统性风险。银行业资产质量下行压力继续加大，表外业务风险隐患依然存在。证券期货业随着市场基础性制度建设继续推进，资本市场双向开放不断深化，部分上市公司经营压力增加，股票市场波动较大。保险业保费收入快速增长，资金运用面临较大挑战，中小公司的流动性风险值得关注。

2015 年受经济增速放缓、外部需求萎缩、企业经营困难等多重因素影响，银行资产质量下行压力加大，具体表现为银行业金融机构不良贷款余额 1.96 万亿元，不良贷款率 1.94%，其中商业银行不良贷款余额达到 1.27 万亿元，连续 17 个季度增加，不良贷款率较上年增加 0.43 个百分点，同时非金融企业债务风险上升，高负债率使不少企业失去扩大债务融资的能力，产能过剩行业及部分地区的企业间互保联保现象较为普遍，导致交叉违约和风险传染，企业债务违约风险增加。

2015 年国内经济下行压力持续加大，上市公司盈利水平整体不高，随着国内经济形势更加复杂，经济转型升级深入，部分上市公司经营压力不断增加，其中退市风险值得关注。截至 2016 年 4 月，上市公司亏损家数达到 336 家，占比 11.7%，化学原料和化学制品制造业以及 TMT 行业公司亏损家数占比较高。

2015 年市场利率持续下行，在去产能、去杠杆、去库存压力下企业优质投资项目不足，保险资金调低存款和债券等低风险资产的配置，转而增加权益类和另类投资等高风险的资产，潜在风险不容忽视。保险资金配置变化明显，定期存款和债券投资占资金运用额的比率分别下降 6.0 个和 3.7 个百分点，而证券投资基金、股票、其他投资占比分别增加 2.9 个、2.4 个和 3.9 个百分点。

三、中国宏观金融风险总体情况

从总体看，中国宏观金融风险状况保持稳定，但是银行体系金融风险不容低估，房地产市场风险可控，地方政府债务违约风险增加，人民币汇率风险加大。

（一）银行体系金融风险不容低估

中国银行业目前至少面临三重冲击的叠加：一是企业部门去杠杆与房地产市场下行造成的坏账压力；二是利率市场化造成的利差收入收窄；三是目前的地方债置换计划造成银行资产端收益率下降与期限拉长的压力。未来一段时间，高收益影子银行产品违约风险会加剧，部分中小金融机构面临破产倒闭的可能。

（二）房地产市场风险整体可控

房地产市场风险爆发主要取决于两方面：第一，需求远远小于供给；第二，房价远超需求者所能承受水平。从需求来看，中国城镇人均住房面积相对较小，具有住房改善刚性需求的家庭数量庞大，加之中国政府出台房地产鼓励政策，通过降息降准增加流动性，为需求释放创造了有利环境。

（三）地方政府违约风险增加

中央政府 2015 年累计中央本级税后收入已达 5.2 万亿元，相应的地方公共财政支出只有 1.8 万亿元，全年盈余量较大，中央政府偿债能力尚显充裕。而地方政府风险不断暴露，地方政府债务规模庞大，2016 年地方政府一般债务和专项债务余额合计达到 17.19 万亿元规模，地方政府债务分散在省级、市级、乡镇，融资主要用于基础设施建设和公益性项目，公共财政收不抵支，财政缺口不断增加。土地收入作为工业薄弱市、县、乡的主要收入组成部分，主要来源于房地产行业。伴随着投资性房地产投资下降，土地出让收入大幅减少，地方政府偿付能力弱化。由于地方债务中银行贷款、发行债券和信托融资占比高达 75%，一旦发生债务违约，会产生系统性风险违约。

（四）人民币汇率风险加大

中国外汇储备大量流出，人民币大幅贬值，在贬值预期下热钱迅速撤离，引发房价崩溃，进而引发更大的系统性金融危机。人民币汇率贬值加速主要源于以下两方面，首先，市场对中国的前景较为担忧，政策的宽松不及预期；其次，中美利差缩小导致大量资金外流，加大人民币短期抛售压力。

人民币贬值会引发中国资产价格全面下跌，直接影响国内居民的资产和消费水平，大量资金外逃还会引发房地产泡沫破灭，更为严重的是影响中国央行货币政策走势，使得中国经济下行压力增加。

第2节　文献综述

我们从公共部门、金融部门、企业部门和家户部门四部门研究宏观金融风险，公共部门风险集中在央行的资产负债表错配风险和地方政府违约风险，彭振江、谢云峰（2014）实证测算了央行资产负债表的期限错配、货币错配和资本结构错配风险情况，并与美联储、日本银行和欧洲央行情况进行对比研究，发现我国央行的资产负债表错配程度以及由此带来的影响都较为突出。曹萍（2015）通过KMV模型实证研究各省、直辖市的违约距离和违约概率，研究指出随着城投债和地方政府债务规模上升，地方政府债务占可担保财政收入的比重逐年增加，债务违约风险不断加大。通过建立对各省市地方政府债券的违约风险评估体系，发现在偿债高峰年青海、甘肃的违约风险相对较大，安徽、海南、四川等地的违约风险次之。史锦华、常忠钰（2015）在回顾我国地方政府债务发展过程的基础上，注重从控制和管理结构风险的角度对我国地方政府债务的融资结构、债务的资金投向结构以及未来债务偿还结构进行探讨，指出我国地方债务在资金来源集中度、投融资结构、或有债务以及管理体系方面存在风险，刘明涵（2015）通过对地方政府债务风险的形成原因进行分析，指出当前体制及管理制度上存在不足，地方政府需要完善财政体制、完善地方政府债务管理机制、加强地方政府债务收支管理。

银行体系金融风险不可低估，部分地区银行业面临经营环境更加复杂的情况，证券信贷业务风险和保险资金的运用风险也在上升。牛晓健、裘翔（2013）通过研究国内银行风险与利率政策的关系指出，长期的低利率会通过风险承担机制作用于银行系统，提高银行的风险，同时还发现银行的异质性因素会影响其风险承担行为对利率的敏感性，利差和资本充足率的提高会增加敏感性。李宏瑾（2015）通过利率市场化对商业银行影响的一般理论分析，总结了利率市场化对商业银行影响的国际经验，发现大多数国家利率市场化后，存贷款利率和实际利率显著上升，银行信贷风险溢价明显上升。在国际经验和分析了我国利率体系及银行业现状的分析基础上，指出我国银行中间业务发展相对缓慢，非息收入占比较低，不同规模银行净息差和非息收入占比存在明显差异，信贷客户结构和行业结构逐步调整，贷款风险溢价呈上升态势。

企业部门和家户部门受经济增速下行、汇率波动等因素影响，国内居民资产和消费水平受到一定程度影响，企业经营效率和还款能力降低，违约风险增加。卢之旺（2015）运用出口企业数据分析人民币汇率调整对出口价格和企业业绩的影响，结果表明汇率对企业的影响具有多样性、个性化的特征，对企业的出口定价以及业绩的影响各不相同，汇率对出口价格具有不完全传递的特征。谭小芬、王雅琦、卢冰（2016）考察了汇率波动对我国企业出口的影响，他们不仅研究了汇率波动对我国企业出口额的影响，而且探究了汇率波动对多产品企业出口结构的调整效应。结果表明，当中国与目的地汇率波动增加时，中国企业的出口额、出口产品的种类都会显著减少，且在产品结构上企业出口会更多集中于核心产品。

第3节 中国公共部门风险分析

一、中国公共部门资产负债表编制

公共部门资产负债表由中央银行资产负债表以及政府部门资产负债表组成，详见表1.1。其中政府部门资产负债表由中央政府资产负债表和地方政府资产负债表合并而成。中央银行资产负债表的明细项目划分遵循《中国金融年鉴》的《货币当局资产负债表》中的明细项目。政府部门资产的明细账目划分遵循《中国会计年鉴》的明细账目。政府部门的基础货币与中央银行的储备货币的账目重叠，故从政府部门的负债账目中剔除基础货币。而且由于中央银行资产账目中含有对政府部门的债权，因此，在中央银行与政府部门资产负债表合并的时候我们对这个账目进行了冲销。

表1.1 公共部门资产负债表

（单位：亿元）

年份	2010年	2011年	2012年	2013年	2014年	2015年
公共部门资产合计	1038846	1143816	1226765	1330159.05	1433384.8	——
中央银行资产	243853.8	265577.9	279223.5	301965.8	322936.05	302524.23
国外资产	215419.6	237898.1	241416.9	272233.53	278622.85	253830.67

续表

年份	2010年	2011年	2012年	2013年	2014年	2015年
对存款货币银行债权	9485.7	10247.5	16701.08	13147.9	24985.27	26626.36
对非货币金融机构债权	11325.81	10644	10038.62	8907.36	7848.81	6656.59
对非金融部门债权	24.99	25	24.99	24.99	11.62	71.74
其他资产	7597.67	6763.3	11041.91	7652.04	11467.5	15338.87
政府资产	794991.7	878238.2	947541.2	1028193.25	1110448.7	
经营性资产（国有企业净资产）	234171.1	272991	319754.7	369972.7	——	——
非经营性资产（行政事业单位净资产）	77623.51	87598.14	96005.68	88736.43	——	——
土地	483197.09	517649.04	531780.86	569484.12		
公共部门负债合计	344741.7	——	466743.9	497749.5	609773.46	——
中央银行负债	234997.6	258244	273783.9	288668	306973.46	290657.94
储备货币	185311.08	224641.8	252345.17	271023.09	294093.02	276377.49
不计入储备货币的金融性公司存款	657.19	908.37	1348.85	1330.27	1558.35	2826.42
发行债券	40497.23	23336.7	13880	7762	6522	6572
国外负债	720.08	2699.4	1464.24	2088.27	1833.83	1807.28
自有资金	219.75	219.8	219.75	219.75	219.75	219.75
其他负债	7592.23	6437.97	4525.91	6244.57	2746.51	2855
政府负债	109744.1	——	192960	209081.5	302800	——
外债	2569.22	2354.72	2301.4	2092.83		
内债	107174.91	——	190658.59	206988.65（2013年6月）	——	
公共部门所有者权益合计	694104.3		760021.1	832409.55		

数据来源：

1. 中央银行资产负债表及其明细项目来自《中国金融年鉴》。

2. 国有净资产分为全国国有企业（经营性资产）和行政事业单位（非经营性资产）两部分，数据来自中国会计年鉴国有企业资产负债表和行政事业单位资产负债简表。

3. 政府部门的内债数据来自审计署发布的《全国政府性债务审计结果》。

4. 政府部门的外债来自国家外汇管理局的网站《中国对外债务总表》。

二、中国公共部门宏观金融风险分析

（一）中央银行货币错配风险分析

如图1.1所示，首先，自2010年起国外资产占中央银行总资产比例超过85%，2013年达到最大值90.15%以后小幅回落。其次，中央银行对金融机构债权占比呈现逐年下降趋势，至2015年已下降至2.20%，对国内资产配置的比重逐年降低。我国利用低成本优势积累巨额的贸易顺差和外汇储备，迫使央行被动投入大量的基础货币，导致央行资产外币化、负债本币化。中央银行资产负债结构主要表现为资产的外币化和负债的本币化，存在严重的货币错配。央行资产以美元计价为主，负债以人民币为主，在人民币持续升值预期主导下，货币错配程度持续扩大，外币资产/外币负债保持在50倍以上，外汇资产价值严重缩水，央行承担巨大汇率风险。

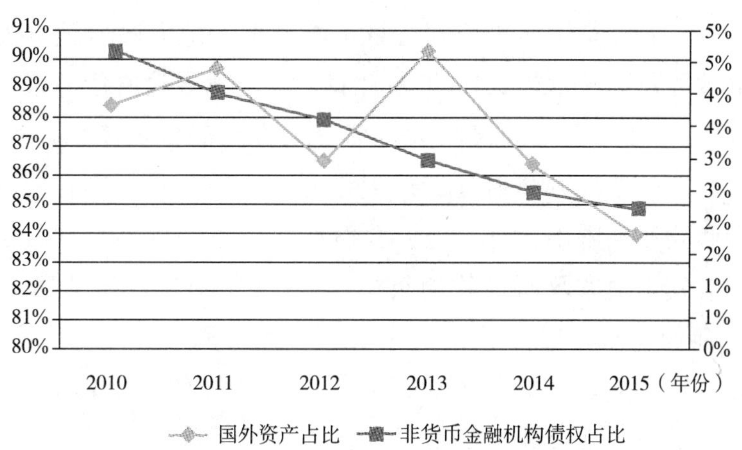

图 1.1　中央银行各项资产占总资产比例

（二）中央银行资本结构错配分析

如图 1.2 所示，中国人民银行资产负债表负债以储备货币为主，储备货币占总负债比逐年增加，2015 年储备货币占比增加至 95.09%，而储备货币又以公司性存款为主；债权发行在总负债中的占比逐年下降，2015 年债券占比下降到 2.26%。负债项目中，自有资金、发行货币属于无息负债项目，不存在利息成本问题。但是金融性公司存款、债券发行、政府存款、国外负债

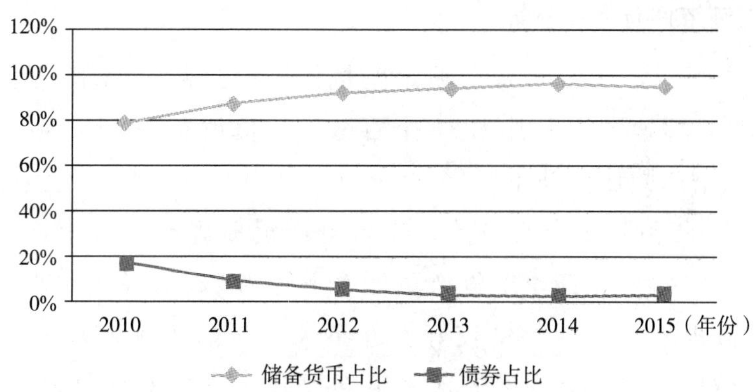

图 1.2　中央银行各项负债占总负债比例

及其他负债都存在利息成本问题。公司性金融存款占比不断增加，央行需支付较高利息，人民银行面临的资本错配风险不断加剧。在负债方面，逐步提高发行货币占比，降低公司性金融存款占比有利于降低存贷款金融机构创造派生货币的能力，有效提高央行货币政策操作的主动性。

（三）地方政府违约风险增加

按照中债资信统计口径，2014 年全国城投债发行达到 1224 只，发行规模达到 1.4 万亿元，全国城投债发行量不断增加，地方政府债券发行不断分开。根据审计署数据显示，2013 年 6 月底，我国地方政府债务余额已上升至约 17.9 万亿元，债务存量规模巨大。部分地方政府负债率已超过 60％的国际标准警戒线，少数地方政府甚至已经超过 100％。地方政府债务风险主要表现为借债和偿还期限不合理、地方政府层次债务结构不合理、偿债资金来源不合理。首先，地方政府借款期集中于 2008 年前后，偿债期 70％集中于 2011—2015 年间，30％集中于 2016 年之后，地方政府债务期限错配风险大；其次，地方政府债务层次结构不合理，县、市两级政府负债总量远高于省、乡两级政府；最后，地方政府偿债资金来源高度依赖土地财政，一旦房地产价格受到影响，地方政府偿债能力将受到严重影响，甚至引发政府信用危机。

第 4 节　中国金融部门风险分析

一、银行金融机构宏观风险分析

（一）账面资产负债表分析

如图 1.3 所示，2015 年银行业金融机构资产总额 199.35 万亿元，同比增长 15.70％，增速同比上升 1.81 个百分点；负债总额 184.14 万亿元，增长 15.10％，增速同比上升 1.73 个百分点。其中 5 家大型商业银行资产占比 39.21％，比上年下降 2 个百分点。银行资产负债规模保持增长，资产负债率逐年下滑，2015 年第四季度资产负债率下降为 92.21％，商业银行资本充足率保持较高水平，资产质量较好。近年来，银行业改革发展取得积极进展，服务实体经济与社会发展的水平不断提升，防控风险的能力有所增强，但是部分地区金融风险暴露，银行业面临经营环境更为复杂。

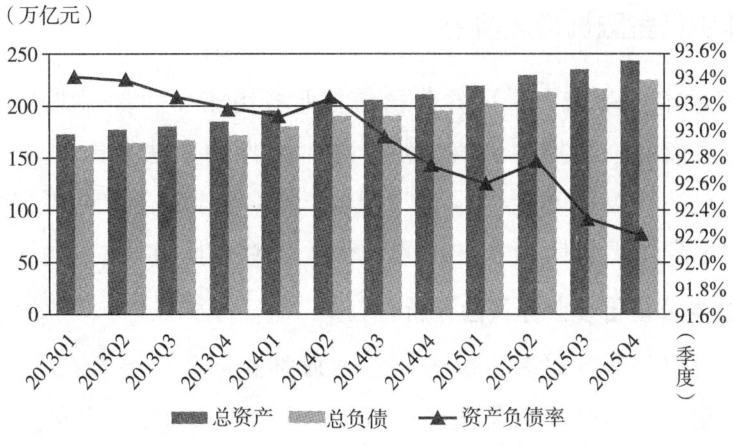

图 1.3　银行金融机构账面资本结构

（二）资本结构错配分析

如图 1.4 所示，2015 年年末，银行业金融机构本外币各项存款余额 139.78 万亿元，同比增长 12.29%，增速同比下降 3.97%；金融机构各项贷款余额 98.49 万亿元，同比增长 15.40%，同比下降 0.10%。2015 年年末商业银行流动性比例为 48.01%，存贷比为 67.24%，流动性整体合理充裕，但是面临较多不确定性因素，同业业务较重、资产负债期限错配严重的中小银行流动性风险管理难度加大。第一，存款大幅波动明显，银行业金融机构存款跨季月间波动最高超过 4 万亿元；第二，银行资金来源不稳定性增加，2015 年银行业金融机构存款环比增速各月均低于 10.00%；第三，稳定性较差的同业负债快速增多，截至 2015 年年末，银行业金融机构同业负债比重为 14.48%，比上年年末上升 2.1 个百分点。

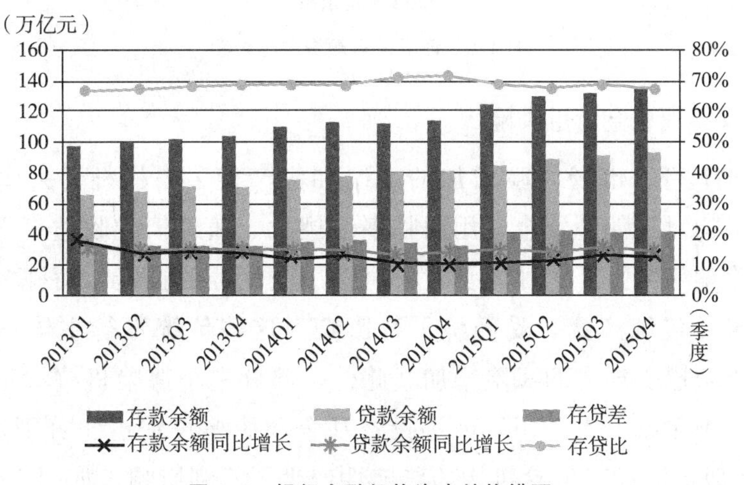

图 1.4　银行金融机构资本结构错配

二、非银行金融机构风险分析

2015年股市波动较大，证券公司信贷业务由于靠质押保证金和股票控制风险，部分券商面临质押物价值大幅下降、质押物无法及时变现等问题；保险公司增加对证券投资基金、股票（期权）、其他投资等高风险资产的比重，调低存款和债券等低风险资产的配置比例，潜在风险加大。

（一）证券公司信贷业务风险分析

证券公司信贷业务以融资融券、股票质押式回购业务为代表，2015年受股市波动影响，证券公司信贷业务受到明显影响，2015年证券公司融资融券余额1.17万亿元，较2015年历史峰值减少48.34%，如图1.5所示。在股市波动下，证券公司信贷业务质押股票价值大幅下降，部分质押物无法及时变现，流动性风险增加。证券公司需加强逆周期宏观审慎管理，构建成熟有效的证券公司风控体系，提高证券公司在极端市场下应对风险的能力。

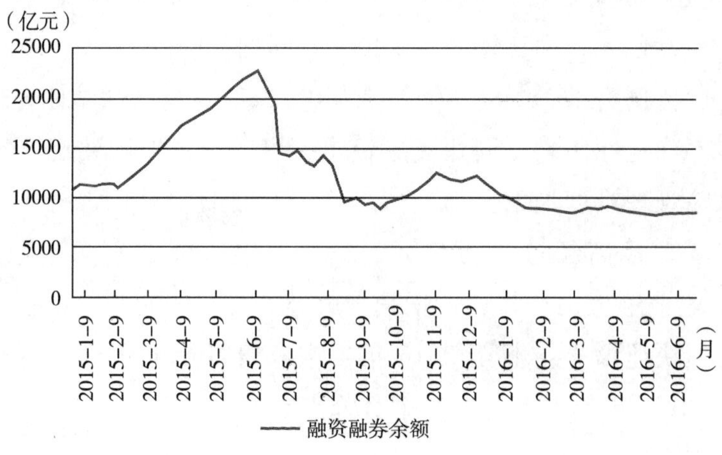

图1.5 证券公司融资融券余额

（二）保险业资金运用风险

在经济下行、市场风险增加的情况和去产能、去杠杆、去库存的压力下，保险机构对于保险资金运用面临多重挑战。随着债券收益率下滑，保险机构的风险偏好率上升，加大了对公司信用类债券的投资，而许多信用债券发行主体来自传统产业，受经济下行影响，这些传统发行主体信用风险增加，保险资金遭受损失的风险增加。此外，部分中小保险机构大量投资权益类资产，举牌多家上市公司，证券投资基金和股票投资占比分别增加2.9%和2.4%，股市波动对保险机构的稳健性产生了不利影响，如图1.6所示。

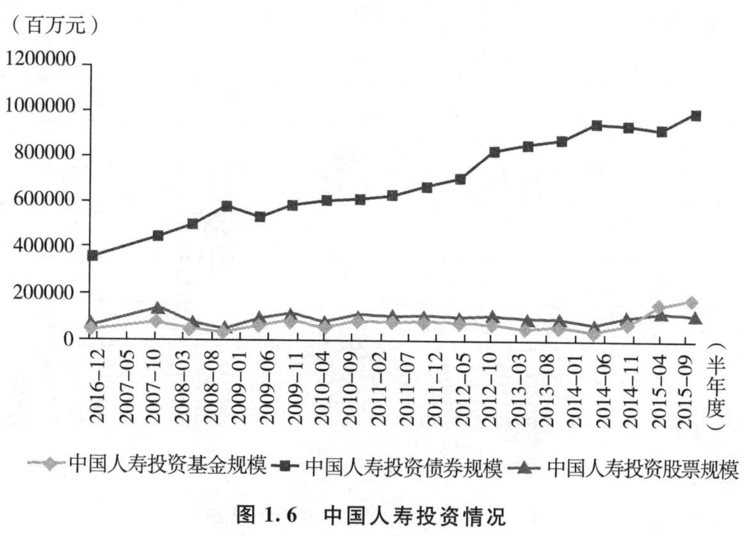

图 1.6　中国人寿投资情况

第 5 节　中国上市企业部门风险分析

随着经济社会的快速发展，企业无论是内部系统还是外部环境都处于动态变化之后，外部环境变化加剧使企业面临的风险增加。加强对企业部门宏观风险的分析有助于了解风险对于企业产生影响的整个动态过程及其规律，更好控制和管理企业风险。本节通过编制中国上市企业资产负债表，并在此基础上计算反映宏观金融风险的或有权益资产负债表，对中国上市企业部门宏观金融风险进行分析，结果发现企业部门风险处于周期性波动，整体来看企业部门风险不断增加。

一、账面资产负债表分析

本节以在国内主板（上海和深圳证券交易所）上市的 2824 家非金融板块企业为样本（数据年份从 2010 年第一季度至 2016 年第二季度），通过加总其财务报表得到中国上市企业账面资产负债表。各上市公司总资产、流动资产、总负债与流动负债季度数据来自 wind 数据库。

我国上市企业资本规模呈现逐渐增加趋势，资产负债率呈现波动性增长态势，但 2015 年第三季度以来资产负债率呈现逐步下降的趋势，2016 年第二季度资产负债率下滑至 54.44%，如图 1.7 所示。整体资产负债水平下降表明上市公司业绩改善，还债压力降低，资金成本减少。不同行业资产负债率明显不同，房地产板块资产负债率普遍偏高，在整体资产负债水平下滑的同时，仍需关注高负债率水平行业的风险。

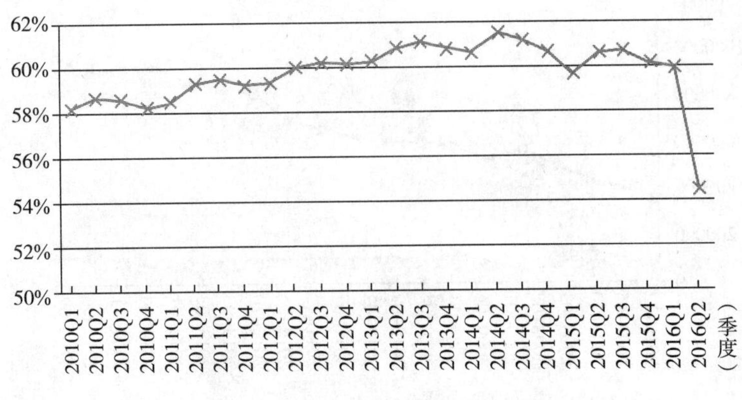

图 1.7　上市企业部门资产负债率

我国上市企业流动比率波动性较大，但是基本在 115%—120%之间，2015 年以来流动比大幅增加，2016 年第二季度资产负债率达到 126.98%，如图 1.8 所示。流动比率反映我国上市企业短期偿债能力，流动比率越高，短期偿债能力越强。2010 年以来，我国上市企业短期偿债能力有所提升，但是流动比率仍然低于 200%的标准水平。在经济下行背景下，面对去产能、去杠杆、去库存的一系列调控措施，企业面临的经济形势严峻，上市企业应加强系统性金融风险防范，防止出现系统性违约。

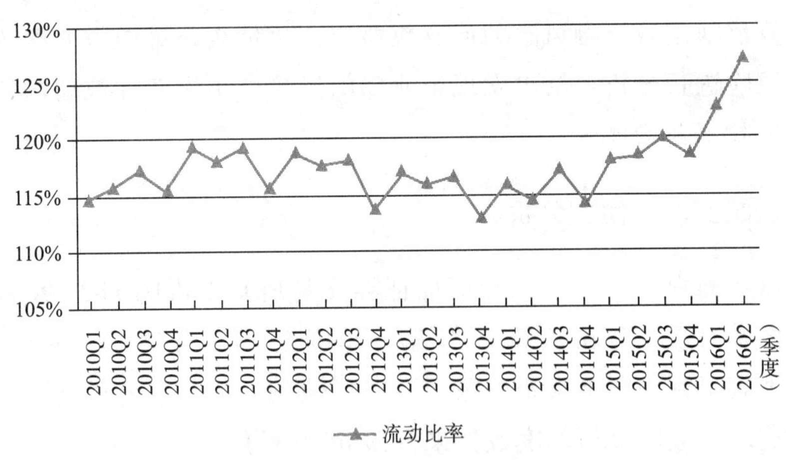

图 1.8　上市企业部门流动比率

二、或有权益资产负债表分析

本部分结合上市公司权益市值利用或有权益分析法，构建反映市场信息的或有权益资产负债表，分析上市企业宏观金融风险，力求准确反映我国上市企业总体风险情况。

从图 1.9 中可以看出，2015 年上市企业部门违约距离逐渐下降，企业部门风险暴露。受金融危机和经济周期下行影响，企业经营环境变化，产品市场的销售冲击和融资市场的现金流冲击导致上市企业部门信用风险凸显。2013 年以来，银行业金融机构的同业业务经过规范后增速趋于放缓，不良贷款率趋于下降，信用违约风险传染的可能性降低，加之大多数商业银行通过发行优先股、二级资本债等方式进一步补充资本金，资本资产比有所提高，银行抵御传染性风险能力增强。2015 年经济增速下行，人民币汇率波动加大，资产价格波动明显，直接影响国内居民的资产和消费水平，进而企业经营效率逐渐下降，企业还款能力和还款意愿降低，企业部门风险增加。

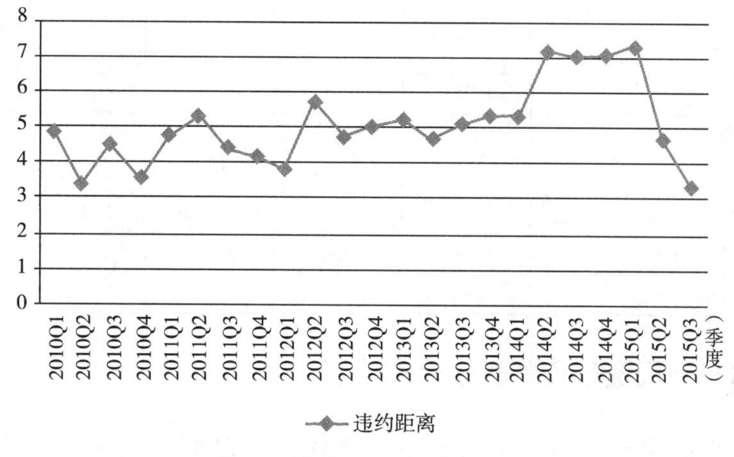

图 1.9　上市企业部门违约距离

第 6 节　中国家户部门风险分析

家户部门指常住居民户组成的集合，包括城镇常住居民户、农村常住居民户和城乡个体经营户。家户部门与其他部门间有着直接或间接的联系，家户部门的稳定对于金融体系的稳定起着至关重要的作用。通过编制家户部门资产负债表，分析得出家户部门面临的违约风险较小。

一、家户部门资产负债表编制

通过整理中国家户部门资产负债有关数据，对家户部门宏观金融风险进行分析。表 1.2 列出了家户部门资产负债表，家户部门资产负债表编制过程中参考李扬（2013）的分类方法和部分数据。存款项目来自于金融机构人民币信贷收支表（按部门分类）住户存款，消费性贷款和经营性贷款来自金融机构人民币信贷收支表（按部门分类）住户贷款。

表 1.2　家户部门资产负债表

（单位：亿元）

项目	2011 年	2012 年	2013 年	2014 年	2015 年
非金融资产	1044416	1180857	1341269	1557826	1792043
房产	962875				
汽车	54458				
农村生产性固定资产	27083				
金融资产	578034	644748	732333	806081	902810
通货	42652	46460	49788		
存款	363332	406192	461370	507831	546077
股票、债券、基金、证券保证金、保险准备金等其他	131296				
理财	40754				
总资产	1622450	1825605	2073602	2363906	2694853.2
金融负债（贷款）	136012	161300	198504	231410	315210
消费性贷款	88717	104357	129721	153660	234572
经营类贷款	47295	56943	68783	77751	80638
净资产	1486438	1664305	1875098	2132496	2379643

二、家户部门资产负债表分析

从家户部门资产负债表可以看出，存款占家户部门金融资产比例持续高于60%的水平，居民存款稳步增加。居民储蓄存款的变化反映出家户部门与金融部门间风险传递的变化，由于家户部门金融资产大部分为银行存款，当金融部门受到冲击后容易对家户部门也造成一定影响。但是由于我国国有商业银行含有政府隐性担保，所以金融冲击对家户部门的影响较弱，我国家户部门金融风险较小。

我国家户部门金融资产远大于金融负债，资产水平超过负债3倍以上，而且居民持有流动资产比重较大，表明我国家户部门偿债能力较好，短期内不会发生违约风险。从图1.10中可以看出，2015年我国存贷款增长率走势相反，贷款增长率出现大幅增加，但是贷款总量明显少于存款总量，表明我国政府宏观经济政策既能增加贷款刺激消费，而且不会造成家户部门破产违约。

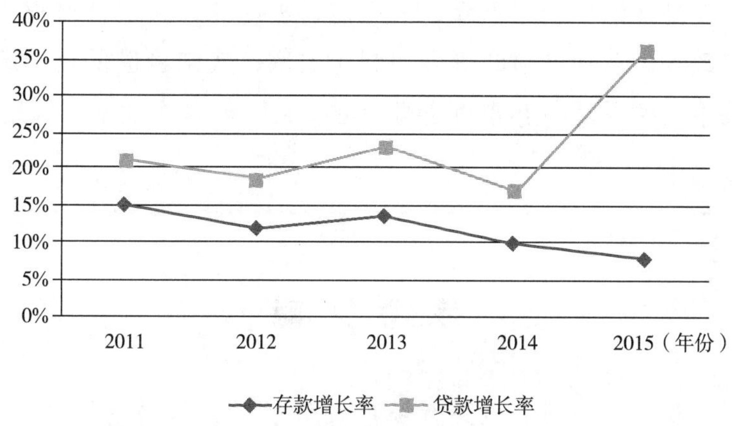

图 1.10　家户部门存款增长率和贷款增长率

第 7 节　金融风险管理与经济发展战略

本章对中国经济金融的总体运行状况、整体宏观金融风险以及四部门宏观金融风险进行了研究，主要得出以下结论：

第一，我国中央银行资产负债结构主要表现为资产的外币化和负债的本币化，存在严重的货币错配；公司性金融存款付息债占总债务比重较大，面临资本结构错配风险。地方政府债务表现为借债和偿还期限不合理，地方政府层次债务结构不合理以及偿债资金来源不合理。

第二，银行金融机构面临较多不确定性因素，同业业务较重、资产负债期限错配严重的中小银行流动性风险管理难度加大。证券业金融机构防范信贷业务风险，保险机构警惕资金运用风险。

第三，企业部门在经济增速下行背景下，经营效率逐渐下降，企业还款能力和还款意愿降低，企业部门违约风险开始暴露。

第四，我国家户部门资产多以银行存款为主，短期偿债能力较好。

基于本章对中国宏观金融风险的整体分析，提出我国宏观金融风险防控的资产建议：

第一，对地方政府债务有效“去杠杆”，从市场和政府两方面着手，首先，健全市场机制，推动地方政府融资平台市场化转型，其次，政府完善科学的绩效考核机制，建立健全地方政府官员科学的离任审计制度。

第二，加强对银行体系风险管理，建立预警模型，对同业业务较重、资产负债期限错配严重的中小银行进行宏观审慎风险管理。

第三，在潜在的增长率下降、去产能、去泡沫、去杠杆过程中，继续实施积极的财政政策，提高财政资金的利用效率；实施稳健的货币政策，加强对经济发展中的薄弱环节和重点进行金融支持，改善企业部门信用风险。

参考文献

［1］彭振江、谢云峰：《央行资产负债表错配风险的评估与应对》，载《区域金融研究》2014年第10期。

［2］曹萍：《基于KMV模型的地方政府债券违约风险分析》，载《证券市场导报》2015年第8期。

［3］史锦华、常忠钰：《我国地方政府债务风险的结构性分析》，载《广西财经学院学报》2015年第2期。

［4］刘明涵：《中国地方政府债务的现状&成因及防范对策》，载《廊坊师范学院学报》2015年第2期。

［5］牛晓健、裘翔：《利率与银行风险承担——基于中国上市银行的实证研究》，载《金融研究》2013年第4期。

［6］李宏瑾：《利率市场化对商业银行的挑战及应对》，载《国际金融研究》2015年第2期。

［7］卢之旺：《人民币汇率波动对出口企业经营状况的影响研究》，载《宏观经济研究》2015年第3期。

［8］谭小芬、王雅琦、卢冰：《汇率波动，金融市场化与出口》，载《金融研究》2016年第3期。

［9］李扬：《中国国家资产负债表2013——理论、方法与风险评估》，中国社会科学出版社2013年版。

［10］马骏等：《中国国家资产负债表研究》，社会科学文献出版社2012年版。

第2章 中国宏观金融风险比较研究

随着我国市场经济改革不断深化，现阶段我国各个区域经济金融发展呈现巨大差异性，不同区域风险暴露程度不同，比较分析中国四大区域宏观金融风险对于区域协调稳定发展具有重要意义。本章从区域层面展开结构化的比较分析，并结合省域层面的相关数据测算各省的风险指标，建立中国宏观金融风险综合指数排序，从而为我国区域经济发展政策制定与宏观风险管理提供参考。

第1节 中国区域宏观金融风险概况

2015年在市场竞争和多元化金融服务需求的推动下，银行、证券、保险以及各种金融市场新兴主体快速发展，金融创新不断突破，我国金融综合化经营快速发展。随着金融在现代经济中的地位日益凸显，区域金融发展不平衡增大了不同区域间的差异，经济发展和社会矛盾随之而来。在复杂的国际背景和经济增速下行背景下，我国经济金融运行稳健，暂未发生系统性、区域性金融风险。

经济发展方面，东部区域经济发展差距较大，东部、中部、西部和东北部地区于2015年的地区生产总值占全国地区生产总值的比重分别为55.09%、21.74%、14.58%和8.59%，除西部地区外各区域较上年增长7.28%、6.90%、1.85%，西部地区减少26.61%，四大区域经济增速都有所放缓。东、西部各省份间差距较大，2015年东部区域中的广东、江苏、山东GDP占比较大，分别达到19.53%、18.81%和16.90%，西部区域中的西藏、青海及宁夏地区生产总值占比较小，分别为0.68%、1.54%和1.88%。东西部内部差距大与金融资源的分布、市场内部深化的程度有关，西部地区由于地理环境的限制，国家政策的扶持力度不同，内部差距较为明显。

金融发展方面，东部、中部、西部以及东北金融运行总体平稳，区域金融发展不平衡。东部、中部、西部以及东北银行业资产规模分别达到

1070915.69亿元、289536.998亿元、337948亿元和127166亿元，且银行总资产规模增速分别达到14.93%、22.00%、13.10%和17.45%。东部地区银行资产规模最大，银行类金融机构活跃度较高，但是近年来增加速度不及东北部地区。①

第2节　文献综述

一方面，我国学者研究了我国经济发展和金融支持的关系。陈金明（2002）研究了不同金融工具在经济体系中渗透与扩张的机制与制约因素，而后进一步结合中国的实际经济增长与金融发展状况来探讨自20世纪50年代以来决定中国金融结构与金融发展的主要因素以及这些因素之间的相互作用，深入研究以金融组织、金融工具、金融市场、支付体系为核心内涵的中国金融发展的主要演变轨迹。谢德金（2014）在总结学者们关于衡量金融发展的各种指标基础上，选取了一些比较适合反映我国金融发展的指标，之后对我国金融发展的整体特征与区域特征进行经验描述，发现改革开放以来我国金融业得到了长足的发展，但仍需进一步改革。李月（2014）在充分借鉴国内外现有理论研究与实证分析方法的基础上，以中国31个省份1979—2012年的相关面板数据为依据，运用了随机系数模型，并结合T检验和Wald检验，多角度深入研究和分析了金融发展和经济增长之间的相关关系，从多个方面、层层递进地实证检验了金融发展对经济增长的影响与作用，探讨了二者之间的互动规律、影响路径以及功能提供等方面内容。

另一方面，我国学者还研究了我国各地区经济金融发展的差异性。梁慧（2015）利用泰尔指数测算研究发现，中国金融发展的区域性差异，与四大区域相比，更多体现在各地区间的差异，从内生、外生、内外因素对金融发展区域性差异形成原因进行分析，研究表明，市场化步伐的加快促进了差异化竞争和金融机构分化，区域开放程度加大缩小了区域金融发展差异。赵丹妮（2015）认为新常态下我国区域发展最主要的特征与困境就是地方债增长速度过快，以地方债为切入点，分析新常态下区域金融发展的问题，进而给

① 数据来源：各区域地区生产总值数据均来自《2015年中国统计年鉴》，国家统计局；各区域地区生产总值加权平均增长率和银行业资产数据均来自《2015年中国区域金融运行报告》，中国人民银行。

出新常态下区域金融发展的改革建议。王晓宇（2015）分析了我国主要区域金融的发展差异性，我国不同区域的银行业务差异、证券区域性差异、保险业区域性差异较大导致我国区域经济呈现一定差异，同时指出我国区域金融差异明显且表现为金融总量的差异，政府干预、以银行为基础的金融体系造成区域经济发展不平衡，并提出我国可以实施差异化金融发展模式，优化金融机构、深化金融改革，建立完善的金融法律体系。李新鹏（2015）指出中国区域经济金融发展呈现非平衡增长的典型特征，发达地区拥有更快的经济增速和更高的经济质量，东部地区金融资源配置效率高于中西部地区。中部地区金融资本与中西部地区产业资本有机结合是未来推动区域经济平衡发展的重要切入点。

第 3 节　中国公共部门风险比较

在全球经济下行压力加大的宏观背景下，我国经济增速开始放缓，对于公共部门宏观金融风险而言，地方债问题成为此背景下最需要解决的问题之一。当前我国经济增速下行，偿债能力下降，地方债成长速度远高于经济增长率，可能造成地方政府信用违约。同时，中国地方政府债务多用于基础建设，虽然可以建立相应的建设资产，但是基础建设往往需要长期性、持续性的投入，而银行的资金通常用于短、中期融通，银行为降低风险，可能会中断对地方政府债务，造成地方政府出现期限错配风险。本节从政府公共部门资产负债表出发，分析财政收支缺口变化情况，间接对区域和省域公共部门面临的风险作出评估。

一、四大区域公共部门风险比较

从财政收支规模来看，四大区域地方财政支出规模明显高于财政收入规模，2015 年，东部、中部、西部及东北四大区域一般预算支出分别达到 63467.3 亿元、31678.87 亿元、36362.1 亿元和 11857 亿元，如图 2.1 所示。财政预算支出呈现区域分布不均衡，东部地区经济较为发达，财政积累迅速，财政收支明显高于其他区域。同时，四大区域财政收入规模低于财政预算支出，各大区域都出现财政缺口。从财政收支增速来看，2015 年除西部地区外东部、中部、东北部一般预算支出增长率分别从 2014 年的 8.59％、8.76％、0.89％增加到 23.71％、14.29％和 3.86％，而除东部地区外财政收入增幅普遍比上一年降低，财政赤字规模较大且逐步扩大，地方政府积聚较多风险。

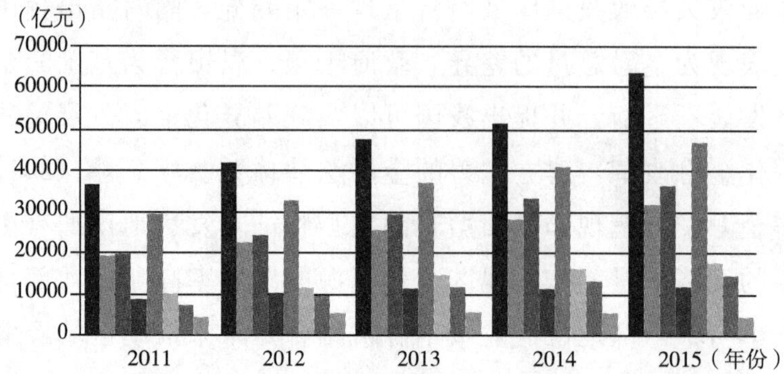

图 2.1　2011—2015 年四大区域地方财政收支

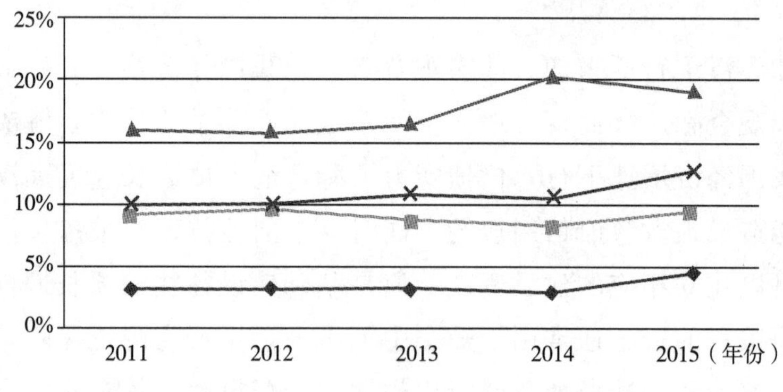

图 2.2　2011—2015 年四大区域地方财政预算赤字率

长期以来，受国家发展战略的影响，我国四大区域间公共部门结构化差异明显，财政预算缺口差距较为明显。2015 年，东部、中部、西部及东北地区财政预算缺口与 GDP 之比分别为 4.56%、9.40%、19.10%和 12.63%，如图 2.2 所示，西部地区财政赤字率连续居于首位，中部和东北财政赤字率大致相当，东部财政预算赤字率较小。这可能与国家对西部的支持力度和发展战略有关，国家对西部地区的支持力度明显加大，使得西部地区财政缺口不断扩大，最终导致其财政预算缺口占地区生产总值比重远高于其他三大区域。总体来说，东部区域一般预算缺口占 GDP 比重虽然有波动，但整体处于较低水平，东部区域公共部门风险不显著；中部地区 2011 年到 2014 年地方财政预算缺口与地区生产总值的比重逐年降低，风险状况有所改善，但

2015年比重有所回升，公共部门风险有加剧趋势，政府部门需提早预防；西部受传统产业税收贡献下降、结构性减税力度加大，财政收入增速回落，财政预算赤字率相比较高，虽然2015年有所下降但仍处于高危水平；东北地区公共部门财政预算赤字率基本呈现上升趋势，公共部门风险逐渐恶化。

二、省域公共部门风险比较

基于四大区域公共部门的财政风险比较，以下主要运用一般预算收入规模、一般预算占比缺口指标，对2014－2015年我国各省份公共部门风险进行比较。

2015年各省财政收入除少数地区外均有所增加，且东部省份财政收入规模大、地方财政能力强，中西部省份财政收入规模相对较低。国家对不同地区实施经济发展战略，加之历史因素，促使经济迅速发展时地区间不平衡性加剧。从各省份来看，广东、江苏和山东预算收入位居前三，2015年地方政府一般预算收入达到9364.76亿元、8028.6亿元和5529.3亿元，集中在东部地区；而西藏、青海和宁夏等西部省份财力在全国较为落后，均集中在西部地区，2015年西藏地方政府一般预算收入仅仅为124.27亿元，如图2.3所示。从各省财政预算收入增速来看，2015年西藏、青海、新疆等地增速较快，陕西、云南、吉林等地的财政预算收入增速较低，辽宁和山西财政预算收入甚至出现下滑。各省份间的资源禀赋和发展基础不同，结构性失衡短期内还会继续存在。

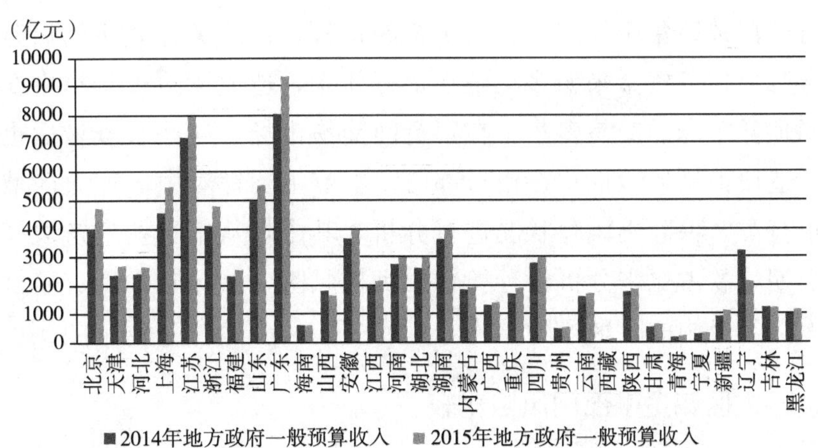

图2.3　2014－2015年中国各省地方政府一般预算收入

财政缺口风险是各省份公共部门主要风险，2015年大多数省份财政赤字率相比上年都有所上升，表明我国公共部门风险总体有上升趋势，但是不同省份财政赤字率差距较大。从图2.4中可以看出，西部地区财政赤字率普遍偏高，2015年西藏、青海、甘肃财政赤字率高达115.25%、48.86%和27.15%；东部地区财政赤字率较低，基本在10%以下，江苏财政赤字率全国最低，为2.36%，公共部门风险较低；中部地区和东北地区各省份由于政策支持力度不如西部地区，公共部门财政预算赤字率不高，风险总体可控。

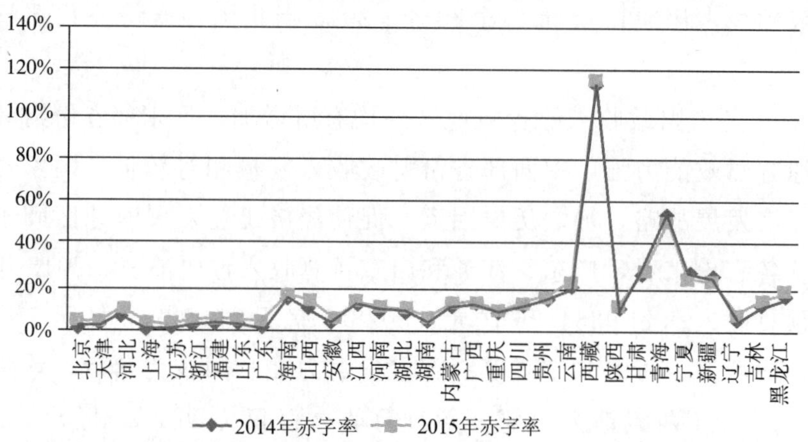

图2.4　2014—2015年中国各省地方政府财政预算缺口情况

第4节　中国金融部门风险比较

金融部门风险集中体现在银行类金融机构，保险类金融机构风险相对较低。地方政府债务资金来源多集中在银行体系，造成风险过于集中在银行部门。中国债券市场的交易多集中在银行间交易市场，这些融资最后也由银行来承担，造成信用风险堆积在银行部门。本节主要针对中国四大区域所涵盖省份的银行类、保险类风险状况进行分析，其中，从银行业资产规模、存贷比、中长期贷款占比来分析银行类金融机构风险，从保险深度、赔付率等指标分析保险类机构的金融风险。

一、四大区域金融部门风险比较

（一）四大区域银行类比较分析

地区间经济发展不平衡导致各区域间金融市场发展存在较大差异。目前我国的金融体系以银行业为主，因而银行业在我国经济发展过程中具有核心作用。从图 2.5 中可以看出，2015 年，东部地区银行机构资产规模持续扩大，总资产为 1070915.69 亿元，同比增长 14.93%，在全国各区域中仍处于较高水平；中部地区银行业资产总额达到 289536.998 亿元，同比增长 22.00%，总量规模仅次于东部地区；西部地区和东北地区银行业存款规模相对较低，但近三年总体呈上升趋势，东北地区 2015 年增长 17.45%，但西部地区出现少幅减少。从整体上看，东部与中部、西部及东北地区银行业资产规模差距较大，但是中部、西部地区资产总额增速较快，占全国比重上升，区域间差异呈现缩小趋势。

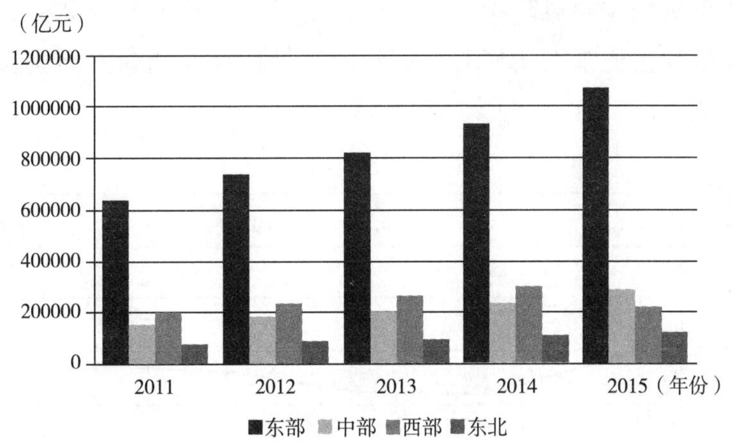

图 2.5　2011—2015 年四大区域银行业资产规模

从存贷比来看，2015 年东部、中部、东北及西部四大区域存贷比分别为 65.74%、68.92%、77.65%和 76.22%，东北地区最高，中部地区存贷比最低，如图 2.6 所示。2010 年以来，四大区域银行类金融机构存贷比变化较为平稳，整体面临的偿付风险较低。除 2015 年外，近年来，中部地区存贷比长期低于其他三大区域，一方面表明其银行类金融机构经营稳健，另一方面中部地区存款大量外流，银行内金融机构服务当地经济发展力度不够。

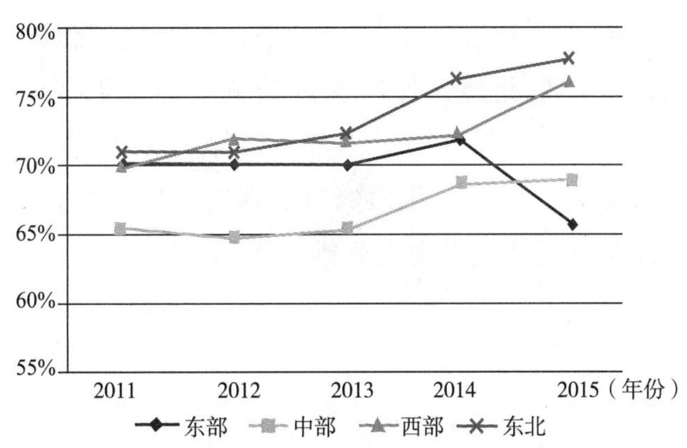

图 2.6　2011—2015 年四大区域银行存贷比

从银行类金融机构的资产期限结构来看，虽然西部地区中长期贷款比重基本呈下降趋势，但仍比其他区域大，东部地区中长期贷款占比先下降后上升，但相对较低，另外，东北地区这一比例也逐年下降，中部地区最近两年略有提高。2015 年，东部、中部、西部及东北地区银行业中长期占比分别为53.65％、58.22％、61.68％和53.44％，如图 2.7 所示。整体来看，全国四大区域中长期贷款占比都位于50％以上，仍然面临较大的期限错配风险。分地区来看，西部地区、东北地区的中长期贷款占比持续下降，表明这两个地区银行类金融机构控制风险得当，但西部仍然处于全国较高水平；东部、中部区中长期贷款占比都有所回升，面临的流动性风险相对有所提高，有关部门须提前防范。

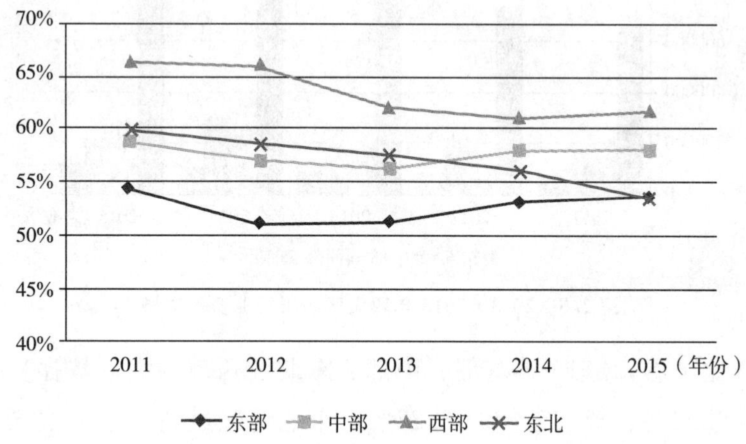

图 2.7　2011—2015 年四大区域银行业中长期贷款占比

（二）四大区域保险类比较分析

我国保险业在 20 世纪取得快速发展，总体上东部沿海城市的保险业更加发达。从图 2.8 中可以看出，2012 年以来，东部地区保险深度远高于中部、西部及东北地区，东北地区保险深度最低，但 2015 年取得长足发展，基本与东部地区持平。2015 年东部、中部、西部及东北四大区域保险深度分别达到 3.39％、3.13％、2.83％和 3.38％，保险业发展的总体差异性逐渐缩小，保险业在服务地方经济发展中起到推动作用。

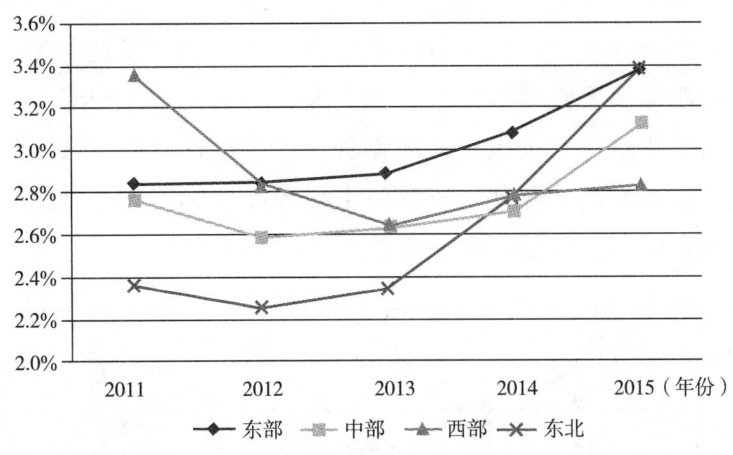

图 2.8　2011—2015 年四大区域保险深度

四大区域保险赔付率基本呈现上升态势，整体赔付率指标水平位于 40%以下，保险业面临的赔付风险可控。2015 年东部、中部、西部及东北四大区域保险赔付率分别上升到 33.58%、35.73%、37.42%和 33.98%，如图 2.9 所示。保险赔付率处于中等水平，一方面体现了保险公司对投保全体承担责任，对被保人分担了风险，另一方面表明保险机构做好了主动性防范工作，能够防止因管理不善造成赔付率过高。

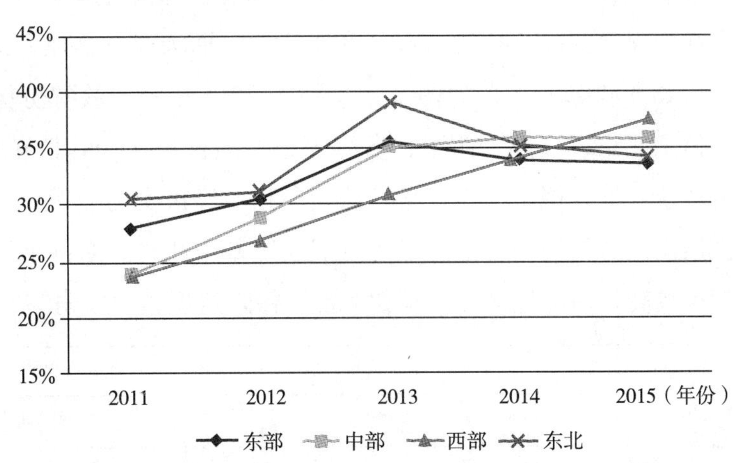

图 2.9　2011—2015 年四大区域保险赔付率

二、省域金融部门风险比较

在对四大区域金融部门银行类风险、保险类风险比较的基础上，以下主要对 2014—2015 年各省份银行业存贷比、保险深度进行比较，以进一步揭示金融部门风险的结构性差异。

2015年东部各省份存贷比基本都表现出减小趋势，其他区域省份基本都呈增加趋势，但是存贷比呈现明显的地区差异。在经济发达的东部沿海地区和较为偏僻的西部地区，存贷比存在较大差别，如图2.10所示。整体而言，在特定金融制度背景下，全国平均的存贷比水平由宏观变量决定，存贷比涉及银行贷款和存款方面，尤其是贷款的影响程度较大。各个地区产业结构的差异也会导致不同地区信贷规模和存贷比不同。

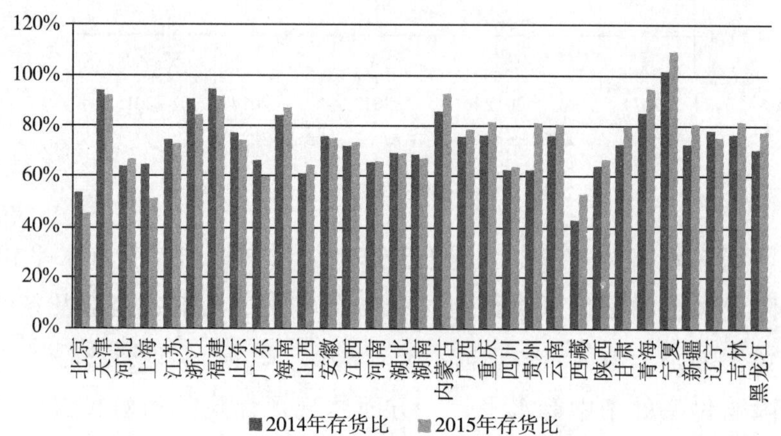

图2.10　2014—2015年中国各省存贷比

我国东部区域保险业表现出更大差异性，中部省份保险业差异性较小，2015年，北京、上海的保险深度分别为4.69%和4.51%，而天津、福建、山东保险深度仅2.41%、2.43%和2.45%，如图2.11所示。2015年，多数省份保险深度相比上年上升，但是北京、福建、西藏、青海等地保险深度下降。改革开放以来，西部地区经济较快发展，但是与长三角、珠三角相比经济实力差距依旧较大，我国保险业地区层次划分结构与各地区经济发展状况基本相符。东部地区经济实力较强，保险深度较高，西部地区经济不如东部，保险意识相对较弱。

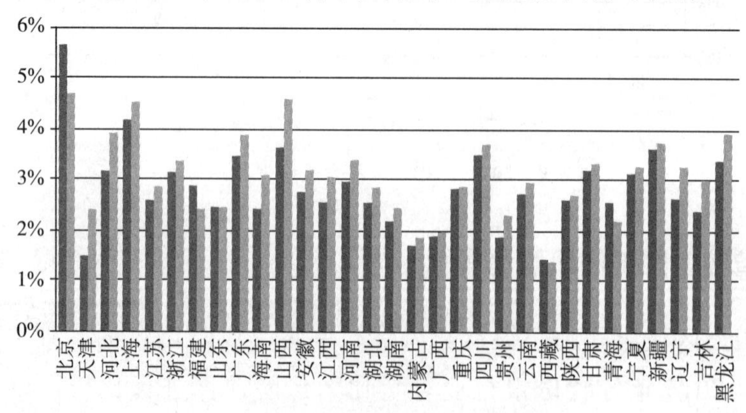

图2.11　2014—2015年中国各省保险深度

第5节　中国上市企业部门风险比较

本节基于四大区域上市企业在2011年第一季度至2015年第三季度间的公开数据，编制出企业部门的合并资产负债表与或有权益资产负债表，并根据相关指标对各个区域的企业部门宏观金融风险进行比较。

一、四大区域上市企业部门风险比较

（一）上市企业资产负债表比较分析

四大区域上市企业资产负债率基本维持在55%—65%之间，发展趋势较为稳定，如图2.12所示。2011—2015年东北地区上市企业资产负债率始终处于最高水平，从2012年第三季度起中部地区上市企业资产负债率一直保持最低，截至2015年第三季度，东部、中部、西部及东北四大区域资产负债率依次为61.53%、57.74%、60.55%和62.23%。总体而言，2015年前三季度各大区域上市企业资产负债率均超过了50%，资产负债水平不够合理，上市企业部门资本结构错配风险有所加剧。

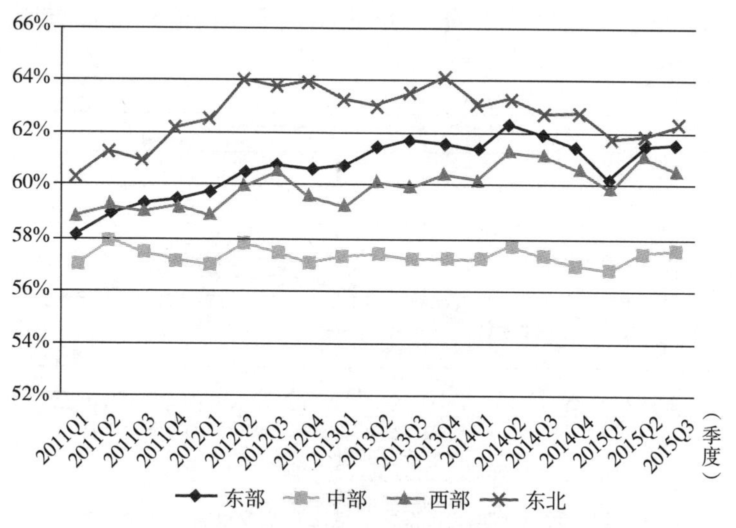

图2.12　2011—2015年四大区域上市企业资产负债率

四大区域流动比率变化较为稳定，2015年以来四大区域流动比率从高往低依次是西部、东部、中部和东北地区，2015年第三季度东、中、东北三大区域流动比率分别为1.19、1.23和0.93，如图2.13所示。除东北地区以外，其他三大区域上市企业流动比均大于1，流动性较好，短期内不存在偿债风险。东北地区上市企业流动性问题较为显著，需要警惕短期偿债风险。

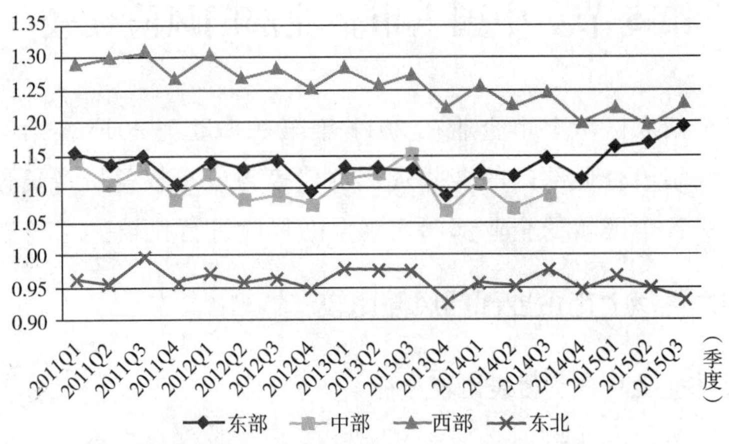

图 2.13　2011—2015 年四大区域上市企业流动比率

（二）上市企业或有资产负债表比较分析

上市企业受证券市场变动影响程度较大，除东北地区外，其他区域上市企业或有资产负债率波动范围相比账面资产负债率较大，在 30%—55%间波动，东北地区则普遍高于 70%，如图 2.14 所示。2015 年第三季度东、中、西及东北地区或有资产负债率分别为 36.39%、29.04%、46.74%和 80.93%，东部和东北地区或有资产负债率下降，其他地区都有所上升。

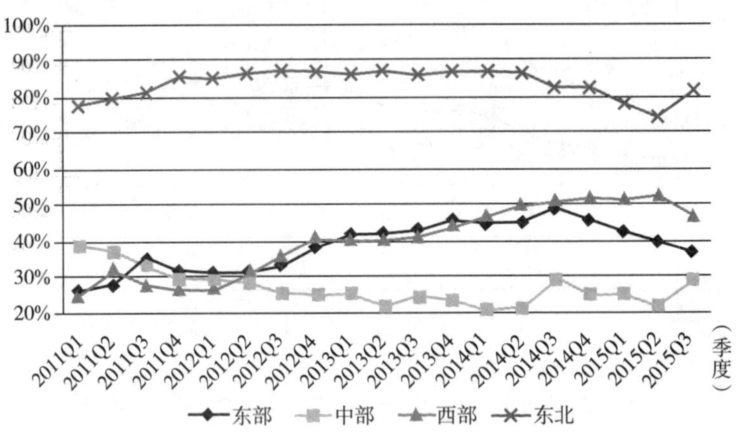

图 2.14　2011—2015 年四大区域上市企业或有资产负债率

从违约距离来看，东部和西部上市企业部门的违约距离保持稳定增加，2015 年第三季度基本保持在 5 以上，分别为 6.99 和 5.31；中部和东北地区上市企业违约距离连续三个季度持续减小，第三季度值违约距离小于 2，上市企业部门违约风险十分显著，如图 2.15 所示。这表明 2015 年东、西部上市企业经营状况良好，东北地区上市企业财务状况不良。

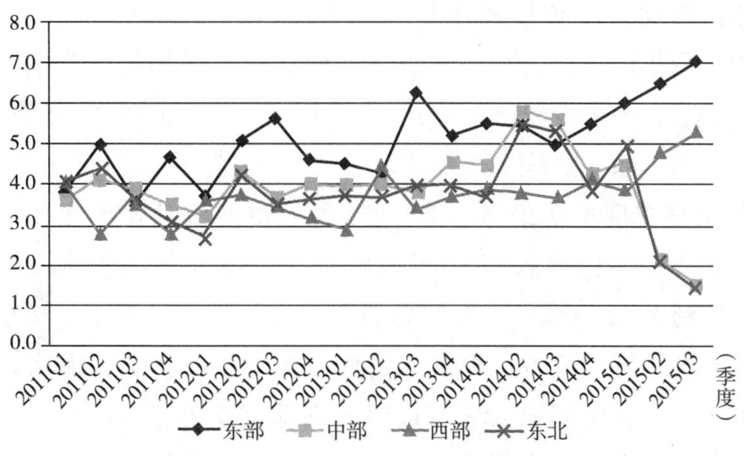

图 2.15　2011—2015 年四大区域上市企业违约距离

二、省域上市企业部门风险比较

省域上市企业部门的风险比较主要基于各省份 2014 年第三季度和 2015 年第三季度的资产负债表和或有权益资产负债表，我们就各省份企业部门经济实力和风险状况进行对比。

（一）省域上市企业资产负债表比较分析

我国各省份除广东和福建有所下降外，上市企业部门资产负债规模保持较为稳定增长，但资产负债率水平与上年同期相比变化不大。从图 2.16 中可以看出，2015 年，云南、重庆上市企业部门资产负债率较高，均为 70.93%。其中，东部各区域上市企业部门账面资产负债率从高到低依次为河北、广东、福建、上海、北京、天津、山东、海南、江苏、浙江，其中河北省

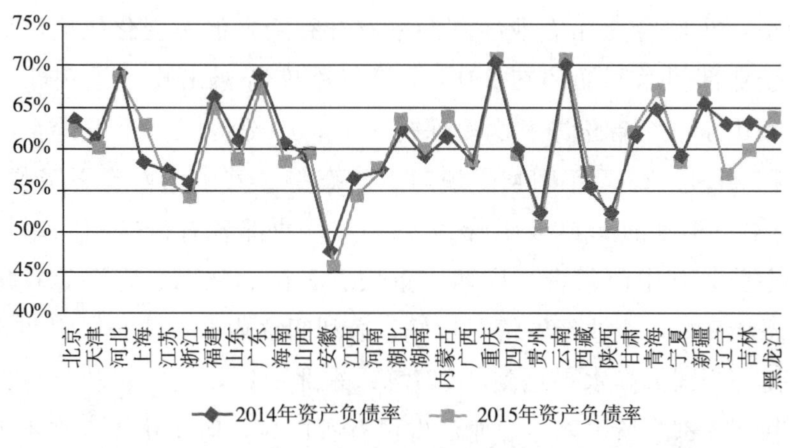

图 2.16　2014—2015 年第三季度省域上市企业资产负债情况

上市企业部门账面资产负债率达到 68.89%，而浙江省则为 53.91%，最大值有所增加，最小值小幅度减小。资本结构状况最好的省份分别为安徽、贵州和陕西，这三个省份 2015 年第三季度上市企业资产负债率分别为 45.34%、50.48%和 50.48%。

2015 年第三季度流动比率与 2014 年第三季度流动比率相比，除西部一些省份外基本持平。从图 2.17 中可以看出，2015 年第三季度，河南省流动比率最高，达到 251.03%，其他较高的有贵州、广东、天津、辽宁。而流动比率低于 1 的省份有内蒙古、青海、山西、黑龙江、新疆和海南，大都集中在西部和东北地区。中部地区只有山西省流动比率低于 1，主要是由于山西上市企业的多余资金流向房地产市场，随着房地产市场进入调整期，相关上市企业资金回笼受到影响，从而导致企业流动性不足。

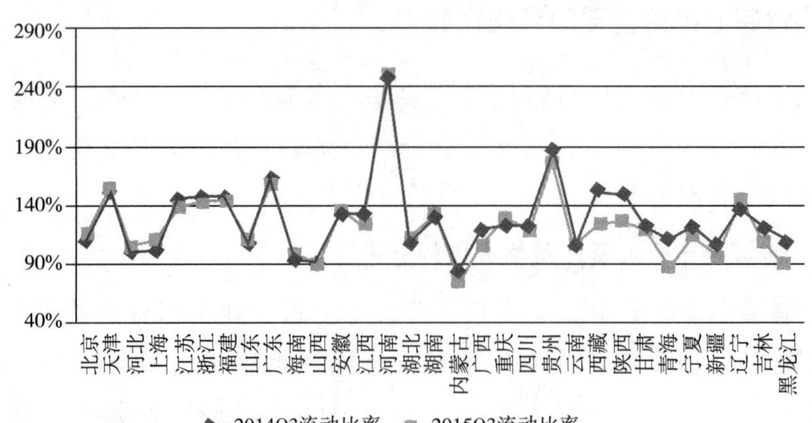

图 2.17　2014 年与 2015 年第三季度省域上市企业流动比率

从图 2.18 中可以看出，黑龙江、贵州上市企业净利润率较高，其余省份差异较小，2015 年上市企业净利润率有升有降，但是变化幅度不大。东部区域上市企业部门净利润率在 2015 年第三季度普遍出现下滑现象，只有浙江、江苏和山东三个省份净利润率保持上升；中部地区六个省份企业部门的净利润率在 2014—2015 年间均呈现向下的态势，其中山西省下降幅度最大，从 2014 年第三季度的 9.40%下降为 4.66%；西部各省份净利润率均保持较为稳定的态势，其中内蒙古、广西、重庆、云南、陕西、青海等省份的上市企业发展态势良好，企业经营情况较好，净利润率均保持增长，贵州省虽略有下降，但仍为全国最高水平达到 21.37%；东北地区，辽宁省和吉林省上市企业部门净利润率都有所下降，黑龙江省仍有所提高，但变化幅度都不大，整体而言，企业部门经营状况良好，盈利能力基本稳定，抗风险能力有所增强。

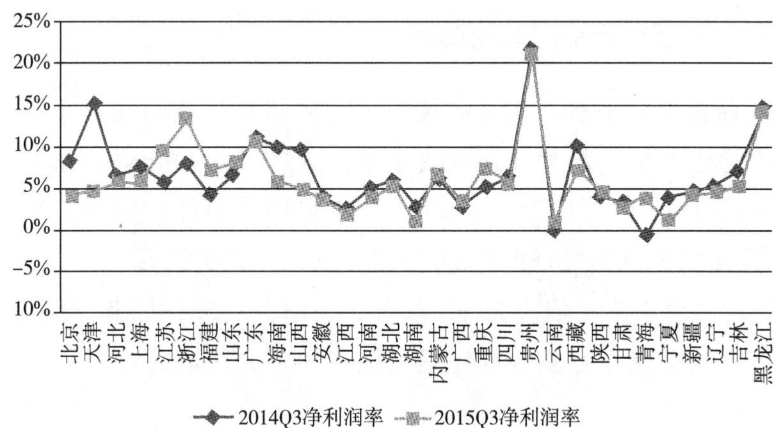

图 2.18　2014 年与 2015 年第三季度省域上市企业净利润率比较

（二）省域上市企业或有资产负债表分析

2015 年第三季度绝大多数省份违约距离相比上年都有所减小，并且减小幅度较大，除西部省份和辽宁省之外，这表明 2015 年我国上市企业部门整体而言违约风险大大加剧，同时可以看出，西部省份之外，广东省上市企业违约距离明显高于其他省份，为 3.47，其他省份 2015 年第三季度上市企业违约距离都保持在较低水平，如图 2.19 所示。

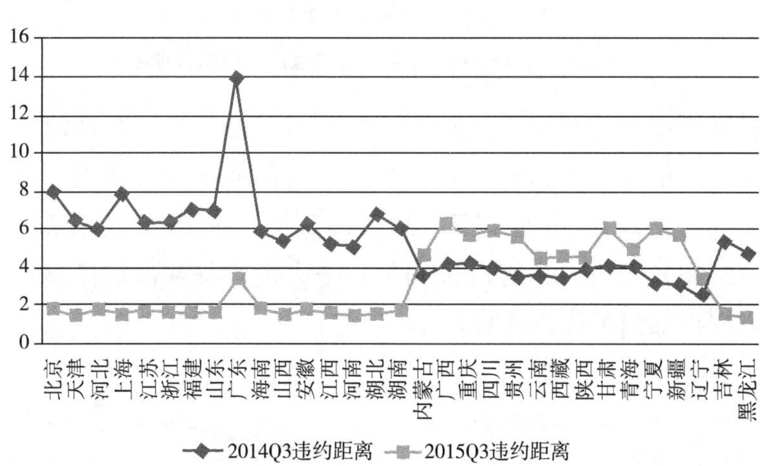

图 2.19　2014 年与 2015 年第三季度省域上市企业违约距离

第 6 节　中国家户部门风险比较

中国家户部门的区域风险研究主要从四大区域家户部门储蓄存款、家户部门存贷比等指标展开分析。

一、四大区域家户部门风险比较

从储蓄存款规模来看，四大区域中，东部储蓄存款明显高于其他三个区域，且呈现稳定的增长趋势，这取决于东部地区发达的金融体系和高速的经济发展。从图 2.20 中可以看出，2015 年，东部、中部、西部、东北地区家户部门储蓄存款依次为 272861.37 亿元、108139.09 亿元、98518.4 亿元和 45684.6 亿元，增长速度依次为 10.06%、13.1%、5.18%和 10.32%，可见东部地区不论居民储蓄存款规模还是增速都为各大区域之首。

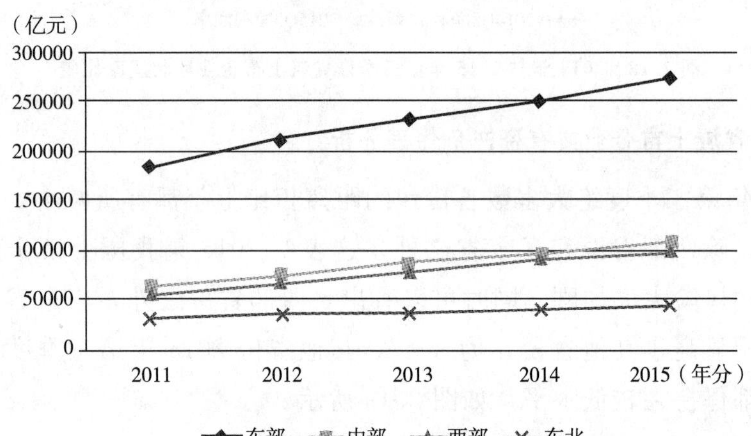

图 2.20　2011—2015 年四大区域家户部门储蓄存款

结合居民储蓄存款和消费贷款计算家户部门存贷比，东部地区存贷比最高，西部次之，中部地区和东北地区家户部门存贷比较为接近，明显低于东西部地区。从图 2.21 中可以看出，2015 年，家户部门存贷比分别为 37.35%、22.00%、26.78%和 20.14%。个人消费贷款占居民储蓄存款比例较低，表明家户部门整体风险较小。

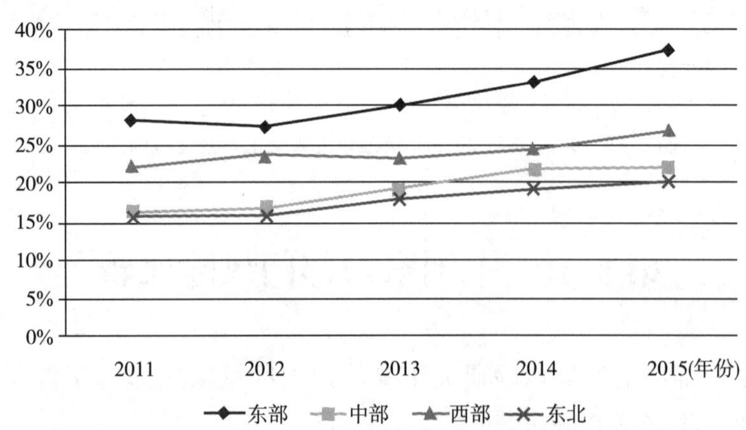

图 2.21　2011—2015 年四大区域家户部门存贷比

二、省域家户部门风险比较

在对四大区域家户部门风险比较的基础上，围绕 2014－2015 年各省域家户部门存贷比进一步分析我国家户部门风险结构。

2015 年，个人消费贷款与城乡储蓄存款之比略有提升，浙江、西藏除外，如图 2.22 所示。福建省家户部门存贷比高达 63.32%，居全国首位，比 2014 年增长 3 个百分点，同时，上海、广东、重庆也相对较高，均超过 40%，而青海、甘肃、黑龙江、西藏四省则水平较低，均维持在 20%以下。西部地区重庆市最高达到 47.09%；同时广西、云南以及贵州也较高，均超过 25%。吉林省和辽宁省个人消费贷款与居民储蓄比值相当，而黑龙江省的这一比值较低，风险在可控范围内。

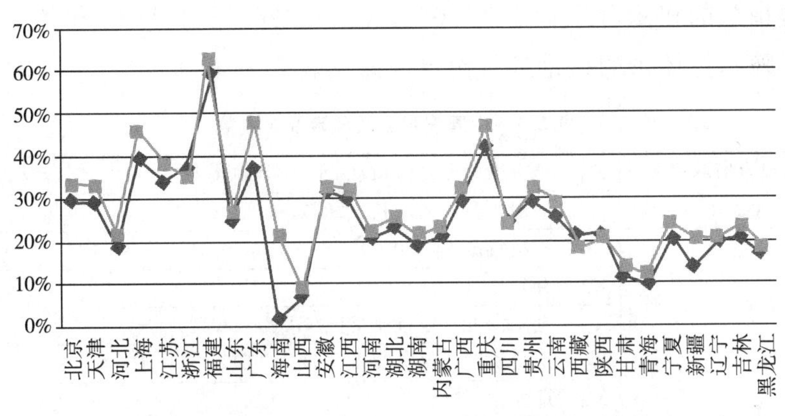

图 2.22　2014－2015 年省域家户部门存贷比

第 7 节　中国宏观金融风险综合指数比较

本节将基于四大部门的风险比较，综合各部门主要指标，并纳入宏观经济运行指标构建宏观金融风险综合指数，进而计算 2014 年、2015 年中国各省份的风险指数，以此对各省份风险进行纵向和横向的比较，来反映中国宏观金融风险的结构性变化。

一、宏观金融风险综合指数

综合考虑公共部门、企业部门、金融部门、家户部门以及宏观经济运行的风险指标，并设定相应权重来构建宏观金融风险综合指数。其中，公共部门风险指数主要考虑地方财政金融风险，以赤字率为主，同时考虑一般预算收入增长，共两项指标；金融部门风险指数以不良资产率和存贷比为主，同时考虑金融深度、保险深度和证券化率，共五项指标；上市企业风险指数以违约距离和资产负债率为主，同时考虑流动比率和净利润率，共四项指标；家户部门风险指数以家户部门存贷比为主，同时考虑城镇居民家庭人均消费性支出与人均可支配收入之比、农村居民家庭人均生活消费与人均纯收入之比，共三项指标；宏观经济运行风险指数以实际GDP增长率为主，同时考虑全社会固定资产投资增速、进出口总额增速，共三项指标。

综合以上五大类风险指数，即构建宏观金融风险综合指数一级风险指标。结合我国实际情况，将二级风险指标体系财政金融风险指数、金融部门金融风险指数、企业部门金融风险指数、家户部门金融风险指数、宏观经济运行风险指数的权重分别设定为30%、20%、20%、10%和10%。进一步，对三级风险指标体系的权重进行设定，详见表2.1①。

表2.1　中国宏观金融风险综合指数

宏观金融风险综合指数	地方财政金融风险（30%）	X_{11}：地方财政预算缺口/GDP（80%）[+]
		X_{12}：一般预算收入增长（20%）[−]
	金融部门金融风险（25%）	X_{21}：不良贷款率（30%）[+]
		X_{22}：存贷比（30%）[+]
		X_{23}：金融深度（银行业资产/GDP）（20%）[+]
		X_{24}：保险深度（保费收入/GDP）（10%）[−]
		X_{25}：证券化率（10%）[+]
	上市企业金融风险（25%）	X_{31}：违约距离（30%）[−]
		X_{32}：企业部门资产负债率（30%）[+]
		X_{33}：流动比率（20%）[−]
		X_{34}：净利润率（20%）[−]
	家户部门金融风险（10%）	X_{41}：家户部门存贷比（个人消费贷款/居民储蓄）（50%）[+]
		X_{42}：城镇居民家庭人均消费性支出与人均可支配收入之比（30%）[+]
		X_{43}：农村居民家庭人均生活消费与人均纯收入之比（20%）[+]
	宏观经济运行风险（10%）	X_{01}：实际GDP增长率（60%）[−]
		X_{02}：全社会固定资产投资增速（20%）[−]
		X_{03}：进出口总额增速（20%）[−]

① 注：该指数设计沿用《2015年中国与全球宏观金融风险报告》中的宏观金融风险综合指数相关指标和权重，并对二级风险指标权重进行调整。（）中的数据为各指标权重；[ ]中的符号表示该指标与风险的相关性，"+"即与风险呈正相关，该指标越大，风险越高，"−"即与风险呈负相关，该指标越大，风险越低；简单起见，认为风险与各指标呈单向关联。以上各指标数据均来源于历年《中国统计年鉴》《银监会年报》《中国金融稳定性报告》《中国区域金融运行报告》等。

在确定指标及权重的基础上，综合 31 省份各项指标数据，对其进行标准化，过程如下：

（1）如果该指标与风险呈正相关，那么标准化过程为：

$$\frac{\text{该项风险指标}-31\text{省份中的最小值}}{31\text{省份中的最大值}-31\text{省份中的最小值}}$$

（2）如果该指标与风险呈负相关，那么标准化过程为：

$$\frac{31\text{省份中的最大值}-\text{该项风险指标}}{31\text{省份中的最大值}-31\text{省份中的最小值}}$$

综合以上各项指标分数，即可得到我国各省份在 2014 年和 2015 年的宏观金融风险综合指数，指数越高，风险越大，反之，则风险越小。

二、省域宏观金融风险综合指数排名

基于我国各省四大部门金融风险指标以及宏观经济运行指标，编制 2014—2015 年省域宏观金融风险综合指数，详见表 2.2。2015 年，除浙江、湖南、广西、重庆、甘肃、新疆外，全国宏观金融风险综合指数普遍增大，这表明 2015 年我国省域宏观金融风险全面加剧，这与经济下行压力加大，实体经济不景气密切相关。

表 2.2　2014—2015 年中国省域宏观金融风险综合指数

区域	省份	宏观金融风险综合指数		区域	省份	宏观金融风险综合指数	
		2015 年	2014 年			2015 年	2014 年
东部地区	北京	42.16	38.23	中部地区	山西	40.55	30.09
	天津	41.99	34.77		安徽	32.70	30.16
	河北	47.03	39.32		江西	36.03	28.54
	上海	40.21	32.51		河南	29.60	27.47
	江苏	38.41	38.09		湖北	35.80	31.00
	浙江	39.91	40.29		湖南	34.08	29.40
	福建	52.73	47.11	西部地区	内蒙古	51.34	48.48
	山东	41.52	32.90		广西	38.17	38.92
	广东	35.32	32.19		重庆	38.14	38.97
	海南	44.59	38.04		四川	37.19	37.11
东北地区	辽宁	50.22	48.57		贵州	27.00	27.65
					云南	47.43	44.76
					西藏	54.10	49.63
	吉林	50.43	42.87		陕西	35.27	31.25
					甘肃	41.34	41.60
					青海	53.77	52.29
	黑龙江	52.52	46.22		宁夏	43.32	43.04
					新疆	41.07	41.19

从图 2.23 中可以看出，2015 年全国宏观金融风险指数排名前三依次为西藏、青海、福建，贵州、河南、安徽等地宏观风险指数比较低。相比 2014 年，贵州 2015 年宏观金融风险水平下降较多，山西、江西、山东等地宏观风险相对排名上升较多，应予以重点关注。另外，表 2.3 给出各省份 2015 年宏观金融风险综合指数分解指标所反映的风险最大或最小的情况。

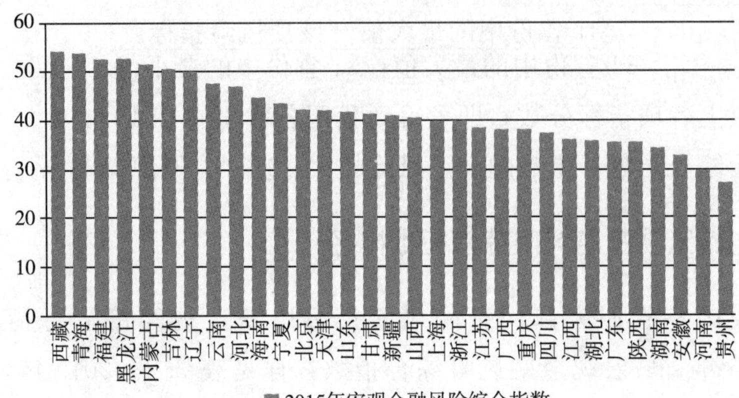

图 2.23　2015 年中国各省宏观金融风险综合指数

表 2.3 2015 年中国省域宏观金融风险综合指数的分解指标

	公共部门		金融部门					企业部门				家户部门			宏观经济运行		
	X_{11}	X_{12}	X_{21}	X_{22}	X_{23}	X_{24}	X_{25}	X_{31}	X_{32}	X_{33}	X_{34}	X_{41}	X_{42}	X_{43}	X_{01}	X_{02}	X_{03}
北京				最小	最大	最大											最小
天津																	
河北															最小		
上海																	
江苏	最小																
浙江																	
福建							最大						最小				
山东												最大		最小			
广东																	
海南																	
山西												最小					
安徽									最小								
江西																	
河南										最大							
湖北																	
湖南					最小										最大		
内蒙古										最小							
广西							最小	最大									
重庆									最大								
四川																	
贵州											最大						
云南											最小						
西藏	最大	最大	最小			最小											
陕西																	
甘肃																	
青海														最大			
宁夏				最大													最大
新疆													最大			最大	
辽宁		最小														最小	
吉林																	
黑龙江			最大					最小									

第8节 金融风险管理与经济发展战略

本章从四大区域出发，比较分析东部、中部、西部及东北地区宏观金融风险，并提出了金融风险管理及经济发展战略。

公共部门方面，相关风险集中体现在地方政府债务。四大区域财政缺口不断扩大，西部地区地方政府一般缺口问题较为突出，西藏、青海、甘肃等地财政赤字高居不下。因此，应采取适当措施控制地方财政支出规模，谨防公共部门爆发区域性系统性风险。

金融部门方面，银行类金融机构风险相比保险类金融机构风险更为突出，不同地区由于金融发展深化程度不同，结构化差异明显。从存贷比看，四大区域银行部门面临的偿债风险较小，中部地区存贷比较低，银行类金融机构服务实体经济力度不够；从中长期贷款占比来看，四大区域期限错配风险较大。同时，保险业方面，四大区域总体发展差异逐步缩小，保险赔付率上升，但是总体风险可控。

上市企业方面，2015年四大区域上市企业部门经营状况有所恶化，整体违约风险较大。从资产负债表分析，各大地区企业部门资产负债率水平较高，均超过50%，资本结构不太合理。除东北地区外，其他区域短期偿债风险较低。从或有权益资产负债表分析，四大区域上市企业部门短期发生信用违约的概率较大。

家户部门方面，个人消费贷款占储蓄存款比例有所提高，整体风险水平略有上升。东部地区金融体系发达，经济发展较快，家户部门存贷比比其他区域都要高，但是总体水平较低，面临偿付风险相对较低。

总而言之，我国区域经济金融发展的差异性较大，不同地区面临宏观金融风险程度有所不同，因而需要采取有效措施防范四大区域系统性风险，推动经济平衡稳定发展。目前，我国区域间不同程度的风险暴露已经带来许多问题，因此，我国需要根据实际的金融发展情况，通过政府引导和控制，推进宏观风险审慎管理，有效防范风险在不同区域不同部门间传导。

参考文献

[1] 梁慧：《中国金融发展区域差异性及其原因分析——基于泰尔指数的分解》，载《现代商贸工业》2015 年第 6 期。

[2] 谢德金：《金融发展在中国经济增长中的作用研究》，南开大学，2014 年。

[3] 陈金明：《中国金融发展与经济增长研究》，中国社会科学院研究生院，2002 年。

[4] 李新鹏：《我国区域金融资源配置效率评价及比较研究》，载《湖南财政经济学院学报》2015 年 6 月。

[5] 赵丹妮：《新常态下区域金融发展研究》，载《当代经济》2015 年第 12 期。

[6] 王晓宇：《刍议我国区域金融差异化的发展》，载《财税金融》2014 年 9 月。

[7] 李月：《中国金融发展与经济增长的关系研究》，吉林大学，2014 年。

第3章　东部宏观金融风险总论

东部地区占据了中国经济金融的半壁江山，在2015年经济下行压力增大、宏观经济环境不景气的背景下，东部地区的发展面临挑战。本章一方面把东部地区10个省市作为一个整体，从公共部门、金融部门、上市企业部门、家户部门四大部门出发，利用资产负债表和或有权益分析的方法，对各部门的发展情况和金融风险进行了研究。另一方面，通过东部十个省市个别经济金融指标的对比，突出了某些省市的金融风险特点。最后，针对本章对于东部地区经济发展状况的分析与金融风险特征的研究，结合实际发展状况，提出与之对应的风险管理和经济发展战略。

第1节　东部宏观金融风险概述

2015年，东部地区经济持续增长，地区生产总值达到37.3万亿元，占全国GDP总量的55.1%，与2014年相比有微小上升[①]，增长率达到6.5%，略低于全国总体水平。在东部地区各个省市中，广东、江苏、山东、浙江四个省份所占GDP比重最高，分别达到了19.5%、18.8%、16.9%和11.5%，总计达到66.7%，占据了东部地区生产总值的2/3，也占据了全国GDP的较大份额。由此反映出，东部地区经济总量大的同时，也存在区域内各省市发展不平衡的问题。

金融方面，截至2015年年末，东部地区银行业金融机构总资产超过107万亿，存贷款规模不断扩大。贷款余额519629亿元，同比增长10.4%，增长速度降低了2.5个百分点；存款余额790437.2亿元，同比增长20.9%，增长速度上升了9.4个百分点。保险方面，东部地区保费收入12618.75亿元，同比增长15.2%，保险深度也有所提升。

总体来看，东部地区公共部门财政缺口占东部地区生产总值的比重有所

---

① 数据来源：《2015年中国区域金融运行报告》，中国人民银行。本章其他数据均根据相关章节整理而来。

上升，财政压力增大，公共部门金融风险上升，但尚处可控范围。其中海南、河北面临比较严重的财政风险，财政缺口占比居高不下，广东、上海公共部门运行良好，不存在明显的金融风险。东部地区金融部门整体运行稳定，本外币存贷比均有所降低、贷款中长期化趋势有所减弱，资本结构错配、货币错配、期限错配风险得到控制，保险市场量与质都有提升。但是福建、天津、海南三个省市存贷比过高，存在很大的流动性风险。东部地区上市企业部门总体状况优于各省市上市企业部门的运行状况，盈利能力整体高于 2014 年，资产负债率有所下降，违约距离增大，与各省市受到 A 股大幅下跌的冲击而波动较大不同，东部上市企业作为一个整体表现出了比较强的抗冲击能力。具体到省市，浙江、江苏、广东上市企业部门表现强劲，海南、北京、天津相对表现疲软。东部地区家户部门存贷结构合理，整体消费意愿增强，个人消费贷款与储蓄存款的比值上升，福建、广东、上海消费贷款与储蓄比较较高，要对其偿付风险加强关注。

第 2 节　文献综述

目前国内对于区域金融风险的研究已经比较全面。

王波、郭书东（2015）测算了我国 30 个省市、自治区金融脆弱性，并以金融体系的脆弱性来反映区域金融风险水平，该研究认为 2006—2012 年间，我国区域金融脆弱性整体水平较高，东部地区的金融脆弱性效率值处于较低水平，远低于西部，略低于中部。

苏明政、张庆君（2015）用我国各省份经济周期波动性代表系统性金融风险，研究了各省份间的系统性金融风险传导，发现传染效应最强的几个省份是北京、浙江、广东、上海。总体来看，东部经济发达地区会对整个其他省份进行传染，中西部的省份主要传染对象是周边地区。

胡振、何婧、臧日宏（2015）在对家庭风险资产配置的研究中发现，东部地区城市居民金融资产持有比例的绝对量都高于中西部地区，东部地区有接近 7 成的家庭持有以股票、基金和借出款为主的风险资产。研究认为东部地区家庭的金融风险承受能力更强。余关元、雷敏、刘勇（2015）则从另一个角度研究了中国家庭金融资产的配置，基于“中国家庭金融调查”的数据，分析得出东部地区家庭具有更高的风险偏好，承担风险的能力更强。

第3节 东部公共部门风险分析

如图3.1所示，2015年，东部地区一般预算收支规模稳定增加。2015年东部地区一般预算收入达到46462.86亿元，较2014年增长13.84%；一般预算支出63467.3亿元，较2014年增长23.71%。预算缺口占GDP的比重呈现较大幅度的上升，表现出财政支出相对于财政收入的大幅增长。总体来看，东部地区公共部门金融风险有所上升。

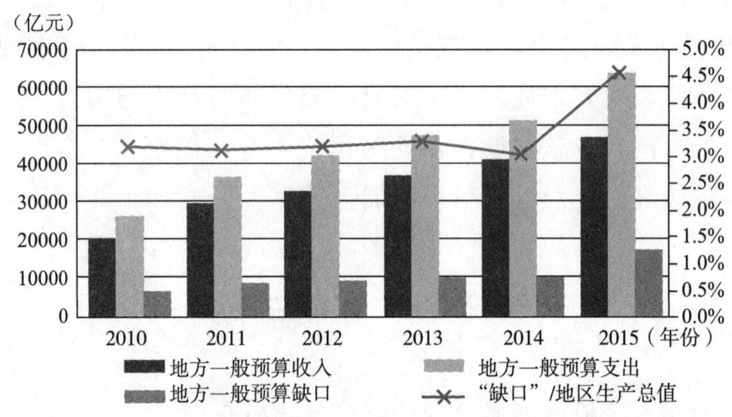

图3.1 东部地方公共财政收支情况

如图3.2所示，从增长率来看，经过2011年预算收入与支出增长速度的大幅下降之后，收入支出增长率保持相对稳定。2015年一般预算收入增长率上升幅度不大，支出增长率有明显上升，远远高于近三年来的支出增长率。财政支出的骤然上升是公共部门金融风险的主要来源。

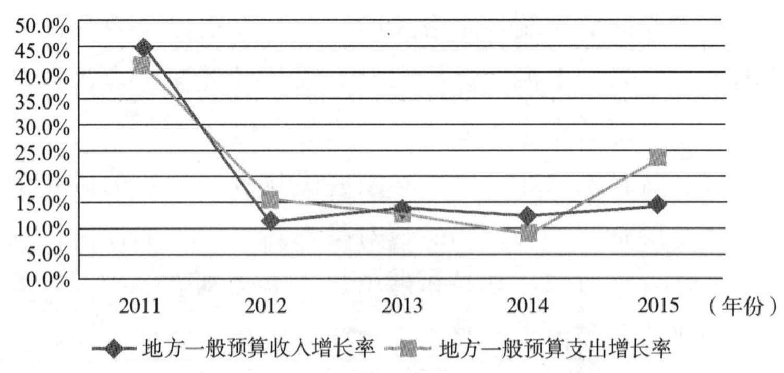

图3.2 东部地方公共财政收支增长率比较

第 4 节　东部金融部门风险分析

东部地区 2015 年银行业金融风险不高，保险业运行稳健，总体来看，金融部门风险情况不明显。

一、银行类风险分析

（一）资本结构错配分析

2015 年，东部地区银行业金融机构总资产规模持续扩大，如图 3.3 所示，银行业总资产达到 1070915.69 亿元，同比增长 14.9%，增长速度较 2014 年上升了 2 个百分点。存贷规模方面，存款余额 790437.18 亿元，同比增长 21.4%，增速较 2014 年上升了接近 10%；贷款余额 519628.98 亿元，同比增长 10.4%，增速较 2014 年下降了 0.5%。东部地区存款增速相对于贷款增速的上升幅度明显，存贷比从 2014 年的 71.97%下降到 65.74%，资本结构错配的风险有所降低。

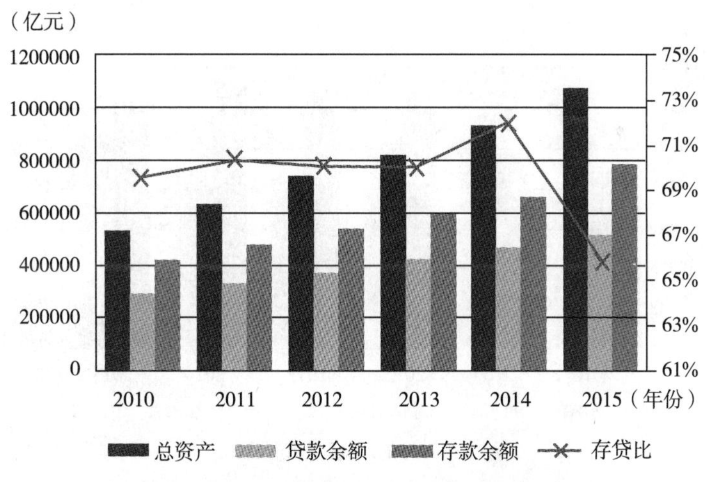

图 3.3　东部地区银行类金融机构资本结构

（二）期限错配分析

2015 年，东部地区银行业金融机构短期贷款 194615.5 亿元，增长较为缓慢，基本与 2014 年短期贷款水平一致；中长期贷款 278775.2 亿元，同比增长 11.6%，增幅较 2014 年下降幅度较大，如图 3.4 所示。受到短期贷款增长缓慢和中长期贷款稳步增长的影响，东部地区中长期贷款占比在 2015 年上升到 53.65%，虽然上升幅度较 2014 年有所减小，但是自 2012 年以来的贷款中长期化趋势并没有得到缓解，银行业的期限错配风险上升。

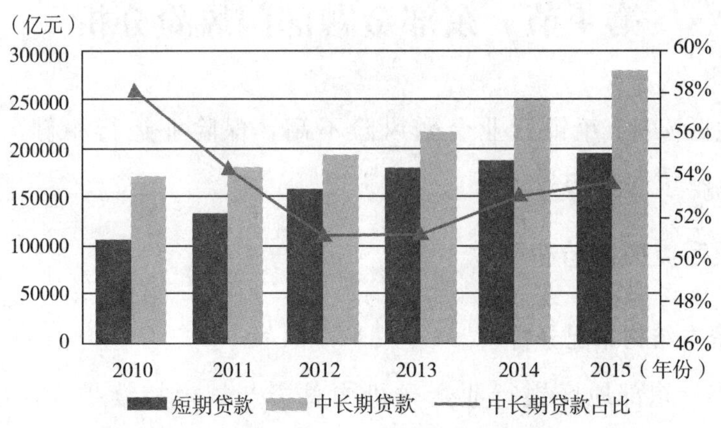

图 3.4　东部地区金融机构贷款期限结构

（三）货币错配分析

2015 年，外币存贷规模变化明显。如图 3.5 所示，2015 年外币贷款余额 30958.2 亿元，较 2014 年下降了 2698.6 亿元，下降幅度达到 8%。2015 年外币存款余额 27011.7 亿元，同比增长 10.9%，较 2014 年降低了 9 个百分点。外币存贷比从 2013 年的 158.75%迅速降到 2015 年的 114.61%。

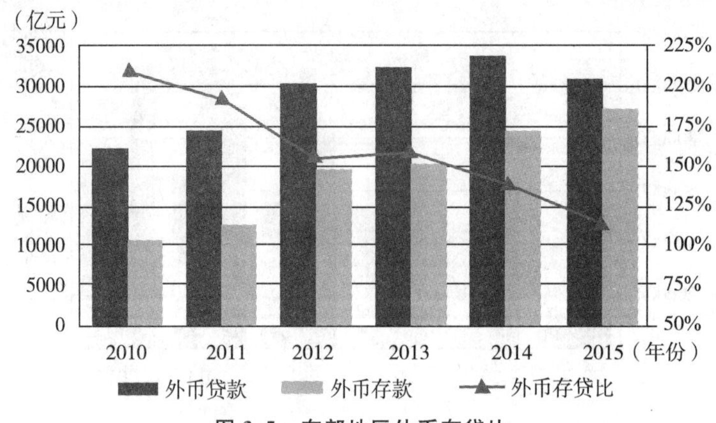

图 3.5　东部地区外币存贷比

二、保险类风险分析

总体而言，东部地区保险业市场 2015 年发展较为平稳迅速，如图 3.6 所示。2015 年东部地区保费收入达到 12618.75 亿元，同比增长 15.21%，较 2014 年增长速度下降了 2.35 个百分点。保险深度达到 3.39%，增长速度明显提升。在经济下行、宏观经济形势不明朗的时期，保险业的发展将对实体经济的复苏起到一定的助推作用。

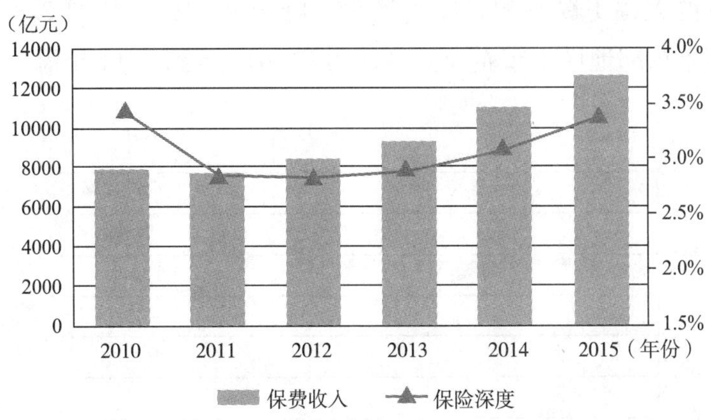

图 3.6　东部地区保费收入与保险深度

从保费收入与赔付支出的对比来看，东部地区近年来保费收入增长率大致呈现一个上升态势，2015 年虽有减缓，但仍然可以保持超过 15%的增长速度，如图 3.7 所示。赔付率方面，2010 年到 2013 年持续上升，之后赔付率缓慢下降，但是赔付率水平基本维持在 33.6%左右。同时 2015 年赔付支出的增长率为 14.7%，基本与保费收入增长率持平。

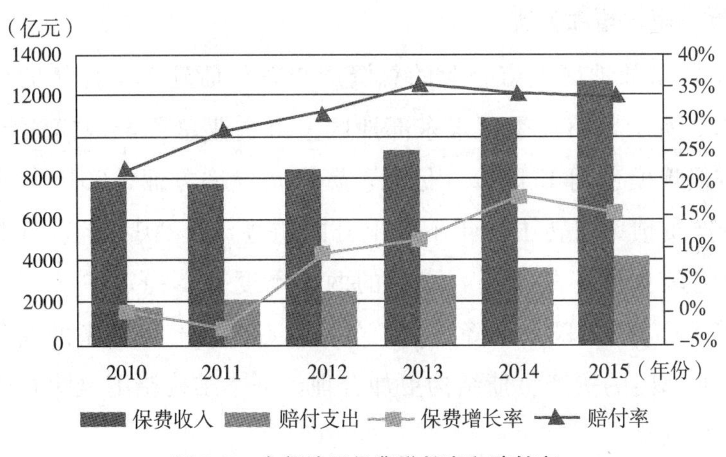

图 3.7　东部地区保费增长率和赔付率

第 5 节　东部上市企业部门风险分析

一、上市企业盈利能力分析

东部地区的上市企业净利润率在进入 2014 年第四季度之后整体上升明显，2015 年前两季度净利润率分别达到了 8.68%和 11.26%，之后第三季度受到国内A股市场的大幅下跌影响，净利润率下降至9.64%，如图3.8所示。总体来看，2015年东部地区上市企业盈利能力较2010年到2014年前三季度有较大提升。

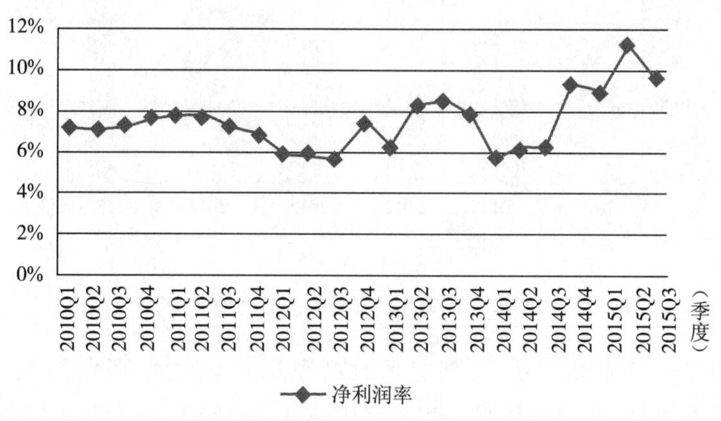

图3.8 东部上市企业部门净利润率

二、账面价值资产负债表分析

（一）资本结构错配分析

2015年，东部地区上市企业的总资产与总负债延续了往年的稳定增长趋势，如图3.9所示，第三季度末东部地区上市企业总资产规模达到251873.4亿元，总负债规模达到154965.6亿元。资产负债率方面，2015年东部地区上市企业的资产负债率扭转了往年不断上升的趋势，在2014年第四季度与2015年第一季度有较为明显的下降，之后的两个季度基本稳定在61.5%左右，较2014年第二季度的62.23%下降了0.7个百分点。资产负债率的变化表明东部地区上市企业部门的资产负债结构更加合理，资本结构错配风险有所下降。

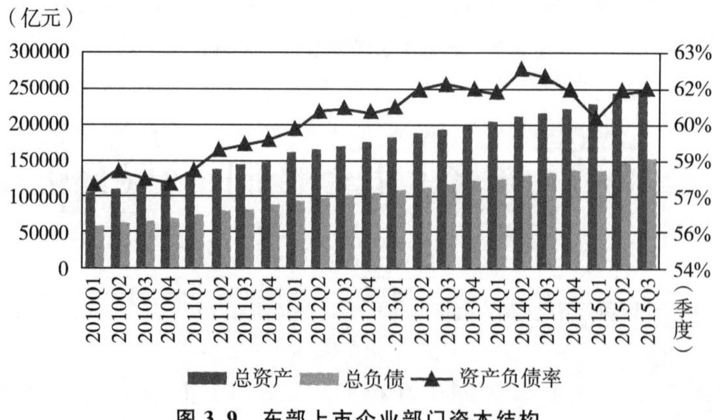

图3.9 东部上市企业部门资本结构

（二）期限错配风险分析

从 2010 年第一季度起，东部地区上市企业的流动比率一直波动较大，并且每年的第四季度会有较大幅度的下降，反映出上市企业每年度流动资产与流动负债的周期性变化，如图 3.10 所示。2015 年，东部地区上市企业流动资产与流动负债持续增长。截至 2015 年第三季度，流动资产 123943.2 亿元，流动负债 103871.6 亿元。2015 年前三季度流动比率走高，前两季度达到 1.166 左右，第三季度上升到 1.19，反映出东部地区上市企业资产流动性的增强和期限错配风险的降低。

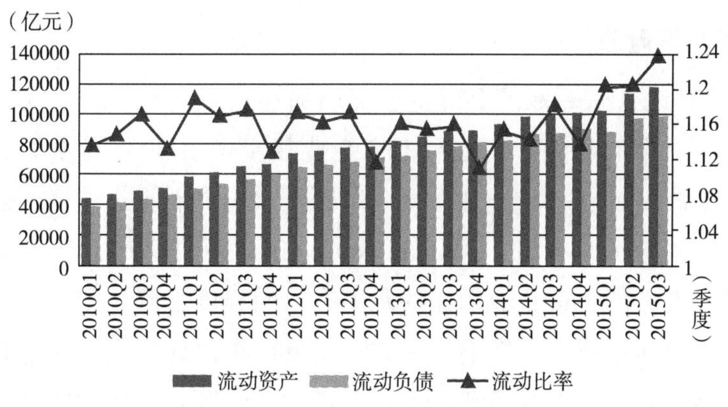

图 3.10　东部上市企业部门流动比率

三、或有权益资产负债表分析

（一）或有资本结构错配分析

从或有资产负债率的角度看，2015 年，东部地区上市企业前三季度或有资产负债率持续下降，截至 2015 年第三季度或有资产负债率 36.39%，比 2014 年第三季度的 48.65%下降了超过 12 个百分点。同时，也扭转了 2012 年开始的或有资产负债率不断上升的态势，如图 3.11 所示。或有资产负债率的降低说明，东部地区上市企业或有资本结构不断改善，或有资本结构错配风险得到了很大程度的缓解。

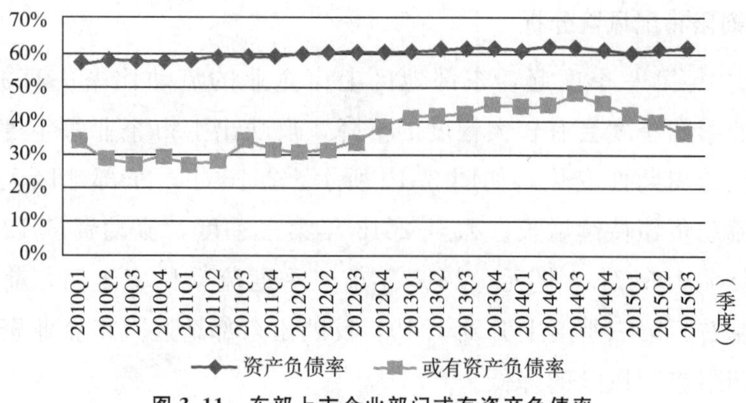

图 3.11　东部上市企业部门或有资产负债率

（二）违约风险分析

自 2010 年起，东部地区上市企业部门的违约距离在随季度不断波动的同时保持了波动上升的趋势，这也与上市企业逐步走出 2008 年金融危机、经营状况不断改善的现状相一致，如图 3.12 所示。2015 年前三季度，东部地区上市企业违约距离分别为 5.99、6.49 和 6.99，违约距离稳定上升。虽然 A 股大幅下跌使得各省份的上市企业的违约距离有不同程度下降，但是并未对东部地区上市企业的总体造成过大影响。一方面反映出东部地区上市企业作为一个整体的抗冲击能力，另一方面反映出整体企业的经营改善，违约风险降低。

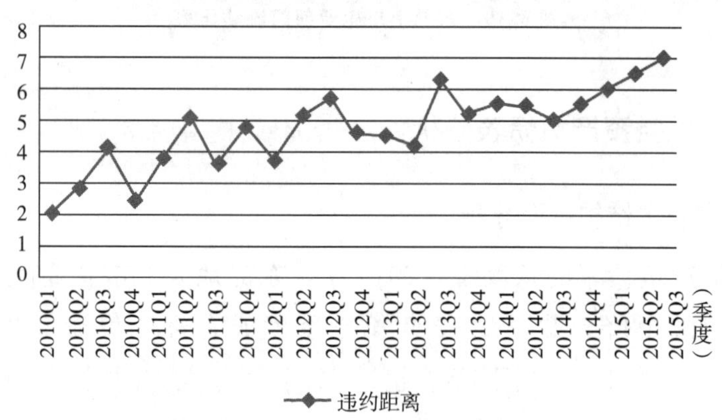

图 3.12　东部上市企业部门违约距离

第 6 节　东部家户部门风险分析

2015 年，东部地区家户部门收入继续增加。东部地区十个省份城镇居民人均可支配收入之和达到 372894 元，比 2014 年增加了 10.13%，增速提高了 5.4 个百分点；农村居民人均纯收入之和达到 161630 元，比 2014 年增加了 3.56%，增速降低了接近 13 个百分点。东部地区得益于沿海地区较高的经济发展水平，城乡居民收入在全国各大区域中处于较高水平，居民生活水平较高。但是，2015 年的城乡居民收入增长速度差异扩大，农村居民收入增速放缓，不利于城乡收入差距的缩小。

从城乡居民存贷方面看，2010 年起东部地区家户部门储蓄存款和消费贷款规模不断上升，如图 3.13 所示。2015 年东部地区城乡居民储蓄存款达到 272861.37 亿元，同比增长 10%，增速提升了 3.5 个百分点；个人消费贷款达到 101903.73 亿元，同比增长 24.5%，增速提升了 8 个百分点。随着近年来个人消费贷款的快速增长，个人消费贷款与居民储蓄存款的比值也不断上升，于 2015 年年末达到 0.37，反映出城乡居民消费储蓄倾向的改变。总体而言，东部地区消费贷款相对于储蓄存款的快速增长应当引起重视，谨防家户部门偿付风险的进一步提升。

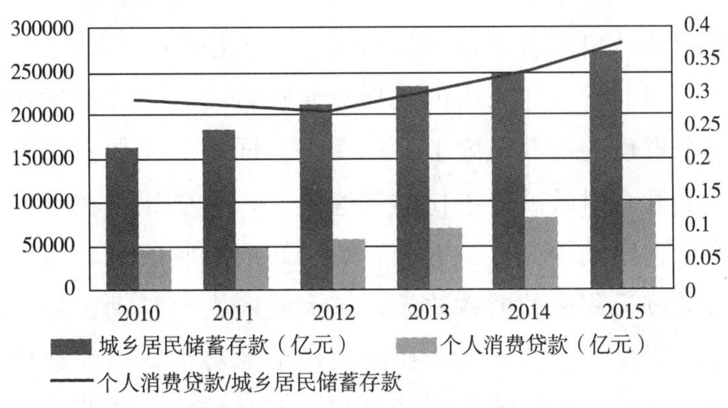

图 3.13　东部地区城乡居民储蓄存款与消费贷款比较

第 7 节　东部宏观金融风险结构性分析

在分析了东部地区四部门金融风险的基础上，本节进一步通过对东部各省市公共部门、金融部门、上市企业部门和家户部门主要指标的对比，考查东部地区内部各省市之间的发展差异与金融风险的差异化特征。

一、东部各省市公共部门比较分析

2015 年，东部地区各省市一般预算规模保持上升，其预算收入与支出占东部地区总预算支出的比重如图 3.14、图 3.15 所示。一般预算收入占比方面，东部地区各省市中，广东、江苏、山东、上海、浙江依次位居前五位，

其中广东省所占比重超过了20%；一般预算支出占比方面，东部地区各省市中，广东、江苏、山东、浙江、上海分居一到五位。两者相比较，江苏、上海都是支出占比小于收入占比的代表性省市，山东财政支出较高，支出占比高于收入占比，规模最大的广东省则保持了财政收支占比的平衡。

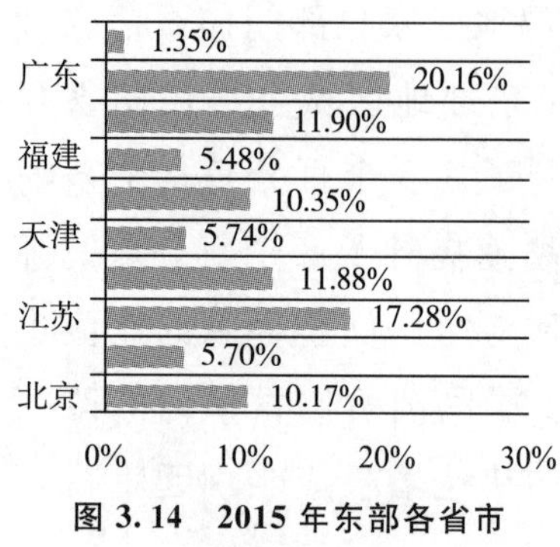

图 3.14　2015 年东部各省市一般预算财政收入占比

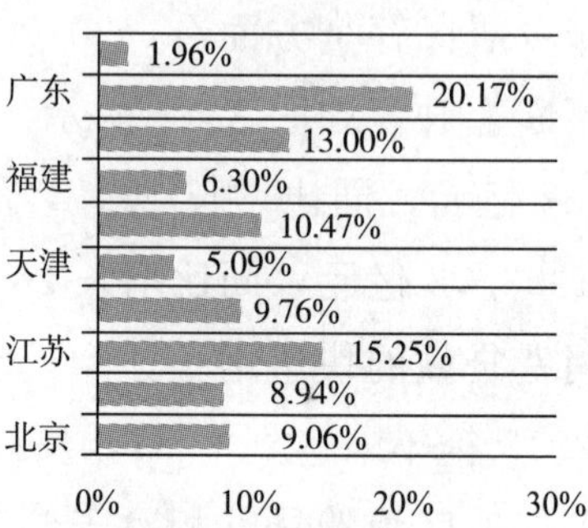

图 3.15　2015 年东部各省市一般预算财政支出占比

再从一般预算缺口占各省市GDP的比重变化来看，如图3.16、图3.17所示，广东省、河北省、北京市的该指标变动较大，上升幅度均超过了2个百分点，这三个省份的财政风险上升较明显。同时，其他省市财政缺口占比均有不同程度上升。财政缺口占比的普遍上升，主要原因在于经济下行压力下，实体经济受到影响较大，一方面影响了政府税收收入，另一方面由于各省市政府采取了较为积极的财政政策，扩大政府支出带动区域经济发展，扩大了政府的支出规模。总体而言，在当前经济形势下，财政缺口占比的上升并不完全意味着公共部门财政风险的显现，但是海南、江苏、北京等省市财政缺口占比连年处于较高水平，要对其财政风险给予充分的关注。

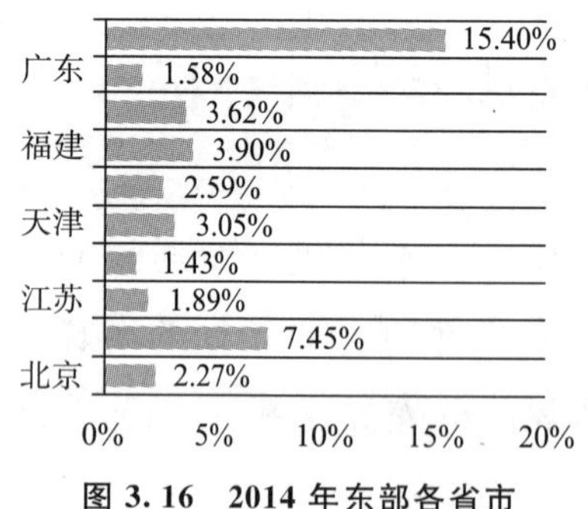

图 3.16　2014 年东部各省市一般预算缺口/GDP

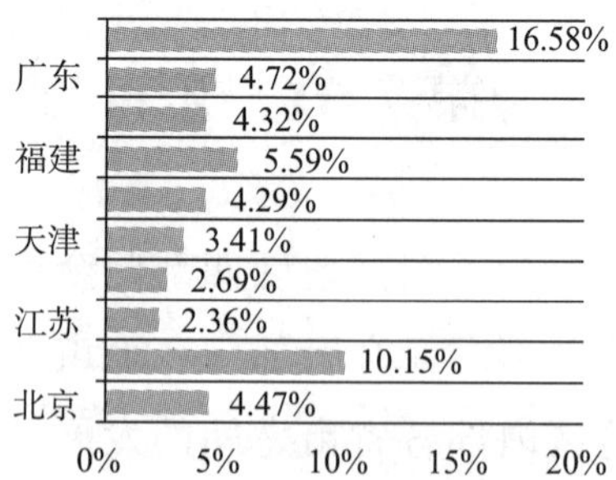

图 3.17　2015 年东部各省市一般预算缺口/GDP

二、东部各省市金融部门比较分析

东部地区一方面地处沿海，金融发达，金融部门资产水平全国领先，但另一方面，在区域内部也存在金融业发展不平衡的问题，“北上广”作为全国的经济金融中心，金融发展程度较高，浙江、江苏金融发展较早，经济基础雄厚，与之相对比，海南、河北金融发展迟缓落后。

（一）银行类风险分析

2015 年，东部地区各省市银行业金融机构总资产在东部地区金融机构总资产中的所占份额与上一年相比变化不大，除福建省份额变化超过了 1 个百分点之外，其他省份变化幅度都比较小，且金融机构资产规模大致与各省市经济规模相一致。如图 3.18、图 3.19 所示。“北上广”作为传统的经济金融中心，其金融部门资产份额较高，三个省市共计达到 48.43%，接近东部地区金融部门总资产的 1/2。

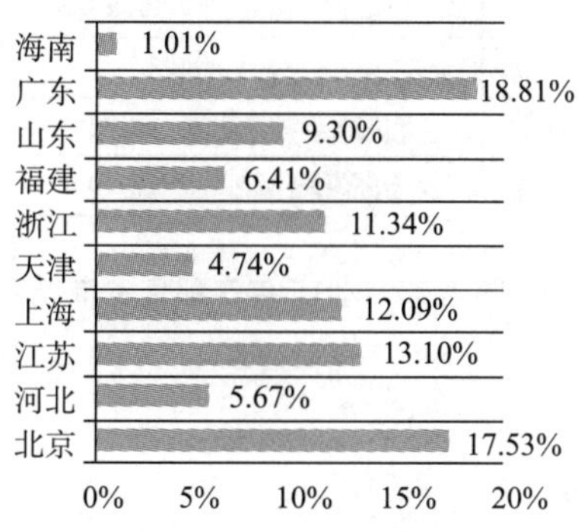

图 3.18　2014 年东部各省市金融部门资产份额

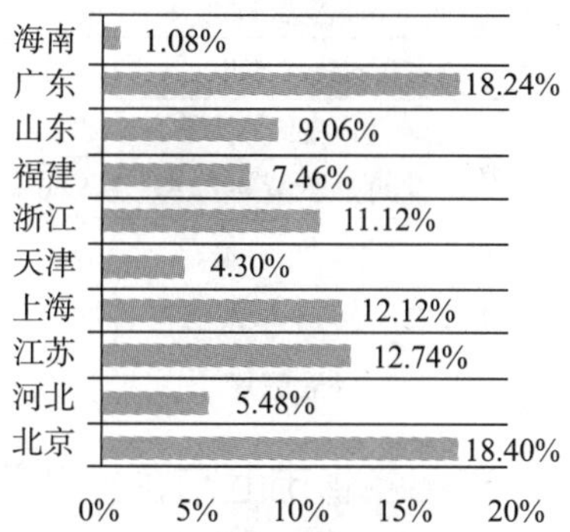

图 3.19　2015 年东部各省市金融部门资产份额

2015 年，东部地区金融部门银行业存贷比与 2014 年整体差距不大，其中 2014 年存贷比比较高的几个省份，如福建、天津、浙江、江苏，存贷比都有不同程度的下降，其银行业流动性风险得到了一定的缓解。如图 3.20、图 3.21 所示。

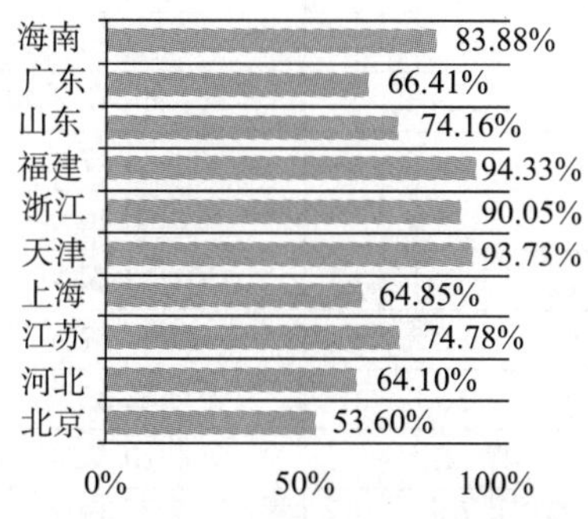

图 3.20　2014 年东部各省市金融部门存贷比

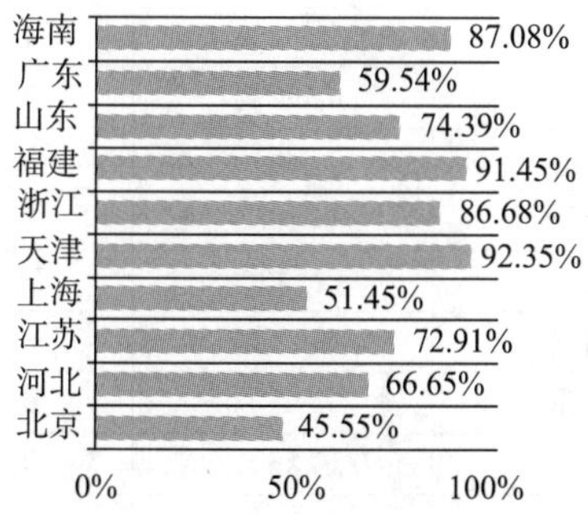

图 3.21　2015 年东部各省市金融部门存贷比

（二）保险类风险分析

保险市场方面，2015 年东部地区各省市保险市场较 2014 年得到更好的发展，整体保险深度提升。如图 3.22、图 3.23 所示，东部地区中除福建和北京外，其他省市保险深度均有所提升。随着保险业的发展，保险对于区域经济的推动作用也将得到增强。

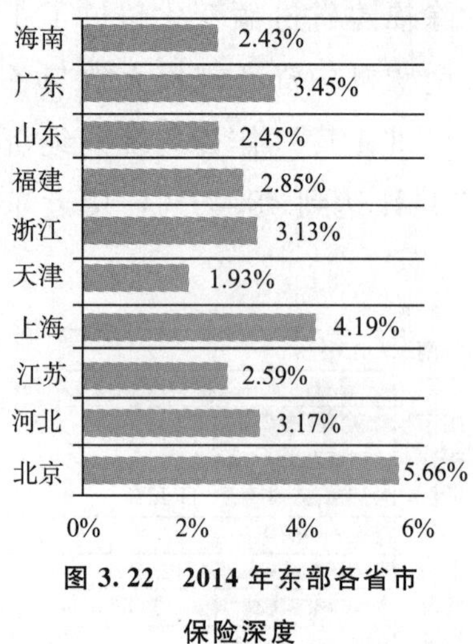

图 3.22 2014 年东部各省市保险深度

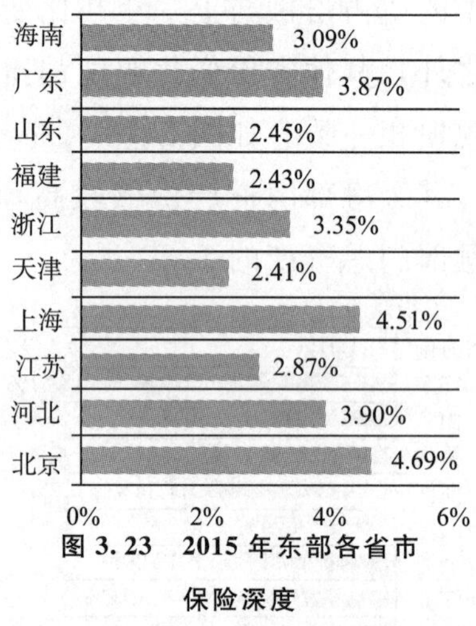

图 3.23 2015 年东部各省市保险深度

三、东部各省市上市企业部门比较分析

上市企业部门方面，截至 2015 年第三季度，东部地区各省市上市企业净利润率如表 3.1 所示，其中浙江、广东、江苏、山东上市企业净利润率较高。同时，因为受到国内 A 股市场大幅下跌的影响，多数省市 2015 年第三季度上市企业净利润率较前两季度有所下降。

表 3.1 2014 第四季度—2015 年第三季度东部各省市上市企业部门净利润率

	2014Q4	2015Q1	2015Q2	2015Q3
北京	4.05%	3.08%	4.45%	3.96%
河北	5.07%	4.70%	5.86%	5.56%
江苏	7.62%	8.67%	11.24%	9.47%
上海	5.35%	5.71%	6.16%	5.47%
天津	6.19%	2.42%	6.26%	4.40%
浙江	14.43%	10.92%	15.06%	13.33%
福建	6.71%	8.88%	7.49%	6.77%
山东	7.97%	6.57%	9.39%	7.85%
广东	8.26%	9.36%	10.43%	10.72%
海南	5.57%	7.31%	6.07%	5.45%

从各省市上市企业的资产负债方面来看，北京市上市企业资产规模遥遥领先，稳居全国首位，天津、海南上市企业总体规模较小，资本市场有待进一步发展。如图 3.24、图 3.25 所示。东部地区各省市上市企业资产负债率都在 50%－70%，相对差距不大，其中河北省上市企业资产负债率达到 68.9%，为东部地区资产负债率最高的省份，需要注意该省上市企业的资本结构。或有资产负债率方面，各省市之间差距较大，广东省 19.0%为最低，河北省 46.9%为最高。流动比率方面，除海南省 0.976 低于 1 之外，其他省市均在 1 以上，广东省最高为 1.574。违约距离方面，除广东省违约距离较大之外，其他省市差距不大，均存在一定的违约风险。总体而言，东部地区整体金融风险不高，但是河北、海南两省流动比率较低、资产负债结构不尽合理、或有资产负债率较高，需要对这两省的金融风险做好防范。

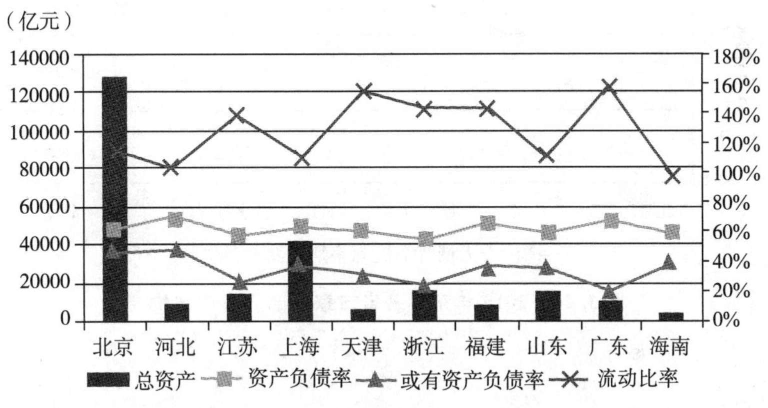

图 3.24　2015 年第三季度东部各省市上市企业资本结构

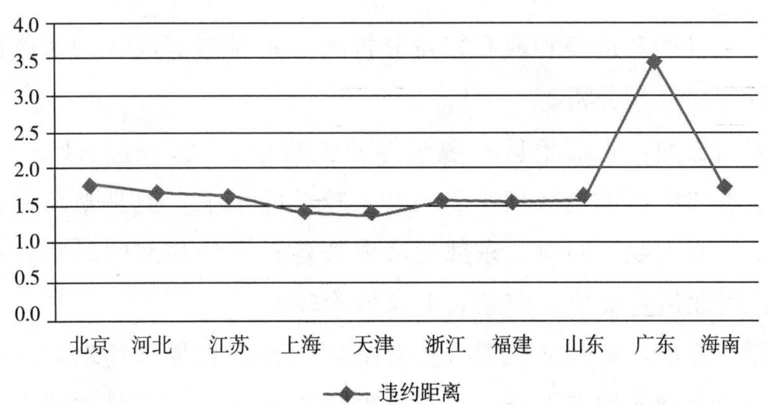

图 3.25　2015 年第三季度东部各省市违约距离

四、东部各省市家户部门比较分析

2015 年，福建省个人消费贷款与居民储蓄存款比值居于东部地区首位，延续了其 2014 年的强势表现。同时，广东、上海、江苏的贷款储蓄比值也比较高，河北、海南较低。如图 3.26 所示。整体来看，粤、沪、苏三省经济发展水平较高，经济金融发展速度较快，居民消费意识较强，从而贷款储蓄比较高；河北面临较大的经济转型和环境保护压力，制约了其经济金融的发展，居民倾向于增加储蓄，降低个人金融风险。

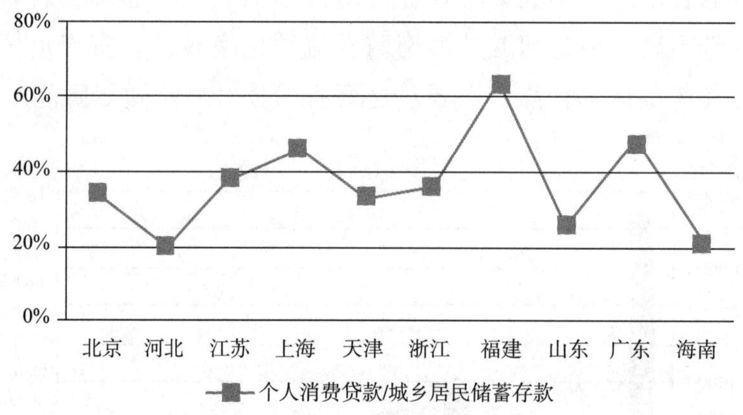

图 3.26　2015 年东部各省市家户部门资产结构

第 8 节　金融风险管理与经济发展战略

本章通过资产负债表和或有权益分析的方法对东部地区的四部门宏观金融风险进行了研究与分析。

公共部门方面，东部地区一般预算收支规模扩大，财政缺口占 GDP 比重上升，虽然与中西部地区相比仍然处于较低的水平，但是缺口占比上升的趋势也需要得到重视。同时，东部地区内部各省市公共部门风险状况差异较大，海南、河北风险突出，广东、上海风险较低。

金融部门方面，东部地区银行业金融机构资产总量持续增加，存贷规模扩大，本外币存贷比均有下降，各类金融风险不显著。但是福建、天津、海南面临存贷比过高带来的流动性风险。

上市企业部门方面，东部地区上市企业盈利增加，资本结构更加合理，面对 A 股的冲击表现出很强的整体抗冲击能力。但是海南、北京、天津三省市上市企业表现不佳，需要注意这三省市的上市企业违约风险。

家户部门方面，东部地区城乡居民收入不断增加，消费倾向加强，个人储蓄贷款与储蓄存款比值上升，反映出目前这个时期东部地区居民消费与储蓄的取舍权衡的变化，但是福建、广东过高的居民消费贷款也对于偿付风险的防范提出了更高的要求。

总体而言，东部地区经济金融发展相对平稳，整体和四部门风险状况与2014年差异不大，公共部门与家户部门风险稍有上升，金融部门与上市企业部门风险有所缓解。各省市风险特点差异性较大，需要各个省市针对其独有的风险特征进行防范与化解。鉴于本章对于东部地区金融风险的分析，提出如下风险管理与发展战略：

第一，调整、优化政府财政收支结构，加强对于社会闲置资金的引导和利用，整合优化投融资平台，通过发行地方政府债券缓解财政资金压力，降低政府财政风险。同时，要提高对于政府支出资金利用效率的监督，建立健全相应的监测与考核体系。

第二，扩大内需，推动投资消费结构和城乡居民收入分配结构的调整与优化。通过多种方式，推动农业发展和提高农村居民收入，缩小城乡居民收入差距。另外，注重技术创新，大力发展新兴产业和高新技术产业，推动产业结构转型升级。

第三，东部地区要起到先富带动后富的作用，加强与中、西部企业的各类合作，加强跨区域的产业协同发展，促进东部地区与其他地区的产业转移，同时为中西部的发展提供资源和技术的支持。

参考文献

[1] 中国人民银行：《2009—2015年中国金融运行报告》。

[2] 中国人民银行：《2009—2015年中国区域金融运行报告》。

[3] 中国统计局：《2009—2015年中国统计年鉴》。

[4] 中国统计局：《2009—2015年国民经济和社会发展统计公报》。

[5] 中国银行业监督管理委员会：《2009—2015年中国银行业监督管理委员会年报》。

[6] 王波、郭书东：《基于负向投入产出的我国区域金融脆弱性判断与

测度》，载《金融与经济》2015年4期。

[7] 苏明政、张庆君：《经济周期波动、溢出效应与系统性金融风险区域传染性——基于VARX模型的实证研究》，载《上海金融学院学报》2015年2期。

[8] 胡振、何婧、臧日宏：《健康对城市家庭金融资产配置的影响——中国的微观证据》，载《东北大学学报：社会科学版》2015年第2期。

[9] 余关元、雷敏、刘勇：《中国家庭金融资产配置的区域比较分析——基于CHFS微观数据实证研究》，载《金融与经济》2015年第6期。

第4章　北京市宏观金融风险研究

北京市是我国重要的金融决策中心，经过多年的发展，北京市产业聚集效应初步显现，多层次资本市场建设稳步推进，“一主一副三新四后台”定位的金融功能区总体布局成效显著。目前，北京市经济社会发展已步入全面深化改革、统筹京津冀协同发展的关键时期，面对国际经济局势动荡和国内经济增长下行的双重压力，密切关注首都经济金融运行风险，建立完善的风险防范体系尤为重要。本章运用宏观资产负债表的研究方法，基于北京市四大经济部门作出具体的宏观金融风险分析，研究结果表明，北京市经济金融运行较为稳健，但部分领域的风险状况值得关注。其中，公共部门预算收支结构开始恶化，风险较大；银行业利润空间被压缩，不良贷款率增幅较大；企业部门盈利能力和清偿力持续下降，违约距离大幅度减小，应警惕企业部门信用违约风险。

第1节　北京市宏观金融风险概述

2015年，受到房地产投资放缓、制造业持续低迷等因素的影响，中国整体宏观经济增长进一步放缓。同时，中国股市在2015年中期经历了一次牛转熊的股市巨变，对国家金融体系造成了进一步冲击。北京市政府明确了新常态下首都城市的战略定位，将非首都功能有序地向周边地区疏解，致力于打造以“高精尖”为特色的经济结构，全市总体经济运行保持了平稳发展。

2015年北京市全年地区生产总值22968.6亿元，同比增长6.9%，增速较2014年进一步回落。[①] 三次产业结构为0.6∶19.6∶79.8，其中第三产业发展迅速，增速达到8%，产业结构进一步优化，体现出北京市以服务业为

① 数据来源：《2010—2015年北京市国民经济和社会发展统计公报》，北京市统计局；国泰安数据库，深圳国泰安教育技术股份有限公司；智远理财服务平台，招商证券股份有限公司。如无特殊说明，本章数据均来源于此。

主要产业的城市特色。全年固定资产投资同比增长5.7%，增速较往年相比明显下降，主要是由于国务院第43号文对地方政府融资平台的规范化对国有控股单位投资产生了显著冲击，而民间投资所占比重进一步提升。2015年市场消费总额比上年增长8.7%，增速仍在低位运行，表明社会需求动力不足。从价格水平来看，2015年北京市居民消费价格指数同比增加1.8%，较2014年出现小幅攀升，其中服务项目是主要上涨因素。随着去产能化进程进一步加速，北京市工业生产者价格指数（PPI）持续下降，2015年全市工业生产者出厂和购进价格分别比2013年下降3.1%和6.3%，降幅远高于上年，导致工业领域信用风险突出。

在金融方面，2015年年末，全市金融机构本外币存款余额128573亿元，比年初增加15248.7亿元，增加额比上年少246.6亿元；年末全市金融机构本外币贷款余额58559.4亿元，比年初增加4822.1亿元，增加额比上年多929.8亿元。金融业整体呈现存款增加减少，贷款增加额增多的情况，整体风险情况有所上升。在利率市场化的大背景下，非银行机构竞争更为激烈，受到市场直接融资占比增加、互联网金融分流信贷资源、监管力度不断加大等冲击，北京市银行业利润空间被大大压缩。除银行业外，证券业和保险业都体现出了强势增长。2015年，证券行业全年证券市场各类证券成交额597169.7亿元，比上年增长1.6倍。保险行业全年实现原保险保费收入1403.9亿元，比上年增长16.3%。

总的来说，北京市宏观金融风险主要体现在以下几个方面：第一，在去产能化背景下，部分行业资产负债表持续扩张，但是企业盈利水平受限，融资成本依然较高，加之市场需求动力不足，过高的杠杆率将加剧企业信用风险；第二，随着利率市场化进程加速，非银行金融机构竞争加剧大大压缩了银行业利润空间，银行业存款增加不及贷款增加，未来有可能出现资金流动性风险和贷款违约风险的集中爆发；第三，2015年是证券行业的丰收之年，2015年股市牛转熊，未来数年内难以再现2015年的繁荣情况，而以第三产业为主的北京市全市产值也会因此受到影响；第四，自贸区试点推广进程中的金融改革将分流部分首都金融资源，也会进一步拉大北京市非传统金融、离岸金融与上海等地的差距，从而给北京市金融发展带来一定冲击，同时，北京市政府依然处于债务偿还高峰期，金融风险将进一步加大。

第 2 节 文献综述

国内学者们主要关注的研究内容为北京市金融产业的集聚效应，金融产业对于其他产业的影响方向以及效果，房地产金融对于北京市整体金融环境的影响，金融在京津冀一体化过程中所体现出来的重要价值以及可能带来的不确定因素。

在金融产业集聚效应方面，刘畅（2009）提出金融产业的集聚就是为了建立一个区域性或全国性乃至全球性的金融中心，他认为金融业已经成了推动北京市 GDP 发展的重要力量。任淑霞（2011）根据北美金融危机对北京市金融集聚可能带来的风险作出研究，对我国城市金融集聚等战略提出了政策建议。

在金融产业对于其他产业的影响方向以及效果方面，国晓丽（2011）通过研究发现北京金融发展指标与产业结构调整指标相互间存在长期均衡关系，金融发展对第三产业产值的贡献度大于第二产业对第二产业的贡献度又大于第一产业。马军伟（2012）认为战略新兴产业的后续发展取决于跟进的金融资本，认为金融对于新兴产业的发展具有很重要的推动作用。

房地产金融方面，郭芯蕊（2012）通过回顾总结北京市房地产行业的发展历程和吸取美国日本的经验教训，对北京市房地产金融市场提出了发展思路和建议。金明（2008）围绕如何防范房地产金融风险这个核心，分析了金融风险产生的原因，并借鉴全国各地的经验，对房地产金融风险的防范提出了建议。而王雪（2015）则认为我国现阶段区域性金融风险主要还集中在宏观经济风险、房地产金融风险、外部冲击风险等方面，如果在金融支持区域经济发展的过程中监管不当，很可能引发区域性、系统性金融风险，尤其像北京、上海、深圳等超一线城市，房地产泡沫所蕴含的房地产市场金融风险一旦暴露，将对区域经济产生严重的影响。

高瞻（2015）通过运用 SWOT 分析法对北京金融体系进行研究，发现北京金融体系总体上表现出“聚”、“扩”、“深”、“效”四个特点。他认为政府可以通过对监管、金融机构体系、资本市场、中介服务体系进行完善来增强金融体系的弹性，防控金融风险，促使金融业更好地服务实体经济。田静云（2015）认为，通过区域金融合作，可以更加合理、有效地配置区域内金融资源，促进金融要素的自由流动，提升区域整体的金融发展水平，逐渐消除区域经济发展过程中产生的差异，有利于实现区域经济的协同发展。

众多学者分别从不同的角度对于北京市可能存在的金融风险以及北京市整体金融风险的暴露情况作出了分析，但是这部分研究主要局限于理论上的论述，并未从系统的角度来对北京市经济金融发展的风险进行阐述，本章将从金融工程的角度对以上问题进行论述和分析。

第3节　北京市公共部门风险分析

从北京市公共部门2015年的各项报表来看，北京市整体风险形势较为严峻，财政缺口数值过大，占GDP比例严重偏高。

根据图表数据显示，2015年北京市预算支出规模延续了2009年以来的增长趋势，继续维持稳定增长。其中全市完成地方公共财政预算收入4723.9亿元，比2014年增长17.3%，财政收入增速较2014年有所提高。如图4.1可见，2015年北京市一般预算缺口达到1027.3亿元，财政缺口占GDP的比重为4.47%，较2014年大幅提高，且并未超过且前国际上公认的3%以内的安全缺口规模。从财政预算收支增长率的变化情况来看，近年来，财政收入和财政支出增速均有所上升，财政支出增长率与收入增长率之比在2015年大幅上升。

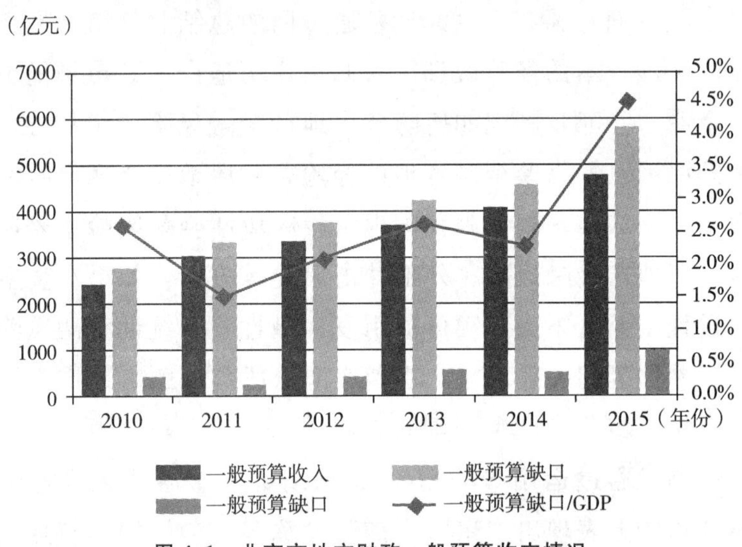

图4.1　北京市地方财政一般预算收支情况

前两年北京市财政收入增速总体有所放缓，前两年的影响因素有很多，主要还是由于实体经济情况不乐观导致整体经济形势下滑，不过2015财政收入年增速又有了开始提高的趋势。截至2015年，北京市地方公共财政预算支出达到 5751.4 亿元，同比增长 27.51%，相对于 2014 年 8.1%的增速，2015 年财政支出增速大幅提高。随着近年来医疗卫生、环境保护、社保就业、教育支出等关系民生方面的财政刚性支出需求，北京市的财政支出一直保持着两位数以上的速度增长，2014 年首次下降到 10%以下，2015 年又重新回到了两位数的增长速度，如图 4.2 所示。

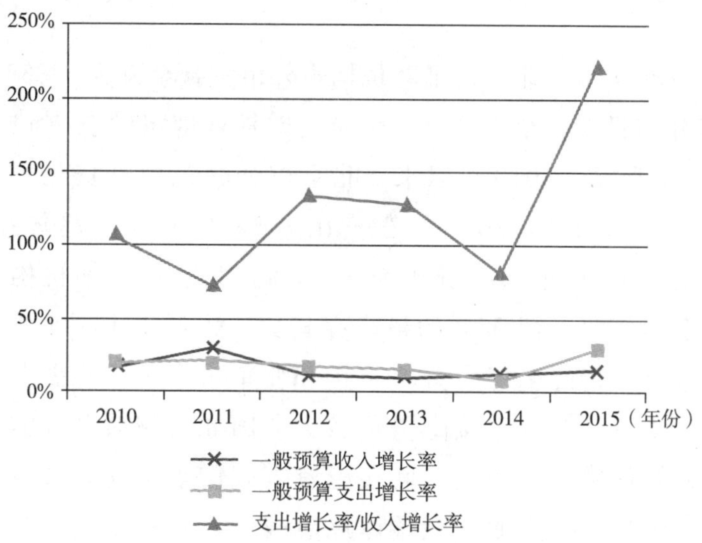

图 4.2　北京市地方财政一般预算收支增长率

2014 年北京市严格控制财政支出，并取得了良好的效果，但是这一情况在 2015 年又重新变得严峻。总体来说，北京市 2015 年公共部门的风险相对于前两年来说要严峻得多，主要体现在一般预算缺口的迅速扩大，而且一般预算缺口占 GDP 的比例超过了国际公认的 3%的警戒线，这是一个比较危险的信号，北京市需要引起足够的重视，在控制财政支出方面加强工作，使得财政预算缺口维持在一个合理的范围内。

第 4 节　北京市金融部门风险分析

一、银行类风险分析

2015 年，北京市银行业金融机构总体发展状况良好，资产规模不断壮大。截至 2015 年 12 月，北京市银行贷款余额总额达到 58559.4 亿元，较 2014 年大幅增加，同比增长 9.15%。资产质量方面，截至 2015 年年末，北京银行不良贷款率为 1.12%，较 2014 年年末的 0.86%提升幅度较大，但相比整个银行业，依旧处于低位。

（一）资本结构错配分析

北京市是全国的政治文化中心，不少金融机构以及金融监管机构的总部都设立于此，金融体系相对来说非常完善，市内的企业所能接触的融资渠道也更加多样化。金融业整体来说存贷结构相对稳定，没有明显的资本结构错配风险。

截至2015年年末，北京市金融机构本外币贷款余额为58559.4亿元，增速比2014年年末低2.9个百分点，全年新增贷款量相对于2014年来说有所回落，如图4.3所示。2010年以来，北京市金融机构存贷比呈现出下降趋势，2012年后开始回升，2014年存贷比为53.60%这一趋势在2015年再次反转，截至2015年年末存贷比为45.5%。北京市金融机构存贷比远低中国央行规定的商业银行75%的最高存贷比，也低于中国平均水平，这主要得益于北京市完善的多层次资本市场和北京市完善的金融监管体系。在这样的金融环境下，企业直接融资量较大。因此，相对其他省市来说，以银行类金融机构信贷融资为主的间接融资方式需求会比较弱。不过这是一个有利有弊的情况，一方面金融整体风险较低，有利于金融行业长期稳定的发展，另一方面这样会导致过多资金闲置，无法有效地配置资源，不利于银行业的健康发展。

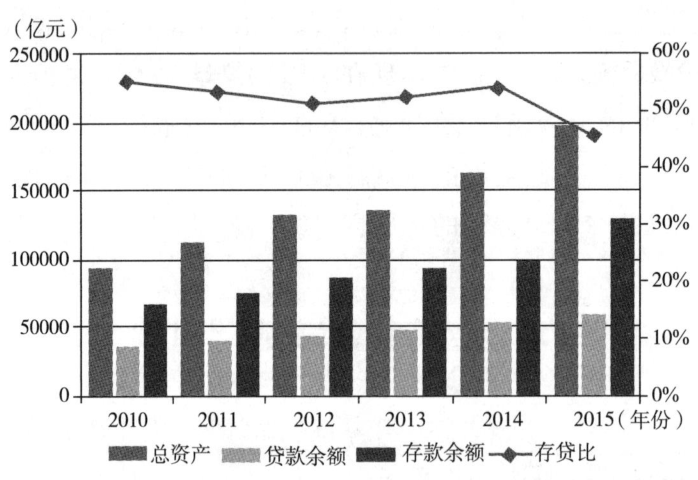

图4.3 北京市银行类金融机构存贷款结构

（二）期限错配分析

如图4.4所示，在期限结构方面，2015年长期贷款占贷款余额的比例与2014年基本一致。贷款余额整体依然保持较快增速。截至2015年年末，北京市全市短期贷款余额达到 17907 亿元，长期贷款额达到 33671 亿元。中长期贷款占贷款余额比例为 57.50%，与 2014 年年末的 57.56%相差很小。就银行业流动风险而言，贷款余额中长期化趋势减弱和存款活期化趋强，有利于银行资产结构的多样化配置。

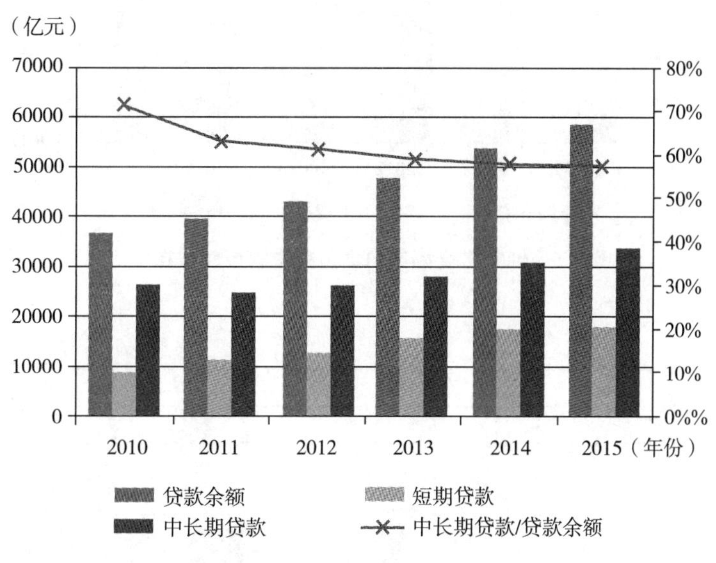

图 4.4　北京市金融机构存贷款期限结构

（三）货币错配分析

2015 年，北京市本外币存贷规模较 2014 年均有所上升，如图 4.5 和图 4.6 所示。不过值得注意的是，2015 年本币存贷比未能延续 2012－2014 年的增长趋势，而是降到了自 2010 年以来的最低水平。同时外币存贷比则延续了 2010 年以来的下降趋势，降到了 160%左右的水平。数据表明货币错配风险在一定程度上得到了缓解，但是比较本币存贷比和外币存贷比，相对于充裕的本币资金来说，外币存款规模仍然较小，外汇流动性明显不足。北京市作为一个国际化的大都市，外币贷款在贷款总额中占比远高于全国平均水平，因此也更加容易受到来自全球金融不稳定因素的影响。综合来说，北京市金融部门面临的货币错配风险不容小觑，应及时采取相应的措施以提高货币错配风险管理水平，适度降低外币存贷比，以减小金融部门所面临的汇率风险敞口。

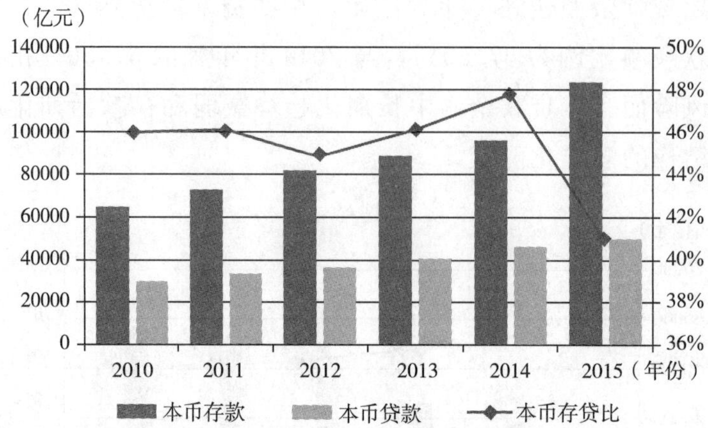

图 4.5　北京市金融部门本币存贷款余额与存贷比

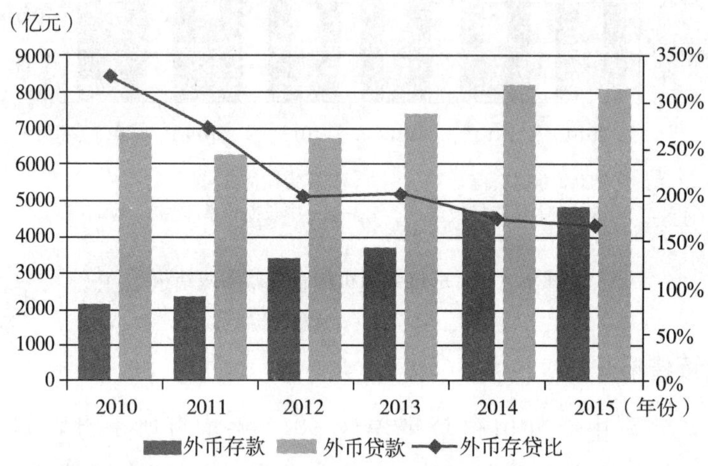

图 4.6　北京市金融部门外币存贷款余额与存贷比

二、保险类风险分析

截至 2015 年年末，北京市保险机构经营持续向好，保费收入自 2011 年出现下滑后逐步回升，2015 年全年实现保险收入 1403.9 亿元。保险深度除了 2010 年出现较大幅度增长之外，其余年份较为稳定，基本维持在 5%－6%，如图 4.7 所示。2015 年，北京市保险深度为 4.69%，远高于中国平均保险深度 3.18%的水平。较高的保险深度反映出保险业在北京市国民经济中占据重要地位，保险业健康、有序地发展可以为北京市经济金融主体提供良好的风险管理措施，为金融业的发展起到助推器和稳定器的作用。

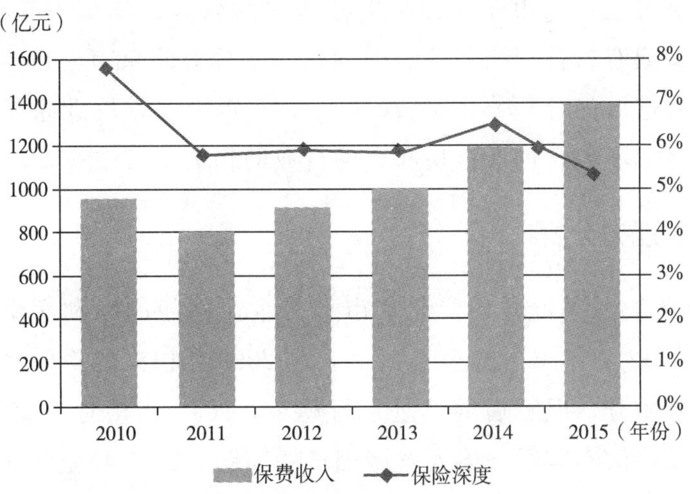

图 4.7　北京市保险业保费收入与保险深度

北京市保费增长率近十年之间波动较为剧烈，在一定程度上反映出北京市保险行业经营的相对不稳定性。2015 年，北京市保险赔付支出达到 506.6 亿元，同比增长 24.41%，如图 4.8 所示。保险业赔付率呈现缓慢上升态势，2015 年赔付率为 36.08%，保费增长率与赔付率之间的差额跟 2014 年相比呈放大态势。总体而言，北京市保险行业发展较为稳定，面临的风险相对较低。

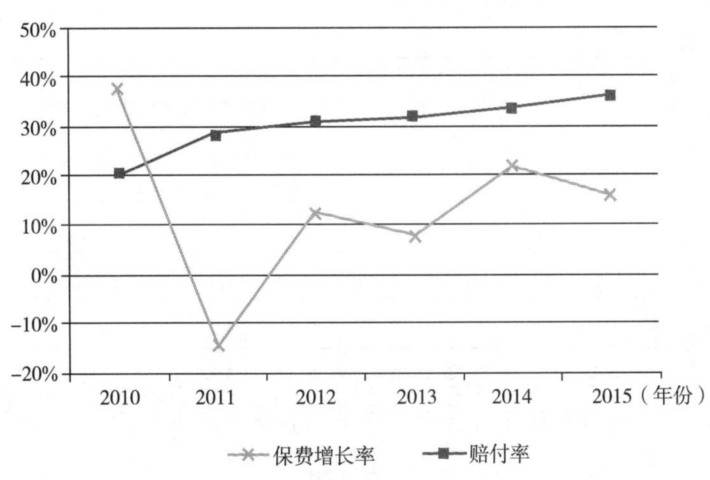

图 4.8　北京市保险业保费增长率与赔付率

第 5 节　北京市上市企业部门风险分析

近年来，北京市上市企业部门的经营状况有所下滑，净利润率呈下降趋势，账面资产负债率与或有资产负债率均有所上升，企业部门清偿力下降，财务状况有所恶化，上市企业面临的总体风险较大。本节主要选取利润表、资产负债表和或有权益资产负债表中的核心指标对北京市上市企业部门进行风险分析，所选取的分析样本为2010－2015年第三季度北京板块的174家上市企业，其中不包含创业板块和金融行业的相关上市企业。

一、盈利能力分析

自2009年第二季度开始，北京市上市企业部门的净利润率出现持续下滑状态，于2012年年末下降至4.27%，创2008年以来的最低水平，2013年第一季度有所回升，但随后继续呈下行趋势，2015年相对于2014年利润率继续下滑，反映出实体经济陷入发展困境的问题。2015年全年净利润率稳定在4%左右，如图4.9所示。

企业净利润率下行一方面是受到实体经济下滑的影响，消费需求增长乏力，部分行业市场疲软；另一方面是因为北京市生产要素成本的不断上升，表现在水电价格、土地租金、人力成本的不断上升。净利润率逐年下降表明北京市上市企业盈利能力不足，经营状态有所恶化。因此，企业在增加销售收入和扩大销售规模的同时，必须有效控制成本，警惕企业利润率下行的风险，注意改进经营管理方式，提高盈利水平。

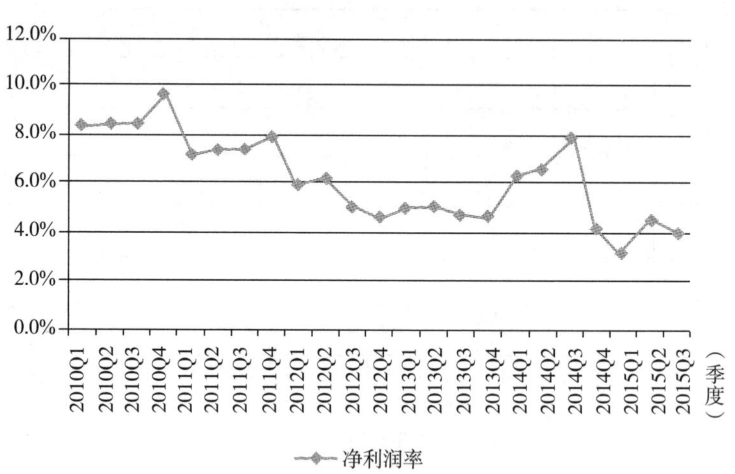

图4.9 北京市上市企业净利润率

二、账面价值资产负债表分析

（一）资本结构错配分析

北京市上市企业的总资产和总负债规模保持增长趋势，总资产于2015年第三季度达到111033亿元，同比减少5.05%，总负债达到68244亿元，同比减少 7.24%。其资产负债率在 2015 年出现略微下滑，由 2009 年第一季度的 50.09%上升至 2014 年第三季度的 63.16%，接着下滑至 2015 年年末的 61.4%。如图 4.10 所示。通常情况下，中国上市企业资产负债率一般不超过 60%，但由于北京资本市场发达，企业部门融资环境较为优越，企业融资方式较为丰富，且举债大多是由于经济形势向好，企业为扩充其生产规模和业务范畴。总体而言，北京市上市企业部门资本结构较为稳健，资产负债率在中国其他省市中处于较低水平。但由于资产负债率自 2009 年一直处于不断上升的态势，企业部门应对此保持高度警惕，及时防范资本结构错配风险。虽然 2015 年资产负债率略微下滑，但是仍旧处在 60%以上的高位，整体风险还是比较大的。

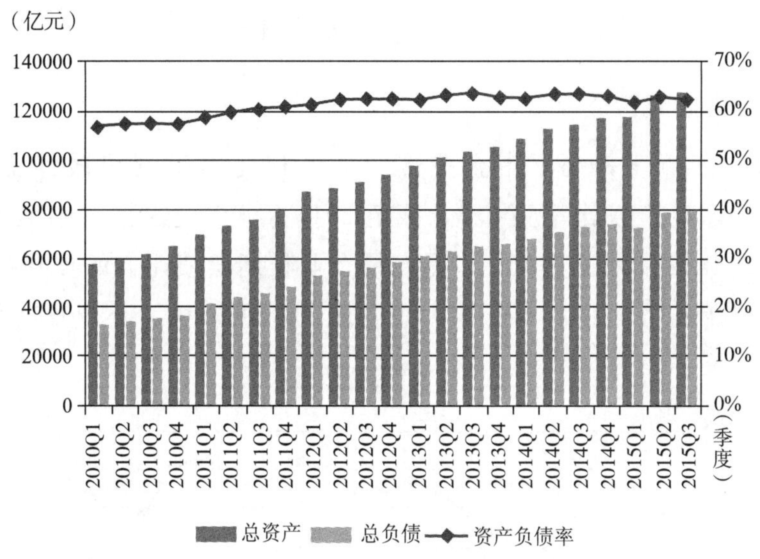

图 4.10　北京市上市企业部门账面资产负债率

（二）期限错配分析

2010 年至 2015 年第三季度末，北京市上市企业的流动资产和流动负债除个别季度出现负增长之外，其余时间基本处于稳定上升的态势，如图 4.11 所示。流动比率近五年来波动不大，基本维持在 1 到 1.1 的区间水平内。2015 年第三季度北京上市企业流动比率为 1.06，总体上维持了自 2010 年以来的水平。从整体来看，北京市上市企业的流动比率基本保持在 1.1 左右，资金流动性较好，短期债务偿还能力较强，未出现明显的期限错配风险。

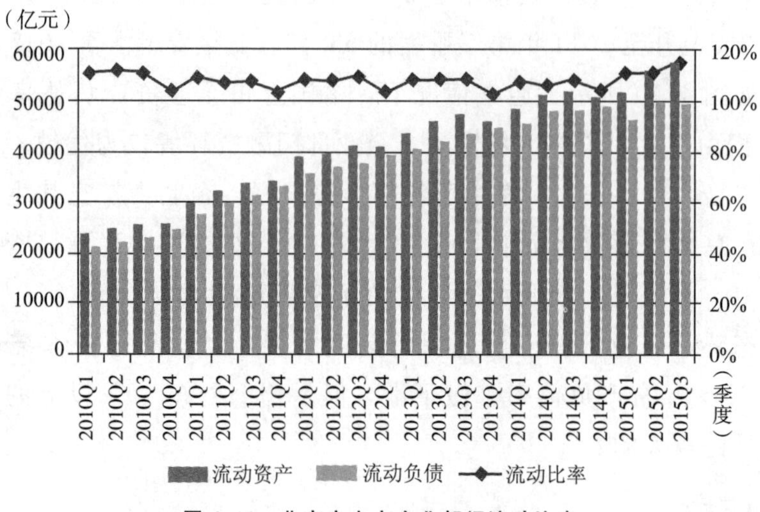

图 4.11　北京市上市企业部门流动比率

（三）清偿力风险分析

自 2010 年以来，北京市企业部门的产权比率呈现出缓慢上升趋势，2010 年第一季度产权比率为 1.3，截至 2015 年第三季度，产权比率上升到 1.59，如图 4.12 所示。产权比率是衡量企业长期偿债能力的重要指标之一，产权比率升高表明企业自有资本占总资本的比重减少，企业长期偿债能力减弱。

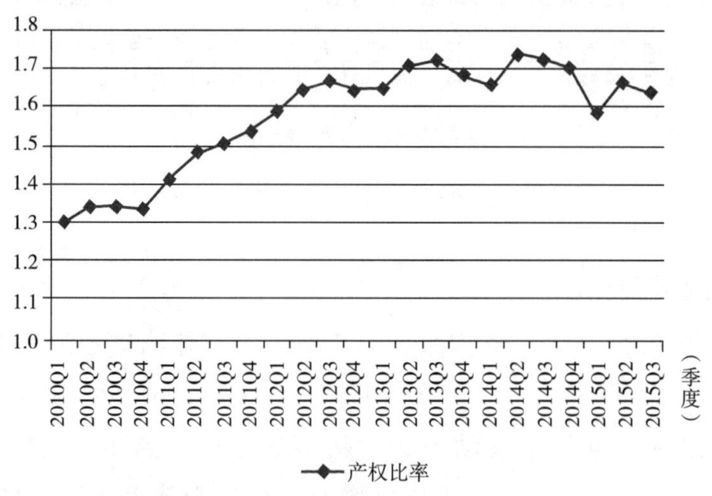

图 4.12　北京市上市企业部门产权比率

整体来看，产权比例在 2012—2014 年处于比较高位，然而到了 2015 年，这一情况有所改善，整体有一定程度下降。目前北京市企业部门的发展对债务融资的依赖程度较高，特别是在整体经济下行的背景下，权益增长缓慢，资产负债率不断上升，债权人的权益保障程度降低，企业部门整体清偿力所有下降，面临的清偿力风险加大。北京市应充分利用其总部经济优势，吸引具有国际影响力的跨国公司以及研发中心人才，从而依托于产业发展，构建多中心、多层系、功能完善的总部经济体系，通过积极的金融创新为企业发展提供多元化的投融资平台，在经济金融发展的同时，改善企业部门的清偿力风险，促进企业部门的稳定健康发展。

三、或有权益资产负债表分析

(一) 或有资本结构错配分析

与账面资产负债率相比，或有资产负债率的水平相对较低。北京市上市企业或有资产负债率在波动中总体呈现上升趋势，且或有资产负债率与账面资产负债率的差距逐渐减小，不过这一情况在 2014 年开始后逐渐反转，或有资产负债率与账面资产负债率的差距又重新拉大，如图 4.13 所示。或有资产负债率的上升表明北京市上市企业在股票二级市场表现状况不容乐观。

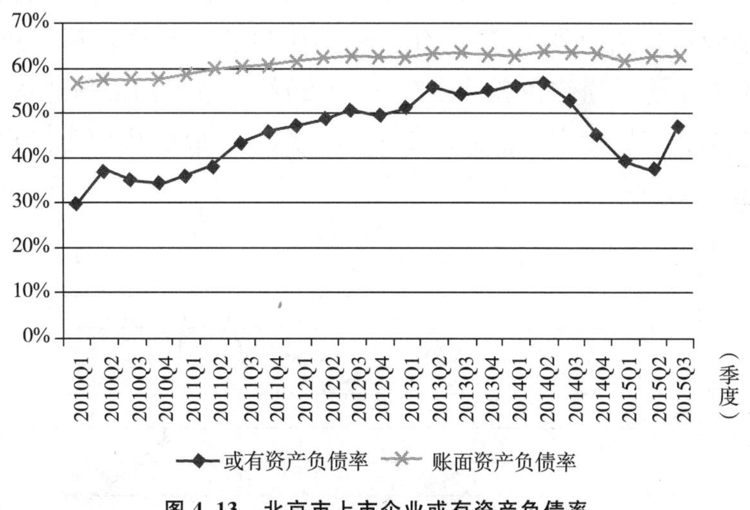

图 4.13　北京市上市企业或有资产负债率

北京市资产市值波动率和权益市值波动率自 2010 年以来就一直保持相对稳定的状态，没有很明显的波动。不过这一情况在进入 2015 年之后开始出现明显变化。如图 4.14 所示。2015 年开始资产市值波动率和权益市值波动率大幅上升，这主要是受到股市牛转熊的影响，股灾后总体市值呈现出大幅波动，市场风险加剧。

虽然 2015 年市值波动率明显增加，不过 2015 年之后，随着国内资本市场好转，股指回升，上市企业资产市值波动率和权益市值波动率均会呈现出下降趋势，上市企业部门由资产和权益波动带来的风险程度将会相对降低。

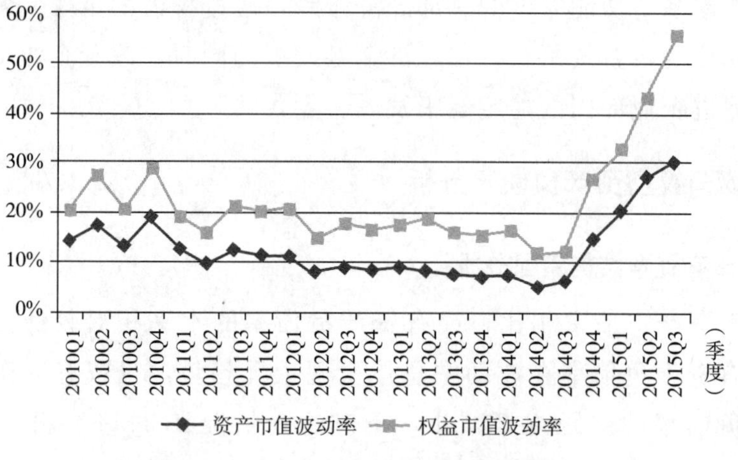

图 4.14　北京市上市企业资产市值波动率

（二）违约风险分析

从违约距离来看，2010—2014 年，上市企业违约距离不断提高，整体违约风险不断降低，然而到了 2015 年，违约距离急剧下降，第三季度甚至达到历史最低的水平，违约距离低于 2。表明违约企业部门信用违约风险加剧，其主要原因是股灾后资产市值波动率大幅增加，相应的违约距离也会大幅度减小，如图 4.15 所示。

图 4.15　北京市上市企业违约距离

第 6 节　北京市家户部门风险分析

2010—2015 年，北京市城镇居民平均每人全年收支情况呈现良好态势。如图 4.16 所示，北京市城镇居民平均每人全年可支配收入和消费支出都处于不断上升的趋势，总体收支盈余也不断上升。

2015 年，北京市城镇居民平均每人全年可支配收入达到 52859 元，远高于中国平均水平，较 2014 年增加 20.38%，增速继续维持较高水平；城镇居民平均每人全年消费支出在 2015 年时达到 36642 元，同比增长 8.7%，增速进一步提高；同时，城镇居民消费性支出占可支配收入的比重自 2010 年以来到 2014 年总体保持平稳状态，到 2015 年开始出现明显变化。2015 年城镇居民消费性支出占比为 69.3%，为 2010 年以来的最高值。

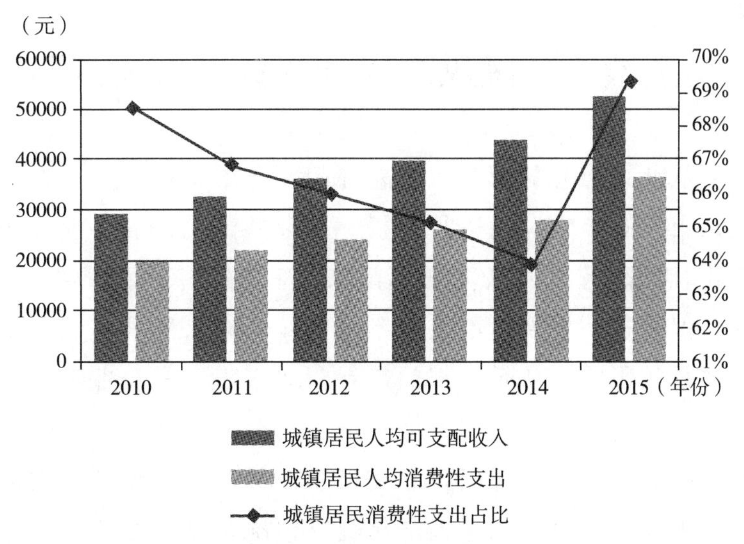

图 4.16　北京市城镇居民人均收支情况

2015 年，北京市农村家庭人可支配纯收入达到 20569 元，比 2014 年增长 1.7%，增速自 2010 年起明显下降；农村居民家庭平均每人生活消费支出在 2015 年为 15811 元，较 2014 年增长 8.8%。如图 4.17 所示。总体来看，北京市农村居民生活消费支出占可支配收入的比重还相对较低，但是跟城市居民相比波动幅度较大，2015 年该比值为 76.8%，远高于城市居民的支出收入比。与城市居民相比，农村居民的抗风险能力较低，应警惕经济运行和物价给农村居民可支配收入和消费支出带来的相关风险。

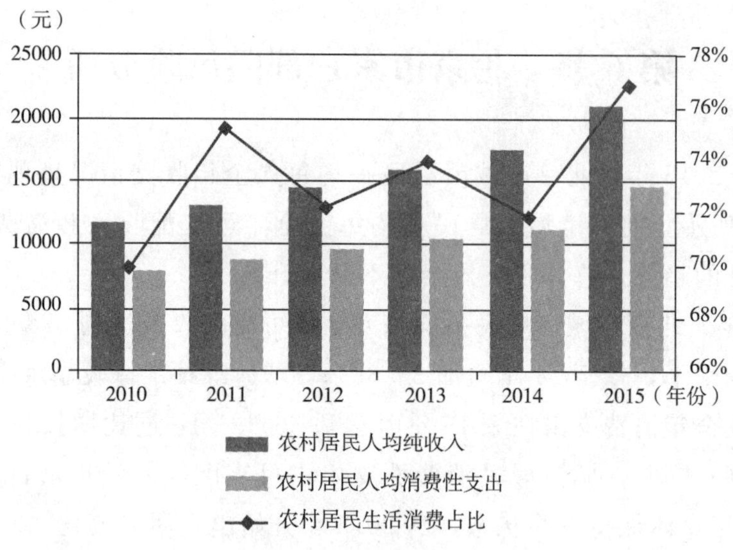

图 4.17　北京市农村居民人均收支情况

第 7 节　金融风险管理与经济发展战略

本章主要从北京市公共部门、金融部门、上市企业部门和家户部门四个方面来对北京市宏观金融风险进行分析。从公共部门来看，北京市预算收支结构开始恶化，风险较大。从金融部门来看，北京市金融业在 2015 年获得了长足发展，但是这一发展短期来看不可持续，未来随着股市的变化，可能会受到比较严重的影响。从企业部门来看，北京市上市企业各项指标基本保持稳定，需要注意的是，北京市整体贷款违约距离的降低，表明违约风险有明显提高的趋势。对于家户部门，北京市家户部门负债水平相对较低，存贷结构合理，其中城镇居民平均每人全年收支情况呈现良好态势，风险水平较低，相比之下，农村居民的抗风险能力较低，应警惕经济运行和物价给农村居民可支配收入和消费支出带来的相关风险。

综上所述，全球经济放缓，国内经济下行的情况下，2015 年各部门风险开始逐渐升高，并且有暴露风险的可能。四大部门应该密切关注风险暴露点，积极出台相关政策措施控制风险。主要建议如下：

第一，加快经济结构优化和产业结构升级的步伐。北京市的主要产业是第三产业，进一步推动北京市服务业的发展对于确保北京市经济活力的长久性和北京市产业结构合理性都非常重要。北京市应该在兼顾农业和工业的基础上，将精力尽可能放在培植和促进第三产业的发展上。

第二，加快北京市金融发展环境的优化。北京市作为中国首都，其金融环境的健康状况直接影响着全国金融体系的建设和发展，而且北京市自身也是以第三产业为主的经济结构，因此加强加快北京市金融发展环境的优化非常重要。

参考文献

[1] 刘畅：《北京金融产业集聚的模式选择及效应研究》，首都经济贸易大学，2009年。

[2] 任淑霞：《金融集聚与城市经济增长研究》，北京邮电大学，2011年。

[3] 国晓丽：《金融发展与产业结构调整关系的市长研究——以北京为例》，载《技术经济与管理研究》2011年第7期，第94—97页。

[4] 马军伟：《战略性新兴产业发展的金融支持研究》，武汉大学，2012年。

[5] 王雪：《金融信息披露视角下风险防范对区域经济发展的影响研究》，上海师范大学，2015年。

[6] 金明：《房地产金融风险防范研究——以中国建设银行为例》，山东大学，2008年。

[7] 田静云：《京津冀区域金融合作问题研究》，河北大学，2015年。

[8] 高瞻：《北京金融体系的SWOT分析》，北京市经济与社会发展研究所，2015年。

[9] 北京市统计局：《2010—2015年北京市国民经济和社会发展统计公报》。

[10] 北京市统计局：《2010—2015年北京市统计年鉴》。

[11] 中国人民银行：《2010—2014年北京市金融运行报告》。

第5章 天津市宏观金融风险研究

天津市作为中国北方的区域中心城市，作为北方最大的优良港口之一，其发展影响着整个华北地区的经济贸易。研究天津市的宏观金融风险对于了解整个北方金融风险以及掌控北方经济的发展动态有着重要意义。

第1节 天津市宏观金融风险概述

2015年是近几年来中国经济压力最大的一年，不断加大的经济下行压力使得中国的整体经济情况越来越不乐观，同时，2015年天津市塘沽大爆炸给天津市的经济发展蒙上了一层阴影。天津市作为中国重要的港口城市，也是中国的四个直辖市之一，其经济发展情况不但影响了京津冀地区整体发展，同时也对整个中国的对外贸易产生深远影响。

2015年，天津市实现地区生产总值16538.14亿元，较2014年增长9.3%。[①] 自2010年开始，天津市GDP增速进入持续下行阶段，五年内GDP增速下降8.1个百分点。2015年，天津市"三驾马车"拉动经济增长的动力结构继续改善。第一产业增加值210.51亿元，增长2.5%；第二产业增加值7723.60亿元，增长9.2%；第三产业增加值8604.08亿元，增长9.6%。第二、三产业增长形势不错。同时第一产业增速的下降也表明天津的城市转型工作，产业结构优化工作进一步推进。

2015年天津市民生支出增长较快，全年一般公共预算支出3231.35亿元，增长12.0%。民营经济活力增强，全年新登记各类市场主体14.32万户。

全年金融业增加值1588.12亿元，增长11.7%。全年外贸进出口总额1143.47亿美元，下降14.6%。全年基础设施投资2634.23亿元，增长

① 数据来源：《2010—2015年天津市国民经济和社会发展统计公报》，天津市统计局；国泰安数据库，深圳国泰安教育技术股份有限公司；智远理财服务平台，招商证券股份有限公司。如无特殊说明，本章数据均来源于此。

20.0%。自联储宣布结束第三轮定量宽松政策之后，美元汇率持续走强，人民币面临贬值压力，天津作为中国最大的港口城市，进出口贸易受人民币汇率的影响较大，出口市场从前几年的金融风暴中稳步恢复，但进口市场发展受阻。

第2节　文献综述

天津毗邻祖国的心脏，是我国重要的港口城市与物流集散地。国内关于天津市的金融风险研究也主要是根据天津市独特的地理位置与城市功能来展开的。主要涵盖了天津港的物流金融以及融资租赁等。

在物流金融方面，王微微（2015）主要以天津港为具体研究对象，进行了天津港物流金融运作模式及其风险评价的研究。作者基于物流金融的理论，结合天津港的具体实际，提出了天津港的物流金融模式。吴海强（2015）借助物流金融的概念，阐述了物流金融业务的作用，详细地列举了目前已经运作比较成熟的基本物流金融的运作模式，并对2015—2017年现有业务模式的容量进行了预测。王新（2010）分析了天津外代这一传统物流企业现在的生存和发展状况，介绍了物流金融的概念并设计了天津外代物流金融业务的操作流程，并对其风险内容和成因进行了分析，提出风险控制方案并据此建立了风险评估模型和制定了紧急预案。

在融资租赁方面，雷霆华（2015）采用分类进行分析的研究方法，对国际和国内的融资租赁发展情况进行了较为深入的研究，系统而科学地提出具有可操作性的建议。刘平（2006）指出天津区域经济的发展，特别是海河综合开发的实施及市政基础设施投资力度的加大，促使天津市房地产呈现出了迅猛发展的态势，同时作者从房地产投资风险的基本概念及方法，天津房地产业发展的自然环境、社会经济环境，房地产投资风险因素等角度系统地分析了天津市的房地产金融风险。

关于天津市的相关文献研究主要还是结合了天津的区域优势，反映了天津市金融风险存在的问题，对于后续关于天津市的研究有很重要的借鉴作用。

第3节　天津市公共部门风险分析

基于当前中国实体经济的衰落，经济增长速度的下滑，2015 年河北省的财政预算与支出增速均有所下滑。2015 年地方一般预算缺口占 GDP 比重延续 2011 年以来的上升态势，继续维持小幅增长。表明天津市公共部门面临的财政风险有所加大。

2015 年，天津市地方一般预算收支规模维持前几年以来的增长态势。其中，地方公共财政预算收入达到 2666.99 亿元，同比增长 11.59%，下降 3.4 个百分点。如图 5.1 所示。自 2011 年开始天津市财政收入增速总体整体呈缓慢下降趋势。有许多因素影响着天津市的财政收入增长，其中包括有国务院批准的营改增、审批权取消、减免小微企业税收等结构性减税政策，同时作为政府财政收入最重要支撑的税收收入受宏观经济影响而增速有所减缓。另外，国家对房地产市场管理收紧，地方政府的收入来源收紧。土地出让金对地方政府财政收入贡献度大幅下降，而且当前平稳的宏观政策导向使地方政府融资平台融资受到政策性的限制，尤其是区县融资平台近三五年融资压力十分巨大，经常会遇到融不到资金的情况，从而对政府财政收入增速造成不利影响。

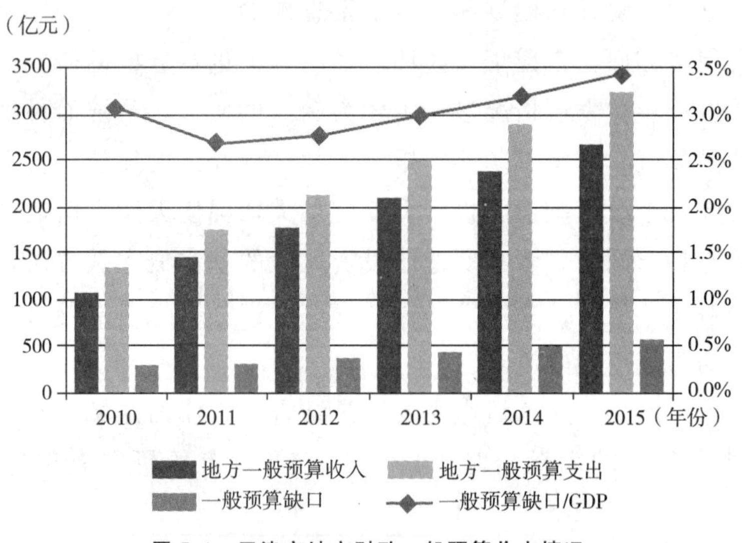

图 5.1　天津市地方财政一般预算收支情况

截至 2015 年年末，天津市地方公共财政预算支出达到 3231.35 亿元，同比增长 12.02%，自 2011 年以来，天津市财政支出增速也一直处于缓慢下降的态势，如图5.2所示。

从一般预算缺口来看，天津市2010年一般预算缺口占GDP比重达到3.06%，并且在那之后持续上升，2015年一般预算缺口为564.36亿元，占GDP的比重为3.41%，已超过目前国际上公认的3%以内的安全缺口规模，一般预算缺口不断扩大一方面也是因为延续了之前经济发展情况带来的不利影响。从一般预算收支增长率变化情况来看，近年来，收入增长率和支出增长率都处于缓慢下降的态势，支出增长率与收入增长率的比值从2010年起逐年上升，2013年支出增长率超过收入增长率，但是2014年随着收入增长率的大幅下降，该比值又有所回落，但仍处于较高水平。

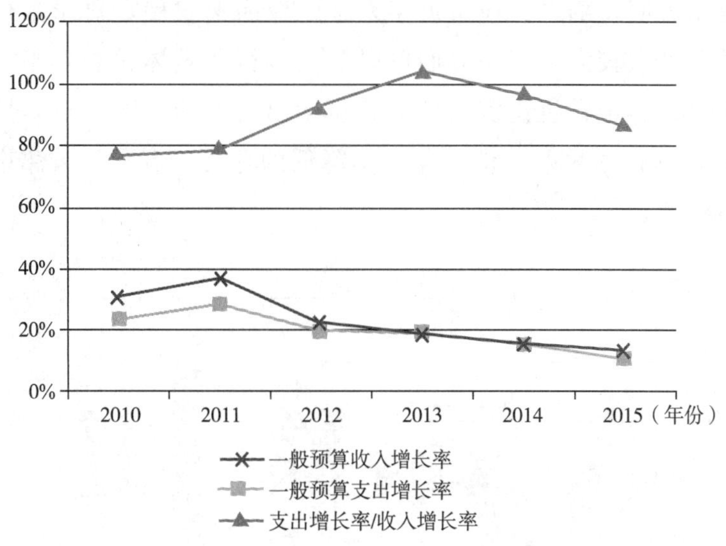

图5.2　天津市地方财政一般预算收支增长率

第4节　天津市金融部门风险分析

随着京津冀一体化的不断推进，北京市的金融业向天津和河北地区辐射，金融业对于天津市宏观经济的健康发展有着非常重要的意义。本节主要运用资产负债表的方法对天津市银行业和保险业进行风险分析，通过资产、负债和权益的关系来揭示天津市金融部门的风险状况以及抗风险能力。

一、银行类风险分析

2015年，天津市银行业金融机构总体发展状况良好，资产规模不断壮大，截至2015年12月，银行业金融机构本外地贷款余额为25994.68亿元，同比增长11.93%，比上年提高了0.5个百分点；本外币存款余额达到28149.37亿元，同比增长13.6%，比上年提高了7.34个百分点。总体来看，2015年天津市银行业金融机构延续了2014年的发展态势，继续保持稳步壮大态势，资产结构情况也得到了进一步优化，这在一定程度上归功于有关部门的重视。

受到银行表外融资及直接融资占比上升的影响，2015年本外币存贷比有所下降。2015年存贷比为92.35%，比上年降低了1.4个百分点。自2008年金融危机之后，天津市金融机构存贷比整体呈不断上升的态势，如图5.3所示。2014年存贷比为93.73%，为2008年以来的最高值，2015年小幅回落。较高的存贷比表明，随着天津市近年来金融业高速发展，对于银行类金融机构的间接融资需求较大，这一方面可以提高银行业整体盈利水平，但另一方面也会导致银行类金融机构资产负债表显示出较大的风险敞口，导致银行业抵御金融风险的能力下降。2015年小幅降低的存贷比有利于天津市资本结构错配风险的缓解。

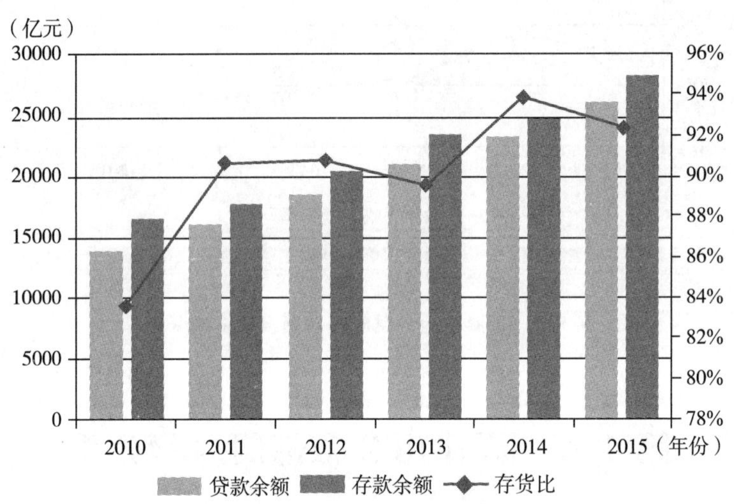

图5.3 天津市银行类金融机构存贷款结构

二、保险类风险分析

2015年，天津市保险业经营主体基本稳定，市场总体呈现平稳发展态势。保费收入自2011年出现下滑后逐步回升，2015年全年实现保费收入398.34亿元，同比增加25.36%，保费收入维持较高增速。2015年天津市保险深度为2.4%，比上年提高了0.38个百分点，为历史以来最高。不过仍然低于中国平均保险深度3.18%的水平，表明天津市保险行业的发展速度不及当地经济发展的整体水平，如图 5.4 所示。对此，应采取合理有效的方式提高保险深度，使保险业能够更好地服务于地方经济的发展。

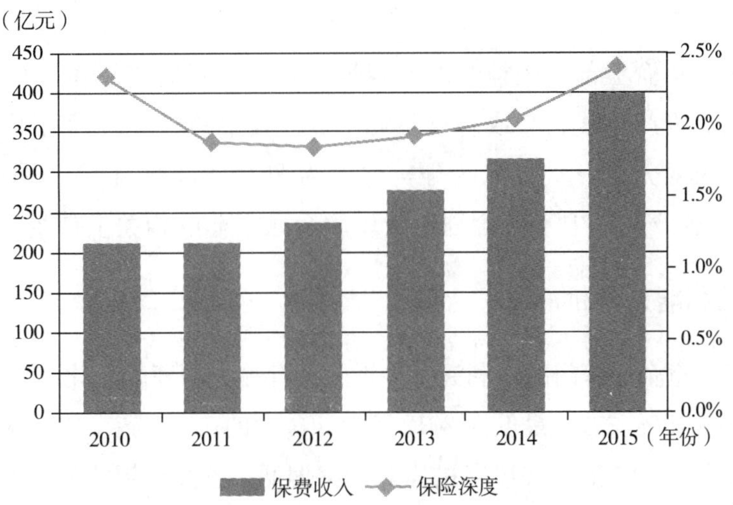

图 5.4 天津市保险业保费收入与保险深度

2015 年，天津市赔付支出为 139.53 亿元，主要受 2015 年 8 月天津港滨海新区特大爆炸事故的影响，赔付支出同比增加 33.66%，增速比上年提高了约 30 个百分点。如图 5.5 所示。相比之下，保险赔付率的变化相对稳定，2015 年赔付率为 35.03%，保费增长率与赔付率之间的差额呈现出逐渐缩减的态势。总体而言，天津市保险行业发展较为稳定，不存在严重系统性风险，但保费收入增幅减缓且波动较大，在一定程度上会影响保险行业持续稳定的发展。

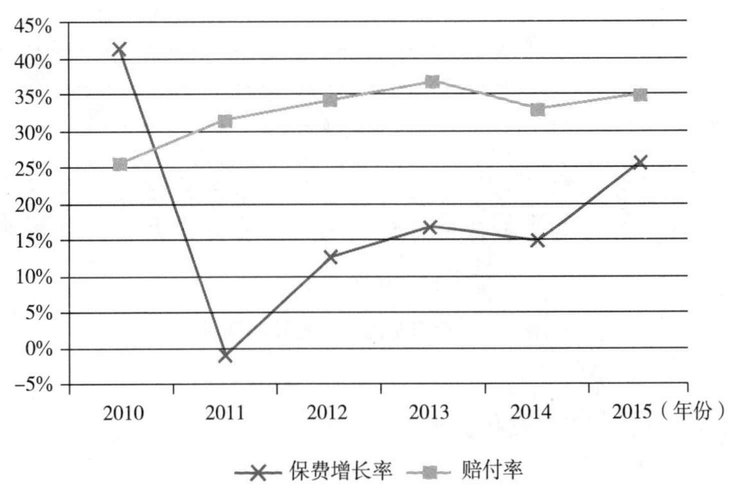

图 5.5 天津市保险业保费增长率与赔付率

第5节　天津市上市企业部门风险分析

天津市上市企业部门整体情况不容乐观，净利润呈现下降趋势。本节主要选取利润表、资产负债表和或有权益资产负债表中的核心指标对天津市上市企业部门进行风险分析，所选取的分析样本为2010－2015年第三季度天津板块的35家上市企业，其中不包含创业板块和金融行业的相关上市企业。

一、盈利能力分析

天津市上市企业部门的净利润率最近几年存在大幅度的变化，最高点在2014年第三季度的15%左右。最低为2012年第四季度的1%不到。如图5.6所示。整体来看，天津市上市部门2015年的净利润率偏低，不及往年的平均水平。前三个季度的净利润率都没超过6%。其中第一季度的净利润率只有约2%的水平。

从上市企业部门的整体情况来看，自2008年金融危机爆发以后，受到实体经济下行以及生产要素成本的不断攀升，天津市上市企业的经营状况一直不容乐观。整体一直处于下降态势，尤其是净利润率这项指标，整体处于一种下滑趋势。

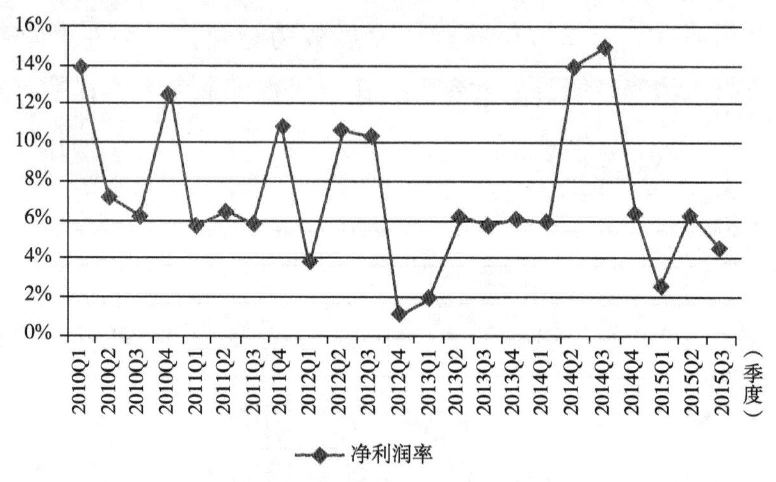

图5.6　天津市上市企业净利润率

二、账面价值资产负债表分析

（一）资本结构错配分析

截至2015年第三季度，天津市上市企业部门总资产达到了5486亿元，同比增长11.34%。总负债达到3272亿元，同比增长9.34%。资产负债率自2013年以来就一直处于下降趋势。2015年这个趋势暂时的到翻转。如图5.7所示。在2015年下半年的两个季度，天津市上市企业部门的资产负债率都有小幅度的上升。在2015年第三季度达到了59.65%。这也是由于2015年资本市场活跃，上市企业融资渠道得到拓展，融资方法多样化，从而在一定程度上提高了上市企业资产负债率。不过面对这样的情况，政府有关部门需要注意，应防范上市企业因为融资渠道的方便而进行盲目的扩张融资，避免因为资本错配而引起金融风险。

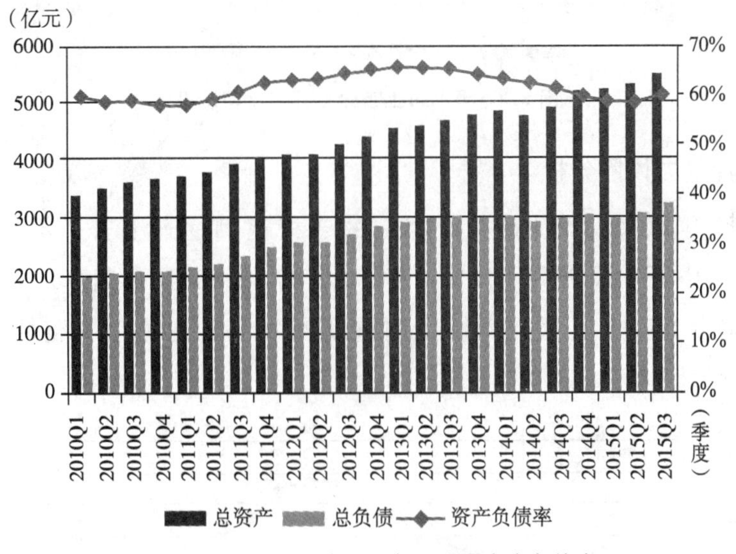

图5.7 天津市上市企业部门账面资产负债率

（二）期限错配分析

2010—2015年第三季度末，天津市上市企业部门流动资产和流动负债变化规模较大。延续了自21世纪初以来的变化趋势，这也是金融危机以来，上市企业流动资产和流动负债的整体变化趋势。如图5.8所示。2015年前三个季度的流动比例分别为1.52、1.51和1.54，流动比例呈现上升态势。天津市整体上市企业的流动比例维持在1.5左右的水平，表明天津市企业流动资产的增速逐步超过流动负债，并且这种趋势自2014年以来就一直维持着，不过整体的变化趋势不是很明显，表明企业资金流动性良好，具有较强的短期偿债能力，企业部门的期限错配风险不明显。

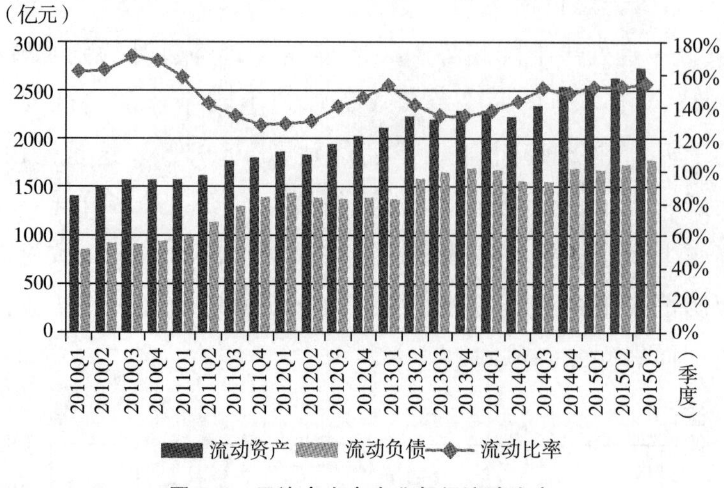

图 5.8　天津市上市企业部门流动比率

（三）清偿力风险分析

自 2010 年以来，天津市企业部门的产权比例逐渐上升，不过这一趋势在 2013 年年中开始反转并下降，在 2014 年年末达到最低值。2015 年前三个季度，天津市上市企业部门产权比例重新回到上升通道上，整体小幅上升。如图 5.9 所示。

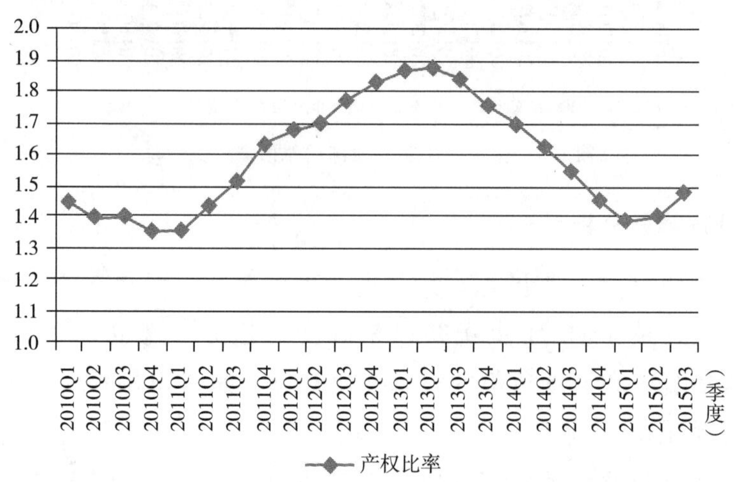

图 5.9　天津市上市企业部门产权比率

三、或有权益资产负债表分析

（一）或有资本结构错配分析

从图 5.10 可以看出，或有资产负债表的变化程度要远大于账面资产负债表。自 2010 年以来，天津市上市企业或有资产负债表呈现出小幅上升趋势，并且这一趋势在 2013 年达到峰值。2015 年该值变化不明显，整体维持在 25%的水平。相对于前几年的 30%以上的水平来说，整体有所下降，表明企业长期偿债能力以及在股权二级交易市场的表现普遍比较好，风险暴露尚不明显。

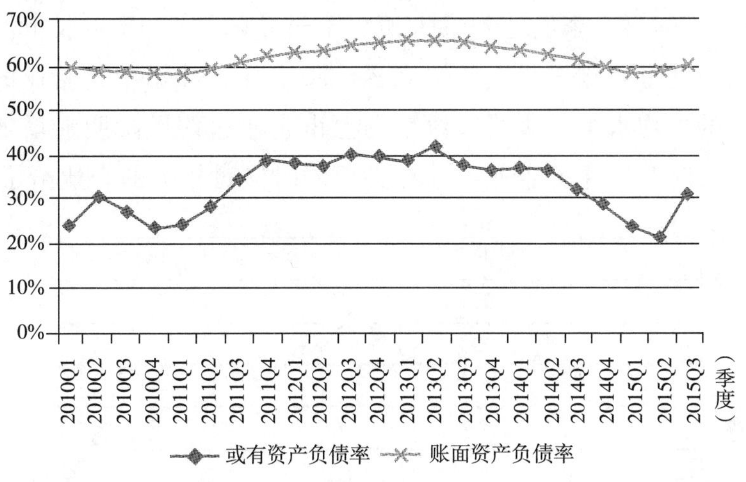

图 5.10　天津市上市企业或有资产负债率

天津市资产市值波动率在 2015 年有着非常明显的变化，在 2015 年的前三个季度，市值波动率剧烈增加，并且在 2015 年的第三个季度达到最大值。如图 5.11 所示。出现这个现象的主要原因还是中国 A 股市场在 2015 年的牛熊转化，使得上市公司股价在 2015 年有着非常剧烈的变化，这也导致了上市公司市值的剧烈变化。这些现象表明上市公司由于资产和权益波动带来的风险在剧烈增加。

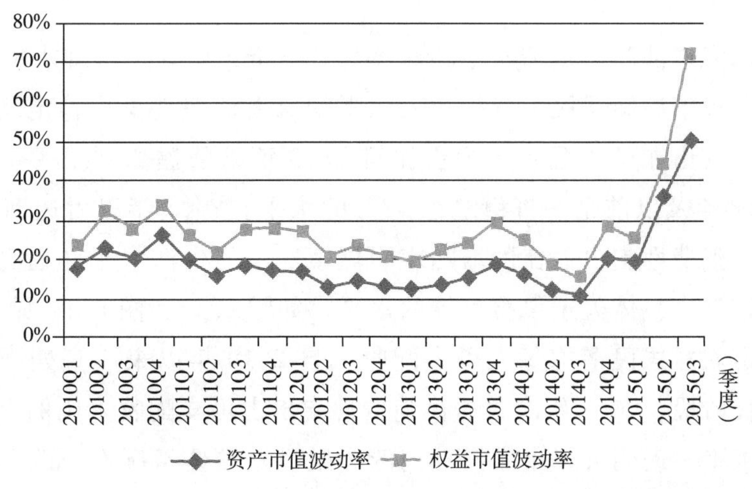

图 5.11　天津市上市企业资产市值波动率

（二）违约风险分析

从违约距离来看，受到全球性金融危机的影响，2010 天津市上市企业违约距离整体处于一个比较低的水平，不过这一现象在随后的几年中得到改善。如图 5.12 所示。从 2011 年开始，天津市上市企业的违约距离逐年增高，并且在 2014 年的第三季度达到最大值。不过，随着 2015 年股市波动，上市企业的违约距离也急剧减小。整体来看，2015 年天津市上市企业的违约距离远低于往年的平均水平，表明天津市的上市企业违约风险明显增加。政府有关部门应该及时关注相关企业，并在必要的时候对相关的企业给予援助。

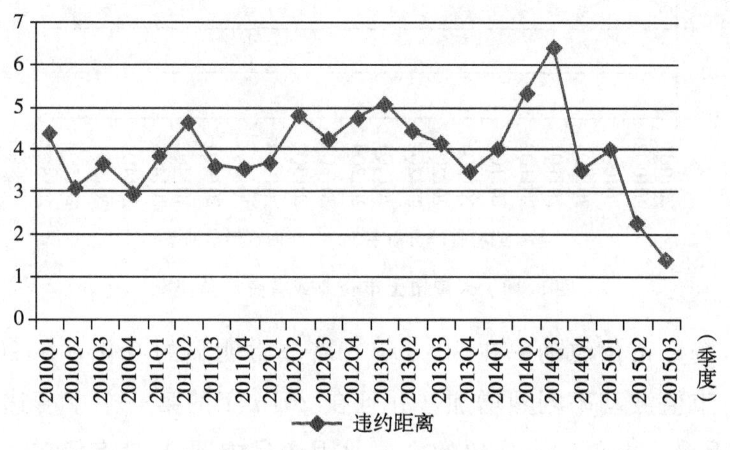

图 5.12　天津市上市企业违约距离

第 6 节　天津市家户部门风险分析

天津市家户部门的负债水平相对不高，存贷结构处在合理水平。自 2010 年以来，天津市城镇居民可支配收入和平均每人消费性支出稳定增长。城镇居民消费性支出在可支配收入中占比自 2013 年以来提高到了一个比较高的水平。2012 年及以前是一直稳定在 68%的水平。2013 年以后达到了 77%左右的水平。消费性支出占比的增加表明城镇居民的生活水平在提高。家户部门的风险较低，整体处于风险可控的水平。如图 5.13、图 5.14 所示。

天津市农村居民平均每人可支配收入自 2010 年以来一直处于一个比较稳定的增长阶段。2013 年农村居民消费性支出占可支配收入比例上升到一个比较高的水平。表明天津市家户部门的金融风险整体情况有所改善。整体风险处于可控水平。

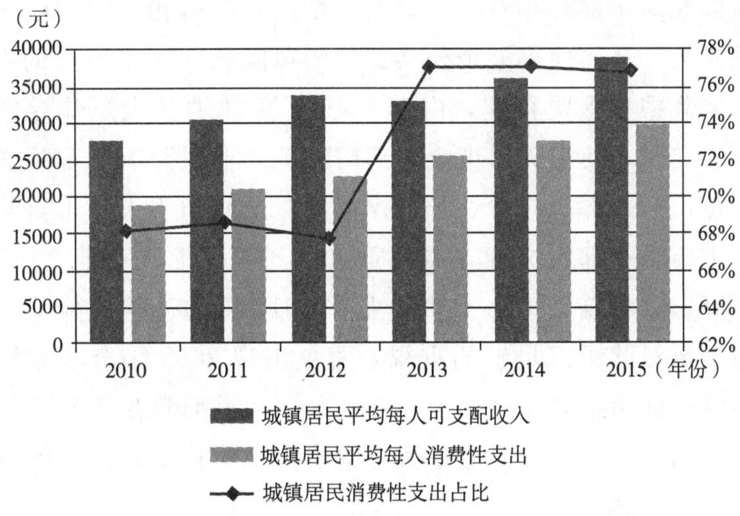

图 5.13　天津市城镇居民人均收支情况

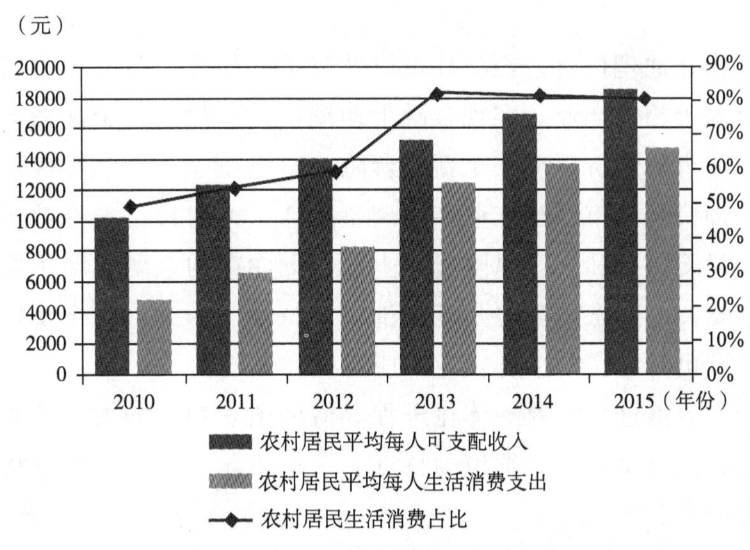

图 5.14　天津市农村居民人均收支情况

第 7 节　金融风险管理与经济发展战略

本章主要从天津市的公共部门、金融部门、上市企业部门和家户部门四个方面对天津市的宏观金融风险作出了分析。不同部门在 2015 年的情况不太一样，整体处于风险可控的状态。具体来看，公共部门在宏观经济下行，实体经济萎靡的大环境下，财政支出和财政收入都有小幅度的下滑，同时天津市的财政预算缺口进一步扩大，延续了之前的上升趋势。表明天津市公共部门金融风险相对于前几年有一定程度的增加，政府相关部门应该着手控制财政缺口的扩大，从而使得整个公共部门的风险处在一个可控的水平。金融部门风险主要集中在保险行业，由于2015年天津塘沽大爆炸导致的相关保险行业的巨额赔付，使得天津市金融部门相关产业风险有明显提高。不过整体而言，天津市金融部门风险处于可控范围，这归功于天津市对金融风险防控的重视。上市企业部门方面，需要重点注意的是上市企业2015年违约距离的明显下降，意味着天津市上市企业在2015年的违约风险明显增加。有关政府部门需要对此予以足够的重视，避免出现2008年金融危机的严重后果。天津市家户部门金融风险处于较低水平，一方面是由于经济下行压力导致的居民消费保守，另一方面也是因为中国传统消费观念以及消费习惯决定了相关风险不会很高。

根据以上风险分析的情况，我们针对天津市风险管理提出以下几点重要建议；

第一，依托地理位置、经济环境以及政策支持等条件，大力发展港口金融、贸易金融等相关产业，实现金融带动港口，港口支持金融发展的双向模式，促进天津市的经济迈上一个新的台阶。

第二，加快天津市经济产业结构调整工作，大力推动金融改革发展，重点放在金融风险防控和金融风险应对上面。天津市的金融风险主要来自于其港口地位，相关的金融风险也是基于港口的特性。因此，对于特殊的金融风险，政府应该出台专门的措施，专门应对此类风险。

第三，大力推进京津冀一体化进程，借助国家相关的宏观政策优势，结合天津市自身港口城市、直辖市的特点，在京津冀一体化过程中将自身的优势充分发挥出来。

参考文献

［1］刘畅：《天津金融产业集聚的模式选择及效应研究》，首都经济贸易大学，2009年。

［2］国晓丽：《金融发展与产业结构调整关系的市长研究——以天津为例》，载《技术经济与管理研究》2011年第7期，第94—97页。

［3］谭敏：《天津金融发展与经济发展的关联性研究》，天津工业大学，

2012年。

[4] 郭芯蕊：《天津市房地产金融市场风险研究》，首都经济贸易大学，2012年。

[5] 姚东旻、王东平、陈珏宇：《中国财政可持续性研究——基于财政缺口的视角》，载《中央财经大学学报》2013年第5期，第6—13页。

[6] 李德：《京津冀一体化中的金融支持策略》，载《金融与经济》2014年第11期，第28—31页。

[7] 凌文杰、乐金灿、雷银枝：《新形势下天津金融市场进出设施发展对策》，载《天津金融评论》2014年第2期，第37—41页。

[8] 天津市统计局：《2010—2015年天津市国民经济和社会发展统计公报》。

[9] 天津市统计局：《2010—2015年天津市统计年鉴》。

[10] 中国人民银行：《2010—2014年天津市金融运行报告》。

第6章　河北省宏观金融风险研究

河北省作为环绕北京市的省份，在向北京市提供支持和承接北京市部分功能方面发挥着重要作用。2015年，在全球经济疲软，国内经济下行压力巨大，整体经济形势错综复杂，去产能、治污染压力加大，增长动力乏力的大背景下，河北省的经济发展面临着前所未有的突出问题。本章基于对河北省经济金融运行状况的整体概述，综合运用宏观资产负债表和或有权益分析法，从公共部门、金融部门、企业部门及家户部门展开风险研究，并对河北省提出行之有效的风险管理手段和经济发展战略。2015年河北省整体金融风险情况相对于2014年恶化不少，其中公共部门财政收入放缓，财政支出缺口呈扩张态势，风险进一步加大。金融部门风险相对于前几年有所降低，主要体现为货币错配风险的显著降低，但银行业盈利能力呈现下滑态势，且不良贷款持续“双升”，应加大银行业风险抵补能力。上市企业部门整体情况比较乐观，净利润率相对前几年小幅升高，但是违约距离缩短，违约风险加大。对于家户部门，城乡居民收入逐年稳步上升，增幅小幅回落，整体风险可控。

第1节　河北省宏观金融风险概述

2015年，河北省以提高经济发展质量和效益为中心，主动适应经济发展新常态，积极稳增长、调结构、促改革、治污染、惠民生、防风险，国民经济稳中有进、稳中有新、稳中有好，社会事业取得全面进步。2015年全年共实现生产总值29806.1亿元，较上年增长6.8%。其中，第一产业增加值3439.4亿元，增长2.5%；第二产业增加值14388.0亿元，增长4.7%；第三产业增加值11978.7亿元，增长11.2%。第一产业增加值占全省生产总值的比重为11.5%，第二产业增加值占全省生产总值的比重为48.3%，第三产业增加值占全省生产总值的比重为40.2%。整体经济结构更加优化合理。全社会固定资产投资完成29448.3亿元，比上年增长10.4%。其中，固定资产投资28905.7亿元，增长10.6%；农户投资542.5亿元，增长3.4%。

第2节　文献综述

河北省本来作为中国经济发展情况居中的省份，被学者研究的可能性比较小。国外基本没有关于河北省金融风险的研究成果，主要研究都是由国内学者做出来的。而国内与河北省金融风险及经济发展战略相关的文献主要集中在对河北省农业产业融资情况及保险的分析，对于地方商业银行发展战略的研究，以及对京津冀协同发展的研究。

在河北省农业产业方面，赵君彦（2012）重点通过深入的理论分析，将实证分析与规范分析相结合，研究了河北省农业保险运行情况的市场供需特征与矛盾。挖掘了制约河北省农业保险发展的深层次原因。曹骏（2015）借鉴国内外大量文献，运用定量分析法对河北省农业发展的资金供需情况作出了分析，得出2009－2013年河北省现代农业发展一直存在“供不应求”的状况，并从内生和外生两个维度对其原因作出了分析。

在地方商业银行发展战略方面，孙盈盈（2014）利用SWOT、QSPM等分析工具，制定并选择满意的风险战略模式。作者以河北省作为实证研究对象提出了以下建议：调整授信政策、加大信贷风险监管力度、完善资产质量，注重流动风险、优化组织结构，提升公司治理水平等。康媛媛（2015）从阐述绿色信贷渊源，剖析内涵等方面入手，综合国内外相关文献以及操作经验，重点研究了河北省绿色信贷取得的进展，提出绿色信贷需要银行、政府和企业三方的共同努力和参与。

在京津冀一体化协同发展方面，田静云（2015）对京津冀地区内北京、天津和河北的13个城市的金融发展情况进行对比论述，通过统计软件对数据的分析得出京津冀地区有以下几个主要问题：金融产业发展不平衡、金融资本过于集中、辐射能力不足和转移承接能力较差。作者在这些问题的基础上，对京津冀协同发展提出了有针对性的政策建议。樊晓乐（2012）通过从京津冀地区区域经济合作以及金融合作的角度，指出京津冀地区目前金融合作存在合作层次较低、合作监管效力不彰、中心城市合作意识不强等问题。作者通过研究国内外其他地区区域合作模式，提出了京津冀现阶段金融合作的有益启示。

第3节　河北省公共部门风险分析

公共部门方面，河北省自2010年以来的财政预算收支问题一直没有得到改善。整体而言，河北省财政预算收支矛盾仍然较为突出，存在较大的财政风险。近年来，河北省地方一般预算收支规模保持稳定增长，但增速有所放缓。2015年，河北省一般预算收入2648.5亿元，增速为8.25%，较上年上升1.7个百分点，如图6.1所示。从图6.2可以看到，近几年河北省财政收入增速总体大幅下滑。截至2015年年末，河北省一般预算支出5675.3亿元，增速为22.36%，较上年下降大增17.2个百分点，表明河北省政府2015年大幅增加财政支出，公共部门风险进一步加大。

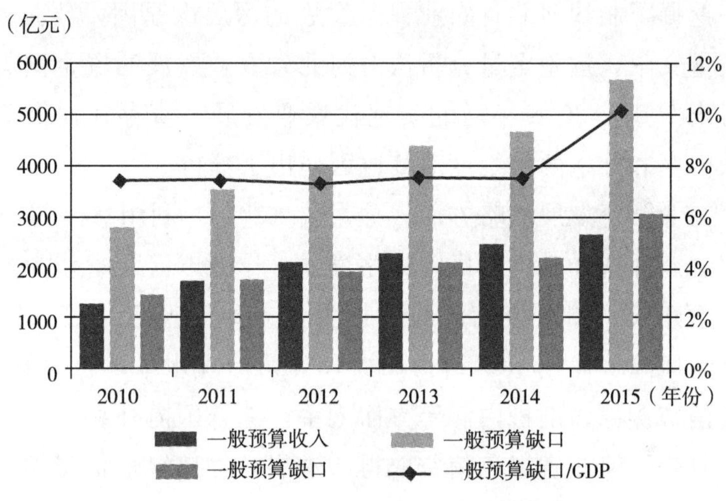

图6.1　河北省地方财政一般预算收支情况

与此同时，2015年的财政收支矛盾进一步恶化。如图6.2所示，2015年河北省一般预算缺口达到3026.8亿元，较上一年增加38.11%。过去四年来，财政缺口占GDP的比重较稳定在7.5%左右，2013年小幅上升，2014年略有回落，而到了2015年则又激增至10%左右，占比进一步增加。从财政预算收支增长率的变化情况我们也可以看到，随着财政收入增速放缓，财政支出增长率与收入增长率之比先升后降，2013年该比值为91.3%，远高于2012年72.7%的水平，2014年回落至55.77%，而这一数据在2015年达到了惊人的270.99%，表明河北省在协调财政支出与收入方面存在严重问题，如此下去，公共部门风险将会变得异常严峻。

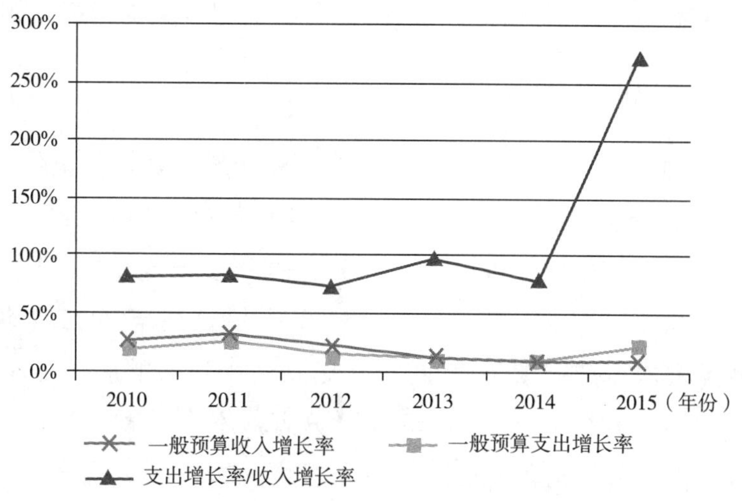

图6.2　河北省地方财政一般预算收支增长率

除了财政预算收入与支出上的严重不匹配之外，河北省还有我们需要足够重视的问题，那就是河北省政府融资平台风险堪忧，主要体现在三个方面：一是融资主体实力不足，横贯河北省地方政府融资平台，无论是发展体量还是管理水平抑或是融资能力等，均不能达到国家城镇化规划发展的要求；二是地方债规模较小，河北省作为一个中部大省，政府债规模相对于其经济体量而言还是太小，对于巨大的财政收支缺口而言，只是杯水车薪；三是“土地财政”不可持续，近年来，河北省城镇化建设过度依赖土地融资，如果土地市场价格发生变化，将面临较大的偿债压力，同时，土地资源的有限性，决定了以地融资的不可持续性。

总体来说，河北省处在毗邻首都北京的地理位置上，各种资源都需要给北京让步，甚至要牺牲一部分自身的发展来给北京的发展进行有效的支持，这对于河北省自身的发展是相当不利的。目前河北省存在较为严重的债务风险，政府支出与收入的缺口过大将会严重影响未来政府行使行政职能的有效性。对此，河北省政府应该引起足够的重视，开源节流，争取可持续性的发展路径。

第4节　河北省金融部门风险分析

受益于2015年A股市场的繁荣，河北省金融机构在过去的一年内资产规模得到快速增长，盈利能力稳步提升，但是金融行业不断提高的不良贷款率严重威胁着金融整体环境的健康稳定，银行流动性风险和关联性风险不容忽视，保险业赔付率大幅上升等风险并存，需引起有关部门的重视。

一、银行类风险分析

2015 年，河北省银行业金融机构总体发展状况良好，截至年末贷款余额达到 32608.47 亿元，同比增长 16.24%。存款余额达到 48927.59 亿元，同比增长 11.79 亿元。存贷比进一步上升，达到历史最高值 66.64%，比去年 2014 年提高了 2.55 个百分点。不良贷款“双升”，截至 2015 年年末，河北省银行业金融机构不良贷款余额 677.83 亿元，比年初增加 192.54 亿元，不良贷款率 2.08%，比年初上升 0.35 个百分点，不良贷款反弹压力较大。从盈利指标看，银行业机构盈利能力呈下滑态势。2015 年，全省银行业累计实现净利润 669.75 亿元，同比减少 34.59 亿元，年末全部机构资产利润率同比下降 0.21 个百分点，净息差同比下降 0.34 个百分点。风险抵补能力方面，风险准备受到不良贷款侵蚀出现下降，全省法人银行业金融机构总体拨备覆盖率为 122.28%，已低于 150%的监管标准。

（一）资本结构错配分析

2015 年，本外币存贷款余额均表现出稳定增长。其中贷款余额增长速度较上年提高 5.29 个百分点，存款余额增长率较上年降低 3.07 个百分点。如图 6.3 所示。2015 年存贷比进一步上升，达到历史最高值 66.64%，但是仍然远低于全国平均水平，反映河北省金融体系没有充分发挥引导资源配置、支持经济发展的作用。总体而言，河北省金融业存贷结构较为稳定，资本结构错配风险不显著。

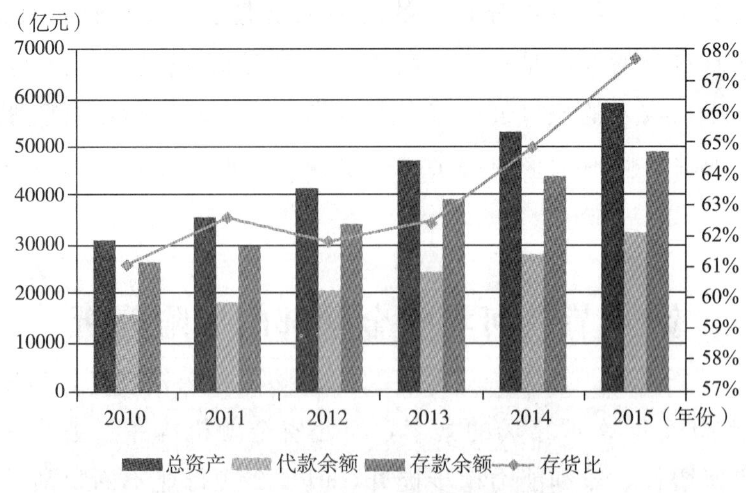

图 6.3 河北省银行类金融机构存贷款结构

（二）期限错配分析

从期限结构来看，河北省短期贷款保持稳步增长，2015年短期贷款达到12527.8亿元，比2014年增长6.47%；中长期贷款达到17903.52亿元，同比提高18.43%，增速明显回升。2015年河北省中长期贷款占贷款总余额的比重为54.9%，延续了2012年以来的上升趋势，较2013年上升1.01个百分点，如图6.4所示。总体来看，河北省银行类金融机构期限错配风险较小。

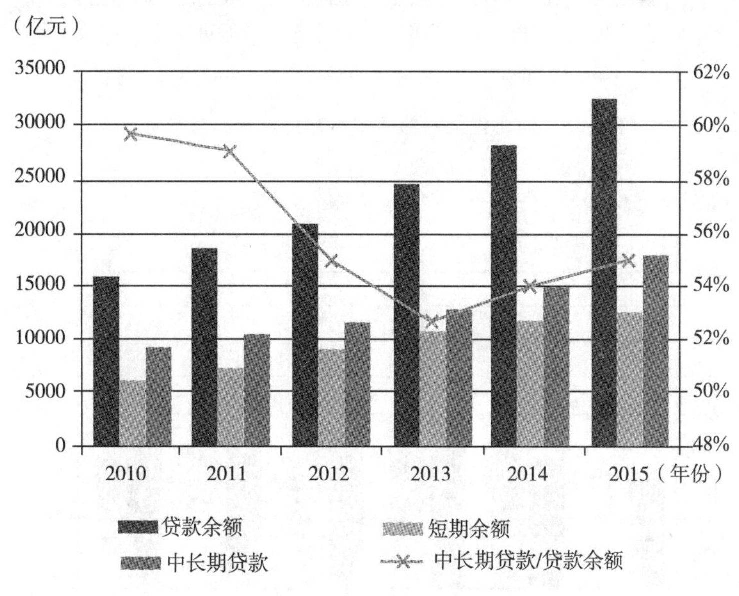

图6.4 河北省金融机构存贷款期限结构

（三）货币错配分析

金融部门货币错配风险通过金融机构存贷款的货币结构进行分析。如图6.5和图6.6所示，2015年，河北省本外币存贷规模较2014年均有所上升。本币存款达到48927亿元，同比增加11.80%，存贷比为66.64%。外币存款在2015年有较大幅度增长，贷款基本保持稳定。外币存贷比下降到120%的水平，表明货币错配风险得以缓解，但仍应及时采取相应的措施以提高货币错配风险管理水平，适度降低外币存贷比，以减小金融部门所面临的汇率风险敞口。

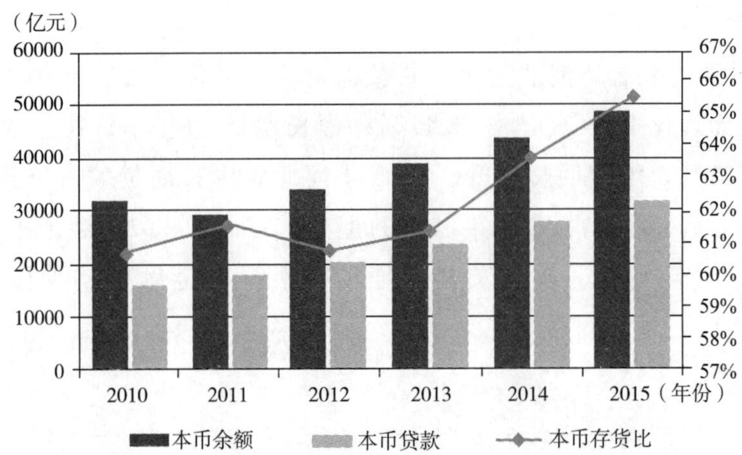

图 6.5　河北省金融部门本币存贷款余额与存贷比

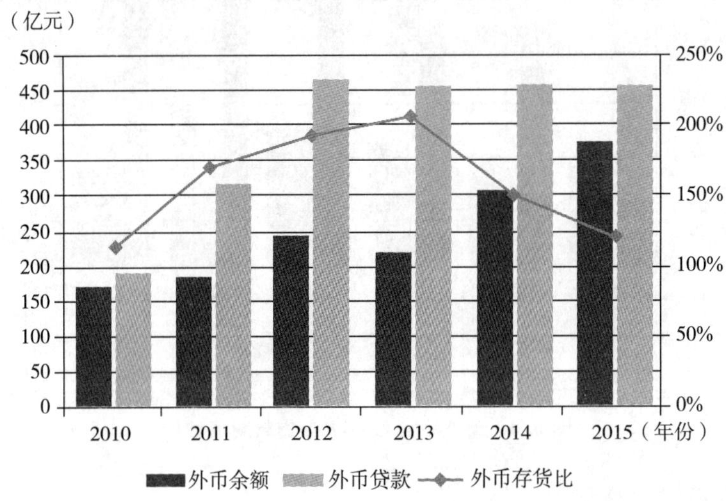

图 6.6　河北省金融部门外币存贷款余额与存贷比

二、保险类风险分析

受益于 2015 年股市繁荣增长，2015 年，河北省保险业呈现稳步增长，但保险赔付率呈现快速增长趋势，应引起关注。2015 年全年实现保费收入 1163.1 亿元，同比增长 24.81%，比上年提高 13.55 个百分点，表现出强势增长。如图 6.7 所示。2015 年河北省保险深度为 3.90%，略高于中国平均水平，未来仍有较大空间可以挖掘用于保险支持实体经济发展。

保费增长率在 2011 年出现负增长后，连续 4 年实现快速增长，2015 年保费继续延续前几年的增长势头，并且增速进一步提高，首次突破 20%的增长速度，达到 24.8%。基本上接近 2005 年 25.1%的增长水平。2015 年，河北省原保险赔付支出达到 461 亿元，同比增长 16.9%，如图 6.8 所示。保险业赔付率在前几年快速增长后，在 2015 年小幅回落，2015 年赔付率为 39.71%。该指标在全国处于较高水平，应考虑河北省保险业是否存在承保和核保标准过低，承保质量不高，查勘验保和保险理赔存在风险漏洞，对保险欺诈打击不力等因素。总体而言，河北省保险行业发展较为稳定，但应警惕保费赔付率抬头带来的流动性风险。

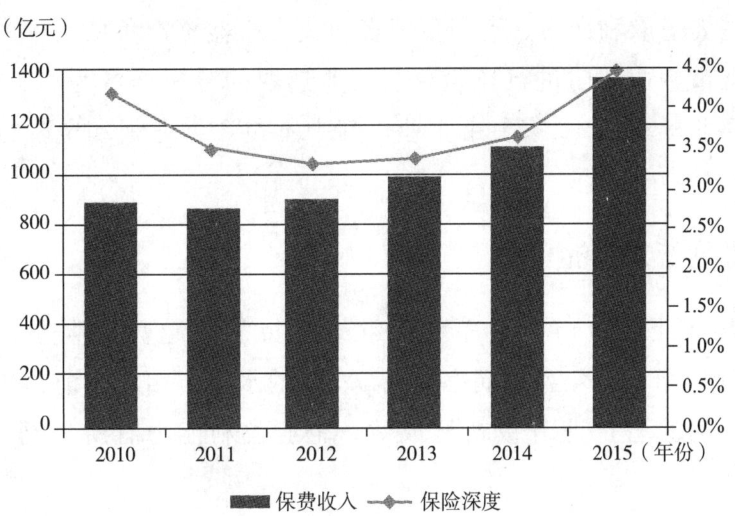

图 6.7　河北省保险业保费收入与保险深度

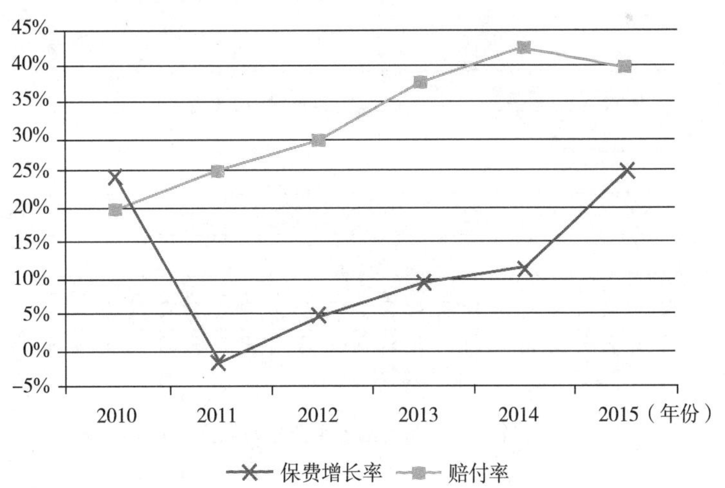

图 6.8　河北省保险业保费增长率与赔付率

第5节　河北省上市企业部门风险分析

受宏观经济条件的影响，近年来，河北省上市企业部门的经营状况有所下滑，净利润率呈震荡态势，账面资产负债率与或有资产负债率均有所上升，企业部门清偿力下降，财务状况有所恶化，上市企业面临的总体风险较大。本节主要选取利润表、资产负债表和或有权益资产负债表中的核心指标对河北省上市企业部门进行风险分析，所选取的分析样本为2010—2015年第三季度河北板块的42家上市企业，其中不包含创业板和金融行业的相关上市企业。

一、盈利能力分析

2015年河北省上市企业净利润继续维持震荡趋势。整体振幅相对于2014年有所收窄，全年净利润率处在5.5%的水平。相对于前几年有小幅升高，体现出河北省产业升级初显成效。企业盈利能力有所提高。如图6.9所示。

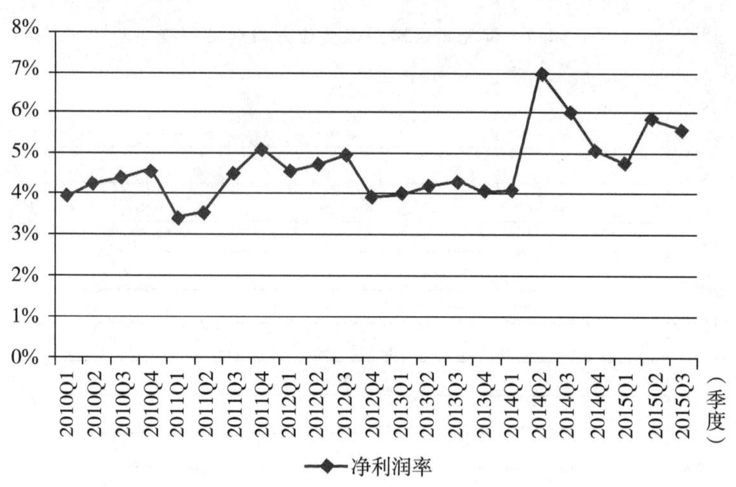

图6.9　河北省上市企业净利润率

二、账面价值资产负债表分析

（一）资本结构错配分析

近五年来，河北省上市企业的总资产和总负债规模保持稳步趋势。2015年第三季度，总资产8897.77亿元，同比增长12.34%，总负债达到6129亿元，资产负债率整体一直维持在68%左右，2015年第三季度小幅提高至68.89%，如图6.10所示。总体而言，河北省上市企业部门资本结构较为稳健，资产负债率处于较为合理水平，未显示明显的资本结构错配风险。

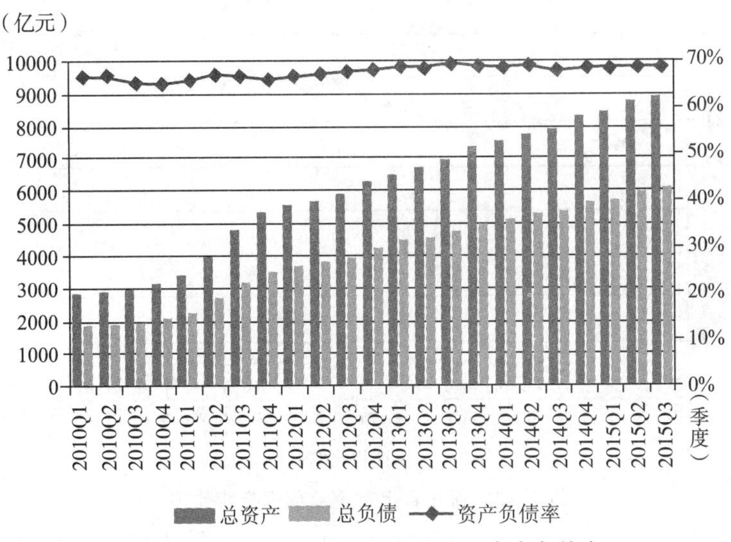

图6.10 河北省上市企业部门账面资产负债率

（二）期限错配分析

2010—2015年第三季度，河北省上市企业的流动资产和流动负债基本呈现小幅上升，如图6.11所示。近五年来流动比率波动不大，基本维持在0.95—1.15，于2012年第四季度达到最低值0.95。2015年第三季度河北省上市企业流动比率为1.02。总的来说，河北省上市企业的流动比率基本保持在1.00左右，资金流动性较好，短期债务偿还能力较强，不存在明显的期限错配风险。

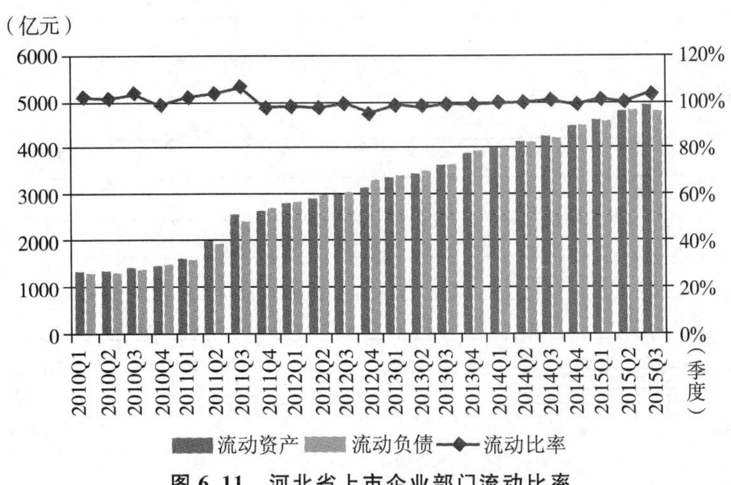

图6.11 河北省上市企业部门流动比率

（三）清偿力风险分析

2010—2015 年，河北省上市企业产权比率整体呈现小幅上升趋势，其中 2015 年全年产权比率维持在 2.1—2.2，比较稳定，如图 6.12 所示。

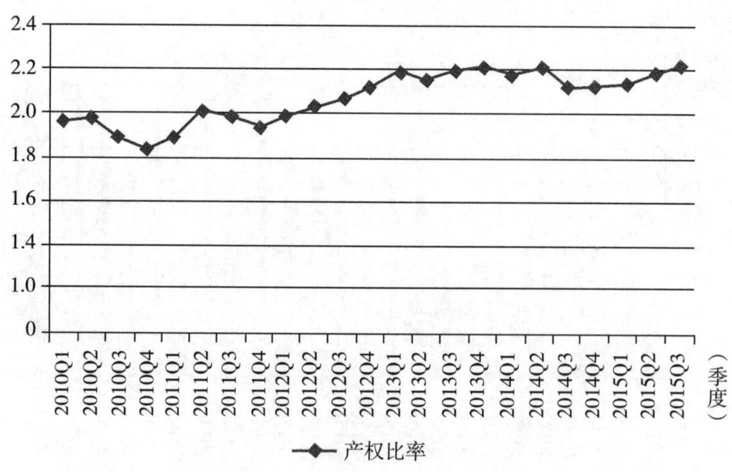

图 6.12　河北省上市企业部门产权比率

三、或有权益资产负债表分析

（一）或有资本结构错配分析

与账面资产负债率相比，或有资产负债率的水平较低，在波动中总体呈现上升后下降的趋势，其中 2015 年相对于前几年有比较明显的下降趋势。如图 6.13 所示。或有资产负债率的下降表明河北省上市企业在股权二级市场表现状况有所好转，其或有资产负债率在 2015 年第二季度末达到历史最低的 35.7%，反映出或有资本结构错配风险有所缓解。

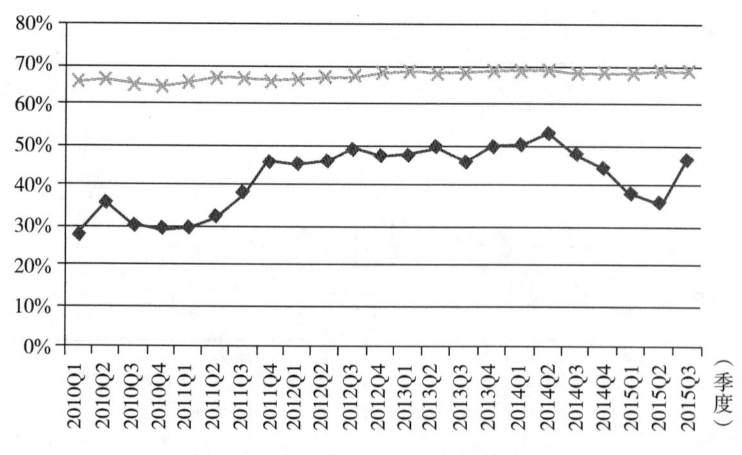

图 6.13　河北省上市企业或有资产负债率

上市公司资产以及权益市值受到股票市场剧烈波动的影响，在 2015 年表现出剧烈的波动，整体风险较大，不过考虑到 2015 年股票市场趋于稳定，未来风险将有所降低。如图 6.14 所示。

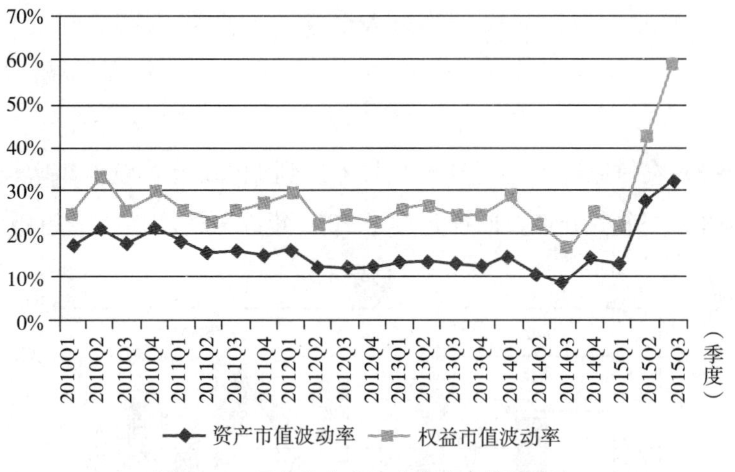

图 6.14　河北省上市企业资产市值波动率

（二）违约风险分析

从违约距离来看，受到全球金融危机冲击，2010—2013 年河北省上市企业违约距离较小，随后在 2014 年情况有所好转，违约距离在 2014 年第三季度达到最高的将近 6。但是紧接着情况在 2015 年出现严重恶化，2015 年第三季度违约距离首次跌破 2，企业违约风险偏高。如图 6.15 所示。

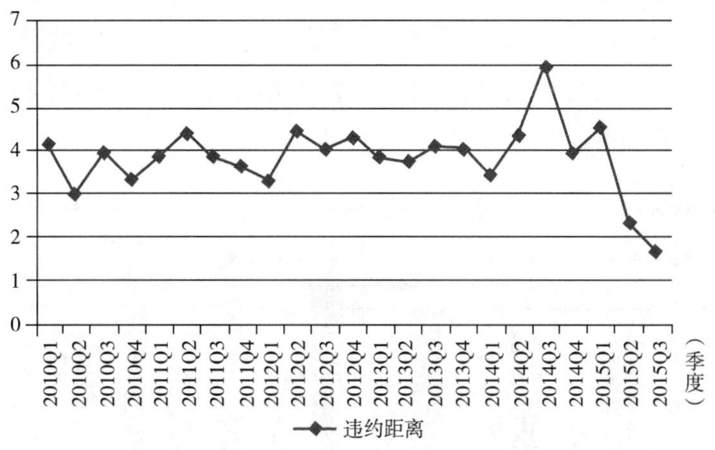

图 6.15　河北省上市企业违约距离

第6节 河北省家户部门风险分析

近年来，河北省城镇居民平均每人全年可支配收入和农村居民家庭人均收入均平稳上升，但增速放缓。如图 6.16 所示，2015 年实现城镇居民人均可支配收入 26152 元，同比增长 8.3%，增幅较上一年下降 0.3 个百分点，继续保持增幅收窄趋势。农村家庭人均可支配纯收入达到 11051 元，较上年增长 8.5%，增速较上年回落 2.4 个百分点。同样延续了 2011 年以来的增幅收窄趋势。

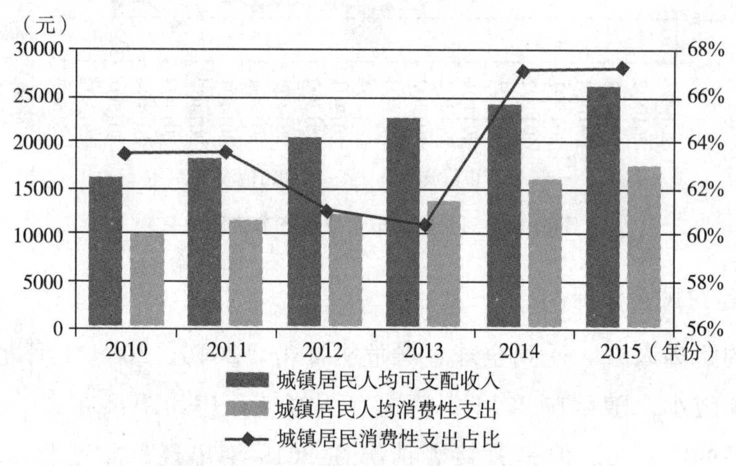

图 6.16 河北省城镇居民人均收支情况

同时，不管是城镇居民还是农村居民，其居民消费性支出占比在 2015 年都基本维持和 2014 年同样的水平。如图 6.17 所示。其中城镇居民维持在 67%左右的水平，农村居民维持在 80%左右的水平。未来仍有很大空间进一步提高居民生活水平。

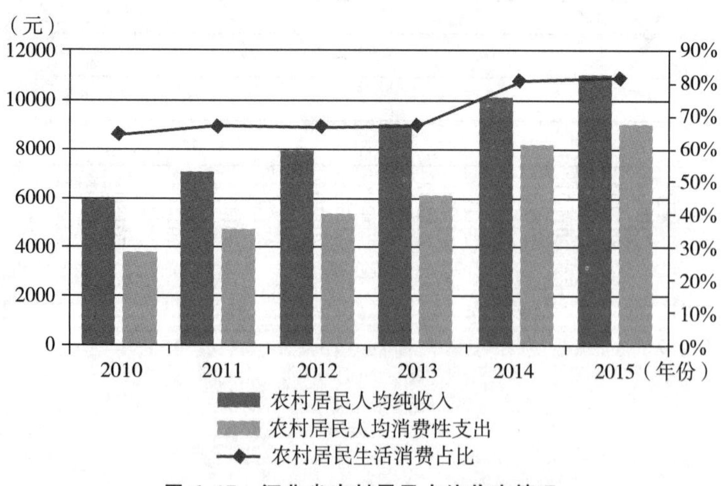

图 6.17 河北省农村居民人均收支情况

第7节　金融风险管理与经济发展战略

本章主要从公共部门、金融部门、上市企业部门和家户部门四个方面来对河北省宏观金融风险进行分析。从公共部门来看，尽管在2014年河北省在财政预算缺口问题上有所缓解，但是在经济下行压力加大，投资、消费和出口运行较为低迷，新型城镇化进程加快的大背景下，财政收入放缓，而财政支出缺口呈扩张态势，2015年缺口以更快的速度在扩大。整个公共部门预算缺口风险继续升高。金融部门整体风险相对于前几年有所降低。其中主要是2015年货币错配风险明显降低，一方面是由于实体经济疲软，资金逐利性导致，另一方面也是相关风险控制发挥了很好的效果。河北省保险行业发展较为稳定，但应警惕保费赔付率抬头趋势，减少流动性风险。从上市企业部门来看，河北省上市企业整体经营情况比较乐观。上市企业2015年净利润率相对于前几年小幅提高，震荡上行。不过值得关注的是违约距离在2015年跌破2，违约风险加大，需要相关政府部门加以注意和预防。对于家户部门，河北省城乡居民平均每人全年收支情况逐年稳步上升，但增速有所回落，个人存贷比大幅上升，应警惕经济低位运行和物价上涨给农村居民可支配收入和消费支出带来的相关风险。

基于以上的分析结论，现针对河北省风险管理与经济发展战略提出以下几点建议：

第一，继续完善宏观金融风险防控体系的建立，针对不同的部门分别编制资产负债表以监控不同部门的风险情况。做好本省范围内的金融风险监控与预警工作。

第二，承接北京市梳理的产业，通过引入非首都功能产业进驻本省，从而提高本省经济产量，提高本省各项财政收入。盘活国有资产，加快国有企业的转型与升级，提高国有企业的盈利能力。

第三，抓好“三驾马车”，充分发挥投资的引领作用、消费的基础作用和出口的支撑作用。加快实施国家去产能，供给侧改革政策。推动新兴产业园区发展，打造煤炭、钢铁、平板玻璃等本地特色商品交易平台。

参考文献

[1] 赵君彦：《河北省农业保险发展问题研究》，河北农业大学，2012年。

[2] 曹骏：《河北省现代农业发展融资研究》，河北农业大学，2015年。

[3] 田静云：《京津冀区域金融合作问题研究》，河北大学，2015年。

[4] 樊晓乐：《京津冀区域金融合作发展研究》，天津师范大学，2012年。

[5] 孙盈盈：《地方商业银行风险战略模式研究——以河北银行为例》，石家庄经济学院，2014年。

[6] 康媛媛：《河北省商业银行绿色信贷研究》，石家庄经济学院，2015年。

[7] 河北省统计局：《2010—2015年河北省国民经济和社会发展统计公报》。

[8] 河北省统计局：《2010—2015年河北省统计年鉴》。

[9] 中国人民银行：《2010—2014年河北省金融运行报告》。

第 7 章　上海市宏观金融风险研究

2015 年，中国股市牛转熊，上海作为中国的金融中心，在这场股市盛宴中发挥了重要作用。2015 年是独特的一年，在深化改革的大背景下，上海国际金融中心建设取得了重大进展。同时，上海房地产金融泡沫继续累积，人口老龄化对经济的影响开始显现，自贸区的金融改革也对上海市的金融风险防控与管理提出了更高要求。

第 1 节　上海市宏观金融风险概述

2015 年，在经济下行压力下，上海市积极应对宏观环境的变化，经济总体保持平稳有序发展。全市全年实现生产总值 24965 亿元，较 2014 年增长 6.9％。[①] 从产业结构来看，第三产业比例继续上升，第三产业的高速发展带动了产业结构的优化，全年增加值占全市生产总值的 67.8％。另外，上海市金融业运行稳健，有力地支持了实体经济的发展。证券业、保险业借助 2015 年的大牛市，获得长足发展，金融行业整体更加繁荣和稳健。

第 2 节　文献综述

在上海国际金融中心建设的系统性风险方面，闻岳春和程天笑（2014）以香港人民币离岸金融中心为研究对象，实证检验了离岸金融中心对于在岸金融市场的风险溢出效应，研究得出香港人民币离岸金融中心加剧了在岸金融市场的系统性金融风险，并为上海自贸区人民币离岸金融中心的系统性金融风险监管提出了建议。王欣欣和储伟（2006）在研究分析市场潜在风险的基础上，提出了构建金融市场风险管理机制的设想。

---

① 数据来源：《2010－2015 年上海市国民经济和社会发展统计公报》，上海市统计局；国泰安数据库，深圳国泰安教育技术股份有限公司；智远理财服务平台，招商证券股份有限公司。如无特殊说明，本章数据均来源于此。

在自贸区建设的风险方面，张瑾（2015）在参考FSAP宏观审慎评估框架的基础上，分析上海自贸区系统性金融风险的成因和特点，针对潜在的金融风险提出切实做好扩区后上海自贸区的金融风险应急管理预案，积极构建自贸区金融监管协调合作机制，进一步加强上海自贸区金融信息共享平台建设等建议。杜金岷和苏李欣（2014）在分析自贸区条件的基础上，提出金融风险的防范机制就是完善监管机制，加强监管协调。王楠（2015）也表达了相似的意见。

在金融监管与违规风险方面，倪瑞平（2003）根据上海市金融发展的状况，提出要应对金融监管与违规风险，必须持续推进金融机构改革，增强金融监管效率等政策建议。黄艳（2008）以金融消费者权益保护为主题，着重对金融消费者知情权的保护，提出了完善我国金融消费者权益保护的规范化等建议。

第3节　上海市公共部门风险分析

2015年，上海市地方财政收支规模保持扩大趋势，地方财政缺口进一步下降，如图7.1所示。受2015年下半年股市交易行情的良好状况的影响，上海证券交易印花税有明显增长。此外，企业所得税和个人所得税增速也较为明显，对上海市财政收入的持续增长起到了支撑作用。2015年上海市地方财政收入达5519.5亿元，较上年增长20.36%；地方财政支出达6191.56亿元，较上年增长25.76%。财政缺口达672.06亿元，较上年增长98.9%，

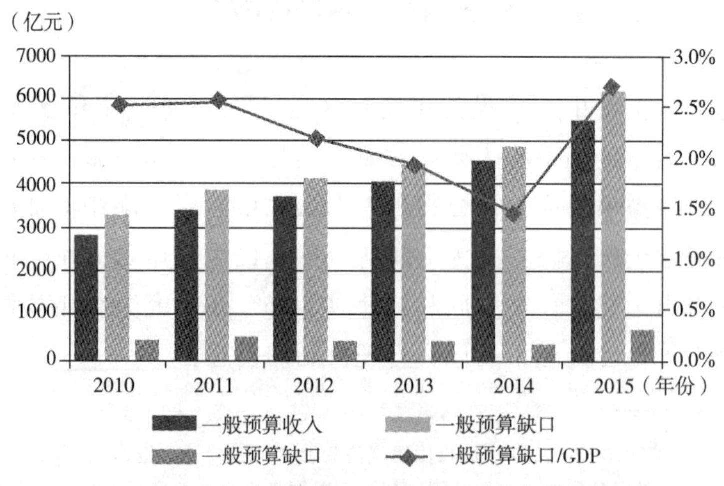

图7.1　上海市地方财政一般预算收支情况

结束了2011年以来财政缺口缩小的趋势，转而开始爆发式增长。财政是经济运行的综合反映，可以看出上海市财政压力有所缓解，但仍需警惕上海因老龄化高于全国水平而产生社保基金缺口。

2015年，上海市地方财政收入增长率与地方财政支出增长率较2014年均有一定幅度上升，如图7.2所示。其中，地方财政收入增长率达20.36%，近五年来首次突破20%。这也标志着政府部门在2015年的主动作为，在控制上海市整体经济运行发展方面下了很大功夫。地方财政支出增长率达25.76%，在近几年小幅度增长的趋势上，开始了大幅增长模式，这与上海市实施积极的财政政策密切相关。总体而言，上海市虽然相对于前几年，2015年的财政预算收入与支出都有着大幅的增长，但是整体还是处于一个可控的水平。可以发现上海市通过严格控制行政经费等一般性支出，调整财政支出结构，财政风险得到有效防范。

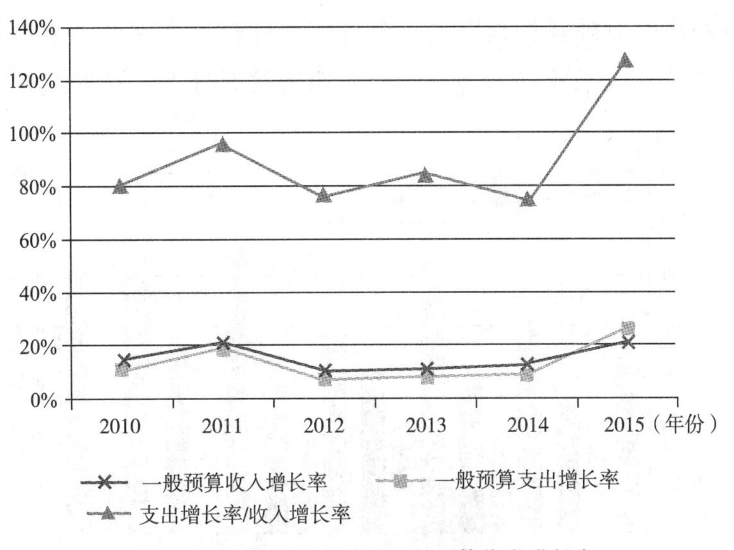

图7.2　上海市地方财政一般预算收支增长率

第4节　上海市金融部门风险分析

一、银行类风险分析

2014年，上海银行业加强对房地产、钢贸等高风险行业的监测预警，银行业钢贸风险集中暴露期基本结束，相关风险得到有效化解。截至2015年年末，上海银行业不良贷款率为0.91%，较年初增长0.02个百分点，显著低于全国银行业不良平均水平，不良贷款余额480亿元，比2014年年底略增53亿元，不良贷款的增长趋势平稳。但是目前中国整体开始进入信用风险集中爆发的时期，上海市作为中国的金融中心，必须高度关注金融业信用风险的不断积累。

（一）资本结构错配分析

2015年，上海银行业总体实力进一步增强，在控制风险的前提下保持着良好的发展态势。截至2015年12月末，上海金融机构本外币各项存款余额达到103760亿元，比2014年增长40.44%，增长幅度惊人；本外币各项贷款余额达到53387亿元，比2014年增长11.41%，如图7.3所示。同时，上海市金融机构存贷比在2015年达到51.45%，较2014年大幅下降，这也是自2010年以来首次跌破60%，远低于全国平均水平。这表明在金融体系较为健全的上海，企业对于银行间接融资的依赖性较低，直接融资渠道相对多样化。同时，上海经济的对外开放程度高，市场流动性较大。因此，上海银行业资本结构错配风险控制效果较好，为银行业的稳健发展打下了良好基础。

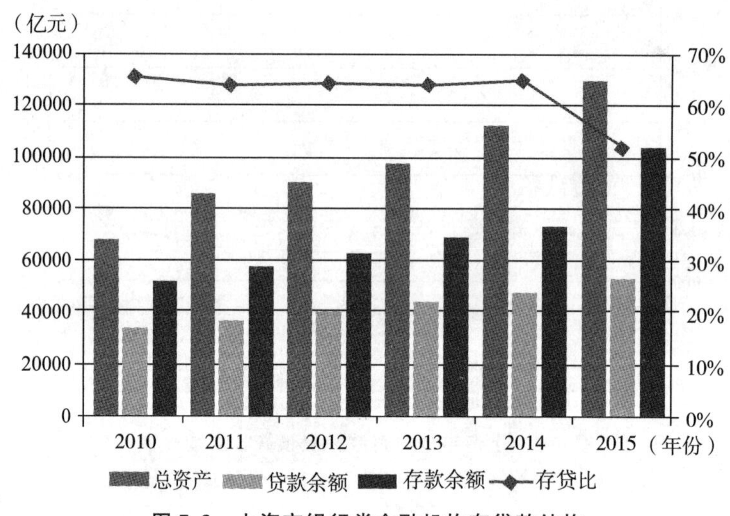

图7.3 上海市银行类金融机构存贷款结构

（二）期限错配分析

2010—2015年，上海市金融机构短期贷款有增有减，而中长期贷款则保持着稳定增长。2015年，上海市金融机构短期贷款达14199.10亿元，比2014年增长5.86%；中长期贷款达到30400.02亿元，同比增长6.84%，如图7.4所示。上海市中长期贷款与贷款余额的比重在2010年达到最大值63.52%，2011年和2012年有显著下降，近两年开始缓慢回升。2015年这个比例重新开始下滑，截至2015年年末为56.94%。整体而言，虽然中长期贷款占贷款余额比例有所下降，但是上海市银行业贷款余额的中长期化高于中国平均水平，银行业“存短贷长”现象需引起重视。此外，虽然中长期贷款可提高银行的盈利水平，但不利于银行资产的流动性和安全性，上海市银行业需注意两者间的协调，防范流动性风险的发生。

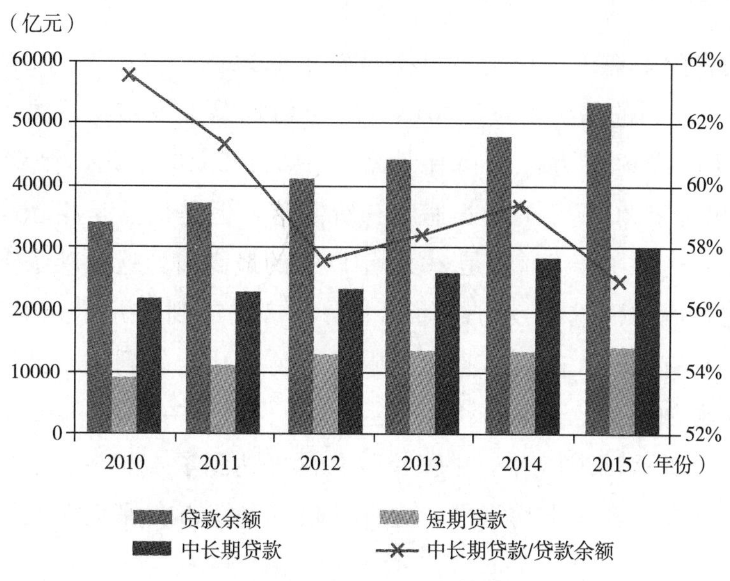

图 7.4 上海市金融机构存贷款期限结构

（三）货币错配分析

2015 年，上海市银行类金融机构外币存贷款规模较 2014 年均有所上升，如图 7.5 所示。截至 2015 年 12 月，上海市银行类金融机构本币存款余额达到 103760.6 亿元，比年初增长 40.44%，贷款余额达到 53387 亿元，比年初

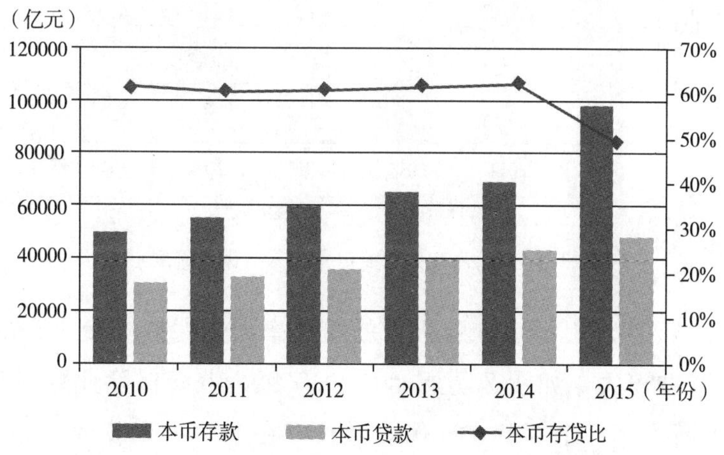

图 7.5 上海市金融部门本币存贷款余额与存贷比

增长11.42%。近几年，上海市本币存贷比在2010年达到最大值后，出现了持续小幅下降的态势，并在2015年出现较大幅度下降，2015年本币存贷比为51.45%，为近五年来最低水平。

二、保险类风险分析

上海的保险业在国内市场占有举足轻重的地位，占比不到2%的上海人口支撑了中国5%的保费份额。2015年，上海保险业发展实现重大跨越，保险业资产规模持续扩大，全市保费收入达1125.16亿元，保费增长率达14.03%，相对于2014年的增长速度有所回落，但是仍然是相当高的增长速度。保险深度达到了4.5%，是2010年以来的最高值，这反映了上海市在保险业规范化发展方面继续发力。随着上海经济发展到了一个相对稳定程度，人民生活水平有了较大改善，且随着中国老龄化社会的到来，人们对于保险产品的需求愈加旺盛。保险深度反映了该地保险业在整个国民经济中的地位。如图7.6所示，2015年，上海市保险深度达到了4.5%，是2010年以来的最高值，远高于全国平均水平，这也反映了上海市在保险业发展方面的龙头地位。

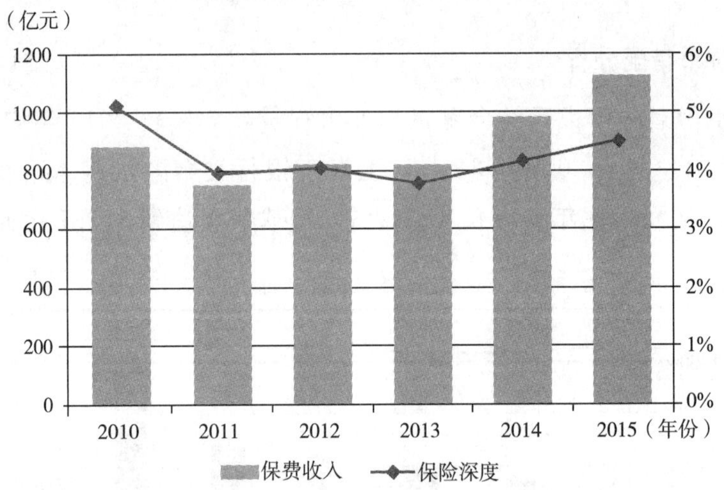

图7.6　上海市保险业保费收入与保险深度

2010—2015年，上海市保险机构的赔付率大体保持缓慢上升的态势，而保费增长率波动较大，如图7.7所示。2015年，上海保险业赔付率为42%，较2014年提高了3.6个百分点，保费增长率在上一年突破20%的水平之后，本年度稍微回落，截至2015年年末保费增长率为14%，处于历史平均水平。而近五年来，上海市保险业赔付率均高于保费增长率，这反映出上海市保险业存在一定的赔付风险。

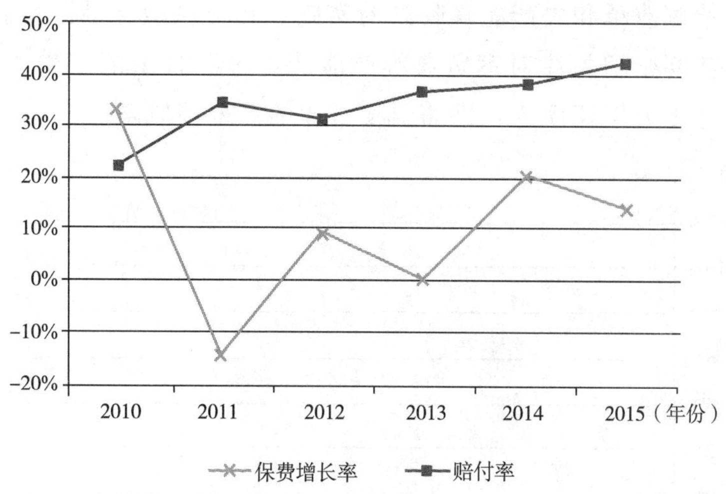

图 7.7　上海市保险业保费增长率与赔付率

第 5 节　上海市上市企业部门风险分析

2015 年，在经济下行压力下，上海市上市企业的经营状况有所恶化，净利润率逐年下滑至 5%的水平，整体经营状况不容乐观，账面资产负债率和或有资产负债率均有所下降，财务状况较为良好，违约距离大幅上升，上市企业面临的总体风险较小。本节主要运用资产负债表方法和或有权益分析方法对上海市的相关上市企业整体进行宏观金融风险分析。为了风险分析的针对性和准确性，所选分析样本为截至 2015 年第三季度上海板块的 166 家上市企业，其中不包括创业板和金融行业的相关上市企业。

一、盈利能力分析

上海市上市企业的净利润在 2010—2015 年间波动明显，大致呈现出先升后降的态势，如图 7.8 所示。上市企业的净利润率在 2010 年第二季度达到最大值 6.8%，在 2013 年第一季度降至谷底 4.17%，之后开始出现缓慢回升，在 2014 年第三季度达到 5.03%。随后继续小幅度回升，在 2015 年第四季度达到 5.4%。

上海市上市企业多数分布在先进制造业、信息技术产业、生物产业、新材料等新兴战略产业，这类企业在进行成熟期后占有一定的市场份额，能够产生良好的经济效益。此外，上海市从 2013 年开始密集发生多起银行追债钢贸商的诉讼纠纷，钢贸行业的不良贷款率在2014年第三季度达到峰值。随着国家供给侧改革和去产能等政策的实施，此类风险逐渐降低，不过目前上海市仍旧需要密切关注对钢贸业等产能严重过剩且不能产生盈利的企业，防范亏损企业无力偿还债务，进而引发行业的系统性风险。

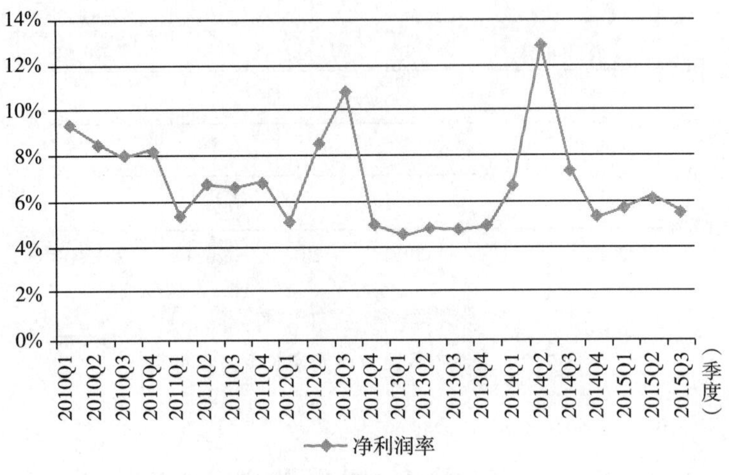

图7.8　上海市上市企业净利润率

二、账面价值资产负债表分析

（一）资本结构错配分析

自2010年起，上海市上市企业的资产负债规模整体上呈现出上升态势，同时资产负债率也在爬行上升，如图7.9所示。截至2015年第三季度，上海市上市企业总资产达到41673亿元，总负债达到26183亿元，资产负债率

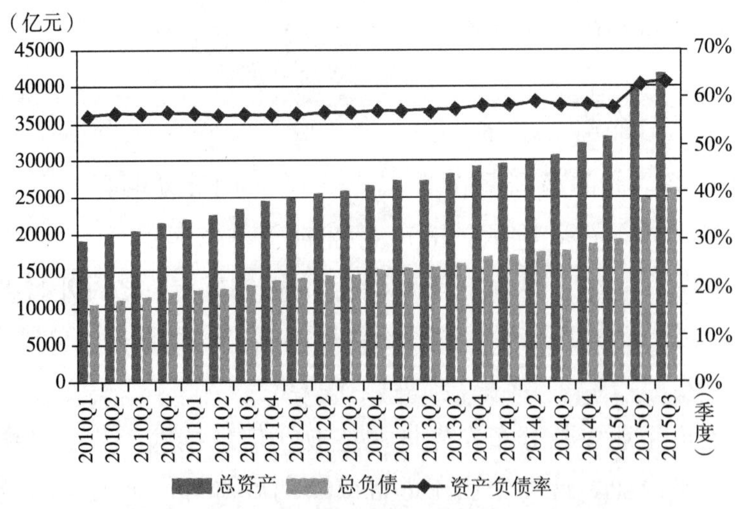

图7.9　上海市上市企业部门账面资产负债率

为 62.82%。资产负债率水平在上市企业小于等于 60%的标准范围以外，风险已经偏高，应警惕资产负债率的继续上升，控制资产负债率在 60%以内，保障上市企业的偿债能力。上海市金融体系在中国范围内最为健全，这为企业提供了多样化的融资渠道。上市企业应充分利用多层次资本市场，增强企业直接融资的能力。

（二）期限错配分析

在最近五年内，上海市上市企业的流动资产和流动负债均呈现小幅上升态势，流动比率也较为稳定，到了 2015 年，流动负债和流动资产出现了一波快速增长。主要是 2015 年第二季度和第三季度，如图 7.10 所示。上海市上市企业流动比率在 2015 年的第二季度和第三季度分别达到了 107%和 108%，是近五年来的较高水平。总体而言，上海市上市企业的流动比率保持在接近 1 的水平，与中国其他地区相比处于较低水平，其短期偿债能力有待加强。上海市上市企业应通过加快其产品销售回款的速度，提高产生现金流量的能力，也可以利用短期商业票据或信用贷款等手段融资，提高流动资产周转速度，防范企业经营中的期限错配风险。

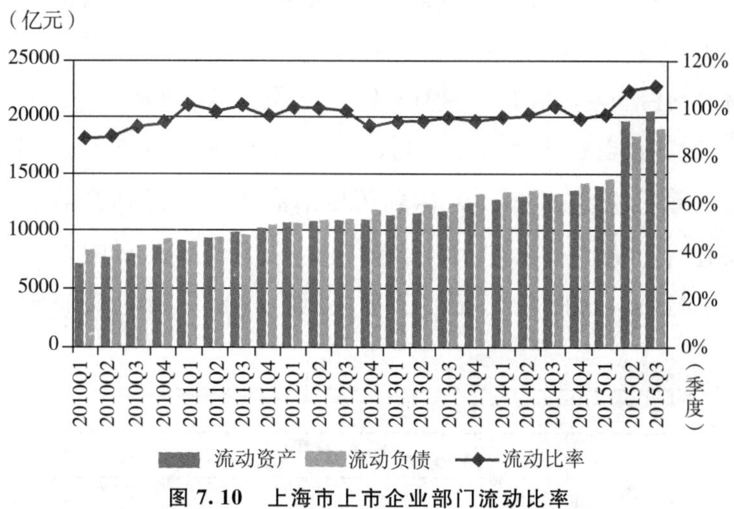

图 7.10　上海市上市企业部门流动比率

（三）清偿力风险分析

产权比率从 2010 年以来一直处于相对稳定的状态，在 2014 年开始有小幅增长。从 2015 年开始，产权比率快速增长，其中 2015 年第二季度和第三季度都接近 1.7，是近五年来的最高水平。如图 7.11 所示。

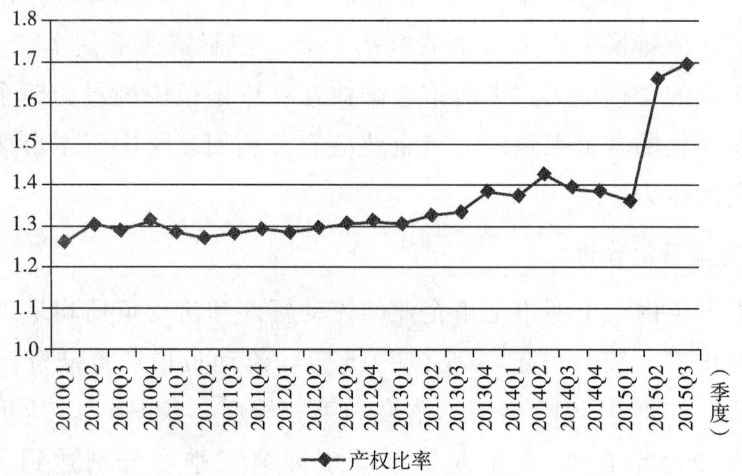

图 7.11　上海市上市企业部门产权比率

三、或有权益资产负债表分析

（一）或有资本结构错配分析

与账面资产负债率相比，上海市上市企业的或有资产负债率比率相对较低，如图 7.12 所示。从 2010 年起，上海市上市企业或有资产负债率在波动中呈现整体上升态势，2010－2013 年上半年，该指标增长较为明显，在 2013 年第二季度达到最大值 50.23%，2014 年整体表现平稳，到 2015 年后，或有资产负债率首次突破 60%，达到历史最高水平。总体来看，上海市上市企业部门或有资产负债率出现上升态势，相对于东部甚至中国其他省市而言处于较高比率行列，反映出其面临的相关风险较高。如图 7.13 所示。

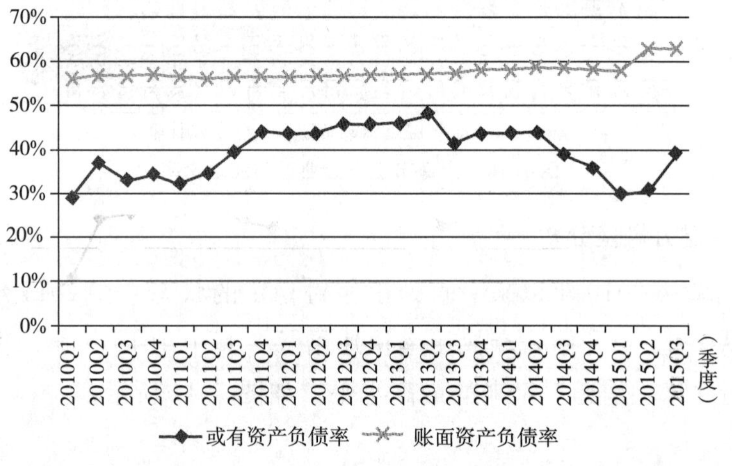

图 7.12　上海市上市企业或有资产负债率

受2015年股市影响，2015年上海市上市公司市值波动率在2015年下半年明显上升，反映出市值在二级市场上的剧烈波动。这也是2015年下半年股市牛熊转换的明显表现。如图7.13所示。

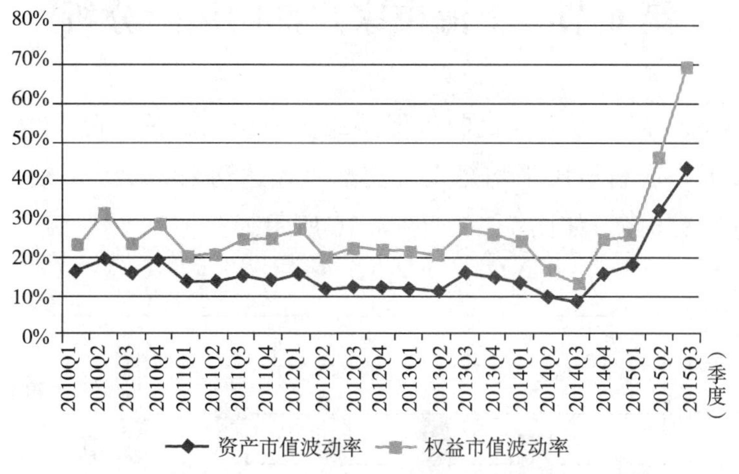

图7.13　上海市上市企业资产市值波动率

（二）违约风险分析

2010—2013年，上海市上市企业部门的违约距离波动较大，但整体上呈现上升态势。2014年，上市企业的违约距离开始出现大幅度上升，前三个季度分别达到4.06、6.33和7.45，达到近五年的最大值，表明违约风险较小。不过这一情况在2015年严重恶化，从图中折线可以发现，从2014年第四季度开始，违约距离直线下滑至2015年第三季度的1.5左右，违约风险非常大。如图7.14所示。违约距离反映的是企业资产市值与违约点之间的距离，违约距离越大，资产市值离违约点越远，企业的违约风险就越小。从违约距

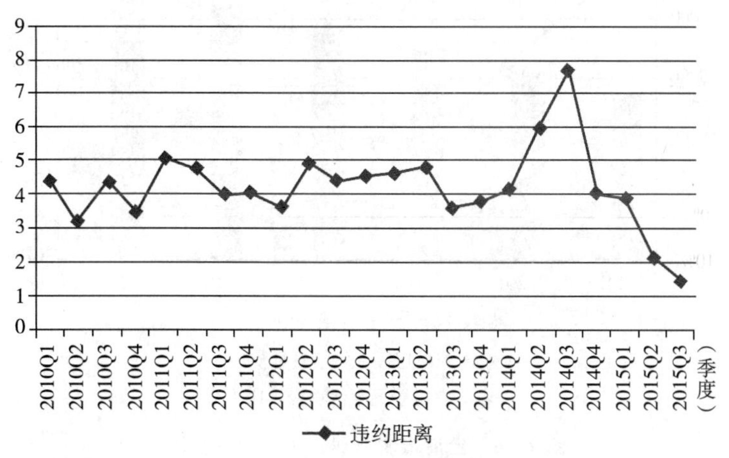

图7.14　上海市上市企业违约距离

离来看，上海市的违约距离在2015年情况恶化严重。违约距离明显偏小，表明上海市上市企业违约风险偏高。

第6节 上海市家户部门风险分析

2015年，上海市城乡居民收入保持稳步增长，城镇居民人均可支配收入达到52962元，农村居民平均每人可支配收入达到23205元，较2013年分别上涨8.4%和9.5%。如图7.15、图7.16所示。

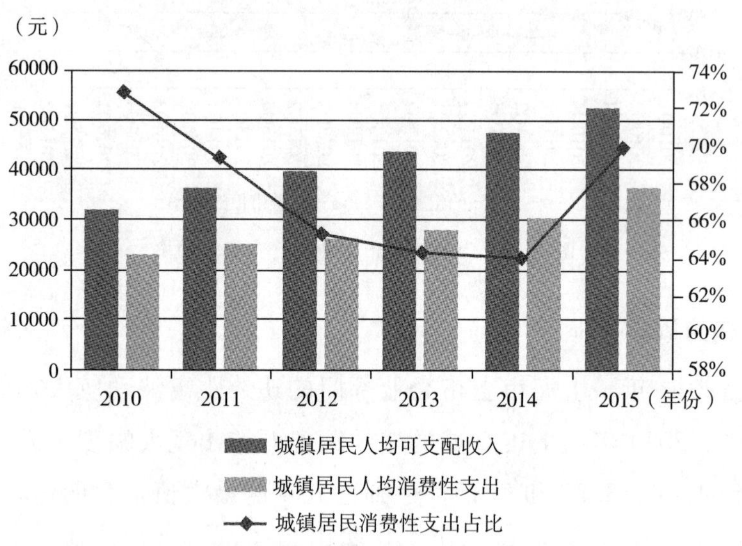

图7.15 上海市城镇居民人均收支情况

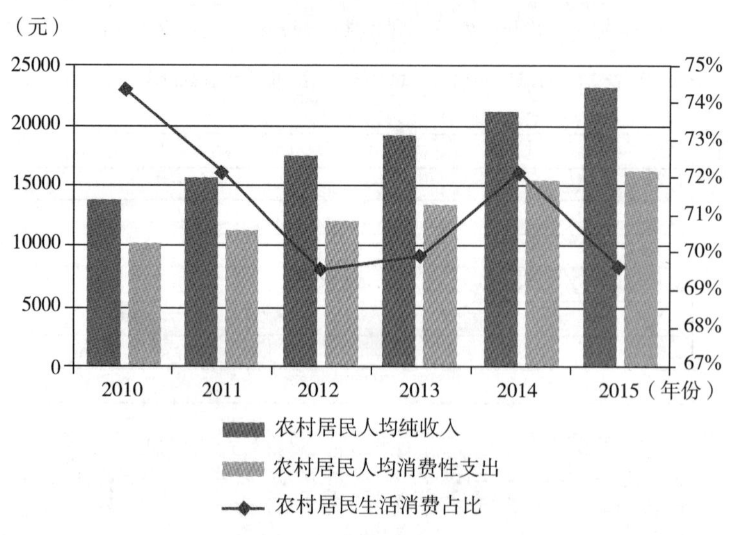

图7.16 上海市农村居民人均收支情况

2015年上海市城镇居民家庭平均每人年消费性支出为36946元，同比增长5%，占城镇居民人均可支配收入的69.75%，较2014年上升5.8个百分点，表明上海市城镇居民的投资储蓄能力小幅度下滑。与此相比，2015年上海市农村居民人均生活消费支出为16152元，同比增长9%，占农村居民人均可支配收入的69.6%，比2013年下降2.5%。表明上海市城镇居民的投资储蓄能力有所提高。总体来看，2014年上海市城乡居民整体生活水平有所提升。

第7节 金融风险管理与经济发展战略

本章通过对2015年上海市的公共部门、金融部门、上市企业部门和家户部门的宏观金融风险进行分析与研究，得出如下结论：公共部门方面，上海市一般预算收入和一般预算支出均稳步提高，财政支出结构有所优化，总体保持在安全水平之下，风险相对较小；金融部门方面，上海市作为全国金融中心，其金融行业继续稳健发展，受益于2015年股市繁荣，上海市金融行业有着较高增长，不过金融风险也随着繁荣而不断增加，不断积累的信用风险威胁着金融行业的健康有序发展；上市企业部门方面，2015年整体上市企业受经济下行压力影响，净利润率进一步下滑，经营状况和前两年相比有所恶化，风险进一步增大；家户部门方面，个人消费贷款与城乡居民储蓄存款之比再创新高，居民负债风险需引起警惕。

总体而言，2015年上海市经济金融运行状况良好，四大部门中除企业部门风险有所暴露之外，整体所面临的宏观金融风险相对较小。基于本章对上海市宏观金融风险状况的分析，下面结合引言提到的上海市宏观经济金融风险较为突出的几个方面提出相关政策建议。

第一，加快出台政策应对不断严峻的老龄化问题。随着上海经济增速的放缓以及养老服务需求总量的上升，上海政府在养老公共服务方面的压力必将增大。上海政府一方面应该对有限的养老公共资源进行合理配置，满足不同区域对养老公共服务的不同需求；另一方面应充分发挥市场力量，同时发挥政府的引导作用，鼓励企业开展康复护理产业、老年电子商务等服务产业。

第二，上海市作为中国的金融中心，在金融方面一直处于全国的领头羊位置，金融创新、金融监管都是上海市目前需要仔细考虑的问题。针对地方政府投融资平台风险，上海市应加快转变政府职能，使地方政府投融资平台保持一定的自由运作权利、独立的资金支配权利。同时，地方政府投融资平台应开辟新型融资渠道，比如，可利用互联网金融解决过度依赖银行间接贷款的问题。

参考文献

［1］闻岳春、程天笑：《上海自贸区离岸金融中心建设的系统性金融风险研究》，载《上海金融学院学报》2014年。

［2］王欣欣、储伟：《上海市国际金融中心建设中的金融市场风险研究》，载《上海金融》2006年。

［3］张瑾：《扩区后上海自贸区系统性金融风险分析》，载《上海经济研究》2015年。

［4］杜金岷、苏李欣：《上海自贸区金融创新风险防范机制研究》，载《学术论坛》2014年。

［5］王楠：《中国（上海）自由贸易试验区金融监管法律风险初探》，载《科学发展》2015年。

［6］倪瑞平：《上海金融犯罪与金融风险研究》，载《犯罪研究》2003年。

［7］黄艳：《金融消费者权益法律保护研究》，复旦大学，2008年。

［8］上海市统计局：《2010—2015年上海市国民经济和社会发展统计公报》。

［9］上海市统计局：《2010—2015年上海市统计年鉴》。

［10］中国人民银行：《2010—2015年上海市金融运行报告》。

第8章　江苏省宏观金融风险研究

江苏省是中国经济发展水平最高的省份之一，在2015年，江苏省的GDP仅次于广东省，居于全国第二位。面对2015年复杂的宏观经济金融环境与艰巨的改革任务，江苏省经济总体平稳发展，各方面工作都取得了不错的成绩。本章通过分析江苏省的各项金融指标，从公共部门、金融部门、上市企业部门和家户部门四个方面研究江苏省的金融风险状况，最后针对金融风险的特点提出风险管理与经济发展建议。

第1节　江苏省宏观金融风险概述

2015年，在经济下行压力持续加大的背景下，江苏经济"稳中有进，稳中有好"，江苏省实现地区生产总值70116.4亿元，比上年增长8.5%，首次突破7万亿大关，仅次于广东省，稳居全国第二。① 第一产业增加值3988亿元，第二产业增加值32043.6亿元，第三产业增加值34084.8亿元，产业结构加快调整，三次产业增加值比例由2014年5.6∶47.7∶46.7调整为5.7∶45.7∶48.6，第二产业占比减少，第三产业占比增加，实现产业结构"三二一"标志性转变。2015年规模以上工业企业主营业务收入148283.8亿元，同比增长4.8%；固定资产投资45905.2亿元，同比增长10.5%，其中国有及国有经济控股投资10004.9亿元，外商投资3902.4亿元，民间投资31997.8亿元；社会消费品零售总额25876.8亿元，同比增长10.3%。

金融部门方面，金融信贷规模扩大，2015年金融机构人民币存款余额107873亿元，增长11.7%，其中住户存款比年初增加2861.5亿元，非金融企业存款比年初增加3961.9亿元。2015年金融机构人民币贷款余额78866.3亿元，增长13.4%，其中中长期贷款比年初增加5960.8亿元，短期贷款比

---

① 数据来源：《2010－2015年江苏省国民经济和社会发展统计公报》，江苏省统计局；《2010—2015年江苏省金融运行报告》，中国人民银行；国泰安数据库，深圳国泰安教育技术股份有限公司；智远理财服务平台，招商证券股份有限公司。如无特殊说明，本章数据均来源于此。

年初增加1524.7亿元。证券交易市场稳定发展，全年证券市场完成交易额60.4万亿元，2015年年末全省境内上市公司276家，总股本2154.3亿股，总市值36720.5亿元。机构方面，有证券公司6家，期货公司10家，证券投资咨询机构2家。保险行业快速发展，全年保费收入1989.9亿元，比上年增长18.2%。其中财产险收入672.2亿元，寿险收入1083.9亿元，健康险和意外伤害险收入233.8亿元。

关于江苏省宏观金融风险，一是江苏省采取积极财政政策所引起的财政支出的大幅度增长，由此带来一定的财政金融风险。二是上市企业违约距离持续减小，上市企业部门存在一定的违约风险。三是产能过剩，江苏省产业结构偏向于重工业，在钢铁、水泥、光伏等我国主要的产能过剩行业中，江苏占据比较高的比重，经营利润下跌，资金周转不畅，影响了上市企业的盈利能力，严重制约了经济的转型升级。

第2节　文献综述

2015年以来，国内学者关于江苏省金融风险与相关领域的研究，主要落脚于产业结构与金融机构的风险管理，并根据观察到的问题提出了一些对策与建议。

王晓红、陈范红（2015）对近年来江苏省产业结构调整进行了研究，认为江苏产业结构呈现出高度化、合理化等特征，并提出制造业的“挤压效应”影响了服务业比重的提高和产业结构的进一步优化。此外，企业盈利状况存在波动，资产利润率等指标的上升趋势减缓。

张大龙（2015）对江苏省636家小额贷款公司的运营状况进行了分析，发现小额贷款公司的发展面临着一些问题：一是小额贷款公司游离在金融机构与工商企业机构之间，定位不明确，享受到的国家优惠政策少；二是资金来源单一，融资能力有限，难以做大做强；三是小额贷款公司不能享受银行业金融机构的税赋待遇，影响小额贷款公司的发展。

柏建晖（2015）对比了江苏省与全国银行业金融机构的不良贷款数据，认为江苏省信贷风险在于行业集中度高、风险扩散快、大型企业风险问题显著，并把引起这些风险的因素归结为过高的金融业集聚、实体经济与虚拟经济失衡、资金投放存在明显偏向。

张思云、于嘉祺、张永力（2015）对江苏省城投债的信用风险进行了研究，提出城投债市场存在过度包装、缺乏监管、政府信用支持不确定等潜在金融风险，并基于 KMV 模型进行了分析，结果表明江苏省城投债虽然规模比较大，但整体信用风险处于可以控制的状态，并提出城投债的发债规模要与地方财政保持协调。

除了对金融机构的研究以外，余全强、张琳璐（2015）把风险研究具体到了农村居民，在调查江苏农村居民保险认知状况的基础上，分析了江苏农村居民风险结构、保险认知和风险管理手段，得到政府介入不足、保险公司的忽视与农民风险管理意识缺乏共同导致了农村居民保险的发展的结论，并对政府、保险公司提出了一些针对性的建议。

第 3 节 江苏省公共部门风险分析

2015 年，江苏省财政收入稳定增长，财政支出略有上升，财政缺口占比虽有所上升，但财政总体运行状况良好。

如图 8.1 所示，2015 年江苏省一般预算收入稳定增长，达到 8028.6 亿元，同比增长 11%；一般预算支出为 9681.5 亿元，同比增长 14.3%。一般预算缺口为 1652.9 亿元，占 GDP 比重达 2.36%，财政缺口与 2014 年相比增加了超过 400 亿元，所占比重也较 2014 年有明显上升。这一变化主要因为 2015 年江苏省实行“创新财政政策”，推动政府债券工具的运用来促进投资增长、国家结构性减税政策的落实、政府投资基金的设立，都会增加财政支出，扩大财政缺口。反映到数据上，2015 年江苏省一般公共预算支出中教育支出 1718 亿元，同比增长 14.2%；社会保障和就业支出 835.9 亿元，同比增长 17.8%；城乡社区事务支出 1518.1 亿元，同比增长 24.3%。

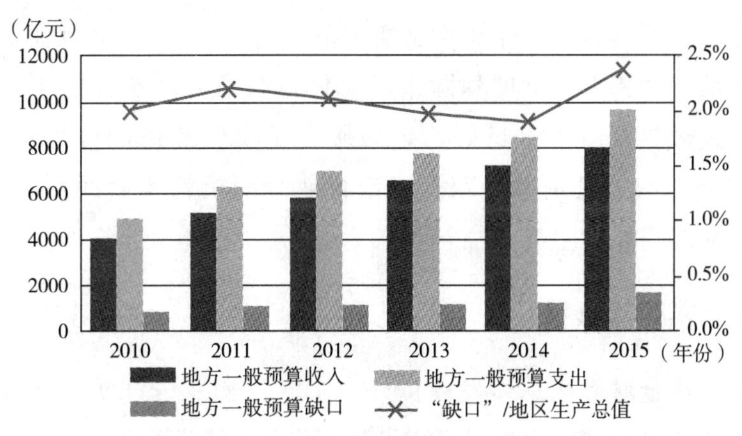

图 8.1 江苏省地方公共财政收支情况

从财政收入与财政支出的增长速度来看，如图 8.2 所示，2015 年之前，江苏省财政收入与财政支出增速呈现同步下降并趋于稳定的态势，2015 年，财政收入增速稍有上升，财政支出增速显著提升。支出收入增长率之比逐年下降，稳定在 80％左右。

此外，截至 2015 年年底，江苏省地方政府债务余额为 10556.26 亿元，位居全国各省份之首，债务率为 68.5％，其中包括一般债务 6249.23 亿元和专项债务 4307.03 亿元。政府债务风险不大。总体来看，财政缺口占比尚未超过 3％的安全缺口规模，财政缺口风险不明显，但其显著的上升态势要引起重视。

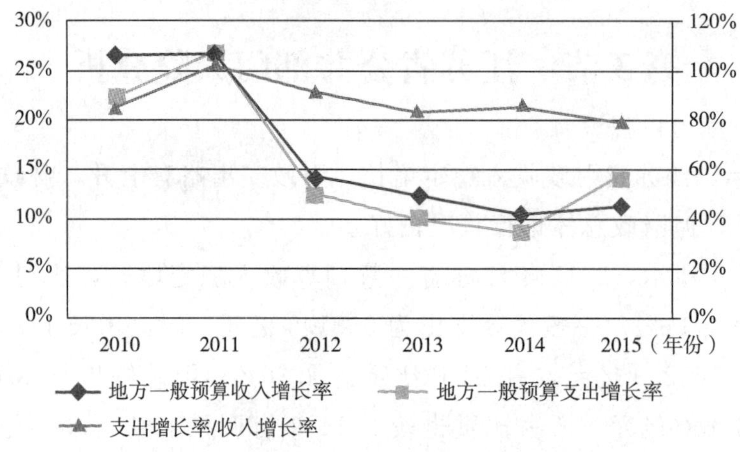

图 8.2　江苏省地方公共财政收支增长率比较

第 4 节　江苏省金融部门风险分析

2015 年江苏省金融业运行总体平稳，金融业增加值达 5333 亿元，占江苏省地区生产总值 7.6％，占服务业增加值比重 15.6％。银行业资产稳定增长，存贷规模不断扩大，同时保险市场总体运行良好。在经济下行压力较大的背景下，金融业发展态势良好，金融服务于实体经济的能力增强。同时，2015 年不良贷款与不良贷款率双升，银行业金融机构税后净利润累计下降，都反映出金融部门风险上升。

一、银行类风险分析

江苏银行业金融机构总体发展良好，金融机构总资产扩大，存贷规模提升。同时，2015 年江苏省银行业金融机构税后净利润累计 1450.82 亿元，比上年同期下降 4.51％。其中政策性银行、大型银行、股份制商业银行、城市商业银行、农村中小金融机构、邮储银行税后净利润分别为 91.87 亿元、642.48 亿元、258.10 亿元、206.40 亿元、171.23 亿元、26.05 亿元，除城市商业银行和邮储银行税后净利润比上年同期增长 15%左右之外，其他类型银行均有所下降。不良贷款问题也制约了江苏银行业的进一步发展。

（一）资本结构错配分析

2015 年，江苏省银行业金融机构总资产与存贷款余额保持稳定增长，金融机构总资产达 136448.11 亿元，贷款余额 81169.72 亿元，较 2014 年增长 11.97%，存款余额 111329.86 亿元，较 2014 年增长 14.85%。存贷比自 2010 年以来的变化趋势呈现 M 型轨迹，2014 年存贷比达到 74.78%，随后 2015 年的存贷比下降严重，降至近年来的最低水平。如图 8.3 所示。存贷比的下降一方面可以提高银行业金融机构抵御金融风险的能力，另一方面反映出江苏省 2015 年闲置资金增加，资金的利用效率减小。此外，江苏省 2015 年不良贷款余额、不良贷款率双升，2015 年的不良贷款余额达到 1212.15 亿元，不良贷款率为 1.49%，高于 2014 年的 910.87 亿元和 1.26%。总体来说，存贷比略微低于央行 75%的限制，对于银行业资本结构错配风险的控制良好。

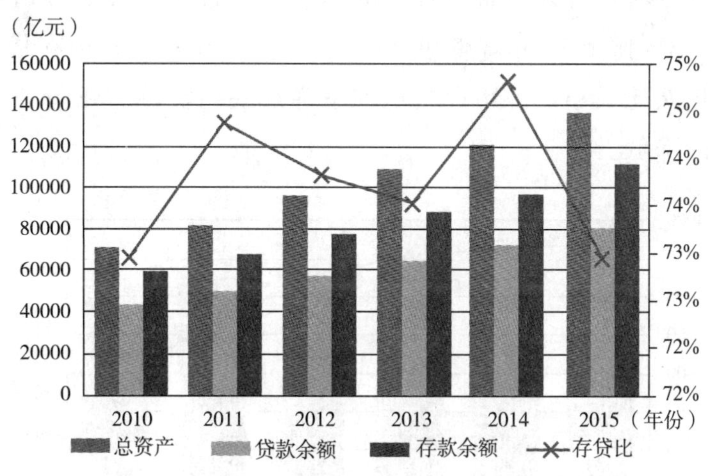

图 8.3　江苏省银行类金融机构资本结构

（二）期限错配分析

从期限结构来看，2010—2015 年，江苏省银行业中长期贷款和短期贷款规模持续扩大。如图 8.4 所示。截至 2015 年年底，江苏省银行业短期贷款 32294.66 亿元，中长期贷款 43256.54 亿元，中长期贷款占比达到 53.29%。从趋势上看，从 2012 年开始，短期贷款的增长速度明显低于中长期贷款的增长速度，导致中长期贷款占比从 2012 年的 47.69%升至 2015 年超过 53%。

由此反映出，江苏省中长期贷款的需求较大，贷款余额中长期化趋势明显，银行业金融机构流动风险与期限错配风险有所上升。

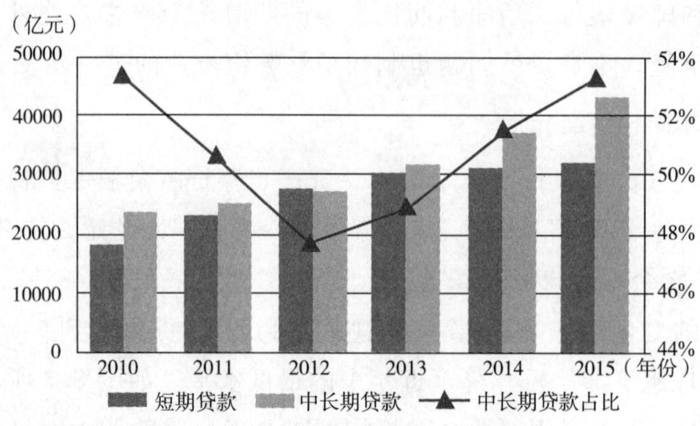

图 8.4　江苏省金融机构贷款期限结构

（三）货币错配分析

从外币存贷方面看，江苏省外币存款规模持续扩大，2015 年 12 月底达到 3454.74 亿元，外币贷款规模自 2012 年起不断下降，2015 年降至 2301.93 亿元。如图 8.5 所示。外币贷款规模的不断缩水直接导致了外币存贷比进一步下降，66.63%比 2014 年降低了 25 个百分点。相对于本币存贷比来说，外币存贷规模依然比较小。外币存贷比的下降反映出江苏省银行业金融机构的外币错配风险降低。

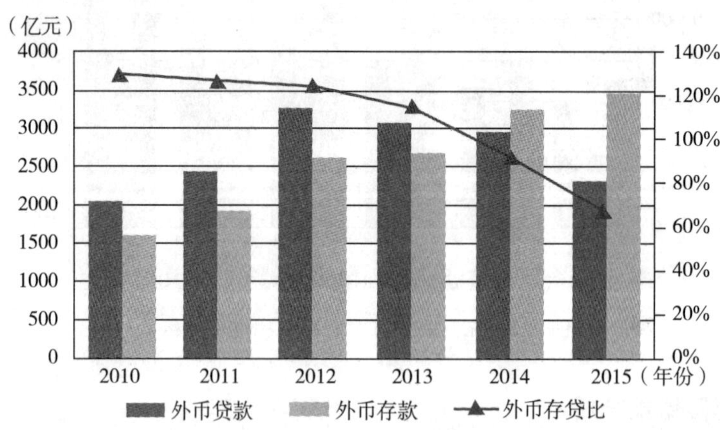

图 8.5　江苏省外币存贷比

二、保险类风险分析

2015 年，江苏省保险市场平稳运行，但仍然需要注意保费收入增长速度的减缓问题，可能存在赔付风险。

2015 年，江苏省保费收入保持上升态势，达到 1989.9 亿元，较 2014 年增长 15.38%，分类型来看，财产险收入 672.2 亿元，寿险收入 1083.9 亿元，健康险和意外伤害险收入 233.8 亿元。保险深度指标也稳定提升，达到 2.84%，比 2014 年提高了 0.24 个百分点。保费收入与保险深度的提升都表明了江苏省保险市场的良好发展态势。如图 8.6 所示。

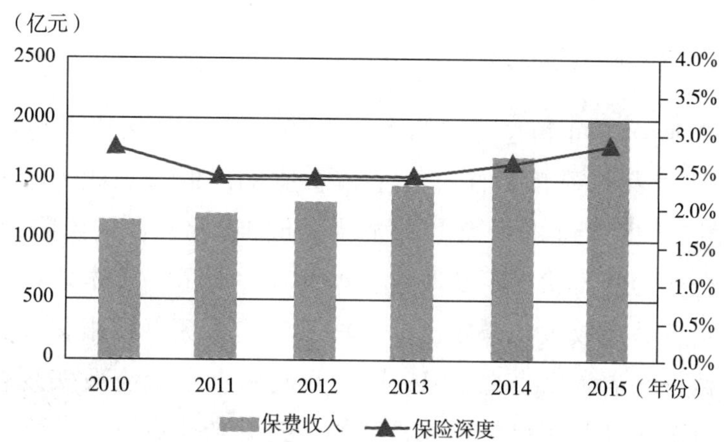

图 8.6 江苏省保险业保费收入与保险深度

从保费收入增长与赔付率的对比来看，近年来保持上升的态势，2015 年赔付率基本保持与前两年持平的状态，维持在 36.4%到 36.6%左右，保费增长率较 2014 年下降了 1.06 个百分点。如图 8.7 所示。

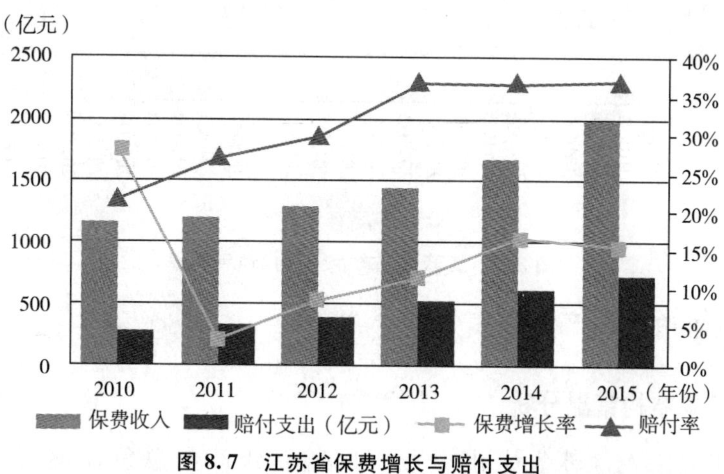

图 8.7 江苏省保费增长与赔付支出

第 5 节 江苏省上市企业部门风险分析

2015 年年末，江苏省境内上市公司 276 家，省内上市公司通过各种途径，如首发、配股、增发、可转债、公司债等，筹集资金 1214 亿元，比 2014 年增加512.5亿元，江苏企业境内上市公司总股本2154.3亿股，比上年增长34.9%；市价总值36720.5亿元，增长87.1%。上市公司苏宁云商表现突出，营业收入与净利润均位居江苏省上市企业前列。本节选取沪深两市上市的江苏省企业（不包括创业板与金融企业）作为样本，通过资产负债表与或有权益分析法，对江苏省上市企业部门的相关风险进行分析。

一、上市企业盈利能力分析

从上市企业净利润率这一指标来看，2014年之前保持平稳，2014年开始一直到2015年第二季度，江苏省上市企业部门的盈利能力不断提升，并在2015年第二季度达到2010年以来的最大值11.24%，这说明在这一阶段，江苏省上市企业的经营状况不断改善。如图8.8所示。总体来看，虽然2015年净利润率指标波动较大，暴露出一定的不稳定因素，但根据江苏省上市企业的净利润数据来看，江苏省2015年有八成以上上市企业实现盈利，总体发展稳定，需要对净利润率指标保持警惕，提升产业竞争力和盈利能力。

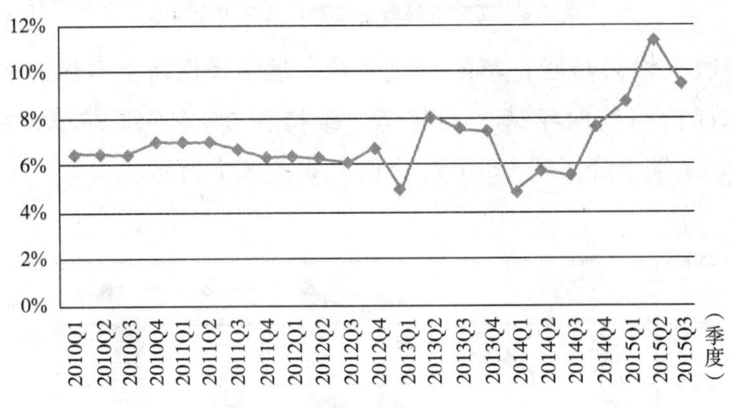

图8.8　江苏省上市企业部门净利润率

二、账面价值资产负债表分析

（一）资本结构错配分析

2010年以来，江苏省上市企业部门的总资产与总负债继续保持稳定增长，到2015年第三季度，总负债达到8102亿元，总资产达到14474.6亿元，资产负债率由2014年的56.5%以上降到56%以下。如图8.9所示。总体来看，资本结构在2015年调整效果显著，资产负债率下降，企业所面临的资本结构错配风险有所降低。江苏省上市企业资产负债率长期低于60%，资产负债规模配置相对合理，上市企业资本结构错配风险较低。

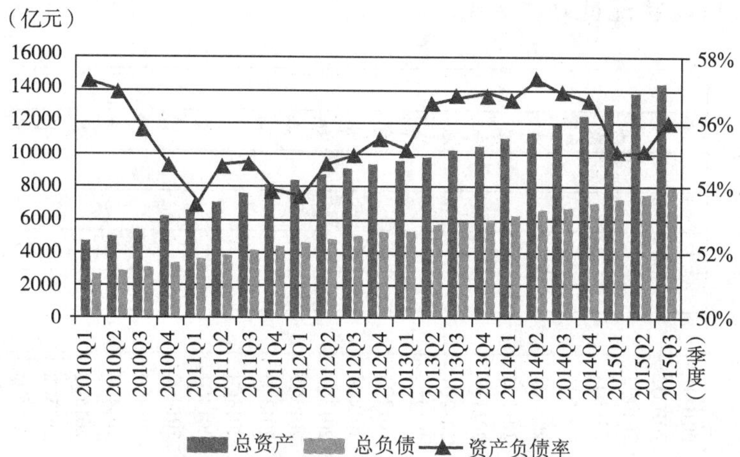

图 8.9 江苏省上市企业部门资本结构

（二）期限错配风险分析

如图 8.10 所示，江苏省上市企业部门流动负债与流动资产大致同步增长，流动比率呈现出波动下降的趋势，总体下降幅度不大。江苏省上市企业的流动比率处于一个比较理想的范围之内，企业有较强短期偿债能力，期限错配风险较低。

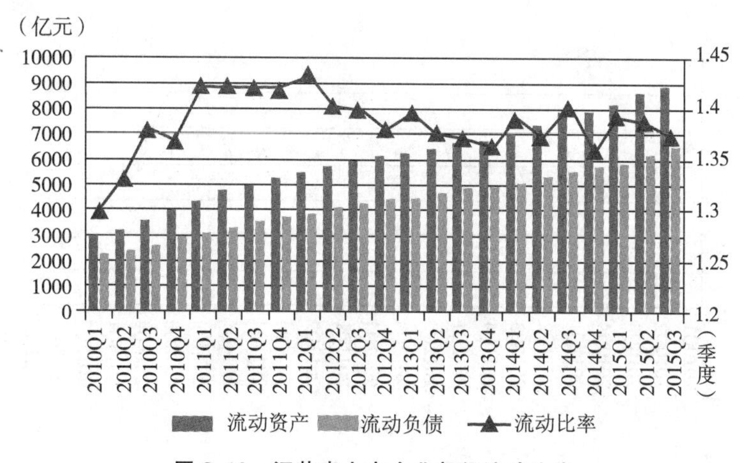

图 8.10 江苏省上市企业部门流动比率

三、或有权益资产负债表分析

如上节所述，江苏省上市企业部门账面资产负债率 2015 年下降约 0.5 个百分点，与或有资产负债率相比保持稳定状态。或有资产负债率从 2014 年开始下降，反映出上市企业部门或有资本结构的改善。如图 8.11 所示。总体来说，2015 年江苏省上市企业部门或有资产负债率较低，企业长期偿债压力不大，风险状况良好。

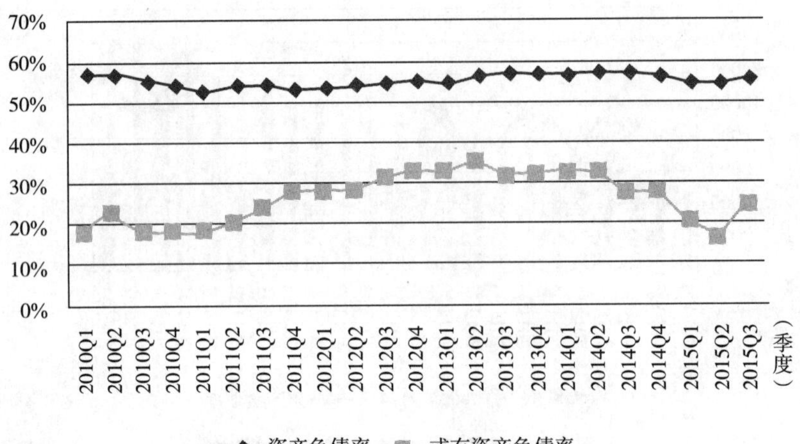

图 8.11　江苏省上市企业部门或有资产负债率

2010 年以来，江苏省上市企业部门违约距离波动频繁，受经济下行压力增大和股市波动剧烈的影响，2015 年江苏省上市企业违约距离明显下降，违约风险上升。如图 8.12 所示。违约距离的减小反映出上市企业经营状况恶化，违约风险的上升，这一指标与净利润率指标 2015 年第三季度反映的问题一致。

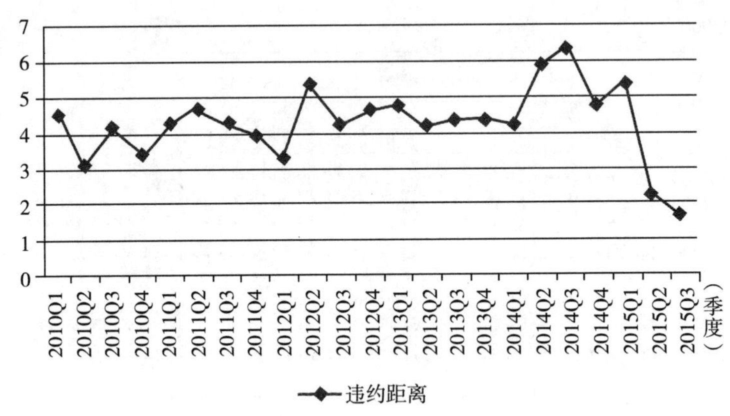

图 8.12　江苏省上市企业部门违约距离

第 6 节　江苏省家户部门风险分析

近年来，江苏省城乡居民收入不断增加，2015 年全省居民人均可支配收入为 29539 元，其中工资性收入 17188 元，财产性收入 2537 元。人均消费支出为 20556 元。分地区来看，2015 年城镇居民人均可支配收入达到 37173

元，同比增长 8.23%；农村居民人均纯收入达到 16257 元，同比增长 8.68%。同时城乡居民收入差距有所缩小，城镇居民与农村居民收入比由 2013 年的 2.39 下降到 2015 年的 2.29。虽然居民收入增加、城乡收入差距减小，但存在城乡居民收入增长率放缓的问题。

2015 年，江苏省城镇居民人均可支配收入与生活消费支出持续增加，城镇居民生活消费支出达到 24966 元，比 2014 年增加了 1490 元，同比增长 6.3%，增长速度也较 2014 年有大幅下降。如图 8.13 所示。受经济下行压力影响，城镇居民消费占比减少，储蓄比例上升，城镇居民生活消费在可支配收入中的占比下降。

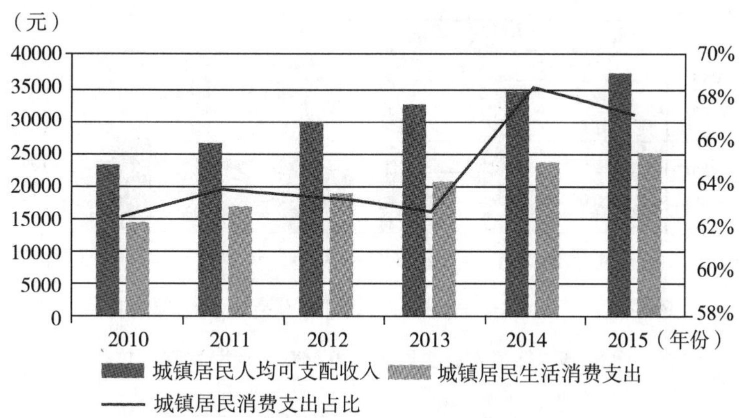

图 8.13　江苏省城镇居民人均可支配收入与生活消费支出

与城镇居民收入与消费支出类似，江苏省农村居民纯收入和生活消费支出规模也不断扩大，2015 年生活消费支出达到 12883 元。生活消费占比与 2014 年基本持平，总体波动较小，反映出农村居民消费理念的相对稳定。如图 8.14 所示。

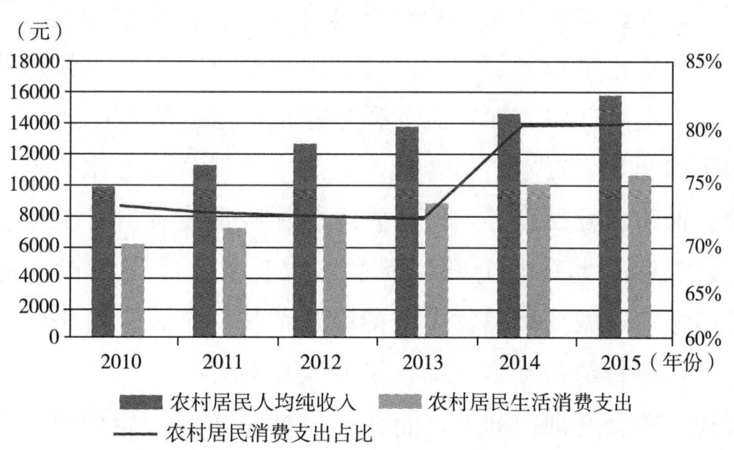

图 8.14　江苏省农村居民人均纯收入与生活消费支出

个人消费贷款和城乡居民储蓄存款规模也不断扩大，2015 年江苏省城乡居民储蓄存款 40951.02 亿元，个人消费贷款 15474.26 亿元，分别比去年增加了 4400 亿元和 3300 亿元。从消费贷款与储蓄存款的比例来看，经过 2011 年与 2012 年的稳定和下降之后，保持了上升的趋势，2015 年达到 37.79%。随着这一比例的不断上升，也对江苏省家户部门的偿付能力提出了一定要求。如图 8.15 所示。总体来说，收入持续增加，消费贷款与储蓄存款比例不高，负债水平较低，存贷结构基本合理，江苏省家户部门的偿付风险不大。

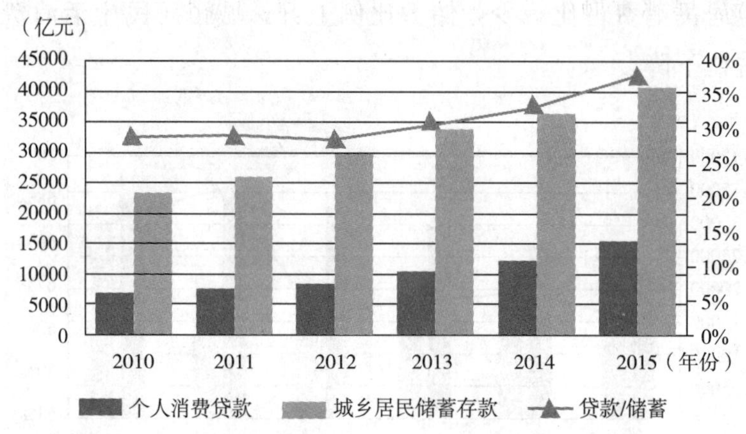

图 8.15　江苏省城乡居民储蓄存款与消费贷款比较

第 7 节　金融风险管理与经济发展战略

本章从公共部门、金融部门、上市企业部门和家户部门四个方面对 2015 年江苏省经济金融中存在的宏观金融风险进行了分析。

公共部门，江苏省预算支出相对于财政收入的增长幅度较大，社会保障和城乡社区事务支出增长显著，财政缺口占比略有上升，总体保持在安全水平，风险不大。金融部门方面，江苏省金融机构运行状态良好，2015 年本外币存贷比均下降明显，资本结构合理，但是中长期贷款占比的上升加大了期限错配风险。保险业发展良好，保费收入与保险深度提升。上市企业部门总体运行良好，盈利能力有所上升，资本结构改善，但是存在一定的违约风险。家户部门方面，城乡居民收入保持稳定增长，个人消费贷款与居民储蓄存款比例上升，存贷结构基本合理，偿付风险不大。

综上所述，除公共部门和上市企业部门暴露出了一定的风险以外，2015 年江苏省宏观经济金融总体运行良好。基于本章对江苏省四部门宏观金融风险的分析，结合江苏省经济金融的实际发展状况，提出以下几个方面发展战略建议：

第一，面对部分行业产能过剩问题，要充分发挥市场在资源配置中的决定性作用，一方面促进企业优胜劣汰，淘汰产能落后、产品低端、污染高能耗高的企业，提高产业集中度，优化产业结构；另一方面要运用高新技术改造提升传统产业，推进高新技术与工业化的相互融合，提高产品层次与质量。

第二，加强金融体系建设。江苏经济转型升级中传统产业的技术革新、新兴产业的发展都有融资需求，只有打造完善的金融市场体系才能满足各类企业及其不同发展阶段的融资需求。一方面要大力发展保险市场，增强保险业对于实体经济发展的促进作用；一方面要打通多种融资渠道，改善以银行间接融资为主的融资结构，扩大中小企业债务融资市场。

第三，缓解政府债务压力与监控政府财政支出的使用状况。江苏省"创新财政政策"导致较高财政支出，应保证财政支出对于实体经济的促进效果，加大对于财政支出资金使用的监控，实现财政资金的合理配置。同时，要积极推动财政与金融联动，调动民间金融资源，引导其更多地参与到经济建设中来，减轻政府以负债来扩大支出拉动经济发展的压力。

参考文献

[1] 中国人民银行：《2010—2015 年江苏省金融运行报告》。

[2] 江苏省统计局：《2010—2015 年江苏省国民经济和社会发展统计公报》。

[3] 王晓红、陈范红：《新常态下江苏产业结构调整的显著特征与路径选择》，载《南京社会科学》2015 年第 11 期。

[4] 张大龙：《小额贷款公司生存状况的调查与思考——以江苏省为例》，载《金融博览》2015 年第 10 期。

[5] 柏建晖：《江苏省银行业信贷风险主要特征与对策研究》，载《现代金融》2015 年第 4 期。

[6] 张思云、于嘉祺、张永力：《江苏省城投债信用风险研究——基于 KMV 模型》，载《企业经济》2015 年第 12 期。

[7] 余全强、张琳璐：《农村居民保险认知状况、制约因素与对策研究——以江苏农村为例》，载《中国保险》2015 年第 8 期。

第9章　浙江省宏观金融风险研究

2015年，浙江省继续推进经济转型升级，产业结构有所改善，经济平稳健康发展。同时，浙江省经济发展中也存在传统产业转型升级缓慢，经济分化严重，不良贷款增加等问题。本章在概述浙江省经济金融基本状况的基础上，通过宏观资产负债表和或有权益分析，对公共部门、金融部门、上市企业部门和家户部门的金融风险进行研究，并对风险管理和经济发展提出一些建议。

第1节　浙江省宏观金融风险概述

2015年，浙江省主动适应经济新常态，大力推进经济发展转型升级，主要经济指标稳步增长，转型升级初见成效。2015年，浙江省完成地区生产总值42886亿元，同比增长8%[①]。其中第一产业增加值1833亿元，第二产业增加值19707亿元，第三产业增加值21347亿元，三次产业结构由2014年的4.4∶47.7∶47.9调整为4.3∶45.9∶49.8，第三产业占比进一步增加，信息产业与服务业等产业对于经济发展的引领作用更加突出，服务业增长速度超过GDP增速，快于全国平均水平。工业方面，规模以上工业企业实现利润3718亿元，高新技术产业成为主要增长点，占规模以上工业比重为37.2%，对工业增长率的贡献份额为55.7%。2015年浙江省完成固定资产投资26665亿元，同比增长13.2%；社会消费品零售总额19785亿元，同比增长11%，其中网络消费4012亿元；进出口总额21566亿元。金融方面，2015年年末，本外币存款余额90302亿元，同比增长10.2%。省内299家上市公司，融资总额5181亿元。保险业全年保费收入1435亿元，市场体系逐步完善。居民收入稳步提升，农村收入增长快于城镇，消除低收入农户贫困人口的目标已经

① 数据来源：《2010－2015年浙江省国民经济和社会发展统计公报》，浙江省统计局；《2010－2015年浙江省金融运行报告》，中国人民银行；国泰安数据库，深圳国泰安教育技术股份有限公司；智远理财服务平台，招商证券股份有限公司。如无特殊说明，本章数据均来源于此。

实现。

浙江省整体宏观金融风险不明显，主要风险在于两个方面：一是政府财政压力有所增大。财政压力增大的主要原因在于财政收入增长速度的放缓和为了拉动经济增长而采取的高财政支出策略，财政支出与收入增长不平衡，使得财政缺口占GDP比重上升幅度较大。二是上市企业部门面临一定的违约风险。受到宏观经济不景气和2015年股市波动剧烈的影响，浙江省上市企业部门的违约距离下降严重，反映出企业违约风险的上升。

第2节　文献综述

2015年国内学者关于浙江省金融风险的研究主要集中在银行业与其他金融机构和产业研究上。

殷志军（2015）探究了影子银行与金融风险的关系，将引起影子银行风险的主要因素总结为缺少业务链风险评估、忽视风险积累的反馈效应、银行对交叉业务的风险评估不足。通过研究浙江省银行表外业务、小贷公司基本情况、非法集资情况等，认为浙江影子银行规模总体不大，引起系统性风险的可能性比较小。

凌海波、金晓燕（2015）分析了浙江小额贷款公司的发展进程，以2013年年底浙江地级市及县域小贷公司分布为研究对象，发现小贷公司的发展存在分布不均衡、贷款偏重担保且期限较短、贷款利率高、逾期率提升等问题，反映出了浙江小贷公司的发展中存在一定的金融风险。为促进浙江小贷公司的可持续发展，提出了引导民间资本流向、树立市场竞争优势、优化财税信贷环境和加强风险控制等建议。

随着利率市场化的推进，带给银行业的冲击也不容忽视，与大银行相比，城商行由于先天性劣势将会受到利率市场化更大的冲击。翟敏、吴胜（2015）研究了浙江省的城商行经营状况，采取对称分析与非对称分析相结合的方法对浙江城商行利率风险进行了度量，结果表明各城商行净利息收入变化与银行规模无关，与短期缺口率相关，大于零的短期缺口率使净利息收入增加，并进一步提出拓展私人银行业务与新兴金融业务，建立资金定价体系，加强利率风险管理等措施应对利率风险。

产业方面，来佳飞（2016）提出浙江省是制造业大省，却非制造业强省，认为浙江制造业存在着产品品质定位过低，产业结构不合理，高新技术、高端装备制造、智能装备等产业发展与轻工业发展不协调，产业发展过于粗放、集群发展不足等问题，提出浙江制造业的发展要落脚到微观主体企业上。

第3节　浙江省公共部门风险分析

2015年，浙江省地方一般预算收支规模不断增长，如图9.1所示，一般预算缺口较之前五年有较大提高，一般预算缺口占地方GDP比例也有较大提高，财政风险与2010—2014年相比有所增加，尚未超出可控范围。

2015年浙江省财政总收入8549亿元，比上年增长8.7%。公共财政预算收入4810亿元，比上年增长7.8%，增幅略有回落。在公共预算收入中税收收入4168亿元，占比达到86.7%，其中营业税及改征增值税、个人所得税增长幅度较大，分别达到11.2%和22.2%。公共财政预算支出6648亿元，增长21.1%，增幅较为显著；缺口占比由2010—2014年2%—2.5%左右增长至4.29%。2015年浙江省地方政府债务9188.3亿元，债务率92.9%，发行地方政府新增债券249亿元、置换债券2294亿元，债务风险尚属可控范围。

以上数据表明浙江省财政压力有所增大，首要原因在于财政支出的大幅度增加，其中用于交通运输、住房保障、节能环保的财政支出分别增长了42.4%、41.1%、39.2%。其次，2015年浙江省政府一般债券的发行也在一定程度上扩大了财政支出，增加了财政压力。同时，营改增等结构性减税和普遍性降费政策的落实也加重了财政负担。

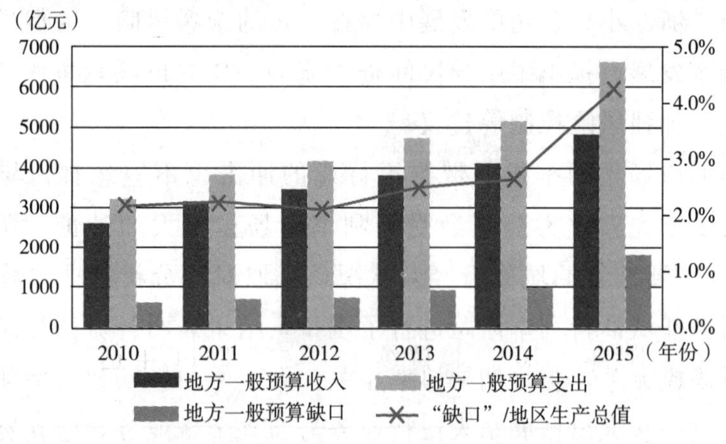

图9.1　浙江省地方公共财政收支情况

从增长率方面看，浙江省2015年财政支出与收入的增长差异更为明显。如图9.2所示，2015年之前，地方一般预算收入增长率与地方一般预算支出增长率基本保持一致，2015 年收入增长率略有下降，支出增长率急剧上升，支出增长率与收入增长率之比也从 2014 年的超过 105%降至 2015 年的不足 40%。

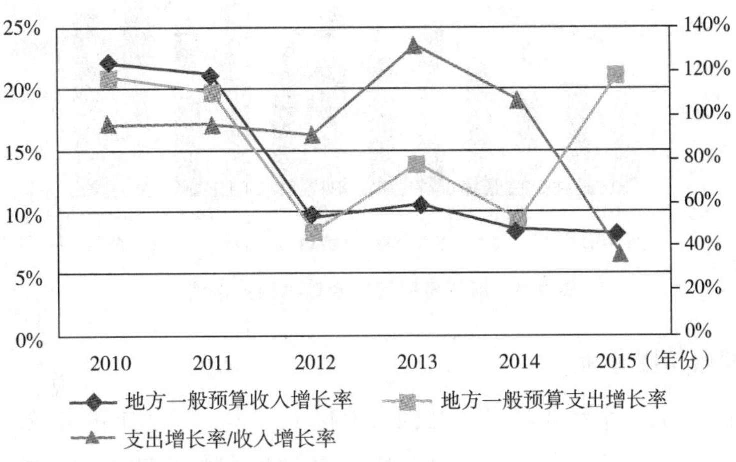

图 9.2　浙江省地方公共财政收支增长率比较

第 4 节　浙江省金融部门风险分析

2015 年，浙江省金融部门运行良好，银行业稳定发展，不良贷款问题有所改善。保险业发展良好，农业保险和小额贷款保证保险取得突破，保费收入与保险深度均有所提升。总体来说，浙江省金融部门宏观金融风险不高，系统运行平稳。

一、银行类风险分析

（一）资本结构错配分析

2015 年，浙江省银行业金融机构资产总额持续增长，达到 119130 亿元，同比增长 12.76%；负债余额 115311 亿元，同比增长 12.96%。存贷规模持续扩大，贷款余额达到 76466.32 亿元，存款余额达到 90301.61 亿元。如图 9.3 所示，存贷比自 2010 年起持续上升，于 2014 年达到近年来的峰值 90.05%，2015 年存贷比下降超过 5 个百分点，降至 84.68%。高水平的存贷比在为银行业金融机构创造利润的同时，也带来了潜在金融风险。此外，截至 2015 年年底，浙江省银行业金融机构不良贷款余额 1808 亿元，不良贷款率为 2.37%，四个季度不良贷款逐季减少，不良贷款上升的态势有所缓和。

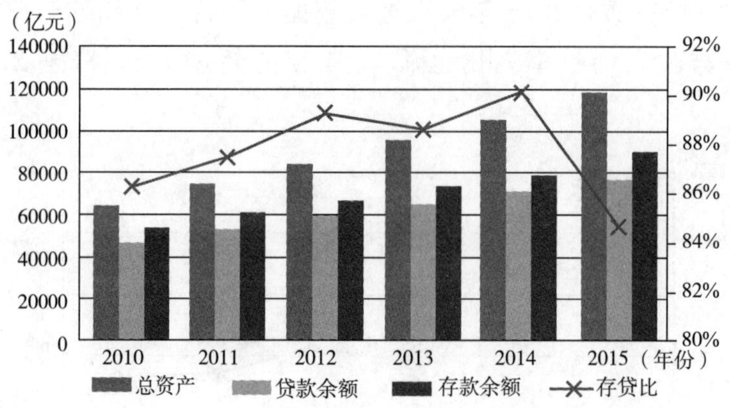

图 9.3　浙江省银行类金融机构资本结构

（二）期限错配分析

2015 年，浙江省短期存款 40254.91 亿元，与 2014 年的 40233 亿元基本持平，中长期贷款增长明显，从 2014 年的 28267 亿元增至 2015 年的 31641.68 亿元。相对于短期贷款而言的中长期贷款高增长导致了中长期贷款占比持续走高，这一指标从 2012 年的 34.19%连年提升到 2015 年的 41.38%。如图 9.4 所示。需要注意银行业可能存在的资金期限错配风险和流动性风险。

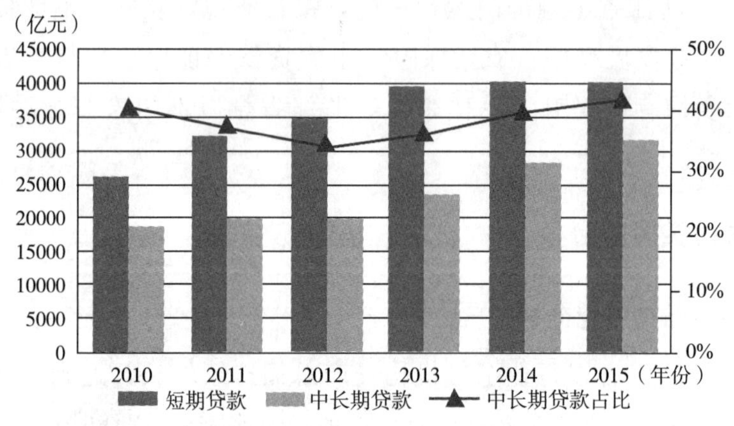

图 9.4　浙江省金融机构贷款期限结构

（三）货币错配分析

外币存贷方面，如图 9.5 所示，2015 年浙江省外币存款规模扩大，外币贷款减少，外币存贷比下降。2015 年年末，浙江省外币存款 2908.31 亿元，外币贷款 2396.12 亿元，外币存贷比 82.39%。从趋势来看，2010 年以来，外币贷款增长减缓，存贷比下降，并在 2015 年实现外币贷款负增长，存贷比较2014年下降50个百分点。由此反映出浙江省对外贸易与外资利用方式的转变。总体来看，浙江省外币存贷比的下降有利于对外币错配风险的控制。

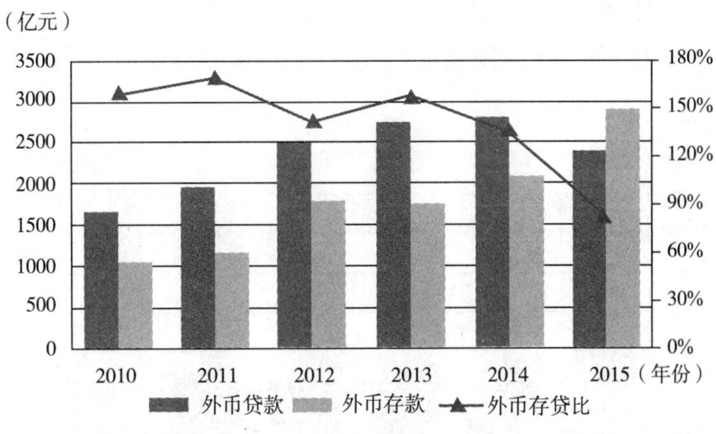

图9.5 浙江省外币存贷比

二、保险类风险分析

2015年，浙江保险业贯彻落实“国十条”和“省十条”，运用保险机制推动浙江省经济转型发展，建立保险资金债券投资计划27项，投资规模接近600亿元，保险资金的投资达到35.88亿元。同时在小额贷款保证保险方面取得突破，率先启动了茶叶低温气象指数等农业保险，为农户提供了354.5亿元的风险保障。2015年，浙江省保险市场基本运行良好，实现保费收入1435亿元，比2014年增加了177亿元。其中财产险保费收入647亿元，人身险保费收入789亿元。保险深度为3.35%，比2014年增加了0.25个百分点。如图9.6所示。

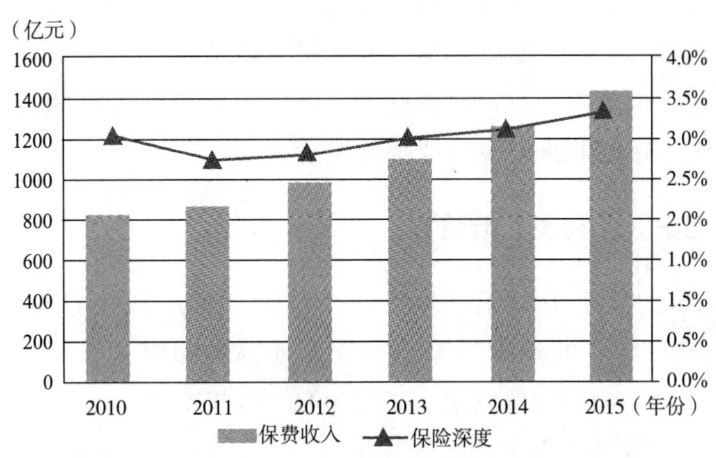

图9.6 浙江省保险业保费收入与保险深度

从保费增长率和赔付率来看，自2010年起，保费增长率经过2011年的下降之后基本保持了13%—14%的增长速度。同时赔付率自2010年起持续上升，2013年达到近六年的最高水平之后逐渐下降，2015年下降到31.51%左右。保费增长停滞，将会制约保险业的进一步发展。如图9.7所示。

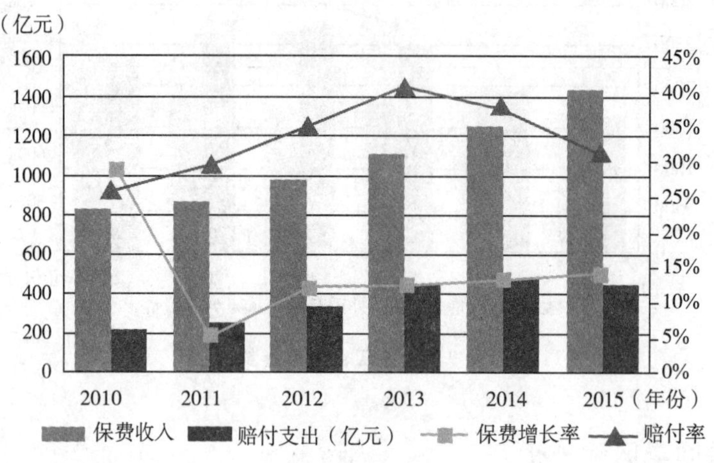

图9.7 浙江省保费增长和赔付支出

第5节 浙江省上市企业部门风险分析

近年来，浙江上市公司发展迅速，数量规模不断扩大、质量效益不断提升、产业结构不断优化，逐渐成为浙江省经济转型升级的重要助力。截止到2015年11月底，浙江省有31家企业在境内上市，其中主板19家，中小板3家，创业板9家，新增数量居全国首位。浙江省内共有以阿里巴巴为代表的境内外上市公司372家，总市值超过5万亿元。与此同时，浙江省上市企业的发展也存在增长减缓、收入减少、生产经营困难等问题。本节以资产负债表和或有权益分析法为工具，对浙江省249家上市企业进行相关金融风险的分析，其中不包括创业板与金融业上市企业。

一、上市企业盈利能力分析

相比于2010年到2012年，2013年开始浙江省上市公司净利润率波动较大，尤其是2014年第四季度以来上下浮动明显。如图9.8所示。在经过了2014年前三季度的稳中有降之后，在2014年第四季度上升至14.4%。进入2015年，第一季度净利润率滑落3.5个百分点，随后反弹到近年来的最高点

15%，其中2015年浙江省上市公司第三季度末共有37家出现亏损状况，总体来看，2015年浙江省上市公司的盈利能力有较大上升，企业经营状况得到改善。

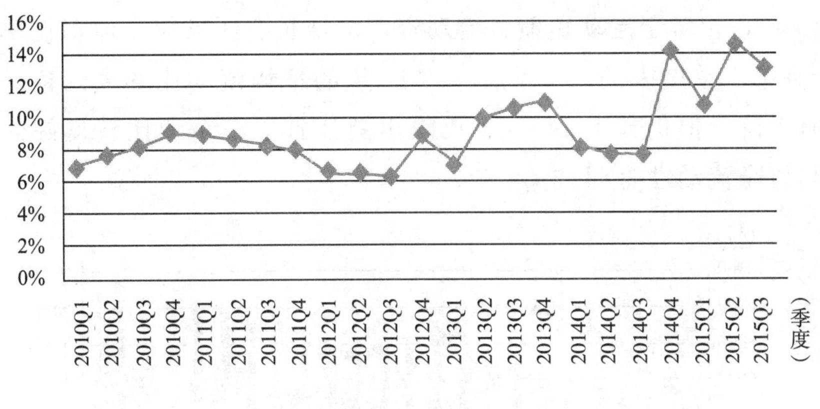

图9.8　浙江省上市企业部门净利润率

二、账面价值资产负债表分析

（一）资本结构错配分析

从2010年起，浙江省上市企业的资产总额与负债总额保持稳定的增长，资产负债率大致呈现出一个“W”形变化，如图9.9所示，从2010年到2011年资产负债率下降，随后缓慢上升到2014年年初约56%，之后经历了2014年下半年的下降和2015年的上升。总体来看，2015年资产负债率低于54%，资本结构较为合理，资本错配风险不大。

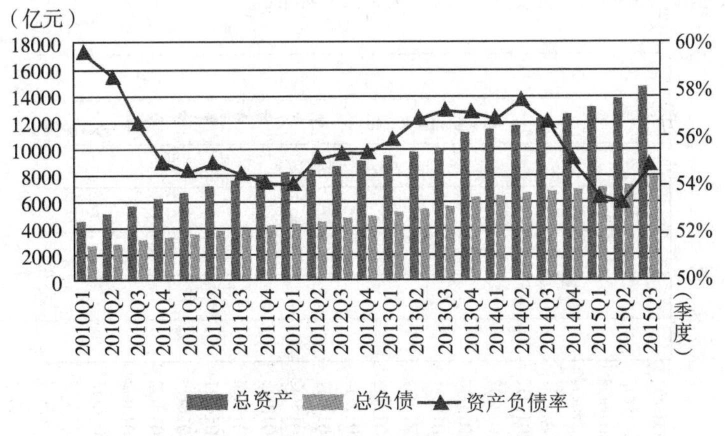

图9.9　浙江省上市企业部门资本结构

（二）期限错配风险分析

自2010年起，浙江省上市企业流动资产与负债规模保持稳定增长，流动比率指标波动较大，2014年到2015年呈现倒“V”形波动。如图9.10所示。2015年，相对于流动负债，流动资产的增长有所减缓，流动比率从年初149％降到第三季度末的142％，与2014年的平均流动比率大约持平。流动比率虽有下降，但仍高于140％，反映出浙江省上市企业比较良好的短期偿付能力与资金流动性管理。

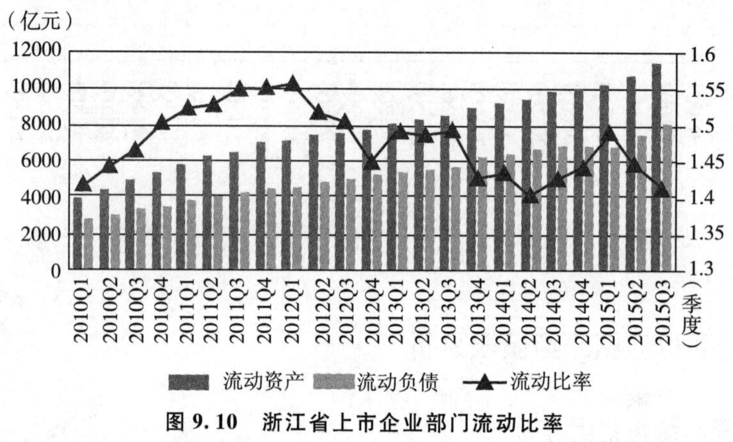

图9.10 浙江省上市企业部门流动比率

三、或有权益资产负债表分析

2010—2013年，浙江省上市企业或有资产负债率缓慢上升，2014年基本保持不变，2015年略有下降，或有资产负债率的整体波动明显大于账面资产负债率。如图9.11所示。2015年或有资产负债率的下降表明企业或有资本结构的改善，或有资本结构错配风险的降低。

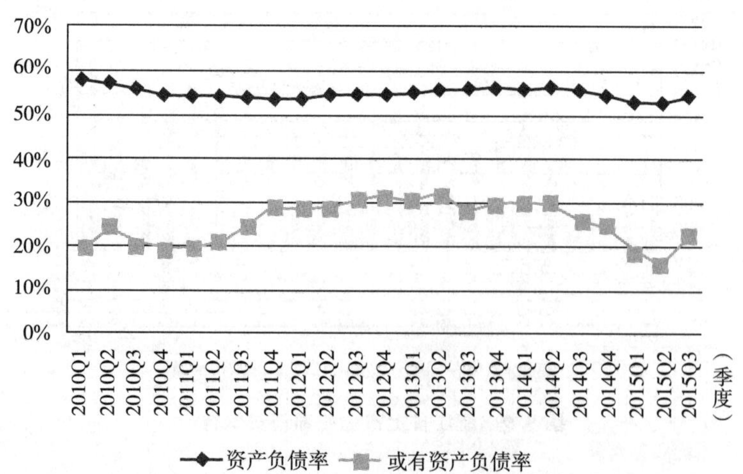

图9.11 浙江省上市企业部门或有资产负债率

违约距离方面，浙江省上市企业2014年前违约距离基本稳定在4左右，2014年有所上升，2015年违约距离下降幅度很大，企业债务违约可能性比较大，反映出上市企业的违约风险。如图9.12所示。

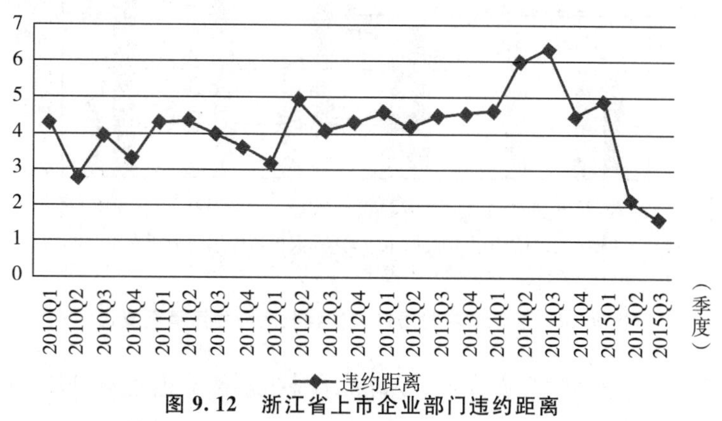

图9.12　浙江省上市企业部门违约距离

第6节　浙江省家户部门风险分析

收入方面，2015年，浙江省城乡居民收入继续保持稳定增长。分地区看，城镇居民人均可支配收入43714元，同比增长8.22%；农村居民人均纯收入21125元，同比增长9.04%。其中，城镇居民人均可支配收入增长率比去年提高了1.5个百分点，农村居民人均纯收入增长速度有所减缓。

支出方面，如图9.13和图9.14所示，2015年，浙江省城镇居民人均生活消费支出达到28661元，较2014年增长5.2%，消费支出占可支配收入的比重为65.6%。2015年，浙江省农村居民人均生活消费支出达到16108元，较2014年增长11.1%，消费支出占纯收入的比重为76.3%。

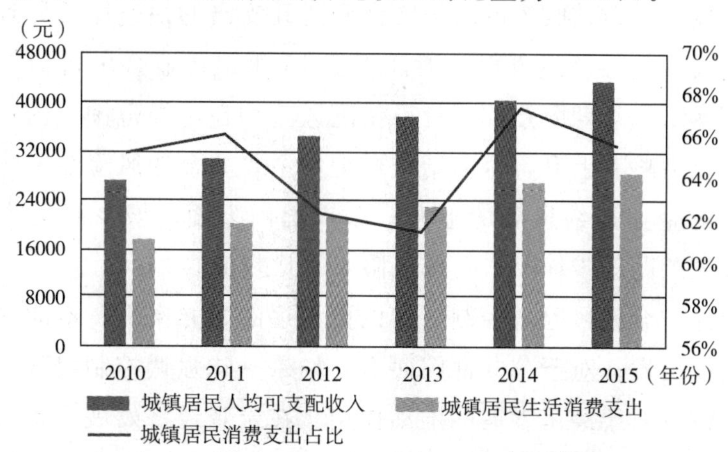

图9.13　浙江省城镇居民人均可支配收入与生活消费支出

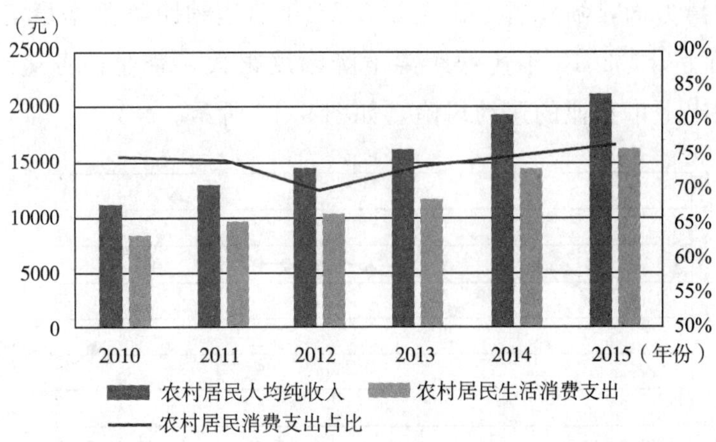

图 9.14　浙江省农村居民人均纯收入与生活消费支出

此外，2015 年浙江省城乡居民储蓄存款也增长迅速，2015 年年末达到 34787 亿元，比 2014 年增加了超过 4000 亿元，同比增长 13.4%。2015 年储蓄存款的快速增长与城乡居民消费支出增长速度放缓，都在一定程度上表明，受到 2015 年整体经济环境的影响，浙江省家户部门倾向于增加储蓄比例，减少消费占比。在收入与消费支出增长的同时，农村居民人均纯收入增长速度明显放缓，不利于未来城乡收入差距的缩小和三农问题的解决。

第 7 节　金融风险管理与经济发展战略

本章运用资产负债表和或与权益分析，对于浙江省 2015 年公共部门、金融部门、上市企业部门、家户部门的宏观金融风险进行了研究与总结。研究发现：公共部门方面，2015 年浙江省一般预算缺口增加，缺口占 GDP 比重上升幅度较大，财政收入的增长缓慢和财政支出的快速增长导致了政府财政压力的增大；金融部门方面，浙江省 2015 年银行业金融机构与保险业发展良好，资本结构与期限错配和货币错配风险均在可控范围之内；上市企业部门，盈利能力略有上升，企业结构合理，主要的金融风险在于违约距离下降所反映出的企业违约风险的上升；家户部门方面，城乡居民收入稳定增长，城乡收入差距逐步缩小，总体风险水平比较低。

对于浙江省金融风险的控制，要以更长远的眼光来看，不能一味地从控制风险的角度出发。对于公共部门而言，如果一味强调控制财政风险，将会极大地制约财政对于经济发展的推动作用。在宏观经济发展不景气，经济结构急需转型升级的时期，需要政府积极发挥财政手段推动经济的长期持续发展。

基于本章对于浙江省经济金融发展现状与金融风险的研究，提出以下几点政策建议：

第一，建立健全财政支出绩效评价体系。在政府扩大财政支出，推动经济增长的背景下，财政支出是否具有经济性、效率性就关系到整体经济的发展状况。要通过建立财政支出的绩效评价体系，提高政府财政资金的规范运用，增加财政资金配置的有效性，同时也应该引导社会闲置资金流向基础设施建设等领域，减轻财政负担。

第二，强化投融资机制，激活民间金融活力。要从建立资源统筹机制出发，加强政府项目与民间金融资本的联系，通过设立基金、发行债券等多种形式聚集民间资本，引导民间金融资源流向交通基础设施建设、市政设施建设等方向，降低政府的投资成本与运营成本，提高项目回报水平。

第三，防范化解房地产库存等问题，控制土地供给，积极引导房地产企业调整开发方向和户型机构，将存量房向保障房、人才房、安置房等方面转化，促进农村转移人口和城镇居民购房租房。

参考文献

［1］中国人民银行：《2010—2015年浙江省金融运行报告》。

［2］浙江省统计局：《2010—2015年浙江省国民经济和社会发展统计公报》。

［3］殷志军：《金融风险视角下的影子银行》，载《浙江学刊》2015年第1期。

［4］凌海波、金晓燕：《浙江小额贷款公司试点分析：进展、困境与对策》，载《浙江金融》2015年第9期。

［5］翟敏、吴胜：《利率市场化进程中城商行利率风险度量及应对——以浙江省为例》，载《金融教育研究》2015年第4期。

［6］来佳飞：《“浙江制造”仍须砥砺前行》，载《浙江经济》2016年第4期。

第10章　福建省宏观金融风险研究

2015年福建省以推动产业转型为中心，调整产业结构，推进改革开放，经济总体平稳增长，为“十三五”奠定了基础。本章以公共部门、金融部门、上市企业部门和家户部门四个部门为切入点，研究了四部门各自的金融风险特征。

第1节　福建省宏观金融风险概述

2015年，受到国内外市场的影响，福建省的经济增长速度有所减缓，实现地区生产总值25979.82亿元，同比增长9.0%[①]。从三次产业结构看，第一产业增加值2117.65亿元，第二产业增加值13218.67亿元，第三产业增加值10643.5亿元，其中第一、第二产业增长速度放缓，分别为3.7%和8.7%，第三产业增长速度加快，同比增长10.3%，三次产业比为8.1∶50.9∶41，第三产业比重上升。主导产业、新兴产业增长较快，金融业贡献率较高。2015年，福建省全社会固定资产投资达到21628.31亿元，比2014年增长17.2%，虽然增长速度减缓，但是回落幅度收窄。全年社会消费品零售总额达10505.93亿元，比2014年增长12.4%，消费增速同样放缓，主要受到机车、石油等大宗消费品低增长的影响。网络消费快速发展，2015年限额以上批发和零售企业网上零售额超过350亿元，增长63.8%。

金融方面，福建省金融运行基本稳定，存贷规模增加，但是增长速度放缓。财政性存款大幅减少，住户与企业存款增多。银行贷款增长放慢，资金投向基础设施建设增多，中长期贷款增加，票据融资扩张。银行业金融机构利润下降，不良贷款与不良贷款率升高。

2015年，福建省的宏观金融风险主要表现在以下几个方面：一是福建省

---

① 数据来源：《2010－2015年福建省国民经济和社会发展统计公报》，福建省统计局；《2010—2015年福建省金融运行报告》，中国人民银行；国泰安数据库，深圳国泰安教育技术股份有限公司；智远理财服务平台，招商证券股份有限公司。如无特殊说明，本章数据均来源于此。

为了自由贸易区建设和“一带一路”战略，加大基础设施建设，造成了政府财政支出增加，在经济下行、财政收入增长减缓的形势下，财政收支平衡压力增大。二是银行业不良贷款额与不良贷款率“双升”，存贷款均存在增长速度减缓的问题，保险业保费收入负增长，反映出金融部门整体的宏观金融风险较大。三是信贷资源配置不均衡，中长期贷款占比过高，期限结构不平衡，同时贷款在不同规模的企业之间配置也不均衡，小微企业融资难，行业配置的不均衡也比较明显。四是上市企业违约距离大幅减小，存在一定的违约风险。

第 2 节　文献综述

袁建良、潘长风、吴才金（2015）研究了福建省金融的发展，发现福建省不良贷款增加，金融风险以民间借贷风险为源头在银行业间传染扩散，认为福建省金融业的发展过程中存在金融资产质量下降，民营金融缺乏监管，金融交叉型业务风险增大等问题，提出了宏观上金融改革、财政税收政策、金融监管三方面的建议，以及发展多层次资本市场等措施。

杨长岩等（2016）指出，2015 年福建省存贷款规模增长减缓，全省企业发债增长显著，财政存款减少，财政支出增速加快，财政收支平衡压力加大；银行贷款增速降低，个人住房贷款和基础设施贷款增加，受福建自由贸易试验区和“一带一路”发展战略，基础设施建设力度较大，中长期贷款增加明显，占银行新增贷款接近七成；不良贷款余额和不良贷款率增加，金融机构盈利能力下降。

赖永文等（2015）基于福建省内各银行业金融机构的基本运营状况，研究了福建省银行业同业业务的风险，研究表明同业负债上升，同业存放达到九成，并提出同业业务扩张过快，流动性风险增大，同行业务加强了银行间的联系，金融风险更容易在银行间传导，减弱了金融系统对金融风险的抵御能力。

梁华琪等（2016）以福建省农信系统为例，研究了经济转型过程中产业升级、经济下行压力下企业信用环境恶化对农信系统的影响，提出央行降息和以高杠杆、泡沫化为特征的金融风险集中释放，都加大了银行体系的流动性风险。同时，制造业与批发零售业的不景气，产能过剩、市场需求不足，成本上升，欠款难以收回等问题，也使得其行业不良贷款规模扩大，增加了银行体系的金融风险。

第3节　福建省公共部门风险分析

2015年，福建省实施积极的财政政策，扩大有效投资政策，保障基础设施建设，落实《中国制造2025》计划，健全财税支持政策，同时进行结构性减税。2015年，福建省地方一般预算收入2544亿元，增长7.7%；地方一般预算支出3995.77亿元，增长20.8%。在财政支出中，社会保证和就业支出、教育支出、农林水事务支出、医疗卫生方面所占份额较大，教育支出、文化体育与传媒支出、节能环保支出的增长速度更是超过了50%。2015年财政缺口达到1451.7亿元，较2010－2014年间有较大上升，缺口占比为5.59%，达到近年来新高。公共部门的金融风险较2014年更为明显，需要加强对于财政支出与政府债务的监测和管理。如图10.1所示。

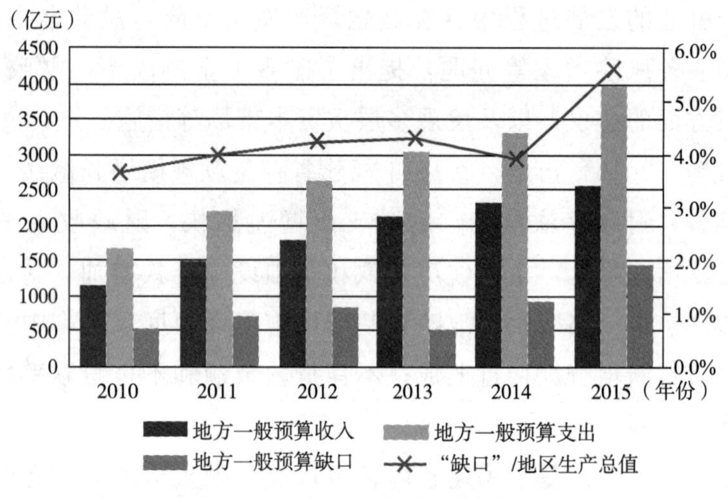

图10.1　福建省地方公共财政收支情况

从各项增长率方面来看，自2011年以来，福建省地方一般预算收入增长率不断下降，支出增长率呈现同步下降的趋势，但是2015年一般预算支出增长率骤然提升到20%，体现出2015年福建省财政支出有显著增加。支出与收入增长率之比先升后降，2015年降到40%以下，财政支出与收入增长速度差距比较大。如图10.2所示。

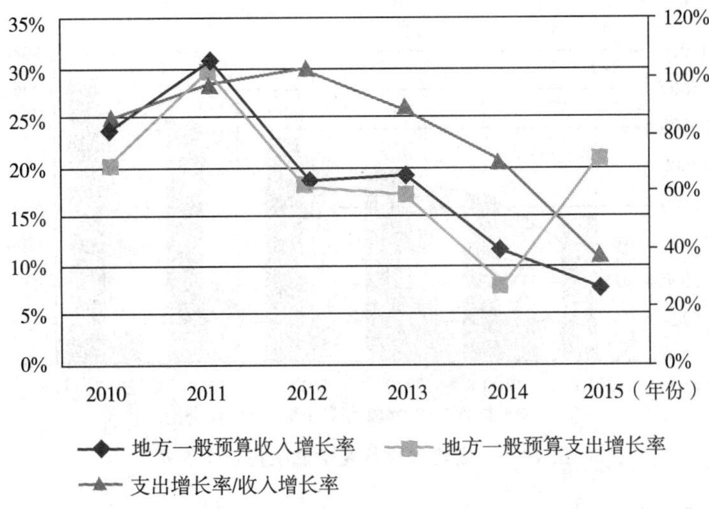

图 10.2　福建省地方公共财政收支增长率比较

第 4 节　福建省金融部门风险分析

2015 年福建省金融业平稳运行，实现金融业增加值 1656.43 亿元，金融业税收收入 480.18 亿元，占财政收入的 11.59%，存贷规模不断扩大，金融业已经逐渐成为福建省的一个重要支柱产业。但是福建省 2015 年不良贷款额和不良贷款率“双升”，存在一定风险。

一、银行类风险分析

（一）资本结构错配分析

如图 10.3 所示，2015 年福建省贷款余额与存款余额稳定增长，贷款余额 33694.4 亿元，同比增长 12.12%，存款余额 36845.5 亿元，同比增长 15.65%。其中，贷款增长速度放缓，低于 2014 年 15.74%的增长率。存款方面，受到 A 股下跌、民间投资收益减小和财政支出增大等因素的影响，住户、企业存款增多，财政性存款减少。从存贷比来看，2010 年开始存贷比持续上升 4 年，2014 年达到 94.33%，2015 年下降到 91.45%。较高的存贷比水平也反映出一定的资本结构错配风险。2015 年福建省银行业金融机构的不良贷款余额和不良贷款率比 2014 年分别增加了 287.6 亿元和 0.66 个百分点，也暴露出一定的金融风险。

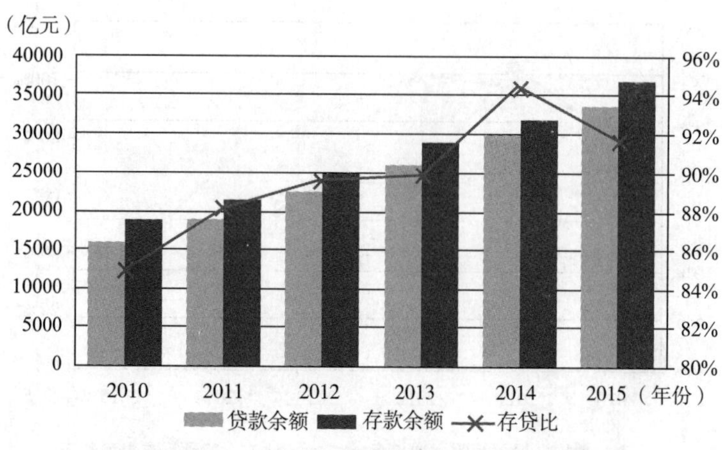

图 10.3 福建省银行类金融机构资本结构

（二）期限错配分析

近年来，福建省贷款结构不断变化，中长期贷款占比不断增加。2015年，福建省短期贷款12860.99亿元，中长期贷款18873.31亿元，较2014年分别增加了180亿元和2540亿元。新增贷款接近70%为中长期贷款，新增短期贷款减小。中长期贷款在总贷款中的占比从2012年不足51%升至2015年56%。如图10.4所示。中长期贷款的增加主要与福建省自由贸易区建设和抢抓“一带一路”发展战略加大基础设施建设有关。中长期贷款的增加一方面可以为收益回报周期较长的项目解决融资问题，另一方面也会引起一定的资金期限错配风险。

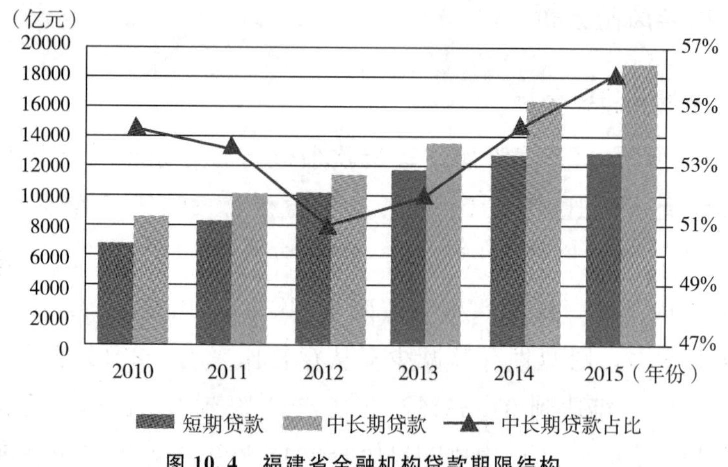

图 10.4 福建省金融机构贷款期限结构

（三）货币错配分析

从外币存贷比来看，福建省银行类金融机构货币错配风险总体有所改善。2015年，福建省外币贷款余额达到1560.49亿元，外币存款余额达到

1268.65 亿元，外币存贷比达到 123%，为近几年来的最低值。如图 10.5 所示。福建省外币存贷规模的变化主要受 2015 年进出口总额下降的影响。出口市场方面，2015 年福建省对于欧盟市场的出口为 1188.9 亿元，同比下降 9.5%；进口方面，福建省大多数商品进口都明显下降。

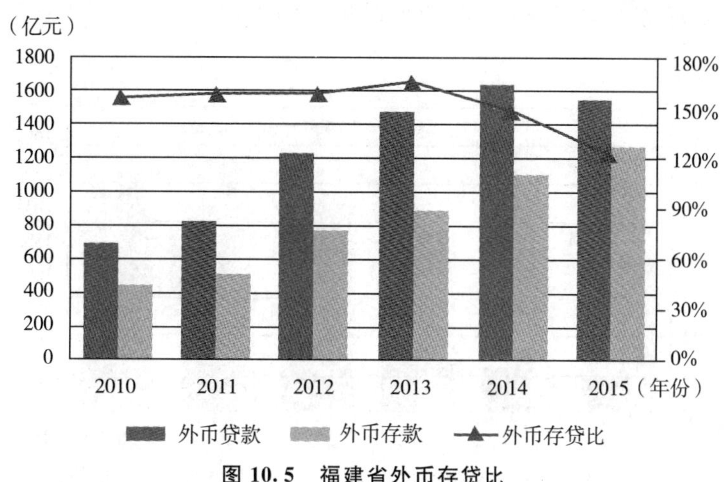

图 10.5　福建省外币存贷比

二、保险类风险分析

2015 年福建省保险业运行状况不乐观，保费收入 631.2 亿元，保险深度 2.43%，保费收入与保险深度“双降”，相比 2014 年保费收入减少超过 50 亿元，相比 2014 年保险深度降低 0.47 个百分点。如图 10.6 所示。这两个指标的下降都反映出福建省保险市场的低迷，同时，赔付支出也略有下降。

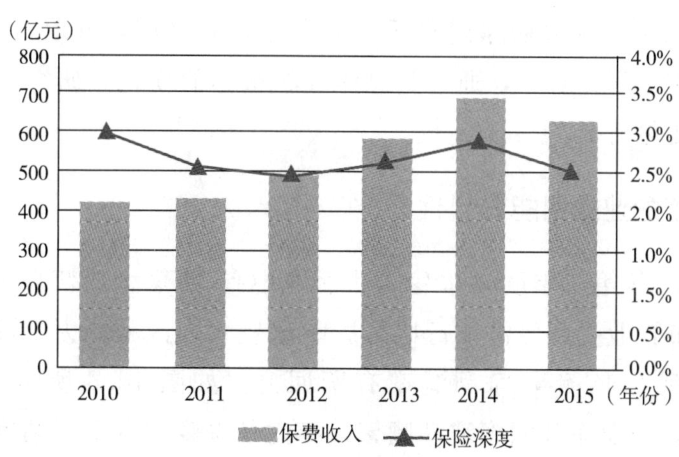

图 10.6　福建省保险深度

此外，从保费增长与赔付率方面看，福建省保费增长率波动幅度较大，其中2011年与2015年分别为2.08%与-7.96%。2015年福建省保险赔付率总体变化不大，30.47%的赔付率比2014年降低了不足1个百分点。如图10.7所示。福建省保险市场上保费负增长、保险深度下降、赔付率较高，说明福建省保险业发展中存在一定的保险赔付风险。

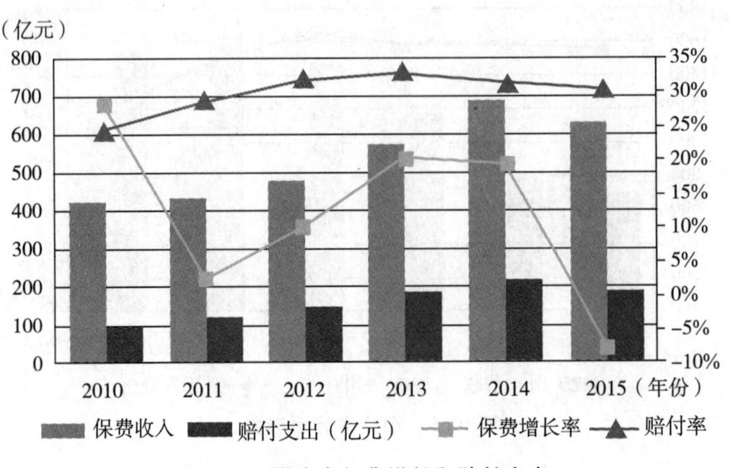

图10.7 福建省保费增长和赔付支出

第5节 福建省上市企业部门风险分析

2015年，福建省上市部门除违约风险有所上升以外，总体运行状况良好。2015年年末，A股上市公司99家，新增7家，市价总值15957.09亿元，增长49.4%。本节剔除创业板和金融业企业之后，选取了福建省80家沪深上市企业为研究对象，通过其总体金融指标的变化，研究上市部门各种金融风险的变化情况。

一、上市企业盈利能力分析

截至2015年第三季度，80家上市企业中有57家企业获得正利润。2014年福建省上市企业受到经济下行压力影响比较大，盈利能力下降明显。2014年第四季度到2015年，净利润率有所回升。如图10.8所示。总体而言，2010年以来，企业净利润率波动频繁，年内各季度均有不同幅度的变化。虽然2015年上市企业盈利能力比2014年状况有所好转，但是2015年前三季度呈现出的下降趋势也不容忽视。

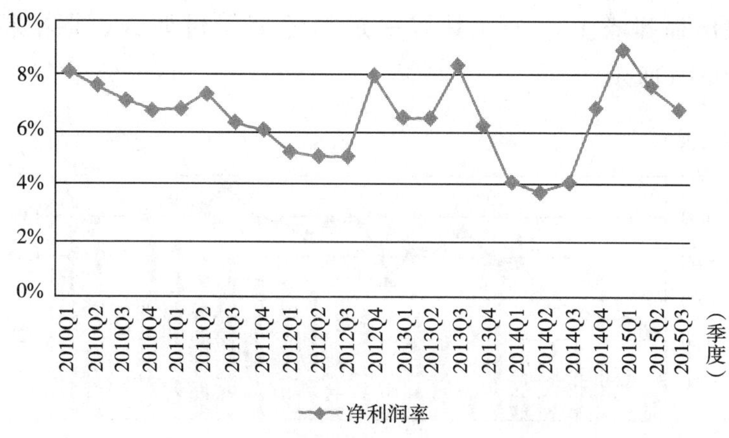

图 10.8 福建省上市企业部门净利润率

二、账面价值资产负债表分析

（一）资本结构错配分析

福建省上市企业负债与资产规模继续保持大致相同速度的增长，2015 年第三季度总资产达 7793.3 亿元，总负债达 5038.9 亿元，资产负债率稳定在 64％附近，变化范围不大。从长期看，资产负债率呈现出比较明显的上升态势，2014 年达到最高水平，超过 66％。如图 10.9 所示。总体而言，2015 年资本结构较 2014 年有所改善，资本结构错配风险降低。

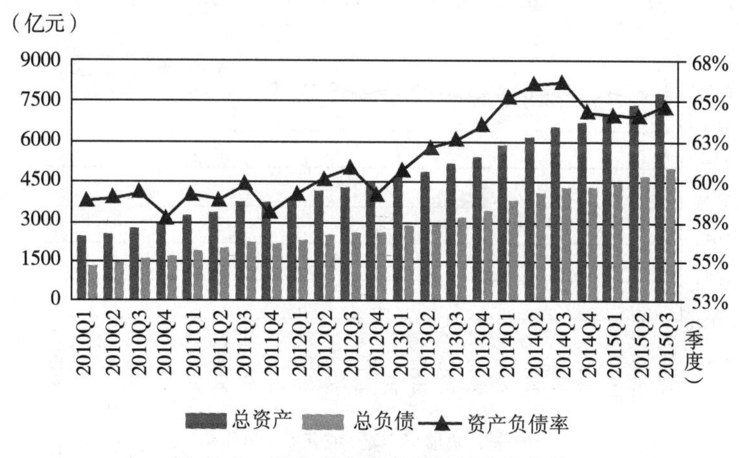

图 10.9 福建省上市企业部门资本结构

（二）期限错配风险分析

截至 2015 年第三季度，福建省上市企业部门流动资产 5300.26 亿元，流动负债 3708.72 亿元。近年来，福建省上市企业流动比率呈锯齿状上升，从 2010 年的 1.27 左右提升到 2015 年的平均 1.41，2013 年以来基本保持在 1.4

以上，反映出福建省上市企业具有一定的短期偿付能力，期限错配风险不高。如图 10.10 所示。

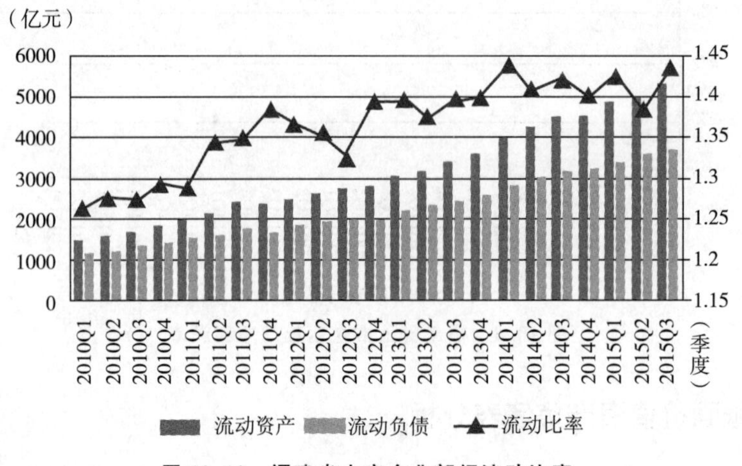

图 10.10　福建省上市企业部门流动比率

三、或有权益资产负债表分析

2015 年，福建省上市企业的或有资产负债率延续着 2014 年的下降趋势，在 2015 年第二季度下降到 2012 年以来的谷底 25.6%，第三季度上升接近 10 个百分点达到 35%。从 2014 年开始到 2015 年上半年，或有资产负债率不断下降，反映出福建省上市企业或有资本结构的优化。如图 10.11 所示。

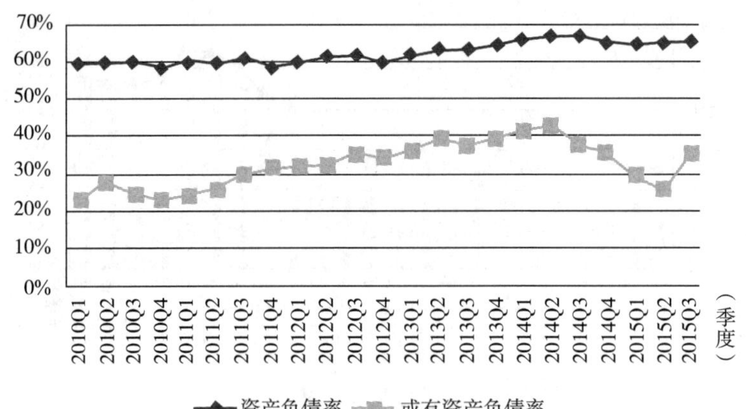

图 10.11　福建省上市企业部门或有资产负债率

从违约距离方面看，从 2014 年下半年开始，福建省上市企业部门违约距离迅速下降，反映出上市企业违约风险的增加。如图 10.12 所示。

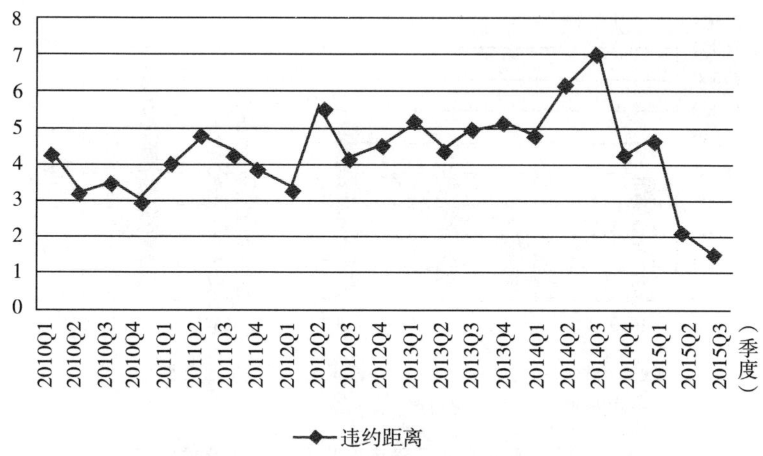

图 10.12　福建省上市企业部门违约距离

第 6 节　福建省家户部门风险分析

如图 10.13 所示，2015 年，福建省居民收入继续增加。全省居民人均可支配收入为 25404 元，名义增长率 8.9％，实际增长率 7.1％。分常住地来看，城镇居民人均可支配收入为 33275 元，同比增长 8.3％；农村居民人均纯收入为 13793 元，同比增长 9.0％。

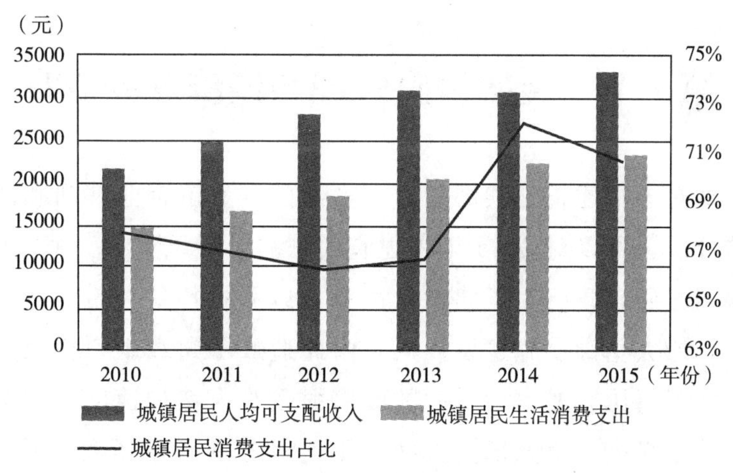

图 10.13　福建省城镇居民可支配收入与生活消费支出

从城镇与农村居民收入与消费支出的对比来看，2015 年福建省城镇居民人均生活消费支出为 23520 元，农村为 11961 元，所占比重分别为 70.7％和 86.7％，反映出城乡居民在支出结构上的差异。

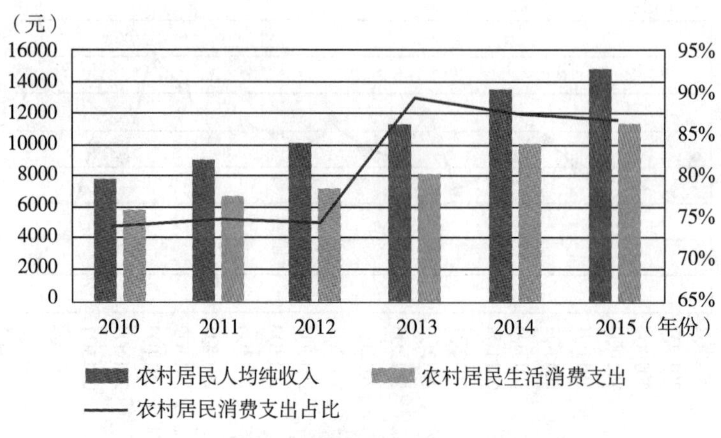

图 10.14　福建省农村居民纯收入与生活消费支出

如图 10.14 所示，从城乡居民收入差距来看，2010 年城镇居民人均收入与农村居民人均纯收入之比为 2.93，到 2015 年这一比值下降到 2.41，城乡居民收入差距正在逐步缩小。从居民存贷的情况看，自 2010 年起福建省城乡居民储蓄存款和个人消费贷款不断增加，2015 年城乡居民储蓄存款达到 14132 亿元，比 2014 年增加了超过 1500 亿元。

综合城乡居民生活消费占比的下降与存款储蓄的增长，表明受 A 股大幅下跌和理财产品风险增大的影响，福建省家户部门在当前时期倾向于增加储蓄，减少消费比例。总体而言，家户部门金融风险不高。

第 7 节　金融风险管理与经济发展战略

通过本章对于福建省公共部门、金融部门、上市企业部门和家户部门的风险状况的分析，可以对 2015 年福建省面临的金融风险有一个整体把控。

公共部门方面，政府为了建设自由贸易区和抢抓“一带一路”战略，扩大政府支出，加大基础设施建设投入，由此造成了财政缺口扩大，财政压力加大。而经济下行压力的增大引起的政府财政收入增加速度的减缓，又加重了财政收支的不平衡。金融部门方面，受到国内 A 股市场大幅下跌、民间投资收益降低等因素影响，银行业金融机构存贷规模增长缓慢，同时不良贷款与不良的贷款率“双升”，保险市场发展停滞，保费收入与保险深度都有不同程度的下降。不同行业间、不同企业规模间的信贷资源配置不平衡，贷款中长期化严重。上市企业部门资产负债率和流动比率基本稳定，或有资产负债率略有上升，主要风险在于违约距离的减小与 2015 年下半年企业净利润率的下降。家户部门总体状态良好，城乡居民收入持续增加，城乡收入差距减小，金融风险不明显。

基于以上对于福建省四部门宏观金融风险的分析，结合福建省经济金融的实际发展状况，给出以下政策建议：

第一，健全政府投融资体系，加强对于社会闲散资金的引导与利用，将民间的闲置资金集中起来，提高民间金融资源的效率，同时积极运用市场性融资手段，加强管理体制建设与监督，规范投资项目审核与分析，实现所吸纳资金的良性循环。

第二，加大多层次资本市场建设，发挥资本市场在金融资源配置中的作用，改善目前以银行间接融资为主的现状。同时，健全金融信息披露机制、退出机制等，加强金融对于实体经济的促进作用。

第三，加强对于中小微企业的信贷支持，通过出台相关政策，促进金融机构加大对中小企业的信贷投放力度，改善不同规模企业之间的信贷资源配置不平衡，提高金融资源的利用效率。

参考文献

[1] 中国人民银行：《2010—2015 年福建省金融运行报告》。

[2] 福建省统计局：《2010—2015 年福建省国民经济和社会发展统计公报》。

[3] 袁建良、潘长风、吴才金：《经济增速下滑背景下的福建金融风险防控对策探析》，载《发展研究》2015 年第 7 期。

[4] 杨长岩、李春玉、宋科进、余静、银小柯、杨艳：《2015 年福建省经济金融运行分析报告》，载《福建金融》2016 年第 2 期。

[5] 赖永文、沈理明、黄静、胡炎仁：《同业业务的潜在风险与治理路径——以福建省为例》，载《福建金融》2015 年第 8 期。

[6] 梁华琪、张强、兰可雄、陈楠、赵志燕：《经济转型升级中的银行业信贷风险防控——以福建省农信系统为例》，载《福建金融》2016 年第 1 期。

第 11 章　山东省宏观金融风险研究

2015 年，山东省经济总体平稳，总量质量均有提升，工业生产平稳增长，对外贸易降势趋缓，财政金融运行平稳。地方金融立法取得进展，PPP 工作加速推进，多层次资本市场得以大力发展，农信社改制农商行基本完成，保险资金支持实体经济力度加强。随着一系列政策作用的逐步体现，山东省经济结构调整进程明显加快。本章通过对山东省四部门金融风险的分析，为风险管理和经济发展出谋划策。

第 1 节　山东省宏观金融风险概述

2015 年，面对严峻复杂的宏观经济形势，山东省政府采用了一系列针对措施，加快经济转型升级。2015 年山东省实现地区生产总值（GDP）63002.3 亿元，比 2014 年增长了 8.0%[①]。产业结构调整优化，质量效益提高，2015 年第一产业增加值 4979.1 亿元，第二产业增加值 29485.9 亿元，第三产业增加值 28537.4 亿元，三次产业结构从 2014 年的 8.1∶48.4∶43.5 调整为 2015 年的 7.9∶46.8∶45.3，第三产业占比有所增加。同时 2015 年工业增加值 25910.8 亿元，同比增长 7.4%；固定资产投资 47381.5 亿元，同比增长 13.9%；社会消费品零售总额 27761.4 亿元，同比增长 10.6%。

金融方面，2015 年年末，本外币存款余额 76795.5 亿元，贷款余额 59063.3 亿元，涉农贷款、县域贷款、小微企业贷款均有增加，金融信贷结构优化。资本市场发展迅速，新增境内上市企业 8 家，融资 21.8 亿元，新增“新三板”挂牌企业 239 家，融资 62 亿元。新增债券融资 4031.8 亿元，同比增长超过 30%。保险业发展迅速，2015 年保费收入 1787.6 亿元，较 2014 年增长 22.9%。不断创新投融资体制，建立政府股权投资引导基金、政府与社会资本合作发展基金等。

---

① 数据来源：《2010－2015 年山东省国民经济和社会发展统计公报》，山东省统计局；《2010－2015 年山东省金融运行报告》，中国人民银行；国泰安数据库，深圳国泰安教育技术股份有限公司；智远理财服务平台，招商证券股份有限公司。如无特殊说明，本章数据均来源于此。

总体而言，山东省四部门面临的宏观金融风险基本不大，个别风险点需要注意。一是财政收入缺乏新的增长点，在近年经济压力增大的时期，财政收入增长速度逐步减缓；二是保险市场上保费收入稍增，在山东省各项政策大力推动保险业发展的环境下，保险业市场未能取得更好的发展；三是受到国内A股市场下跌幅度较大的影响，山东省上市企业部门违约距离下降严重，存在一定程度的违约风险。生产成本高企，企业市场预期不强，投资意愿不足，同时在经济下行压力较大的情况下，企业利润的减少也制约了其科研经费支出，不利于企业创新活动的开展。

第2节　文献综述

国内学者对于山东省金融风险的研究范围比较广，涵盖了金融体系、风险传导以及产业结构等各方面。

张珣、董继刚（2015）调查分析了山东省农村金融的发展情况，认为山东农村金融体系存在金融抑制、农村金融供需不平衡、农村资金流失、缺乏监管等问题，并在分析制约山东金融发展因素的基础上，提出要构建多元化农村金融体系，完善农村担保机制，推广抵押贷款制度等措施。

对于金融风险的传导，冯林、董红霞、郝建娇（2016）基于山东省县域不良贷款数据，利用探索性空间数据分析方法，研究了山东省内区域金融风险的传染，发现山东省县域金融间存在比较明显的风险传染，同时发现风险的传染逐渐减弱，其中德州、菏泽、济宁地区是金融风险比较严重的区域。

在产业结构的研究方面，王培志、刘雯雯（2015）分析了山东省的产业结构与金融业发展现状，发现在山东省产业结构优化的过程中存在一系列问题。一是融资结构不合理，省内债券市场发展缓慢导致直接融资比重较低；二是金融服务落后，多数银行仍以吸收存款和放贷为主，金融服务业务种类少；三是对产业结构调整的投资导向不足，信贷资源大多流向较为成熟的行业，不利于新兴产业发展。

第3节　山东省公共部门风险分析

2015年，山东省一般预算收入首次超过5500亿元，其中税收比重76%，较2014年有所提升；一般预算支出超过8000亿元，其中民生支出所占比重超过78%。从长期趋势看，财政缺口占GDP的比重变化不大，2011年最低为3.4%，2015年最高为4.32%。如图11.1所示。

财政规模的扩大和缺口占比的相对稳定说明，山东省财政规模质量提高，支持经济发展、保障民生能力增强。2015年6月，山东省人民政府发挥积极的财政政策作用，提出了包括重点行业贷款贴息、支持中小微企业在内的20条政策措施，旨在推动山东省经济转型。政府财政政策的活跃引起了财政支出的增加，财政缺口有所上升，占比上升到4.32%。总体来说，山东省的公共部门财政风险不大，运行状况良好。

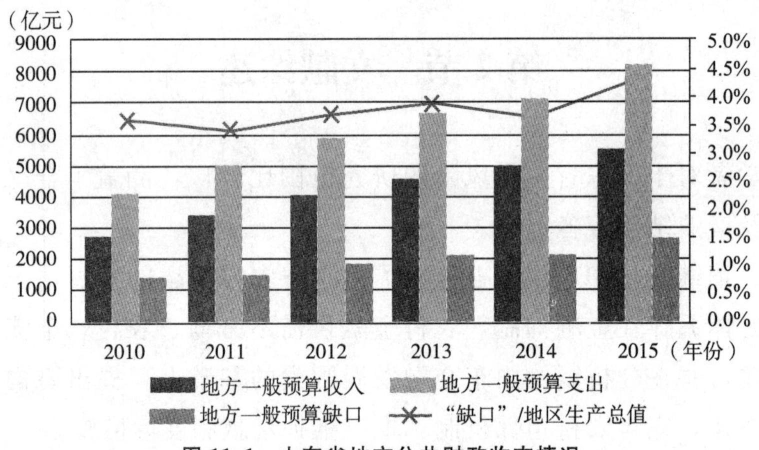

图11.1　山东省地方公共财政收支情况

从增长率方面来看，山东省财政政策的作用更加明显。如图11.2所示，经过2010—2014年收入增长率和支出增长率同步下降之后，地方一般预算支出增长率从2014年的7.2%提升到2015年的14.9%，明确体现出积极的财政政策所带来的支出增长。

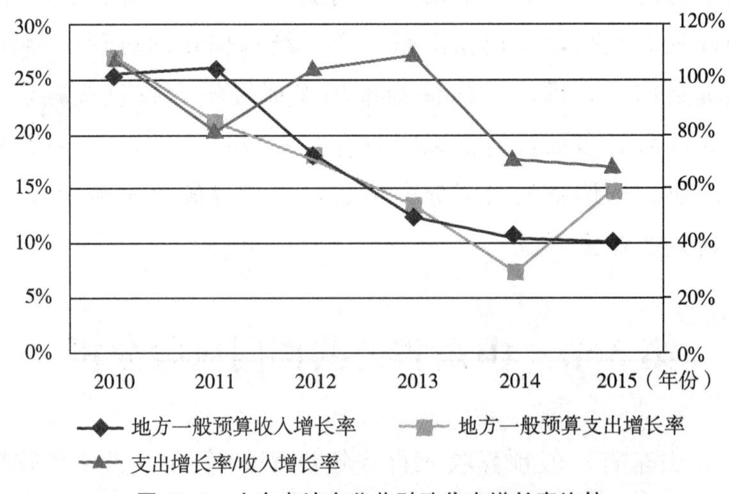

图11.2　山东省地方公共财政收支增长率比较

第 4 节　山东省金融部门风险分析

2015 年，山东省大力推进金融改革，金融业增加值达到 3139.6 亿元，占 GDP 的比重达到 5%，以农信社改革为代表的地方金融机构改革基本完成，同时组建众多金融机构，包括小额贷款公司 421 家，民间融资机构 485 家。此外，山东还是全国唯一的新型农村合作金融改革的试点省份。

一、银行类风险分析

（一）资本结构错配分析

2015 年，山东省银行类金融机构总资产保持上升态势，达到 97022.2 亿元，同比增长 11.82%；本外币负债总额达到 93694.1 亿元，同比增长 11.93%。2015 年全省银行业金融机构净利润 771.6 亿元，同比下降 25.2%。存贷余额扩大，存贷比继续下降。2015 年山东省贷款余额 55437 亿元，同比增长 3.31%，存款余额 74524.16 亿元，同比增长 7.77%。从存贷款的增长速度来看，近年来存贷款增速均不断下降，2015 年贷款增长速度下降尤为严重，低于 2014 年 8.6 个百分点。存贷比波动下降，2015 年存贷比为 74.39%。如图 11.3 所示。总体而言，山东省存贷比尚处合理范围，存贷比下降也反映出银行系统资本结构错配风险的降低。但是贷款余额的增长减缓也应该引起警惕。此外，不良贷款额与不良贷款率“双升”，不良贷款余额 1219.8 亿元，不良贷款率为 2.06%。

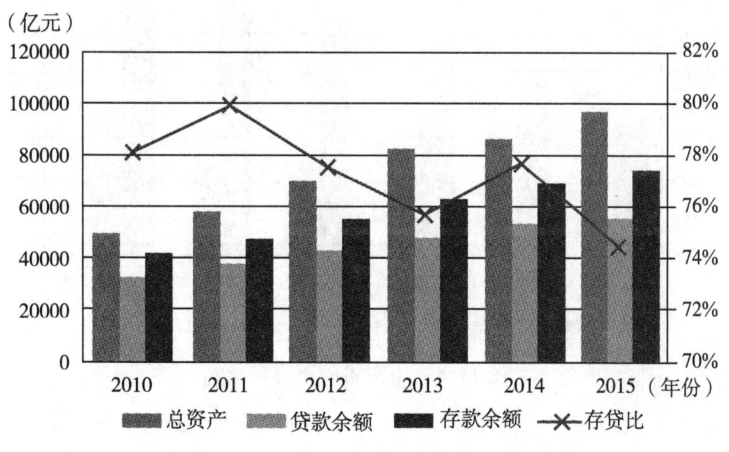

图 11.3　山东省银行类金融机构资本结构

（二）期限错配分析

2015年，山东省银行类金融机构短期与中长期贷款规模扩大，短期贷款26774.36亿元，中长期贷款25612.32亿元，中长期贷款占比略有上升，达到46.2%。如图11.4所示。总体来说，山东省贷款期限结构变化不大，期限错配风险不明显。

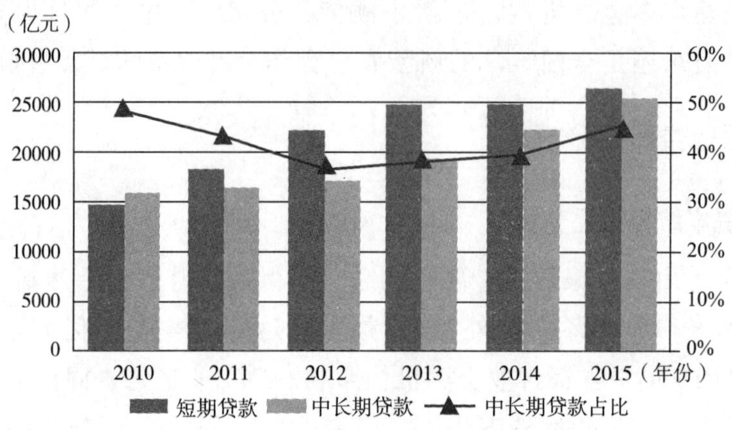

图11.4　山东省金融机构贷款期限结构

（三）货币错配分析

从外币存贷比来看，山东省银行类金融机构货币错配风险总体有所改善。如图11.5所示。2015年，山东省外币贷款余额达到3624亿元，外币存款余额达到2270亿元，外币存贷比达到159.65%，为近年来的最低值。

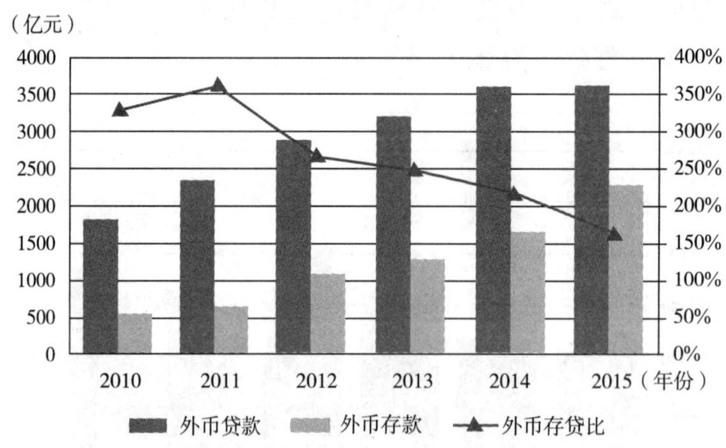

图11.5　山东省外币存贷比

二、保险类风险分析

山东保险业总资产从 2010 年的 1510 亿元增长到 2015 年的 3244 亿元，保险公司承保利润 2015 年达到 29.2 亿元，稳居全国前列。保费收入从 2010 年的 1030 亿元增长到 2015 年的 1543 亿元，成为全省国民经济中发展最快的行业之一。寿险业务结构变化，农业保险、保证保险等业务也取得了重大进展。保险深度自 2011 年起变化不大，2015 年保险深度达到 2.45%。如图 11.6 所示。2015 年 4 月，山东省政府结合国务院新“国十条”与山东省的实际状况，制定并下发了《加快发展现代保险服务业的意见》，推动了山东保险业的发展。2015 年 7 月，保险资金支持经济转型的项目签约会议举行，现场签约 9 个项目，金额达到 445 亿元。

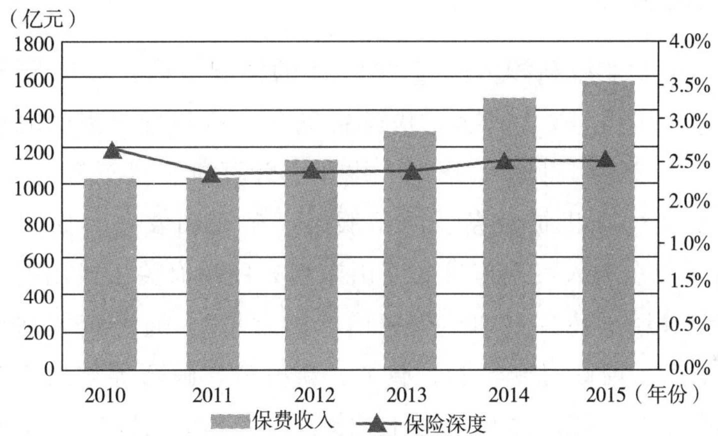

图 11.6　山东省保险业保费收入与保险深度

2015 年，山东省保费增长率下滑严重，仅为 6.09%，比 2014 年下降了 7 个百分点。赔付率稍有下降，但不明显。表明山东省保险业总体运行状况较为良好，虽保费增长减缓，但是保险业金融风险不大。如图 11.7 所示。

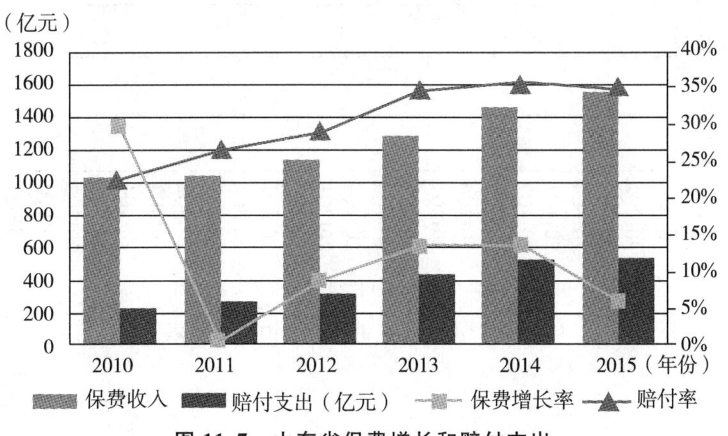

图 11.7　山东省保费增长和赔付支出

第5节　山东省上市企业部门风险分析

山东省上市企业部门总体运营状况良好。2015年山东A股上市公司营业总收入9166.08亿元，占GDP比重为14.55%，净利润438.40亿元，募集资金404.35亿元。本节以山东省136家上市企业为研究对象（不包括金融企业和创业板企业），截至2015年第三季度，有100家企业实现盈利，山东高速集团、海尔和青岛啤酒等企业均实现了利润持续稳定增加。结果表明，除违约风险有所上升以外，山东省上市企业各类金融风险都在不同程度上有所改善。

一、上市企业盈利能力分析

山东省上市企业盈利能力经过2011年的持续下降，2012年开始波动频繁。净利润率2015年第二季度上升到9.39%，达到近年来的峰值，第三季度下降到7.85%。轻工制造、医药、电子、计算机、汽车等行业实现盈利。亏损行业主要集中在机械装备、纺织服装、矿业和农业。如图11.8所示。2015年6月，山东省人民政府发布《山东省人民政府关于运用财政政策措施进一步推动全省经济转方式调结构稳增长的意见》，通过贷款贴息、保险补偿等措施，加大了财政对于轮胎、服装、新材料、医药等重点产业和装备制造业等新兴产业的支持。这将会对上述产业2016年及以后的发展产生一定的影响。

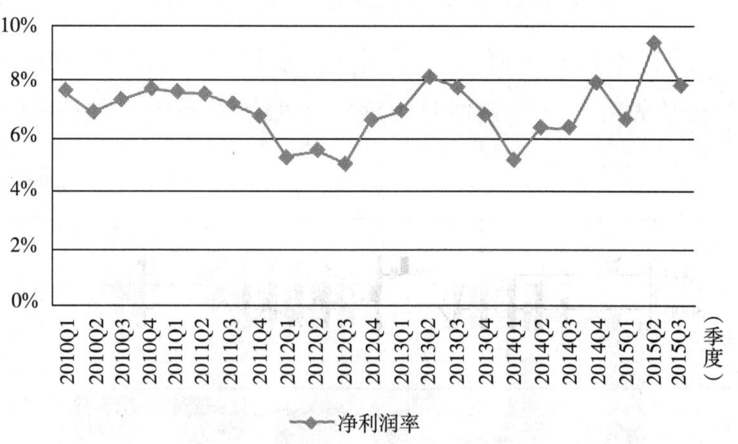

图11.8　山东省上市企业部门净利润率

二、账面价值资产负债表分析

（一）资本结构错配分析

2014 年开始，山东省上市企业的资本结构调整效果显著，资产负债率持续下降，从 2014 年第二季度的 61.78%降到 2015 年第三季度的 58.59%，资本结构错配风险得到明显改善。如图 11.9 所示。资产负债率的降低，一方面是由于企业资本结构的改善和融资渠道拓宽，另一方面是由于公司经营投资相对保守。

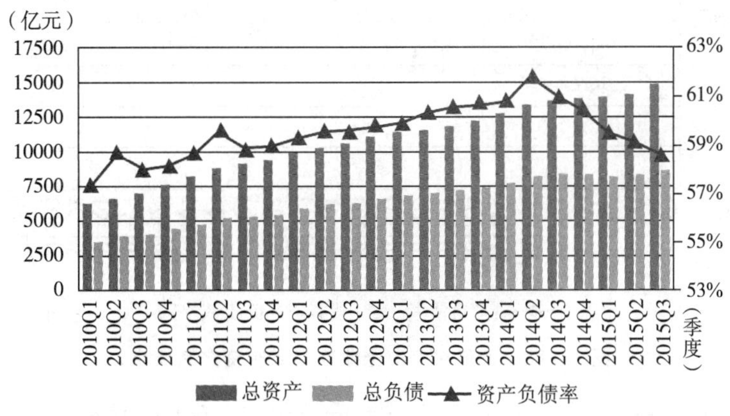

图 11.9　山东省上市企业部门资本结构

（二）期限错配风险分析

从流动比率来看，2012－2013 年与 2014－2015 年两个时期，山东省上市企业部门流动率指标呈现上下波动，总体来说，没有明显的变化趋势。2015 年三季度平均流动比率为 1.087，表明了山东省上市企业较强的短期偿付能力，期限错配风险不高。如图 11.10 所示。

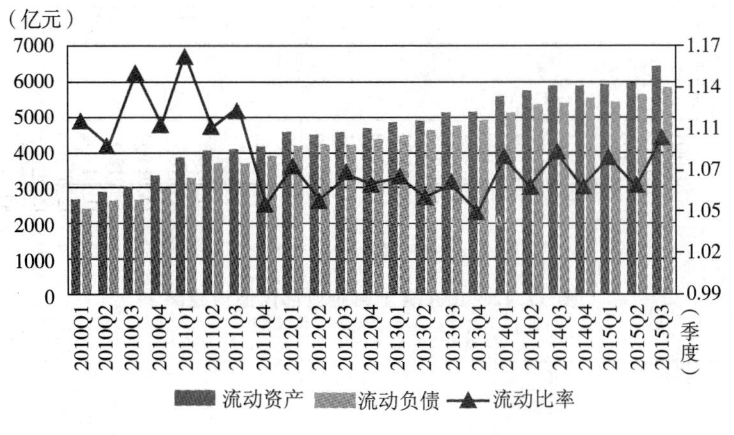

图 11.10　山东省上市企业部门流动比率

三、或有权益资产负债表分析

山东省上市企业或有资产负债率长期低于账面资产负债率。如图 11.11 所示。2014 年开始或有资产负债率持续下降，2015 年第二季度降到 25.01%，虽第三季度有所上升，但是仍然低于 2014 年的平均水平，反映出山东省上市企业部门或有资本结构的改善。

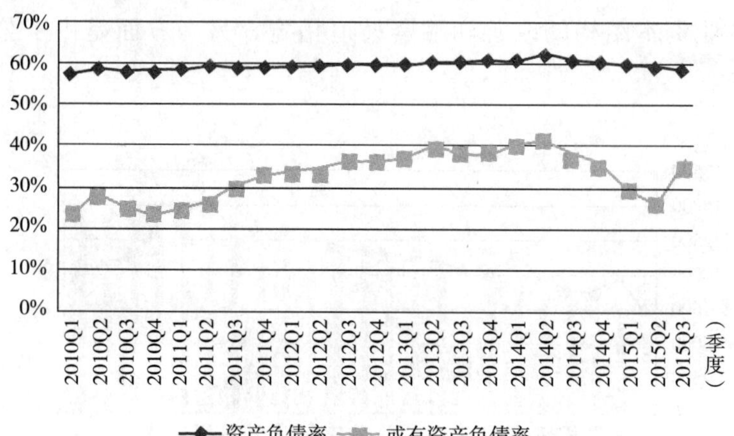

图 11.11　山东省上市企业部门或有资产负债率

从违约风险方面看，2014 年第三季度开始山东省上市企业的违约距离指标不断下降，其变动趋势与或有资产负债率的变化基本一致，表明上市企业的违约风险增加。如图 11.12 所示。

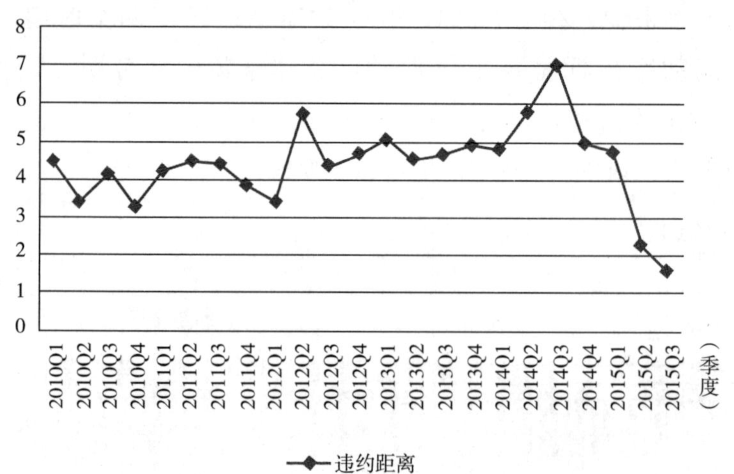

图 11.12　山东省上市企业部门违约距离

第 6 节　山东省家户部门风险分析

山东省家户部门面临的金融风险较小。从收入方面来看，山东省城乡居民收入稳定提升。2015 年城镇居民可支配收入为 31545 元，同比增长 7.36%；农村居民人均纯收入为 12930 元，同比增长 8.11%。如图 11.13 所示。虽然城乡居民收入水平不断提升，但增速放缓的问题也比较严重，城乡收入差距大的情况改观不明显。

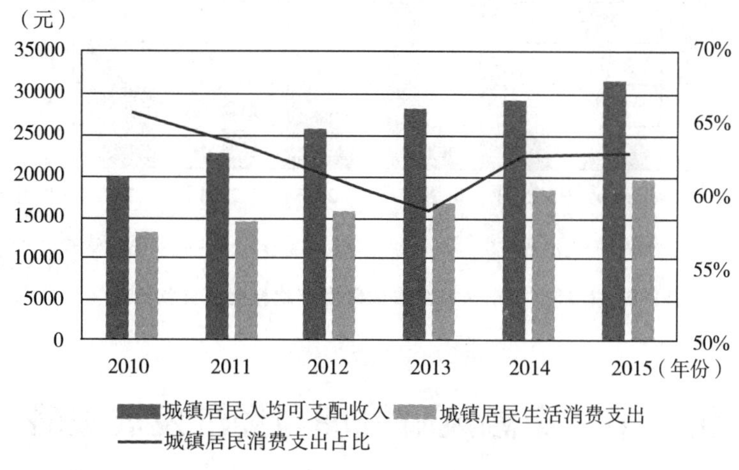

图 11.13　山东省城镇居民收入与消费支出

从城乡居民的收入与消费支出的对比看，城镇居民与农村居民的生活消费支出都不断增加，但是消费支出占比的增长态势有所减缓，反映出城乡居民消费倾向的变化，储蓄意愿的增强。如图 11.14 所示。

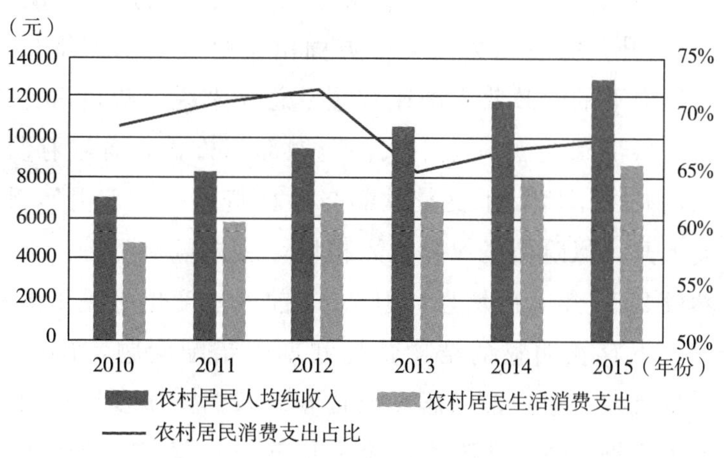

图 11.14　山东省农村居民收入与消费支出

从个人消费贷款和储蓄存款来看，如图 11.15 所示，近年来，个人消费贷款的增长速度高于储蓄存款的增长速度，引起了个人消费贷款与储蓄存款比值的不断上升，由此反映出山东省家户部门消费储蓄结构的变化。总体来说，山东省家户部门消费贷款与储蓄比值较低，偿付风险不高。

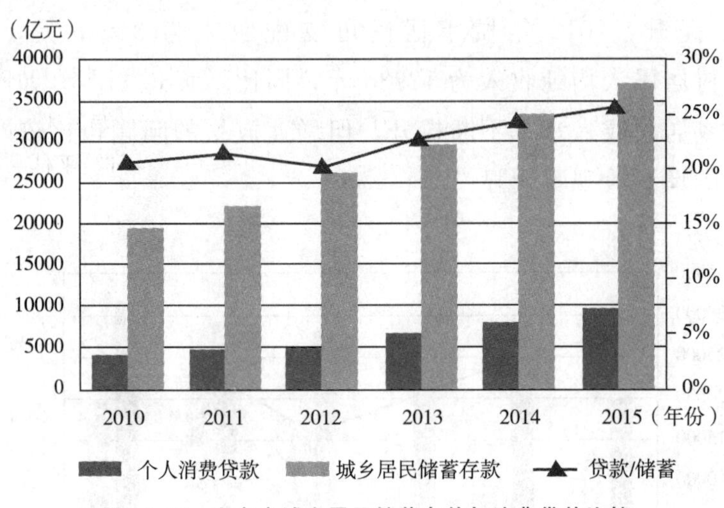

图 11.15　山东省城乡居民储蓄存款与消费贷款比较

第 7 节　金融风险管理与经济发展战略

本章主要从山东省 2015 年的经济金融运行状况出发，总结了经济金融的基本发展情况，并分公共部门、金融部门、上市企业部门、家户部门四个方面对山东省面临的各种宏观金融风险进行了研究。

公共部门，山东省 2015 年一般预算收支规模扩大，财政缺口所占比重较 2014 年略有上升，财政压力增大一方面由于财政支出的增长，另一方面由于经济下行压力下的财政收入增速减缓。总体来说，缺口占比还在一个比较低的水平，公共部门金融风险不大；金融部门方面，各项存贷规模扩大，本外币存贷比均有所下降，不良贷款额与不良贷款率“双升”，同时中长期贷款占比缓慢上升，保险市场保费收入稍增，总体风险可控；上市企业部门盈利能力虽然较 2014 年有所增强，但 2015 前三季度也呈现下降趋势，资本结构较为合理，不存在明显的结构错配和期限错配问题，违约风险有所上升，需要进一步监控；家户部门居民消费倾向减弱，城乡居民收入增加，缩小城乡收入差距还需要进一步努力，个人贷款与储蓄存款比值不高，偿付风险较低。

针对山东四部门的金融风险特征，结合山东省经济金融发展情况和存在的其他问题，提出以下几方面的政策建议：

第一，针对机械装备、纺织服装、矿业等传统产业的企业亏损问题，要加强对于传统产业的转型升级，同时大力发展高端装备制造、高新技术产业和新兴产业，改善产能过剩问题。

第二，加大对于中小微企业和新兴产业的信贷支持，在目前建立小额贷款公司和民间融资机构的基础上，引导金融机构稳健经营，改善信贷结构，同时加强内部风险控制与管理，推进全省系统性金融风险评估与预警体系，改善不良贷款问题。

第三，加强金融创新，完善各种金融功能和服务，加强济南与青岛两个金融中心的联系，东西配合，明确定位与职能，完善金融市场平台体系，发展各类金融要素市场，加强金融生态环境建设。

参考文献

[1] 中国人民银行：《2010－2015年山东省金融运行报告》。

[2] 山东省统计局：《2010－2015年山东省国民经济和社会发展统计公报》。

[3] 张珣、董继刚：《农村金融发展策略探析——以山东省农村金融体系为例》，载《济宁学院学报》2015年第2期。

[4] 冯林、董红霞、郝建娇：《基于ESDA的区域金融风险传染评价研究——山东县域数据的实证》，载《经济与管理评论》2016年第1期。

[5] 王培志、刘雯雯：《山东省产业结构调整与金融支持关系研究》，载《东岳论丛》2015年第36期。

第12章　广东省宏观金融风险研究

广东省以其庞大的经济体量、高度的对外开放程度以及经济新常态下较强的适应能力领跑各省经济发展前列。2015年，广东省及时适应我国经济发展的新常态，有效处理发展过程中面临的困难和挑战，全省经济发展稳中有进、稳中向好、稳中提质。随着互联网科技发展对消费的带动、高铁等交通工具迅速发展，为广东省经济发展注入新的动力和活力。广东省金融业保持健康稳定发展，逐渐稳步推进普惠金融建设，进一步加大金融支持实体经济的力度。虽然目前广东省经济发展趋于稳定，但仍存在部分问题和难题，如内外需求不足，经济面临较大下行压力，财政收支矛盾更加突出；经济发展方式总体粗放，推动经济转型升级任务艰巨；区域发展不平衡、城乡发展不协调等。本章首先概述了广东省经济金融运行的整体状况，同时运用宏观资产负债表和或有权益分析法等分析方法，从四部门即公共部门、金融部门、企业部门及家户部门进行广东省宏观金融风险研究，最后提出经济发展和风险管理的有效手段和策略。

第1节　广东省宏观金融风险概述

2015年全省实现地区生产总值（GDP）72812.55亿元，比2014年增加8.0%。人均GDP达到67503元，按平均汇率折算为10838美元。其中，第三产业增长9.7%，对GDP增长的贡献率为57.1%，占比第一。广东省产业结构不断优化，三次产业结构为4.6∶44.6∶50.8。[①] 同时，在现代产业发展中，高技术制造业、先进制造业以及现代服务业增长占比靠前。第三产业中，金融业及房地产业发展较快，达到较大增幅。按照区域分析，珠三角地区占全省生产总值的79.2%，是广东省经济发展的主力军。广东省金融业稳

① 数据来源：《2010－2015年广东省国民经济和社会发展统计公报》，广东省统计局；《2010－2015年广东省金融运行报告》，中国人民银行；国泰安数据库，深圳国泰安教育技术股份有限公司；智远理财服务平台，招商证券股份有限公司。如无特殊说明，本章数据均来源于此。

步发展，到 2015 年年末，广东省省银行业金融机构各项存款余额达到 160388.22 亿元，各项贷款余额为 95661.12 亿元；银行业金融机构不良贷款率为 1.57%。

2015 年，广东省经济发展较为稳定，但仍存在风险与挑战，其中包括国际市场上大宗商品特别是能源等原材料价格持续走低，使得广东省进出口贸易面临弱势，对于经济发展不利。同时，广东省产能过剩问题亟待解决，应全面深化供给侧结构性改革，协调城乡区域经济发展步伐。

第 2 节　文献综述

从广东省经济发展与环境的关系来看，李瑛珊（2015）从环境对于经济的压力着手对广东省经济发展进行评价，作者认为广东省经济发展从单纯的粗放型逐渐转为与环境协调发展的状态，在环境条件不断提升的情况下更加敦促广东省应加快经济结构转型步伐，同时推进广东省环境科技产业发展，加强环保领域的科学技术研发，以达到促进广东省经济稳步及可持续发展的目的，实现经济发展、绿色发展、和谐发展的一体化。

金融作为推动经济发展的有效工具，全面落实金融改革是改革开放以来，全面深化改革的重要举措。广东省作为中国经济大省，推进金融改革，形成最优金融结构刻不容缓。汪明（2011）认为，广东产业转型过程中最优的金融结构是存在大量能够为高成长、高风险等新兴科技产业分散风险、为中小企业提供融资的中小银行金融机构以及能够帮助在金融市场上直接融资的其他金融机构，形成健全金融机构体系。在广东转型升级的过程中，金融市场融资规模提高对产业转型升级的作用比从金融中介带来的影响要明显，说明当前大力发展金融市场能够较快促进产业转型升级，这可能是由于在广东产业转型升级过程中，许多高成长、高技术、高风险的产业，更适合通过金融市场来筹集资金，即与产业特点适应的金融结构，能够提高金融体系的效率和资源配置的作用，更快带动产业转型升级。

村镇作为广东省经济发展的最小单元，其经济力量不可忽视。徐利、章熙春（2014）从广东视角分析了广东省村镇银行中的中长期涉农贷款存在的风险和隐患，并提出村镇银行风险控制策略。基于 VaR 方法，比较了政府扶持与内部控制方法的优劣性，认为内部控制对于村镇银行来说其风险控制效率最高。

对外贸易在广东省经济发展中占比较高，陈政楠（2015）以广东省为例，分析了人民币升值对于广东省对外贸易企业的影响，并提出了应对人民币升值对外贸企业造成的消极影响的措施，应积极加快外贸企业转型升级，探索出新的模式；同时，政府应对外贸企业有一定的政策支持；外贸企业应充分利用自由贸易区，政府应加快推进自由贸易区的建设和完善。

第3节　广东省公共部门风险分析

2010—2014年，广东省地方财政一般预算收支规模保持稳定增长。但2015年广东省地方财政一般预算支出显著扩大，一般预算缺口上升，如图12.1所示。2015年，广东省一般预算收入达9364.76亿元，较上年增长16.2%。经济的发展是税收增长的可靠保证，随着广东省经济的平稳运行，全省税收也实现了增速增长。一般预算支出达12801.64亿元，较上年增长40.1%，实现大幅度增长。财政支出重点投入教育、社会保障和就业、医疗卫生、交通运输及节能环保方面，支出结构继续调整和优化。一般预算缺口为3436.88亿元，较上年增加2349.32亿元，一般预算缺口与GDP的比重扭转往年下降趋势，增加至4.72%。总体而言，2015年广东省公共部门财政缺口占比较往年变大，其财政风险表现趋于明显，需引起重视。

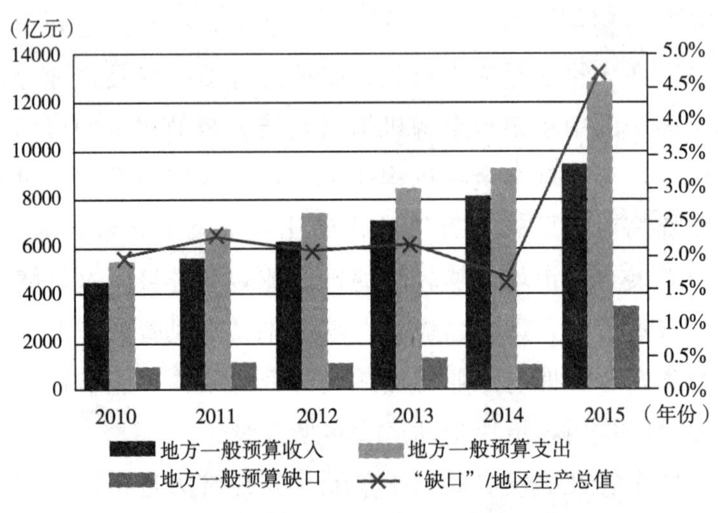

图12.1　广东省地方财政一般预算收支情况

从增长率来看，广东省一般预算收入增长率变化态势较为稳定，但一般预算支出增长率变化较大，2014—2015年快速上涨，且财政支出增长率明显快于收入增长率，如图12.2所示。2015年，广东省一般预算收支增长率分别为 16.20%和 40.10%。总体来看，广东省 2015 年财政支出扩大较为明显，这其中有经济转型、加大新兴战略产业投入带来的积极效益，但广东省财政风险同时扩大。

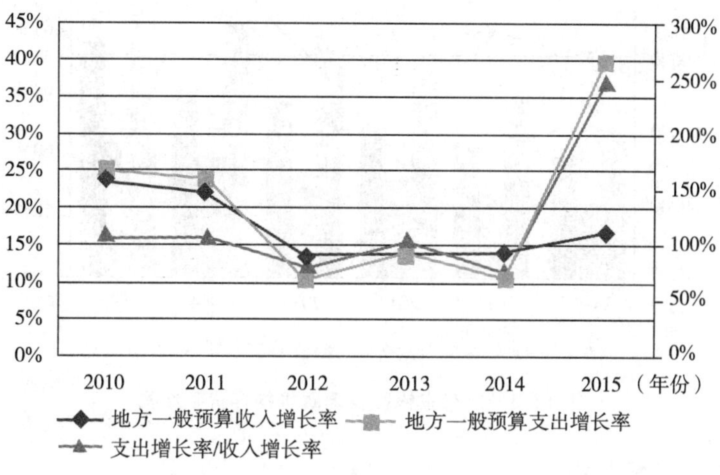

图 12.2　广东省地方财政收支增长率

第 4 节　广东省金融部门风险分析

2015 年，广东省金融部门运行较为稳定，金融业发展较快，体现了金融业对于实体经济的支持作用。全省社会融资规模、保费收入、金融机构总资产等主要金融指标继续保持国内领先地位，金融大省的地位进一步巩固。

一、银行类风险分析

（一）资本结构错配分析

如图 12.3 所示，广东省银行类金融机构发展状况较为稳健，2015 年，广东省金融机构存款余额达到 160388.22 亿元，相比 2014 年增长了 25.42%，增长速度较快；金融机构贷款余额达到 95661.12 亿元，较上年增长 12.64%。存贷比在 2014 年达到 66.41%，为近几年来最高点，在 2015 年呈现回落态势，存贷比为 59.64%，出现回落的原因可能是贷款余额的增长速度不及存款余额的增长。总体而言，广东省银行类金融机构的存贷比相比整个东部地区处于中位水平，反映出本省银行业风险控制实施较为良好。

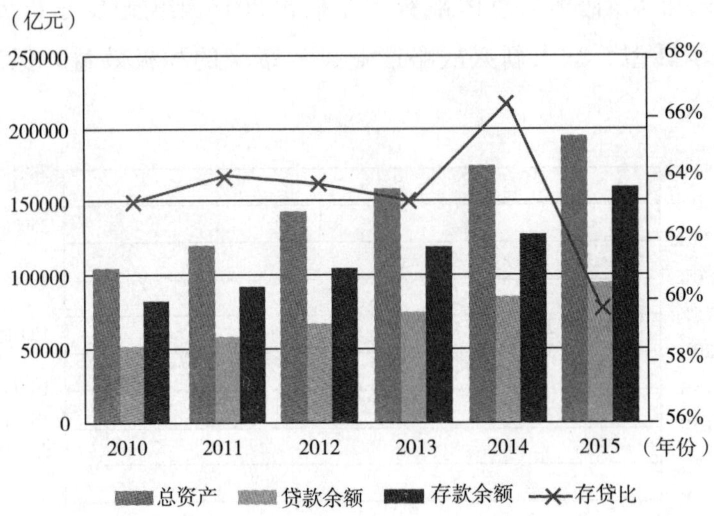

图 12.3 广东省银行类金融机构存贷款结构

（二）期限错配分析

如图 12.4 所示，广东省银行类金融机构的短期贷款与中长期贷款在 2010—2015 年同时呈现增长趋势，2015 年，广东省银行业短期贷款达到 29939.08 亿元，相比 2014 年增长了 6.93%，中长期贷款达到 58041.77 亿元，比上年增长了 13.44%，同时，2015 年中长期贷款占比为 60.67%，相比 2014 年水平无较大增长。2012—2015 年，中长期贷款占比较前年有一定幅度降低。金融机构的中长期贷款占比在整个东部地区水平相对较高，需注意该现象所隐含的风险。

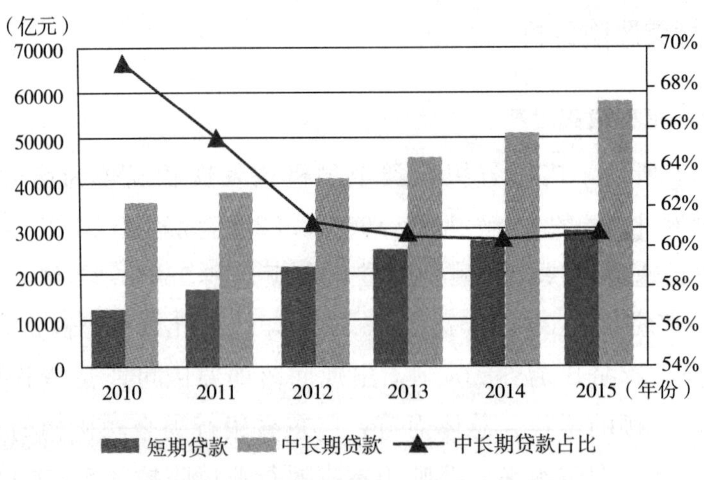

图 12.4 广东省金融机构存贷款期限结构

（三）货币错配分析

如图 12.5 所示，2015 年，广东省银行业金融机构的外币贷款规模有所下降，相比 2014 年下降了 9.53%。2010—2013 年，广东省银行类金融机构外币贷款有较大幅度上涨，在 2013 年达到高点，从 2014 年开始逐年小幅下降。但从 2013 年开始，广东省银行类金融机构外币存款逐年增长，在 2015 年达到 6827.51 亿元。2010—2015 年，广东省银行类金融机构外币存贷比逐年下降，2015 年外币存贷比为 107.32%，相比上年下降 9.7%。总的来说，2015 年广东省银行类金融机构的外币存贷比结构不断优化，外币存款的增长速度远大于外币贷款的速度，这对于银行类金融机构的错配风险有一定幅度的减少。

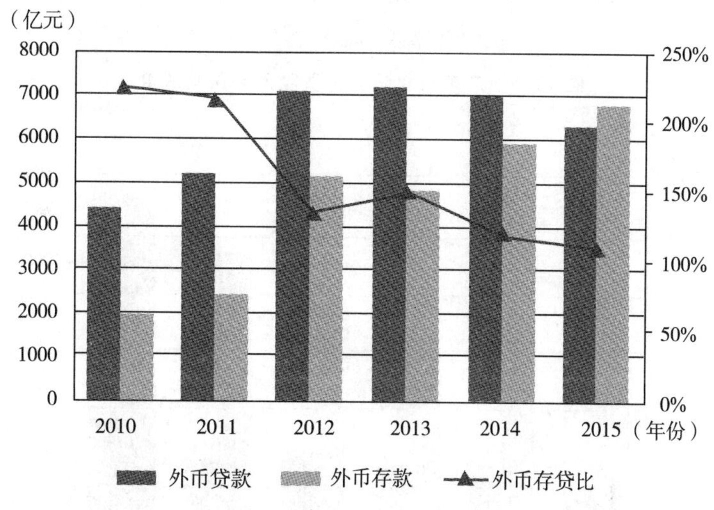

图 12.5　广东省金融部门外币存贷款余额与存贷比

二、保险类风险分析

从 2010 年开始，广东省保险类金融机构发展速度较快，保险机构保费收入逐年上升，2015 年，保费收入达到 2814.37 亿元，同比增长 20.19%，保费收入增长迅猛。另外，广东省保险深度增长同样迅速，2010—2011 年有小幅下降以后，2011—2015 年，保险深度不断上升，2015 年达到 3.87%，相比中国平均水平较高，这也说明广东省保险业深入人心，在实体经济领域起到重要作用。如图 12.6 所示。

保费收入方面，广东省保费收入在 2015 年有较大幅度提升，达到 2814.37 亿元。另外，保费增长率除在 2011 年有较大幅度下降以外，在 2011—2014 年逐步上升，但在 2015 年有小幅下降，总的来说，保费收入变化仍较为明显。

从赔付方面来看，2015 年广东省保险业赔付支出有一定增长，达到 882.32 亿元。赔付率从 2013 年开始有一定幅度下降，在 2015 年小幅上升，为 25.07%。如图 12.7 所示。

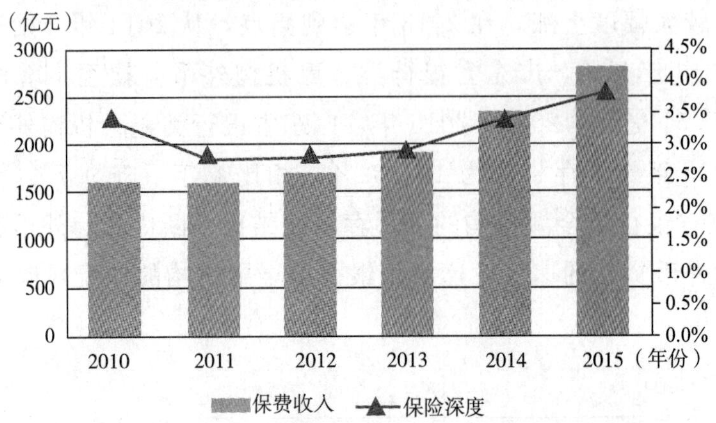

图 12.6　广东省保险业保费收入与保险深度

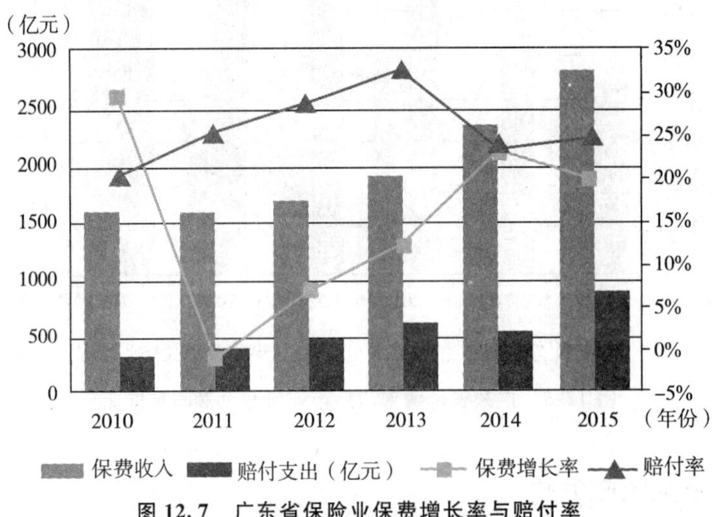

图 12.7　广东省保险业保费增长率与赔付率

第 5 节　广东省上市企业部门风险分析

2015 年，广东省上市企业整体发展趋于稳定、形势较好，是广东省经济稳定发展的主要力量。广东省企业积极创新，探索出新的经营模式，同时结合良好的企业管理方法，有效带动广东省经济发展，同时加快广东省产业结构优化与转型升级。本节主要运用上市企业的利润表、资产负债表和或有权益资产负债表中的核心指标对广东省上市企业部门进行风险分析。为了风险分析的针对性和准确性，所选分析样本为截至 2015 年第三季度末广东板块的 166 家上市企业，其中不包括创业板和金融行业的相关上市企业。

一、上市企业盈利能力分析

广东省上市企业的净利润率在近三年呈现出“第一季度下降，后三季度上升”的变化态势，如图 12.8 所示。2015 年，广东省上市企业的净利润率在前三季度分别为 9.36%、10.43%和 10.72%。广东省上市企业大多分布在家用电器、电脑设备、服饰、房地产、元器件、中成药等行业。总体来看，广东省上市企业经营状况整体较为稳健，盈利能力有所增强，而亏损企业大多来自钢铁、化工、食品等强周期行业，产业转型升级仍需加快推进。

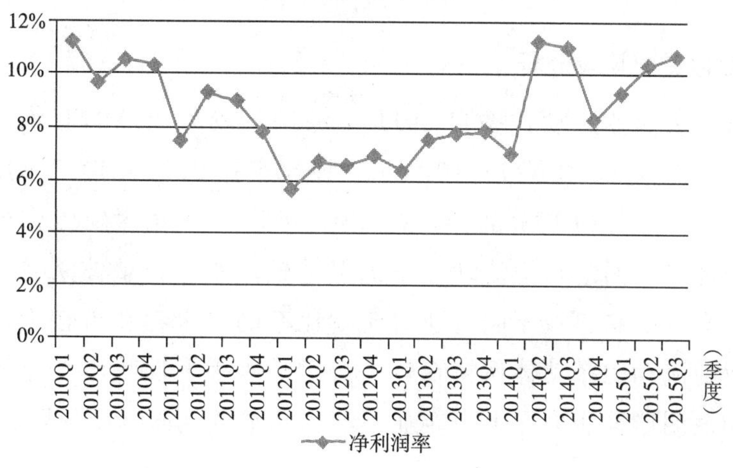

图 12.8　广东省上市企业部门净利润率

二、账面价值资产负债表分析

（一）资本结构错配分析

广东省上市企业部门的资产负债率在 2012 年第一季度降到最低值后保持着持续回升的态势，如图 12.9 所示。截至 2015 年第三季度，广东省上市企业总资产达到 10427.23 亿元，总负债达到 7018.85 亿元，虽然上市企业的资产负债率从 2014 年第三季度以后有所降低，在 2015 年前三季度分别达到 67.59%、67.38%和 67.31%，但是，总体来看，广东省上市企业部门的资产负债率常年保持在 60%以上，在中国及东部地区处于较高水平，且在考察期内一直保持着不断上升的态势。广东省应充分利用其优越的融资环境，鼓励上市企业充分利用多层次资本市场，拓宽企业融资渠道，一方面可以降低企业的融资成本，另一方面有利于防范资本结构错配风险的上升。

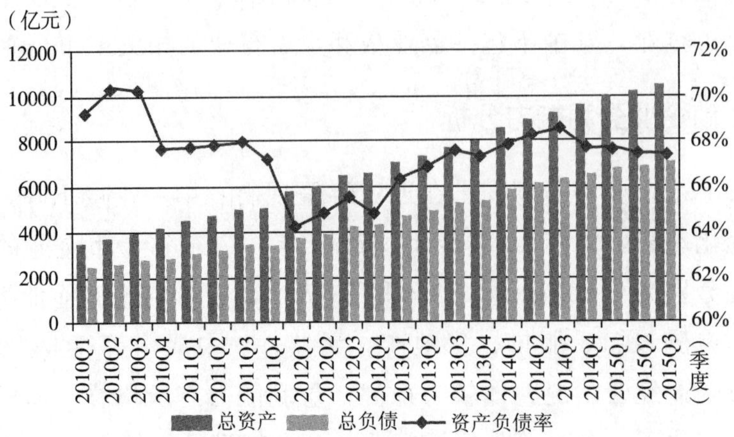

图 12.9　广东省上市企业部门账面资产负债率

（二）期限错配风险分析

广东省上市企业流动比率自 2011 年保持着较为稳定的变化态势，基本在 140％的水平徘徊，如图 12.10 所示。该比率在 2015 年前三季度分别达到 166.67％、157.39％和 157.39％，在 2015 年第一季度达到历史最高点，第二、第三季度呈现回落，但流动比率仍保持较高水平，整体来看，流动比率呈现出稳中有升的趋势。不同行业对流动比率的要求存在着较大区别，广东省上市企业的流动比率总体保持在较为合理的水平，反映出企业较强的资产变现能力和短期偿债能力，上市企业不存在明显的期限错配风险。

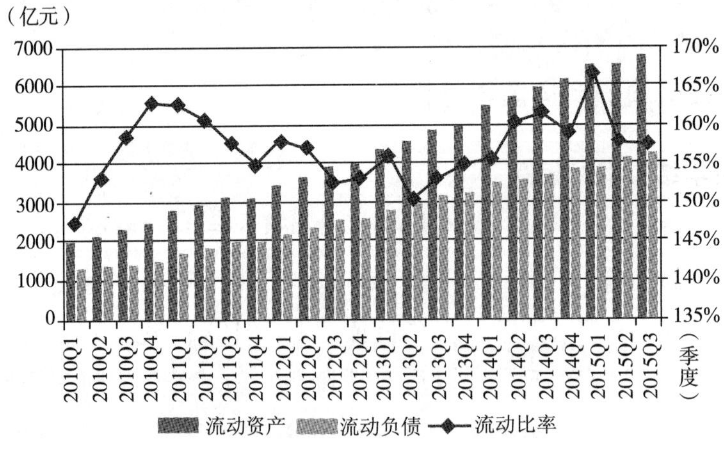

图 12.10　广东省上市企业部门流动比率

三、或有权益资产负债表分析

（一）或有资本结构错配分析

广东省上市企业或有资产负债率自 2013 年以来保持着较为稳定的变化态势，如图 12.11 所示。该指标从 2014 年开始出现小幅下降，在 2015 年前三季度，或有资产负债率降低较多，前三季度分别为 16.37%、13.96%和 18.98%，其中 2015 年第二季度达到历史最低点。或有资产负债率的下降反映出广东省上市企业在股权二级市场的表现有所加强，或有资本结构错配风险得到有效控制。

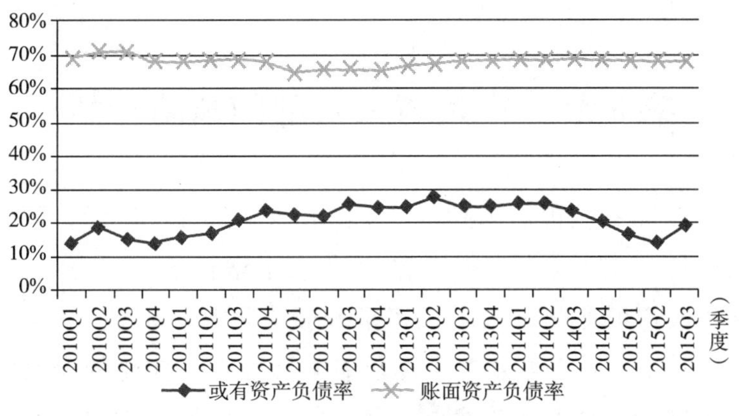

图 12.11　广东省上市企业部门账面资产负债率与或有资产负债率

（二）违约风险分析

自 2010 年以来，广东省上市企业的违约距离波动性较大，但总体呈现出上升的态势，如图 12.12 所示。违约距离衡量了企业资产市值与违约点之间的距离，与企业违约风险存在反向关系。从 2014 年第三季度开始，违约距离面临着大幅度下降的趋势。广东省上市企业的违约距离在 2015 年前三季度分别达到 9.16、4.67 和 3.47，与往年相比下降幅度巨大，创下了近几年历史新低。这表明前几年广东省上市企业的经营状况总体良好，企业发生债务违约的可能性较小，违约风险总体可控，但随着经济发展的需求，从 2015 年开始企业的债务违约概率加大，违约风险需引起重视。

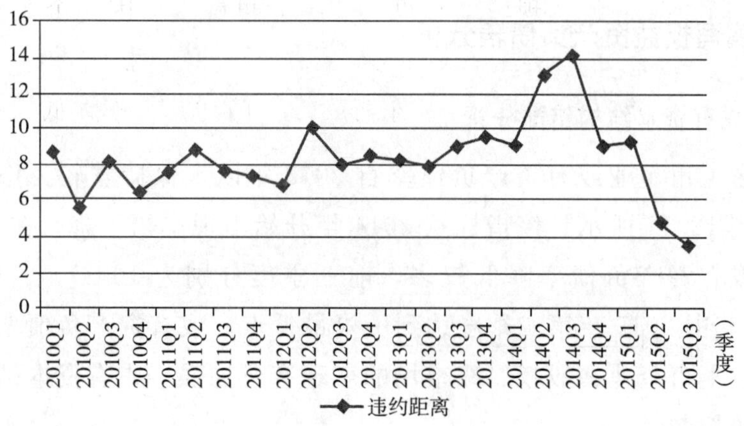

图 12.12　广东省上市企业部门违约距离

第 6 节　广东省家户部门风险分析

2015 年，广东省城镇居民人均可支配收入达到 34757 元，同时农村居民人均纯收入达到 13360 元，分别比 2014 年水平增长了 8.12%、9.1%。2014 年，城乡居民人均可支配收入增长率呈现较大下滑，但在 2015 年实现了回升。同时可以看出，随着城乡差距逐渐缩小及城乡一体化的全面实施，广东城镇居民与农村居民收入逐渐缩小，农村居民人均纯收入增长率近年来明显高于城镇居民人均可支配收入增长率。如图 12.13 所示。

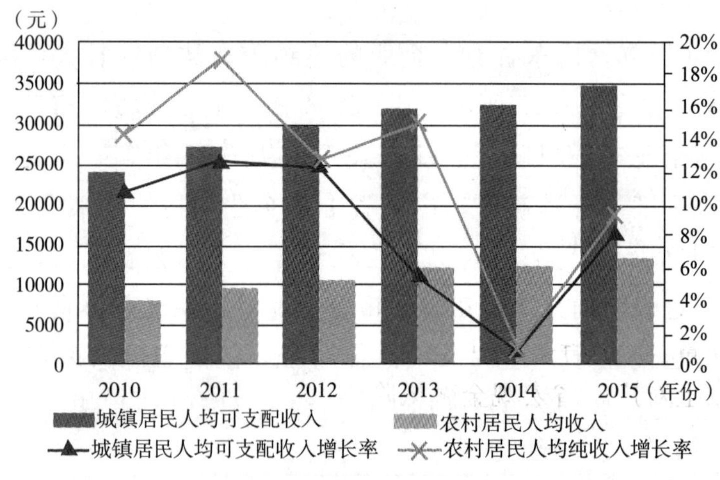

图 12.13　广东省城镇居民与农村居民人均收入情况

随着城乡居民收入的不断提高，城乡居民储蓄存款以及个人消费贷款呈现同样的增长势态。如图 12.14 所示。2010－2015 年，贷款储蓄比例逐渐提高，在 2014—2015 年呈现较大幅度的提升，可能的原因是个人消费贷款水平的上升。2015 年，广东省城乡居民储蓄存款上升至 55008.7 元，个人消费贷款为 26206.3 元。总体来看，广东省家户部门的负债率较低，在整个东部地区处于较低水平，家户部门整体风险处于可控状态，应关注个人消费贷款的增长势态，并控制风险。

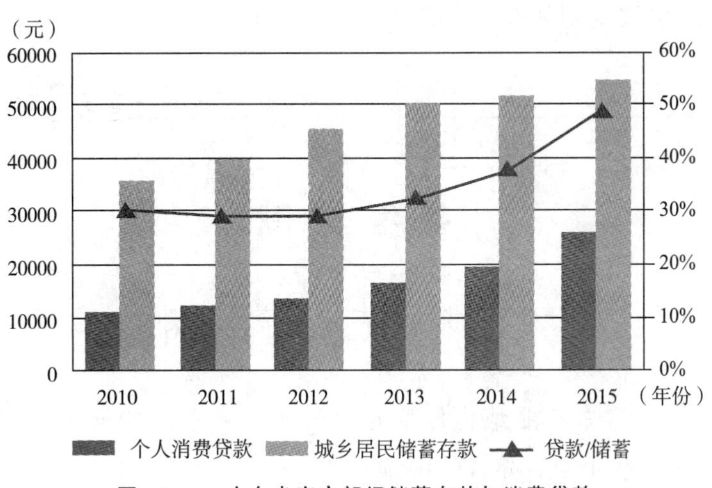

图 12.14　广东省家户部门储蓄存款与消费贷款

第 7 节　金融风险管理与经济发展战略

本章通过对 2015 年广东省的公共部门、金融部门、上市企业部门及家户部门的宏观金融风险进行了分析与研究。公共部门方面，广东省 2015 年一般预算缺口有所扩大，缺口占 GDP 的比重有较大幅度增加，需要重视财政风险；金融部门方面，广东省银行业存贷比有一定幅度的下降，而贷款的中长期化需要引起警惕，同时外币存贷比有所下降，货币错配风险有所缓解；上市企业部门方面，企业净利润率在前三季度呈上升状态，同时违约距离有所降低，企业债务风险需引起重视；家户部门方面，广东省城乡居民消费贷款与储蓄贷款比率在 2015 年有一定幅度上升，需重视相关风险。

基于以上对广东省宏观金融风险状况的分析，下面结合广东省实际经济形势给出相应的政策建议：

第一，健全多层次资本市场，大力发展债券市场。一方面，通过推出适合中小微企业融资需求的新型融资产品，拓宽服务范围，来填补金融市场的服务短板；另一方面，通过交易中心的规范和孵化功能，帮助优质企业进行

“转板”上市，谋求进一步发展。

第二，广东省是中国外贸依存度最高的省份，而目前进出口结构仍然不够合理，人民币汇率波动风险敞口较大。广东省应依靠科技创新推动外贸企业转型升级，增加企业出口产品的经济附加值，促进广东省由出口导向型经济向全面开放型经济转变。同时，鼓励出口企业合理利用远期、互换等金融工具，减轻汇率波动对进出口的影响。

参考文献

[1] 李瑛珊：《基于PSR模型的广东经济与环境发展》，载《经济论坛》2015年第4期，第20—25页。

[2] 汪明：《广东产业结构转型升级的最优金融结构研究》，载《金融教育研究》2011年第4期，第4—10页。

[3] 徐利、章熙春：《村镇银行中长期涉农贷款风险控制研究：广东视角》，载《三农金融》2014年第1期，第68—70页。

[4] 陈政楠：《人民币升值对广东省外贸企业影响及对策》，载《区域经济》2015年第25期，第238—239页。

[5] 广东省统计局：《2010—2015年广东省国民经济和社会发展统计公报》。

[6] 广东省统计局：《2010—2015年广东省统计年鉴》。

[7] 中国人民银行：《2010—2015年广东省金融运行报告》。

第 13 章　海南省宏观金融风险研究

海南省位于中国南端，是中国国土面积第一大省，也是中国最大的“热带宝地”。自然资源丰富、交通便捷、港口众多是海南省经济与金融发展的优势所在。近年来，国内外经济金融形势正在发生深刻复杂的变化，海南省的经济金融发展也随之面临更多机遇和挑战。在发展过程中，注意防范风险是必然的。本章利用宏观资产负债表方法对海南省公共部门、金融部门、上市企业部门和家户部门的宏观金融风险状况进行了研究。

第 1 节　海南省宏观金融风险概述

2015 年，海南省经济和金融发展整体上延续了稳健的态势。经济运行方面，海南省经济总量保持着稳步增长的势头，但经济增速自 2010 年开始呈不断下降的态势。海南省在 2015 年完成生产总值 3702.8 亿元，同比增长 7.8%，增速较 2014 年降低 0.7 个百分点。[①] 三次产业增加值占地区生产总值的比重由 2014 年的 23.1∶25.0∶51.9 调整到 23.1∶23.6∶53.3，调整幅度不大。从对生产总值的贡献上来看第三产业仍是推动全省经济发展的主要力量。全年全省工业完成增加值 485.85 亿元，比上年增长 5.2%。其中，规模以上工业增加值 448.95 亿元，相比 2014 年增长 5.1%。具体来看，轻工业增加值 129.98 亿元，增长 9.6%；重工业增加值 318.97 亿元，增长 3.6%。金融运行方面，银行业金融机构资产总额 11575.23 亿元，比上年增长 22.7%；利润总额 118.34 亿元，下降 4.2%；不良贷款率 1.6%，提高 0.6 个百分点。海南银行在 2015 年挂牌运营，填补了海南省无独立省级地方法人商业银行的空白。截至 2015 年年末，境内上市公司 27 家，股票市价总值 3551.45 亿元，增长 28.7%；证券和期货交易总额 134902.46 亿元，增长

① 数据来源：《2010－2015 年海南省金融运行报告》，中国人民银行；《2010－2015 年海南省国民经济和社会发展统计公报》，海南省统计局；国泰安数据库，深圳国泰安教育技术股份有限公司；智远理财服务平台，招商证券股份有限公司。如无特殊说明，本章数据均来源于此。

69.8%，资本市场正处于快速发展阶段。

第2节　文献综述

已有文献对海南省金融风险与金融发展的研究大致可以分为两大类。一类主要是分析金融深化与经济发展的关系相互作用关系，并结合数据实证说明。李玉萍（2013）从经济、社会、生态三个层面对海南省农业发展的可持续性进行研究，认为海南省自然资源丰富，但是农业起步晚、底子差，存在着科技水平不高、农业基础设施建设不足、耕地资源匮乏、自然灾害频发等制约全省农业可持续发展的因素，并据此提出了生态农业、有机农业、信息化农业三种发展模式，以及相应的政策建议。马国强、熊园（2014）对海南金融发展与城乡收入差距关系进行了实证研究，结果显示金融效率的提高会缩小城乡收入差距，同时金融规模的扩张会扩大城乡收入差距，但作用不是非常显著，金融机构吸收存款能力对城乡收入差距没有显著影响。作者认为海南的金融发展不均衡，因而金融规模的扩张反而扩大了城乡收入差距，因此关键是要解决金融的非均衡发展。苏绮凌、陈健（2016）从速度变化视角，分析了海南省自建省以来经济发展经历的四个阶段，分别是波动期、爬坡期、扩张期和转型期，认为海南经济发展进入新常态，在新常态下经济发展存在宏观经济下行态势下实现中高速增长难度加大、战略性新兴产业支撑经济发展的能力有限等问题。借鉴国外相关经验，认为要保持投资合理较快增长，把抓项目作为经济提质增效的关键举措，同时开拓农村消费新市场、新兴消费市场、本土特色消费市场，着力构建现代产业体系，积极寻找新的产业支撑点，最后要加大创新投入。

第二类是从海南省经济发展和金融结构入手，分析海南省金融的局部发展情况及风险点。符瑞武、金为华（2014）对海南省县域金融发展过程中的风险状况进行分析，一是地方政府融资平台的偿债风险应引起关注，部分县市政府以土地出让金作为主要的还款来源，“土地财政”现象明显；二是证券与保险行业的县域金融监管力量不强，监管机构只设到省一级且有效沟通机制欠缺；三是民间借贷、非法集资等县域金融风险案件时有发生，县域金融机构的风险内控机制也有待完善。林丽娟（2015）通过对城镇化进程中海南农村金融市场发展的现状分析，揭示了海南农村金融市场发展的制约因素，包括资金供给总量不足，金融机构组织不完善，金融服务和政策缺失等，针对于此，作者提出了相应的对策和建议，包括加强农村金融服务体系建设，引导民间金融合理发展，加大政府政策扶持等。

综合来看，已有研究更多的是宏观层面的数据分析或者局部风险点的研究，缺乏对海南省单个经济主体全面系统的宏观风险分析。本章基于宏观资产负债表的分析框架，在系统分析海南省公共部门、金融部门、上市企业部门和家户部门四大经济主体运行状况的基础上，突出海南省主要风险点，具有一定的创新意义。

第 3 节　海南省公共部门风险分析

2015 年，海南省公共部门财政缺口占比得到有效控制，财政风险有所缓解。2015 年，海南省公共部门一般预算收入与一般预算支出均保持快速增长，财政缺口进一步扩大，占地区生产总值的比重也有所上升。具体来看，一般预算收入达到 627.7 亿元，同比增长 16.58%。一般预算支出为 1241.49 亿元，相比 2014 年增长 13.44%，其中教育支出、社会保障和就业支出、住房保障支出等民生类支出占全部支出的 70%以上。一般预算缺口相比上年增长了 74.69 亿元，增速为 13.85%，财政缺口占 GDP 的比重这一指标重新回到 2013 年的水平，为 16.58%。如图 13.1 所示。

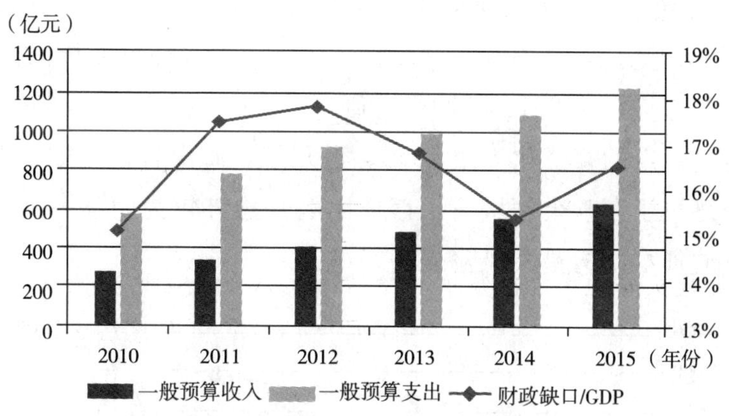

图 13.1　海南省地方财政收支情况

2015 年，海南省公共部门一般预算收入增长率相比 2014 年下降 2.52 个百分点，而一般预算支出增长率上升了 4.99 个百分点，支出增长率与收入增长率的比值自 2012 年以来首次超过了 100%，同比上升了 48.8 个百分点，财政风险明显有所增大，如图 13.2 所示。

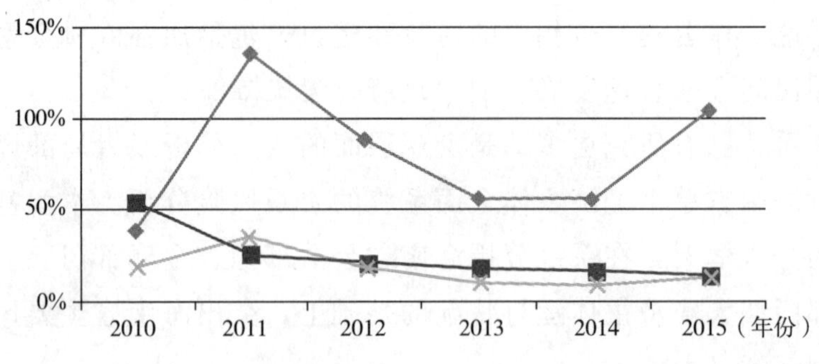

图 13.2　海南省地方财政收支增长率

第 4 节　海南省金融部门风险分析

一、银行类风险分析

（一）资本结构错配分析

2015 年，海南省银行类金融机构资产总额呈现快速增长趋势，达到 11575.23 亿元，相比 2014 年增长 22.74%，全年海南省银行业外币存贷款余额较上年都有显著增加，贷款增量再创历史新高。截至 2015 年年末，本外币存款余额达到 7637.27 亿元，同比增长 18.81%。本外币贷款余额达到 6650.66 亿元，增速为 23.35%，如图 13.3 所示。本外币存贷比自 2010 年以来一直呈上升态势，于 2015 年年末达到 87.08%，相比 2013 年增长 3.21 个百分点，超过规定的存贷比上限 75%。近几年，海南省银行类金融机构贷款余额增速始终快于存款余额增速，存贷比上升趋势较为明显，因而有关部门应对银行业的资本结构错配风险提高警惕。

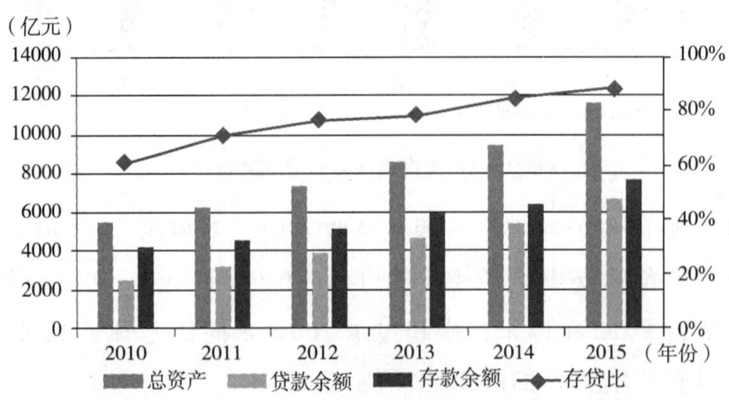

图 13.3　海南省银行类金融机构存贷款余额与存贷比

（二）期限错配分析

近五年来，海南省银行类金融机构中长期贷款占贷款余额的比重始终处于高位，最高为 82.02%，最低为 78.61%，可见贷款期限中长期化趋势较为明显。如图 13.4 所示。2015 年，海南省银行业短期贷款为 1057.6 亿元，中长期贷款达到 5374.7 亿元，相比上一年增长 1136.3 亿元，增速达到了 26.8%。受基础设施行业贷款与房地产贷款余额的拉动，2015 年海南省银行业中长期贷款占贷款余额的比重相对于 2014 年有大幅度上升，显著高于中国平均水平，潜在的期限错配风险较大，贷款期限结构有待优化。

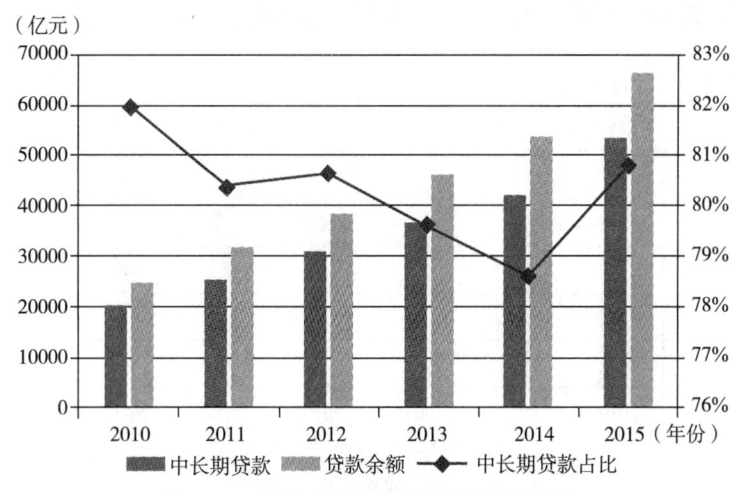

图 13.4　海南省银行类金融机构贷款结构

（三）货币错配分析

2015 年，海南省外币存贷款规模较 2014 年均有较大规模的提升，外币存款规模达到 116.2 亿元，外币贷款规模达到 945.8 亿元，外币存贷比有显著下降，从 2014 年的超过 1000%下降到 813.9%，货币错配风险虽有降低，但仍处于较高的水平。如图 13.5 所示。

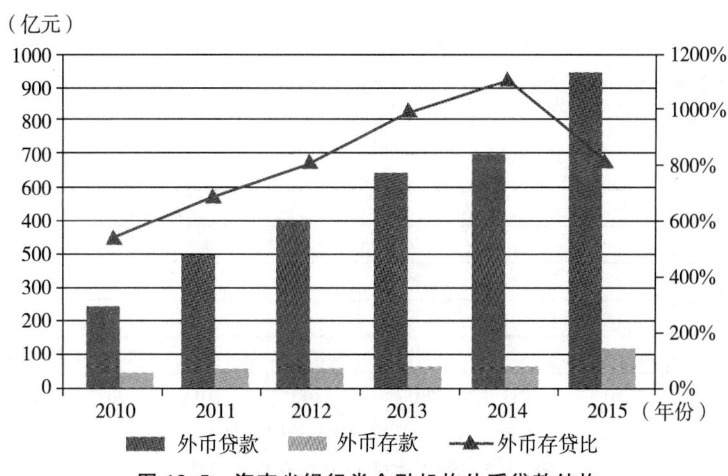

图 13.5　海南省银行类金融机构外币贷款结构

二、保险类风险分析

2015 年，海南省保险业在全省的覆盖范围进一步扩大，同时保持稳健运行。截至 2015 年年末，全省共有保险公司分支机构 446 家，保险深度由 2014 年的 2.43%增长为 3.09%。全年保费收入达到 114.25 亿元，同比增长 34.10%，增速相比 2013 年有大幅度提升。如图 13.6 所示。作为中国主要的热带农业生产基地，海南省气候灾害发生频繁且种类繁多，因此农业险在保障农业生产方面起到重要作用。2015 年农业保险被纳入海南省“十二五”重点民生规划的惠民工程，政府财政提供保费补贴的政策性农业保险正式实施险种共 15 个。

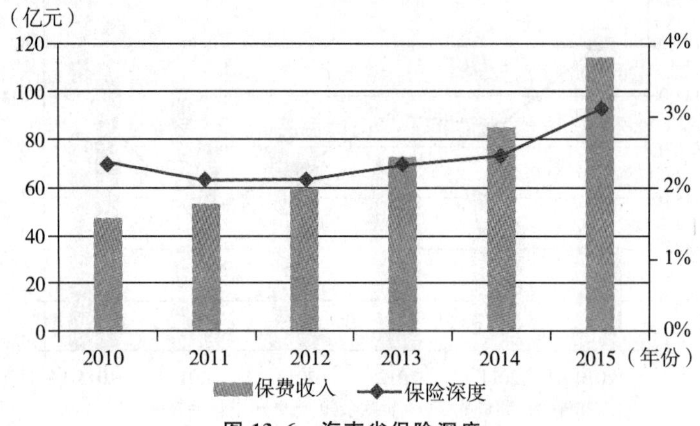

图 13.6　海南省保险深度

海南省保险业全年实现保费收入 114.25 亿元，保费增长率达 34.10%。近几年，保险赔付率基本保持平稳，2015 年各类保险赔付总额达 38.86 亿元，同比增长 5.31%，显著小于保费增幅，保险的风险保障作用有所减弱。如图 13.7 所示。2011—2013 年保险赔付率始终稳定在 30%左右的水平，2014 年这一指标有所上升，到 2015 年赔付率又降到 34.01%，相比于上一年偿付风险有明显下降。

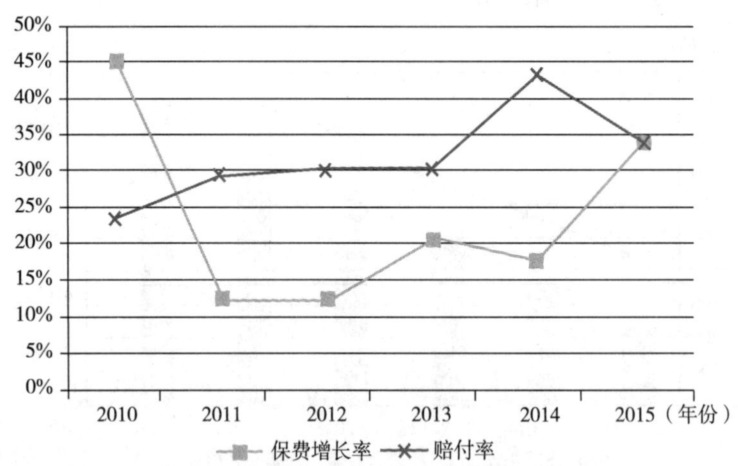

图 13.7　海南省保费增长率与赔付率

第 5 节　海南省上市企业部门风险分析

截至 2015 年年末，海南省境内共有上市企业 27 家，主要分布在房地产开发、酒店餐饮、港口航运等行业。上市企业股票市价总值达到 3551.45 亿元，相比上年增长 28.7%。直接融资规模大幅提升，全年资本市场直接融资 200 亿元以上。本节运用资产负债表方法与或有资产负债表方法对海南省上市企业部门的宏观金融风险状况进行研究。

一、盈利能力分析

2010—2011 年，海南省上市企业部门净利润率一直保持在较高位置，并于 2010 年第四季度达到最高点 18.35%。但从 2012 年开始，一直到 2015 年第三季度，这一指标波动幅度都比较大，说明上市企业部门经营表现不太稳定，另外期间每年年末冲高的现象较为明显。2015 年三个季度净利润率分别为 7.31%、6.07%和 5.45%，前三季度平均净利润率为 6.28%，与 2014 年相比下降了 1.3 个百分点，上市企业经营环境是否会有好转，还需要看第四季度的经营情况，但总的来说，近几年的情况和 2010 年及 2011 年相比还相差甚远。如图 13.8 所示。

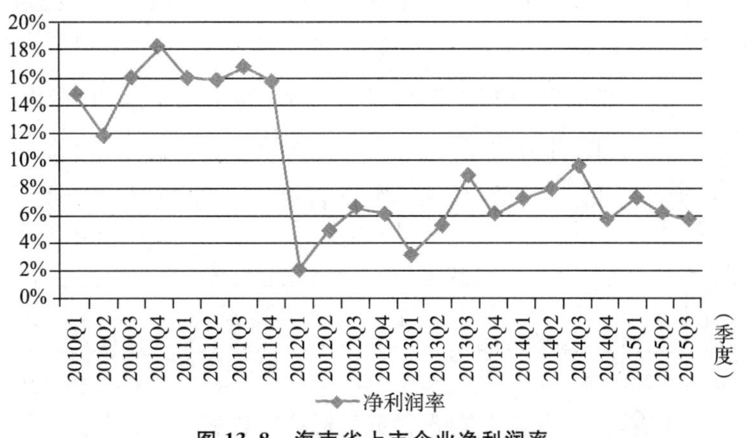

图 13.8　海南省上市企业净利润率

二、账面价值资产负债表分析

（一）资本结构错配分析

2010 年第一季度到 2012 年第四季度，海南省上市企业部门资产负债率整体处于下降趋势，于 2012 年第四季度达到近年来波谷 56.63%之后又有一定的回升。如图 13.9 所示。2013—2014 年，海南省上市企业部门资产总额与负债总额均保持平稳上升的态势，截至 2014 年年末上市企业部门总资产达到 3997.11 亿元，总负债达到 2269.90 亿元。2015 年第一季度资产负债率骤降，突破了上一个波谷，达到 55.36%，接下来的几个季度又企稳回升。全年前三季度资产负债率分别为 55.36%、56.43%和 57.99%。季度平均资产负债率为 56.59%，比上年下降了 2.59 个百分点。总的来看，海南省上市企业部门资产负债率尚处于安全范围之内，暂不存在资本结构错配风险。

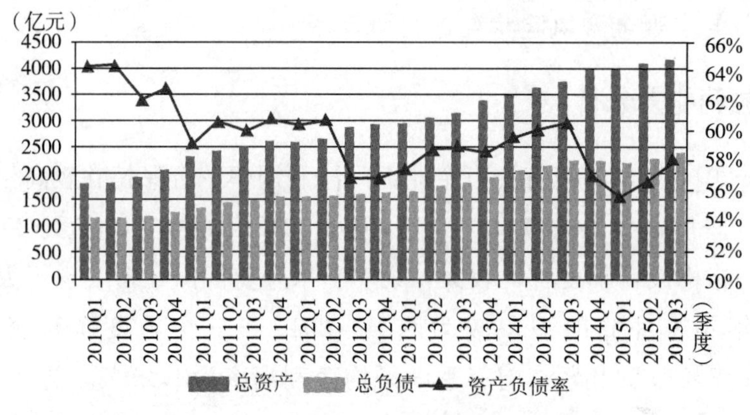

图 13.9　海南省上市企业资产负债率

（二）期限错配分析

2010—2012 年，海南省上市企业部门的流动比率有小幅度波动，但始终处于上升趋势，并于 2012 年第三季度达到了最高点 115.66%。随后的 2013 年到 2015 年年底，流动比率便开始呈现下降的态势，其间依然有所波动。如图 13.10 所示。2015 年全年前三季度平均流动比率为 99.25%，相比 2012 年的最高点有大幅下降，下降约 16.42 个百分点。虽然从绝对数值上来看平

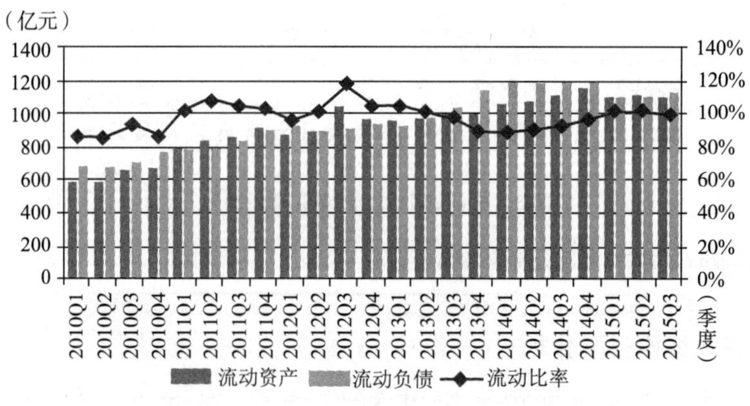

图 13.10　海南省上市企业流动比率

均流动比率仍高于国际公认的下限 100%，但季度数据的下降趋势在近年来较为明显，且 2014 年第四季度降至 95.99%。由此可见，海南省的有关部门应加强上市企业部门资产流动性管理，警惕期限错配风险的进一步扩大。

三、或有权益资产负债表分析

（一）或有资本结构错配分析

2010—2011 年间海南省上市企业部门或有资产负债率波幅较大，波动幅度在 32%—46%之间，2012—2014 年间波动幅度减小，基本稳定在 45%—47%。2012 年以来，上市企业部门资产市值稳步上升，2015 年第二季度达到 6063.38 亿元，负债市值也保持稳定上升态势，2015 年第三季度达到 1760.35 亿元。2014 年全年四个季度上市企业部门或有资产负债率分别为 46.11%、47.64%、43.41% 和 38.08%。季度平均或有资产负债率为 43.81%，与 2012 年基本持平，但相比 2011 年有大幅度提升。2015 年前两个季度这一指标随着 2014 年的总体态势，继续有所下降，但在第三季度骤然提升，可以认为海南上市企业部门的该指标波动幅度较大，上市企业部门需要注意相关风险。如图 13.11 所示。

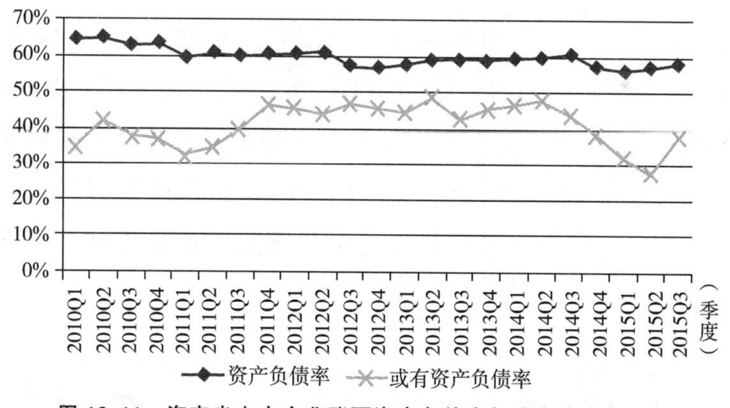

图 13.11　海南省上市企业账面资产负债率与或有资产负债率

（二）违约风险分析

如图 13.12 所示，2010 年以来，海南省上市企业部门违约距离一直有明显的波动，并始终保持上升的态势。从 2014 年开始这一指标有了明显的上涨趋势，并于第二季度达到近五年来波峰值 6.44。违约距离反映了企业的违约风险，这一指标越大，企业资产市值距违约点的距离就越大，违约概率越小。2014 年第二季度达到波峰以后，违约距离开始出现下降趋势，到 2015 年第三季度下降到了历史最低点 1.75。海南省上市企业部门违约距离前几年上升趋势明显，反映企业违约风险有所下降，而最近一年有了下降趋势，说明企业的违约风险情况并不稳定，需要引起注意，采取措施以避免违约风险的发生。

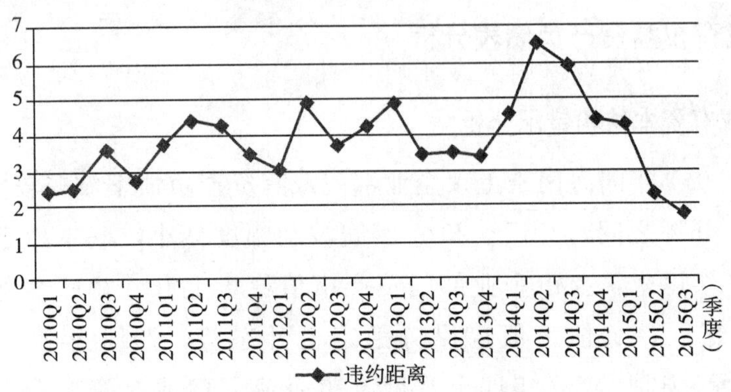

图 13.12　海南省上市企业违约距离

第 6 节　海南省家户部门风险分析

2015 年，海南省城乡居民收入水平继续提高，城乡差距暂时没有大的变化。如图 13.13 所示。全年城镇居民可支配收入达到 26356 元，扣除价格因素同比增长 6.4%。农民纯收入达到 10858 元，同比增长 9.5%，增速在中国处于前列。从水平看，海南农村居民收入水平在全国 31 个省区市中排名第 16 位，比上年提高 3 位，收入相当于全国平均水平的 95.1%，差距进一步缩小；从增速看，海南农村居民收入名义和实际增速分别快于全国 0.6 个和 1.5 个百分点。

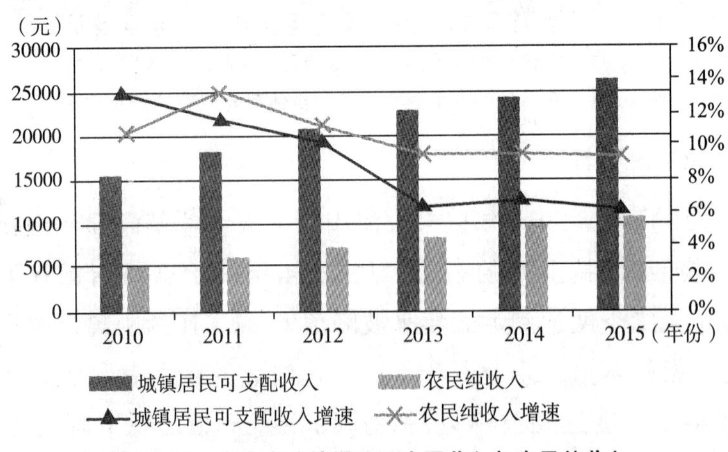

图 13.13　海南省城镇居民可支配收入与农民纯收入

2015 年，海南省家户部门存贷比恢复到正常水平值。如图 13.14 所示。具体来看，全年城乡居民储蓄存款增长 8.7%，达到 2995.3 亿元；个人消费贷款相比 2014 年骤升，达到 635 亿元。城乡居民储蓄存款平稳增长，个人消费贷款回到 2014 年以前的水平，甚至超出 2013 年 50%，导致二者比值又上升为 21.2%，虽然存贷比有大幅度上升，但是该数值仍处于安全范围之内，风险水平相对较低。

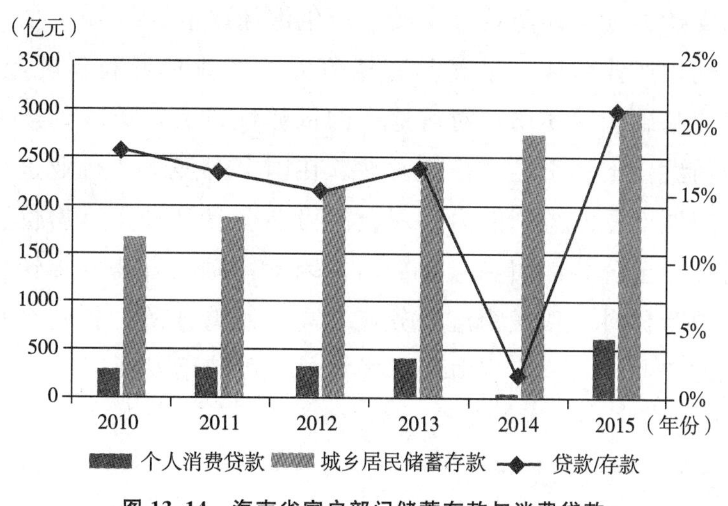

图 13.14　海南省家户部门储蓄存款与消费贷款

第 7 节　金融风险管理与经济发展战略

2015 年，在中国经济下行、增速放缓的背景下，海南省经济仍保持快速发展。全年 GDP 增速高于全国水平，固定资产投资在中国位于前列。全年财政收支均稳步增长，财政缺口进一步扩大，占 GDP 的比重有所回落。地方融资平台融资余额增长较快，有关部门应警惕地方融资平台偿债风险。银行类金融机构本外币存贷比与外币存贷比均呈上升态势，资本结构错配风险和货币错配风险有所加大；贷款结构趋于优化，期限错配风险有所下降。上市企业部门净利润相对不足，流动比率显著下降，账面资产负债率与或有资产负债率等指标尚处于安全范围之内，有关部门应加强资产负债管理，避免短期偿债能力不足的风险。家户部门收入水平稳步提升，存贷结构合理，暂不存在相关风险。

针对海南省经济金融发展中存在的问题，我们提出以下政策建议：

第一，海南省政府应进一步优化财政收支结构，合理控制地方融资平台融资余额的增长速度，盘活存量，善用增量，逐步降低地方融资平台的杠杆率，警惕各级地方融资平台资金链断裂，出现偿债风险。

第二，优化金融生态环境，加快金融体系的建设。一方面，大力引进各类金融机构，包括股份制商业银行、证券公司、期货公司和保险公司，同时积极建设金融要素市场，增强海南省金融业的体量和活力；另一方面，结合海南省的产业结构和企业盈利模式，有序推进金融创新，提高金融对海南省实体经济的支持力度，谨防资金空转，产生泡沫。

第三，优化产业结构，培养具有竞争力的产业集群和新的经济增长点。海南省的产业基础相对薄弱，对房地产的依赖性较大，单一的产业结构增加了经济的脆弱性，不利于经济稳健发展。在国家对房地产行业进行宏观调控的背景下，房地产业的盈利能力和现金流可能会受到冲击，房价下跌带来的风险也可能传导至公共部门和金融部门。因此，海南省需要加快新兴战略产业，如新能源新材料、现代物流服务业、高端制造业等，构建合理稳健、相互支持补充的产业体系，实现海南省经济长期可持续发展。

参考文献

[1] 李玉萍：《论海南省农业可持续发展》，载《热带农业科学》2013年第33期，第85—89页。

[2] 马国强、熊园：《海南金融发展与城乡收入差距关系》，载《新东方》2014年第6期，第45—47页。

[3] 苏绮凌、陈健：《新常态背景下海南经济提质增效对策研究》，载《琼州学院学报》2016年第2期，第122—128页。

[4] 符瑞武、金为华：《海南县域金融发展状况，存在的风险和政策建议》，载《时代金融》2014年第29期，第34页。

[5] 海南省统计局：《2010—2015年海南省国民经济和社会发展统计公报》。

[6] 海南省统计局：《2010—2015年海南省统计年鉴》。

[7] 中国人民银行：《2010—2015年海南省金融运行报告》。

第 14 章　东北宏观金融风险总论

自 2012 年开始，我国经济逐渐告别了年均 10%左右的高速增长阶段，增速开始放缓，2013 年全年下降至 7.7%，东北地区 GDP 增速略高于全国整体水平，达到 7.95%。2015 年这一数据骤降至 1.1%，东北三省 GDP 增速均处全国后五位[①]。东北地区是我国四大经济区之一，也是我国传统的重工业基地，东北地区在经济结构上也以国有重工业和农业为主。改革开放以来，我国计划经济向市场经济过渡，国企改革进程推进，资源存量减少，东北经济却仍然较为依赖重工业，而重工业产能过剩，在国家经济下行的压力下正经受着严峻的考验，东北经济也由此面临挑战，经济结构亟须调整优化。本章对东北地区的经济金融运行概况进行介绍，然后基于公共部门、金融部门、企业部门、家户部门四大部门对宏观金融风险进行分析。研究表明，区域整体的宏观金融风险状况良好，总体风险在可控范围内。虽然当前东北地区各部门的宏观金融风险尚未凸显，但东北地区的经济结构问题以及东北企业盈利能力和流动性不足，可能会造成东北经济继续下行，也会通过各种渠道传导至公共部门、金融部门和家户部门。

第 1 节　东北宏观金融风险概述

2010—2015 年东北经济持续增长，由 2010 年的 37090.36 亿元增至 2015 年的 58101.21 亿元，增长了 56.65%。2009 年金融危机之后，全球经济反弹复苏，国际需求增加，东北地区经济也实现了高速增长，2010 年和 2011 年两年均实现超过 13%的增速，高于全国经济整体增长速度。2012—2013 年东北经济增速出现较大下滑，逐渐向全国整体增速收敛，在 2014 年滑落至 5.84%，远低于 7.4%的全国水平。2015 年，东北地区 GDP 增速急剧下滑，仅为 1.10%，远远低于 6.90%的全国水平，主要原因在于重工业发展的拖

① 数据来源：《2010—2015 年中国区域金融运行报告》，中国人民银行。本章其他数据均根据相关章节整理而来。

累，2015年黑龙江的石油产量下降100多万吨，辽宁的钢铁等产能下降，都直接影响了经济总量。但是地区生产总值占全国比例达8.59%，较2014年有所提高。和往年一样，东北地区整体GDP中辽宁省占据重要地位，总数占比约为一半，吉林省和黑龙江省各自约占1/4。

2015年国家继续维持稳健的货币政策，东北地区金融环境总体适度，银行、证券和保险等金融机构经营状况良好，资产规模和盈利能力稳步增长，金融服务区域经济的能力得到增强。东北三省的金融业规模基本与其经济体量一致，辽宁省金融业的规模在东北地区占比超过50%。

银行方面，2015年东北地区银行业总资产规模稳步增长，达到127637.5亿元，同比增长17.45%，银行各类分支机构数量也增至21203家，如表14.1所示。随着贷款结构优化，东北地区不良贷款规模和不良贷款率较2012年均有所下降，同时银行盈利规模也有较大增长。总体来看，东北地区银行业规模和盈利能力均稳步上升，风险状况向好。保险方面，2015年东北地区保险业务稳步发展，保费总收入为1964.52亿元，同比增长23.24%；保险分支结构共计189家，保险机构资产规模也实现了较快增长。此外，东北地区保险密度和保险深度也有所增加，保险业务模式不断创新，保险业对经济社会的保障能力逐年提高。

表14.1　2015年东北地区金融概况

	银行		证券			保险	
	资产规模（亿元）	机构数量（家）	股票筹资（亿元）	债券筹资（亿元）	上市公司数（家）	保费收入（亿元）	保险机构（家）
辽宁省	67096	9550	244	1763	76	941.4	111
黑龙江省	33388.5	6655	78.9	115.2	35	591.8	44
吉林省	27153	4998	124	189	40	431.32	34
东北区域	127637.5	21203	446.9	2067.2	151	1964.52	189

东北地区宏观金融风险的根源在于经济结构风险，主要包括两个方面。其一，东北地区的经济以重工业和上游原材料行业为主，如钢铁、石化、冶金等，这些行业中企业的国有化程度高，经营效率较低，产能过剩，同时十分依赖财政体制扶持。在国内外经济不景气，投资需求放缓的背景下，这些行业的盈利能力呈下降态势，这也直接导致了东北整体经济增速严重下滑。服务业和农业发展相对不足，未能对东北经济起到足够的支撑作用。其二，国有产能过剩重工业是本轮经济改革的重点，在国企改革的进程中，这些行业所依赖的政府扶持和隐性担保会逐渐减少和剥离，在没有政府信用支撑的

前提下，金融机构也不会持续对其输血，甚至会逐步缩贷，这可能会加重这些行业的经营压力，间接对东北经济造成冲击。

东北经济由于结构问题持续下行，东北地区公共部门、金融部门和家户部门都会受到影响。公共部门较为强势，对过剩产能的国有企业大力扶持，并进行信用背书和隐性担保；金融部门尤其是银行的大量贷款也流入这些企业，其资产质量间接与东北国企业绩挂钩；家户部门的失业率和居民收入也与东北国有企业的规模和效益高度相关。因此，如果东北国有企业盈利能力和经营状况继续大幅下滑，东北的四大经济部门都会受到冲击和传染，宏观金融风险会增加，不利于东北地区经济和社会的稳定发展。

第 2 节　文献综述

张卓（2008）采取定性、定量分析相结合的方法，在定性分析方面，从金融结构和功能的角度出发，研究金融发展与经济增长间的理论关系。在定量分析方面，对比分析我国东北地区与全国的经济增长与金融发展现实情况，以期从数据的趋势上看到两者之间密切的关系。盛力（2013）分析了东北地区金融与区域经济协调发展问题，通过研究金融行业存贷款总额、现金收支与当前区域的发展相匹配均衡情况，从而得出区域金融对该地区经济的增长状况的影响程度和金融规模的扩大与发展能有效地影响着经济发展的结论。齐昕（2013）依据所建立的金融经济力的理论分析体系，以东北振兴为案例，考察和衡量了东北三省金融经济力的存在、发展和贡献状况，分别从时、空维度分析了东北地区的金融及经济运行状态。张造西（2015）以落后的金融发展水平为突破口，基于金融规模与效率改善视角对东北地区金融发展与经济增长间的关系进行探讨，并为促进东北地区金融发展与经济增长提供了相关的政策建议。

第 3 节　东北公共部门风险分析

东北地区公共部门财政缺口有所收敛，财政压力略微减小，但仍需采取有效措施控制公共部门财政缺口，谨防风险继续增大。东北地区公共部门一般预算收入从 2010 年开始到 2013 年一直呈现稳步增长态势，从 2014 年开始下降，这是受到国内经济增速下行和转型压力的影响，东北地区固定资产投资增速放缓，工业品需求下降的因素影响，到2015年仅为4520.1亿元，降幅达到16.68%；而支出规模一直呈增长态势，由2010年的7234.95亿元增加到2015年的11857亿元，2015年增幅达到3.86%，如图14.1所示。

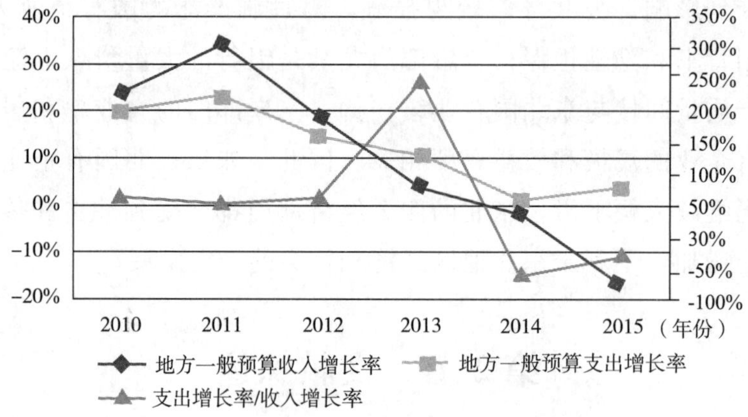

图14.1　东北地区一般预算收支增长率

在这种背景下，2015年东北地区一般预算缺口规模与2014年相比大体上升幅度较大，其占GDP的比重由2014年的10.42%上升至2015年的12.63%，这一比例仍高于全国的平均水平，如图14.2所示。分省来看，2015年，辽宁省、黑龙江省和吉林省的一般预算缺口与GDP的比重分别为8.67%、18.94%和13.93%，说明公共财政缺口的压力主要来自吉林省和黑龙江省。

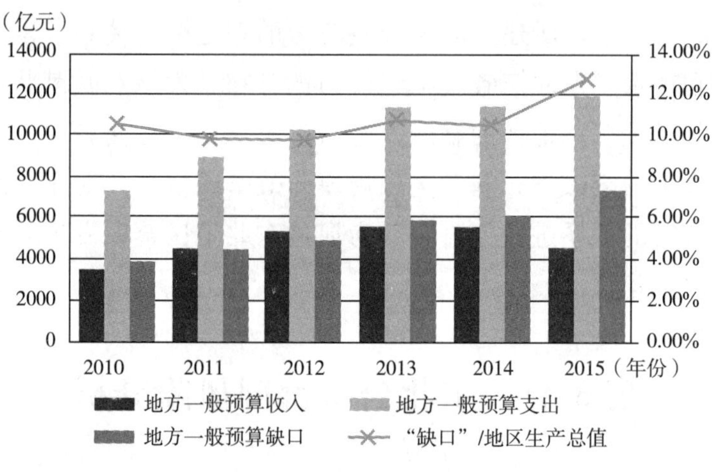

图14.2　东北地区一般预算收支状况

第 4 节 东北金融部门风险分析

本节结合东北地区银行业和保险业的宏观资产负债表对东北地区宏观金融风险进行分析，并基于资产配置和杠杆率揭示东北地区金融部门的风险状况及抗风险能力。

一、银行类风险分析

（一）资本结构错配分析

2010—2015 年，东北地区银行业存款余额和贷款余额均呈稳步增长态势，分别由 2010 年的 50683.75 亿元和 34292.22 亿元增至 2015 年的 87871.8 亿元和 68236.54 亿元，如图 14.3 所示。其中，企业存款增速较快，居民储蓄相对增速较慢。原因在于，一方面，宏观经济增速下滑，需求减弱，企业更倾向于留存收益而非投资和扩大再生产；另一方面，市场资金面收紧，市场利率走高，理财产品收益率增加，居民更倾向于理财而非储蓄。随着银行融资模式创新，贷款余额迅速高于存款余额，这也导致了东北地区存贷比不断走高，2015 年达到 77.65%，表明金融部门对东北本地经济的支持力度提高，也说明东北金融部门与东北企业的关联性增加，需谨防企业部门风险传导至金融部门从而产生不良贷款。

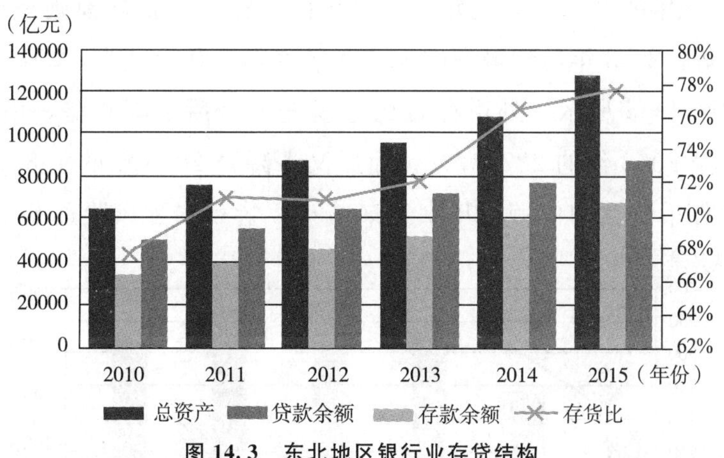

图 14.3 东北地区银行业存贷结构

（二）期限错配风险分析

2010—2015 年，东北地区银行类金融机构短期贷款总额和中长期贷款规模呈稳定增长态势，分别由 2010 年的 12034.76 亿元和 20310.24 亿元增至

2015 年的 27775.2 亿元和 36233.9 亿元，如图 14.4 所示。2010 年和 2011 年全球经济复苏反弹，国内外需求增加，企业投资增加，对中长期贷款的需求也上升，因此这两年中长期贷款占比也较高，超过 59%。此后宏观经济增速放缓，企业扩张意愿降低，更偏向于短期流动贷款，中长期贷款占比持续下降，到 2015 年为 53.44%。总的来说，东北地区贷款期限错配风险处于合理范围，风险尚处于可控状态。

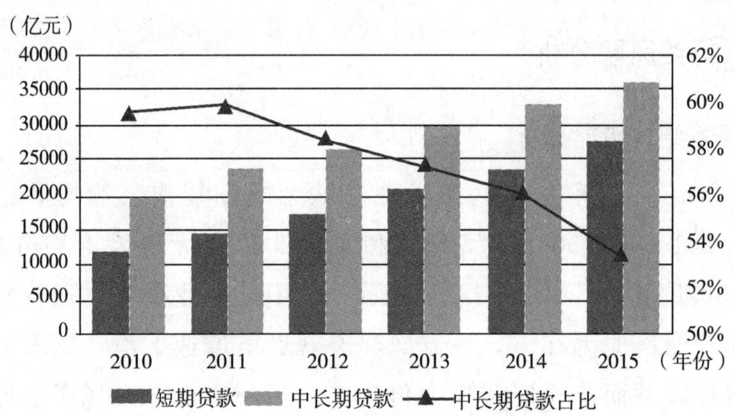

图 14.4　东北地区银行业贷款结构

（三）货币错配风险分析

随着与国际经济联系进一步加深，2010—2015 年，东北地区外币存款规模除 2011 年和 2013 年略有下降外基本保持逐年上升态势，由 2010 年的 131.3 亿美元增至 2015 年的 201.9 亿美元；与之相比，外币贷款规模则呈现出先增加后减少的趋势，2013 年达到最高的 378.8 亿美元后开始减少，2015 年为 320.5 亿美元，如图 14.5 所示。外币存贷比也呈先上升后下降态势，由 2010 年的 134.12%增至 2013 年的 227.37%，而后又下降至 2015 年的 158.74%，说明东北地区对外币贷款的依赖近年来逐渐减小，货币错配风险逐渐改善。

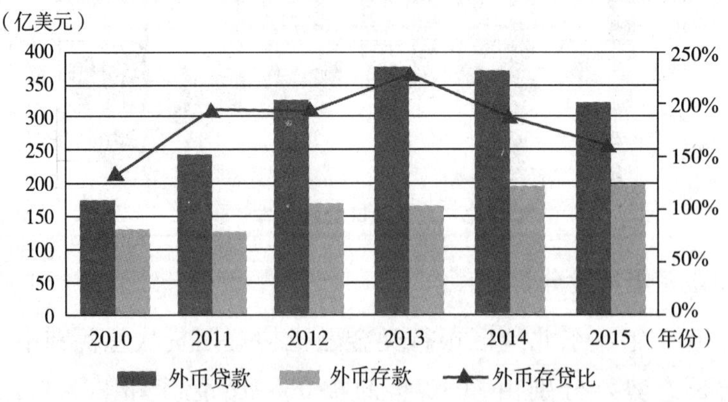

图 14.5　东北地区银行业外币存贷结构

二、保险业风险分析

（一）保费增长率和赔付率

2011 年东北地区保费收入增速有较大下降，甚至为负增长，此后逐渐回升，2015 年保费收入达到 1964.52 亿元，增长率达到 23.24%，如图 14.6 所示。保险赔付率的走势除 2011 年外也基本和保费收入增速类似，2015 年为 33.98%。综合来看，东北地区保险业还有较大发展潜力，但需警惕经济下行造成的集中赔付和挤兑风险。

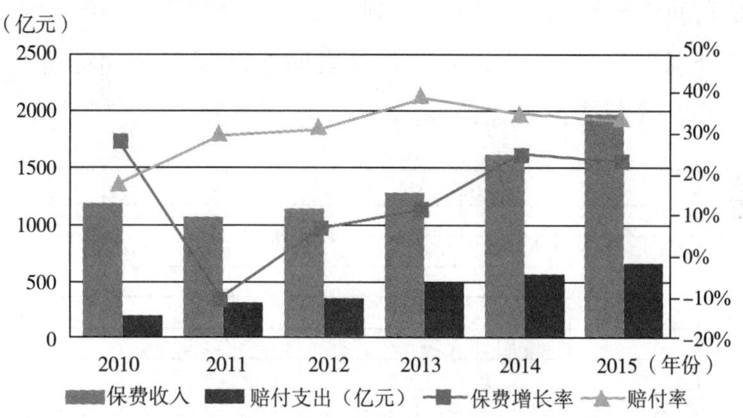

图 14.6 东北地区保险业赔付率和保费增长率

（二）保险深度

2015 年东北地区保费收入虽然有所增加，但保险深度自从 2011 年的较大下降后一直维持在 2.3%左右，2015 年升至 3.38%，如图 14.7 所示。保险机构可以推进保险产品创新，为经济生活提供更好的保障与更有效的风险防控措施。

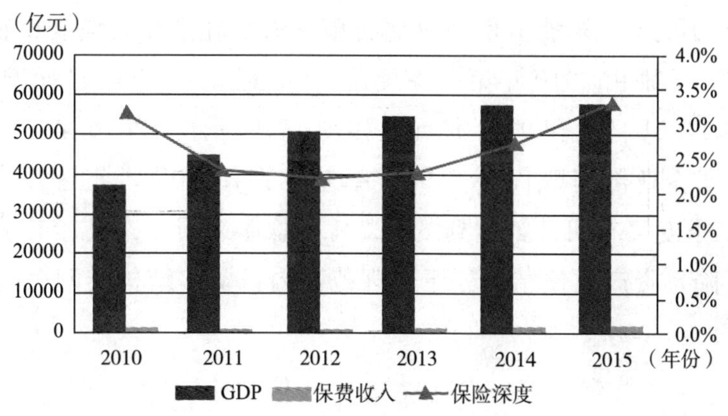

图 14.7 东北地区保险收入和保险深度

第5节　东北上市企业部门风险分析

一、盈利能力分析

2010－2015年，东北地区上市企业净利润率波动较大，如图14.8所示。2010年第一季度至2012年第一季度净利润率基本呈下降态势，而后开始逐步攀升，从2014年第一季度，企业净利润率又开始出现大幅下降。2015年第一季度净利润率出现短暂回升，达到5.34%，但第二、第三季度净利润率持续走低，分别为5.26%和4.37%，这表明东北地区上市企业2015年营业状况普遍较差，盈利能力普遍减弱。

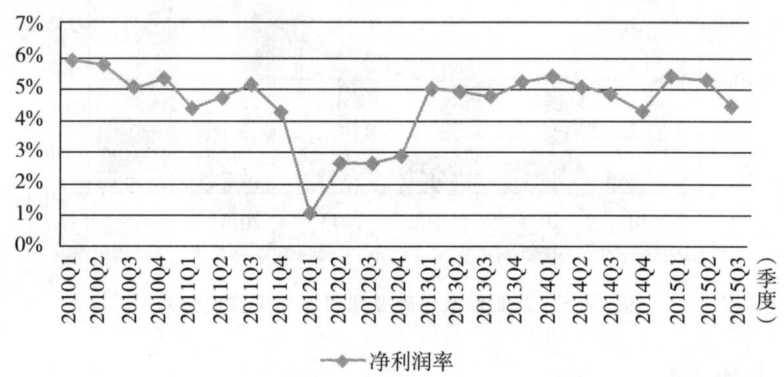

图14.8　东北地区上市企业净利润率

二、账面价值资产负债表分析

（一）资本结构错配分析

2010－2015年，东北上市企业部门账面资产规模和负债规模整体上呈逐年增加态势，分别由2010年第一季度的6702亿元和3936亿元增至2015年第三季度的14851亿元和9241亿元，如图14.9所示。2010第一季度到2013年年末，上市企业部门账面资产负债率基本保持上升，此后开始下降，于2015年第三季度又有回升，达到62.23%。总体来看，东北上市企业部门杠杆率有所下降，资产负债结构处于合理范围内，资本结构错配风险较小。

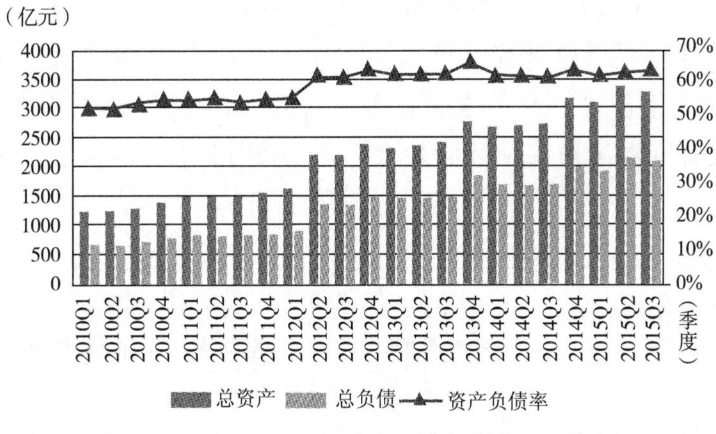

图 14.9　东北上市企业资本结构

（二）期限错配风险分析

2010—2015 年，东北上市企业部门流动资产和流动负债规模整体上呈上升态势，分别由 2010 年第一季度的 2711 亿元和 2897 亿元增至 2015 年第三季度的 6211 亿元和 6662 亿元，如图 14.10 所示。流动比率则表现出较大的波动，但均小于 1，表明东北地区上市企业部门流动性相对不足，短期偿付能力风险需要警惕。

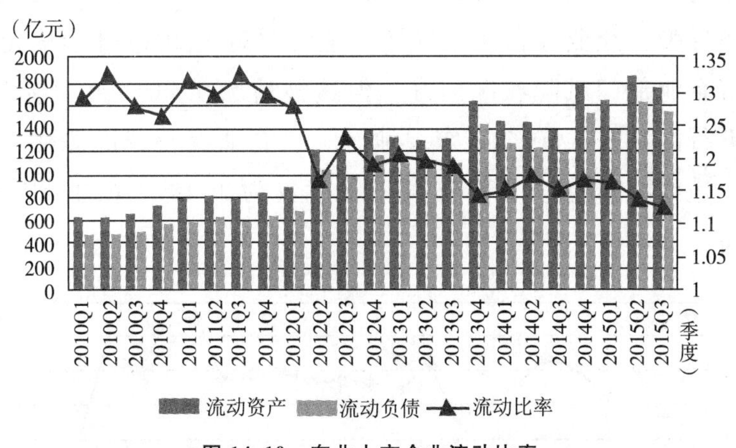

图 14.10　东北上市企业流动比率

三、或有权益资产负债表分析

我们收集东北上市公司股价数据、无风险利率（一年期存款利率）、上市公司财务报表数据，利用 CCA 方法计算出东北上市企业部门或有资产负债表和违约距离，以此来分析东北上市企业部门的金融风险，如图 14.11 所示。2010—2015 年，东北上市企业部门账面资产负债率由 58.74％逐步增至62.23%，债务压力也有所增加。与账面资产负债率相比，东北上市企业部门或有资产负债率数值较大，2010—2015年呈缓慢上升态势，而后基本在80%上下波动。总的来看，东北地区上市企业部门或有债务状况相对较差，或有资本结构错配风险较大，虽然2015年有所缓和，但仍需引起注意。

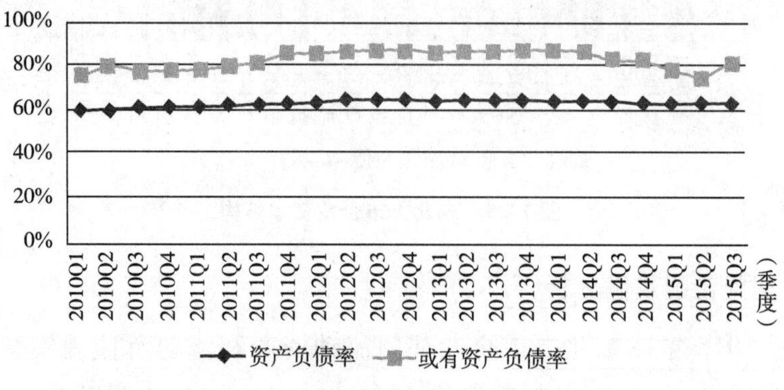

图 14.11　东北上市企业或有资本结构

2010—2015年，东北地区上市企业部门的违约距离波动较大，如图14.12所示。受到国际金融危机的冲击，2010—2013年东北上市企业部门面临较大经营压力，风险状况也有所恶化，违约距离在2—4之间浮动。此后随着经济反弹，企业经营状况好转，违约距离于2014年有一定上升，表明东北上市企业部门风险状况向好。但这种情况在2015年开始发生变化，受到经济下行的冲击，2015年东北地区上市企业经营状况恶化，违约风险大大提高，违约距离持续下降，第三季度仅为1.48，违约风险达到2010年以来最高。

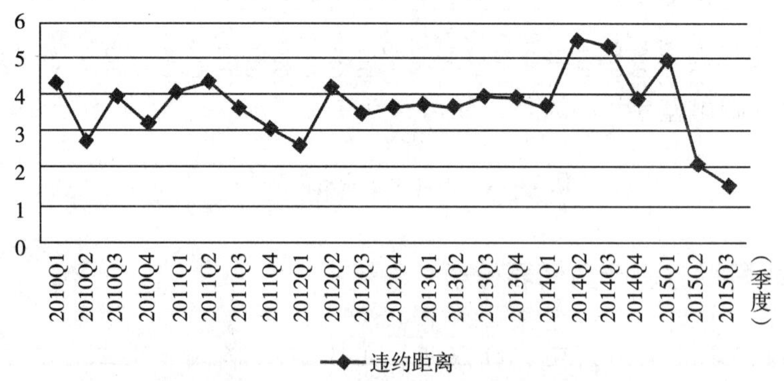

图 14.12　东北上市企业违约距离

第 6 节　东北家户部门风险分析

2015 年东北地区家户部门收入稳定增长，城镇居民人均可支配收入与农村居民人均纯收入分别为 80230 元与 34478 元，同比分别增长 7.10%和 6.33%，随着宏观经济增长放缓，自 2011 年开始居民收入增速出现下滑。东北地区居民个人消费贷款和城乡居民储蓄存款均稳步增长，分别从 2010 年的 3799.10 亿元和 26199.20 亿元增加到 2015 年的 9201.50 亿元和 45684.6 亿元，如图 14.13 所示。

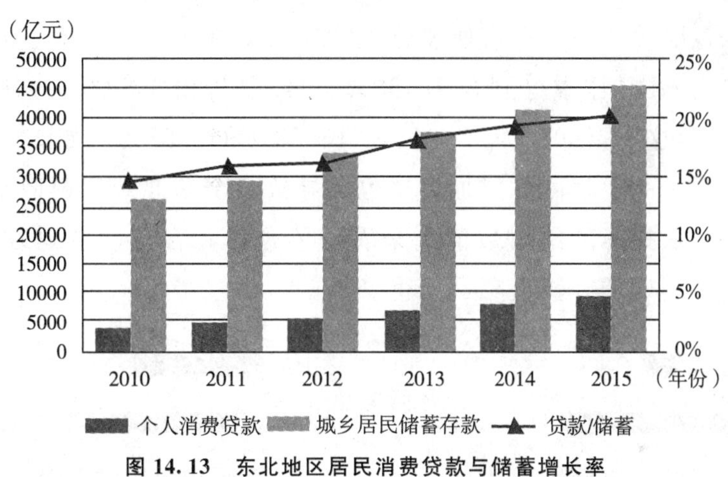

图 14.13　东北地区居民消费贷款与储蓄增长率

第 7 节　东北宏观金融风险结构性分析

在东北地区四大部门总量分析的基础上，考虑到东北各省不同的经济基础与发展特点，反映出差异化的风险特征，本节主要对东北三省的金融风险进行结构性分析，包括公共部门、金融部门、上市企业部门与家户部门的比较分析。

一、东北三省公共部门比较分析

2015 年，东北地区一般预算收支总规模保持上升，一般预算缺口也有所增长。分省来看，一般预算财政收入方面，辽宁、黑龙江和吉林三省分别占 47.03%、25.78%和 27.20%，如图 14.14 所示；一般预算财政支出方面，辽宁、黑龙江和吉林三省分别占 38.95%、33.92%和 27.13%，如图 14.15 所示。三省财政收支占比基本与经济体量规模相匹配，辽宁省财政收入相对较高，财政支出相对较低。

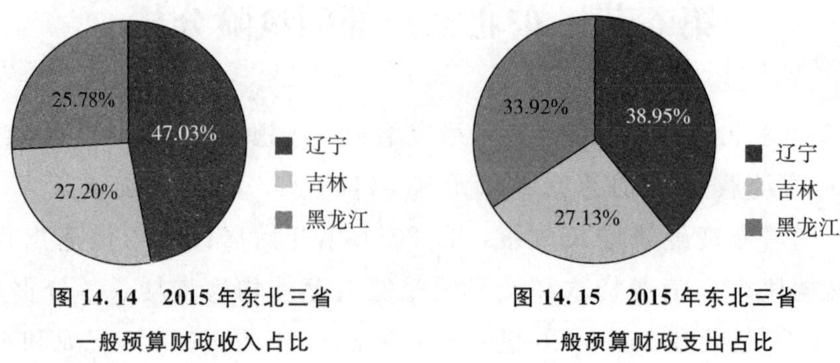

图 14.14　2015 年东北三省一般预算财政收入占比

图 14.15　2015 年东北三省一般预算财政支出占比

从一般预算缺口占 GDP 比重来看，东北地区该指标与 2013 年相比出现小幅度上涨，财政风险状况有所恶化。2014 年，黑龙江、吉林、辽宁三省一般预算缺口占 GDP 比重分别为 15.98%、12.34%和 6.58%，如图 14.16 所示；而 2015 年这一指标变为 18.94%、13.93%和 8.67%，如图 14.17 所示，三个省都出现了一定程度的增加，这也是导致整个东北地区财政缺口扩大的原因。另外，从指标的绝对数值上来看，黑龙江和吉林两省财政风险较大，也没有表现出明确的好转迹象，值得警惕。

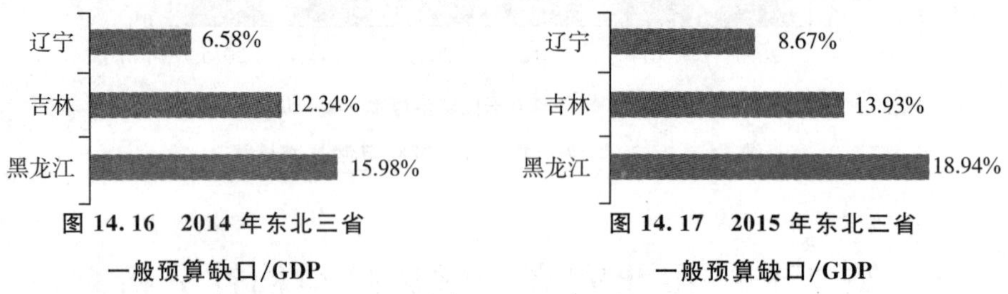

图 14.16　2014 年东北三省一般预算缺口/GDP

图 14.17　2015 年东北三省一般预算缺口/GDP

二、东北三省金融部门比较分析

以下主要对东北各区域金融发展中的银行业和保险业进行区域比较分析，以研究其金融结构性特点。

(一) 银行类风险分析

东北三省银行业资产份额比重基本与三省经济体量相当，2014 年辽宁、黑龙江、吉林三省银行业资产占东北区域整体的 53.41%、25.72%和 20.86%，2015 年这一比例变为 52.57%、26.16%和 21.27%，如表 14.2 所示。黑龙江省和吉林省金融业发展相对较快，其金融资产份额占比提升了 0.44%和 0.41%，辽宁省金融发展速度放缓。按照这个趋势，东北地区金融资源会更向黑龙江省和吉林省集中，辽宁省需要加快金融业发展，推动金融服务实体经济。

表 14.2　2014 年和 2015 年东北三省金融部门资产份额

	2014 年	2015 年
吉林	20.86%	21.27%
黑龙江	25.72%	26.16%
辽宁	53.41%	52.57%

2015 年东北地区总体存贷比较 2014 年有所上升，东北三省除辽宁省各自的存贷比也均呈上升态势。辽宁、吉林、黑龙江三省存贷比分别由 2014 年的 78.53%、76.82%和 71.01%变为 2015 年的 75.97%、81.94%和 77.67%，如表 14.3 所示。其中，黑龙江省存贷比数值较低，增长较快，提高了 6.66%；吉林省和辽宁省存贷比数值较高，增长幅度也相对较小。存贷比增加体现出银行资金流入东北地区的比例上升，能更好地支持企业融资发展。

表 14.3　2014 年和 2015 年东北三省金融部门存贷比

	2014 年	2015 年
吉林	76.82%	81.94%
黑龙江	71.01%	77.67%
辽宁	78.53%	75.97%

（二）保险类风险分析

2015 年东北地区保费收入 1964.52 亿元，同比增长 23.24%，区域总体保险深度由 2014 年的 2.77%增至 3.38%。2015 年东北三省保险业均得到快速发展，保险深度都有所提升，辽宁省、黑龙江省、吉林省保险深度分别由 2014 年的 2.64%、3.37%、2.39%上升为 2015 年的 3.28%、3.92%、3.02%，如表 14.4 所示。保险业可以对冲一部分经济下行的风险，但仍需进行合理的资产配置，谨防赔付挤兑发生。

表 14.4　2014 年和 2015 年东北三省保险深度

	2014 年	2015 年
吉林	2.39%	3.02%
黑龙江	3.37%	3.92%
辽宁	2.64%	3.28%

三、东北三省企业部门比较分析

以下将从资本结构、流动性等方面对东北三省上市企业部门的风险状况进行对比分析。

2015年第三季度东北地区上市企业部门账面资产负债率和或有资产负债率分别为62.23%和80.93%，较2014年有所下降，表明东北上市企业部门杠杆率下降，债务风险降低；上市企业部门流动比率为0.9323，较2014年有所上升，体现出企业流动性有所好转。分省来看，东北三省账面资产负债率差异较小，或有资产负债率表现出较大差异：吉林省企业部门或有资产负债率最低为56.60%，黑龙江省居中为77.86%，辽宁省最高为85.45%。流动比率方面，吉林省和黑龙江省适中，辽宁省企业部门流动比率较低，企业期限错配风险较大。

表14.5　2015年第三季度东北三省上市企业资本结构

	账面资产负债率	或有资产负债率	流动比率
吉林	53.98%	56.60%	1.10
黑龙江	63.75%	77.86%	1.13
辽宁	56.84%	85.45%	0.68

四、东北三省家户部门比较分析

2015年东北总体的个人消费贷款和城乡居民储蓄存款规模分别为9201.5亿元和45684.6亿元，同比增长15.11%和10.32%，消费贷款与居民储蓄比值为20.14%，较2014年有所上升。如图14.18所示。分省来看，吉林省和黑龙江省的个人消费贷款和居民存款规模较小，辽宁省经济发展水平较高，居民消费和存款规模也比其他两省高出不少。另外，吉林省和辽宁省个人消费贷款与居民储蓄比值相当，而黑龙江省的这一比值较低，整体上家户部门风险在可控范围内。

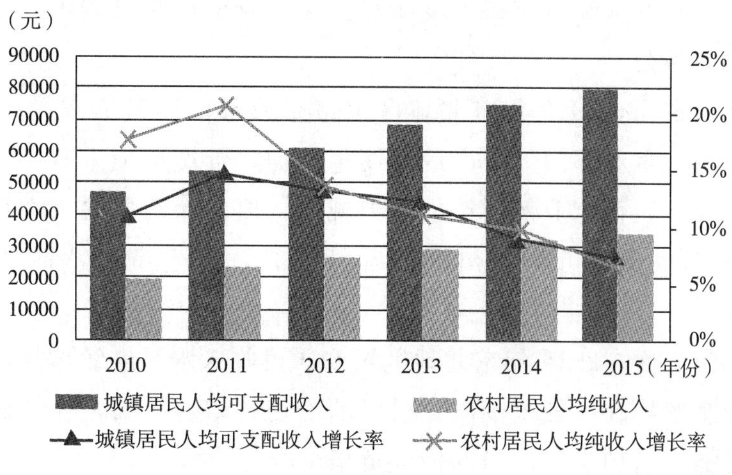

图 14.18　2014 年东北三省家户部门资产结构

第 8 节　金融风险管理与经济发展战略

本章介绍了我国东北地区的金融经济运行概况，运用宏观资产负债表方法对东北地区公共部门、金融部门、上市企业部门和家户部门的宏观金融风险进行分析，同时对东北三省的四部门情况进行对比分析，说明东北地区宏观金融风险的结构特点。研究表明，在宏观经济下滑、国内外需求减弱的背景下，2015 年东北地区经济增速延续了下滑态势，给东北地区金融经济发展带来了一定压力；东北地区宏观金融风险状况总体在可控范围内，但局部风险状况出现恶化。值得关注和警惕的是，公共部门财政缺口有所扩大，财政压力增加；企业盈利有待提高，流动性略显不足；家户部门债务压力轻微上升。

经济金融运行方面，2015 年东北地区经济增速下降，在全国整体水平之下，地区产业结构和经济增长模式有待调整。金融业稳健发展，金融对经济的支持力度还需要加强。

公共部门方面，东北地区财政一般预算收支规模持续增长，财政缺口占 GDP 比重有所上升。在经济增速放缓的背景下，财政扩张的压力更大；随着政府融资举债受到更严格的监管和控制，政府财政资金利用和配置效率有待提高。

金融部门方面，东北地区银行业金融资产规模和存贷款规模逐年增加，不良贷款规模和不良贷款率实现了“双降”，本币和外币存贷比均持续上升，表明金融资源对本地经济支持力度增加。保险业市场和资本市场融资规模还有继续增加的潜力。

企业部门方面，2015 年东北地区上市企业部门净利润率维持在 15%左右，基本企稳。企业部门的资产规模逐年增加，资产负债率有所下降，违约距离大大下降，表明企业部门偿债能力减弱，债务违约风险大大加剧。企业部门流动比率较低，可能会出现流动性紧缺，对生产经营活动造成负面影响。

家户部门方面，2015 年东北地区城乡居民收入水平继续增加，居民失业率和通货膨胀率均在可控范围内。居民消费贷款增速提高，存款储蓄规模增速下滑，可能会增加家户部门的债务负担。

总体而言，东北地区宏观风险同 2014 年相比，除企业部门外变化不大，风险状况整体良好，局部风险点需要注意。根据东北地区的产业结构和风险状况，我们提出如下政策建议：

第一，积极调整和优化东北地区产业结构，推动第一产业和第二产业转型升级，提高产品竞争力，形成区域特色产业集群，同时加快第三产业发展，推动金融业、文化产业、旅游业等成为新的经济增长点，为东北经济快速发展提供活力和动力。

第二，东北三省地方政府需要不断调整和优化财政支出结构，规范财政支出的用途和流程，降低财政缺口占 GDP 的比重。财政资源可以作为引导资金，吸引社会资本进行合作和杠杆放大，实现定向指引和风险共担。同时，地方政府可以适当减少经济建设支出，转而提高基础设施、民生、教育培训等社会事业的支出比重，为经济持续发展打下基础。

参考文献

[1] 中国人民银行：《2010—2015 年中国区域金融运行报告》。

[2] 中国国家统计局：《2010—2015 年中国统计年鉴》。

第15章　辽宁省宏观金融风险研究

第1节　辽宁省宏观金融风险概述

经济运行方面，2015年，辽宁省全年生产总值为28743.4亿元，国内外经济下行背景下，辽宁省2015年经济增长继续减缓，按可比价格计算同比增长3.0%，增速相比2014年下降2.8个百分点[①]。全年完成固定资产投资（不含农户）17640.4亿元，比上一年下降21.8%，这是受第二产业增速放缓的影响。从资金投向来看，三次产业占比为2∶42.1∶55.9，其中第三产业投资份额比上一年略有减少，但是对产业结构升级的推动作用仍然很强。从资金来源来看，民间投资表现活跃，占投资总额的比重达到73.4%。产业结构方面，2015年辽宁省三次产业结构由2014年的8.0∶50.2∶41.8调整为8.3∶46.6∶45.1，服务业对GDP的贡献明显加大，工业所占比重下降，产业结构进一步优化。全年全部工业实现增加值13382.6亿元，相比2014年下降0.2%。全省规模以上工业增加值相比2014年下降4.8%，增速低于全国平均水平。2015年，辽宁省城镇居民人均可支配收入为31126元，扣除价格因素增长为6.2%；农村居民人均可支配收入达到12057元，扣除价格因素增长为6.3%，农民收入增速快于城镇居民，城乡差距进一步缩小。

金融运行方面，2015年，辽宁省银行业金融机构资产总额相比2014年增长15.59%，达到67096亿元。2015年年末本外币存贷款余额分别达到47758.2亿元和36282.8亿元，与2014年年末相比分别增长了13.57%和9.87%，存款余额增速相比上年同期均大幅上升，贷款余额增速有所下滑。从贷款质量上来看，全年辽宁省银行业不良贷款余额为1016.52亿元，不良贷款率为2.8%，相比年初增加0.1个百分点。非银行金融方面，全年新增

---

① 数据来源：《2010—2015年辽宁省金融运行报告》，中国人民银行；《2010—2015年辽宁省国民经济和社会发展统计公报》，辽宁省统计局；国泰安数据库，深圳国泰安教育技术股份有限公司；智远理财服务平台，招商证券股份有限公司。如无特殊说明，本章数据均来源于此。

小额贷款公司39家，融资担保机构8家，总数分别达到587家与410家，民间金融快速发展，金融生态环境进一步优化。截至2015年年末，辽宁省境内共有证券公司总部3家，证券分公司22家，证券公司营业部302家；期货经纪公司5家，期货经纪公司营业部92家；上市公司总数达到76家，尚无基金公司总部。年内累计实现境内融资218.3亿元，其中，首次公开发行融资18亿元，A股再融资（包括配股、公开增发、非公开增发、认股权证）200.3亿元。2015年辽宁省保险业实现平稳发展，全年实现保费收入941.4亿元，同比增长42.4%，增速上涨13.8个百分点。赔付支出为371.8亿元，与上年比涨幅达到27.8%，各类保险覆盖范围加大，农业保险业务规模进一步增长，保险的风险保障与服务三农作用进一步发挥。

2015年辽宁省宏观金融风险主要表现在经济结构不合理、企业部门盈利能力不强、地方政府债务增长过快等方面。从经济结构来看，作为传统老工业基地，辽宁省经济长期以来过于依赖工业的发展，服务业发展相对缓慢，低于中国平均水平。第三产业比重偏低，制约着辽宁省经济的快速发展。从上市企业部门来看，装备制造业、农产品加工业、冶金业和石化业作为辽宁省四大支柱行业，普遍存在着生产方式粗放、产品附加值不高、龙头企业不大不强的问题，企业利润空间较窄，抵御市场风险的能力不强。

第2节　文献综述

近年来，学者对于辽宁省经济发展和金融风险的研究，主要着力于经济增长与金融发展之间的关系和辽宁省区域金融风险两个方面。

在经济增长与金融发展方面，吴涛（2012）在对金融发展理论作了简要回顾的基础上，以辽宁老工业基地振兴区域金融与经济发展为主题，重点研究辽宁老工业基地振兴、实施区域经济发展战略的金融支持，分析辽宁经济增长和经济振兴过程中金融的作用，并通过实证分析验证了辽宁的金融支持在经济增长战略中发挥重要作用，并进一步研究了金融支持辽宁经济增长中存在的问题，不良贷款和金融风险严重威胁着金融生态。宋慧媛（2013）选取适当的指标并建立指标体系，运用计量模型对1996－2011年辽宁省实际面板数据进行实证检验，分析了辽宁省金融发展与经济增长的相关性，发现辽宁省金融机构的存款余额和金融中介效率对该省份的经济增长起促进作用的同时，贷款余额却起抑制作用，因此作者认为辽宁省的金融发展在一定程度上促进了经济增长，金融发展并没有完全适应其经济增长的需要。姚彬（2013）选取 1990－2012 年辽宁省的相关数据，以人均 GDP 等为经济增长指标，以投资转化率等为金融发展指标，对辽宁金融发展和经济增长做了格兰杰因果检验，实证结果表明辽宁省的金融发展和经济增长之间呈现出显著的统计关系。

在区域金融风险方面，艾洪德、张羽（2005）从辽宁省的银行业经营状况、资本市场的发展和金融制度的变迁三个角度构建了衡量辽宁省金融风险的一般模型，并作了实证分析。认为辽宁省的区域金融风险主要来源于：区域银行体系内在脆弱性、区域资本市场发展的弊端、金融制度的变迁、民营企业融资难、国有企业改革难以深入、信用制度建设落后、金融监管不力。发现目前辽宁省存在着比较严重的金融风险，并提出了构建辽宁省区域金融安全区的思路和建议。王春丽、王曼（2008）以辽宁省实际经济情况和金融发展现状为依据，借鉴已有的区域风险指标体系，构建了反映辽宁省金融市场风险的指标体系，共分为三个层次、四级指标，然后运用模糊综合评价和改进的层次分析法对辽宁省金融市场风险进行实证分析和综合评分，认为辽宁省存在一定的金融风险，主要来自上市公司、银行部门和效益不高的企业。赵述（2015）以 2004－2013 年辽宁省数据为样本，编制了辽宁省金融和企业两部门的资产负债表，研究了辽宁省的区域金融风险，分别从期限错配、资本结构错配、货币错配和清偿力问题等方面进行了结构性的风险分析，发现辽宁省金融部门资本结构错配风险和清偿力问题较为突出，企业部门期限错配风险虽然较高但有下降趋势，资本结构错配风险可控。

第 3 节　辽宁省公共部门风险分析

2015 年，受经济下行压力的影响辽宁省财政收入与财政支出规模开始呈现下降的态势，如图 15.1 所示，全年地方一般预算收入达到 2125.6 亿元，同比下降了 33.40％；地方一般预算支出达到 4617.8 亿元，财政缺口却持续增大，达到 2492.2 亿元。受税收收入下降的影响，财政收入增速也持续下滑。财政缺口占 GDP 的比重大幅提升，占 GDP 的比重达到 8.67％，相比 2014 年上升 2.09 个百分点，这表明公共部门风险有所加大。财政支出结构的政策导向性明显，主要投入于住房保障、教育、医疗、节能环保等领域。

总体而言，辽宁省公共部门财政风险状况有所恶化，财政收支结构有待优化。

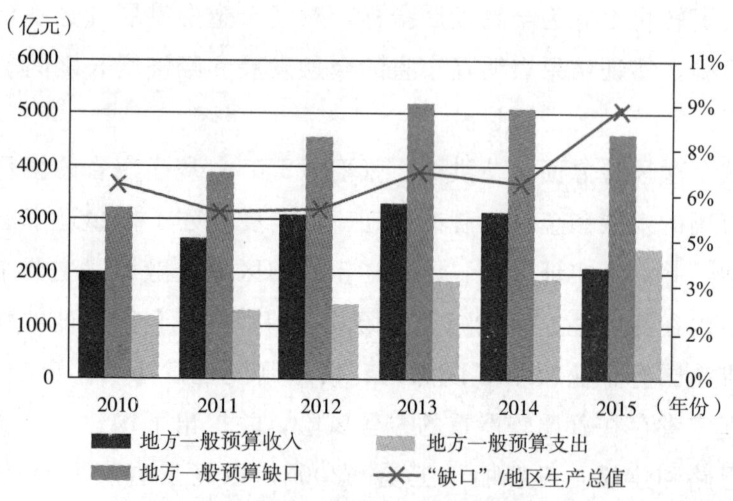

图 15.1　辽宁省地方财政收支情况

2013 年辽宁省一般预算支出增长率为 14.10%，一般预算收入增长率为 7.6%，预算收入增速的骤然下滑和支出增速的相对稳定导致二者比值达到 2013 年的最高点 185.53%。2015 年辽宁省一般预算支出增长率与一般预算收入增长率自 2014 年以来首次出现负增长后持续出现负数，分别为－9.10%与－33.40%，二者比值相比 2014 年大幅下滑，达到 27.25%，如图 15.2 所示。

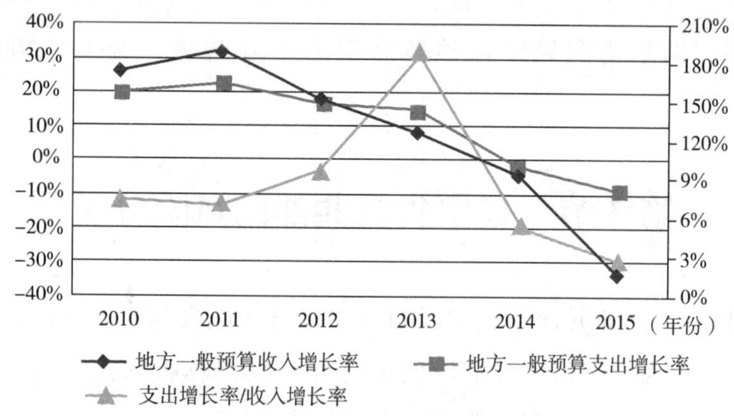

图 15.2　辽宁省地方财政收支增长率

第 4 节 辽宁省金融部门风险分析

一、银行类风险分析

（一）资本结构错配分析

2015 年辽宁省银行业保持稳健运行，银行类金融机构资产总额达到 67096 亿元，相比 2014 年增长 15.59%。截至 2015 年年末，辽宁省银行业本外币存款余额达到 47758.2 亿元，同比增长 13.57%，增速相比 2014 年大约提升了一倍。本外币贷款余额于 2015 年年末达到 36282.8 亿元，同比增长 9.87%，增速下滑 1.24 个百分点，如图 15.3 所示。本外币存贷比自 2010 年以来基本保持上升趋势，并于 2014 年年末达到峰值 78.53%，但在 2015 年又大幅缩水，降为 75.97%。2010 年到 2014 年辽宁省本外币贷款余额增速始终高于存款余额增速，导致本外币存贷比逐年上升，虽然与其他省市相比仍处于相对安全范围之内，但是资本结构错配风险仍然较大，到 2015 年这一情况出现好转，贷款余额增速低于存款余额增速，存贷比也略有下降，有关部门仍然要警惕资本结构错配风险的再次恶化。

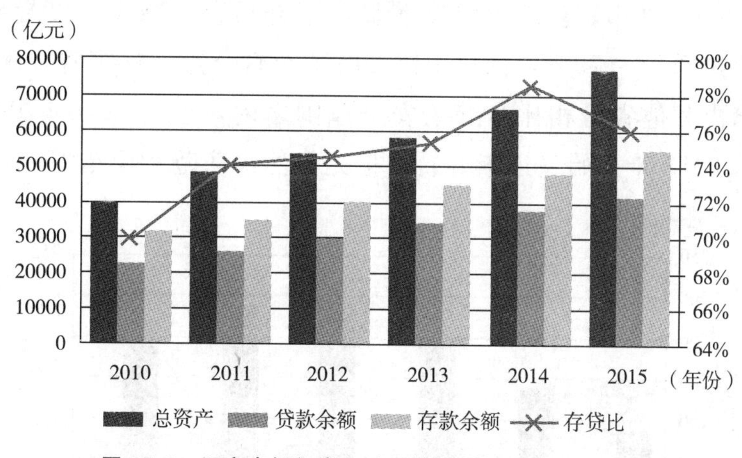

图 15.3 辽宁省银行类金融机构存贷款余额与存贷比

（二）期限错配分析

2015 年年末，辽宁省银行类金融机构中长期贷款维持低位运行，短期贷款平稳增长。截至年末中长期贷款余额达到 20619 亿元，相比 2013 年增长 10.18%，增速下降 0.1 个百分点。中长期贷款占全部贷款余额的比重为

56.83%，略有提高，贷款期限结构出现轻微恶化，但是仍然可以认为，2015年辽宁省银行业暂不存在期限结构错配风险。如图15.4所示。

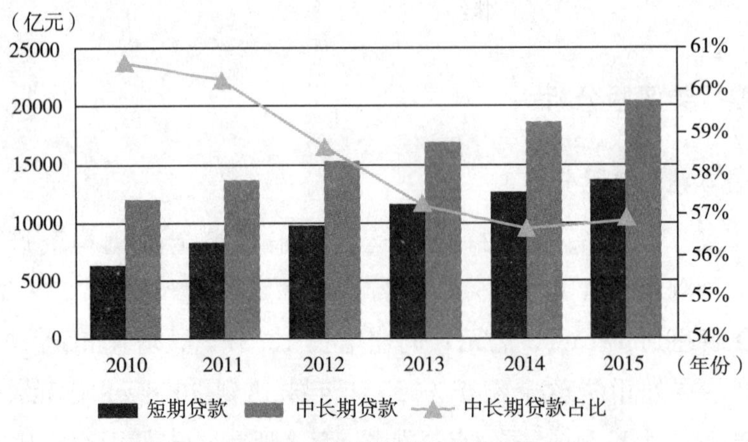

图15.4　辽宁省银行类金融机构贷款结构

（三）货币错配分析

2015年，辽宁省银行业外币贷款规模继续缩小，减小幅度进一步扩大，外币存款也出现了小幅度的减少，因此外币存贷比有所下降。如图15.5所示。具体来看，截至2015年年末，辽宁省银行类金融机构外币存款余额达到141亿美元，相比2014年减少了6%；外币贷款余额为238亿美元，同比减少了2.41%。外币贷款减少幅度明显高于外币存款减少幅度导致2015年外币存贷比达到168.79%，同比下降24.54个百分点。辽宁省金融机构外币存贷比与国内其他省份相比尚处于安全范围之内，但自2010年以来逐年上升，虽然从2013年开始又逐渐好转，但是仍然应防范货币错配风险。

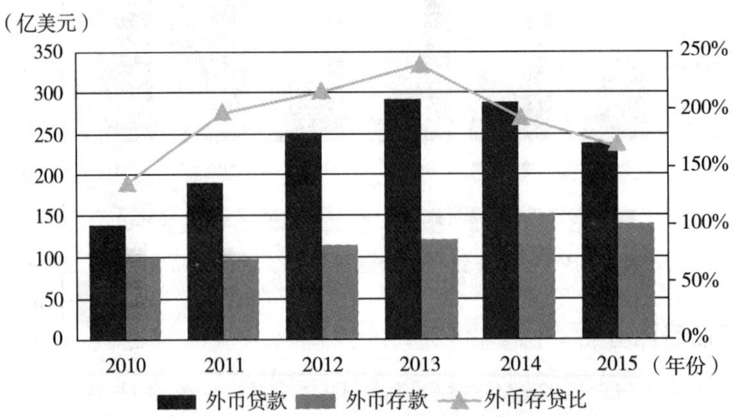

图15.5　辽宁省金融部门外币存贷款余额与外币存贷比

二、保险类风险分析

2015 年，辽宁省保险业继续维持较快的发展势头，保费收入持续保持较高的增长速度，于 2015 年年末达到了 941.4 亿人民币，同比增幅高达 24.40%，相比于 2014 年增加了 2.8 个百分点。保险深度达到 3.28%，相比 2014 年提高 0.64 个百分点。如图 15.6 所示。

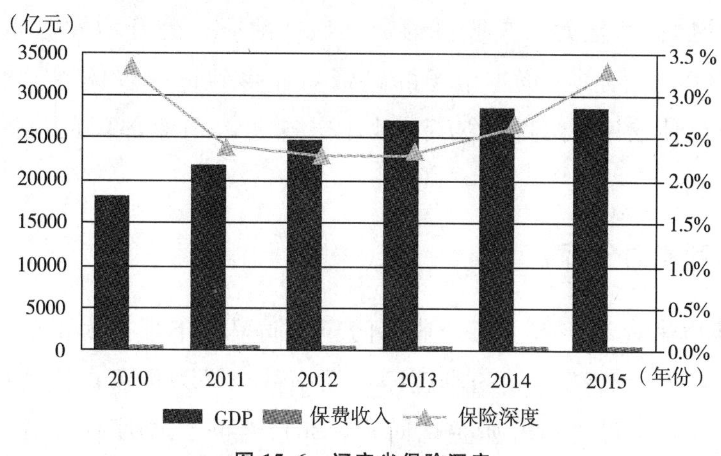

图 15.6　辽宁省保险深度

辽宁省保险业保费增长率于 2010 年达到近年来最高点 31%，2011 年骤降为负值。如图 15.7 所示。2011 年以来保费增长率呈稳定上升的态势，2015 年达到 24.40%，同比上升 2.8 个百分点。全年保险赔付支出持续大幅上升，2015 年年末达到 371.8 亿元，同比增长 27.81%。保险赔付率达到 39.49%，较前两年略有提升，但是有关部门仍然要警惕境内保险公司偿付能力风险。

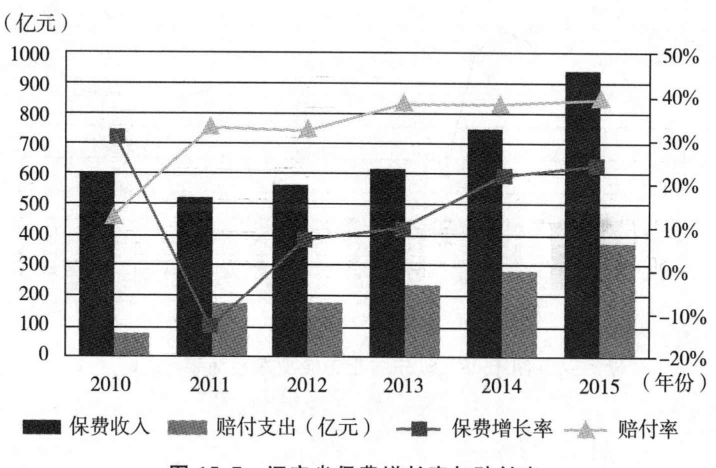

图 15.7　辽宁省保费增长率与赔付率

第5节　辽宁省上市企业部门风险分析

除去金融行业相关上市企业，截至2015年年末辽宁省全省境内上市企业达到76家，主要分布在汽车整车与零部件、房地产开发、化学制品、通用设备等领域。2015年，辽宁省年内累计实现境内融资218.3亿元，其中首次公开发行融资18亿元，A股再融资（包括配股、公开增发、非公开增发、认股权证）200.3亿元，资本市场的融资功能得到进一步体现。本节主要运用账面资产负债表和或有权益方法对辽宁省上市企业部门的风险状况进行分析。

一、盈利能力分析

2010年以来，辽宁省上市企业部门净利润率基本维持为正值，但利润率波动幅度比较大。2012年第一季度净利润率甚至降为负数，达到最近几年最低点－0.43％，不过之后开始企稳回升，2015年前三季度辽宁省上市企业部门净利润率分别为5.43％、4.41％和3.93％，季度平均利润率为4.59％，相比于2014年的4.8％略有下降，如图15.8所示。辽宁省上市企业部门在2015年经营状况出现恶化，利润率略有下降，受原材料价格上升且国内外需求不振影响，亏损主要集中在东北制药、方大化工等化学制药、化工新材料领域。

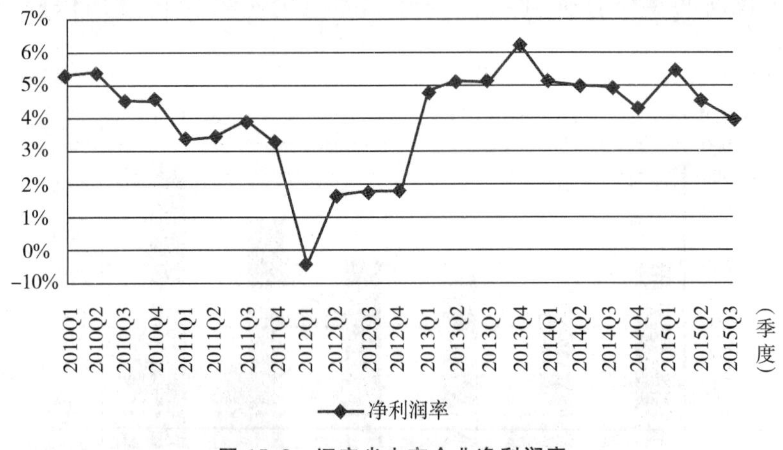

图15.8　辽宁省上市企业净利润率

一、账面价值资产负债表分析

（一）资本结构错配分析

2015 年，辽宁省上市企业部门资本结构错配风险有所缓解。如图 15.9 所示。具体来看，辽宁省上市企业部门总资产和总负债都具有第一季度较低，第二、第三季度较高的特征，资产负债率也符合这一特征，虽然第二和第三季度资产负债率相比第一季度较高，但总体而言低于 2014 年同期水平。2015 年三个季度平均资产负债率为 55.20%，2014 年的季度平均资产负债率则为 60.76%，比 2015 年高出 5.56 个百分点。截至 2015 年第三季度末，资产总额下滑到 7244.60 亿元，负债总额下滑为 4117.61 亿元，如图 15.9 所示。辽宁省上市企业的资产负债率在 2011 年和 2012 年较高，2013 年到 2015 年都略低于前两年。

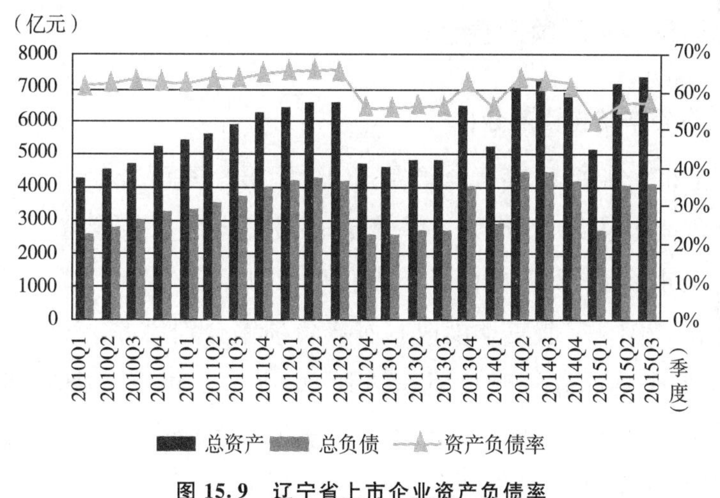

图 15.9　辽宁省上市企业资产负债率

（二）期限错配分析

2010 年第一季度以来，辽宁省上市企业部门流动资产规模始终小于流动负债规模，流动比率一直处于 90% 以下，直到 2012 年第四季度达到 91.75%，2013 年基本维持在 90%以上，到 2014 年又出现波动。2015 年前三季度的流动性比率变动趋势基本与 2014 年一致，都是第一季度较高，超过 90%，但后两个季度都比较低。就流动性比率的季度平均水平而言，2015 年为 73.02%，比 2014 年低 8.37 个百分点，因此期限错配问题逐渐恶化。如图 15.10 所示。总体来看，辽宁省上市企业部门流动比率始终低于国际公认的下限 100%，并且流动性比率逐年下降，反映了辽宁省上市企业部门资产流动性管理有待加强，有关部门应警惕企业短期偿债能力不足，防止期限错配风险进一步扩大。

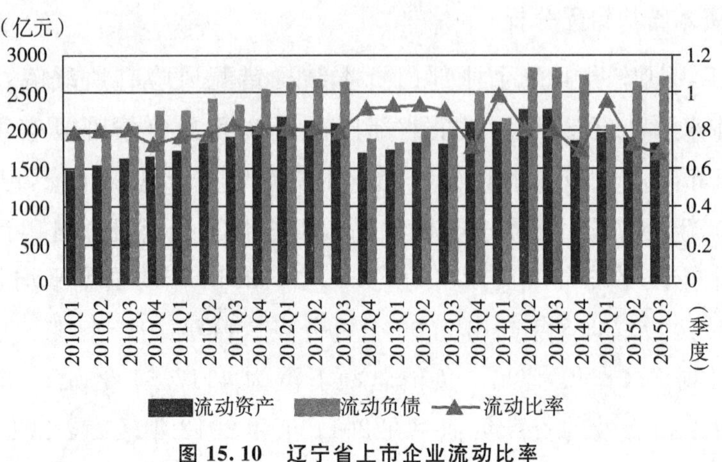

图 15.10　辽宁省上市企业流动比率

三、或有权益资产负债表分析

（一）或有资本结构错配分析

辽宁省上市企业部门或有资产从 2010 年第一季度开始一直保持下降的趋势，或有负债也从 2010 年第三季度到达最高点之后持续降低，截至 2015 年第三季度上市企业部门或有资产市值为 2547.48 亿元，或有负债市值为 2176.83 亿元。2015 年前三季度或有资产负债率分别为 85.66%、86.88%和 85.45%，季度平均或有资产负债率达到 86.00%，相比于 2014 年季度平均水平出现回落，但是仍然处于较高水平，表明上市企业部门存在较明显的市场风险。如图 15.11 所示。

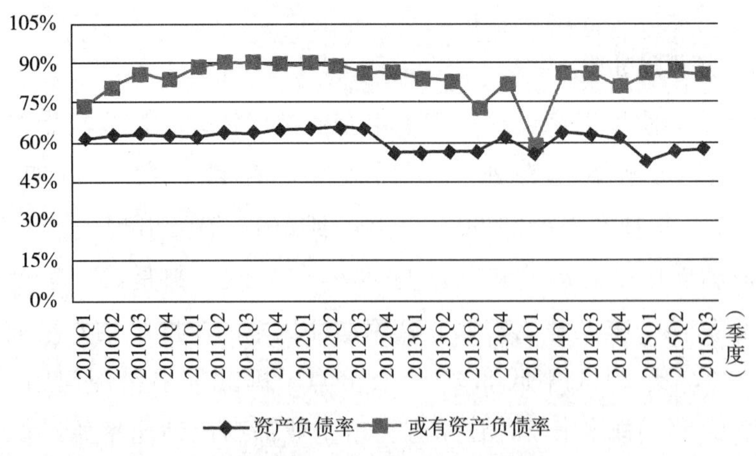

图 15.11　辽宁省上市企业账面资产负债率与或有资产负债率

（二）违约风险分析

如图 15.12 所示，2010 年以来，辽宁省上市企业部门违约距离处于波动上升的态势，具体来看，2015 年前三季度违约距离分别为 3.75、3.85 和 3.30，季度平均违约距离为 3.63，相比 2014 年增加 0.39，虽然增幅不大，但仍然显示上市企业部门违约概率有所下降，违约风险有所减小。虽然 2015 年上市企业部门违约距离继续保持稳定上升的趋势，但是仍然低于 2010 年和 2013 年，说明辽宁省上市企业 2015 年经营状况一般，企业仍然有可能出现违约。

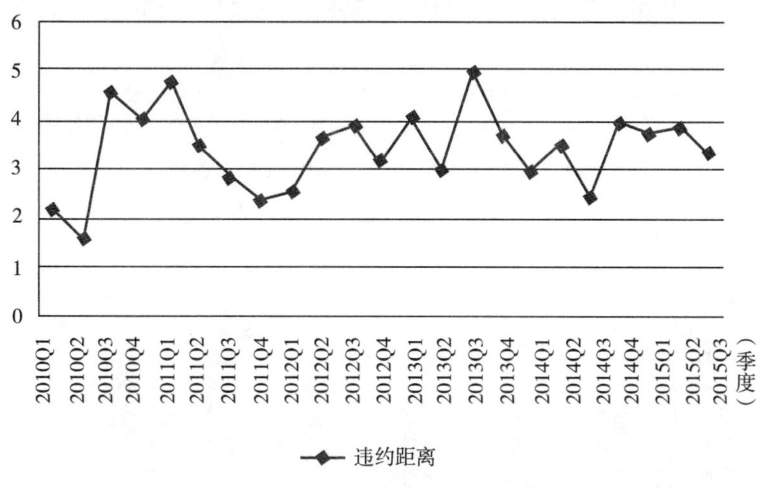

图 15.12 辽宁省上市企业违约距离

第 6 节 辽宁省家户部门风险分析

2015 年，辽宁省城镇居民人均可支配收入持续增加，达到 31126 元，但是增速仍持续下降，相比 2014 年只增加了 7%，增速比 2014 年减少了 2.2 个百分点；农民纯收入为 12057 元，和城镇居民人均可支配收入一样，增速也在持续下降，相比于 2014 年增幅只有 7.7%，增速减少了 2.4 个百分点，如图 15.13 所示。虽然近年来辽宁省城乡差距有所缩小，全年辽宁省城镇居民人均可支配收入和农民纯收入增速在全国均处于中等偏下地位。

2015 年，辽宁省个人消费贷款快速增长，于年末达到 4768 亿元，相比 2013 年增长 10.75%。城乡居民储蓄存款稳步增长，达到 23701 亿元，同比增长 8.27%，增速相比 2014 年略有下滑。个人消费贷款增速显著高于城乡居民储蓄存款增速，导致 2015 年辽宁省家户部门存贷比达到 20.12%，比

2014 年略有提高，如图 15.14 所示。辽宁省家户部门存贷比在东北三省中居于首位，但仍处于安全范围之内，暂不存在明显风险。

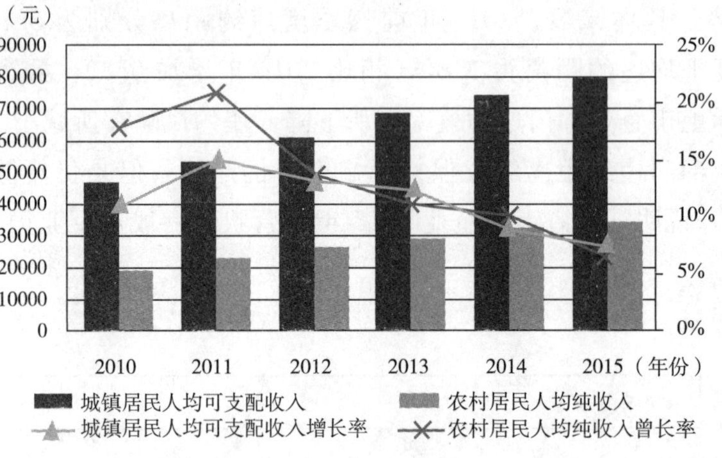

图 15.13　辽宁省城镇居民可支配收入与农民纯收入

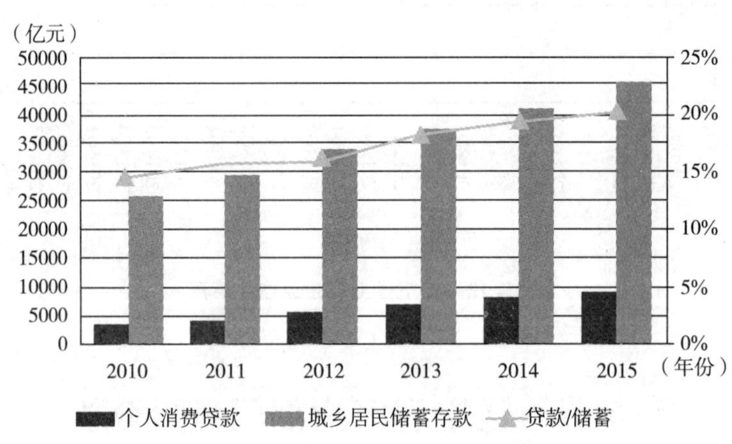

图 15.14　辽宁省家户部门储蓄存款与消费贷款

第 7 节　金融风险管理与经济发展战略

本章以 2015 年辽宁省公共部门、金融部门、上市企业部门和家户部门的数据为基础，通过资产负债表方法和或有权益分析法（CCA）分析了四个部门的宏观金融风险。从公共部门来看，2015 年辽宁省财政收入显著减少，财政缺口占 GDP 的比重却大幅提升，这表明公共部门风险略有恶化，部分地方融资平台经营不善、盈利能力不强的问题逐渐凸显，但总体风险是可控的。从金融部门来看，银行业贷款期限结构进一步优化，本币存贷比与外币存贷比有所下降，有关部门应加强对资本结构错配风险与货币错配风险的防范。全年保险业保费增长率基本保持平稳，保险赔付率达到 2011 年来最高点，保险的风险保障作用得到更好的发挥。从上市企业部门来看，2015 年，辽宁上市企业经营状况良好，基本保持不变，盈利能力有所下降，账面资产负债率与或有资产负债率均出现小幅度回落，但仍然处于较高水平，这表明辽宁省资产流动性管理需要加强。从家户部门来看，2015 年辽宁省家户部门存贷结构合理，城镇居民可支配收入与农民纯收入水平都保持增长趋势不变，并且处于全国前列，但收入增速不大，有待进一步提高。

针对辽宁省经济金融运行中存在的问题，我们提出如下政策建议：

第一，辽宁省作为东北地区发展最快的省份要加快转变经济发展方式，调整产业结构，减少发展过程中的资源消耗。

第二，金融部门要加大对经济结构转型的服务力度，优化金融生态环境，提升信贷质量，重点支持战略性新兴产业发展。

第三，上市企业部门应加强自身研发能力，完善内部管理机制，增强自身盈利能力与抵御市场风险的能力。

参考文献

[1] 辽宁省统计局：《2010—2015 年辽宁省国民经济和社会发展统计公报》。

[2] 辽宁省统计局：《2010—2015 年辽宁省统计年鉴》。

[3] 中国人民银行：《2010—2015 年辽宁省金融运行报告》。

第 16 章　吉林省宏观金融风险研究

在中国经济增速明显放缓以及国内外经济下行的大背景下，2015 年吉林省经济运行放缓，产业发展的不均衡问题使经济快速增长束手束脚，经济结构调整也是举步维艰。全省公共部门财政缺口占地区生产总值的比重大幅上升，地方融资平台对土地财政的依赖问题十分突出，上市企业部门总体净利润率呈下滑趋势，主要亏损出现在化工、建材等相关行业，账面资产负债率与流动比例等指标有所改善，有关部门仍然需要警惕相关风险的恶化与传染。

第 1 节　吉林省宏观金融风险概述

从经济运行情况来看，2015 年吉林省全年地区生产总值达到 14274.11 亿元，与 2014 年相比增长 6.5%，增速基本保持不变，低于全国平均水平。2015 年，吉林省城乡收入均实现较快增长，城乡差距进一步缩小，但增长率均有所下降。受食品价格上涨的推动，吉林省 CPI 指数累计上涨 1.7%，与 2014 年相比下降 0.3 个百分点。从金融运行情况来看，2015 年吉林省银行业金融机构资产规模不断扩大，截至 2015 年年末总资产为 27153 亿元，同比增长 19.76%。全年存贷款余额稳中有增，其中存款余额同比增长 13.1%，增速相比 2014 年有所回升。贷款余额同比增长 20.6%，增速上升 3.6 个百分点[①]。银行业信贷资产质量进一步提升，全省全年不良贷款率为 1.48%。全年保险业取得快速发展，保费收入达到 431.32 亿元，为 2010 年以来最高水平，同比增长 30.22%，增速相比 2014 年上升 6.31 个百分点，保险主体抗风险能力进一步增强。保险密度达到 1567 元/人，保险深度为 3.02%。此外，保险的支农惠农作用得到更好的发挥，农业保险的承保品种与保费收入均创历史新高。

2015 年吉林省的宏观金融风险集中体现在两个方面。一方面，产业结构侧重重工业、资源型产业占比过高的经济结构是造成吉林省经济增速放缓的主要原因。在国内外经济下行的背景下，第三产业欠发达导致吉林省地方经济和就业的负担很重。具体来看，吉林省全年完成固定资产投资 12704.27 亿元，与 2014 年相比增长 12%，低于中国平均水平，增速同比下降 3.1 个百分点，投资放缓趋势明显。从资金来源来看，民间资本较为薄弱、经济开放程度不高的问题较为明显；从资金去向来看，第二产业特别是制造业所占投资总额比重显著高于其他行业，说明吉林省经济转型还任重道远。

第 2 节　文献综述

近年来，我国学者对吉林省的经济和金融发展的研究主要集中于金融对经济或者某一产业的支撑作用，对吉林省金融风险研究主要集中于广大农村的金融风险和农户的贷款风险。

在经济和金融发展方面，梁伟（2007）从总量及结构、投向及收益两个角度介绍了 2001－2006 年吉林省金融机构的信贷增长状况，然后分析了金融机构的信贷增长与吉林省经济发展的相关性，总结了五个制约吉林省金融机构信贷增加和经济增加协调发展的主要问题，并针对这些问题，在探讨吉林省经济金融协调发展的内部外部条件的基础上，对“十一五”期间吉林省经济与金融协调发展提出了建议。张亮（2013）研究了金融对于区域经济增长的支撑能力，在总结吉林省经济和金融发展现状与问题的基础上，分析了吉林省金融业对经济增长的支撑作用，然后选取了 2001－2010 年的 FIR、CS、MLL 和 GDP 等指标做了实证检验，结果发现金融发展和金融效率的提高对于 GDP 都存在明显的正向作用，长期贷款占比的提高会促进吉林省经济的增长，由此作者探讨了吉林省金融业在支持经济发展中存在的问题及其成因，并提出了对应的政策建议。王晓婷（2014）研究了吉林省金融业对高新技术产业的支持，作者首先对高新技术产业和金融支持理论作了简要概述，然后分析了吉林省高新技术产业的金融支持的发展现状和存在的问题，然后选取 1997－2011 年吉林省高新技术产业总产值作为被解释变量，吉林省银行贷款总额、股票交易额、R&D 经费投入等金融指标为解释变量作了回归分析，结果说明银行贷款的增减会带来高新技术产业大幅度的同向变动，而股票交易额的变动会使得高新技术产值有较小幅度的同向变动。

在金融风险方面，陈育红、闫鹏远（2014）以吉林省吉林市为例研究了系统性金融风险预警体系的建设问题，阐述了吉林省系统性金融风险发生的原因，并初步建立了系统性金融风险预警体系，包括预警指标、界限、结果、处置措施等。马宁、王鹏（2010）对吉林省农村金融发展现状作了述评，剖析了目前吉林省农村金融发展存在的问题，认为吉林省农村金融体系变革的滞后严重影响着吉林省农村经济的发展，然后针对问题提出了相应政策建议，认为改善吉林省农村金融现状，第一要增强政策性金融支农力度，第二商业性金融要在商业化运作的基础上服务“三农”，第三要保证农村合作性金融的可持续发展，第四要规范发展农村新型金融机构，第五要积极引导和规范农村非正式金融。崔楠（2013）通过对吉林省农户贷款和贷款风险防控现状的分析，认为吉林省农行主要面临农户贷款的信用风险、操作风险、市场风险及声誉风险，虽然整体可控，但风险呈上升趋势，然后提出了全程化管理和精细化管理的农户贷款风险防范措施。郑美江（2013）概述了农地金融制度理论和吉林省农地金融制度的变迁，对吉林省农地金融的发展现状进行了分析，并借鉴国内外经验，对吉林省农地金融制度的发展提出了政策建议。

第3节　吉林省公共部门风险分析

2015年，吉林省一般预算收入与一般预算支出持续增长，财政缺口进一步加大，缺口占GDP的比重大幅度提升。在经济下行背景下，2015年吉林省全年一般预算收入为1229.3亿元，同比增长2.20%，相比于2014年收入增长率下滑1.8个百分点，为2010年以来最低水平。一般预算支出达到3217.1亿元，同比增长13.93%，为2010年以来最高水平，与收入增长率成鲜明对比，一般预算支出大幅增加背后的原因在于政府大力投入重点民生项目与基础设施建设等保障性项目，从2007年开始吉林省一直将预算收入的70%用于民生项目。一般预算缺口占GDP的比重增加到13.93%，相比于2014年提高了1.59个百分点，这表明公共部门的风险加剧，如图16.1所示。

自2010年以来，吉林省一般预算支出和收入增长率比值的变化趋势呈现J形，表明一般预算支出的增长率相对于收入增长率而言逐年加大，而收入增长率相对于支出增长率逐年减小，2015年这一比值达到472.73%，为2010年以来最高点，远远高于上一年，如图16.2所示。

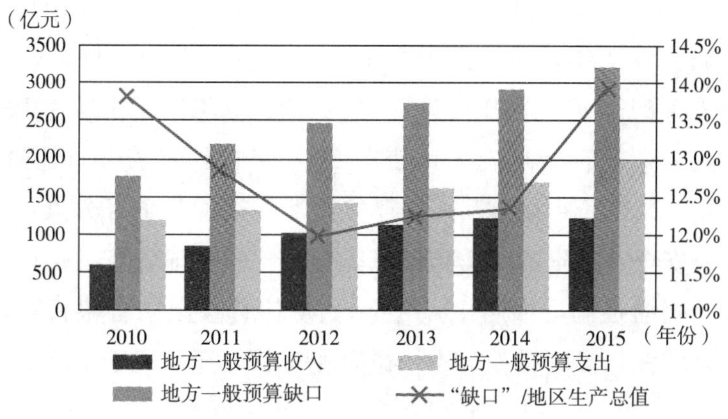

图 16.1　吉林省地方财政收支情况

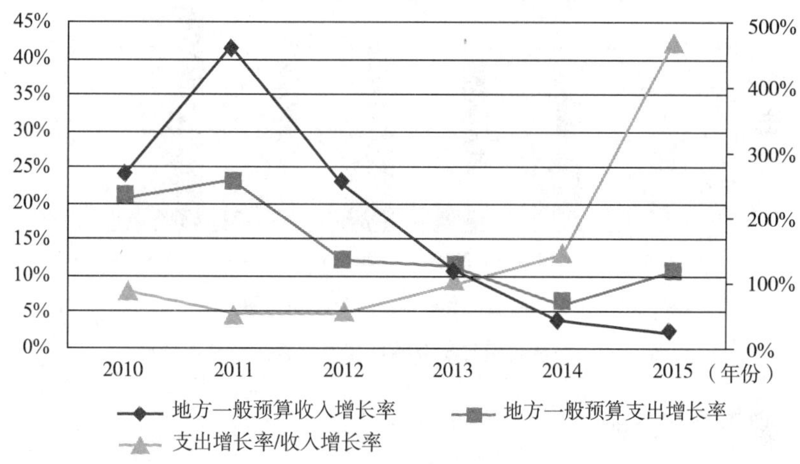

图 16.2　吉林省地方财政收支增长率

总体而言，2015 年经济下行背景下一般预算支出增长率的急剧增加和一般预算收入增长率急剧下跌，使得吉林省公共部门财政缺口风险大幅加大，有关部门应注意一般预算收入与支出相匹配的问题。

第 4 节　吉林省金融部门风险分析

一、银行类风险分析

（一）资本结构错配分析

2015 年，吉林省银行机构资产规模持续扩大，总资产为 27153 亿元，同比增长 19.76％。2015 年国内资金整体偏紧的状况逐渐改善，因此本外币存

款余额增速出现回升，截至 2015 年年末达到 18683.5 亿元，同比增长 13.10%，相比 2014 年增速上升了 2.1 个百分点。本外币贷款余额进一步增加，达到 15308.84 亿元，同比增长 20.6%，与 2014 年相比增速上升了 3.6 个百分点。贷款增速比存款增速大，使得 2015 年吉林省的存贷比进一步增大，达到 81.94%，高出商业银行 75%的存贷比上限接近 7 个百分点，虽然与其他省市相比相对安全，但资本结构错配风险已经比较明显，有关部门要加强对资本结构错配风险的控制，如图 16.3 所示。从信贷投向来看银行贷款对重点领域的支持显著增强，涉农贷款与中小微企业贷款增速均高于贷款余额增速。

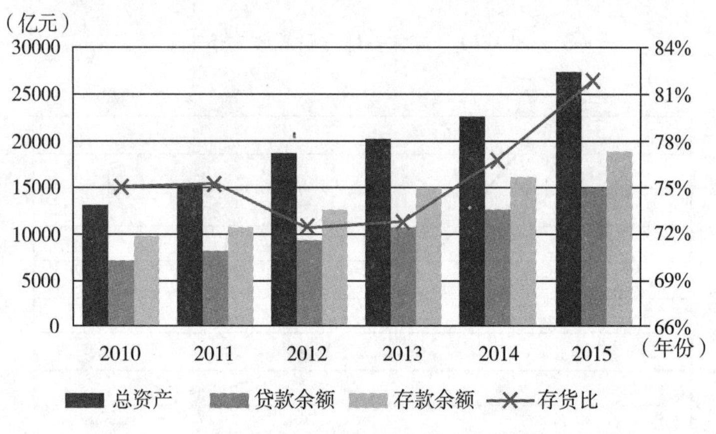

图 16.3　吉林省银行类金融机构存贷款余额与存贷比

（二）期限错配分析

2015 年，吉林省银行类金融机构中长期贷款占比有所增加，期限错配风险加剧。如图 16.4 所示。截至 2015 年年末，吉林省金融机构中长期贷款余额为 8425.8 亿元，与 2014 年相比增长 13%。中长期贷款占各项贷款余额的比重由 2014 年的 45.47%提高到 55.42%，银行业资产的流动性有所下降。

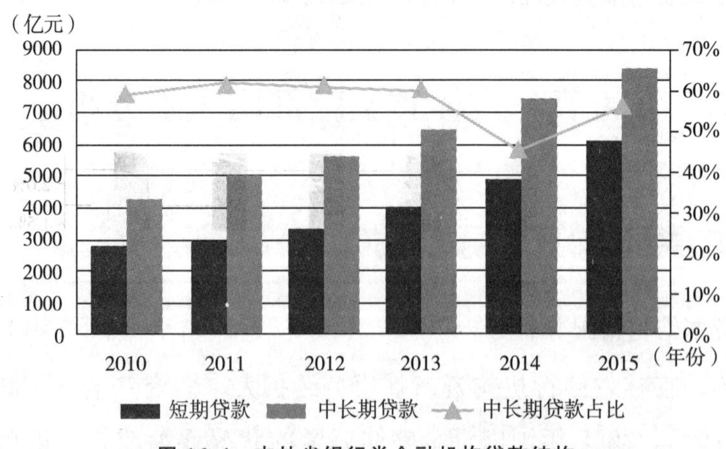

图 16.4　吉林省银行类金融机构贷款结构

(三) 货币错配分析

如图 16.5 所示，2015 年，吉林省外币贷款余额有所下降，外币存款大幅增长。具体来看，外币存款余额为 28.4 亿美元，同比增长 37.86%。外币贷款余额为 16.3 亿美元，保持 2014 年的负增长趋势，相比 2014 年下降 7.91%。2011—2015 年外币存贷比呈逐年下降态势，2014 年外币存贷比达到 57.39%，低于中国平均外币存贷比。

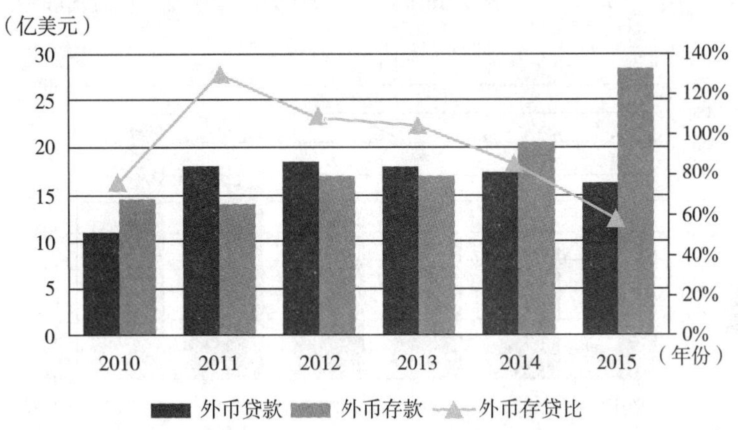

图 16.5　吉林省金融部门外币存贷款余额与外币存贷比

二、保险类风险分析

吉林省保险业自 2011 年以后一直保持增长势头，2015 年持续平稳增长。截至 2015 年年末吉林省保险密度达到 1567 元/人，保险深度达到 3.02%。2015 年吉林省保费收入大幅度增长，于年末达到 431.32 亿元，同比增长 30.70%，如图 16.6 所示。各类保险业务的覆盖范围逐步扩大，保险业对吉林经济发展的服务功能得到增强，对吉林省重大项目建设以及进出口贸易等领域的风险保障起到了重要作用。

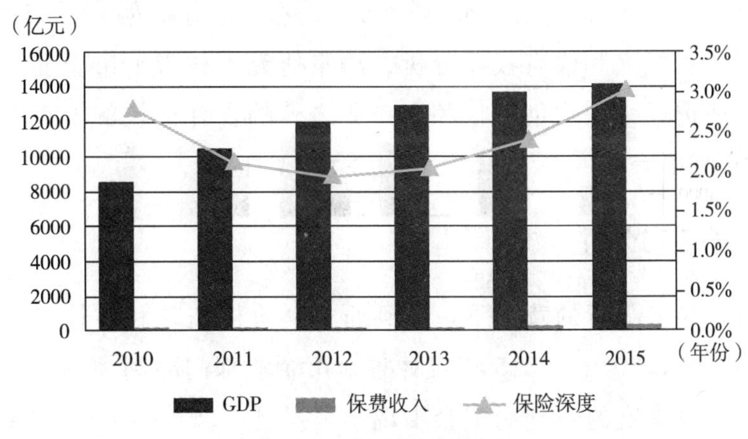

图 16.6　吉林省保险深度

2010年以来，吉林省保费增长率很不稳定，波动现象比较明显，2011年增长率由29.35%骤降至6.64%，并在2012年之后进一步降低为4.10%，为近6年来最低点。随后保费增长率开始稳步回升，2015年达到30.70%，超过2010年水平。2015年全年吉林省保险赔付总支出126.54亿元，同比增长12.91%。全年保险业赔付率持续下降，为29.34%，同比下降4.62个百分点，如图16.7所示。赔付率从2010开始的连续四年的上升态势在2014年有所缓解，到2015年进一步降低，有关部门要注重防范保险公司偿付能力风险。

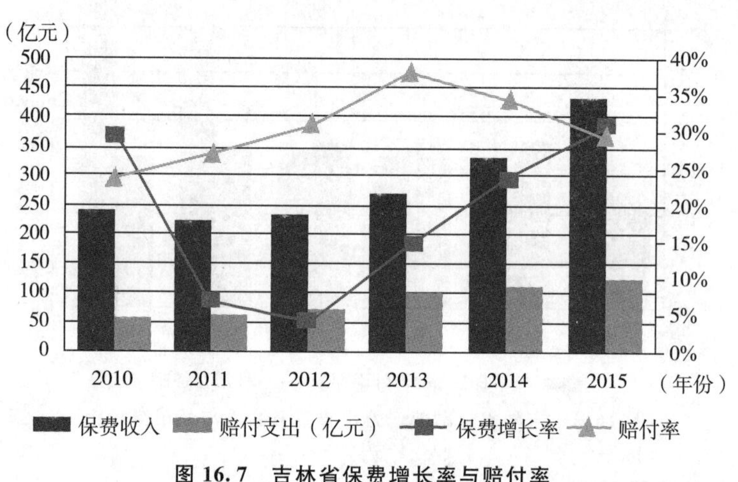

图16.7 吉林省保费增长率与赔付率

第5节 吉林省上市企业部门风险分析

截至2015年年末，吉林省境内上市企业达到40家，与上一年持平，主要分布在石油化工、建材、汽车整车与配件、生物制药等行业。上市公司总资产在东北地区中处于末位，资本市场的融资作用有待进一步利用。全年全省证券市场股票、基金交易总量41208.10亿元，直接融资渠道得以拓宽。本节采用资产负债表和或有权益分析方法来研究吉林省上市企业部门的宏观金融风险，所选样本为除创业板和金融业之外的吉林板块的上市企业。研究期间为2010年第一季度至2015年第三季度。

一、盈利能力分析

在国内外经济下行的背景下，受到原材料价格波动和实体经济不景气等因素的共同影响，2010—2015年吉林省上市企业部门净利润率基本保持下滑趋势，只有少数季度的净利润率会出现小幅提升。2015年前三季度的净利润率一直保持下滑，三个季度的净利润率分别为 5.80%、5.55%和 5.18%，季度平均净利润率为 5.51%，相比于 2014 年的 6.93%下降了 1.42 个百分点，如图 16.8 所示。亏损主要集中在一批建筑材料和化工企业，这主要是由于相关市场低迷，制造业受到冲击且劳动力价格持续走高所致。

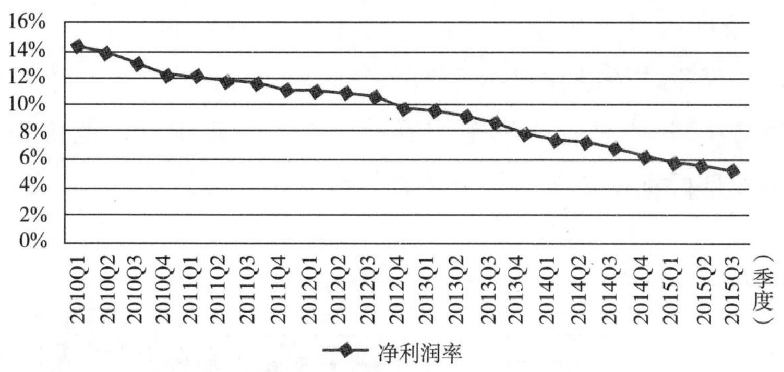

图 16.8　吉林省上市企业净利润率

二、账面价值资产负债表分析

（一）资本结构错配分析

2015 年，吉林省上市企业部门资本结构错配风险得到改善。2015 年前三季度全省上市企业总资产规模略有提高，而总负债规模有小幅减少，因此资产负债率呈下降趋势，截至 2015 年第三季度上市企业部门资产总额达到 3075.00 亿元，负债总额达到 1833.89 亿元，如图 16.9 所示。2015 年吉林省上市企业三个季度的资产负债率基本保持下降趋势，分别为 60.96%、59.24%和 59.64%，季度平均资产负债率为 59.95%，相比 2014 年下降了 2.76 个百分点，资本结构错配风险有所降低。

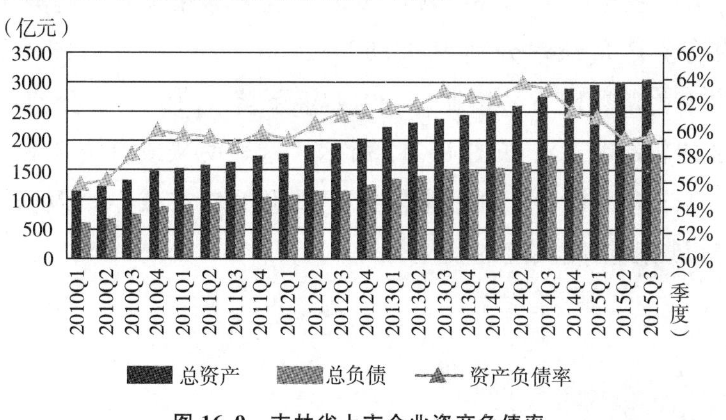

图 16.9　吉林省上市企业资产负债率

（二）期限错配分析

2010 年一季度以来，吉林省上市企业部门流动比率始终保持在 100%以上，暂不存在明显的期限错配风险。如图 16.10 所示，截至 2015 年第三季度，吉林省上市企业流动资产为 1532.00 亿元，流动负债降为 1419.02 亿元。2015 年三个季度吉林上市企业部门流动比率分别为 114.60%、110.45%和 107.96%，季度平均流动比率为 111.00%，与 2014 年相比下降了 0.59 个百分点。虽然 2015 年吉林省季度平均流动比率进一步降低，但仍高于 100%，因此上市企业部门期限错配风险并不高。

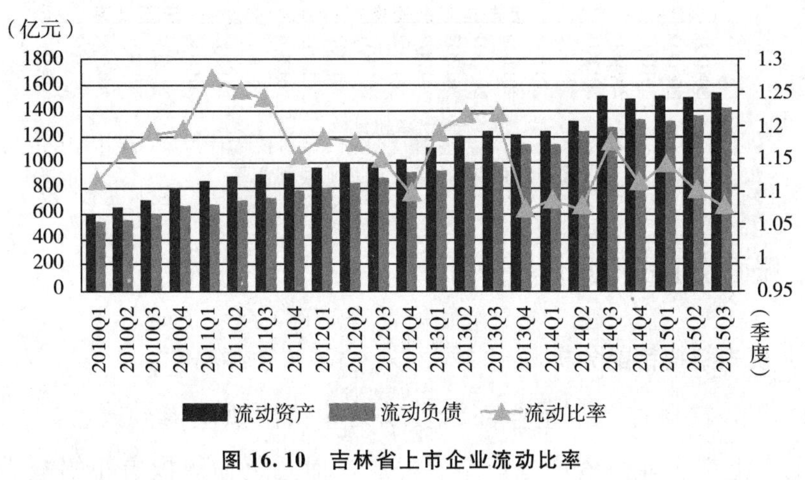

图 16.10　吉林省上市企业流动比率

三、或有权益资产负债表分析

（一）或有资本结构错配分析

2015 年，吉林省上市企业部门或有资产以及或有负债规模都呈现出小幅度的上升态势，三个季度的或有资产负债率也基本保持下滑趋势。2015 年三个季度的或有资产负债率分别为 68.97%、65.18%、73.41%，季度平均或有资产负债率为 69.19%，相比于 2014 年下降 7.16 个百分点，但仍处于 2010 年以来的较高水平，如图 16.11 所示，这表明从或有资产和或有负债的角度来看，辽宁省上市企业部门期限错配风险虽然在减小，但仍然较高，有关部门要警惕期限错配风险的发生。

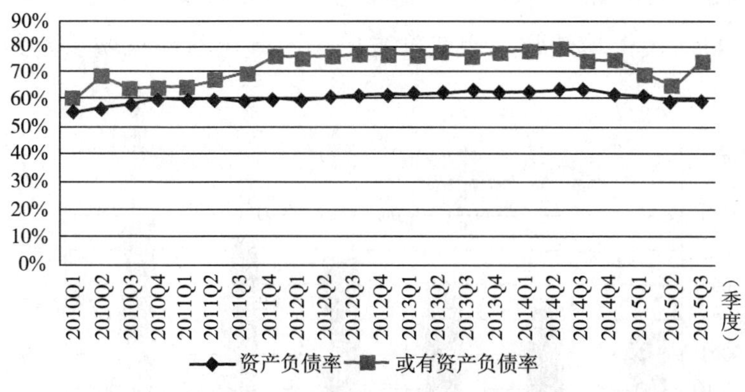

图 16.11　吉林省上市企业账面资产负债率与或有资产负债率

（二）违约风险分析

受经济下行压力和 2015 年股灾的影响，2015 年吉林省上市企业部门经营状况不佳，第三季度违约距离更是达到近六年来低谷 1.48，2015 年前三季度吉林省上市企业部门的违约风险很大。2015 年前三季度吉林省上市企业部门平均违约距离为 2.82，与 2014 年的 4.6 相比违约概率显著提高，如图 16.12 所示。总的来说，吉林上市企业部门违约距离在 2014 年以前上升趋势较为稳定，但在 2015 年出现下降趋势，违约风险发生恶化，有关部门要注重防范企业违约的发生。

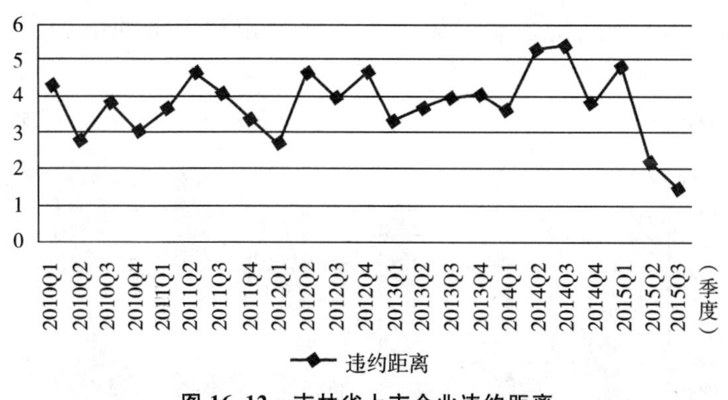

图 16.12　吉林省上市企业违约距离

第 6 节　吉林省家户部门风险分析

2015 年，吉林省城镇居民人均可支配收入达到 24901 元，同比增长 7.2％，相比于 2014 年增速下降了 1.6 个百分点。农村居民人均纯收入达到 11326 元，同比增长 5.1％，相比于 2014 年增速下降了 5.1 个百分点，下降幅度较大。如图 16.13 所示。2015 年，虽然吉林省城乡收入均实现稳步增长，但是农村居民人均纯收入增速放缓比较严重，不利于城乡差距的进一步缩小。

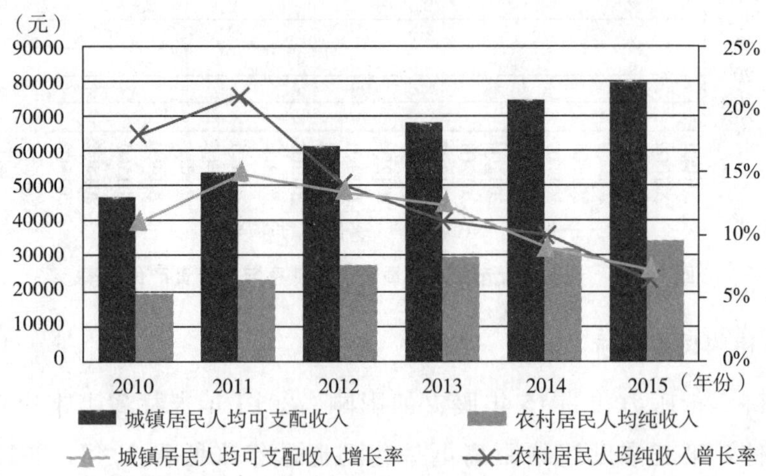

图 16.13　吉林省城镇居民可支配收入与农民纯收入

截至 2015 年年末，吉林省个人消费贷款余额显著增多，达到 2216.9 亿元，同比上涨 21.88%。城乡居民储蓄存款余额达到 9543.8 亿元，同比上涨 10.13%。个人消费贷款与城乡居民储蓄存款的比值自 2010 年开始始终保持上升态势，并于 2015 年达到 23.23%。如图 16.14 所示。与其他省市相比，吉林省家户部门存贷结构合理，风险水平处于相对安全的范围之内。

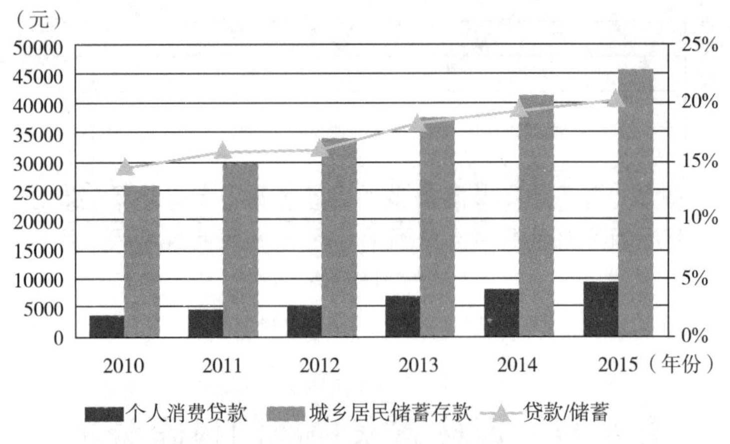

图 16.14　吉林省家户部门储蓄存款与消费贷款

第 7 节　金融风险管理与经济发展战略

本章主要运用资产负债表和或有权益分析方法从公共部门、金融部门、上市企业部门和家户部门四个方面对吉林省宏观金融风险状况进行了分析。

吉林省拥有丰富的资源和卓越的地理位置，在新中国成立初期就形成了一批重工业企业与国有企业，为我国工业发展作出了巨大贡献。但是随着全面深化改革的逐步推进，东北老工业基地的发展也面临很多挑战。从吉林省的现状来看，面临的主要挑战在于产业结构较为单一，主要表现在重工业所占比重过高而服务业发展滞后，这使得吉林省经济转型存在较大的难度。

从整体经济发展来看，2015 年吉林省经济发展总体保持平稳，地区生产总值在中国处于较低水平，增速基本与 2014 年保持不变，但固定资产投资大幅下降。有关部门应注重推进经济结构的深化改革，以此带动三大产业协同发展。全年金融业蓬勃发展，信贷资产质量逐步提升，资本市场的直接融资作用进一步发挥，保险业对经济的风险保障功能得到体现。

从公共部门来看，2015 年吉林省财政收支均实现平稳增长，财政缺口持续扩大，缺口占 GDP 的比重大幅上升，全省政府性债务风险仍然处于可控范围之内。从金融部门来看，银行类金融机构本币存贷比有所上升，外币存贷比有所下降，但是整体期限错配风险与货币错配风险并不明显；保险业蓬勃发展，业务覆盖范围继续扩大，保费收入与保险深度均有所提高。保费增长率略高于赔付率，有关部门仍然应注意防范保险公司偿付能力风险。从上市企业部门来看，全年经营状况不佳，净利润率持续下降，账面资产负债率、账面流动性比率以及或有资产负债率相比 2014 年均有所下降，这表明 2015 年吉林省上市公司结构错配风险和期限错配风险大幅下降，相关风险主要集中在化工、建材等领域。家户部门存贷结构合理，处于相对安全的范围内，存贷比始终处于上升趋势，反映家户部门消费观念有所改变。

针对吉林省经济金融运行中存在的风险，提出以下几点建议：其一，政府部门可加强地方债务平台风险的监管力度，建立健全风险预警机制与风险准备金制度，防范地方债务平台出现偿债能力不足的风险。同时，进一步优化财政收支结构，提高财政资金使用效率，加大对经济结构转型的支持力度，扶持与引导高新技术产业发展。其二，吉林省金融业体量较小，发展较慢。有关部门应进一步健全金融业态，优化金融生态环境，提高资产质量与信贷资金使用效率，加大对小微企业及“三农”的支出力度，增强金融服务实体经济的能力。

参考文献

[1] 刘琼、方锦：《县域金融发展的现状，瓶颈与对策——以吉林省为例》，载《吉林金融研究》2014年第12期。

[2] 吉林省统计局：《2010—2015年吉林省国民经济和社会发展统计公报》。

[3] 吉林省统计局：《2010—2015年吉林省统计年鉴》。

[4] 中国人民银行：《2010—2015年吉林省金融运行报告》。

第 17 章　黑龙江省宏观金融风险研究

2015 年，黑龙江省经济金融运行良好，稳中有进。全年地区生产总值与规模以上工业增加值增速放缓明显。经济结构转型出现成效，三次产业结构有所优化。本章主要运用资产负债表方法和或有权益分析方法来度量与分析公共部门、金融部门、上市企业部门以及家户部门的风险状况，并提出相应的政策建议。

2015 年，黑龙江省公共部门一般预算收支平稳增长，财政缺口占 GDP 的比重相比 2014 年有所提高，财政风险有所加剧，应警惕能源价格波动对财政收入的影响。银行类金融机构本外币存贷比与外币存贷比均处于安全范围内，但应该警惕资本结构错配风险与货币错配风险。贷款中长期化现象有所缓解，期限错配风险进一步下降。上市企业部门经营状况有所改善，账面资产负债率基本保持平稳，账面流动比率、或有资产负债率等指标均出现恶化，违约风险大幅加剧。家户部门存贷结构合理，城乡居民生活水平稳步提高，城乡差距进一步缩小。

第 1 节　黑龙江省宏观金融风险概述

2015 年，在中国经济下行的宏观背景下，黑龙江省经济增长放缓趋势明显。全年全省地区生产总值 15083.7 亿元，按可比价格计算，GDP 相比 2014 年增长 5.7%，增速低于全国平均水平，经济增速在东北地区处于末位。具体分产业来看，黑龙江省三次产业增加值相比 2013 年分别增长 5.2%、1.2%和 10.4%，第二产业增速相比 2014 年下降 1.6 个百分点。作为推动全省经济主导力量的第二产业增长乏力导致黑龙江省经济增速显著下滑，但第三产业增速较高，表明经济结构转型持续推进。

2015 年，黑龙江省金融业稳健运行，金融实力再上一个台阶。截至 2015 年年末黑龙江省银行业总资产达到 33388.5 亿元，同比上涨 19.45%。本外币存款余额与贷款余额分别达到 21429.8 亿元和 16644.9 亿元，相比

2014年分别上涨10.33%和20.69%。全年全省银行业金融机构不良贷款率为3.58%。金融对实体经济的支持力度进一步增强，全省金融机构涉农贷款与中小微企业贷款均有显著增长。黑龙江省保险业在2015年保持良好的发展态势，截至2015年年末共有保险公司分支机构44家，保险业总资产突破千亿。全年保费收入达591.8亿元，同比增长16.60%。各类保险覆盖范围进一步扩大，农业保险取得突破进展，农业保险保费收入与赔付支出在中国均居于首位。

黑龙江省是东北地区面积最大的省份，石油、矿产自然资源丰富，也是中国第一产粮大省。2015年以来，在中国经济下行大背景下，黑龙江省经济发展面临诸多风险与挑战。从工业生产来看，以2013年为例，黑龙江省规模以上工业实现增加值4857.3亿元，增速为6.9%，在中国处于第29位。其中轻工业与重工业所占比重分别为20.4%和79.6%，产业结构偏重偏旧的问题较为突出。规模以上工业增加值中，有85.3%由四大主导产业（能源、石化、装备、食品）实现，其中能源产业增加值增长0.1%，增速相比2012年下降6.5个百分点，这是全年全省工业增加值增速下降的主要原因之一。一方面，石油开采等传统资源型行业增加值已连续多年为负，在国内外需求不振的背景下原油价格短期内难以回升，税收收入减少也给地方财政造成压力；另一方面，受中国产能过剩影响，黑龙江省煤炭行业仍面临很大困难，增长乏力。

第2节　文献综述

近年来，学者对黑龙江省的金融和经济的研究主要表现在两方面：一方面是区域经济增长与区域金融之间的关系；另一方面是金融对农村和农业发展的带动。

对于区域经济增长与区域金融关系，刘培路（2008）分析了金融发展和经济增长相互作用的机理，阐述了区域金融发展和经济增长的特殊性、理论关系、内生作用机制和传导机制，选取黑龙江省1986－2005年的生产总值、流通中的现金、银行存贷款、保费收入数据做了实证检验，结果表明黑龙江省金融发展是经济增长的格兰杰原因，这种格兰杰因果关系主要是单方向的。朴松花（2009）运用全要素生产率分析方法，从总量、供需结构角度对黑龙江省经济发展的动力因素进行评估，分析黑龙江经济增长的总体性特征，从理论上探讨了黑龙江金融发展影响区域经济的传导机制，并选取1978—2006年的黑龙江省名义GDP、年底人口数、价格指数、资本形成总额、就业总数和金融相关比率作了实证分析，发现黑龙江区域金融发展与经济发展之间呈负相关，但金融市场化与经济发展之间呈正相关。孙勇智（2013）研究了涉农区域经济发展的金融支持，阐述了黑龙江省不同层面的涉农经济的发展现状、特征以及差异性，从理论上分析了黑龙江省在总体城市经济发展的背景下涉农经济发展的金融支持以及相关方面的问题，选取黑龙江省各层次城市经济发展与金融支持方面的数据资料进行实证研究，认为农业信贷资金的投入可以促进农业增加值和农村人均纯收入的增长，同时农业增加值、农村人均纯收入和粮食产量的增长不一定能够促进金融机构农业信贷资金的需求增长。

对于金融对农村和农业的带动，姚增福（2008）研究了黑龙江省农业产业化的金融支撑体系，从理论上分析了农业产业化金融体系构建的必要性和可行性以及农业产业化对金融的需求和供给，并初步提出了农业产业化金融支持体系的构建原则和思路。黄鹤（2013）阐述了黑龙江省农村金融的沿革和发展现状，并进一步分析了当前黑龙江省农村金融发展存在的问题，包括农村金融服务体系不健全、农村金融资金供求不平衡、农村金融监管体系存在漏洞和农村民间金融不规范等，针对问题提出了推动黑龙江省农村金融发展的对策和建议。杨淼（2014）描述了黑龙江省农村经济和金融支持的现状，选取了1990—2012年第一产业生产总值作为农村经济增长变量、金融机构农业贷款余额作为金融支持变量作了实证研究，发现黑龙江省农村经济发展与金融支持间存在着显著的正向变化趋势，农业的发展和农村经济的增长对农村贷款的依存度很大，金融支持对黑龙江省农村经济的发展起着重要的推动作用，并针对黑龙江省农村金融支持存在的问题提出了政策建议。

第3节 黑龙江省公共部门风险分析

2015年，黑龙江省一般预算收入增速由于受结构性减税政策缓和的影响而大幅提高，总数达到1165.2亿元，相比2014年增长13.20%，同比多增11.22%。一般预算支出为4022.1亿元，同比增长17.12%，增速与2014年相比提高15.22个百分点，其中用于教育、社会保障、医疗卫生等民生领域的支出所占比重接近60%。财政缺口为2856.9亿元，占地区生产总值的比重达到 18.94%，与 2014 年相比有所提高。如图 17.1 所示。

从政府性债务情况来看，2015 年黑龙江省各级政府负有偿还责任的债务政府负有担保责任以及可能承担一定救助责任等或有债务都有所增加。主要原因在于，一方面，随着经济社会快速发展、城市化进程加快，仅依靠地方政府财政收入难以满足基础设施建设的需求，导致部分政府融资平台债务增长过快，而地方融资平台的资金大多来自银行体系，随之而来信贷风险不容忽视；另一方面，部分地方政府对土地出让收入依赖程度较高，而土地收入受宏观政策调控影响较大，稳定性与可持续性不强。有关部门应加强对政府性债务的监管，建立有效的风险预警体系。

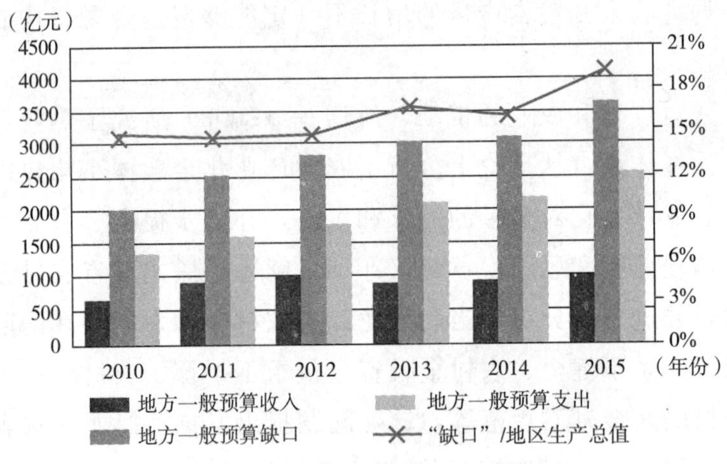

图 17.1　黑龙江省地方财政收支情况

此外，黑龙江省产业结构较为单一，经济增长较为依赖能源、石化等重工业，有关部门应警惕油价波动对全省地方财政收入的影响。如图 17.2 所示。总的来说，2015 年黑龙江省公共部门暂不存在明显风险，但财政收支结构有待进一步优化，政府性债务需要加强管理。

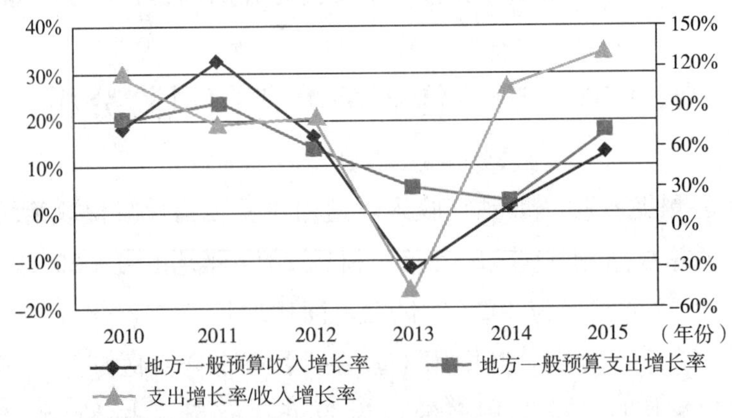

图 17.2　黑龙江省地方财政收支增长率

2010 年以来，黑龙江省公共部门一般预算收入增长率均高于一般预算支出增长率，到 2012 年之后一般预算支出增长率开始反超。2015 年黑龙江省一般预算收支均保持稳定增长，支出增长率与收入增长率的比值由 2014 年的 105.56％上升为 131.53％。

第 4 节　黑龙江省金融部门风险分析

一、银行类风险分析

（一）资本结构错配分析

2015 年黑龙江省银行业本外币存款余额与贷款余额均保持稳定增长，截至 2015 年年末存款余额达到 21429.8 亿元，同比增长 10.33％，增速相比 2014 年上升 4.15 个百分点；贷款余额达到 16644.9 亿元，同比增长 20.69％，增速相比 2014 年上升 3.64 个百分点。贷款增速显著高于存款增速导致黑龙江省 2015 年本外币存贷比超过 70％，高达 77.67％。如图 17.3 所示。从信贷投向来看，中小微企业贷款余额增速高于贷款余额平均增速，金融机构新增涉农贷款占全部新增贷款的近一半。

本外币贷款余额增速始终高于存款余额增速导致黑龙江省银行业本外币存贷比自 2009 年以来持续走高，2014 年本外币存贷比达到 71.01％，与 2013 年相比上升 6.6 个百分点，2015 年存贷比进一步上升 6.67 个百分点，资本结构错配风险有所上升。

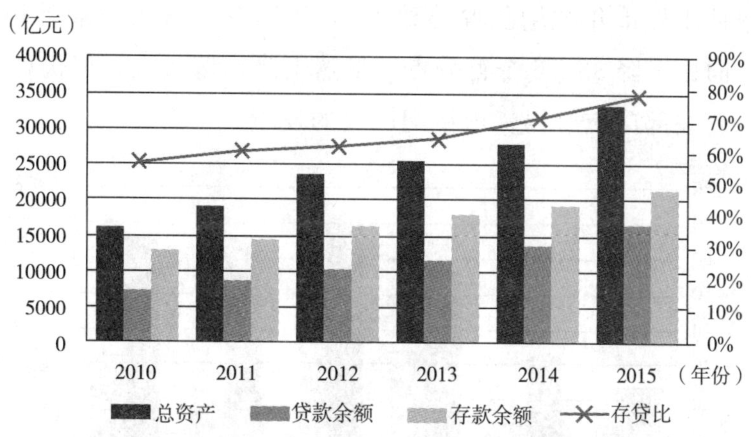

图 17.3　黑龙江省银行类金融机构存贷款余额与存贷比

（二）期限错配分析

截至2015年年底，黑龙江省金融机构中长期贷款余额达7189.1亿元，同比上涨3.46%，增速相比2014年有所下降。如图17.4所示。短期贷款增速快于中长期贷款增速，导致中长期贷款占贷款余额的比重持续下降，2015年这一指标为43.19%，同比下降7.19个百分点，贷款期限结构更趋优化，期限错配风险进一步减小。

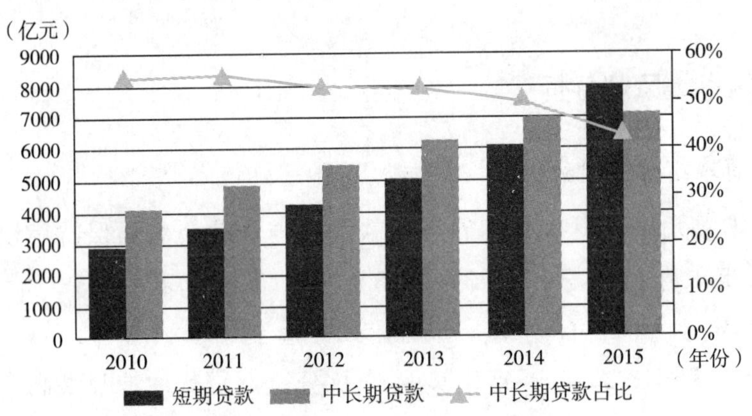

图17.4　黑龙江省银行类金融机构贷款结构

（三）货币错配分析

2015年，黑龙江省银行类金融机构外币存款余额保持增长态势，外币贷款余额相比上年也略有增加。具体来看，截至2015年年末，银行业外币存款余额达到32.5亿美元，与2014年相比增长18.18%，增速同比上涨14.41个百分点。外币贷款余额为66.2亿美元，相比2014年增幅为1.38%。外币贷款增长率低于外币存款增长率导致2015年黑龙江省银行业外币存贷比为203.69%，同比下降33.76个百分点，虽然下降幅度较大，但仍处于2009年以来高位，有关部门应警惕货币错配风险的发生。

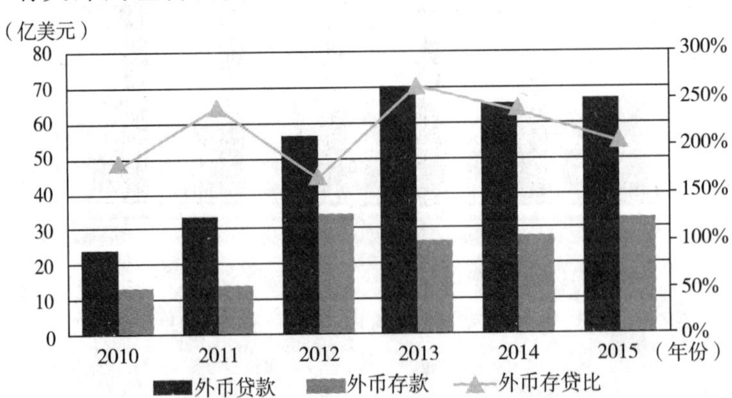

图17.5　黑龙江省金融部门外币存贷款余额与外币存贷比

二、保险类风险分析

黑龙江省保险业在 2015 年保持稳定增长态势，截至 2015 年年末共有保险公司分支机构 44 家，比上年增加 3 家。保险密度达到 1544.0 元/人，保险深度为 3.92%，同比上升 0.52 个百分点。如图 17.6 所示。值得一提的是，作为中国第一产粮大省，2015 年黑龙江省全省农业保险呈现恢复性增长态势，实现保费收入 29.0 亿元，增长 11.1%。总的来看，黑龙江省保险业运行良好，近年来始终保持较快的发展态势，各类保险覆盖范围扩大，保险业的风险保障功能进一步体现。

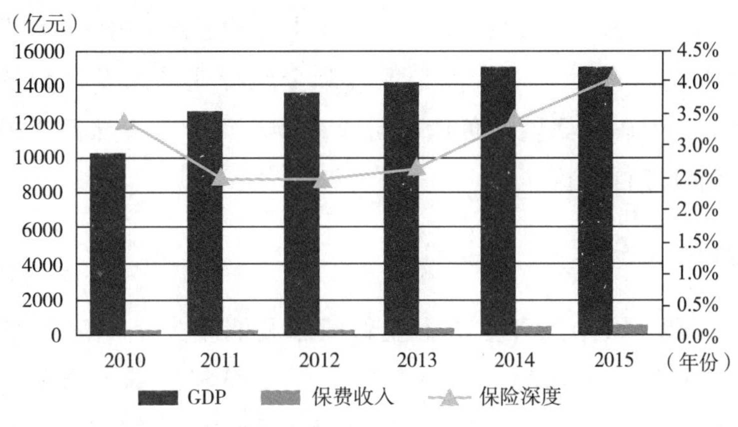

图 17.6　黑龙江省保险深度

2015 年黑龙江省保险业保费收入达 591.8 亿元，与 2014 年相比增长 16.70%。全年各类赔付支出达 169.3 亿元，与 2014 年相比略有增加，但增速开始超过并显著高于保费增长率。保险赔付率由 2014 年的 30.51%回落至 16.70%，偿付能力风险有所加剧。如图 17.7 所示。

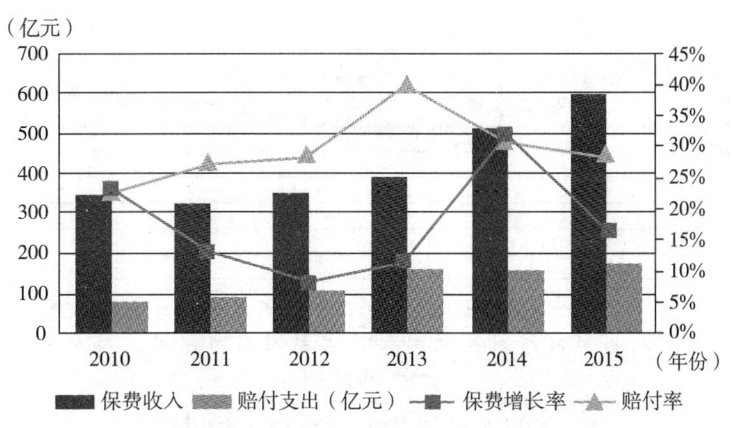

图 17.7　黑龙江省保费增长率与赔付率

第5节　黑龙江省上市企业部门风险分析

2015年，黑龙江省上市企业部门经营状况略有好转，整体净利润率有所上升，账面资产负债率有所上升但或有资产负债率有所下降，流动比率下降，反映出黑龙江省上市企业部门资本结构错配风险、期限错配风险与市场风险加大。

截至2015年年末全省共有A股上市公司35家，数量与去年相比增加3家，分布在制药、能源、食品生产等行业。上市公司总股本337.5亿股，比上年增长12.1%；总市值4910.7亿元，比上年增长53.0%。本节选取2009年第一季度至2015年第三季度除创业板和金融行业的黑龙江板块相关上市企业作为样本，使用账面资产负债表与或有资产负债表方法对黑龙江省上市企业部门的风险进行分析。

一、盈利能力分析

2009年以来，黑龙江省上市企业部门净利润率先呈下降趋势，从2012年第四季度开始呈上升趋势。2012年第三季度净利润率下降至近年来的谷底，达到金融危机以来最低点11.43%，随后开始回升并保持平稳增长态势。2015年的前三季度，黑龙江上市企业净利润率分别为14.85%、14.88%和15.14%，季度平均利润率为14.96%，相比2014年的14.07%上升0.89个百分点。如图17.8所示。受国内外市场需求低迷、国内经济结构调整转型等因素的影响，上市企业部门的亏损主要集中在矿业、汽车零部件、电器设备等行业。

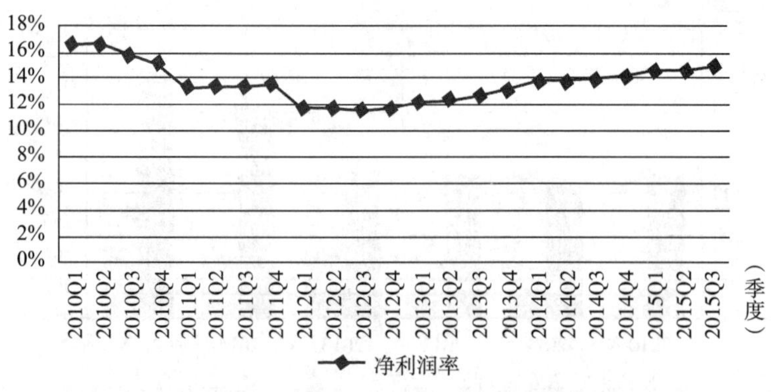

图17.8　黑龙江省上市企业净利润率

二、账面价值资产负债表分析

（一）资本结构错配分析

2015 年，黑龙江省上市企业部门资产规模与负债规模相比 2014 年年末有所提高，截至 2015 年第三季度上市企业部门总资产达到 3257.84 亿元，总负债达到 2076.89 亿元，资产负债率基本保持平稳，资本结构错配风险没有加剧。前三季度资产负债率分别为 61.92%、62.95%和 63.75%，季度平均资产负债率为 62.87%，相比 2014 年的 62.25%略有增大，2014 年和 2015 年的资产负债率均处于历史高位。如图 17.9 所示。

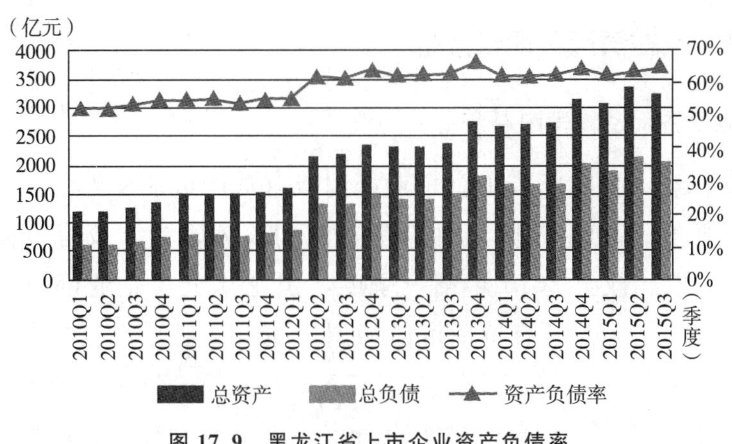

图 17.9　黑龙江省上市企业资产负债率

（二）期限错配分析

2013 年第一季度以来，黑龙江省上市企业部门流动比率基本一直呈现下滑态势，但仍高于国际公认的流动比率下限 100%，暂不存在期限错配风险。如图 17.10 所示。2015 年前三季度流动比率分别为 116.39%、113.74%和 112.58%，季度平均流动比率为 114.24%，与 2014 年的 116.08%相比进一步下降 3.5 个百分点，相较而言，期限错配风险有所加大，但并不显著。黑龙江省上市企业部门应注重对资产流动性的管理，警惕短期偿债能力不足的可能性。

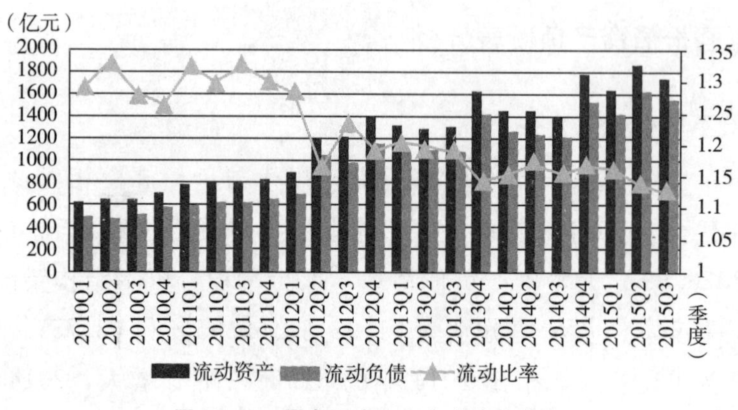

图 17.10　黑龙江省上市企业流动比率

三、或有权益资产负债表分析

（一）或有资本结构错配分析

2009 年以来，黑龙江省上市企业部门或有资产负债率处于波动上升的态势，资产市值在 2015 年先降后升再降，波动较为剧烈，或有负债与或有资产变化趋势一致。截至 2015 年第三季度，黑龙江上市企业部门或有资产市值达到 2374.22 亿元，或有负债市值达到 1848.49 亿元，三个季度或有资产负债率分别为 77.07%、71.60% 和 77.86%，季度平均资产负债率为 75.51%，相比 2014 年下降 8.23 个百分点，下降幅度较大，反映出全年上市企业在股权市场表现有所提高，如图 17.11 所示。

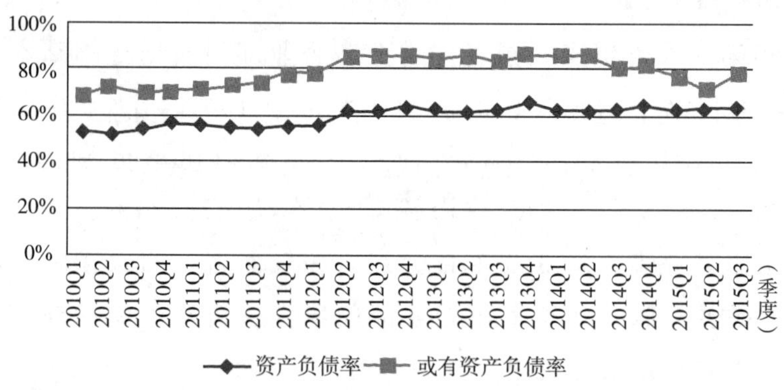

图 17.11　黑龙江省上市企业账面资产负债率与或有资产负债率

（二）违约风险分析

2009 年以来，黑龙江省上市企业部门违约距离整体上保持波动态势，于 2014 年第二季度达到最高点，但 2015 年前三季度违约距离呈下降趋势，违约风险有所加剧。2015 年第一季度至 2014 年第四季度该指标有一个明显回升的趋势，增加了 1.02，但于 2015 第二季度出现明显下降，且下降幅度较大，2015 年第三季度达到 2009 年以来的最低点 1.36。如图 17.12 所示。违约距离反映了企业资产市值与违约点之间的距离，总的来说，黑龙江省上市企业部门 2015 年以来违约可能性大大增加，违约风险大幅加剧。

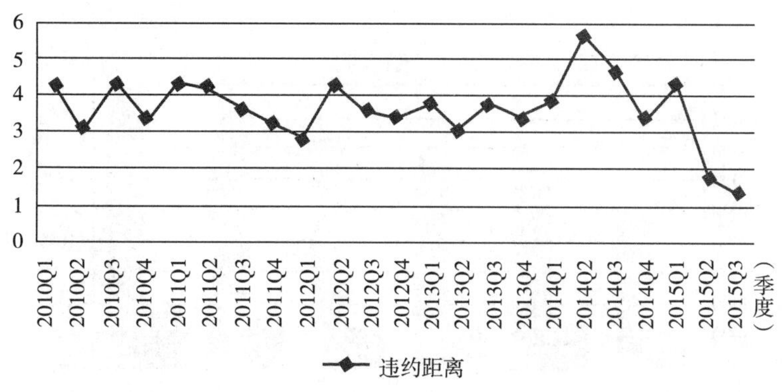

图 17.12　黑龙江省上市企业违约距离

第 6 节　黑龙江省家户部门风险分析

2015 年，黑龙江省城镇居民人均可支配收入达到 24203 元，低于中国平均水平，同比增长 7.05%，增速相比 2014 年下降 1.35 个百分点。农民纯收入达到 11095 元，与 2014 年相比增长 6.14%，增速相比 2014 年大幅下降，如图 17.13 所示。城乡居民生活水平稳步提升，城乡差距进一步缩小。

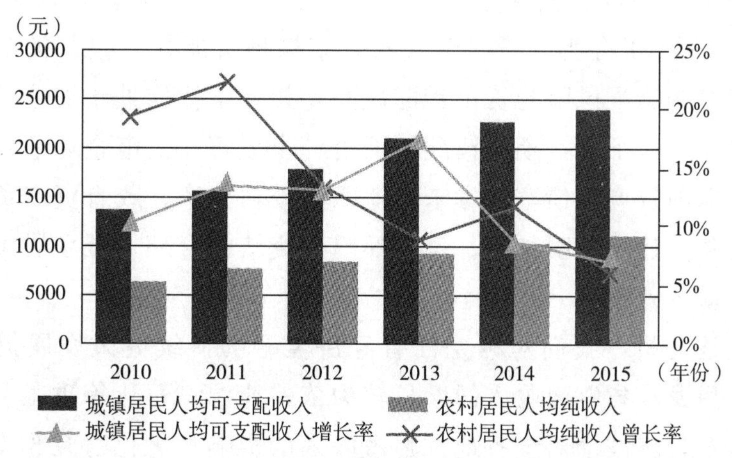

图 17.13　黑龙江省城镇居民可支配收入与农民纯收入

2015年，黑龙江省个人消费贷款与城乡居民储蓄存款保持较快增长。如图17.14所示。截至2015年年末，个人消费贷款达到2216.40亿元，同比增长18.54%。城乡居民储蓄存款达到12439.8亿元，同比增长14.58%。由于个人消费贷款增速高于储蓄存款，贷款与存款的比值相比2014年有所上升，达到17.82%。与其他省市相比处于较为安全的水平，暂不存在相关风险。

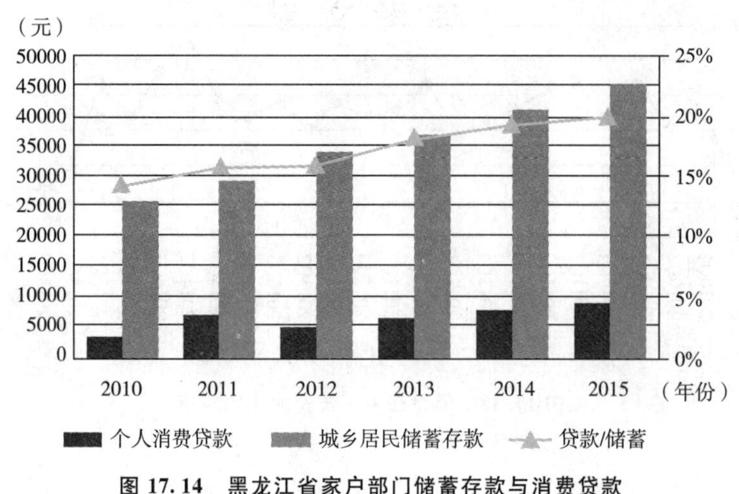

图17.14　黑龙江省家户部门储蓄存款与消费贷款

第7节　金融风险管理与经济发展战略

本文使用账面资产负债表和或有权益方法对黑龙江省公共部门、金融部门、上市企业部门以及家户部门面临的宏观金融风险状况进行了分析。

2015年，黑龙江省公共部门一般预算收支平稳增长，财政缺口占GDP的比重相比2014年有所上升，财政收支结构稍有恶化。银行类金融机构暂不存在资本结构错配风险与货币错配风险，相关指标均处于安全范围内。中长期贷款占比有所下降，期限错配风险进一步缓解。上市企业部门经营状况有所改善，账面资产负债率基本未变，账面流动比率、或有资产负债率等指标均出现恶化，违约风险加剧。家户部门存贷结构合理，城乡居民生活水平稳步提高，城乡差距进一步缩小。

基于上述分析，我们对黑龙江省经济金融的持续健康发展提出以下建议：首先，黑龙江省财政收入的增长较为依赖能源、石化等重工业，有关部门应警惕能源价格波动对全省地方财政收入的影响，优化财政收支结构。其次，金融部门应提高信贷资金使用效率，重点加强对中小企业和“三农”的支持力度，完善政策性农业保险，实现金融对实体经济的支持作用。最后，上市企业部门应增加研发投入，增强企业核心竞争力和抵御市场风险的能力。

参考文献

[1] 中国人民银行：《2010—2015 年黑龙江省金融运行报告》。

[2] 黑龙江省统计局：《2010—2015 年黑龙江省统计年鉴》。

[3] 果歌、辛立秋：《黑龙江省经济发展能力分析》，载《商业经济》2014 年第 7 期，第 5—7 页。

[4] 李鹤、张平宇：《矿业城市经济脆弱性演变过程及应对时机选择研究——以东北三省为例》，载《经济地理》2014 年第 34 期，第 82—88 页。

第 18 章　中部宏观金融风险总论

我国中部地区包括山西、安徽、江西、河南、湖北、湖南六省。随着中部地区社会经济的迅速发展，其与我国沿海东部以及国际间的经贸往来加强，金融风险关联也越发明显。特别是在目前全球经济经过金融危机之后，中部地区经济金融领域的风险暴露逐渐加深。本章在相关研究成果基础上，运用资产负债表方法对中国中部地区宏观金融风险进行了较为全面的评估和分析，并有针对性地提出了金融风险管理及经济发展战略。

第 1 节　中部地区宏观金融风险概述

整体来看，中部六省经济金融发展状况良好，2015 年全年中部地区共实现地区生产总值 147139.4 亿元，占到全国生产总值的 21.74%，基本与去年持平，经济实力不断增强。值得注意的是，中部地区经济下行压力明显，六省地区生产总值增速放缓明显，2015 年除湖南、湖北分别以 7.4%和 7.9%的增速超过全国 6.9%的平均增长率以外，其余四省均未达到全国平均水平，特别是山西增速仅为 0.34%，经济基本处于停滞状态。①

在金融领域，中部地区银行业、保险业和证券业都得到了较好发展，多层次资本市场建设稳步推进，社会融资规模保持相对合理的水平。但是中部地区仍然存在融资结构不合理，企业信用风险上升和银行业资产质量下降等问题。同时，在经济不景气的环境下，相关产能过剩行业企业和小微企业的经营状况恶化，导致信用风险暴露事件不断发生，进而使得相关金融机构资产质量有所下降。

---

① 数据来源：《2015 年中国区域金融运行报告》，中国人民银行。本章其他数据均根据相关章节整理而来。

第 2 节 中部地区公共部门风险分析

中部地区公共部门面临的债务风险处于历史低点，2015 年，地方一般预算缺口与地区生产总值的比值虽略有上升，但是总体而言，公共部门债务风险缩小趋势明显。

中部六省地方一般预算收支规模虽然不断增大，但是其增速明显放缓，债务结构有所优化。如图 18.1 所示。2015 年，中部地区实现地方一般预算收入 17842.89 亿元，同比增长 20.11%，增速较 2014 年上升 8.54 个百分；中部地区实现一般预算支出 31678.87 亿元，同比增长 14.29%，增速较 2014 年上升 5.53 个百分点。对于政府预算缺口而言，2015 年中部地区政府预算缺口达到 13835.98 亿元，同比增长 7.56%，增速较去年略有上扬，但是各项风险指标仍处于历史低点。

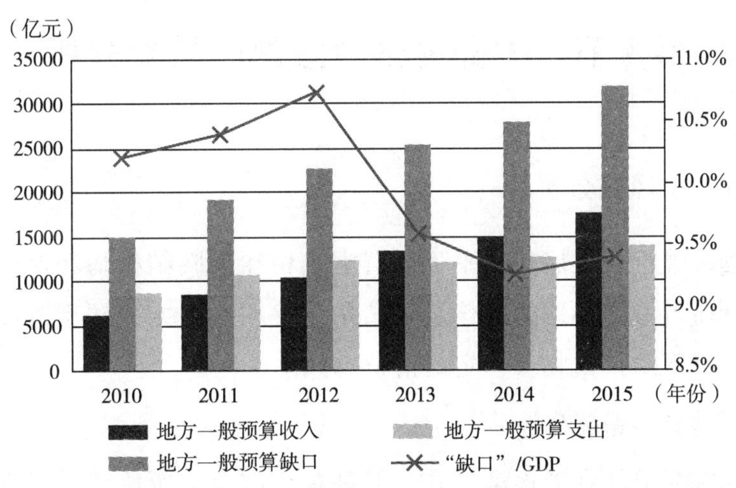

图 18.1 2010—2015 年中部地区一般预算收支情况

在当前全国经济下行的大背景下，中部地区财政收入增速在 2015 年开始回升，但是中部六省地区生产总值增速却仅为 6.1%，这表明在经济持续不景气的背景下，随着相关地方政府债务风险的暴露，各省地方政府出于风险防控的角度考虑，有意控制以政府财政为主导的投资。同时，国家已经意识到地方政府债务（显性债务和隐性债务）问题的严重性，并从顶层设计上出台地方政府自主发行债券、地方政府存量债务置换等政策措施，通过资产负债的期限匹配缓解地方政府的债务偿付压力。如图 18.2 所示。总的来说，中部地区公共部门所面临的风险状况相对较好，但仍需保持高度警惕，而中部地区相关各省市政府在制定相应的经济发展政策时，应加强对地方债务风险的认识与控制。

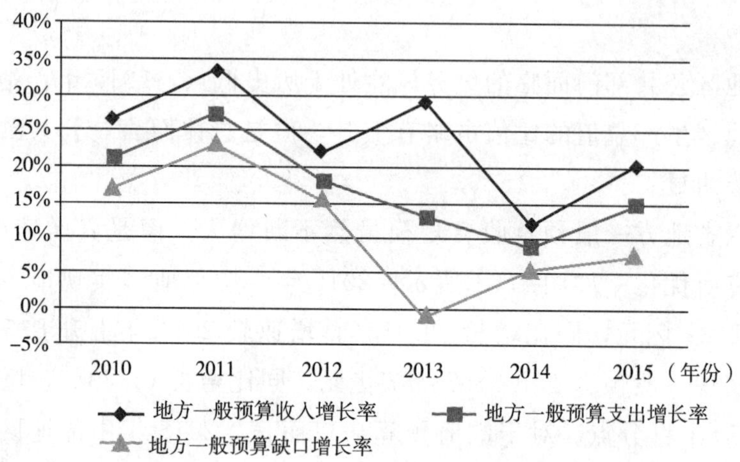

图 18.2　2010—2015 年中部地区一般预算收支增长率情况

第 3 节　中部地区金融部门风险分析

一、银行类风险分析

中部地区银行业发展较为平稳，资本结构和期限结构均相对合理。值得注意的是，在当前中部地区处于经济结构调整和发展方式转型阶段，银行业资产质量有所下降，面临着一定的清偿力风险。

（一）资本结构错配分析

中部六省存贷款余额逐渐上升，但是总体增速有所放缓，存贷比呈现出逐年攀升的趋势，银行业资本结构较为合理。如图 18.3 所示。截至 2015 年，中部地区银行业存款余额达到 214294.83 亿元，同比增长 14.31，较 2014 年上升 4.13 个百分点，这表明随着银行业自身产品创新，互联网金融的存款分流效应有所缓解，同时 2015 年中部六省银行业贷款余额为 147701.34 亿元，同比增长 14.79％，增速较 2014 年下降 0.72 个百分点。就存贷比指标而言，中部地区银行存贷比在 2014 年大幅上升后，2015 年全年缓慢上升 0.29 个百分点。银行业存贷比从总量上看处在相对合理的区间范围内，面临的资本结构错配风险较小，但是中部地区银行业应着力完善风险防控措施，加强风险监测预警，同时对于高风险行业和领域谨慎投放贷款，加大不良资产的处置力度。

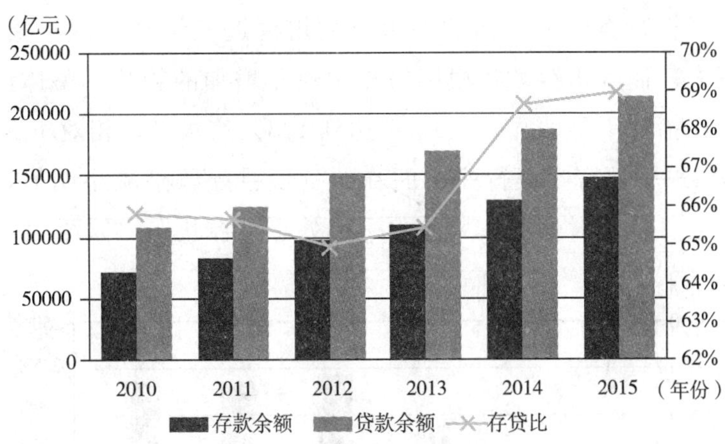

图 18.3　中部地区银行业资本结构

（二）期限错配风险分析

从贷款结构上看，中部地区银行业贷款近几年长期化趋势明显，面临的期限错配风险有所增加。如图 18.4 所示。中部地区银行业的中长期贷款占比在 2011 年达到 59.02%的较高水平后呈逐渐下降的态势，于 2013 年降至 56.37%，而随着 2014 年、2015 两年中长期贷款比例持续上升，2015 年该指标达到 58.22%，整体而言，恶化趋势明显。2008 年的全球金融危机后，国家采取了相应的经济刺激政策，导致固定资产投资方面的中长期贷款增多，特别是近年来房地产行业的又一波上扬，银行业中长期贷款余额在此增加，因此，中部地区银行业仍应注意防控存贷款期限错配带来的相关风险。

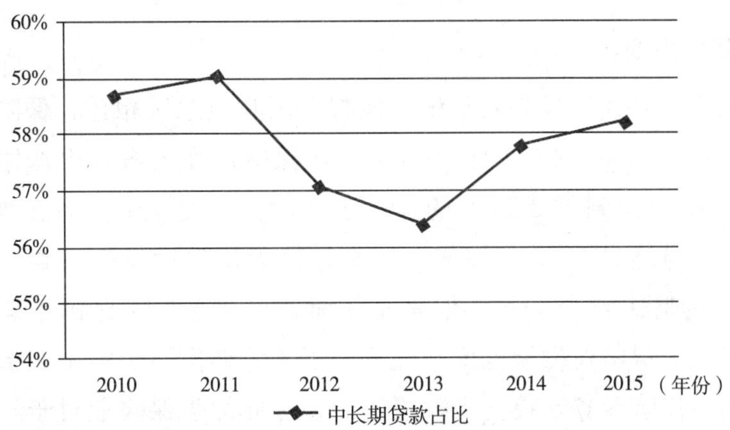

图 18.4　中部地区金融部门贷款结构

(三) 货币错配风险分析

中部地区银行类金融机构的外币贷款规模近三年来出现小幅震荡态势，基本变动不大，而外币存款规模则呈现出逐年增加的趋势，整体而言这使得外币的存贷比指标下降明显，2015 年达到 133%的水平，相对于 2010 年外币存贷比 240%水平而言，银行业所面临的货币错配风险减小明显，同时考虑到外币存贷款总量相对偏小，风险水平仍处于可控状态。如图 18.5 所示。

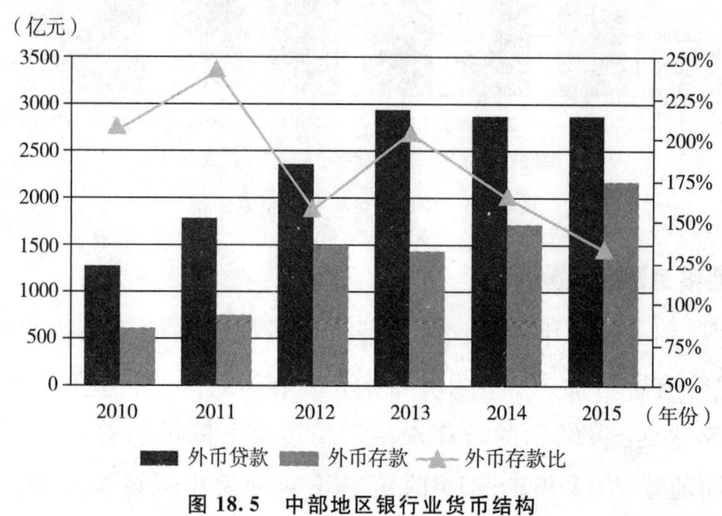

图 18.5 中部地区银行业货币结构

二、保险业风险分析

中部地区保险业整体保持着平稳发展态势，资产规模不断扩大，但面临着保费收入增速放缓和赔付支出增速上升等结构性问题。

(一) 保险深度

中部地区保险业发展相对平稳，但与全国其他地区相比，保险服务经济发展的力度仍然不足。如图 18.6 所示。从保险深度上看，中部地区的该指标水平在 2010 年达到了 3.24%的较高水平后，呈现缓慢下降态势，低于全国平均水平。虽然自 2013 年以来，中部地区保险深度指标一直处于上升态势，2015 年更是达到 3.13%，但是总体而言仍明显低于全国平均水平，这体现出中部地区保险业发展速度与经济发展不相匹配，仍需采取措施普及保险意识，创新保险业务，提高保险覆盖面，进而加强保险业对于经济发展的补偿和保障作用。

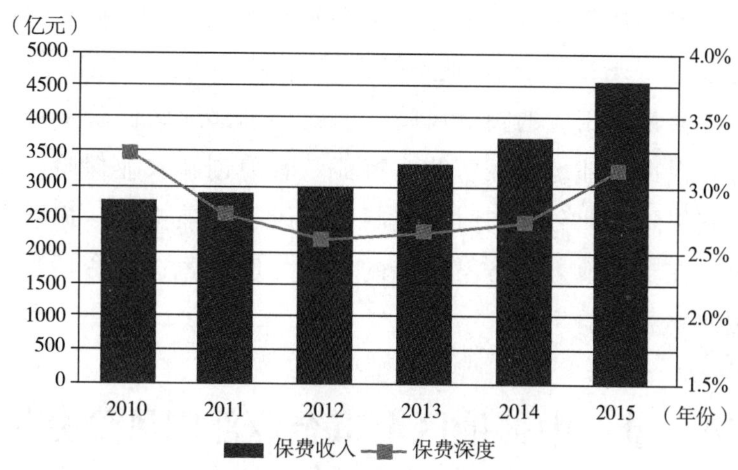

图 18.6 中部地区保险收入及保险深度

（二）保费增长率与赔付率

中部地区保险业的保费收入增速与赔付支出增速呈现反转态势，支出增速明显放缓而收入增速不断上升，但是由于保险支出增长率仍远高于收入增长率，这使得中部地区保险业面临的赔付风险虽有缓和趋势，但仍处于上升态势。如图 18.7 所示。从数据上看，中部地区保险业保费收入增长率从 2010 年的 31.55％降至 2012 年的 2.32％的低点后回升至 2015 年的 22.23％，整体增速上升较快，较 2014 年上升了 9.97 个百分点；而 2015 年赔付率增速为 35.62％，较去年上升 0.5 个百分点。这表明从增长率趋势而言，保险业赔付风险有所下降，但是需要注意的是，相对于保险赔付率，其保费增长率仍处于低位，保险业赔付率的上升在一定程度上体现出保险业经济补偿功能的有效发挥，但也说明保险业面临的赔付风险正不断上升。

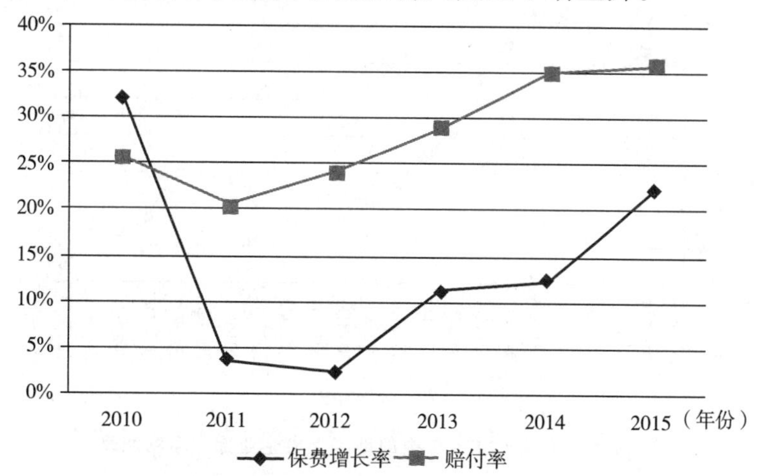

图 18.7 中部地区保费增长率及赔付率

当前，国家正从顶层设计上进行保险业的深化改革，拓宽保险资金的投资范围，这会进一步挖掘保险业支持经济发展的能力，提高保险投资收益率，但同时也会带来相应的投资风险。因此，中部地区保险业应适应改革发展的新形势，根据中部地区经济结构特征，着力创新农业保险、跨境贸易保险和电子商贸保险等业务，同时在控制相关风险的前提下，加强具有期限优势的保险资金在支持地方经济发展中的投资力度，甄选投资项目，提高保险资金的使用效率和收益率。

第 4 节　中部地区上市企业部门风险分析

中部地区上市企业部门的资本结构与期限结构较为合理，面临的信用风险较小，然而，从净利润率指标上反映出的盈利能力呈下降态势，须着力改善经营状况，进一步提高抗风险能力。

一、盈利能力分析

自 2011 年以来，中部地区上市企业部门的净利润率呈下降态势，盈利能力恶化明显。如图 18.8 所示。从数据上来看，2015 第三季度中部六省上市企业部门的净利润率为 3.22%，对比于 2010 年上市企业利润率 6.5%左右的水平而言，可以看到随着我国经济下行压力的增大，中部地区上市企业盈利能力明显下降，不到 2010 年水平的一半。从中部地区上市企业的行业分布上看，制造业等传统产业企业较多，受到生产成本上升、产能过剩导致需

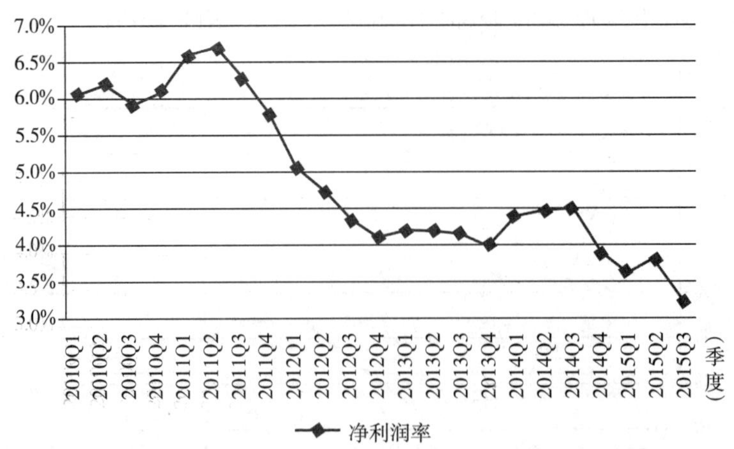

图 18.8　2010—2015 年中部地区上市企业部门净利润率

求下降等因素的影响，该类企业的经营状况不甚乐观。在当前经济形势波动剧烈的情况下，该类企业受到的冲击相对较大。

二、账面价值资产负债分析

从上市企业部门账面资产负债指标可以看出，中部地区上市企业部门资本结构合理、流动性相对充足，其所面临的偿付风险较小。

（一）资本结构错配分析

中部地区上市企业部门的总资产和总负债规模均不断增大，资本结构配置处于安全区间。如图 18.9 所示。自 2010 年开始，中部地区上市企业部门的资产负债率呈现逐步下降的态势，在 2014 年间大体稳定在 58%左右，资本结构较为合理，这在一定程度上说明中部地区上市企业部门不存在显著的资本结构错配风险。2015 年，全年中部六省上市企业部门资产负债率虽略有上升，但是仍未能改变整体下降趋势。

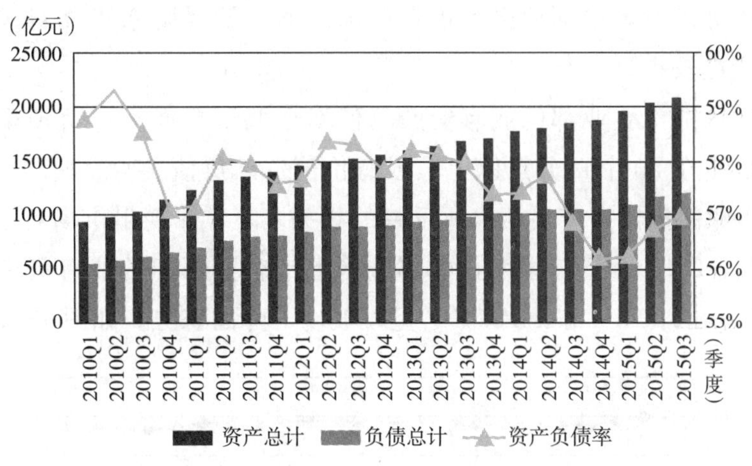

图 18.9　2010—2015 年中部地区上市企业部门资本结构

（二）期限错配风险分析

中部地区上市企业部门的流动性较为充足。2010—2015 年，中部地区上市企业部门的流动比率指标均保持在 2 以上的水平，这表明中部地区上市企业部门注重流动性风险管理，流动资产能够满足流动负债的偿付需求。如图 18.10 所示。

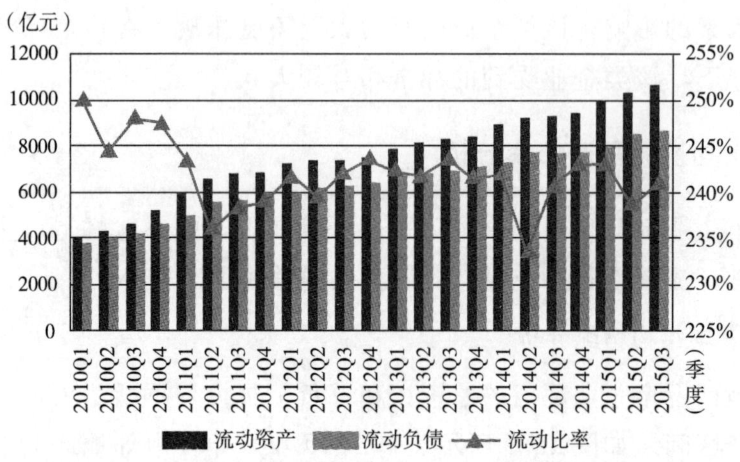

图 18.10　2010—2015 年中部地区上市企业部门期限结构

三、或有权益资产负债分析

中部地区上市企业部门或有资本结构较为合理，从或有资产负债率和违约距离等指标来看，中部地区上市企业部门面临的风险水平相对较低，出现违约的可能性较小。

中部地区上市企业部门或有资产负债率远低于账面资产负债率，两者之间的差额稳定在 20 个百分点以上，或有价值资产负债表所反映的资本结构错配风险低于账面价值资产负债表所反映的相关风险，体现出市场对于企业发展的向好预期。2015 年前三季度，中部地区上市企业部门的或有资产负债率分别为 25.11%、21.78%和 29.05%，呈现波动下降的态势。如图 18.11 所示。

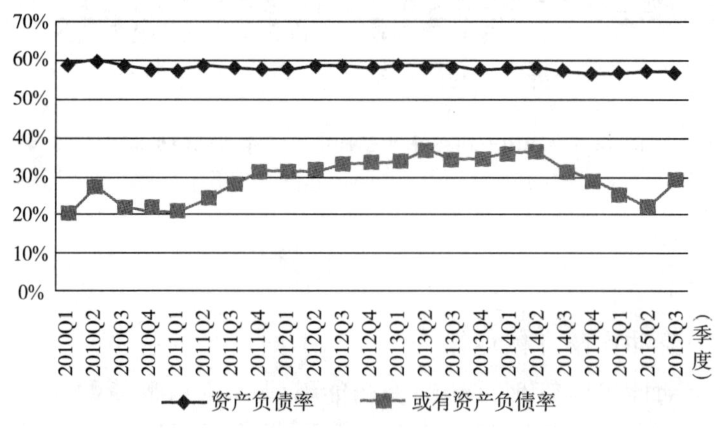

图 18.11　2010—2015 年中部地区上市企业部门或有资本结构

2015 年前三季度，中部地区上市企业部门违约距离急剧下跌，从 2014 年第四季度的 4.2 降到 1.53 左右，这表明中部地区上市企业部门信用风险恶化明显。如图 18.12 所示。究其原因在于此前股票市场的异常波动以及全国经济形势的不确定性增加，使得上市企业资产波动率上升明显，其信用风险增大。

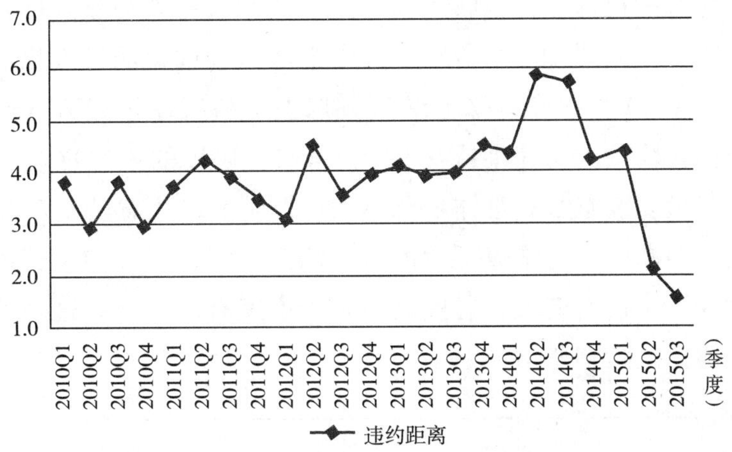

图 18.12　2010—2015 年中部地区上市企业部门违约距离

第 5 节　中部地区家户部门风险分析

中部地区家户部门整体收入增速放缓，金融资产占比和“存贷比”水平不断提高，面临的市场风险和偿付风险有所上升。

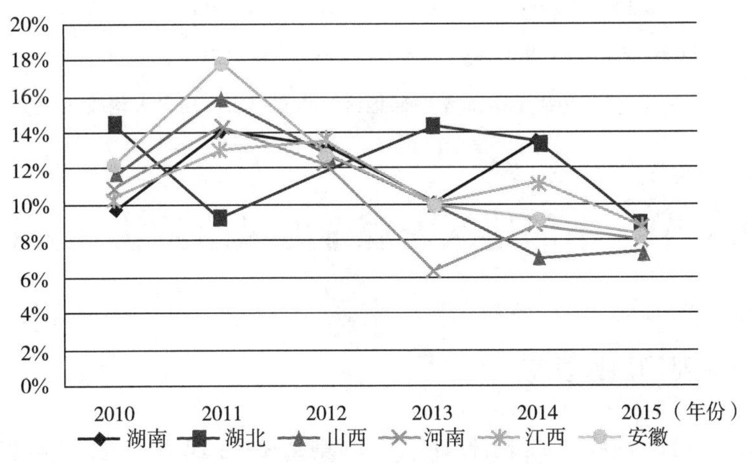

图 18.13　2010—2015 年中部地区家户部门城镇居民人均收入

中部地区家户部门收入水平稳步提高，但受整体经济形势不佳的影响，收入增速逐步放缓。如图 18.13 所示。从家户部门资产结构来看，部门资产配置金融化趋势明显，且存贷比水平不断提高，导致家户部门所面临的偿付风险有所上升，且更容易受到金融市场不利冲击的影响。随着地区经济的增长，家庭收入的增加，以及国内金融环境的改善，家庭资产配置更多地投向金融市场，购买股票、基金等风险资产。

就中部地区家户部门人均收入而言，城镇和农村人均收入增速均呈现出整体下滑的趋势。如图 18.14 所示。其中中部六省城镇居民人均收入增速走势大体相同，在 2011 年普遍增速在 12%以上，随后逐年震荡下行，2015 年六省城镇居民人均收入增速维持在 9%。而农村居民的人均收入增速自 2010 年开始便展现出震荡态势，整体变化不大，但是值得注意的是，2015 年，中部六省中山西和湖南两省增速下滑严重，江西、湖北以及安徽三省亦出现了小幅的增速放缓，仅河南农村居民人均收入增速有所上升，这表明中部地区家户部门清偿力风险有所增加。

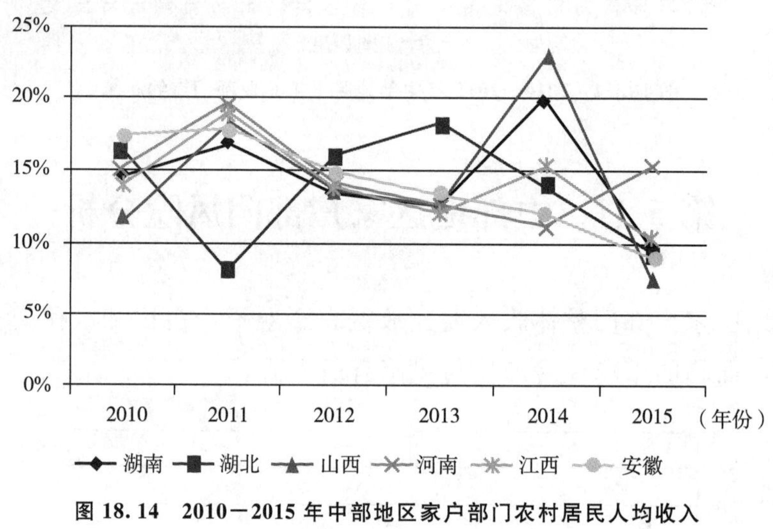

图 18.14　2010—2015 年中部地区家户部门农村居民人均收入

第 6 节　中部地区宏观金融风险结构性分析

一、公共部门风险比较

从地方一般预算收支结构来看，中部地区各省地方一般预算收支规模总体呈增长态势，一般预算收支缺口均有所上升。如图 18.15 所示。2015 年中部地区六省的一般预算缺口规模排名与 2014 年基本一致，从大到小依次是河南、湖北、江西、山西、湖南和安徽。另外，从一般预算缺口占 GDP 比重的指标来看，中部地区六省的该指标水平均相对适中。其中，湖北、山西和江西的该指标在 2015 年均高于 10%，财政风险相对偏高。

总体而言，中部地区六个省份的经济均保持着较好的发展态势，经济金融实力提升较快，然而，在经济发展过程中公共部门累积的相关风险不容忽视。

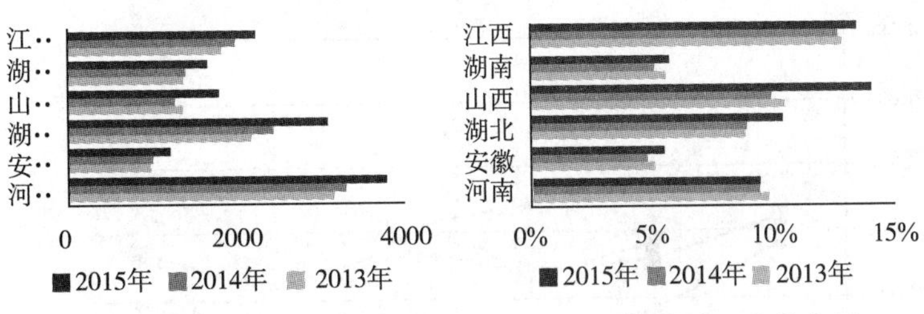

图 18.15　2013—2015 年中部地区各省一般预算缺口比较分析

二、金融部门风险比较

（一）银行类风险比较分析

在存贷比方面，中部地区各个省份的银行类金融机构存贷比均呈上升态势。如图 18.16 所示。安徽省银行业的存贷比一直处于相对较高水平，在 2015 年达到 75.07%，超过中央银行规定的 75%警戒线水平，面临的资本结构错配风险相对较高。同时，虽然山西省的存贷比稳步上升，但在中部地区各省份中仍然保持着最低水平，于 2015 年达到 64.94%。

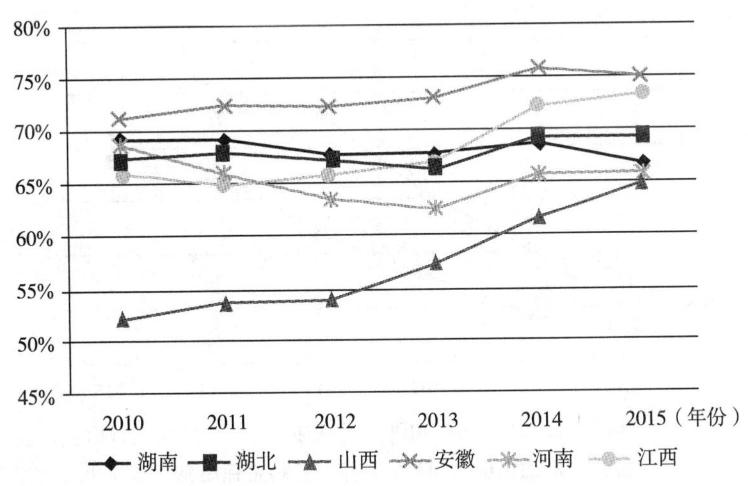

图 18.16　2010—2015 年中部地区各省银行类金融机构存贷比

（二）保险类风险比较分析

中部地区各省份的保险深度指标均呈现上升的态势，但是大部分省份的保险深度均在 3.5%以下，各省保险业有待进一步发展。如图 18.17 所示。

其中，山西省是中部地区六个省份中保险业发展最好的省份，其保险深度指标水平明显高于其他几个省份，于2015年达到4.58%，在全国也处于相对较高的水平。

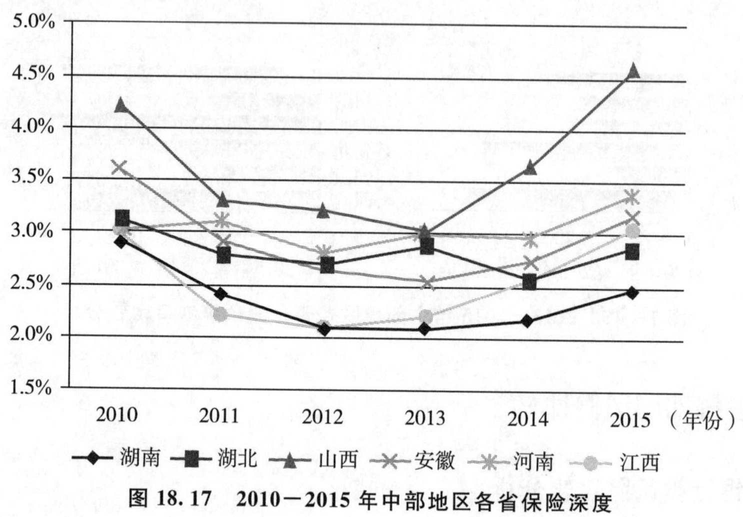

图 18.17　2010—2015 年中部地区各省保险深度

2010—2015年，中部地区六个省份保险赔付率变化情况大体相同，均呈现不断上升的态势，且均于2013年达到了较高水平。如图18.18所示。其中，2015年，安徽省保险业的赔付率为39.56%，是中部地区各省份中的最高水平，面临的赔付风险较高。

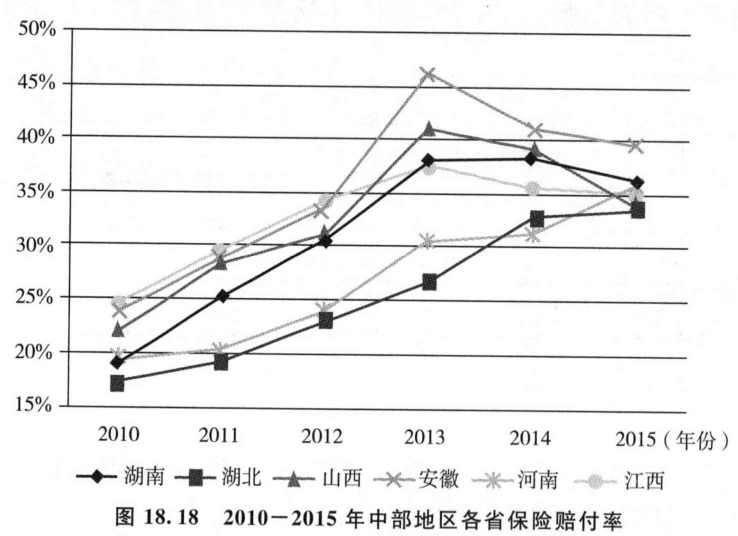

图 18.18　2010—2015 年中部地区各省保险赔付率

三、企业部门风险比较

从盈利能力来看，中部地区六个省份企业部门的净利润率在2010—2015年间呈现波动向下的态势，整体稳定在2%～6%。如图18.19所示。按照

2015 年第三季度的净利润率进行排名，湖北省以 5.07%排在第一，随后依次是山西、河南、安徽、江西、湖南。其中，山西省的经济构成以煤炭资源开采为主，相关资源类企业通常具有较为明显的垄断特征，能在相关市场中获取较高的利润，但是随着中国经济的发展与转型，山西省以传统煤炭能源作为发展支柱的方式逐渐困难，其净利润率下跌严重。

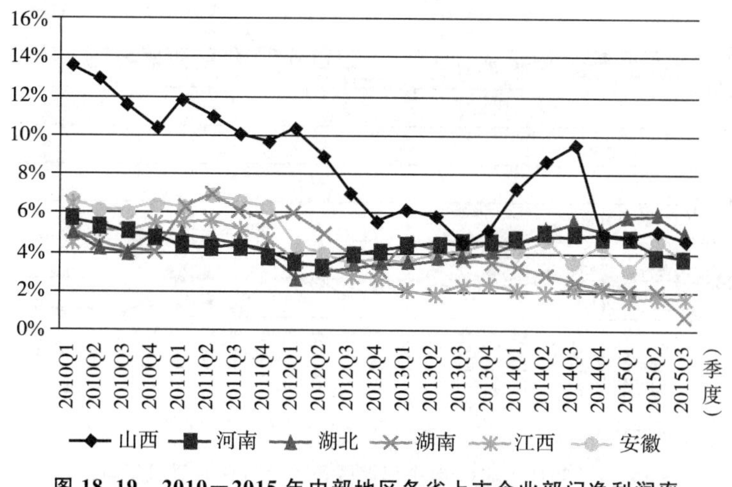

图 18.19　2010—2015 年中部地区各省上市企业部门净利润率

在 2010—2015 年期间，中部地区六个省份上市企业部门的资产负债率均保持相对稳定的态势，资本结构较为合理。如图 18.20 所示。其中，湖北省上市企业部门的资产负债率水平相对较高，于 2015 年第三季度达到 63.52%，而其余五个省份上市企业部门的资产负债率均在 60%以下，中部地区各省份上市企业部门面临资不抵债情况的可能性较小。

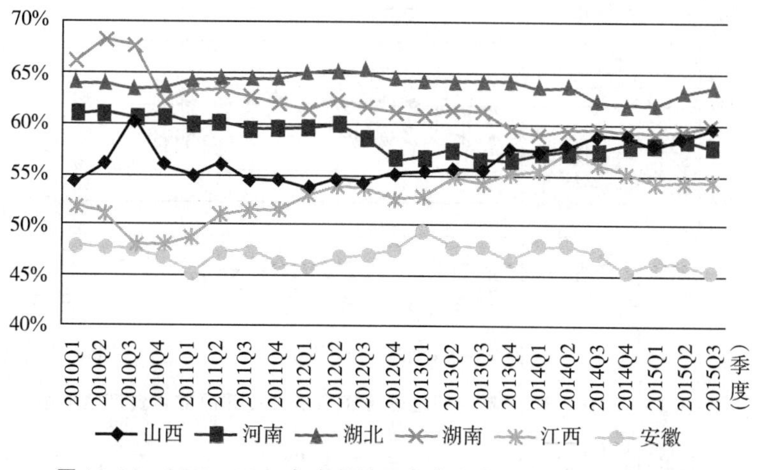

图 18.20　2010—2015 年中部地区各省上市企业部门资产负债率

从流动比率指标水平来看，中部地区六个省份上市企业部门的流动比率在2010—2015年间表现不一，面临的流动性风险水平差异明显。如图18.21所示。其中，截至2015年第三季度，除山西省上市企业部门外，其余五个省份上市企业部门的流动比率指标均高于100%。山西省上市企业部门的盈利能力在中部地区各省中较强，但其流动性却相对较差。

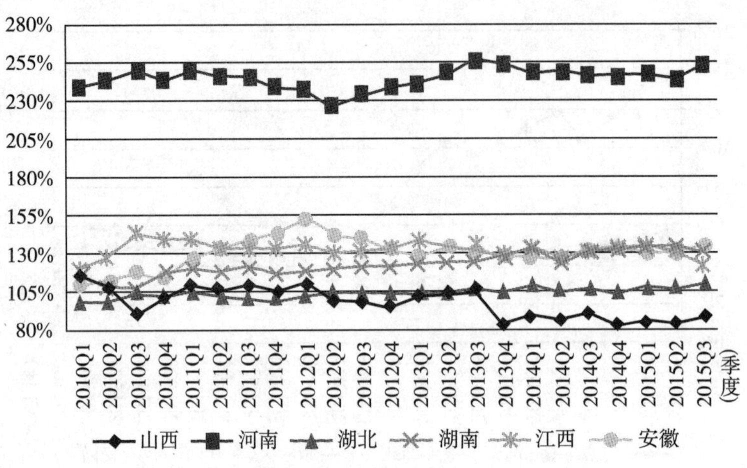

图18.21　2010—2015年中部地区各省上市企业部门流动比率

中部地区上市企业部门或有资产负债率在2010—2015年第三季度均呈波动上升态势，但总体上均低于相应的账面资产负债率水平。如图18.22所示。其中，截至2015年第三季度，河南省上市企业部门的或有资产负债率相对较高，其余四个省份则均低于45%。

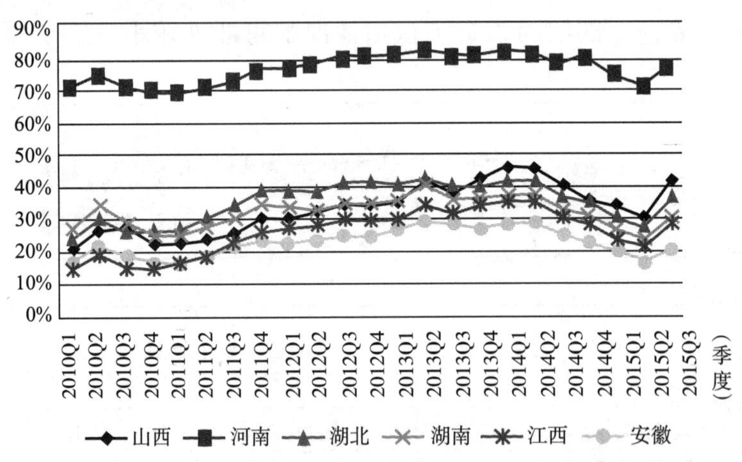

图18.22　2010—2015年中部地区各省上市企业部门或有资产负债率

在违约距离指标方面，中部地区六个省份上市企业部门的违约距离保持着相对一致的波动态势，整体波动上升，违约距离下滑严重，其面临的违约

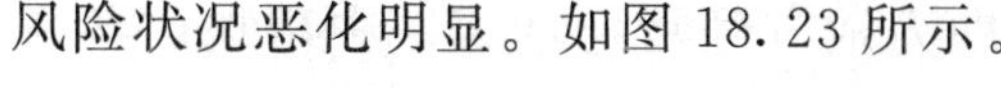
风险状况恶化明显。如图 18.23 所示。

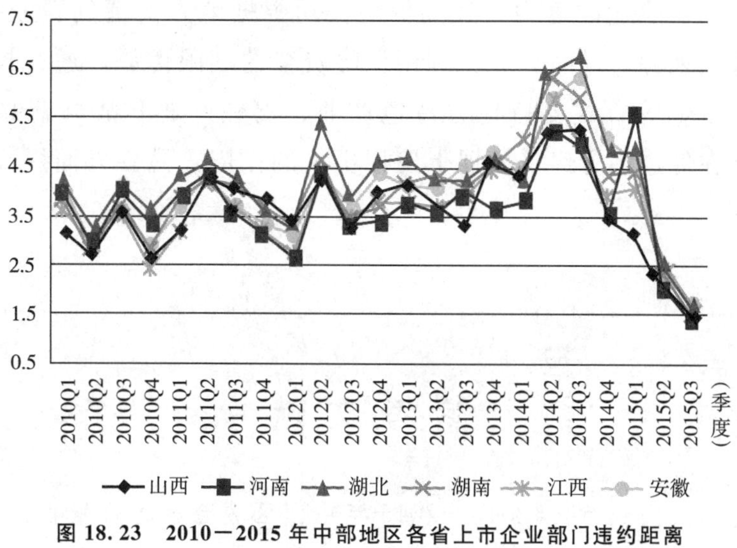

图 18.23　2010—2015 年中部地区各省上市企业部门违约距离

第 7 节　金融风险管理与经济发展战略

总体而言，中国中部地区的宏观经济金融运行情况良好，四大经济部门面临的风险水平均相对较低。然而，仍需关注部分领域的结构性问题，包括受到企业部门的经营风险与信用风险的传导影响，银行业资产质量下降；保险业赔付风险不断上升等问题。因此，为防范相关宏观金融风险并控制风险水平，提出以下几点建议：

第一，积极推动传统产业转型升级，促进战略新兴产业发展。我国经济步入新常态，中部地区各省市仍处于经济结构调整、发展方式转型的“阵痛期”。在该阶段，政府应积极推动传统产业转型升级，以提高产业质量，发掘新的利润增长点，促进产业可持续发展。另外，出台优惠的财税政策支持新能源、新材料、节能环保产业和“互联网+”等相关新兴产业的发展，以进一步优化地区产业结构，适应未来发展需要。

第二，继续推动发展多层次资本市场，构建多元化金融服务体系。相比于东部地区，中部地区的多层次资本市场发展程度相对不足。鉴于中部地区的融资结构中，间接融资占比仍然较高，各省政府仍应着力推动多层次资本市场建设，大力发展“四板市场”——区域股权交易市场，扩大直接融资规模。同时，鼓励发展互联网金融等新兴金融业态，构建符合中小企业和农村发展需求的多元化金融服务体系，进而降低融资成本，促进相关产业发展。

第三，创新保险资金的投资运用，助力地方经济稳增长。中部地区各省份应充分挖掘保险业的潜力，鼓励保险公司根据地方实情创新业务和产品，拓宽保费收入来源。同时，充分利用保险资金的期限优势，通过投资优质股权、债权和基金等方式支持地方特色产业、支柱产业和战略新兴产业的发展，一方面在促进地方经济发展上发挥更大的作用，另一方面提高保险资金投资收益率。

参考文献

[1] 中国人民银行：《2010—2015 年中国区域金融运行报告》。

[2] 中国国家统计局：《2010—2015 年国民经济和社会发展统计公报》。

第19章　湖北省宏观金融风险研究

目前，湖北省积极适应经济发展新常态，全面落实“竞进提质、升级增效”要求，在应对国际金融危机持续影响和经济下行压力中，克难奋进，稳步前行，经济社会发展呈现“总量跨越、质效提升、位次前移”态势，致力于构建中部战略支点。在快速发展中，要注重金融风险与经济发展的关系问题，防范金融风险。本章通过对湖北省金融风险现状、成因以及四大部门风险状况的分析得出，湖北省公共部门和金融部门所面临的风险相对较高。

第1节　湖北省宏观金融风险概述

2015年，在经济步入新常态的背景下，湖北省经济运行整体平稳与下行压力加大并存，金融总量稳定增长与结构性风险突出同现。经济运行方面，湖北省经济总量保持着稳步增长的势头，但经济增速自2010年开始呈不断下降的态势，从2010年的14.8%逐步下降到2015年的7.93%。湖北省在2015年完成生产总值29550.19亿元，同比增长7.9%，增速较2014年降低1.77个百分点。[①] 虽然湖北省经济总体运行平稳，但投资、消费等指标持续回落说明湖北省仍面临着较大的经济下行压力，亟待转型升级，创造新的经济增长点。金融运行方面，湖北省社会融资总量合理增长，金融业运行较为平稳。2015年，湖北省社会融资规模达到5843亿元，高于全国平均水平，居全国第9位；金融业增加值1372.6亿元，同比增长36.4%，占地区生产总值比例达到5.02%，较好地发挥了金融在保持经济平稳较快发展中的“稳定器”和加快转变经济发展方式中的“助推器”作用。然而，湖北省金融在支持实体经济的过程中仍面临着直接融资规模不大、中小企业融资困难等问题。

在进行资产负债表分析之前，就湖北省金融风险状况进行分部门的初步

---

① 数据来源：《2010—2015年湖北省国民经济和社会发展统计公报》，湖北省统计局；国泰安数据库，深圳国泰安教育技术股份有限公司；智远理财服务平台，招商证券股份有限公司。如无特殊说明，本章数据均来源于此。

定性分析，有利于后文结合资产负债表的定量分析对湖北省金融风险作出全面准确的判断。首先，湖北省公共部门的风险主要集中于政府债务上。湖北省债务规模在短期内很难明显下降，由于债务的投向大部分是基础设施建设，难以产生大规模的效益，这部分债务的偿还会消耗政府的财力，反过来会影响债务的规模；其次是以银行为主的债务形式，每年需要支付大量的利息，同样不利于债务的偿还；同时，政府债务规模上升过快。其次，湖北省金融发展在全国范围内处于中游水平，当前金融部门面临的问题主要有以下几点：一是市场流动性总体宽裕与融资结构性失衡并存。湖北省社会融资规模和信贷总量平稳增长，但信贷占社会融资规模的比重仍然偏高。二是融资成本上升与风险加大并存。实体经济不景气、利率市场化和资金分流使存款增长乏力，金融机构获取资金成本上升，提高了贷款成本。同时，企业融资成本上升后，加大了企业经营压力，提升了企业债务违约和潜在金融风险的可能性。三是信贷风险总体可控与部分领域金融风险凸显并存。湖北省金融机构不良贷款率为1.58%，总体风险可控，但地方融资平台、房地产等潜在信贷风险值得关注。再次，湖北省企业部门的风险主要是因企业偿债能力下降而引发的偿付风险。由于外部经济形势不景气，湖北省大部分传统型产业的企业均面临着经营发展不畅等问题，盈利能力下降，进而导致企业流动性不足。同时，在经济下行压力加大的情况下，银行等金融机构惜贷现象明显，企业融资的隐性成本增加，进一步造成了企业偿付风险的上升。最后，家户部门的风险主要集中于市场风险，即资产价格波动对于资产、负债市场价值的影响。对于家户部门的资产来说，最重要的价格是房地产市场的价格与证券市场的价格，当资产价格出现较大幅度的下跌时，会引起相应资产市场价值的下降，从而提高家户部门的资产负债率。当前，在房地产市场不景气、无风险利率下降和股票市场回暖的情况下，我国家户部门资产重配的态势较为明显。

第2节　文献综述

银行业风险方面，傅先义、叶红梅（2014）从湖北省荆州市辖内村镇银行的经营情况出发，对村镇银行资金来源与运用进行了分析，指出了村镇银行主要存在农村信用环境不佳、信贷期限错配、信贷管理、市场波动和认知度偏低等方面的风险；刘畅（2014）利用夏普市场模型，结合湖北地区五家国有商业银行的市场数据，对系统性风险的识别与测量进行实证，表明湖北地区银行业系统性风险确实显著存在，且这种系统性风险显著受宏观经济和湖北区域经济发展的影响。何桂芳、阮琳、许罂（2015）运用定量分析技术，以湖北随州为案例设计了风险地图，有助于管理者快速作出应急反应和实时决策，提高风险防范的前瞻性和准确性。

地方政府债务方面，马金华、赵丹（2014）以各个阶段湖北省地方公债的发行作为线索，结合湖北省的财政概况，从经济学的角度对湖北省地方债的发行特点进行分析，并在此基础上为当今湖北地方政府债务的管理提供有益借鉴，包括：在地方公债的发行政策方面，地方公债的发行需要与财政方针相匹配；在地方公债的实际用途方面，地方公债的发行应主要用于地方经济建设。另外，马金华、赵丹（2014）建议在权责发生制政府综合财务报告的框架下，编制地方政府资产负债表，以有效监督地方政府债务情况，这一点与叶永刚（2007）提出的编制区域宏观资产负债表相吻合。总的来说，关于湖北省金融风险的已有研究大都集中在某个具体的点上，并没有从区域整体上给出风险判断。

第 3 节　湖北省公共部门风险分析

随着湖北省地方公共财政收支规模的逐年不断攀升，财政收支缺口亦随之增大，而且“缺口”与地区生产总值的比值在 2015 年有着显著的上升趋势，从 2014 年的 8.92%攀升至 10.45%，上升了 1.53 个百分点，该指标值在中部地区各省份中处于较高水平，这在一定程度上说明湖北省公共部门面临的财政风险正不断上升，且恶化趋势较为明显。如图 19.1 所示。

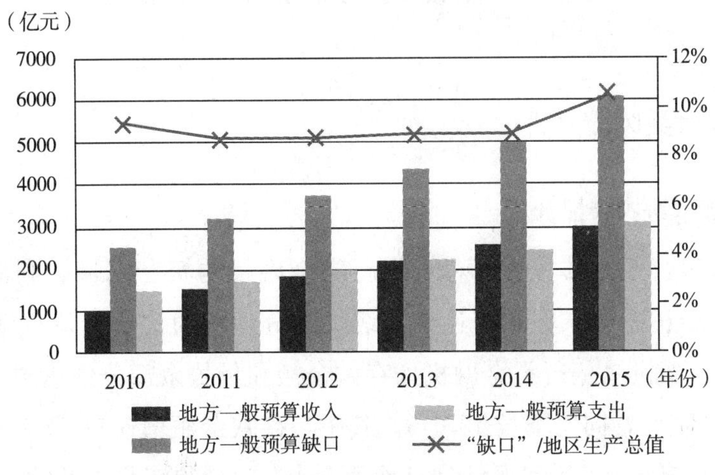

图 19.1　湖北省地方公共财政收支情况

2015年，湖北省完成地方公共财政收入3005.39亿元，同比增长17.08%，基本与2014年增速持平；相比而言，湖北省全年财政支出6094.21亿元，同比增长21.67%，较2014年上升明显，同时从全省的国民生产总值来看，2015年湖北省完成生产总值29550.19亿元，增长8.9%。其中：第一产业完成增加值3309.84亿元，增长4.5%；第二产业完成增加值13503.56亿元，增长8.3%；第三产业完成增加值12736.79亿元，增长10.7%。三次产业结构由2014年的11.6∶46.9∶41.5调整为11.2∶45.7∶43.1。如图19.2所示。在第三产业中交通运输仓储和邮政业、批发和零售业、住宿和餐饮业、金融业、房地产业、营利性服务业及非营利性服务业增加值分别增长4.4%、7.8%、7.1%、16.6%、6.5%、13.7%和12.6%。

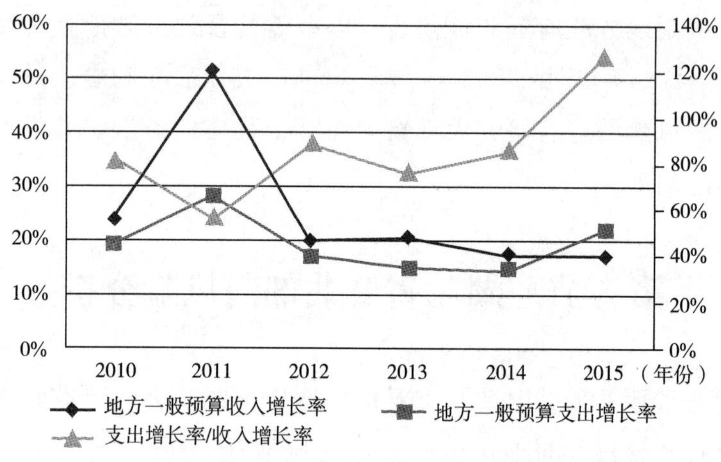

图19.2　湖北省地方公共财政收支增长率比较

第4节　湖北省金融部门风险分析

一、银行类风险分析

（一）资本结构错配分析

湖北省银行业总体发展平稳，银行类金融机构资产总额、利润、存贷款规模均保持增长态势，但增速逐渐放缓，部分领域的信贷风险凸显。

2015年，湖北省银行类金融机构存款余额和贷款余额分别达到40896.52亿元和28338.9亿元，同比增长12.6%。其中，存款余额增速较2014年上升0.14个百分点，而贷款余额增速下降3.41个百分点，这使得湖北省银行类金融机构的存贷比指标略有下降。如图 19.3 所示。虽然湖北省银行类金融机构的存贷比指标在 2015 年达到近五年来的最高水平，但绝对值仍处于合理区间，面临的资本结构错配风险相对较小。然而，在经济增速回落、实体经济不景气、利率市场化和资金分流等因素的影响下，银行类金融机构存款增长乏力，将会造成存贷比指标水平进一步上升。而且，在存款增长放缓的情况下，银行类金融机构获取资金成本上升，造成贷款成本的提高，进而导致企业融资成本上升，加大了企业经营压力，最终提升了企业债务违约的可能性和潜在金融风险的暴露程度。

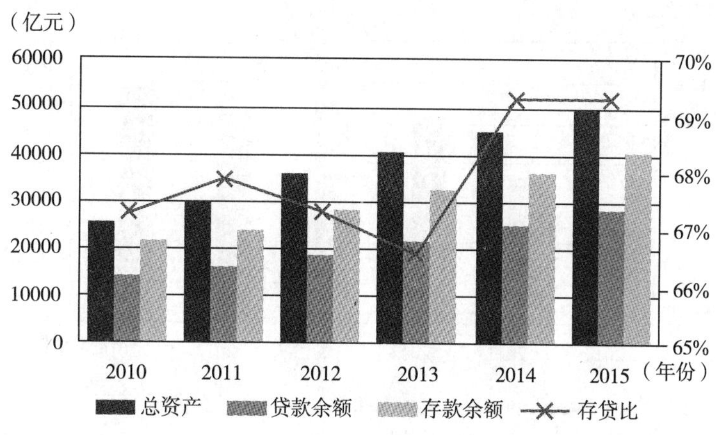

图 19.3　湖北省银行类金融机构资本结构

（二）期限错配分析

湖北省银行类金融机构贷款的中长期化趋势较为明显，面临的期限错配风险有所上升。如图 19.4 所示。2015 年，湖北省银行类金融机构的中长期贷款占比达到 61.96%，较 2014 年增加 0.6 个百分点。其中，全省新增中长期贷款 2770 亿元，占各项新增贷款的 90.8%。从中长期贷款投向来看，主要集中在房地产和基础设施领域。

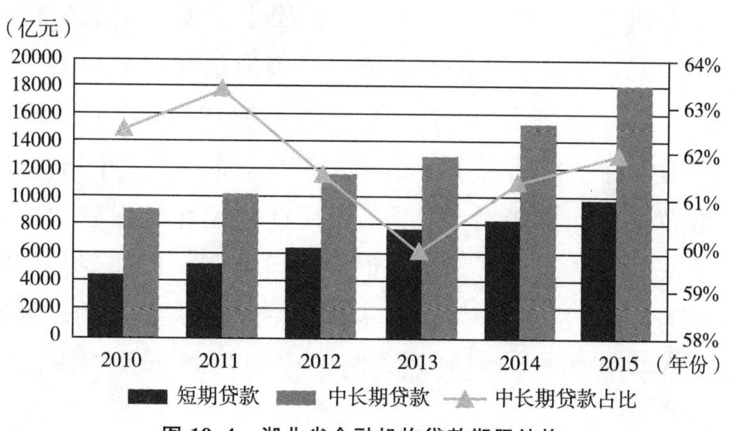

图 19.4　湖北省金融机构贷款期限结构

(三) 货币错配分析

从外币存贷比指标来看，湖北省银行类金融机构面临的货币错配风险有所上升。如图19.5所示。2015年，湖北省银行类金融机构的外币贷款余额达到1176亿元，同比上升12.03%；外币存款余额达到449.36亿元，同比增长31.7%；外币存贷比达到261.73%，较2014年降低45.99个百分点。湖北省应加强本外币协同管理，在不断扩大人民币在跨境贸易和投资中使用的同时，有效控制外币结构错配风险。

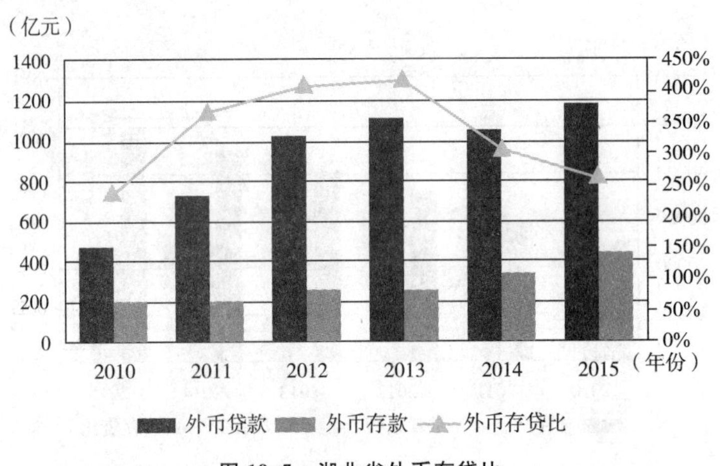

图19.5 湖北省外币存贷比

二、保险类风险分析

2015年，湖北省保险市场运行基本平稳，保险功能和作用有效发挥，但仍须关注保费增长率降低带来的潜在赔付风险。2015年，湖北省实现保费收入843.63亿元，同比增长20.48%，较2014年上升约23个百分点。同时，保险深度指标上升至2.85%，较2014年上升0.29个百分点，在全国仍处于中下游水平。如图19.6所示。这在一定程度上表明，湖北省保险业与经济发展水平仍不匹配，须进一步提升保险业发展质量和水平。

另外，湖北省保费增长率与赔付率的走势在2015年出现分化。如图19.7所示。其中，赔付率稳步攀升至33.59%，较2014年增加0.65个百分点，但是保费增长率却攀升至20.48%。因此，湖北省保险业应进一步优化业务结构，加快保险产品创新，拓宽保险覆盖范围，以应对传统险种业务发展停滞或下降的风险。同时，保险机构应加强保险资金运用，更好地服务地方经济发展，寻找新的利润增长点，防范因为保费收入下降而带来的赔付风险。

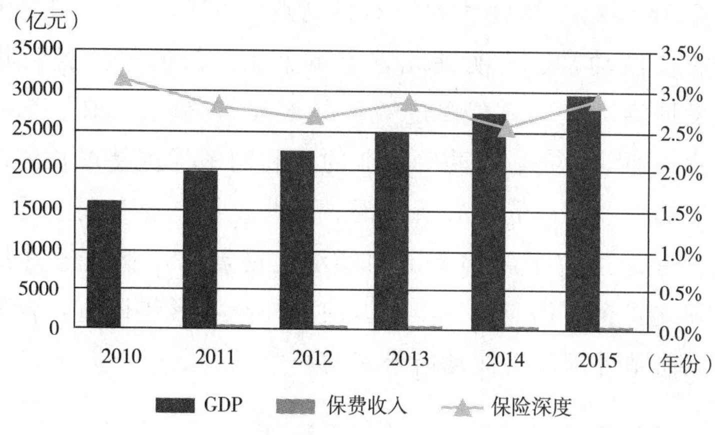

图 19.6　湖北省保险深度

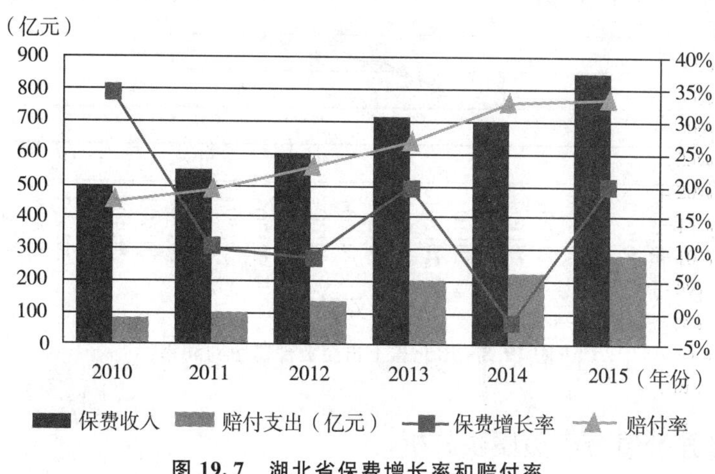

图 19.7　湖北省保费增长率和赔付率

第 5 节　湖北省上市企业部门风险分析

湖北省上市企业部门运营状况良好，且于 2015 年新增 2 家在沪深两市上市的上市企业，本文选取 71 家在沪深两市上市的湖北省企业作为样本分析湖北省上市企业部门的相关风险。从样本区间内的结果来看，湖北省上市企业部门整体面临的经营风险、流动性风险和偿付风险均有所降低。

一、上市企业盈利能力分析

从净利润率指标上看，湖北省上市企业部门的整体盈利能力自 2012 年起逐年增强，2015 年全年上市企业的净利润率保持在 5.5%左右的水平。具体而言，该指标水平从 2012 年第一季度至 2014 年第三季度呈现稳步上升的态势，并于2015年第一季度达到样本最高点5.87%，此后湖北上市公司净利润率开始震荡波动，这说明湖北省上市企业部门的整体经营状况有所改善，但后继发展潜力受限，需要进一步寻求改革突破。如图19.8所示。分行业看，百货、通信设备、医药等行业的净利润率均保持增长，而地产、机械制造、玻璃等行业的净利润有所下滑。因此，从产业布局上看，湖北省上市企业部门较好地适应了新常态下的经济发展需求，整体经营状况相对较好。然而，湖北省企业仍应进一步根据国内外经济形势调整，合理安排企业发展战略，以防范外部经济波动所带来的经营风险。

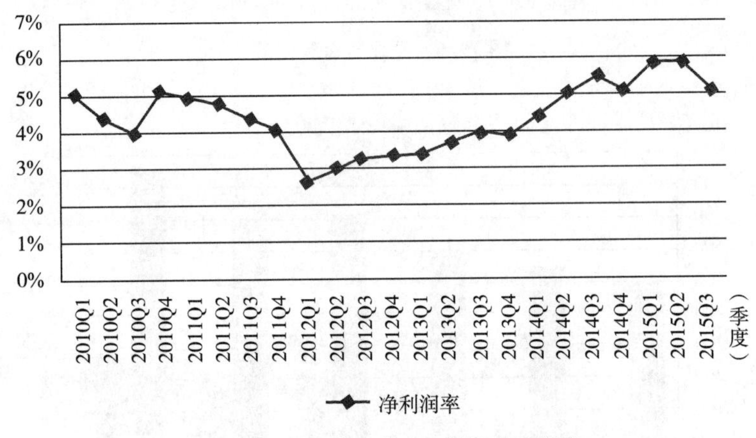

图19.8 湖北省上市企业部门净利润率

二、账面价值资产负债表分析

（一）资本结构错配分析

2015年，湖北省上市企业部门的资本结构风险恶化明显，资产负债率水平于2014年第四季度的61.77%上升到2015年第三季度的63.52%，上升了1.75个百分点，同时由我国其他地区上市企业的资产负债率水平可以发现，湖北企业总体而言资产负债水平一直处于相对高位，资本结构转变改善效果不够明显。如图19.9所示。自2010年起，湖北省上市企业部门的资产负债率最低也维持在61.5%之上，这表明湖北上市企业应逐步转变其企业融资方式，从偏重债务融资向合理利用股权融资等其他方式转变。

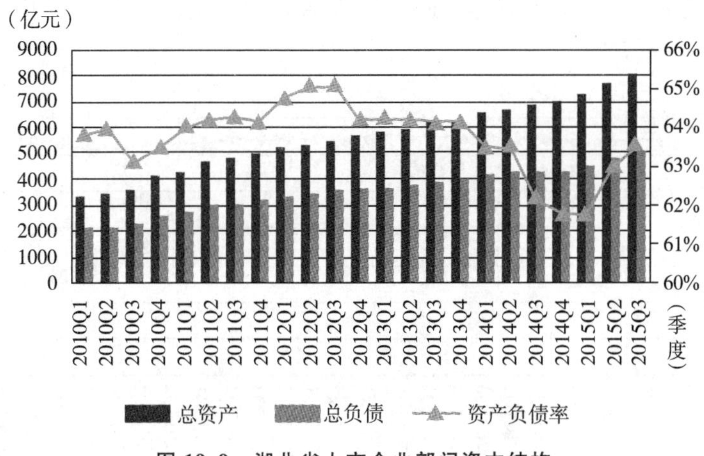

图 19.9　湖北省上市企业部门资本结构

（二）期限错配风险分析

2015年，湖北省上市企业部门的流动比率指标水平呈波动态势，但整体稳定在1以上，但是从绝对值来看，其流动比率的最高值也未能超过1.1，这说明湖北省上市企业部门的短期偿付能力略显不足，面临的期限错配风险也较高。如图19.10所示。但是从历史趋势来看，湖北省上市企业部门的流动比率呈现逐年上升的态势，这表明虽然湖北省上市企业部门短期偿付能力虽逐渐增强，但是总体面临期限错配风险仍较大。

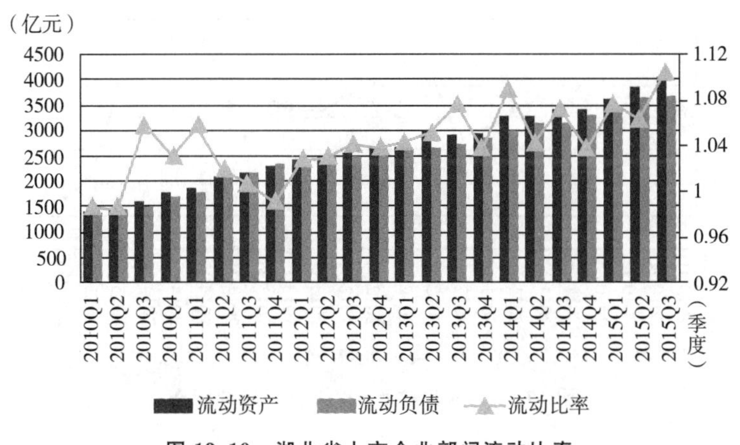

图 19.10　湖北省上市企业部门流动比率

三、或有权益资产负债表分析

湖北省上市企业部门的或有资产负债率仅为其账面资产负债率的一半，这说明以市场价值计量的企业风险低于账面价值计量的风险。同时2015年全年湖北省上市企业部门资产负债率表现出低位震荡的态势，这表明湖北省上市企业部门的或有资本结构在不断改善，面临着较低的潜在风险。如图19.11所示。

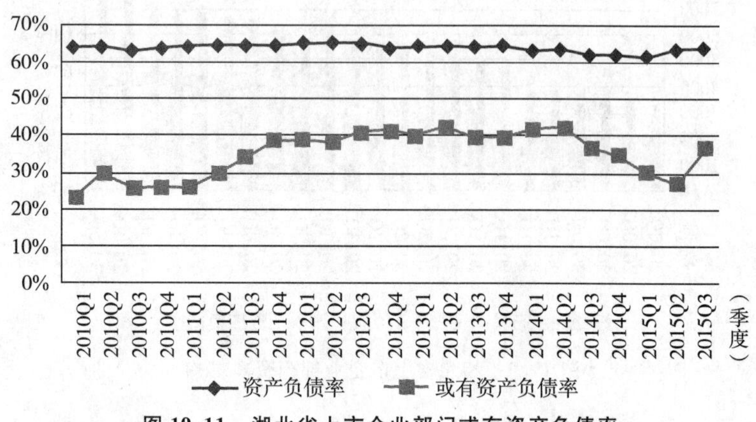

图 19.11　湖北省上市企业部门或有资产负债率

从违约距离指标上看，湖北省上市企业部门的违约距离指标水平至2014年第三季度逐渐下降，于2014年第三季度的6.78一直下滑至2015年第三季度的1.48，这表明湖北省上市企业部门的信用违约风险恶化明显。如图19.12所示。这与之前所说的资本结构表现基本一致，因此，近年来湖北上市企业通过大量债务融资所导致的资产负债率增高，资本结构的恶化，直接影响了其信用风险的增加。

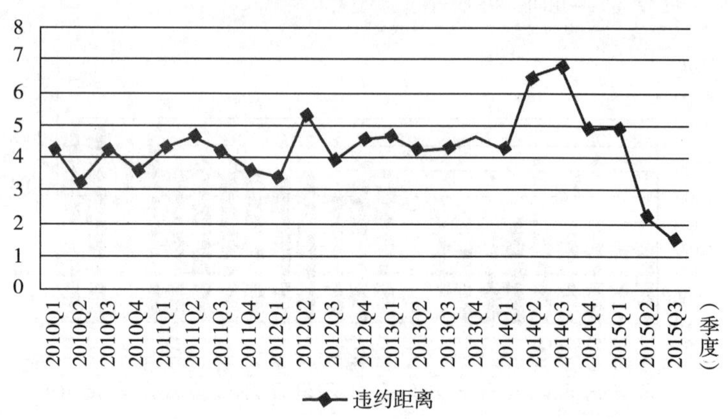

图 19.12　湖北省上市企业部门违约距离

第6节　湖北省家户部门风险分析

如图19.13所示，湖北省家户部门面临的偿付风险相对较低，但有进一步上升的趋势。2015年湖北省城乡居民收入持续上升，城镇常住居民人均可支配收入27051元，较2014年增长了8.8%，而农村常住居民人均可支配收入 11844 元，增长 9.2%，自 2012 年以来，农村居民人均可支配收入增速开始超过城镇居民，这表明湖北政府在推进农村居民收入水平增长方面卓有成效，但是需要注意的是 2015 年农村居民人均可支配收入增速明显放缓，未来湖北省农村收入增长形势严峻，家户部门风险存在恶化趋势。

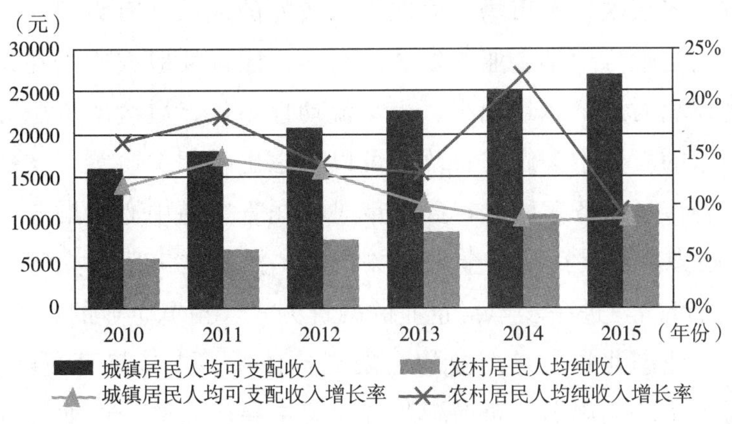

图 19.13　湖北省家户部门收入

第 7 节　金融风险管理与经济发展战略

通过对湖北省金融风险现状、成因以及四大部门风险状况的分析可知，湖北省的公共部门和金融部门的风险相对突出。其中，在经济下行压力较大、财政收入增速放缓的背景下，湖北省公共部门中地方政府面临着较大的债务偿付压力。另外，金融部门各方面的风险点不断显现，主要是由于其他经济部门运行不良而传导的风险，包括由于公共部门地方融资平台偿付风险和企业部门的信用风险而造成银行业资产质量下降等问题。

然而，如果一味强调控制这两个部门的金融风险，则会在很大程度上抑制省域经济整体的发展速度。当前，我国经济发展进入以速度变化、结构优化、动力转化为特点的新常态，但发展仍然是第一要务，是解决一切问题的关键。其中，财政与金融是政府调节经济的两个最主要的手段，尤其是财政手段依然是地方政府较为依赖的调控经济的方式，湖北省财政收支结构的不断优化有利于经济长远稳定的发展。因此，本文提出以下几点政策建议，以期在控制金融风险的前提下，利用金融手段来推进湖北省经济的发展。

首先，根据湖北省经济金融发展现状和资源禀赋特征，制定湖北省金融规划。其一，着力建设及完善武汉市金融体系和机构，将省会城市武汉打造成全省金融中心；其二，发展武汉市周边城市金融产业，并形成城市金融与农村金融相互促进的局面；其三，加强湖北省与周边省市的竞争与合作，将湖北省建成中部金融强省。

其次，进一步推进湖北省金融市场建设，丰富多层次、多样化的融资渠道。湖北省在多层次资本市场方面取得了较好的成果，有力地支持了地方经济发展，尤其是地方中小企业的发展。然而，区域性股权市场在发展过程中仍面临着规模相对经济总量偏小、市场流动性不足、后续融资服务不完善等问题。在未来的发展中，湖北省政府可以考虑出台相关政策，支持市场业务创新，并完善市场服务。同时，武汉市股权托管交易中心可顺应当前“互联网+”的大趋势，发展互联网金融相关产品，抓紧推出股权众筹等“互联网+金融”类的产品，进一步丰富企业的融资方式，拓宽企业的融资渠道。

最后，构建湖北省主导产业的金融支持体系，支持培育战略新兴产业。一方面，通过系统化规划、布局湖北省相关主导产业的全产业链金融服务体系，着力支持钢铁、电子、医药、装备制造等传统主导产业的发展；另一方面，出台财政优惠政策，通过以财政资金设立的产业投资基金撬动社会资金，推动高新技术产业、新型服务业等新的经济增长支撑产业发展。

参考文献

［1］中国人民银行：《2009—2014年湖北省金融运行报告》。

［2］湖北省统计局：《2009—2014年湖北省国民经济和社会发展统计公报》。

［3］傅先义、叶红梅：《村镇银行发展与风险问题研究——以湖北荆州为例》，载《武汉金融》2014年第12期。

［4］刘畅：《湖北地区银行业系统性风险的识别与测量》，载《湖北经济学院学报》2014年第11期。

［5］马金华、赵丹：《近代湖北地方公债研究及对当今地方债监管的启示》，载《财政监督》2014年第31期。

［6］中国人民银行随州市中心支行课题组，何桂芳、阮琳、许婴：《区域银行业金融风险的地图设计——基于湖北随州的案例研究》，载《金融发展评论》2015年第9期，第97—107页。

第20章 湖南省宏观金融风险研究

2015年，在经济新常态下，湖南省经济运行状况相对稳定，与中部其他省份比较，湖南省工业、消费等指标增长领先，地区生产总值增幅居中，投资、外贸等增速相对偏慢。通过分析得出，湖南省四大部门整体风险较低，而金融部门和企业部门仍然存在一些相对突出的风险隐患。

第1节 湖南省宏观金融风险概述

湖南省经济整体保持平稳增长的态势，整体经济实力不断增强，但经济总量增速自2010年开始逐渐放缓，面临着一定的经济下行压力。在经济运行方面，初步核算，湖南省全省2015年地区生产总值29047.2亿元，比上年增长8.6%[①]。其中，第一产业增加值3331.6亿元，增长3.6%；第二产业增加值12955.4亿元，增长7.4%；第三产业增加值12760.2亿元，增长11.2%，第三产业比重比上年提高1.7个百分点。在金融运行方面，全省金融改革稳步推进，全省固定资产投资（不含农户）25954.3亿元，比上年增长18.2%。其中，民间投资16977.9亿元，增长17.8%，占全部投资的比重为65.4%。分经济类型看，国有投资7829.9亿元，增长22.5%；非国有投资18124.3亿元，增长16.5%。分投资方向看，民生投资1930.6亿元，增长26.2%；生态投资1027.3亿元，增长26.8%；基础设施投资6192.7亿元，增长23.6%；高新技术产业投资1616.3亿元，增长27.0%；技改投资9020.0亿元，增长18.4%。同时，在经济增速回落的背景下，湖南省相关经济部门的金融风险状况有所恶化。金融部门中银行业面临的期限错配风险和保险业面临的偿付风险较为突出。另外，上市企业部门的整体盈利能力较低，且呈下滑态势，不断上升的资产负债率指标显示其面临着一定的偿付风险。

① 数据来源：《2010—2015年湖南省国民经济和社会发展统计公报》，湖南省统计局；国泰安数据库，深圳国泰安教育技术股份有限公司；智远理财服务平台，招商证券股份有限公司。如无特殊说明，本章数据均来源于此。

第2节 文献综述

湖南省是中部地区的重点省份，相关学者对湖南省金融风险方面的研究较多，重点关注其地方政府投融资平台问题和银行业的相关问题。其中，具有代表性的最新研究有：胡振华、胡亚明（2014）对湖南省湘北、湘南和湘西三家政府投融资平台融资风险进行了测度和比较，认为不同地域平台公司融资风险差异的根源在于不同地区经济发展水平差异及所导致的平台公司投资项目的性质差异；马天禄、陈双、胡丕吉（2014）在借鉴以往金融风险预警研究成果的基础上，结合湖南省经济金融实际，对区域银行业金融风险预警进行了研究，结果表明经济增速减缓将导致银行业风险加大。谭正航（2015）对湖南民间资本与科技型中小企业的对接问题进行研究，提出可以利用民间资本，缓解科技型中小企业融资问题，规范民间金融发展及促进金融体制反垄断改革等。湖南是中西部农业大省，农村新型金融机构得到了快速发展，促进了“三农”金融服务的发展。谭文培（2015）分析了湖南农村新型金融机构的风险形成的原因和特点，并以湖南村镇银行为例提出了湖南农村新型金融机构风险防范的对策建议。

已有的文献在金融风险与经济发展的相关性上作了一定的探讨，并给出了具有参考性的结论。本文将在已有研究基础上，运用宏观金融工程理论和方法，重点分析湖南省四大经济部门所面临的风险情况，并有针对性地提出风险防控措施和经济发展建议。

第3节 湖南省公共部门风险分析

如图20.1所示，2015年，湖南省公共财政预算支出增速迅速增加，于2014年的7.11%上升到13.14%，支出增速几乎翻倍。但是对比全年湖南省公共财政收入增速变化，2015年起财政预算收入增速仅从9.49%上升到10.43%，收支缺口占地区生产总值的比重较2014年上升0.61个百分点，财政收支结构恶化趋势明显，公共部门面临的风险状况不容乐观。

从收支结构上看，2015年湖南省公共财政预算支出增速高于收入增速，且两者均略有上升。一方面，湖南省公共财政预算收入在2015年达到5684.5亿元，同比增长13.14%，增速较2014年上升6.03个百分点。其中，地方财政收入于 2015 年增至 4008.1 亿元，同比增长 10.43%，增速上升 0.94 个百分点。这表明随着我国经济增速放缓，湖南省经济下行压力加大，政府财政支出上升，然而税收水平却未能同比增长，财政赤字加剧，公共部门所面临的偿付风险增加。

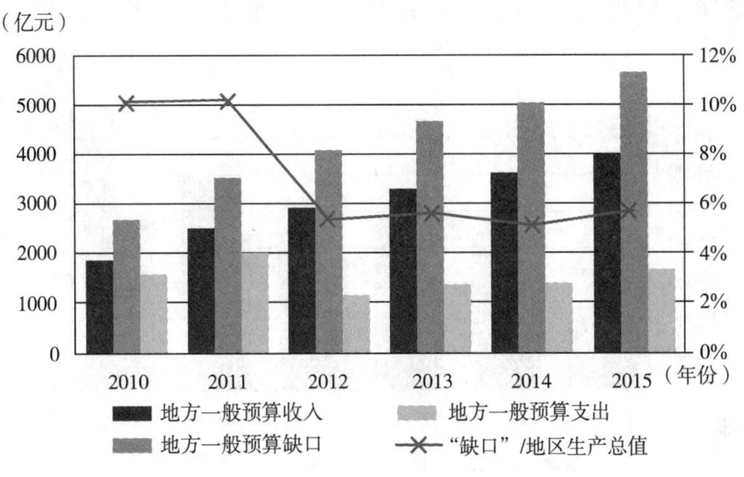

图 20.1 湖南省地方公共财政收支情况

第 4 节 湖南省金融部门风险分析

2015 年，在经济增速回落的背景下，湖南省金融部门整体运行较为平稳，社会融资规模不断上升。然而，银行业的期限错配风险和保险业的偿付风险仍然较为突出。

一、银行类风险分析

（一）资本结构错配分析

从资本结构上看，湖南省银行类金融机构总资产规模持续扩大，存贷款余额稳步增加，资本结构错配风险相对较低，但需要警惕信贷资产质量进一步下降带来的相关风险。2015 年，湖南省银行类金融机构的存贷比达到 66.87%，较 2014 年下降 1.82 个百分点，下降幅度较大，恶化趋势明显。如图 20.2 所示。

其中，贷款余额增速放缓，但是总体上仍略有上升，从 2014 年的 14.56%上升到 16.55%，而存款余额增速出现反转，存款余额增长率由 2014 年的 12.57%上升到 19.72%，增长了 7.15 个百分点。究其原因，一是为了稳定经济增长，信贷投放进一步加大；二是在互联网金融的冲击和资金分流后，银行类金融机构积极进行金融产品和服务类创新，这使得其存款余额增长率有所回升。此外，在利率市场化进程加快、国家逐步实行宽松货币政策和资产配置多样化趋势等因素的作用下，银行类金融机构的贷款余额增速与存款余额增速之差将进一步拉大，存贷比指标水平将呈下行态势。

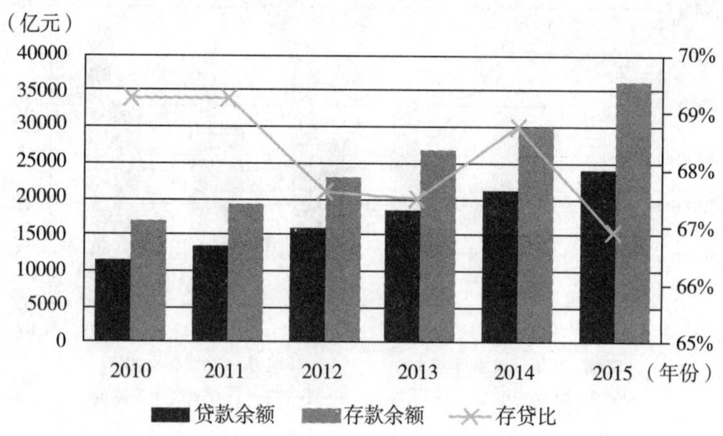

图 20.2 湖南省银行类金融机构存贷款余额与存贷比

另外，从不良贷款率指标上看，湖南省主要商业银行的不良贷款率在2015年达到2.3%，较2014年增加1.5个百分点。如图20.3所示。虽然湖南省主要商业银行的不良贷款率在中部地区处于较低水平，但是仍应防范由于信贷投放规模增加而导致银行类金融机构资产质量下降的风险，尤其是不良贷款分布较多的重点行业和企业，如农业和批发零售业等。

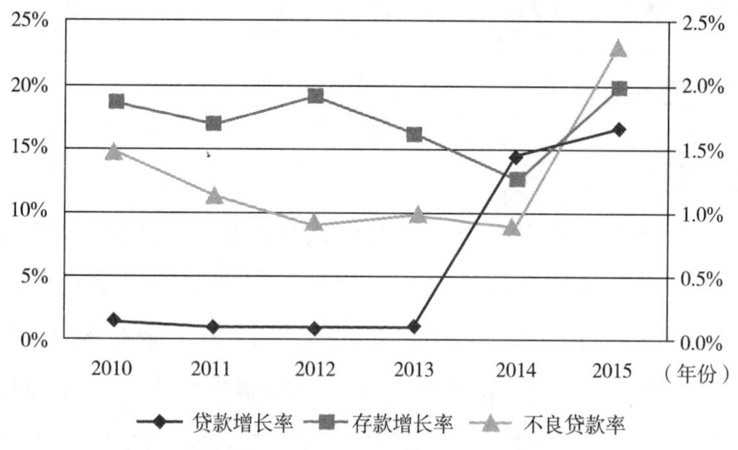

图 20.3 湖南省银行类金融机构资本结构变化

(二) 期限错配分析

湖南省银行类金融机构的中长期贷款占比呈逐步上升的态势，存在一定的期限错配风险。如图 20.4 所示。2015 年，中长期贷款占比达到 68.82%，较 2014 年虽然略有下降但仍处于高位。出于改善民生和稳定经济增长的考虑，湖南省从发展战略上不断加强交通运输、水利等基础设施建设，该领域贷款的大幅增加在一定程度上加大了银行类金融机构的短期流动性压力。

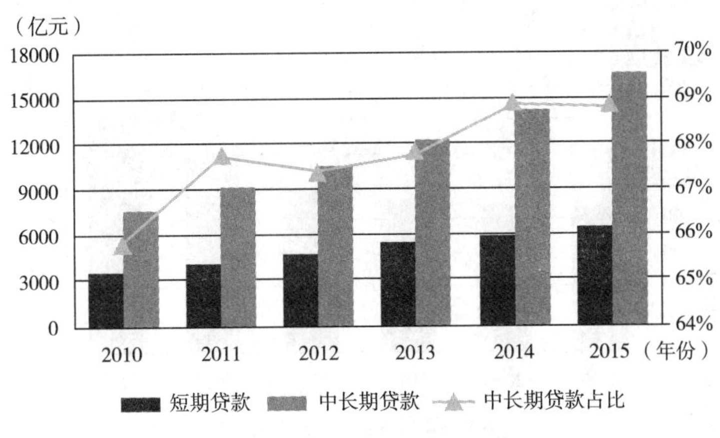

图 20.4　湖南省贷款期限结构

(三) 货币错配分析

2015 年，湖南省银行类金融机构的外币存贷比指标为 234.19%，较 2013 年降低了 72.42 个百分点，货币错配风险有所缓解。如图 20.5 所示。其中，湖南省在 2014 年的出口形势持续向好，外币存款增速大幅攀升至 52.60%。另外，随着人民币国际化进程的不断深化，跨境人民币业务的快速发展也在一定程度上缓解了货币错配风险。

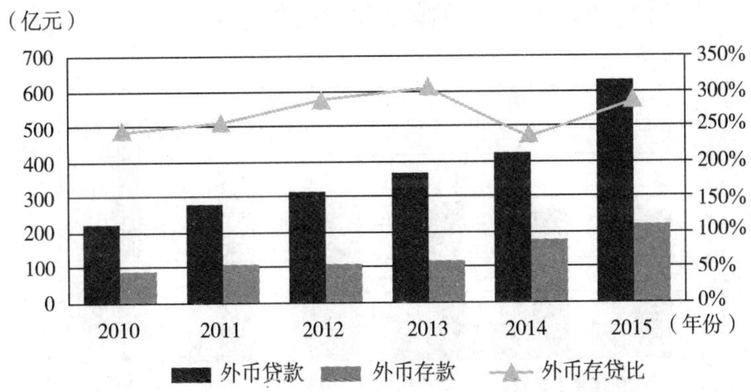

图 20.5　湖南省金融部门外币存贷款余额与外币存贷比

二、保险类风险分析

湖南省保险业整体发展形势较好，但仍面临着较高的赔付风险。如图20.6所示。2015年，湖南省保险业实现保费收入712.2亿元，同比增长7.39%，较2014年下降8.16个百分点。同时，由于保费收入的增速加快和经济增长速度放缓，湖南省的保险深度在2015年回升至2.45%，较2014年增加0.28个百分点。

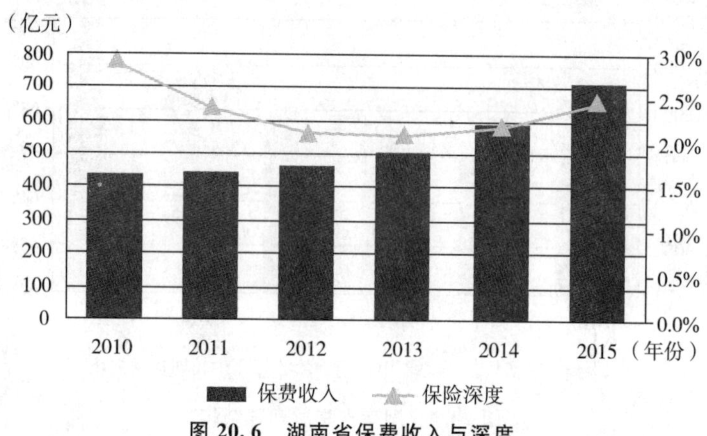

图20.6　湖南省保费收入与深度

然而湖南省保险业赔付率自2010年开始便逐渐攀升，当前所面临的赔付风险较高，虽然赔付率虽然在2015年略有下降达到36.09%，较2014年下降了2.41个百分点，但是整体赔付率上升趋势仍未发生本质性变化。如图20.7所示。而对于保费增长率而言，该指标近几年一直处于低位并呈现出小幅震荡的态势。因此，湖南省保险业应积极创新保险产品，加强保险资产管理，拓宽保险资金投资领域，在控制投资风险的情况下不断增加保险资产投资收益，以防范当前所面临的较高的赔付风险。

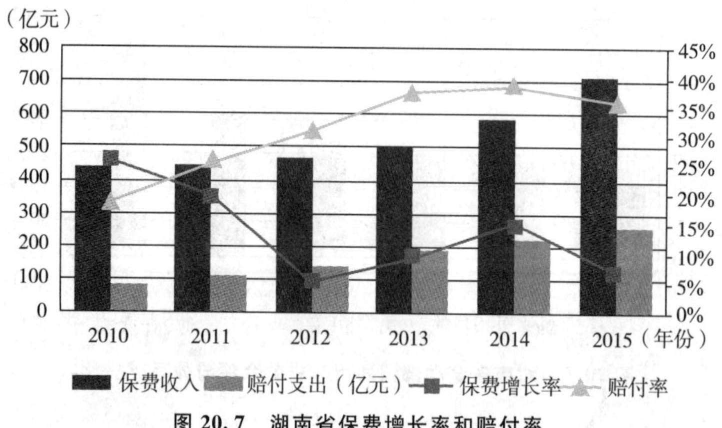

图20.7　湖南省保费增长率和赔付率

第 5 节　湖南省上市企业部门风险分析

一、上市企业盈利能力分析

湖南省上市企业主要分布在机械设备、医药生物、化工和有色金属等传统产业，缺乏现代服务业和高新技术产业等成长性较强的产业，从而导致其上市企业部门的整体盈利能力受经济增长形势影响较大。从净利润率指标上看，湖南省上市企业部门的整体盈利能力呈现不断下降的态势，上市企业部门的整体经营状况恶化明显。具体而言，湖南省净利润由 2011 年第二季度的 6.91%一路下滑至 2015 年第三季度的 0.68%。如图 20.8 所示。上市企业代表了企业中相对规范与质地较好的部分，湖南省上市企业部门盈利能力的不断减弱反映出湖南省企业部门整体经营状况不佳，也显示出湖南省亟待进一步调整与优化产业结构，提高产业发展的可持续性。

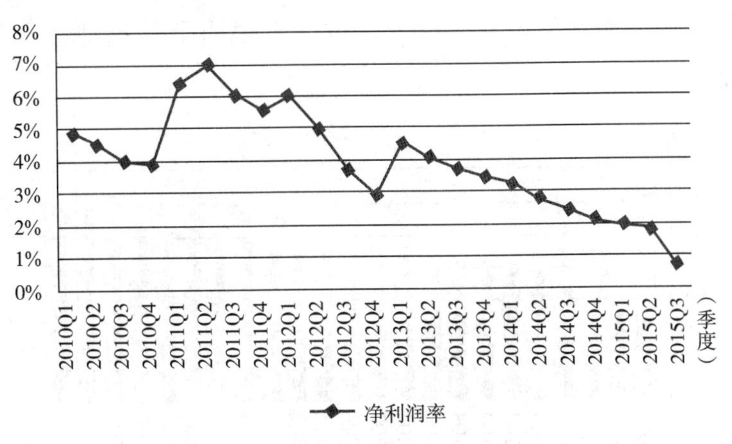

图 20.8　湖南省上市企业部门净利润率

二、账面价值资产负债表分析

（一）资本结构错配分析

湖南省上市企业部门的账面资本结构相对稳定，账面资产负债率整体呈下降态势，但仍处于近 59%以上的高位水平，面临一定的资本结构错配风险。如图 20.9 所示。一方面，湖南省上市企业部门总资产增速缓慢；另一方面，湖南省上市企业部门仍以间接融资方式为主，未能改变对债务融资较高的依赖度。

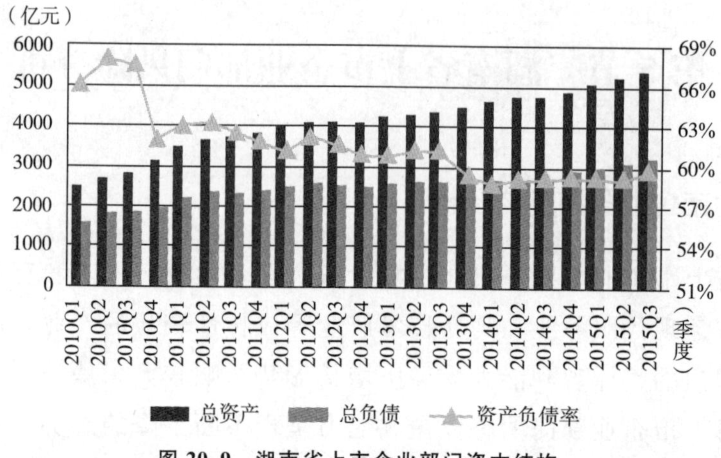

图 20.9 湖南省上市企业部门资本结构

（二）期限错配风险分析

从流动资产占比指标和流动比率指标上看，湖南省上市企业部门资产流动性较好，面临的期限错配风险较低。如图 20.10 所示。其中，湖南省上市企业部门的流动资产占比大体稳定在 50％以上，说明其资产流动性较好，而且流动比率指标水平均稳定在 1 以上，进一步说明了其流动资产与流动负债的匹配度较高。

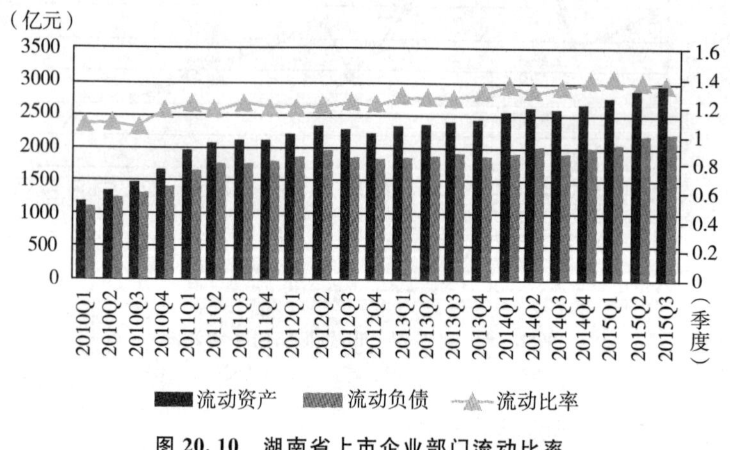

图 20.10 湖南省上市企业部门流动比率

三、或有权益资产负债表分析

湖南省上市企业部门的或有资产负债率远低于其账面资产负债率，说明以市场价值计量的企业风险低于账面价值计量的风险。如图 20.11 所示。自 2014 年第二季度湖南省上市企业部门的或有资产负债率呈现逐步下降的趋势，这表明湖南省上市企业部门的或有资本结构也在不断改善，面临着较低的潜在风险。

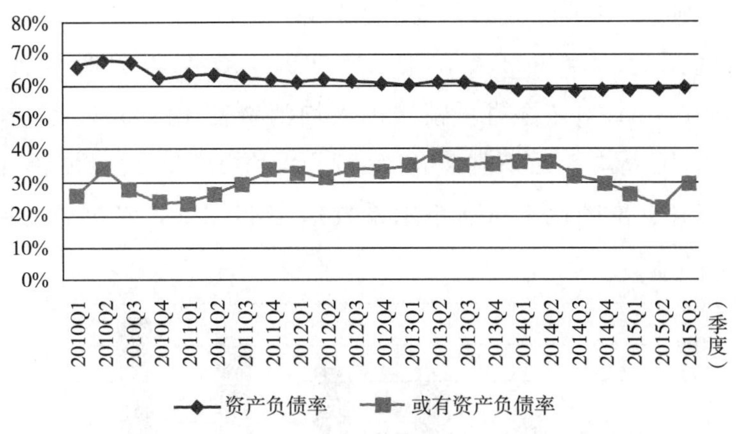

图 20.11　湖南省上市企业部门或有资产负债率

从违约距离指标上看，湖南省上市企业部门的违约距离指标水平自 2015 年第二季度急剧下跌，从 6.35 下降到 2015 年第三季度的 1.605，这表明其整体违约风险急剧增加。如图 20.12 所示。

图 20.12　湖南省上市企业部门违约距离

第 6 节　湖南省家户部门风险分析

全省全体居民人均可支配收入 19317 元，比上年增长 9.6%，扣除价格因素实际增长 8.1%；人均可支配收入中位数 16654 元。城镇居民人均可支配收入 28838 元，比上年增长 8.5%，扣除价格因素实际增长 6.9%；城镇居民人均可支配收入中位数 27216 元。农村居民人均可支配收入 10993 元，增长 9.3%，扣除价格因素实际增长 8.1%；农村居民人均可支配收入中位数 10032 元。如

图20.13所示。分区域看，长株潭地区居民人均可支配收入30655元，增长8.4%；湘南地区18070元，增长9.2%；大湘西地区12877元，增长10.2%；洞庭湖地区17603元，增长9.6%。城乡居民收入比由上年的2.64∶1缩小为2.62∶1。全省城镇居民人均消费支出19501元，比上年增长6.4%；农村居民人均生活消费支出9691元，增长7.4%。城镇居民食品消费支出占消费总支出的比重（恩格尔系数）为31.2%，农村居民为32.9%。

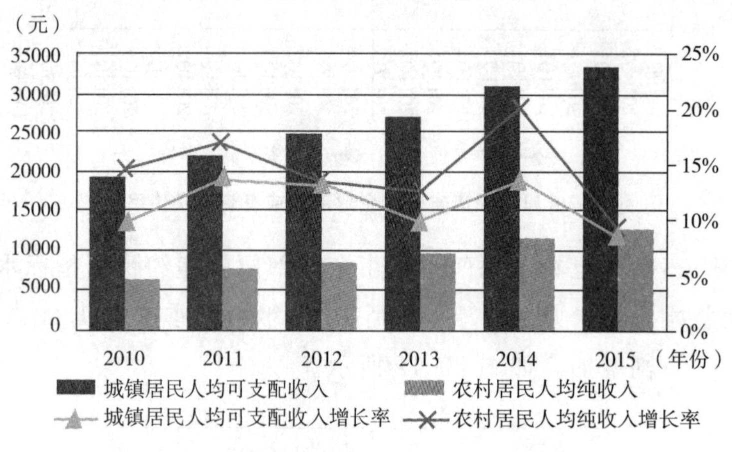

图20.13　湖南省上市企业部门违约距离

第7节　金融风险管理与经济发展战略

2015年，湖南省经济金融运行状况良好，四大经济部门的风险暴露较少，湖南省整体所面临的宏观金融风险相对较低。基于本章对湖南省宏观金融风险状况的分析，下面结合具体的宏观经济形势提出相关政策建议。

第一，公共部门方面，在经济下行压力较大的情况下，湖南省应以“稳增长”为首要任务，适度调整财政支出规模，充分利用财政资金的杠杆作用推动地方优势产业和战略新兴产业的发展。

第二，金融部门方面，湖南省银行类金融机构应积极适应市场利率化改革的大趋势，创新、调整传统业务结构，挖掘新的利润增长点。同时，积极创新“政一银一保”合作模式，鼓励银行一如既往地支持地方企业的发展，并谨防区域性金融风险的发生。

第三，上市企业部门方面，尽管湖南省上市企业部门整体面临的风险相对较低，但仍应努力提高上市公司的治理水平，以有效保证上市公司的质量和相关投资者的利益。另外，在国家大力发展多层次资本市场的契机下，湖南省企业（尤其是高新技术企业）应提高意识，规范发展，充分利用资本市场促进自身发展壮大。

第四，家户部门方面，湖南省政府相关部门应着力普及金融市场的基础知识，提高居民对于金融风险的认识，并加强市场监管，着力保护金融资产投资者的利益。

参考文献

[1] 谭正航：《促进湖南民间资本与科技型中小企业对接保障制度的完善》，载《科技经济市场》2015 年第 1 期，第 206—209 页。

[2] 谭文培：《湖南农村新型金融机构风险防范的对策与建议——以村镇银行为例》，载《企业导报》2015 年第 2 期，第 152—153 页。

[3] 胡振华、胡亚明：《湖南政府投融资平台融资风险测度实证研究》，载《经济地理》2014 年第 11 期。

[4] 马天禄、陈双、胡丕吉：《区域银行业压力与金融风险预警研究——以湖南为例》，载《金融发展评论》2014 年第 2 期。

[5] 中国人民银行：《2010—2015 年湖南省金融运行报告》。

[6] 湖南省统计局：《2010—2015 年湖南省国民经济和社会发展统计公报》。

第21章　安徽省宏观金融风险研究

2015年，在纷繁复杂的宏观环境下，虽然安徽省全省主要经济指标增速有所放慢，但仍保持在较快增长的合理区间，“稳”的基础不断强化，“进”的态势持续显现，安徽省坚持稳中求进工作总基调，主动适应经济发展新常态，大力推进“调转促”行动计划，全省经济稳中有进、稳中趋好。

第1节　安徽省宏观金融风险概述

在经济运行方面，2015年安徽省生产总值22005.6亿元，较去年增长8.7%[①]。其中，第一产业增加值2456.7亿元，增长4.2%；第二产业增加值11342.3亿元，增长8.5%；第三产业增加值8206.6亿元，增长10.6%，全省人均GDP达35997元，经济发展速度依然可期。但是仍需注意的是，当前国内外环境依然复杂严峻，有效需求乏力和有效供给不足并存，传统产业支撑力减弱与新兴产业支撑力不强并存，经济下行压力仍然存在。在金融运行方面，2015年年末安徽省金融机构本外币各项存款余额34826.2亿元，增长14.3%。近年来，安徽省金融产业与经济发展逐渐形成了良性互动，地方金融的快速发展对整个安徽经济发展起到了很大的支撑作用。然而，2015年安徽省公共部门财政风险开始出现明显的恶化，金融部门所面临的风险水平也随之不断上升，银行业资本结构恶化、期限错配风险和保险赔付率上升等问题相对突出。

第2节　文献综述

近几年来，在安徽省金融风险的研究上，国内学者主要关注银行业金融风险以及农村金融两个方面的情况。在金融部门风险防控方面，陈杨

① 数据来源：《2010－2015年安徽省国民经济和社会发展统计公报》，安徽省统计局；《2010—2015年安徽省金融运行报告》，中国人民银行；国泰安数据库，深圳国泰安教育技术股份有限公司；智远理财服务平台，招商证券股份有限公司。如无特殊说明，本章数据均来源于此。

(2012)对商业银行操作风险进行了研究分析，并以交通银行安徽省分行为例，讨论了交通银行安徽省分行在操作风险管理这一活动上的现状和存在的问题，并针对发现的问题提出了一些解决方案。马春芬(2013)对安徽省铜陵市小额贷款公司、融资性担保公司、典当行等影子银行机构的调查分析，指出影子银行发展主要存在经营不规范、风险管理不足和内控机制薄弱等问题，发现影子银行对区域金融稳定的影响主要表现在其向正规金融体系的传递金融风险以及加大宏观调控难度。中国人民银行合肥中心支行(2014)在借鉴国内外关于建立金融风险预警指标体系的既有研究成果基础上综合运用模糊聚类分析、BP神经网络建模等，提出符合中国特色的区域金融风险预警体系框架。中国银行安徽分行风险管理部、中国银行铜陵分行课题组(2015)进行了实地调研，结合对小额贷款公司的授信实践，对小额贷款公司授信业务的风险及防范进行了比较分析，发现小额贷款公司大都面临着流动性风险突出、贷后管理薄弱等问题。

在农村金融方面，叶明华、汪荣明、吴苹(2014)指出农户的风险认知、保险意识和风险承担能力之间具有显著相关性，但地区、受教育水平、耕地经营形式、种植方式、灌溉方式和农产品出售方式等变量会导致农户在风险认知、保险意识和风险承担能力方面表现出显著的个体差异。石英甫(2015)从需求和供给两个方面分析了安徽省农村金融的发展，剖析了安徽省农村金融市场发展中存在的问题及相关成因并提出了建立有效竞争的农村金融体系、加强金融产品与服务创新、建立多层次农村金融监管体系、积极推动农业保险发展和农村金融生态环境建设对策与建议。

第3节 安徽省公共部门风险分析

安徽省地方公共财政收支规模呈现逐年攀升的趋势，同时财政收支缺口亦随之增大，虽然财政收支“缺口”与安徽省地区生产总值的比值在2013—2014年间有所下降，在2014年达到4.8%的水平，但是从整体来看安徽省地方财政收支缺口比例基本呈现上升的趋势，并于2015年达到样本区间的最高点5.54%，这表明整体上安徽省政府预算赤字逐步扩大，公共部门所面临的财政风险不断上升。如图21.1所示。2015年，安徽省完成地方公共财政收入4012.1亿元，同比增长9.53%，较2014年上升2.62个百分点；同时安徽省当年全年财政支出5230.4亿元，同比增长12.15%，较2014年上升

4.94个百分点。由此可以看出安徽省公共财政收入无论是增速还是增幅都要低于其公共财政的支出，这表明安徽省公共部门财政风险恶化趋势明显。

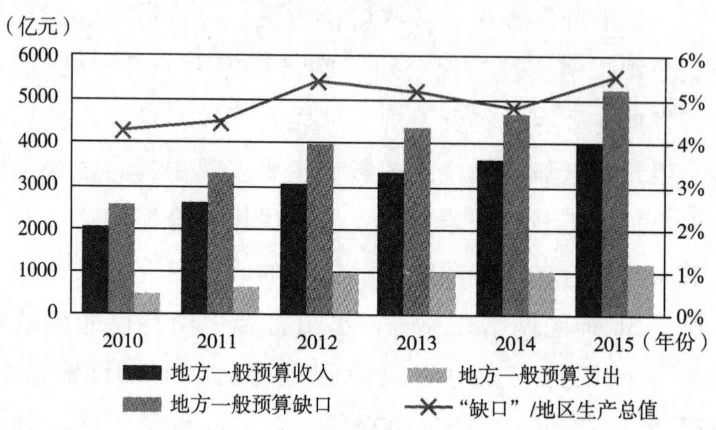

图 21.1　安徽省地方公共财政收支情况

虽然负债规模的快速增加和财政收入增速放缓的不匹配使得安徽省公共部门面临一定的偿付，从绝对量来看，安徽省地方财政收支缺口占地区生产总值的比例基本保持在5%左右，总体而言，其政府性债务风险仍处于可控范围。从增长态势上看，安徽省地区生产总值和地方公共财政收入的增长均能有效覆盖政府性债务的增长，政府债务水平与经济社会发展水平基本匹配。如图21.2所示。然而，一方面，从债务投向来看，政府公共财政预算支出主要集中于市政建设等基础设施，其前期投资额较大，且难以在短期内产生大规模的收益；另一方面，从债务未来的偿还情况来看，安徽省政府累计债务规模数量较大，这都给经济增速放缓背景下的安徽省地方财政带来了较大的压力。

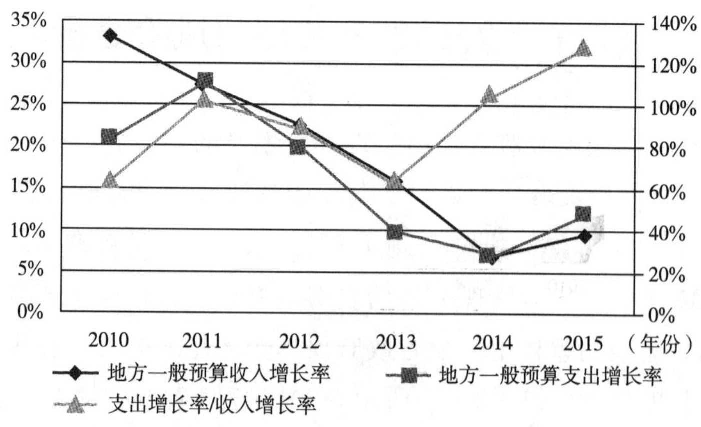

图 21.2　安徽省地方公共财政收支增长率比较

第 4 节　安徽省金融部门风险分析

一、银行类风险分析

安徽省银行业整体运行相对平稳，行业总资产和总利润均呈增长态势。然而，在经济增速放缓的背景下，资本结构恶化、不良贷款率上升、贷款中长期化等因素使得安徽省银行业面临着一定的偿付风险和期限错配风险。

（一）资本结构错配分析

2015 年，安徽省银行类金融机构的贷款余额增速放缓，存款余额增速回升至 15.74%，其相应的存贷比指标水平为 75.7%，较上年略有下降。如图 21.3 所示。一方面，在经过 2014 年理财产品、互联网金融及其他投资品种分流等因素影响后，安徽省银行类金融机构积极推动银行改革，在 2015 年使得存款余额增速有了明显的回升，相比于 2014 年上升了 4.07 个百分点，金融创新改革效果明显；但是另一方面，受到全国经济下行的影响，安徽省商业银行贷款余额增速持续五年下滑，2015 年其贷款余额增长率为 14.9%，比去年下降 0.68 个百分点。同时，从安徽省商业银行不良贷款率变动趋势来看，其不良贷款状况恶化严重，且从 2014 年开始不良贷款率上升明显。从存贷比指标和不良贷款率指标来看，安徽省银行类金融机构面临着较高资本结构错配风险和信用风险。

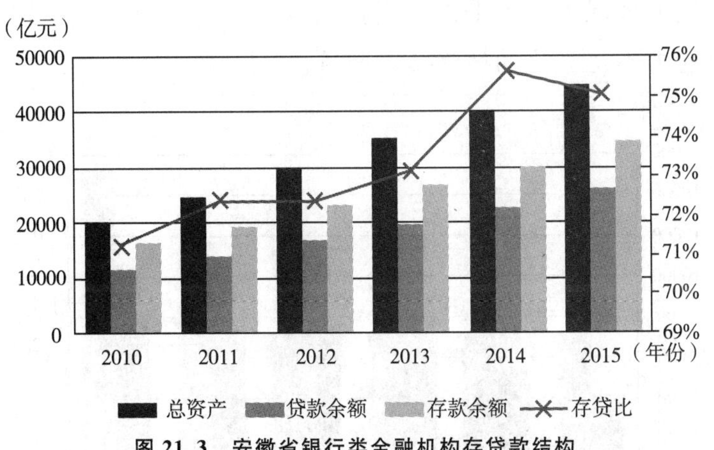

图 21.3　安徽省银行类金融机构存贷款结构

在经济增速回落的大背景下，国家将实施相对宽松的货币政策和积极的财政政策，增加信贷投放力度。如图 21.4 所示。然而，随着市场利率化的稳步推进，银行类金融机构的存贷款利差将进一步压缩，资金也将追逐具有更高收益的投资标的，存款增速将持续放缓，银行业的稳定利润空间收窄。因此，安徽省银行类金融机构应积极适应不断变化的形势，着力控制投放数量与质量，并创新经营模式，拓宽利润来源渠道，以应对由于资产质量和利润同时下降带来的经营风险。

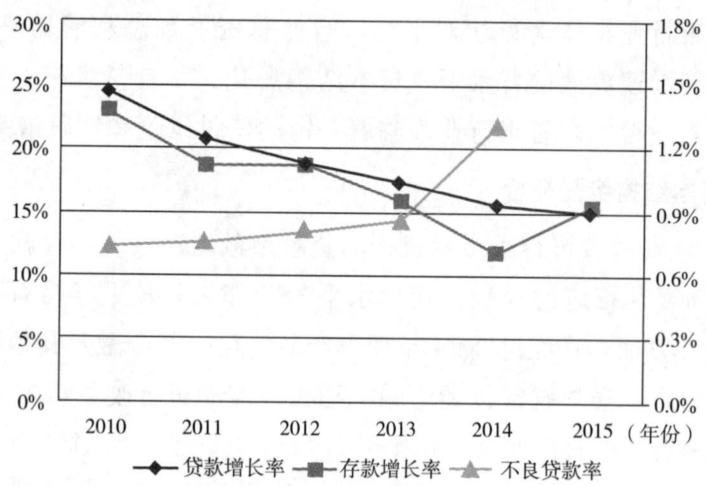

图 21.4　安徽省银行类金融机构存贷款结构变化

（二）期限错配风险分析

安徽省银行类金融机构贷款中长期化趋势较为明显，面临一定的期限错配风险。如图 21.5 所示。其中，2015 年，安徽省银行类金融机构中长期贷款占比达到 57.98%，较 2014 年下降了 1.27 个百分点。在当前国内外经济形势均不稳定的情况下，不平衡的贷款期限结构将有可能造成银行类金融机构短期偿付能力不足、流动性趋紧等问题。

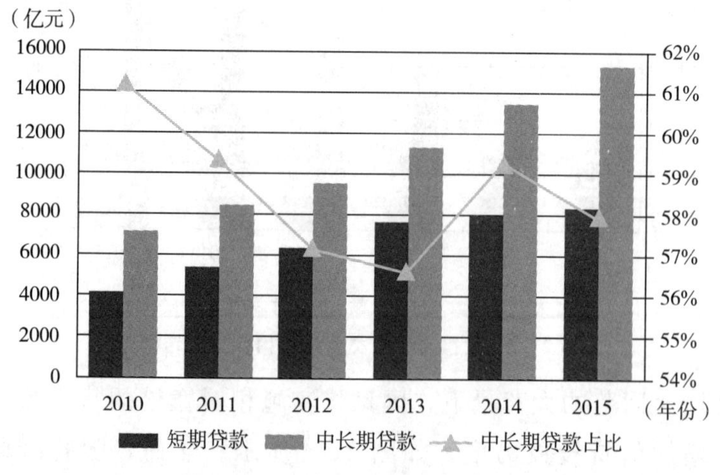

图 21.5　安徽省金融部门贷款结构

二、保险类风险分析

安徽省保险业经营状况不断改善，保险业服务地方经济发展水平有所提高，但仍面临着一定的赔付风险。如图21.6图21.7所示。2015年，安徽省保险业实现保费收入698.9亿元，同比增长22.12%，较2014年增加3.64个百分点。同时，保险深度由2014年的2.75%上升至3.18%，体现出安徽省保险业在经济发展中的地位不断提升。应着力创新保险产品，扩大保险资金投资范围，提高保险资产收益，以控制赔付支出上升带来的经营风险。

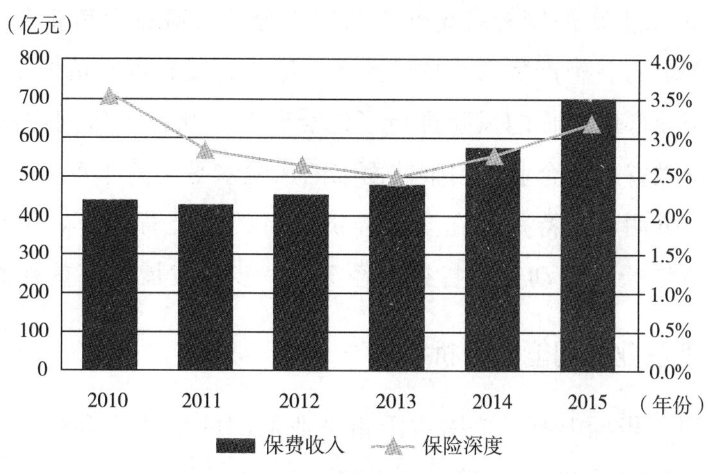

图21.6　安徽省保险深度

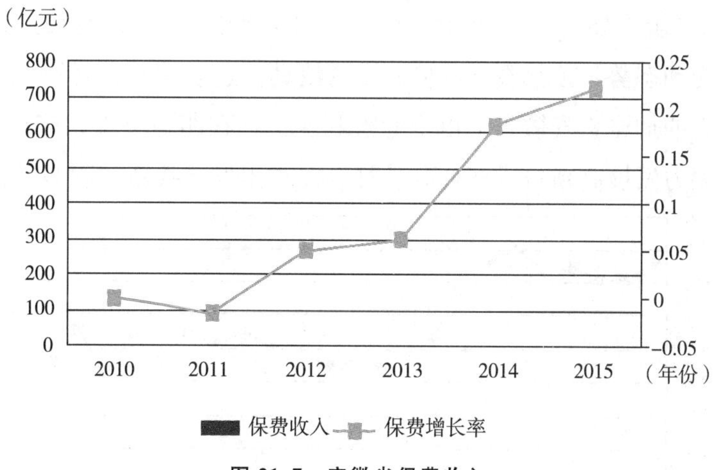

图21.7　安徽省保费收入

第5节　安徽省上市企业部门风险分析

2015年，安徽省出台促进经济持续健康发展、金融支持服务实体经济等政策，落实结构性减税和普遍性降费，畅通金融进入实体经济管道，全年新增贷款3389.7亿元、增长14.9%，直接融资2980.3亿元、增长71.5%，全年新增上市公司10家、新三板挂牌企业117家。但是从产业分布来看，安徽省的上市企业主要分布在机械、化工、汽车和水泥等行业，该类行业大都是当前国内产能相对过剩的产业，且受国内外经济波动影响较大。本节选取86家在沪深两市上市的安徽省企业作为样本分析安徽省上市企业部门的相关风险，从盈利能力、资产负债结构、流动性结构、或有资产负债结构等方面对安徽省上市企业部门面临的风险进行了综合分析。从样本区间内的结果来看，目前而言，安徽省上市企业部门整体面临的风险水平仍处于可控范围内，但是其恶化趋势十分明显，特别是在全国经济下行的宏观背景下，上市部门企业寻求新的经济增长点推动安徽省社会经济进一步的发展将有重要的意义。

一、上市企业盈利能力分析

从净利润率指标上看，安徽省上市企业部门的整体盈利能力呈现出震荡下降的态势，特别是2011年第二季度至2012年第三季度期间，其上市企业盈利能力水平下降严重，由6.94%下降至3.42%，此后净利润率略有上升基本稳定在4%的水平上。如图21.8所示。在2015年，安徽省上市企业的总体净利润率维持此前的变动态势，依然在4%左右震荡波动。这表明从总体上来看随着我国经济下行压力的加剧，安徽省上市企业盈利能力存在明显下降，应积极进行产业转型升级，大力发展高新技术产业，从社会需求出发寻找新的利润增长点。

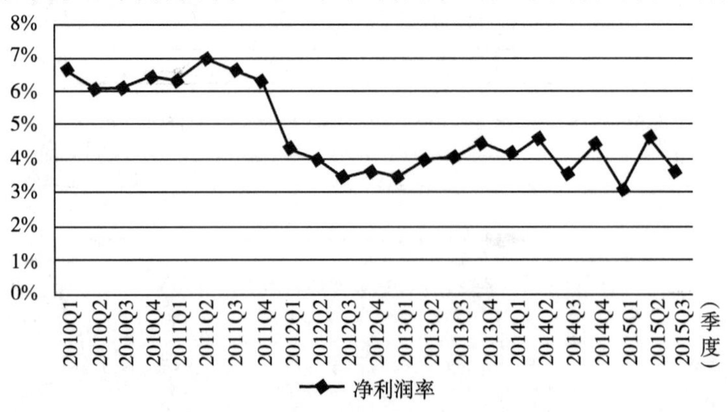

图21.8　安徽省上市企业部门净利润率

二、账面价值资产负债表分析

（一）资本结构错配分析

安徽省上市企业部门的资本结构调整成效明显，面临的资本结构错配风险有所改善。其中，安徽省上市企业部门的资产负债率指标从2013年第一季度开始呈现波动下降的态势，并于2014年第四季度降至45.2%。而2015年安徽省上市企业部门的资产负债率指标虽然略有上升，但是基本仍处于低位。该指标水平在一定程度上反映出安徽省上市企业部门面临的偿债压力较小，资本结构错配风险相对较低。资本结构的改善与企业融资方式的转变有着必然的联系，安徽省上市企业部门正逐步从偏重债务融资向合理利用股权融资等其他方式转变。

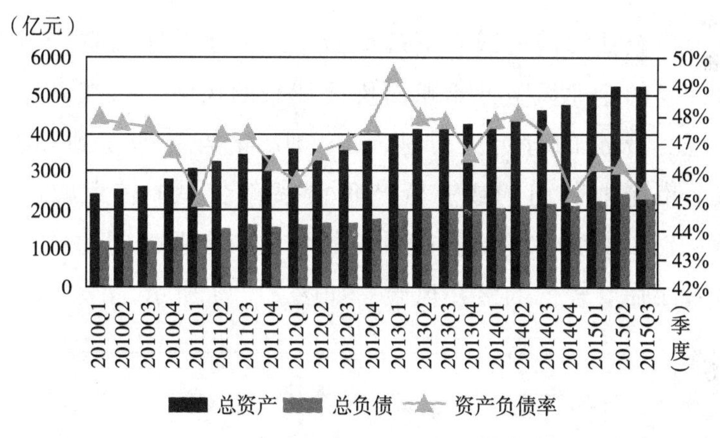

图 21.9 安徽省上市企业部门资本结构

（二）期限错配风险分析

安徽省上市企业部门的流动比率变动较为平稳，虽然整体上自2012年第一年度安徽省上市企业部门流动比率水平缓慢下降，但是在2015年该指标基本稳定在1.3左右水平远大于1，这表明安徽省上市企业部门的短期偿付能力较强，面临的期限错配风险相对也较低。如图21.10所示。

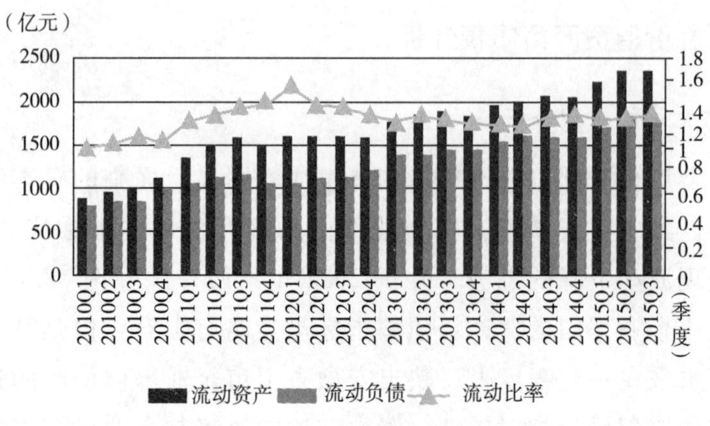

图 21.10　安徽省上市企业部门流动比率

三、或有权益资产负债表分析

安徽省上市企业部门的或有资产负债率远低于其账面资产负债率，说明以公允价值计量的企业风险低于账面价值计量的风险，这在一定程度上说明市场对于其经营状况的肯定。同时，自 2014 年第二季度到 2015 年第二季度，安徽省上市企业部门的或有资产负债率存在一个较大幅度的下降，从 28.42％降到 15.84％的水平，这表明安徽省上市企业部门的或有资本结构也在不断改善，面临着较低的潜在风险。如图 21.11 所示。

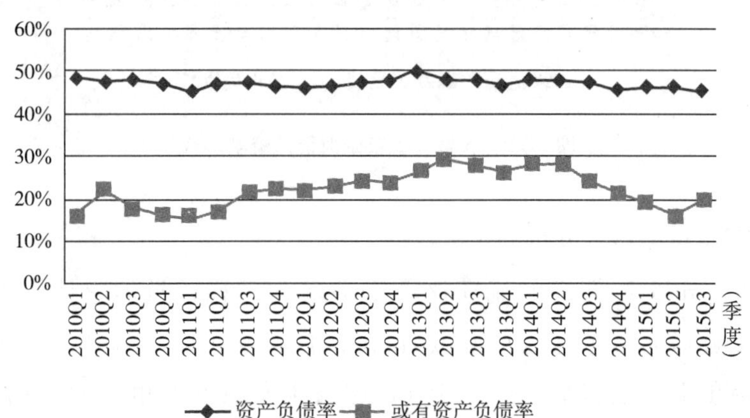

图 21.11　安徽省上市企业部门或有资产负债率

从违约距离指标上看，安徽省上市企业部门的违约距离指标水平在 2014 年第三季度达到样本区间的高点 6.36，这表明其整体不存在明显的违约风险。但是自 2015 年以来，反映安徽省上市企业部门信用违约风险的违约距离急剧下跌，并于 2015 年第三季度跌破 2 的警戒线水平达到 1.76，这说明安徽省上市企业部门整体面临的信用违约风险恶化严重。如图 21.12 所示。

2015年安徽省上市企业部门违约距离指标的表现与资本结构的表现相违背，这表明整体上安徽省上市企业生产经营过程中的不确定性增加，企业盈利能力下降，信用违约风险率先下调，预示了2016年安徽省上市企业部门风险加重压力巨大。

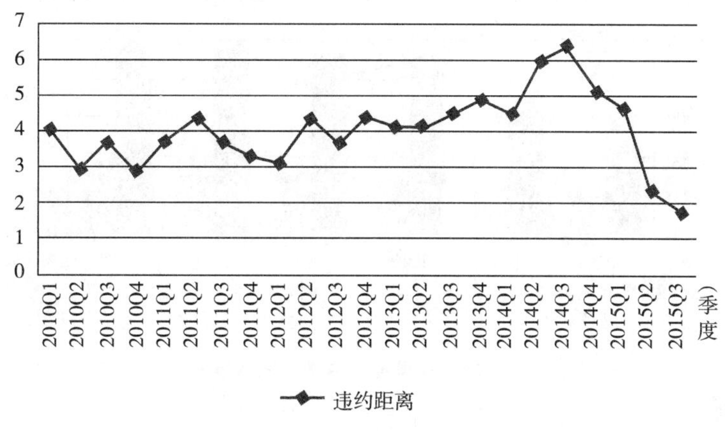

图21.12 安徽省上市企业部门违约距离

第6节 安徽省家户部门风险分析

全年城镇常住居民人均可支配收入26936元，增长8.4%，扣除价格因素，实际增长7%；农村常住居民人均可支配收入10821元，增长9.1%，扣除价格因素，实际增长7.7%。全年33项民生工程累计投入资金726.5亿元，同比增长12.1%。全年城镇新增就业65.2万人，城镇登记失业率3.14%，低于年控制目标1.36个百分点。居民消费价格同比上涨1.3%，比全国低0.1个百分点；工业生产者出厂价格同比下降6.1%，工业生产者购进价格下降6.5%。如图21.13所示。安徽省高度重视改善民生，基本公共服务水平明显提升。坚持把更多财力投向民生领域，民生支出4379亿元，占财政支出的83.7%，33项民生工程全面完成。推进精准扶贫、精准脱贫，建立“1+20”政策体系，在3000个贫困村实施整村推进工程，减少贫困人口75万人。落实支持就业创业政策，帮助10.3万就业困难人员再就业，高校毕业生总体就业率达95.9%。完成829所义务教育学校标准化建设任务，职业教育市级统筹和资源整合深入推进，高水平大学建设步伐加快。城镇基本医保省内异地就医实现双向结算，企业退休人员基本养老金人均月增196元，城乡居民基础养老金最低标准每人每月提高到70元。新增各类保障性安居工程40.3万套，基本建成35.8万套，完成农村危房改造17.9万户。实施重特大疾病医疗救助、困难残疾人生活补贴、重度残疾人护理补贴等制度。深化医药卫生体制综合改革，城市公立医院改革全面实施。

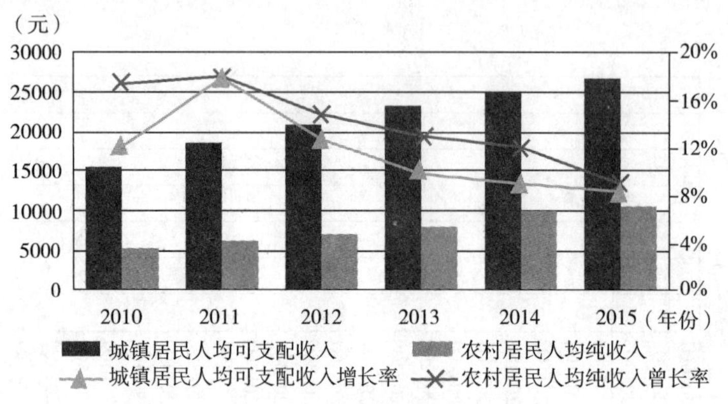

图21.13　安徽省家户部门收入状况

第7节　金融风险管理与经济发展战略

2015年，安徽省整体经济金融运行状况良好，四大经济部门的风险暴露仍处于可控范围，但是安徽省整体所面临的宏观金融风险恶化趋势明显。基于本章对安徽省宏观金融风险状况的分析，下面结合具体的宏观经济形势提出相关政策建议。

第一，公共部门方面，在经济下行压力较大的情况下，安徽省应以“稳增长”为首要任务，适度调整财政支出规模，充分利用财政资金的杠杆作用推动地方优势产业和战略新兴产业的发展。

第二，金融部门方面，安徽省银行类金融机构应积极适应市场利率化改革的大趋势，创新、调整传统业务结构，挖掘新的利润增长点。同时，积极创新“政一银一保”合作模式，鼓励银行一如既往地支持地方企业的发展，并谨防区域性金融风险的发生。

第三，上市企业部门方面，尽管安徽省上市企业部门整体面临的风险相对较低，但仍应努力提高上市公司的治理水平，以有效保证上市公司的质量和相关投资者的利益。

第四，家户部门方面，安徽省政府相关部门应着力普及金融市场的基础知识，提高居民对于金融风险的认识，并加强市场监管，着力保护金融资产投资者的利益。

参考文献

［1］中国人民银行：《2010—2015年安徽省金融运行报告》。

［2］安徽省统计局：《2010—2015年安徽省国民经济和社会发展统计公报》。

［3］叶明华、汪荣明、吴苹：《风险认知、保险意识与农户的风险承担能力——基于苏、皖、川3省1554户农户的问卷调查》，载《中国农村观察》2014年第6期。

［4］中国银行安徽分行风险管理部、中国银行铜陵分行课题组：《对小额贷款公司授信的风险分析与防范——基于对安徽铜陵、宣城两市的实证分析》，载《国际金融》2015年第4期。

［5］陈杨：《交通银行安徽省分行操作风险管理与研究》，安徽大学，2012年。

［6］马春芬：《影子银行对区域金融稳定的影响及风险防控对策研究——以安徽省铜陵市为例》，载《金融纵横》2013年第8期，第29—34页。

［7］金利娟、伍孟林、芮训媛、张宏妹、权俊良、江四清、疏力平、余小勇、马春芬：《铜陵市城乡一体化金融体系建设研究》，载《铜陵学院学报》2009年第4期，第33—36页。

［8］叶明华、汪荣明、吴苹：《风险认知、保险意识与农户的风险承担能力——基于苏、皖、川3省1554户农户的问卷调查》，载《中国农村观察》2014年第6期，第37—48页。

［9］石英甫：《浅析如何加快推进我国农村金融改革——以安徽省金寨县为例》，载《湖北经济学院学报（人文社会科学版）》2015年第5期，第49—51页。

［10］石英甫：《安徽省农村金融市场存在的问题及对策研究》，安徽财经大学，2015年。

第22章 江西省宏观金融风险研究

近年来，江西省实现跨越式发展，人民生活水平得到明显提升，而且长江经济带发展战略的提出，又进一步提升了江西省的经济发展战略地位。在经济快速发展的同时，应高度关注其可能蕴含的金融风险。本章通过对江西省宏观金融风险的研究发现，江西省融资性平台公司债务风险较大，南昌银行等本区域银行机构在本地资源性企业债务违约的背景下，银行信贷风险有所增加。

第1节 江西省宏观金融风险概述

2015年全年江西省实现地区生产总值（GDP）16723.8亿元，比上年增长9.1%[①]。其中，第一产业增加值1773.0亿元，增长3.9%；第二产业增加值8487.3亿元，增长9.4%；第三产业增加值6463.5亿元，增长10.0%。三次产业结构由上年的10.7∶52.5∶36.8调整为10.6∶50.8∶38.6，三次产业对GDP增长的贡献率分别为4.2%、60.7%和35.1%。人均生产总值36724元，增长8.5%，按年均汇率折算为5898美元。2015年年末全社会就业人数2615.8万人，比上年年末增加12.5万人。全年城镇新增就业55.3万人，城镇登记失业人数30.0万人，城镇登记失业率3.35%。2015年年末农民外出从业人员842万人，其中，省外务工561万人。百亿县实现零突破，南昌县财政总收入达100.9亿元。全年居民消费价格比上年上涨1.5%，其中，城市、农村均上涨1.5%。商品零售价格上涨0.5%，农业生产资料价格指数上涨1.4%，固定资产投资价格下降1.8%，工业生产者出厂价格下降6.3%，工业生产者购进价格下降6.4%。

---

① 数据来源：《2010—2015年江西省国民经济和社会发展统计公报》，江西省统计局；国泰安数据库，深圳国泰安教育技术股份有限公司；智远理财服务平台，招商证券股份有限公司。如无特殊说明，本章数据均来源于此。

第2节　文献综述

"十二五"期间，国内不少学者对江西省经济增长与金融发展的关系，江西省的金融发展及突出的金融风险问题进行了细致的研究。

在经济增长与金融发展之间的关系方面，陈圣霖（2011）实证分析了江西省房地产投资与经济增长之间的关系，结果显示两者存在显著的相关性，房地产投资能够有效促进经济增长，主要是通过产业结构、物质资本、非国有化来实现的。江西省较低的人力资本贡献率是限制经济增长的重要因素。赖娟（2013）分析了江西省金融发展水平与经济发展之间的关系，发现江西省金融发展规模的扩大在一定程度上促进经济增长，经济增长反过来又提高金融发展规模。然而，较低的金融发展效率则单向影响经济增长。

在金融风险方面，徐鹏（2012）分析了江西省中小企业融资风险。中小企业在市场竞争中处于弱势，管理方面也不足，存在市场风险和管理风险。向中小企业提供贷款的机构会面临中小企业的信用风险和信息不对称风险。针对近几年江西省政府性债务风险突出的问题，万绍玫等（2014）对江西省地方政府融资平台的现状进行了分析，发现平台普遍存在自身管理制度不规范，投资的项目额较大、回报率较低、投资回收期较长，融资渠道主要是银行贷款等问题。融资平台的债务风险将对银行自身的经营和发展产生重大影响，进而影响金融市场和整个国民经济的发展。

第3节　江西省公共部门风险分析

江西省地方财政收支规模不断增长，一般预算缺口有所增加，整体规模占地区生产总值比重大幅攀升，公共部门风险情况严峻。如图22.1所示。另外，政府性债务中融资平台公司借款占比最高，风险隐患较大，且政府性债务主要来源于银行贷款，需要防范银行的坏账风险。

江西省地方一般预算缺口于2015年达到2254.4.7亿元，较2014年增加12.68%，其占地区生产总值比重由2014年的12.74%上升至13.48%。在国内外宏观经济环境下，江西省经济增长乏力，税收收入增幅放缓，导致地方财政收入增加放缓。同时，江西省财政持续加大民生保障支出力度，一般公共服务、教育、社会保障和就业、住房保障等民生支出同比增幅均在20%以上，这在一定程度上增加了全省的财政压力。然而，从经济发展角度而言，通过加大民生支出，将经济发展的成果加快转化为公众收入的增加，能够提高社会消费水平，有效拉动经济的快速增长。

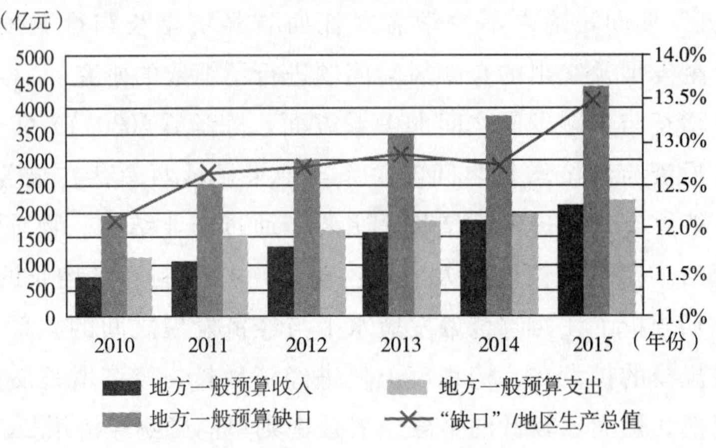

图 22.1　江西省地方一般预算收支情况

2015 年，江西地方一般预算收入增长率达到 15.09%，增长率进一步下降。如图 22.2 所示。主要原因是经济增长放缓，企业盈利减少，政府税收收入降低。地方一般预算支出增长率为 13.85%，有所上升。

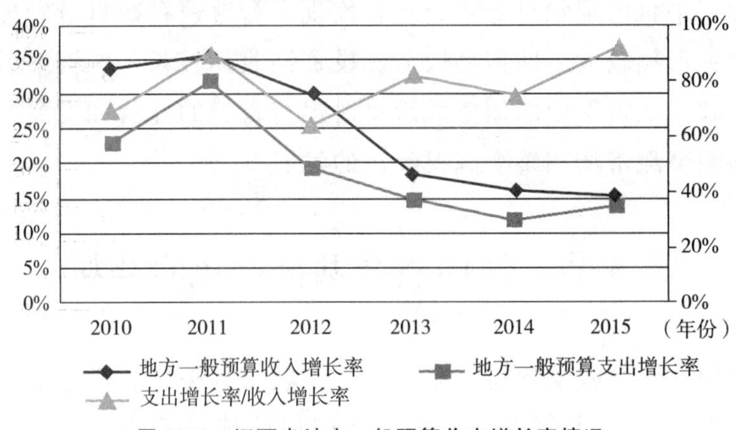

图 22.2　江西省地方一般预算收支增长率情况

第 4 节　江西省金融部门风险分析

整体而言，江西省金融部门的风险值得关注。银行业方面，江西省银行贷款质量下降，商业银行金融风险有所增加。当外部经济趋于恶化时，银行业金融机构将面临一定的流动性风险。尤其需要关注南昌银行，在贷款客户陷入债务危机的情况下，其不良贷款率有进一步扩大趋势。保险业方面，保险行业由于保险深度偏低，发展较为缓慢，风险较小。

一、银行类风险分析

（一）资本结构错配分析

2015 年，江西省银行业资产规模不断扩大，经营效益不断提升，存款增速明显放缓，贷款平稳增长，信贷结构持续优化。银行业机构纵深发展，农村金融改革稳步推进。然而，部分银行不良资产额上升，银行业金融机构资本结构风险有所增加。如图 22.3 所示。

从资本结构上看，江西省银行类金融机构总资产规模持续扩大，存贷款余额稳步增加，资本结构错配风险相对较低，但需要警惕信贷资产质量进一步下降带来的相关风险。2015 年，江西省银行类金融机构的存贷比达到 73.27%，较 2014 年上升了 1.12 个百分点，上升趋势虽略有放缓，但整体状况一直保持着较好的趋势。

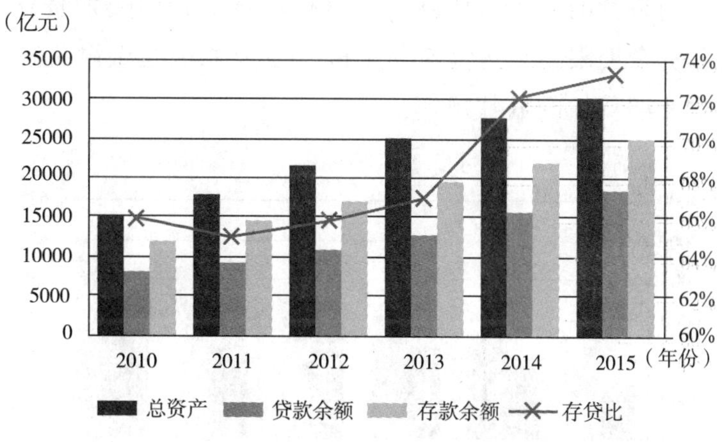

图 22.3　江西省银行类金融机构存贷款结构

其中，贷款余额增速放缓，但是总体上仍略有上升，从 2014 年的 19.72%下降到 16.87%，而存款余额增速出现反转，存款余额增长率由 2014 年的 11.09%上升到 15.11%，增长了 4.02 个百分点。如图 22.4 所示。究其原因，一是因为为稳定经济增长，信贷投放进一步加大；二是在互联网金融的冲击和资金分流后，银行类金融机构积极进行金融产品和服务类创新，这使得其存款余额增长率有所回升。此外，在利率市场化进程加快、国家逐步实行宽松货币政策和资产配置多样化趋势等因素的作用下，银行类金融机构的贷款余额增速与存款余额增速之差将进一步拉大，存贷比指标水平将呈上行态势。

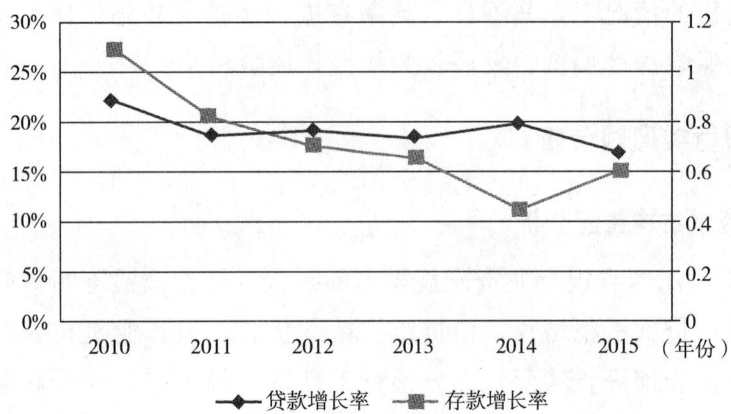

图 22.4　江西省银行类金融机构存贷款结构变化

（二）期限错配风险分析

2015 年，江西省金融部门的期限错配风险有所减弱。2010－2015 年，银行业短期贷款和中长期贷款规模均呈现扩大态势，但是中长期贷款比例与往年基本持平，近四年呈现下降态势。如图 22.5 所示。由此可以看出，江西省对于中长期贷款的需求有所减弱，银行业贷款趋向短期贷款，银行体系的流动风险和资金期限错配风险有所下降。主要原因是金融机构为了控制风险，控制了中长期贷款的放款规模。

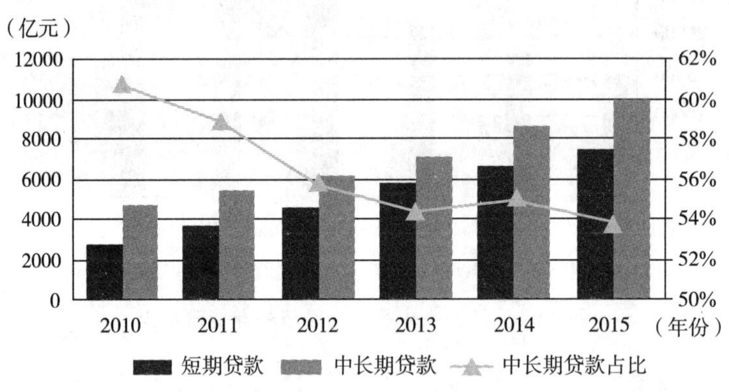

图 22.5　江西省金融部门贷款结构

（三）货币错配分析

2015 年，江西省跨境收支总额 382.83 亿美元，同比增长 5.5%，增幅同比回落 14.2 个百分点。其中，跨境收入为 222.78 亿美元，同比由增长 19.7%转为下降 1.3%，跨境支出 160.05 亿美元，同比增长 16.8%，增幅同比下降 5.2 个百分点。2015 年，全省跨境收支顺差 62.73 亿美元，同比由增长 13.3%转为下降 29.3%。如图 22.6 所示。从外币业务自身来看，江西省是存在一定的外币货币结构风险的，但相对于人民币存贷款规模而言，外币的错配风险可由本币进行有效分担，货币错配风险较小。

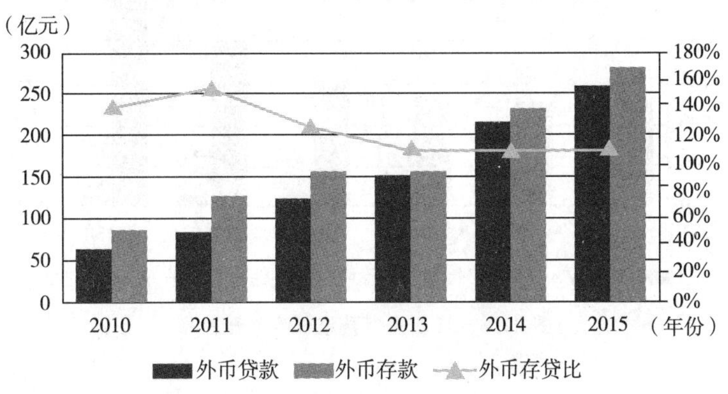

图 22.6　江西省金融部门外币存贷款结构

二、保险类风险分析

近几年，江西省保险业实现平稳发展，保险服务机构持续增加，业务结构不断优化，资产和利润增长较快。保险覆盖面不断扩大，多层次社会保险服务保障体系建设逐步推进。

2015 年，全省实现保费收入 508.4 亿元，同比增长 26.97%，增速比上年增加 1.07 个百分点。其中，财产险公司保费收入 171.2 亿元，增长 17.4%；人寿险公司保费收入 337.2 亿元，增长 32.5%。支付各类赔款及给付 178.1 亿元，增长 25.3%。其中，财产险公司赔款 85.8 亿元，增长 12.6%；人寿险公司赔款 12.4 亿元，增长 80.4%；人寿险公司赔款 79.9 亿元，增长 35.4%。如图 22.7、图 22.8 所示。

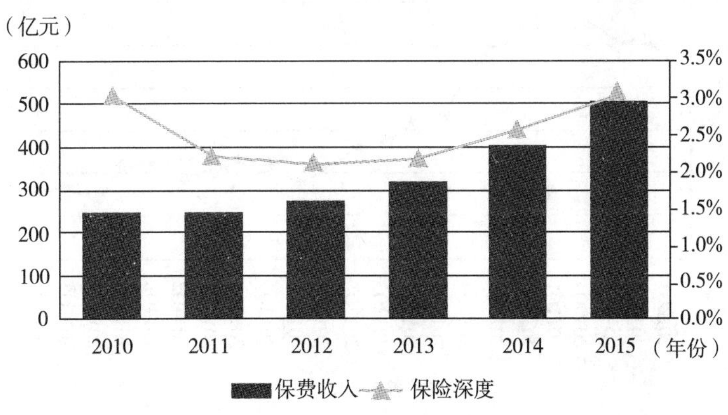

图 22.7　江西省保险深度

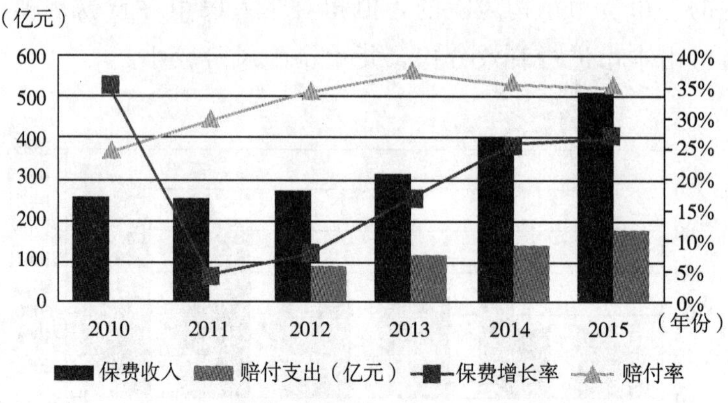

图 22.8　江西省保费增长率与赔付率

第 5 节　江西省上市企业部门风险分析

一、盈利能力分析

2011 年之前江西省上市企业部门整体盈利水平维持在较高水平，但自 2011 年第二季度至 2015 年第三季度，江西省上市企业的净利润率累计下降了 71.15%。2014 年前三季度的盈利水平分别为 1.45%、1.65%和 1.63%。如图 22.9 所示。净利润率的大幅下降主要原因是，江西省上市企业大部分分布在水泥、机械、化工原料、煤炭开采等资源约束强、生产要素成本高的行业，近年来，这些行业的产能相对过剩，导致相关上市公司的盈利水平下降。

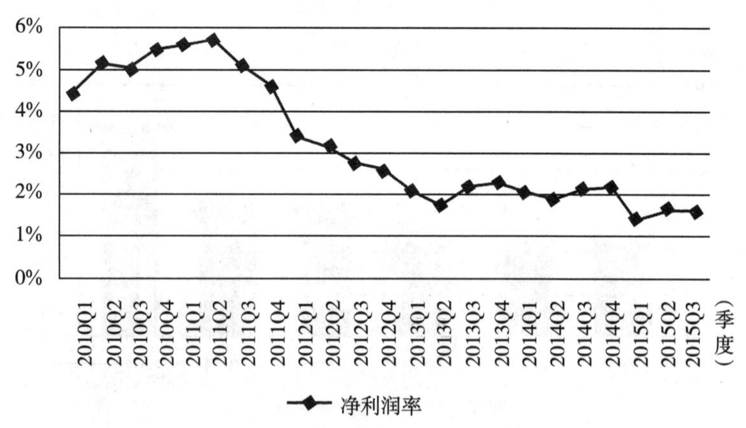

图 22.9　江西省上市企业部门净利润率

二、账面价值资产负债表分析

（一）资本结构错配分析

截至 2015 年第三季度，江西省上市企业资产部门负债率水平为 54.17%，处于安全区间。2011—2014 年第二季度，江西省上市企业资产部门负债率呈现小幅上升的态势，但绝对比率仍较小，资本结构较为合理，而 2015 年江西省上市企业部门资产负债率水平基本保持稳定。如图 22.10 所示。

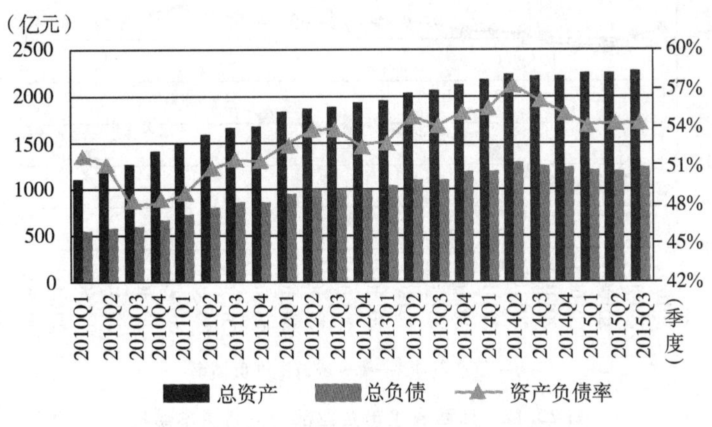

图 22.10　江西省上市企业部门资本结构

（二）期限错配风险分析

整体而言，江西省上市企业部门的流动性水平较高，流动比率均保持在 1.2 左右的水平。但是至 2015 年，流动比率指标大幅下跌，由 1.33 下降到第三季度的 1.22。如图 22.11 所示。从稳定的流动性比率来看，江西省上市企业的短期偿债能力较强，流动性风险较低，期限错配风险不大，但是存在恶化的趋势。

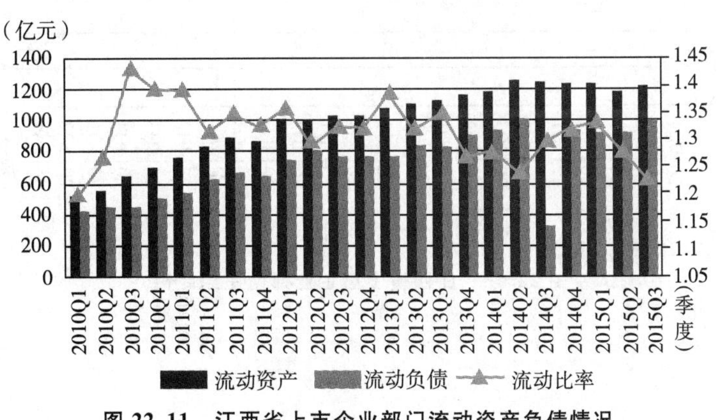

图 22.11　江西省上市企业部门流动资产负债情况

三、或有资产负债表分析

2010－2013年，江西省上市企业部门的或有资产负债率呈现上升趋势，潜在偿还风险持续增加，但2014－2015年第一季度有所下降，截至2015年第三季度，该指标为25.29%。如图22.12所示。由此可知，或有资产负债率体现的风险水平低于账面实际资产负债率体现的风险水平，上市企业的违约风险较小。

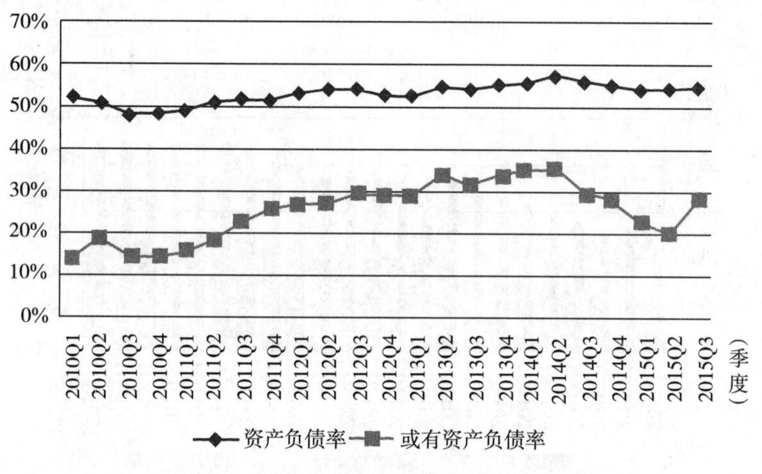

图22.12　江西省上市企业部门或有资本结构

从江西省上市企业的违约距离来看，违约概率整体趋于下降。如图22.13所示。特别是2014年第二季度至2015年第三季度之间，该指标由6.02逐渐下降至1.52，上市企业部门信用违约风险恶化明显。

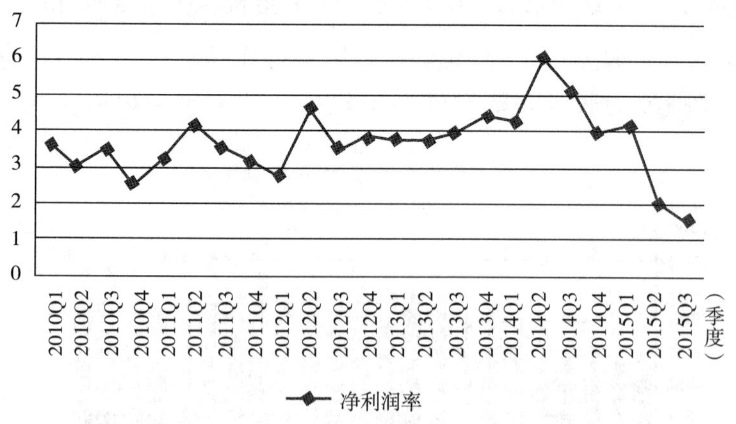

图22.13　江西省上市企业部门违约距离

第6节 江西省家户部门风险分析

江西省2015年全年居民人均可支配收入18437元，比上年增长10.2%。其中，城镇居民人均可支配收入26500元，增长9.0%，较去年下降了2.13个百分点；农村居民人均可支配收入11139元，增长10.1%，增速下降5.11个百分点。如图22.14所示。整体看来，江西省家户部门收入增速虽然由于宏观经济下行而略有回落，但是部门整体负债水平相对较低，存贷结构合理，具有较强的偿债能力，总体债务风险相对较低。

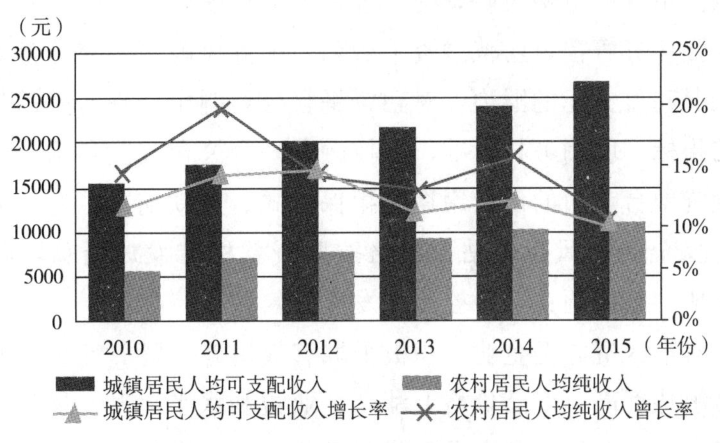

图22.14 江西省家户部门收入状况

第7节 金融风险管理与经济发展战略

本章着重对江西省四部门的宏观金融风险水平进行了分析。首先，江西省的公共部门的风险依然比较严峻，一般预算收支缺口较大，同比增长速度较快。尽管自2009年以来，江西省地方一般预算收入增长率均高于地方一般预算支出增长率，整体财政收支结构不断优化，同时由于江西省的经济质量不断改善和外部环境的趋好，相对于前几年而言，公共部门的风险得到了较好的控制。但政府部门债务风险较大，政府性债务最大的举债主体是融资平台公司，其可能带来的财政隐性债务风险、银行信贷风险比较严重，需要持续关注。

其次，江西省的金融部门的风险情况良好。银行类金融机构的总资产，存贷款余额均出现较高幅度的增长，资产质量和经营效益较高，风险控制良好，资本结构错配风险较小。在期限结构错配风险方面，当外部经济趋于恶化时，银行业金融机构将面临一定的流动性风险。尤其需要关注南昌银行，在贷款客户陷入债务危机的情况下，其不良贷款率有抬头趋势。保险行业由于保险深度偏低，发展较为缓慢，面临较小的风险，但是保费收入和保险覆盖率还是得到了较大的提高。

最后，江西省的上市企业部门经营情况得以改善。从资产负债率以及流动性水平来看，江西省的上市企业在中部都处于较好的水平，企业资产负债率均值保持在55%左右，流动性水平也比较高。但从违约距离来看，违约的可能性虽然较小，但是发展趋势不甚良好，需要引起高度关注。

针对以上出现的金融风险，提出金融风险管理战略如下：

一是加强债务管控，防范融资平台公司债务风险。要充分考虑各区域的经济发展状况和可支配的财力，对融资平台公司制定合理有效的债务率、偿债率等监控指标，明确考核标准，严控融资平台公司过度负债。银行等金融机构要对融资平台公司的借款用途、担保方式、贷款期限、违约风险实施深层次的剖析及全面的风险评估，严格按照贷款标准发放贷款，做到事前审查、事中评估、事后调查，严控违规发放贷款。

二是针对本区资源型企业，积极采取有效措施。资源性企业的盈利能力对产品价格敏感度高，产品价格上涨，企业盈利水平提升，风险降低。当产品价格下降时，企业的盈利水平下降明显，企业的风险较大。江西省上市企业部门中，资源型企业主要有方大特钢、新钢股份、安源煤业、江西铜业、赣能股份等。为有效控制产品价格风险，公司应积极研究价格走势，采取“初级产品价格+其他费用”的产品定价模式，结合“以销定产”的订单式销售模式、动态调整库存等，最大限度地降低价格波动对公司生产经营的不利影响，同时积极利用金融工具进行套期保值，鼓励个别企业利用期货来有效控制价格波动风险。

三是加快构建区域性的资本市场。长期以来，江西省的资本市场发展落后。一方面，随着经济的快速发展，居民储蓄存款快速增加，银行存贷款之差逐步扩大；另一方面，江西省大部分企业却面临着融资难的问题。通过构建区域股权交易市场，发展农产品交易中心，建立铜、矿等资源产品的交易中心，有利于促进产品流通，解决企业融资难题，拓宽居民投资渠道。

参考文献

[1] 江西省统计局：《2010—2015年江西省国民经济和社会发展统计公报》。

[2] 中国人民银行：《2010—2015年江西省金融运行报告》。

[3] 赖娟：《金融发展抑制还是促进了经济增长——来自江西省的数据检验》，载《江西财经大学学报》2013年第2期。

[4] 万绍玫、熊微：《江西地方政府融资平台风险分析与防范》，载《区域经济》2014年第21期。

[5] 陈圣霖：《江西房地产投资与经济增长之间作用机制研究》，载《金融与经济》2011年第8期，第45—48页。

[6] 徐鹏：《江西中小企业融资风险控制研究》，载《江西行政学院学报》2012年第4期，第54—56页。

第23章　河南省宏观金融风险研究

河南省2015年经济运行较为平稳，各项指标超出全国平均水平，稳中有进，但长期结构性矛盾突出。公共部门财政缺口增大，财政赤字严重，政府债务率高，偿债压力大；工业、房地产业的利润下滑和“营改增”财税改革带来的财政减收，中央补助减少、财政支出刚性带来的支出增加加剧了财政平衡压力。金融部门中，银行业居民存款波动性加大，市场风险高企；表外风险表内化现象严重；商业银行不良贷款率上升，小微企业融资难，民间借贷风险和非法集资事件频发，信用风险较大；外币存款规模大，存在较大的汇率风险；保险业赔付支出增长率高于保费增长率，赔付风险较大。企业部门面临着产能过剩和需求不足的双重压力，产品价格下跌和企业成本上升压榨了盈利空间，企业利润下滑，经营风险值得关注；企业或有资产负债率略高于账面资产负债率，企业部门的违约风险被低估；上市企业部门资产市值波动性加大，市场风险高企；企业利润下滑，违约距离下降，信用风险有不断加大的趋势。家户部门居民收入增幅较快，收入增速远高于消费价格增速，金融风险较小。

第1节　河南省宏观金融风险概述

2015年，河南省实现国民生产总值37010亿元，经济总量居全国第13位，增速为8.3%，高于全国平均增速1.4个百分点；全省规模以上工业增加值同比增长8.6%，高于全国平均水平2.5个百分点，其中电子通信、化工产业、非金属矿物制造业、汽车制造业、食品医药等是拉动经济增长的主要动力；2015年固定资产投资34951.28亿元，同比增长16.5%，高于全国平均水平6.5个百分点；房地产开发投资增速达10.1%，超出全国平均水平9个百分点；2015年河南省消费品零售总额达15740亿元，增速达12.4%，高于全国平均水平1.7个百分点；进出口总额4600.2亿元，累计增速达

15.3%，高于全国平均水平22个百分点[①]。由此来看，河南省2015年经济运行较为平稳，各项指标超出全国平均水平，稳中有进，但长期结构性矛盾突出。国际主要经济体的经济萎缩、地缘冲突问题使得2016年的外部经济形势前景并不明朗，进出口贸易受阻；全国固定资产投资按月累计增速不断下行；持续的“去库存”使得下游企业生产萎缩；产能过剩和需求不足的“双重压力”并存，产品市场价格下挫和成本上升压榨企业盈利空间，全省工业以上规模企业连续10个月利润负增长，冶金、建材、化工、能源等产业链上游行业产能出清压力大并且盈利下降；房地产去库存形式严峻，县域房地产挤压严重，行业杠杆率过高；企业融资难、融资贵问题依旧突出，商业银行放贷门槛过高，抵押贷款率低，企业进行民间融资甚至非法集资，地区性金融风险加大。而粮食价格走低，“营改增”导致的地方财政收入下降、财政收支平衡难度加大等问题也十分突出。

第2节 文献综述

河南省是个金融欠发展、金融风险管理力度不足的省份，关于河南省金融业的问题和金融风险的研究得到很多学者的关注。郝晶（2009）通过协整检验、Granger因果检验、脉冲响应分析等计量方法，研究金融中介、股票市场、保险市场等因素和经济发展的关系，认为河南省金融发展存在金融资源流失、储蓄向投资转化不显著、信贷投向不平衡、资本市场直接融资过低、保险意识淡薄等问题。范新磊（2012）认为河南省金融集聚态势不明显，金融贡献率较金融发达地区差距明显，没有发挥“经济血液”功能；同时，郑州商品交易所创新性发展缓慢，产权交易和各种基金等新型金融业态虽然比较繁荣，但是发展参差不齐、监管混乱；担保公司和小贷公司等民间资本抗风险能力明显不足，发改委、工信厅和银监局就担保和投资类公司的风险监管职权不明晰；证券保荐业务发展缓慢，上市后被企业挖掘不足，PE市场陷入恶性竞争。有些学者认为河南省的金融风险，更多地体现在金融部门的风险暴露上，如郭春林（2015）就从金融部门的资产负债表出发，系统性地分析了河南省的宏观金融风险。他认为，河南省金融部门资本结构错配

---

① 数据来源：《2010－2015年河南省国民经济和社会发展统计公报》，河南省统计局；《2010－2015年河南省金融运行报告》，中国人民银行；国泰安数据库，深圳国泰安教育技术股份有限公司；智远理财服务平台，招商证券股份有限公司。如无特殊说明，本章数据均来源于此。

不明显，期限结构错配正在逐步升高，并存在货币错配风险，企业产权比率较高，清偿力风险正在加大。除了对金融风险的现状分析，还有学者对河南省金融风险产生的原因进行了分析，张亮（2014）认为河南省金融风险的根源在于金融市场发育不完善、融资结构亟待调整、金融资产质量不高、金融创新动力不足、金融专业人才匮乏等，并提出了区域性金融风险预警机制构建的基本思想和实现思路。

第3节　河南省公共部门风险分析

2015年河南省公共财政预算收入完成3009.6亿元，同比增长9.9%，增速较上一年回落3.5个百分点；公共财政预算支出6806.5亿元，增长12.9%，增速较上一年回落2.9个百分点。公共财政缺口进一步扩大，“缺口”占地区生产总值的比重上升到10.6%。如图23.1所示。持续的财政赤字使河南省公共部门面临入不敷出的风险。从地方政府债务来看，2015年河南省地方政府债务率约为70%，低于全国均值16个百分点，政府偿债压力较大。

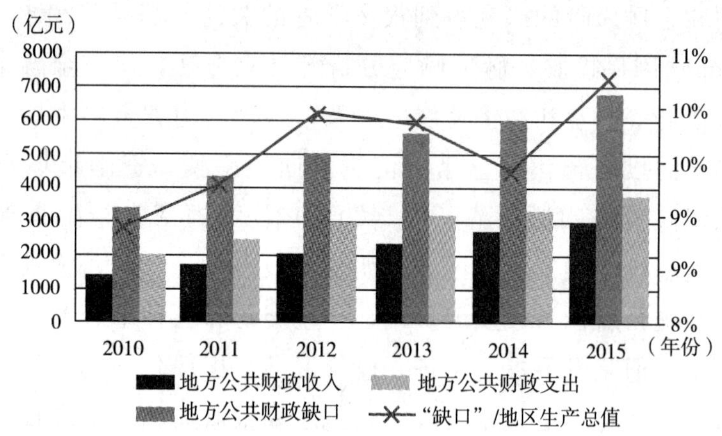

图23.1　河南省地方公共财政收支情况

受经济发展形势影响，河南省财政收入增速由中高速增长转为中低速增长，尤其是税收收入增速下降明显。如图23.2所示。河南省财政收入的50%～60%来源于工业和房地产业，工业企业利润增速的下降导致2015年河南省工业税收收入下降，全年分月累计收入在－7.5%～1.1%，房地产业“去库存”压力巨大，房地产相关企业利润下滑，去年房地产业税收收入分月累计增速在－25%～7%；“营改增”的财税体制改革也对地方政府增收带来负面影响。一方面，财政收入增速下降；另一方面，财政支出居高不下。受中央补助减少和经济增速放缓的双重影响，河南省公共财政支出增长率由 2011 年的 24.4%下降到 2015 年的 11.2%，而财政支出刚性大、支出利用效率低导致的中长期支出压力大。

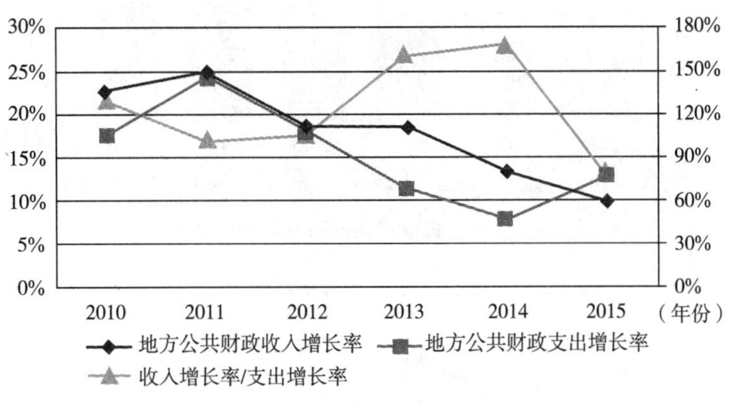

图 23.2　河南省地方公共财政收支增长率

第 4 节　河南省金融部门风险分析

一、银行类风险分析

2015 年，河南省银行业居民存款波动性加大，市场风险高；表外风险表内化现象严重；商业银行不良贷款率上升，民间借贷风险和非法集资事件频发，信用风险较大；外币存款规模大，存在较大的汇率风险。

（一）资本结构错配分析

截至 2016 年 3 月末，河南省存款类金融机构人民币广义信贷总额达 39777.8 亿元，同比增长 23.8%，高出贷款增速 9 个百分点。2015 年，金融部门存贷比保持在 66%的水平。如图 23.3 所示。广义信贷增长较快，存贷比较高，标志着金融机构资产配置和支持实体经济的方式多元化。

从存贷款增速对比来看，截至 2015 年 12 月，河南省金融部门贷款增速为 15.3%，存款增速为 13.6%，贷款增速略高于存款增速。2015 年 1～11 月，社会融资规模增量 549 亿元，居中部六省首位。如图 23.4 所示。从存款结构看，2015 年河南省金融机构居民存款受股市波动影响，波动性加大，风险上升；2015 年央行多次降准、降息，受信贷放大的影响，企业派生存款和金融机构同业存款增幅较大；随着表外贷款风险上升，部分表外贷款转向表内。

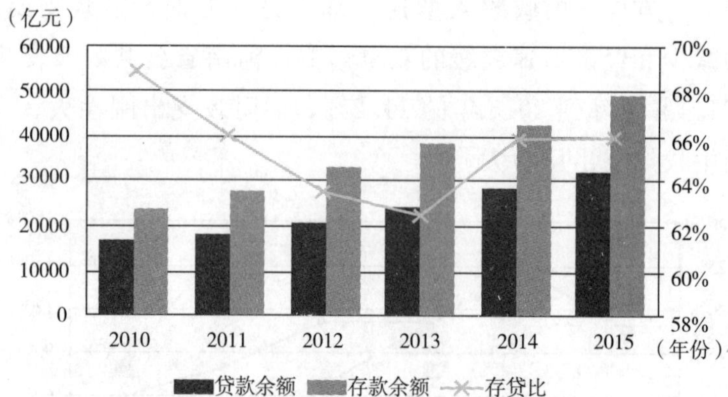

图 23.3　河南省银行类金融机构存贷款结构

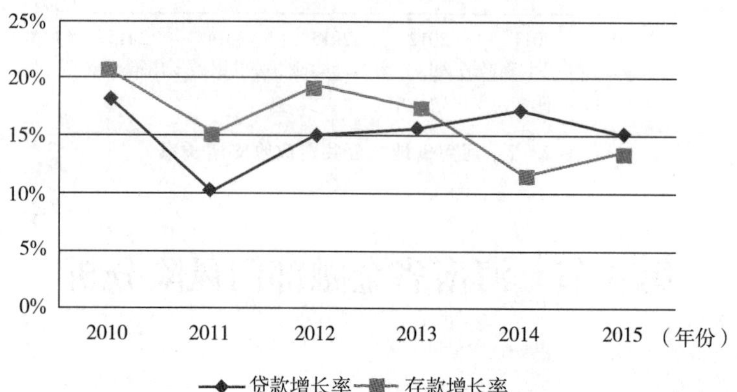

图 23.4　河南省金融部门存贷款增速对比

（二）期限错配风险和信贷质量分析

分期限看，截至 2015 年年末，河南省金融机构中长期贷款增加 20.5%，高于短期贷款增速 13 个百分点。如图 23.5 所示。中长期贷款和票据增长较快，中长期贷款投向棚区改造、基础设施建设、个人中长期消费等领域。

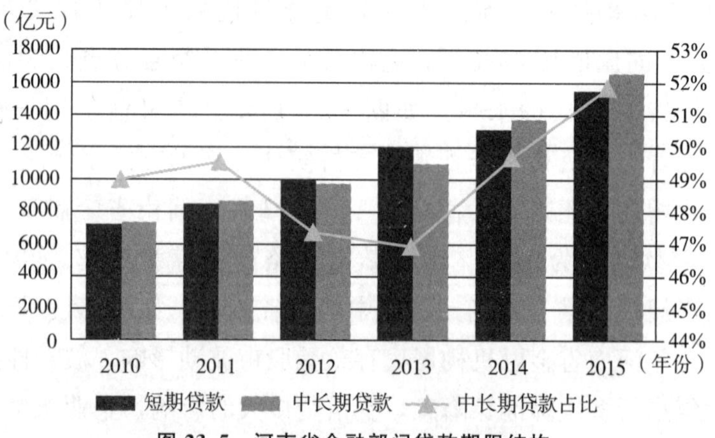

图 23.5　河南省金融部门贷款期限结构

从贷款质量看，2015 年，受农信社转农商行的改革影响，导致原有隐性不良贷款显性化，银行业不良贷款率明显上升。截至 2015 年 11 月末，河南省金融机构不良贷款余额达到 1035.4 亿元，不良贷款率上升 1.5 个百分点，升至 3.3%，其中小微企业不良贷款率达到 3.7%。同时，担保链、非法集资、民间借贷等愈演愈烈，一些企业参与民间借贷，资金链断裂，无力偿还银行贷款，民间金融风险开始向商业银行传导。

（三）货币错配分析

2015 年，河南省外币贷款规模下降，外币存款规模上升，外币存贷比降到 50%的相对低位。如图 23.6 所示。这主要是受全球经济增速放缓，大宗商品价格下跌，河南省作为大宗商品生产地和出口大省，出口总额增加明显，出口创汇增加。外币存款规模过大，外汇敞口明显，极易受汇率波动的影响，存在一定的汇率风险。

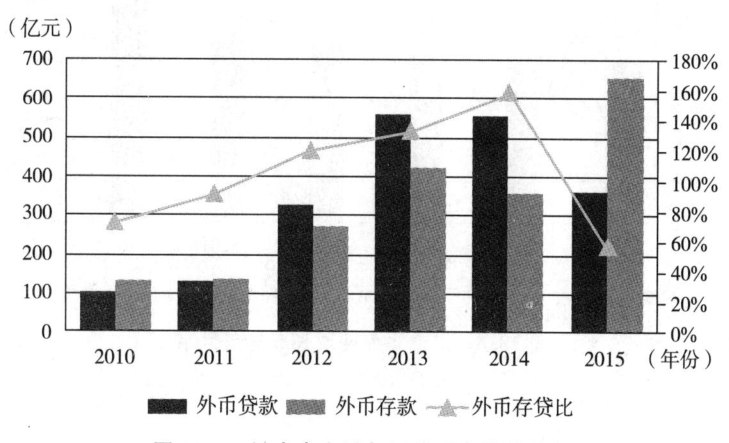

图 23.6 河南省金融部门外币存贷款结构

二、保险类风险分析

2015 年，河南省全年实现保费收入 1248.76 亿元，同比增长 20.53%，创历史新高；保险深度上升，达到 3.4%。如图 23.7 所示。农业保险规模上升，“扩面、提标、增品”成效明显。

2015 年，河南省保险业累计赔付支出 447.71 亿元，同比增加 37.1%。赔付支出增长率超出保费增长率 17 个百分点，赔付风险较大。如图 23.8 所示。

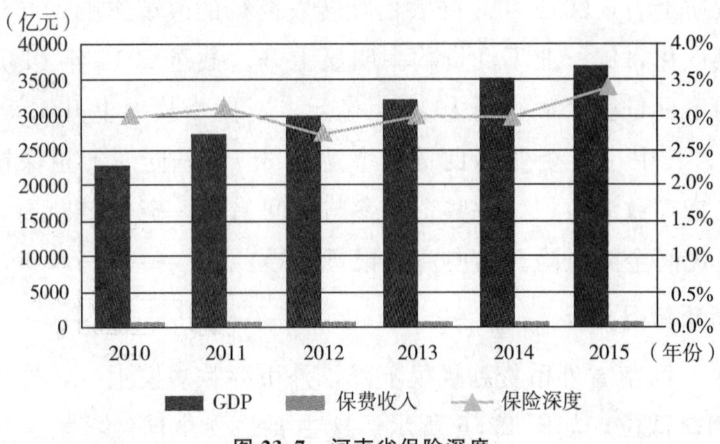

图 23.7　河南省保险深度

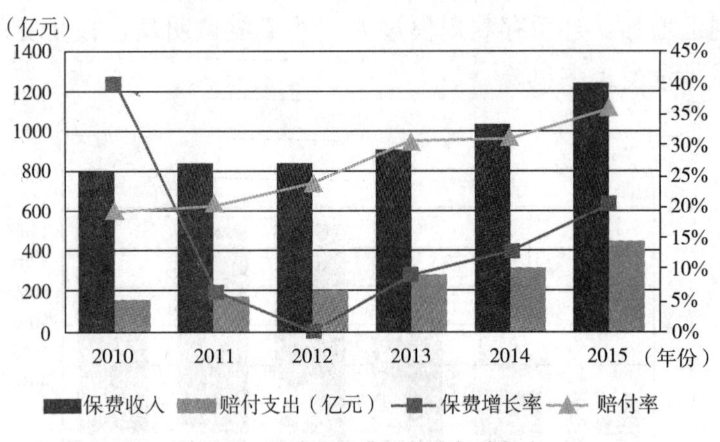

图 23.8　河南省保费增长率与赔付率

第5节　河南省上市企业部门风险分析

本节主要运用资产负债表方法和或有权益分析方法对河南省的上市企业整体进行金融风险分析。所选分析样本为截至2016年第一季度河南板块的62家上市企业(不包括创业板和金融行业的相关上市企业)。

一、盈利能力分析

截至2015年第四季度，河南省上市企业净利润率大幅降至2%，同比减少2个百分点。如图23.9所示。2010年，河南省工业企业面临着产能过剩和需求不足的双重压力。一方面产品供大于求，产品价格下降，全年工业生产者出厂价格下降4.6%，连续46个月出现下跌；另一方面，受全球大宗商品价格下挫等因素的影响，企业主营业务成本上升较快。售价下跌和成本上升压榨了企业盈利空间，2015年河南省规模以上工业企业利润增速不超过1%，个别月份出现负增长，尤其是钢铁、有色、煤炭等产能过剩行业，企业利润下降幅度高达8%，经营风险值得关注。

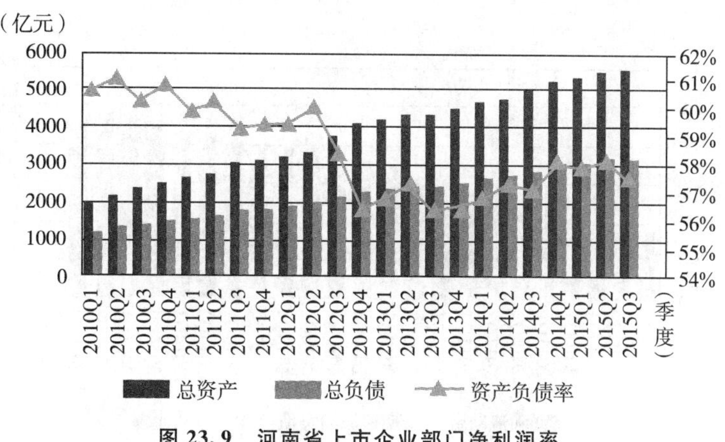

图 23.9 河南省上市企业部门净利润率

二、账面价值资产负债表分析

（一）资本结构错配分析

2010—2015年第三季度，河南省上市企业资产和负债规模呈整体上升趋势，但是2015年第四季度出现较大的跌幅，资产规模降到2012年年末的水平。如图23.10所示。2010—2015年河南省上市企业部门资产负债率在52%～62%之间震荡，资本结构尚在合理的区间内。

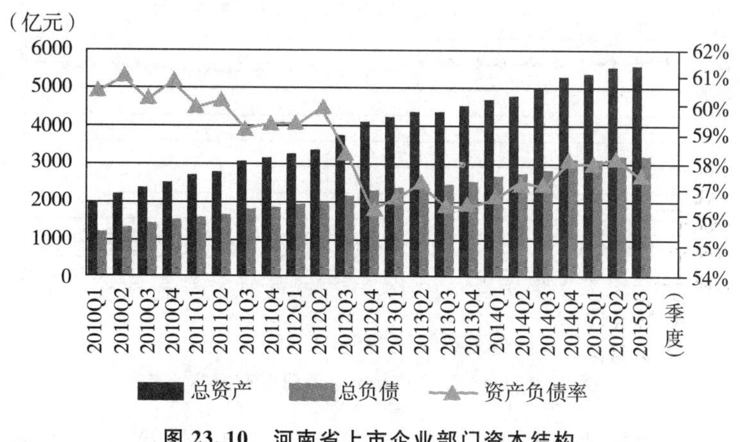

图 23.10 河南省上市企业部门资本结构

（二）期限错配风险分析

2010—2015 年河南省上市企业部门流动比率一直处在 2.4 以上的高位，企业部门流动性水平较高。如图 23.11 所示。从稳定的流动性比率来看，河南省上市企业的短期偿债能力较强，流动性风险较低，期限错配风险较小。

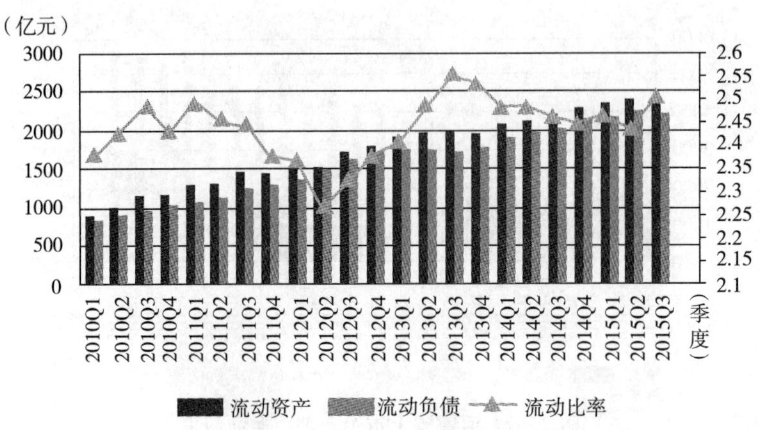

图 23.11　河南省上市企业部门流动资产负债情况

三、或有资产负债表分析

河南省上市企业部门的或有资产负债率在近五年保持稳定，并在 2015 年有所下降，截至 2015 年第四季度，河南省上市企业部门或有资产负债率为 60.4%，或有资产负债率体现的风险水平略高于账面资产负债率体现的风险水平，企业部门的违约风险被低估。如图 23.11 所示。

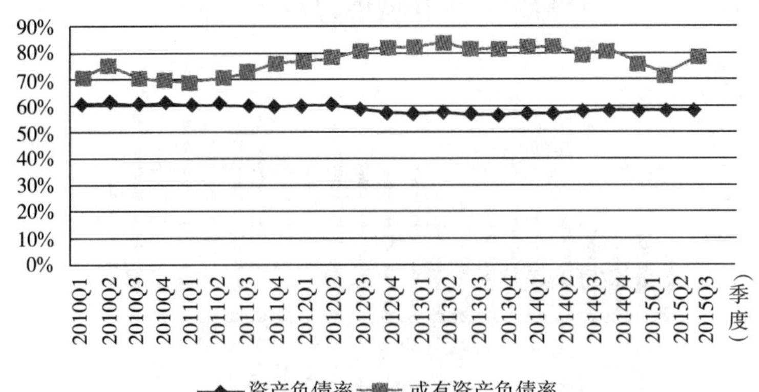

图 23.12　河南省上市企业部门或有资本结构

从违约距离指标来看，如图 23.13 所示，2015 年第一季度到 2015 年第三季度，河南省上市企业部门的违约距离急速下降，一度下降到 1.2 的较为危险的水平，第四季度有小幅回升至 3。2015 年受股市波动性的影响，河南省上市企业权益波动率显著加大，市场风险陡升；第四季度，虽然上市企业资产规模和负债规模都有所下降，但负债规模下降幅度较资产规模下降幅度大，资产负债率有所降低，财务状况良好，违约距离增大。总体来说，河南省上市企业部门资产市值波动性加大，市场风险高企；企业利润下滑，违约距离下降，信用风险有不断加大的趋势。

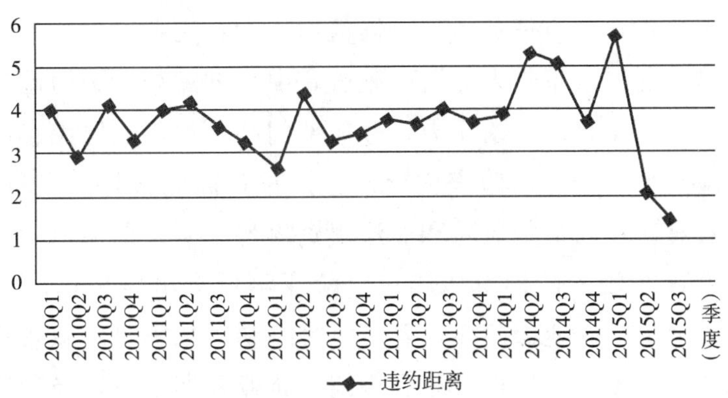

图 23.13 河南省上市企业部门违约距离

第6节 河南省家户部门风险分析

2015年，河南省居民人均可支配收入17125元，较去年同期增长9.1%，其中，城镇居民人均可支配收入25576元，同比增长8.0%，农村居民人均纯收入10853元，同比增长15.1%。2015年，河南省居民消费价格上涨1.3%。如图23.14所示。河南省居民收入增幅较快，收入增速远高于消费价格增速，家户部门金融风险较小。

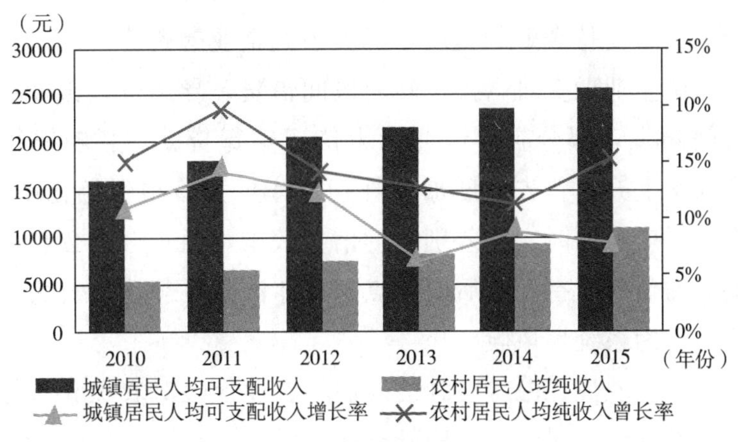

图 23.14 河南省城乡居民收入

第7节　金融风险管理与经济发展战略

本章对河南省的宏观金融风险状况进行了概述，对河南省四大经济部门面临的金融风险进行了分析，得出以下结论：河南省公共部门财政缺口增大，财政赤字严重，政府债务率高，偿债压力大；工业、房地产业的利润下滑和“营改增”财税改革带来的财政减收，中央补助减少、财政支出刚性带来的支出增加加剧了财政平衡压力。金融部门中，银行业居民存款波动性加大，市场风险高企；表外风险表内化现象严重；商业银行不良贷款率上升，小微企业融资难，民间借贷风险和非法集资事件频发，信用风险较大；外币存款规模大，存在较大的汇率风险；保险业赔付支出增长率高于保费增长率，赔付风险较大。企业部门面临着产能过剩和需求不足的双重压力，产品价格下跌和企业成本上升压榨了盈利空间，企业利润下滑，经营风险值得关注；企业或有资产负债率略高于账面资产负债率，企业部门的违约风险被低估；上市企业部门资产市值波动性加大，市场风险高企；企业利润下滑，违约距离下降，信用风险有不断加大的趋势。家户部门居民收入增幅较快，收入增速远高于消费价格增速，金融风险较小。

针对河南省面临的金融风险，提出以下金融风险管理和经济发展的建议：

一是实施供给侧改革，调整工业结构。河南省目前是以传统工业制造业为主的产业结构，实施供给侧改革，淘汰落后产能，大力发挥发展战略性新兴产业，引进一批具有自主知识产权和知名度的品牌，可以更好地调整河南省的工业结构，提高企业利润率，增加政府税收收入。

二是加大金融支持企业的力度，解决小微企业融资难问题。目前银行业信贷过紧，小微企业融资难，甚至转向民间借贷，导致资金链断裂，地区性非法集资时间频发，部分企业因此无力偿还银行贷款，影响银行贷款的质量，不良贷款率上升。首先，增加抵押担保率，完善担保链化解风险机制，防止出现连锁反应；同时实施差别化的信贷政策，通过金融创新的手段，加大对小微企业的信贷支持；最后要重点打击非法集资等违法行为，谨防局部性金融风险演变为系统性风险。

三是继续支持农业保险等险种的发展。农业保险对农民收入保障具有重大意义，大力发展农业保险，有序推进社会保险的发展，有利于保障民生。

参考文献

[1] 郝晶：《金融发展对河南经济发展影响的实证研究》，中南大学，2009年。

[2] 范新磊：《基于中原经济区建设的河南金融集聚问题研究》，郑州大学，2012年。

[3] 郭春林：《河南宏观金融风险研究——基于资产负债表法的视角》，载《商业经济》2015年第11期。

[4] 张亮：《河南省区域金融风险预警机制构建研究》，郑州大学，2014年。

第24章　山西省宏观金融风险研究

山西省是我国典型的煤炭资源型大省，是中国重要的能源化工基地。中国是以煤炭为主要能源的国家，全国有63个煤炭资源型城市，其中13%的煤炭资源型城市都在山西省。由于煤矿资源渐趋枯竭、开采成本日趋上升以及煤炭产品市场供求关系等因素影响，山西省经济发展已出现了生态环境恶化、经济增长变缓等问题。本章通过对山西省宏观金融风险进行研究，为煤炭资源型城市经济转型提供决策建议。

第1节　山西省宏观金融风险概述

2015年，山西省实现地区生产总值12802.6亿元，按可比价格计算，比上年增长3.1%，低于全国增速3.8个百分点，处于落后水平[①]。其中，第一产业增加值788.1亿元，增长1.0%，占生产总值的比重6.2%；第二产业增加值5224.3亿元，下降1.1%，占生产总值的比重40.8%；第三产业增加值6790.2亿元，增长9.8%，占生产总值的比重53.0%。产业结构有所优化，由2014年的6.2∶49.7∶44.1调整为6.2∶40.8∶53。总体来看，山西省经济发展规模不大、结构不优、质量效益不高等矛盾和问题仍然突出，“一煤独大”尚未有实质性改变，传统产业产能过剩等问题说明山西省仍面临着较大的经济下行压力，亟待转型升级，创造新的经济增长点。

山西省宏观金融风险主要体现在公共部门、金融部门和上市企业部门。公共部门财政缺口占比上升并且财政收入出现负增长，财政压力比较大；金融部门主要风险在于不良贷款问题和以联盛、海鑫、中诚信托为代表的金融安全问题；而对于上市企业部门而言，其违约距离下降严重，违约风险上升，同时盈利能力不足，企业转型升级压力大。

---

① 数据来源：《2010－2015年山西省国民经济和社会发展统计公报》，山西省统计局；《2010－2015年山西省金融运行报告》，中国人民银行；国泰安数据库，深圳国泰安教育技术股份有限公司；智远理财服务平台，招商证券股份有限公司。如无特殊说明，本章数据均来源于此。

第 2 节　文献综述

王汉斌（2007）针对山西煤炭资源型城市经济转型展开研究，运用了对比分析、分类归纳、图表举例等方法对目前山西煤炭资源型城市经济发展现状进行了分析，并借鉴了国内外资源型城市经济转型的经验，从模式选择的原则和依据出发，针对煤炭资源型城市不同的特点提出了今后山西省经济发展可能的转型模式。通过对经济转型模式建立评价体系，探讨了山西煤炭资源型城市经济转型的模式和保障机制，以期为山西及全国的老工业基地的可持续发展提供参考。

温世伟（2014）以金融与产业发展的关系为基础，研究了金融发展对山西省产业结构优化调整的作用。文章收集了 1993—2012 年山西金融与产业发展的经济数据，对山西产业结构与金融发展之间的关系进行了实证研究，研究结果表明金融发展与产业结构之间存在着长期的均衡关系，说明金融市场的发展是产业结构优化调整的重要动力。然后结合山西金融发展与产业结构的现实状况，提出从改善金融生态，强化政策性金融支持，大力发展资本市场和积极引入产业投资基金，以及提高信贷资金使用效率等。

武文全（2015）就金融助力山西煤炭行业脱贫问题展开研究。研究发现近年来，山西煤炭行业持续下行，产品滞销、库存加大、价格持续走低等问题对山西经济增长的负面影响也愈加明显。文章还原了当前山西煤炭行业产能过剩危机现状与成因，从金融视角提出了化解和防范行业产能过剩的措施和建议，以期对支持煤炭行业健康发展以及防范和避免行业产能过剩危机有一定的帮助。

第 3 节　山西省公共部门风险分析

2015 年，山西省财政收入出现负增长，财政支出增速大幅上升，财政缺口随之扩大，财政经济运行面临的形势十分严峻，减收增支因素带来的收支矛盾非常突出，山西省财政平稳运行面临的挑战与风险不可低估。如图 24.1、图 24.2 所示具体而言，山西省 2015 年一般预算收入 1642.21 亿元，同比下降 9.8%，近几年来首次出现负增长；一般预算支出 3443.41 亿元，同比增长 11.6%，财政支出增速较 2014 年上升 9.4 个百分点；财政缺口占地区生产总值比重达 14.07%，同比上升 4 个百分点。政府性债务方面，截至2015年年底，山西省政府性债务限额2122.8亿元，其中省本级323.5亿元，各市1799.3亿元。全省政府债务率为51.6%，比全国地方政府债务率86%低34.4个百分点，债务风险总体可控，仍有一定举债空间。

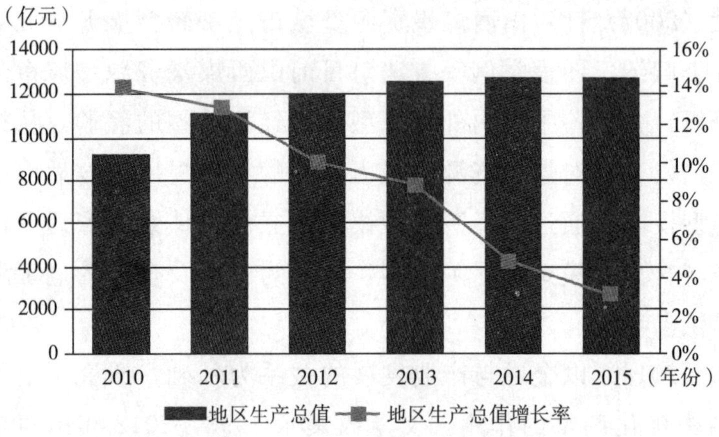

图 24.1 山西省经济增长情况

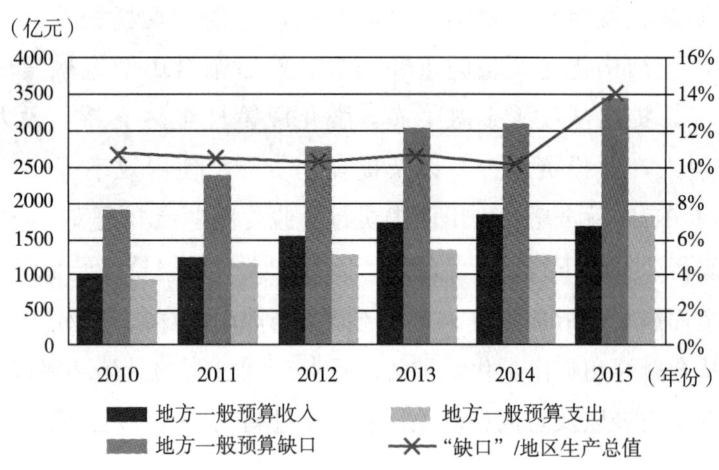

图 24.2 山西省地方财政一般预算收支情况

从目前经济运行轨迹预判，工业、交通运输、现代服务业、建筑业等行业的产值难以实现增长，煤焦、钢铁、电力等主导行业去产能、去库存面临较大压力，经济效益难有回升，导致税基减少、税源萎缩；国家进一步实施减费降税政策，全面推开营改增等政策性减收因素都将影响山西省财政收入增长，经济筑底回升仍需历经艰难的过程。2015年山西省财政经济形势依旧复杂严峻，公共部门面临的风险有加大趋势，财政改革发展任务繁重艰巨。

第 4 节　山西省金融部门风险分析

山西省金融业总体发展水平落后于全国及中部六省，金融工具种类较少，以传统存贷业务为主。山西省 2015 年银行业金融机构各项风险指标较 2014 年有所改善，金融运行总体平稳，信贷规模适度扩张，存贷款结构得到优化，保险市场有条不紊发展。

一、银行类风险分析

2015 年山西银行业受到经济下行压力增大，企业经营状况恶化，不良贷款问题突出，年度新增不良贷款 123.6 亿元，不良贷款率上升了 0.2 个百分点，达到 4.8%。同时，金融风险问题也较为严重，近年来，山西省联盛、海鑫、中诚信托三起金融风险事件带来了非常恶劣的影响。

（一）资本结构错配分析

2015 年，山西省银行业金融机构资产总额进一步增加，达到 36201.63 亿元，较 2014 年增加了 3133 亿元，同比增长 9.5%。银行业金融机构实现利润 301.3 亿元，利润出现负增长，同时，资产质量下降，资产利润率下降 0.8%。如图 24.3 所示。

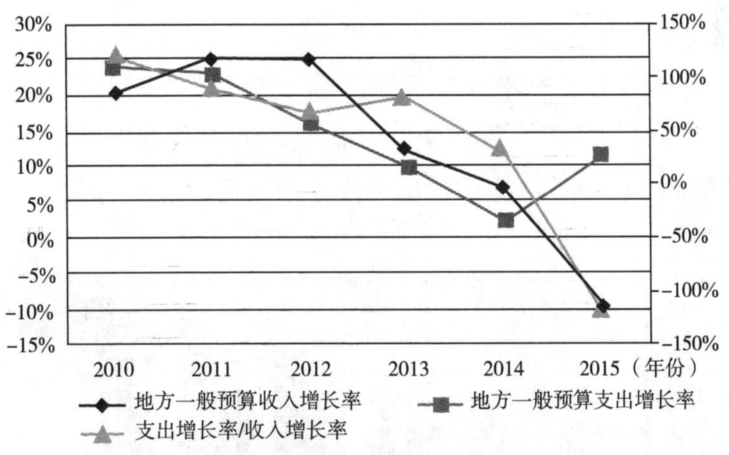

图 24.3　山西省地方财政一般预算收支增长率

存贷款方面，山西省贷款余额和存款余额适度增长，2015 年年末银行业金融机构存款余额 29026.4 亿元，同比增长 5.7%。受互联网金融风险、A 股市场波动的影响，存款回流现象明显，各类存款较 2014 年均实现多增。

贷款余额 18849.6 亿元，同比增长 12.2%，并通过贷款投向促进经济转型升级，严格控制产能过剩产业的贷款规模，增加涉农贷款。

（二）期限错配风险分析

2015 年，山西省通过调整信贷投向，减少产能过剩行业的贷款发放，转向经济发展的薄弱领域和重点领域，贷款结构得到合理化的调整。如图 24.4 所示。截至 2015 年年末，山西省银行业金融机构短期贷款余额 7535 亿元，中长期贷款余额 9496.2 亿元，中长期贷款占贷款余额中的比例从 2014 年的 52.99% 下降到 2015 年的 50.38%，下降幅度超过 2 个百分点，期限错配风险降低。

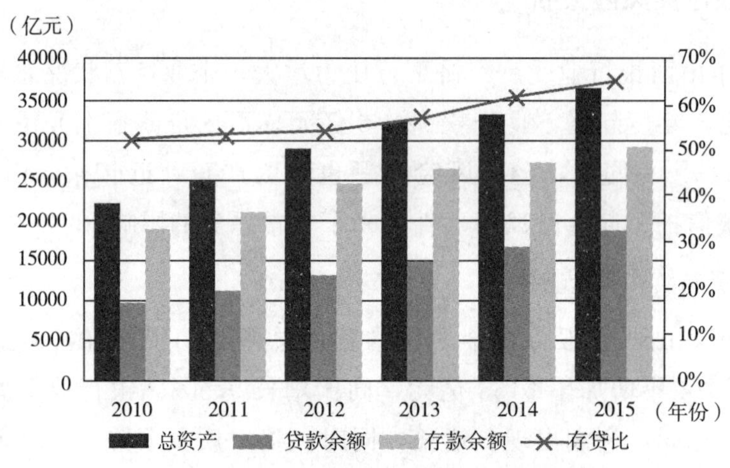

图 24.4 山西省银行类金融机构存贷款结构

（三）货币错配分析

2010 年以来，山西省外币存贷比不断下降。如图 24.5 所示。2015 年，山西银行业金融机构外币存款余额 385 亿元，外币贷款余额 274.8 亿元，外币存贷比下降到 71.38%，货币错配风险略有下降。

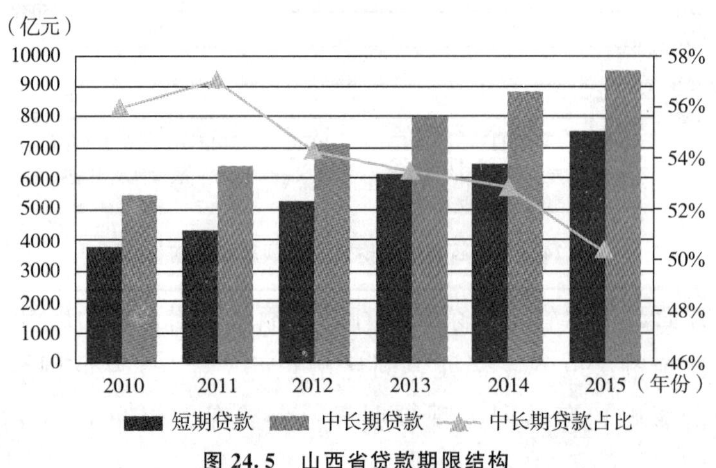

图 24.5 山西省贷款期限结构

二、保险类风险分析

2015 年，山西省保险业实现较快速度增长，截至 2015 年年末保险业资产总额达到 1228.1 亿元。保费收入 586.7 亿元，同比增长 13.2%，其中财产险保费收入 160 亿元，人身保险保费收入 427 亿元。保险深度上升到 4.58%，较 2014 年提升了 0.7 个百分点；保险密度达到 1601 元/人。如图 24.6 所示。

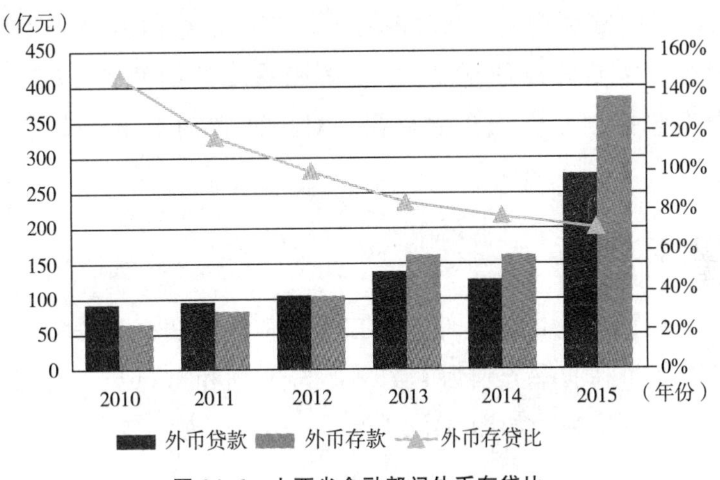

图 24.6　山西省金融部门外币存贷比

2015 年，山西保险业保费增长率实现大幅增长，同时保险赔付率持续稳定下降，两项指标的变化趋势表明 2015 年山西保险业风险降低，运行状态良好。如图 24.7 所示。

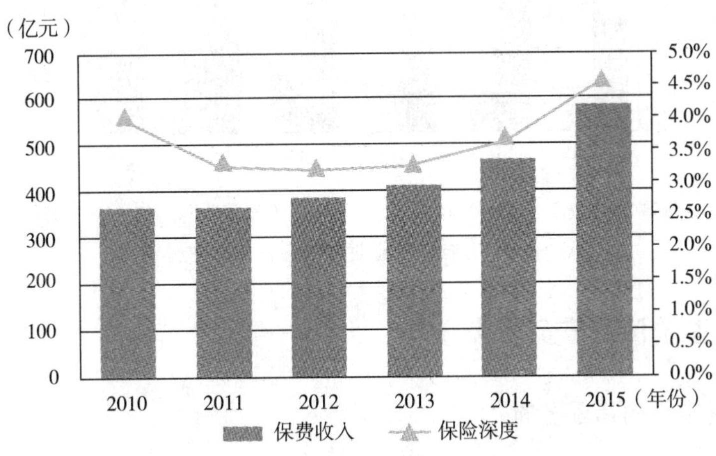

图 24.7　山西省保险业保险深度

第5节　山西省上市企业部门风险分析

山西产业以煤炭、钢铁等传统产业为主，新材料新能源等战略新兴产业比重较小，上市企业部门的运行状况与原料价格关系密切。2015年煤炭价格持续下跌，12月吨煤综合售价与2011年5月最高点相比，每吨下跌431.8元，下降65.8%；企业效益深度下滑，2015年煤炭行业累计亏损94.25亿元，同比减利增亏108.29亿元；工业企稳回升基础不牢，仍在负增长区间运行。本节将以截至2015年第三季度的山西省33家上市企业为样本，其中不包括创业板和金融企业，对山西省的上市企业部门进行金融风险分析。

一、盈利能力分析

2015年，山西省上市企业部门前三季度整体利润率与去年第四季度基本一致，前三季度净利润率分别为4.79%、5.03%和4.66%，煤炭、钢铁及相关企业经营状况不乐观。如图24.8所示。

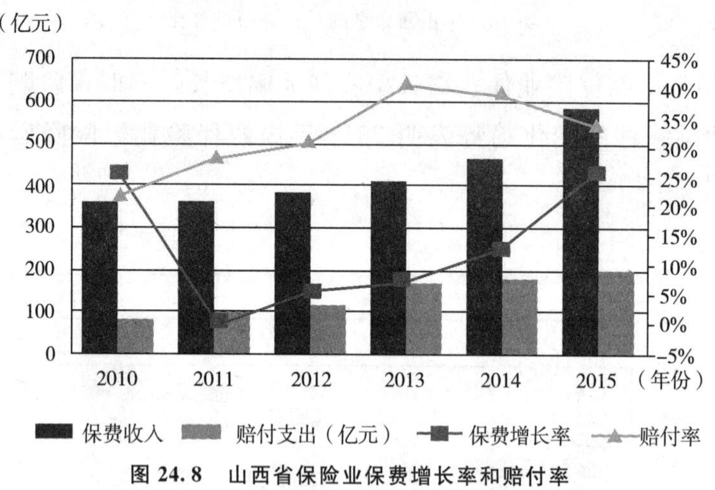

图24.8　山西省保险业保费增长率和赔付率

二、账面价值资产负债表分析

（一）资本结构错配分析

截至2015年第三季度，山西省上市企业资产规模达到6704亿元，负债规模达到3979亿元，资产负债均保持小额增长。2012年以来，山西上市企业资产负债率波动上升，2015年前三季度资产负债率分别为57.38%、

58.96%和 59.35%。如图 24.9 所示。由于能源、钢铁、煤炭企业占据主体，其相对保守的经营方式和市场垄断的地位，使得其自有资金比较充裕，企业家缺乏负债经营的思想。总体来看，山西上市企业资本结构错配风险不高。

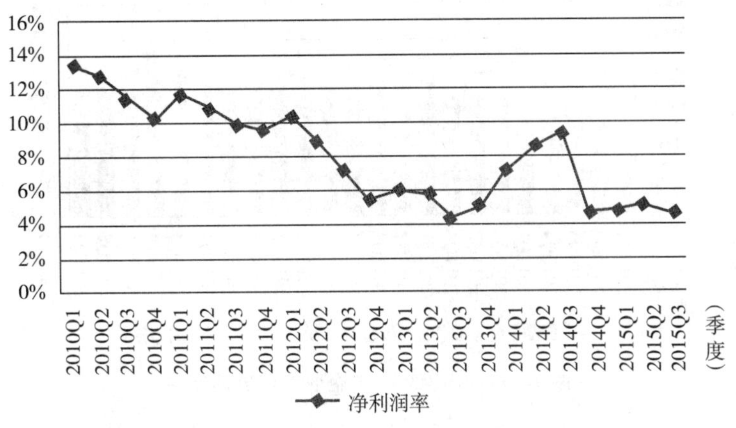

图 24.9　山西省上市企业部门净利润率

（二）期限错配风险分析

2015 年前三季度，山西省上市企业部门资产流动性整体变化不大，略有小幅波动，前三季度流动比率分别为 0.86、0.85 和 0.88。如图 24.10 所示。山西省上市企业的流动性在中部地区也处于较低的水平，这也是与山西上市企业的行业分布有关，煤炭、能源、电力、钢铁等行业短期的资金需求不高。在这种企业结构下，低流动性不意味着高期限错配风险，但是仍然需要进一步关注和监测。

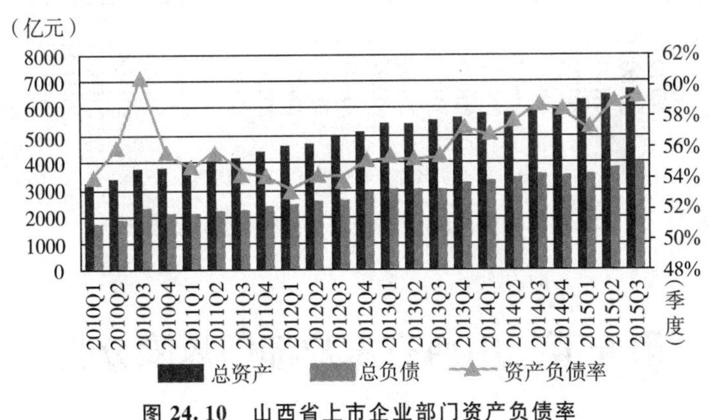

图 24.10　山西省上市企业部门资产负债率

三、或有资产负债表分析

2015 年前两季度，山西省上市企业或有资产负债率延续了 2014 年的下降势头，2015 年第三季度大幅反弹，上升到 41.58%。如图 24.11 所示。长期来看，账面资产负债率与或有资产负债率的差额不断减少，企业潜在的金融风险有所增加。

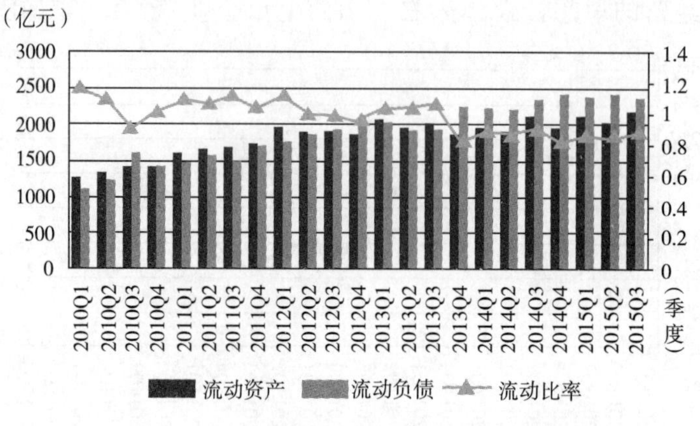

图 24.11　山西省上市企业部门流动比率

从违约距离来看，山西省上市企业部门违约距离自 2014 年第三季度开始迅速下降，经过 4 个季度的下降于 2015 年第三季度降至 1.42，这也是近五年来的最低水平，反映出上市企业违约风险的上升。如图 24.12 所示。

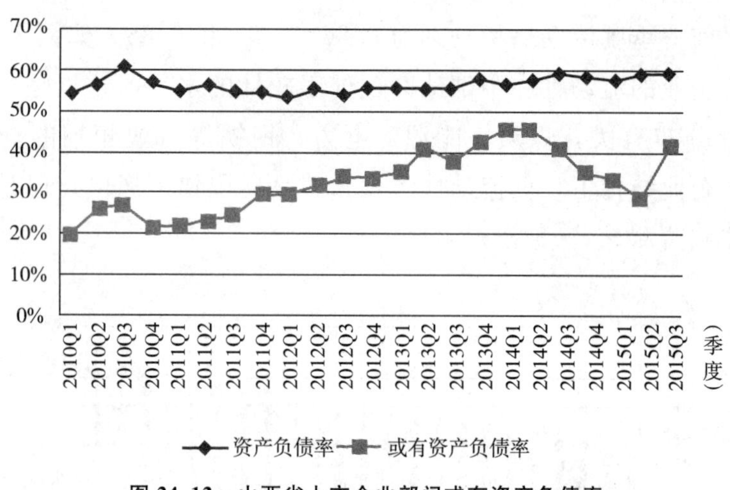

图 24.12　山西省上市企业部门或有资产负债率

第 6 节　山西省家户部门风险分析

2015 年，山西省居民收入不断增加，全省居民人均可支配收入 17854 元。按照常住地分，城镇居民人均可支配收入达到 25828 元，同比增长 8.1%；农村居民人均纯收入达到 9454 元，同比增长 7.3%。城乡居民收入差距较大并且农村居民收入增长速度低，城乡差距将进一步扩大。

居民存贷方面，2015年山西全省城乡居民储蓄存款达到15675亿元，个人消费贷款1370亿元，个人消费贷款与居民储蓄存款比值不足9%，个人消费贷款规模较小，家户部门偿付风险较小。如图24.13所示。

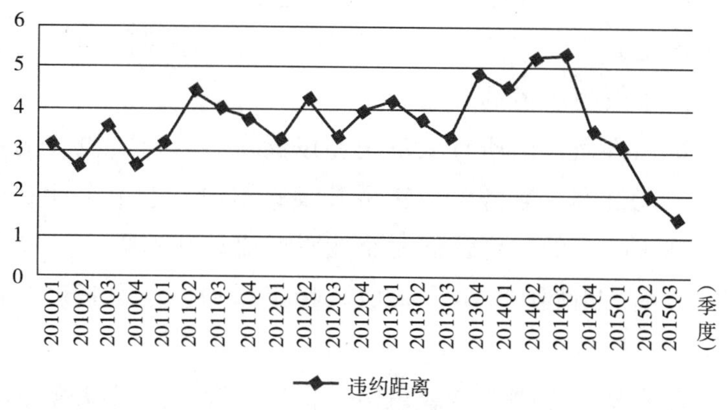

图24.13 山西省上市企业部门违约距离

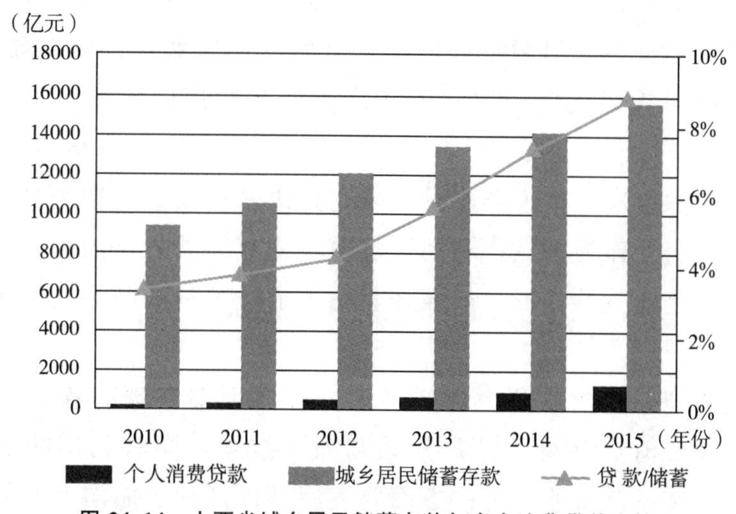

图24.14 山西省城乡居民储蓄存款与个人消费贷款比较

第7节 金融风险管理与经济发展战略

本章分四个部门，对山西省进行了宏观金融风险的分析，研究发现山西省公共部门与金融部门风险突出，上市企业部门受到产业结构的制约较严重，家户部门风险状况良好。

公共部门方面，山西省公共部门一般预算缺口规模较大，财政缺口占地方GDP比值上升，同时财政收入的负增长也加大了财政压力，公共部门风险较高。

金融部门方面，从金融指标来看，山西省金融部门运行平稳，存贷结构有所优化，规模适度扩大，期限错配风险得到很大的缓解，保险业保费收入与保险深度持续增长。但是，不良贷款问题依然突出，不良贷款率居高不下，在中部地区也处于较高的水平，同时联盛等金融风险问题也对山西省总体金融环境造成了较为恶劣的影响。

上市企业部门方面，山西省上市企业以能源、煤炭、电力为主，受到宏观经济影响和产能过剩、经济结构转型升级的制约，上市企业部门盈利能力与违约风险暴露出一定的问题，同时企业资产流动性不强。

家户部门方面，山西省城乡居民收入稳定增加，家户贷款与储蓄的比值较低，家户债务风险较低。

为应对山西省暴露出来的金融风险，提出下面几点风险管理建议：

一是解决不良贷款风险隐患，改善金融环境。山西省各银行应该积极采取多种方式，根据各笔不良贷款的特点，进行贷款清收、回收再贷等处理，争取控制化解不良贷款风险，同时加快金融信用体系建设，以政府为推动，以银行和金融机构为主题，建立覆盖广泛的金融信用体系，改善全省金融环境。

二是加快多层次资本市场建设，拓宽直接融资渠道，把培育战略新兴企业和转型升级企业作为重点，利用财政手段为其发展提供便利，加快上市进程，同时扩大企业债券融资，加强企业对于金融工具的利用，扩大直接融资比例。

三是优化产业结构，升级煤炭产业。一方面要在现有煤炭产业的基础上，进一步发展清洁煤炭，提升开采和加工技术，同时利用能源和资源优势，着重发展装备制造业。另一方面要发展环保产业、旅游业和新兴战略性产业，改善煤炭产业一家独大的局面，促进经济结构合理化发展。

参考文献

［1］山西省统计局：《2010—2015年山西省国民经济和社会发展统计公报》。

［2］中国人民银行：《2010—2015年山西省金融运行报告》。

[3] 王汉斌：《山西煤炭资源型城市经济转型模式研究》。

[4] 温世伟：《山西产业结构调整过程中的金融支持研究》。

[5] 武文全：《金融助力山西煤炭行业脱贫问题探析》，载《区域经济发展》2015年第36期，第42—43页。

第25章　西部宏观金融风险总论

中国西部地区经过十几年的高速经济增长，整体经济水平有了巨大提升。对西部经济发展状况的评价，不仅要关注其增长数量，更要关注其发展质量。因此，本章利用账面价值资产负债表分析方法以及或有权益资产负债表分析方法，对西部十二个省份公共部门、金融部门、上市企业部门以及家户部门的宏观金融风险状况进行研究，并提出相应的风险管理与经济发展战略，对于有效防范化解区域宏观金融风险具有理论及现实意义。2015年，西部地区经济增速在各大区中继续保持最高，区域经济结构协调性进一步增强，产业结构调整出现高级化趋势。“十二五”时期，在国家区域经济布局逐步明确的情况下，西部不仅要面对全球化背景下国际国内的广泛竞争，更要直接面对其他地区的发展竞争。研究结论表明，西部地区经济增速虽有所下滑，但宏观风险总体而言处于可控范围内。但经济运行过程中，由于西部地区产业结构面临转型升级压力较大，这对于西部地区企业经营盈利以及资金流动性都造成了重大影响，相关部门需要对该问题保持关注，严防金融风险在各部门之间传染。

第1节　西部宏观金融风险概述

2015年，西部地区实现地区生产总值131843.3亿元，比2014年下降4538亿元，增速下滑3.32个百分点[①]。2015年西部地区生产总值占全国GDP的比重高达21.43%，与中东部地区的经济差距逐渐缩小；对经济增长贡献率上升为23.47%，比2014年提高了1.12个百分点。如图25.1所示。

---

① 数据来源：《2015年中国区域金融运行报告》，中国人民银行。本章其他数据均根据相关章节整理而来。

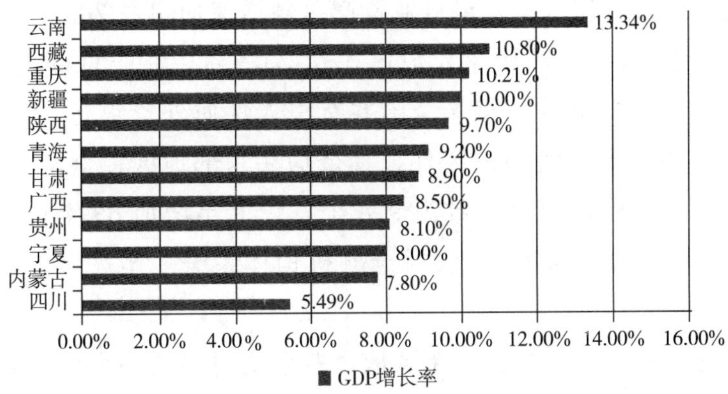

图 25.1　2015 年西部各省份 GDP 增速

西部地区生产总值占全国的比值较低，但是却呈现逐年增加的趋势，在 2015 年其 GDP 占比超过 20%，虽然经济增速有所下滑，但仍然高于全国平均水平。如图 25.2 所示。具体到西部各省份而言，新疆、重庆、西藏以及贵州的 GDP 增速较高，均超过 10%。一般而言，GDP 总量较低的省份具有较高的 GDP 增速，然而宁夏 GDP 总量和其增速均处于较低水平，可见其经济发展水平较为落后。西部各省份 GDP 总量差异巨大，西藏、青海以及宁夏 GDP 总量较低，而四川一个省份的 GDP 总量就占到西部总体的 1/5。

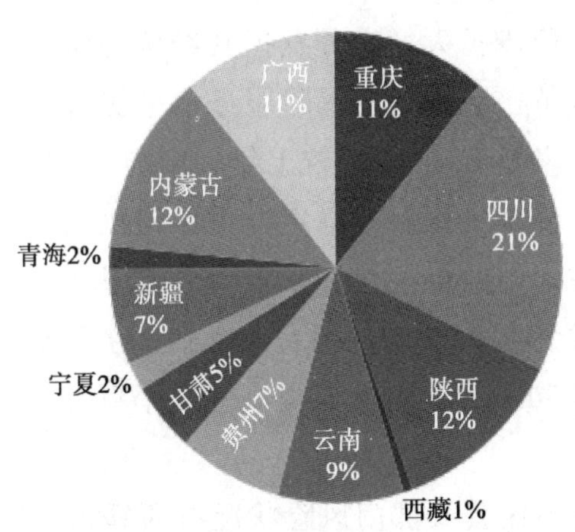

图 25.2　2015 年西部各省市 GDP 占比

总的来说，西部地区金融业较中国其他地域而言发展相对落后，但金融业发展态势良好。2015 年年底，西部地区银行业资产总额 140.2 万亿元，同比增长 12.62%，其中大型商业银行资产总额占比为 40.1%。分地区看，东部地区银行业资产总额在全国占比最高，中部和西部地区占比有所提升；分省份看，广东、北京、江苏三省（市）银行业资产总额均超过 10 万亿元，贵州、西藏、福建三省（区）银行业资产总额增速均超过20%。西部地区银行业机构占比达27.2%，从业人数占比达23.9%，资产总额占比19.2%。外资银行稳步发展，2015年年末全国共有法人性质外资银行44家，分布在9个省（市），除1家在西部地区外，其余均在东部地区；全国共有27个省份入驻外资银行机构，网点总数为928个，较上年增加89个；资产总额为2.5万亿元，同比增长4.2%。农村金融机构体系进一步完善，新型农村机构快速发展。

证券市场保持平稳发展。全年各地区股票交易较为活跃，市场筹资保持稳定，证券公司加快发展，期货交易品种不断丰富，资本市场服务实体经济能力有效提升。我国各地区上市公司数量占比分别为东部65.1%，中部14.7%、西部14.7%和东北5.5%，与上年基本持平。"新三板"市场挂牌企业数量明显增加。股票市场筹资额同比基本持平，西部地区A股筹资额占全国的比重较上年上升6.6个百分点；从创业板市场筹资来看，西部地区创业板市场筹资额占创业板市场筹资总额的比重为1.5%，同比下降1.3个百分点。从中小企业板市场筹资看，西部中小企业板市场筹资额占中小板市场筹资总额的比重为18.4%，较上年上升10.2个百分点。

2015年，西部地区保险业加快发展方式转变，各项业务增长平稳回升，资产总额和保费规模稳步扩大，充分发挥其经济补偿功效，积极推进重点领域以及关键环节的改革，经济社会保障服务水平提升。全国保险法人公司和分支机构分别有167家和1566家，较上年分别增加14家和30家，保险法人公司和分支机构地区分布占比保持稳定；再保险机构10家，其中中资4家，外资6家。总部设在辖内的保险公司，西部占比达6%，保险公司分支机构西部占比23.8%。全国保险业实现保费收入达1.7万亿元，保费规模全球排名第4位，同比增长11.2%，较上年提高3.2个百分点，西部保费收入同比增长13.6%。

总体而言，西部地区公共部门风险状况有所缓解，财政缺口占地区生产总值的比重有所下降，而西部各省份之间区别较大，西藏地区受经济发展制约，对政府财政支出依赖较大，财政风险较大，而重庆地区政府财政状况良好，财政缺口占地区生产总值比例不足10%；金融部门近年来发展较快，暴露出一定的流动性风险，具体表现在金融机构存贷比逐年攀升，其中又以宁夏地区最为严重，而期限错配风险问题有所缓解，中长期贷款占贷款余额比重有所下降；西部整体保险业经营状况较好，所面临经营风险较小，而保险赔付率却呈现逐年攀升态势，说明偿付风险有所恶化；上市企业部门由于经济下行压力加大等原因，所面临的经营风险较为严重，同时账面资产负债率以及或有资产负债率均呈震荡上升态势，因此上市企业要注意控制其负债规模并注意相关风险；家户部门整体风险水平处于较为合理的水平，城乡居民收入稳步提升。

第 2 节 西部公共部门风险分析

2015 年，受传统产业税收贡献度下降、结构性减税力度加大和一般贸易进口增速下滑等因素影响，全国财政收入增速回落，其中中西部地区的财政收入增速依旧保持领先，占全国地方财政收入的比重进一步上升。2015 年，西部地区一般预算收支均保持上升趋势，一般预算缺口有所增长，一般预算缺口占 GDP 比重有所下降，表明西部区域公共部门风险有一定程度的缓解。如图 25.3 所示。

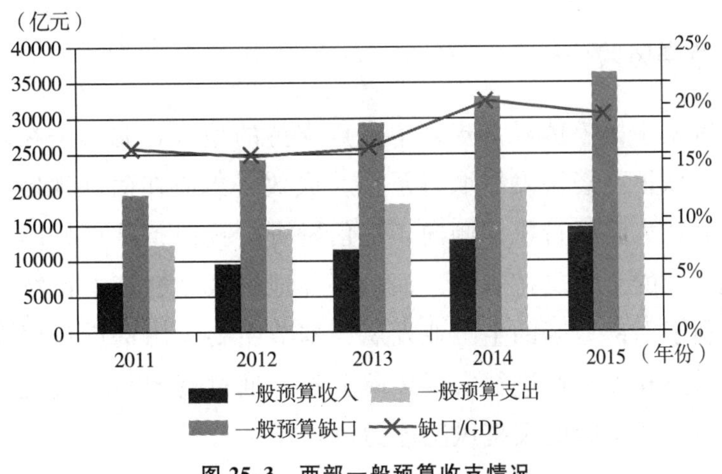

图 25.3 西部一般预算收支情况

西部地区财政支出结构逐步得到改善。2015 年，全国财政支出 14.0 万亿元，同比增长 10.9%，增速较上年低 4.4 个百分点。其中地方财政支出 11.9 万亿元，同比增长 11.3%，增速较上年下降 4.0 个百分点。西部地区增速下降较快，增速为 11.8%，比上年减少 6.2 个百分点。从财政支出的角度来看，西部地区公共部门风险得到改善。如图 25.4 所示。

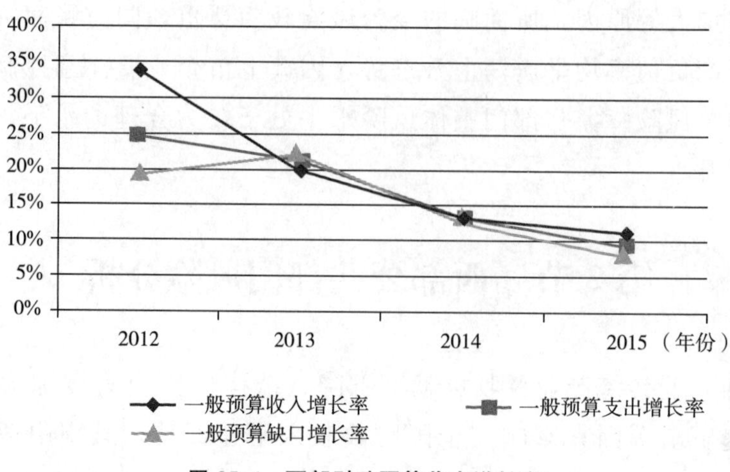

图 25.4 西部财政预算收支增长率

第 3 节 西部金融部门风险分析

一、银行类风险分析

西部地区是中国整体经济规划中重点支持的地区，尤其是在西部大开发战略指导下，该地区经济发展取得了很大成效。当前在西部地区，金融发展面临不利局面，大型银行机构倾向于把信贷资金投向条件更好的东部发达区域，对西部区域的金融支持有限，而且西部地区区域性资本市场发展水平有限，这都不利于西部地区的金融业发展。本节主要运用资产负债表的方法对西部地区银行业和保险业进行宏观风险分析，通过资产和权益关系揭示西部地区金融部门的风险状况及抗风险能力。

（一）资本结构错配分析

2015 年，西部地区银行总资产在全国各区域中处于中等水平；贷款余额达到 143225.67 亿元，比上一年同期增长 11.15％，增速基本与上一年持平；存款余额达到 188414.59 亿元，比上一年同期增长 10.3％，增长率比上一年提高 1.2 个百分点，如图 25.5 所示。西部地区 2015 年存贷款余额增速均有所上升，同时存款余额增速相对较高，存贷比由 2014 年的 75.75％上升至 76.02％。西部地区银行业整体尚保持较为合理的状况，但其存贷比保持上升的趋势，应提前采取控制措施，防范资本结构错配风险暴露。

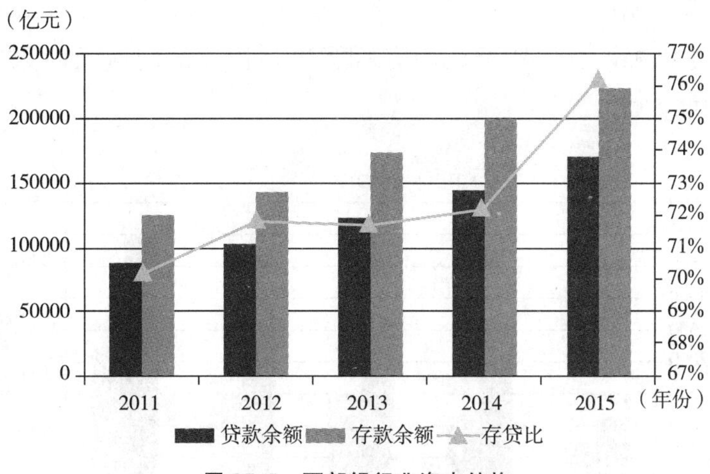

图 25.5　西部银行业资本结构

（二）期限错配风险分析

2015 年，西部地区银行类金融机构贷款总额和中长期贷款在总体上均保持增长，其中中长期贷款达 87048.85 亿元，如图 25.6 所示。由于 2015 年短期贷款增速仍相对中长期贷款增速较高，西部地区中长期贷款占比在 2015 年为 60.78%，比 2014 年降低 1.14 个百分点，贷款中长期化趋势得到进一步缓解。

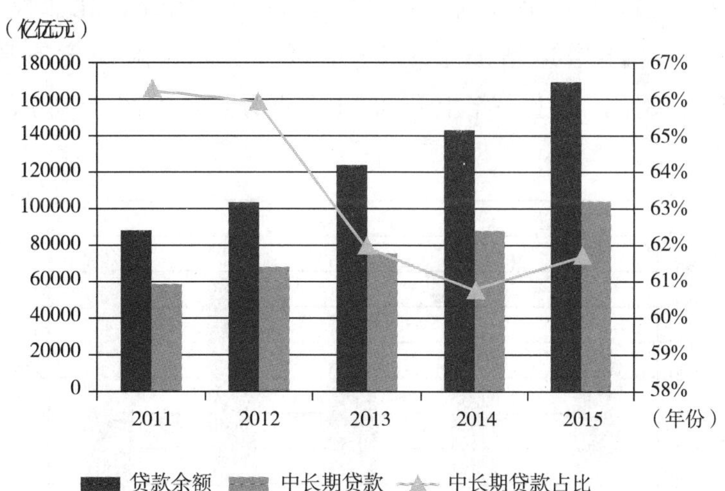

图 25.6　西部金融部门贷款期限结构

（三）货币错配风险分析

随着西部地区经济外向程度不断提升，其外币存贷业务量也越来越大。2015 年，西部地区外币存贷款均呈上升趋势，其中外币存款余额为 1523.05 亿元，外币贷款余额为 3104.94 亿元，如图 25.7 所示。2015 年，西部地区外币存贷比指标由 2014 年的 179.1%上升为 203.86%，上升 24.76 个百分点，上升幅度较大，货币错配风险有所恶化，相关部门应及时采取措施控制外币贷款的快速增长。

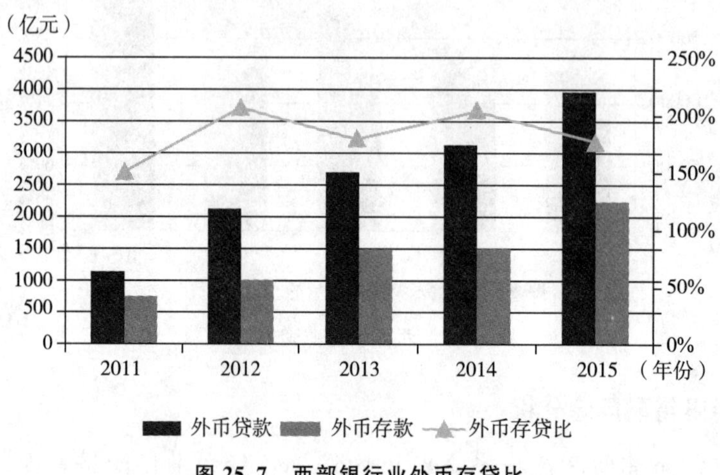

图 25.7　西部银行业外币存贷比

二、保险业风险分析

（一）保险深度

2015 年，西部地区保费收入达到 3430.86 亿元，比上一年增加了 18.17%，比 2014 年增速增加了 9.69 个百分点。保险深度有所增加，在 2014 年达到 2.78%，比上一年上升 0.14 个百分点，如图 25.8 所示。

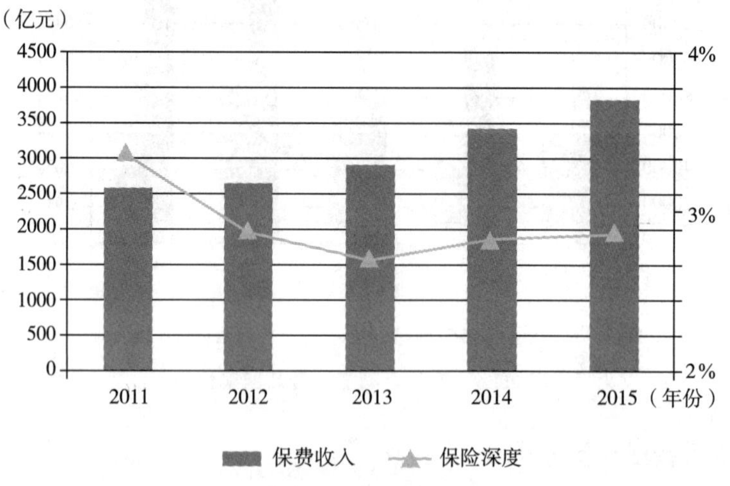

图 25.8　西部保险深度

（二）保费增长率和赔付率

西部地区保险业增长态势有所回落，保险业偿付风险越来越显著。如图 25.9 所示。具体表现为，西部地区保费增长率近年来一直呈现较大波动，于 2011 年达到谷底 3.73%，之后又呈现出增长态势，于 2014 年达到 18.17%；同时西部地区保险赔付率也呈现出相同的变化态势，变化幅度较小，于 2015 年达到 30.68%，比上一年增加 3.77 个百分点。

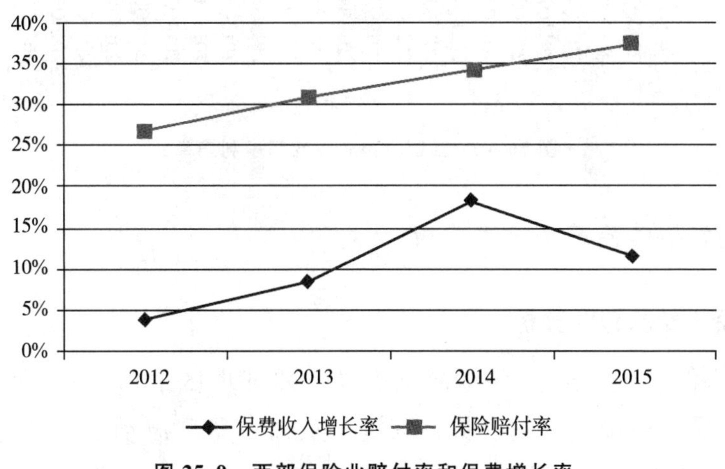

图 25.9　西部保险业赔付率和保费增长率

第 4 节　西部上市企业部门风险分析

一、盈利能力分析

受到经济下行压力加大的影响，西部地区上市企业部门所面临的经营风险加重，企业盈利受到严重影响。如图 25.10 所示。具体表现为，西部地区企业净利润率在 2009 年第一季度至 2015 年第三季度呈现先升后降的趋势。2011 年第二季度，西部地区企业净利润率达到最高值为 7.99%，之后逐年下滑，于 2014 年第四季度之后这种下滑态势有所缓解，开始呈现较为平稳的态势，2015 年前三季度的利润率分别为 5.14%、5.19%和 5.21%。

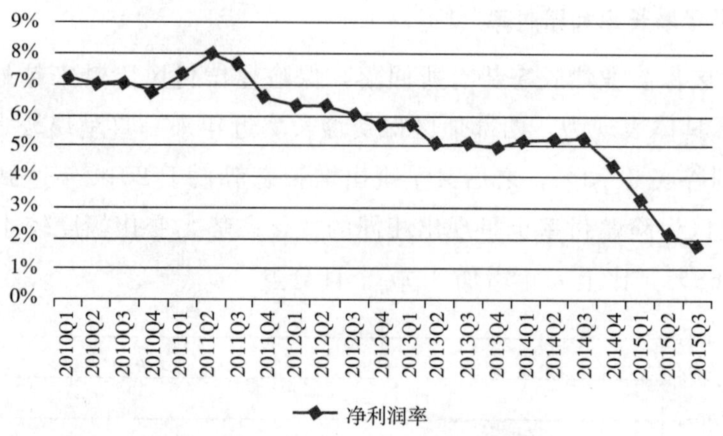

图 25.10 西部上市企业部门净利润率

二、账面价值资产负债表分析

（一）资本结构错配分析

2009 年第一季度至 2015 年第三季度，西部地区上市企业部门的总资产与总负债均保持稳步上升的态势，其资产负债率呈现波动上升的态势。如图 25.11 所示，西部地区上市企业部门资产负债率在 2014 年第二季度达到短期内的高点 61.30%，之后持续下降，于 2015 年第一季度降为 59.83%，随后又出现波动的态势。可见西部地区账面资产负债率一直处于小范围波动，相对其他地区其资产负债率不高，但有关部门需警惕其上涨态势，及时防控风险。

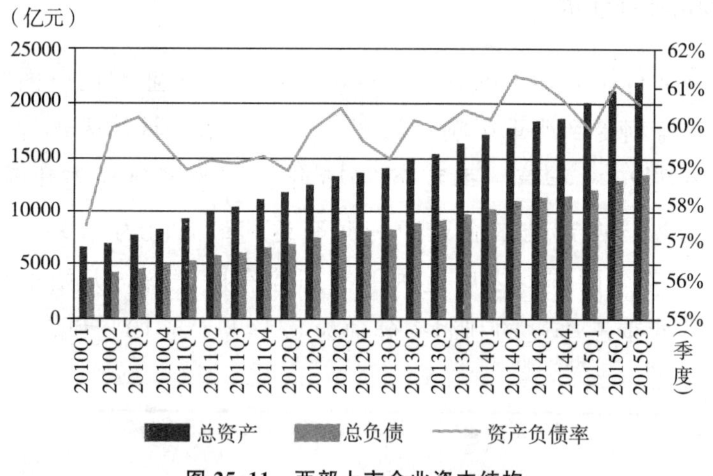

图 25.11 西部上市企业资本结构

（二）期限错配风险分析

2010—2015 年，西部地区上市企业部门的流动比率总体上保持逐年下滑态势，期限错配风险有所加重。如图 25.12 所示，2015 年前三季度，西部上市企业部门流动比率分别为 122.26%、118.98%和 122.82%。虽然其处于合理范围内，但有关部门要关注现在所出现的下滑态势，防止流动性风险的发生。

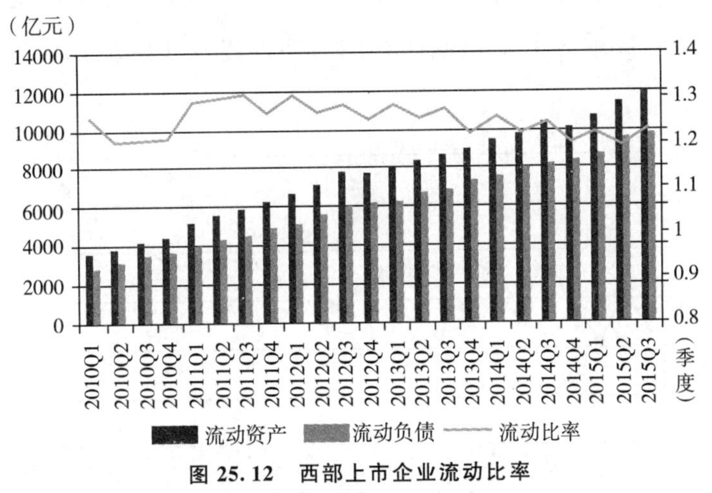

图 25.12　西部上市企业流动比率

三、或有权益资产负债表分析

西部地区上市企业部门或有资产负债率在考察期内保持了一定的上升趋势，如图 25.13 所示，2014 年四个季度或有资产负债率分别是 46.43%、49.89%、50.18%和 51.52%，并于 2015 年第二季度达到 52.28%，为 2009 年以来的最高水平，而在 2015 年第三季度降为 45.59%。自 2009 年以来，西部地区上市企业部门或有资产负债率具有明显的上升趋势，应警惕其增长态势，防范相关风险。

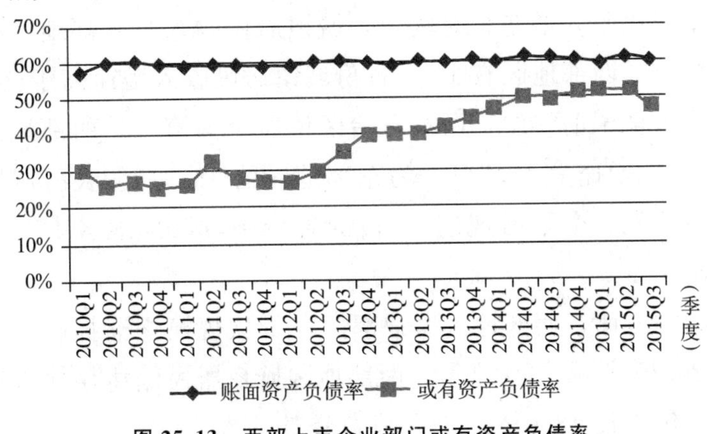

图 25.13　西部上市企业部门或有资产负债率

近年来，西部地区上市企业部门所面临违约风险问题得到有效缓解。具体而言，自2009年以来，西部地区上市企业部门的违约距离随季度波动较大，总体上呈上升态势，尤其是在2015年违约距离大幅增加，说明西部地区上市企业部门风险问题得到了很大改善。如图25.14所示，2014年四个季度，西部地区上市企业部门违约距离分别为3.87、3.76、3.68和4.09，在2015年第一季度下降至3.82，但在随后的第二、第三季度反弹上升至4.80和5.31，说明西部地区上市企业违约的可能性进一步降低，抗风险能力有所增强。

图25.14 西部上市企业违约距离

第5节 西部家户部门风险分析

西部地区家户部门风险总体水平处于相对安全的范围内。2015年，西部地区城镇居民收入为22143.8元，增长率为10.3%，为东部地区的65.6%，西部地区城镇居民收入增速相对较快，城镇居民收入与东部地区收入差距连续4年持续缩小。西部地区有11个省份城镇居民收入增速高于全国，其中4个省份增速进入全国前5位，西藏自治区位居全国第一。西部地区农村居民收入为6972元，增速为13.5%，为东部地区的48.3%，农村居民收入增速连续两年保持领先。全国增速前10位的省份中，西部地区占8个，其中青海省增速最高。

在存贷结构方面，西部地区家户部门存贷款规模逐渐提高，且增速有所提高。如图25.15所示，2015年，西部地区城乡居民储蓄存款达到93566.84亿元，比上一年增长18.0%；个人消费贷款达到22675.72亿元，比上一年增长 23.33%，个人消费贷款与城乡居民储蓄存款的比率由 2014 年的 23.19%上升为 24.23%，增加 1.04 个百分点。总体而言，西部地区家户部门贷款与储蓄比率在 2015 年有所增加，因此家户部门在利用金融来管理自身资产时，应注意避免自身资产出现流动性风险。

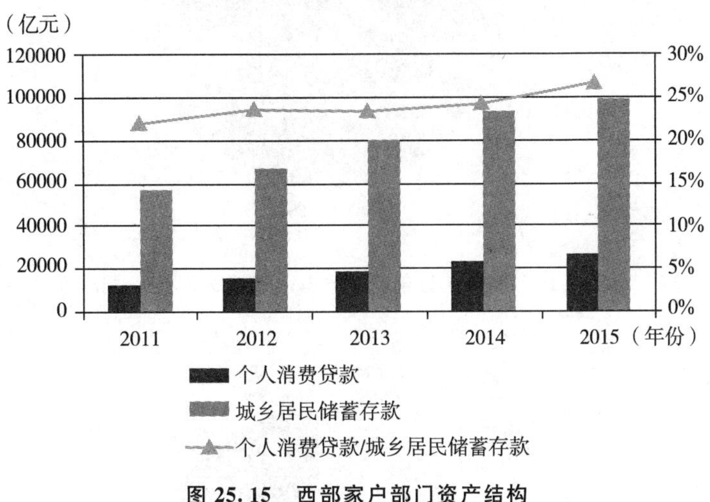

图 25.15　西部家户部门资产结构

第 6 节　西部宏观金融风险结构性分析

在西部地区四大部门总量分析的基础上，考虑到西部各省不同的经济基础与发展特点，反映出差异化的风险特征，本节主要对西部各省的金融风险进行结构性分析，包括公共部门、金融部门、上市企业部门与家户部门的比较分析。

一、西部各省市公共部门比较分析

2015 年，西部地区一般预算收支总规模保持上升，一般预算缺口也有所增长。如图 25.16 所示。具体而言，一般财政收入占比最高的省份是四川省，这也与四川经济总量较大有关，一般财政收入占比超过 10%的省份有四川、重庆、陕西、云南、内蒙古以及广西，而财力最差的为西藏，其占比只有 0.85%，一般财政收入占比基本与 GDP 占比相一致。如图 25.17 所示。

从一般预算支出来看，2015 年西部各省一般预算支出占比超过 10%的省份有四川、陕西、云南、广西以及内蒙古；占比最高的为四川省，为 18.66%，占比最低的是宁夏，为 2.56%。其占比情况与上一年基本一致。

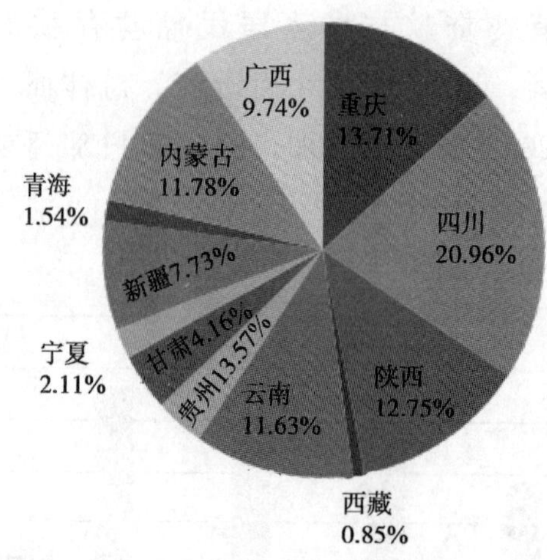

图 25.16　2015 年西部各省市一般预算财政收入占比

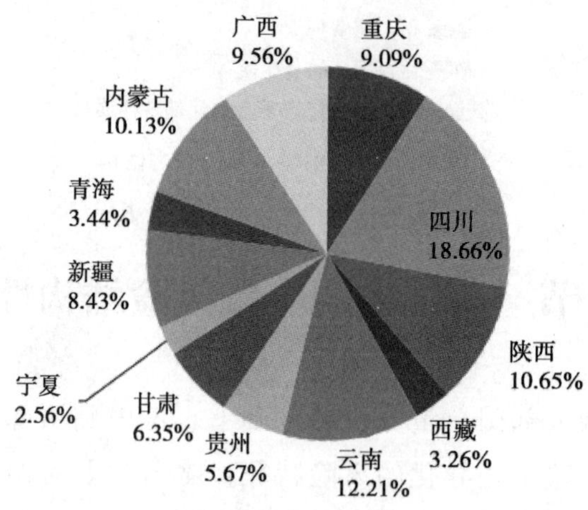

图 25.17　2015 年西部各省市一般预算财政支出占比

从一般预算缺口与 GDP 比值来看，西藏地区占比一直保持较高的水平，2015 年西藏一般预算缺口与 GDP 的比值达到 121.31%，较 2014 年持续上升，且远高于西部其他省份；西部占比前三的省份为西藏、青海和甘肃，分别为 121.31%、51.25%和 31.15%，排在后三位的是陕西、重庆和云南，分别为 11.36%、10.40%和 6.20%。如图 25.18 所示。一般预算缺口与 GDP 比值是衡量公共部门财政风险的重要指标之一，通过分析可以看出西藏和青海所面临财政风险压力依然巨大，云南所面临财政风险压力较小。

总体而言，西部各省份公共部门整体风险有所下降，具体各省份而言，西藏、青海以及宁夏经济实力较弱，财政收支结构不良，其公共部门所面临风险较大。相比之下，重庆、陕西、内蒙古以及四川经济实力较强，财政收支结构较好，公共部门所面临风险较小。

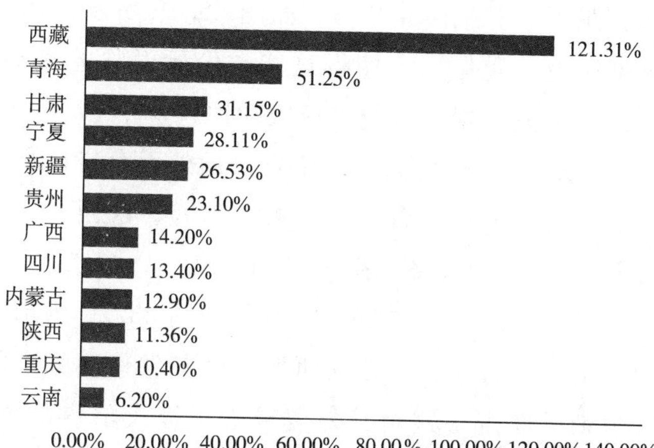

图 25.18　2015 年西部各省市一般预算缺口/GDP

二、西部各省市金融部门比较分析

西部地区金融部门整体在规模上落后于东部地区，而且各省份之间的金融发展存在较大差异，重庆、四川等省份金融发展较快，而西藏、青海金融发展滞后。以下主要对西部地区各省份金融发展中的银行业和保险业进行比较分析，以研究其金融结构性特点和风险因素。

（一）银行类风险分析

2015 年，西部地区银行业存贷比总体呈现略有上升的态势。其中，宁夏、内蒙古以及青海等地区银行存贷比较高，分别为 101.70%、85.54%和 85.50%。共有七个省份的存贷比高于 75%，超过西部地区所有省份的一半。

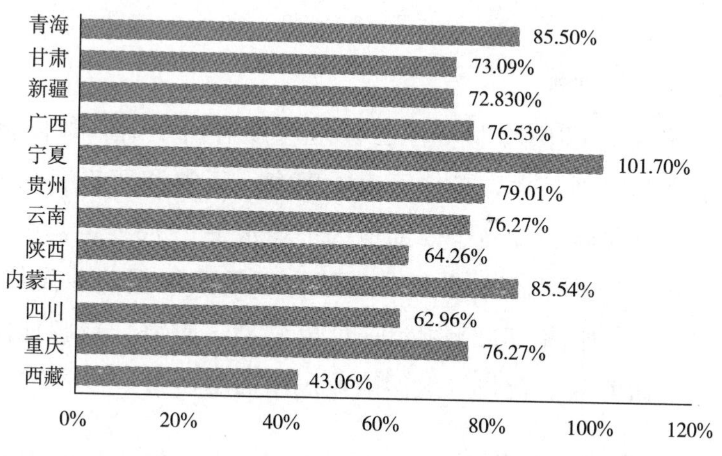

图 25.19　2015 年西部各省市金融部门存贷比

西藏地区的存贷比最低，只有43.06%。如图25.19所示。西部地区金融发展滞后，间接融资所占比重巨大，使得这些省份所面临的流动性风险很大。因此，西部地区应特别关注相关省份出现流动性风险。

2015年，西部地区各省份中共有七个省份的外币存贷比高于西部整体的外币存贷比，这七个省份分别为青海、甘肃、新疆、广西、宁夏、贵州以及云南，它们的外币存贷比分别为1415.56%、956.93%、338.46%、321.02%、290.48%、272.73%和268.91%。如图25.20所示。这些省份对外贸易主要集中在资源型行业，而目前西部地区各省份面临产能过剩以及大宗商品价格持续走低的状况，这给其外贸带来了极大阻碍，风险问题严重。从外币存贷比来看，青海的外币错配风险最为严重，需要相关部门引起注意。

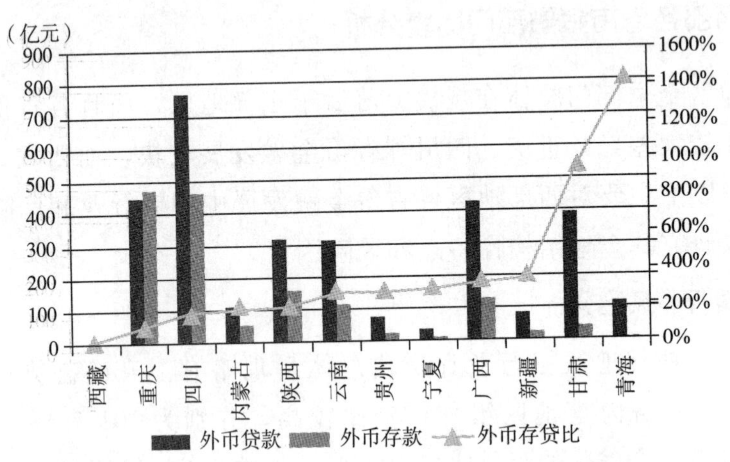

图25.20　2015年西部各省市金融部门外币存贷结构

（二）保险类风险分析

2015年，西部地区保险业整体的保险深度有所上升，风险问题有所改善，然而省份之间差别巨大，具体而言，青海、新疆和四川三个地区保险业发展态势良好，其保险深度高于西部地区平均水平2.78%，其中青海省保险深度最高为7.83%；而西藏、贵州、内蒙古以及广西保险业发展态势不佳，保险深度不足2%。如图25.21所示。可以看到，青海、新疆保险业所面临风险问题较小，而西藏、贵州等地保险业风险问题严重。

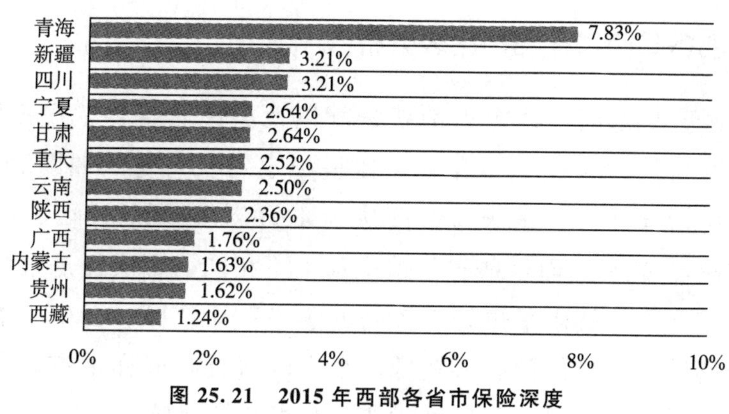

图 25.21　2015 年西部各省市保险深度

三、西部各省市企业部门比较分析

西部地区经济发展保持高速增长态势，突出表现在近年来上市企业部门发展迅速，对当地经济发展起到重要支持作用。以下将从盈利能力、资本结构、流动性等方面对西部各区域上市企业部门的风险状况进行对比分析。

从表 25.1 可以看出，近年来，西部各省份净利润率均表现出下滑的态势，这也与中国目前的经济新常态有关。而西部各省份之间比较而言，贵州、西藏和重庆三个地区的上市企业发展态势良好，企业经营情况较好，净利润率较高。相对而言，这三个地区的上市企业所面临的企业经营风险较小，而云南、广西和宁夏等省份企业经营情况面临严重问题，企业经营风险加剧，相关部门要采取措施改善云南省等地企业经营状况，同时避免风险在西部地区各省份之间传染。

表 25.1　2014 年第三季度—2015 年第三季度西部各省市上市企业部门净利润率

	2014Q3	2014Q4	2015Q1	2015Q2	2015Q3
贵州	21.63%	21.27%	21.23%	21.57%	21.37%
云南	−0.53%	0.98%	−0.01%	0.27%	0.40%
西藏	10.16%	9.09%	4.52%	6.24%	6.97%
陕西	3.60%	7.51%	5.74%	4.87%	4.62%
重庆	5.19%	4.76%	7.81%	7.66%	7.26%
四川	6.02%	4.69%	5.66%	5.24%	5.08%
广西	2.34%	3.03%	1.47%	2.90%	3.26%
内蒙古	6.28%	6.19%	6.86%	6.98%	7.11%
新疆	4.40%	4.05%	4.05%	4.06%	4.36%
甘肃	3.17%	0.97%	0.16%	1.92%	2.56%
宁夏	3.64%	1.64%	1.78%	2.51%	0.95%
青海	−0.88%	3.79%	3.61%	3.03%	3.97%

四、西部各省市家户部门比较分析

西部地区家户部门整体个人消费贷款以及居民储蓄存款规模稳步提升，个人消费贷款与城乡居民储蓄存款之比呈稳定增长态势。如图 25.22 所示。具体就各省份情况而言，重庆市最高达到 41.93%；同时广西、云南和贵州也较高，均超过 25%。而这些省份情况却大不相同，重庆经济水平较强，家户部门收入较高，消费水平也处于较高的水平；而广西、云南、贵州等地经济发展较为落后，家户部门收入较低，个人消费贷款同样占有较高比重，因此监管部门要对这些省份进行区别对待，防控相关风险。

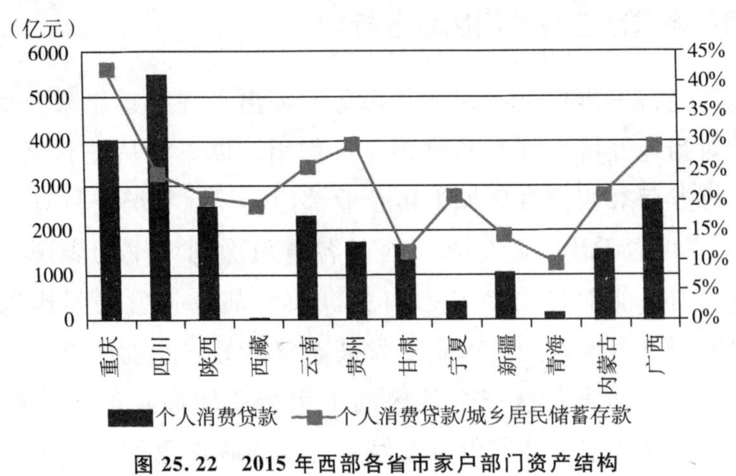

图 25.22　2015 年西部各省市家户部门资产结构

第 7 节　金融风险管理与经济发展战略

2015 年，西部地区公共部门风险在一定程度上有所缓解。具体表现为一般预算缺口与一般预算收入之比减少，财政收支缺口与 GDP 之比下滑。从省市比较来看，西部地区十二省中西藏、青海、贵州、甘肃财政风险较大，且财力薄弱；内蒙古、四川、陕西、重庆财政风险较小。

2015 年，西部地区金融部门快速发展，金融体系逐步完善，但银行业及保险业依然暴露出很多风险。具体来看，西部地区银行业风险有所增加。银行业存贷比增加，超过 75%，高于人民银行规定的存贷比上限；银行业流动性风险有所上升，中长期贷款占比继续回落；汇率波动风险仍然较大，但风险敏感系数降低。西部地区保险业发展仍处于不发达时期，保险业原保费收入增速有所提高，但保险深度持续下滑，保险赔付率也有所回升。从省市比较来看，宁夏、内蒙古、青海和重庆银行业资本结构错配风险较大；贵州、重庆、西藏、青海、广西和云南银行业期限错配风险较大；青海、新疆、甘肃、广西、云南、宁夏和贵州银行业货币错配风险较大。

2015年，西部地区上市企业部门盈利能力有所下降；资本结构良好，流动性稍有下降；隐含的市场风险有所加大，违约风险控制较好，资产波动性不大。从省份比较来看，贵州、西藏、内蒙古、四川和青海上市公司盈利能力较强，广西、甘肃和云南上市企业盈利能力较差，其他省市上市企业盈利能力适中；贵州、陕西、西藏和四川上市企业部门流动性水平较好，其他省市上市企业部门流动性水平较差；内蒙古、甘肃和重庆上市企业部门违约风险较小，其它省份上市企业部门违约风险相对较大；甘肃、云南、重庆、广西、青海、内蒙古和新疆上市企业部门隐含的市场风险较大，其他省市上市企业部门隐含的市场风险较小。

鉴于本文对于西部地区四部门的比较分析，提出西部地区风险管理及经济发展战略如下：

第一，西部地区公共部门亟须优化财政收支结构。西部地区中相当一部分省份过于依赖财政拨款发展经济，不仅制约当地经济发展，还加剧了公共部门的风险，为此西部地区亟须合理调配财政资金、规范资金用途、提高资金使用效率、有效降低财政缺口占GDP比例。

由于西部地区面临的风险较大，应当采取积极的财政政策，着重处理好总量与结构之间的关系，加强建设财政监控以及市场机制，保证财政政策有效落实，促进财政政策与货币政策相互协调配合，缓解西部地区财政风险。

第二，西部地区经济发展面临金融支持不足、间接融资占比较高等问题，首先要大力建设西部地区金融体系，继续引入商业银行分支机构，为企业提供信贷资金；其次在此过程中注意防止存贷比过高所引起的流动性风险，同时加强多层次资本市场建设。

西部地区金融部门所暴露出来的风险需要引起高度重视，为了有效防控相关风险，需要做到建立健全金融部门金融法律法规体系，加强中央银行的监管力度，推进银行机构自身风险管理能力，加强股市监管力度。

第三，加快推进西部地区产业结构升级，转变其以资源型重工业为主的经济发展方式，引入创新科技技术，致力于形成产业集群，提高整体行业竞争力，加强与其他区域沟通协作，与其他区域协调互补发展，积极发挥自身优势，引入其他区域优势资源，形成有西部特色的竞争力。

第四，继续加快推进金融市场发展。西部地区经济发展面临金融支持不足、间接融资占比较高等问题，首先要大力建设西部地区金融体系，继续引入商业银行分支机构，为企业提供信贷资金；其次在此过程中注意防止存贷比过高所引起的流动性风险，同时加强多层次资本市场建设。

参考文献

[1] 陈秀山、董继红、张帆：《“十二五”期间中国区域发展格局的新走向》，载《山东经济》2011 年第 4 期，第 5—11 页。

[2] 冉光和、李敬、熊德平、温涛：《中国金融发展与经济增长关系的区域差异——基于东部和西部面板数据的检验和分析》，载《中国软科学》2006 年第 2 期，第 102—110 页。

[3] 王大威、杨贺田：《西部金融业发展的现状问题与建议》，载《银行家》2014 年第 4 期，第 172—180 页。

[4] 王娟：《区域金融发展与农村经济增长的关系研究》，载《现代经济信息》2014 年第 2 期，第 56—61 页。

[5] 中国人民银行：《2010—2015 年中国金融运行报告》。

[6] 中国人民银行：《2010—2015 年中国区域金融运行报告》。

[7] 中国统计局：《2010—2015 年中国统计年鉴》。

第 26 章　重庆市宏观金融风险研究

2015 年，中国经济动荡加剧，重庆市进入加快转变经济发展方式，实施五大功能区域发展战略，推进供给侧结构性改革，加快产业结构调整，提高经济增长质量和效益的新阶段。但政府财政压力增大，中小企业不良贷款及资金链问题仍然较为严峻。本章对重庆市的公共部门、家户部门、企业部门和金融部门的风险进行分析，对重庆市宏观金融风险进行识别和度量，分析得出：重庆市公共部门的风险有所下降；金融部门风险有所加大，其中银行业货币错配风险和保险业赔付风险较大，民间金融市场亟待规范监管；上市企业部门方面，存在较高的资本结构错配的风险，期限错配的风险较小，同时，重庆上市企业盈利能力下降，清偿力风险上升，受经济下行的影响开始显现。

第 1 节　重庆市宏观金融风险概述

2015 年，重庆市经济运行出现超预期下滑，风险较 2014 年上升明显。从经济总量来看，2015 年重庆市实现地区生产总值 15719.72 亿元，同比增长 11.0%，比全国 GDP 增速高出 4.1 个百分点[①]。居民消费价格同比上升 1.8 个百分点，增速明显放缓，工业产品价格指数小幅下跌，总体处于全国中下游水平。消费、投资、出口均取得了稳定的增长，固定资产投资 1.32 万亿元，投资结构更趋合理；但投资对经济的拉动作用明显减弱，消费和出口带动经济增长的比率持续提升。三次产业增加值分别为 1150.15 亿元、7071.82 亿元和 7497.75 亿元，结构比为 7.3∶45.0∶47.7，产业结构更趋合理。总体来看，2015 年，重庆市经济运行稳定，产业结构逐步优化，物价增速放缓，城乡收入差距缩小，城镇化建设上了一个台阶。重庆市的工业、服

① 数据来源：《2010－2015 年重庆市国民经济和社会发展统计公报》，重庆市统计局；《2010－2015 年重庆市金融运行报告》，中国人民银行；国泰安数据库，深圳国泰安教育技术股份有限公司；智远理财服务平台，招商证券股份有限公司。如无特殊说明，本章数据均来源于此。

务业、投资、消费、进出口保持了良好的发展态势，加快调整产业结构、培育新兴产业，有望在 2016 年保持平稳的增长。

2015 年重庆市金融运行整体来说较为平稳，政府继续实施稳健的货币政策，重点改进信贷结构与融资结构，进一步加大对实体经济的支持力度。2015 年实现社会融资规模扩大，为 4.3 万亿元，同比增长 11.6%。短期贷款增速放缓，中长期贷款增速回升。银行业经营效益有所提升，互联网金融产品的迅速发展对传统银行业带来巨大挑战，存贷款增速放缓。保险由于存在刚性需求，受金融大环境影响相对较小，保持良好的发展势头；证券业市场持续低迷。

总的来看，重庆市公共部门和金融部门宏观金融风险较为突出：一是政府财政压力有所增大。财政压力的增大主要来自于财政收入方面，制造业和金融业税收增长缓慢，房地产市场持续降温，政府土地出让金收入下降。同时，民生等领域的财政支出规模不断扩大，财政收入增长后劲不足与支出刚性增长矛盾较突出。二是重庆市不良贷款受到关注，重庆市不良贷款和不良贷款率从 2012 年开始出现大幅增长态势。截至 2015 年年末，重庆市不良贷款达到 1397 亿元，不良贷款率为 1.96%。从企业来看，大中型企业和微型企业新增不良贷款相对较少，不良贷款多发生在中小企业。全市中小企业只有 10%左右的企业能够从银行获得贷款，其他企业基本上都要靠民间借贷。中小企业的担保链问题也非常突出。此外，企业金融风险仍然严峻，传统制造业由于联保资金链的断裂而压力加大。

第 2 节　文献综述

对于重庆市宏观金融风险，国内学者主要从政府债务风险，进出口、产业结构等经济运行风险以及中小企业资金链风险、互联网金融风险等金融运行风险方面进行综合研究。曲莉（2014）研究了中小企业债务融资的现状，对其存在的风险进行了分析，认为中小企业一直面临融资难的困境，“逆向选择”使那些前景不太明朗的企业很难得到金融的支持，因此融资渠道较为单一，主要是向银行机构贷款。而通过上市 IPO 融资有较高的门槛，目前中国的区域资本市场建设尚未成熟，不少在四板市场挂牌的企业仍然很难融到资金。重庆市对科技创新的投入不足，在产业结构调整的关键时期，不少企业的发展面临质量和利润下滑、增长动力不足的问题，利率市场化后，借贷成本的上升使中小企业很容易陷入资不抵债的境地，从而提高了银行的不良贷款率，甚至引发一系列恶性循环，进而影响经济的正常运行。郭欣欣（2014）指出，2014 年重庆市进出口额大幅上涨，但因国际形势影响，出口企业出现大规模损失，特别是传统出口行业，汇兑限制、汇率波动、贸易纠纷和贷款拖欠是出口企业面临的四大风险。2014 年，重庆市加大了对外开放的力度，特别是与新兴市场的贸易往来，但这些国家易受国际形势影响，尤其是上半年，风险频发，外汇管制和贸易纠纷使部分企业出口受阻。另外，人民币汇率不断攀升，汇率波动频繁，给出口企业带来很大压力，加之国内劳动力成本上升，出口企业利润严重下滑。金融危机、欧债危机影响尚未全部消除，不论是发达国家还是发展中国家，宏观经济复苏乏力，部分进口国家企业拖欠货款对重庆市的一些出口企业带来了生存危机，风险不容小觑。

第 3 节　重庆市公共部门风险分析

本节对重庆市 2010—2015 年地方财政一般预算收支进行分析。2015 年重庆市财政收支缺口占 GDP 比值持续上升，与 2014 年相比，公共部门风险加大；重庆市面临经济下行，企业利润下滑的问题，财政收入很难再保持快速增长，因此未来重庆市的公共部门风险有继续增大的可能。如图 26.1 所示。

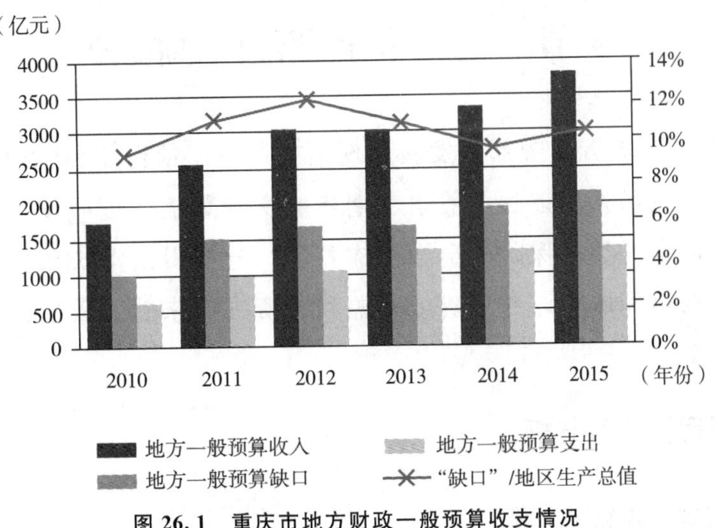

图 26.1　重庆市地方财政一般预算收支情况

2015 年，重庆市财政收入实现较快增长，全市一般公共预算收入累计 2155.10 亿元，同比增长 12.1%。其中税收收入 1450.88 亿元，增长 13.2%。一般公共预算支出 3793.82 亿元，增长 14.8%。2013—2015 年财政收支缺口水平基本保持不变，因而财政收支缺口占GDP比值水平与西部其他省份相比较低，目前来看公共部门风险并不大。

2015年，财政支出的增速较收入更高，且支出相对收入的增长率较2014明显上升，因而公共部门风险较2014年出现反转上升，如图26.2所示，这主要归因于两方面因素的影响，一是重庆市政府财政收入下滑，这源于企业质量不高、利润下滑，科技创新能力不足，经济下行压力凸显；二是重庆市政府积极推进五大功能区域发展战略和供给侧结构性改革，财政支出上升，因此未来重庆市的公共部门风险有继续增大的可能。

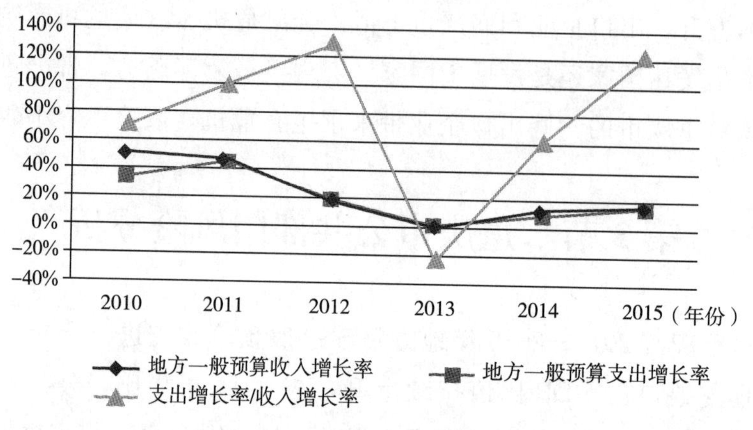

图26.2 重庆市地方财政一般预算收支增长率

第4节 重庆市金融部门风险分析

2015年，重庆市金融部门发展呈现结构调整。银行业和保险业整体发展平稳，实现较快增长。证券业股票、期货成交量萎缩幅度收窄，景气度持续低迷。本节从银行类、保险类金融机构着手，分析得出重庆市银行业存在较高的资产结构错配风险，并从资金来源和投资去向来看，重庆市保险业风险略有上升。

一、银行类风险分析

（一）资本结构错配分析

2015年，重庆市银行类金融机构资产结构错配风险略有上升，风险水平仍处于高位。如图26.3所示，2015年重庆市贷款余额为22955.2亿元，同比增长10.2%，与2011年比增速上升4.2%；存款余额为28778.8亿元，同比增长 14.4%。银行类金融机构存贷比为 79.8%，同比下降 3.1 个百分点，高出商业银行存贷比上限近 5 个百分点，这表明重庆市金融机构面临着较高的资产结构错配风险和较大的货币错配风险。

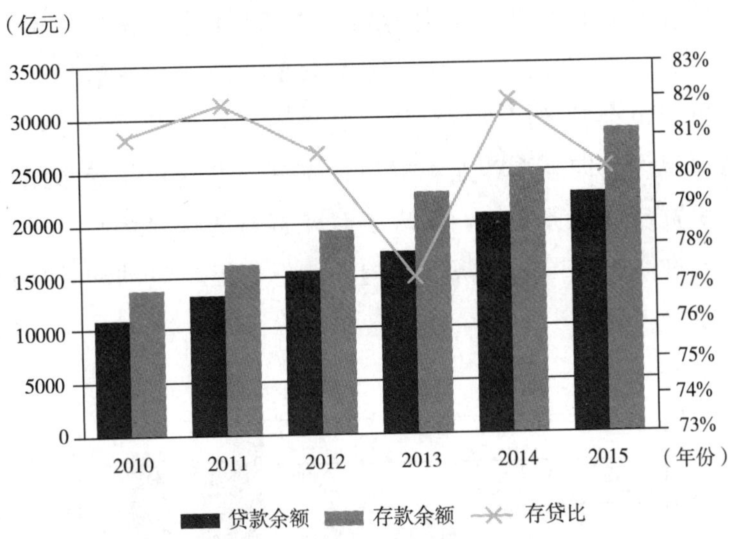

图 26.3　重庆市银行类金融机构存贷款结构

（二）期限错配分析

2015 年，重庆市银行类金融机构期限结构错配较 2014 年变化不大，贷款余额为 22955.2 亿元，其中短期贷款余额 5960.5 亿，同比上升 17.1%，增速上升 0.6 个百分点。中长期贷款余额 15523.6 亿，同比上升 10.3%，增速上升 1.1 个百分点，低于短期贷款增速水平。如图 26.4 所示，可以看到，重庆市金融机构中长期贷款占比较 2014 年有所上升，约为 67.6%的水平，因而贷款期限错配风险较 2014 年略微上升。

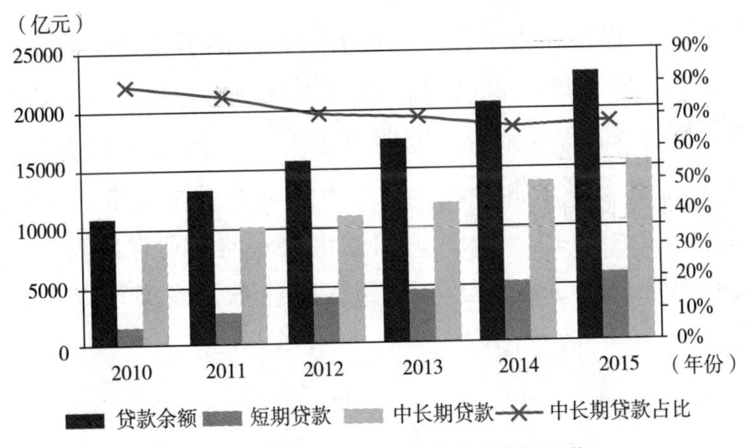

图 26.4　重庆市金融机构存贷款期限结构

（三）货币错配分析

2015 年，重庆市外币错配风险有所下降，如图 26.5 所示，自 2012 年开始，外币存贷比一直居高不下，虽有下降趋势，但仍处于 80%的水平之上，远高于人民币存贷比的水平。具体来看，与 2014 年相比，外币贷款和存款额有所下降，2015 年重庆市外币存款为 632.4 亿元，外币贷款为 518.4 亿元。近三年重庆市金融部门外币存贷比高居不下主要是因为重庆市大力进行内陆开放高地建设，向外型产业集群快速发展，并提供了跨境结算、离岸金融结算、保税贸易等服务支持，实现了对外贸易的快速增长。重庆市应该警惕外币存贷比过高，在国际经济下行的环境下，汇率波动和外部冲击带来的货币错配风险。

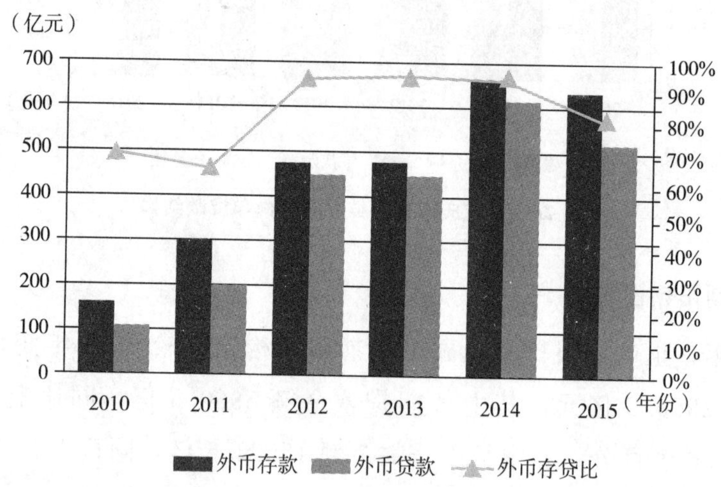

图 26.5　重庆市金融部门外币存贷款余额与存贷比

二、保险类风险分析

2015 年重庆市保险业由于存在刚性需求，保持了强劲的上升势头，保费收入达 515 亿元，同比增长 25.3%，如图 26.6 所示。由于 GDP 增速低于保费收入增速，因此 2015 年保险深度明显上升，2015 年保险深度为 3.28%，与 2014 年相比上升 0.4 个百分点。2015 年，重庆市积极扩大农业保险覆盖面，全市保险总额达 232 亿元，同时启动由政府向商业保险购买大病保险制度、小额贷款保证保险试点和出口信用保险业务，确保了保费收入来源的稳定。

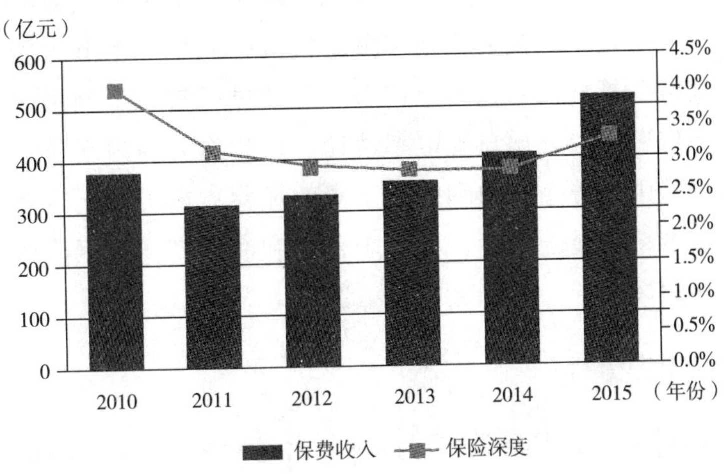

图 26.6　重庆市保险业保费收入与保险深度

2015 年，重庆市保险业赔付支出达 220 亿元，同比增长 25.8%；保费增长率为 13.39%。如图 26.7 所示，保险深度的下降和赔付率均大幅上升，主要是因为 2015 年重庆市风险保障人数增长较快，保险覆盖率继续提高，特别是农业险赔付数额较大。重庆市保监局加强对保险业投资的管理，积极推进保险业资金投资流向重庆市政府项目，包括重庆轨道建设、公租房建设等风险相对较小的项目。从资金来源和投资去向来看，重庆市保险业风险略有上升。

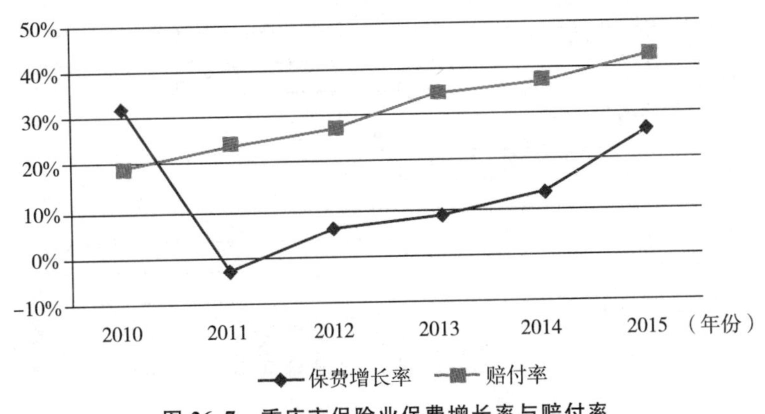

图 26.7　重庆市保险业保费增长率与赔付率

第 5 节　重庆市上市企业部门风险分析

2015 年，重庆市共有上市公司 39 家，本节选取了 2010 年第一季度到 2015 年第三季度在沪深上市的重庆板块 34 家上市企业，不包含创业板块和金融行业的相关上市企业；重庆市上市企业部门的行业主要集中在电子信息、化工行业、房地产、交通运输和重型机械等领域。本节运用资产负债表方法和或有权益分析方法对这些上市企业整体进行宏观金融风险分析，分析得出：重庆市应警惕对外出口受汇率波动、货款拖欠等因素导致企业亏损以及产业结构调整中部分企业盈利能力下滑的风险；重庆市上市企业目前虽面临着一定的资本结构错配风险，但由于营业利润率高，抗风险能力强，并不存在较大的违约风险。

一、盈利能力分析

2015年，重庆市上市企业部门盈利能力总体较2014年明显变弱，净利润率出现断崖式下跌，如图26.8所示。具体来看，2015年重庆市上市企业部门前三季度净利润率分别为2.26％、2.10％和1.84％，季度平均值为2.12％，与2014年的7.52％相比下降了78％。2015年重庆市利润率大幅下降的主要原因在于传统产业受经济下行影响亏损严重，而以汽车和电子信息为两大支柱产业的“6＋1”产业集群快速发展和对外出口也出现下降，企业部门风险上升较快。受国际市场低迷影响，重庆市近几年对外出口额极不稳定，应警惕对外出口受汇率波动、货款拖欠等因素导致企业亏损以及产业结构调整中部分企业盈利能力下滑的风险。

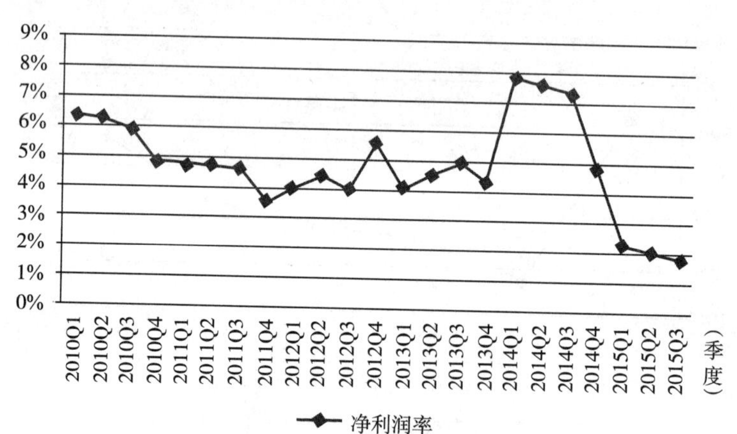

图26.8 重庆市上市企业部门净利润率

二、账面价值资产负债表分析

（一）资本结构错配分析

2014年第四季度到2015年第三季度，上市企业的账面总资产和总负债规模保持增长趋势，资产负债率在 66%到 68%的区间内波动，比较稳定，如图 26.9 所示。2015 年资产负债率的季度平均值为 67.6%，与 2014 年均值相比提高了 3%。重庆市近四年的资产负债率水平持续高于 60%的合理水平，且有持续走高的趋势，应对上市企业资本结构错配风险保持警惕。

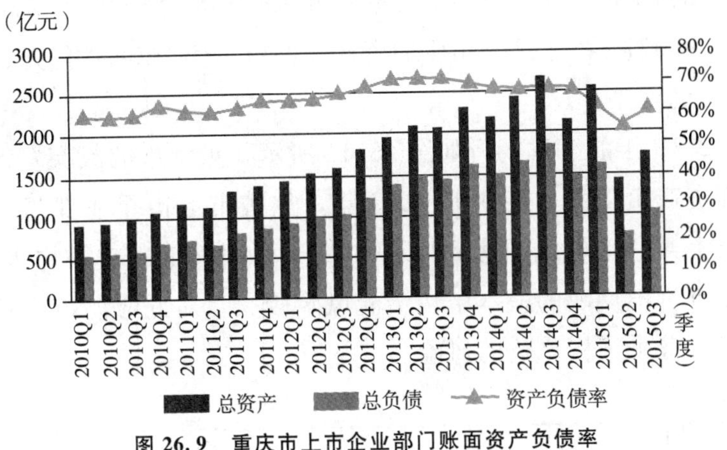

图 26.9　重庆市上市企业部门账面资产负债率

（二）期限错配分析

2015 年前三季度，重庆市上市企业的流动资产和流动负债均呈现稳定上升的态势，流动比率下降，如图 26.10 所示。重庆上市企业流动比率在 2014 年四季度分别为 118.3%、117.87%、121.77%和 113.55%，基本保持在 118%左右的水平，并在 2015 年前三季度分别达到 117.56%、116.7%和 127.72%。总体而言，重庆上市企业的流动比率下降到 1.0 的水平以下，这在一定程度上说明重庆市上市企业的资金流动性不足，短期偿债能力下降，需要加强资产流动性管理，防范企业经营中的期限错配风险。

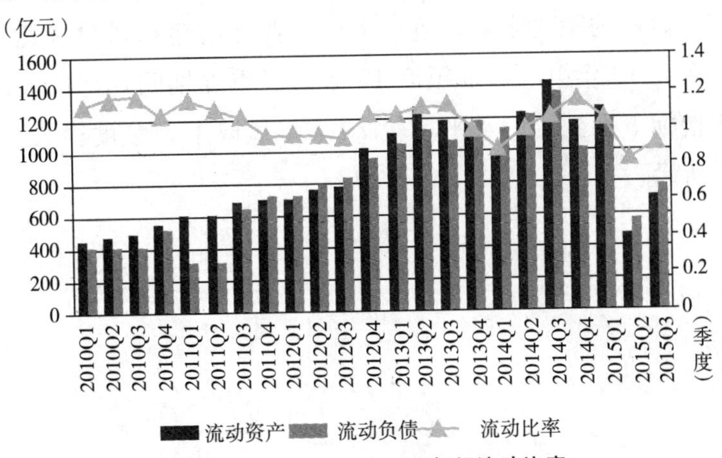

图 26.10　重庆市上市企业部门流动比率

三、或有权益资产负债表分析

或有权益资产负债分析能够反映出上市企业在市场评估下的资产状况和风险水平。2014年重庆上市企业部门或有权益市值、负债市值和资产市值均呈稳步上升的趋势，2015年前三季度的资产市值分别为2975.9亿元、3181.5亿元和3775.2亿元，相应的资产账面价值为3308.4亿元、3565.6亿元和3829.4亿元。

2010—2015年前三季度，如图26.11所示，重庆市的或有资产负债率一直低于账面资产负债率，特别是2015年，重庆市上市企业部门的或有资产负债率持续上升，平均水平达到60%，高于西部其他省市平均水平，因此，重庆市的或有价值反映的资本结构错配风险较大，对此应防范企业经营状况不善导致或有资本结构恶化的风险。

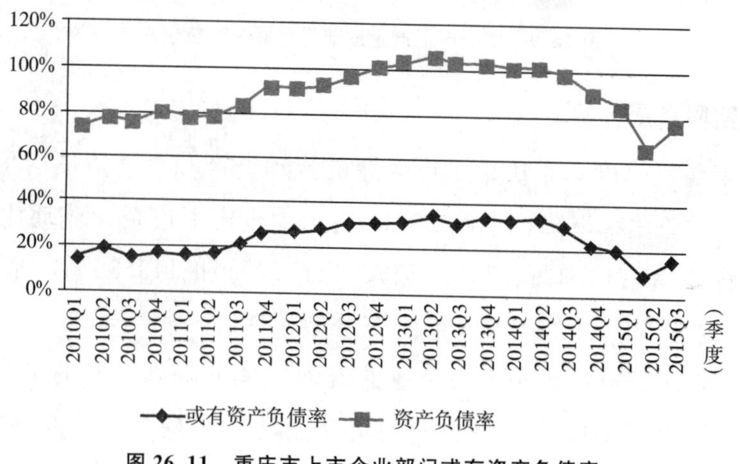

图26.11　重庆市上市企业部门或有资产负债率

从上市企业违约距离来看，重庆上市企业部门违约风险快速上升，整体情况恶化。在2012年第一季度至2015年第三季度期间，重庆上市企业部门的违约距离指标下滑到1的水平，较2014年风险上升幅度很大，应该警惕，如图26.12所示。

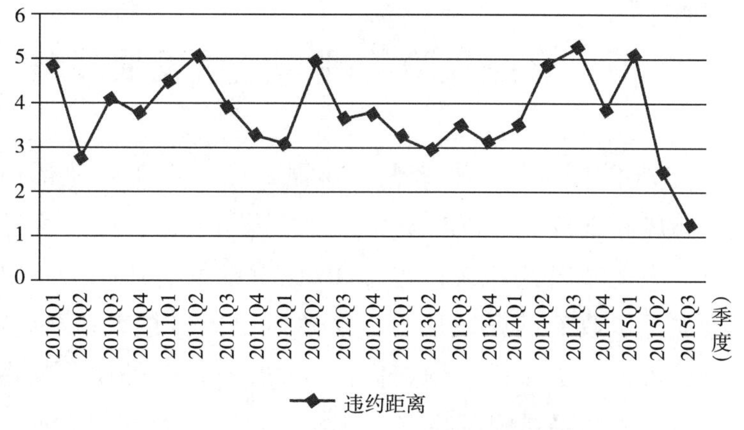

图 26.12 重庆市上市企业部门违约距离

第 6 节 重庆市家户部门风险分析

2015 年，重庆市家户部门风险有上升的趋势。如图 26.13 所示，2015 年，重庆市家户城乡居民储蓄存款为 10774.10 亿元，与上期比增长 12%，增速较 2014 年下降 1.5 个百分点。个人消费贷款为 5059.70 亿元，同比增长 25.4%，与 2014 年相比增速下降 0.1 个百分点。受重庆市保障房贷款优惠和对涉农、小微企业贷款扶持力度加大等一系列政策的影响，个人消费贷款与城乡居民储蓄存款比值持续上升，达到 46.96%，较 2014 年上升 5%，但存贷结构尚在合理范围内，风险水平较低。

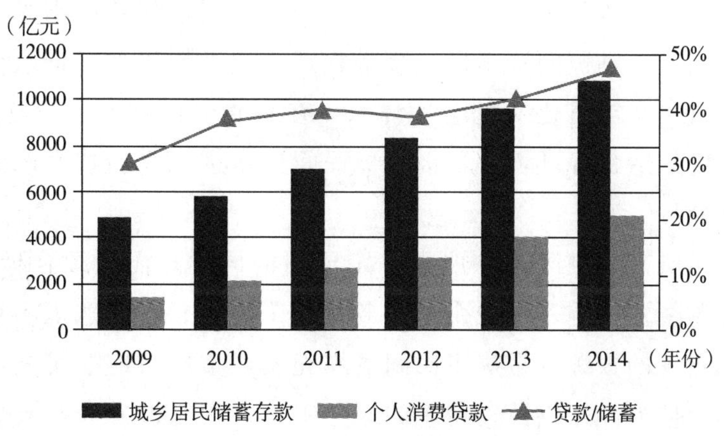

图 26.13 重庆市家户部门储蓄存款与消费贷款

第7节　金融风险管理与经济发展战略

本章对2015年重庆市的公共部门、金融部门、上市企业部门以及家户部门的宏观金融风险进行了分析与研究。公共部门方面，2015年重庆市一般预算缺口有所扩大，一般预算缺口占GDP比重继续有所抬升，财政收入增收难度的加大加重了政府的财政压力，财政风险敞口扩大；金融部门方面，重庆市银行金融机构存贷比达到创新高的90.05%，中长期贷款占比继续扩大，资本结构错配和期限错配风险有所凸显；上市企业部门方面，重庆市产业结构进一步优化调整，净利润率有所回升，企业短期与长期偿债能力较强，违约风险总体可控；家户部门方面，重庆市城乡居民消费贷款与储蓄贷款比率相对稳定，存贷结构合理，总体风险水平较低，但需警惕民间借贷盛行隐含的风险因素。

基于本章对重庆市宏观金融风险状况的分析，下面结合重庆市实际经济形势给出相应的政策建议：

第一，针对重庆市存贷比超过全国平均水平并维持在高位的现象，重庆市需继续优化其产业结构，优先发展战略性新兴产业，逐步摆脱对传统银行信贷的过度依赖；鼓励企业更多地通过公开上市、发行企业债券、风险投资等渠道获得资金，大力发展直接融资，健全区域性多层次资本市场体系。

第二，重庆市民间金融发达，但近年民间融资凸显出来的风险与负面影响要求重庆市进一步完善民间金融市场。为使民间借贷走向阳光，需要逐步放宽市场准入，鼓励民间资本进入金融领域，积极创建小额贷款公司等微型金融机构，进一步丰富已有的金融体系，在有管制的状态下合法合规经营。同时，政府应创造良好环境，积极引导民间资本进入高新技术产业、战略新兴产业等领域。

第三，重庆市金融改革在取得一定成绩的同时，需继续合理有效推进。中小企业普遍融资困难，加之企业财务管理不规范、管理意识不足，是重庆市金融危机爆发的根源。重庆市民间资本充裕，重庆市应立足当地，做强地方银行，集中精力办好以民资为主的地方银行，相比过去大量设立资金中介具有降低资金成本和易于管理的优势。同时，重点培养中小企业的财务管理人员队伍建设，规范企业财务监管制度，建立企业财务风险预警体系。

参考文献

[1] 重庆市统计局：《2010—2015年重庆市国民经济和社会发展统计公报》。

[2] 中国人民银行：《2010—2015年重庆市金融运行报告》。

[3] 郭欣欣：《出口风险疾升今年"重庆造"痛丢上亿元》，载《重庆商报》2015年10月29日第B19版，第1—3页。

[4] 曲莉：《中小企业债务融资的风险及其防范》，载《财税统计》2015年，第78—79页。

第 27 章　四川省宏观金融风险研究

2015 年，面对错综复杂的宏观经济形势和持续加大的经济下行压力，四川省积极适应经济新常态，深入实施“三大战略”，经济呈现总体平稳的运行态势，全年实现地区生产总值 30103.1 亿元，按可比价格计算，比上年增长 7.9%，社会固定资产投资比上年增长 10.2%，社会消费品零售比上年增长 12.0%。加快转型升级和结构优化的步伐，经济结构得到逐步优化，三次产业结构由上年的 12.4∶48.9∶38.7 调整为 12.2∶47.5∶40.3。创新能力得到显著提升，科技创新对经济增长贡献率达到了 50%，高新技术产业产值增长 1.7 倍。

当前，四川省仍然面临着区域经济发展不合理、工业发展水平低、产业结构调整滞后、人才资源不足、金融实力不强的现实压力，经济发展和风险管理面临巨大的挑战。本章将对四川省的公共部门、家户部门、企业部门和金融部门的风险进行分析，对四川省宏观经济金融运行存在的风险进行识别和度量。分析得出：四川省财政一般预算收入增速明显放缓，财政缺口占 GDP 比值比较大，财政风险增大，银行业的信贷风险和期限结构错配风险逐渐上升；保险业发展较为稳定，面临的风险较小；四川省上市企业资产负债率呈现上升的趋势，违约风险明显恶化。

第 1 节　四川省宏观金融风险概述

2015 年，在国内外复杂的经济形势之下，四川省经济运行平稳，GDP 增速放缓，风险有加大的趋势。从经济总量来看实现地区生产总值 30103.1 亿元，增长 7.9%，较全国 GDP 增速高出 1 个百分点，GDP 总量位居全国第六位[①]。2015 年完成全社会固定资产投资 2.6 万亿元，同比增长 10.2%，

---

① 数据来源：《2010－2015 年四川省国民经济和社会发展统计公报》，四川省统计局；《2010－2015 年四川省金融运行报告》，中国人民银行；国泰安数据库，深圳国泰安教育技术股份有限公司；智远理财服务平台，招商证券股份有限公司。如无特殊说明，本章数据均来源于此。

固定资产投资增速同比下降1.8个百分点，表明市场有效需求不足，投资增长乏力。在经济下行的背景下，基建投资继续形成支撑，房地产开发投资增速放缓，民生及社会事业投资回落，产业投资略有回升。在消费品市场方面，实现消费品零售总额1.4万亿元，同比增长12%，增幅回落0.7%，其中“互联网+”消费发展迅猛。总的来看，四川省2015年固定资产投资增速放缓，居民消费增速放缓，以及生产价格指数持续为负，都表明社会需求不足，产能严重过剩。

2015年，四川省金融业整体运行稳健，稳健的货币政策得到落实，银行业存款规模和贷款规模平稳增长，信贷结构进一步优化，利率市场化改革稳步推进，贷款利率水平显著下行，跨境人民币业务快速增长。公共部门方面，受宏观经济下行、结构性减税、减免行政事业性收费等因素影响，2015年四川省财政收入增长稳中趋缓，财政缺口规模继续扩大，四川省通过发行地方政府债，减轻地方债务压力，使得地方债务结构得以继续优化。银行业方面，2015年年末，四川省不良贷款余额952.1亿元，与2014年年末相比增加347.6亿元，不良贷款率2.5%，比年初上升0.7个百分点，信贷资产质量下降。证券业发展速度较快，多层次资本市场稳步发展，区域性资本要素市场体系逐步健全；同时，直接融资规模显著提升，2015年，四川资本市场累计实现融资782.4亿元，同比增长98.6%。2015年四川省保险业持续稳定发展，险种结构逐步改善，保费收入增长较快。总的来说，目前四川省金融业仍然存在较大的金融隐患和风险。

总体来看，四川省宏观金融风险主要体现在以下几方面：第一，实体经济产能过剩，企业杠杆率攀升，而且经营成本持续上升挤压利润，企业盈利能力下降，违约风险加剧；第二，四川省的各项基础设施建设需求不断增大，政府债务融资总量不断上升，而财政收入增速放缓，地方债务风险管控面临巨大压力；第三，随着经济调结构、企业去杠杆、信用违约呈现常态化的趋势，受房地产低迷以及企业偿付能力减弱等因素影响，银行的不良贷款承压越来越大，信贷资产质量下降，信贷风险上升。

第2节　文献综述

在四川省地方债风险方面，马德功、马敏捷（2015）用KMV模型对四川省地方债是否存在违约风险进行评估，并对地方政府适度举债规模进行实证分析。分析结果指出，四川省地方政府债券在2014年不存在违约风险，且四川省发行三年期债券额在财政收入的20%以下时，不会出现违约风险；发行五年期债券金额在财政收入的45%以下时，不会出现违约风险。王筠权、周静等（2015）认为随着城镇化的不断发展，近年来在政府的积极财政政策刺激下，地方政府债务规模逐步扩大，在融资渠道方面，政府性债务渠道来源拓宽，但银行通过绕道其他方式间接为政府提供融资，银行业机构的资金仍然是地方政府债务的主要来源。四川省的债务负担较重，而且四川的融资平台市场化程度低，对政府的依赖程度仍然较深。四川省地方性政府债务风险主要来源于系统性风险、银行业机构风险和区域性风险方面，为了防范和化解地方政府债务风险，需要从政府、银行、区域三方面着力。张海星（2016）通过对包括四川省在内的十个省份进行实证研究，得出结论认为地方政府债券的发行是以地方政府可担保财政收入做抵押的，十个省市地方政府应当充分考虑到未来财政收入的变化和偿债能力来确定发债规模，不可盲目发债，引发信用风险。在同一违约概率安全线下，地方财政收入波动越小，地方政府安全发债规模越大。同时实证结果显示，西部地方财政收入波动最大，因而西部地区政府的承债能力最弱。研究认为，可以通过完善地方债的规模控制与风险预警机制，强化地方债务的预算管理和可持续性预测，以及进一步完善地方政府的信用评级制度等措施防范和化解地方债务风险。

在四川融资担保业风险方面，孙炜（2014）通过利用在四川全省范围内111家参评担保公司信用评级的数据，研究发现四川融资性担保公司整体资金实力不强，盈利能力较弱，且在不同程度存在运作不规范、管理松弛、风险识别和控制能力不强以及违规操作等问题，各种潜在风险广泛存在。彭作富（2015）通过对温州、四川等地的一系列担保危机进行分析，研究认为民营担保公司不从事合规担保业务主要受两方面因素影响；一方面是受市场生存空间、监管体系以及我国信用体系等宏观层面影响；另一方面则更多受风险意识、运营能力、竞争环境等微观方面的问题影响。罗志华、宋锦阳（2015）结合四川省的融资担保业出现的信用风险，指出随经济下行和结构调整，融资担保行业整体风险开始显现。2013年年底，四川省融资担保业相继发生了一些融资担保公司资金链断裂。作者分析了融资担保行业出现问题的本质原因在于融资担保的制度安排不合理，对实际情况考虑不周，因此，我国融资担保行业应重构融资担保的制度设计，强调对融资担保公司的流动性管理，构建基于在保责任余额违约率、商业银行抽贷率和断贷率的流动性储备机制。

第 3 节　四川省公共部门风险分析

2015 年，四川省地方一般预算收支规模继续稳定增长。2015 年四川省一般公共预算收入为 3329.1 亿元，同比增长 8.85%，一般公共预算支出为 7511.7 亿元，同比增长 10.72%。在财政预算收支增长率方面，从 2010 年开始，四川省财政一般预算收入增速明显放缓，2015 年四川省财政收入增速较 2014 年下降了 1 个百分点，地方预算支出增速较 2014 年上升了 1.2%。从图 27.1 中可以看到，四川省 2015 年一般预算缺口规模达到 4182.6 亿元，财政缺口占 GDP 的比重为 13.89%，财政缺口占 GDP 比值较大，而且呈现逐年增长的趋势。

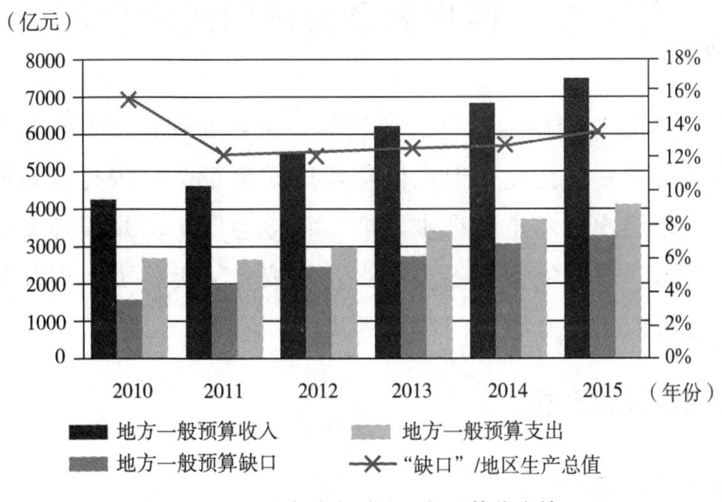

图 27.1　四川省地方财政一般预算收支情况

从财政预算收支增长率方面来看，近四年四川省的财政收入与财政支出的增长率一直处于下降的趋势，而支出增长率与收入增长率的比值呈现较快的增长趋势，如图 27.2 所示，2015 年已经达到 121.19%。2015 年四川省财政收入增速继续下降，主要原因是当前宏观经济下行，四川工业增速下滑，企业利润下降，税收收入降低，再加上结构性减税、减免行政事业性收费等因素的影响，财政收入增速继续放缓。另外，四川省在基础建设、医疗卫生、环境保护等方面形成的财政刚性支出需求使四川省的财政支出增速一直处于 10%左右。总的来说，与全国其他地方相比，四川省公共部门风险增大，需防范风险经由公共部门向其他经济部门传导。

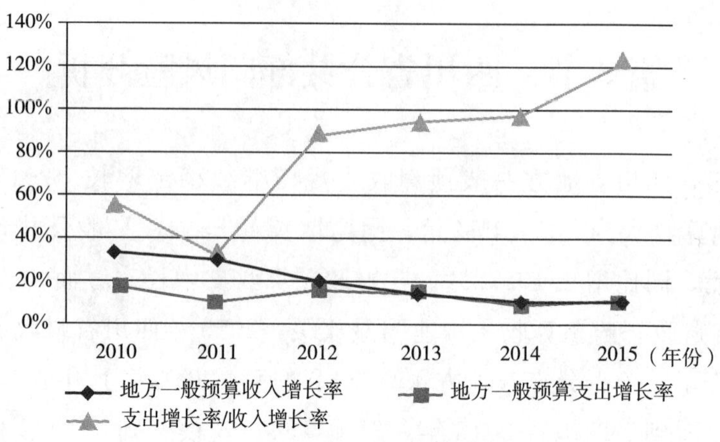

图 27.2　四川省地方财政收支增长率

第 4 节　四川省金融部门风险分析

2015 年，四川省金融业运行总体稳健，银行业存款规模和贷款规模平稳增长，信贷结构进一步优化，但是信贷资产质量下降，银行业风险上升。证券市场方面，多层次资本市场稳步发展，直接融资市场规模显著提升。保险业健康稳步发展，服务能力进一步提高。本节将从银行类、保险类金融机构着手，深入分析四川省金融部门存在的风险。

一、银行类风险分析

（一）资本结构错配分析

2015 年四川银行业总体保持稳健，银行业规模持续增长，但运营压力有所加大，银行业金融机构利润有所下降。2015 年年末，四川省金融机构本外币各项存款余额 6.0 万亿元，余额同比增长 10.5%，增速同比下降 1.6 个百分点。其中，人民币存款余额 5.3 万亿元，同比增长 10.7%。2015 年年末，四川省金融机构本外币各项贷款余额 3.9 万亿元，余额同比增长 11.3%，增速同比下降 3.4%。在金融机构存贷比方面，从图 27.3 中可以看出，2015 年存贷比为 64.23%，相比于 2014 年上升了 0.64 个百分点，存贷比仍然保持在 62%到 65%的区间内，低于中国人民银行规定的 75%的最高存贷比，处于合理范围内，表明虽然资产结构错配风险继续上升，但风险水平仍处于可控范围内。

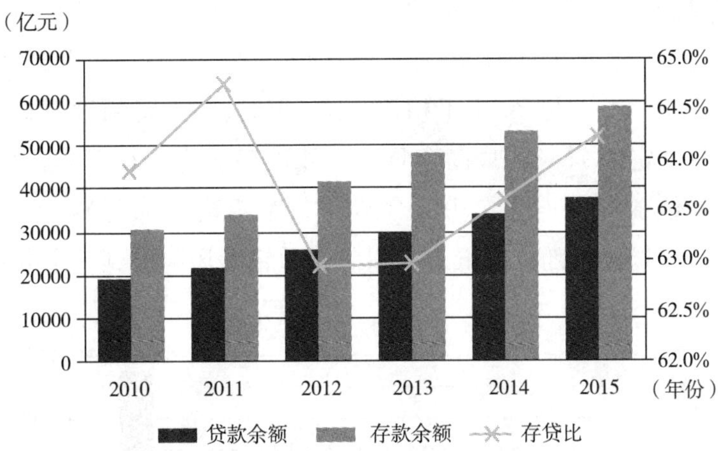

图 27.3　四川省银行类金融机构存贷款余额与存贷比

（二）期限错配分析

2015 年，四川省银行类金融机构期限结构错配风险较 2014 年上升，全年贷款余额 38011.8 亿元，其中短期贷款余额为 10909.9 亿，同比下降了 0.56%，中长期贷款余额为 26274.1 亿，同比上升 14.23%，如图 27.4 所示。从中长期贷款占比来看，近三年呈不断增长趋势，2015 年中长期贷款占比达 69%，这主要与四川省推进国家重点战略项目有关，国家重点项目和新兴产业项目需中长期贷款为其提供融资保障，四川省在信贷政策方面对这些项目提供了有力支持。

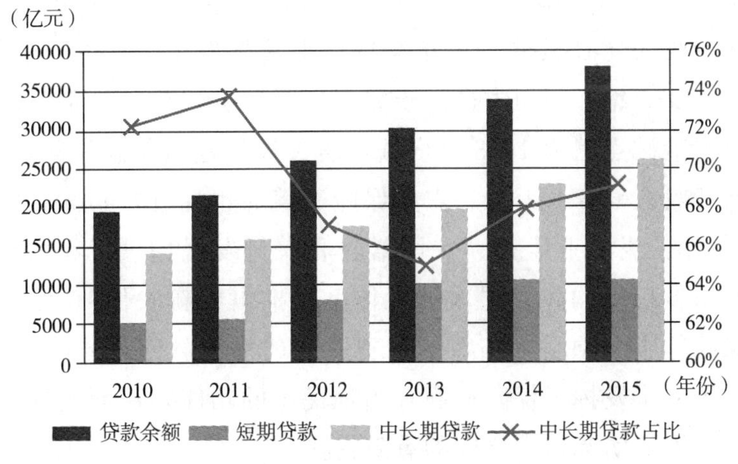

图 27.4　四川省金融机构存贷款结构

（三）货币错配分析

2015 年，四川省外币错配风险与 2014 年相比大幅减小。如图 27.5 所示，2015年四川省外币贷款规模703.56亿元，同比下降了24.74%，外币存款规模在2015年达到948.42亿元，同比增长了34.51%。2015年四川省外币存贷比为74.18%，与2014年相比下降58.4%，下降幅度明显，而且低于中国人民银行规定的75%的最高存贷比，外币存贷比已经下降到合理范围内。随着人民币贬值的预期增强，2015年外币贷款规模下降明显，外币存款规模大幅上升，而存贷比也随之降低，四川省货币错配风险得到一定的缓解。

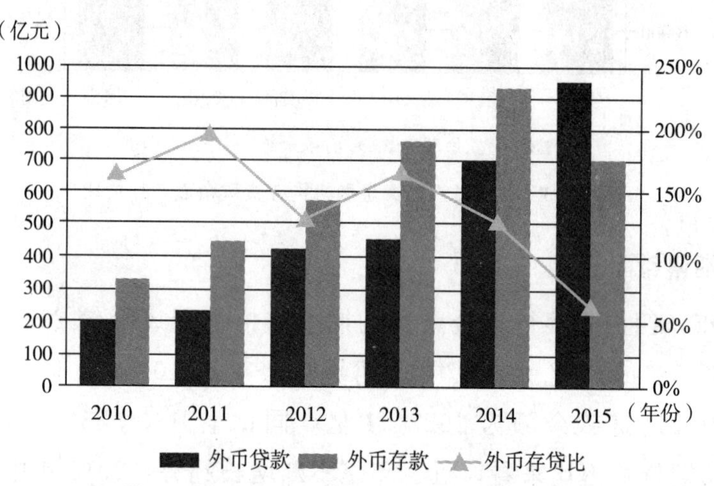

图 27.5　四川省金融部门外币存贷款余额与存贷比

二、保险类风险分析

2015年，四川省保险业稳步发展，保险市场主体不断完善，险种结构逐步改善，保费收入增长较快，全年实现原保险保费收入1267亿元，同比增长14.96%。2015年，四川省进一步完善保险服务民生的功能，其中城乡居民住房地震保险试点已为16.3万户城乡居民提供地震保险风险保障44.8亿元，实现保费收入693.8万元；农业保险覆盖面也在逐步扩大，共实现保费收入29.5亿元，为农业生产、农民增收和农村发展提供了有力保证。2015年以来，四川省积极构建多层次社保体系，推出“新农保”、保障型商业保险和巨灾保险等服务项目，拓宽了保费收入的来源。四川省结合地方实际，因地制宜，进一步发挥了保险业服务当地民生的功能，从而实现保险业与地方经济社会发展的实际需求之间的有效衔接。

2015年，四川省保险深度为4%，同比增长0.28个百分点，高于全国平均保险深度3.59%。近四年，四川省的保险深度一直保持上升的趋势，而且一直保持在3.4%以上，四川省保险业在经济下行压力加大的形势下实现了逆势增长，保险深度的上升意味着保险业在四川省国民经济中的地位不断上升。如

图 27.6 所示。2015 年，四川省保险业赔付支出达 454 亿元，同比增长 21.4%，从图 27.7 中可以看出，近两年，四川省赔付率增速放缓，2015 年赔付率为 35.83%，保费增长率与赔付率之间的差额较 2014 年继续呈现缩小的趋势。总的来说，四川省保险业发展较为稳定，面临的风险较小，处于可控范围内。

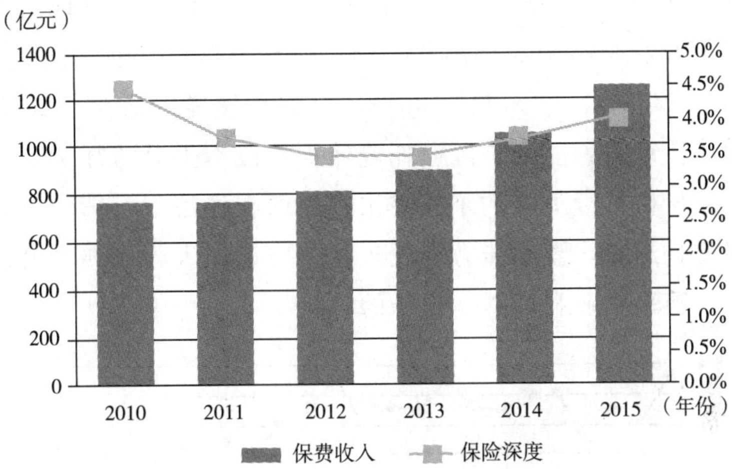

图 27.6　四川省保险业保费收入与保险深度

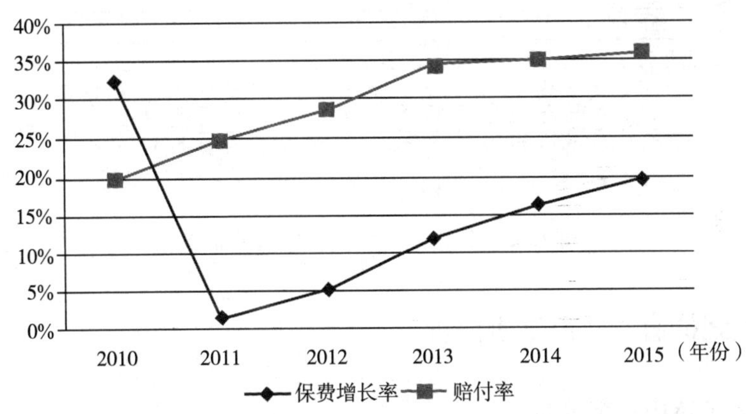

图 27.7　四川省保险业保费增长率与赔付率

第 5 节　四川省上市企业部门风险分析

本节选取 2015 年在沪深上市的非金融类企业共计 81 家为样本，运用资产负债表方法和或有权益分析方法对这些上市企业整体进行宏观金融风险分析。四川省上市企业部门的行业主要集中在传统行业、化工行业、房地产、交通运输和重型机械等领域。所选样本为 2010 年第一季度到 2015 年第三季度四川板块的上市企业，不包含创业板和金融行业的相关上市企业。

一、盈利能力分析

2015年四川省上市企业部门总体盈利能力较2014年有所上升，2015年，上市企业净利润率均值为5.51%，同比增长0.48个百分点，从图27.8中可以看到，从2013年开始，四川省上市企业净利润率呈现出波动下降的趋势。具体来看，2015年，四川省上市企业部门第一、第二、第三季度净利润率分别为5.83%、5.42%和5.26%，呈逐步递减的态势。2015年大部分企业普遍面临劳动力、能源资源、环境保护等成本上升等压力，企业成本刚性上涨与产品价格持续下降的矛盾突出，因而在经济下行背景下，四川省企业净利润率增长乏力，盈利能力降低，企业应该加大力度转型升级，改善经营管理方式，警惕企业利润继续下降的风险。

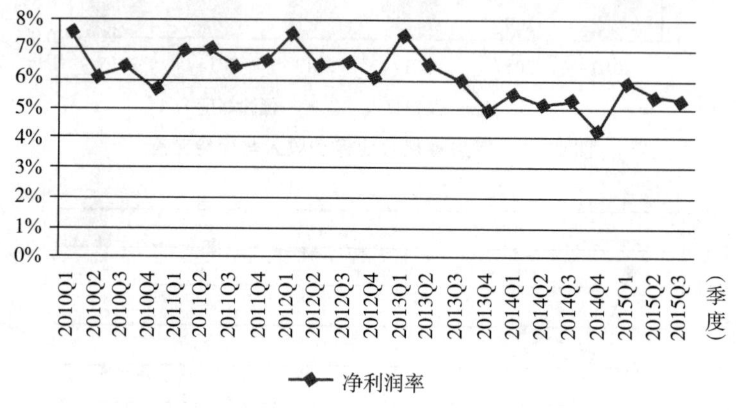

图27.8　四川省上市企业部门净利润率

二、账面价值资产负债表分析

（一）资本结构错配分析

2015年四川省总资产呈现缓慢增长的趋势，2015年第三季度总资产规模为6050亿元，与2014年年末相比增长了9%；总负债规模同样呈现缓慢增长的态势，2015年第三季度总负债规模为3502亿元，相比于2014年上升了7%。从2014年第一季度到2015年第三季度，从图27.9中可以看出，四川省上市公司资产负债率一直在57%到59%的区间内波动，资产负债率呈现比较稳定的发展趋势。2015年资产负债率的季度平均值为58.23%，与2014年均值相比上涨了2.74%，但是总体来看，从2011年第三季度开始，四川省的资产负债率水平一直都稳定在60%以下，而我国2015年不含金融企业的上市公司资产负债率为60.25%，这表明四川省上市公司的资产负债率处于相对比较合理的区间之内，资本结构错配风险并不大。但是，四川省上市企业的资产负债率呈现上升的趋势，企业部门应该对此提高警惕，防范资本结构错配风险继续上升。

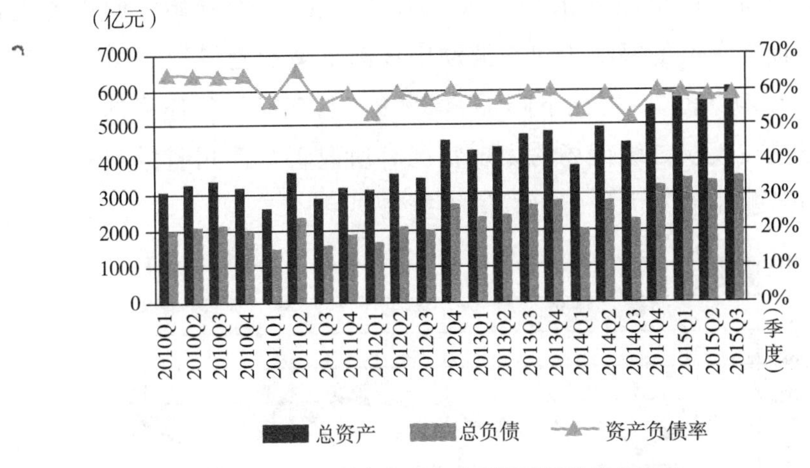

图 27.9　四川省上市企业部门账面资产负债率

（二）期限错配分析

2010—2015 年，四川省的流动资产和流动负债规模呈现出波动增长的趋势。2015 年流动资产均值为 3405.2 亿元，同比增长了 26.7%，流动负债均值为 2734.8 亿元，同比增长了 27.4%。近五年上市企业的流动比率基本都保持在 1.1 以上，2015 年上市企业的流动比率在 1.2 到 1.3 的区间内上下波动，如图 27.10 所示，四川省上市企业的流动比率处于比较合理安全的范围内。总体来看，四川省上市公司的资金流动性较好且资金使用效率较高，具有较强的短期偿债能力，期限错配风险较小。

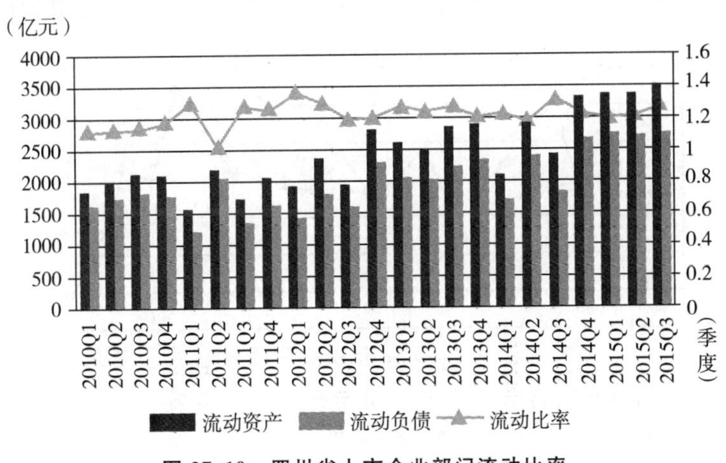

图 27.10　四川省上市企业部门流动比率

三、或有权益资产负债表分析

2010—2015年前三季度，从图27.11来看，四川省的或有资产负债率水平一直低于账面资产负债率水平，从2012年第四季度开始，四川省上市企业部门的或有资产负债率呈现出在波动中逐渐下降的趋势。2015年或有资产负债率均值为21.08%，同比下降了3.98%。或有资产负债率的下降表明四川省上市公司在股权二级市场的表现状况有所改善，四川省的或有价值反映的资本结构错配风险不大，但仍然值得警惕。

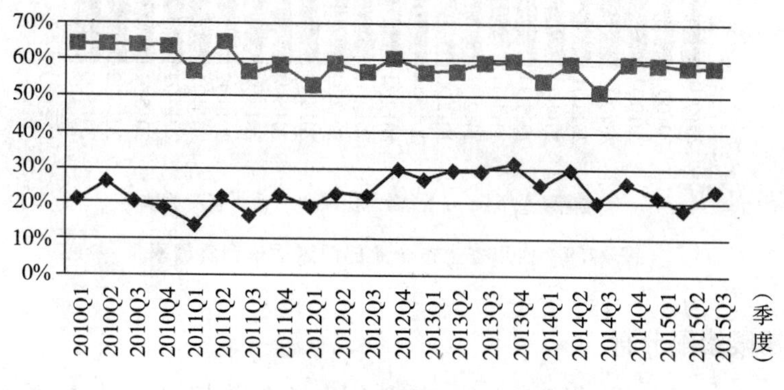

图27.11　四川省上市企业部门账面资产负债率与或有资产负债率

在违约距离方面，从2014年第三季度开始，四川省上市企业部门的违约距离呈现出在波动中下降的趋势，从2014年第三季度的最高点6.44下降到2015年第三季度的最低点0.82，下降幅度明显，四川省上市企业部门违约风险明显恶化，如图27.12所示。2015年，四川省上市企业部门违约距离的平均水平为2.29，与2014年相比下降了2.67。2015年四川省经济结构进

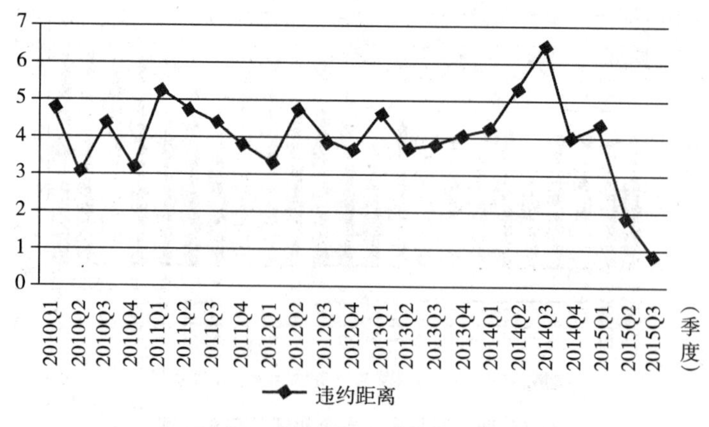

图27.12　四川省上市企业部门违约距离

一步调整，经济增速进一步放缓，以及受前期刺激政策进一步影响，在“三期”叠加压力之下，上市公司信用风险迅速集聚，尤其是产能过剩行业及传统制造业行业。由于产能过剩行业不景气，在经济下行周期内，企业经营能力普遍下降，现金流持续紧张，因此债务偿付风险急剧增加。

第 6 节　四川省家户部门风险分析

自 2010 年开始，四川省城乡居民储蓄存款规模与个人消费贷款规模持续上升，如图 27.13 所示，2015 年四川省家户城乡居民储蓄存款为 28575.9 亿元，与上期比增长 12.9%，增速较 2014 年下降了 0.3 个百分点。个人消费贷款为 7701.8 亿元，同比增长 16.2%，增速同比上升了 1.1%。城镇居民存款规模继续上升一方面是由于居民财富继续增加，同时也说明居民风险偏好回落，将资金从股市撤回银行。2015 年个人消费贷款占居民储蓄存款比例同比上升了 0.76 个百分点，个人消费贷款的增加表明国家扩大内需政策效应持续显现。2015 年四川省家户部门的负债水平处于比较低的水平，存贷结构比较合理，债务风险较小。

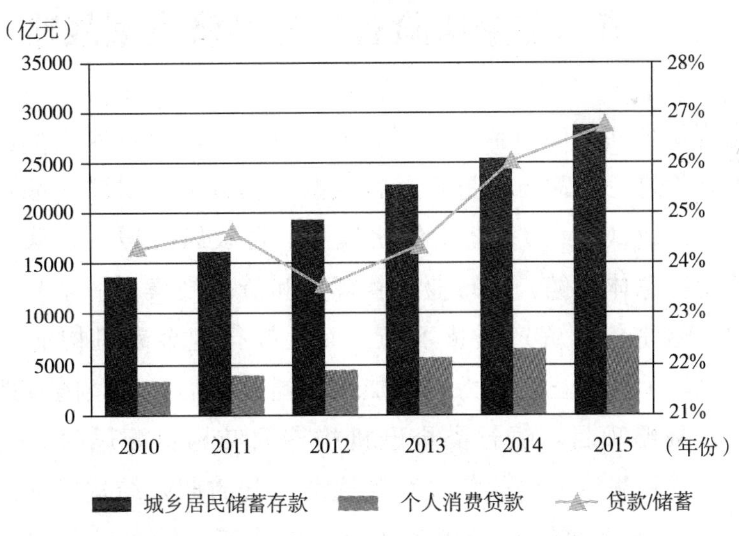

图 27.13　四川省家户部门储蓄存款与消费贷款

2010 年以来，城乡居民人均收入规模不断增加，2015 年，城镇居民人均可支配收入为 26205 元，同比增长 8.1%，农村居民人均纯收入为 10247 元，同比增长 9.6%。如图 27.14 所示。在人均收入增速方面，从 2011 年开始，四川省城乡居民人均收入增速开始呈现逐年递减的趋势，其中农村居民收入增速与城镇居民相比下降更快。2015 年城镇居民人均收入增速下降了 0.9 个百分点，农村居民人均纯收入增速下降了 2.1 个百分点，相比于城镇居民，农村居民的风险抵御能力更弱，在居民收入增速放缓的背景下，应该警惕经济下行给城乡居民尤其是农村居民带来的相关风险。

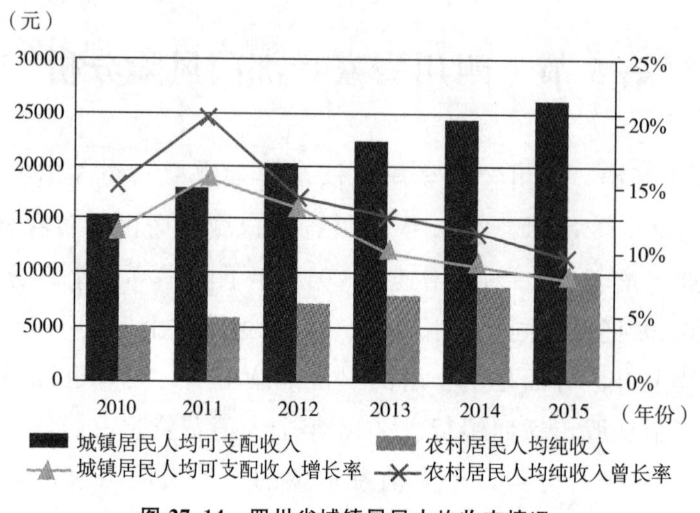

图 27.14　四川省城镇居民人均收支情况

第 7 节　金融风险管理与经济发展战略

本章主要从公共部门、金融部门、上市企业部门以及家户部门对四川省的宏观金融风险进行了深入的分析。在公共部门方面，财政一般预算收入增速明显放缓，财政缺口占 GDP 比值比较大，财政风险增大；从金融部门来看，金融业运行总体稳健，银行业存款规模和贷款规模平稳增长，信贷结构进一步优化，但是信贷资产质量下降，而且银行业金融机构的利润有所下降，银行业风险上升，运营压力有所加大，同时我们发现，随着四川省积极推进国家重点战略项目，银行类金融机构期限结构错配风险有所上升，因此，应该高度重视银行业的信贷风险和逐渐上升的期限结构错配风险。保险业 2015 年继续稳步发展，保险市场主体不断完善，险种结构逐步改善，保费收入增长较快。在上市企业部门方面，上市公司的资金流动性较好且资金使用效率较高，具有较强的短期偿债能力，期限错配风险较小。但是上市企业净利润率呈现波动下降的趋势，应该警惕企业利润继续下降的风险。在资本结构错配方面，上市企业的账面资产负债率处于合理区间，资本结构错配风险并不大，或有价值反映的资本结构错配风险也不大，但是资产负债率呈现上升的趋势，企业部门应该对此提高警惕，防范资本结构错配风险继续上升。值得重点关注的是，上市企业部门违约风险明显恶化，由于产能过剩行业不景气，企业经营能力普遍下降，上市企业的债务偿付风险急剧增加。

根据以上风险分析，现针对四川省金融风险管理与经济发展战略提出以下建议：

第一，继续推动产业结构、区域结构、动力结构转型升级，大力推进全面创新改革，强化管理制度上的创新和技术产品上的创新，着力去库存、去杠杆，在落实供给侧改革的同时适度扩大总需求，积极融入长江经济带建设，深化与泛珠三角省区的战略合作，加大力度稳定经济增长。

第二，进一步改善四川省金融发展环境，优化人才培养环境，加强相关基础设施建设，充分发挥金融服务实体经济的功能作用。

第三，加快建立更加健全有效的金融风险防御机制和化解机制。随着经济转型升级的深入，在经济发展过程中集聚的风险越来越多，金融风险越来越复杂，防范金融风险的工作也将越来越艰巨。为了防范区域性、系统性金融风险的爆发，必须尽快建立完善的风险预警机制、动态监控系统和应急系统，加强对相关风险的识别和研究，高度关注金融机构流动性管理，引导金融机构合理配置资产端和负债端，防范流动性风险，为四川省的经济金融发展提供有力保障。

第四，引导企业改善经营管理水平，通过深化国有企业改革，提高国有企业的经营效率，引导企业科学合理负债并且建立企业债务风险预警系统。

参考文献

［1］四川省统计局：《2010－2015年四川省国民经济和社会发展统计公报》。

［2］中国人民银行：《2010－2015年四川省金融运行报告》。

［3］王筠权、谢涛等：《地方政府债务现状、成因、风险、监管及规范——以四川为例》，载《西南金融》2015年第7期，第3－7页。

［4］张海星、靳伟凤：《地方政府债券信用风险测度与安全发债规模研究——基于KMV模型的十省市样本分析》，载《宏观经济研究》2016年第5期，第48－60页。

[5] 罗志华、宋锦阳：《中国融资性担保业务的制度重构研究——基于四川省融资担保业的调查》，载《西南金融》2015年第2期，第3—6页。

[6] 马德功、马敏捷：《地方政府债务风险防控机制实证分析——基于KMV模型对四川省地方债风险评估》，载《西南民族大学学报》2015年第2期，第139—144页。

[7] 彭作富：《风口浪尖上民营担保公司的稳健决策——民营担保公司倒闭潮的成因及对策分析》，载《金融经济》2015年第12期，第10—12页。

[8] 孙炜、张宏宇等：《融资性担保公司潜在风险剖析——以四川省融资性担保公司信用评级试点为例》，载《西南金融》2014年第4期，第74—76页。

第 28 章　贵州省宏观金融风险研究

贵州省是我国西部内陆欠发达省份，面对国内外复杂严峻的经济形势和经济下行压力，2015 年贵州省加速转型并且改革创新，大力实施工业强省和城镇化带动主战略，经济运行总体平稳。2015 年全省地区生产总值达到 10502.56 亿元，占全国的比重由 2010 年的 1.13%提高到 2015 年的 1.55%，经济增速连续五年居全国前 3 位。固定投资水平持续上升，2015 年，固定资产投资达到 1.07 万亿元。在中央的大力支持下，贵州省抓住历史机遇，努力调整产业结构，目前已取得明显成效，“五大新兴产业”发展迅猛，成为贵州省新的经济增长点。但是与全国水平相比，贵州省还存在经济总量小、传统产业转型升级慢、新兴产业发展慢等问题，而且固定资产投资的增幅有所回落，工业经济增速放缓，农业基础比较薄弱，服务业整体水平较低。整体来看，贵州省在经济下行的新形势下仍然面临较大压力与挑战，而部分市县政府债务风险较高。因此，面对错综复杂的国内外经济形势，我们有必要深入研究贵州省经济发展过程中面临的宏观金融风险。

本章将对贵州省的公共部门、家户部门、企业部门和金融部门的风险进行分析，对贵州省宏观经济金融运行存在的风险进行识别和度量，分析得出：公共部门财政收支缺口继续扩大，财政收入增速减缓，地方债务风险持续增加；金融部门的风险主要是在银行业方面，银行业存在较高的资产结构错配风险，而且期限结构错配风险有所上升，银行业的信用风险、流动性风险等持续加大，保险业面临赔付风险变化不显著；上市企业部门净利润率呈现下降趋势，上市企业部门资本结构错配风险和期限错配风险都在逐渐增加，违约风险上升明显；城乡人均收入存在增长缓慢的趋势，居民收入提升乏力，风险有增加的趋势。

第 1 节　贵州省宏观金融风险概述

2015 年贵州省经济运行总体平稳且稳中有进，综合经济实力继续提高，

2015年贵州省GDP为15053亿元，同比增长13.3%[①]，2015年全省人均地区生产总值为29847元，同比增长12.9%。三大产业稳步发展且结构逐步优化，三次产业稳步发展，第一产业增加值1640.62亿元，比上年增长6.5%；第二产业增加值4146.94亿元，增长11.4%；第三产业增加值4715.00亿元，增长11.1%。三次产业结构为15.6∶39.5∶44.9。与2014年相比，其中第一产业比重上升1.8个百分点，第二产业比重下滑2.1个百分点，第三产业比重上升0.3个百分点。2015年，贵州省投资规模继续扩大，2015年全省固定资产投资10676.70亿元，比上年增长21.6%。固定资产投资保持快速增长，对外贸易快速发展，物价总体稳定，居民收入持续增长。

2015年，贵州省金融业继续保持了快速发展的态势，社会信用环境不断改善。银行业信贷总量取得历史性突破，信贷结构进一步优化，银行类金融机构加大改革力度，金融机构存贷比为77.4%，同比下降了13.6%，但是仍然高出商业银行存贷比最高警戒线2.4个百分点，经营压力进一步加大。2015年贵州省保险业、证券业都保持了较快的发展速度。2015年贵州省保险公司实现保费收入257.8亿元，同比增长21%；全年各类赔款给付达106.97亿元，同比增长19.3%。整体来看，2015年贵州省经济运行保持了较好的发展态势，农业增产丰收，工业经济运行平稳，服务业加速发展，新兴产业迅速崛起，固定资产投资持续增长，消费市场整体平稳，对外贸易实现较快增长，物价水平整体稳定，居民收入持续增加。证券业稳健经营，保险业平稳发展，其中农业保险发展较快，覆盖面有所扩大。

2015年贵州省的经济金融风险主要集中在政府和银行。2015年贵州省的债务规模超9000亿元，根据目前官方披露的25个省份数据来看，贵州省债务率最高，达到120.2%。其次，贵州省银行类金融机构的信贷风险比较突出。2015年银行类金融机构的存贷比77.4%，仍高于商业银行存贷比最高警戒线75%的水平，资产结构错配风险突出，同时银行类金融机构的中长期贷款占总贷款余额比值一直处于比较高的水平，不良贷款率比年初上升0.35个百分点，不良贷款余额比年初增加87.9亿元，银行的信用风险、流动性风险等持续加大，盈利水平明显降低。地方金融机构资本充足率和拨备覆盖率均有所下降。

---

① 数据来源：《2010－2015年贵州省国民经济和社会发展统计公报》，贵州省统计局；《2010－2015年贵州省区域金融市场报告》，中国人民银行；国泰安数据库，深圳国泰安教育技术股份有限公司；智远理财服务平台，招商证券股份有限公司。如无特殊说明，本章数据均来源于此。

第 2 节 文献综述

贵州省经济基础薄弱，地方财政脆弱，长期以来经济发展依赖于政府投资拉动，地方债综合风险高，2015 年贵州省为全国债务率最高的省份。赵剑锋（2016）研究结论表明地方债风险主要源于地方政府主动性债务投融资策略、区域经济发展规划。省级地方债风险可分解为增量风险、存量风险、支持风险、短期偿债风险四大来源，其中地方债增量风险是最重要的地方债风险来源。研究认为可以通过地方债置换计划、地方财政全口径预算、土地税收化转型等创新变革，积极改善地方债结构，控制新增债务融资冲动，从根本上切断地方债风险蔓延的源头。潘志斌（2014）运用或有权益方法对我国 30 个省区地方政府性债务风险进行了评估，并指出我国地方政府性债务风险总体可控，地方政府性债务风险与地方政府资产价值显著呈负相关，与债务规模呈正相关，但并不显著。潘志斌（2015）通过实证研究还发现，当不考虑政府负有担保责任的或有债务时，各省份地方政府性债务基本上没有违约风险，若考虑了或有债务，地方政府债务违约风险显著增加。当政府有担保责任的债务违约比例达到 20％时，地方政府性债务风险状况明显恶化，当或有债务违约比例达到或超过 40％时，很多省份地方政府出现违约或“破产”。而当经济减速或衰退时，地方政府资产价值缩减时，债务风险很有可能会出现加速恶化的现象。因此必须加强地方政府或有债务的管理，健全政府财务体制，尽快将地方政府或有债务纳入政府财政范围，同时，严格规范政府担保行为，严格防范地方政府的或有债务风险。

第 3 节 贵州省公共部门风险分析

2015 年，贵州省全年一般公共预算收入为 1503.337 亿元，同比增长 10％，一般公共预算支出为 3928.97 亿元，同比增长 10.9％。其中，科学技术、教育、农林水等领域的支出增长较快，地方一般预算缺口呈现持续逐年增加的趋势，但是“缺口”与地区生产总值的比值相比于 2014 稍有下降，财政收支缺口占 GDP 的比值下降了 0.37％。如图 28.1 所示。

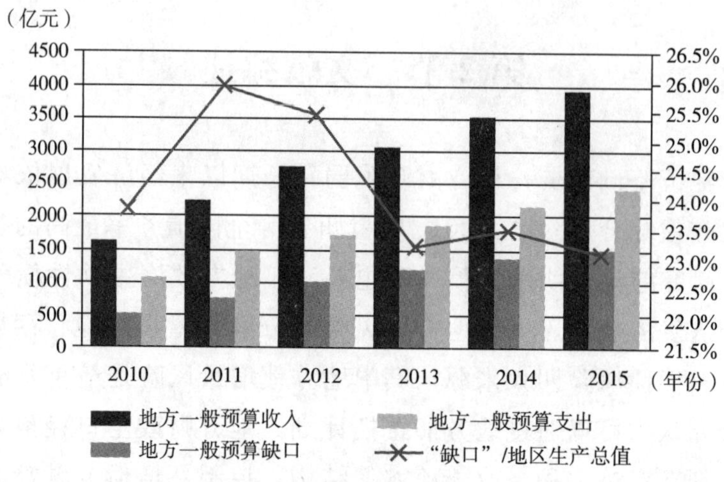

图 28.1 贵州省地方财政一般预算收支情况

同时，自 2011 年开始，地方一般公共预算收入增速都开始呈现下降趋势，2015 年，受经济结构矛盾突出、新旧动能处于转换时期、物价指数回落等因素影响，财政收入增速继续回落，增速相比于 2014 年下降了 3.28%。一般公共预算支出的增速相比于 2014 年也有所下降，一般预算支出的增速下降了 4.03%。2013－2014 年支出增长率与收入增长率的比值上升较快，而 2014－2015 年，该比值实现了一定幅度的下降，如图 28.2 所示，下降了 3.37 个百分点，贵州省公共部门债务违约风险得到了一定的控制，但是随着财政收入增速放缓和支出刚性增长，贵州省财政收支平衡压力将会越来越大，地方债务风险问题仍旧不容忽视。

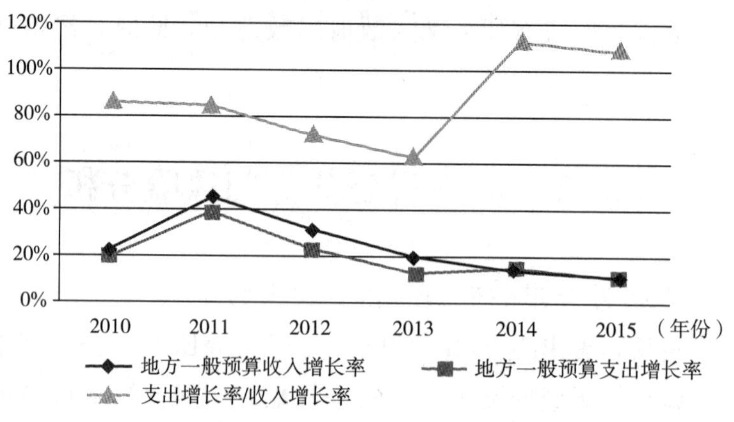

图 28.2 贵州省地方财政收支增长率

第 4 节 贵州省金融部门风险分析

2015 年全省金融机构人民币各项存款余额 19438.64 亿元，比上年增长 26.9%，增速居全国第 1 位；金融机构人民币各项贷款余额 15051.94 亿元，增长 21.7%，增速居全国第 4 位。2015 年，贵州省银行业的不良贷款率比上年增长了 0.35 个百分点，银行的信用风险、流动性风险等持续加大，银行的盈利能力明显降低。保险和证券行业实现较快发展，全省保险保费收入增长 21.0%。2015 年全省金融业实现增加值 607.77 亿元，比上年增长 19.2%，金融业对全省经济增长的贡献率为 9.8%，拉动经济增长 1.1 个百分点，占全省地区生产总值的比重为 5.8%。本节从银行类、保险类金融机构着手，分析得出贵州省银行业存在较高的资产结构错配风险，银行类金融机构期限结构错配风险有所上升。

一、银行类风险分析

（一）资本结构错配分析

2015 年，金融机构存款、贷款余额分别达到 1.9 万亿元和 1.5 万亿元，年均增长 21.4%和 21.2%。金融机构新增贷款余额 2683.4 亿元，存贷比为 77.43%，比 2014 年下降了 13 个百分点。如图 28.3 所示。2015 年贵州省人民币存款大幅增长主要是受地方债发行、各类资产管理计划等因素影响，具体原因有以下三个：一是非金融企业及机关团体新增贷款大幅增长，增加了较多的派生存款；二是存款口径调整后，银行业金融机构加大了创新产品合作力度，衍生存款增加；三是在中央转移支付增加，在地方债顺利发行等推动下，财政性存款、机关团体存款大幅增加。贷款余额保持了较快的增长速度主要有以下三个原因：一是政策性银行对公益性项目支持力度较大；二是东部沿海地区金融机构信贷规模逐步向中西部转移；三是人民银行总行给予政策倾斜，地方法人机构合意贷款规模高于去年。2015 年银行类金融机构的存贷比下降到 77.43%，比 2014 年降低了 13.55 个百分点，基本恢复到历史平均水平，资产结构错配风险相比于 2014 年大大下降，但仍高于商业银行最高存贷比 75%的水平。

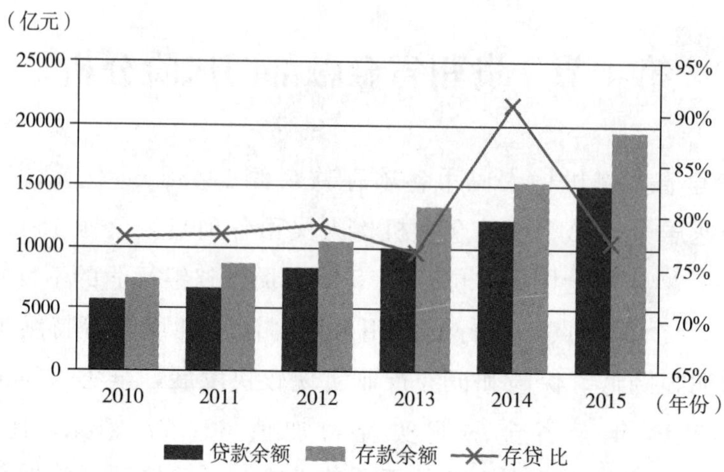

图 28.3　贵州省银行类金融机构存贷款余额与存贷比

（二）期限错配分析

2015 年，贵州省银行类金融机构期限结构错配风险有所上升，全年贷款余额 15051.94 亿元，其中短期贷款余额为 3143 亿元，同比上升 11%，中长期贷款余额为 11680 亿元，同比上升 24%，如图 28.4 所示。从中长期贷款占比变动来看，2015 年比 2014 年增长了 1.6 个百分点。2015 年贵州省加强了对保障性住房开发等民生领域、水利环境和交通运输以及重大工程、重点项目等重点领域的信贷支持力度。这些固定资产投资的增长会构成对中长期贷款的刚性需求，因此银行贷款大部分会流向中长期贷款，贵州省银行类金融机构中的中长期贷款占比为 77.6%，仍属于较高水平，且该期限结构错配风险在短期内难以化解。

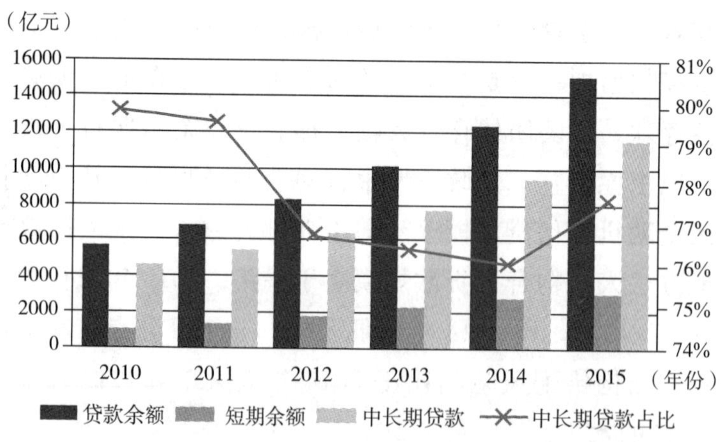

图 28.4　贵州省金融机构存贷款结构

（三）货币错配分析

从2013年开始，贵州省外币存贷比呈不断下降趋势，2015年外币存贷比已下降至70.12%，货币错配风险得到有效控制。如图28.5所示。2015年，贵州省外币存款余额达到98亿元，外币贷款余额为69亿元，目前贵州省的外币存贷比处于合理范围内，而且贵州省的外币业务规模目前仍较小，货币错配风险对贵州银行业的影响程度也比较微弱，但是随着对外贸易的加深和扩大，贵州省金融部门一方面需要加强对外币贷款规模的控制并且提高贷款质量，另一方面还要拓宽外币存款的来源，从而进一步降低贵州省金融部门的货币错配风险。

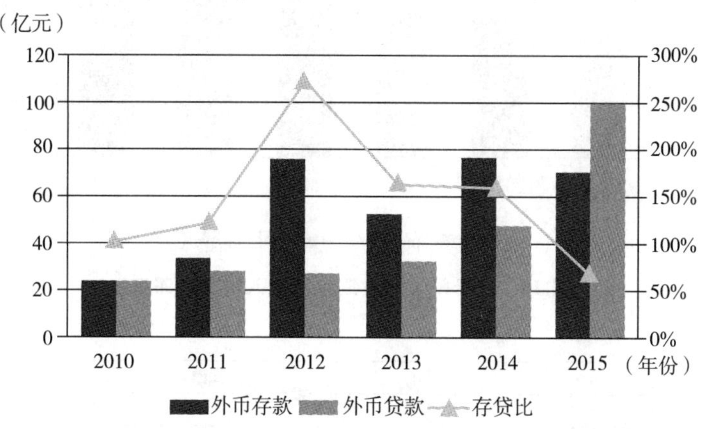

图28.5　贵州省金融部门外币存贷款余额与存贷比

二、保险类风险分析

2015年贵州省保险业继续保持较快的发展态势，保险机构及从业人员规模稳步增长，保险业务结构不断优化，服务能力进一步增强。如图28.6所示，2015年，贵州省实现保险保费收入257.8亿元，同比增长21%，赔付支出为106.97亿元，同比增长19.29%。在保险深度方面，2015年贵州省保险深度为2.45%，与2014年相比，上升了0.15%。全年退保金总额26.5亿元，同比增长20.4%，退保率5.5%，低于全国水平0.5个百分点，退保风险总体可控。

2015年，贵州省保险业赔付支出与保费收入都继续呈现增长趋势，其中保费收入增长率高于赔付支出增长率。如图28.7所示，在赔付率方面，2015年与2014年相比略有下降，2015年贵州省保险业赔付率为41.49%，仍然处于较高水平。近几年，贵州省积极拓展保险服务范围，加大力度拓展在“三农”领域和具备融资增信功能的信用保险和贷款保证保险等领域的保险服务，增加保费收入来源，预测未来贵州省的保费收入仍会保持较快的增长速度。由于贵州省自然环境复杂且自然灾害频发，赔付支出存在扩大的风险，而且保费收入再投资的收益也会受到市场风险的影响。整体来看，贵州省保险业风险仍然需要加强关注与防范。

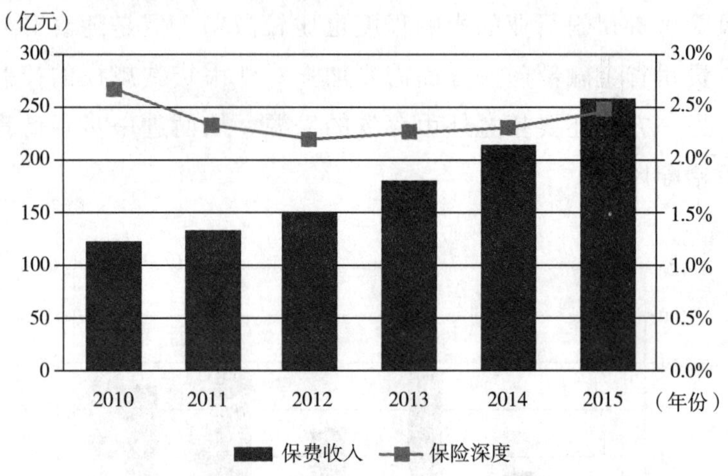

图 28.6　贵州省保险业保费收入与保险深度

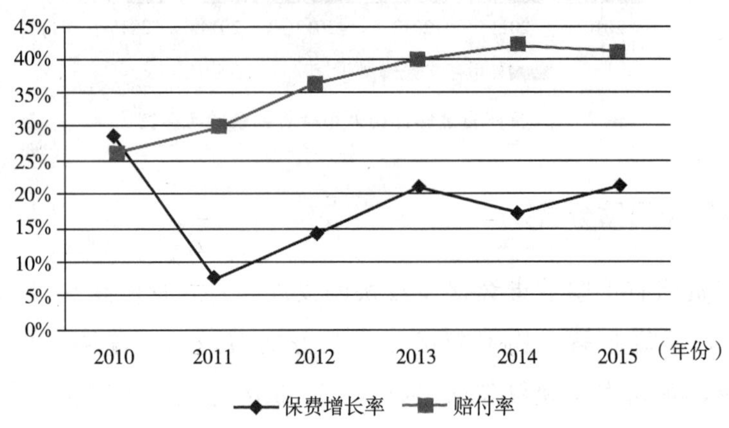

图 28.7　贵州省保险业保费增长率与赔付率

第 5 节　贵州省上市企业部门风险分析

本节选取 2015 年在沪深上市的非金融类企业共计 20 家为样本，运用资产负债表方法和或有权益分析方法对这些上市企业整体进行宏观金融风险分析。贵州省上市企业部门的行业主要集中在传统行业、化工行业、房地产、交通运输等领域。所选样本为 2010 年第一季度到 2015 年第三季度贵州板块的上市企业，不包含创业板块和金融行业的相关上市企业。

一、盈利能力分析

从 2010 年第二季度开始到 2015 年第三季度，贵州省上市公司的净利润率一直维持在 20％的水平之上，盈利能力保持了较强的能力。2015 年三个季度的净利润率都保持在 23％的水平之上，但是 2015 年净利润率呈现下降趋势，如图 28.8 所示。2015 年贵州省产业继续处于深化转型升级阶段，第一产业、第二产业、第三产业增加值占地区生产总值的比重分别为 15.6％、39.5％和 44.9％，贵州省在结构优化方面已经取得初步成效，但是煤、电、烟、酒四大传统行业仍然占据主要地位，而且传统产业转型升级慢，新兴产业规模还比较小。而且，面对经济下行的压力，贵州省工业经济增速有所降低，部分行业企业生产经营困难。

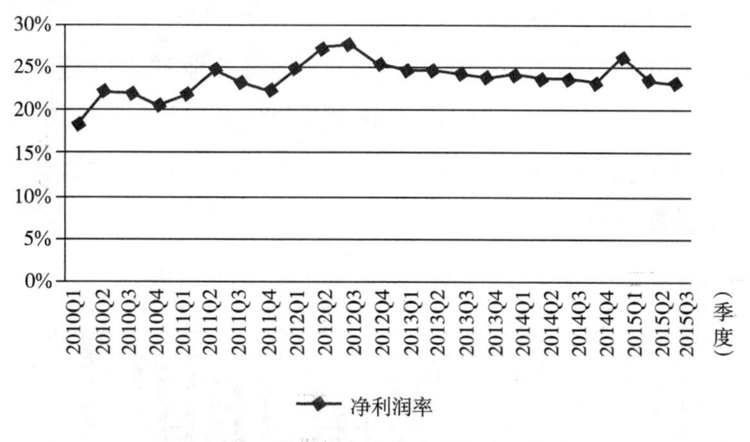

图 28.8　贵州省上市企业部门净利润率

二、账面价值资产负债表分析

（一）资本结构错配分析

2015 年第一季度到第三季度，贵州省上市企业部门的账面总资产和总负债规模呈增长趋势，一季度资产负债率为 25.93％，二季度为 27.65％，三季度为 29.1％，如图 28.9 所示。2015 年资产负债率的季度平均值为 27.56％，与 2014 年均值相比，下降了 23.84％。总体来看，贵州省上市企业的资产负债率水平基本在 60％以下，处于合理区间，因此贵州省上市企业资本结构错配风险并不大。

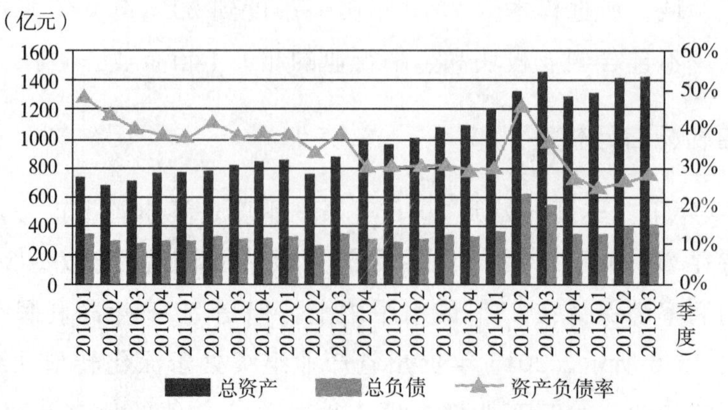

图 28.9　贵州省上市企业部门账面资产负债率

（二）期限错配分析

2015 年前三季度，贵州省上市企业的流动资产和流动负债均呈现出上升的趋势，流动比率呈现持续下降的态势，如图 28.10 所示。2015 年贵州上市企业流动比率季度平均值为 2.69，相比于 2014 年上升了 0.49。贵州省 2015 年上市企业的流动比率都在 2.5 以上，高于西部其他省份的流动比率，相比处于更安全的水平，这在一定程度上说明贵州省上市企业的资金流动性较好，具有较强的短期偿债能力，但仍然需要加强资产流动性管理，防范企业经营中的期限错配风险。

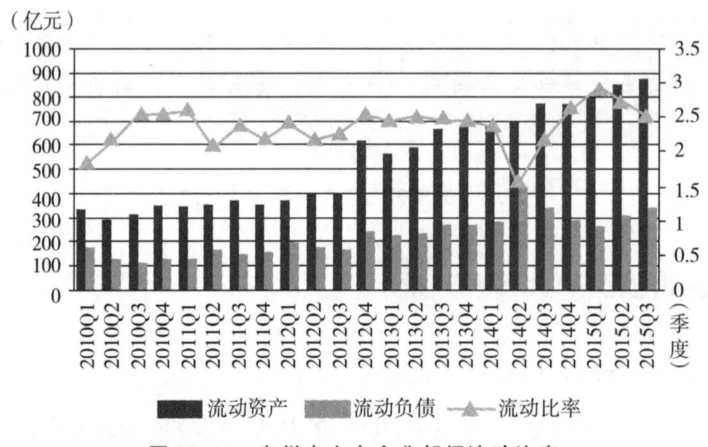

图 28.10　贵州省上市企业部门流动比率

三、或有权益资产负债表分析

或有权益资产负债分析能够反映出上市企业在市场评估下的资产状况和风险水平。2015 年贵州上市企业部门或有资产负债率整体呈上升的趋势。如

图 28.11 所示，2010—2015 年前三季度，贵州省的或有资产负债率均低于账面资产负债率，而且两者之间的差距一直保持在一个较为稳定的水平。2015 年，贵州省的或有资产负债率和资产负债率的平均水平为 2010 年以来的最低水平，与 2014 年相比，平均或有资产负债率下降了 4.76 个百分点，下降幅度明显。整体来看，贵州省的或有资产负债率处于正常水平，或有资产负债情况反映的资本结构错配风险并不显著。

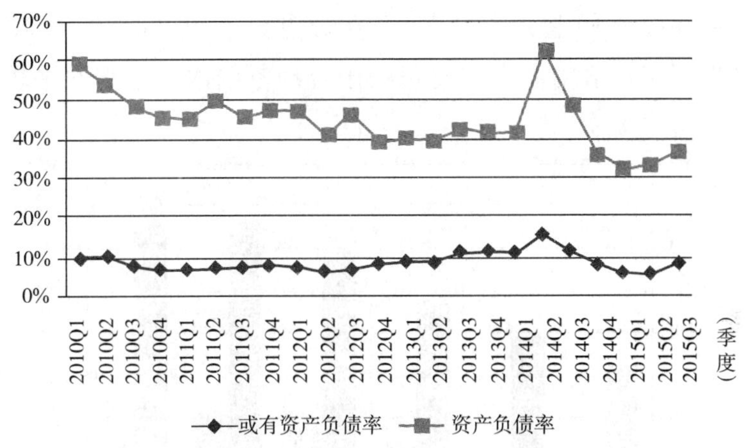

图 28.11 贵州省上市企业部门账面资产负债率与或有资产负债率

从上市企业违约距离来看，如图 28.12 所示，贵州上市企业部门违约风险明显增加。在 2015 年第一季度至 2015 年第三季度期间，贵州上市企业部门的违约距离指标下降幅度明显，从 6.27 大幅下降到 2.34，主要是因为 2015 年贵州省面临经济下行压力，上市企业的净利润率呈现比较明显的下降趋势，而且资产负债率水平呈现上升趋势，因此违约距离明显下降，违约风险上升明显。

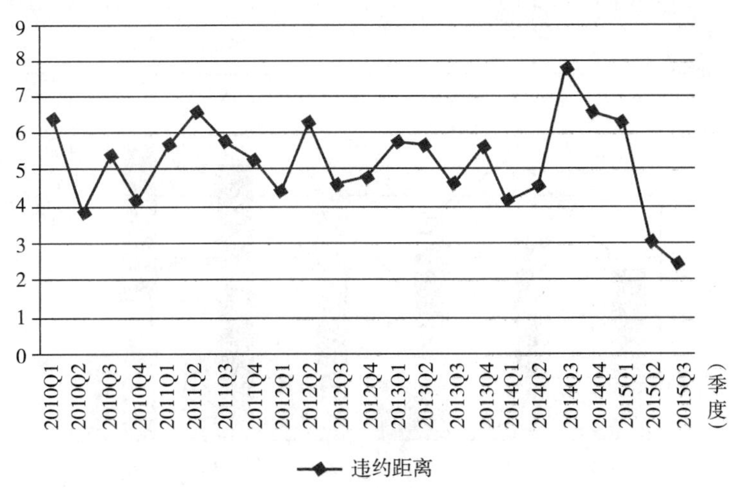

图 28.12 贵州省上市企业部门违约距离

第6节 贵州省家户部门风险分析

2015年，贵州省城乡居民储蓄存款为7394.86亿元，同比增长11.7%，与2013年相比增速基本持平。个人消费贷款为2514.14亿元，同比增长17.8%，与2013年相比下降了4.64个百分点。2015年，贵州省个人消费贷款占居民储蓄存款比例上升了1.77个百分点。如图28.13所示。从存贷结构来看，贵州省家户部门的存贷比仍处于合理范围内，风险水平较低。

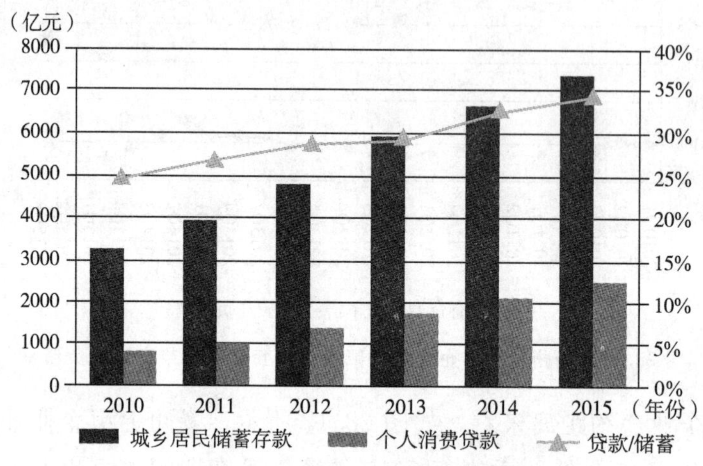

图28.13 贵州省家户部门储蓄存款与消费贷款

在城乡居民收入方面，2015年全省城镇常住居民人均可支配收入、农村常住居民人均可支配收入分别为24579.64元和7386.87元，分别比上年增长9.0%和10.7%。如图28.14所示。2015年城乡居民收入增长率相比于2014年

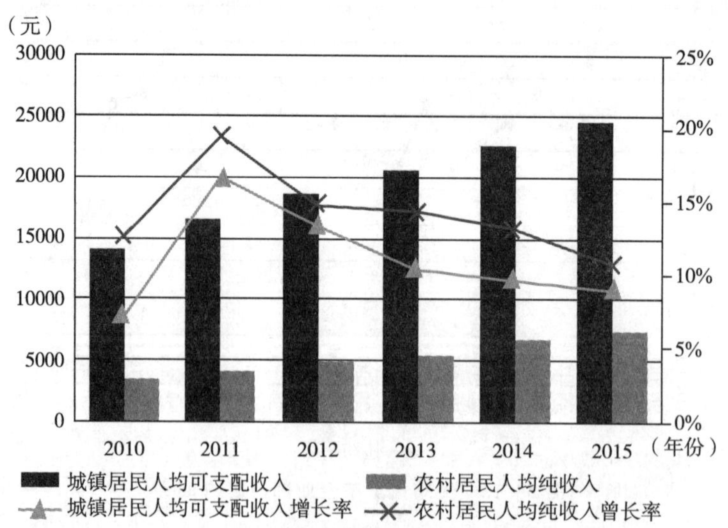

图28.14 贵州省城乡居民收入与收入增长率

都有一定程度的下降，而且从2011年开始，居民收入增长率一直呈现下降趋势，其中农村居民收入增长率下降更为明显。贵州省家户部门的人均收入存在增长缓慢的趋势。

第7节 金融风险管理与经济发展战略

2015年，贵州省经济运行平稳，但是同时各部门风险都在不同程度上有所加大。具体来看，公共部门财政收支缺口加大，财政收支缺口占GDP的比值有所降低，在财政收入增速逐渐降低的背景下，地方债务风险问题越来越突出。金融部门方面，银行业存在较高的资产结构错配风险，银行类金融机构期限结构错配风险有所上升，银行业的信用风险、流动性风险等持续加大，银行业应注意逐渐增加的资本结构错配风险和期限错配风险。上市企业部门净利润率水平仍保持在较高水平，盈利能力较好，但是面对经济下行压力，2015年贵州省上市企业部门净利润率呈现下降趋势，上市企业部门资产结构和资产流动性仍然处于正常水平，但是2015年上市企业部门的资产负债率呈现上升趋势，资本结构错配风险增大，同时流动比率呈现下降趋势，表明期限错配风险也在逐渐增加；而且，由于2015年面临经济下行的压力，盈利能力呈下降趋势，违约距离下降幅度较大，上市企业违约风险上升。在家户部门方面，城乡人均收入存在增长缓慢的趋势，居民收入提升乏力，居民储蓄和个人消费贷款增速放缓，存在一定的风险。因此，贵州省应该继续深化重点领域和关键环节改革，支持传统产业转型升级，促进新兴产业发展，完善地方金融体系，深入实施“引金入黔”工程，优化信贷结构和融资结构，推动金融创新。

2015年贵州省地方债务风险较为突出，应当采取有效合理的手段化解风险。通过建立健全规范的地方政府举债融资和债务风险防控机制，妥善处理存量债务，严格执行地方政府债务限额管理政策；通过安排预算、处置政府资产、政府债务重组、调整债务偿还结构、延长债务偿还期限等方式降低债务偿还风险，并且通过利用好置换债券降低各级政府还债压力和利息负担；分级制定政府债务风险应急处置预案，开展债务风险评估和预警。积极争取新增债券规模，推进地方政府融资平台公司市场化转型；地方政府应加大对于新增项目的把控力度，避免重复建设，将不符合供给侧改革的项目进行压缩，减轻地方债务负担；地方政府部门还可加大对于社会资本的引入和调动力度，采用共同基金等多种创新合作模式推动项目进行。

参考文献

[1] 贵州省统计局：《2010—2015年贵州省国民经济和社会发展统计公报》。

[2] 中国人民银行：《2010—2015年贵州省金融运行报告》。

[3] 潘志斌：《地方政府债务规模、资产价值与债务风险》，载《华东师范大学学报〈哲学与社会科学版〉》2014年5月，第89—97页。

[4] 赵剑锋：《省级地方政府性债务风险测度、分解与归因——基于2014年省级地方债审计的因子—聚类分析》，载《经济经纬》2016年5月，第144—149页。

[5] 潘志斌：《基于或有权益模型的我国地方政府性债务风险度量》，2015年11月，第847—853页。

第 29 章　云南省宏观金融风险研究

云南省位于中国西南边陲，与缅甸、老挝、越南三国相邻，是中国通向东南亚地区的重要开放窗口。2015 年，云南省经济金融运行总体平稳，银行业、证券业和保险业稳健发展，金融生态环境不断改善，金融对经济发展的支撑作用进一步凸显。但云南省经济金融发展也存在产业结构升级缓慢，农村金融服务体系单一、农村信贷投入不足、金融监管职责不清等诸多问题。本章对公共部门、家户部门、企业部门和金融部门的风险进行分析，对云南省宏观金融风险进行识别和度量，分析得出公共部门方面，财政收支状况进一步恶化，公共部门财政风险上升。金融业方面，云南省银行类金融机构存贷比水平远高于 75％的安全线，资本结构错配风险较为突出；保险业方面，保险深度呈上升趋势，赔付风险有所加大。从上市企业部门来看，云南省上市企业整体净利润率接近零的水平，盈利能力严重下滑，上市公司所面临的市场风险加大。从家户部门来看，2015 年云南省城乡居民负债水平涨幅不大，家户部门风险较小。

第 1 节　云南省宏观金融风险概述

2015 年，云南省实现生产总值 13717.88 亿元，同比增长 8.7％，高于全国平均水平 1.8 个百分点[①]。其中，三次产业增加值分别为 2055.71 亿元、5492.76 亿元和 6169.41 亿元，比值由上年的 15.5∶41.2∶43.3 调整为 15.0∶40.0∶45.0，结构持续优化，全年规模以上工业增加值 3623.08 亿元，增长 6.7％，比 2014 年的情况显著好转。投资需求方面，2015 年云南省完成社会固定资产投资总额 13069.39 亿元，同比增长 18.0％；社会消费品零售总额 5103.15 亿元，比上年增长 10.2％。进出口方面，进出口总额达 245.27

① 数据来源：《2010－2015 年云南省国民经济和社会发展统计公报》，云南省统计局；《2010－2015 年云南省金融运行报告》，中国人民银行；国泰安数据库，深圳国泰安教育技术股份有限公司；智远理财服务平台，招商证券股份有限公司。如无特殊说明，本章数据均来源于此。

亿美元，比上年下降17.2%，说明进出口贸易显著降低活跃度。从物价水平来看，居民消费物价指数较2014年上涨1.9个百分点，物价水平持续攀升。总体来说，2015年云南省经济各方面均出现一定程度的下滑，风险突出。

2015年云南省金融业方面，发展平稳，金融对经济发展的支撑作用明显增强。银行类金融机构的不良贷款率同比上升0.3%。证券市场业绩有所上升，全年证券市场成交额同比增长53.4%。保险业发展较快，保险覆盖面逐步扩大，保费赔付支出增长较快。总的来说，云南省金融业运行较为平稳，但银行类金融机构的资本结构错配风险较为突出。

2015年，云南省上市企业部门的经营风险较为突出。云南省上市公司过度集中于传统能源行业。在世界经济复苏乏力，中国经济增速放缓的大格局下，随着中国市场经济的发展和产业结构的转型，钢铁、水泥、焦炭、基础化工、有色金属等市场需求不振，产能严重过剩，直接导致云南省传统行业的上市公司经营业绩出现较大程度亏损，而且云南省某些上市公司没有自己的核心技术和核心产品，缺乏核心竞争力。此外，公司治理结构不合理也是影响公司经营业绩的重要因素，如云南省上市公司ST景谷内部治理结构不完善，导致连续三年亏损。云南省上市公司经营状况恶化不仅归结于外界宏观经济环境变化、行业不景气等外部客观因素，也归因于企业自身缺乏核心竞争力和公司治理结构不完善等内在因素。对此需要从产业转型升级、规范改革金融两方面着手。

第2节　文献综述

涂学燕（2015）认为云南省经济基础不稳固、企业经营困难以及全省消费动力不足，所以农村信用社在云南省的发展不容乐观，针对农村金融市场中资金需求者的需求特点，有针对性地进行金融创新，在产品内容、产品价格定价、中间业务、理财产品模式、保险产品和金融服务进行多元化创新。

庄博丞（2015）认为云南是对外开放的重要门户，在众省份中也是最早与周边国家开展金融合作的一个，在战略中是一个至关重要的地位，但是云南省的金融业没有得到充分的重视与发展，金融体系组织不健全，金融机构也缺乏创新理念。因此提出应首先强化改革试验区的经济基础，然后加强跨境金融合作，并大力支持跨境人民币业务。

谭映秋（2013）认为云南面向西南开放的“桥头堡”建设可以为云南中

小金融机构带来新的发展机遇，虽然云南的中小金融机构规模太小、专业人才匮乏、资本充足率不足、不良贷款率不高，但是根据自身的优势重新进行市场定位，搭建一个平台使得中小金融机构能够在此基础上进行资源共享和业务合作。

刘海成（2014）认为云南在鼓励民营资本进入金融领域方面卓有成效，但是目前制约民营金融业发展的因素仍然很多，如筹资渠道受限、债务人与股东之间关系复杂、风险补偿机制不完善等，应加强对小额贷款公司和融资担保公司的规范管理。

第 3 节　云南省公共部门风险分析

2015 年，云南省公共部门财政风险较前几年显著增大。如图 29.1 所示，一般财政预算收入 1808.14 亿元，同比上涨 6.50%，增速较 2014 年有所增加，但是 2014 年和 2015 年这两年一般财政预算收入的增长率比前几年都显著降低；一般财政预算支出为 4712.90 亿元，同比增长 6.20%，增速较 2014 年降低 2.14 个百分点，一般财政收支缺口为 2904.76 亿元，缺口占 GDP 比为 21.17%，较 2014 年提高 5.68 个百分点，相对于前五年的平稳状态，这是一个明显的大幅上升。

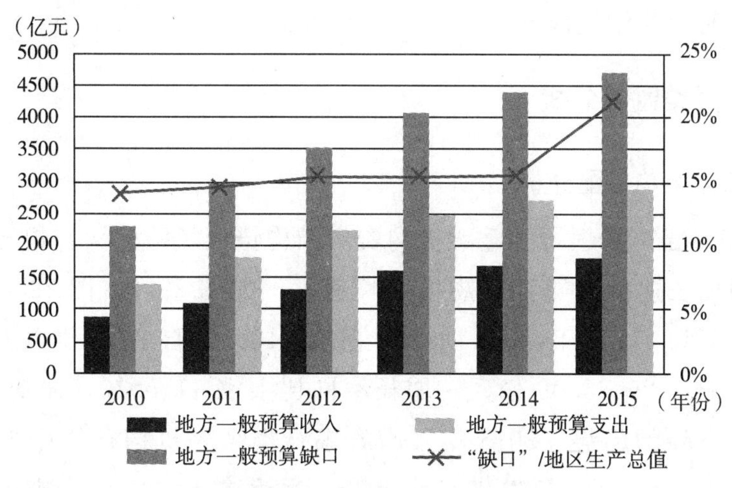

图 29.1　云南省地方财政一般预算收支

财政收入和支出的增速从 2011 年开始都是逐年下降，在 2014 年和 2015 增速的下降尤为明显，但支出的增长率始终略高于收入增长率，支出增长率与收入增长率的比值在 2014 年上升到 154%的高位，主要是由于企业盈利能力下滑导致营业税收入下降5.5%，同时云南省政府对社会保障、医疗卫生等社会民生方面的基础投资增长较大，但是这个比值在2015年回归到100%以下，说明公共部门的风险有所减小。如图29.2所示。

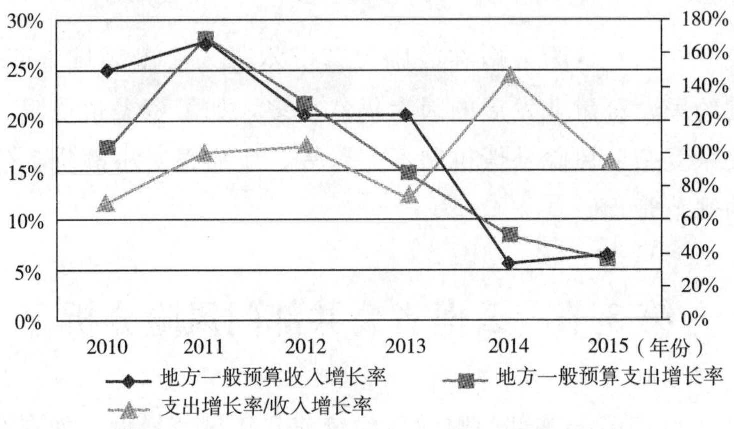

图29.2　云南省地方财政一般预算收支增长率

第4节　云南省金融部门风险分析

2015年，云南省金融业总体运行平稳，风险较小。本节主要采用资本结构错配分析、期限错配分析、货币错配分析等方法揭示云南省银行类、保险类金融机构所面临的风险状况。

一、银行类风险分析

（一）资本结构错配分析

2015年，云南省银行类金融机构资本结构错配风险较大，银行类金融机构贷款规模增长速度高于存款规模增长速度。如图29.3、图29.4所示。其中，贷款余额为21243.2亿元，同比上涨18.16%，自2013年以来呈上升趋势；存款余额为25035.09亿元，增长率同比上涨11.50%，改变了2012年以来增长率下降的趋势。2015年云南省银行类金融机构存贷比为84.85%，远高于前五年，自2013年以来直线上升，远远高于中国央行规定的商业银行存贷比75%的上限，因而所面临的资本结构错配风险较大。

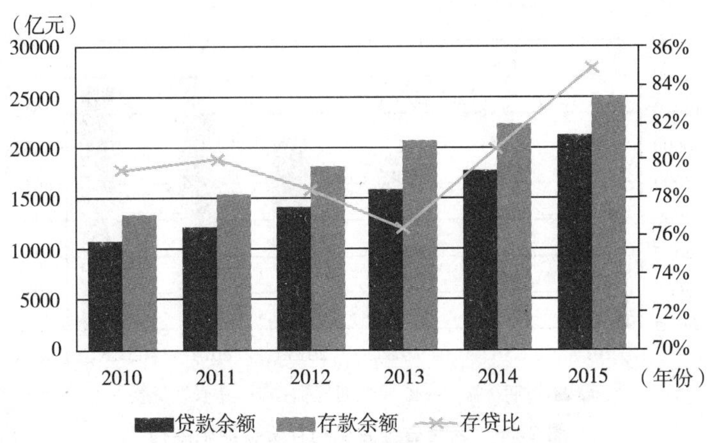

图 29.3　云南省银行类金融机构存贷款结构

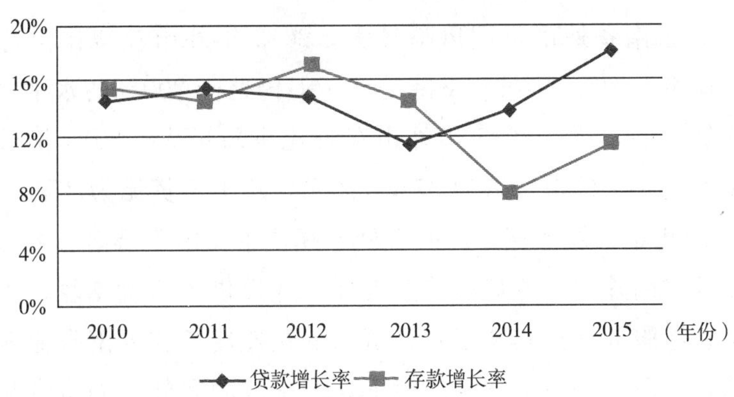

图 29.4　云南省银行类金融机构存贷款增长率

（二）期限错配分析

2015 年，云南省银行类金融机构期限结构错配较 2014 年更趋合理，贷款余额为 21243.2 亿元，其中短期贷款余额 6226 亿元，较 2014 年稍有上升；中长期贷款余额 13485.7 亿元，同比上升 13.7%，高于短期贷款增速水平。从图 29.5 中可以看到，2015 年云南省金融机构中长期贷款占比较 2014 年有所下降，约为 63.48%的水平。但是，由于贷款余额上升的幅度也较大，所以中长期贷款占比下降，贷款期限错配风险也略微下降，从 2010 年至 2015 年，中长期贷款占比越来越小，期限错配风险越来越小。

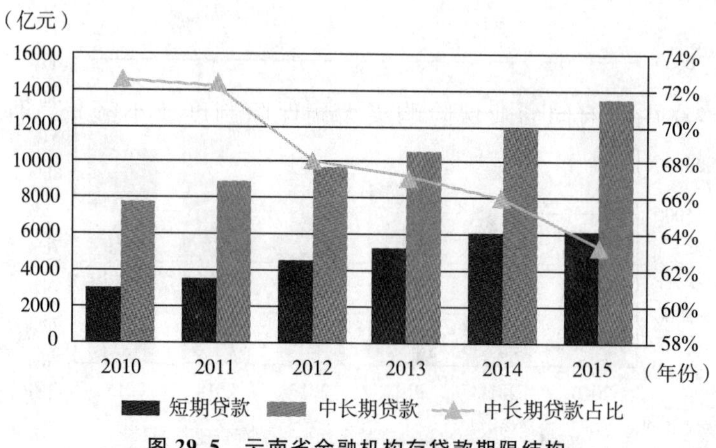

图 29.5　云南省金融机构存贷款期限结构

（三）货币错配分析

2015 年，云南省外币错配风险较大，2012 年外币存贷比保持在非常高的水平，2013 年、2014 年虽有下降趋势，但仍处于 200%的水平之上，远高于人民币存贷比的水平，2015 年外币存贷比重新增大。2015 年云南省外币存款为 144.4 亿元，外币贷款为 375.1 亿元，外币存贷比为 259.76%。如图 29.6 所示。近几年，外币存贷比一直处于高位主要由于云南省大力进行内陆开放高地建设，向外型产业集群快速发展，并提供了跨境结算、离岸金融结算、保税贸易等服务支持实现了对外贸易的快速增长。云南省应该警惕外币存贷比过高，在国际经济下行的环境下，汇率波动和外部冲击带来的货币错配风险。

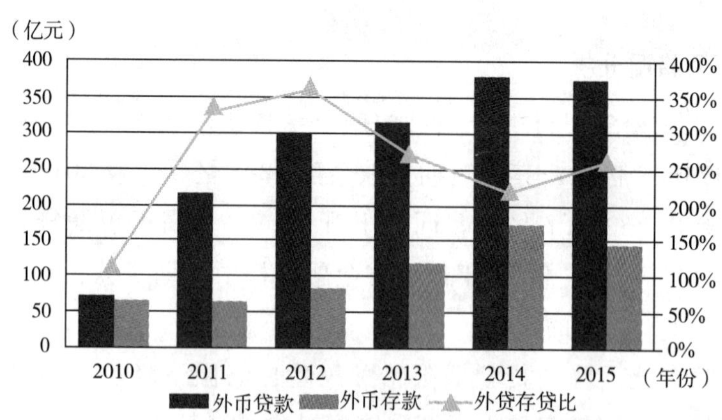

图 29.6　云南省金融部门外币存贷款余额与存贷比

二、保险类风险分析

2015 年云南省保险业保持了平稳的发展势头，保费收入达 434.6 亿元，同比增长 15.60%。保险深度自 2012 年开始呈上升趋势，并于 2014 年达到 2.93%。如图 29.7 所示。云南继续扩大农业保险、政策性农房地震保险的覆盖面，启动由政府向商业保险购买大病保险制度、小额贷款保证保险试点和出口信用保险业务，确保了保费收入来源的稳定。

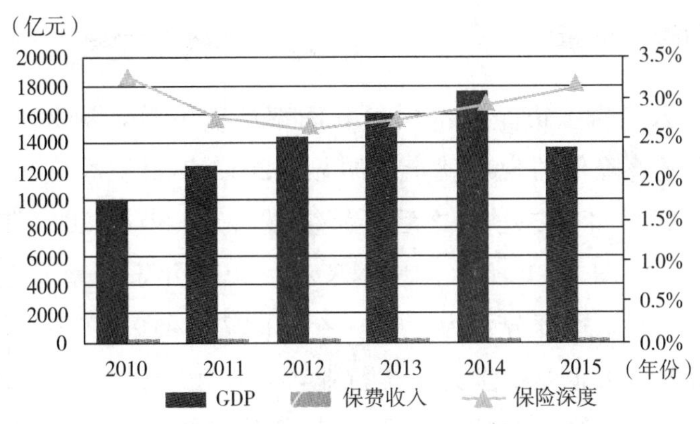

图 29.7 云南省保险业保费收入与保险深度

2015 年，云南省保险业赔付支出达 173.23 亿元，赔付率为 39.86%，比 2014 年稍有下降，赔付率在近五年都保持在 40%左右的水平，波动较小。保费增长率从 2013 年开始逐年递减，相反，保险深度不断加深。如图 29.8 所示。

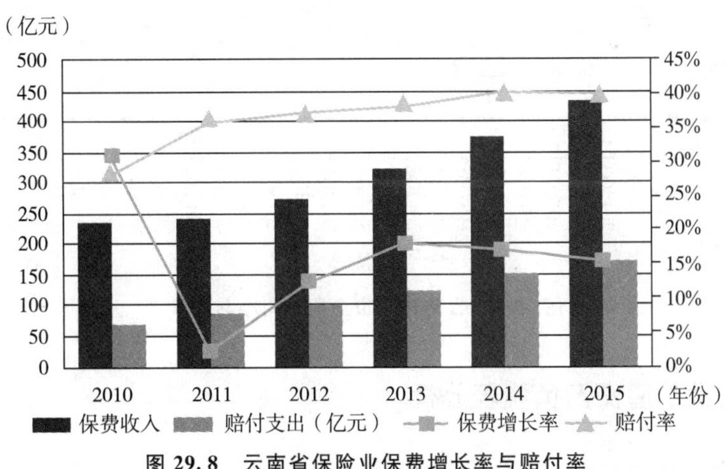

图 29.8 云南省保险业保费增长率与赔付率

第 5 节 云南省上市企业部门风险分析

2015 年，云南省共有上市公司 34 家，本节选取了在沪深上市的非金融类企业共计 29 家，运用资产负债表方法和或有权益分析方法对这些上市企业整体进行宏观金融风险分析。云南省上市企业部门的行业主要集中在医药、旅游、电力、能源和信息化工等领域。所选样本为2010年第一季度到2015年第三季度云南板块的29家上市企业，不包含创业板块和金融行业的相关上市企业。

一、盈利能力分析

2015年，云南省上市企业部门净利润率严重下滑，从2013年开始出现这种净利润率显著降低的现象就十分明显，2013年第三季度出现较大降幅，跌至负值，但2014年第二季度之后开始缓慢回升，但在2014年第四季度之后又再次下降。如图29.9所示。具体来看，2015年，云南省上市企业部门净利润率一、二、三季度分别为－0.01％、0.27％和0.40％，季度平均值为0.22％。云南省上市企业中多为传统行业，存在生产过剩，易受能源价格影响，因而盈利能力下降十分明显，且云南省上市公司缺少科技创新型企业，缺少改革升级的动力，在经济下行的背景下，云南省上市公司面临较大的经营风险。

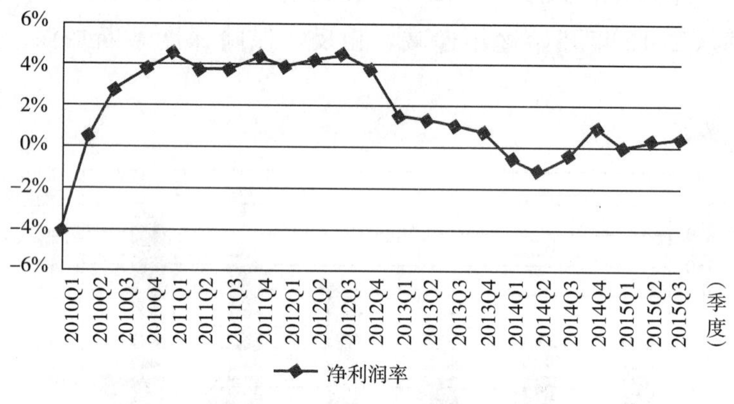

图29.9　云南省上市企业部门净利润率

二、账面价值资产负债表分析

（一）资本结构错配分析

2014年第三季度一直到2015年第二季度，云南省上市企业的账面总负债规模保持增长趋势，总资产也呈波动上升的趋势。账面的资产负债率从2009年开始一直持续上升，且在2015年第三季度达到75.77％的新高。如图29.10所示。面对经济下行的压力，云南省上市企业的账面资产负债率有持续走高的趋势，应对上市企业资本结构错配风险保持警惕。

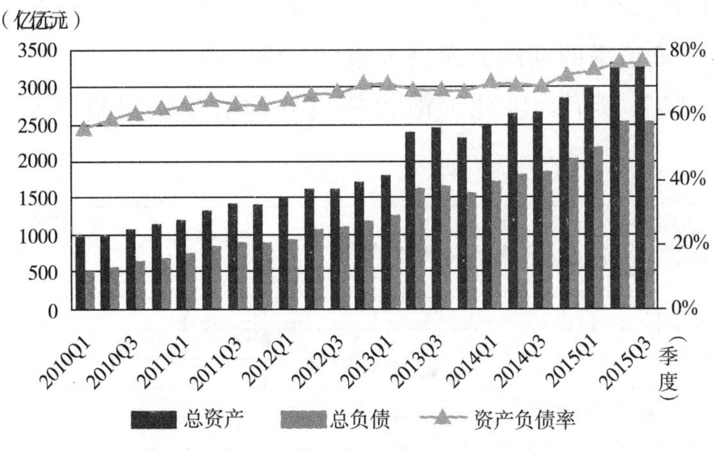

图 29.10　云南省上市企业部门账面资产负债率

（二）期限错配分析

2010—2015 年，云南省上市企业的流动资产一直保持上升趋势，2013 年第二季度的增加尤为明显，流动负债与流动资产的变化趋势同步。如图 29.11 所示，2015 年云南省上市企业流动比率平均水平为 0.879，从 2012 年第四季度就已远远小低安全警戒线 1.0 的水平，这在一定程度上反映了云南省上市企业的资金流动性问题，短期偿债能力下降，对此需要加强资产流动性管理，降低企业经营中的期限错配风险。

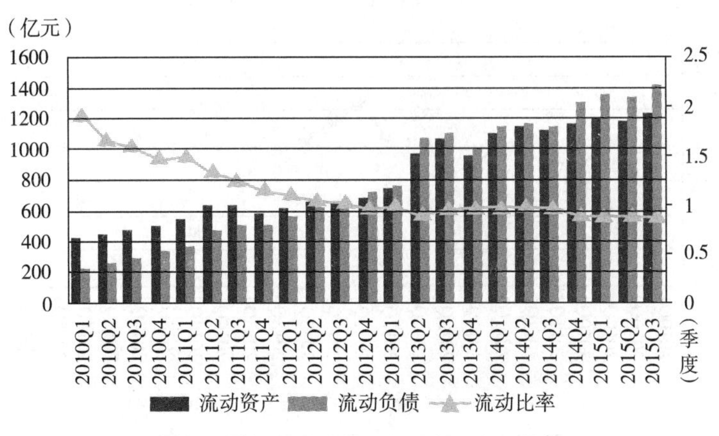

图 29.11　云南省上市企业部门流动比率

三、或有权益资产负债表分析

或有权益资产负债分析能够反映出上市企业在市场评估下的资产状况和风险水平。如图 29.12 所示，2015 年云南省上市企业部门的或有资产负债率与账面资产负债率差别非常大，特别是 2015 年第二季度，从 2014 年第二季度到2015年第二季度，云南省上市企业部门的或有资产负债率持续下降，与账面的资产负债率的变动方向完全相反，资产负债率在70%以上，或有资产负债率在30%以下，因此云南省的或有价值反映出资本结构错配风险较小。

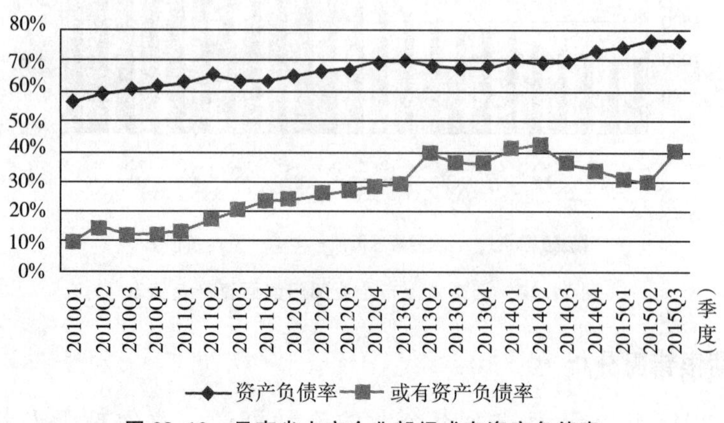

图29.12　云南省上市企业部门或有资产负债率

从上市企业违约距离来看，云南省上市企业部门的违约风险越来越明显，整体情况不容乐观。如图29.13所示，从2014年第四季度至2015年第三季度期间，云南省上市企业部门的违约距离指标就显著降低，到了2015年的第二季度和第三季度更是变化甚大，虽然整体来看，违约风险相比其他省份并不大，但应该对上市企业部门的风险密切关注。

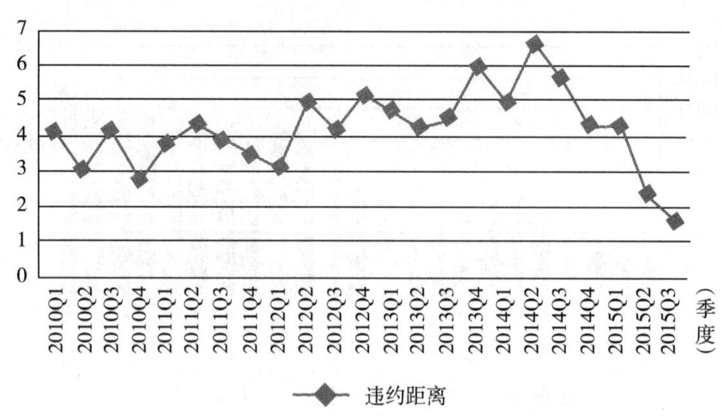

图29.13　云南省上市企业部门违约距离

第6节　云南省家户部门风险分析

2015年，云南省城镇居民人均可支配收入为26373元，较上一年的增长率8.5%同比增长0.3个百分点，农村居民人均纯收入为8242元，较上一年的增长率 10.5%同比下降 0.5 个百分点，城乡居民储蓄存款为 10787 元。2015 年个人消费贷款为 2769.43 元，贷款/储蓄比值为 28.55%。家户部门的风险稍稍增大，但是整体保持在较低的水平。如图 29.14 所示。

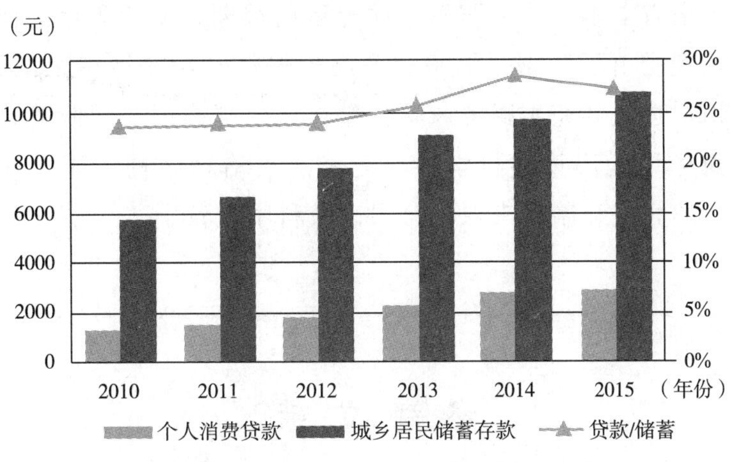

图 29.14　云南省家户部门储蓄存款与消费贷款

第 7 节　金融风险管理与经济发展战略

2015 年，云南省经济金融受经济下行影响较大，风险显著上升。从公共部门来看，财政收支状况进一步恶化，公共部门财政风险进一步加大。从金融部门来看，云南省银行类金融机构存贷比水平远高于 75%的安全线，资本结构错配风险仍然较为突出；保险业景气度有所上升，保险深度呈上升趋势，但保费增长率低于赔付增长率，赔付风险有所加大。从上市企业部门来看，云南省上市企业整体净利润率接近零的水平，盈利能力严重下滑；资产负债率处于高位，资本结构错配风险加大；流动比率持续降低，期限错配风险较大；或有资产负债率虽然下降，但是上市公司所面临的市场风险加大；违约距离明显下降，违约风险大幅度上升。从家户部门来看，2015 年云南省城乡居民负债水平涨幅不大，家户部门风险较小。

针对 2015 年云南省的金融风险状况，本文提出以下建议：

第一，云南省政府要控制财政收支平衡，减少不必要的财政支出，提高财政资金的使用效率，同时，要建立地方公债的风险监控体系，有效控制公共部门的财政风险。

第二，云南省银行类金融机构要合理调整资本结构，努力吸收存款，适度减少贷款规模，增加自有资本，有效防控资本结构错配风险。此外，云南省金融部门要继续增加短期贷款比例，减少中长期贷款比例，有效抑制存短贷长现象，防控期限错配风险。保险业要积极开发设计新的保险品种，提高保险涉农覆盖范围，积极拓宽保险销售渠道，增强保险防范风险的能力。

第三，云南省上市公司要积极主动地运用远期、期货等金融衍生产品进行套期保值，规避由于利率、汇率和商品价格波动给企业带来的经营风险。强化风险意识，建立和完善财务风险预警系统，提高财务风险管理效率，增强上市公司财务风险决策的科学性。完善法人治理结构，建立现代企业制度，通过权力的分配和制衡来保证公司高效科学运营。

参考文献

［1］云南省统计局：《2010—2015 年云南省国民经济和社会发展统计公报》。

［2］中国人民银行：《2010—2015 年云南省金融运行报告》。

［3］涂学燕：《云南农信金融产品与服务创新策略研究》，云南大学，2015 年。

［4］庄博丞：《云南省建设沿边金融综合改革试验区的对策研究》，云南财经大学，2015 年。

［5］刘海成：《云南民营金融发展问题研究》，云南大学，2014 年。

［6］谭映秋：《云南中小金融机构发展路径的分析与探讨》，云南师范大学，2013 年。

第30章　西藏自治区宏观金融风险研究

西藏自治区由于历史、地理等方面的原因，社会经济发展底子薄、基础弱，落后于我国西部地区的其他省份。2015年西藏自治区经济运行较为平稳，工业经济略有回落，市场消费小幅回升，对外贸易基本稳定，财政金融稳健运行，物价继续低位运行。金融业方面，银行业存款增速有所回落，贷款保持较快增长，利率水平整体平稳，跨境人民币业务不断拓展。但是，西藏经济社会发展仍然存在许多问题，从经济发展方面说，西藏工业发展依然落后、产业结构不合理，对中央财政的依赖性较强，发展水平较低；从金融发展方面来说，西藏社会信用环境差，担保体系不健全，银行存贷差距大，资金外流严重，金融对西藏社会经济发展支持力度不足。民间金融缺乏规范和制度保障，融资担保公司出现了资金链断裂，暴露出较为严重的信用风险，同时公共部门的地方债务风险和企业部门的经营风险较为突出。

第1节　西藏自治区宏观金融风险概述

2015年，西藏自治区实现全区生产总值共计1026.39亿元，同比增长11.0%，在全国省份中居于前列①。公共部门财政风险有所加大，财政收支状况不容乐观。实体经济方面，西藏自治区上市企业盈利能力下降，所面临的经营风险加大；资产负债率呈下降趋势，企业资本结构错配风险较小；流动比率下降，上市企业期限错配风险加大；或有资产负债率明显下降，企业市场风险减小；违约距离下降，企业违约风险显著提升；或有资产波动率下降，企业经营的稳健性增强。2015年，西藏自治区家户部门负债水平低，存贷结构呈下降趋势，基本不存在风险。

从金融部门来看，2015年，西藏自治区商业银行存贷比处于较低水平，

---

①　数据来源：《2010－2015年西藏自治区国民经济和社会发展统计公报》，西藏自治区统计局；《2010－2015年西藏自治区金融运行报告》，中国人民银行；国泰安数据库，深圳国泰安教育技术股份有限公司；智远理财服务平台，招商证券股份有限公司。如无特殊说明，本章数据均来源于此。

资本结构错配风险不明显，但逐年增大，需加以防范。由于西藏的外币存款和贷款都非常小，货币错配风险非常小。保费收入增长有所减慢，保险有所减小，赔付率也同步减小，保险业总体运行平稳，风险较小。

2015 年西藏自治区宏观经济金融风险主要集中在地方债务风险，其次是企业部门的经营风险。2014 年西藏财政收支缺口占 GDP 的比重上升为 115.2%，与 2013 年相比增长 1.4 个百分点，从绝对量上来看，西藏财政收支缺口已经连续四年超过地区生产总值，财政收支风险巨大。多年来，西藏一直高度依赖中央政府的财政扶持，没有充分利用金融手段推动西藏经济发展，长期以来导致西藏经济发展模式存在严重问题。另外，西藏的实体经济发展较弱，受经济下行的影响，旅游业、服务业盈利能力明显下降，且没有新兴产业支持其转型发展，同时西藏的金融市场建设十分落后，社会信用环境较差，资金外流严重，企业融资困难的问题短期内也难以解决，因此需要采取措施应对地方债务和实体经济下滑的严峻问题。

第 2 节　文献综述

于方清（2015）基于西藏中小企业的融资困境，对西藏金融机构和企业融资之间的关系展开探究。目前虽然西藏自治区政府对中小企业进行了大量的补贴，但是却无法从根本上解决中小企业的融资困境，要解决这个问题，需要充分地发挥金融机构的作用，同时政府应进行干预以使金融机构放宽对中小企业融资的条件。

杨科（2015）以西藏 30 家中小企业为研究对象，认为中小企业本身抗风险能力太低、西藏金融体系不完善和政府措施不够这三个方面构成了中小企业融资困境的原因，因此只有从这三个方面同时加以调整才能解决西藏中小企业目前所面临的问题。

第 3 节　西藏自治区公共部门风险分析

2015 年，西藏公共部门的财政风险有所加大，财政收支状况不容乐观。如图 30.1 所示，一般财政预算收入为 137.13 亿元，同比上涨 24.80%，比 2014 年的增长率下降 6.01 个百分点；而一般财政预算支出为 1382.22 亿元，同比上涨 16.60%，与 2014 年的增长水平基本持平；财政缺口持续攀升，达到 1245.09 亿元，自 2010 年以来，财政缺口逐年增大。2015 年西藏财政收支缺口占 GDP 的比重上升为 121.31%，首次超过 1.2，与 2014 年相比增长 6.06 个百分点，财政缺口自 2010 年以来一直大于地区生产总值，财政收支风险巨大。

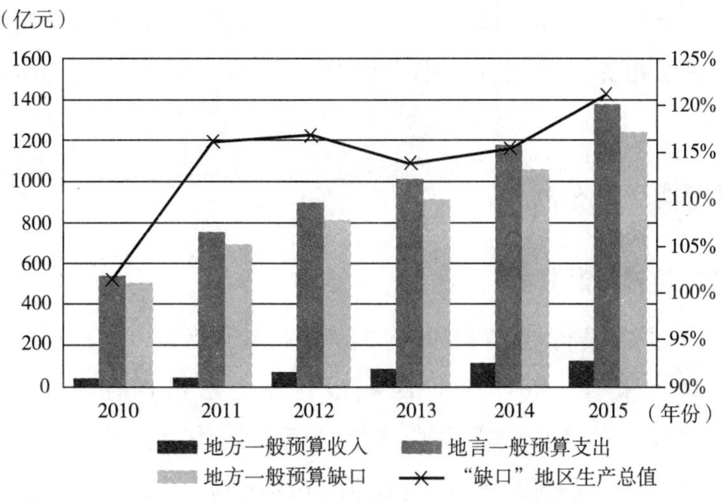

图 30.1 西藏自治区地方财政一般预算收支情况

2014—2015 年间西藏自治区的一般预算财政收入与财政支出都呈上升的态势，但是两者的增长率都比 2014 年略低，与一般财政支出相比，西藏自治区的一般财政收入增长率下滑程度更为明显，这使得支出收入增长率之比从 2014 年的 54.78%上升到 2015 年的 66.94%。如图 30.2 所示。虽然 2014 年西藏的公共部门财政支出与收入增长率的比值出现较大的降幅，但财政收支缺口与生产总值的比值与西部其他省份相比十分悬殊，西藏自治区公共部门的风险十分突出。

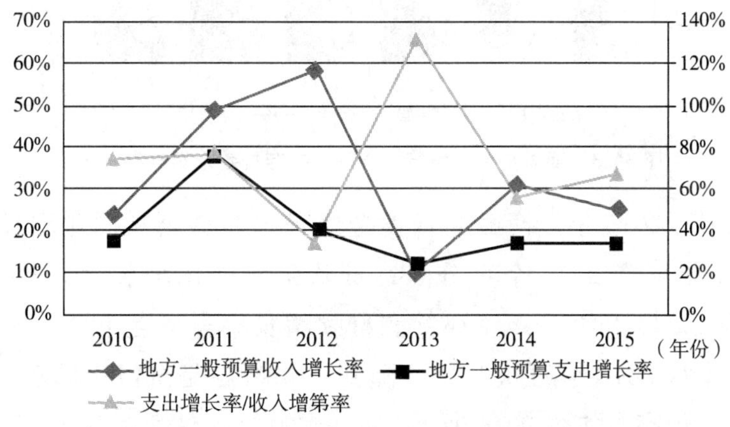

图 30.2 西藏自治区地方财政收支增长率

第4节　西藏自治区金融部门风险分析

2015年，西藏自治区金融业总体平稳健康运行，银行业、证券业、保险业稳健发展，金融业整体风险并不显著。本节主要运用账面分析和或有权益分析方法，采用相关风险指标，揭示西藏银行类、保险类金融机构所面临的风险状况。

一、银行类风险分析

(一) 资本结构错配分析

2015年，西藏银行类金融机构的资本结构错配风险逐渐加大。如图30.3所示。具体来看，2015年，西藏银行类金融机构存款余额为3671.22亿元，同比增长18.81%；贷款余额为2057.98亿元，同比增长31.26%。2015年西藏银行类金融机构的存贷比为56.06%，从2010年到2015年存贷比逐年上升，但是都保持在较低水平，虽低于央行规定的商业银行存贷比75%的上限，但存贷比上升较快，资本结构错配风险有增大的趋势。

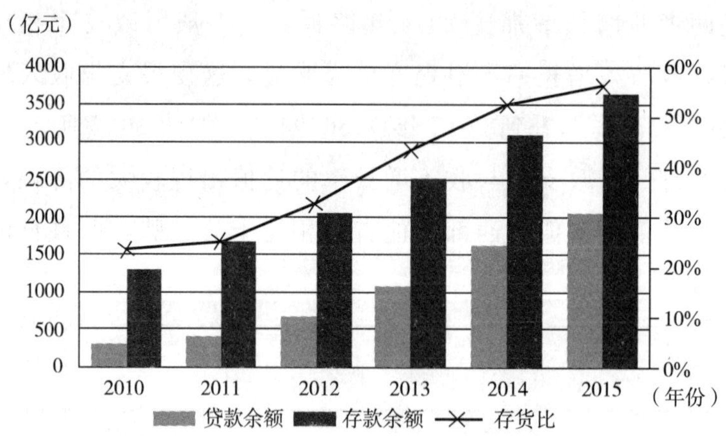

图30.3　西藏自治区银行类金融机构存贷款余额与存贷比

具体来看，2015年，西藏银行类金融机构存款余额同比增长18.81%，增速较2014年下降2.49个百分点；贷款余额同比增长31.26%，增速较2014年下降19.14个百分点，存款和贷款增长率都显著下降。2015年西藏的不良贷款率从2014年的0.40%下降到0.37%，是全国最低水平，说明西藏的资产水平较高。如图30.4所示。

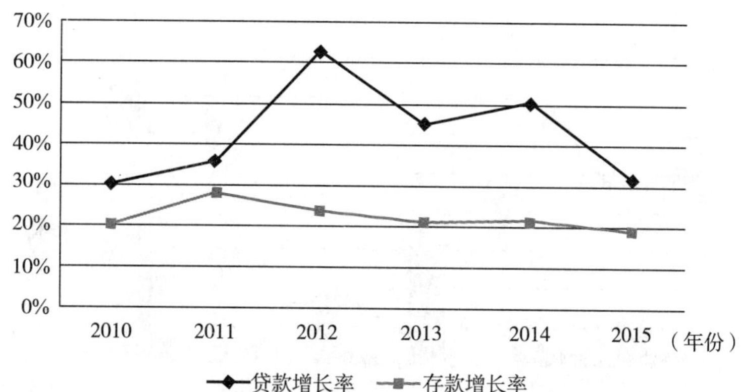

图 30.4　西藏自治区银行类金融机构存贷款余额增长率与不良贷款率

（二）期限错配分析

2015 年，西藏自治区银行类金融机构期限结构错配风险上升，中长期贷款余额为 1619.9 亿元，同比上升 34.8%，短期贷款余额 333.3 亿元，同比上升 59.3%。从中长期贷款占比变动来看，近五年呈上升趋势，2015 年达到 78.71%的高位，这表明西藏银行类金融机构存短贷长现象严重，所面临的流动性风险较为突出，期限错配风险较大。

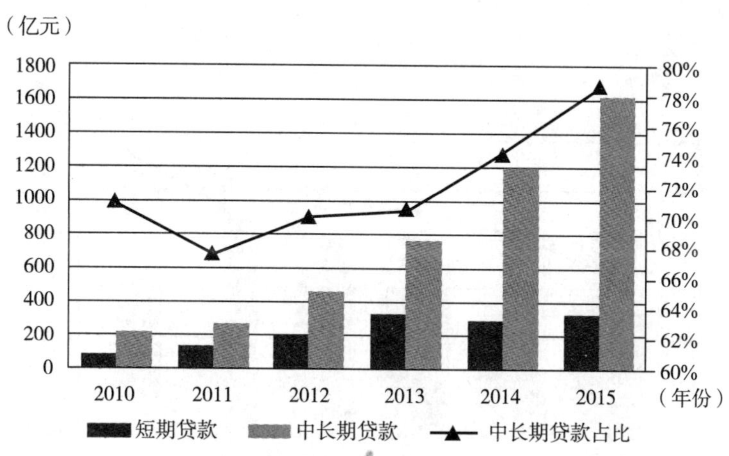

图 30.5　西藏自治区金融机构存贷款结构

（三）货币错配分析

2015 年，西藏自治区银行类金融机构的货币错配风险相对于之前大大提高。如图 30.6 所示，2015 年西藏银行类金融机构外币存款仅为 7.36 亿元，与 2014 年相比上升 8.7%；外币贷款为 4.28 亿元，同比上升 486.3%，由于基数较小，外币存款增长非常明显。从近三年的数据来看，外币存款和贷款余额非常低，但是存贷比大幅度增加，货币错配风险增大。

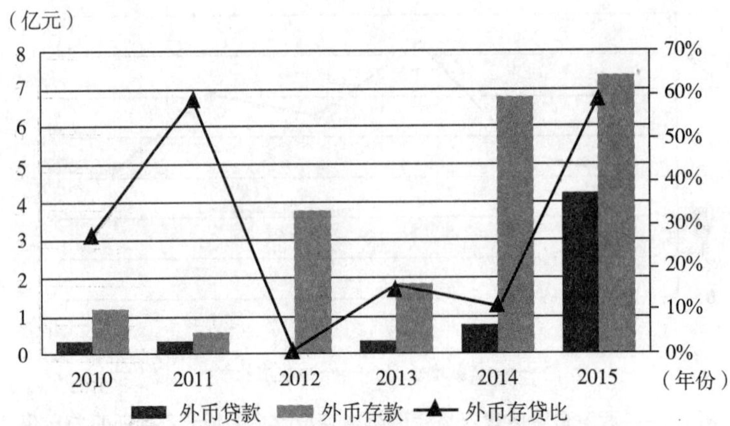

图 30.6　西藏自治区金融部门外币存贷款余额与存贷比

二、保险类风险分析

2015 年，西藏自治区保险业稳步发展，保险业在西藏自治区国民经济中的地位稳步上升。如图 30.7 所示，实现保费收入 17.4 亿元，同比增长 36.36%，比 2014 年上升 24.72 个百分点。2015 年，西藏 GDP 较保费收入增长慢，因此保险深度大幅上升，仅为 1.70%，从近五年的数据来看，西藏的保险深度一直处于较低水平，保险业有待发展和提升。

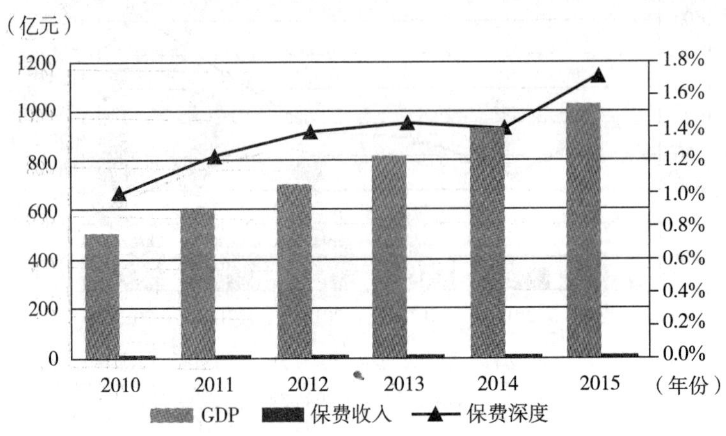

图 30.7　西藏自治区保险业保费收入与保险深度

2015 年，西藏自治区保险业赔付支出达 8.1 亿元，同比增长 46.55%，近几年这一增长率一直保持在较为稳定的水平。如图 30.8 所示。西藏自治区处于自然灾害频发地段，赔付支出保持在 50%以上的高位，短期来看，西藏自治区保险业风险有上升的趋势，应当注意防范。

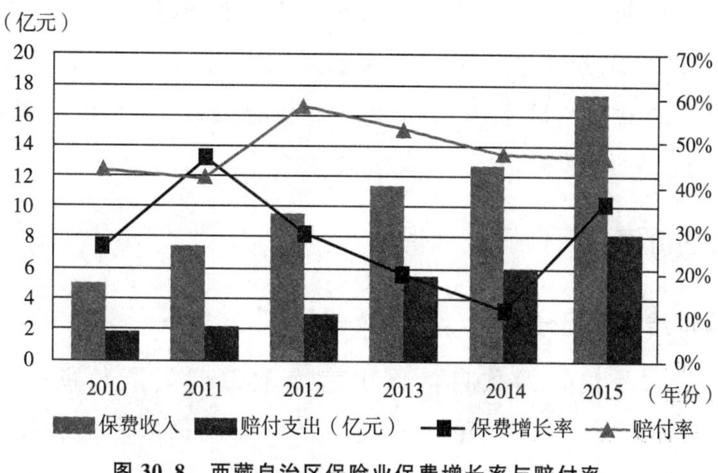

图 30.8　西藏自治区保险业保费增长率与赔付率

第 5 节　西藏自治区上市企业部门风险分析

本节选取 2014 年在沪深上市的非金融类企业共计 10 家，主要分布在食品加工、矿业、医药、旅游等行业，本节采用相关风险指标，主要从上市公司盈利能力、账面资产负债表和或有权益资产负债表等方面对西藏自治区上市公司风险进行分析。

一、盈利能力分析

2015 年，西藏旅游业绩出现大幅度下滑，在全球经济下行的大背景下，发达国家经济持续低迷，新兴经济体发展速度减慢，国内外市场对有色金属的需求下降，存在严重的产能过剩问题。如图 30.9 所示，受有色金属冶炼行业整体利润下降的影响以及在西藏旅游、西藏珠峰、西藏矿业业绩亏损的

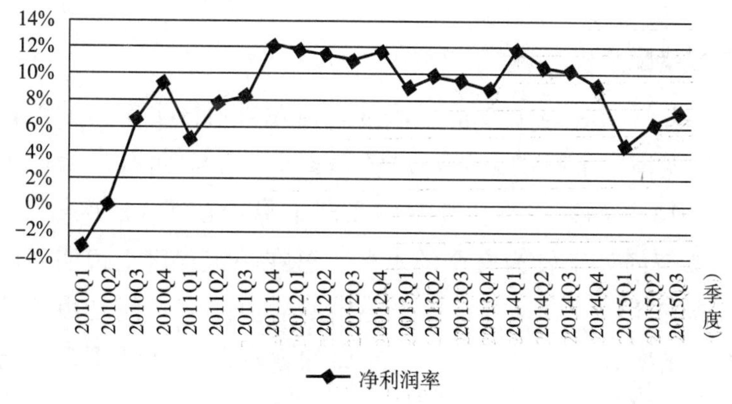

图 30.9　西藏自治区上市企业部门净利润率

拖累下，2015年西藏上市公司前三季度的净利润率分别为4.52%、6.24%和6.97%，前三季度平均净利润率为6.21%，较2014年下降3.41个百分点。2015年，西藏自治区上市公司整体盈利能力较2014年下滑，上市公司经营风险加大。

二、账面价值资产负债表分析

（一）资本结构错配分析

2015年前三季度，西藏自治区上市企业部门资产负债率基本保持在55%的水平左右，从2010年第一季度以来，资产负债率一直比较平稳，保持在50%至65%之间，波动不大，资本结构错配风险并不突出。2015年西藏自治区上市公司前三季度的资产负债率分别为55.62%、55.26%和55.66%，与2014年上市公司四个季度的资产负债率相比变化不大，略有减小，且从整体来看，西藏自治区上市公司资产负债率较2010年以来保持下降趋势，资本结构将进一步优化，资本错配风险不大。如图30.10所示。

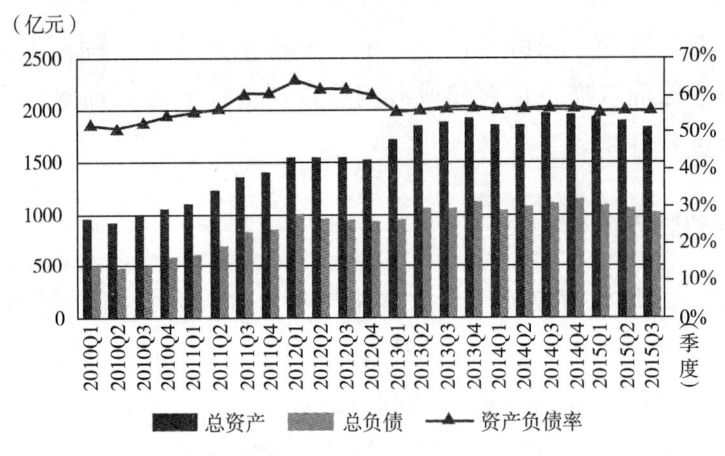

图30.10 西藏自治区上市企业部门账面资产负债率

（二）期限错配分析

如图30.11所示，2015年前三季度，西藏自治区上市企业的流动负债和流动资产都呈现稳定下降的态势，也跌到了1以下，西藏自治区上市公司的流动比率从2013年的第一季度开始就逐渐下降，在2015年第三季度降到最低0.91，但该值尚处于较为安全的水平，这在一定程度上说明西藏自治区上市企业的资金流动性较好，具有较强的短期偿债能力，但是由于西藏自治区上市公司流动比率呈下降趋势，仍然需要加强资产流动性管理，防范企业经营中的期限错配风险。

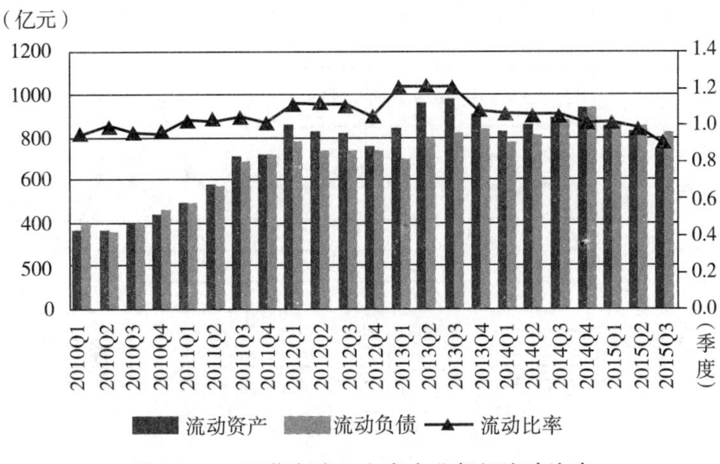

图 30.11　西藏自治区上市企业部门流动比率

三、或有权益资产负债表分析

或有权益资产负债分析能够反映出上市企业在市场评估下的资产状况和风险水平。如图 30.12 所示，2015 年西藏自治区上市企业部门的或有资产负债率明显下降，和账面资产负债率表现出完全不同的趋势，其中或有的资产负债率在 20%～25%之间浮动，账面资产负债率在 55%左右浮动。由于西藏自治区上市企业部门的或有资产负债率较低，且自 2011 年以来逐渐下降，因此资本结构错配风险并不大。

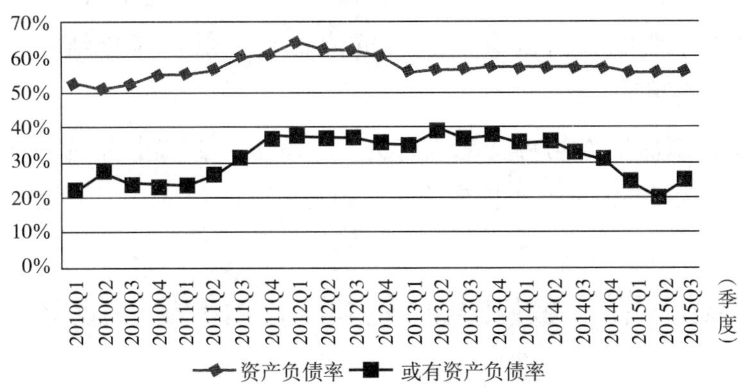

图 30.12　西藏自治区上市企业部门账面资产负债率与或有资产负债率

从上市企业违约距离来看，西藏自治区上市企业部门的违约风险越来越大，且上升到一个比较危险的水平，整体情况堪忧。如图 30.13 所示，由 2015 年第一季度的 4.43 下降到至 2015 年第三季度期的 1.65，其违约距离直线下降，且下降到需要警惕的水平，从 2014 年第三季度以来违约距离一直是迅速下降的趋势，比起其他省市，违约风险开始显露的时间稍晚，说明西藏上市公司的抗风险能力有所下降，违约风险较大。

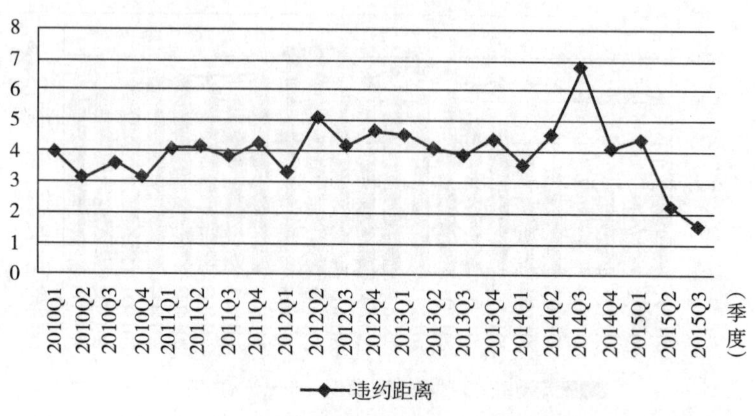

图 30.13　西藏自治区上市企业部门违约距离

第 6 节　西藏自治区家户部门风险分析

2015 年，西藏自治区城乡居民储蓄存款和个人消费贷款稳步增加，增速放缓，城乡居民整体生活水平持续改善。2015 年，西藏城乡居民储蓄存款达 559.3 亿元，同比增长 13.4%；居民个人消费贷款达 119.2 亿元，同比增长 16.7%。2012—2015 年，西藏个人消费贷款占城乡居民储蓄存款的比率总体上呈逐步上升的态势，并于 2015 年达到 21.3%，同比上升 0.6 个百分点，但从总体来看，西藏自治区家户部门负债水平较低，存贷结构在合理区间内，基本不存在风险。

2014 年城镇居民人均可支配收入为 22016 元，其增长率为 7.90%，农村居民人均收入为 7359 元，增长率为 12.30%。

第 7 节　金融风险管理与经济发展战略

2015 年，西藏自治区各部门风险进一步加大。具体来看，公共部门财政收支缺口加大，风险显著提升，值得警惕。金融部门发展缓慢，银行业资本结构错配风险不大；期限错配风险有所缓解；外币错配风险有所缓解，但风险水平仍处高位。保险业发展良好，保费收入显著上升，但保险业赔付风险有所加大。上市企业部门盈利能力仍然不振，净利润率持续下滑，低于全国平均水平，资本结构错配风险明显上升；流动性较为平稳，期限错配风险不显著；违约距离有所增大，整体来说，企业部门存在较多问题，潜在的风险应当警惕。家户部门居民收入提升乏力，居民储蓄和个人消费贷款增速放缓，风险加大。所以，2015 年西藏自治区政府部门应当重点针对公共部门和企业部门进行风险防范。

首先，西藏自治区的财政收支缺口已经超过了整个西藏地区的 GDP 规模，财政收支状况不容乐观。西藏自治区政府要优化当地金融生态环境，健全信用担保体系，要彻底扭转现行的财政援藏模式，提高财政资金的使用效率，充分发挥财政资金对经济的杠杆作用。西藏自治区政府可以考虑划拨一定比例的财政资金设立专项基金。设立优势产业专项扶持基金，鼓励特色优势产业开发；设立银行业金融机构信贷专项扶持基金，鼓励各大商业银行扩大对藏企业的放贷，提高银行机构存贷比；设立西藏新型金融机构专项培育发展基金，筹建本地区的小额信贷公司、信托公司和担保公司，逐步完善西藏地区的金融体系。

其次，西藏自治区要在控制风险的前提下，发挥金融对经济的撬动作用，不断培育西藏经济的自我造血功能。西藏要不断引进一些非金融机构，比如保险公司、信托公司、小额信贷公司、担保公司、租赁公司等，逐步完善金融体系，从不同角度、不同方面发挥金融对经济发展的支持作用。此外，西藏金融机构要不断创新金融手段，充分利用国家对西藏的金融优惠政策，积极支持西藏旅游业、矿产业、医药业等特色优势产业的发展。

最后，西藏在利用金融手段推动经济发展的同时，一定要控制金融风险。西藏金融机构要加快内控制度建设，要建立科学的安全预警体系和财务分析制度，树立金融风险防范意识。要建立健全金融安全系统，在控制风险的前提下，促进金融与经济协调发展。

参考文献

[1] 西藏自治区统计局：《2010—2015 年西藏自治区国民经济和社会发展统计公报》。

[2] 中国人民银行：《2010—2015 年西藏自治区金融运行报告》。

[3] 杨科：《西藏中小企业的金融支持研究》，西藏大学，2015 年。

[4] 于方清：《西藏金融机构与中小企业融资关系的研究》，西藏大学，2015 年。

第 31 章　陕西省宏观金融风险研究

2015 年，在国内外经济形势持续低迷、煤炭石油等能源价格走低的外部压力之下，陕西省作为能源大省，其经济发展受到较大的冲击和影响。陕西省积极抓住“一带一路”的发展机遇，实行“稳中有为、提质增效”的发展战略，以产业结构调整与增强自主创新能力为重心，积极培育经济新引擎，全年经济表现出增速放缓、结构调整、产业升级的态势。全省经济增速逐季回升，有向好的趋势。本章将对公共部门、家户部门、企业部门和金融部门的风险进行分析，对陕西省宏观经济金融运行存在的风险进行识别和度量，分析得出公共部门财政收支缺口加大，风险显著提升。金融银行业资本结构错配风险不大；期限错配风险有所缓解；外币错配风险水平仍处高位。保险业赔付风险有所加大。上市企业部门盈利能力仍然不振，净利润率持续下滑，资本结构错配风险明显上升。家户部门风险加大。

第 1 节　陕西省宏观金融风险概述

2015 年，以陕西省的经济整体来看，运行较为平稳，实现生产总值 18171.8 亿元，同比增加 8.0%[①]。从三次产业比值来看，第二产业仍然占据主导地位，占生产总值的比重为 51.5%。全年工业增加值 7634.19 亿元，同比增长 6.9%。全年全社会固定资产投资 20177.98 亿元，同比增长 7.8%，实现稳定增长。对外出口增速放缓，全年进出口总额达 1895.66 亿元，同比上涨 12.8%。金融业方面，整体运行平稳，金融服务创新加快，基本形成了以银行为主，信托、保险、证券、担保等金融机构较为全面的发展格局，全省的证券公司共有 3 家，证券营业部有 192 家，但金融业整体发展速度较慢，金融业增加值占生产总值比例和金融机构存贷比仍低于全国平均水平。

① 数据来源：《2010－2015 年陕西省国民经济和社会发展统计公报》，陕西省统计局；《2010－2015 年陕西省金融运行报告》，中国人民银行；国泰安数据库，深圳国泰安教育技术股份有限公司；智远理财服务平台，招商证券股份有限公司。如无特殊说明，本章数据均来源于此。

2015 年陕西省的经济发展进入了“瓶颈期”，需求不足、产能过剩、企业利润下滑等多重因素导致经济增长乏力，风险上升，主要风险为企业的经营风险。2015 年规模以上工农业增加 13.5%，重工业增加值增长 5.8%，主营业务下降了 0.3%，价格下降、需求不足、产能过剩对能源型规模以上企业增加值的上涨形成了很大的压力，未来形势并不乐观。而规模以下企业主要集中在非金属矿物制品业、农副食品加工业、专用设备制造业、通用设备制造业等传统行业上，多为制造业的下游配套产业，因此受上游企业缩小生产规模的影响较大，加上劳动力成本上升、人才流失严重、社保缴存比例偏高加重了中小企业的负担，虽然政府提供了一系列的优惠政策，然而门槛较高，规模以下企业享受优惠政策的比例偏低，从而导致中小工业企业的盈利下滑明显，实体经济尤其是制造业陷入低谷。由实体经济下滑导致的经济风险通过消费、生产、税收、借贷等多种途径蔓延至公共部门、金融部门、家户部门，形成系统性经济风险。

第 2 节　文献综述

曹芳芳（2014）研究了陕西省保险业发展是如何影响经济发展的影响，分别从消费、投资和出口三个途径对这种影响机制进行了探究，发现保险可以促进消费、投资和出口的增长，因此得到了保险业的发展和经济增长有正向关系，并建议政府加强保险市场体系的建设和健全保险监管体系。

张云燕（2013）以陕西农村金融为研究对象，研究了农村合作金融机构信贷风险的影响因素，发现这种风险来源于农户信贷违约造成的风险、信贷风险内控体系的风险以及外部环境的风险，通过这三个方面风险的分析，提出控制风险的建议，即提高农户信贷资金使用效率、优化风险控制体系等。

王佳楣（2015）同样也研究了陕西的农村金融，其研究对象主要是陕西农村金融市场，发现陕西农村金融市场滞后于农村经济制度的改革，而且受到政府的影响，但是其开放程度逐年上升，金融支农的效率也显著提高，不过个体效率水平差异极大，然而陕西农村金融市场的开放对金融支农的效率的正面作用不明显，应该促进这种影响机制的形成。

张莹梅（2015）探讨了陕西省区域性能源金融中心建设的意义，利用因子分析法对陕西省能源金融竞争力进行衡量，并设计了将与能源相关的上下游链条上的企业相互关联的一个完整的产业链。

第3节 陕西省公共部门风险分析

2015年陕西省财政收支状况较2014年有所恶化，地方一般预算财政收支缺口以及其在GDP中的占比上升，尤其是占比处于较高水平，存在较大的风险。如图31.1所示。具体来看，2015年，陕西省实现一般财政预算收入2059.9亿元，同比增长12.10%，比起前三年财政收入增速明显加快，实现一般财政预算支出4376亿元，较上年增长10.40%，财政支出增长速度比2014年也明显上升。但一般预算财政缺口越来越大，从2010年开始就一直呈增长趋势，2014年财政缺口占生产总值的比例是五年来最低，然而2015年的占比又升到比之前四年都高的一个水平，这说明公共部门风险显著增大，应加以控制。

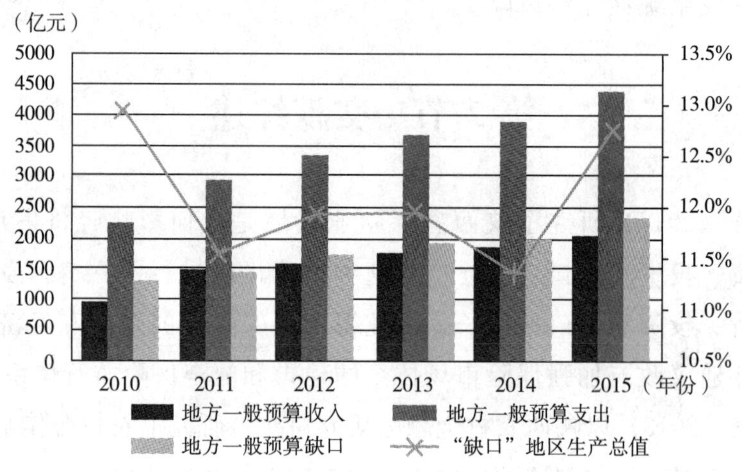

图31.1 陕西省地方财政一般预算收支

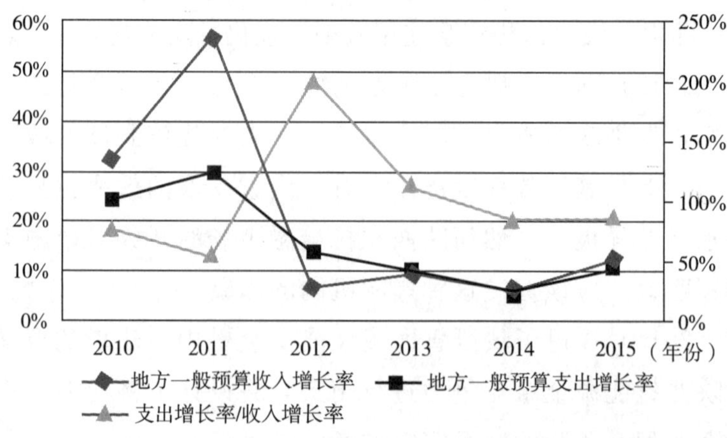

图31.2 陕西省地方财政收支增长率

2015年，陕西省一般预算支出和收入的增长率基本上相同，可以看到，从2013年开始，一般预算收入和一般预算支出的增长的变动基本一致，2015年较2014年有所增加，2015年支出增长率与收入增长率的比值与2014年基本一致，从2012年200%的高位下降到85.95%较为安全的水平。如图31.2所示。一方面，工业经济的不景气造成公共财政收入的增速放缓，另一方面，陕西省政府着力降低一般性支出，提高投资质量，有力控制了公共部门风险的加大。总的来说，公共部门风险仍然较高，需要政府部门采取措施防范和化解风险。

第4节　陕西省金融部门风险分析

2015年，陕西省金融业总体平稳健康运行，银行业、证券业、保险业稳健发展，金融市场稳步发展，金融生态环境不断优化，金融创新不断提速，金融与经济发展的协调性显著增强。本节主要运用账面分析和或有权益分析方法揭示陕西省银行类、保险类金融机构所面临的风险状况。

一、银行类风险分析

（一）资本结构错配分析

2015年，陕西省银行类金融机构存款余额为22096.84亿元，同比增长13.7%；贷款余额为32685.32亿元，同比上升15.2%，如图31.3、图31.4所示。从存贷比的水平来看，2015年存贷比为67.60%，与2014年基本持平，较为稳定，终止了前四年的迅速上升的趋势，但低于人民银行规定的75%的存贷比上限，处于较合理的水平，资本结构错配风险不大。

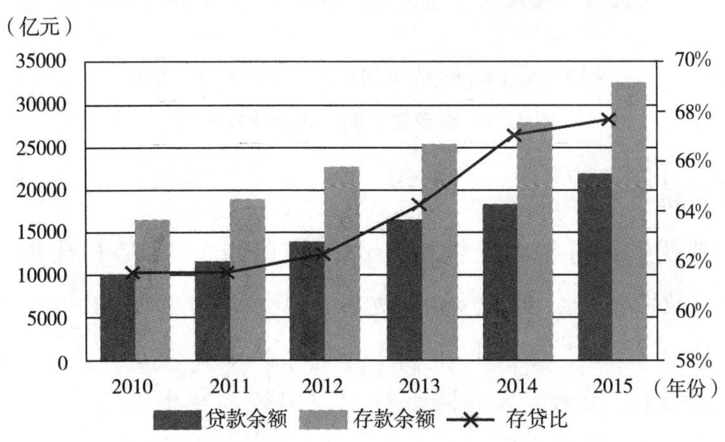

图31.3　陕西省银行类金融机构存贷款余额与存贷比

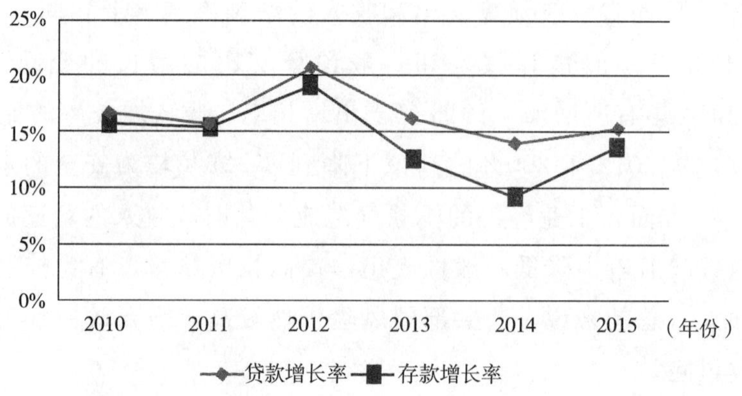

图 31.4 陕西省银行类金融机构存贷款余额增长率

（二）期限错配分析

2015 年，陕西省银行类金融机构期限错配风险较 2014 年有所下降，但是中长期贷款仍然占大部分，因此陕西省银行类金融机构的流动性风险仍然较为突出。2015 年，陕西省金融机构中长期贷款为 15355.2 亿元，同比增长 13.9%，贷款余额整体增长较快，导致中长期贷款占比同比略微下降，但是仍然保持在较高的水平。如图 31.5 所示，2015 年，陕西省银行类金融机构中长期贷款占比为 69.49%，较 2013 年下降 2.06 个百分点。

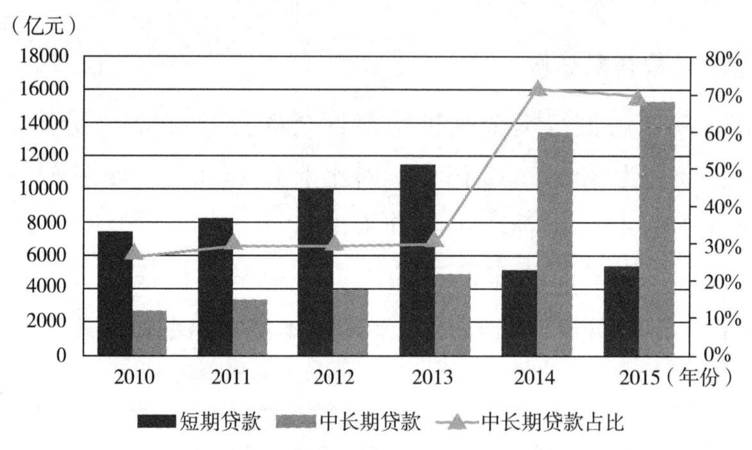

图 31.5 陕西省金融机构存贷款结构

（三）货币错配分析

2015 年陕西省银行类金融机构外币存贷比与 2014 年相比明显下降，达到了近六年的最低水平，如图 31.6 所示。2015 年，陕西银行类金融机构外币贷款为 346.36 亿元，同比下降 7.5%，外币存款为 278.16 亿元，同比增长 26.06%，虽然货币错配风险降低，但仍然较为突出。

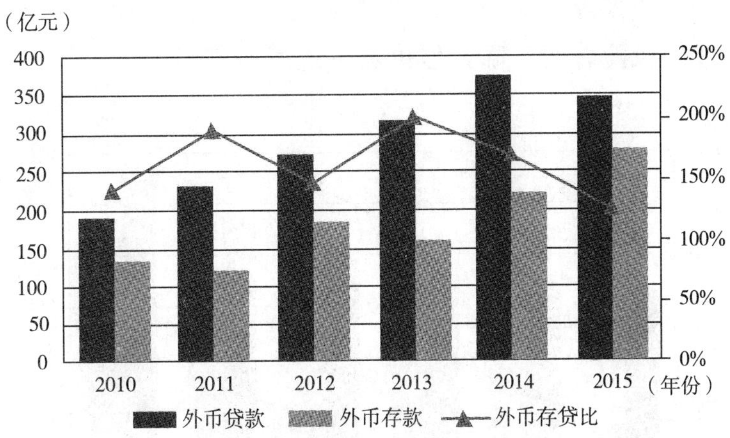

图 31.6　陕西省金融部门外币存贷款余额与存贷比

二、保险类风险分析

2015 年，陕西省保险业稳步发展，全年保险业实现保险保费收入 572.45 亿元，比上年增长 20.07%。从 2012 年至 2015 年，陕西省保险深度呈逐年缓步上升的趋势。如图 31.7 所示，2015 年，陕西省保险深度为 3.15%，较 2014 年上升 0.45 个百分点，是近几年上升幅度最大的一次，表明陕西省保险业的发展开始回暖，保险业在陕西省国民经济中的地位有所上升。

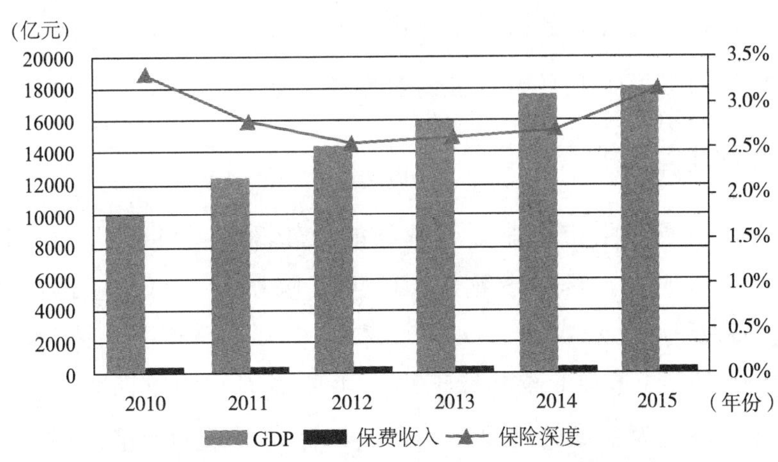

图 31.7　陕西省保险业保费收入与保险深度

2015 年陕西省保险业累计赔付支出 193.96 亿元，比上年增长 7.91%。从 2011 年开始，保费收入增长率一直保持着上升趋势，2015 年增长率比 2014 年显著加大。如图 31.8 所示。自 2013 年以来，陕西省保监局积极构建多层次社保体系，推出“新农保”、保障型商业保险和巨灾保险等服务项目，拓宽了保费收入的来源。2015年陕西省赔付率有所减小，下降到35%以下，陕西省保险业的风险有所下降，但仍然不能放松警惕。

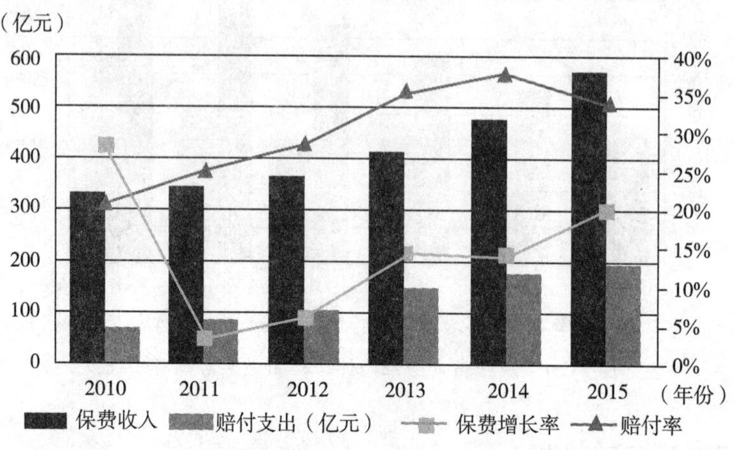

图31.8　陕西省保险业保费增长率与赔付率

第5节　陕西省上市企业部门风险分析

本节选取2015年在沪深上市的非金融类企业共计31家为样本，运用资产负债表方法和或有权益分析方法对这些上市企业整体进行宏观金融风险分析。陕西省上市企业部门的行业主要集中在有色冶炼加工、景点及旅游、机械设备、建筑材料等行业领域。所选样本为2010年第一季度到2015年第三季度陕西板块的上市企业，不包含创业板和金融行业的相关上市企业。

一、盈利能力分析

2015年，陕西省上市企业部门盈利能力较2014年持续下降，净利润率逐季放缓，下滑明显。具体来看，2015年，陕西省上市企业部门净利润率一、二、三季度分别为5.74%、4.87%和4.62%，季度平均值为5.1%。如图31.9所示。2015年利润率持续下降的主要原因在于陕西省产业转型升级滞后，以传统行业为主导的规模以上企业，存在严重的产能过剩的问题，短期内难以化解。而规模以下企业受上游企业缩小生产规模的影响较大，加上劳动力成本上升、融资困难等因素导致规模以下企业享受优惠政策的比例偏低，从而导致中小工业企业的盈利下滑，经营风险上升。

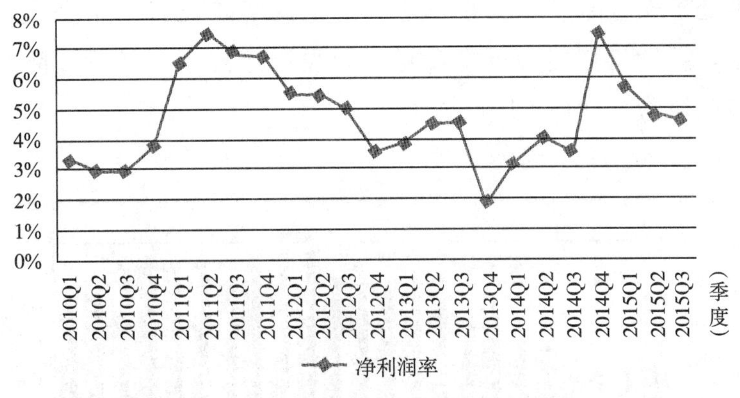

图 31.9　陕西省上市企业部门净利润率

二、账面价值资产负债表分析

（一）资本结构错配分析

2015 年第一季度到 2015 年第三季度，陕西省上市企业的账面总资产和总负债规模保持减小趋势，资产负债率保持在 55%的水平，处于 60%以下的合理区间，从 2010 年开始山西的资产负债率一直保持在较低水平。如图 31.10 所示。总体来看，陕西省近三年的资产负债率水平基本持平，非常平稳，因此陕西省上市企业资本结构错配风险并不大。

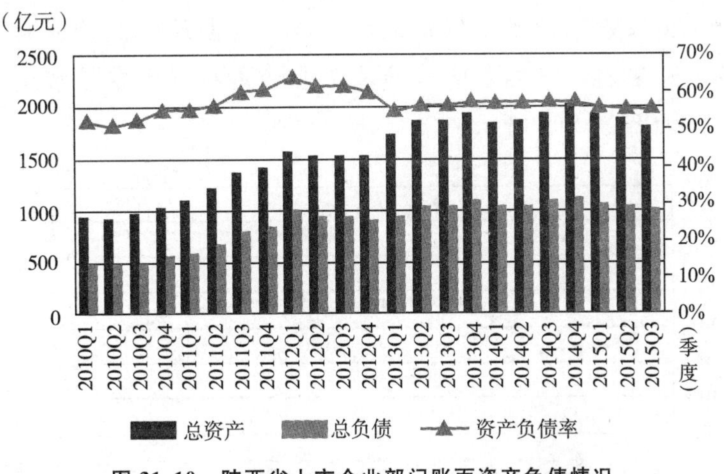

图 31.10　陕西省上市企业部门账面资产负债情况

（二）期限错配分析

2015 年第一季度到第三季度，陕西省上市企业的流动资产和流动资产均逐渐下降，其流动比率也呈下降的趋势，从 2013 年第二季度，流动比率就一直表现出下降趋势。在 2015 年的第二季度和第三季度流动比率下降到 1

以下，不再处于安全水平，这在一定程度上说明陕西省上市企业的资金流动性越来越差，短期偿债能力下降，需要加强资产流动性管理，防范企业经营中的期限错配风险。如图 31.11 所示。

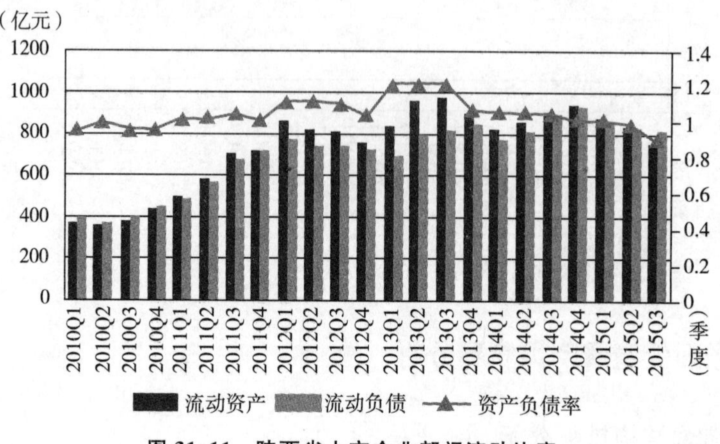

图 31.11 陕西省上市企业部门流动比率

三、或有权益资产负债表分析

2010 年到 2015 年前三季度，陕西省的或有资产负债率一直显著低于账面资产负债率，2015 年，陕西省上市企业部门的或有资产负债率较 2014 年有较大变化，处于 20%～25%的水平，低于西部其他省市平均水平，因此陕西省的或有价值反映的资本结构错配风险较小，但从账面和或有资产负债率整体上升的趋势来看，陕西省应该防范企业经营状况不善导致或有资本结构恶化的风险。如图 31.12 所示。

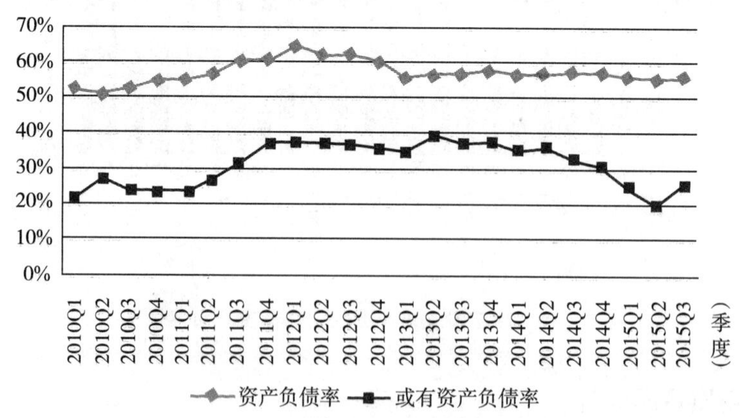

图 31.12 陕西省上市企业部门账面资产负债率与或有资产负债率

从上市企业违约距离来看，如图 31.13 所示，在 2015 年第一季度陕西省上市企业部门违约距离显著下降，说明违约风险大幅度上升，但在 2015

年第二季度又重新回升，风险减小，归因于两季度短期负债和资产大幅下降，加上资产负债率水平变动不大，因此违约距离明显增加，说明其抗风险能力有所下降，违约风险需要预防。

图 31.13　陕西省上市企业部门违约距离

第 6 节　陕西省家户部门风险分析

2015 年，陕西省家户部门风险不大，如图 31.14 所示，2015 年，城镇居民人均可支配收入为 26420 元，比上一年增长 8.4%，同比下降 0.6 个百分点，农村居民人均纯收入为 8689 元，比上一年增长 9.5%，增长率较 2014 年下降 2.3 个百分点，财产性收入占比为 1.7%，略有上升。

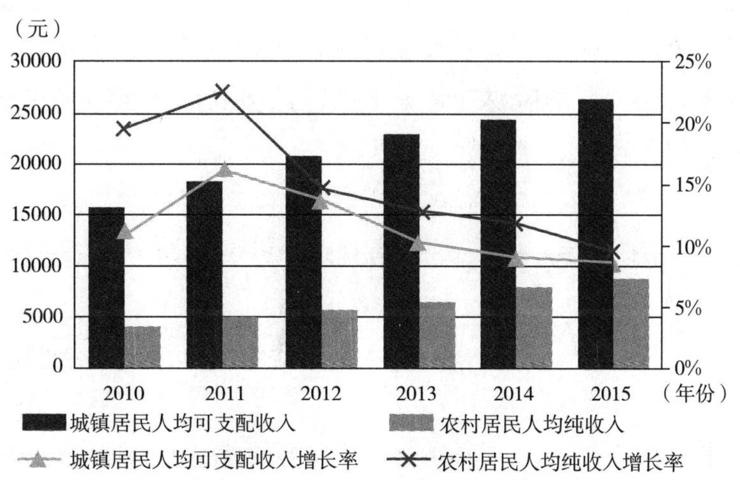

图 31.14　陕西省家户部门储蓄存款与消费贷款

第7节　金融风险管理与经济发展战略

2015年，陕西省公共部门财政收支缺口在地区生产总值中的占比加大，公共部门风险显著提升。金融部门方面，银行业资本结构错配风险不显著，但是流动性风险逐渐加大，外币错配风险水平较低，保险业发展良好，保费收入显著上升，赔付风险值得警惕。上市企业部门净利润率水平较低，资本结构错配风险明显上升，期限错配风险在可控范围内，违约风险显著增加，受能源价格下降和国内外需求下降的影响，陕西省的企业部门存在较严重的产能过剩问题，风险较大。家户部门居民储蓄和个人消费贷款增长平稳，风险较小。

为防范实体经济下滑的影响，政府部门应当首先着力调节本地经济“二元结构”，凸显财政杠杆作用，优化财政支出结构，协调省会和周边地级市经济发展。其次，陕西省银行业要严格控制外币贷款业务过快发展，注意防范过程中的汇率波动风险；保险业在创新业务的同时要加大与小额贷款公司、投资公司、网络信息公司的合作，实现保险功能与理财功能的深度融合。再次，经营状况良好的上市公司要紧跟市场需求，在加强财务管理，现金流管理的同时，注重金融工具的套期保值功能，多使用订单融资、信用融资、政策融资、市场融资手段。经营状况不佳的上市公司要及时剥离坏账、呆账，通过资产重组，产权交易等途径厘清公司财务现状，尽快使公司步入正轨。最后，银行业在面对货币基金和互联网金融的“联合脱媒”下，要采取积极的措施，在“金融脱媒”背景下顺应趋势利用货币市场工具提高银行资金周转率，加大创新。

参考文献

［1］陕西省统计局：《2010—2015年陕西省国民经济和社会发展统计公报》。

［2］中国人民银行：《2010—2015年陕西省金融运行报告》。

［3］张云燕：《陕西农村合作金融机构信贷风险影响因素及控制研究》，

西北农林科技大学，2013年。

[4] 张莹梅：《陕西区域性能源金融中心建设对策研究》，西安工业大学，2015年。

[5] 曹芳芳：《陕西保险业发展对经济增长的影响研究》，西北大学，2014年。

[6] 王佳楣：《陕西农村金融市场开放、效率及其影响机制研究》，西北农林科技大学，2015年。

第 32 章　甘肃省宏观金融风险研究

从 2014 开始，甘肃省的经济增速呈现出放缓的迹象。2015 年，面对严峻复杂的外部环境和较大的经济下行压力，甘肃省积极适应经济发展新常态，政策效应持续显现，经济总体平稳，发展态势较好。但是很多金融风险也逐步显现出来，集中表现在受资源、区位等因素影响，作为一个以农牧业和能源原材料工业为主的生态环境脆弱和污染突出的地区，经济结构不合理的问题较为突出，经济增长缺乏持久动力；资本市场融资功能不足，导致企业资金不足以及投资杠杆比率较高，易诱发金融风险，同时由于过于依赖银行间接融资从而减弱了市场对金融风险的调节功能，对区域金融稳定发展造成威胁。本章通过公共部门、金融部门、上市企业部门以及家户部门对甘肃省金融风险进行分析，认为甘肃省上市企业部门以及家户部门所面临风险相对较低，公共部门以及金融部门所面临风险相对较高。

第 1 节　甘肃省宏观金融风险概述

2015 年，在全国经济下行形势下，甘肃省经济发展速度减缓，具体而言，地区生产总值为 6790.32 亿元，增速为 8.10%；粮食产量 1171.14 万吨，增速为 1.07%[①]；全年全省规模以上工业企业实现工业增加值 1662.0 亿元，增速为 6.8%；完成固定资产投资 8626.60 亿元，增速为 11.2%；增速均为 2011 年以来最低值。2015 年，甘肃省金融业发展态势良好，金融综合实力稳步提升，金融创新不断推进，尤其是互联网金融业务迅速发展，金融业支持实体经济发展的作用越来越显著。金融机构存贷款大幅增长，其中金融机构本外币各项存款余额为 16299.50 亿元，比 2014 年增长 16.55%，本外币各项存款余额比年初增加 2329.70 亿元；金融机构本外币各项贷款余额

---

① 数据来源：《2010－2015 年甘肃省国民经济和社会发展统计公报》，甘肃省统计局；《2010－2015 年甘肃省金融运行报告》，中国人民银行；国泰安数据库，深圳国泰安教育技术股份有限公司；智远理财服务平台，招商证券股份有限公司。如无特殊说明，本章数据均来源于此。

达到13728.89.98亿元，比2014年增长23.93%，本外币贷款余额比年初增加2651.11亿元；贷款增幅高于存款增幅，存贷比增至84.23%，说明甘肃省金融对实体经济的推动作用越来越显著。

具体就四部门情况而言，甘肃省地方财政缺口较前几年显著减小，财政缺口占地区生产总值的比率降至17.98%，公共部门风险因素有所降低；银行类金融机构所面临风险问题显著加重，存贷比和中长期贷款占贷款余额比率均较2014年显著增加。保险业虽然实现稳定增长，在控制范围内，但依然暴露出发展程度不足、赔付风险加大等问题；上市企业部门受到国内经济形势下滑的影响经营风险加大，资本结构错配风险问题以及流动风险问题则有所缓解；家户部门收支情况良好，虽然个人存贷比显著增加，但风险水平整体处于可控范围内。

第2节 文献综述

武光（2011）将甘肃省的生态环境与我国的其他省份进行横向比较，认为甘肃省金融机构经营机制方面与东部发达省份或者中部省份相比还不完善，缺乏高效的风险甄别机制，甘肃地处欠发达地区，银行业机构经营规模较小，业务单一；并且甘肃省拥有相当数量的国有老工企业，在企业改制过程中自负盈亏的效率机制尚在建设中，并不十分完善，这就会造成资金的浪费和使用效率低下，使得金融市场价格信息作用不能得到有效的发挥。

赵晓娜（2008）分析了甘肃省金融支持工业产业发展的基本特征，信贷资金主要向电力、钢铁、电信和交通等垄断行业集中，同时向大型骨干企业和上市公司集中，也向中心城市和工业城市集中，信贷资金分布扭曲，甘肃省金融支持工业产业发展的制约因素主要来自于工业产业内在的弱质性、金融体系的不完善以及金融生态环境的恶劣。

文莉菲（2008）认为甘肃省农村经济基础薄弱，用来发展农业产业化的资金严重不足，因此甘肃省社会主义新农村建设对金融具有更强的依赖性。但是甘肃金融机构支农资金增长缓慢、农业银行农业贷款在贷款余额中的比重逐年下降和农业保险发展落后等，针对这些问题提出加快农村金融创新和建立农村金融风险的分担和转移机制。

冷云竹（2015）认为在新常态下甘肃银行业过去的外延式扩张以及“跑马圈地”的传统业务模式需要进行本质性的转换，摒弃过去的盈利模式，发

展一条创新驱动的新道路，提高管理水平和经营能力，从高速增长转变为中高速增长，从以重工业为主转变为以多极支撑发展经济。

第3节　甘肃省公共部门风险分析

2015年，甘肃省的地方一般预算收入仍然呈增长态势，一般预算支出则明显减少，缺口在地区生产总值中的比重大幅度减小，这说明甘肃省对于财政预算收支结构作出了较为合理的调整并行之有效，这也说明其公共部门的风险得到了一定的控制。如图32.1所示，具体来看，2010－2015年，甘肃省地方一般预算收入分别为353.56亿元、450.35亿元、520.88亿元、606.45亿元、672.15亿元和743.9亿元，一般预算支出分别为1466.7亿元、1790.3亿元、2063.40亿元、2308.22亿元、2538.41亿元和1964.6亿元；可以看到，一般预算缺口在2010－2014年间呈增加的趋势，但在2015年明显回落。

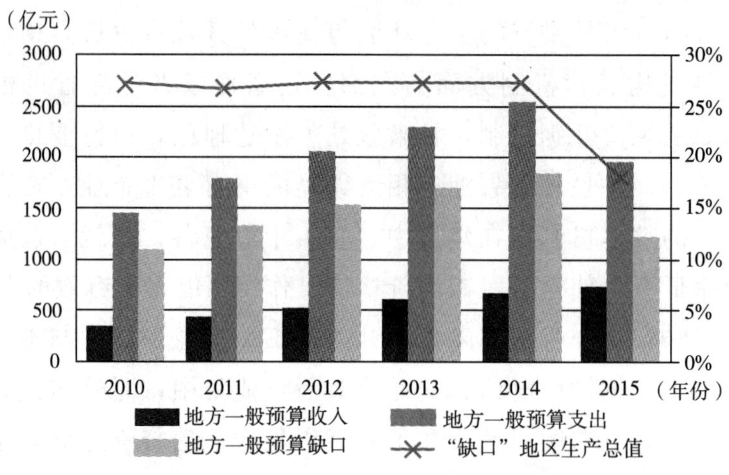

图32.1　甘肃省地方公共财政收支情况

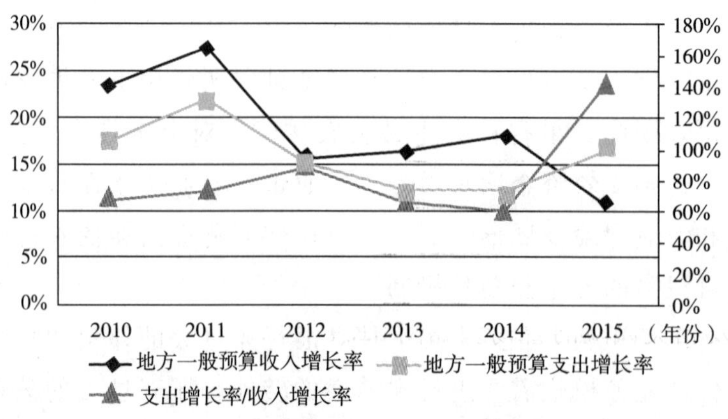

图32.2　甘肃省地方公共财政收支增长率比较

在全国经济下行以及税收政策改革的影响下，甘肃省财政预算收入增长率大幅度下滑，但依然保持增长态势不变，2015年财政预算收入共计743.90亿元，比2014年增加10.59%。如图32.2所示。

第4节　甘肃省金融部门风险分析

2015年，甘肃省金融业综合实力稳步提升，货币信贷合理均衡增长，金融市场功能有效发挥，金融生态环境继续优化，改革创新取得新进展，金融服务实体经济发展能力进一步提升。新常态下中国利率市场化步伐加快，利差减小，因此利息收入在银行收入中的占比下降，2015年全省银行业净利差为4.91%，贷款利息净收入在营业净收入中占比87.82%，比前几年下降幅度大。甘肃省整体金融状况虽然逐年改善，但与我国东部发达地区相比，金融市场总体发展水平、金融机构发展情况以及金融资产内部结构仍有较大差距。金融发展过程中一些问题也逐渐暴露出来，如银行业存贷比逐年攀升，流动风险加大；外币存贷也处在较高的数值，货币错配风险不容忽视。

一、银行类风险分析

2015年，甘肃省银行业金融机构稳步发展，资产规模提升十分明显，质量上也有大幅提升。银行业资产总额达19140亿元，比2014年增长17.84%，2015年年末不良贷款率比年初减少0.15个百分点，金融服务体系日臻完善。

（一）资本结构错配分析

甘肃省以间接融资为主要融资方式，因此，甘肃省银行业风险对其金融风险有重要影响。在2010－2013年四年间，甘肃省本外币存贷比均低于75%，资本结构错配风险并不显著，但是2014年、2015年存贷比显著增加，且一直呈增长态势。如图32.3所示。

2015年甘肃省贷款增长率有所降低，而存款增长率稍有上升，不良贷款率为1.02%，比2014年有所上升，但是在西部地区以及全国均处于较低水平。然而，就其存贷比发展趋势而言，一直保持增长态势，因此金融部门应该提高爆发相关风险的警惕。如图32.4所示。

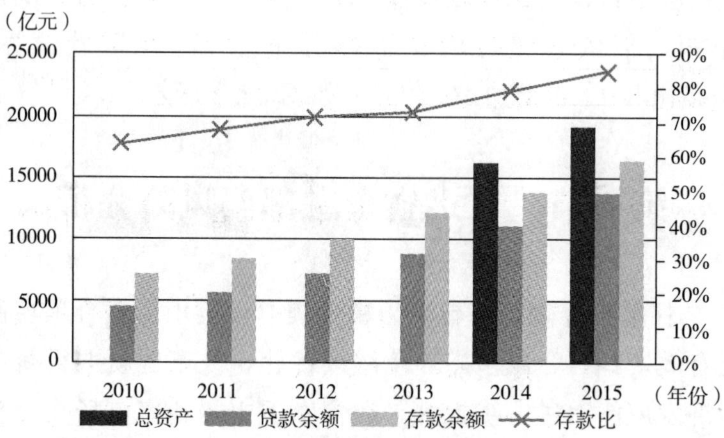

图 32.3 甘肃省金融机构存贷比

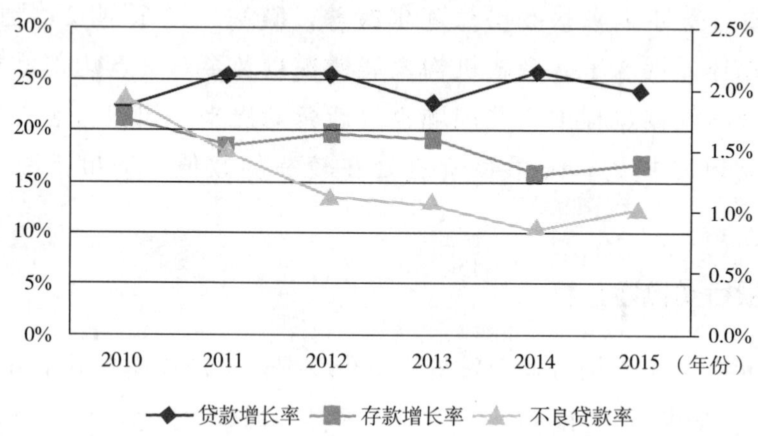

图 32.4 甘肃省金融机构存贷比

（二）期限错配分析

2010—2015 年，甘肃省本外币贷款以及中长期贷款余额均有较快增长，但是短期贷款持平，而且在 2015 年中长期贷款增加尤为明显，在前五年甘肃省中长期贷款占比较为稳定，均保持在 30%左右，而在 2015 年，这个占比骤然翻倍，说明甘肃省贷款期限结构发生了较大的变化。如图 32.5 所示。

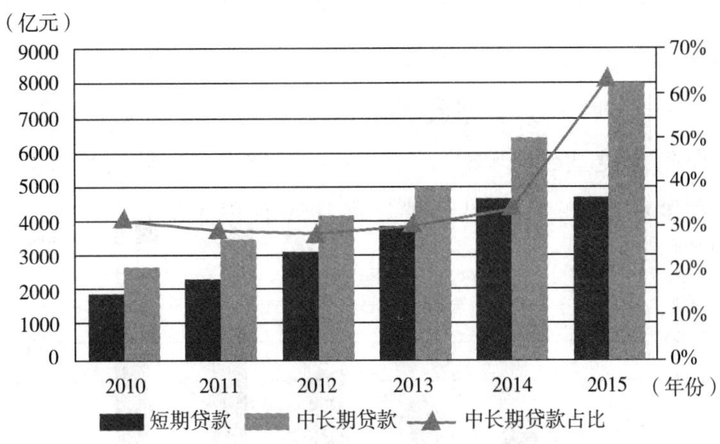

图 32.5　甘肃省金融机构贷款期限结构

(三) 货币错配分析

2010—2015 年，甘肃省外币存款呈现倒“U”形态势，于 2012 年达到近年最高值 92.76 亿元，2015 年回落至 42.66 亿元，外币贷款则在六年间一直呈现增长的趋势，在 2015 年达到最大值 413.47 亿元；外币存贷比与 2014 年相比有所回落，从 2012 年的 381.7%上升至 2014 年的顶峰值 1077.05%，2015 年再回落，说明甘肃省的对外贸易与当地的宏观政策一直是不匹配的状态，货币错配风险较大，因此相关部门需要警惕货币错配风险，及时调整相关政策。如图 32.6 所示。

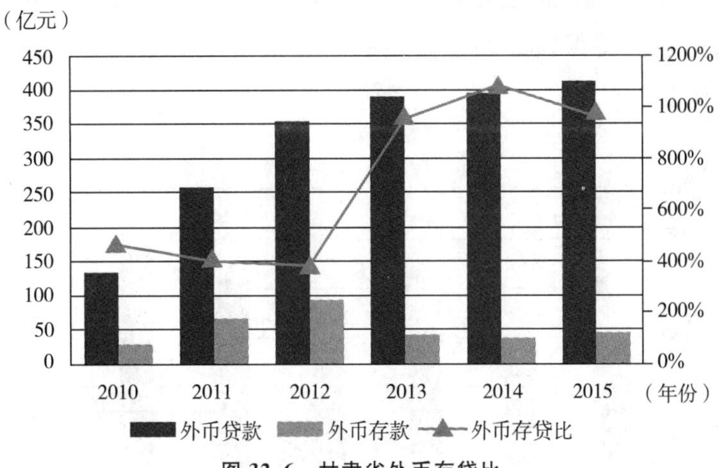

图 32.6　甘肃省外币存贷比

二、保险类风险分析

2015 年，甘肃省保险业实现平稳较快发展，保险覆盖面不断扩大。如图 32.7 所示，2010—2015 年，除 2011 年保费收入比上年略有下降外，其他年份均保持增长态势，而且2015年的增长尤其明显，到2015年，全省共有23家保险市场主体，累计实现原保险保费收入256.89亿元，比2014年增加23.24%。2010—2014年，甘肃省保险深度呈现下滑态势，2015年这种态势得以缓解，保险深度达到3.78%，比2014年的2.6%显著增加，说明甘肃省保险业发展程度在2015年明显改善，但是还有很大的发展空间。

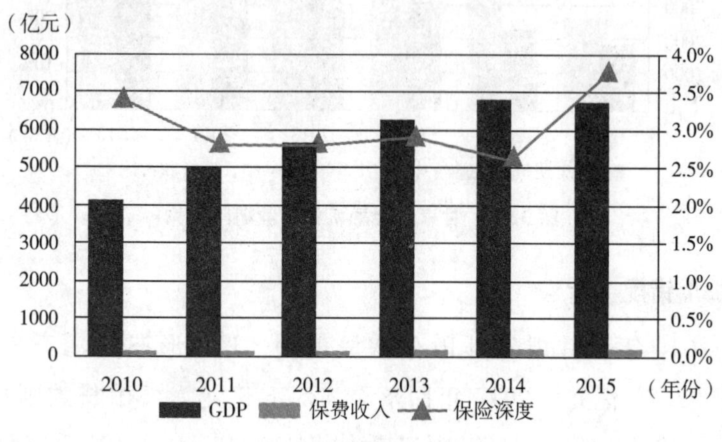

图32.7 甘肃省保险深度

2010—2015年，甘肃省保费增长率以及保险赔付率均出现“V”字形态势，保费增长率呈现正“V”字形，在2011年达到最低点，在之后的四年则稳步上升，2015年，保费增长率为23.24%，比2014年增加7.54个百分点；累计发生赔付支出92.75亿元，与2014年持平。如图32.8所示。因此，甘肃省相关部门在保持保险业稳定发展的同时，要警惕保险公司偿付能力所暴露出来的风险。

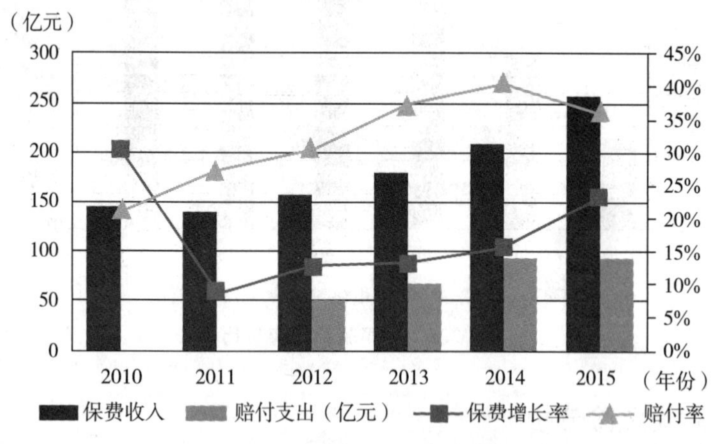

图32.8 甘肃省保费增长率与赔付率

第 5 节　甘肃省上市企业部门风险分析

近年来，甘肃省大力发展直接融资，其中，证券业保持快速发展态势，上市企业的资产规模以及资产质量都有了较大提升。截至 2015 年年末，甘肃省有 1 家法人证券公司，6 家证券分公司，65 家证券营业部，较上年增加 3 家；1 家法人期货公司，6 家期货营业部。截至目前，甘肃省辖内共有 28 家上市企业，上市企业部门总体而言风险状况有所优化，经营风险以及违约风险均有所缓解。本节选取样本为截至 2015 年年底甘肃板块 26 家上市企业，其中不包括创业板和金融行业的相关上市企业。

一、盈利能力分析

甘肃省上市企业部门净利润率一直处于较大的波动之中，而且具有季度周期性。近六年季度净利润率最大值达到 5.97%，而到了 2014 年和 2015 年净利润率保持在一个很低的水平。2015 年前三季度的净利润率为 0.16%、1.92%和 2.56%。如图 32.9 所示。2015 年以来，亏损的企业重要有三毛派神（000779）、兰州黄河（00929）、＊ST 皇台（000995）、中核钛白（002145）、酒钢宏兴（600307）以及兰石重装（603169）。甘肃省上市企业部门整体盈利能力状况不佳，企业面临风险问题严重。

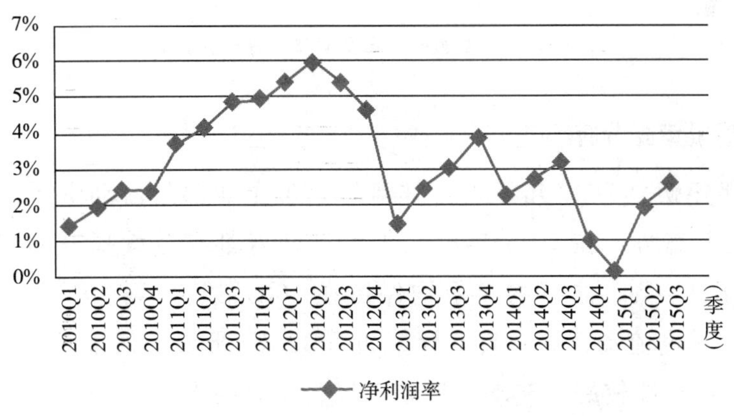

图 32.9　甘肃省上市企业部门净利润率

二、账面价值资产负债表分析

（一）资本结构错配分析

2010年第一季度至2014年第四季度，甘肃省总负债和总资产呈现增长态势，资产负债率从2010年第一季度到2012年第四季度持续增加；从2013年第一季度一直到2015年年末资产负债率都维持在56%左右。如图32.10所示。甘肃省上市企业部门与全国其他省份相比，处于较低水平，这与当地资本市场发展起步晚、资本市场发展尚不完善有关，上市企业部门资本结构不够稳健，暴露出一定程度的风险，应对此保持警惕，防范上市企业资本结构错配风险上升。

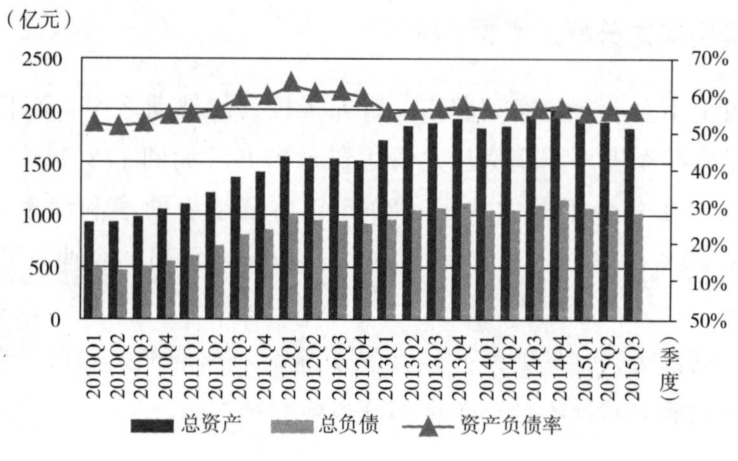

图32.10 甘肃省上市企业部门资产负债率

（二）期限错配分析

2010年年初至2013年年末，甘肃省上市企业部门流动资产与流动负债呈现波动上升态势，在2011年第三季度这两者都有较大提升，流动比率在2010年低于100%，之后的年份均保持在100%以上，且从2010年年初到2013年第三季度流动比率一直上升。如图32.11所示。总体而言，甘肃省上市部门资产流动性较好，流动比率处于较为安全的水平。

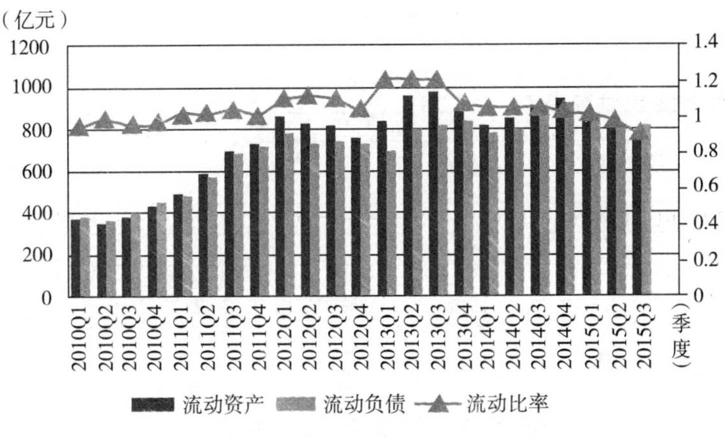

图 32.11　甘肃省上市企业部门流动比率

三、或有权益资产负债表分析

（一）或有资本结构错配分析

甘肃省上市企业部门资产负债率以及或有资产负债率呈现较为一致的变化态势。如图 32.12 所示。其或有资产负债率从 2010 年第一季度的 21.92% 上升到了 2014 年年底的 37.50%。2015 年的或有资产负债率降到了 20%的水平，前三季度的或有资产负债率分别为 24.53%、20.00%和 25.25%。

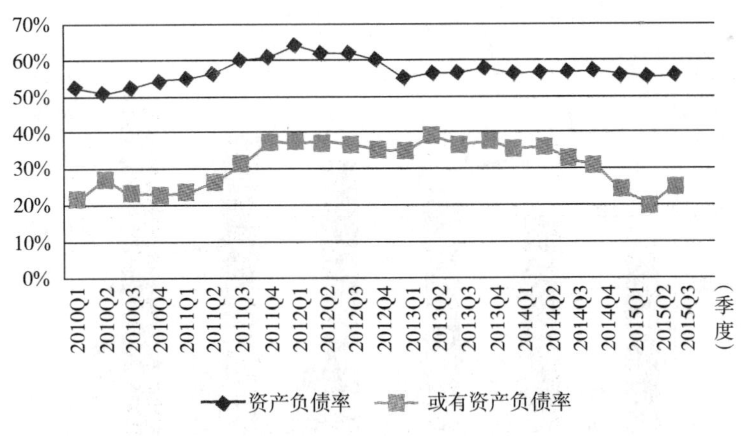

图 32.12　甘肃省上市企业部门或有资产负债率

（二）违约风险分析

甘肃省上市企业部门 2015 年违约距离与前六年相比，显著降低，前三季度的违约距离分别为 4.43、2.24 和 1.65，前三季度的风险已经非常大，说明这一年甘肃省上市企业的风险暴露较大。如图 32.13 所示。

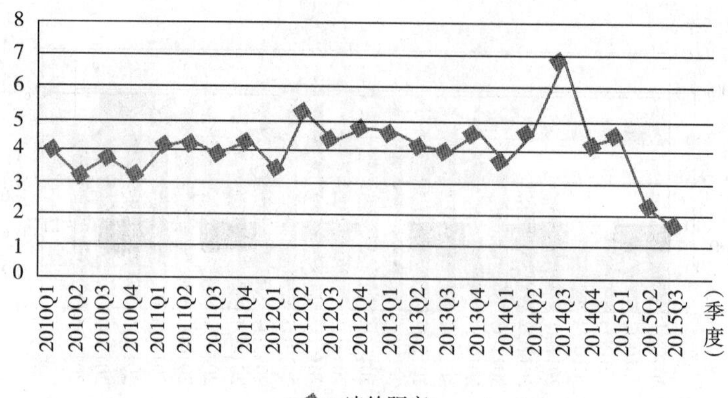

图 32.13　甘肃省上市企业违约距离

第 6 节　甘肃省家户部门风险分析

2015 年，甘肃省家户部门收支情况较为良好，个人存贷比处于合理区间城乡居民储蓄存款以及个人消费贷款面临的风险较小。如图 32.14 所示。具体而言，甘肃省城镇居民人均可支配收入为 23767 元，增速为 9.00%，增速较之前有所降低，在 2014 年和 2015 年城镇居民人均可支配收入增长率相当。农村居民人均纯收入达到 6939 元，比 2014 年增长 10.50%。

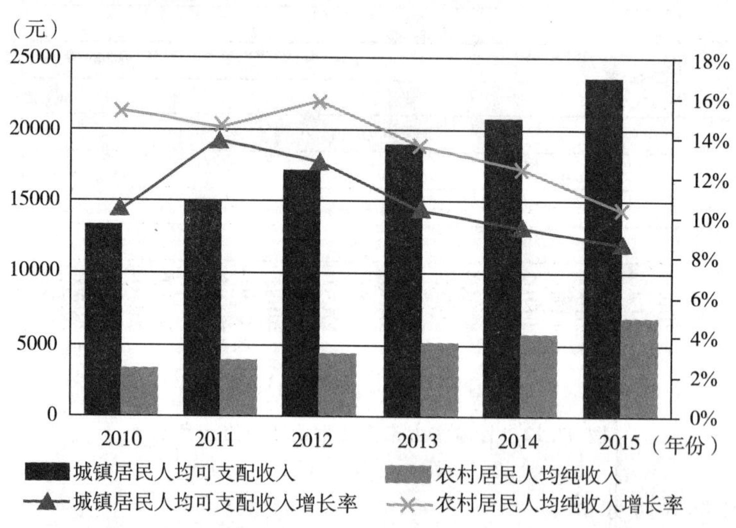

图 32.14　甘肃省城乡居民储蓄存款及消费贷款情况

甘肃省家户部门农村财政性收入实现稳定增加，但是财政性收入占比则呈倒“V”字形，在 2011 年达到最大值 23.88%，之后逐年下降。如图 32.15 所示。

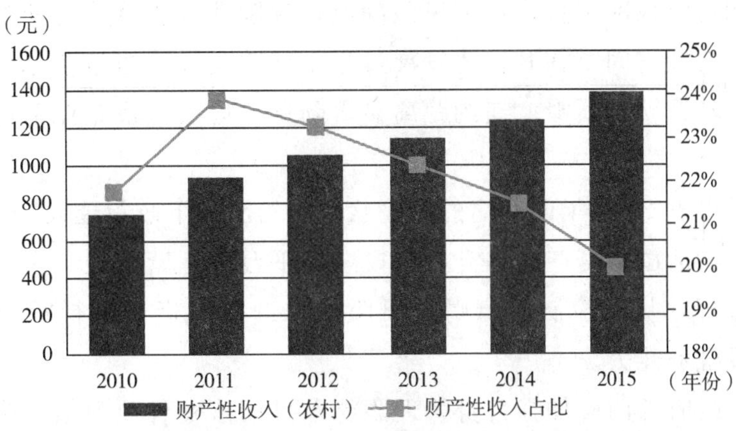

图 32.15　甘肃省地方财政性收入与占比

甘肃省家户部门城乡居民储蓄存款以及个人消费贷款均实现稳定增加，个人存贷比也呈现增长态势，2010－2015 年个人存贷比分别为：7.97%、9.08%、9.71%、11.32%、13.35%和 21.05%。如图 32.16 所示，2015 年个人存贷比显著上升，但就总体而言，个人存贷比处于较低水平，其风险依然处于可控范围内。

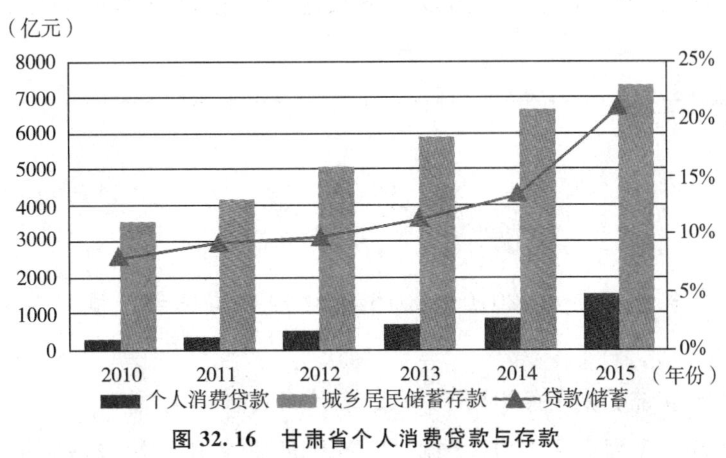

图 32.16　甘肃省个人消费贷款与存款

第 7 节　金融风险管理与经济发展战略

近年来，甘肃省经济金融大力发展，尤其是金融业迅速发展，支持实体经济发展的作用越发显著，然而从四部门的宏观金融风险分析来看，其金融发展还存在一定的风险。具体来看，甘肃省政府财政收支结构得到合理调节，财政缺口占比有所减少，公共部门风险因素有所缓解；银行类金融机构本外币存贷比持续上升、中长期贷款占比显著上升、外币存贷比减小，需警惕资本结构错配风险和货币错配风险问题；保险业经营状况有所好转，但仍然存在很大发展空间，在其快速发展过程中保险类风险也逐步暴露出来；上市企业部门经营状况下滑，违约距离显著降低，说明上市企业部门违约风险问题日益严重。

针对甘肃省 2015 年四部门的风险状况，给出如下政策建议：

第一，盘活国有资产，提升目前投融资平台的运营实力，采用市场化的规则进行管理，从而控制政府财政风险，推进政府资源进行资产证券化运作，提高投融资能力。

第二，政府部门应加强自身管理职能，贯彻落实各项政策，维护经济金融自由良好发展，转变职能，着力推动市场经济发展，减少政府干预。由政府主导建立完善的宏观金融风险防控体系，编制四部门资产负债表，以此对甘肃省宏观金融风险进行动态监控和度量。

第三，改善经济产业结构，促进经济社会稳定良好增长，尤其是结合国家宏观政策调节产业发展结构，并把调整产业结构作为经济发展的重要一环。

第四，大力发展金融市场，完善金融体系法律法规，制定合理相关政策，改善当地投融资环境，大力发展直接融资，推动利率市场化。

参考文献

[1] 甘肃省统计局：《2010—2015 年甘肃省国民经济和社会发展统计公报》。

[2] 甘肃省统计局：《2010—2015 年甘肃省统计年鉴》。

[3] 中国人民银行：《2010—2015 年甘肃省金融运行报告》。

[4] 张乾：《甘肃省影子银行发展概况及风险防范》，载《甘肃金融》2014 年第 5 期，第 78—83 页。

[5] 武光：《甘肃省金融生态环境评价及对策研究》，兰州大学，2011 年。

[6] 陆磊：《中国区域金融改革与甘肃金融创新的现实依据与甘肃金融创新的现实依据》，载《甘肃金融》2014 年第 12 期，第 9—11 页。

[7] 冷云竹：《新常态下的甘肃银行业改革与发展》，载《甘肃金融》2015 年第 4 期，第 6—9 页。

第33章　宁夏回族自治区宏观金融风险研究

2015年，面对经济下行压力加大的局面，宁夏回族自治区经济增长受到影响，GDP增速持续降低，经济运行过程中暴露出很多风险问题。宁夏支柱产业发展所面临的问题较为严重，诸如产业链不够完善、产业高新技术含量不足以及国内需求不足等；金融支持实体经济发展的严重不足和担保体系的不完善是诱发金融风险的潜在因素。本章通过公共部门、金融部门、上市企业部门以及家户部门对宁夏宏观金融风险进行分析，得出宁夏公共部门、保险类金融部门所面临风险相对较低，银行类金融部门以及家户部门所面临风险相对较高。

第1节　宁夏回族自治区宏观金融风险概述

2015年宁夏保持健康良好的发展态势，全年全区生产总值达到2911.77亿元，比2014年增长5.8%，实现人均生产总值44015.03元，在全国水平中低于平均水平[①]。GDP总量位于前列的三个地级市分别是银川、石嘴山和吴忠。从近几年的发展情况来看，在中国经济发展下行压力加大的情况下，虽然宁夏保持着经济快速发展，但经济增速已经出现了明显的下滑趋势，从2010年开始，地区生产总值增长率就不断下滑，2010—2015年的增长率分别为13.4%、12.0%、11.5%、9.8%、8.0%和5.8%，增速在2013年下滑至10%以下，在2015年接近5%。2015年，宁夏金融业认真贯彻落实国家各项金融调控政策，优化金融资源配置，大力发展普惠金融，多措并举降低社会融资成本，社会融资规模和货币信贷平稳适度增长，为地区经济结构调整和转型升级创造了良好的金融环境。宁夏银行业认真执行稳健的货币政

---

① 数据来源：《2010—2015年宁夏回族自治区国民经济和社会发展统计公报》，宁夏回族自治区统计局；《2010—2015年宁夏回族自治区金融运行报告》，中国人民银行；国泰安数据库，深圳国泰安教育技术股份有限公司；智远理财服务平台，招商证券股份有限公司。如无特殊说明，本章数据均来源于此。

策，信贷总量适度增长，信贷结构持续优化，投放节奏更趋均衡，贷款利率水平整体回落，金融服务经济转型升级和薄弱环节的水平进一步提高。自治区政府出台加快资本市场建设的若干意见，加快实施企业上市培育工程，14家企业在新三板挂牌，53家企业在天津、上海及深圳前海等区域股权交易市场挂牌交易。保险业务稳步发展，服务体系日趋完善。保险公司新设分支机构数、从业人员稳步增长，初步形成了覆盖城乡的保险服务网络。

就四部门具体情况而言，宁夏公共部门风险增大，财政缺口占生产总值比例大幅上升，财政支出的增长需要进一步控制；银行类金融机构总体而言存贷比加大，资本结构错配风险增大，易诱发金融风险，而中长期贷款所占比例较低，说明期限错配风险不显著，但是有增大的趋势，应警惕风险的增大；外币存贷比显著增大，说明宁夏金融机构货币错配的风险突出；保险类金融机构发展态势良好，保费收入以及保险业深度均呈现增长态势，赔付率虽出现小幅攀升，但仍处于可控范围内；上市企业所面临风险问题严重，净利润率达到近年来最低值；家户部门总体虽处于风险较低的水平，但要警惕个人存贷比过高带来的风险。

第2节　文献综述

张学锋（2013）对宁夏地方政府融资平台的风险进行分析，宁夏有57家融资平台不能产生现金流来偿还贷款，债务往往需要地方政府通过财政收入来承担，因此为政府带来了债务风险，而地方政府的金融状况与中央政府息息相关，这种风险会传导到中央政府。其根源在于宁夏的法律法规不完善，不能为地方政府融资平台提供良好的法律环境，应建立相应的机制和体系。

李健（2014）由宁夏成立的小企业信贷中心入手，对宁夏小微企业现代业务的发展进行了分析，宁夏银行为市场量身定做金融服务产品，降低小微企业的融资门槛，以壮大小微企业的发展，但是财政税收政策仍然不能完全有效地支持小微企业的信贷，小微企业的不良贷款难以核销，小微企业贷款的风险补偿基金还需进一步建设，因此为宁夏银行设计了一条小微企业信贷业务进一步发展的线路。

赵雯（2013）以陕西、宁夏为例，对新型农村金融机构的金融市场效率进行研究，利用EDA模型，发现西部新型农村金融机构的发展已初具规模，通过进一步提高经营效率可以成为西部农村金融市场效率增长的关键力量。

第 3 节　宁夏回族自治区公共部门风险分析

宁夏地区公共部门财政收支结构虽然有所优化，但其收支矛盾依然没有得到有效缓解，其所暴露出来的财政风险依然严峻。如图 33.1 所示，2010—2015 年，宁夏全区地方一般预算收入分别为 153.6 亿元、220.0 亿元、264.0 亿元、308.1 亿元、339.8 亿元和 373.7 亿元，地方一般预算支出分别为 555.9 亿元、711.1 亿元、872.2 亿元、931.5 亿元、1000.5 亿元和 1188.8 亿元。宁夏地方一般预算缺口逐年增大，缺口占地区生产总值的比重在 2015 年达到 28.1%，在此之前的五年一直维持在 24%左右。

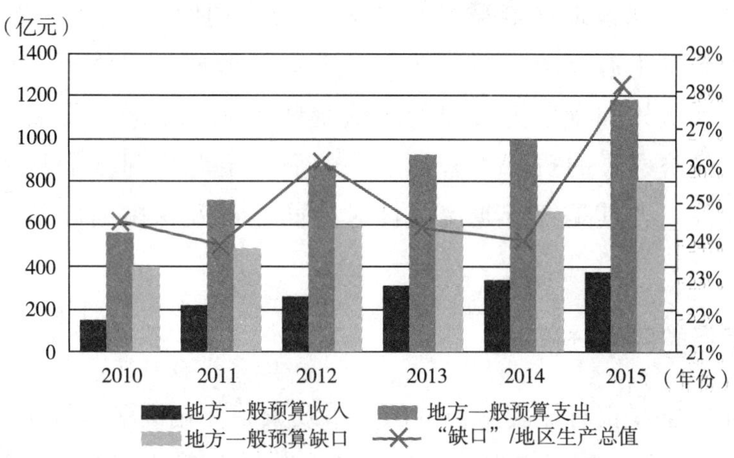

图 33.1　宁夏回族自治区地方公共财政收支情况

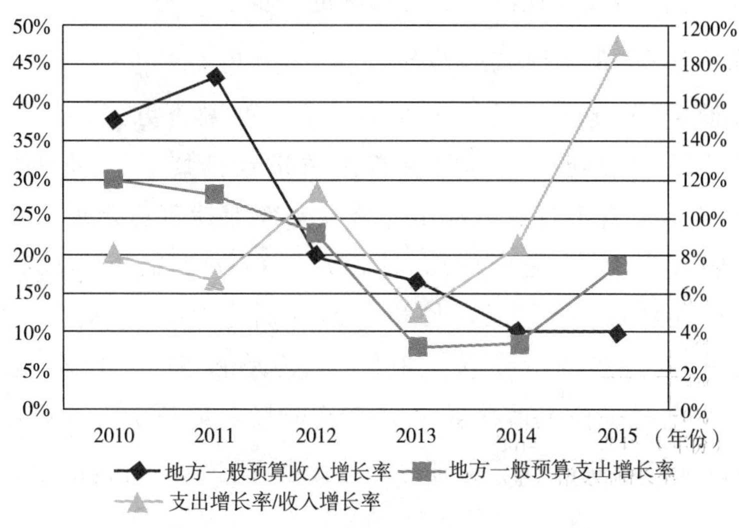

图 33.2　宁夏回族自治区财政收支增长率

地方一般预算收入增长率从2010年到2015年直线减少，从2010年的37.8%降到2015年的9.97%，首次降到10%以下，地方一般预算支出增长率从2010年到2014年逐渐减少，在2013年和2014年低于10%，但是在2015年又重新上升到接近20%。如图33.2所示。支出增长率与收入增长率之比在2015年为188.6%，远大于1，比起前两年大幅度上升，暴露出公共部门预算的风险。

第4节　宁夏回族自治区金融部门风险分析

近年来，宁夏致力于发展金融业，出台大量相关政策助推金融机构实现改革，不断完善金融体系建设，提高金融部门服务水平、提升其金融创新能力，进而实现该地区金融部门高效运行，同时加强金融调控和监管，打造良好的金融生态环境。经过多年的发展，形成了以银行、证券和保险为主体的金融机构和竞争力较强的现代金融企业。金融业发展速度大幅加快，对地区经济发展的贡献越来越大。然而，金融部门发展过程中依然暴露出很多风险，尤其是银行业流动性风险凸显以及保险业赔付风险加剧的问题。

一、银行类风险分析

2014年，宁夏银行业实施稳健的货币政策，优化金融资源配置，提升金融服务水平，使货币信贷量保持适度增长态势，改善贷款结构，贷款利率水平整体回落，金融对实体经济的支持作用进一步增强。

（一）资本结构错配分析

对于西部不发达地区，间接融资是其主要的融资方式，因此银行业风险问题对于宁夏的宏观金融风险有着至关重要的影响。如图33.3所示，2010—2015年，宁夏银行业本外币存贷款余额保持着稳定增长态势，存款余额分别为2586.7亿元、2978.4亿元、3507.2亿元、3881.4亿元、4228.84亿元和4822.96亿元，贷款余额分别为2419.9亿元、2907.2亿元、3372.1亿元、3947.3亿元、4608.3亿元和5150.32亿元。2010—2015年，宁夏金融机构本币存贷比均高于90%，远高于央行规定商业银行最高的存贷比75%的水平。

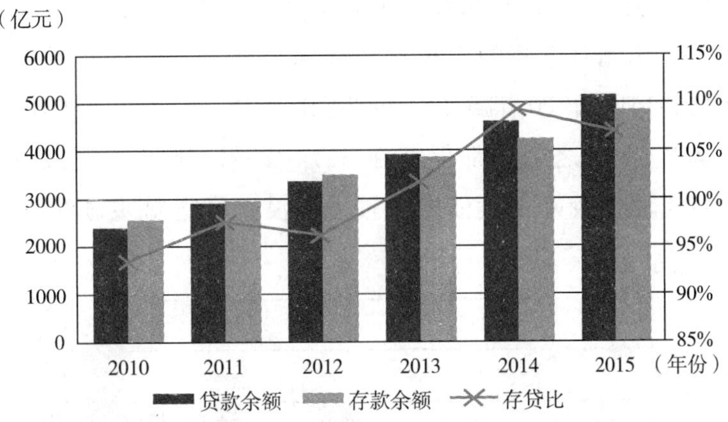

图 33.3 宁夏回族自治区银行类金融机构资本结构

如图 33.4 所示，存贷款增长率的变化趋势保持一致，两者从 2010 年开始下降，到 2012 年达到最低，随即又缓慢上升，但在 2015 年，两者又出现下滑。2015 年贷款增长率为 11.76%，存款增长率为 14.05%。由于信贷支持经济发展的作用不断提升，宁夏银行业本外币存贷比于 2012 年小幅下滑之后，于 2013 年和 2014 年都出现了较大幅度提升，分别为 101.7% 和 208.97%，保持在了 100% 以上，且 2014 年比 2013 年增加了 7.27 个百分点，2015 年稍有下滑，但是幅度很小，说明银行资本结构错配风险逐渐增大。2015 年不良贷款率明显增大，说明资产质量下滑。

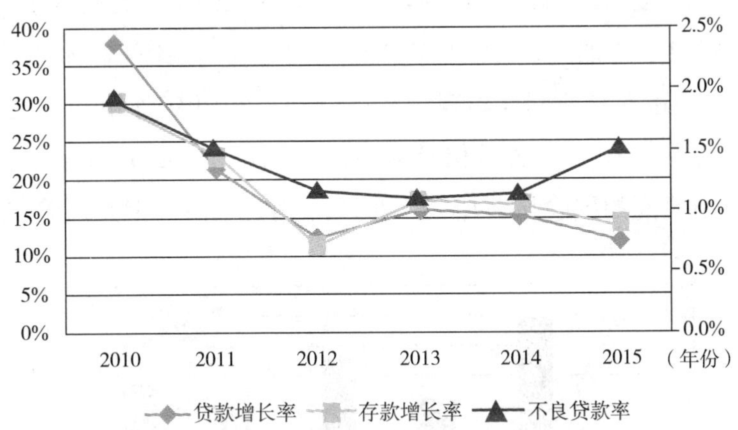

图 33.4 宁夏回族自治区银行类金融机构存贷款增长率

(二) 期限错配分析

为推进宁夏社会经济发展，当地政府不仅大力推动项目建设，同时鼓励金融机构向企业提供中长期贷款。这些举措导致近年来宁夏银行类金融部门各项贷款余额均呈现快速增长的态势。如图 33.5 所示，2014 年，宁夏金融机构本外币贷款余额达到4608.3亿元，其中短期贷款占1888亿元，中长期贷款占2720.28亿元。宁夏的中长期贷款和短期贷款都逐年增加，中长期贷款占比的变化趋势从2010年到2012年逐渐下降，从2012年到2014年逐渐上升，但是从2012年之后，都保持在60%以下，分别为58.2%、58.4%和59.0%，说明流动性较好，偿债能力较强，没有暴露出明显的风险。

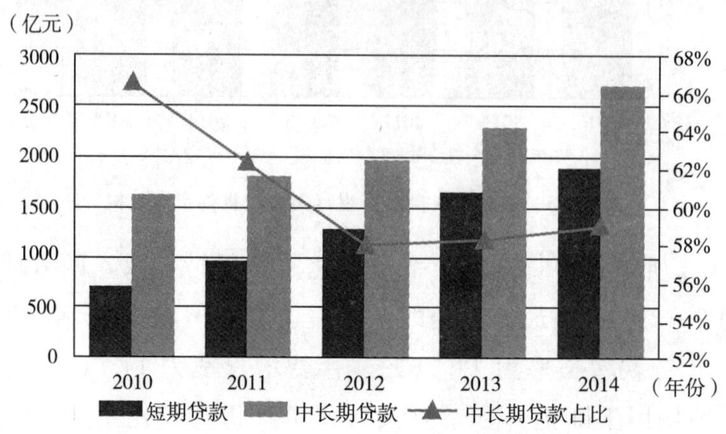

图33.5　宁夏回族自治区金融部门期限结构

（三）货币错配分析

如图33.6所示，宁夏外币贷款出现大幅度的波动，且幅度非常大，从2013年到2014年出现大幅度的回落，2014年到2015年又出现上升趋势，然而外币存款则稳定增加，到2014年已经达到19.7亿元的高水平，但是2015年略有降低。外币存贷比同样出现大幅度变动，2010年外币存贷比为62.5%，在此之后跌到一半以下，之后保持在35%左右，2014年则急剧上升，达到66.11%，货币错配的风险显著加大，2015年稍有下降，但是风险仍然很明显。

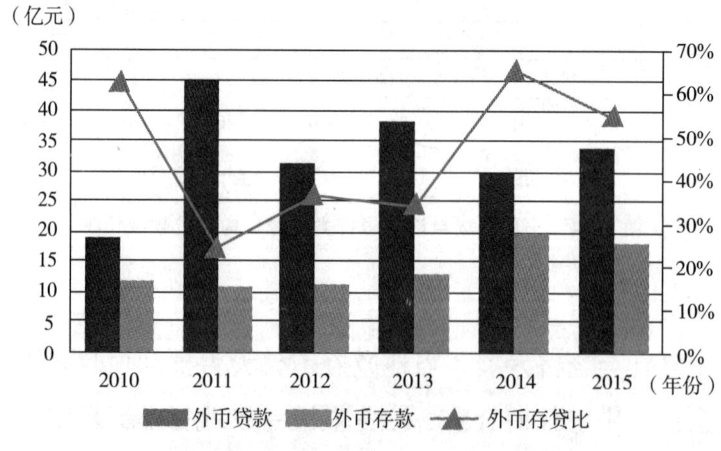

图33.6　宁夏回族自治区外币存贷比

二、保险类风险分析

宁夏保险业保持较为良好的发展态势，保险业的总资产和保费收入稳定增加。2010—2015 年的保费收入分别为 52.8 亿元、55.3 亿元、62.7 亿元、72.7 亿元、83.9 亿元和 103 亿元。如图 33.7 所示，保险深度虽然在 2011 年出现大幅下滑，但自 2012 年下滑态势得以扭转。2010—2015 年的保险深度为 3.2%、2.7%、2.7%、2.8%、3.3%和 4%。总体而言，宁夏保险业经营状况良好，风险状况良好。

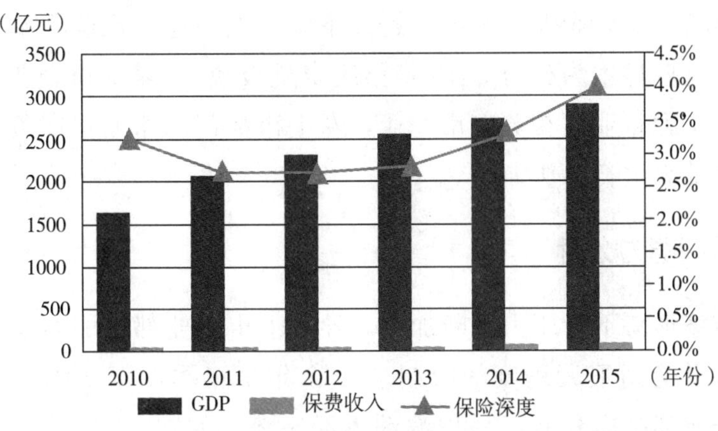

图 33.7　宁夏回族自治区保险深度

如图 33.8 所示，宁夏保险业保费增长率于 2011 年出现大幅下滑，由 2010 年 34.3%下降到 2011 年的 4.9%。2012 年和 2013 年保费增长率出现小幅提升，分别为 13.4%和 15.9%，2014 年与 2013 年基本持平，为 15.4%。

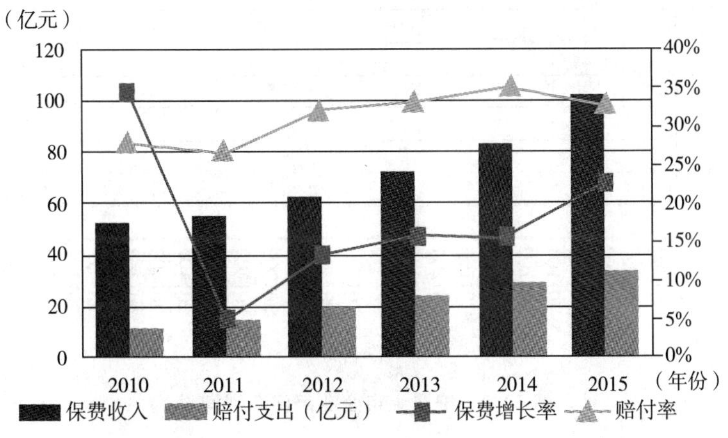

图 33.8　宁夏回族自治区保费增长率与赔付率

2015年显著增长至22.74%。2015年，宁夏保险业支付各类赔付共计34亿元，赔付率为33%，说明宁夏保险业发展势头虽然有所好转，但偿付能力方面暴露出一定风险，监管部门要加强监管。

第5节　宁夏回族自治区上市企业部门风险分析

宁夏不断增强资本市场服务地方经济社会发展的能力，不断加大对区内拟上市企业的培育力度，加快企业上市步伐。2015年，宁夏全区上市企业面临的经营风险加剧，企业盈利能力持续下降，然而违约风险得到一定程度的缓解。本节选取样本为截至2015年年底宁夏板块12家上市企业，其中不包括创业板和金融行业的相关上市企业，对上市部门的账面资产负债表和或有权益资产负债表进行分析。

一、盈利能力分析

中国经济形势下行压力不断加大，导致上市企业部门的经营压力随之加大，盈利水平受到很大程度的限制。2012年第三季度至2015年第三季度，宁夏上市企业部门净利润率呈现波动下滑态势。如图33.9所示，2015年前三季度上市企业部门的净利润率分别为－4.40%、－3.04%和－2.98%，平均值为－3.47%，与2014年的季度平均值0.57%相比，下滑2.9个百分点，从2014年的第四季度起利润率就呈负值状态，因此，宁夏上市企业部门的经营面临困难，暴露出一定程度的风险。

图33.9　宁夏上市企业部门净利润率

二、账面价值资产负债表分析

（一）资本结构错配分析

宁夏上市企业部门自 2010 年第一季度至 2015 年第三季度，除了个别季度以外，其总资产和总负债一直保持着较为稳定的增长态势。如图 33.10 所示，2015 年前三季度，宁夏上市企业部门的总资产分别为 240.71 亿元、241.3 亿元和 244.7 亿元，总负债分别为 109.9 亿元、109.3 亿元和 110.8 亿元。2010 第一季度至 2011 年第一季度，其资产负债率一直小幅度上升，随即至 2012 年第一季度猛烈下滑，在 2012 年全年为上升趋势，之后到 2014 年第二季度都保持在 40％至 45％之间，分别为 45.67％、45.28％和 45.29％。总而言之，从账面资产负债表分析来看，宁夏资产负债率保持在稳定的区间，资本结构错配风险并不严重。

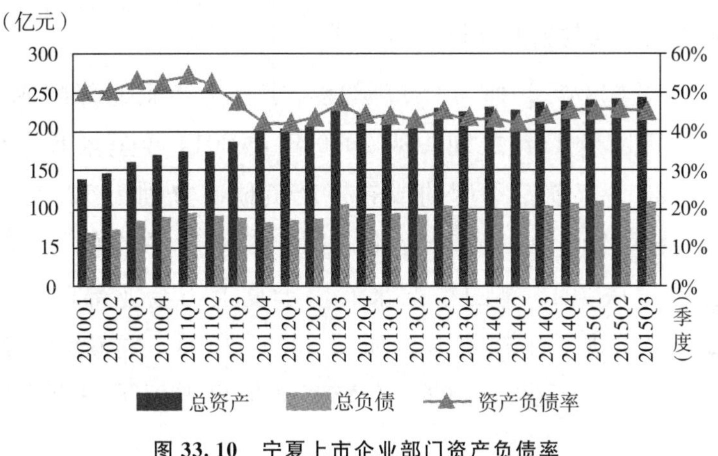

图 33.10　宁夏上市企业部门资产负债率

（二）期限错配分析

宁夏上市企业部门的流动资产和流动负债呈波动性变化。如图 33.11 所示，2015 年前三季度，宁夏上市企业部门的流动资产分别为 89.7 亿元、88.3 亿元和 91.1 亿元，流动负债分别为 87.4 亿元、86.1 亿元和 87.7 亿元，比起前两年都保持在较低的水平。其流动比率也呈现出相同的波动趋势，2015 年前三季度分别为 102.6％、102.5％和 103.9％，近六年都保持在 1 以上，说明宁夏上市企业的流动性良好，期限错配风险较小。

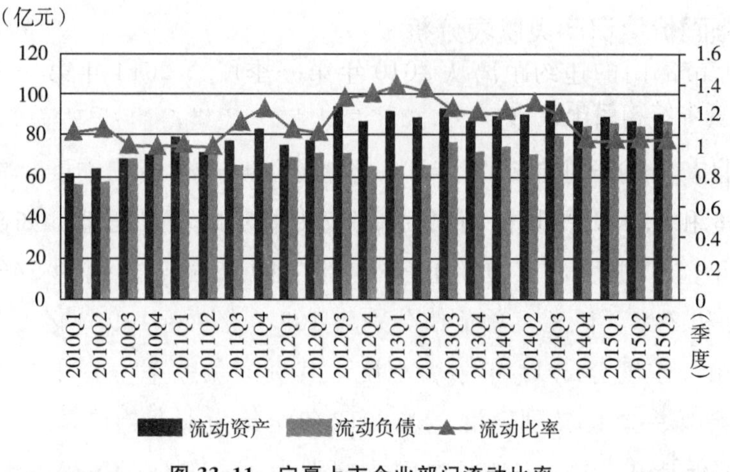

图 33.11　宁夏上市企业部门流动比率

三、或有权益资产负债表分析

（一）或有资本结构错配分析

2010 年第一季度至 2015 年第三季度，宁夏上市企业部门或有资产负债率基本保持在 10% 至 15% 之间，从 2010 年至 2014 年呈增长态势，但是在 2015 年下降。2015 年前三季度的或有资产负债率分别为 12.84%、10.59% 和 12.72%，其平均值为 12.05%，比 2014 年季度平均值 15.01% 减少了 2.96 个百分点。从 2015 年的情况来看，宁夏上市企业部门这几个季度的或有资产负债率出现了小幅下滑。如图 33.12 所示。这说明，经过这两年的调整和发展，上市企业部门的或有资产结构也得到了一定程度的改善和调整。

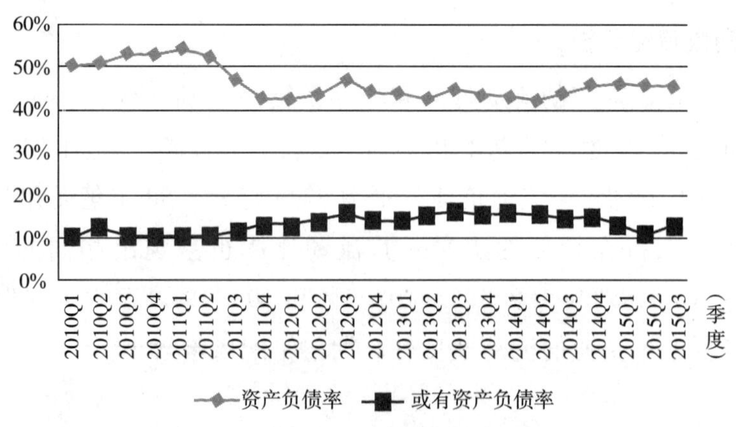

图 33.12　宁夏上市企业部门或有资产负债率

（二）违约风险分析

宁夏上市部门的违约距离从 2010 年第一季度至 2014 年第一季度呈现小幅度波动，在 2014 年第二季度出现了较大幅度的攀升，达到了 8.4，违约风险达到最小。在此之后，违约距离直线减小，2015 年前三季度的违约距离为 5.83、2.66 和 2.08，平均值为 3.52，与 2013 年季度平均值 6.8 相比，显著下降。如图 33.13 所示。从该指标来看，目前宁夏全区上市企业部门违约风险大大增加，值得相关部门的关注与警惕。

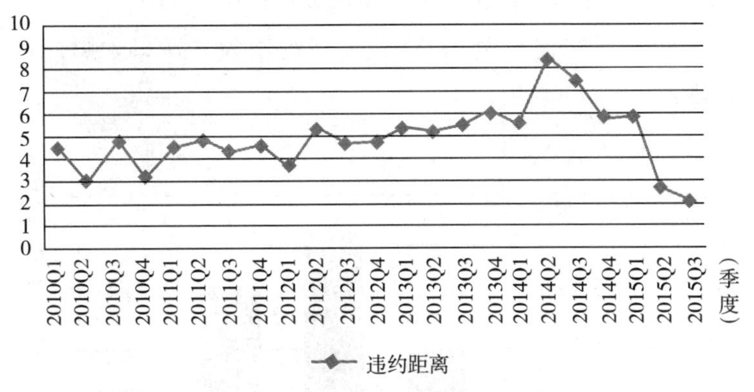

图 33.13　宁夏上市企业违约距离

第 6 节　宁夏回族自治区家户部门风险分析

宁夏地区家户部门整体风险尚处于可控范围内，而个人消费贷款与储蓄存款的比值在近年保持上升态势，有关部门需要警惕由于物价上升以及经济下行压力加大等原因造成的城乡居民可支配收入和消费支出的相关风险。如图 33.14 所示。

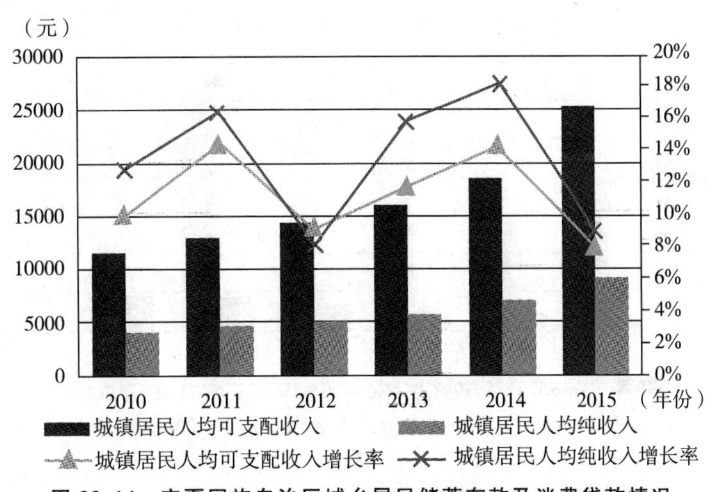

图 33.14　宁夏回族自治区城乡居民储蓄存款及消费贷款情况

2015年，宁夏全区人民生活总体水平稳步提升，社会保障进一步加强。城镇居民人均可支配收入以及农村居民人均纯收入分别为25148元和9167元，可见城乡居民收入差距还较大，两者增速分别为8.0%和9.0%。城镇居民人均可支配收入增长率和农村居民人均纯收入增长率从2010年至2015年呈“M”形的变化趋势，在2010年、2013年、2015年达到最低点，增速下滑和经济下行是分不开的。

如图33.15所示，2010—2015年，农村财产性收入和财产性收入占比都呈倒“V”字形，在2013年达到最高值，财产性收入为106.92亿元，财产性收入占比为1.83%，2015年财产性收入为65.87亿元，占比为0.84%，财产性收入及其占比都呈下滑趋势。

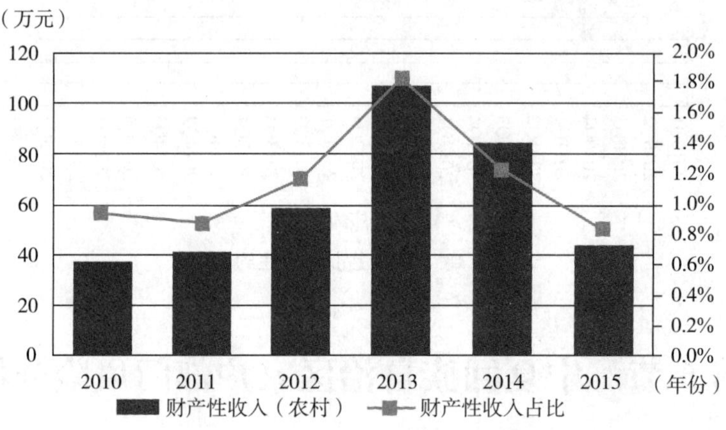

图33.15　宁夏回族自治区农村财产性收入情况

2015年，宁夏家户部门个人存贷情况均保持上涨态势，2015年宁夏城乡居民储蓄存款和个人消费贷款分别为7252.13亿元和921.40亿元。如图33.16所示，2010—2015年宁夏家户部门的个人存贷比分别为7.97%、9.08%、9.71%、

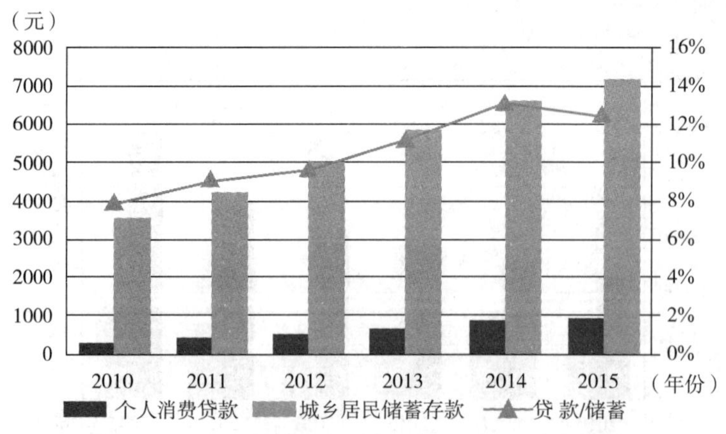

图33.16　宁夏回族自治区个人消费贷款和存款情况

11.32%、13.35%以及 12.7%。从个人存贷比的指标来看，家户部门的风险依然处于较低的水平，但应该关注存贷比的增长态势，避免个人存贷比较高所引发的风险问题。

第 7 节　金融风险管理与经济发展战略

宁夏回族自治区经济发展出现了严重的失衡状态，这也是其与西部各省份经济发展的主要区别之一。随着近年来产能过剩以及经济下行压力加大的重重困境，宁夏各部门金融风险形势有所变化。首先，财政收支缺口占比大幅增加，从而公共部门风险有所增加；其次，宁夏银行业存贷比有所攀升，中长期占比以及外币存贷款有所下滑，保险业经营风险有所缓解，但偿付风险加剧；上市企业部门总体风险情况恶化，上市企业经营状况不佳；家户部门的风险还处于较低水平。

针对 2015 年宁夏四部门的风险状况，给出如下政策建议：

第一，宁夏全区面临财政风险较大，政府部门应加强自身管理职能，推动市场经济发展。需要由政府为主导建立完善的宏观金融风险防控体系，从四部门出发编制资产负债表，以此对全区的宏观金融风险进行识别与度量。

第二，加强金融风险管理和监控。首先继续发挥银行类金融机构的融资能力，引入更多的商业银行在宁夏辖内设立分支机构，为宁夏实体经济提供有效的金融服务，提高宁夏银行业整体的经营效率；其次需要在宁夏辖内大力引入政策性金融机构，使得更多的政策性资金向宁夏倾斜；最后应改进现有的政策，降低市场上出现的新型金融机构的门槛，从而为小微企业和区域经济尤其是县域经济发展注入新鲜血液。

第三，大力发展多层次资本市场，缓解上市企业部门相关风险。目前宁夏企业融资依然主要依靠间接融资，严重制约了当地企业的发展。为提高资金的使用效率，必须调整现有的市场结构，加大直接融资占比。一方面，筛选和培育具有发债条件的企业，帮助其扩大融资的范围，推进债券融资；另一方面，帮助宁夏企业通过发行股票进行融资，拓展宁夏资本股权融资途径。

第四，调整政策，改善区域金融业发展的运营环境。一要完善金融税收政策，降低宁夏企业营业税率，在资本管制方面给予宁夏更积极灵活的优惠政策。二要鼓励和支持各类金融机构进入宁夏开展金融服务，同时地方政府要出台支持小微银行、社区银行可持续发展的财税政策，进一步改善金融业的运营环境，推动地区金融业持续发展。

参考文献

[1] 宁夏回族自治区统计局：《2010—2015年宁夏回族自治区国民经济和社会发展统计公报》。

[2] 宁夏回族自治区统计局：《2010—2015年宁夏回族自治区统计年鉴》。

[3] 中国人民银行：《2010—2015年宁夏回族自治区金融运行报告》。

[4] 张学锋：《宁夏地方政府融资平台风险防范问题研究》，宁夏大学，2013年。

[5] 李健：《宁夏银行小微企业信贷业务发展策略研究》，宁夏大学，2014年。

[6] 赵雯：《西部地区农村金融市场效率评价研究》，西北农林科技大学，2013年。

第34章　青海省宏观金融风险研究

2015年，是“十二五”收官之年，对于青海省的经济发展极不平凡。经济下行压力不断增大，青海省的经济发展过程中面对的挑战也越来越多。青海省处在青藏高原腹地和边缘地带，信息相对闭塞，市场经济发展水平低，金融部门体制发展不健全，加大了金融风险爆发的可能性。本章将对青海省宏观金融风险现状以及公共部门、金融部门、上市企业部门、家户部门四大部门风险状况进行分析。

第1节　青海省宏观金融风险概述

2015年，在经济下行压力不断加大，市场需求持续走弱的不利背景下，青海省经济总量虽保持着稳步增长的态势，但经济增速自2010年已不断下滑。如图34.1所示，2015年全省地区生产总值达到2417.05亿元，按可比价格计算，比上年增长8.2%，增速较2014年下降1个百分点[①]。就产业结构来看，第一产业增加值占全省地区生产总值的比重为8.6%，第二产业增加值占全省地区生产总值比重为50.0%，第三产业增加值占全省地区生产总值比重为41.4%，与全国三产业结构9.2∶42.7∶48.1相比，产业结构体现在第三产业占比低于全国6.7个百分点，但2015年第三产业增速排在三次产业增速之首，产业结构调整稳步推进。固定资产投资方面，2015年完成全社会固定资产投资3266.64亿元，比上年增长12.3%。房地产开发投资336.00亿元，比上年增长9.0%。

金融运行方面，青海省金融市场不断完善，信贷投放增速放缓。2015年金融机构本外币存、贷款余额和2010年以来社会融资总量实现“三个5000亿元”的历史性突破，社会融资规模达1111.82亿元，金融机构本外币各项

① 数据来源：《2010—2015年青海省国民经济和社会发展公报》，青海省统计局；《2010—2015年青海省金融运行报告》，中国人民银行；国泰安数据库，深圳国泰安教育技术股份有限公司；智远理财服务平台，招商证券股份有限公司。如无特殊说明，本章数据均来源于此。

存款余额达5227.96亿元，同比增长15.12%，金融机构本外币各项贷款余额达5124.10亿元，同比增长19.07%，相比2014年增速减少3.37个百分点。金融机构不断扩张，先后引进海通证券等5家证券机构，新设7家融资性担保机构和7家小额贷款公司，共引进省外资金5.7亿元。资本市场快速发展，全省34家重点企业累计通过资本市场完成直接融资486.32亿元，同比增长52.36%。

虽然青海省2015年经济金融发展总体保持稳中有进的态势，但具体就四部门而言，各项指标显示部门面临的风险问题依然严峻。青海省公共部门的风险主要体现在地方预算缺口不断加大，地方一般预算收入增长率小幅增加，但一般预算支出却大幅增长，财政缺口占生产总值比重有增加趋势，公共部门面临较高的风险；金融部门方面，地处内陆地区金融发展落后，高存贷比导致了资本结构错配风险，同时不良问题突出，保险业发展稳定，保费收入与保险深度持续提升；上市企业部门风险较为严重，盈利能力下降，或有资产负债结构恶化，违约风险较为严重；家户部门总体稳定，偿付风险略有上升。

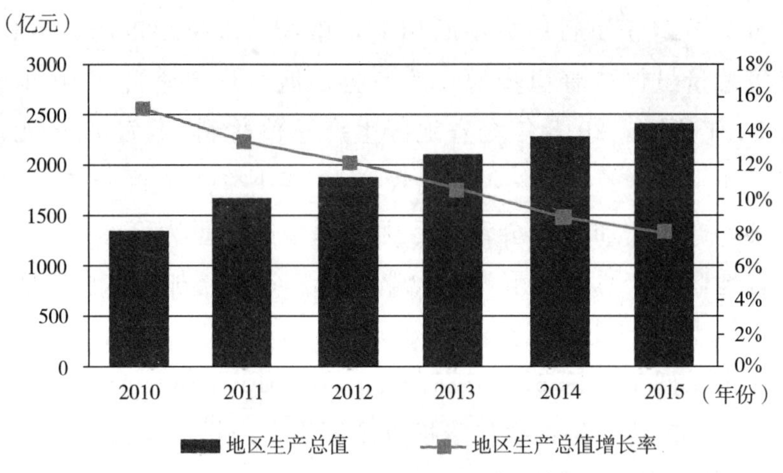

图34.1　青海省地区生产总值及增长率

第2节　文献综述

邵辉（2015）认为区域间经济发展不平衡、经济生活方式单一、多地的贫困问题是制约青海经济社会发展的主要矛盾，研究和探讨青海省经济发展的应对策略。提出以新常态厘清青海经济社会发展思路，确立特色工业化发展的理念、确立共享社会发展成果的基本理念、确立发展与保护并存的理念、确立高效的金融服务理念。

王桂英（2015）通过对投资、消费、进出口“三驾马车”与青海省经济增长的关联性分析，找出三个因素变化对青海省经济增长的内在规律，并根据这种变化提出针对性较强的建议措施，研究认为青海省要积极适应新变化，以稳定固定资产投资为基础，以增强消费带动能力为主抓手，以提升进出口贡献度为支撑，多措并举，全力推进青海省经济健康持续发展。

余旸（2015）提出青海省应该积极地抓住“一带一路”发展战略的有利时机，充分发挥区域地理位置优势，打造区域金融中心。采取文献分析法、案例分析法和 SWOT 分析法，研究得出全力打造区域金融中心成为青海省最优选择。

第 3 节　青海省公共部门风险分析

2015 年，青海省公共部门面临的形势更加严峻复杂，减收增支因素带来的收支矛盾非常突出，财政平稳运行面临的挑战与风险不可低估。如图 34.2 所示。

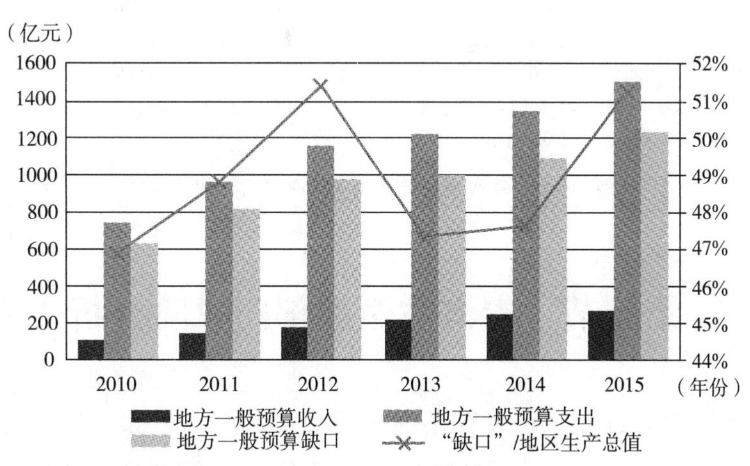

图 34.2　青海省地方一般财政收支情况

从预算收入来源来看，工业减速、水电减发和新能源补助减少等因素导致青海省重点行业税收增长放缓，地方一般预算收入增长内生动力不足。从财政支出投向来看，用于基础设施建设和节能环保支出的比例有所增加，一方面，青海省处于青藏高原腹地和边缘地带，急需大量财政投入基础设施建设，而该投资在短期内难以产生大规模的收益；另一方面，西部大开发战略实施以来，虽然青海经济得到了快速发展，但代价却是生态系统遭到严重的破坏，环境保护和经济发展的矛盾十分激烈。

如图 34.3 所示，2015 年，青海省财政收支规模虽不断增加，但是财政缺口相比 2014 年大幅攀升，财政缺口与地区生产总值比重自 2013 年降至 47.32%后再度上升至 51.24%，该指标值在全国各省份中处于较高水平，这说明青海省公共部门的财政风险问题比较严重。2015 年，青海省实现地方一般预算收入 267.12 亿元，同比增长 6.13%，地方一般预算支出为 1505.54 亿元，同比增长 11.73%。虽然青海省 2015 年财政收支规模有所增加，但就增速而言，地方一般预算收入的增速比 2014 年增速低了 6.3 个百分点，而地方一般预算支出增速上升了 2 个百分点，地方一般预算缺口占地区生产总值的比值大幅攀升，这表明 2015 年青海省公共部门风险有所恶化。

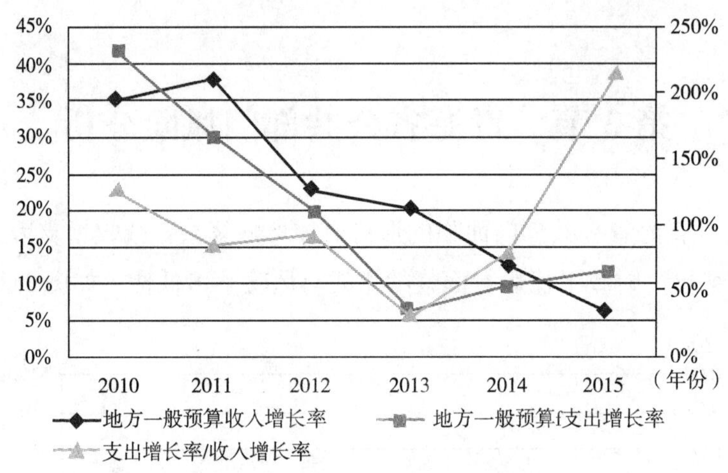

图 34.3　青海省地方一般财政收支增长率比较

第 4 节　青海省金融部门风险分析

2015 年，青海省金融业贯彻落实国家稳健的货币政策，社会融资规模与存贷总量适度增长。银行业金融机构存贷比偏高，不良贷款余额 71.2 亿元，不良贷款率 1.4%，较 2014 年均有上升。保险业发展平稳，风险点不明显。

一、银行类风险分析

（一）资本结构错配分析

2015 年年末，青海省银行业金融机构总资产达到 7732.9 亿元，较 2014 年增长 17.9%，增长速度大幅提升。银行业以银行、小型农村金融机构和邮政储蓄为主，缺乏城市信用社、财务公司、信托公司和外资银行，银行业金融体系有待完善。

如图 34.4 所示，存款方面，青海省银行业本外币存款余额达到 5227.96 亿元，较 2014 年增长了 14.8%，增速上升了 4.3 个百分点，非金融企业活期存款的增长较为明显；贷款方面，2015 年本外币贷款余额达到 5124.1 亿元，较 2014 年增长了 19.1%，同时运用各种政策与工具，引导信贷资源流向关键领域和薄弱环节。存贷比接近 100%，资本错配风险较高。

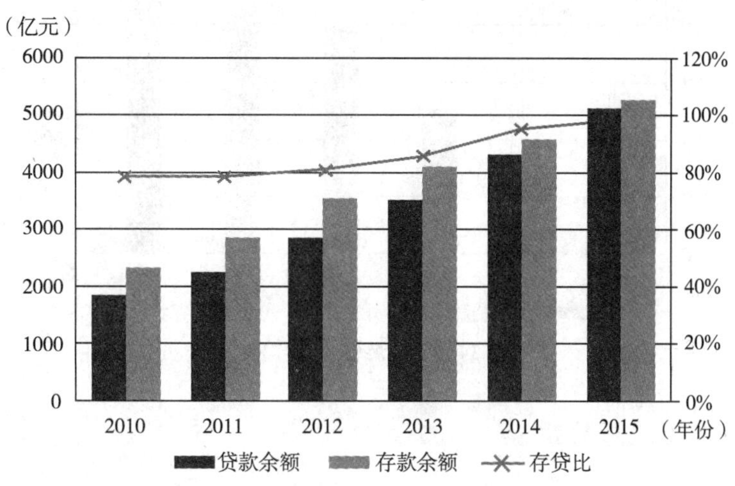

图 34.4　青海省银行类金融机构资本结构

（二）期限错配分析

2010—2014 年，青海省银行业短期贷款与长期贷款增长速度差异不大，中长期贷款占比缓慢上升，四年间从 11.18%上升到 13.89%。2015 年贷款期限结构变化较大，短期贷款规模减少，中长期贷款规模持续增长，导致了中长期贷款占比急剧上升到 71.41%，货币期限错配风险上升，如图 34.5 所示。

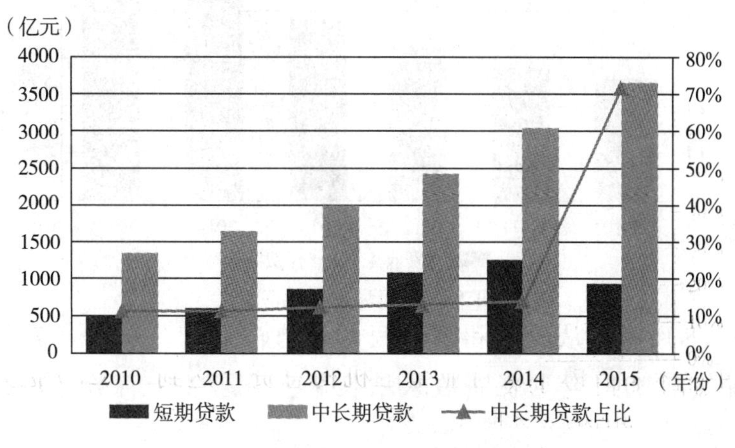

图 34.5　青海省金融机构贷款期限结构

(三) 货币错配分析

外币方面，青海银行业货币错配风险下降。如图 34.6 所示，2015 年青海省外币存贷款规模略有扩大，但外币贷款增速回落，外币存贷比下降到 900%左右。虽然风险有所下降，但外币存贷比过高的问题仍需青海省加强外币结构错配的风险控制。

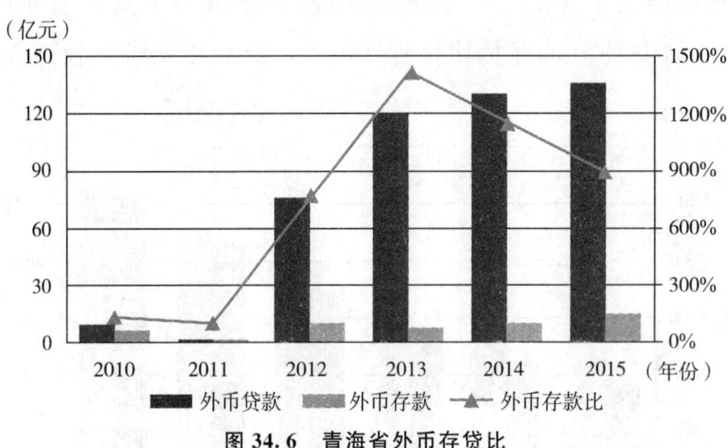

图 34.6　青海省外币存贷比

二、保险类风险分析

2015 年，青海保险业稳步发展，截至 2015 年年末全省共有财产险分支机构 8 家，寿险分支机构 8 家，分别实现保费收入 26 亿元和 23 亿元，全省 2015 年保费收入达到 56.3 亿元，同比增长 22.1%。如图 34.7 所示，保险深度自 2011 年起不断上升，2015 年达到 2.33%，保持了良好的增长势头。

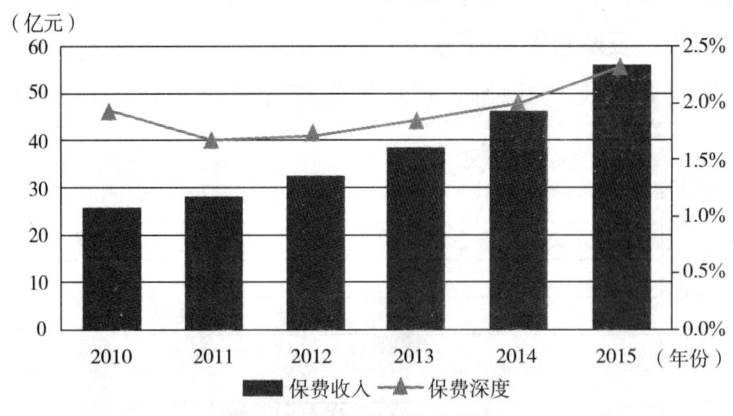

图 34.7　青海省保险深度

如图 34.8 所示，从收入和赔付两方面结合来看，2015 年青海省保险市场运行状况优于 2014 年，保费收入增长率上升了 4 个百分点，赔付率下降了 3 个百分点。

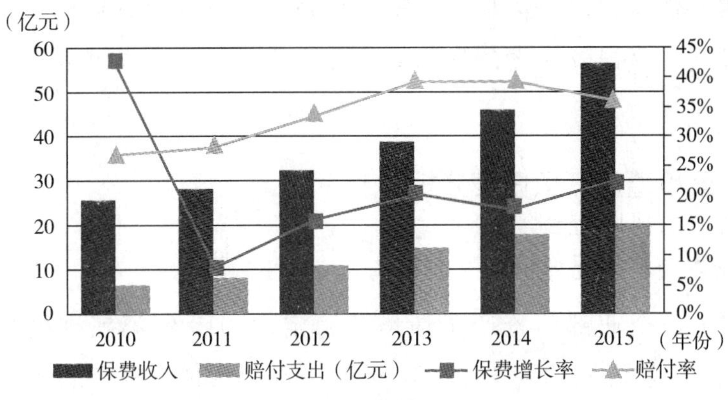

图 34.8　青海省保费增长率和赔付率

另外，青海省农业保险种类和覆盖范围进一步扩大，新增的藏香猪保险和蔬菜价格指数保险都对农业的发展具有重要意义和推动作用。

第 5 节　青海省上市企业部门风险分析

2015 年青海多层次资本市场建设平稳推进，1 家企业借壳上市，1 家企业通过 IPO 审核，同时新增 2 家“新三板”挂牌企业。本节将以青海省 10 家上市企业为研究对象，分析其各项金融指标与风险状况。

一、上市企业盈利能力分析

从盈利能力看，2015 年青海省上市企业部门净利润率较 2014 年下滑严重，三季度净利润率分别为 0.9%、2.1%和 1.7%，企业经营压力大。如图 34.9 所示。其中以钢铁、矿产企业亏损最为严重，以青稞酒和盐湖股份为代

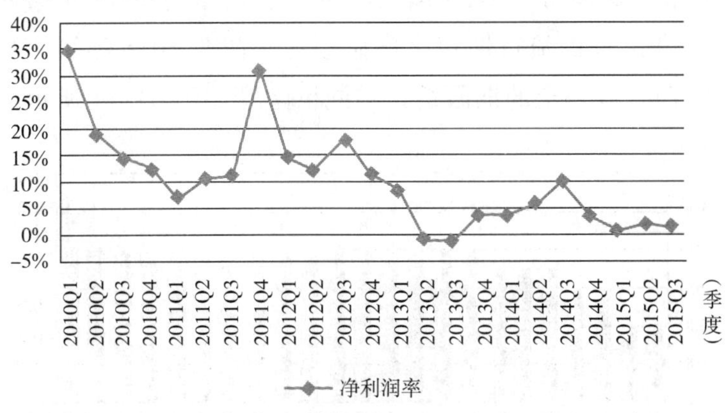

图 34.9　青海省上市企业部门净利润率

表的农业加工企业和化工企业取得较大利润。青海省地处内陆，在当前去产能的大形势下，要积极寻找企业转型升级的途径，大力发展农业深加工和化工能源产业。

二、账面价值资产负债表分析

（一）资本结构错配分析

青海省上市企业部门资产负债增长稳定，2015 年第三季度总资产达到 1505.98 亿元，总负债达到 1057.27 亿元，资产负债率略有上升，达到 70%。如图 34.10 所示。自 2010 年起青海省上市企业资产负债率几乎没有大幅波动，反映出以能源、矿产、农业企业为主的企业部门资本结构相对稳定，需要注意资本结构错配风险。

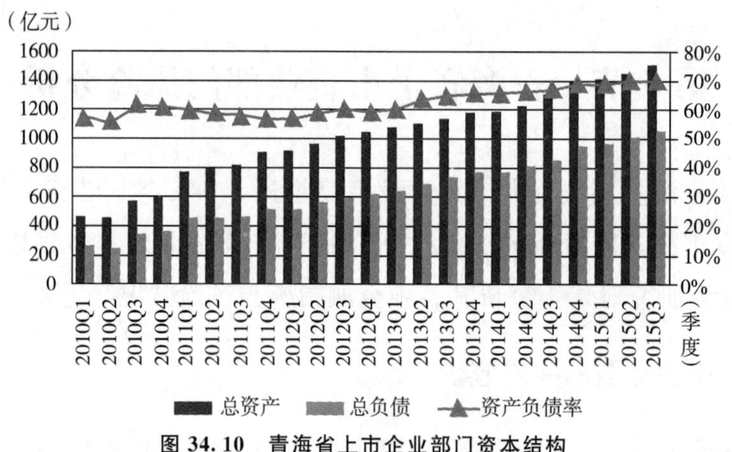

图 34.10　青海省上市企业部门资本结构

（二）期限错配风险分析

青海省上市企业部门 2015 年前三季度流动比率与 2014 年第四季度基本持平，与 2014 年之前的流行性相比略显不足，截至 2015 年第三季度，流动比率下降到 0.74，有一定的期限结构错配风险。如图 34.11 所示。

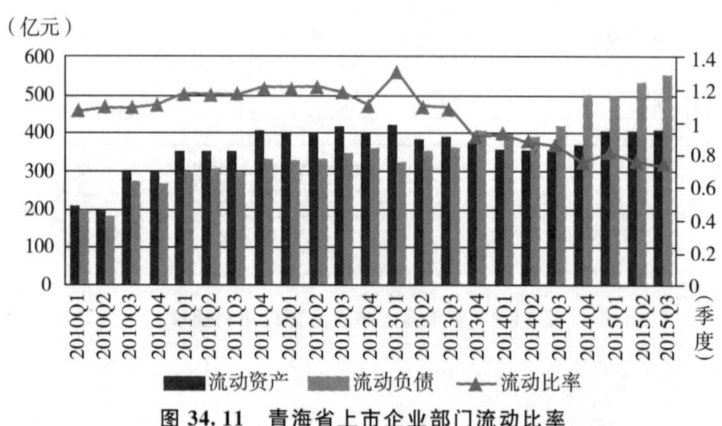

图 34.11　青海省上市企业部门流动比率

三、或有权益资产负债表分析

2015 年青海省或有资产负债率先降后升，并在 2015 年第三季度达到 2010 年以来的最高值 44.1%，上市企业或有资本结构恶化明显。如图 34.12 所示。

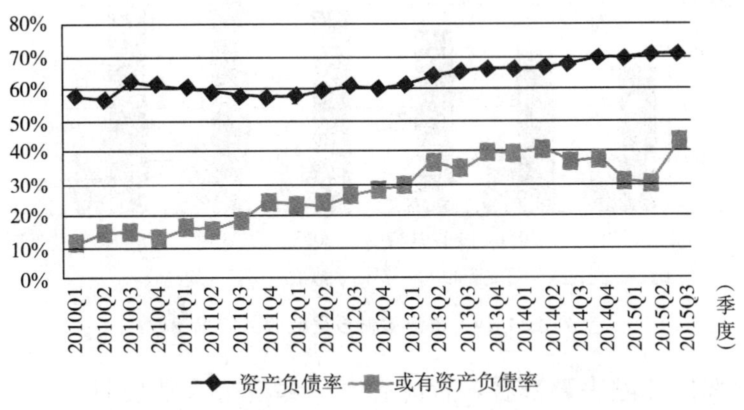

图 34.12　青海省上市企业部门或有资产负债率

违约距离方面，2015 年上市企业部门违约距离延续了 2014 年的下降趋势，2015 年第三季度已经下降到 1.49，反映出上市企业整体面临比较高的违约风险。如图 34.13 所示。

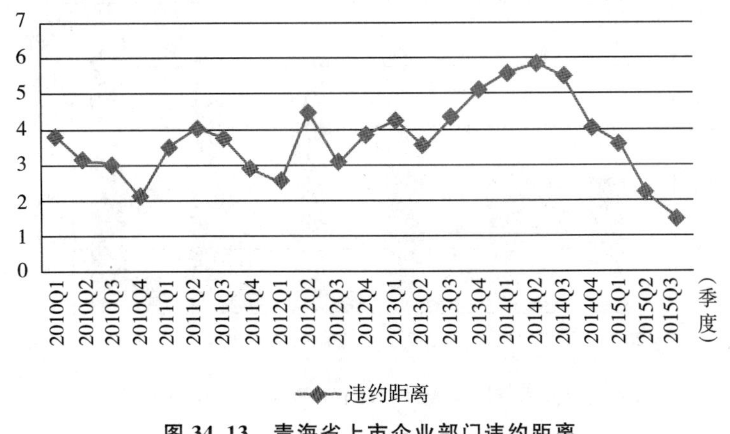

图 34.13　青海省上市企业部门违约距离

第 6 节　青海省家户部门风险分析

2015 年，青海省居民人均可支配收入 15812.7 元，较 2014 年增长了 10%。分地区看，城镇居民人均可支配收入 24542.35 元，增长 10%，消费支出 19200

元；农村居民人均收入为7933.41元，增长8.9%，消费支出8566.49元。如图34.14所示。

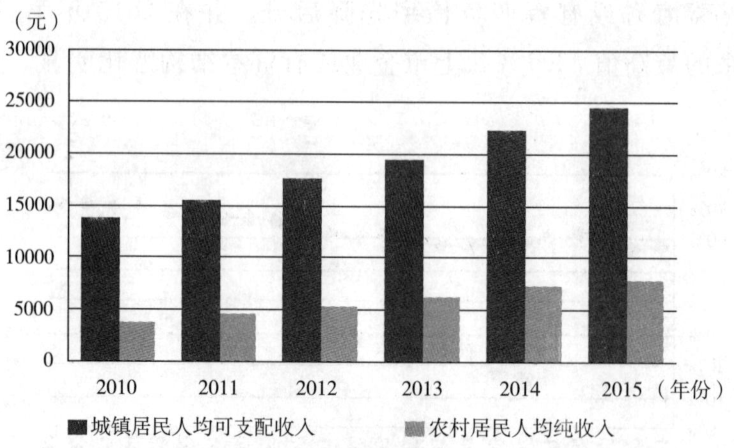

图34.14　青海省城乡居民收入状况

从家户部门金融决策来看，青海省家户部门个人消费贷款与城乡居民储蓄存款的比值不断上升，2015年上升到了13.59%，在一定程度上反映出家户部门消费与储蓄倾向的变化，同时也会引起家户部门偿付风险的上升。如图34.15所示。

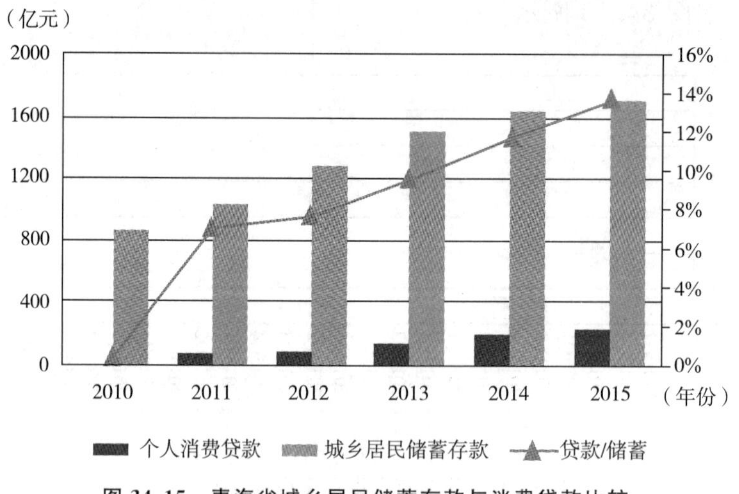

图34.15　青海省城乡居民储蓄存款与消费贷款比较

第7节　金融风险管理与经济发展战略

根据本章对于青海省宏观金融风险的研究与分析，青海省公共部门与上市企业部门的金融风险较为突出。公共部门地方预算缺口不断加大，小幅增加的地方一般预算收入增长率难以平衡大幅增长的一般预算支出，财政缺口占生产总值比重有扩增趋势；上市企业部门盈利能力下降，资产流动性不足，或有资产负债结构恶化，违约风险较为严重。

青海地处内陆，经济金融发展水平较低，经济产业结构较为简单粗糙，原材料行业、高载能工业占比较大，抗风险能力弱。应对公共部门和上市部门金融风险的关键在于调整产业结构，加快优化升级，在改善上市部门各项金融指标的同时提高政府财政税收收入，减小财政压力。

根据以上分析，提出两点青海省经济发展与风险控制的建议：

第一，立足青海优势产业，发展循环经济，推动第二产业、第三产业向特色优势型、创新高效型转变，延伸产业链条，促进相互关联的各个产业发挥集聚作用，形成循环经济产业集群。

第二，加大科技研发投入，大力发展硅材料、光伏、新能源产业，通过技术的创新提高资源的利用效率，依靠科技进步推动产业转型升级，利用招商引资、吸纳人才、发展教育等多渠道促进科技对经济发展的推动作用。

参考文献

[1] 中国人民银行：《2010—2015年青海省金融运行报告》。

[2] 青海省统计局：《2010—2015年青海省国民经济和社会发展统计公报》。

[3] 邵辉：《以新常态理念看待青海经济金融发展》，《青海金融》2015年第2期，第25—28页。

[4] 王桂英：《新常态下青海经济增长动力探析》，《社会管理与社会稳定》2015年第4期，第25—28页。

[5] 余旸：《青海省区域金融中心建设研究——面向“丝绸之路经济带”》，2015年。

第35章　新疆维吾尔自治区宏观金融风险研究

新疆维吾尔自治区位于欧亚大陆腹地，周边与8个国家接壤，是“古丝绸之路”的必经之地，在丝绸之路的发展历史中发挥着无可替代的特殊作用。2015年3月28日，国家发改委、外交部、商务部联合发布了《推动共建丝绸之路经济带和21世纪海上丝绸之路的愿景与行动》，明确了新疆作为丝绸之路经济带建设核心区的战略定位，新疆的经济发展在我国对外开放格局中发挥着重要作用。

第1节　新疆维吾尔自治区宏观金融风险概述

2015年，新疆实现地区生产总值（GDP）9324.80亿元，按可比价计算，同比增长8.8%，高于全国1.9个百分点，居全国第8位，西部第4位，西北五省第1位[①]。如图35.1所示。其中，第一产业增加值1559.09亿元，增长5.8%；第二产业增加值3564.99亿元，增长6.9%；第三产业增加值4200.72亿元，增长12.7%。三次产业结构由2014年的16.6∶42.6∶40.8调整为当前的16.7∶38.7∶44.6，服务业比重提高了3.8个百分点，表明新疆的产业结构逐渐优化，由工业主导向服务业主导转变的趋势更加明显，第三产业较快发展成为支撑新疆经济增长的最主要因素。从今年经济走势来看，全国经济自2011年开始放缓，逐步进入“三期叠加”时期。2015年新疆的GDP增速与往年相比也略有下降，呈现明显放缓趋势，经济进入增速换挡期，但全年经济增长基本保持在合理运行区间，各产业协调发展，发展速度稳中有升，全区经济呈现缓中趋稳，稳中趋好的态势。金融运行方面，

---

① 数据来源：《2010—2015年新疆维吾尔自治区国民经济和社会发展统计公报》，新疆维吾尔自治区统计局；《2010—2015年新疆维吾尔自治区金融运行报告》，中国人民银行；国泰安数据库，深圳国泰安教育技术股份有限公司；智远理财服务平台，招商证券股份有限公司。如无特殊说明，本章数据均来源于此。

新疆社会融资总量合理增长，金融业运行较为平稳。2015年，新疆社会融资规模新增1837亿元，金融业对GDP增长的拉动作用明显，全年股票成交额同比增长1.7倍，拉动经济增长0.8个百分点。新疆登陆“新三板”企业达56家，挂牌数量位居西部12省区（市）第3位。保险资金在新疆投资成效显著，随着新疆丝绸之路经济带核心区建设日益深入，保险资金在新疆投资规模不断扩大，对新疆国民经济和社会发展贡献度显著提升。截至2015年年末，保险业在新疆投资有效金额达到417亿元。

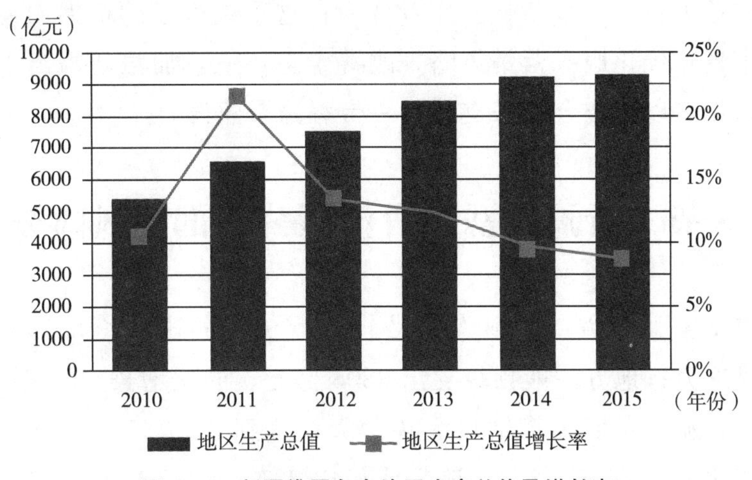

图35.1　新疆维吾尔自治区生产总值及增长率

新疆的宏观金融风险一方面体现在公共部门的财政与债务压力上，另一方面体现在上市企业部门违约距离的下降与或有资本结构的恶化上。

第2节　文献综述

魏燕（2013）采用系统分析、比较分析、动态分析和实证分析的分析方法，针对金融支持新疆产业结构升级的路径和效果展开研究。结合实证结果，对新疆金融在支持产业结构升级中存在的问题进行了诊断和成因剖析，在对金融支持产业结构升级的国际经验进行总结借鉴的基础上，构建了新疆产业结构升级的金融支持体系，即由金融生态环境体系、金融供给体系、金融服务体系和金融制度体系构成的“四位一体”的金融支持体系，并结合新疆不同类型的产业发展特点，提出了针对性的金融支持路径；最后，从政府和金融机构的角度，提出了金融支持新疆产业结构升级保障措施。

钱娟（2015）基于“一带一路”战略的大背景，阐述了新疆在“丝绸之路经济带”建设中的战略定位，深入分析新疆在全国构建全方位开放新格局中的地位和作用，认为新疆是我国对外开放的重要门户和基地，是我国向西开放的桥头堡，我国沿边开放经济带的重点地区，我国面向中西南亚的区域性国际商贸中心，更是我国经济转型升级的新增长极。

李黎、刘素坤（2015）从建设“一带一路”战略带给新疆的机遇和挑战两方面进行分析，认为激烈的市场竞争环境、区域经济发展的不均衡、落后的消费及营销理念、中亚“三股势力”的威胁等因素给新疆的经济发展带来极大的挑战，但同时在“一带一路”新的发展形势下，新疆的经济、政治和社会文化效益都将进一步凸显。作者认为在这千载难逢的机遇面前，新疆应勇于开拓市场，优化服务营销策略，改善生态环境，加强新疆与中亚各国之间的科技合作，以科技合作来支撑“一带一路”建设。

第3节　新疆维吾尔自治区公共部门风险分析

2015年，新疆地方一般预算收入1331亿元，同比增长3.79%，财政收入增长明显乏力；地方一般预算支出3805亿元，同比增长14.68%，财政支出上涨明显；地方一般预算缺口大幅增大，达到2474亿元；财政缺口占地区生产总值比重达到26.53%，该数值相比2014年的21.95%有所增加。如图35.2所示。

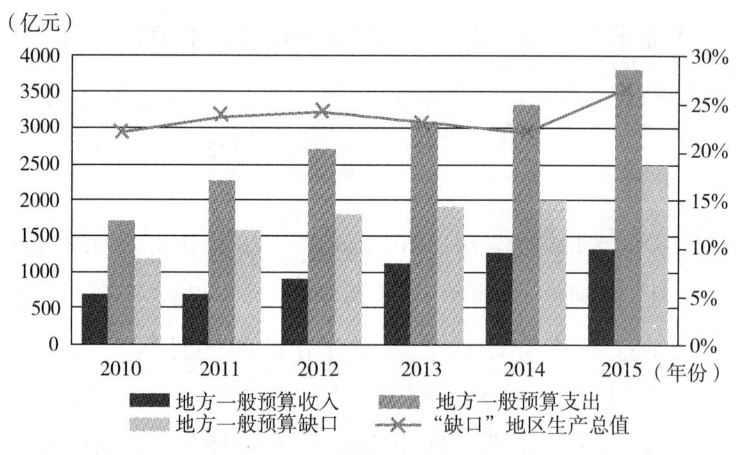

图35.2　新疆维吾尔自治区地方一般预算收支情况

如图35.3所示，2015年新疆地方一般预算收入增长率仅为3.79%，增速较2014年下降接近10个百分点，地方一般预算支出增长率为14.68%，增速较2014年上升6.51个百分点。地方一般预算收入增速下滑较为明显，地方一般预算支出增速上升十分明显，自2010年来新疆地方财政支出增长率首次超过收入增长率。2015 年，新疆公共部门财政风险问题十分严峻。

受经济下行压力和国际市场价格影响，2015 年是新疆产业结构调整和经济增速换挡的关键时期。一方面，全国经济下行压力仍然较大，铝、有色金属、建材等重点行业税收持续低迷，金融业和商业等重点行业税收增长放缓，房地产业景气度低，房地产行业税收增速大幅回落，国有土地使用权出让收入下滑。同时，中央全面推行“营改增”改革，进一步加大结构性减税和普遍性降费力度，减轻企业负担，在短期内将直接制约财政收入平稳增长。另一方面，“一带一路”战略全面实施，新疆加大对基础设施和重大项目建设的财政投入，难以在短期内产生大规模收益。这些在很大程度上增加了新疆公共部门的财政风险。

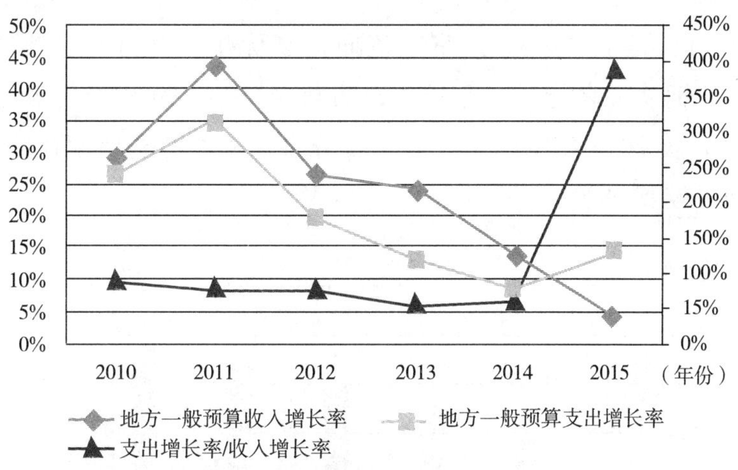

图 35.3　新疆维吾尔自治区地方一般预算收支增长率情况

根据国家审计局 2013 年 8 月统一组织的全国地方政府性债务审计结果来看，截至 2013 年 6 月底，新疆维吾尔自治区地方政府负有偿还责任的债务 1642.35 亿元，负有担保责任的债务 807.71 亿元，可能承担一定救助责任的债务 296.09 亿元。政府性债务余额占当年地区生产总值比重为 29.64%。从政府性债务类型来看，新疆的债务率较低，全区政府负有偿还责任债务的债务率为 45.93%。从债务投向来看，主要用于基础性、公益性项目。从政府性债务形成规模来看，新疆政府性债务是经过多年形成的，债务余额不大，政府性债务风险总体可控，但 2015 年新疆负债规模的增加和地方财政支出增速大幅上升的不匹配使得新疆公共部门面临一定的偿付风险。

第4节　新疆维吾尔自治区金融部门风险分析

一、银行类风险分析

（一）资本结构错配分析

2015年，新疆银行业金融机构资产规模持续扩大，2015年年末总资产达到23893亿元，较2014年增加1911亿元，同比增长8.7%，增速回落0.86个百分点，增长速度基本与2014年持平。如图35.4所示，2015年银行业金融机构存款余额17822.1亿元，较2014年增长11%，贷款余额13651亿元，较2014年增长11.5%。贷款流向得到优化，电力交通领域信贷投入加大，煤炭、钢铁等高能耗产业贷款数额减少。2015年银行业金融机构存贷比为76.6%，较2014年下降了3.8个百分点，资本结构错配风险略有下降，但是仍然处于较高水平。

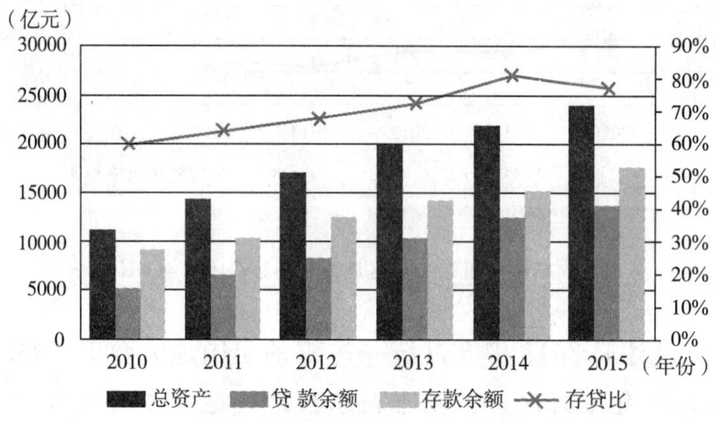

图35.4　新疆维吾尔自治区银行类金融机构存贷款结构

（二）期限错配风险分析

2015年年末，新疆银行业金融机构贷款期限结构有所恶化。短期贷款余额4090亿元，增长速度下滑严重，仅为5.5%；中长期贷款余额7654亿元，增长幅度较为明显。如图35.5所示。从长期来看，2012年以来新疆银行业金融机构中长期贷款占比基本稳定在56%左右，上下波动范围基本保持在0.5个百分点左右。

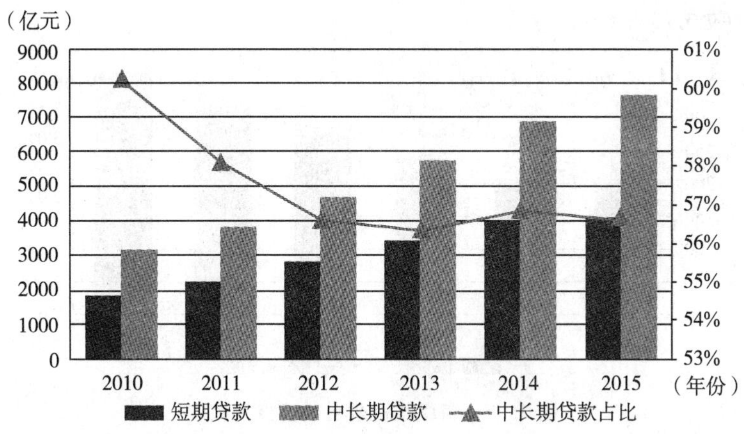

图 35.5　新疆维吾尔自治区金融部门贷款结构

（三）货币错配分析

2015 年经济下行压力的增大对于新疆进出口产生了较大影响，外币存款余额急剧增加，外币贷款余额相对稳定增长。如图 35.6 所示，2015 年年末新疆银行业金融机构外币存款 698.2 亿元，外币贷款 610 亿元，外币存贷比下降到 87.37%，货币错配风险得到缓解。

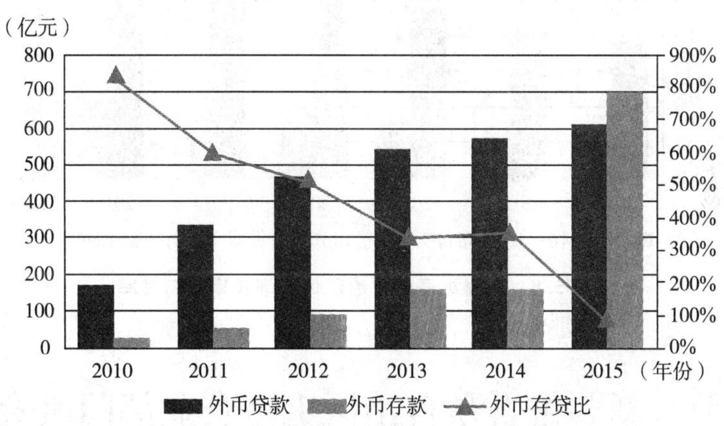

图 35.6　新疆维吾尔自治区金融部门外币存贷款结构

二、保险类风险分析

如图 35.7 所示，2015 年，新疆保险机构达到 30 家，从业人员数量超过 10 万人，保险业总资产达到 743 亿元，较 2014 年增加了 15.8%。2015 年新疆各保险机构共计实现保费收入 367 亿元，较 2014 年增加了 50 亿元，其中财产险保费收入达到了 143 亿元，人身险保费收入达到了 224 亿元。同时，保险深度上升到 3.94%，保险密度上升到 1557 元/人。

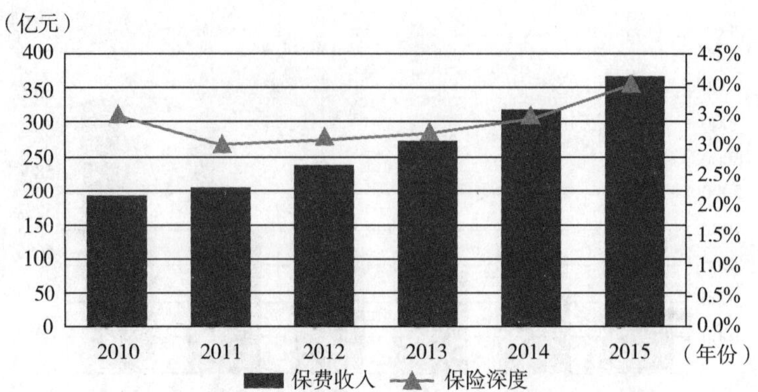

图 35.7　新疆维吾尔自治区保险深度

保费增长率与保险赔付方面，2012 年起新疆保险业保费收入增长基本稳定，增长速度维持在 16%左右。2010—2013 年保险赔付率持续上升，随后缓慢下降，2015 年降至 37.25%。如图 35.8 所示。

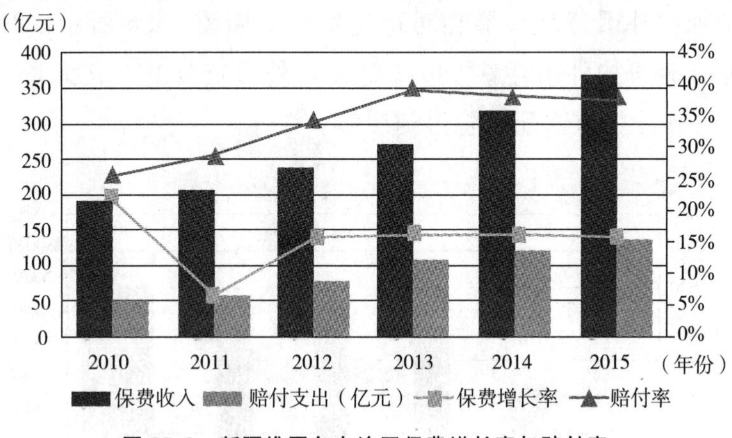

图 35.8　新疆维吾尔自治区保费增长率与赔付率

第 5 节　新疆维吾尔自治区上市企业部门风险分析

截至 2015 年第三季度，新疆共有 A 股上市企业 43 家，其中有 2 家创业板和金融企业。截至 2015 年 12 月 31 日，新疆上市公司共计实现总收入 2215 亿元，净利润 156.9 亿元。本节主要运用或有权益分析和资产负债表，对新疆的上市企业部门的金融风险进行分析，所选样本为新疆 41 家不包括创业板和金融行业的所有上市公司。

一、盈利能力分析

总体而言，2015 年前三季度新疆上市企业部门净利润率较 2014 年有较大幅度提升。如图 35.9 所示。钢铁、水泥、化工等行业，虽然受到了产能过剩的影响，但总体盈利能力依然可观，30 家以上上市企业实现赢利，其中申万宏源、金风科技与特变电工位列盈利企业前列。

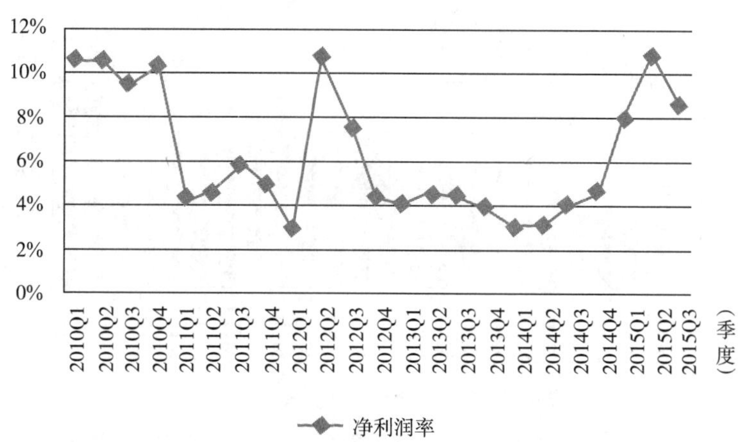

图 35.9　新疆维吾尔自治区上市企业部门净利润率

二、账面价值资产负债表分析

（一）资本结构错配分析

2015 年新疆上市企业资产负债率较 2014 年有较大上升，前三季度资产负债率分别达到 74.82%、79.10%和 77%。如图 35.10 所示。2015 年第三季度新疆上市企业总资产达到 8397 亿元，总负债达到 6465 亿元，资本结构错配风险上升。

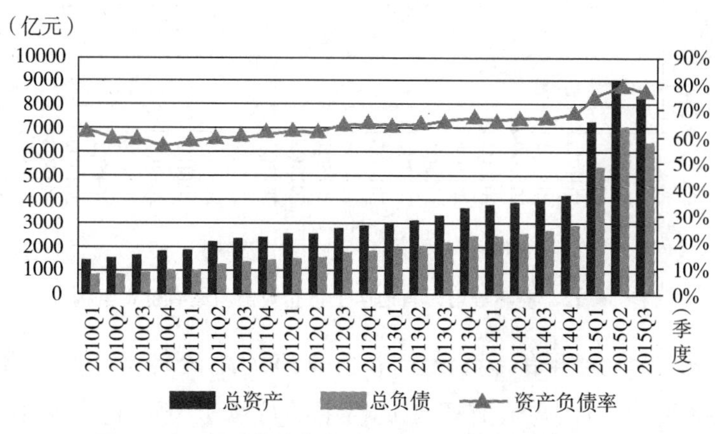

图 35.10　新疆维吾尔自治区上市企业部门资本结构

（二）期限错配风险分析

从资产流动性来看新疆上市企业2015年流动比率与2014年相比变化不大，略微有所下降。如图35.11所示。2015年前三季度流动比率稳定在0.905～0.915之间，上市企业短期偿债能力相对不足，存在一定的流动性风险。

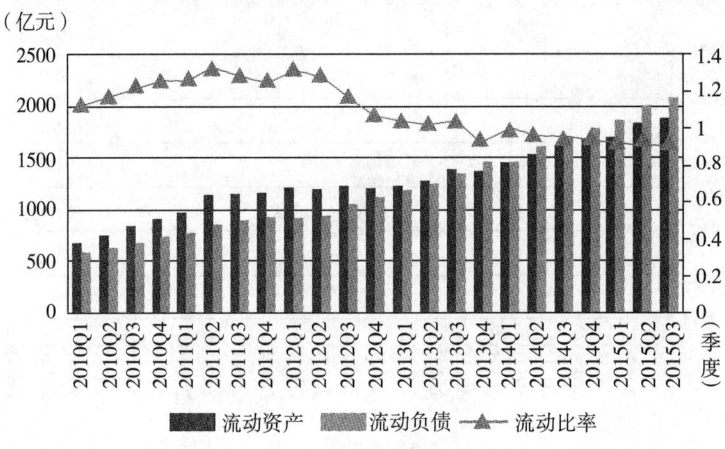

图35.11 新疆维吾尔自治区上市企业部门流动资产负债情况

三、或有资产负债表分析

2015年新疆上市企业部门或有资产负债率呈现增长态势，2015年第三季度或有资产负债率达到46.93%，并且增长态势更为明显，需要注意或有资产结构的恶化。如图35.12所示。

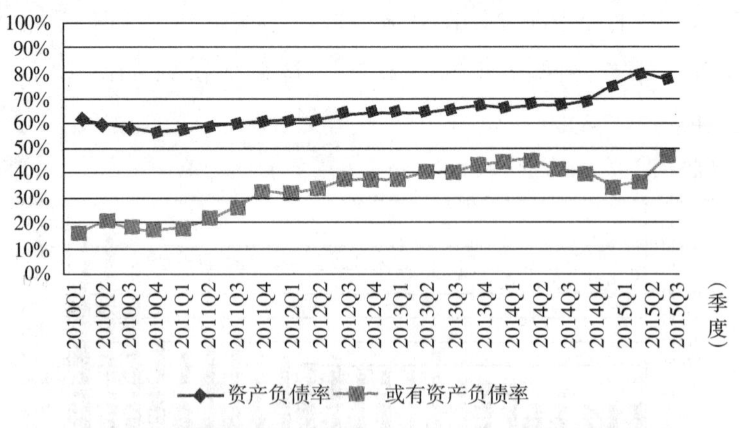

图35.12 新疆维吾尔自治区上市企业部门或有资本结构

2014年第三季度开始，新疆上市企业违约距离持续下降，2015年第三季度已经下降到1.46，与或有资产负债率的持续上升一起反映出上市企业部门违约风险的上升。如图 35.13 所示。

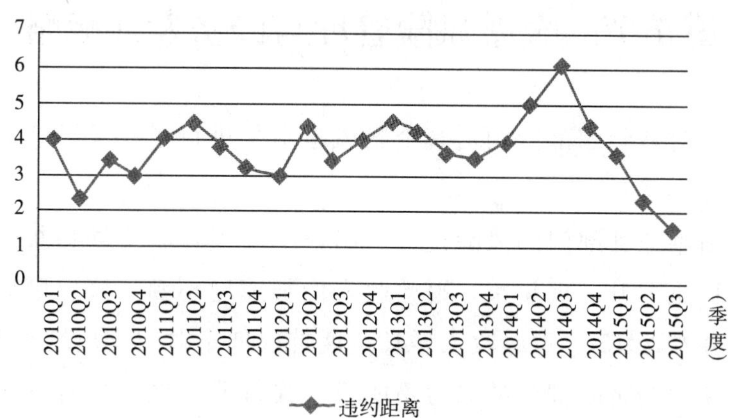

图 35.13 新疆维吾尔自治区上市企业部门违约距离

第 6 节 新疆维吾尔自治区家户部门风险分析

新疆城乡居民收入增加，2015 年全区居民人均可支配收入 16859 元，同比增长 11.7%。分地区看，城镇居民人均可支配收入达到 26274.66 元，同比增长 13.2%；农村居民人均可支配收入 9425 元，同比增长 8%。城乡居民收入差距较大，并且有进一步扩大的趋势。如图 35.14 所示，2015 年，新疆城乡居民储蓄存款 6822.8 亿元，个人消费贷款 1559.5 亿元，个人消费贷款与储蓄存款的比值上升到 22.86%。整体来看，新疆家户部门存贷结构较为合理，风险状况良好。

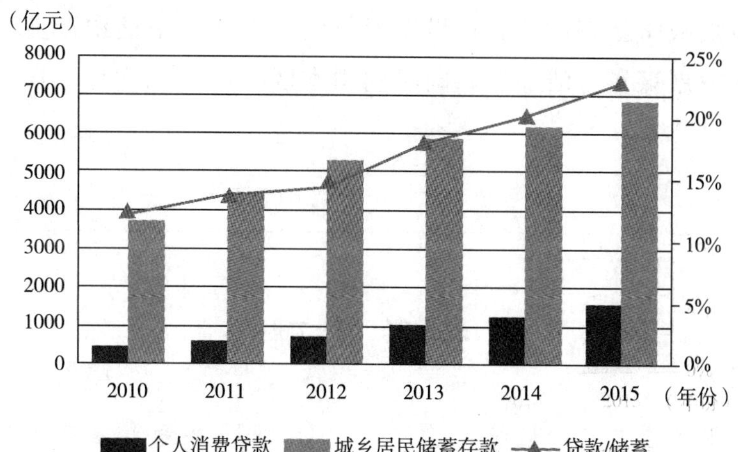

图 35.14 新疆维吾尔自治区城乡居民储蓄存款与个人消费贷款比较

第7节　金融风险管理与经济发展战略

本章着重对新疆四部门的宏观金融风险水平进行了相关分析，得出如下结论：

第一，新疆公共部门的风险比较突出，一般预算收支缺口扩大且占地区生产总值的比重上升。近年来，财政收入增长速度不断下降，财政支出增长速度提升，并在2015年财政收入增长速度首次低于财政支出增长速度。

第二，新疆的金融部门的风险不明显。银行业金融机构各项金融指标较2014年均有所好转，保险市场稳步发展，保险密度与保险深度持续提高。

第三，新疆的上市企业部门个别风险突出。新疆上市企业部门的资产负债率和流动性水平与2014年相比变化不大，但是或有资本结构恶化明显，违约距离持续减小，违约风险较为严重。

第四，新疆家户部门存贷结构合理，收入持续增加，不存在明显的偿付风险，还贷压力不大。

根据新疆暴露出来的宏观金融风险问题，本书提出以下几点宏观经济发展和风险管理建议：

第一，加强政府债务风险控制。强化风险意识，优化配置资源，通过推动产业的发展实现税收的稳定增长，减轻财政负担，同时要控制债务规模，严格举债审批和审核制度，根据财政收入状况制定合理的举债规划。

第二，转变经济发展方式。经济发展方式的转变要以绿色发展为基本理念，重点发展战略新兴产业。积极发展风电、光伏等新能源产业，在传统产业的基础上发展煤炭清洁加工，同时利用本区矿产资源优势，扶持新材料产业的发展。

参考文献

[1] 新疆维吾尔自治区统计局：《2010—2015年新疆维吾尔自治区国民经济和社会发展统计公报》。

[2] 中国人民银行：《2010—2015年新疆维吾尔自治区金融运行报告》。

[3] 魏燕：《新疆产业结构升级的金融支持研究》，2013年。

[4] 钱娟：《新疆在我国推进“一带一路”建设，构建全方位对外开放新格局中的战略地位与作用》，《市场论坛》2015年第12期，第5—16页。

[5] 李黎、刘素坤：《“一带一路”背景下的新疆经济发展对策初探》，《经营管理者》2015年第36期。

第36章　广西壮族自治区宏观金融风险研究

广西壮族自治区地处中国南疆，北连华中，东邻粤港澳，背靠大西南，面向东南亚，南临北部湾，与越南接壤，是西南地区最便捷的出海通道，在我国西部大开发、东盟自贸区建设中具有重要地位，区位优势和战略地位突出。广西拥有丰富的南亚热带农林、海洋、港口矿产以及旅游资源，但资源开发利用程度低、产业结构不合理是阻碍广西经济发展的不利因素。一方面，在国际经济复苏缓慢、国内经济持续下行的严峻形势下，广西壮族自治区急需找到新的经济增长极，面临更大的挑战；另一方面，国家提出的“一带一路”、21世纪“海上丝绸之路”战略，给处于中国—东盟合作前沿的广西带来了新的历史机遇。本章对2015年广西壮族自治区宏观金融风险进行了相关研究，结果表明广西政府性债务过高，融资平台偿债压力较大，政府公共部门债务风险较大，财政缺口占比较高。银行业不良问题突出，存在一定的资本结构错配风险。上市企业整体运行良好，资本结构改善，但是流动比率与违约距离下降严重，存在流动性风险和违约风险。

第1节　广西壮族自治区宏观金融风险概述

2015年，广西壮族自治区全区实现生产总值（GDP）16803.12亿元，按可比价格计算，比上年增长8.1%，高于全国平均水平1.2个百分点。[①] 在国际经济复苏缓慢、国内经济持续下行的严峻形势下，广西经济呈现“总体平稳、稳中有进”的发展态势。如图36.1所示。经济结构优化升级，第一产业增加值2565.97亿元，比上年增长4.0%；第二产业增加值7694.74亿元，增长8.1%；第三产业增加值6542.41亿元，增长9.7%。三次产业结构

① 数据来源：《2010－2015年广西省国民经济和社会发展统计公报》，广西省统计局；《2010－2015年广西省金融运行报告》，中国人民银行；国泰安数据库，深圳国泰安教育技术股份有限公司；智远理财服务平台，招商证券股份有限公司。如无特殊说明，本章数据均来源于此。

由上年的 15.4∶46.7∶37.9 调整为 15.3∶45.8∶38.9，其中第一产业比重下降 0.1 个百分点，第三产业比重提高 1.0 个百分点；第三产业增速快于第二产业增速 1.6 个百分点，是近十三年来首次快于二产增速。服务业对经济增长的贡献率比上年提高 8.6 个百分点，稳步向现代型经济迈进。金融运行方面，广西金融行业整体保持平稳发展，社会融资规模新增 2737 亿元。

总体来看，广西宏观金融风险主要集中在政府债务上。首先，政府性债务过高，融资平台偿债压力较大，政府公共部门的债务风险较大。其次，金融部门中银行业金融机构不良贷款率和不良贷款额都有所增加，资本结构错配风险有所增加。保险业机构赔付风险有所增加。再次，部分上市企业资产负债率过高，但上市企业违约风险有所降低。最后，广西家户部门风险水平相对较低，整体风险程度不高。

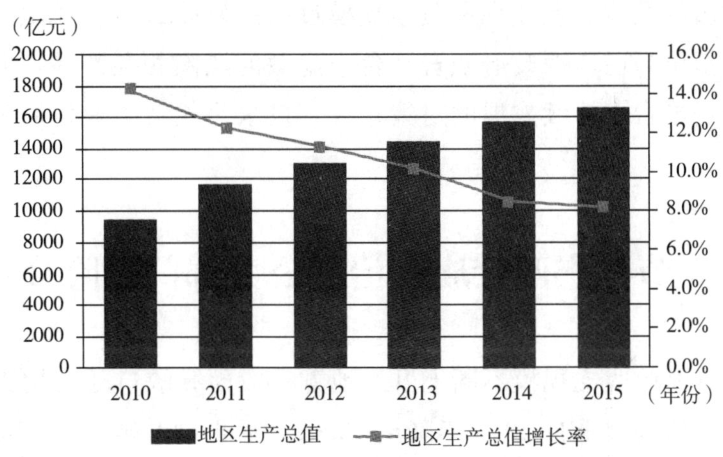

图 36.1　广西壮族自治区生产总值及其增长率情况

第 2 节　文献综述

金钢（2015）分析了广西银行业的发展现状、存在的问题及对策。近年来，广西银行业发展迅猛，金融环境逐步改善，银行规模稳步扩大，跨境人民币等金融服务多元化发展。但广西银行业也存在着一系列问题，如发展程度低、结构不合理、农村“三权”抵押贷款的推广仍然存在重重障碍。提出扩大广西地区的银行规模，提高经营效率；积极完善金融市场，为银行业发展创造良好的环境；大力推动金融创新，提升银行业的服务水平；完善广西地区征信体系建设，进一步改善信贷环境，等等。

李秋梅（2016）针对广西小额贷款公司的现状和风险展开研究。作者认为相较于大部分发达省份，广西的小额贷款公司发展表现出明显的滞后性。文章通过对广西小额贷款风险控制监测、预警、防范化解等四个流程以及广西小额贷款公司现状的分析得出以下结论：首先，小贷公司要比银行等金融机构更加注意加强风险的防范，只有在保障股东资本金安全的条件下，才会实现可持续发展；其次，小额贷款公司的高收益与高风险是相对应的，并且风险种类繁多，因此要注意防控风险；最后，借鉴国外经验，提出了小额贷款公司在实务中与公司管理中应改进的问题、政府应充分发挥其职能，贷款户也应提升自身素质，加强信用意识，多方面共同努力，增强广西小额贷款公司的风险控制能力。

邵雷鹏（2015）在对广西政府融资平台的发展历程和现状分析上，总结出广西政府融资平台存在的潜在风险，主要包括宏观政策调整的风险、地方经济增长放缓的风险、负债率和负债规模过高的风险、市场风险和法律政策风险，文章指出当前广西政府融资平台中隐藏的风险相当严峻，并提出促进广西政府融资平台可持续发展的对策建议，以求为相关企业发展和政府决策提供借鉴。

第3节　广西壮族自治区公共部门风险分析

广西地方财政收支规模不断上升，地方一般预算缺口随之增大，“缺口”占地区生产总值的比重自2013年降至13.04%后再度升至2015年的14.2%，这在一定程度上说明广西公共部门面临的财政风险有所上升。如图36.2、图36.3所示。2015年，广西实现地方一般预算收入1515.08亿元，同比增长6.54%，财政收入增速继续呈现下降趋势；全年实现地方一般预算支出4076.42亿元，同比增长17.15%，财政支出增速较2014年上升8.7个百分点，支出增速大幅高于收入增速，财政支出增长率与财政收入增长率之比达到262%，较2014年上升了超过150个百分点。全年地方一般预算缺口随之扩大到2561.34亿元，比上年增加503.6亿元，增速高达200%。政府性债务方面，截至2015年年底，广西全区政府债务余额为4308.85亿元，其中：自治区本级政府债务909.07亿元，市县政府债务3399.78亿元。2015年广西自治区新举借政府债务178亿元，新增政府债务主要用于扶贫、保障性安居工程、交通、教育医疗等项目建设，财政刚性支出持续增加。

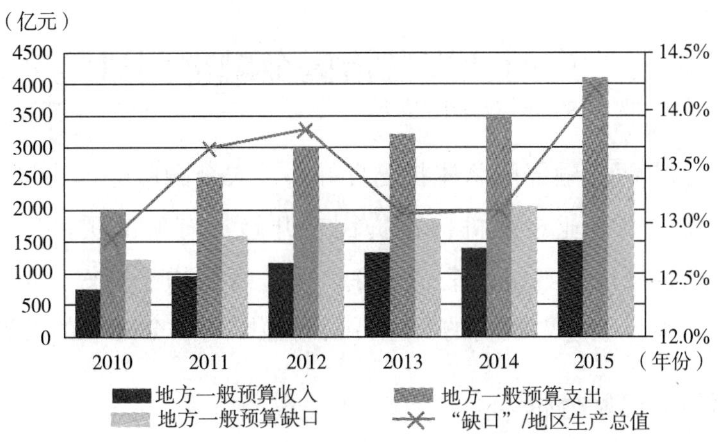

图36.2 广西壮族自治区地方一般预算收支情况

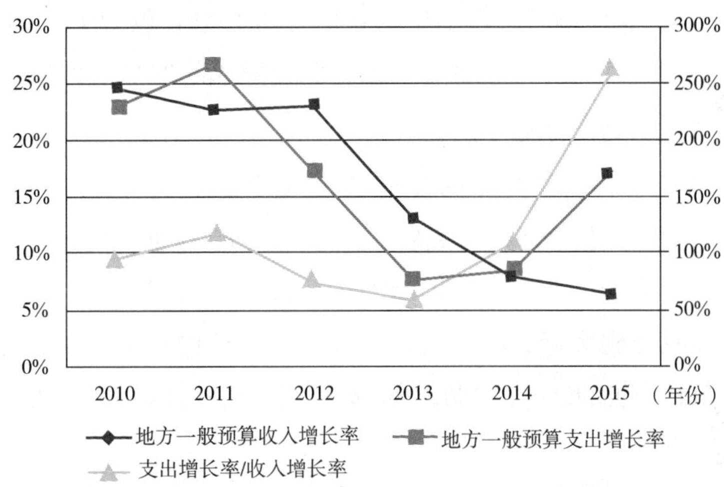

图36.3 广西壮族自治区地方一般预算收支增长率情况

2015年广西财政虽较好地完成了各项目标，但财政运行中也面临很多突出问题和矛盾：受经济下行压力影响，传统优势产业税收增速回落，财政持续增收困难；2015年政府性基金转列一般公共预算、成品油和卷烟消费税税率提高拉动财政一次性增收约120亿元的政策性增收因素不复存在，财政增收难度加大；类似钦州、北海石化项目能够显著拉动收入快速增长的新增重点税源项目匮乏，财政收入增长内生动力不足；由于中央对广西的转移支付增多以及盘活财政存量资金相应安排支出增加，财政支出刚性增长，收支矛盾更加突出，预算平衡难度较大；政府债务纳入预算管理，还本付息支出大幅增加。各项改革成本也需要财力承担；政府性债务管理需要进一步加强，部分市县债务规模和偿债压力较大，潜在风险不容忽视。

第4节　广西壮族自治区金融部门风险分析

2015年，广西金融部门总体状况良好，涉农金融服务能力增强，互联网金融蓬勃发展。银行业金融机构存贷比上升趋势有所减缓，外币存贷比下降，保险市场积极应对经济新常态，各项保险指标均显利好。但是，不良问题依然突出，银行业金融机构的金融诉讼问题影响了金融业的发展。

一、银行类风险分析

2015年，广西银行业不良贷款余额386.08亿元，较2014年增加了169.35亿元，增加了78.1%；不良贷款率为2.13%，较2014年上升了0.78个百分点。不良贷款“双升”表明了银行业金融风险的显著增加。

（一）资本结构错配分析

2015年广西银行业资产规模延续了2010年以来快速增长的趋势，总资产达到30300亿元，较2014年增长了12.47%。银行业负债方面，2015年广西银行业总负债为29300亿元，较2014年增长了12.85%。广西银行业资产质量下降，同时受到大量金融诉讼和巨额骗贷事件的影响，银行业资产减值损失猛增，银行业金融机构利润大幅减少，实现利润291.64亿元，较2014年减少了22.8%。

存贷款方面，如图36.4所示，2015年年末金融机构本外币存款余额达到22793.54亿元，较2014年增加了2495亿元，同比增长12.29%，增速上升了1.9个百分点；本外币贷款余额达到18119亿元，较2014年增加了2048亿元，

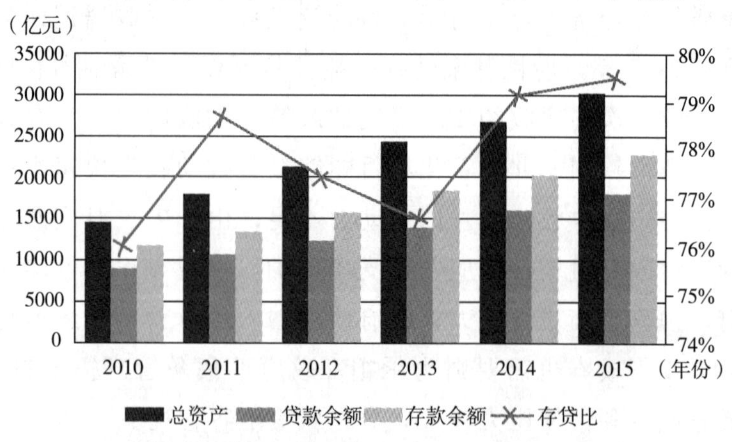

图36.4　广西壮族自治区银行类金融机构存贷款结构

同比增长 12.74%，增速略有回落。受 2015 年广西整体金融环境低迷的影响，贷款增速下降，2014 年存贷比大幅上升的趋势有所缓解，2015 年存贷比为 79%，银行业金融机构资本结构错配风险依然比较严重。

（二）期限错配风险分析

2010 年以来，广西银行业金融机构中长期贷款占比持续下降，总体来看，期限错配风险降低。2015 年银行业金融机构短期贷款 4774 亿元，较 2014 年增加 84 亿元，同比增长 1.8%；中长期贷款 12406 亿元，较 2014 年增加 1603 亿元，同比增长 14.8%。因为中长期贷款增长速度远超短期贷款增长速度，2015 年中长期贷款占比略有上升，占到本外币贷款余额的 68%，还是处于一个比较高的水平，贷款中长期化的问题依然比较严重。

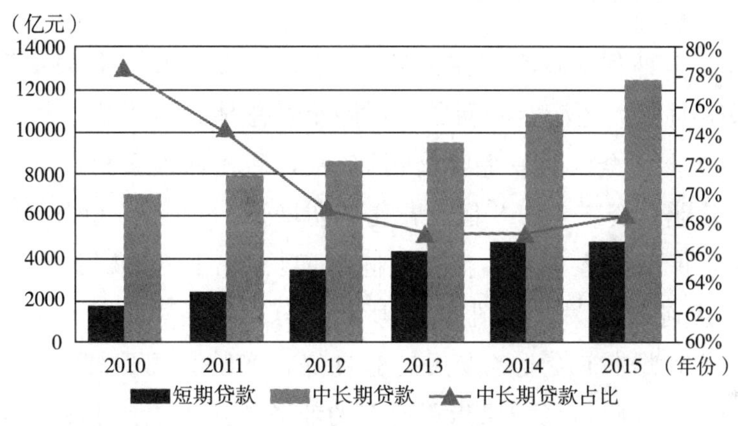

图 36.5　广西壮族自治区金融部门贷款结构

（三）货币错配分析

2015 年，广西货物进出口总额 512.62 亿美元，比 2014 年增长了 13.5%，进出口差额有所减小，达到 47.89 亿美元。如图 36.6 所示，2015 年，广西银行业金融机构外币存款规模基本零增长，外币存款 227 亿元，仅比 2014 年增加了 7.5 亿元；外币贷款规模 462 亿元，比 2014 年减少了 23.5 亿元。

贷款规模较少，存款增长迟缓，导致了广西银行业金融机构外币存贷比的略微下降，货币错配风险有所降低。

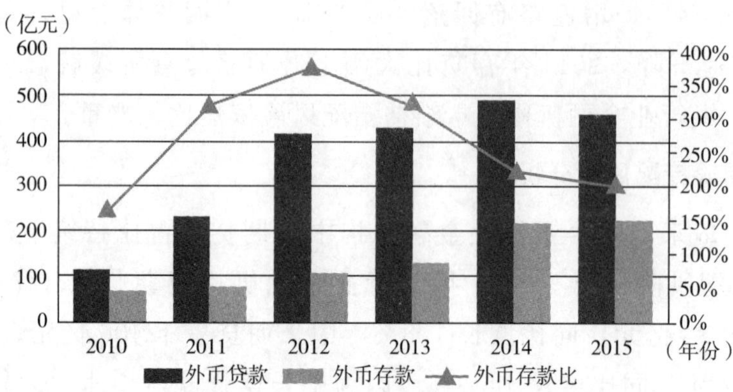

图 36.6　广西壮族自治区金融部门外币存贷款结构

二、保险类风险分析

2015 年，广西保险业在“抓服务、严监管、防风险、促发展”的方针指导下，积极应对各类经济金融问题，保险市场总体运行平稳。

2015 年年末，全区共有保险公司 37 家，新增保险公司 3 家。2015 年年末，广西保险业总资产 773.8 亿元，比年初增长 16.9%。2015 年，广西保险业共实现保险保费收入 385.7 亿元，同比增长 23.1%，保险深度不断上升，2015 年年末达到 2.14%。如图 36.7 所示。分行业看，产险市场，车险业务增速放缓，民生类非车险业务发展态势良好，产险公司保费 160.7 亿元，同比增长 14.2%；寿险市场，保障程度高的业务快速发展，业务内涵价值不断提升，寿险公司保费 225 亿元，同比增长 30.4%。

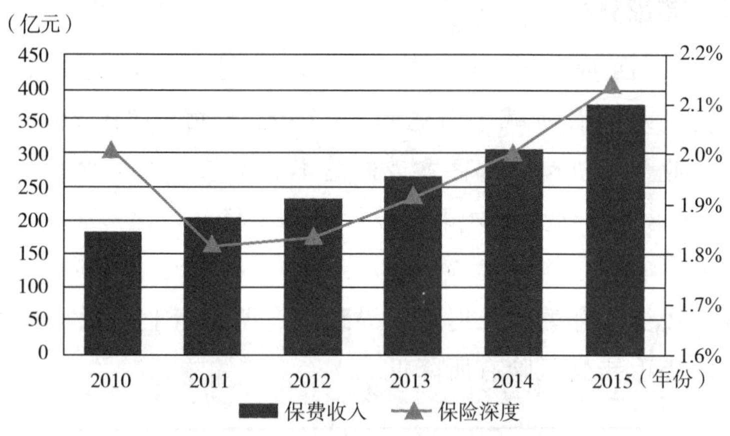

图 36.7　广西壮族自治区保险深度

赔付方面，2015 年广西保险业赔付支出 132.8 亿元，较 2014 年增加 23.65 亿元，赔付率略微下降到 34%。保费增长率明显上升，2015 年达到

23.11%，较 2014 年上升了接近 10 个百分点。如图 36.8 所示。总体而言，2015 年广西保险市场运行比 2014 年更为健康稳定，赔付率下降、保费收入增长率提升，有利于广西保险市场的长远发展。

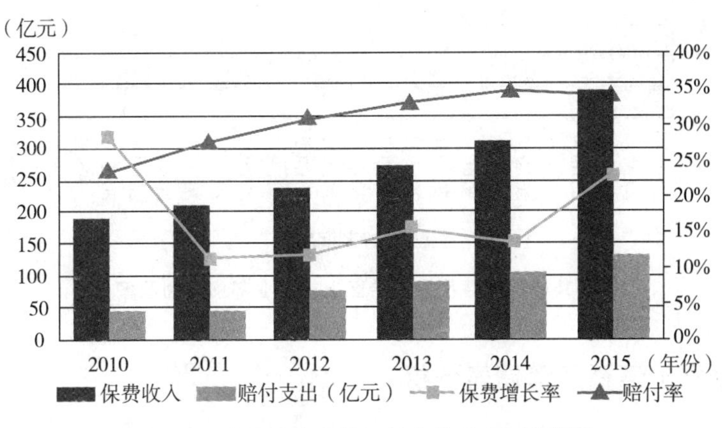

图 36.8　广西壮族自治区保费增长率与赔付率

第 5 节　广西壮族自治区上市企业部门风险分析

截至 2015 年年底，广西共有境内上市公司 35 家（深交所 19 家），境外上市公司 7 家，境内上市公司数量仅占全国总数的 1.3%，排名全国第 23 位，西部第 5 位，上市企业目前主要分布在化工、农副产品加工、医药生物等行业。本节主要运用宏观资产负债表和或有权益分析两种方法对广西的上市企业部门的宏观金融风险进行分析。所选分析样本为广西国内上市企业剔除创业板和金融行业的相关上市企业，共计 33 家上市企业。

一、盈利能力分析

广西上市企业部门盈利能力自 2011 年下半年以来，净利润率基本在 1.5%到 4%之间波动，其中以 2014 年开始净利润率波动尤为剧烈。2015 年前三季度上市企业净利润率分别为 1.76%、4.40%和 3.32%，前三季度净利润变化趋势与 2015 年同期国内 A 股市场变化趋势有较强相似性。如图 36.9 所示。分行业看，化工行业净利润率较低，甚至亏损严重；电力、生物医药和科技型企业利润率较高。

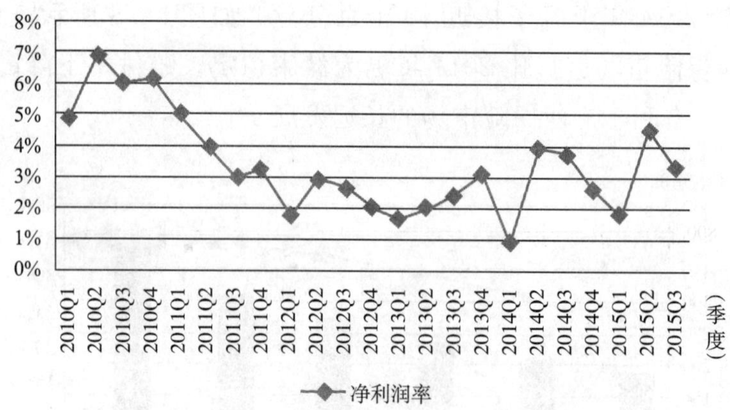

图 36.9　广西壮族自治区上市企业部门净利润率

二、账面价值资产负债表分析

（一）资本结构错配分析

截至 2015 年第三季度，广西上市企业部门总资产达到 2001.4 亿元，总负债达到 1207.5 亿元，资产和负债规模较 2014 年同期有所扩大，但是与 2015 年第二季度相比有所减小，在一定程度上反映出上市企业受到股市波动的影响，如图 36.10 所示。资产负债率自 2014 年第一季度以来持续下降，至 2015 年第三季度已经降至 60.33%，两年间资产负债率下降超过 4 个百分点，上市企业的资本结构改善明显，资本错配风险不大。

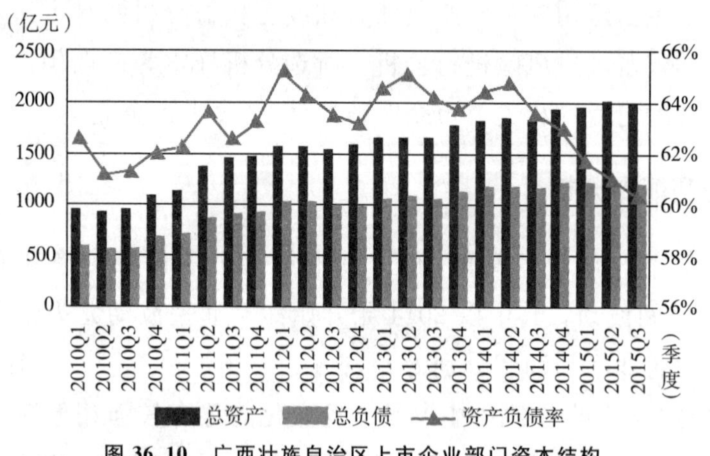

图 36.10　广西壮族自治区上市企业部门资本结构

（二）期限错配风险分析

2010 年到 2013 年第三季度，广西上市企业流动比率波动上升，并在 2013 年第三季度达到 1.15，随后经过 2014 年和 2015 年的下降，2015 年第三季度刚刚实现流动资产与流动负债的平衡。如图 36.11 所示。整体来看，2013 年以来广西上市企业流动比率下降明显，流动性风险和期限错配风险有所上升。

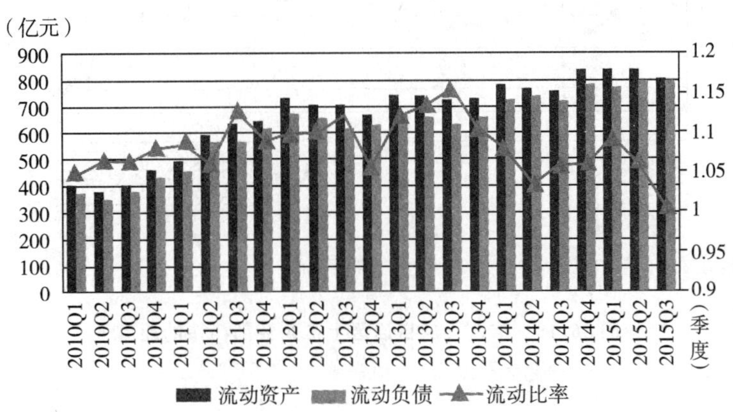

图 36.11　广西壮族自治区上市企业部门流动资产负债情况

三、或有资产负债表分析

如图 36.12 所示，广西上市企业部门或有资产负债率长期低于账面资产负债率水平，2015 年前三季度或有资产负债率均值为 23.2%，较 2014 年前三季度有明显下降，说明从或有权益的角度来看，广西上市企业的或有资本结构更加合理。

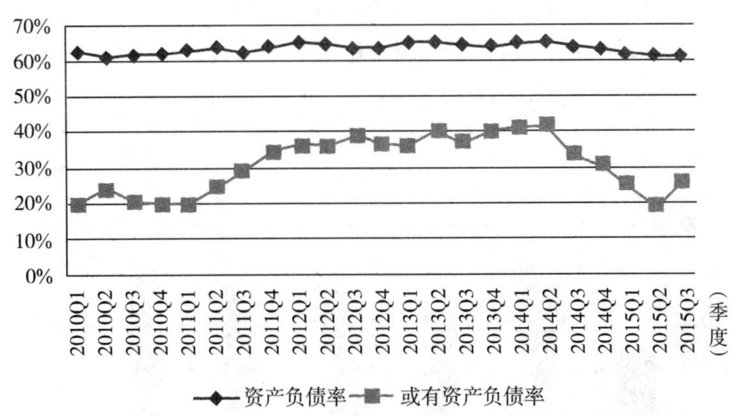

图 36.12　广西壮族自治区上市企业部门或有资本结构

违约距离方面，自 2014 年起广西上市企业违约距离迅速下降，从 2013 年第三季度的 7.28 降至 2015 年第三季度的 1.53，反映出广西上市企业存在比较严重的违约风险。如图 36.13 所示。

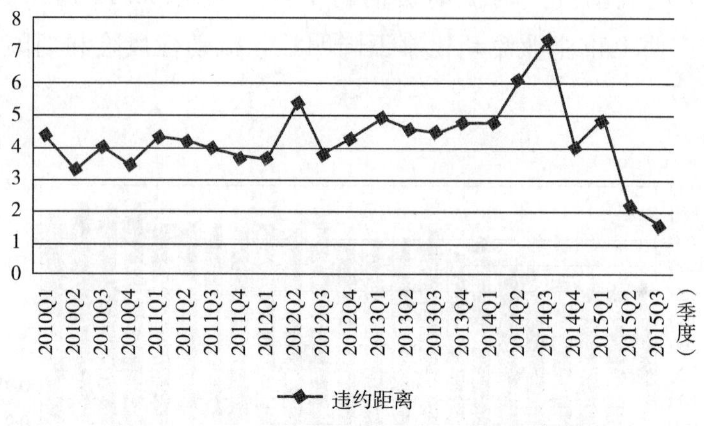

图 36.13　广西壮族自治区上市企业部门违约距离

第 6 节　广西壮族自治区家户部门风险分析

受到经济增长放缓和宏观经济不景气的影响，广西城镇居民人均可支配收入和农村居民纯收入增长速度较低，以农村居民纯收入的问题更为突出。农村居民纯收入增长速度减缓严重，2015 年虽然增长速度比 2014 年有所提升，但仍然处于较低的水平。

如图 36.14 所示，2015 年广西城镇居民人均可支配收入为 26416 元，农村居民纯收入为 9467 元，城乡差距较大。城镇居民人均消费支出 16321 元，恩格尔系数为 34.4%；农村居民人均消费支出 7752 元，恩格尔系数为 35.4%。

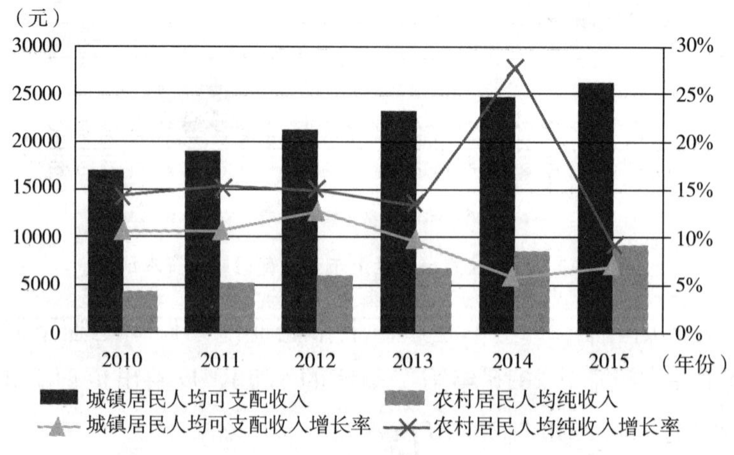

图 36.14　广西壮族自治区城乡居民收入情况

如图 36.15 所示，2015 年广西城乡居民储蓄存款达到 11392 亿元，个人消费贷款达到 3811.8 亿元，贷款储蓄比为 33.46%。这一比值自 2012 年起不断上升，反映出广西消费储蓄倾向的变化。同时较低的贷款储蓄比值也反映出家户部门较低的偿付风险。

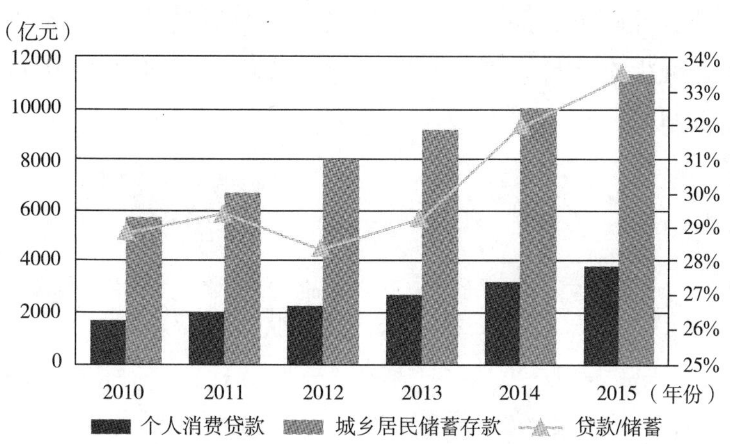

图 36.15　广西壮族自治区城乡居民储蓄存款与个人消费贷款比较

第 7 节　金融风险管理与经济发展战略

本章在对经济整体运行情况进行简单概述的基础上，分别分析了广西公共部门、金融部门、上市企业部门和家户部门的金融风险。

首先，广西公共部门的风险依然比较严峻，一般预算收支缺口较大，同比增长速度较快。地方财政预算缺口占地区生产总值的比重比上年有所提高。另外，广西政府性债务占地区生产总值的比重较大，政府等偿债压力较大；其次，广西金融部门整体风险不高，本外币存贷结构均有所改善，但是银行类金融机构的不良贷款率和不良贷款额均有所上升需要引起关注。同时，保险市场运行良好，保费收入与保险深度双增；再次，广西上市企业部门流动性指标和违约距离方面表现出了一定的流动性风险和违约风险，其他方面风险问题不明显；最后，广西家户部门收入持续增加，贷款储蓄比例不高，风险状况良好。

在本章以上研究的基础上，为广西的风险管理和宏观经济发展提出两点建议：

一是加强政府财政和债务风险管理。针对公共部门的风险特征，广西政府应该积极编制合理的财政规划，采取多种措施提高债务偿还能力，解决存量债务，同时对财政支出进行监控，提高财政资金利用效率，缓解财政压力。

二是加强金融生态环境和社会信用环境建设。广西 2015 年银行业的大量金融诉讼问题对经济金融的发展产生了一定的影响，同时不良贷款与不良贷款率的攀升也反映出金融生态环境的问题。要通过政策引导和加强监督两个方面改善金融生态环境，严厉打击恶意逃废银行债务的行为，完善金融诉讼案件协调机制。

参考文献

[1] 广西壮族自治区统计局：《2010—2015 年广西壮族自治区国民经济和社会发展统计公报》。

[2] 中国人民银行：《2010—2015 年广西壮族自治区金融运行报告》。

[3] 金刚：《广西银行业发展现状、存在的问题及对策》，《金融视线》2015 年第 34 期，第 86—89 页。

[4] 李秋梅：《广西小额贷款公司风险控制研究》，《财经管理》2016 年第 2 期，第 124—127 页。

[5] 邵雷鹏：《广西政府融资平台可持续发展问题探讨》，《经济纵横》2015 年第 5 期，第 11—15 页。

第37章　内蒙古自治区宏观金融风险研究

2015年，是中国“一带一路”战略全面推行之年，中国正积极规划中蒙俄、新亚欧大陆桥、中国—中亚—西亚、中国—中南半岛、中巴、孟中印缅六大经济走廊建设。内蒙古自治区地处中国北部边疆，内联八省、外接俄蒙，是丝绸之路经济带核心区域之一，拥有立足于“中俄蒙经济走廊”的区位优势，战略意义十分鲜明。2015年，内蒙古全区经济很好地适应了全国经济的新常态，虽有一定程度的下行，但质量有所增长，效益有所提高。本章将利用宏观资产负债表和或有权益分析，对内蒙古宏观金融风险现状、成因以及四大部门风险状况进行分析，并提出经济发展与风险管理方面的建议。

第1节　内蒙古自治区宏观金融风险概述

2015年，内蒙古自治区全区实现地区生产总值18032.8亿元，按可比价格计算，比上年增长7.7%，相比于2014年7.8%的增速无明显放缓趋势，高于全国平均增速0.8个百分点。[①] 这在全国经济下行的巨大压力、市场整体低迷的背景下，发展态势较好，但从目前来看经济尚未探底，之前经济发展的较高增速更多的是依靠一些投资性因素促成，尚未形成带动经济走出低迷的有效增长点，宏观风险问题仍然严峻。如图37.1所示。2015年新疆第一产业增加值1618.7亿元，增长3.0%；第二产业增加值9200.6亿元，增长8.0%；第三产业增加值7213.5亿元，增长8.1%。人均生产总值达到71903元，比上年增长7.4%，按年均汇率计算折合为11547美元。全区三次产业结构由9.4∶54.5∶36.1演进为9∶51∶40，以服务业为主的第三产业比重明显提高，农牧业提质增效，工矿业转型升级，内蒙古产业结构整体有所

① 数据来源：《2010—2015年内蒙古自治区国民经济和社会发展统计公报》，内蒙古自治区统计局；《2010—2015年内蒙古自治区金融运行报告》，中国人民银行；国泰安数据库，深圳国泰安教育技术股份有限公司；智远理财服务平台，招商证券股份有限公司。如无特殊说明，本章数据均来源于此。

优化。金融运行方面，内蒙古金融行业整体保持平稳发展，社会融资规模新增1869亿元。社会融资结构不断优化，全区不断加强股权、债权融资培训和孵化服务，全年累计31家企业在上海股权托管交易中心挂牌融资、7家企业在“新三板”挂牌融资、340家企业在内蒙古股权交易中心挂牌融资。农业保险覆盖范围进一步扩大，为内蒙古经济平稳高效发展提供了有力的支持。

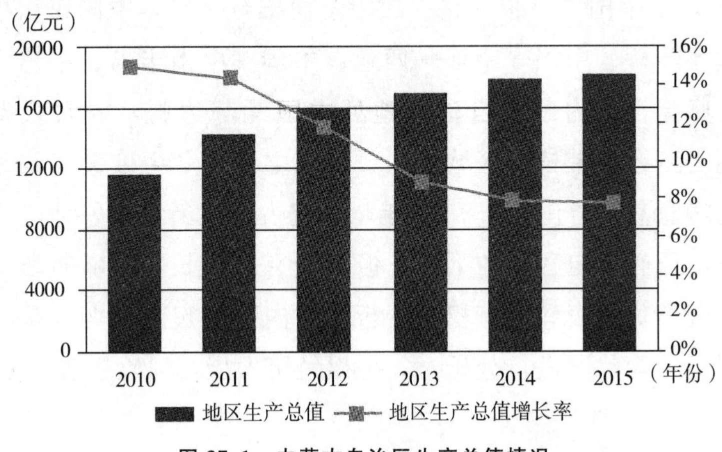

图37.1　内蒙古自治区生产总值情况

总体而言，内蒙古公共部门财政缺口占比上升，加大了财政压力，同时政府债务压力比较重；金融部门不良问题突出，银行业与保险业其他金融指标大致正常；上市企业部门违约风险大幅上升，资产负债结构不尽合理；家户部门方面，城乡居民收入不断扩大，金融风险不明显。

第2节　文献综述

薛强、金桩、杨瑞成（2015）基于1980—2012年面板数据，利用VAR模型，对内蒙古金融发展与产业结构调整之间的因果关系进行了实证分析。结果表明，内蒙古产业结构优化率是存贷合计增长率与股票筹资额的格兰杰原因，但反向因果关系不成立；产业结构调整推动了金融发展，但金融发展对产业结构调整无显著带动作用。因此，进一步完善金融服务体系，创新金融服务模式成为进一步提升产业结构调整升级中金融服务水平与能力的关键。

赵志华、贺光明、杨海平（2015）通过实证分析检验了内蒙古地区金融发展与经济增长的相关性。作者通过投资—储蓄转化机制、金融资产和金融相关比率、市场结构、信贷结构和金融机构竞争力等多维度讨论内蒙古地区的金融效率，然后以时间序列和横截面模型检验内蒙古金融效率与内蒙古经济增长的相关性。研究发现，内蒙古金融“瓶颈”的确存在且制约了内蒙古经济增长，但经济发展水平也是制约金融发展的一个因素，两者互为因果，同时金融因素仍是推动经济增长的重要因素。

赵琳（2016）基于供给侧改革实施大背景，对于金融支持内蒙古产业转型和经济发展提供思路对策。赵琳认为能源结构不合理、房地产去库存压力大、金融资源供给不合理是目前内蒙古开展供给侧改革面临的突出问题。因此，金融支持内蒙古经济稳速发展应着眼以下几点：继续贯彻落实稳健的货币政策；深化重点领域金融改革，持续释放改革红利；防范和化解经济金融风险，全力维护金融稳定；大力发展普惠金融，打造多层次供给体系。

总体来看，学者关于内蒙古宏观金融风险的研究大多集中在金融功能研究，从区域整体上作出风险判断的文献相对较少。本章将从宏观金融视角出发，分析内蒙古四大部门面临的宏观金融风险，并提出相应的经济发展战略。

第3节　内蒙古自治区公共部门风险分析

2015年，内蒙古地方财政收支规模保持上涨趋势，地方一般预算缺口继续扩大，缺口占地区生产总值比重达到新高，财政收支矛盾呈加剧之势，平衡收支压力加大。如图37.2、图37.3所示，具体而言，2015年内蒙古地方一般预算收入为1964.4亿元，同比增长6.58%，地方一般预算收入增长率已连续五年处于下降趋势。地方一般预算支出为4290.1亿元，增长率相比往年高达10.45%，财政支出增速反超财政收入增长率，预算缺口进一步扩大，预算缺口占地区生产总值比重高达12.9%。在国内宏观经济低迷的背景下，工业经济增长乏力，铝、有色金属、建材等重点行业税收持续低迷，房地产市场景气度低，税收增速大幅回落，煤炭资源税费改革等因素也对税收收入造成一定影响。同时，中央全面推行“营改增”改革，进一步加大结构性减税和普遍性降费力度，减轻企业负担，在短期内将直接制约财政收入平稳增长。

从财政支出的投向来看，2015年内蒙古政府加大民生支出，各级财政民生支出2873亿元，增长17.8%，占总支出的66%。积极财政政策延续实施并加力增效，财政投资规模要进一步扩大。教育、社保、医疗卫生、养老等重点民生领域保障继续提标扩面，刚性支出不断增长，该类支出难以在短时间内产生巨大收益，为内蒙古地方财政带来了较大的压力。

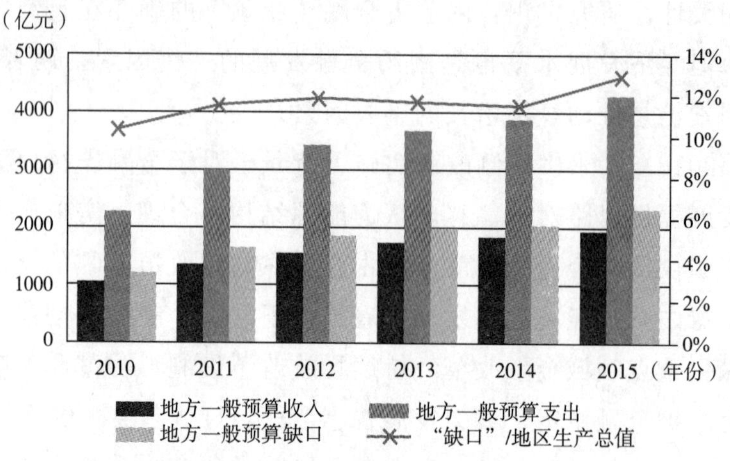

图 37.2　内蒙古自治区地方一般预算收支情况

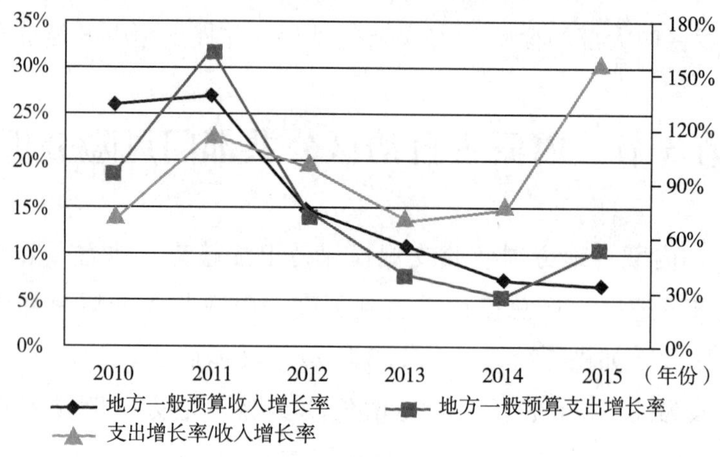

图 37.3　内蒙古自治区地方一般预算收支增长率情况

另外，根据国家审计局 2013 年 8 月统一组织的全国地方政府性债务审计结果来看，截至 2013 年 6 月底，内蒙古自治区地方政府负有偿还责任的债务 3391.98 亿元，负有担保责任的债务 867.27 亿元，可能承担一定救助责任的债务 282.82 亿元。从未来偿债年度看，内蒙古政府在 2015 年和 2016 年的偿债量为 546.09 亿元和 369.88 亿元，地区生产总值和地方一般预算收入的增长尚能覆盖政府性债务的增长。从债务投向来看，主要投向公益性项目和基础设施建设，这些基础设施、民生工程等项目的建设产生效益大多具有时滞性，同时地方投融资平台公司普遍存在资产负债率较高、盈利能力差、借新还旧等问题为公共部门带来了更大的偿债压力。因此，内蒙古政府要加大对地方政府性债务的监督和监管，规范地方投融资平台公司运营，加强管理政府债务风险。

第 4 节　内蒙古自治区金融部门风险分析

一、银行类风险分析

2015 年，内蒙古银行业规模持续扩大，受宏观经济环境影响，银行业经营压力较大，盈利能力下降。存贷款增长速度回升，信贷结构优化，信贷投放更加均衡，小微企业贷款增长迅速，银行业涉农贷款增长速度超过 15%，金融支持农业发展的力度加大。另外，银行业信贷风险不容忽视，2015 年内蒙古银行业金融机构不良贷款余额 761.9 亿元，同比增长 52.8%，不良贷款率 4.4%。

（一）资本结构错配分析

如图 37.4 所示，2015 年，内蒙古自治区银行业规模持续扩大，金融机构总资产达到 27264 亿元，同比增长 13.5%，其中大型商业银行、城市商业银行、国开行与政策性银行、小型农村金融机构资产规模较大。

存款方面，2015 年年末内蒙古金融机构存款余额 18172.17 亿元，同比增长 11%，增长速度较 2014 年有较大回升。贷款方面，2015 年年末内蒙古金融机构贷款余额 17264 亿元，同比增长 14.7%，其中交通运输、社会保障和房地产贷款增长速度最快。涉农贷款和小微企业贷款增加，信贷投放更加平衡，民生领域贷款也有较大增长。2010 年以来，存贷比持续缓慢增长，2015 年达到 95%，银行业金融机构的资本结构风险较大。

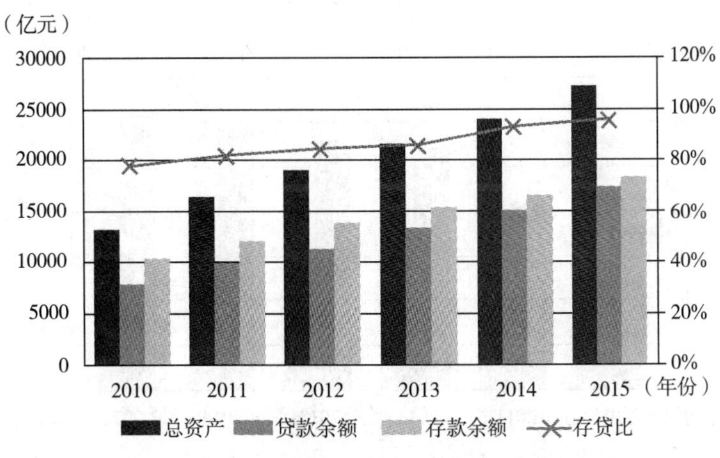

图 37.4　内蒙古自治区银行类金融机构存贷款结构

（二）期限错配风险分析

2015 年内蒙古银行业金融机构货币期限错配风险不大，2015 年年末短期贷款余额 6798.6 亿元，较 2014 年增加 793.4 亿元，同比增长 13.2%；中长期贷款余额 9628.1 亿元，较 2014 年增加 996 亿元，同比增长 11.5%。中长期贷款在贷款余额中所占比重降到 55.77%，延续了 2010 年以来的下降趋势。如图 37.5 所示。总体来说，贷款期限结构更加合理，金融机构期限错配风险不高。

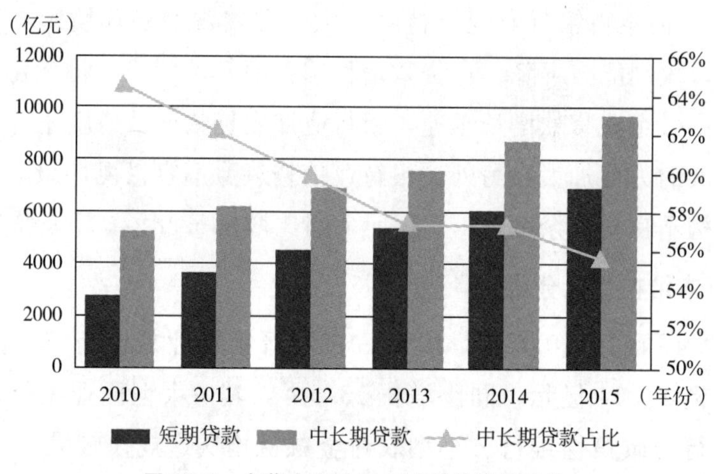

图 37.5　内蒙古自治区金融部门贷款结构

（三）货币错配分析

2015 年内蒙古外币存款为 94.57 亿元，同比增长 29.5%；外币贷款为 123.63 亿元，同比增长 4%。外币存款增速提升，外币贷款增速放缓，导致外币存贷比迅速下降，2013 年外币存贷比为 193.6%，经过两年的下降，2015 年已经下降到了 130.7%，货币错配风险减小。如图 37.6 所示。

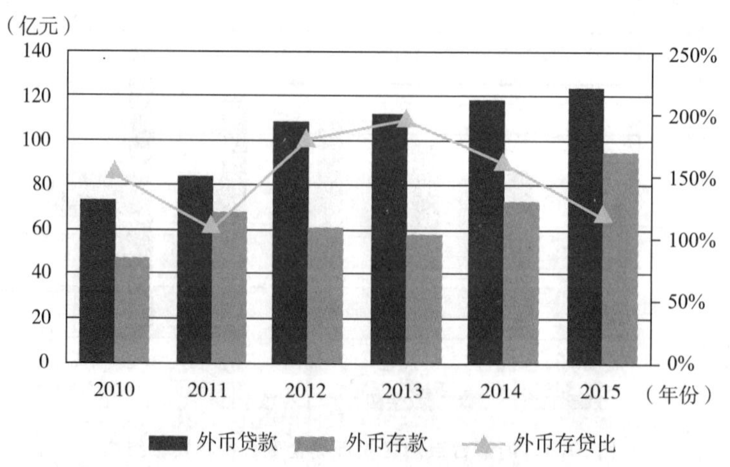

图 37.6　内蒙古自治区金融部门外币存贷款结构

二、保险类风险分析

2015 年内蒙古自治区保险市场运行平稳，各项指标较 2014 年都有所改善。截至 2015 年年末，内蒙古保险公司总资产达到 776 亿元，较 2014 年增长 17.1%，保险普及度上升，保险密度上升到 1575 元/人，保险深度达到 2.2%。如图 37.7 所示。

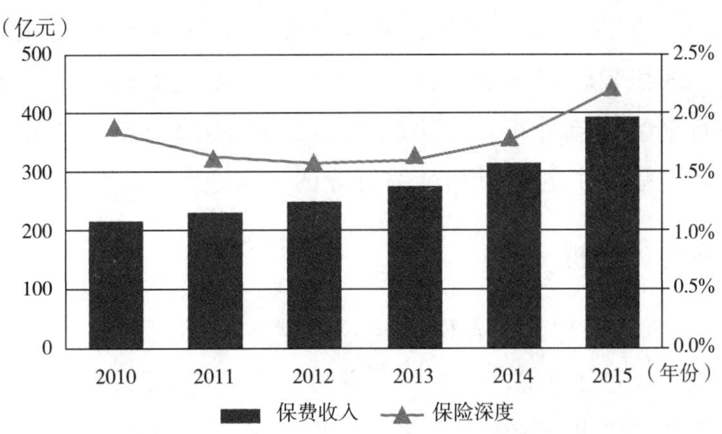

图 37.7 内蒙古自治区保险深度

2015 年，内蒙古自治区保险市场保费收入达到 395.5 亿元，较 2014 年增加了 81.5 亿元，同比增长 26%。赔付支出 124.5 亿元，较 2014 年增加了 14 亿元，同比增长 12.8%。如图 37.8 所示。从增长率方面来看，2013 年以来，内蒙古保险市场保费收入增长率不断提高，同时赔付率不断下降，反映出保险业整体运行状态良好，保险市场金融风险不高。

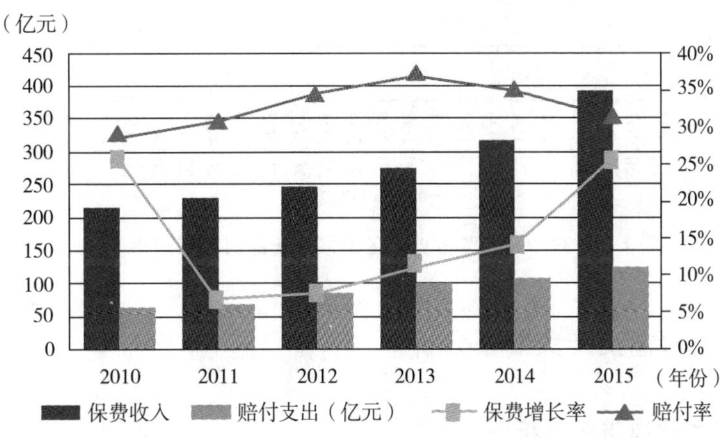

图 37.8 内蒙古自治区保费增长率与赔付率

第5节 内蒙古自治区上市企业部门风险分析

截至2015年年末，内蒙古自治区共有境内上市公司26家，新增1家，A股上市有25家，B股上市2家，其中包括3家创业板企业。上市公司总市值达5357.45亿元，同比增长24.5%。受到经济下行压力增大和经济转型升级等影响，2015年内蒙古上市企业募集资金数额较2014年有大幅下降，累计募集资金423亿元，同比下降接近150%。本节主要对内蒙古自治区上市企业部门进行金融风险分析，样本为截至2015年第三季度内蒙地区板块的上市企业，其中剔除了创业板和金融行业的上市企业。

一、盈利能力分析

如图37.9所示，与其他省份相比，内蒙古自治区上市企业部门的整体盈利能力较强，经过了2013年净利润率的下降之后，2014年与2015年大致保持了上升的轨迹，并在2015年第二季度达到了8.34%，这与内蒙古注重经济转型升级、产能过剩行业转型发展关系密切。随后第三季度受到国内整体经济低迷和股市大幅下跌的影响，净利润率下降到6.87%。

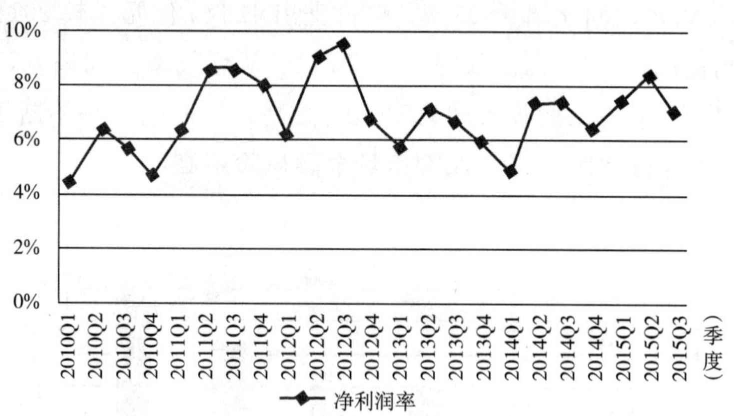

图37.9 内蒙古自治区上市企业部门净利润率

二、账面价值资产负债表分析

（一）资本结构错配分析

2015年内蒙古自治区上市企业部门资产负债规模持续扩大，账面资产负债率自2013年以来迅速上升，截至2015年第三季度，内蒙古上市企业的整体资产负债率为 67.18%，这也是近五年以来的最大值。如图 37.10 所示。资产负债率的上升反映出内蒙古上市企业资产负债结构的不合理，资本结构错配的风险较高。

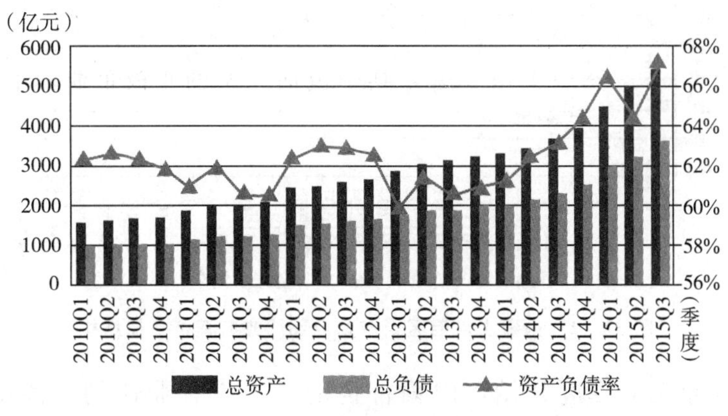

图 37.10　内蒙古自治区上市企业部门资本结构

（二）期限错配风险分析

2015 年内蒙古上市企业流动比率基本稳定，前三季度分别为 0.647、0.646 和 0.604，从长期来看，内蒙古上市企业流动比率逐年减小，上市企业短期偿债能力减弱，流动性风险增大，期限错配风险升高。如图 37.11 所示。

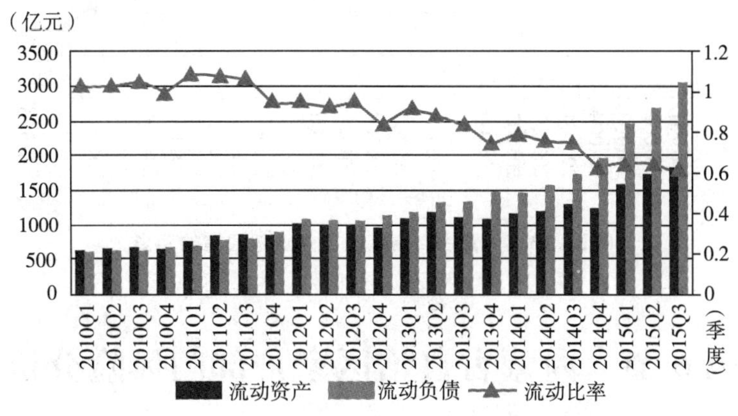

图 37.11　内蒙古自治区上市企业部门流动资产负债情况

三、或有资产负债表分析

与账面资产负债率相比，内蒙古自治区上市企业部门的或有资产负债率处于更低的水平，两者的增减大致同步，或有资产负债率的变化幅度更大。如图 37.12 所示，经过 2015 年前两季度的短暂下降，截至 2015 年第三季度，或有资产负债率上升到40.83%，企业的或有资产结构有所恶化。

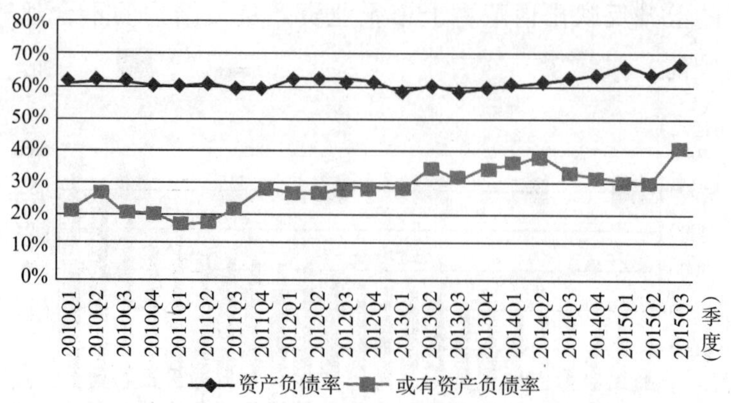

图 37.12　内蒙古自治区上市企业部门或有资产负债结构

从2014年第三季度开始，内蒙古自治区上市企业违约距离指标急剧下降，2015年第三季度下降到1.68，并且还有进一步下降的趋势。与2014年相比，违约距离更小并且下降速度更快，企业部门违约风险较高。如图37.13所示。

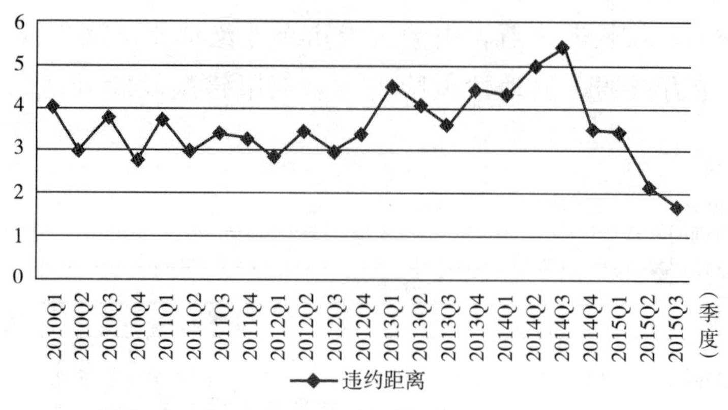

图 37.13　内蒙古自治区上市企业部门违约距离

第6节　内蒙古自治区家户部门风险分析

2015年内蒙古自治区城乡居民收入继续增加，城镇居民可支配收入达到30594元，农村居民人均纯收入达到10776元，但居民收入的增长速度在2015年有较大幅度的下滑，城镇和农村居民收入增长速度均下降到8.0%左右，其中农村居民收入增长速度下降了8个百分点，反映出农村居民缺乏新的收入增长点。如图37.14所示。

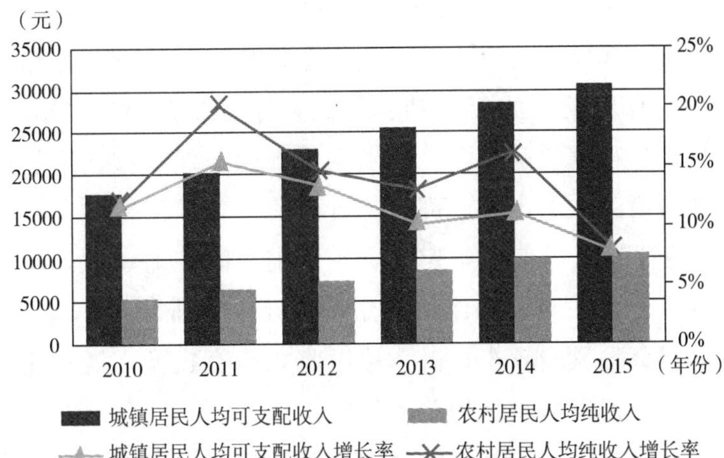

图 37.14　内蒙古自治区城乡居民收入状况

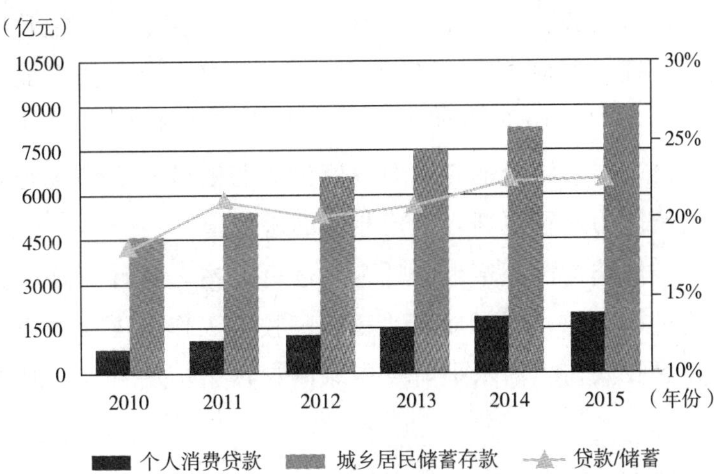

图 37.15　内蒙古自治区城乡居民储蓄存款与个人消费贷款比较

2015 年内蒙古自治区城乡居民储蓄存款规模 9035.12 亿元，个人消费贷款为 2034.67 亿元，同时个人消费贷款与城乡居民储蓄存款的比值从 2012 年开始逐年递增，2015 年达到 22.52％，基本与 2014 年持平。如图 37.15 所示。整体看来，虽然贷款储蓄比值有所上升，但贷款相对比重不高，家户部门金融风险较低。

第 7 节　金融风险管理与经济发展战略

本章研究了内蒙古自治区四部门的宏观金融风险。第一，公共部门风险比较突出。财政预算缺口持续扩大，财政缺口占地区生产总值的比重攀升，同时财政收入增长速度减缓，财政压力大。从政府债务方面看，2015 年与

2016 年政府偿债量不少于 900 亿元，政府债务问题也需要加大监督和管理。第二，金融部门总体风险可控。银行业金融机构本外币存贷比略有上升，处于较高的水平，有比较大的资本结构风险；中长期贷款所占比重呈下降趋势，货币错配风险得到缓解。保险市场运行平稳，保费收入增长速度与保险深度都有提升。第三，上市企业部门一方面资产负债结构恶化，违约风险上升，资产流动性下降，暴露出一定的资本错配风险和流动性风险，另一方面盈利能力略有上升，在当前的经济金融环境下，企业净利润水平较为理想。第四，家户部门金融风险较小；城乡居民收入略有提升，增长速度放缓，家户部门储蓄存款与消费贷款结构趋于稳定。

针对以上金融风险特征与经济金融发展情况，提出以下几点经济发展与风险管理建议：

一是加强政府债务管理。建立政府债务统筹预算机制，把政府债务纳入财政预算统一管理，加强政府债务计划管理和严格举债权限；成立专门的债务管理部门，负责对各级政府债务收支进行监督与管理；同时建立预警机制，采取多种财政指标结合的方式对政府债务与财政收支情况进行评估，并及时对政府偿债能力进行更新，确定相应的警戒值。

二是加快经济结构性改革，降低企业运行成本，有计划地消化房地产库存，解决产能过剩问题，同时加强“三农三牧”工作力度，大力发展现代农牧业，提高牧民收入与生活水平，发展绿色农牧业，发展与保护并重。

参考文献

[1] 内蒙古自治区统计局：《2010—2015 年内蒙古自治区国民经济和社会发展统计公报》。

[2] 中国人民银行：《2010—2015 年内蒙古自治区金融运行报告》。

[3] 薛强、金桩、杨瑞成：《内蒙古金融发展与产业结构调整的关系研究》，《经济研究参考》2015 年第 57 期，第 36—59 页。

[4] 赵琳：《金融支持内蒙古供给侧改革的几点思考》，《北方经济》2016 年第 2 期，第 29—31 页。

第 38 章　港澳台地区宏观金融风险研究

2015 年，不平衡的货币政策、发达国家疲软的经济基调、对新兴市场悲观的经济情绪，三大因素影响港澳台金融市场的气氛。从经济金融运行状况看，2015 年港澳台地区经济放缓，预期未来经济下行压力巨大[①]。香港地区经济较平稳，汇率、利率、通胀水平、广义货币供应量等经济指标较为稳定，但外需不足、资本市场的波动性较大；澳门地区博彩业收入下滑明显，经济结构单一化，消费、投资、外贸需求均严重不足；台湾地区实体经济发展停滞不前，出口大幅下降、资本市场的震荡较大、利率空间有限、货币贬值压力巨大。

从四部门风险揭示看，对于公共部门，香港特区政府一直处于财政盈余状态，财政负担状况良好，公共债务规模增长缓慢，清偿力风险较小；澳门特区政府可能存在财政收入的非持续性导致的政府公信力和控制力缺失的危险；台湾地区政府持续通过政府公债和维持高额财政赤字的方式带动内需，但是长期政府债务的累积也使其面临较为严重的清偿力风险；在新台币不断贬值的情况下，台湾地区政府持有的国际储备和外汇资产面临大幅缩水的不利局面，必须谨防汇率波动导致的资产缩水风险和国际对冲基金等资本冲击的风险。对于金融部门，港澳台地区金融机构的资本结构性风险不明显；香港地区金融机构存贷比过低，资金对实体经济的投放不足；澳门地区的存贷结构不合理，私人信贷占比过高，信贷风险不容忽视；台湾地区银行业存贷比偏低，负债没有及时转化资产，银行利息负担较重，存在较大的资本运营风险。澳门和台湾地区金融部门或有资产负债率过高，财务风险高企；同时，违约距离的减小也说明港澳台地区金融部门信用风险有扩大的趋势。对于企业部门，香港地区企业出现资产市值缩水，市场风险仍然严峻；澳门地区企业利润的快速下滑导致资产规模缩水，资本结构风险凸显；台湾地区企业长期盈利能力不足，经营风险十分突出；港澳台地区企业部门违约距离均

---

① 数据来源：BvD 全球宏观经济指标系列数据库、香港金融监督管理局年报、澳门金融管理局、澳门统计暨普查局、通达信金融终端，如无特殊说明，后文中数据均来源于此。

有所下降，信用风险有加大的趋势。对于家户部门，澳门和台湾地区家户部门私人消费和可支配收入下降，内需不足。

第1节　港澳台地区宏观金融风险概述

如表38.1所示。2015年，港澳台地区经济增速均呈现放缓状态，远低于近五年平均GDP增速，澳门经济甚至出现20.3%的负增长。2015年，由于内地的反腐强度的增大，澳门博彩业收入减少34.3%，旅游产业等其他服务业也出现不同程度的下滑；台湾地区经济由“保3”到“保1”，外部经济环境不佳、外贸出口显著下降、投资动能不足等“外冷内凉”的双重压力使得台湾地区经济表现不如预期，其中全球进出口下滑导致外销订单的负增长，是台湾经济下滑的主要原因，民间消费与投资的低增长、政府投资与消费的负增长更加剧了经济的下滑。在此背景下，香港和台湾均采取了增发货币刺激消费带动内需的方式，2015年香港和台湾地区的广义货币供应量M2均出现5%左右的增长，试图以此来挽救经济。而港澳台地区普遍的低利率环境表明地区政府用来刺激经济的筹码已不足。就楼市来看，2009年到2015年2月，香港金融监督管理局共推出7轮逆周期措施，新建楼盘平均按揭比率较2009年下降14个百分点至50%，楼市需求冷清，存贷比自2010年8月的41%下降到2015年年底的34%，银行抵御楼市周期逆转风险的能力显著增强；与此同时，台湾地区房市持续低迷，房价持续下跌，交易冷清。这充分说明低利率环境并没有带来楼市的回暖，宽松的货币政策空间对经济的刺激杯水车薪，但是银行也因此乘机调整资本结构，增强了抵御房地产信贷风险的能力。从汇率来看，2016年市场悲观情绪继续蔓延，港币对美元保持坚挺，香港银行体系的总结余、基础货币、外汇储备规模都较1998年亚洲金融危机时期有数倍的增长，短期来看出现系统性风险甚至金融危机的可能性不大；澳门元的汇率基本稳定；新台币出现5%左右的贬值，内需不足，美联储加息预期所导致的资本外流是新台币持续走弱的主要原因，必须防范实体经济下行导致的货币贬值、储备资产价值下降、国际资本外流导致的资金链风险。从资本市场来看，2015年上半年香港股市辗转上升，内地和港澳的股市气势如虹，但不足三个月港股就随内地股市急挫，恒生指数在第三季度出现单季5000点的最大跌幅；台湾股市2015年度更是出现14.7%的跌幅。全球性的经济增速放缓、大宗商品和原油价格下挫、进出口贸易下降导致投资者对实体经济的市场信心不足，包括中国大陆在内的全球资本市场表现不景气，美联储加息加剧了资本外流等都是这轮股市下跌的重要原因。

总体来看，2015年港澳台地区经济放缓，预期未来经济下行压力巨大。香港地区经济较平稳，汇率、利率、通胀水平、广义货币供应量等经济指标较为稳定，但外需不足和资本市场的信心恢复是其亟须解决的问题；澳门地区以博彩业为代表的服务业下滑明显，经济结构单一，消费、投资、外贸需求均严重不足，低利率环境导致货币政策空间有限，必须加快经济转型；对于“后工业时代”的台湾地区，实体经济下滑明显，出口大幅下降、资本市场的震荡较大、利率空间有限、货币贬值压力巨大等都预示着台湾地区内忧外困，如不寻找新的经济增长的突破点，则有可能发生较大规模的系统性金融风险。

表38.1 2015年港澳台地区经济与金融运行概况①

	香港地区	澳门地区	台湾地区
2015年GDP增长率	2.36%	−20.3%	0.74%
近五年平均GDP增幅	3.4%	5.36%	3.87%
2015年净出口/GDP	0.94%	40.7%	−0.11%
M2增长率	5.51%	−6%	5.8%
2015年汇率变化率（地区货币/美元）	−0.03%	0%	5%
2015年通货膨胀率	3.04%	4.92%	−0.35%
国际储备（十亿美元）	358.8	111.6	430.7
一年期存款利率	0.08%	0.05%	0.58%
2015年股市指数增幅	−7.71%	（尚无资本市场）	−14.76%

第2节 文献综述

香港金融风险的历史由来已久，1997—1998年从香港爆发的亚洲金融危机就是典型的例子。有很多学者对香港的金融危机进行了反思。张倩（2014）从对冲基金的角度对1997—1998年发生的香港金融危机进行反思和

① 数据来源：BvD全球宏观经济指标系列数据库、香港金融监督管理局年报、澳门金融管理局、澳门统计暨普查局、通达信金融终端，如无特殊说明，后文中数据均来源于此。

回顾，认为香港金融市场存在的大量泡沫隐含了巨大的金融风险，而联系汇率制度造成汇率、利率之间的固有联系使得香港很容易遭受国际对冲基金的冲击。2016 年以来，实施联系汇率制度的港币持续贬值，创 2007 年以来新低，王大贤（2016）从三个方面分析了港币贬值的原因：一是央行抽空了离岸人民币的流动性，引发港币出逃；二是香港经济停滞和负增长，出口低迷和楼市预期悲观的预期性下跌，股市疲软等因素造成港币贬值的预期；三是美联储加息使得香港被动性资产价格调整，资本外流压力加大，金融风险上升。从资本市场来看，很多学者对“沪港通”和由此对香港带来的金融经济方面的影响进行了研究。曹伊、付盼吉（2015）认为沪港通在资金额度控制、交易结算、换汇等方面实现了预期目标，但也隐藏着可能出现的市场运行风险、资金流动风险、价格波动风险；崔竹轩、杨亮（2015）认为两地交易规则存在的差异需要两地投资者好好学习，防止出现不懂规则导致的操作风险，同时港币的汇率浮动风险和由此引发的资金流动，容易引发股市的价格波动风险。也有学者对“沪港通”给香港金融市场带来的影响持积极态度，戴瑾（2015）认为沪港通给香港金融市场带来大量的资金，提升了香港股票的定价权，使香港股票市场价格波动周期延长、波动幅度变小。沈建光（2016）还就如何防范香港金融风险提出三点意见：一是香港自治区政府加强同中央政府的合作，必要时干预市场；二是稳定人民币汇率，稳定市场信心；三是加强沟通，防止市场恐慌情绪被做空者煽动，稳定市场预期。

长久以来，澳门保持了以博彩业作为主导产业的产业结构，结构单一带来经济体系的相对脆弱性。陈相（2012）提出，澳门土地规模和土地增长空间有限，土地承载处于超载状态，博彩业的发展已经到了极限和边界，必须找到新的增长点，走多元化道路。陈章喜、王江（2012）认为会展业是澳门经济适度多元化、经济转型的取胜之匙，他们采用灰色关联的分析方法，通过实证研究得出会展业对澳门经济产生巨大的推动效应。关于澳门如何发挥天然自贸港优势，实现产业转型方面，陈思敏（2015）认为在“一带一路”背景下，澳门应当成为中葡经贸合作服务的平台，成为“海上丝绸之路”的战略支点之一，并可以实现葡语国家商贸中心、葡语国家人民币清算平台等战略地位。但平台存量过小、政府支持不够是澳门发挥平台优势的主要“瓶颈”。王珊（2014）认为加强与内地地区经贸合作才能带动澳门经济发展，增强经济活力，打破经济结构单一的困境。

刘荣辉（2009）运用了宏观资产负债表方法，对台湾地区整体、家庭部门、企业部门、金融部门和公共部门的资产价格及其波动性进行分析，通过风险中性违约概率、信用风险溢价等指标分析得出：台湾企业部门和金融部门属于高负债经营，企业的违约风险较大，清偿力风险始终存在。金融机构的逾期放款一度高达 8.78%。而台湾地区金融部门间接融资比率较高，区域债券市场不发达，资本长期对外投资较为严重，区域内多为短期投资，货币和期限结构错配严重，降低了资金的使用效率。张培（2013）从期限错配、资本错配、货币错配和清偿力风险四个方面分析台湾地区的金融风险，认为台湾地区金融部门存在清偿力风险，企业部门存在货币错配风险和清偿力风险。

第 3 节　港澳台地区公共部门风险分析

一、财政收支与公共债务分析

2010—2015 年，香港特区政府财政收入呈现总体上升态势；为刺激萎靡的经济，2015 年政府支出有所增加。2010—2015 年，香港特区政府一直处于财政盈余状态，财政结构较为合理，财政负担状况良好。如图 38.1 所示。

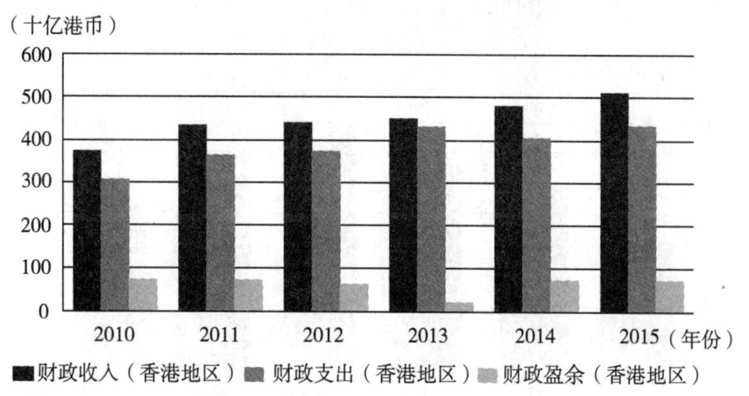

图 38.1　香港地区政府财政收支

2015 年，尽管市场预期美元利率正常化和美联储加息，但全球的低通胀环境和地缘政治加剧，导致美国长期国库券利率仅仅取得温和上涨；同时欧洲央行推行宽松的货币政策，欧洲短期政府债券收益率下降。在此国际背景下，加上香港特区政府推行的宽松货币政策导致的低利率市场环境使得政府债券收益低微，香港特区政府公共债务规模增长缓慢。香港特区政府清偿力风险较小。如图 38.2 所示。

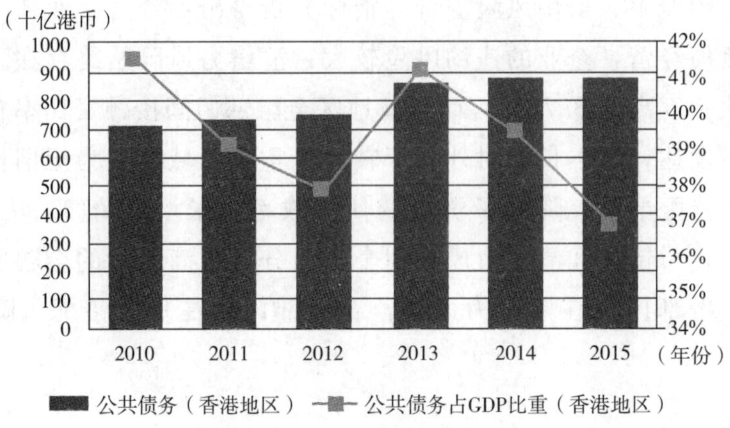

图 38.2　香港地区政府公共债务

2015 年，澳门地区受博彩业为代表的第三产业下滑的严重影响，财政收支出现大幅度下滑，其中，财政收入下滑 28.4%，财政支出下滑 20.4%。如图 38.3 所示。澳门地区单一经济结构导致的政府收入过度依赖博彩业，如果不转变经济结构，内地的反腐潮和更多旅游热门城市的出现必然会对澳门经济产生负面的冲击。如图 38.4 所示，从公共债务来看，澳门特区政府公共债务规模有所下降。因此，澳门特区政府并不存在清偿力风险，但要防范财政收入的非持续性导致的政府公信力和控制力缺失的危险。

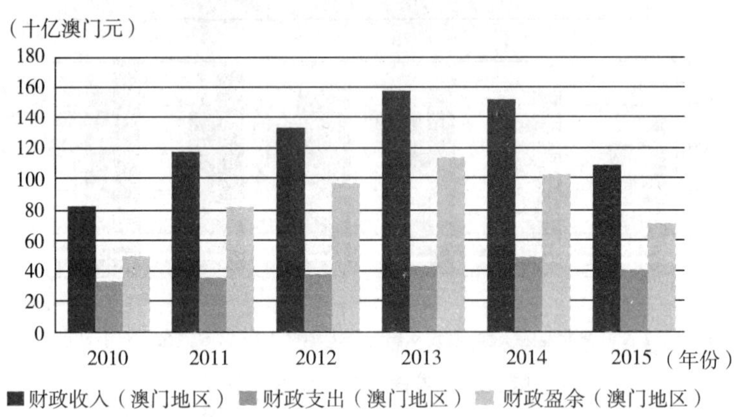

图 38.3　澳门地区政府财政收支

2010—2015 年，台湾地区政府财政收入逐年增加，财政支出稳定，财政赤字问题有所缓解。近几年，为了挽救萎靡的经济，台湾地区政府一直保持着较大规模的财政支出，企图通过政府消费的方法拉动内需。2015 年，台湾地区政府公共债务规模下降，经济增速也随即降到 0.75%，内需的严重不足导致台湾地区政府持续通过政府公债和维持高额财政赤字的方式带动内需、维持经济增长，但是长期政府债务的累积和持续的财政赤字也使得台湾地区政府面临较为严重的清偿力风险。如图 38.5、图 38.6 所示。

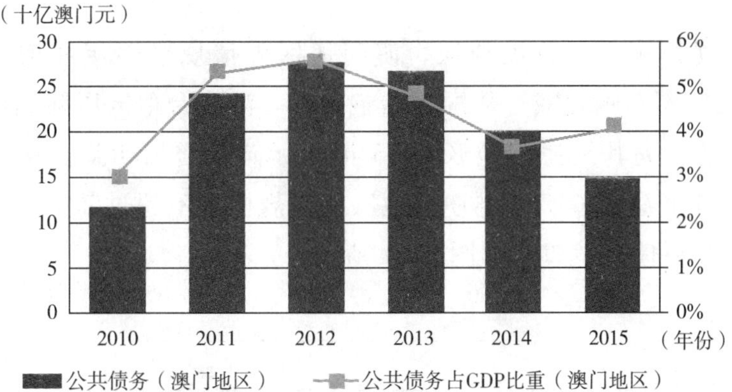

图 38.4　澳门地区政府公共债务

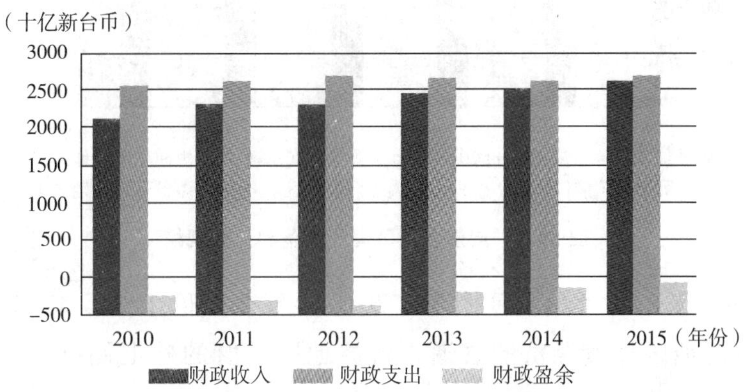

图 38.5　台湾地区政府财政收支

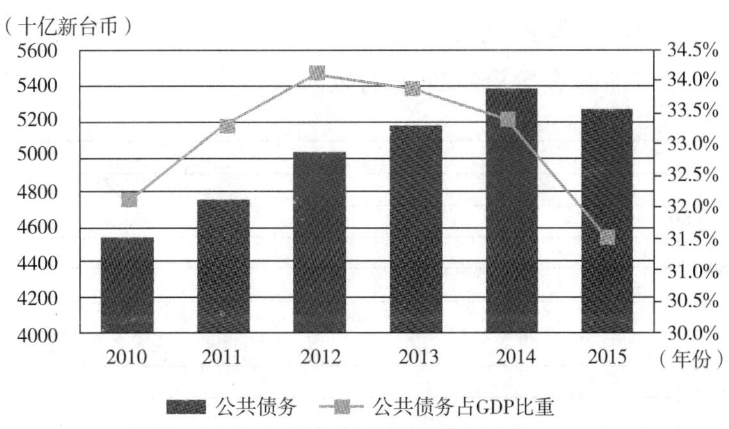

图 38.6　台湾地区政府公共债务

二、货币错配分析

从外债规模来看，香港地区、澳门地区外债规模逐年递增，台湾地区2015年外债规模有所缩减；从国际储备来看，港澳台地区国际储备均呈总体波段上升趋势，尤其是澳门地区2015年国际储备增加明显。从国际储备和外债规模的对比看，2015年港澳台地区外债规模均不超过其持有的国际储备数量，并不存在债务敞口。如图38.7所示。

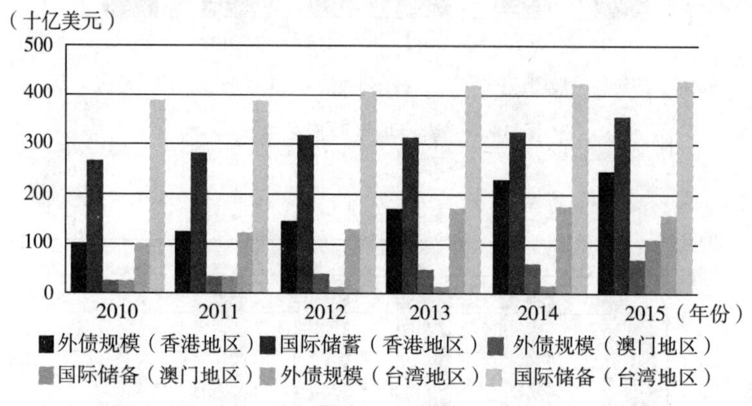

图38.7 港澳台地区国际储备和外债规模

2011年以来，新台币贬值明显，2015年甚至贬值了约5%。2010－2015年，由于台湾地区外贸经济的衰退，台湾地区政府的外汇储备数量增幅不明显，2015年的国际储备与2014年基本持平。如图38.8所示。在新台币不断贬值的情况下，台湾地区政府持有的国际储备和外汇资产面临大幅缩水的不利局面，其抵御金融风险的能力也大大减弱，必须谨防汇率波动导致的资产缩水风险和国际对冲基金等资本冲击的风险。

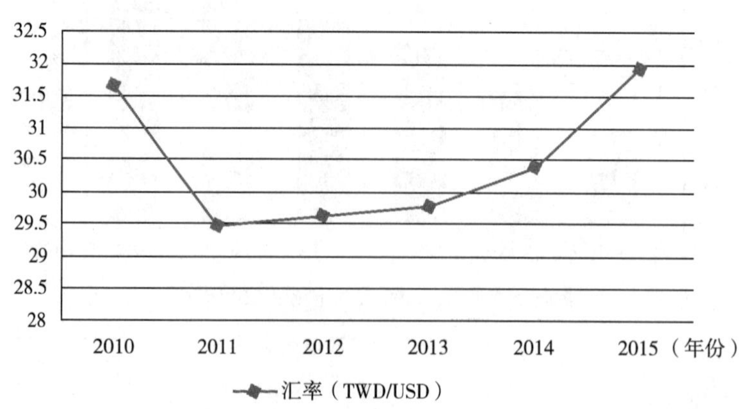

图38.8 新台币汇率（TWD/USD）

第4节 港澳台地区金融部门风险分析

一、金融部门账面资产负债表分析

(一) 资本结构分析

2010—2015年，香港地区金融部门资产负债规模逐年稳步增长，资产负债率稳定在88%到89%之间，资本较为稳定。为应对2015年资金外流风险，香港金管局加强对银行体系的资产监控，共进行193次现场调查①，并自2016年1月1日起将逆周期缓冲资本提高到0.625%，自2017年1月14日起调高至1.25%，进一步加强了风险准备的厚度。如图38.9所示。总体来说，香港地区金融部门资本结构合理，资本准备充足，短期并不存在大的风险。

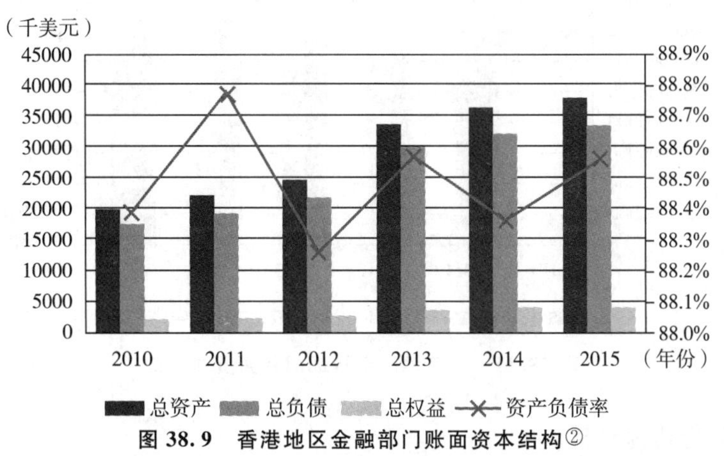

图38.9 香港地区金融部门账面资本结构②

由图38.10可以看出，2015年，澳门地区金融部门的市场规模和负债规模都有所下降，总权益基本维持不变，资产负债率高企，资本结构风险依旧突出。这主要是因为澳门地区的金融部门收入下降，制造业不突出，旅游经济和博彩业都出现大幅度倒退。

由图38.11可以看出，2010—2015年，台湾地区金融部门的市场规模和负债规模逐年增加，总权益基本稳定，资产负债率高企。总体来看，港澳台地区的资本结构呈现相似的特征，作为特区经济和外贸型经济体，十分依赖

① 资料来源：《香港金融监督管理局2015年年报》。

② 数据来源：BvD全球银行与金融机构分析库，本节未标明出处数据均来源于此。

大陆的经济与贸易以及旅游经济的推动。港澳台地区金融机构的资本结构性风险不明显。

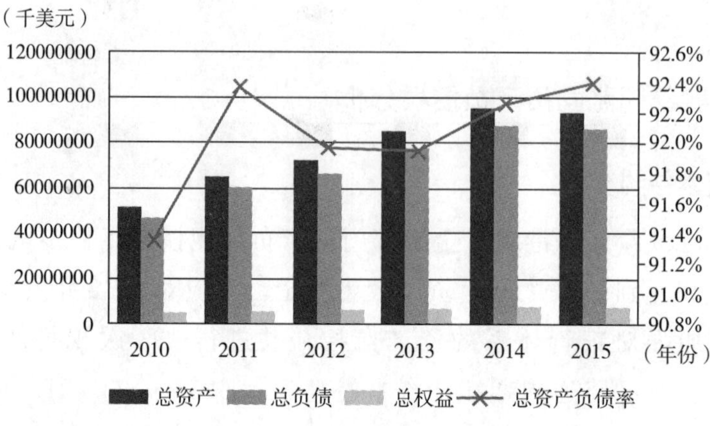

图 38.10　澳门地区金融部门账面资本结构

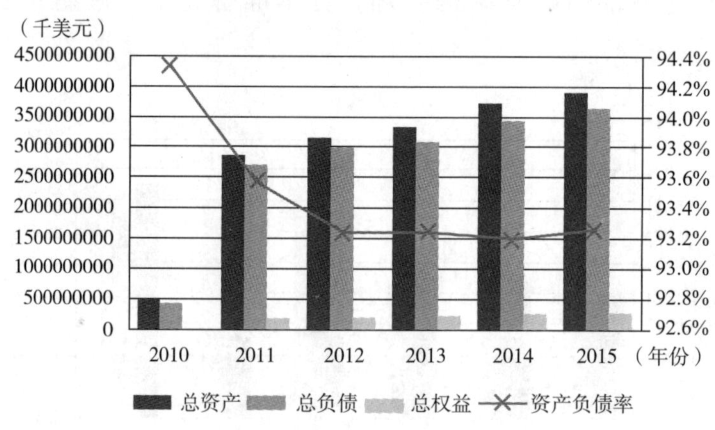

图 38.11　台湾地区金融部门账面资本结构

（二）存贷结构分析

如图 38.12 所示，2010－2015 年，香港地区金融机构存贷规模不断增加。2015 年与 2014 年相比，金融机构存贷款规模增幅较小，存贷比较 2013 年下降 15 个百分点，下降至 54％。最高达 50 万港币的存款保障计划于 2015 年 11 月推行，进一步保障了存款人的资金安全。因此，香港地区金融机构存贷结构性风险不大，挤兑风险较小，但是由于存贷比过低，资金对实体经济的投放不足，应注意继续优化贷款结构，在保证信贷安全的前提下加强对重点行业、领域的资金释放。

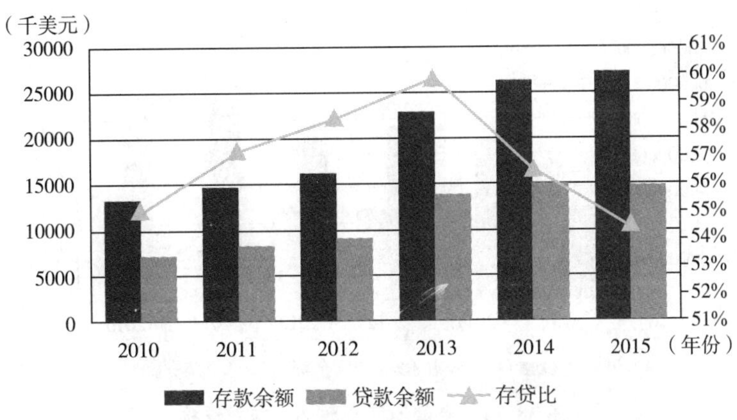

图 38.12　香港地区金融部门存贷结构

2015 年，澳门广义货币供应量持续下跌，存贷款规模均有所下跌，由于存款总额下跌较贷款总额快，总体银行存贷比呈现上升趋势。如图 38.13 所示。本地私人部门信贷在 2010－2014 年对货币负债的扩张起着举足轻重的作用。然而，2015 年，公共信贷的持续负增长，继续阻碍了货币总量的增长。公共部门存款在银行体系内不断累积，加上对该部门的零信贷，促使金融部门对公共部门的净信贷仍然在负值区域。因此，澳门地区的存贷结构不合理，私人信贷占比过高，信贷风险不容忽视。而货币供应量 M2 的下跌和银行体系存贷款规模的萎缩，导致实体经济的融资支持力度减弱，形成恶性循环，严重阻碍澳门经济的持续发展。

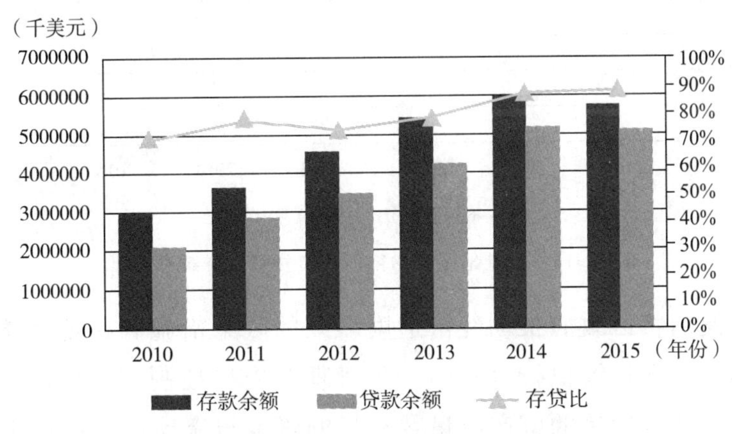

图 38.13　澳门地区金融部门存贷结构

台湾地区金融业存贷比较低，2010－2015 年均维持在 40%～50%左右的水平。如图 38.14 所示。台湾地区银行业存贷比偏低，负债没有及时转化资产，银行利息负担较重，存在较大的资本运营风险。

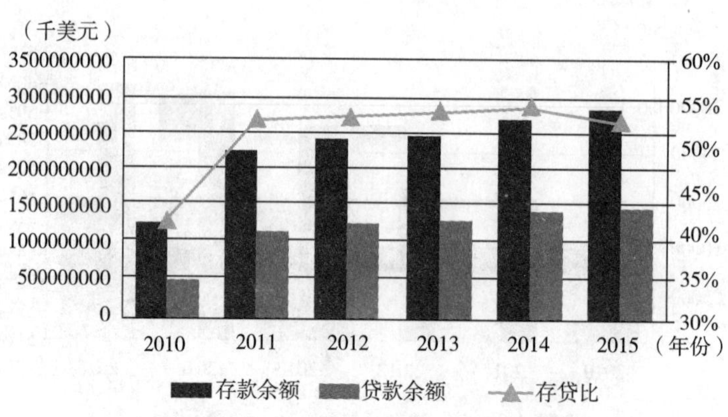

图 38.14　台湾地区金融部门存贷结构

（三）信用风险分析

在内地经济增长放缓的情况下，香港银行体系的内地相关贷款轻微增加。香港银行体系的内地相关贷款总额继 2014 年增加 23.1%后，在 2015 年底增加 3.2%至 33260 亿港元。内地相关贷款的资产质量在 2015 年轻微转差。年内银行业的整体资产质量轻微转差，但仍属稳健，不良贷款率有略微下降。如图 38.15 所示。

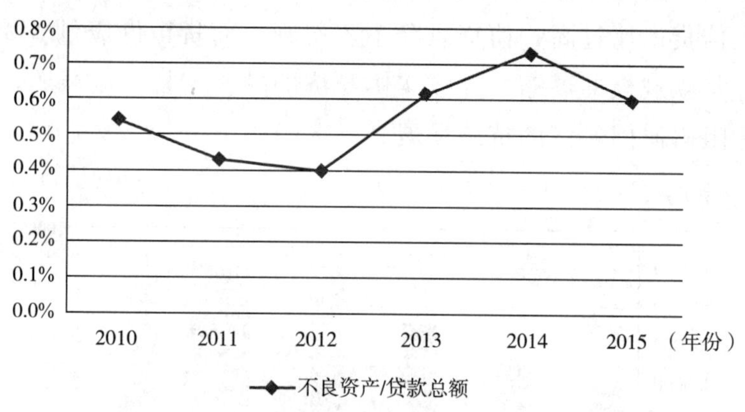

图 38.15　香港地区金融部门不良贷款占贷款总额比

受惠于澳门特区政府推动经济适度多元的政策措施和跨境经济合作的持续深化，银行业在持续执行有效的风险管理及内部控制下，年内取得了良好的成绩，并保持着优良的资产质量及充足的资本与流动性。2015 年，次级债务较 2014 年有所下降，资产质量有所提高。如图 38.16 所示。

台湾地区 2015 年的次级债务规模有所下降。这得益于台湾地区政府的低利率环境和宽松的货币政策，信贷投放增加，原有的债务展期变长，资产整体结构得到优化。如图 38.17 所示。

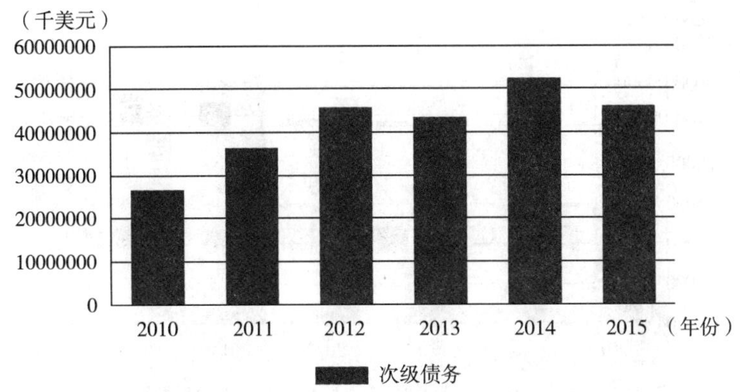

图 38.16 澳门地区金融部门次级债务

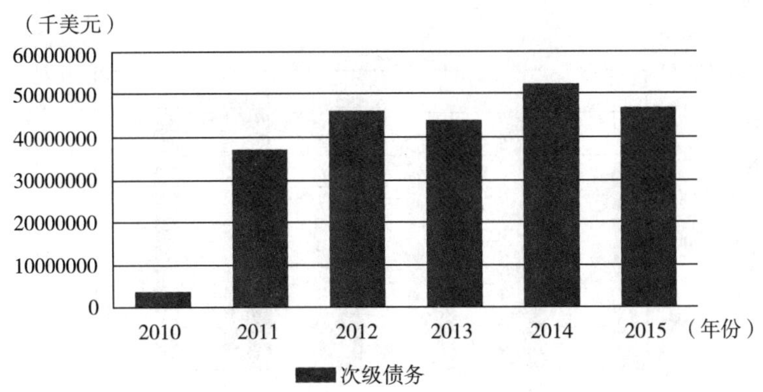

图 38.17 台湾地区金融部门次级债务

二、金融部门或有权益资产负债表分析

（一）或有资产负债表分析

2010—2015 年香港地区金融部门或有资产和负债规模均不断增加，2015 年较 2014 年有较小的增幅，或有资产负债率维持在 86%左右，略低于账面资产负债率水平，说明香港地区真实负债水平较账面水平低，但是高达 86%的杠杆使得香港地区金融部门面临较大的资本结构风险。如图 38.18 所示。

澳门、台湾地区或有资产负债率较高，2010—2015 年分别维持在 97%以上和 93%～97%的水平，并且低于账面资产负债率水平，真实负债水平被低估。或有资产负债率过高说明澳门和台湾地区金融部门财务风险高企，必须防止因市场利率上升或经营问题导致的财务风险。如图 38.19、图 38.20 所示。

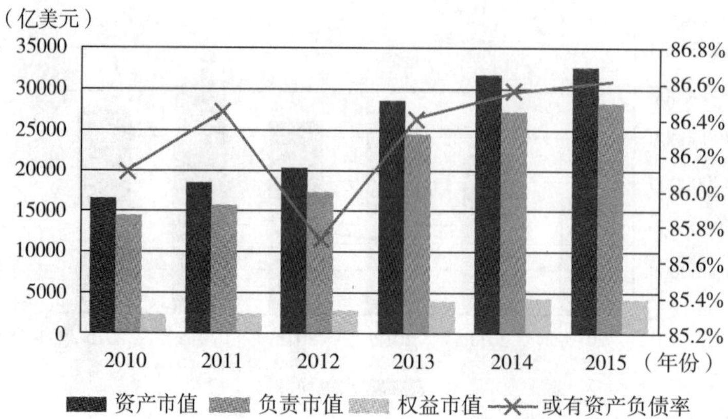

图 38.18　香港地区金融部门或有资产负债情况

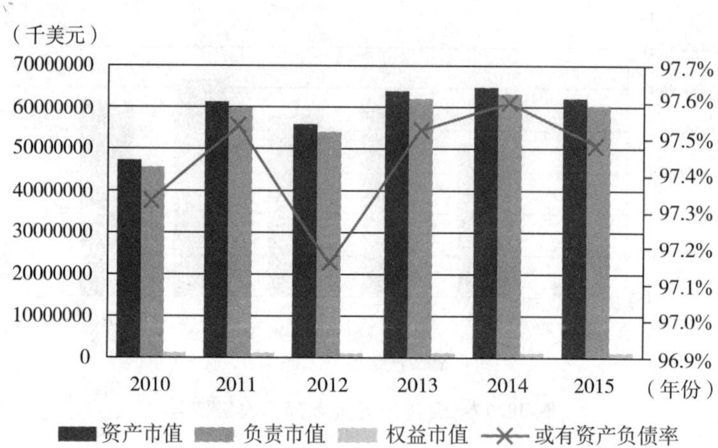

图 38.19　澳门地区金融部门或有资产负债情况

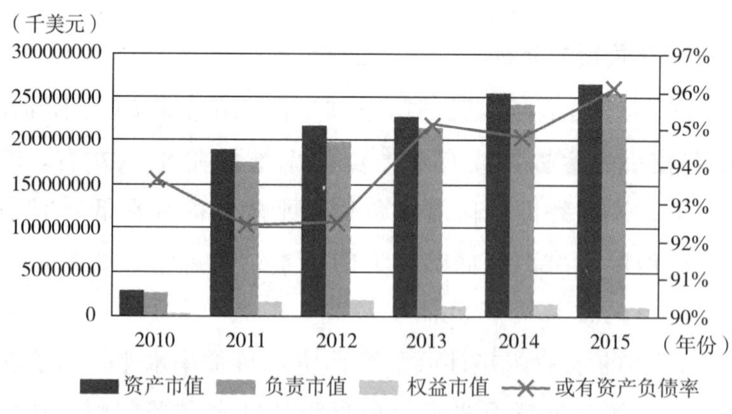

图 38.20　台湾地区年金融部门或有资产负债情况

(二)风险指标分析

2009—2013 年，港澳台地区金融部门的违约距离呈现大致相同的走势，信用风险呈现典型的同质性特点。2015年，港澳台地区的金融部门违约距离均有明显下降，信用风险有加大的趋势。如图38.21所示。

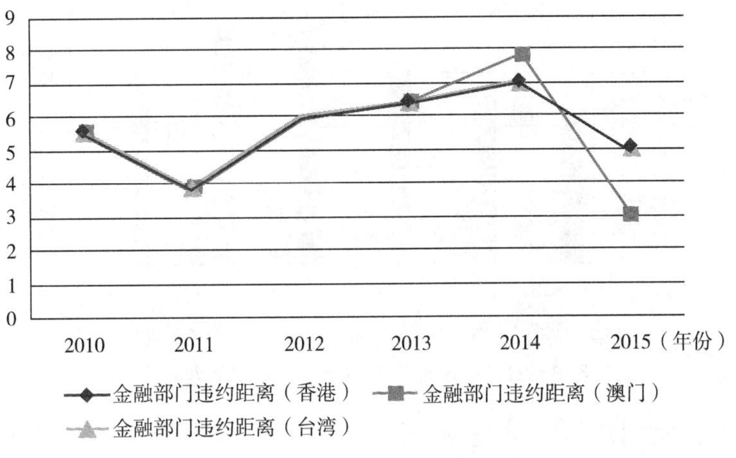

图38.21　港澳台地区金融部门违约距离

第5节　港澳台地区上市企业部门风险分析

本章节选取港澳台地区上市企业进行账面资产负债表分析和或有权益资产负债表分析。香港地区选取的是港交所上市的非金融企业财务数据；台湾地区选取的是台湾证交所上市的非金融企业数据；澳门地区上市企业数量少，没有自己的资本市场，本章选取GDP贡献率95%以上、财政税收贡献率91%以上的博彩业共11家上市公司①进行分析。

一、企业部门账面资产负债表分析

（一）资本结构分析

2015年，香港地区上市企业部门资产负债规模较2014年下降，资产负债率有所上升，但总体资产负债率水平仍然较低，仅为40%左右。如图38.22所示。资产负债率低，债权人提供的资金与企业资本总额相比，所占比例低，企业偿付风险小；但香港地区以高科技和服务型企业为主，具有较好的成长性，较低的杠杆水平不利于企业收益水平的提升。而2015年香港股市的缩水（恒生指数全年下跌7%）使得香港地区企业出现资产市值缩水，

① 这11家博彩业上市公司分别为：奥玛仕国际、澳博控股、澳门励骏、海王集团、华银控股、金利丰金融、金沙中国有限公司、美高梅中国、新濠国际发展、银河娱乐、永利澳门。

市场风险仍然严峻。

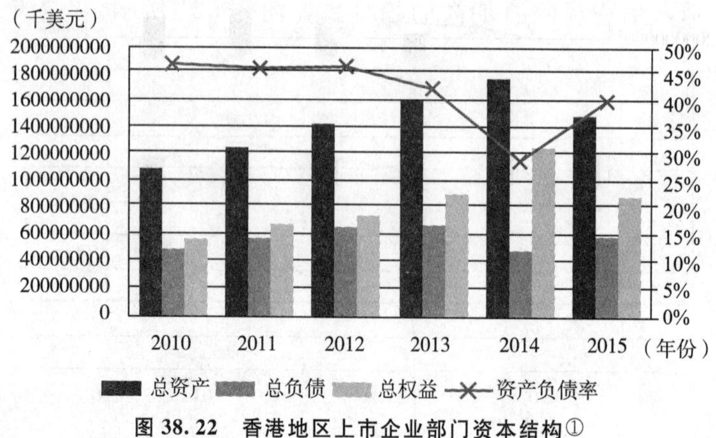

图 38.22 香港地区上市企业部门资本结构①

2015 年，澳门地区上市企业部门的资产规模严重缩水，缩水幅度超过 30%。如图 38.23 所示。这主要是因为澳门地区上市企业多以博彩业为主，2015 年内地经济增速放缓和反腐力度的加大导致澳门博彩业收入缩水 30%，企业利润的快速下滑导致资产规模缩水，资产的缩水也间接导致了资产负债率的上升。

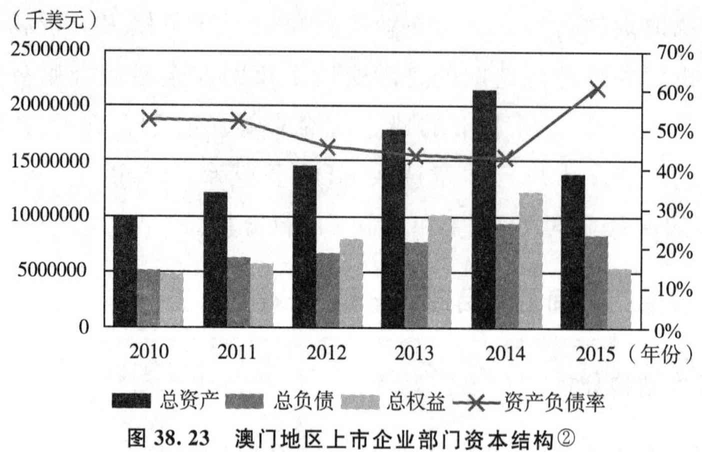

图 38.23 澳门地区上市企业部门资本结构②

2015 年，台湾地区上市企业部门的资产规模和负债规模略微减少，账面资产负债率小幅上升。如图 38.24 所示。2015 年，台湾股指下跌超过 14%，外贸型企业受全球经济下行、大宗商品价格和石油价格上扬的影响，外销订单减少，企业利润下降，权益市值与 2014 年几乎持平，企业长期盈利能力不足，经营风险十分突出。

---

① 数据来源：BvD 全球上市公司分析库，本节未标明出处数据均来源于此。

② 数据来源：通达信证券。

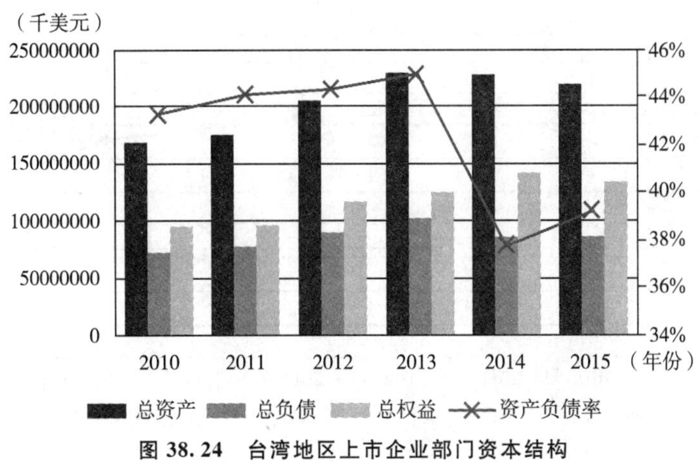

图 38.24　台湾地区上市企业部门资本结构

（二）期限结构分析

从流动比率来看，2010—2015 年，港澳台地区上市企业部门流动比率在 1～2 之间，资产基本满足变现需求，具有良好的短期偿债能力，并不存在明显的期限结构错配风险。如图 38.25 所示。

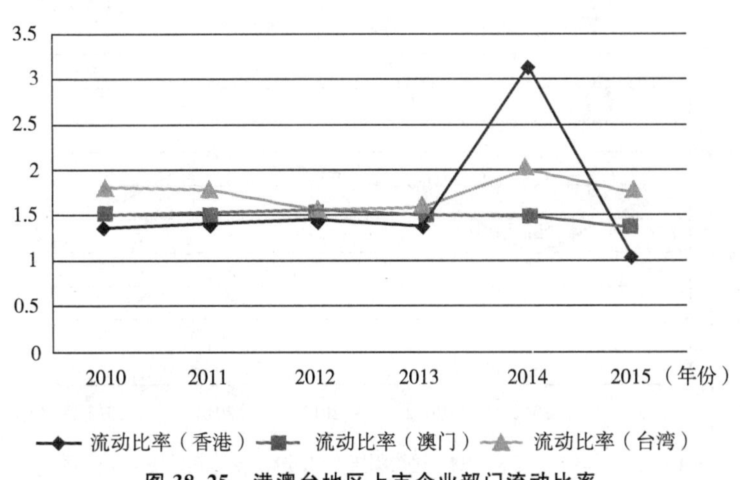

图 38.25　港澳台地区上市企业部门流动比率

二、企业部门或有权益资产负债表分析

从或有资产负债率水平来看，2010—2015 年，香港和澳门地区或有资产负债率明显高于台湾地区。如图 38.26 所示。从走势上看，2015 年，澳门和台湾地区的或有资产负债率有所上升，香港地区或有资产负债率下降。台湾地区以制造业为主，财务杠杆水平较低；香港和澳门以旅游经济和高科技产业为主，成长性好，财务杠杆略微高于台湾地区。2015 年，澳门地区或有资产负债率的上升预示着澳门地区企业部门的长期偿债能力不足，财务风险增加。

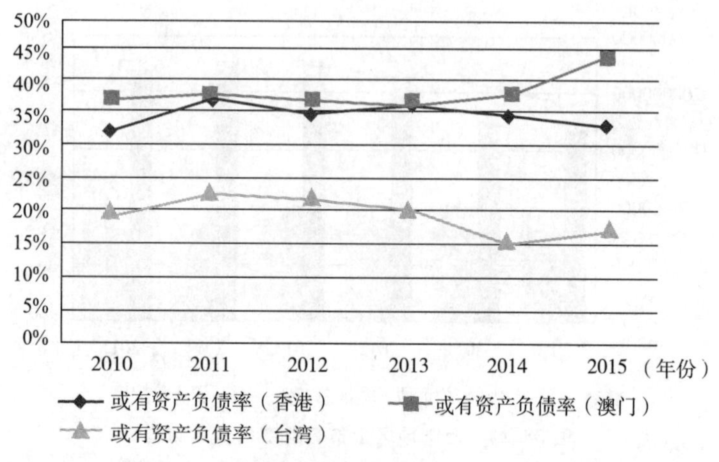

图 38.26　港澳台地区企业部门或有资产负债率

港澳台地区同为外向型经济，企业具有一定的同质性。从违约距离来看，港澳台地区波动趋势也具有相似性，其中香港和澳门的违约距离曲线几乎重叠。2015 年，港澳台地区企业部门违约距离均有所下降，信用风险有加大的趋势。如图 38.27 所示。

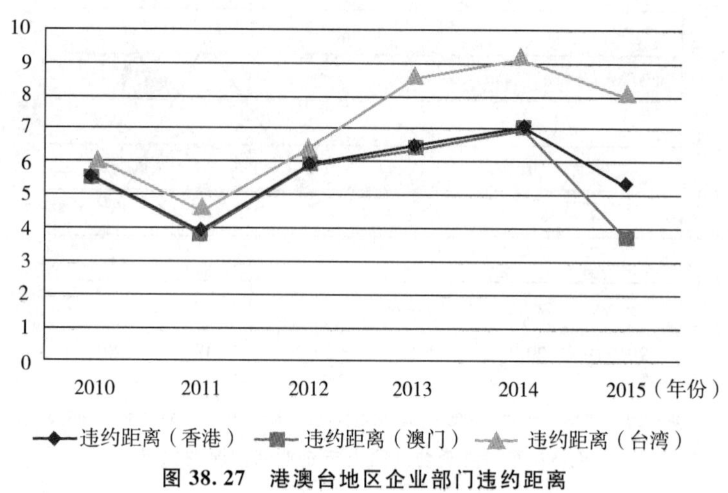

图 38.27　港澳台地区企业部门违约距离

第 6 节　港澳台地区家户部门风险分析

一、劳动市场分析

2010－2015 年，港澳台地区失业率呈下降的整体趋势。如图 38.28 所示。从相对水平看，台湾地区的失业率略高于香港和澳门。2015 年，港澳台地区的失业水平都在 2%～4%左右，处于合理的区间内。

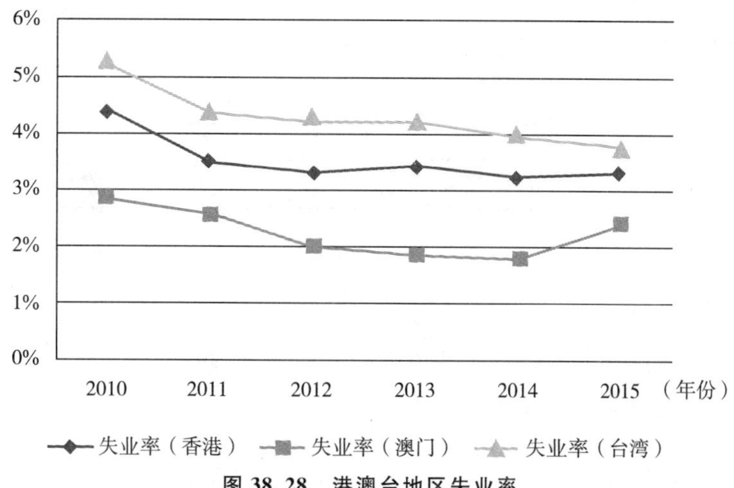

图 38.28　港澳台地区失业率

二、收入及消费分析

2010—2014 年，港澳台地区个人可支配收入均逐渐增加，2015 年，澳门和台湾地区的个人可支配收入下跌明显。如图 38.29、图 38.30 所示。澳门地区的博彩业多为私营，博彩业收入的下降导致个人可支配收入的下滑；台湾地区外贸经济的萎缩和外向型企业的订单收入减少使得居民工资水平下降，收入减少。香港地区的宽松货币政策不仅刺激了私人消费的增加，还使得居民可支配收入增加；相比之下，主导产业的萎靡导致了澳门和台湾地区个人可支配收入减少，相应的私人消费也随之下降。

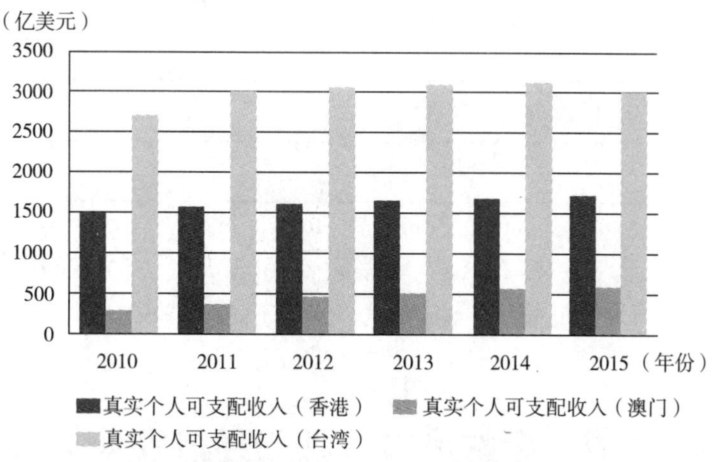

图 38.29　港澳台地区真实个人可支配收入①

① 数据来源：BvD 全球宏观经济指标数据库，澳门统计暨普查局 http：//www. dsec. gov. mo/default. aspx。

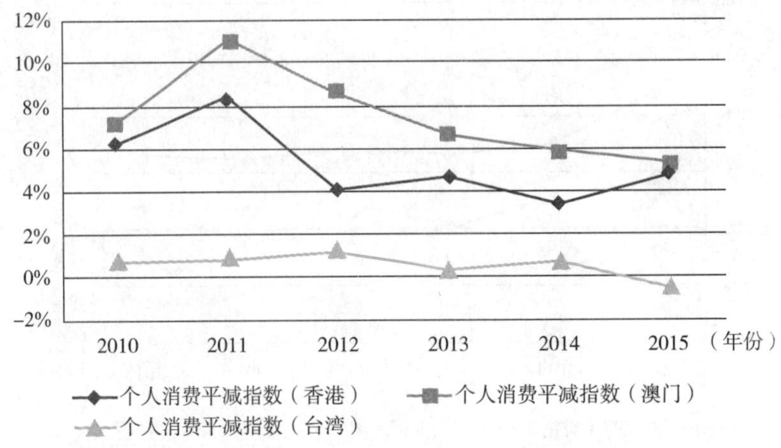

图 38.30　港澳台地区消费物价指数

2009—2014 年，港澳台地区实际私人消费均逐年增加，2011 年增加幅度达到最大，澳门增幅达 11%左右。如图 38.31 所示。香港和澳门地区由于内地游客大量涌入、经济复苏的原因，零售业消费尤其是高档奢侈品消费大幅增加。台湾实际私人消费年均增幅较小，2014 年为 0.91%左右。房地产价格上升和资本市场的火热是其私人消费增长缓慢的部分原因。

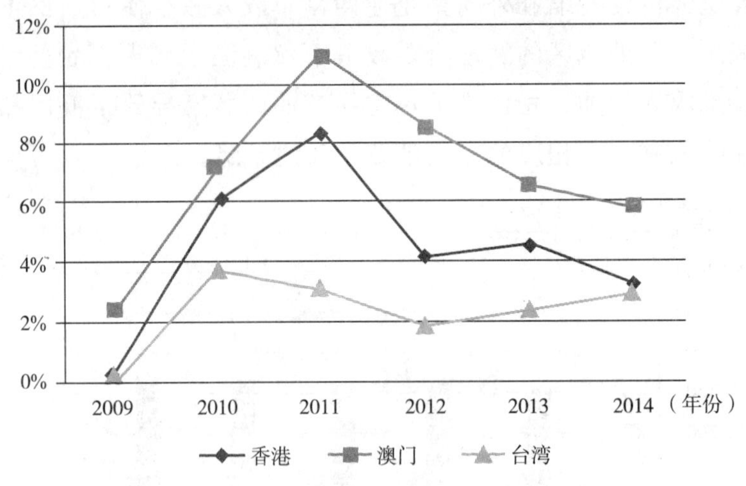

图 38.31　港澳台地区实际私人消费变化率

第 7 节　金融风险管理与经济发展战略

通过对港澳台地区经济金融运行状况和四部门资产负债表、或有资产负债表及相关指标的分析，本章提出以下金融风险管理和经济发展战略的建议。

第一，建议港澳台地区政府应实施资产结构短期化策略，增加流动性以应付信用风险，同时利用利率敏感性来调整资产负债或利率定价来处理市场风险。

第二，港澳台地区金融机构必须严格遵守《巴塞尔协议》，建立充足的自有资本金，建立抵御风险的最终防线，同时充分利用保险、担保贷款等方式减少放贷风险。

第三，对于港澳台地区的外贸型企业，应注意发展订单交易，稳定价格，减少市场风险，还可通过价格补偿等方式降低风险。

第四，加快经济结构转型，香港地区重点支持高科技产业发展，澳门地区在保持博彩业为主的产业布局的同时，实行产业多元化，发展服务业和消费型经济，台湾地区重点发展高端制造业。

最后，建议港澳台地区建立各行业的产业基金和各部门的风险准备金，随时应对可能出现的风险。

参考文献

[1] 澳门统计暨普查局 http：//www. dsec. gov. mo/default. aspx。

[2] 澳门金融管理局年度报告 http：//www. amcm. gov. mo/Annual _ Reports/cReport. htm。

[3] 张倩：《对冲基金狙击港币的策略、风险及评价》，《时代金融》2014 年第 11 期。

[4] 王大贤：《港币贬值何处去》，《新理财》2016 年第 1 期。

[5] 沈建光：《香港金融保卫战的三大关键》，《中国经济信息》2016 年 3—4 月刊。

[6] 曹伊、付盼吉：《沪港通给内地资本市场带来的风险及规避策略》，《吉林工商学院学报》，2015 年第 2 期。

[7] 崔竹轩、杨亮：《论沪港通对我国金融市场的影响》，《中小企业管理和科技旬刊》2015 年第 4 期。

[8] 戴瑾：《沪港通带来的市场影响及金融风险》，《中国市场》2015 第 39 期。

[9] 陈相：《澳门经济适度多元化的路径和策略研究》，暨南大学，

2012 年。

［10］陈章喜、王江：《澳门会展业的经济效应与粤澳会展业合作》，《产经评论》2012 年第 3 期。

［11］G. McCartney & W. H. Kong，"Gaming and MICE：Issue of Strategic Compatibility in the Context of Macao"，Proceedings of Conference on Advances in Convention，*Exhibition & Event Research*，2003，HongKong，pp. 192-201.

［12］陈思敏：《"一带一路"背景下澳门加快打造中葡平台的建议》，《特区经济》2015 年 12 月。

［13］刘荣辉：《台湾金融风险和金融稳定研究》，武汉大学博士学位论文，2009 年。

［14］张培：《台湾地区宏观金融风险研究——基于资产负债表的视角》，《台湾研究》2013 年第 1 期。

全球篇》

QUAN QIU PIAN

第 39 章　欧洲宏观金融风险总论

2015 年，欧洲经济在阴云笼罩中继续缓慢爬升。因为遭遇乌克兰危机、希腊债务危机、难民危机和恐怖袭击轮番打击，本就疲弱的复苏步伐被拖累。首先，2015 年国际油价处于相对低位，一方面减轻了消费者的能源支出，间接增加了消费者的可支配收入；另一方面降低生产者的成本，拉低产品价格，起到刺激国内消费的作用。而家庭消费在欧洲国家 GDP 的比重约为 60%，对拉动经济具有重要作用。其次，欧洲央行的宽松货币政策为市场注入了流动性，将推动欧洲经济缓慢增长。欧洲央行采取的降息、直接货币交易和量化宽松（QE）在内的举措，降低了成员国的融资成本和债务国的债务压力。最后，中欧经贸关系的加强也将为促进欧洲经济复苏添加助力。过去的一年，中欧朝着互利共赢的目标相向而行：中国国际产能合作与“容克投资计划”相对接；中国正式成为欧洲复兴开发银行的股东；欧洲国家也普遍认同中国“一带一路”倡议，积极加入亚洲基础设施投资银行。这些都为双方实现更高层次的合作共赢奠定了良好基础，从而实现欧洲经济的复苏。

第 1 节　欧洲宏观金融风险概述

2015 年欧洲整体的 GDP 实现了增长，虽然增长幅度并不大，但是如果把欧洲经济 GDP 和 2012—2014 年的增长率来进行比较，可以发现在 2015 年欧洲经济虽然增长率不高，但是在 2012—2013 年欧洲经济增长率都为负值，而在 2014 年恢复到正值，并且 2015 年欧洲经济的增长率大于 2014 年的增长率，表示欧洲经济已经有恢复的迹象。但欧洲经济体里的各国经济复苏情况参差不齐。具体来讲，德国经济在 2015 年的增长率大，并且拉动了欧洲经济增长。在 2014 年变现疲软的法国经济在 2015 年实现了很大的增长，说明在 2014 年法国低迷的制造业和消费少这些问题在 2015 年都得到了显著的改善，经济复苏的势头强劲。英国经济一直是耀眼明星，对欧洲经济贡献巨大。在 2014 年深深地陷入债务危机的意大利实现负增长，而在 2015 年实现了正增长。

2015 年欧洲经济体里的前几大经济体，从 GDP 增长率的角度来说，英国、德国以及法国等国家在 2015 年呈现良好复苏态势，整体经济实现了扩张，欧洲经济体整体经济前进的主要动力来自于英国、德国和法国经济的强势复苏。但与此同时，希腊等国家仍然因为债务危机而并未实现经济增长。俄罗斯在 2015 年经济出现经济衰退。图 39.1 给出了欧洲经济体里具有代表性的国家在 2015 年名义 GDP 以及实际 GDP 增长率指标。

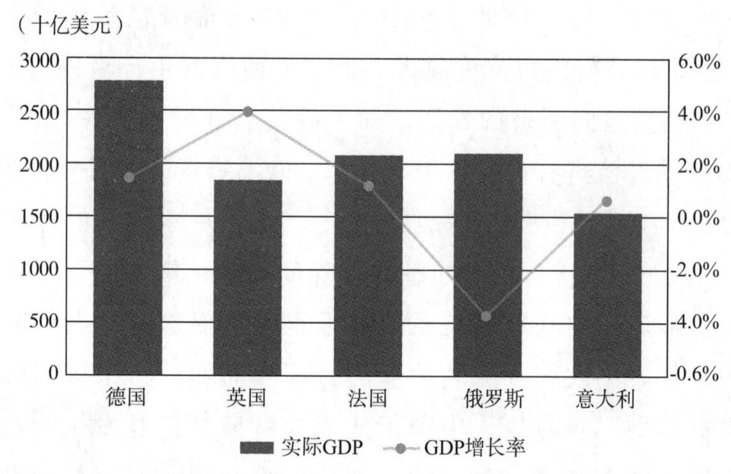

图 39.1　2015 年欧洲 5 国 GDP 及其增长率

在 2015 年里，欧洲经济体里各个国家的公共债务情况具有巨大差异。其中俄罗斯以其 7.0%公共债务占 GDP 比极低的数值而处在欧洲经济体公共债务风险最小位置，而俄罗斯之所以能实现 10%以下的公共债务占 GDP 比，主要是因为它债务控制政策的严格。英国和德国等恢复势头强劲的国家又因为它们的财政措施的严谨小心以及整体经济发展状况的良好，主权债务风险较小。而那些受欧债危机打击大的国家如法国，其公共债务高企，制造业被外部环境影响较深，所以呈现低迷态势，存在比较大的风险。而以意大利为代表的欧洲国家的公共债务占比仍然超过 100%很多，这极大地超出了 60%的国际警戒线，如图 39.2 所示，所以在欧洲经济体里，这些国家的主权违约风险较大。

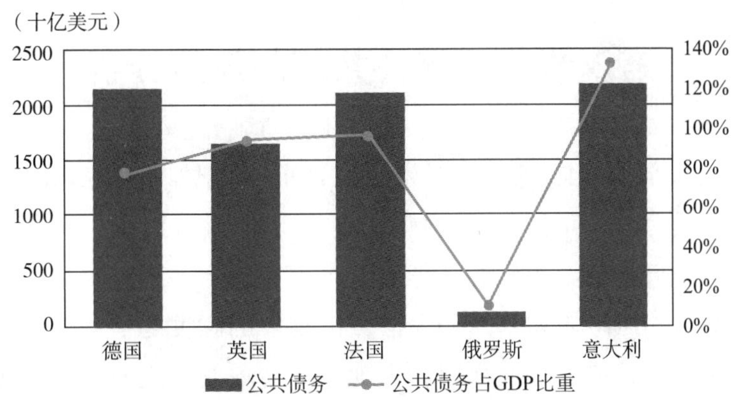

图 39.2　2015 年欧洲 5 国公共债务分析①

第 2 节　文献综述

Jens Weidmann（2015）认为，对于促进欧洲繁荣而言，货币政策并非正确的着眼点。从长远来看，货币政策对于实现经济可持续增长的积极作用仍然在于维持价格稳定。其关键是铺就可持续增长之路，实施具有前瞻性的经济政策。

梁淋淋、赵小娜和帅蓉（2016）认为低增长、低通胀与高失业率使得尚未摆脱债务危机阴霾的欧洲经济仍步履维艰；原本英国“脱欧”带来的冲击波以及不期而遇的难民潮让欧洲经济再添变数。地震带来的经济损失又让本就问题重重的意大利经济雪上加霜。

对于欧债危机的研究，丁原洪（2012）、余永定（2010）等学者认为，欧元区整体的高福利制度使得经济薄弱国家的竞争力减弱，所以与实体经济不符的高福利制度推动了欧债危机的发生。Nowotny（2012）提出了独立的财政政策与统一的货币政策之间存在的不可调和的矛盾，是形成欧债危机的主要原因。黄海波、黄飞翔（2012）等学者也持一样的观点。肖立晟（2012）认为，最优货币区的实现必须依赖一定的客观环境，而欧元区内部不满足这个条件，所以欧债危机的爆发是必然的。

① 俄罗斯、英国两国公共债务数据，根据 2014 年 1 月 24 日各国货币兑欧元汇率进行转换。

第3节 欧洲公共部门风险分析

风险在四大部门间的传导和积累是欧债危机发生的根本原因，击碎了并不强大的那些国家的信用，并使得危机在全球范围内扩散。欧债危机的爆发首先是以金融渠道传染至欧洲经济体的各个国家的金融部门，将负面影响带给国内的企业部门，风险累积到市场无法分散消解的程度之后，政府介入，这个时候风险的一部分转移到公共部门，出现主权债务的大规模违约。国家信用层面的违约对欧洲地区以及全球的经济和金融形势产生巨大的负面影响。

一、欧洲中央银行资产负债表分析

结合英国、俄罗斯、德国、意大利和法国五国的数据，可得到整体欧洲地区在2011－2015年里公共部门的资产负债表，结果如图39.3所示。欧洲经济联盟主要国家的公共部门的总资产、总负债在总体呈现增长态势，2015年缩水严重。除去2015年资产负债率的小幅度降低，整个欧洲经济联盟主要国家的公共部门的资产负债率在2011－2014年整个趋势同样走高。公共部门的总负债规模从2011年的226540亿美元到2015年下降到了220870亿美元。而公共部门的总资产规模从2011年的272240亿美元下降到了2512330亿美元。

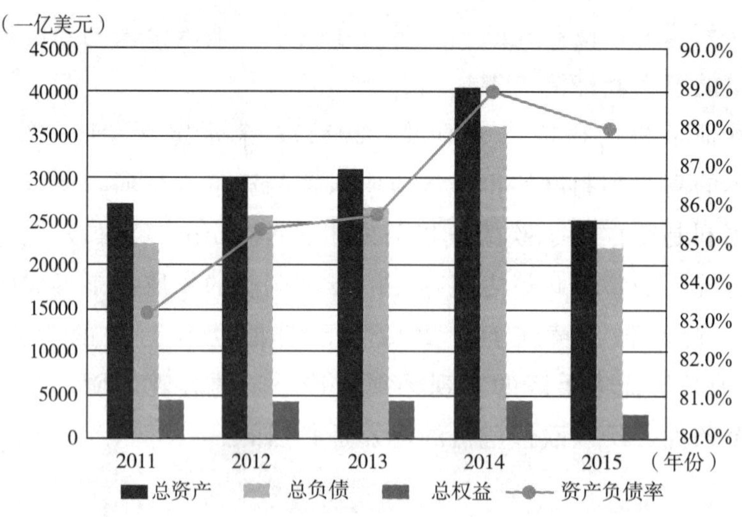

图39.3 2011－2015年欧洲5国中央银行总体资本结构①

① 本章在公共部门、金融部门、企业部门和家户部门分析中，资产负债表和或有权益资产负债表数据均根据第39－47章的统计分析数据整理得到。

之所以会出现这种现象，那是因为在欧债危机已经结束的时间段里，欧洲经济体的各个国家都严格的控制负债规模，慢慢使得量化宽松政策的影响变小，以此实现降低公共部门的总资产负债率的下降的目标。而欧洲地区整体总的资产负债率的连番上升，说明了欧洲公共部门的清偿力风险已经实现某种程度的增加。

而从国家层面来看，2011－2015 年英国、俄罗斯、德国、意大利和法国五国的中央银行资产负债率如表 39. 1。表中显示，英国中央银行错配资本结构的可能性较大的，因为在 2011－2015 年该指标都超过了 97%；然后是德国，虽然资产负债率是在 97%以上的高位，但是 2013－2015 年是慢慢下降的，并且在 2015 年下降幅度明显，种种资料数据都表示德国已经下定决心控制公共部门资产负债结构。

表 39. 1　2011－2015 年欧洲 5 国中央银行资产负债率

（单位：%）

国别/年份	2011	2012	2013	2014	2015
德国	97.65	99.50	97.91	97.07	95.75
俄罗斯	82.45	85.59	85.46	88.99	88.21
英国	98.93	99.16	99.24	99.11	97.18
法国	91.96	91.55	89.09	87.00	89.00
意大利	76.97	78.14	81.22	84.81	83.76

二、欧洲政府财政债务风险分析

2011－2015 年，英国、俄罗斯、德国、意大利和法国 5 国的公共债务占 GDP 的比率如表 39.2 所示，从表中我们可以看见英国、俄罗斯、德国、意大利和法国 5 国的财政债务风险。其中意大利的公共债务占 GDP 在这五年内都处于最高位置，并且具体数据每年都超出 100%，并且从趋势上来讲，意大利的公共债务占 GDP 的比率在 2011－2015 年间的数值变化趋势基本是向上的，也就是说，意大利的公共债务占 GDP 的比率是逐年增大的，这说明意大利公共部门具有较高的公共债务风险。法国的公共债务占 GDP 比的数值在 2015 年升至 96.30%，其趋势也与意大利一样，所以法国公共部门的公共债务风险也较高。由于俄罗斯政府控制自身负债规模的严格，俄罗斯公共部门债务占 GDP 比的数值在 2015 年仅为 9.4%，为欧洲五国最低值。所以，从这个角度来看，欧洲经济体整体公共部门的债务风险明显存在，但各国风险差异巨大，参差不齐。

表 39.2　2011—2015 年欧洲 5 国公共债务占 GDP 比率

（单位：%）

国别/年份	2011	2012	2013	2014	2015
德国	85.25	87.47	87.93	79.25	77.20
俄罗斯	8.11	7.80	8.10	8.60	9.40
英国	84.32	88.70	90.90	88.80	93.00
法国	85.833	90.257	93.3	95.10	96.30
意大利	120.66	126.90	133.10	132.44	132.78

第 4 节　欧洲金融部门风险分析

综合英国、俄罗斯、德国、意大利和法国的金融部门数据，将数据汇总整理从而得到资产负债表，然后利用斯托克 50 指数来对欧洲整体金融部门风险进行分析。

一、欧洲金融部门资产负债表分析

将欧洲银行业看成一个整体，其中 2011－2015 年的资产负债率整体趋势下降，而 2015 年资产负债率的具体数值在经历 2014 年小幅增长之后，数值下降到 94.13%，而对于总资产、总负债和总权益的数值来说，在 2011－2015 年之间呈下降趋势。图 39.4 是欧洲经济体金融部门的资本结构，反映出欧洲经济联盟采取了一定措施来进行改革，使得银行和主权融资压力减小。

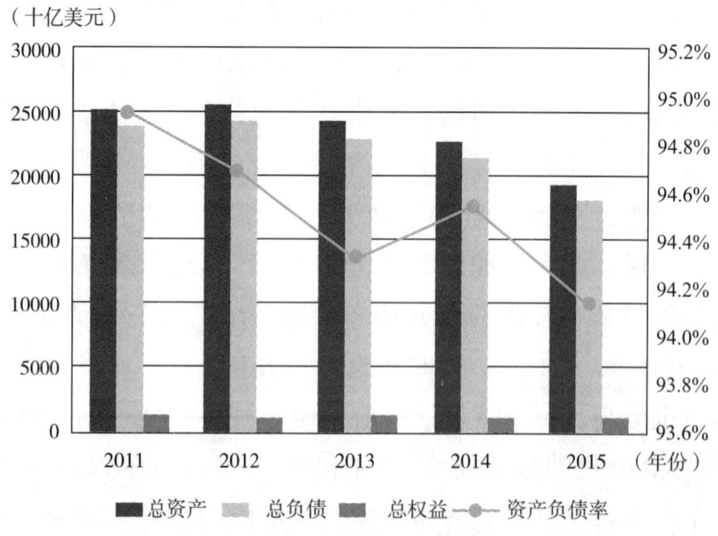

图 39.4　2011—2015 年欧洲 5 国金融部门资本结构

意大利巨大的债务负担和脆弱的金融部门使得意大利未来的挑战众多。如果类似意大利的这些国家的财务和经济情况与 2015 年 10 月世界经济展望的基准线相比，没有达到改善的目标，而且还出现恶劣的情况，这个时候银行业就需要加大对企业部门贷款的供应，以而达到改善企业贷款业务的资产质量的目的。这可能使得银行未来的利润减少。

选择英国、俄罗斯、德国、意大利和法国 5 国的金融部门的资产负债率来比较，如表 39.3 所示，俄罗斯金融业的资产负债率是最低的，约为 89%左右，而德国金融业在欧洲五国的债务与资产比率一直高于欧洲金融部门的其他国家，这说明德国金融部门可以有效控制自己的风险，并确保经济的情况和金融的稳定发展。此外，因为法国、英国和其他国家加强跨境贷款，以此达到降低其金融部门风险的目的，从而导致了金融部门资产负债率略有下降。

表 39.3 2011—2015 年欧洲各国金融部门资产负债率

国别/年份	2011	2012	2013	2014	2015
德国	97.10%	96.84%	96.11%	95.51%	95.38%
英国	94.37%	94.13%	93.66%	93.91%	93.21%
法国	95.77%	95.73%	95.41%	95.00%	95.56%
俄罗斯	88.98%	88.89%	89.22%	91.80%	90.77%
意大利	93.49%	93.06%	93.55%	93.31%	92.92%

二、欧洲金融部门或有权益资产负债表分析

根据收集到的数据计算英国、俄罗斯、德国、意大利和法国 5 国的或有权益资产负债表，借此来观察金融部门在 2011—2015 年资产负债的结构变化。如图 39.5 所示，在 2011—2015 年，英国、俄罗斯、德国、意大利和法国的或有资产负债率不断下降，从 2011 年的 95%下降到 2015 年的 90%，平均一年下降 1 个百分点，其中负债市值变化呈下降趋势，总负债下降，这说明英国、俄罗斯、德国、意大利和法国 5 国在欧债危机之后，都在积极地控制自己的金融部门风险，对资产的结构进行调整；而在欧债危机之后，英国、俄罗斯、德国、意大利和法国 5 国的资产市值大幅缩水，但同时债务变化趋势是下降的，而或有资产负债率在 2011—2015 年是逐年下降的，这说明违约风险不断减小；而在 2011—2015 年，在欧洲央行的整体控制下，英

国、俄罗斯、德国、意大利和法国金融部门的资产负债结构已得到有效改善，资产负债率下降至低于90%。

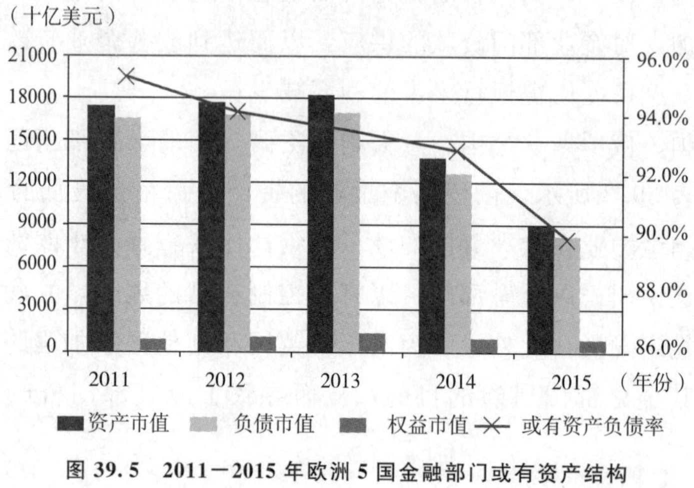

图 39.5 2011—2015 年欧洲 5 国金融部门或有资产结构

英国、俄罗斯、德国、意大利和法国5国的金融部门的资产波动率如表39.4所示，通过比较英国、俄罗斯、德国、意大利和法国5国在2011—2015年的资产波动率可以看到，在金融业非常发达的英国、德国和法国，其金融部门的资产波动率数值稳定保持在一定水平之下。反观金融业并不怎么发达的俄罗斯和意大利，资产波动率不断跳动，这说明这两个国家存在一定的波动率风险。整体来说，在2015年，英国、俄罗斯、德国、意大利和法国5国的金融业资产波动率数值相对来说不大，所以暂时不存在大的波动率风险。

表 39.4 2011—2015 年欧洲各国金融部门资产市值波动率

国别/年份	2011	2012	2013	2014	2015
德国	0.097%	0.068%	0.063%	0.084%	0.523%
英国	1.09%	1.01%	1.05%	0.91%	1.48%
法国	0.42%	0.43%	0.50%	0.68%	0.76%
俄罗斯	3.81%	2.89%	1.65%	2.49%	3.02%
意大利	2.88%	2.59%	1.76%	2.00%	2.34%

第 5 节　欧洲企业部门风险分析

一、欧洲企业部门资产负债表分析

如图 39.6 所示，从 2011－2013 年，欧洲经济体的企业部门总资产、总负债和总权益持续增大。而到了 2013－2015 年欧洲经济体的企业部门总资产、总负债和总权益又持续减小。企业部门是拉动欧洲经济增长的重要因素之一，并且欧洲经济体的企业部门的资本结构合理，但是潜在的风险是欧洲需要重点防范的对象。

欧洲经济体的企业债券市场接受度低一直是个问题，而又被欧洲经济体脆弱的银行体系所加剧。而在宏观经济走势低迷缓慢的情况下，欧洲金融机构收紧企业部门的信贷，特别是银行以提高贷款利率和信贷配给的方式来将贷款发放给企业。而欧洲经济体企业部门已经调整自身业务以此来面对公司经营的高杠杆、较高的偿债成本以及持续的脆弱性。

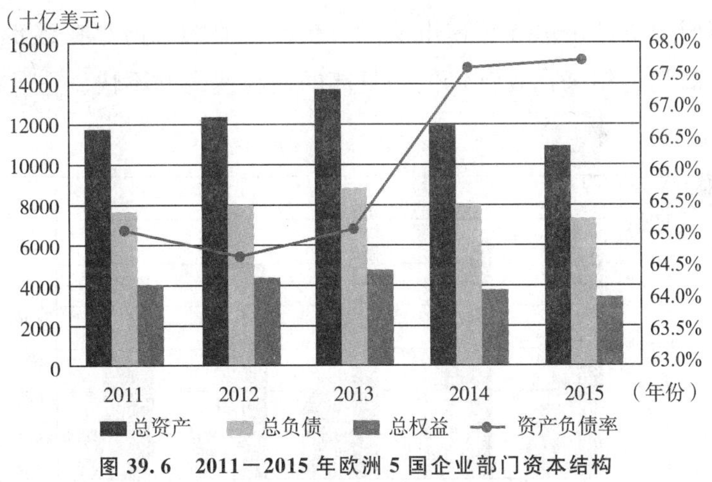

图 39.6　2011－2015 年欧洲 5 国企业部门资本结构

英国、俄罗斯、德国、意大利和法国 5 国的企业部门的资产负债率如表 39.5 所示，对比英国、俄罗斯、德国、意大利和法国 5 国在 2011－2015 年的企业部门资产负债率，可以看到：俄罗斯企业部门资产负债率在 2013 年以后实现了持续上升，俄罗斯企业部门资产负债率从 2013 年的 43.04％到 2015 年上升到 50.00％。之所以出现这种企业部门资产负债率的持续上升，是因为近年来，俄罗斯政府一直在持续地颁布各种融资政策来鼓励中小企业的发展。而在市场化程度高的国家，企业融资渠道众多，从而导致资产负债率高，但只要数值在正常可控的范围内，企业部门的风险就可以得到一定的控制。

表 39.5　2011－2015 年欧洲 5 国企业部门资产负债率

国别/年份	2011	2012	2013	2014	2015
德国	71.99%	71.63%	70.47%	71.94%	70.87%
英国	61.94%	61.62%	66.75%	70.13%	71.03%
法国	69.96%	70.99%	66.66%	63.32%	65.70%
俄罗斯	40.99%	39.79%	43.04%	49.40%	50.00%
意大利	70.16%	69.48%	69.57%	69.79%	69.05%

二、欧洲企业部门或有权益资产负债表分析

欧洲企业部门近五年来的或有权益资产负债数据如图 39.7 所示，在欧债危机之后，欧洲经济体各个国家的企业部门都受到影响。在 2011－2013 年欧洲企业部门的或有资产负债率缓慢下降。但随后，有国家政策以及欧洲经济体整体的支持，在 2013－2015 年间，欧洲企业部门或有资产负债率上升，但欧洲企业部门的资产市值、负债市值以及权益市值的总值都在逐步下降，这表明欧洲企业部门近年来在复苏，但是复苏的进程速度并不快。

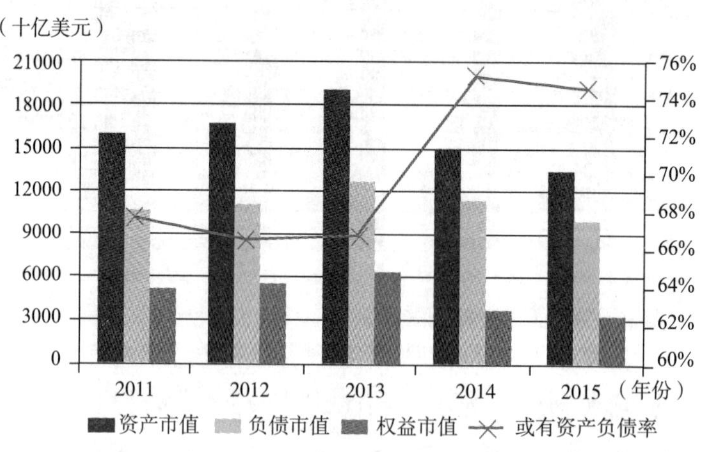

图 39.7　2011－2015 年欧洲 5 国企业部门资本结构

英国、俄罗斯、德国、意大利和法国 5 国的违约距离数据如表 39.6 所示，对比英国、俄罗斯、德国、意大利和法国 5 国的违约距离我们可以看到，即使欧洲的企业部门经历了种种危机的打击，仍然保持在健康水平。而随着欧洲各个国家政策的实施以及欧元的逐步稳定，预计欧洲的企业部门在

未来几年会继续实现复苏。

表 39.6　2011－2015 年欧洲 5 国企业部门违约距离

国别/年份	2011	2012	2013	2014	2015
德国	13.31	20.64	26.85	23.22	3.84
英国	4.67	7.13	8.31	8.71	5.63
法国	3.34	4.67	6.06	5.95	4.35
俄罗斯	3.01	3.58	5.30	2.46	2.66
意大利	3.18	3.70	4.90	4.57	4.05

第 6 节　欧洲家户部门风险分析

为了分析欧洲地区家户部门的风险，我们从私人消费、失业率以及个人可支配收入等方面来阐述和分析家户部门潜在的风险，其中最重要的指标便是失业率。如表 39.7 所示，整体来说，欧洲地区各个国家的失业率在 2011－2015 年的波动并不大（除去英国波动较大）。而对于英国、德国以及意大利来说，从 2011 年到 2015 年失业率数值逐渐减小。而俄罗斯在 2011 年到 2015 年失业率数值是先减小再变大。而对于法国来说，失业率数值从 2011 年到 2015 年一直在增大，这说明法国的就业问题严重。政府能否控制失业率会直接影响投资者对国家经济整体的判断，从而影响欧洲经济的发展。

表 39.7　2011－2015 年欧洲 5 国的失业率

国别/年份	2011	2012	2013	2014	2015
德国	5.86%	5.37%	5.23%	5.01%	4.63%
英国	8.09%	8.00%	7.59%	6.00%	5.38%
法国	8.80%	9.40%	9.90%	9.90%	10.10%
俄罗斯	6.51%	5.45%	5.50%	4.90%	5.60%
意大利	5.86%	5.37%	5.23%	5.01%	4.63%

从以上分析可知，在 2015 年欧洲的经济慢慢增长，实现缓慢的复苏。但从失业率来看、从家户部门来看，欧洲地区的某些国家还需进一步努力。

第7节 结论及对中国的借鉴

2014—2015年欧洲区经济处于慢慢增长的阶段。欧债危机的发生让欧洲区各国对宏观金融风险的控制更加注重，并完善金融体系，加快金融系统的建立，以达到降低欧洲区内过高的债务水平的目的。欧洲国家可以通过经济改革减小本国银行及主权融资的压力，但欧洲区的某些国家如希腊，其主权危机仍然很大。

从对企业部门的分析来看，欧元区整体企业部门在2013年出现复苏态势。内需是国家经济的重要因素。某些国家的产能低下以及政策等问题导致失业率居高不下。通过对失业率、个人可支配收入、私人消费占GDP比重等重要经济指标的分析我们可以看到，失业率的不断攀升仍然在欧洲的某些国家发生。而这对于欧洲家户部门以及欧洲整体经济都是完全不容忽视的风险。

最后，对比各国应对欧债危机的政策差别及其从危机中恢复的速度，表明国家实体经济发达程度与其对危机的抗压能力之间存在一定关系。而对于中国，在中国经济转型升级的现阶段，实体经济应该是中国经济的重要支撑。提高产业资源利用效率、改进产业发展模式、加快企业由“粗放型”向“集约型”转变、激励企业创新及联动发展是当今中国经济发展应该解决的重要问题。良好的金融环境、完善的金融体系、繁多的金融机构可以为产业发展提供良好助力，从而促进经济的发展。

参考文献

[1] International Monetary Fund，Global Financial Stability Report，2011.4.

[2] International Monetary Fund，World Economic Outlook (WEO)，2014.4.

[3] Nowotny、Ewald，European Monetary Union：Lessons from the Debt Crisis，Opening Remarks at Conference on European Monetary Union：Lessons from the Debt Crisis organized by Central Bank of Austria，Vienna，10 May，2012.

［4］Cooper，Russel，Hubert Kempf and Dan Peled，Regional Debt in Monetary Unions：Is It Inflationary? European Economic Review，*Elsevier* 2012（4），Vol. 54（3），pp. 345-358.

［5］“Economic Policy and Capital Markets—How to Promote Prosperity in Europe”，*International Economy*，2015. 7.

［6］黄梅波、黄飞翔：《欧洲主权债务危机：根源及解决路径》，《福建论坛（人文社科版）》2012 年第 1 期。

［7］肖立晟：《欧洲各国存在部分不符合最优货币区的要求》，http：//world. people. com. cn/GB/57507/17581612. html。

［8］丁原洪：《欧洲债务危机的根源及前景》，《和平与发展》2012 年第 1 期。

［9］余永定：《欧洲主权债务危机和欧元的前景》，《和平与发展》2010 年第 5 期。

［10］袁吉伟：《欧洲银行业危机形势分析》，《青海金融》2012 年第 1 期。

［11］杨琳：《欧洲和拉美主权债务风险、趋势及其影响》，《财经问题研究》2010 年第 4 期。

［12］瞿亢、韩丽颖：《欧洲银行业分化风险分析与展望》，《中国外汇》2013 年第 1 期。

［13］吴丛司、沈忠浩：《三大风险困扰欧洲》，《金融世界》2012 年第 3 期。

［14］赵永升：《2015 年欧洲的两难经济》，《国际》2015 年第 4 期。

［15］梁淋淋、赵小娜、帅蓉：《欧洲经济依然面临多重危机》，《中国商报》2016 年 8 月 30 日。

第 40 章　德国宏观金融风险报告

作为欧盟区主要核心国成员之一，虽然德国整体经济时有起伏，但总体保持稳定上扬的态势。由于德国实行独有的社会经济制度，在稳健谨慎的财政政策，强劲有力的国际竞争力及完善合理的社会福利制度之下，德国虽然受到 2008 年全球金融危机及随后欧债危机的影响，但依然保持了经济增长的势头，在各欧盟成员国中表现“一枝独秀”，其宏观金融风险较低。当欧债危机过去多年之后，欧洲整体经济开始慢慢增长，而整体大环境的改善将促使德国经济外部风险降低。

第 1 节　德国宏观金融风险概述

受 2008 年全球金融危机和 2010 年欧债危机的影响，欧元区成员国作为一个整体呈现低迷状态和整体经济萎靡以及巨大的下行压力，使得以出口为主的欧盟核心成员国德国在 2010 年到 2013 年经济增长率连续下降，其中在欧债危机发生后的 2012 年，德国经济增长率出现断崖式下跌。2014 年实现了经济增长率的提高，但 2015 年又出现了略微下降。如图 40.1 所示。

在全球金融危机以后，德国在 2008 年出现了“超跌”和“超涨”现象。在危机早期阶段，德国经济本身具有很好的基础，而德国政府的态度一直很小心严谨，使德国较少受到次贷危机的影响。如图 40.2 所示。作为一个典型的出口导向型经济体，因为欧盟其他国家的不景气，导致德国出口到欧盟国家有所下降。从内部因素来看，归功于德国的坚实的产业基础和在国际舞台上的强大国际竞争力，“德国制造”仍具有很强的竞争力。从外部的因素来看，新兴经济体的崛起为德国提供了良好的出口环境。受欧洲债务危机影响，美元持续疲软，在一定程度上也增加了德国产品的竞争力。

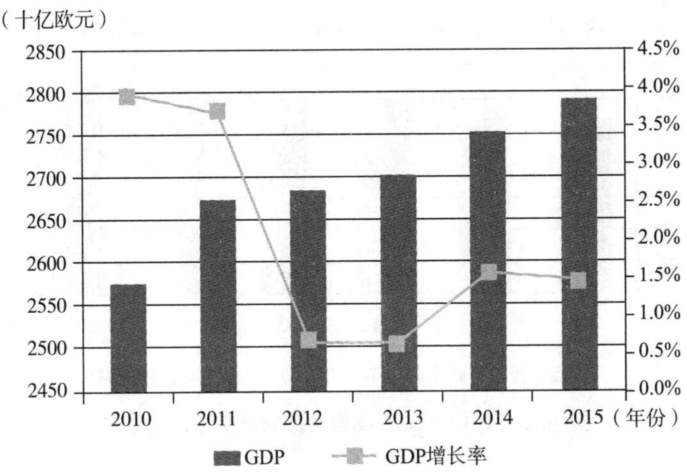

图 40.1 2010—2015 年德国实际 GDP 及增速①

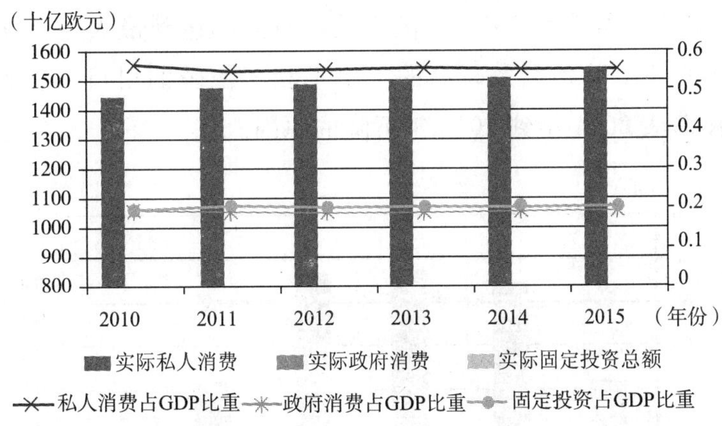

图 40.2 2010—2015 年消费、投资、政府消费对 GDP 贡献度

从进出口来说，德国在 2010 到 2015 年的进出口数据如图 40.3 所示。从 2010 年到 2015 年，德国的进口总额以及出口总额一直保持稳步增长，且出口总额的增长速度快于进口总额的增长速度，这意味着德国从 2010 年到 2015 年处于贸易顺差地位，且贸易顺差越来越大。而德国作为出口导向性的国家，出口对经济的贡献越来越大，这也解释了在 2010 年欧债危机爆发其他欧洲经济体萎靡的时候德国还能实现 GDP 增长以及德国在 2014 年和 2015 年的经济缓慢复苏的现象。

① 注：数据来源于 BvD 全球金融分析、宏观经济指标数据库 https：//www.countrydata.bvdep.com/ip。下面如未作说明，数据来源均相同。

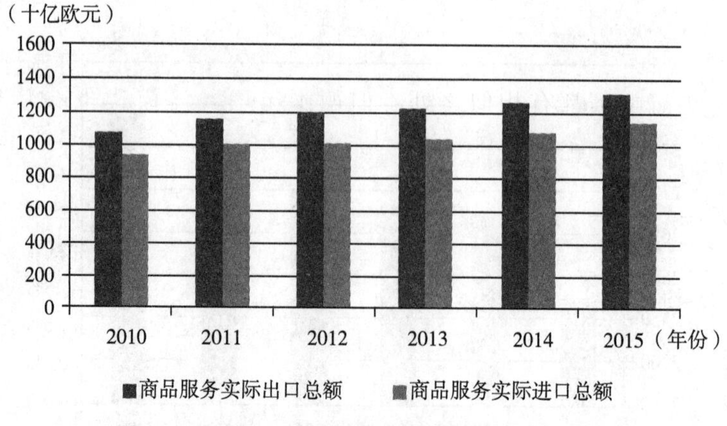

图 40.3　2010—2015 德国商品和服务进出口总额

就外汇储备来看，德国在 2010 到 2015 年的外汇储备数据如图 40.4 所示。从 2010 年到 2015 年，德国的外汇储备总额先增加后减少，在 2012 年最大，2015 年最小，数值为 585.07 亿美元，而汇率达到最大为 0.901205（对美元）。较小的外汇储备以及较高的汇率不利于德国的出口，也解释了德国的 GDP 增长率从 2014 年到 2015 年下降的原因。

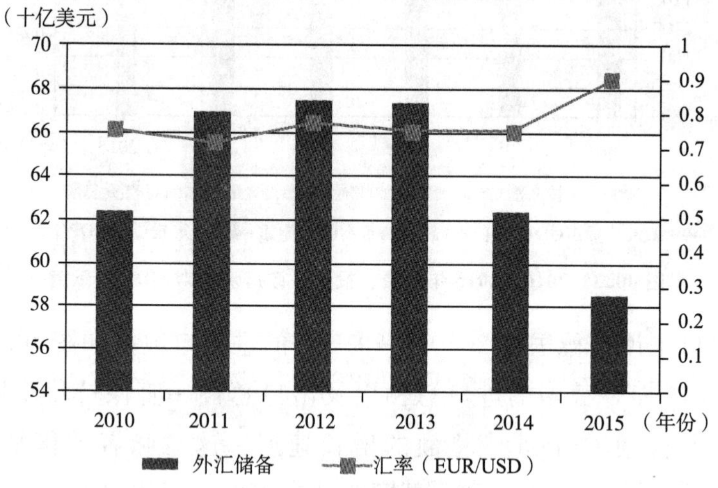

图 40.4　2010—2015 德国外汇及外汇储备

第 2 节　文献综述

朱玲（2008）认为一系列劳动力市场改革政策是导致德国劳动力市场的灵活性增加、失业率减少的主要因素。蔡伟（2013）通过探究德国市场经济体制和中小型企业在经济体系中的发展，为中国的经济建设提出政策建议。

李稻葵和伏霖（2014）通过研究德国社会市场经济模式背后的基础性因素，如德国民众对社会秩序的偏好、大陆法体系以及民众愿意不断进行体制创新等，发现这些与中国都有相似之处。但德国市场经济模式也有其独特的民族性，不可能完全照搬到中国来。德国稳健的公共财政体制、政府大力扶持实体经济、稳定的房地产市场、审慎的金融体系、有效传承的家族企业以及高效的社会福利体制等方面值得中国借鉴。

第 3 节　德国公共部门风险分析

一、公共部门资产负债表分析

2014 年德国依然坚持财政紧缩计划，从而导致了德国公共部门的资产规模缩小。德国政府对债务风险的敏感以及对负债规模的严格把控，使得负债规模一直下降。如图 40.5 所示。从资产负债率来看，德国公共部门资产负债率先增加后减少，在 2011 年达到最高点，在 2012—2014 年都是逐步下降，这说明德国公共部门的风险慢慢缩小，但我们反观资产负债率的绝对数值，在 2010—2014 年间一直处于 95％以上，这说明德国公共部门的风险虽然在逐年减小，但是仍然有较大的潜在风险。

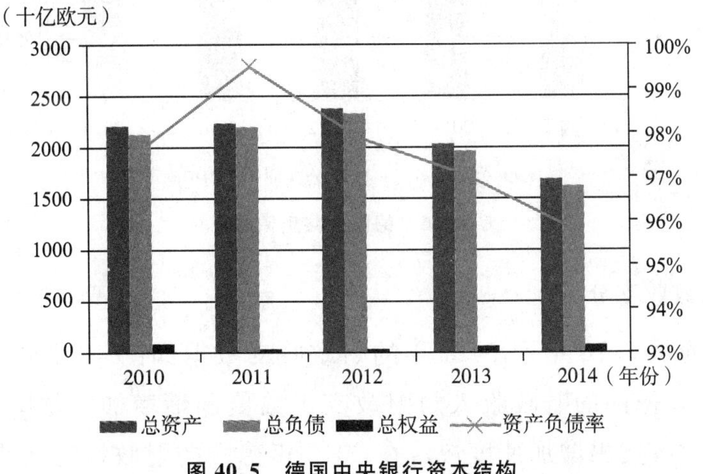

图 40.5　德国中央银行资本结构

二、公共债务与财政赤字分析

（一）公共债务分析

德国从2010年到2014年的公共债务数据以及公共债务占GDP的比率数据如图40.6所示。就公共债务的绝对值来说，在2010—2014年，德国的公共债务先增加后减少，在2012年的时候达到峰值。而就公共债务占GDP的比率来说，德国的公共债务占GDP的比率在2010—2014年间的变化趋势基本是下降的。之所以会实现公共债务占GDP的比率不断减小，这是因为在欧债危机之前德国经济基础就是比较好的，实体经济实力稳定又强大，又辅以稳健的财政政策，从而德国公共债务占比表现一直良好。在危机后，德国政府采取措施，同时加大公共投资，使得经济增长加速，与欧盟其他国家债台高筑的现象形成对比。在2014年，德国公共债务占比数值进一步下降到74.38%，处于近五年来最低水平。

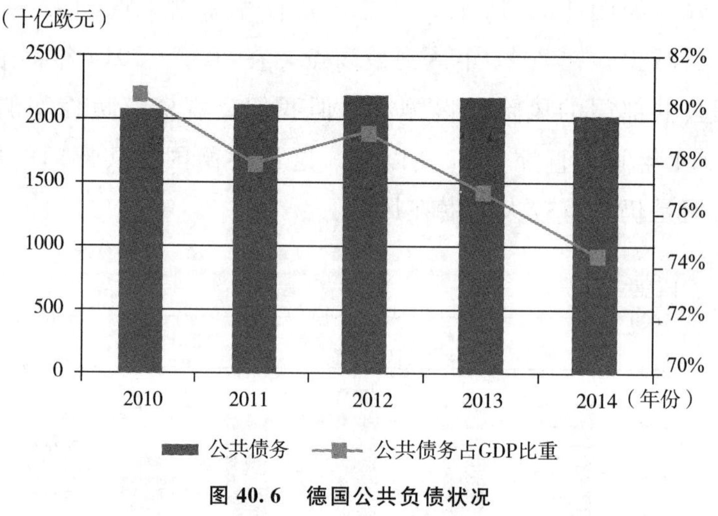

图40.6　德国公共负债状况

（二）财政收支分析

德国政府从2010年到2015年的财政收支数据如图40.7年示。从2010年到2015年，德国的财政收入与财政支出数值逐渐增加。德国的财政收入增加速度比财政支出增加速度快，在2010年德国的财政情况还表现为缺口，到2015年已经表现为较多的盈余。这说明政府对于财政支出收入的管理控制力较强，对于财政风险来说，是慢慢减小的。

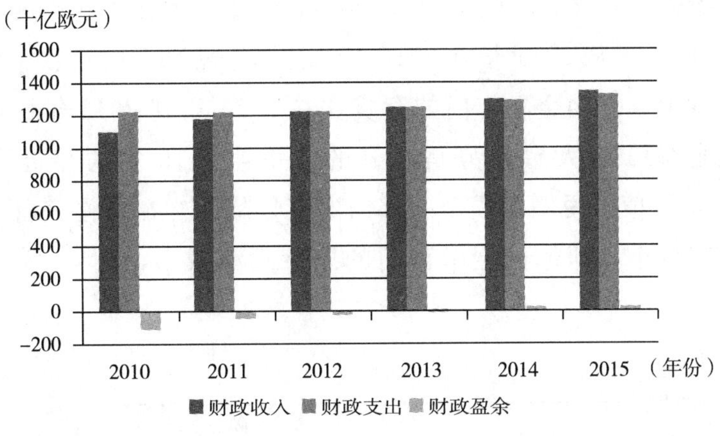

图 40.7　德国财政收支

第 4 节　德国金融部门风险分析

一、账面价值资产负债表分析

因为金融危机以及欧债危机的影响，德国金融部门资产和负债规模在 2010—2015 年间逐渐减小，权益规模在 2010—2014 年间逐渐增大，到 2015 年又变小。金融部门资产负债率在 2010—2015 年间一直表现出下降趋势，但下降速度减缓。在 2015 年达到最低值 95.38%，说明德国金融部门结构性风险慢慢减小。如图 40.8 所示。

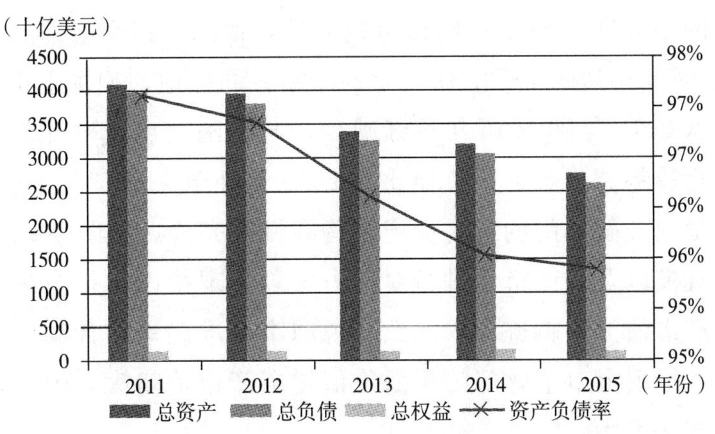

图 40.8　2011—2015 年德国金融部门资本结构

德国金融部门从2011年到2015年的存款数据以及贷款数据和存贷比数据如图40.9所示。从2011年到2015年，德国金融部门的存款余额和贷款余额数值逐渐减少。德国金融部门的存贷比在2011年到2013年快速下降，但从2013年到2015年大致趋势是上升的，并且2015年的存贷比数值大于2011—2013年数值。说明德国金融部门的存贷款结构在慢慢完善，欧债危机的影响也越来越小，即德国金融部门的风险逐渐减小，到2015年具有较低的风险。

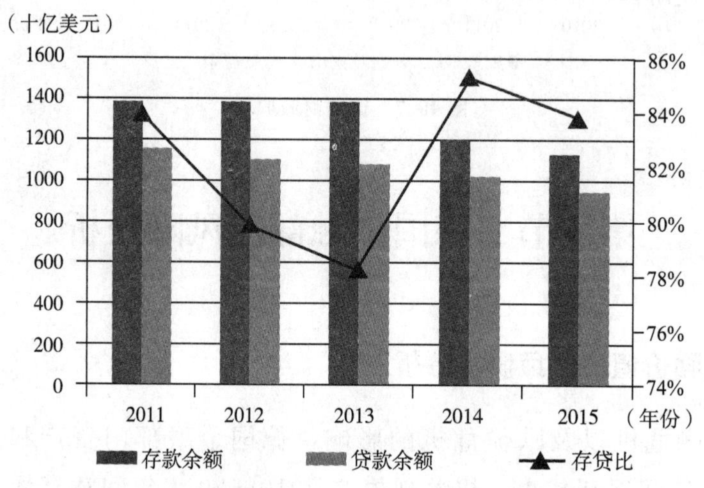

图40.9　2011—2015年德国金融部门存贷结构

二、或有权益资产负债表分析

德国的上市金融部门的或有权益资产负债表表现与其资产负债表变化态势具有一定的相似性。2010年欧债危机之后，德国上市金融部门或有资产规模下降，在2015年达到15720亿美元的规模。同样地，德国上市金融部门负债市值也是从2010年到2015年逐渐减少，与德国上市金融部门资产市值呈现相同的变化趋势。或有资产负债比在2015年降至91.90%，达到了历史最低值，说明德国金融部门的或有资产结构在慢慢完善。如图40.10所示。

将资产规模以及资产市值进行对比，可以发现德国上市金融部门的资产规模以及资产市值波动轨迹基本一致，说明市场准确地估计德国金融部门的价值。另外，德国上市金融部门账面价值比资产市值略大，说明德国上市金融部门资产泡沫不大。

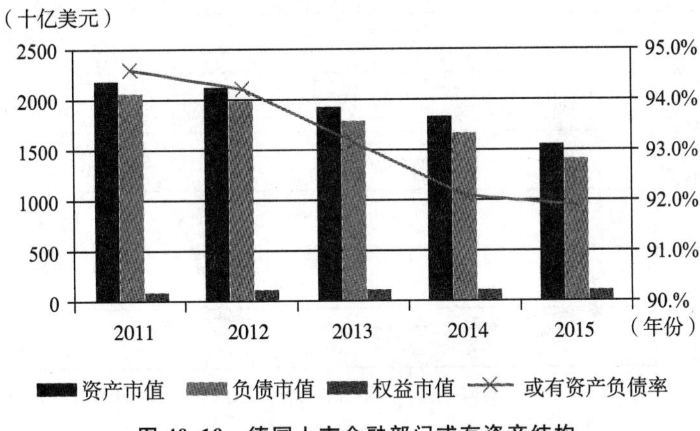

图 40.10　德国上市金融部门或有资产结构

三、风险指标分析

如图 40.11 所示，从 2011 年到 2013 年，德国上市金融部门违约距离逐渐增大，在 2013 年达到峰值 24.61。而在 2013—2015 年间，德国上市金融部门违约距离逐渐减小，到 2015 年达到最小值 3.72，这说明在 2015 年德国政府采取的去杠杆化措施并没有使德国上市金融部门违约风险减小。

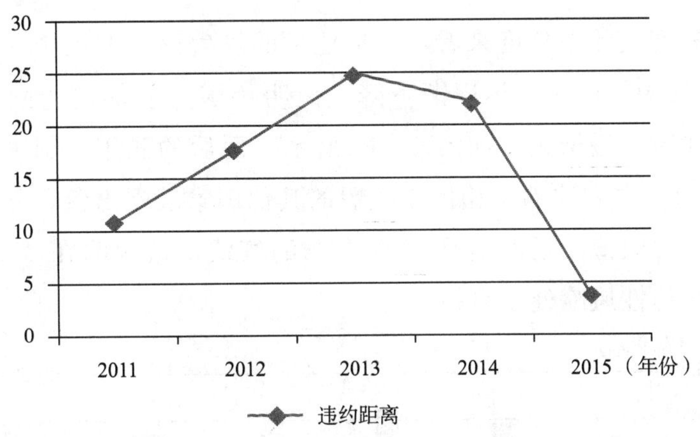

图 40.11　德国上市金融部门违约距离

对于德国金融部门的资产波动率来说，其变化路径从 2011 年到 2013 年减小，从 2013 年到 2015 年增大，这结果与以上的违约距离的变化路径一致。如图 40.12 所示。即在 2015 年，德国上市金融部门资产波动率数值高，这对于德国上市金融部门来说是一个不小的潜在风险。

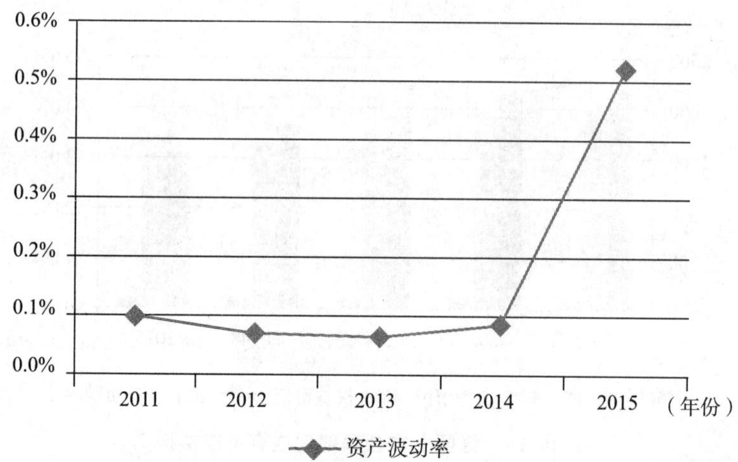

图 40.12　德国上市金融部门资产波动率

第 5 节　德国企业部门风险分析

一、资本结构分析

从整体资产负债率角度来看，欧债危机的发生使得德国企业部门的资产负债比在 2011 年到 2013 年逐渐下降，说明德国企业部门受欧债危机的影响，结构性风险慢慢增大。如图 40.13 所示。而后的几年，德国企业部门资产负债率在 71%左右波动，相比于欧盟的其他国家表现出色，并且德国企业部门资产负债率数值接近欧盟规定的 60%的红线，这说明在 2015 年德国上市企业部门结构性风险处于可控程度。

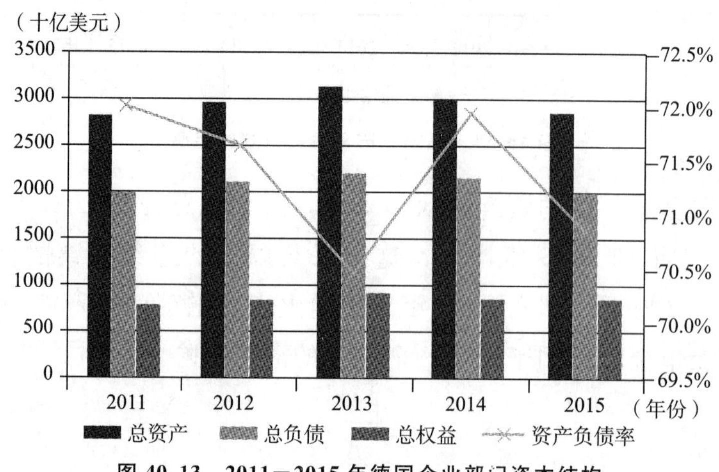

图 40.13　2011—2015 年德国企业部门资本结构

二、或有权益资产负债表分析

如图 40.14 所示，德国上市企业部门资产市值 2011－2013 年间逐渐增大，在 2013 年达到最大，具体数值达到 30222 亿美元，在 2013 年到 2015 年又慢慢减小。德国上市企业部门负债市值 2011－2013 年间逐渐增大，在 2013 年达到最大，具体数值达到 21026 亿美元，在 2013 年到 2015 年又慢慢减小，这与德国上市企业部门资产市值的变化趋势相似。德国上市企业部门权益市值 2011－2013 年间逐渐增大，在 2013 年达到最大，具体数值达到 9196 亿美元，在 2013 年到 2015 年又慢慢减小，这说明德国企业部门在 2011 年到 2013 年从欧债危机中恢复迅速，但在 2013 年到 2015 年德国的企业部门的权益市值以及或有资产负债率都变小。权益的下降说明市场对德国企业部门逐渐失去信心，认可度慢慢降低。而从资产负债率的角度来看，德国上市企业部门或有资产负债率数值在 70％左右，这说明德国上市企业部门资本结构表现强势，期限错配风险比较小。

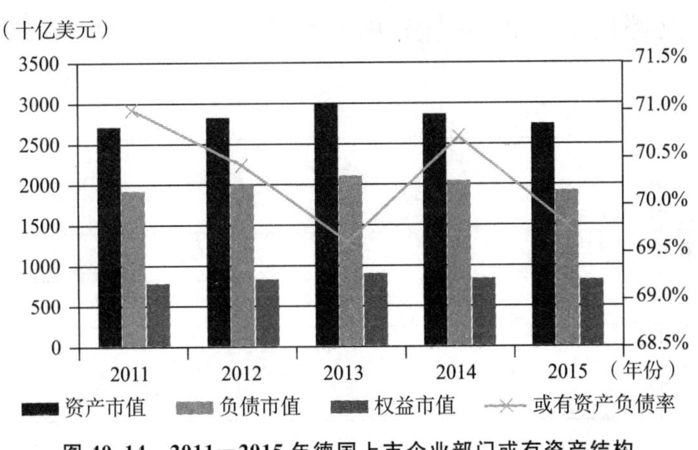

图 40.14　2011－2015 年德国上市企业部门或有资产结构

三、风险指标分析

（一）资产波动率分析

从 2011 年到 2014 年，德国上市企业部门的资产波动率变化趋势大致是逐渐减小，并且维持在较低水平，如图 40.15 所示。这说明在 2011－2014 年间，在欧债危机发生后的 4 年里，德国因为其经济基础以及恰当的经济政策慢慢从危机中恢复过来，说明德国企业部门风险呈现降低态势。但在 2015 年，德国上市企业部门的资产波动率显著增大，从 2014 年的 1.24％增大到 2015 年的 7.80％。

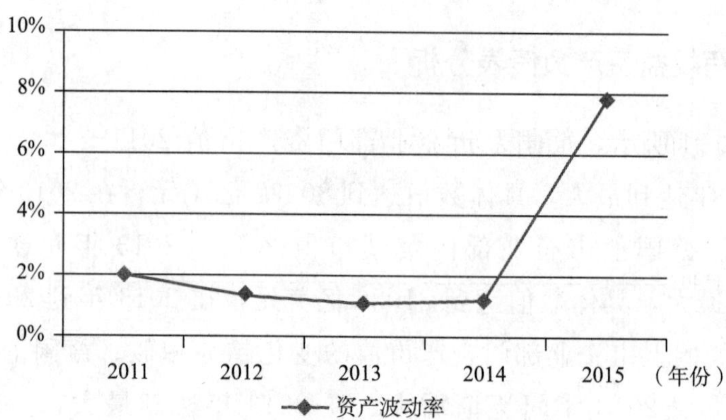

图 40.15 德国上市企业部门资产市值波动率

(二) 违约距离

从 2011 年到 2013 年，德国上市企业部门违约距离逐渐增大，在 2013 年达到峰值 26.84。而在 2013－2015 年间，德国上市企业部门违约距离逐渐减小，到 2015 年达到最小值 3.84，这说明德国上市企业部门在 2013 年到 2015 年违约风险慢慢增大，并且在 2015 年德国上市企业部门的违约风险较大，这与德国企业部门资产波动率变化所反映的风险变化一致。如图 40.16 所示。

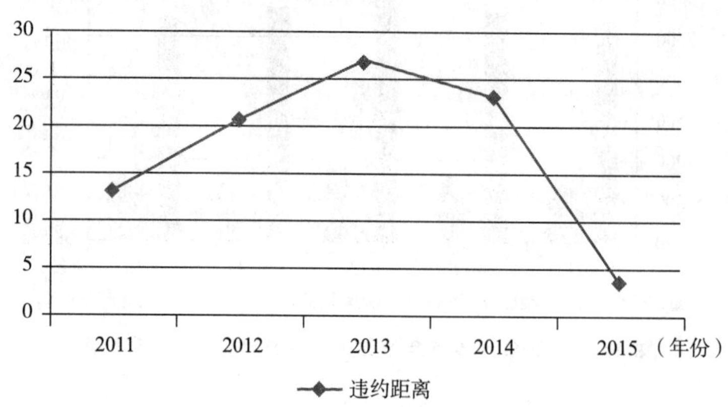

图 40.16 德国上市企业部门违约距离

第 6 节 德国家户部门风险分析

一、居民消费分析

2013 年到 2015 年，德国实际私人消费总量快速上升，这与德国政府所实行的经济政策有关。德国一方面减少政府开支实施紧缩的财政政策，另一方面实行经济刺激计划以及对劳动力市场进行改革，通过这种手段来降低本国的失业率。从图 40.17 中可以看到，德国实际私人消费在 2013 年以后不断增长，有利于德国经济的复苏与发展。

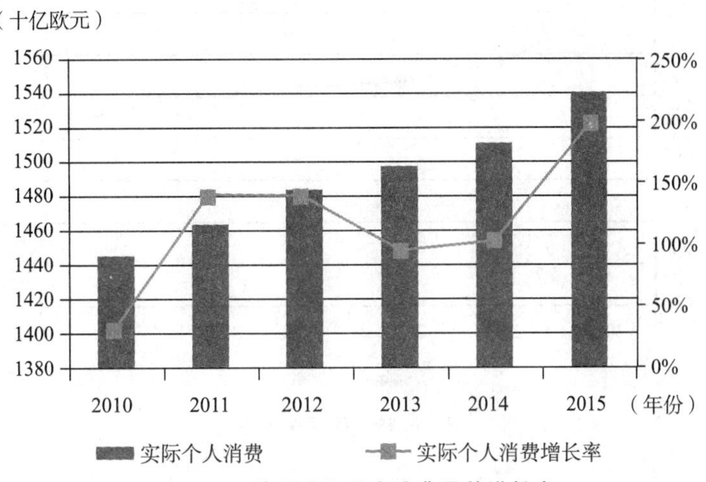

图 40.17　德国实际私人消费及其增长率

就私人消费平减指数的定义来说，一般来说，私人消费平减指数是用来衡量国内通胀压力的一个指标，而 2010 年到 2015 年德国的个人消费平减指数数据如图 40.18 所示。德国个人消费指数逐渐增大，但是增大速度慢慢变缓。德国从 2010 年到 2015 年个人消费平减指数的减小以及绝对数值一直处于很低的情况说明德国通胀压力小。

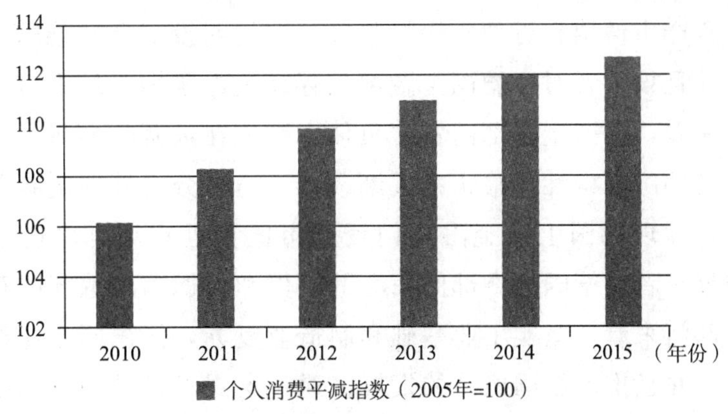

图 40.18　德国家户部门通胀压力

二、失业率分析

德国政府通过缩进财政以及技术创新投入的加大，使得本国劳动生产率的提高，同时辅以宏观手段对国内经济进行调控，从而使得劳动成本降低、居民收入提高。如图 40.19 所示，德国在 2010 年到 2015 年的失业率每年都

下降，在 2015 年达到最低值 4.63%，整个国家的生产力提高，德国经济实现增长。

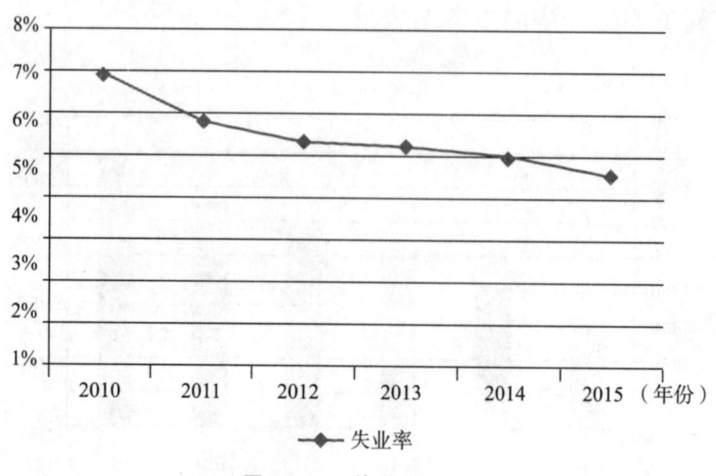

图 40.19　德国失业率

第 7 节　结论及对中国的借鉴

德国公共部门资产结构具有一定的结构性风险，但其风险正在慢慢减小，同时其公共债务占比在 2013－2015 年实现下降，与欧盟其他国家相比较表现较佳，接近欧盟规定的 60%红线，且呈现下降的趋势。德国金融部门资产规模及资产市值均在近两年慢慢下降，这说明投资者对德国金融部门的信息缺失，并且投资者对于德国金融部门存在负面预期。从上市金融部门的资产负债率来看，德国金融部门资产负债率数值在近两年慢慢下降，这说明德国上市金融部门结构性风险正在逐渐改善。通过分析德国金融部门的或有资产负债表，发现德国上市金融部门资产市值在近几年也出现了小幅度减小，这说明投资者对德国金融部门信心的缺失和对德国金融部门存在负面预期。从企业部门来看，坚实工业基础和制造业复苏，使德国企业部门在危机中表现良好，并且推动德国经济的发展。通过宏观经济政策的调控，使得德国私人消费持续增长，失业率在 2015 年较低。家户部门存在的风险较小。综上所述，德国宏观经济风险主要存在于其外部性经济结构中。但随着危机的影响慢慢淡化，欧盟的经济情况将被改善，而德国所面临的外部经济环境也将继续被改善，预期德国经济在未来仍将持续增长，成为欧盟经济恢复的主要动力。

而对于中国政府来说，德国在危机之中的表现值得借鉴。在整个欧盟都备受影响的时候，德国因为扎实的经济基础以及对于危机敏感严谨小心的态度使得德国经济相比于其他国家在危机中安稳度过。因此，中国可以借鉴德国在危机中的处理方法，推进产业结构调整，并控制风险，同时加强金融体系以及金融机构的建设和完善，提高国家风险的识别以及控制能力。

参考文献

[1] Deutsche Bundesbank，Annual Report 2009—2013.

[2] Deutsche Bundesbank，Financial Stability Review 2009—2013.

[3] 温斌：《德国机械工业中小企业发展之思考》，《纺织导报》2011 年第 3 期。

[4] 魏爱苗：《德国注重传统和特色产业发展》，《中国中小企业》2012 年第 5 期。

[5] 冯晓雷、王淑侠、孙林岩：《汽车制造业与其上下游产业市场需求波动分析》，《科技进步与对策》2008 年第 8 期。

[6] 丁纯：《在金融危机中德国经济一枝独秀的表现原因和前景》，《德国研究》2011 年 4 月。

[7] 蔡祎：《德国经济发展特点及启示》，《欧洲行政学院学报》2013 年 12 月。

[8] 吴明奇：《金融危机对德国经济社会的影响及应对》，《改革与开放》2013 年第 5 期。

[9] 丁纯：《试析欧债危机中德国经济社会的表现》，《欧洲研究》2014 年第 2 期。

[10] 李稻葵、伏霖：《德国社会市场经济模式演进轨迹及其中国镜鉴》，《中国与全球化》2014 年第 3 期。

第41章　法国宏观金融风险研究

2013年，在欧洲整体经济回暖，企稳复苏的大环境下，法国却依然深陷“后危机时代”的泥潭：居民消费持续疲软、企业活力下降、失业率高企，所以法国经济形势依然严峻。欧债危机后，欧洲各国经济普遍受创，而法国则元气大伤，但在2015年，法国的GDP达到19207亿欧元，同比增长1.2%，比2014年GDP增长0.2%高1.0个百分点，较2010—2014年GDP年度增长均值1.04%略高0.16个百分点。法国经济走出低迷，总体呈现温和缓慢复苏态势，但经济复苏基础脆弱。法国私人消费支出约占GDP的55%，私人消费增长是推动2015年法国经济走出低迷并重现温和增长的主要因素。欧央行推行负利率，超常规的宽松货币政策在初期有效刺激私人消费。但随着量化宽松和负利率政策效应边际递减，私人消费是否还能保持增长势头尚需进一步观察。法国固定资本形成总额约占GDP的20%，投资增长对法国经济起到重要作用。欧洲央行推行量化宽松和负利率政策在刺激信贷和投资方面显现一定效果。投资自2015年三季度开始出现缓慢企稳回升，这将有利于法国经济温和复苏。随着欧洲央行宽松货币政策效应减弱以及法国央行二次加息一再推迟，欧元汇率不降反升，再加上全球经济贸易增长缓慢的负面影响，法国出口自2016年1月开始出现增长下降，这将削弱法国经济复苏动能。2016年3月法国失业率达到10%，高于德国5.3%和英国5.4%，低于意大利11.4%。法国失业率自2012年欧债危机以来一直维持在10%以上的高水平，但自2015年9月开始，法国失业率总体呈现缓慢回落的态势，佐证法国经济脆弱的复苏。2016年4月法国CPI同比下降0.2%。与欧元区整体通胀低迷一致，尽管欧洲央行不断加码负利率和量化宽松政策，但法国CPI非但没有上升反而下降，距离欧洲央行期望的2%通胀目标相去甚远。通货膨胀持续低迷不仅反映法国经济复苏基础脆弱，需要法国政府推行结构性改革和财政政策配合，而且要求欧央行继续加码量化宽松和负利率等超常规宽松货币政策。

第 1 节　法国宏观金融风险概述

欧债危机的爆发，使得法国整体经济遭重创，由于外部市场低迷，法国宏观经济面临较大的外部风险。从图 41.1 中可以看出，2009 年法国 GDP 出现负增长到达最低值－3.05％，随着欧美经济从国际金融危机中恢复，在 2010 年法国 GDP 缓慢恢复，而后随着欧债危机的爆发，作为欧盟成员国，法国经济增速受此影响再次下滑，2012－2013 年法国 GDP 持续走低，失业率高，投资市场缩水，国际竞争力下降。因此，法国政府在 2013 年加大经济改革的力度，一方面实施紧缩的财政政策以期达到欧盟 3％的目标；另一方面加大对中小企业的扶持，增加工作机会，增强本国竞争力。虽然穆迪等评级机构对法国主权评级为 Aa1，但不可置疑，法国整体经济正在缓慢复苏。这一复苏特征从 2014 年 GDP 的增长上可以看出，在 2015 年增长率为 1％，达到了预期目标。

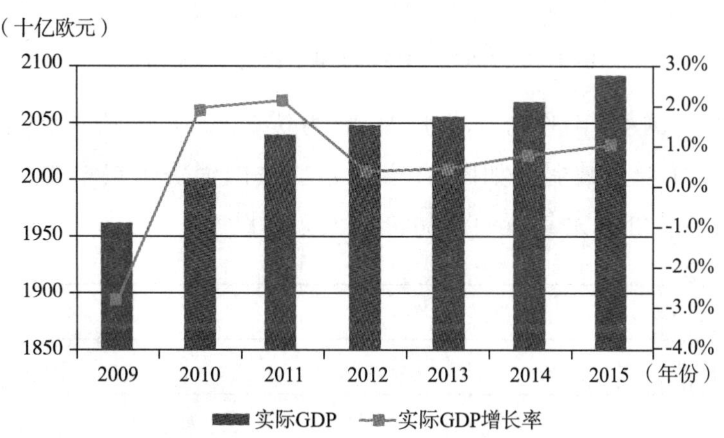

图 41.1　2009－2015 年法国实际 GDP 与 GDP 增速①

如图 41.2 所示，与 2014 年相比，2015 年的法国私人消费、政府消费、固定投资均在上涨，私人消费一直是法国经济发展的重要助力，2015 年法国政府持续减少财政赤字，要求其在 2017 年年底以前将财政赤字占 GDP 的比重控制在 3％。并且奥朗德政府承诺解决就业问题，使得民众信心上升，2015 年，法国政府一系列政策刺激本国经济，以增加投资、促进内需，从而促进本国经济的快速复苏。

① 数据来源：本图数据来源于 BvD 全球金融分析、宏观经济指标数据库 www.bvedep.com。

法国政府债券利息在2013年有所下降，使得政府可以以比旧国债更低的利率进行融资，法国公共部门有望降低财政赤字水平。欧债危机的爆发，使得法国面临与南欧各国相同的困境。产品价格竞争力不足，法国面临失血性增长。自2011年始，法国银行自有资金大幅增加。经济环境不确定，金融风险日益上升，法国政府因此采用巩固银行资本结构的方式，对市场进行结构性改革以期减少危机对本国经济的影响。

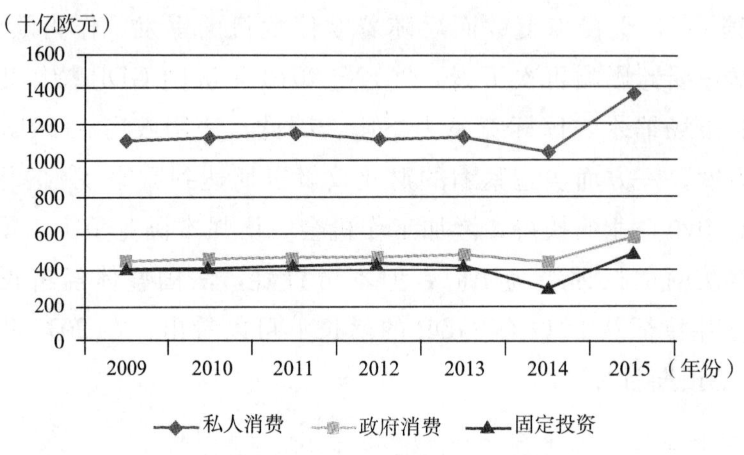

图 41.2　2009—2015 年消费、投资、政府消费

2015年法国全年平均通货膨胀率为零。2014年法国的通胀率曾达0.5%，2015年明显减弱。如图41.3所示。法国消费价格增幅再次减弱，主要由于能源产品价格尤其石油产品价格大幅下跌。

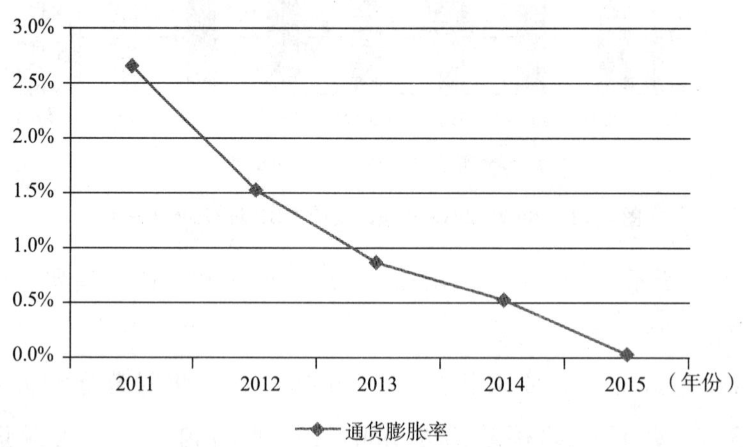

图 41.3　2011—2015 年法国通货膨胀率

第 2 节　文献综述

欧债危机爆发后，相关学者对于法国宏观金融风险研究较多。黄宁燕、杨朝峰（2010）认为面临危机的打击，法国应着力于经济政策的调整，以面对金融危机及欧债危机带来的机遇与挑战。林孝煜（2013）则认为法国中小企业竞争力薄弱是法国经济复苏缓慢的主要原因，法国政府应加强对中小企业的支持。朱艳亮（2014）则认为法国应注重中小企业产品质量，鼓励中小企业新产品研发，以重振本国经济。

第 3 节　法国公共部门风险分析

本节利用法国中央银行所披露的资产负债信息，构造公共部门资产负债数据图，由此分析 2015 年法国公共部门存在资本结构错配风险、期限错配风险和清偿力风险。

一、中央银行资产负债表分析

自欧债危机，法国政府坚持的高福利政策，使得法国公共部门支出庞大，财力捉襟见肘。从图 41.4 中可以看到，2011—2014 年，法国公共部门

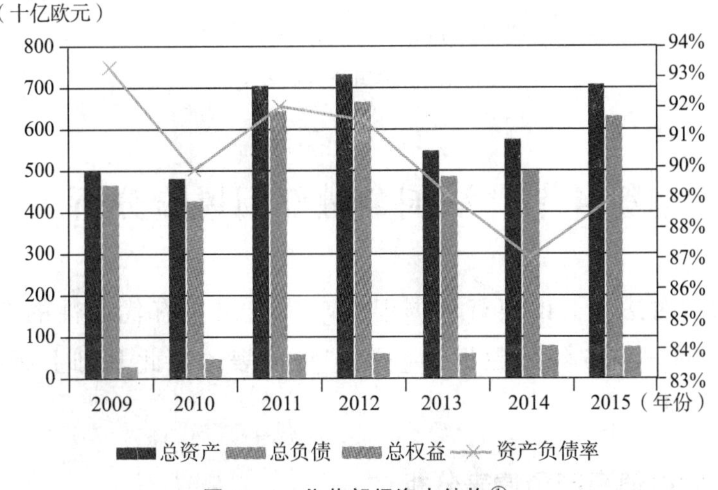

图 41.4　公共部门资本结构①

① 注：本图数据来源于法国央行年报，由于数据来源限制，以中央银行代表公共部门。

的总资产、总负债、总权益总体来看呈现下降的趋势，而资产负债率一直在下降，而在2015年，法国政府着力于从根本上加强经济实力，辅之以结构性调整，实现了本国经济的复苏，因此指标出现了上升的态势。

二、公共部门债务分析

如图41.5所示，2009－2015年间，法国的公共债务一直攀升，法国公共债务危机一直是其经济存在的重要问题，法国政府一直寻求解决之道，2013年开始实施的增收减支政策，方式简单，效果也十分有限。2013年法国财政收入达到160亿欧元，这与欧盟要求的300亿欧元存在较大缺口，欧盟也多次就这一问题对法国政府进行批评。预计2016年公共债务占GDP的比例会达到96.5%，法国公共部门存在较大的债务风险。

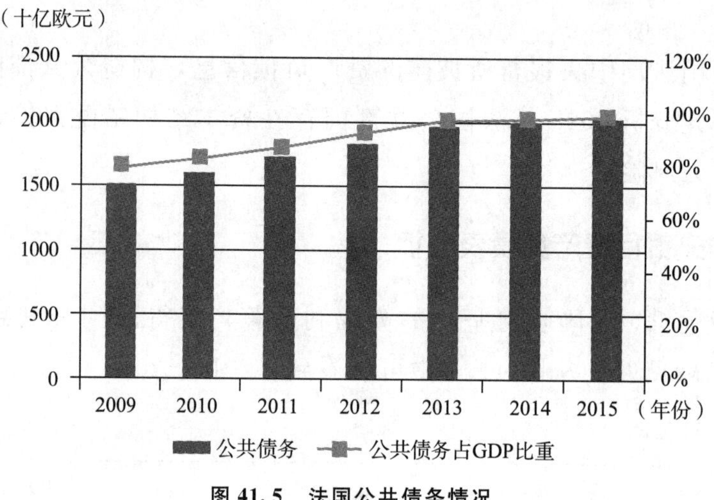

图41.5　法国公共债务情况

第4节　法国金融部门风险分析

本节通过对法国上市银行数据汇总，挑选出具有代表性的31家上市银行，对其2009－2015年的数据编制资产负债表，在此基础上研究法国金融部门的风险情况。

一、账面价值资产负债表分析

如图41.6所示，与2013年相比，法国金融部门资产负债率在2014年有所上升，2015年有所下降，但总体保持在95%左右的水平。与危机前的规模相比依然较高，存在一定的结构性风险。从负债规模来看，近几年，法国金融部门负债规模基本持平，2015 年相比 2014 年有所下降。资产规模也呈现波动性平衡，但 2015 年有所下降。随着欧债危机阴影的逐渐散去，且法国政府大力完善金融制度，加强对金融风险的管理，法国金融部门风险仍在可控状态。

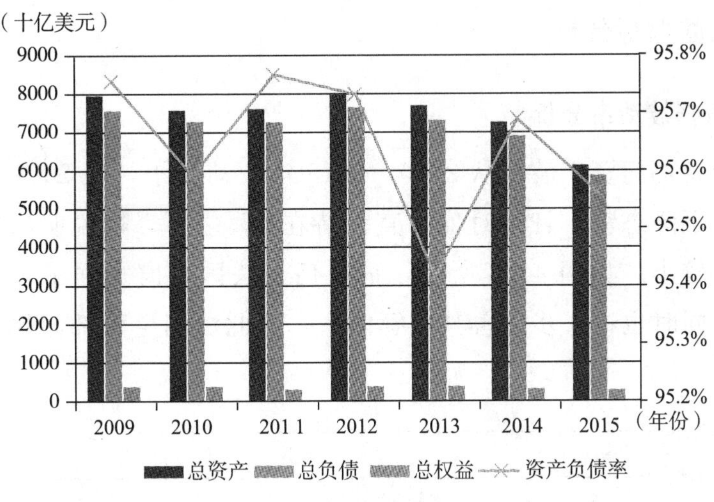

图 41.6　法国金融部门资本结构

二、或有权益资产负债表分析

如图 41.7 所示，从法国金融部门或有资本结构方面来看，2009 年，由于法国政府积极应对全球金融危机，法国金融部门恢复较快，在 2009 年法国金融部门或有资本资产负债率降至 96.7%。而后随着欧债危机的爆发，由于

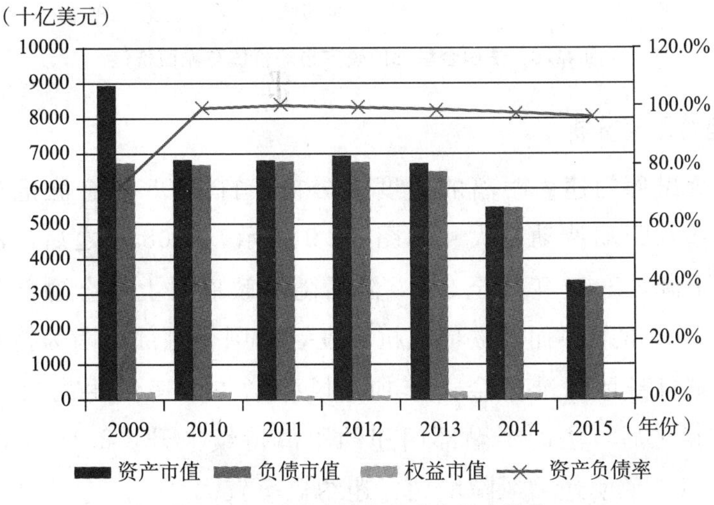

图 41.7　法国金融部门或有资本结构

法国金融部门持有大量欧盟违约国债券，其或有资产负债率出现大幅上升。直至2011年达到98.4%。自2012年起，随着法国经济逐渐出现复苏趋势，金融部门或有资产负债率呈现下降态势，直至2015年降至95.4%。但是其一直处于绝对值较高的状态，说明法国金融部门存在一定的资产结构性风险。法国金融部门资产市值则呈现波动平稳的态势。

三、风险指标分析

（一）资产波动率分析

法国金融部门资产波动从2010－2015年波动较小，从2008年金融危机后一直呈现下降态势，且绝对值一直保持在1%之下，这说明法国金融市场的系统风险较小。如图41.8所示，危机后，法国政府加强了对上市金融部门的支持，同时也进一步完善其监管体系，因此法国金融部门风险依然在可控范围内。

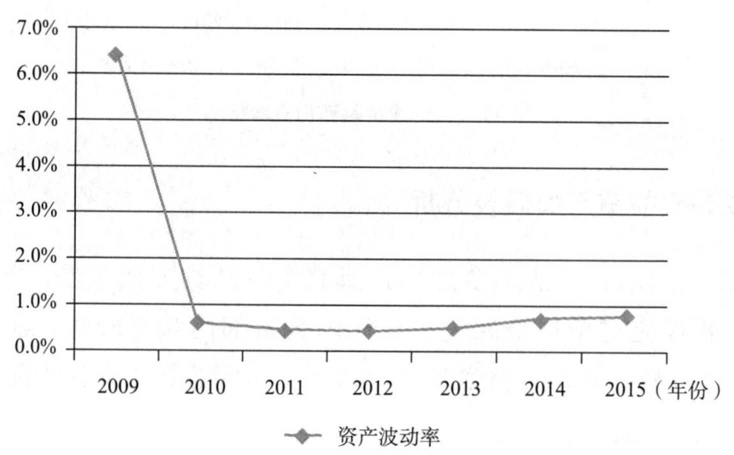

图41.8　法国金融部门资产市场价值与账面价值

（二）违约距离分析

从法国金融部门违约距离的角度来分析，自2008年金融危机之后，法国金融部门违约距离波动较大。如图41.9所示，2008年之后，法国金融部门违约距离下降，2009年降至3.7，随后随着政府对上市金融部门的大力扶持上升至2010年的4。而后欧债危机爆发，法国金融部门因为持有大量危机国债券，导致自身坏账准备金率增加，风险增加，违约距离再一次下降至3.12。2011年之后，法国金融部门违约距离持续上升，2015年进一步下降到最低点3.61，说明违约风险增大，违约概率较大。

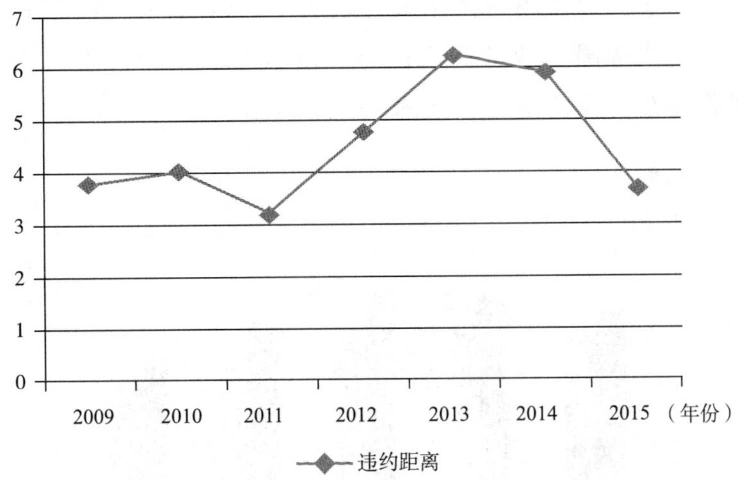

图 41.9　法国金融部门资产波动率

第 5 节　法国企业部门风险分析

一、账面价值资产负债表分析

从法国企业部门的资本结构方面来分析，相比于法国金融部门，法国企业部门结构性风险较低。如图 41.10 所示，受欧债危机影响，法国企业部门资产负债率在 2011 年达到较大值 70%，而后降至一个安全的范围。在 2015 年为 65.7%，企业部门资产负债率从绝对值上来说处于一个较为安全的状态，法国企业部门结构性风险较小。从负债规模来看，法国企业部门在 2013—2015 年保持下降态势。

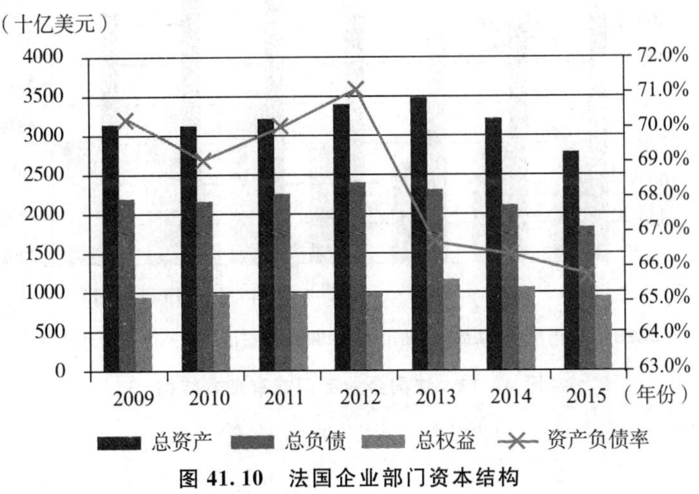

图 41.10　法国企业部门资本结构

通过法国企业部门流动资产比率可以看出，该部门一直维持在大于1的良好状态。这说明法国企业部门清偿力风险较小，上市企业期限结构合理，企业偿债风险尚在可控范围内。如图41.11所示。

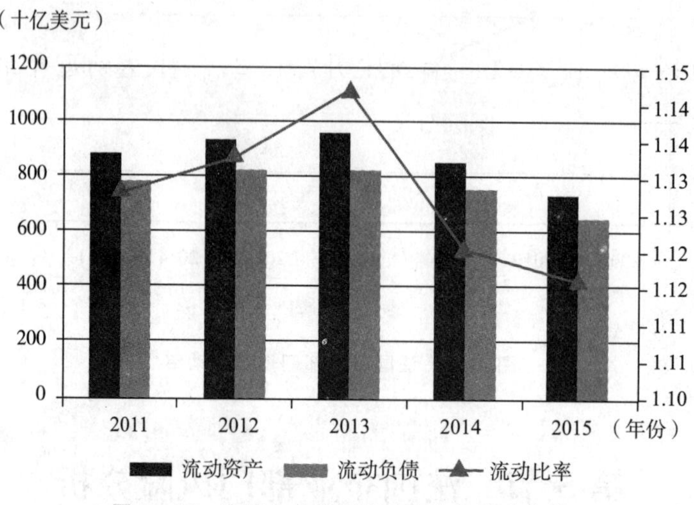

图 41.11　法国企业部门流动资产与流动负债

二、或有权益资产负债表分析

通过计算法国主要上市企业的或有资产负债表，从图41.12中可以看出，受危机影响，法国企业部门资产市值在过去7年出现过两次下滑，2014—2015年资产市值、负债市值、或有资产负债率均呈现下降的趋势。

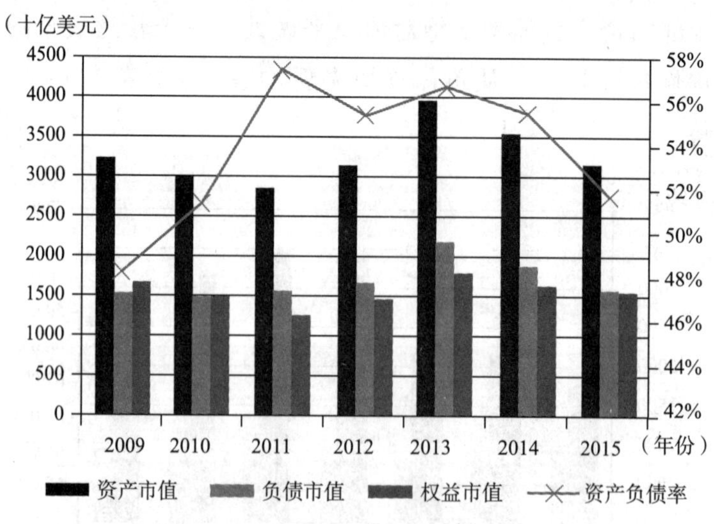

图 41.12　法国企业部门或有资本结构

三、风险指标分析

（一）资产波动率

法国上市企业部门资产波动率在 2009—2013 年继续保持下降态势，其间受欧债危机影响在 2011 年有所上升，在 2013 年达到近年最小值 7.1%，紧接着 2014—2015 年有所回升。如图 41.13 所示。从绝对值角度来看，2009—2012 年法国上市企业部门受危机影响，资产波动率一直处于较高的位置，存在较大的资产风险，但此状况伴随着 2013 年法国经济整体回温的大环境及法国政府对企业部门的大力支持政策得到缓解，使得 2013 年法国上市企业部门资产波动率大幅下降，资产风险可控性增强，2014—2015 年，资产波动率缓慢上升，资产风险可控性有所下降，不过仍在可控范围内。

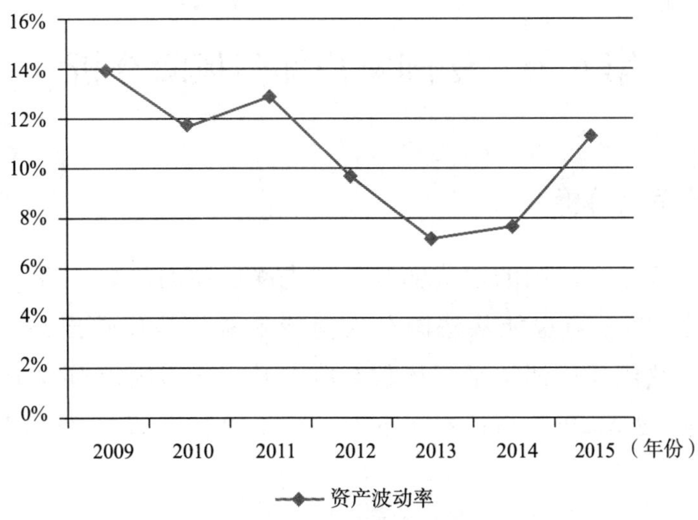

图 41.13　法国企业部门市场价值与账面价值

（二）违约距离

通过图 41.14 可以看到，法国上市企业部门违约距离的变化基本与资产波动率的趋势相反，2008 年全球金融危机的爆发，使得法国上市企业部门违约距离下降，违约风险增加。而后随着危机阴影的散去，该风险变小。2010 年欧债危机的爆发，使得整体外部市场低迷，法国上市企业部门风险增加，违约距离显示出下降态势。而在 2012—2013 年，随着法国宏观经济回温，上市企业部门违约风险下降，违约距离表现为上升态势。2014—2015 年，上市企业部门违约风险上升，违约距离表现为下降趋势。

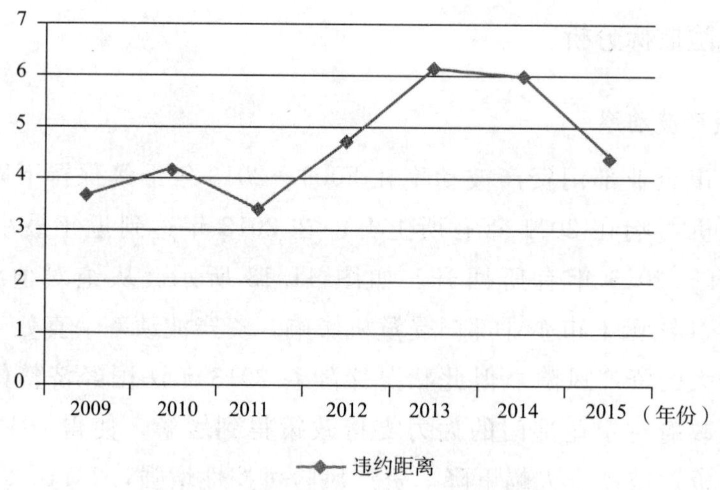

图 41.14　法国企业部门违约距离

第 6 节　法国家户部门风险分析

一、家户消费分析

2009—2015 年，法国的通货膨胀呈现先涨后跌的趋势，进一步说明法国内需动力不足，这一点也能从法国私人消费平减指数反映出来，如图 41.15 所示，2014 年法国居民消费平减指数有所上升，法国内需对本国经济的拉动作用明显增强。2015 年该指标有所下滑，显示出私人消费对法国宏观经济拉动力不足。

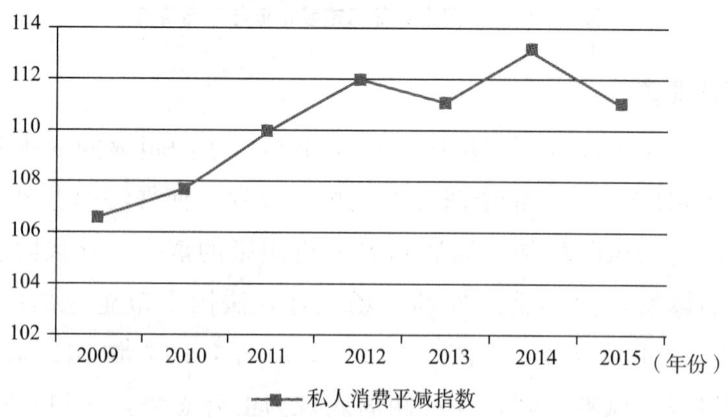

图 41.15　法国私人消费平减指数

与 2014 年相比，2015 年法国的实际私人消费明显上升，实际私人消费增长率为 2.3%，为 7 年的峰值，这说明大部分消费者对法国经济抱有积极预期，法国家户部门消费增长明显。如图 41.16 所示。从绝对值上看大幅度增长，法国家户部门私人消费对经济的拉动作用明显，法国消费市场正逐渐转向明朗。

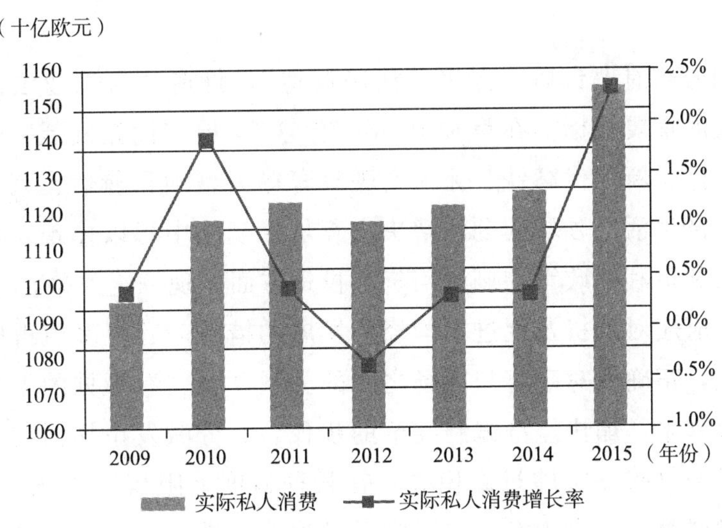

图 41.16 法国家户部门私人消费及其增长率

二、失业率分析

2009—2014 年，法国的失业率一路攀升。如图 41.17 所示。面对越来越糟糕的法国高失业率环境，奥德朗政府承诺承担责任，致力于降低高失业率。在 2015 年，政府为了解决失业率高企的问题，承诺完善劳动力市场，改善就

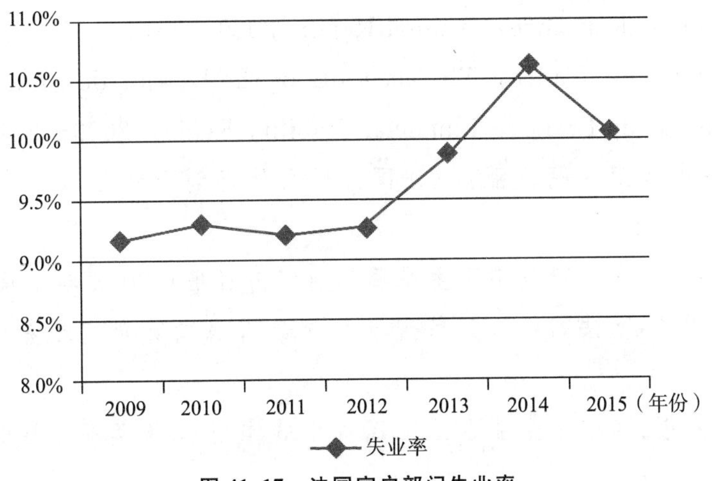

图 41.17 法国家户部门失业率

业情况，一方面通过加大财政投入以期增加就业岗位，另一方面保证已就业人口的稳定。法国的失业率终于有所下降，为10.05%。该指标显示法国政府在2015年施行的一系列措施都有着明显的作用。

第7节　结论及对中国的借鉴

自奥朗德政府上台后，振兴“法国制造”，打造“新工业法国”成为本届政府执政的重要目标。在跨时10年、包含34项“优先发展”的具体规划中，新型飞机、新一代高铁、无人驾驶汽车等大型项目赫然在列，能源、数字革命及经济生活等领域问题的解决方案也在规划中得以体现。欧洲央行推行量化宽松和负利率政策在刺激信贷和投资方面显现一定效果。

法国政府应对危机及促进本国经济发展的措施，有很多值得中国借鉴的地方。首先，正确面对政府与市场之间的关系，将“看不见的手”与政府调控有效结合起来，加快经济体制改革的步伐，充分激发市场活力。其次，法国政府为了增收减支实施过高税收，在某种程度上阻碍了本国经济的发展，并未将其发展潜力完全激发，中国应引以为戒。最后，中国应当加强对企业的支持力度，增加本国核心竞争力，促进本国经济健康发展。

参考文献

[1] Banque de France，Annual Report 2009—2015.

[2] Banque de France，The accounts of the Banque de France 2015.

[3] Banque de France，Financial Stability Review 2009—2015.

[4] [法] 大卫·阿皮亚：《法国：吸引外资创造就业》，《中国经营报》2012年8月23日。

[5] 叶平：《宽松仍是多国主基调》，《经济日报》2013年1月10日。

[6] 慕阳子：《法国经济改革现状与前景》，《国际研究参考》2015年第3期。

[7] 林孝煜：《中小企业在法国经济中的作用》，《经济与社会》2013年第5期。

第42章　英国宏观金融风险研究

2008—2012年，全球金融危机与欧洲债务危机将英国经济拉入衰退的深渊。但2013年以后，英国经济出现了新转机。2014年至今，英国经济出现明显增长。在欧元区经济整体下滑的背景下，英国经济复苏可谓一枝独秀，促进英国经济增长的原因十分复杂，包括英国政府内部政策调控，一方面通过灵活的内部政策进行调控；另一方面通过产业创新推动经济发展，同时采取积极外部政策，以经济发展为中心，加强与中国经济合作。在欧盟整体经济状况复苏未稳、危机重现的大环境中，英国经济2014年却杀出一条强劲的增长之路，GDP增长为3%，2015年GDP的增长率为2.32%，失业率也逐年下降，2015年为5.38%，为近7年来最低点。自2010年以来，英国一方面"勒紧裤腰带"，竭力削减公共部门开支，对社会福利系统进行大规模整治；另一方面大力进行基础设施建设，4年来完成基础设施项目超过2500个，在道路、铁路、机场各交通设施、新能源、住宅等方面的投资高达4660亿英镑；同时，有效引进外资，给经济建设注入资金支持。根据英国国家统计局（ONS）2014年最新数据，2012年，英国外来投资额为354亿英镑，2013—2014年度，外来投资项目总共1773个，比上一年度增加10%；英国政府还特别鼓励企业创新，对高科技领域进行财政和税收支持。2013年英国经济逐步恢复增长，直至2014年第二季度，英国经济已经恢复到了次贷危机前的水平，英国成为少数恢复经济的欧洲国家之一。英国已经成为目前经济增长最迅猛的西方发达国家之一，进入2015年以来，欧元区仍然陷入经济衰退的整体环境中，但从2015年上半年的整体形势来看，英国经济继续呈现增长趋势。除此之外，英国与中国的经济合作不断出现新的亮点，中英经济关系持续增长，2014年度，中英贸易额突破800亿美元，整体涨幅超过15%，英国已经成为中国在欧盟内的第二大经济合作伙伴。

第1节　英国宏观金融风险概述

2013年英国经济复苏以来，英国经济增长趋势进一步稳定。根据英国统计机构发布的2014年第三季度数据，英国国内生产总值环比增长为0.7%，连续7个季度增长。如图42.1所示，2014年全年国内生产总值增长率为2.6%。2008年全球金融危机爆发后，英国受到直接冲击，是受经济危机影响最严重的欧盟成员国之一。目前，英国经济已经成为西方复苏最快速的国家，相比于英国2.6%的经济增长率，美国只有2.4%，欧盟平均增长率仅为0.8%，其中，德国2014年经济增长率为1.5%，法国2014年经济增长率为0.4%，意大利2014年经济增长率为-0.4%，西班牙2014年经济增长率为1.4%。

私人消费是英国国内生产总值的重要组成部分，占到了其中的64.72%，可见英国经济在很大程度上是依靠国内私人消费拉动的。相反，在英国大规模量化宽松的政策下，英国制造业并没有太大起色。如图42.2所示。净出口自2010年以来一直为负值，2014年为-309亿英镑，虽然较前几年有所好转，但与经济危机前比仍有较大距离，具体情况如图42.2所示。量化宽松政策带来私人消费的上涨是必然的，而实行量化宽松的目的却不仅仅是提高私人消费，更深层次的目标应当是振兴国内制造业，促进产业转型升级，提高生产效率和工人工资，提升民众福利，而英国的量化宽松政策并未达到上述效果，在这方面与美国的量化宽松效果还有一定的差距。

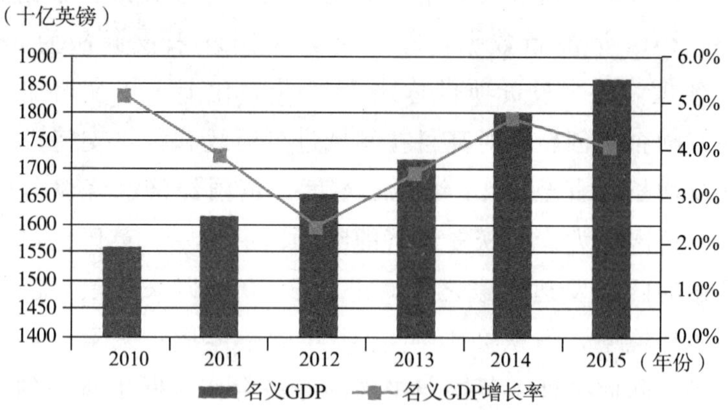

图42.1 英国名义GDP及名义GDP增长率①

① 本图数据来源于BvD全球金融分析、宏观经济指标数据库www.bvedep.com。本章各图数据，如未作说明，皆来源于此。

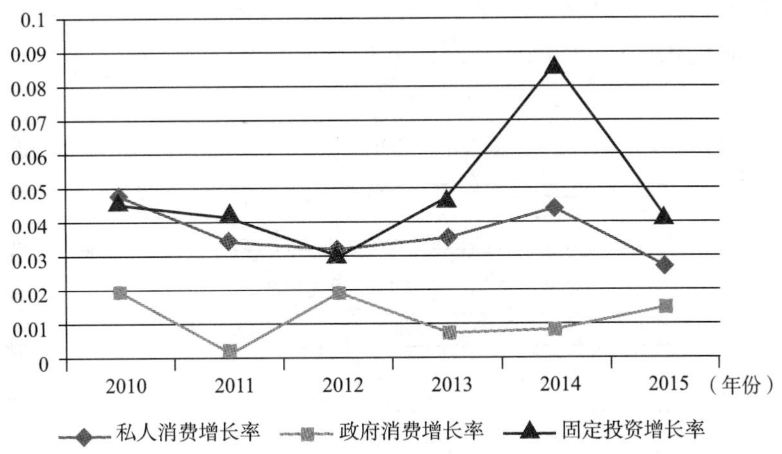

图 42.2　英国私人消费、政府消费、固定投资和净出口情况

欧洲中央银行的货币管理体系与我们熟知的美联储并不十分一致，美联储将一直推动美国经济的发展作为第一要务，而欧洲大部分国家央行的首要目标是控制通货膨胀。从英国 M2 的变化情况我们就能很明显地看出英格兰银行在对市场上流通的货币量进行适当的控制，并没有发放海量货币促进经济发展，如图 42.3 所示。从图中我们可以清晰地看到，2011 年后，英国又开始了新一轮的经济刺激计划，向市场中注入货币，提高居民消费水平。然而效果并不明显，到了 2015 年，M2 呈现负增长。

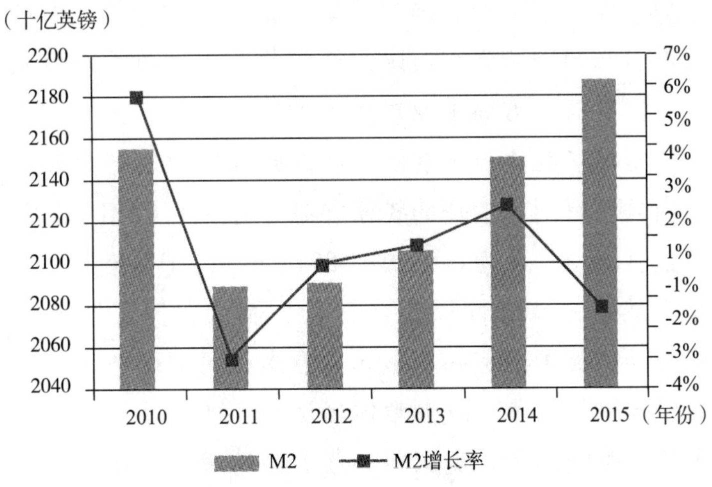

图 42.3　英国 M2 及 M2 增长率

在英国政府实行量化宽松政策的情况下，英国的通货膨胀率却在一路下滑，截至 2015 年年底，全国通货膨胀率已经降到了 0，为 1950 年之后的最低点。如图 42.4 所示。这确实符合英国央行控制通胀水平的初衷，这项数

据也暗示英国央行可从容考虑升息时机，特别是薪资增长正在放缓，全球经济疲弱也构成英国经济产出的压力，英央行升息压力顿消。

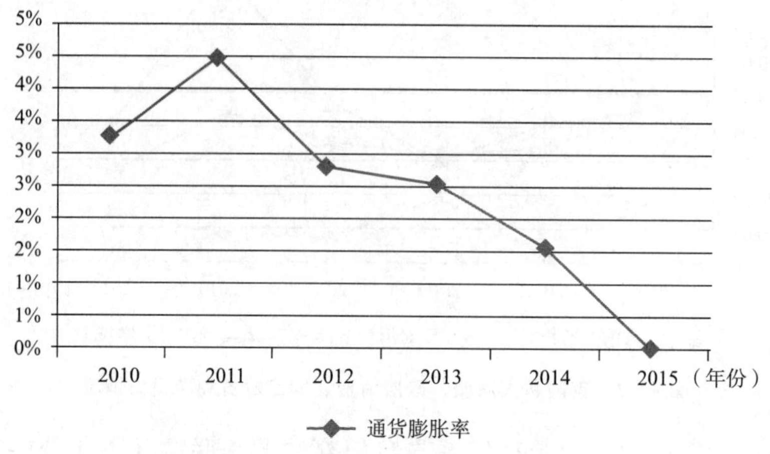

图 42.4 英国通货膨胀率情况

第2节 文献综述

对于英国的经济金融风险，国内有很多文献都有相关研究。王艺潼（2015）认为促进英国经济持续发展的因素有政策调整、产业创新、地缘政治，存在的隐患有生产率下降、国内消费不稳定、就业结构升级、经济发展不平衡。王苇航（2014）认为在英国的经济复苏中，英国政府紧缩的财政政策功不可没。英国政府一方面采取扩张性的货币政策，另一方面采取了紧缩的财政政策，使得市场在逐步恢复活力的同时英国政府的财政赤字也得到了很好缓解，国内并没有因为信贷的扩张导致产业失衡，相反，各产业都在稳健地复苏。李罡（2014）认为，英国在2013年和2014年的经济复苏速度引人瞩目，但是仍然有一些隐性风险会在未来制约英国经济的持续复苏。例如，依靠消费带动的英国经济并不是建立在居民可支配收入的增长上的，而是过度地消费了居民的储蓄；欧洲整体经济复苏缓慢是制约英国经济长期持续增长的一个重要影响因素；英国公共债务的持续增长将在未来为英国政府带来巨大压力以及英国在不久的将来会有通缩危险。廖凡（2012）从另一个方面审视了英国经济，他认为英国经济步入快速复苏阶段归功于英国在经济危机后对金融系统监管的改革，这种改革使得金融市场更加规范，一些经济危机中未考虑的因素也被纳入监管，使得英国经济平稳健康发展。

第 3 节　英国公共部门风险分析

一、账面资产负债分析

由于英国政府资产负债表数据缺失，因此本节采用 2009－2015 年英格兰银行的资产负债表进行替代分析。英国公共部门资产和负债规模在 2013 年出现了下降，这说明英国中央银行在逐步控制自身资产负债规模，而且资产负债率在持续地下降，这说明央行在控制自身负债规模有初步成效。

从英国央行资产负债规模的不断增大也可以看出英国央行配合英国政府实行量化宽松政策，并向市场注入活力，如图 42.5 所示。而 2013 年出现资产负债规模有所减小，可以看出英国央行认为英国的经济复苏已获得阶段性成果，不需要再加大货币投放，以稳定通货膨胀率为首要任务。

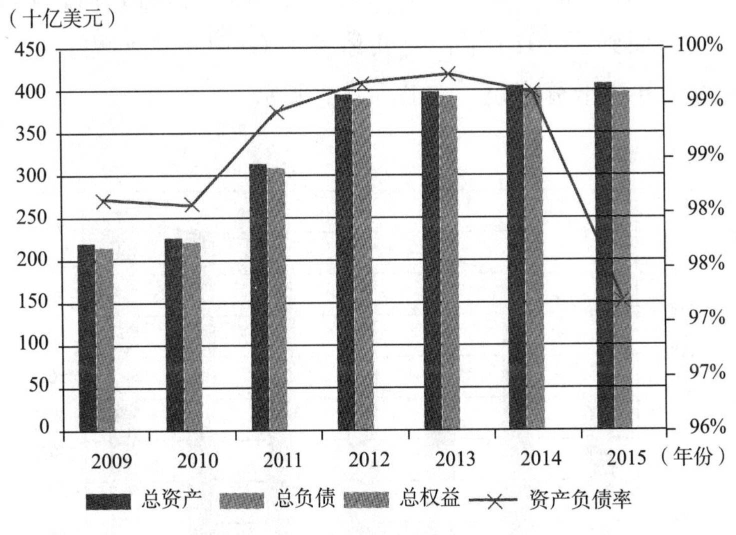

图 42.5　英国公共部门资产负债情况

二、产权比例分析

2009－2013 年，英国的产权比例持续地上升，然而到了 2014－2015 年，有所下降，说明在此期间，负债没有发生改变，权益却在不断下降。如图 42.6 所示。

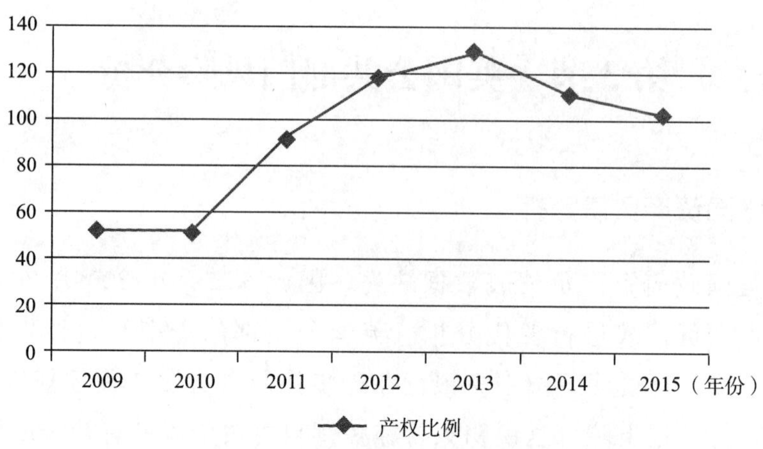

图 42.6　英国公共部门产权比例①

三、公共债务分析

英国政府在经济危机之后采取了紧缩的财政政策，有效抑制了公共债务的上升，但在2012年和2013年仍有小幅度上升，公共债务占GDP比例仍在近90%的高位，而到了2015年，公共债务占GDP的比例更是高达93%，政府减轻负担的任务还十分艰巨，如图42.7所示。

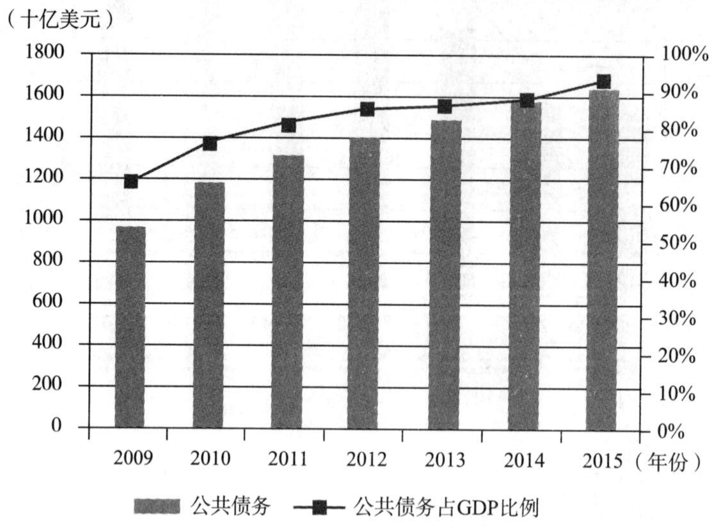

图 42.7　英国公共债务规模及其占 GDP 比例

① Bank of England, *Annual report*, 2009—2013.

第 4 节　英国金融部门风险分析

金融业一直是英国的支柱产业之一，各类全球交易所以及世界著名金融机构每年为英国带来丰厚的回报。本节统计 2009—2013 年英国总资产排名前 33 家金融机构数据，通过对英国金融部门账面价值以及或有权益资产负债分析，揭示英国金融部门的主要风险。

一、账面资产负债分析

自 2009 年以来，英国金融部门一直积极调节自身资产负债结构，这一举措很有效。从 2009—2015 年，如图 42.8 所示，可以看到资产负债规模一直在不断下降，从 2009 年的 94.7%一路下降到 2015 年的 93.2%，2013 年英国金融部门的资产负债水平和资产负债率均出现大幅度下降的情况，这是因为在 2013 年几家英国最大的上市金融机构都受到了美国金融监管机构的天价处罚，而这无疑是对英国金融业的一次严重打击。

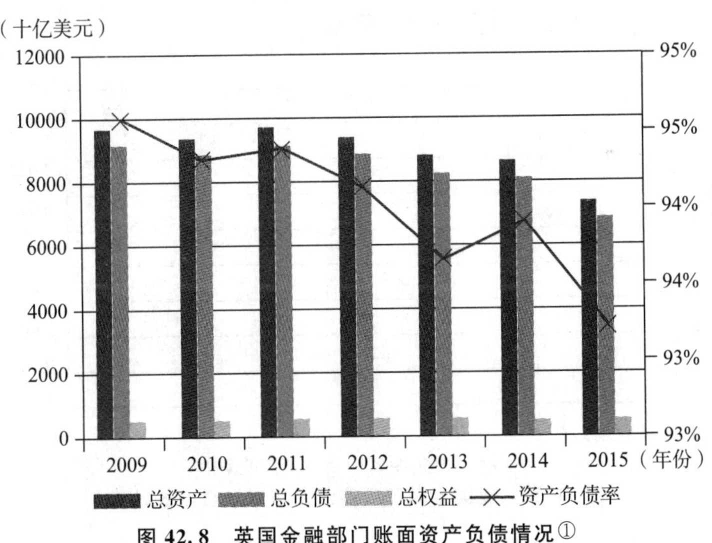

图 42.8　英国金融部门账面资产负债情况①

二、或有权益资产负债分析

通过 CCA 的方法我们可以计算得出英国或有权益资产负债情况，并且观察到英国金融企业自 2011 年开始逐步调整其或有权益资产负债率，资产负债

① BvD 数据库，Osiris—全球上市公司分析库，https：//osiris. bvdinfo. com/ip。

率由2011年的94.9%下降到2013年的91.3%，2014年有小幅度上升，但近三年保持在91%左右，这说明英国金融的监管体制卓有成效。如图42.9所示。

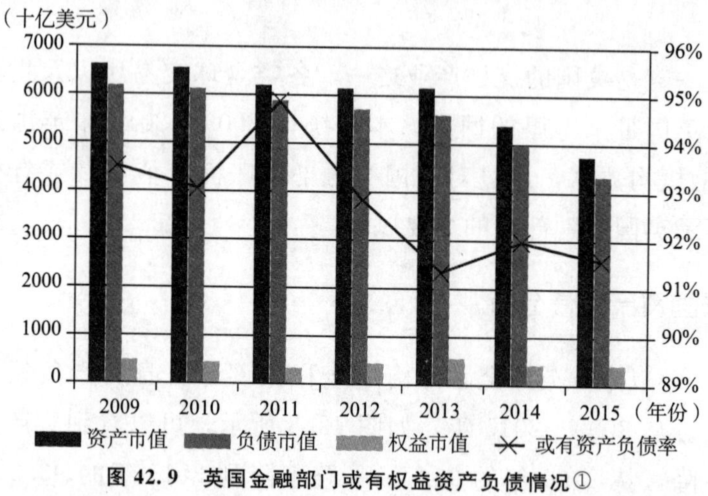

图42.9 英国金融部门或有权益资产负债情况①

随着英国金融部门的或有权益资产负债结构的改善，英国金融部门的违约距离以及资产波动率得到了进一步改善，资产波动率也稳定在1%左右，在2015年出现了急剧上涨，违约距离在2013年持续下降，2015年降至最低点4.7，违约概率较大，如图42.10所示。

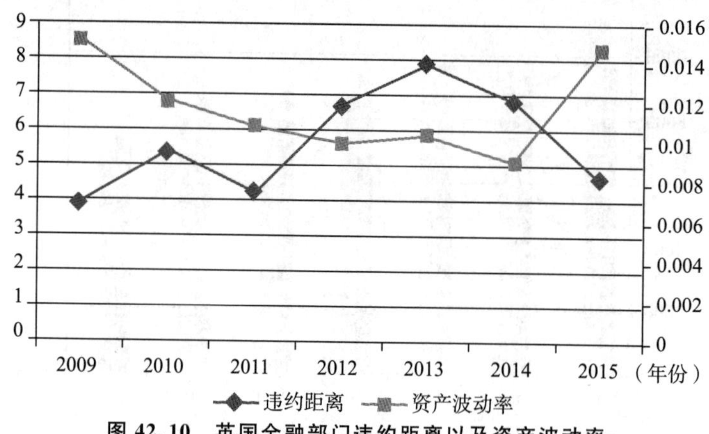

图42.10 英国金融部门违约距离以及资产波动率

第5节 英国企业部门风险分析

本节通过编制英国企业部门资产负债表以及英国企业部门或有权益资产负债表，分析英国企业部门的风险。

① BvD数据库，Osiris—全球上市公司分析库https：//osiris.bvdinfo.com/ip。

一、账面资产负债分析

2011－2015 年，英国企业部门的资产规模、负债规模均呈现先上升后下降的趋势。而资产负债规模近五年来一路上升，2012－2013 年大幅度增长，然后 2013－2015 年，平缓增长，这说明英国企业对经济形势看好，增加自身负债，以求在经济形势好的情况下扩大盈利。如图 42.11 所示。

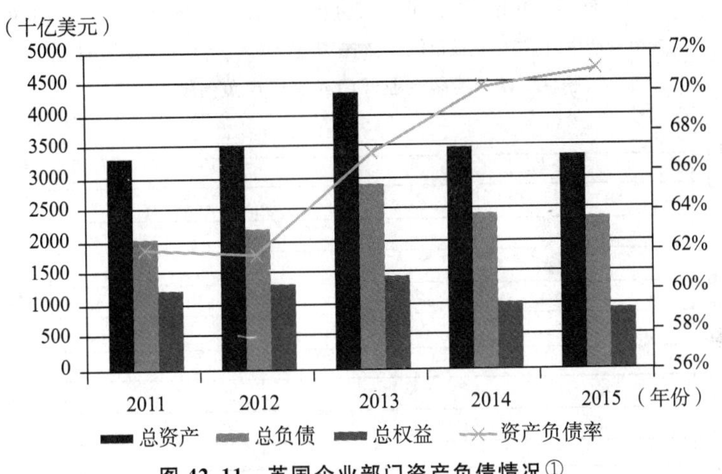

图 42.11　英国企业部门资产负债情况[①]

二、或有权益资产负债分析

英国企业部门资产市值与其账面价值相比明显偏高，说明英国企业部门实际规模比账面上要大。而将账面价值和或有权益市值的资产负债进行对比可以发现，英国企业部门或有权益的资产负债率较低，这说明英国上市企业对于自身资产负债结构有着严格的把控，权益的市值一直高于负债市值。如图 42.12 所示。英国量化宽松的政策产生的信贷资金流入了企业部门，经济形势已经从政府拉动转变为企业带动。因此在 2013 年资产规模的增长达到了 27.7%，然而 2014－2015 年，这一举措并没能维持很久，近 2 年的资产规模在逐年下降。反观或有资产负债率，近 2 年在增长。

英国企业部门的风险指标，违约距离和资产波动率在近 2 年波动较大，资产波动率总体呈现下降的趋势，反之，违约距离在 2014 年之前上升，2015 年再次下降，这说明 2015 英国企业部门的抵抗风险能力在削弱。如图 42.13 所示。

---

① BvD 数据库，Osiris－全球上市公司分析库 https：//osiris. bvdinfo. com/ip。

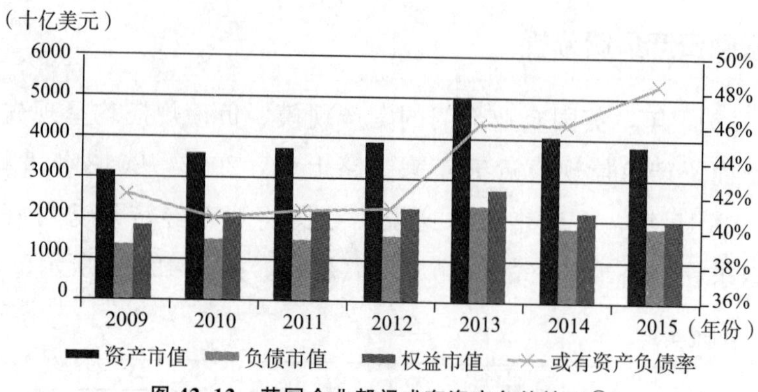

图 42.12 英国企业部门或有资产负债情况①

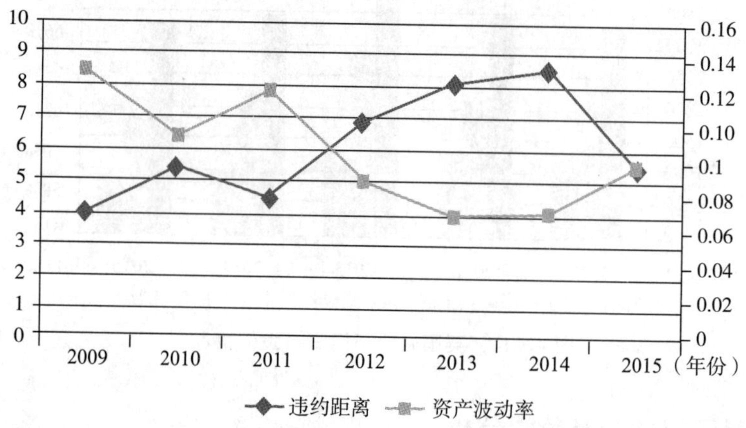

图 42.13 英国企业部门违约距离以及资产波动率

第6节 英国家户部门风险分析

本节通过对英国家户部门的私人消费水平、个人可支配收入水平和失业率水平状况进行分析，得出英国家户部门的风险主要集中在居民过度消费上，即个人消费的增长率快于个人可支配收入的增长率。

一、失业率分析

英国政府虽然一直采取的是大规模的量化宽松政策，但是在财政政策上一直属于较为紧缩的财政政策，具体表现为减少开支以及增加税收。而这样的政策必然会导致政府投资不足，引发大量失业。英国的失业率由2009年的7.6%上升到2011年的8.1%，紧接着长期的紧缩政策换来了英国经济的实际增长，

① BvD数据库，Osiris—全球上市公司分析库 https：//osiris.bvdinfo.com/ip。

2011 年之后，英国经济形势转好，失业率一路下滑，2013 年已经跌破 2009 年的 7.6%，2015 年更是下降到 5.48%，如图 42.14 所示。

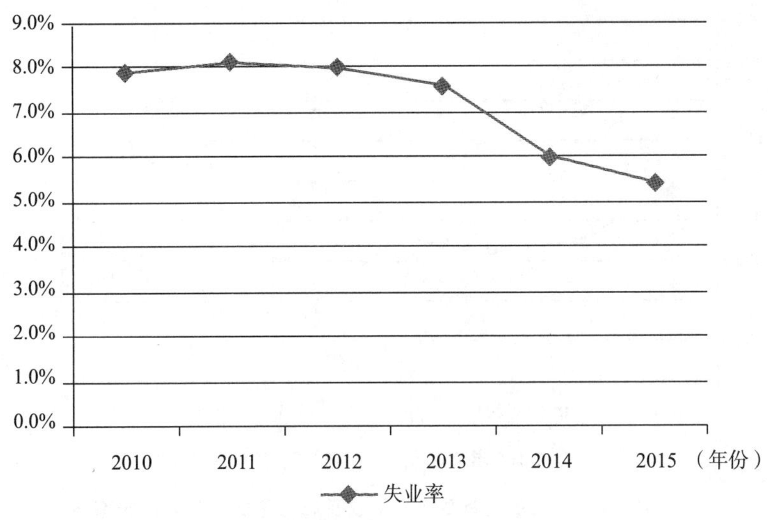

图 42.14　英国失业率情况

二、私人消费分析

英国经济很大程度上靠国民消费拉动，个人可支配收入在 2010 年有所下滑，2014—2015 年有上升的趋势，说明英国经济有了令人欣喜的增长。如图 42.15 所示。

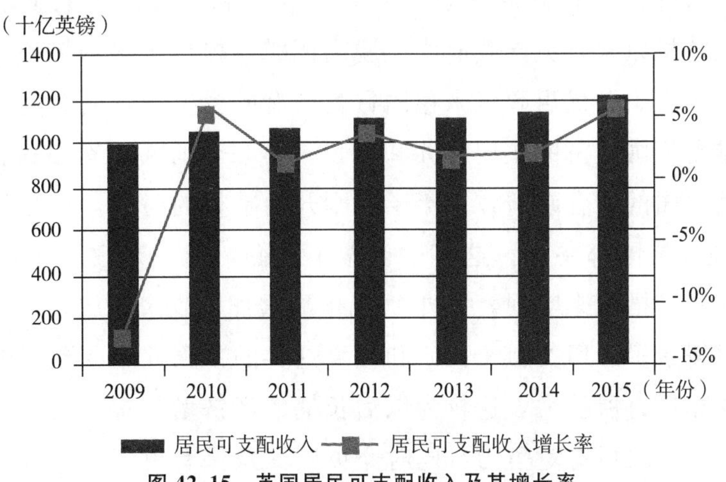

图 42.15　英国居民可支配收入及其增长率

同时我们可以看到，居民可支配收入增长率上升的时候，私人消费增长率在下降，如图 42.16 所示。在 2012 年以后，居民可支配收入增长率已经低于私人消费增长率，任此情况发展，英国经济的增长只能以居民消耗存款以及不断负债来解决，长期来看这样的经济增长是不可持续的，有一定的系统性风险。

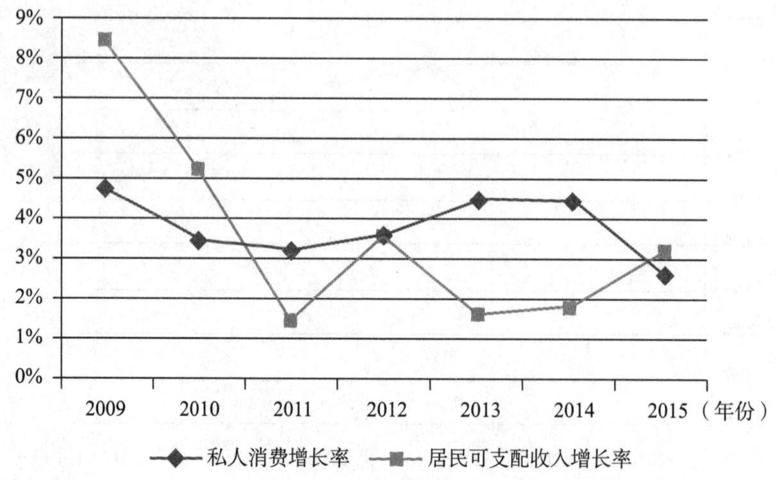

图 42.16　英国私人消费增长率以及居民可支配收入增长率

第 7 节　结论及对中国的借鉴

在金融业不断发展的几个世纪中，英国金融监管的体制发生了多次变化。英国的金融体制一直奉行全能银行制，金融企业可以根据国家的金融法规向金融监管部门申报开展适合自身营运状况和业务能力的金融产品和服务。自欧洲危机以来，英国政府为了脱离泥潭，提出了多项措施，促进经济发展。英国政府出台优惠政策来稳固目前已有的投资者，同时吸引更多新的投资者，推动英国经济的快速复苏和增长。第一，削减开支和福利，提高销售税。当新一届的联合政府在三年半前刚开始掌权的时候，英国的赤字可能比 G20 其他成员国都要高。这其中也做了平衡，削减财政赤字目标的 80％将通过财政紧缩措施来实现，另外 20％依靠增加税收来完成，最富有的那部分群体支付得最多。但类似于科研和教育这类的预算并未受到影响，而基础设施的开支相反有所扩大，这将为以后长期的经济增长提供动力。第二，变革税收体系，使之更有竞争力，同时令英国民众保有更多的收入。企业的税率从 28％削减为 20％，个人所得税的最高一级从 50％削减到 45％，与此同时，成百上千的贫困人群不用负担任何税赋。如此一来，更多跨国公司愿意将总部搬到英国，投资也加速流入。当其他欧洲国家还在考虑是否引入具有破坏性的金融交易税时，英国废除了部分早已存在的这些税种。这一举措提升了英国作为国际金融中心的声誉。第三，建立更加安全的金融部门。在美国，沃克尔规则对大银行加以限制，而在英国，银行业改革法案的出台也将终结“大而不倒”的神话。第四，打破贸易壁垒，打通海外资金的投资渠道，比如中国。参考英国政府的政策，以市场为主导，实现中国经济的结构性调整，逐步实现“新常态”下的中国经济发展。

参考文献

［1］Bank of England，Annual Report 2015.

［2］Bank of England，Annual Report 2014.

［3］Bank of England，Annual Report 2013.

［4］Bank of England，Annual Report 2012.

［5］Bank of England，Annual Report 2011.

［6］李罡：《英国经济复苏难改宽松基调》，《经济》2014 年第 12 期，第 62—63 页。

［7］王苇航：《英国经济复苏：紧缩财政政策功不可没》，《中国财经报》2014 年 2 月 13 日。

第 43 章 俄罗斯宏观金融风险研究

自 2013 年俄罗斯 GDP 达到 2.15 万亿美元的峰值之后，便开始逐年下降。到 2015 年，俄罗斯 GDP 已降至不足 1.2 万亿美元。2014 年，国际油价的下跌使俄罗斯国内的经济形势进一步恶化。2015 年的低油价几乎拖累了俄罗斯所有的主要经济指标。耐用品需求萎缩了近一半，进口额暴跌 35%，用卢布结算的贸易额下降近 12%。总而言之，在 2015 年，俄罗斯的 GDP 下降了 3～5 个百分点，通胀率则高达 14%～16%。

第 1 节 俄罗斯宏观金融风险概述

2008 年的世界金融危机对世界各国的经济都造成了严重的影响，俄罗斯也未能幸免，成为经济危机影响的重灾区，此后几年经济增长乏力。如图 43.1 所示。乌克兰危机后，2014 年西方国家经济制裁俄罗斯，而对于财政收入的 50%依赖于石油和天然气的俄罗斯来说，新一轮国际油价的暴跌对其饱受西方制裁之苦的经济无疑是雪上加霜。在 2008 年全球金融危机中俄罗斯

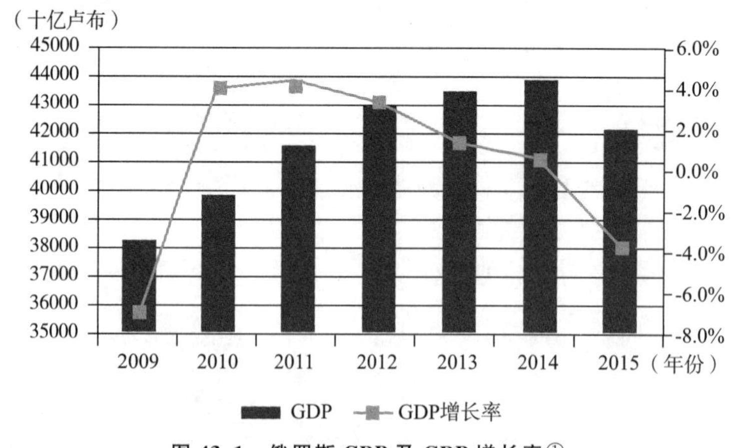

图 43.1 俄罗斯 GDP 及 GDP 增长率①

① 本图数据来源于 BvD 全球金融分析、宏观经济指标数据库 www.bvedep.com。本章各图数据，如未作说明，皆来源于此。

是遭受打击最严重的国家之一，导致 2009 年 GDP 增长率下降到－7.8％，而后的 2010 年为 4.5％，从 2011 年开始增长率一路下滑，2011－2015 年分别为 4.3％、3.4％、1.3％、0.6％和－3.7％。

从宏观经济角度来看，俄罗斯外向型能源出口的经济增长方式在未来将难以为继，美国页岩气技术的革新大大增加了全球能源储备，国际能源价格在短期内将维持较低水平，俄罗斯经济的增长速度放缓可能将成为常态。

从俄罗斯 GDP 结构来看，私人消费、政府投资以及固定投资增长率都有所下降，从这一趋势来看，俄罗斯 GDP 下滑并不能仅仅归因于国际能源价格下降。如图 43.2 所示。在私人消费、政府投资和固定投资三项指标中，俄罗斯固定投资的增长率下降得最快，2015 年为－0.07％，较 2014 年下降的趋势有所放缓。

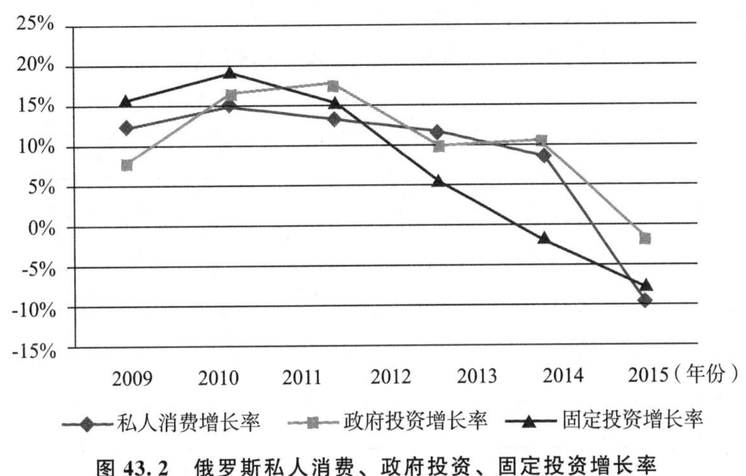

图 43.2　俄罗斯私人消费、政府投资、固定投资增长率

俄罗斯 M2 数量在 2010－2014 年中稳步增长，增长率总体呈下降趋势。俄罗斯央行与欧洲各国央行在货币政策上一直比较谨慎，在经济运行期间并没有过多地向市场注入活力，加上俄罗斯国内通货膨胀一直较为严重，所以俄罗斯央行并未采取大量注入货币的政策。另外，过低的 M2 增长率意味着经济运行状况并不理想，俄罗斯 2015 年 M2 增长率超过 1％，较 2014 年有所放缓，这说明国内市场冷淡，国民消费意愿不高，俄罗斯经济增长缺乏内生性动力，如图 43.3 所示。

俄罗斯国内的通货膨胀率一直处于较高水平，这也是俄罗斯金融系统的一大隐患。如图 43. 4 所示，2014 年俄乌危机爆发之后，俄罗斯央行面对西方国家的经济制裁显得较为乏力。由于长时间放任通货膨胀率处于较高水平，并且资本外逃较为严重，使得俄罗斯央行不得不将利率提升至 10％才能稳定住国内恐慌情绪。高通胀、高利率的金融结构问题是俄罗斯央行在未来亟待解决的重要问题之一。2015 年的通货膨胀率更是上涨到了 12.9%，为近几年最高。

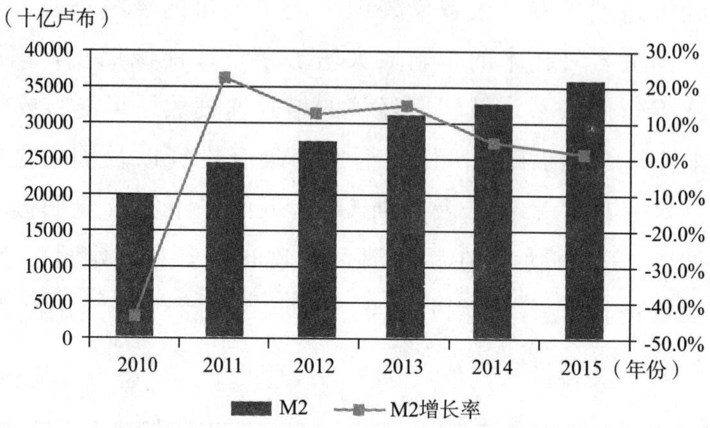

图 43.3 俄罗斯 M2 以及 M2 增长率

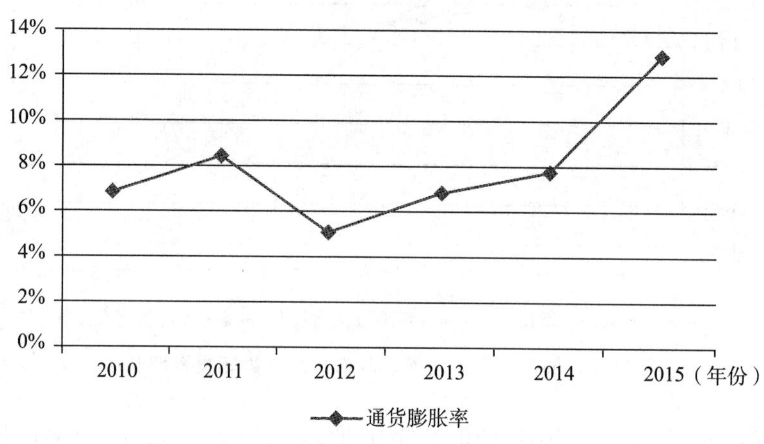

图 43.4 俄罗斯通货膨胀率

第 2 节 文献综述

俄罗斯近年来受到国际上广泛关注，中国与俄罗斯经济关系紧密，许多国内学者对于俄罗斯经济金融问题进行了深入研究。张磊（2016）认为俄罗斯经济衰退的主要诱因是西方的经济制裁，国际油价的持续走低，卢布的大幅度贬值。而俄罗斯经济衰退对中国经济的影响已经在数据上体现，2015 年海关总署最新数据显示，1～6 月中俄贸易额达到 311 亿美元，比去年同期减少 30.2%，其中中国对俄出口同比下降 36.3%，进口同比下降 23.9%。可见俄罗斯的经济衰退已然影响到了中俄贸易。高际香（2014）认为IMF下调对俄罗斯未来经济的增长预期主要在于俄罗斯消费信贷压力过大、未来的滞胀风险和能源价格下跌。

第 3 节　俄罗斯公共部门风险分析

俄乌问题爆发后，俄罗斯卢布的大幅跳水使得俄罗斯公共部门的金融风险暴露出来。本节对 2009－2014 年俄罗斯公共部门的资产负债情况进行深度剖析，旨在说明俄罗斯公共部门存在的债务风险隐患。

一、账面资产负债分析

俄罗斯公共部门资产负债规模总体呈现快速上升趋势，2014 年总资产比 2009 年总资产上涨近 141%，说明俄罗斯经济在这 6 年内有了长足的进步，公共部门资产有了明显提高。而资产负债率呈现先降后升的趋势，2009－2011 年资产负债率一直在下降，最低达到 82.5%附近，而 2012 年上涨到 85.5%，从中可以看出俄罗斯公共部门在 2011 年后有意提高了信贷力度，加大了投资。这是由于国际天然气价格受到美国“页岩气革命”的影响不断下跌，而对欧洲各国的天然气出口占俄罗斯出口的很大比重，使得天然气产业受到影响，政府不得不通过加大投资来保证国内产业继续保持增长，促进经济发展，如图 43.5 所示。

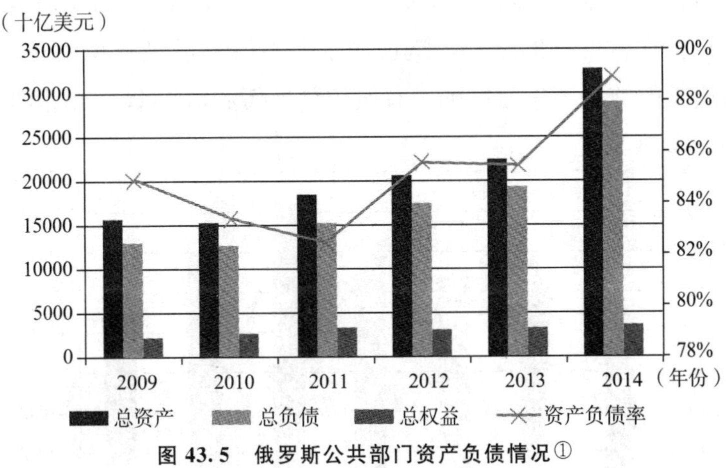

图 43.5　俄罗斯公共部门资产负债情况①

① The central bank of Russian Federation, *Annual report*, 2009－2013.

二、风险指标分析

俄罗斯动荡不堪的经济形势首先体现在俄罗斯的国际收支账户中。从2009—2014年俄罗斯的资本净流出攀升了4倍多，从中可以看出民众对于俄罗斯经济的未来发展形势有着担忧。2015年资本净流出为569亿美元，同期下降了2倍，资本净流出的速度放缓。2009年俄罗斯资本净流出为396.11亿美元，占俄罗斯当年GDP的1.4%，处在比较安全的区域；而2013年，俄罗斯资本净流出达到了惊人的1749.47亿美元，已经占到了俄罗斯GDP的5.066%，2015年资本净流出占GDP的比例较2014年有小比例上升，如图43.6所示。

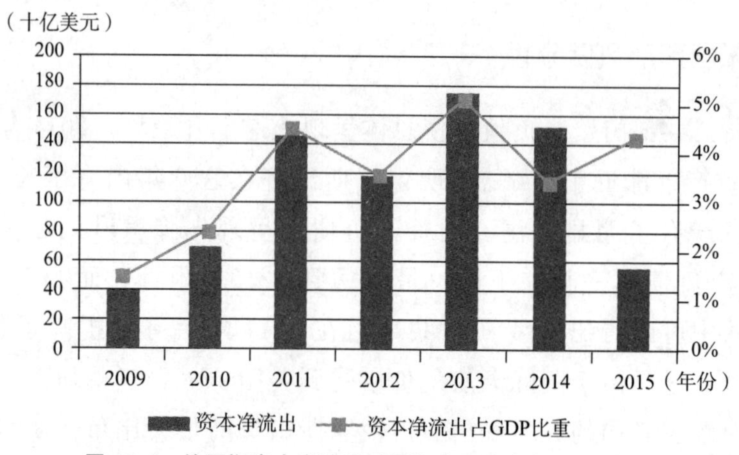

图43.6 俄罗斯资本净流出以及资本净流出占GDP比重

俄罗斯的外债规模从2009—2015年呈现先上升后下降的趋势。2009—2013年外债规模一路攀升到7280亿美元，2014—2015年有所放缓，外债增长率也在近2年呈现负增长的趋势，这说明俄罗斯政府已经意识到主权债务危机，在保证经济增长的前提下采取措施以有效控制外债的增长率，如图43.7所示。

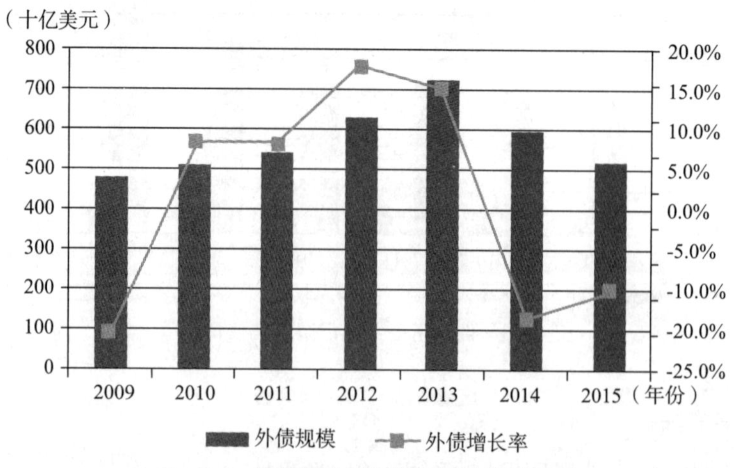

图43.7 俄罗斯外债规模以及外债增长率

第 4 节　俄罗斯金融部门风险分析

一、账面资产负债分析

俄罗斯金融部门的资产和负债规模从 2011 年到 2015 年呈现先涨后跌的趋势，资产负债率在 2014 年上升到峰值，然后在 2015 年下降。2014 年资产负债率已经超过 91.8%，接近西方发达国家水平。如图 43.8 所示。从账面结构来看，俄罗斯金融部门资产负债情况并未暴露出明显风险，但从其内部结构角度来看，俄罗斯资产排名前 5 家的金融机构占市场份额 44%，在金砖国家中行业集中度仅仅次于中国的 46.6%，并且盈利模式大多以简单的信贷业务为主，金融创新陷入停滞。在目前美国及部分欧洲国家对俄罗斯的集体制裁下，简单的信贷业务并不能很好地支持俄罗斯的经济发展，只有发展多样化的产品和更多的盈利点才能将金融系统的风险分散，更好地应对国内的经济金融危机。

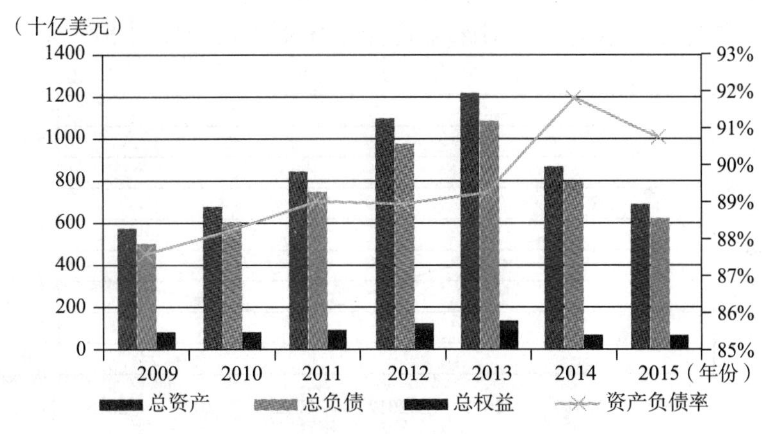

图 43.8　俄罗斯金融部门资产负债情况

二、或有权益资产负债分析

对比俄罗斯金融部门或有权益资产负债情况和账面或有权益情况可以发现，俄罗斯金融部门的或有权益资产负债的波动更为明显。俄罗斯金融部门的或有权益资产负债率由低点时的 82.67%上浮到高点 2014 年的 93.54%，可以看出俄罗斯金融部门的资产负债率在国际能源价格下调的影响下，资产市值增长缓慢，使得金融部门或有权益资产负债率不断攀升。2015 年或有资产负债率下浮到 91.15%，如图 43.9 所示。在未来几年，俄罗斯金融部门应当密切关注其自身资产结构错配风险，由于俄罗斯经济金融形势动荡不堪，如未及时调整自身结构，易产生违约风险。

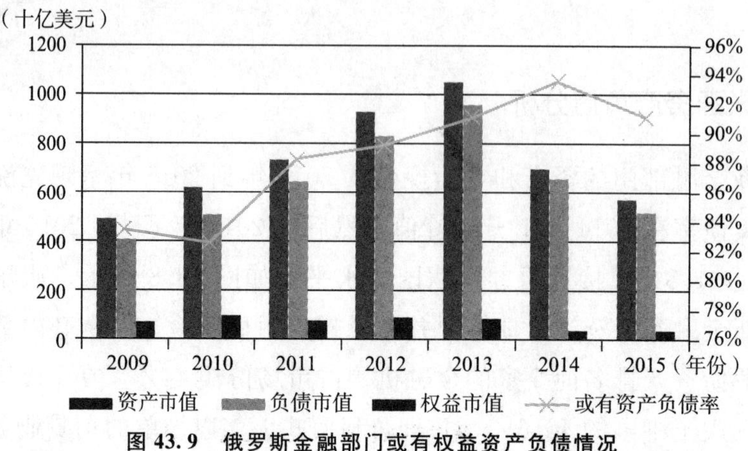

图 43.9　俄罗斯金融部门或有权益资产负债情况

从风险指标来看，资产波动率一直在稳定下降，而违约距离在 2013 年有了明显好转，上升至 4.9，然而 2013—2015 年一路下滑到 0，从数值来看，违约风险较高，如图 43.10 所示，说明金融部门整体情况不容乐观。俄罗斯金融部门应及时调整自身结构，应对未来可能发生更大的经济冲击。

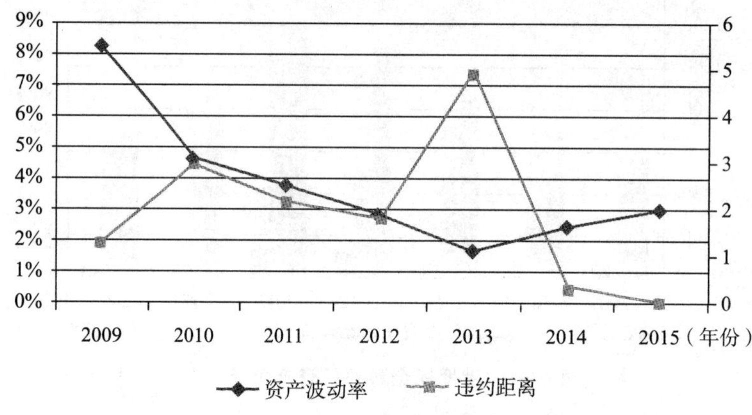

图 43.10　俄罗斯金融部门资产波动率以及违约距离

第 5 节　俄罗斯企业部门风险分析

本节选取 600 家俄罗斯上市企业数据，编制俄罗斯 2009—2015 年企业部门资产负债表并对俄罗斯企业部门风险情况进行分析，俄罗斯企业部门在 2009—2015 年间风险状况略有好转，但各项风险指标仍处于危险水平，未来需要俄罗斯政府更大力度扶植非能源行业的发展。

一、账面资产负债分析

俄罗斯企业部门账面资产负债情况从 2009—2013 年均维持在低于 45%的水平，而到了 2014—2015 年，资产负债率有所上升，2015 年为 50%左右。说明近 2 年俄罗斯企业得到的金融支持有所加强，企业依靠负债来加速发展。资产规模从 2009 年开始保持上升态势，到达 2014 年顶点后，开始下降，同样的负债规模的发展趋势也是如此，如图 43.11 所示。

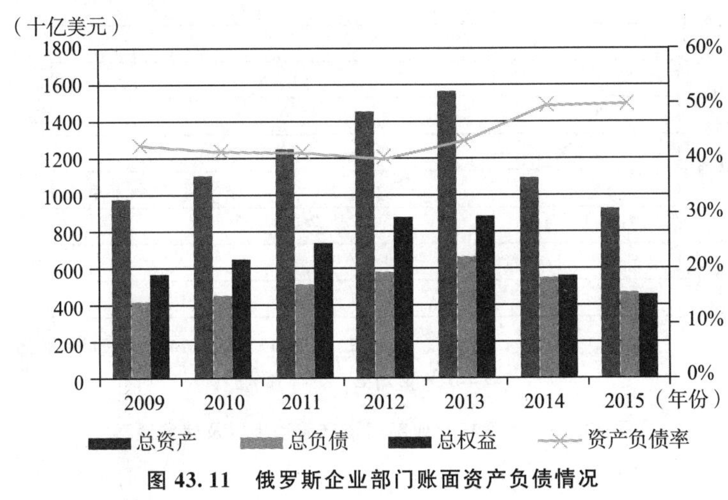

图 43.11 俄罗斯企业部门账面资产负债情况

二、或有权益资产负债分析

通过俄罗斯上市企业的权益市值可以得到企业部门的或有权益资产情况。相比较俄罗斯企业部门账面资产负债情况，或有权益资产市值和负债市值的波动更为剧烈。如图 43.12 所示。资产市值和负债市值在 2014 年和 2015 年都有大幅下降，而这两年是俄罗斯受到西方国家经济制裁以及国际原油价格下滑的影响所致。

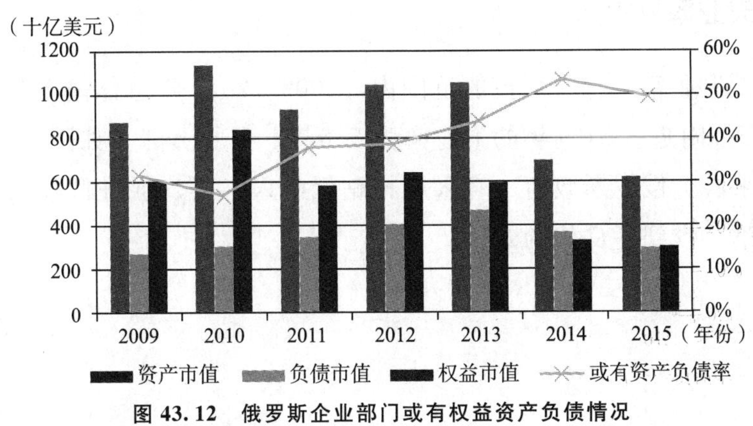

图 43.12 俄罗斯企业部门或有权益资产负债情况

俄罗斯企业部门的风险指标变化剧烈。违约距离在2013年为最高点5.29，然而2014年为最低点2.45，这说明近两年俄罗斯企业部门抵抗风险的能力在不断下降。如图43.13所示。俄罗斯是能源出口型大国，国内产业基础薄弱，尤其是轻工业发展缓慢，而本国的资源被能源相关行业过度消耗，导致其他行业的企业并没有得到更好的发展机遇。如果发生危机，非能源相关行业会面临企业倒闭产值萎缩的风险，居民收入下降，储蓄减少，会将风险进一步传递到金融部门和公共部门。

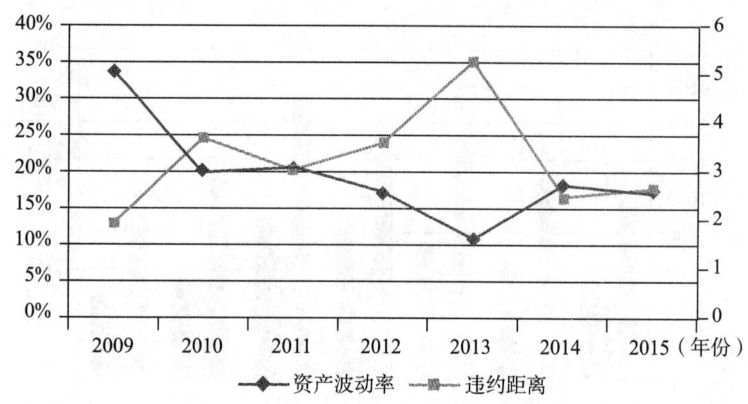

图43.13 俄罗斯企业部门资产波动率以及违约距离

第6节　俄罗斯家户部门风险分析

本节通过对俄罗斯家户部门的私人消费水平、个人可支配收入水平和失业率水平状况进行分析，得出俄罗斯家户部门的风险主要集中在居民消费和个人可支配收入双减少的不良状况上，可能影响市场活力，不利于经济的发展。

一、失业率分析

俄罗斯失业率一直在可控的范围内，2009—2015年总体呈下降趋势，目前稳定在5%附近。2015年的失业率为5.6%，有所上涨。如图43.14所示。从失业率来看，俄罗斯政府一直采取补贴低收入人群、促进低收入人群就业的方针政策，收到了良好的效果。

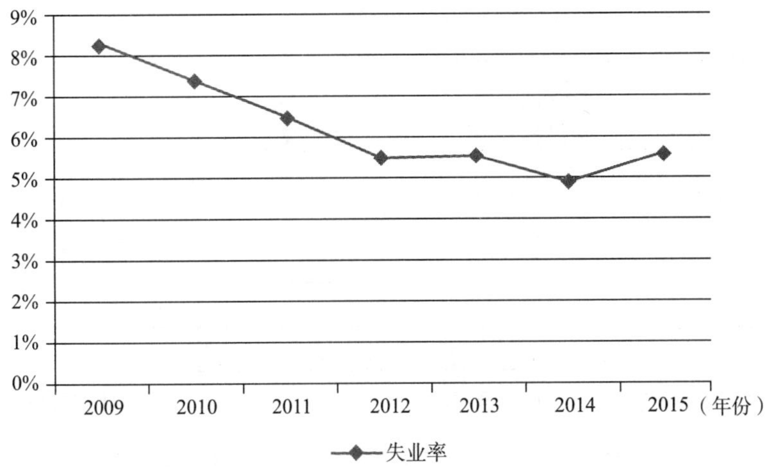

图 43.14　俄罗斯失业率情况

二、个人收入以及消费分析

俄罗斯政府致力于改善民生，最突出的效果体现在居民可支配收入的快速增长上。俄罗斯居民可支配收入从 2009 年的 244887 亿卢布上升到 2013 年的 402085 亿卢布，增速一直在 11%以上，可支配收入共增长了 64.2%，大大提高了人民的生活水平，但是在 2013 年，增速有所放缓，到 2015 年，呈现负增长的趋势，个人可支配收入也有所下降，如图 43.15 所示。由于近几年国际能源价格的下挫，居民可支配收入的增长率逐年减少，俄罗斯政府想进一步提高俄罗斯人民的生活水平必须发展新产业，摆脱人民生活水平和国际能源价格的强相关关系，才能稳定地提高居民可支配收入。如图 43.16 所示。

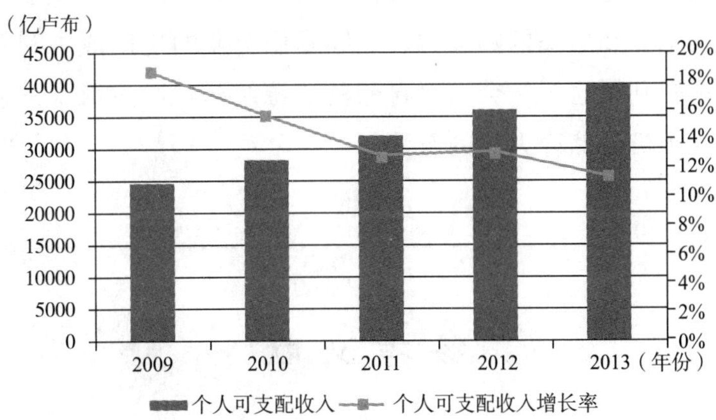

图 43.15　俄罗斯个人可支配收入及个人可支配收入增长率

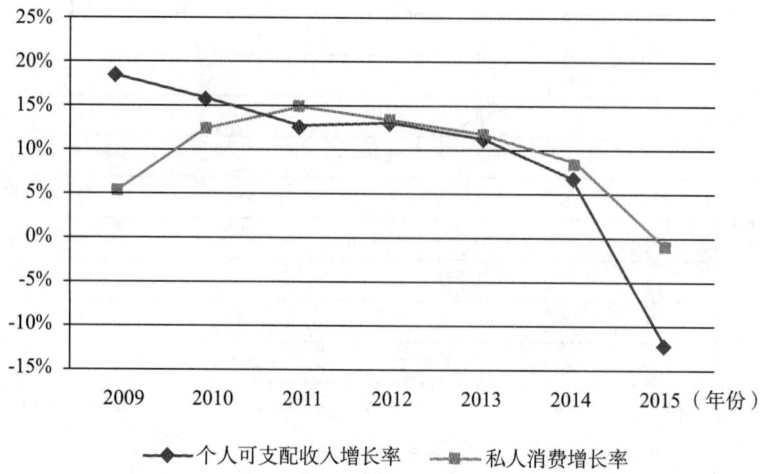

图 43.16　俄罗斯个人可支配收入增长率及私人消费增长率

第7节　结论及对中国的借鉴

卢布贬值和俄罗斯经济放缓对中国出口产生不利的冲击，货币贬值导致俄居民消费能力下降，因此中国对俄出口小家电、轻纺产品等受到影响，旅游、边境贸易等也会受到冲击。中国对俄罗斯的出口份额中，比较传统的是轻工产品，如服装、鞋、皮革等。另外，机电出口占据的比重也较大。由于在俄罗斯汽车销售是以卢布结算，汽车行业的利润也大幅下降，卢布的下跌无疑给出口车企带来打击。但是，带来不利影响的同时也可以看到一些积极的作用。中国是石油的消费大国，对外的依存度在58%以上，国际油价下跌对中国的直接影响是有利于中国的石油进口。国际能源的下跌能够降低能源的成本，提高企业和居民的购买力，能够降低企业的生产成本和企业盈利的改善。中国正好利用这个机会调整自己的能源结构，减少煤炭的使用，中国也可以利用这次机会储存大量的石油。

参考文献

［1］The Central bank of Russian Federation，Annual Report 2014.

［2］The Central bank of Russian Federation，Annual Report 2013.

[3] The Central bank of Russian Federation，Annual Report 2012.

[4] The Central bank of Russian Federation，Annual Report 2011.

[5] The Central bank of Russian Federation，Annual Report 2010.

[6] 高际香：《俄罗斯经济增长预期为何被下调》，《经济》2014年第3期。

第 44 章　意大利宏观金融风险研究

意大利的经济特点是其可用的自然资源并不多，并且因为国内市场狭小而极其依赖国际市场。而对于经济增长速度来说，意大利的经济增长速度并不快并且失业率高。因为欧洲经济体的各个国家的经济发展都是慢慢向金融以及服务业转型，所以作为欧洲第三大经济体的意大利的工业生产力并不高，并且有倒退迹象。整体来说，意大利在近些年因为其政府债务总额高、全国投资无力而使得工业生产力出现倒退，并且欧洲整体经济的低迷这个外部环境更加使得极度依赖与国际市场的意大利的经济体变得脆弱。

第 1 节　意大利宏观金融风险概述

欧债危机发生后的两年里，意大利的经济增长速度出现了断崖式的下跌，意大利的经济增长速度从 2012 年的 3.72%下跌到 2013 年的 0.69%。如图 44.1 所示。而观察近五年来意大利经济增长速度，即使在欧债危机发生后的

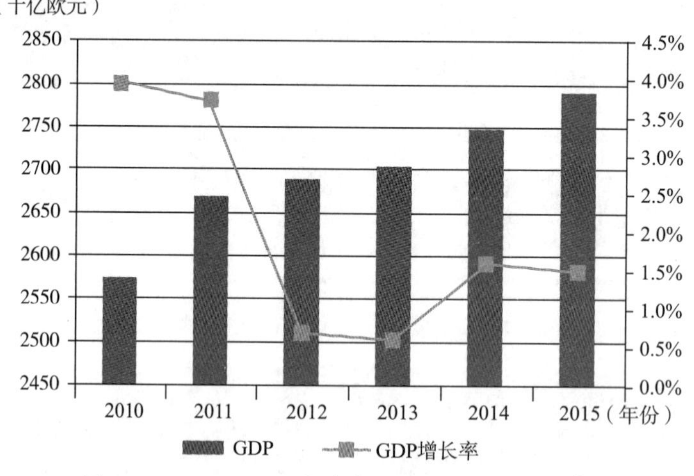

图 44.1　2010—2015 年意大利实际 GDP 及增速①

① 注：数据来源于 BvD 全球金融分析、宏观经济指标数据库 https：//www.countrydata.bvdep.com/ip。下面如未作说明，数据来源均相同。

2011 年到 2013 年，意大利依然实现了经济的正增长。从 2013 年开始意大利的经济增长速度慢慢增加，经济增长速度从 2013 年的 0.60%到 2015 年增长到 1.49%，实现了翻倍。之所以会出现这种情况，我们认为是因为美元慢慢贬值、逐渐放松的财政政策以及宽松的货币政策。就 2015 年的经济表现来看，意大利在经济危机之后慢慢复苏。

如图 44.2 所示，在私人的消费这一块，意大利的实际私人消费具体数值在 2011－2015 年先减小后增加，在 2013 年达到最低值。欧盟债务危机的爆发使得整个欧洲经济陷入泥沼，意大利的工业生产力和经济增长速度开始减小，而人均可支配收入的减少使得人们的消费开支变少，而较少的消费又使得意大利的经济停滞不前，从而形成恶性循环。这里从消费的角度解释了意大利的经济增长速度在 2011－2013 年的断崖式减小的原因。随着时间的流逝，欧债危机给整个欧洲以及意大利带来的影响越来越小，人们开始增加了自己的消费，而消费的增加刺激了意大利经济的增长，从而形成良性循环来推动意大利经济的发展。这里从消费的角度解释了意大利的经济增长速度在 2013 年到 2015 年开始慢慢增加的原因。

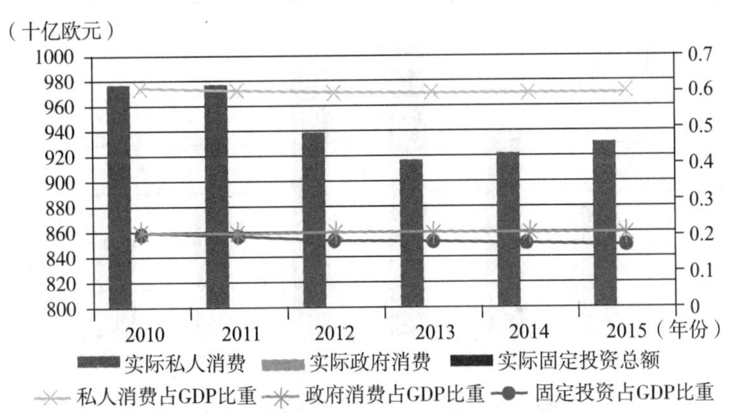

图 44.2　2010－2015 年意大利消费、投资、政府消费对 GDP 贡献度

从进出口的角度来说，从 2010 年到 2015 年，意大利的出口总额一直保持着稳步的增长，而意大利的进口总额在 2010 年到 2013 年总体趋势是减少的，在 2013－2015 年总体趋势保持增长，但在 2013－2015 年意大利出口总额的增长速度更快，即意大利在 2010－2015 年实现了贸易逆差到贸易顺差的转变，并且在近几年贸易顺差越来越大。如图 44.3 所示。而意大利作为出口导向型国家，越来越大的贸易顺差对经济的贡献越来越大，从而在 2015 年，意大利整体经济以及金融的运行风险相对来说比较小。

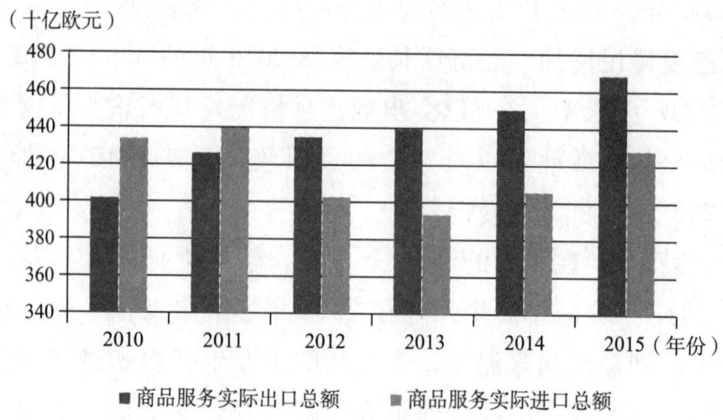

图 44.3　2010—2015 意大利商品和服务进出口总额

就外汇储备来说，从 2010 年到 2015 年，意大利的外汇储备总额先增加后减少，在 2013 年达到最大。在 2015 年，意大利的外汇储备达到最小，数值为 470.34 亿美元，而汇率达到最大为 0.901205（对美元）。如图 44.4 所示。

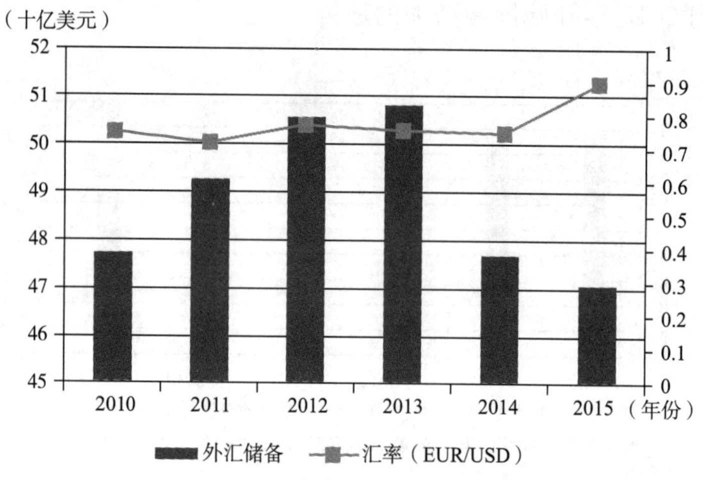

图 44.4　2010—2015 意大利外汇及外汇储备

第 2 节　文献综述

江时学（2013）认为虽然意大利经历了欧债危机的打击，但是随着意大利出口的增加，政府的财政赤字可以得到一定的缓解，而意大利的银行普遍具有很好的流动性，这些原因使意大利的经济恢复有希望。

高妍（2013）认为因为意大利政府的较高的财政赤字，想要实现经济复苏，意大利政府必须对自身的财政负担进行削减。

徐映（2015）认为对于意大利的经济恢复，存在某些利好因素以及不利因素。利好因素有：美元的贬值，国际原油的价格下跌。不利因素有：较低的石油价格以及通货紧缩的预期。

沈祎（2014）认为欧洲的去工业化政策使得意大利的工业生产力出现倒退，这不利于意大利的经济发展。

第 3 节　意大利公共部门风险分析

一、中央银行资产负债表分析

如图 44.5 所示，受欧债危机的影响，意大利公共部门总资产规模在 2011－2012 年间增大，而在 2012－2014 年的大致变化趋势是减小，到了 2015 年又慢慢增大，而意大利金融部门总负债规模与总资产规模变化趋势相似。意大利公共部门权益规模在 2011－2012 年间增大，而在 2012－2014 年变化趋势都是逐渐减小，到了 2015 年又慢慢增大。而观察资产负债率，意大利公共部门的资产负债率在 2011－2014 年间大致变化趋势是逐渐增大，在 2015 年减小到 83.76%。虽然意大利公共部门的资产负债率在 2011－2014 年一直在增长，但就绝对值而言，在 2011－2015 年意大利公共部门的资产负债率都在 80%－85%，对比欧洲联盟其他国家的高资产负债率，这个数值较小，所以我们认为意大利公共部门风险较小。

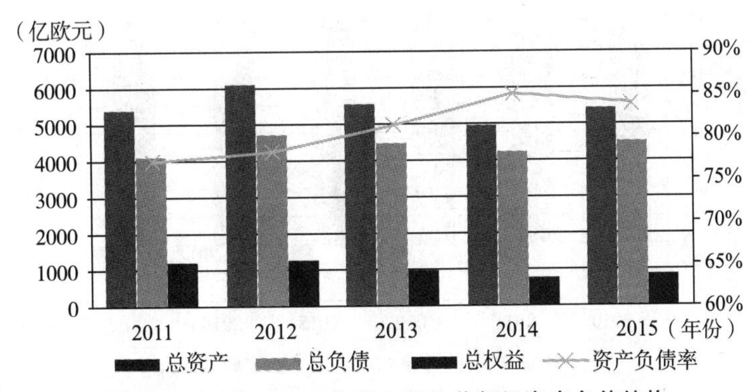

图 44.5　2009－2013 年意大利公共部门资产负债结构

二、公共债务与财政收支分析

就公共债务占 GDP 的比率来说，意大利的公共债务占 GDP 的比率在 2010－2015 年间一直在增加，与意大利的公共债务变化相似。从图 44.6 中可以看到，意大利政府的债务总额越来越大，债务占 GDP 的比重也越来越大，这说明意大利公共部门风险越来越大。而从绝对数值来看，公共债务占 GDP 比重在 2015 年达到了 132.78%之高，这说明意大利公共部门在 2015 年的金融风险极大，而政府的高额债务一直是阻碍意大利经济增长的重要因素。

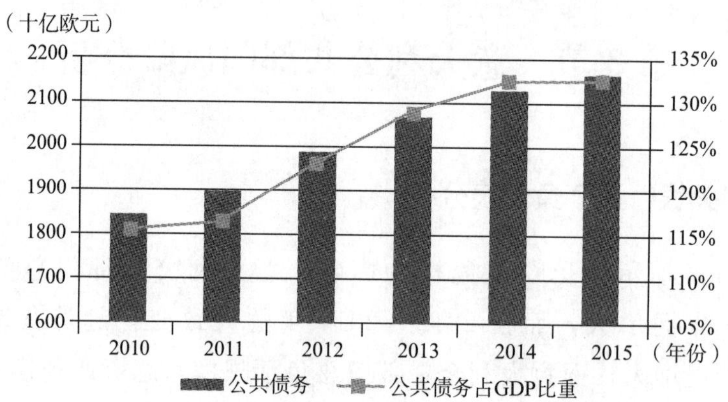

图 44.6　2010—2015 年意大利公共债务情况

如图 44.7 所示，意大利的财政收入与财政支出数值都是逐渐增加，并且在 2010—2015 年意大利一直表现为负的财政盈余，这说明意大利公共部门的偿债能力低、金融风险大。但财政赤字的具体数值在 2015 年出现一定的下降。所以从这个角度来讲，意大利公共部门正在慢慢改善。

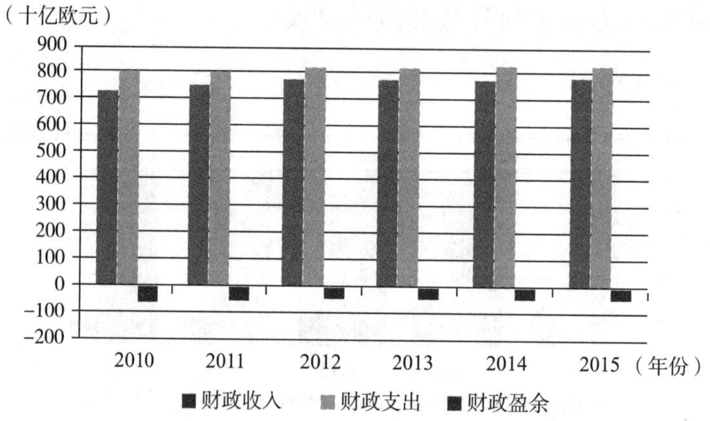

图 44.7　2010—2015 年意大利财政预算收支状况

第 4 节　意大利金融部门风险分析

一、账面价值资产负债分析

如图 44.18 所示，在 2011—2015 年间，意大利金融部门资产市值、负债市值的大致变化趋势是下降，到 2015 年意大利金融部门的权益总额为 1840 亿美元，为五年以来的最低值。而对于或有资产负债率来说，其变化大致趋势是下降，仅仅是在 2013 年出现了回升，而在 2013 之后都呈现下降的趋势。到 2015 年，意大利金融部门的或有资产负债率下降到 92.92%。

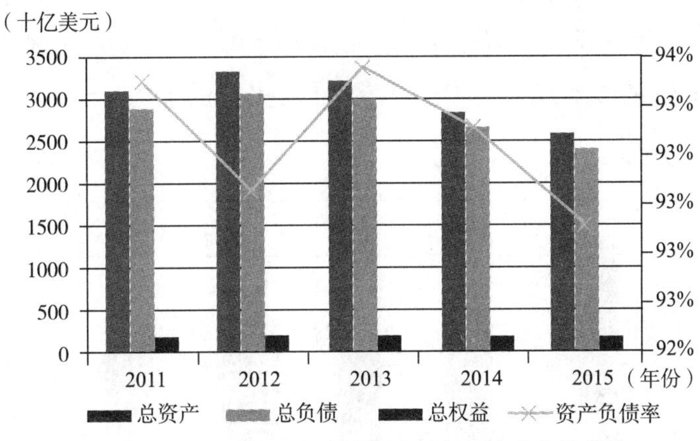

图 44.8　2011—2015 年意大利金融部门资产负债结构

如图 44.9 所示，从 2011 年到 2015 年，意大利金融部门的存款余额先增加后减少，在 2013 年达到最高点。而意大利金融部门的贷款余额在 2011—2015 年间慢慢减少，这说明意大利国内的投资越来越疲软。而对于存贷比

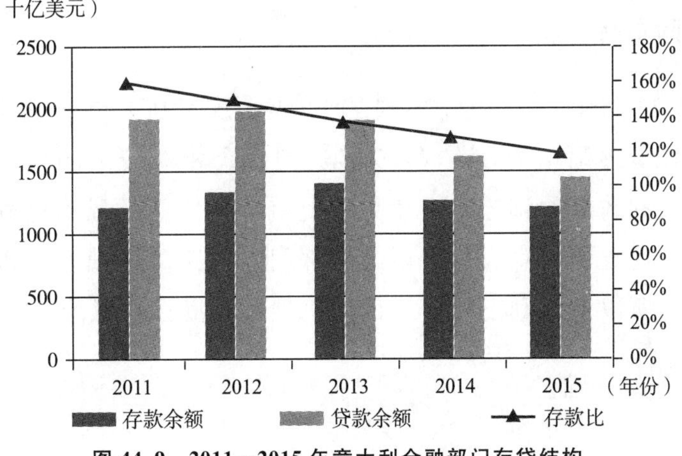

图 44.9　2011—2015 年意大利金融部门存贷结构

来说，意大利金融部门的存贷比在2011—2015年一直呈现下降的趋势，在2015年达到最小值118.23%，这说明意大利金融部门对投资者的吸引力越来越小，金融部门的风险越来越大。

二、或有权益资产负债分析

如图44.10所示，从2011年到2015年，意大利金融部门资产市值与负债市值都是逐渐减少的，这说明意大利的上市金融部门的或有权益资产负债表表现是与其资产负债表变化态势有一定相似性的。同样地，意大利上市金融部门负债市值也是从2010年到2015年逐渐减少，与意大利上市金融部门资产市值呈现相同的变化趋势，这反映欧债危机的爆发使得市场对意大利金融部门慢慢失去信心。但从绝对值来说，意大利或有资产负债率的绝对值从2013年到2015年逐渐在下降，但是一直保持在90%以上的水平，所以我们认为意大利金融的或有资产结构还存在可以完善的地方。

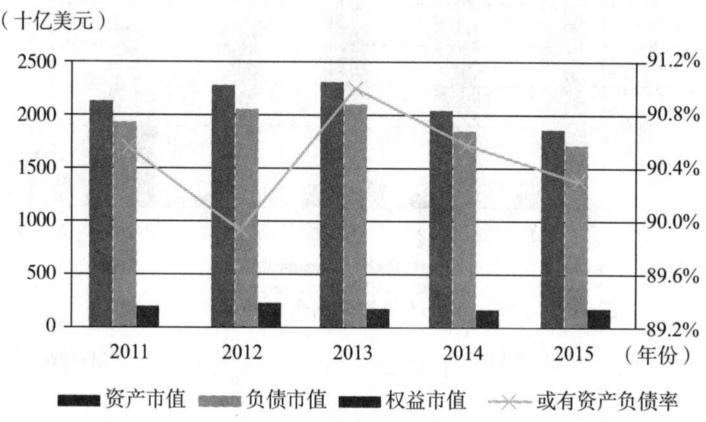

图44.10　2011—2015年意大利金融部门或有权益资产负债结构

三、风险指标分析

如图44.11所示，从2011年到2015年，意大利上市金融部门违约距离大致变化趋势是逐渐增大，在2015年达到一个相对较大的值，这说明在近些年来，意大利政府的调控使得意大利上市金融部门的风险渐渐减小。但从绝对值来说，近五年来意大利上市金融部门违约距离数值在4以下，为一个较小的数值，所以意大利上市金融部门仍然存在潜在的风险。

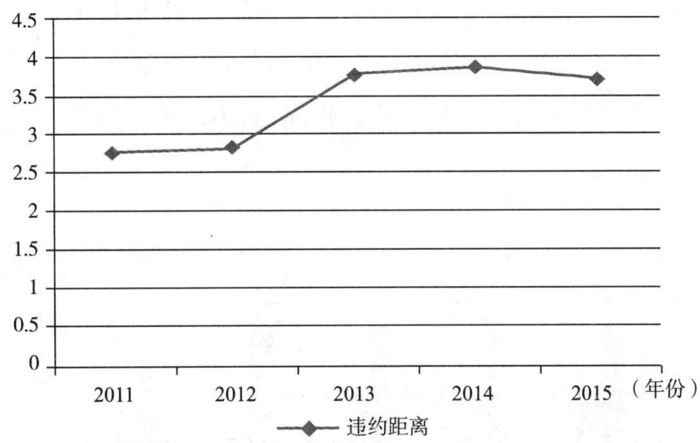

图 44.11　意大利上市金融部门违约距离

对于意大利金融部门的资产波动率来说，其变化路径从 2011 年到 2013 年在减小，从 2013 年到 2015 年在增大，这说明意大利上市金融部门资产波动率数值高，这对于意大利上市金融部门来说是一个不小的潜在风险。如图 44.12 所示。

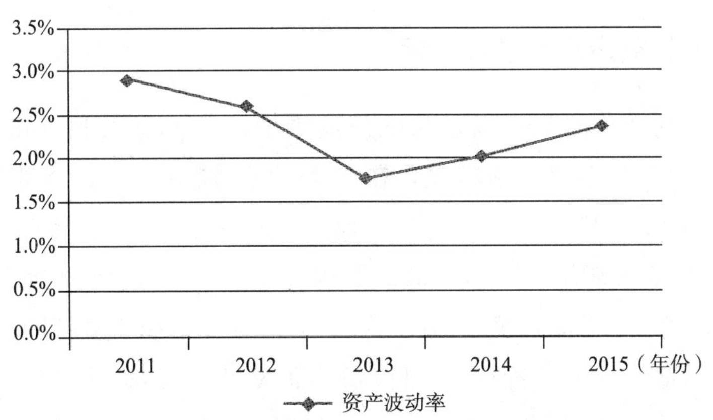

图 44.12　意大利上市金融部门资产波动率

第 5 节　意大利企业部门风险分析

一、账面价值资产负债表分析

如图 44.13 所示，从 2011 年到 2015 年，意大利金融部门资产市值与负债市值都是先增加后减少，在 2013 年达到最高值。而对于意大利金融部门的资产负债率来说，在 2011－2015 年间，意大利企业部门资产负债率先后经历了下跌上涨再下跌的变化过程。在2015年，意大利企业部门资产负债率减小到近五年的最低值，并且接近于60%欧盟规定的红线，这说明意大利企业部门结构正在慢慢改善，意大利企业部门的结构性风险低，处于可控范围内。

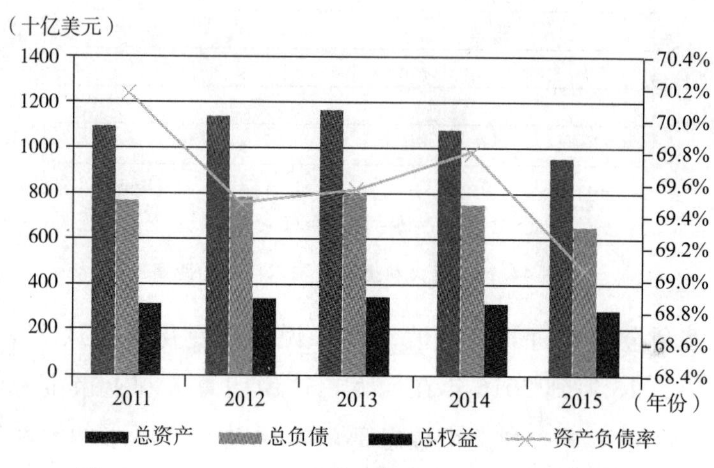

图 44.13　2011—2015 年意大利企业部门资产负债结构

二、或有权益资产负债表分析

因为意大利产业的复原以及从欧债危机中恢复，意大利上市企业部门资产市值2011—2013年间逐渐增大，在2013年达到最大，具体数值达到9181亿美元，在2013—2015年又慢慢减小。意大利上市企业部门负债市值在2011—2013年间逐渐增大，在2013年达到最大，具体数值达到5625亿美元，在2013—2015年又慢慢减小，这与意大利上市企业部门资产市值的变化趋势相似。意大利上市企业部门权益市值2011—2013年间逐渐增大，在2013年达到最大，具体数值达到3556亿美元，在2013—2015年又慢慢减小，这说明意大利企业部门在2011—2013年从欧债危机中恢复，但在2013—2015年的意大利企业部门的权益市值以及或有资产负债率都变小。如图44.14所示。权益的下降说明市场对意大利企业部门逐渐失去信心。而从资产负债率的角度来看，意大利上市企业部门或有资产负债率数值在60%左右，这说明意大利上市企业部门资本结构表现强势，期限错配风险比较小。

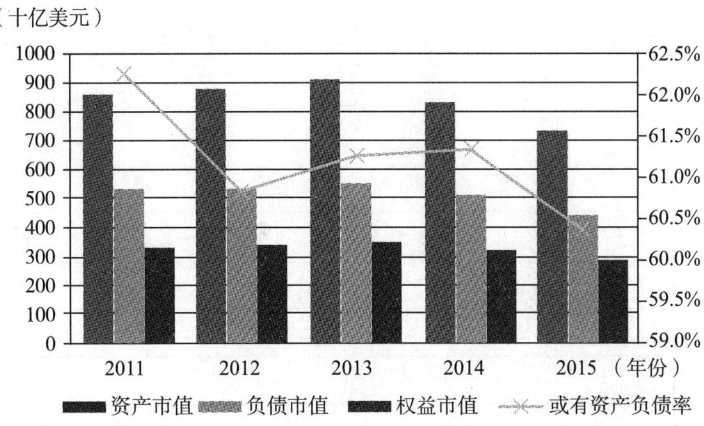

图 44.14　2011—2015 年意大利企业部门或有权益资产负债结构

三、风险指标分析

（一）资产波动率分析

如图 44.15 所示，从 2011 年到 2013 年，意大利上市企业部门的资产波动率变化趋势大致是逐渐减小，并且维持在比较低的水平，这说明在 2011—2013 年间，在欧债危机发生后的三年里意大利企业部门风险呈现降低态势。但在 2013—2015 年间，意大利上市企业部门的资产波动率慢慢增大，从 2013 年的 7.56%增大到 2015 年的 9.56%。

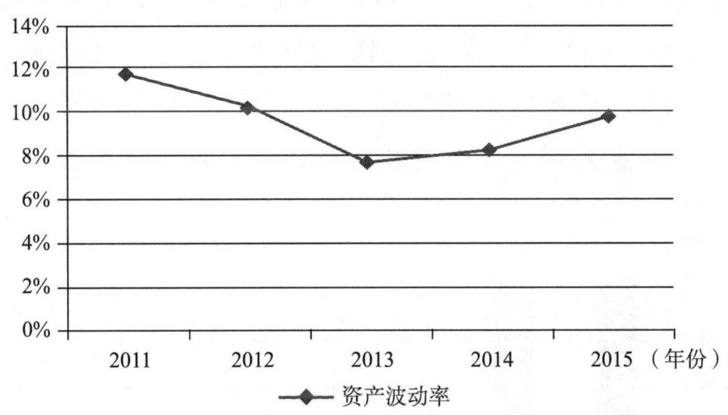

图 44.15　意大利上市企业部门资产市值波动率

（二）违约距离

如图 44.16 所示，从 2011 年到 2013 年，意大利上市企业部门违约距离逐渐增大，在 2013 年达到峰值 4.90。而在 2013—2015 年间，意大利上市企业部门违约距离逐渐减小，到 2015 年达到相对较小的值为 3.84，这说明意大利上市企业部门在2013年到2015年违约风险慢慢增大，并且在2015年意大利上市企业部门的违约风险较大，这与意大利企业部门资产波动率变化所反映的风险变化一致。

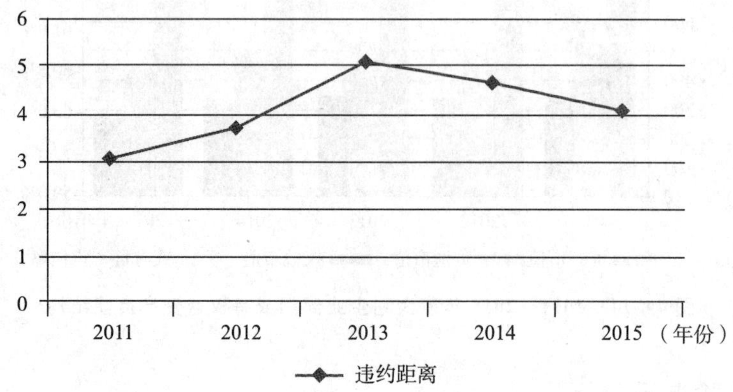

图 44.16　意大利上市企业部门违约距离

第6节　意大利家户部门风险分析

一、消费分析

从消费的角度来看，在2011年到2015年意大利的实际个人消费总额有显著减少，从2011年的9792亿欧元到2015年的9311亿欧元。如图44.17所示。原因在于欧债危机的影响以及意大利政府实施的紧缩的财政政策。而较低的消费使得意大利的经济增长疲软，这是不利于意大利经济发展的。

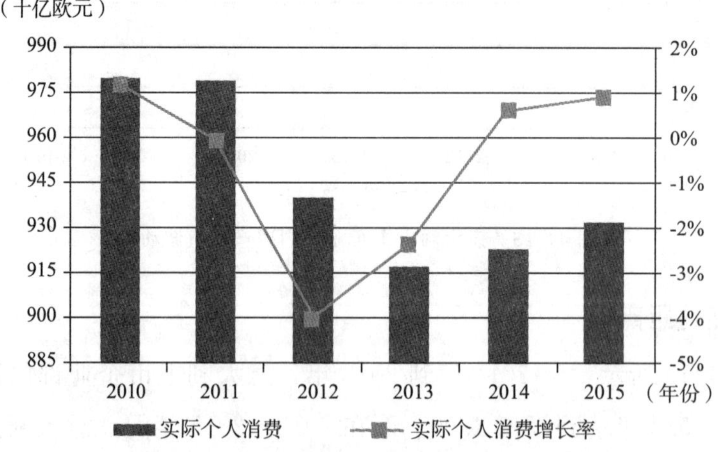

图 44.17　2011—2015年意大利私人消费水平

但从发展的角度看，在 2015 年意大利实际个人消费总额虽然比 2011 年有所下降，但在最近三年里一直是缓慢上升的，所以可以预测在接下来的几年里，意大利实际个人消费总额依然会慢慢增加，从而推动意大利经济的发展。

二、失业率分析

如图 44.18 所示，在 2011 年到 2015 年，意大利的失业率大致变化趋势是上升，从 2011 年的 8.33%上升到 2015 年的 11.91%。而导致意大利失业率保持高水平的重要原因就是紧缩的财政政策，这使得本来就高的失业率变得更高。

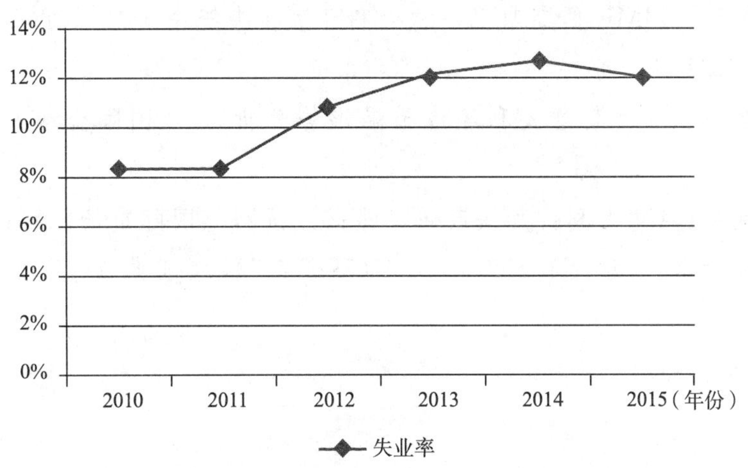

图 44.18　2011—2015 年意大利失业率

第 7 节　结论及对中国的借鉴

在本章中，我们以四部门分析法为手段来分析意大利的宏观金融风险，最后得出如下结论：

对于公共部门来说，资本结构错配和违约风险都较高，并且意大利公共部门高额的债务使得资金的流动性欠缺，这是不利于意大利经济复苏的；金融部门和企业部门违约风险较高；对于家户部门而言，越来越低的个人消费拖慢意大利经济的发展，而居高不下的失业率不利于意大利社会的稳定。

当整个欧洲深陷欧债危机的时候，对于中国来说，理应把握机会去渗入意大利的市场。中国企业应该把握机会去收购意大利的某些企业以获得高端核心技术，以促进自身和中国经济的发展。而对于中国政府来说，鼓励中小民营企业的发展以及加快中国农业现代化的进程。而意大利政府的高债务让意大利全国苦不堪言，中国政府应清理不合理、不必要的债务，缩小债务规模，从而降低中国政府的债务风险。

参考文献

［1］Bank of Italy，Annual Report 2009－2013.

［2］徐映：《IMF预期悲观，意大利经济在夹缝中喘息》，《中国贸易报》2015年1月27日。

［3］高妍：《近期意大利经济金融形势分析》，《国际金融》2013年第2期。

［4］沈祎：《意大利：加快改革，振兴经济》，《国际市场》2014第3期。

［5］江时学：《意大利经济："大而不会倒"》，《证券日报》2013年3月18日。

第 45 章　亚太地区宏观金融风险总论

本章主要选取日本、韩国、印度、印度尼西亚、澳大利亚作为亚太地区国家代表，在介绍亚洲国家的经济金融运行概况的基础上，对其公共部门、金融部门、企业部门、家户部门四部门状况进行分析，突出了亚太地区各个国家宏观风险状况的差异。研究表明，亚太地区五国经济稳健发展，宏观金融风险总体可控，局部风险点值得关注。

第 1 节　亚太地区宏观金融风险概述

在 2008 年金融危机发生以后，由于亚太地区国家宏观经济受到一定的冲击，随后几年出现经济下滑等现象，所以在 2010—2011 年表现出 GDP 增速出现不同程度下降的现象。如图 45.1 所示。其中印度尼西亚的 GDP 增长率降低最严重，从 17.34%降至 6.18%。随着金融危机的散去，不同国家经济发展出现了分化。印度经济逐渐企稳，增长率从 2011 年至 2015 年逐年提高，在 2015 年达到了 7.3%。印度尼西亚经济水平保持稳定状态，GDP 增速基本维持不变。但日本、韩国、澳大利亚的 GDP 增长率出现不同程度的波动。

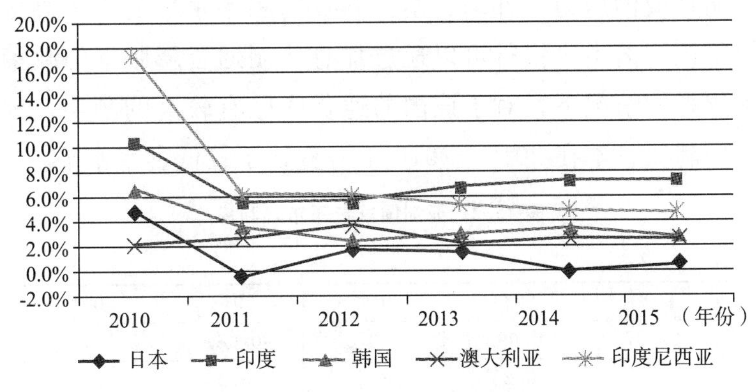

图 45.1　亚洲国家 GDP 增长率①

① 数据来源于 BvD 全球金融分析、宏观经济指标数据库 https：//www.countrydata.bvdep.com/ip。下面如未作说明，数据来源均与此处相同。

从整个亚太地区宏观经济增长趋势水平来看，亚太地区的宏观经济增长较为稳定，但发展势能不足。

从通货膨胀水平来看，亚太地区不同国家之间的通胀水平区别较为明显。如表45.1所示，2010—2015年，韩国和澳大利亚的通货膨胀率基本维持在较为合理的水平，即2%左右。因为两国的通货膨胀率较为稳定，这为国家货币政策的可预期创造了良好条件，同时本国居民的生活得到一定保障。印度以及印度尼西亚的通货膨胀率水平很高，2010—2015年，印度的通货膨胀率一度升至10%，在2015年回落至7.3%；印度尼西亚的通货膨胀率在2015年增至6.36%。两国较高的通胀水平使得物价高速增长，本国货币贬值较为严重，居民生活水平难以得到保障，同时政府可通过扩张性货币政策刺激经济的手段受到抑制。日本的通胀率一直维持在较低的水平。总的来看，亚太地区国家的通货膨胀率分化严重，总体趋于较高水平，需引起重视。

表45.1 亚洲国家通货膨胀率

单位：%

	2010	2011	2012	2013	2014	2015
日本	−0.40	−0.20	−0.10	1.51	2.38	0.19
印度	9.76	10.31	9.62	9.70	10.05	7.30
韩国	2.94	4.02	2.18	1.30	1.27	0.71
澳大利亚	2.76	2.99	2.20	2.74	1.72	1.69
印度尼西亚	5.15	5.35	3.98	6.41	6.40	6.36

如表45.2所示，货币市场利率方面，2010—2015年印度及印度尼西亚一直处于很高的利率水平，较高的利率水平给这两国带来较大压力，尤其是该国货币可能贬值的压力。韩国、澳大利亚的利率水平处于较高的水平，较高的利率使得该国的中央银行可以通过加息控制通货膨胀率的政策手段受到限制，利率较高的情况下，对于该国的通货膨胀有较高的预期，国内经济发展受到一定抑制。日本在2010—2015年一直处于较低利率水平。

表45.2 亚洲国家货币市场利率

单位：%

	2010	2011	2012	2013	2014	2015
日本	0.107	0.093	0.075	0.081	0.17	0.16
印度	4.75	6.25	8.5	8.0	7.75	8.56
韩国	2.158	3.091	3.075	2.585	2.335	1.645
澳大利亚	4.213	4.338	3.917	3.25	2.904	2.304
印度尼西亚	7.017	6.931	5.947	6.264	8.753	7.353

如表 45.5 所示，从货币方面，即 M2 变化率来看，日本的 M2 变化率较小，作为发达国家其货币处于较为稳定的水平。印度及印度尼西亚的 M2 变化较为剧烈，这也反映出印度、印度尼西亚作为经济快速增长的新兴经济体，其货币在经济发展中所产生的影响程度较大。

表 45.3　亚洲国家 M2 变化率

单位：%

	2010	2011	2012	2013	2014	2015
日本	2.77	2.74	2.50	3.61	3.41	3.69
印度	18.68	16.00	11.25	14.80	10.71	11.04
韩国	5.98	5.48	4.81	4.64	8.14	8.19
澳大利亚	5.87	9.56	7.83	6.66	7.25	6.83
印度尼西亚	15.40	16.43	14.95	12.79	11.87	9.00

综合来看，亚洲地区各国经济金融发展状况出现了一定的分化。亚太发达地区经济持续向好，宏观金融风险可控；亚洲发展中国家面临经济增速下滑、高利率、高通胀以及货币贬值的风险。

第 2 节　亚太地区公共部门风险分析

本节对比分析日本、印度、韩国、澳大利亚、印度尼西亚五国的中央银行资产负债情况、财政收支状况及公共债务状况，对亚太地区公共部门宏观风险进行研究。

一、资产负债表分析

以下五国的中央银行资产负债率变化有较大区别。如图 45.2 所示，2010—2015 年，日本、印度、韩国的中央银行资产负债率一直维持在较为稳定的水平，而澳大利亚、印度尼西亚的中央银行资产负债率变化较大，同时 2010—2013 年呈现出相同的变化趋势。日本、印度、韩国的中央银行资产负债率较高，印度一直保持在 99.5%左右的水平，而日本和韩国则维持在 97.5%左右的水平之下，这可能与该国的扩张性货币政策有关系。印度尼西亚央行的资产负债率相对较低，2015 年达到 87.44%，这说明该国的公共部门杠杆率并不是很高，偿债能力相对较强。

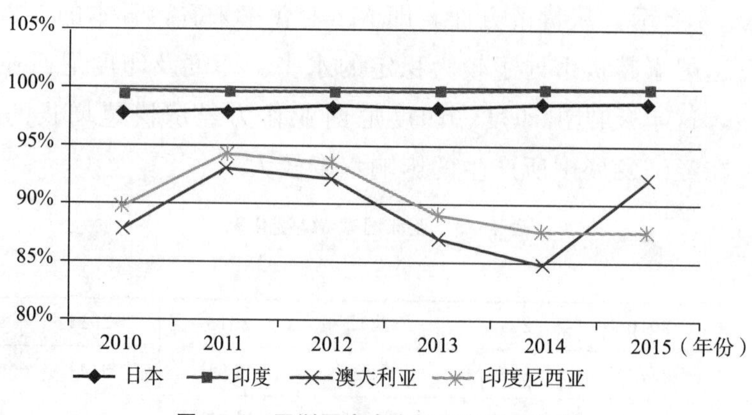

图 45.2　亚洲国家中央银行资产负债率

二、财政收支状况分析

分析亚太地区五国的财政收支状况，2010—2015 年，亚太地区国家的财政收支状况整体上趋于好转。如图 45.3 所示，日本、印度的国家财政赤字规模较大，占 GDP 的比重偏高，2015 年分别达到 6.32%和 4.80%。但另一个好的趋势是，财政赤字占 GDP 的比重有所下降，分别从 2010 年的 7.82%下降至 6.32%以及从 2012 年的 5.84%下降至 4.80%，财政收支状况明显好转。同时，印度尼西亚、澳大利亚、韩国的财政收支状况较为良好，尤其是韩国，2015 年，韩国的财政赤字占 GDP 的比重已经下降至 0.10%，这说明这些国家的公共部门资金压力相对较小，所以仍具有通过财政扩张刺激经济的空间。

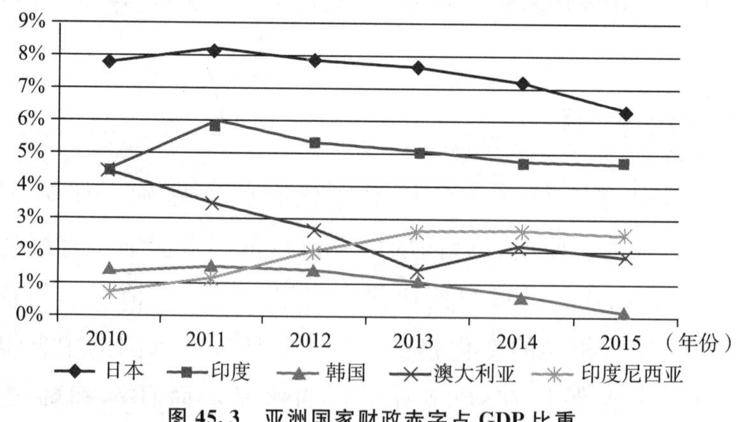

图 45.3　亚洲国家财政赤字占 GDP 比重

三、公共债务状况分析

亚太地区国家在公共债务占 GDP 比重方面各有不同，分化程度较为巨大。如表 45.4 所示，日本、印度、印度尼西亚的公共债务占 GDP 比重较高，尤其是日本，该国公共债务占 GDP 比重在 2015 年达到 216.45%，从 2010 年至 2015 年逐年增长，这表现出日本的公共部门债务承受巨大的压力，并且债务压力逐年增大，风险状况逐年恶化。但同时，韩国与澳大利亚的公共债务占 GDP 的比重较小，总体保持平稳略微增加的趋势，公共部门债务风险控制能力较好，这说明其公共部门债务风险相对来说较低。

表 45.4　亚洲国家公共债务占 GDP 比重

单位：%

	2010	2011	2012	2013	2014	2015
日本	181.96	193.55	197.21	200.56	209.33	216.45
印度	49.07	53.47	56.60	59.51	61.43	62.70
韩国	31.82	33.26	34.79	34.76	34.44	34.58
澳大利亚	28.27	33.50	36.62	37.94	42.00	43.63
印度尼西亚	67.87	71.40	67.95	72.51	78.43	85.44

第 3 节　亚太地区金融部门风险分析

本节对比分析了日本、印度、韩国、澳大利亚、印度尼西亚五国上市金融部门的账面资产负债表和或有权益资产负债表状况，同时结合相关风险指标对亚洲地区金融部门宏观风险进行研究。

一、账面资产负债表分析

2010—2015 年，亚太地区五国的金融部门账面资产负债率基本维持稳定趋势。其中韩国有小幅上升态势，从 2010 年的 90.42%上升到 2014 年的 92.45%；相反，印度尼西亚的金融部门账面资产负债率从 2010 年的 88.27%下降到 2014 年的 87.23%。如图 45.4 所示，日本、印度、澳大利亚的金融部门账面资产负债率处于较高的水平，但在 2010—2015 年内，并没有明显上升的趋势，这说明金融部门的风险控制相对良好。总的来说，亚太地区国家金融部门的资产负债率处于较为合理的范围，并稳定在该范围内小幅波动，风险水平可控。

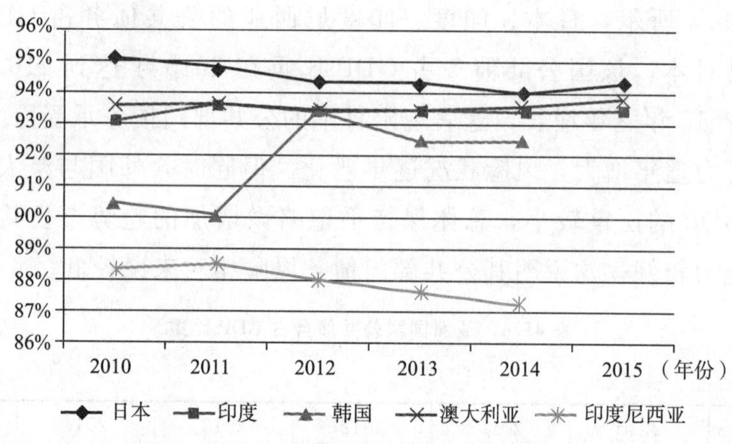

图 45.4　亚洲国家金融部门账面资产负债率

二、或有资产负债表分析

通过之前对于亚太地区国家的资产负债表分析，我们可以得出基于资产负债表的或有权益资产负债表并对其进行一系列分析。如图 45.5 所示，在 2010—2015 年，韩国和印度的金融部门或有资产负债率处于较高水平，同时，日本在 2010—2012 年，或有资产负债率处于五国之中最高的水平，但在 2013 年大幅下降，降至 2015 年的 76.86%，这说明日本的金融部门风险有所收敛。澳大利亚的金融部门或有资产负债率一直维持在较为稳定的水平，处于 79%左右。印度尼西亚的金融部门或有资产负债率占比很低，这说明了该国的金融部门或有资产负债率波动较小，风险较小。

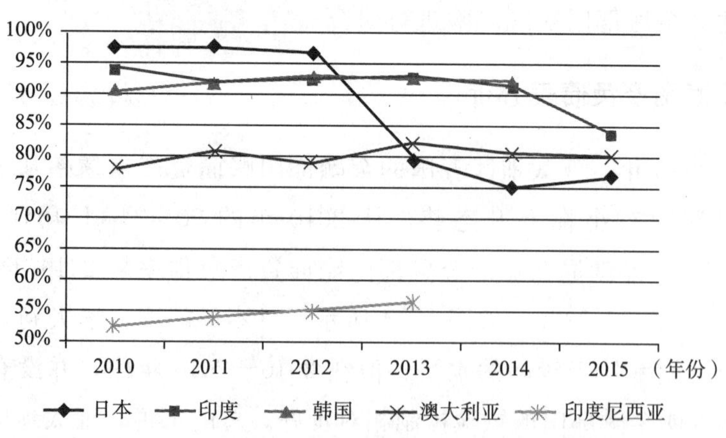

图 45.5　亚洲国家金融部门或有资产负债率

三、违约距离

通过对亚太地区五国金融部门或有资产负债表内的相关数据以及股指相关数据的计算，我们可得出亚太地区五国的金融部门的违约距离。除了澳大利亚的违约距离在 2010—2015 年间有所下降以外，其他国家在 2010—2015 年其违约距离总体处于上升趋势，这说明亚太地区金融部门信用风险状况有所提高。如图 45.6 所示。

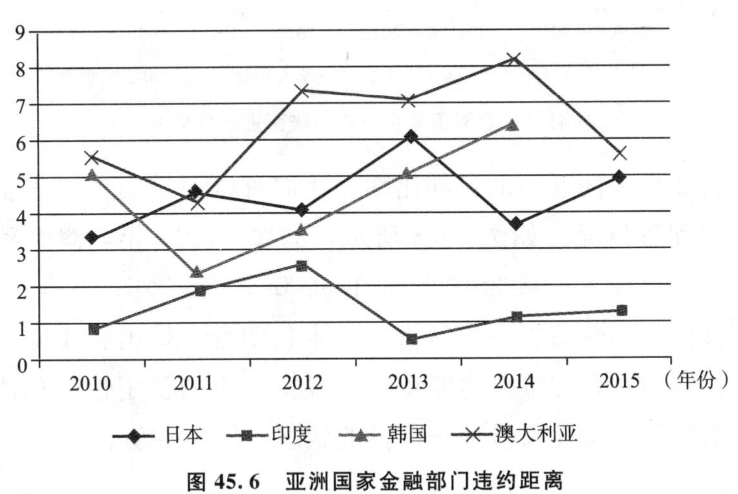

图 45.6　亚洲国家金融部门违约距离

第 4 节　亚太地区企业部门风险分析

本节对比分析了日本、印度、韩国、澳大利亚、印度尼西亚五国上市企业部门的账面资产负债表和或有权益资产负债表状况，同时结合相关风险指标对亚洲地区企业部门宏观风险进行研究。

一、账面资产负债表分析

2010—2015 年，亚太地区五国的企业部门账面资产负债率差别较大。日本、印度、韩国的企业部门账面资产负债率相对较高。如图 45.7 所示。印度的企业部门账面资产负债率呈上升趋势，从 2010 年的 59.86%上升至 2015 年的 64.83%，这说明印度的企业部门风险加大。而日本、韩国的企业部门账面资产负债率呈现逐渐下降的趋势，这说明该国企业部门风险趋于收敛。印度尼西亚、澳大利亚的企业部门账面资产负债率在合理范围内波动并保持平稳，其中澳大利亚的企业部门账面资产负债率相对较低。

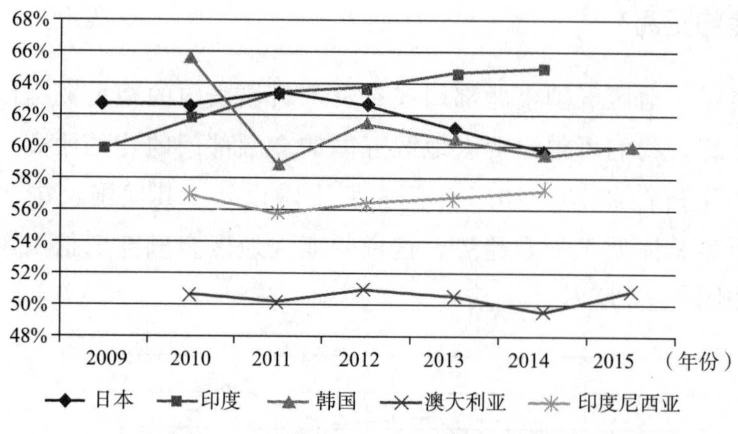

图 45.7　亚洲国家企业部门账面资产负债率

通过分析亚太地区五国的流动比率，我们可以衡量亚洲国家企业部门的短期资产负债配置情况。如图 45.8 所示，2010－2015 年，澳大利亚的企业部门流动比率变化较大，从 2010 年的 1.69 降至 2015 年的 1.19，说明澳大利亚的企业部门流动性面临一定压力。日本、印度、韩国、印度尼西亚的企业部门流动比率均在合理范围内波动，并维持一定的稳定性。总体来说，亚太地区企业部门的流动性风险处于可控的状态，较为平稳。

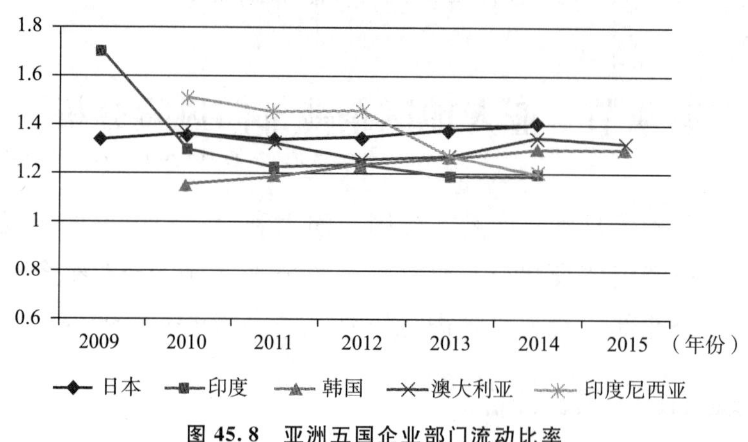

图 45.8　亚洲五国企业部门流动比率

二、或有资产负债表分析

2010－2015 年，亚太地区五国的或有资产负债率变化相对较小，总体来说走势平稳。但印度在 2014－2015 年，其或有资产负债率从 85.81％减小到 68.37％，这说明印度企业部门偿债能力有所提高，风险状况有所改善。2010－2015 年，日本、韩国、澳大利亚的企业部门或有资产负债率在合理范围内波动，或有资产负债率处于较为合理的状况。如图 45.9 所示。印度尼西亚的企业部门或有资产负债率相对较低，该国的企业部门偿债能力较强，资本结构较好，债务风险状况相对良好。

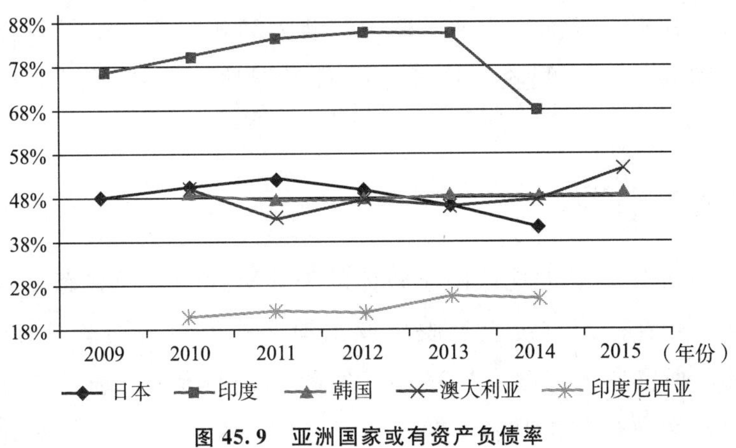

图 45.9　亚洲国家或有资产负债率

三、违约距离

从 2009 年开始，随着亚太地区各国逐渐从金融危机中恢复，亚太地区各国的企业部门经营状况相对提高，总体来看，企业部门违约距离从 2009 年至 2015 年有一定幅度的提升，这说明企业部门的风险状况有所缓解。如图 45.10 所示。值得注意的是，印度的企业部门违约距离呈下降趋势，该国的企业违约风险值得关注。

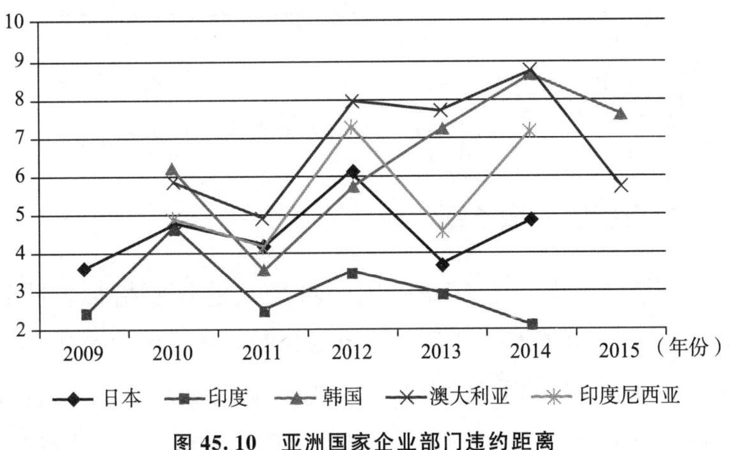

图 45.10　亚洲国家企业部门违约距离

第5节　亚太地区家户部门风险分析

本节对比分析了日本、印度、韩国、澳大利亚、印度尼西亚五国家户部门的失业率和人均可支配收入增长率，对亚洲地区家户部门宏观风险进行研究。

一、失业率

2010－2015年，亚太地区国家整体的失业率处于平稳状态，有的国家失业率小幅下降，在一定程度上反映出亚太地区国家经济逐渐复苏趋于好转，同时家户部门所面临的风险有所减小。如图45.11所示。值得关注的是印度及印度尼西亚家户部门的风险，在2010－2015年，该国失业率处于较高水平，虽然2015年有所下降，但家户部门风险仍需关注。

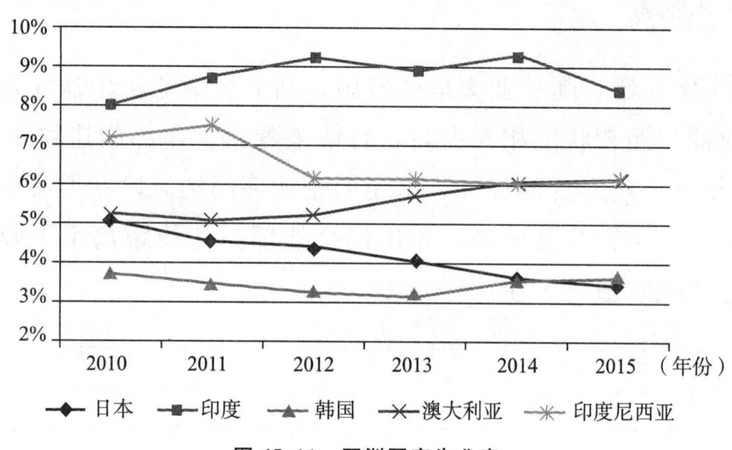

图45.11　亚洲国家失业率

二、人均可支配收入增长率

人均可支配收入增长率是衡量一国经济增长的重要指标，同时也说明了居民当前生活水平。如图45.12所示。在2008年金融危机发生后，各国经济处于低迷水平，所以在2010－2011年，亚太地区某些国家仍表现出人均可支配收入增长率下滑的现象。韩国、印度、日本分别出现不同程度的人均可支配收入增长率下滑，但同时澳大利亚和印度尼西亚的人均可支配收入增长率仍然处于上升趋势，这可能与一国的经济政策有关。2011年以后，随着亚太地区五国的经济复苏和反弹，人均可支配收入有所增加，之后逐渐处于稳定的状态。印度的人均可支配收入增长率处于较高的水平，作为发展中国家，远远高于日本在 2015 年的 0.9%。日本作为发达国家，经济增长更加依赖于私人消费，而发展中国家的经济基础相对来说较为薄弱，经济增长更加依赖出口与投资。总的来说，亚太地区五国的人均可支配收入处于稳定增长态势，亚太地区的家户部门风险状况处于稳定状态。

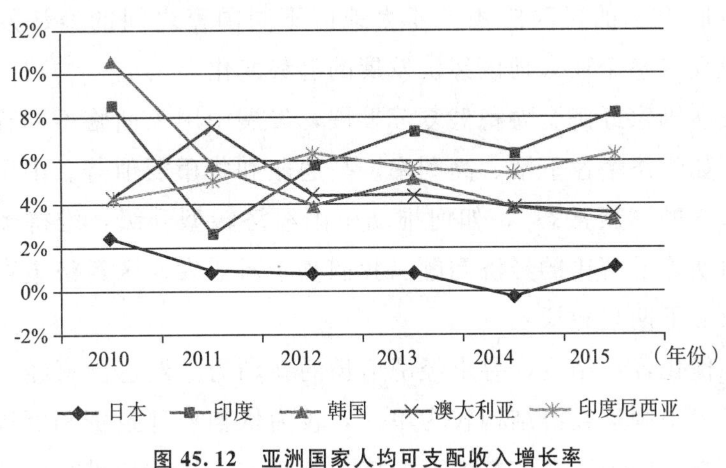

图 45.12　亚洲国家人均可支配收入增长率

第 6 节　结论及对中国的借鉴

本章基于对亚太地区五国经济金融运行状况和四大部门风险状况的分析及对比，得出以下结论。

宏观经济金融运行方面。在 2008 年金融危机发生以后，由于亚太地区国家宏观经济受到一定的冲击，随后几年出现经济下滑等现象，导致在 2010 年后 GDP 增速也出现不同程度的下降。从整个亚太地区宏观经济增长趋势水平来看，亚太地区的宏观经济增长较为稳定，但发展势能不足，亚太地区宏观经济面临挑战。

公共部门方面。亚太地区五国中央银行资产负债结构较为稳定，国家财政赤字率逐渐降低，公共债务规模从某些国家来看相对较低，但部分国家的公共债务规模需要注意，需重视公共部门的清偿能力风险。

金融部门方面。亚太地区国家的金融部门账面资产负债率和或有资产负债率变化变为平稳，并且某些国家比率较低，相应的风险指标有所改善，说明亚太地区金融部门风险状况较为良好。

企业部门方面。亚太地区国家的企业部门资产负债率在合理范围内波动，流动比率也符合正常状态，违约距离总体来说趋于增加，信用风险有所降低。

家户部门方面。亚太地区国家失业率可控，人均可支配收入逐渐增长，增长率在合理范围内波动，可以认为亚太地区家户部门风险状况较为良好。

总的来说，亚太地区宏观金融风险状况处于可控范围内，但仍需关注局部的风险点所引起的风险隐患。亚太地区不同国家之间的经济发展出现分化，同时也反映整个亚太地区经济发展的趋势变化。

当前发达国家经济金融稳健复苏发展，发展中国家面临不同程度的压力和挑战，诸如经济增速下滑、高利率、高通胀和货币贬值等。中国也进入了经济增速放缓的"新常态"，如何推动中国经济转型升级，维持经济金融稳健发展是迫切需要解决的经济问题。我们基于对亚太地区经济金融的研究和分析，提出如下两点建议：

第一，优化经济结构，寻求经济增长的新动力。发达国家经济体系相对完善，而发展中国家经济结构较为单一，较为依赖外部投资和资源出口，产品竞争力不强。中国应在完整的产业体系基础上，进一步进行产业升级，优化产业结构，提高产品竞争力和增加附加值；同时积极扩大内需，配合出口和投资一起拉动经济发展。

第二，稳健推进经济金融体制改革，维持稳定有序的政策环境。良好的政策环境是经济持续快速发展的基础，而拉美国家的高通胀、高利率及货币大幅贬值等问题可能会恶化其经济环境，阻碍资本流入。中国应继续推进资本市场改革、利率市场化改革和人民币国际化进程，在健全丰富金融体系的同时实现金融业的统一监管，为投融资和经济要素流动创造良好的平台和环境。

参考文献

［1］IMF：World Economic Outlook，October 2015.

［2］IMF：Global Financial Stability Report，October 2015.

第46章　日本宏观金融风险研究

第1节　日本宏观金融风险概述

日本2015年GDP增速为0.53%，GDP存量与上一年几乎持平，消费税率上调所导致的内需不足是日本经济萎靡的重要原因。日本面临着国内有效需求不足、政府债台高筑、贸易赤字扩大、规制改革阻力重重的挑战。地缘政治风险与美国QE政策等外部市场环境，增加日本经济复苏的不确定性。受经济刺激政策和原油价格走低带动，宽松货币政策对经济提振作用逐渐减弱，一是安倍经济学依赖日元贬值推动经济增长不具可持续性，日元继续贬值空间有限，且难以发挥作用；二是过大的货币规模容易引发非良性的物价上涨，容易引发严重的通货膨胀问题。日本面临着扩张性的财政政策所带来的债务风险，高额的债务和低迷的私人消费依然是日本亟需解决的棘手的问题，一旦国债发行余额超过一定临界点，将可能引致价格暴跌、利率暴涨，长期利率一旦上升将加重国债利息负担甚至导致财政崩溃。资本市场方面，2012年底以来由于国外投机资金的追捧，日经225指数一路上扬，领跑全球股票市场，这反映出市场对于日本企业发展持乐观态度。总体来看，日本经济增速缓慢，内需不足，政府赤字过大，汇率贬值空间小、对经济刺激不足，政府债务压力过大。其中，高额的政府债务压力是日本经济金融领域面临的主要问题。

图46.1显示了2010年以来日本的经济增长情况，总体而言，日本经济增长波动剧烈。2010年至2015年，GDP增长率呈波动趋势，2010年GDP增速达到4.74%。随后，受美联储退出量化宽松政策计划影响，增长回落。2012年开始，日本经济十分不景气，GDP增长率持续回落，2015年GDP增长率有所回升。

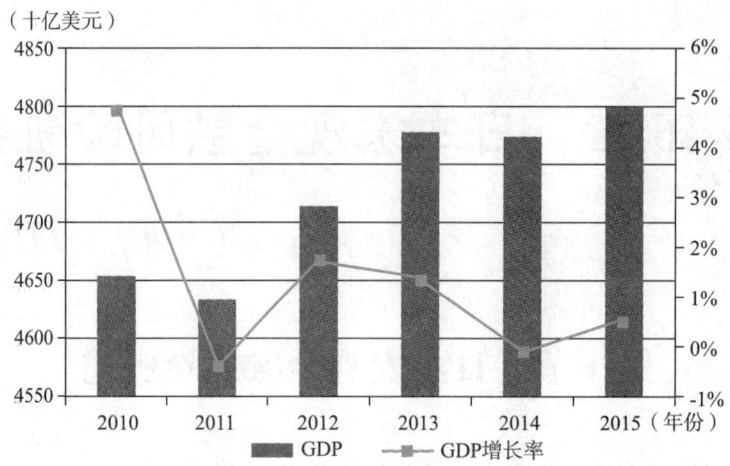

图 46.1　2010 年至 2015 年日本 GDP 及 GDP 增长率①

日本在 2013 年 1 月 11 日通过了 1170 亿美元的政府投资。在日本政府负债余额已超过 GDP 百分之两百，高于全世界任何一个发达国家的情况下，这样大规模的政府举债支出，当然是高风险的。宽松的货币政策和积极的财政政策使产出的增加额要大于由于通胀带来的物价水平提高对产出的减小额。因此想要通过宽松的货币政策和积极的财政政策刺激本国经济，必须要警惕物价水平的提高过快。从 2012 年开始，固定投资和私人消费对 GDP 贡献率持续下降，且降幅较大。政府消费对 GDP 贡献率呈现出波动状态，但从 2013 年开始相比前若干年的水平有所下降。如图 46.2 所示。

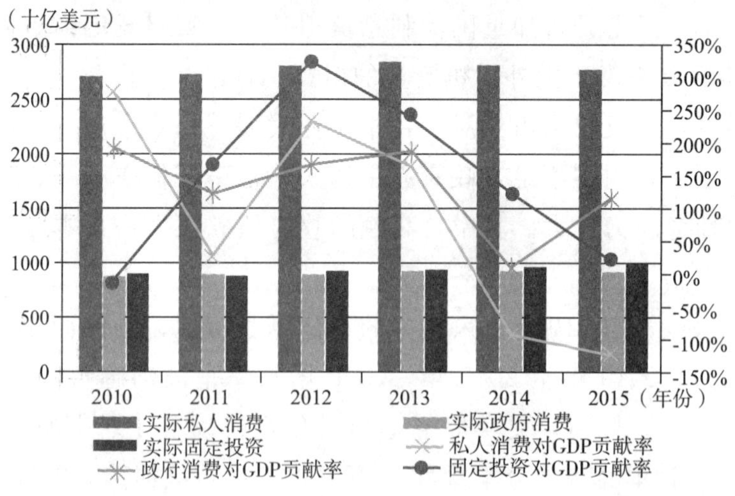

图 46.2　2010 年至 2015 年日本私人消费、政府消费和固定投资对 GDP 贡献度

① 数据来源于 BvD 全球金融分析、宏观经济指标数据库 https：//www.countrydata.bvdep.com/ip。下面如未作说明，数据来源均与此处相同。

2013 年 6 月 5 日，安倍公布了结构性改革方案，将创立经济特区，吸引外国技术、人力资源和资金。增加公共基础设施公私融资规模和基础设施出口规模。日元贬值导致日本的出口品价格下降，这增加了日本出口品的竞争力，从而有利于日本的出口；此外，由于美国汽车市场好转等因素，国际市场对日本出口品的需求增加，从而增加了日本的出口。股市的大幅度上涨，改善了消费者心理，另一方面，由于物价上涨的趋势，人们更加愿意在上涨前购入商品，这种心理也增加了消费者的消费支出，增加了国内需求。当然，政府的积极态度也为国民树立了信心，诸多因素导致了国内需求的增加。日元作为世界三大货币之一，它的贬值势必会对各国的市场造成或多或少的影响，对于关系密切的几个国家，其本国的替代品商品企业必然会受到冲击，为了保护本国企业，该国政府可能会提高税率或者以配额的方式限制日货流入。

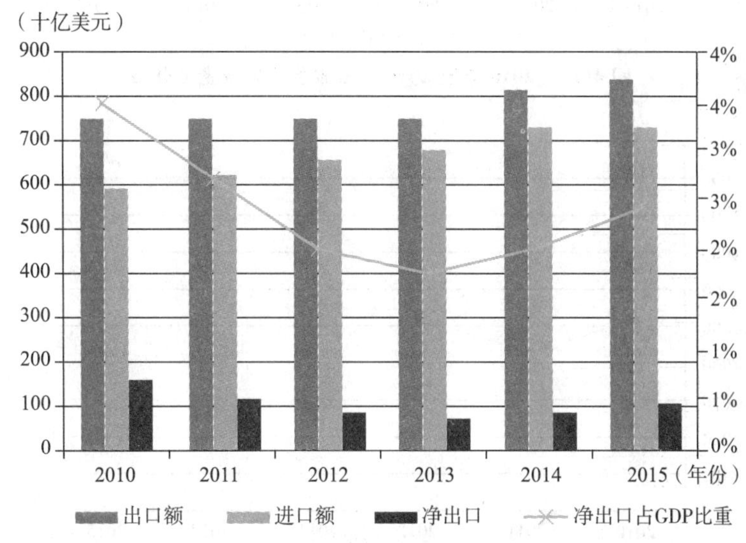

图 46.3　2010 年至 2015 年日本进出口额及净出口占 GDP 比重

2010 年至 2012 年，日本的 M2 变化率较为稳定，维持在 2.6％左右。从 2010 年至 2015 年，日本的货币供应量持续增加，但从 2012 年开始，增长率不断上升，但总的 M2 变化率并不高。从日本的 M2 变化率可以看出，日本实行的是在低货币增长率下的紧缩货币政策。如图 46.4 所示。

日经指数自 2012 年末开始就一路飙升，不能否认“安倍经济学”的威力。如果不出意料，日经指数的反弹必然会再创新的高度，原因有以下几点：首先是日元的继续贬值，有更多人和机构会瞄准这个机会套利，这显然会增加日元的流动性和交易量；其次，由于日元的大幅度贬值，日本的出口会继续增加，而提高的国民信心会带来内需的继续增加，这会带动日本经济继续上升；最后，也是最关键的，就是安倍政府关于结构性改革方案的公布，其中增加公共设施建设的投入，意在扩大内需，从而增加国内产出，而开设经济特区则会吸引外资，引进国外技术，从而扩大国外市场和外部需求，进一步增加出口，进口的增加会带动经济更好发展，而股市也会继续上涨。如图 46.5 所示。

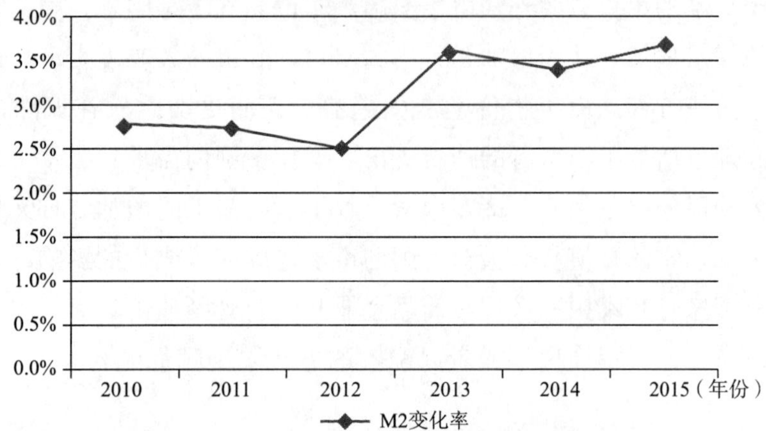

图 46.4　2010 年至 2015 年日本货币供应量变化率

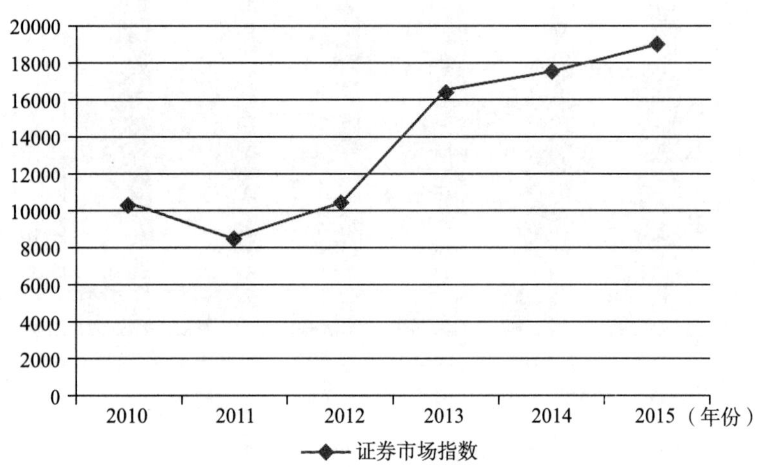

图 46.5　2010 年至 2015 年日本证券市场指数

第 2 节　文献综述

张晓兰（2015）认为，2014 年日本政府债台高筑，出口疲软，能源进口需求旺盛，消费者信心不足，2015 年日本面临扩张性财政政策导致的财政风险问题和美国量化宽松政策退出导致的外部环境恶化问题，经济复苏形势严峻。秦兵（2015）认为日本安倍经济学的三支箭“量化宽松政策”、“积极的财政扩张政策”和“引导民间投资、消费的增长”虽然带动了房地产和制造业的复苏，但也造成了日元贬值、日股上扬和通货膨胀。而日元贬值所带来的进口压力、消费税的上调、人口老龄化严重和政府财政不堪重负等因素，使安倍经济学面临失败的危险。关于日元贬值的研究，有一些学者研究了日元贬值的历史原因，如王晖（2010）认为日本抑制日元兑美元升值的外汇储备管理原则导致了日元贬值，而经常收支顺差和长期对外投资也是日元贬值的部分原因。田泓（2015）认为美元上涨拉低了大宗商品价格，导致了全球性的通货紧缩，而日本的量化宽松政策可以应对通缩，刺激其经济。李欢丽、王晓雷（2015）分析了日本量化宽松政策的效果，认为日本商业银行的信贷资产对中央银行的基础货币缺乏弹性，货币政策传导机制严重扭曲，中央银行投放的基础货币无法拉动投资和消费，故 2013 年作为安倍经济学的核心支柱的量化宽松货币政策，难以实现预期目标。

第 3 节 日本公共部门风险分析

一、公共部门资产负债表分析

日本央行的资产负债表在 2014－2015 年呈现大规模扩张，资产规模为 307.48 万亿日元，较去年增幅为 43.7％，资产负债率为 98.56％。日本的外汇储备由财政部持有，属于央行资产负债表的表外项目，因此日本公共部门实际资产规模远超表内水平。日本央行 2013 年 4 月实施了以大量发行 ETF 和国债为特征的量化宽松政策，导致 2013－2015 年呈现大规模资产扩张。如图 46.6 所示。

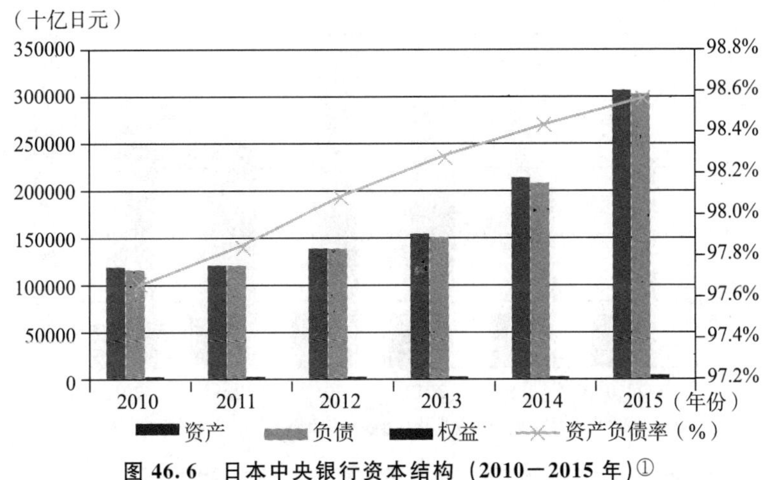

图 46.6 日本中央银行资本结构（2010－2015 年）①

① 数据来源：日本央行年度报告，Annual Report of Japan Central bank。

二、公共债务与财政赤字分析

目前日本政府的债务余额占 GDP 的比重接近 220%，高居发达国家首位。截至 2014 年 6 月底，包括国债借款和政府短期证券在内的国家债务余额高达 1000 多万亿日元，较 3 月底增加 14.5 万亿日元，自 2014 年 4 月开始，日本消费税率提高对经济增长的负面影响也逐渐显现。伴随老龄化问题日益加剧，日本政府为填补不断增加的社保费而接连发行国债，导致债务规模不断扩大。而人口老龄化不仅减少了政府税收收入，还增加了社保费用占国家财政支出的比例。如图 46.7、图 46.8 所示。

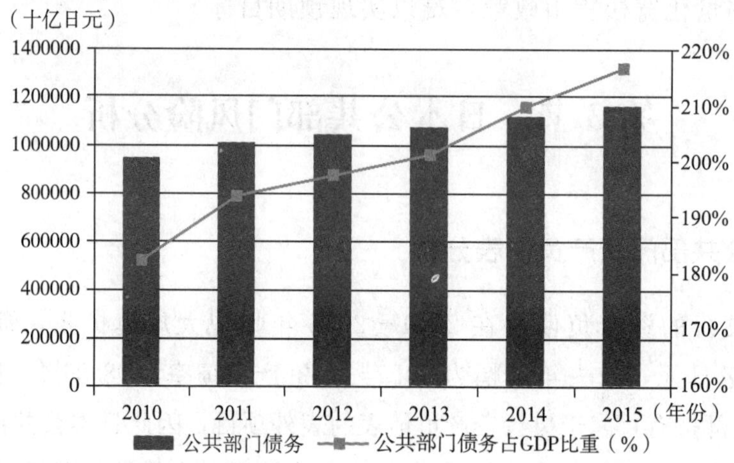

图 46.7　日本政府债务及占 GDP 的比重（2010—2015 年）

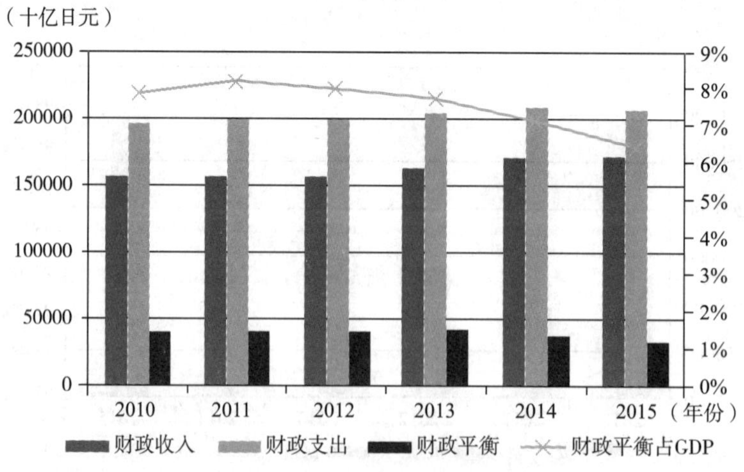

图 46.8　日本财政收入、财政支出及财政平衡（2010—2015 年）

三、外汇储备分析

截至 2015 年 12 月，日本外汇储备达到 12070 亿美元。自从 2008 年全球金融危机发生以来，日本长期处于贸易顺差的地位，同时美国实行量化宽松的政策，使得日本每年的外汇储备逐年增加，在 2011 年达到 12581 亿美元，达到较高水平。如图 46.9 所示。

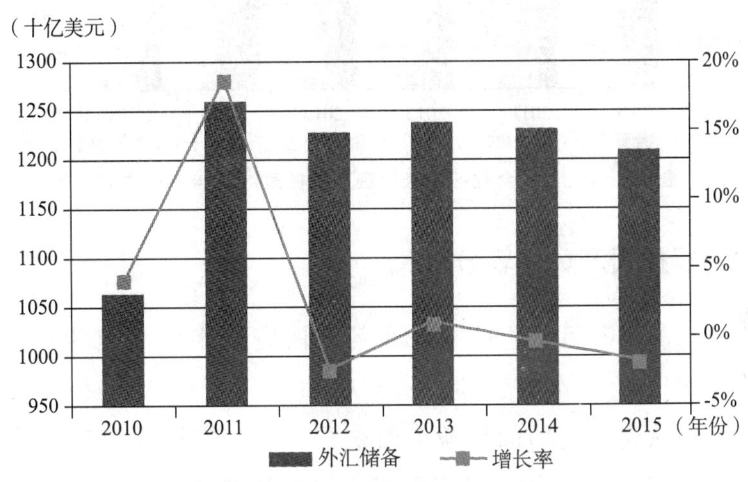

图 46.9　日本外汇储备（2010—2015 年）

第 4 节　日本金融部门风险分析

一、账面资产负债表分析

2010 年至 2015 年，日本金融部门的总资产、总负债规模逐渐降低，总权益逐年小幅下降。从资产负债率角度看，2010 至 2014 年，日本资产负债率呈下降趋势，银行业风险有所减小；2012 年以来，日本政府实行了“安倍经济学”，即采取扩张性的财政政策和宽松的货币政策，同时日本央行呼吁资本充足的商业银行扩大信贷规模，并且，货币投放及经济增长导致的存款扩张大大增加了商业银行的负债项。从 2014 年开始，日本金融部门的资产负债率呈上升趋势。随着日本“安倍经济学”对经济刺激效果的减弱，商业银行贷款投向对经济的刺激并不那么明显，日本金融业应谨防信贷风险。如图 46.10 所示。

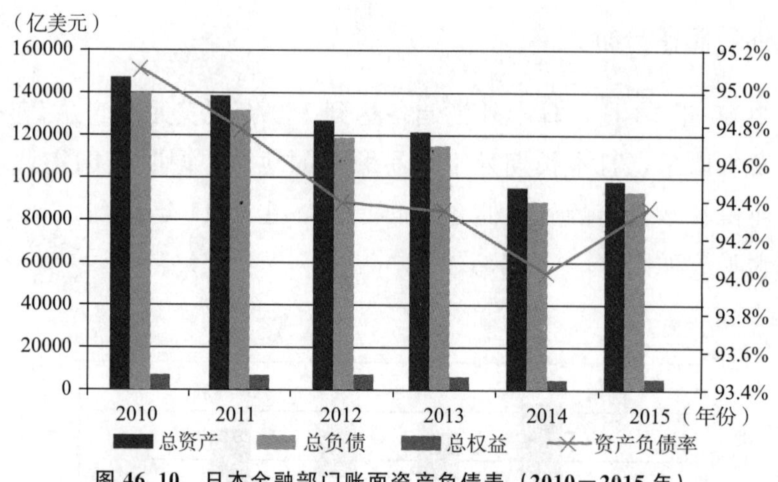

图 46.10　日本金融部门账面资产负债表（2010—2015 年）

二、或有权益资产负债表分析

2010 年至 2012 年期间，日本金融部门的资产市值和负债市值呈现小幅下降的趋势。2011 年日本金融部门资产市值与负债市值与 2010 年相比均出现小幅下降，但从金融部门的权益市值来看，2012 年相比 2011 年的权益市值有所增加。2010 年—2012 年，或有资产负债率基本持平，但从 2013 年开始有所下降。同时，从资产市值、权益市值、负债市值与账面价值对比分析，可知资产市值和负债市值的降幅小于账面价值的变化。因此，日本金融部门存在资产被高估的现象，并且日本的实际金融规模的增长较缓慢。如图 46.11 所示。

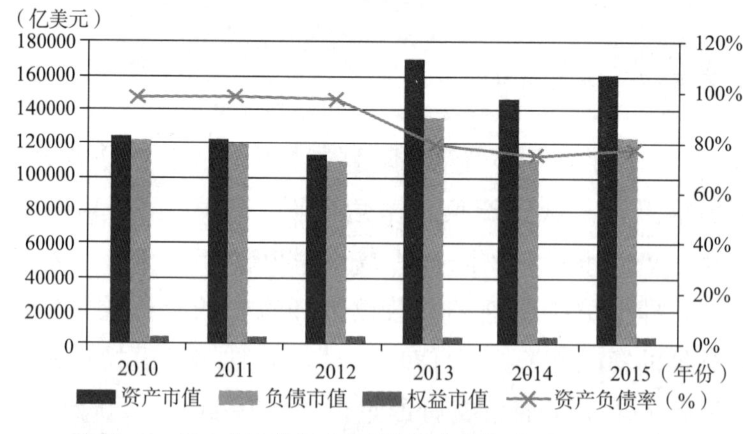

图 46.11　日本金融部门或有权益资本结构（2010—2015 年）

三、风险指标分析

2010 年到 2012 年，日本金融部门资产波动率基本保持不变，在 2012 年有小幅上升的趋势。但从 2012 年到 2014 年却呈现大幅度上升的现象。从 2014 年到 2015 年又呈现回落趋势。通过日本金融部门资产波动率的变化趋势可以看出，在 2012 年到 2014 年，日本的金融部门风险急速扩大，并且趋势较为明显，虽然 2015 年有一定幅度的降低，但仍必须引起警惕，谨防信贷违约风险的产生。如图 46.12 所示。

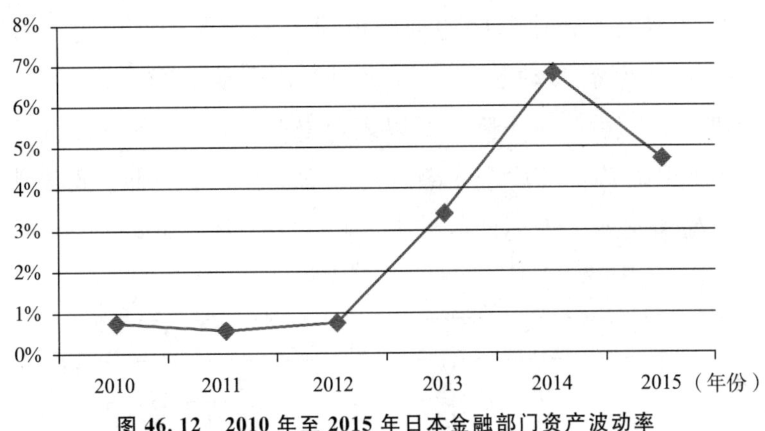

图 46.12 2010 年至 2015 年日本金融部门资产波动率

2010 年到 2013 年，日本金融部门的违约距离指标呈波段上升趋势。分析相关因素，在 2008 年金融危机发生以来，随着危机的褪去，日本金融部门逐渐修复其危机，风险逐渐降低，金融部门的自我修复能力日渐增强。违约距离的增大也意味着信贷违约风险有减小的趋势。2013 年到 2014 年，日本政府曾实施货币宽松政策，大量扩大日本商业银行的信贷规模，从而导致信用门槛降低，信贷投放量增加，同时也面临违约风险增大的风险，随之而来的便是违约距离的缩小，在 2015 年，日本金融部门的违约距离有所上升，情况有一定的好转，但仍需注意的是，日本金融部门应该对信贷投放进行审慎性的监管，关注违约风险，减少信用违约事件的发生，防范金融危机。如图 46.13 所示。

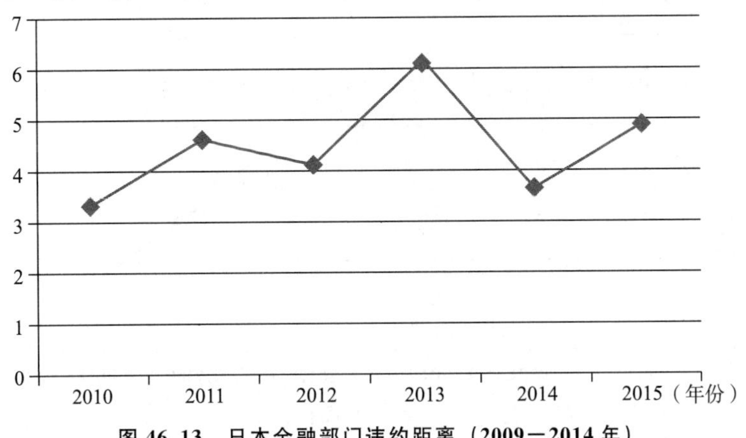

图 46.13 日本金融部门违约距离（2009—2014 年）

第5节 日本企业部门风险分析

一、资本结构分析

通过分析日本上市企业部门的资产负债表相关数据，可得出日本的上市企业的资产总额呈小幅波动趋势，与此同时，企业的负债总额在2009年至2011年有所增加，随后缓慢下降。所以表现出在2009年至2011年资产负债率持续处于波动上升态势，随后企业部门资产负债率大幅降低，这说明日本的工业企业保持了温和发展态势，日本工业企业增长适度。如图46.14所示。

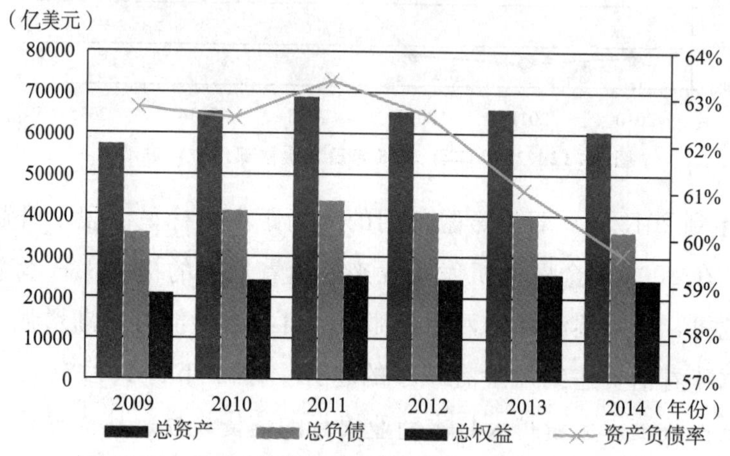

图46.14 日本企业部门资产负债结构（2009—2014年）

日本企业部门的产权比率走势与资产负债率相对应，呈现一路下降的趋势，风险暴露趋于缩小，清偿力风险有所减缓，从2009年的1.68降至2014年的1.47，债务风险降低。如图46.15所示。

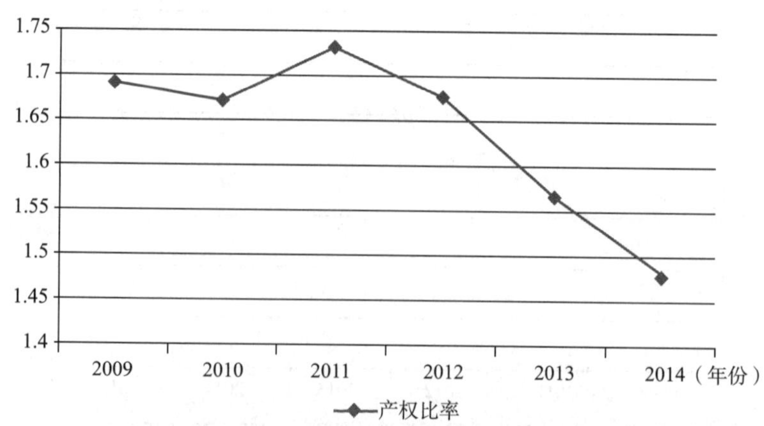

图46.15 2009年至2014年日本企业部门产权比率

二、期限错配分析

2009 年至 2012 年，日本企业部门的流动比率呈波动水平状，流动比率在较低水平波动，变化并不明显。从 2012 年开始，日本企业部门流动比率经历了大幅度上升，从 2011 年的 1.33 增加至 2014 年的 1.39,，说明日本企业部门短期资金周转能力较好，债务负担较小，短期偿还能力较好，但仍需警惕流动性风险。如图 46.16 所示。

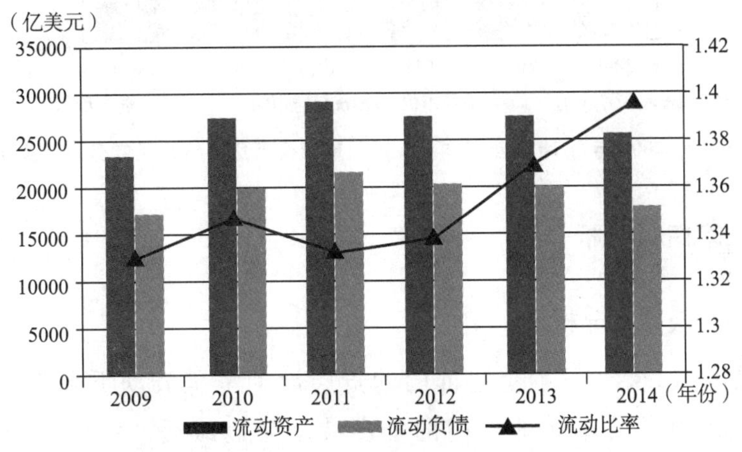

图 46.16　2009 年至 2014 年日本企业部门流动资产、流动负债及流动比率

三、或有权益资产负债表分析

图 46.17 对日本企业部门进行了或有权益资产负债表分析，通过构建企业部门的或有权益资产负债表，得到日本企业部门的资产市值、负债市值和权益市值。2009 年至 2011 年，在全球金融危机之后，日本企业部门的或有资产呈现小幅增长趋势。三年内，日本企业部门的或有负债和或有资产规模逐步上升，或有资产负债率呈小幅上升趋势，逐渐暴露出日本企业部门的风险。2009 年到 2011 年，日本企业部门的或有资产负债率从 48.21％增长至 52.05％，2012 年至 2014 年，日本企业部门的或有资产负债率有着显著的下降，从 2011 年最高的 52.05％下降至 41.18％左右，这是因为政府对制造业的投资加大，资产规模在 2014 年出现大幅度增长。如图 46.17 所示。

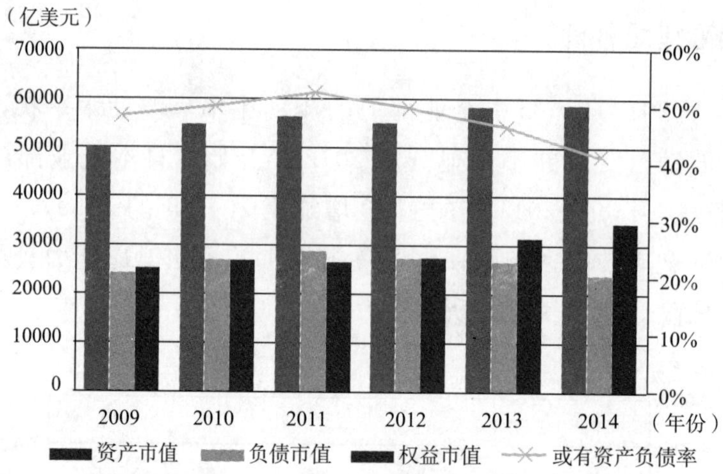

图 46.17　2009 年至 2014 年日本企业部门或有资产负债结构及或有资产负债率

四、风险指标分析

（一）资产波动率分析

2009 至 2012 年，日本企业部门的资产波动率呈波动下降趋势。国际金融危机后，2010 年日本企业部门的资产波动明显减缓。2012 年至 2014 年，日本企业部门资产市值波动率先大幅增加后呈缓慢下降趋势，总体而言日本企业部门资产市值波动幅度较为明显，需关注风险。如图 46.18 所示。

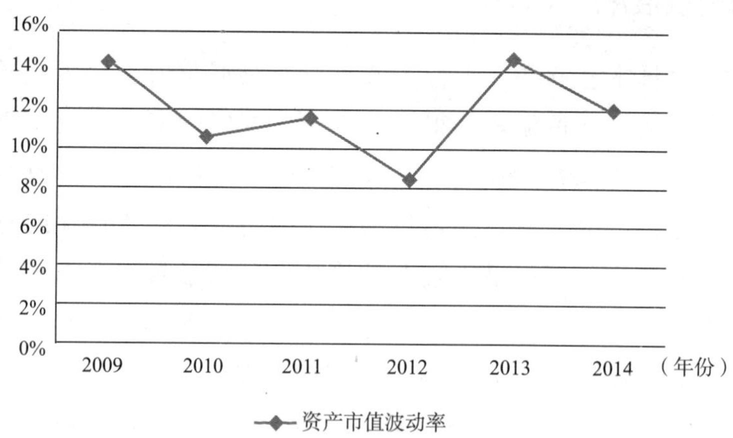

图 46.18　2009 年至 2014 年日本企业部门资产波动率

（二）违约距离

2009 到 2012 年，日本企业部门的违约距离从 3.58 增加至 6.14。违约距离的增加说明，这段时间内日本企业部门的违约风险有所降低，上市企业表现趋于良好，企业的违约概率较低，违约风险较小，可能的原因是日本整体宏观经济、金融形式有所好转。这说明，日本振兴产业、增加制造业投资、刺激民间投资、实施减税的优惠政策等一系列经济复兴政策促进了日本企业部门盈利的增长和企业规模的扩大。2013 年日本企业部门的违约距离再次降至 3.69，违约风险增加。随后，2014 年，企业部门的违约距离呈上升趋势，风险敞口总体趋于缩小，违约概率减小。如图 46.19 所示。

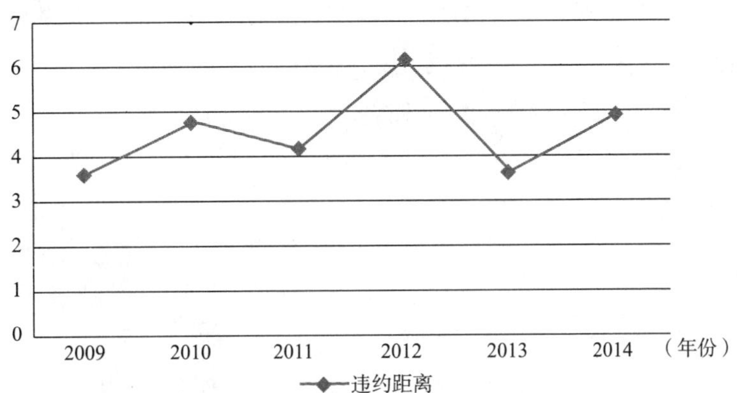

图 46.19　2009 年至 2014 年日本企业部门违约距离

第 6 节　日本家户部门风险分析

一、居民收入水平分析

如图 46.20 所示，日本平均工资指数在 2010 至 2015 年间呈下降趋势，从 2010 年的 95.135 下降至 2015 年的 91.188。在这几年间，日本劳动力一直处于下降趋势，安倍经济学的实施对经济有一定的刺激作用，创造出一系

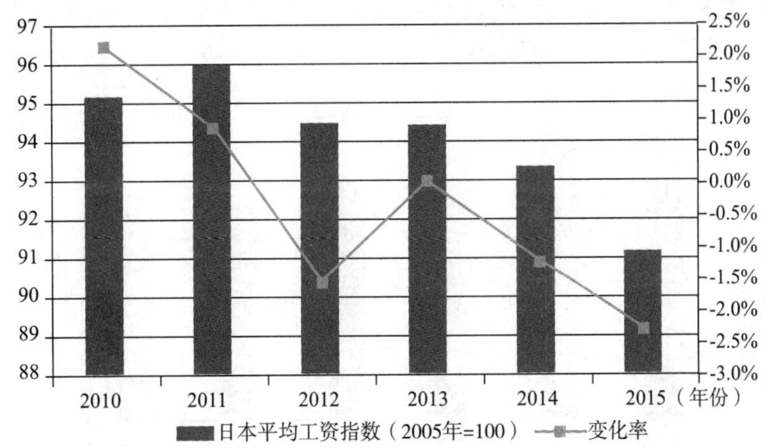

图 46.20　2010 年至 2015 年日本人均实际工资指数及变化率

列就业岗位，使得劳动力增长明显。但由于经济的疲软，对于平均工资指数增长刺激作用不明显。

从2010年至2012年，日本经济经历了一轮迅速的下滑。2010年至2011年，日本个人实际可支配收入变化率改变明显，说明日本个人实际可支配收入波动较大。在2012年，日本个人实际可支配收入降至2867110亿日元成为阶段性最低水平。从2012年，随着日本经济缓慢回暖，在2012年至2013年日本个人实际可支配收入呈小幅度增加，从2013年到2015年明显大幅的提升，2015年达到2961080亿日元。如图46.21所示。

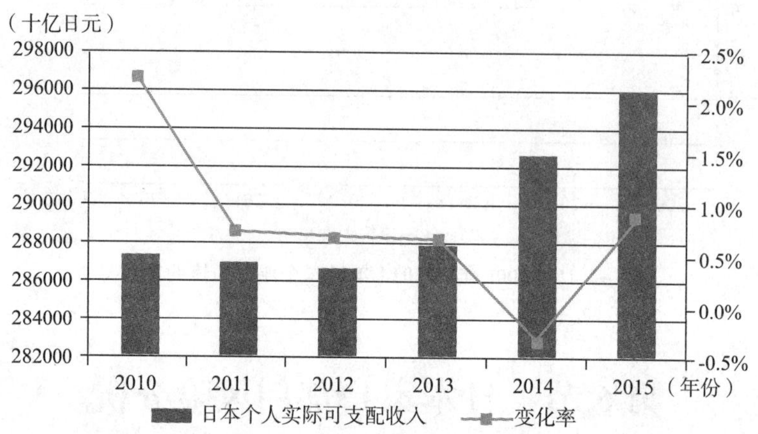

图46.21　2010年至2015年日本个人实际可支配收入及变化率

二、失业率分析

如图46.22所示，2010年至2015年，日本失业率水平呈下降趋势。尤其是2010年至2011年，失业率变化率大幅下降，整个家户部门的失业率在2010年至2015年间从5.05%下降至3.38%。总体来说，短期内日本劳动力人口稳定，就业充分，但长期来看，日本老龄化问题必将成为阻碍日本经济发展的瓶颈。

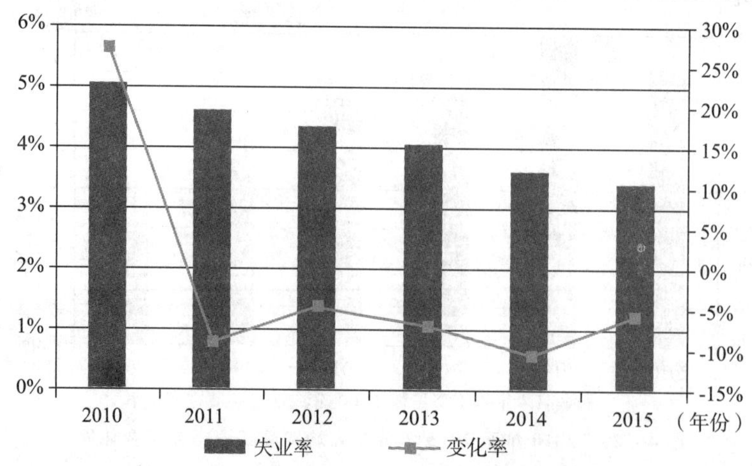

图46.22　2010年至2015年日本失业率

第7节　结论及对中国的借鉴

本文基于资产负债表理论，运用四部门分析法，对日本面临的宏观金融风险状况进行了系统研究与分析。研究得出，日本公共部门最主要的风险就是极高的债务问题，日本债务占GDP比重已经位居发达国家之首，较高的利息负担使日本面临着较大的国家债务问题。从日本金融部门来看，资产、负债均有上升。信贷规模的扩大是其主要表现，但是日本金融部门存在较为严重的信贷违约风险，必须加强信贷审核，减少信贷风险。日本企业部门得益于政府的经济刺激政策，日元的持续贬值、制造业投资的增加和出口规模的扩大提高了企业盈利，从而部分企业得以扩大生产，进而做大做强。但日本企业部门亟需解决发展不平衡问题。日本家户部门相关的各指标都呈现好转态势，失业率进一步降低，收入和消费均有提高。但收入的增速不及消费增速快，这在一定程度上限制了内需的扩大，不利于企业部门和金融部门的发展。

日本安倍经济学的经济政策对中国今后的经济对策和方向有较大启示：日本国家债务负担严重，严重拖累经济增长。中国必须控制政府债务，缩减外债，增加外汇储备，防范可能出现的主权债务违约问题。同时，中国应该加强对金融业的监管，对存贷比和相关流动性指标进行审慎检查；再次，大力发展实体经济，加强政府投资，建立多层次资本市场，为企业发展注入流动性；同时，规范资本市场，防范外资恶意做空。中国还要注重发展的平衡性问题，尤其注意发展中西部经济，防范发展不平衡带来的社会问题。

参考文献

[1] 日本央行年度报告，Annual Report of Japan Central bank。

[2] 张晓兰：《2014年日本经济形势及2015年展望》，《宏观经济管理》2015年第1期。

[3] 秦兵：《安倍经济学对日本产业和贸易的影响及其走向》，《对外经贸实务》2015年第1期。

[4] 王晖：《日本外汇储备体制及其特点》，《经济师》2010 年第 12 期。

[5] 逯新红：《日本新版经济增长战略前景及对中国的影响》，《中国物价》2015 年第 1 期。

[6] 闫海防：《日本暂不会追加量宽新政策》，《经济日报》2015 年 1 月 27 日刊。

[7] 田泓：《通缩风险阻碍经济复苏步伐》，《人民日报》2015 年 1 月 8 日刊。

[8] 崔岩：《日本后泡沫时期货币政策论争与政策框架的转型》，《现代日本经济》2015 年第 1 期。

[9] 杨东亮：《经济泡沫破灭后的日本区域经济差距演变》，《现代日本经济》2015 年第 1 期。

[10] 李欢丽、王晓雷：《传导机制扭曲与日本量化宽松货币政策失灵》，《现代日本经济》2015 年第 1 期。

第 47 章 印度宏观金融风险研究

在全球经济环境持续低迷的环境之下，当前印度经济运行仍保持较快的增速，但增长速度有所放缓，主要原因是印度的通货膨胀率持续升高、投资不足以及工业发展较慢。同时，从经常项目来看，印度每年仍保持较大的贸易逆差，逆差导致印度卢比贬值。虽然通胀压力持续上升，但是仍处于可控范围之内。印度政府对此问题采取了一系列措施，但效果不太明显，其主要原因可能是印度的经济结构问题突出，制造业发展远远落后于服务业，产业发展不平衡，与印度当前的基本国情不符合，产业发展模式仍跟不上印度当前国民需求。从公共部门来看，其债务规模依旧保持较高水平，财政缺口较大，公共部门欠缺偿债能力；从企业部门来看，清偿力风险以及流动比率处于相对较低水平。由于印度经济发展有所减缓，家户部门的失业率虽然有所降低但仍处高位。

第 1 节 印度宏观金融风险概述

2013 年全球经济增长格局出现了新变化，发达国家逐渐从经济危机中复苏，重新成为全球经济增长的主动力，而受美联储退出量化宽松货币政策预期的影响，作为国际金融危机后全球经济主推力的新兴经济体集体疲软。受国际经济下行趋势影响，印度国内投资、消费不振，贸易赤字进一步扩大，通货膨胀率居高不下，再加上美国退出 QE 的预期引发大量国际资本逃离印度市场，卢比持续贬值，尽管印度政府采取了一系列传统和创新的改革措施，但是经济增速依然出现下滑。

作为亚洲新兴经济体，国际金融危机发生后，印度经济总体呈现快速增长，经济增长率水平较高。图 47.1 显示了 2010 年以来印度的经济增长情况，总体而言，印度经济增长波动剧烈。2010－2015 年，经济快速增长，GDP 增长率快速上升，2010 年 GDP 增速达到 10.2%。随后，受美联储退出量化宽松政策影响，增长回落。经济增长放缓和通胀上升正在困扰印度这个新兴经济体。2013 年，印度经济十分不景气，GDP 增长率持续回落。2013 年 8 月，印度新一届央行行长主张通过加息和严厉控制黄金进口等手段，谋求改善经常项目收支状况以及抑制通货膨胀。为避免美联储量化宽松退出计划下国际资本外流，印度采取了吸引外资的政策。

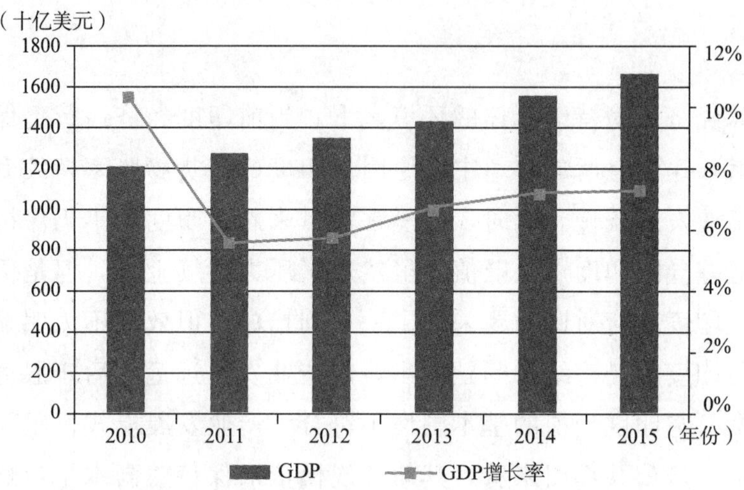

图 47.1　2010－2015 年印度 GDP 及 GDP 增长率①

2012 年，印度持续存在的政策不确定性与财政条件的恶化，打击了投资人气，并引发经济增长的短期走疲和长期前景的削弱。标准普尔在 2012 年 4 月将印度的信贷评级展望从稳定调降至负面，原因是该国预算赤字庞大。如图 47.2 所示，实际私人消费的总量虽然仍处于上升趋势，但是对于 GDP 的贡献率大幅下滑，并且近三年来持续不振。

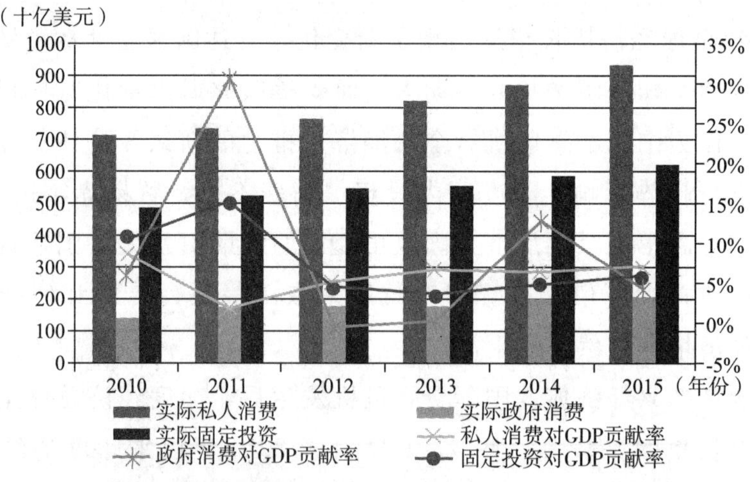

图 47.2　2010－2015 年印度私人消费、政府消费和固定投资对 GDP 贡献度

① 数据来源于 BvD 全球金融分析、宏观经济指标数据库 https：//www. countrydata. bvdep. com/ip。下面如未作说明，数据来源均与此处相同。

印度长年以来贸易赤字，对国际市场的依赖程度很高。由于印度从国外大量进口黄金，导致经常账户赤字恶化。虽然从总量上看，印度的出口额和进口额同时呈现增长趋势，但是该国的净出口一直处于负值。如图 47.3 所示。受欧洲债务危机及中国经济增长减缓导致需求下降的影响，印度 2012 年的贸易赤字进一步扩大。2013 年，为阻止印度铁矿石生产出现进一步下滑趋势，印度下调出口关税推动低品位矿石生产出口。除此之外，2013 年印度严厉控制黄金等奢侈品的进口，贸易赤字有所缓解，当年净出口占 GDP 大幅回升。但是此举造成国内金价走高，黄金走私猖獗，国内对黄金的需求受到抑制。脆弱的全球经济使得印度出口前景暗淡。印度贸易赤字扩大，经济增速减缓使得印度宏观经济稳定性面临着较大考验。

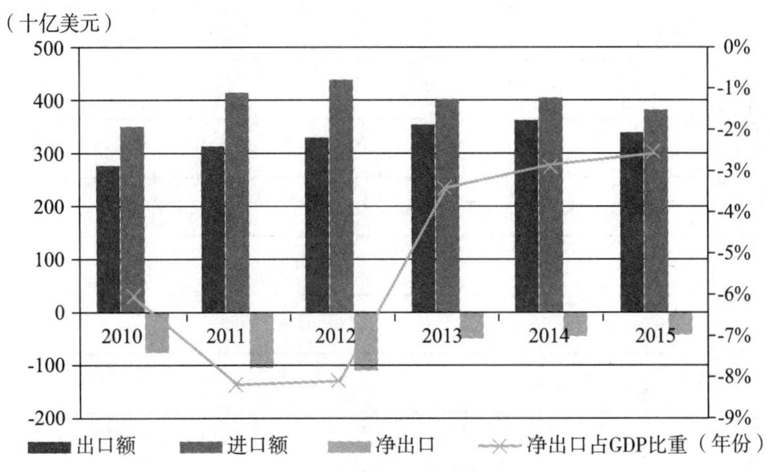

图 47.3 2010—2015 年印度进出口额及净出口占 GDP 比重

2010 年以来，印度的货币供应量不断增长，增长率逐年下降。从货币供应量的变化率可以看出，2010 年 M2 增长率达到 18.68%，可以看出印度央行采取扩张性货币政策以应对国际金融危机带来的冲击。随后，M2 的增长率不断下降。2013 年，为积极应对经济危机影响，印度政府加大对出口企业的政策倾斜力度，实施利息补贴等多项出口鼓励措施，以帮助出口企业渡过难关。

国际金融危机之后，由于印度仍然保持将近 10%的经济增长率，并且与中国大陆相比，印度的股市向外国投资者开放的幅度更大，使得其成为许多投资者的选择。因此，2010 年印度证券市场指数大幅上升至 20509 点。随后受到全球经济疲软影响，证券指数出现回调。2012 年市场指数继续向上，2013 年再创新高。

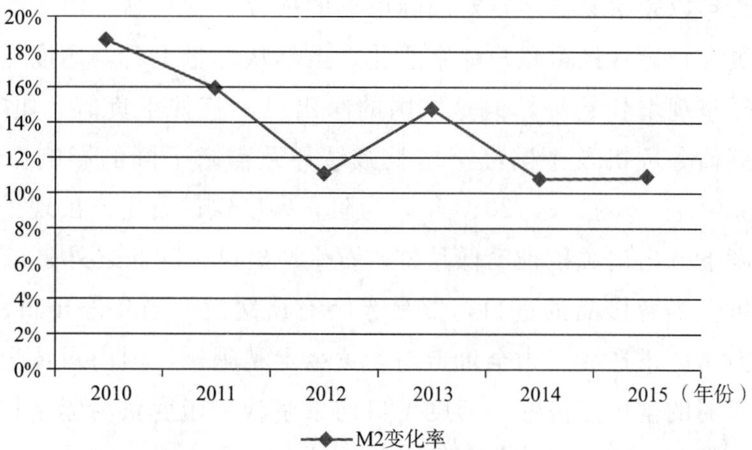

图 47.4　2010—2015 年印度货币供应量变化率

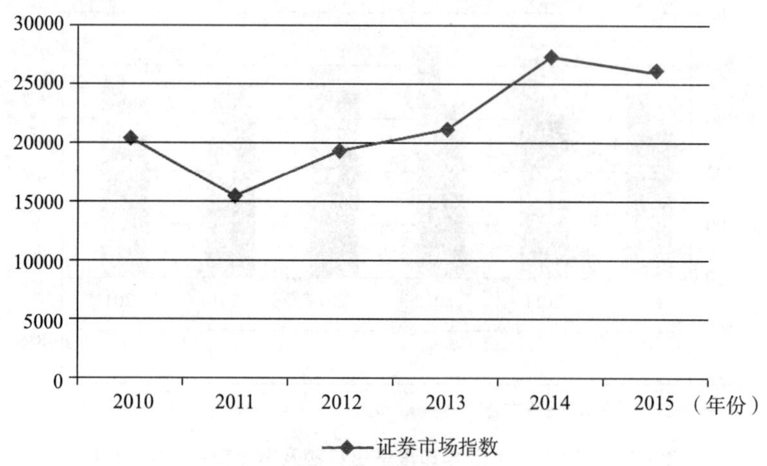

图 47.5　2010—2015 年印度证券市场指数

印度在经常账及政府财政方面均出现赤字，海外资金成为汇价稳定的重要支撑。国际金融危机后，印度卢比持续贬值。随着印度贸易赤字的扩大，美元兑卢比的汇率从 2010 年的 45.72 上升至 2015 年的 64.15。如图 47.6 所示。

2011 年欧债问题再次爆发，印度卢比由 45 兑一美元升至最近的 53，增幅接近 20%。由于内部经济增长乏力，经常项目下滑，外部受到美联储计划推出量化宽松的刺激，外国投资者大量从印度债券和股票市场上撤资，加速了 2013 年 5 月以来的卢比贬值。受此拖累，2013 年印度的外国机构投资大量流出。

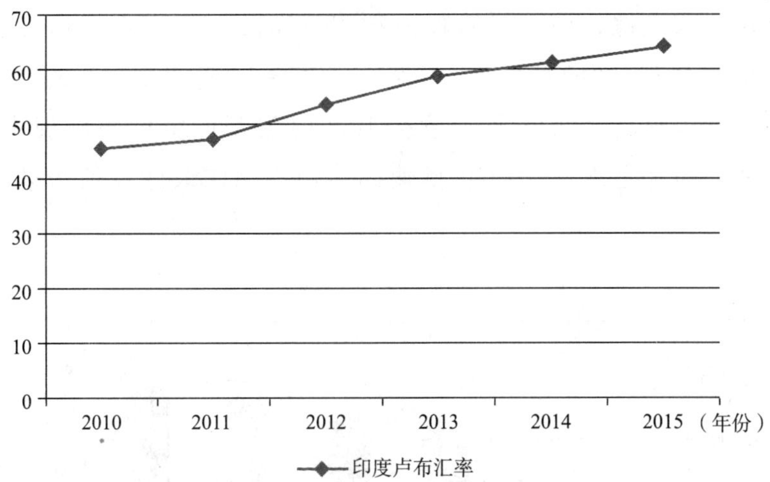

图 47.6　2010—2015 年印度卢布汇率走势

第 2 节　文献综述

《全球金融稳定报告》显示，印度银行业利润增长进一步放缓。银行不良贷款的增加和信贷增长乏力是造成盈利能力下降的主要原因。虽然城市合作银行表现良好，但是仍然令人担忧——随着资产质量的逐渐恶化，损失会增加。与此同时，虽然非银行金融公司的资产规模在扩张，但是资产质量进一步恶化。

印度央行发布的《宏观经济和货币的发展》称，尽管商业仍保持疲弱，但信心已经开始重建。2013 年 12 月印度的通货膨胀表现出明显缓和，有进一步软化的趋势，但仍需警惕 2014—2015 年度的上行风险，持续的高通胀对印度经济增长已经构成威胁。

第 3 节　印度公共部门风险分析

本节利用印度中央银行的数据，编制公共部门资产负债表。在此基础上，主要从资本结构和清偿力风险两个方面对印度公共部门的风险进行分析。同时，从印度公共债务与财政赤字两方面对公共部门进行了风险分析。

一、公共部门资产负债表分析

（一）资本结构分析

从图 47.7 中可以看出，印度储备银行的资产负债率水平很高。从 2010 年以后，印度储备银行的资产、负债规模以及资产负债率不断增加。2010—

2011年出现快速上涨，债务风险加速积累。2012年，资产负债率的涨速减慢，债务风险持续增加的趋势有所缓解，但并未改变持续上升的趋势，资产负债率水平仍然较高。2013年印度公共部门的资产负债率出现小幅回落，2014年迎来小幅度上涨，2015年增速回落，仍无法改变负债水平过高的严峻局面。

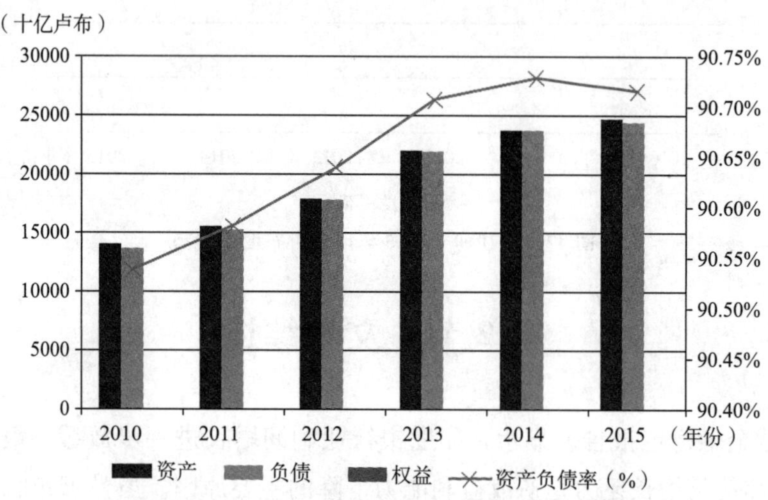

图47.7　2010—2015年印度银行资产负债结构

（二）清偿力风险分析

与前面分析的印度公共部门的高负债相对应，印度公共部门的产权比率逐年增加，从2010年的215%上升至2015年的350%。清偿力风险不断加大，存在严重隐患。如图47.8所示。

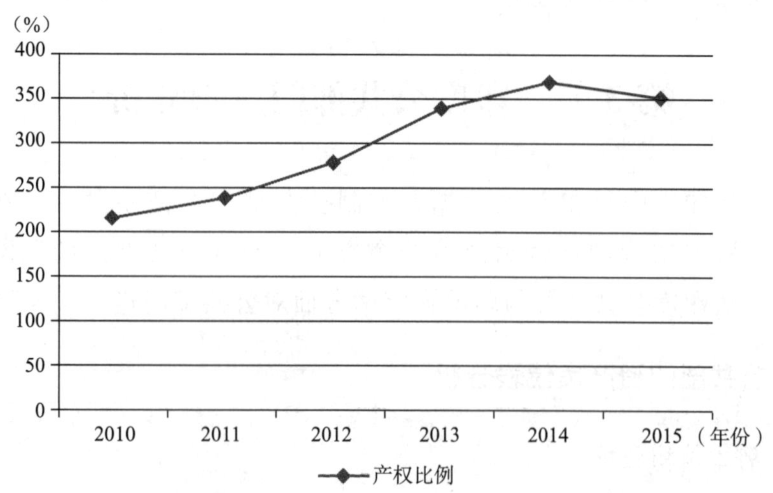

图47.8　2010—2015年印度银行产权比率

二、公共债务与财政赤字分析

（一）公共债务分析

从 2010 年起，印度债务占国内生产总值（GDP）比例升势未止。虽然受美国退出量化宽松预期的影响，印度政府致力于削减公共债务，但是仍然无法扭转印度公共债务占 GDP 比重过高的局面。如图 47.9 所示。与此同时，基于刺激经济的需要，印度公共债务占 GDP 比重在 2015 年达到 62.70%。印度经济因巨额公共债务而易受冲击，存在着严重的债务危机隐患。

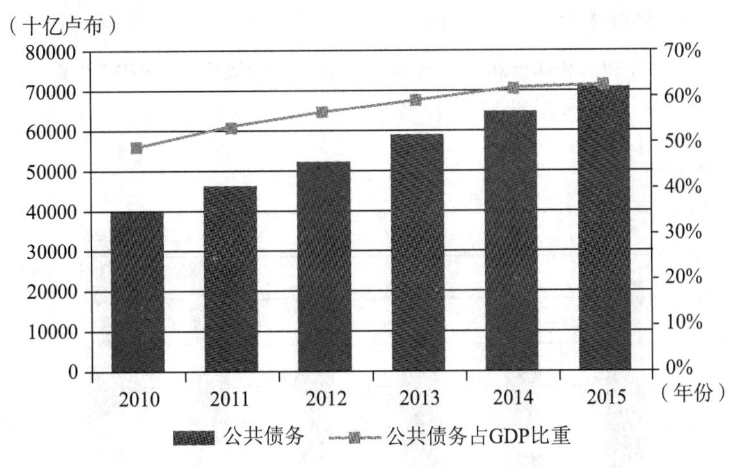

图 47.9　2010—2015 年印度银行公共债务

（二）财政赤字分析

由于全球经济危机，政府需要注资帮助经济复苏，印度 2011 年度的赤字上升到 GDP 的 5.84%。政府削减关税、增加计划支出的行为都导致了财政赤字的增加。印度 2012 年政府财政赤字下降至 5.31%，这主要归功于政府出售 3G 频谱和宽带服务的收入，以及 2011 年直接或间接税收的稳定增加。2011 年，国际油价上涨致使政府补贴大幅增加，导致当年的财政赤字占 GDP 比重大幅增加。近三年来，印度的财政赤字占 GDP 比重基本持平，在 5%左右波动，需关注风险。如图 47.10 所示。

从外汇储备规模来看，印度外汇储备额呈现波动状态，但随着欧洲货币走势疲软和美国退出 QE 预期影响，印度以美元计价外汇外流，印度外汇储备增长率由 2010 年的 55.32%下降至 2015 年的 10.17%。如图 47.11 所示。

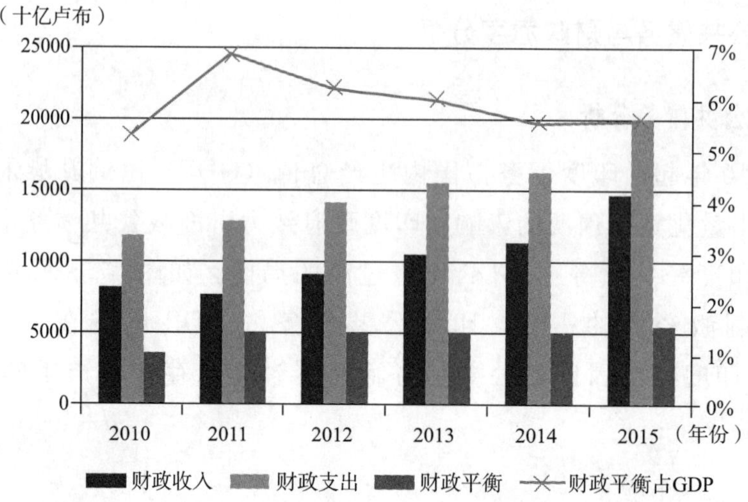

图 47.10　2010—2015 年印度财政收支及财政平衡占 GDP 比重

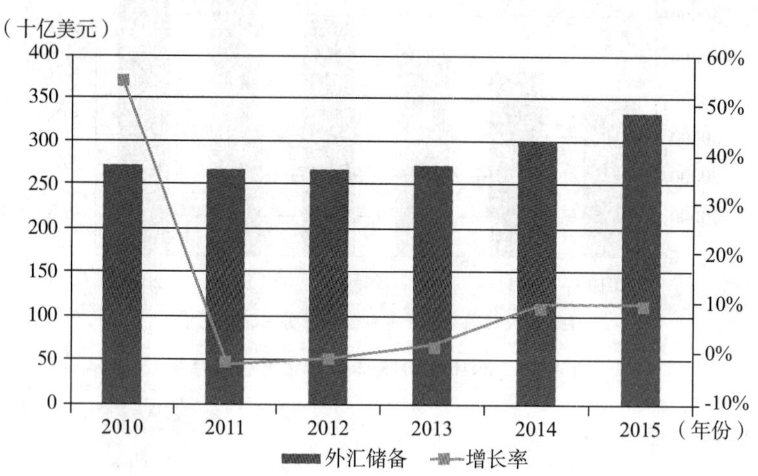

图 47.11　2010—2015 年印度外汇储备及增长率

第 4 节　印度金融部门风险分析

一、账面价值资产负债表分析

由于经济增长缓慢、收入降低、卢比贬值，印度上市金融部门的财政持续恶化。印度金融机构的资产负债率一直处于 93%以上。如图 47.12 所示，2010 年以来，印度金融部门的资产、负债规模持续提高，资产负债率持续下降，下降幅度较为缓和。2010 年资产负债率有所上升，债务的上升幅度大于资产的扩张幅度，债务风险加大。随后，伴随着经济下滑以及美联储退出量化宽松货币政策的预期，国际资本从新兴市场流出，对印度金融部门产生影响。自 2011 年起印度金融部门的资产有所缩水，资产负债率加速下降。2012 年资产规模再次扩张，但资产负债率基本保持一定水平，金融部门的风险暴露有所好转。2013－2015 年情况基本与前年一致。

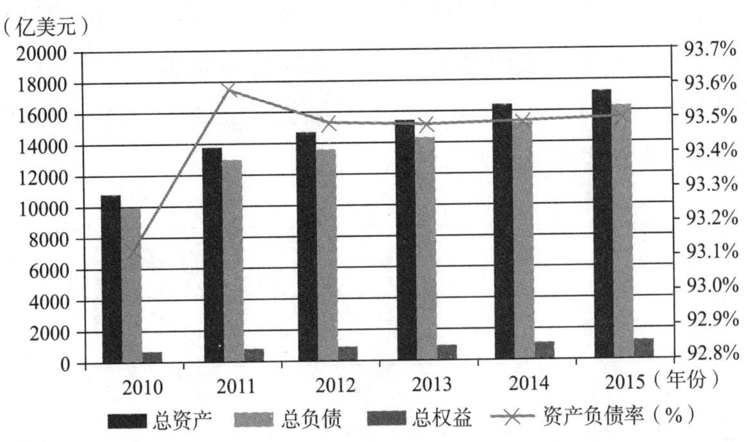

图 47.12　2010－2015 年印度上市金融部门资产负债结构

二、或有权益资产负债表分析

图 47.13 显示的是印度上市金融部门或有权益资产负债表。2010 年印度经济快速发展，金融部门资产负债率为 93.61%。2011－2013 年，或有资产和负债规模大幅增加，或有资产负债率小幅增加。2014 年，或有资产负债率小幅回落，2015 年印度金融部门资产负债率大幅下降，这在一定程度上说明金融部门风险状况有所好转。

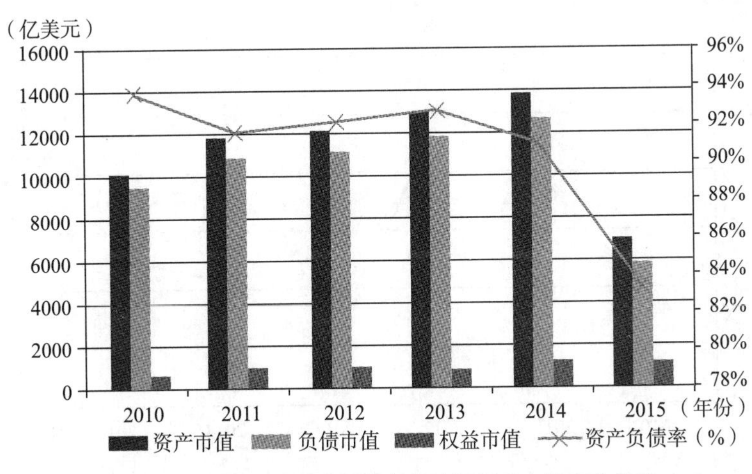

图 47.13　2010－2015 年印度金融部门或有资产负债率

三、风险指标分析

如图 47.14 所示，2010－2011 年印度上市金融部门的资产波动率降低，印度经济在 2010 年间快速增长，在美联储量化宽松货币政策的影响下，国际资本不断流入，印度金融部门获得充裕的廉价资金。2011－2013 年，印度上市金融部门资产波动率波段性地下降，风险有所降低。2013 年以后，资产波动率大幅增加，2014 年受美国退出 QE 预期的影响，大量资本外逃，资产波动加剧，资产波动带来的风险增加。

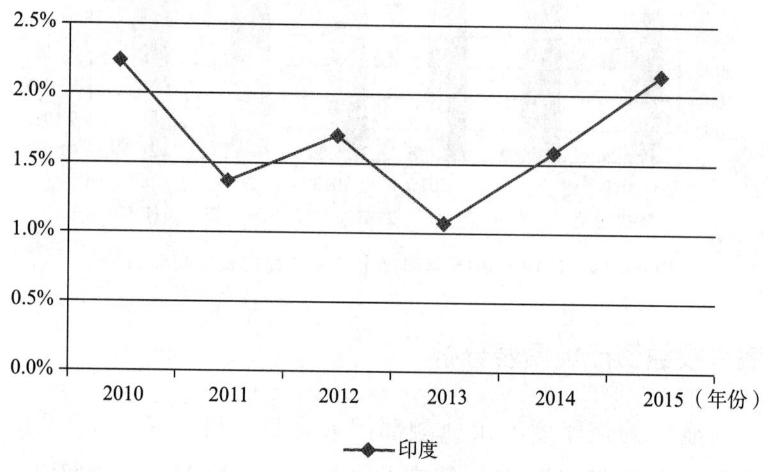

图 47.14　2010－2015 年印度金融部门资产波动率

印度金融部门的违约距离在经历 2010－2012 年间的大幅增加后，在 2013 年有大幅回落。2013 年以后，违约距离有所增加，但增加幅度并不大，仍需注意违约风险。如图 47.15 所示。

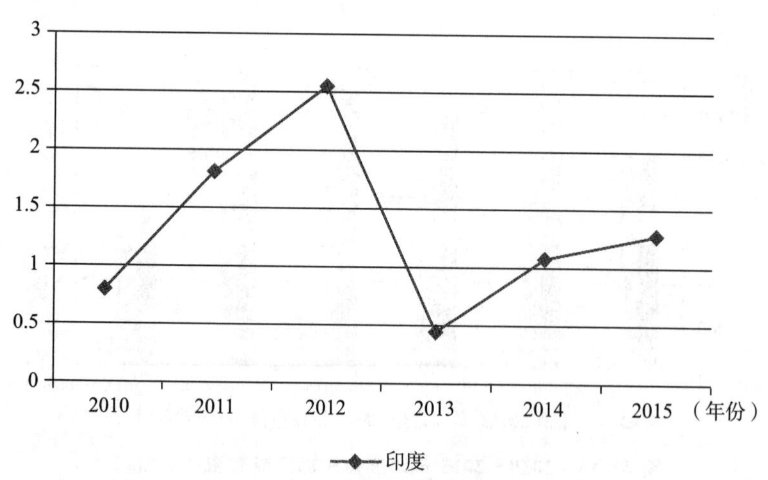

图 47.15　2010－2015 年印度金融部门违约距离

第 5 节　印度企业部门风险分析

一、资本结构分析

如图 47.16 所示，由上市企业的资产负债数据可知，国际金融危机发生后，上市企业的资产总额呈平稳上升趋势，由 2009 年的 9187.4 亿美元增加至 13258.9 亿美元；与此同时，企业的负债总额缓慢上升。资产负债率持续处于上升态势，尤其在 2009—2011 年间，资产负债率的增长速度较快。与其他国家相比，印度企业部门的资产负债率略高，但财务杠杆仍属于安全范围内。

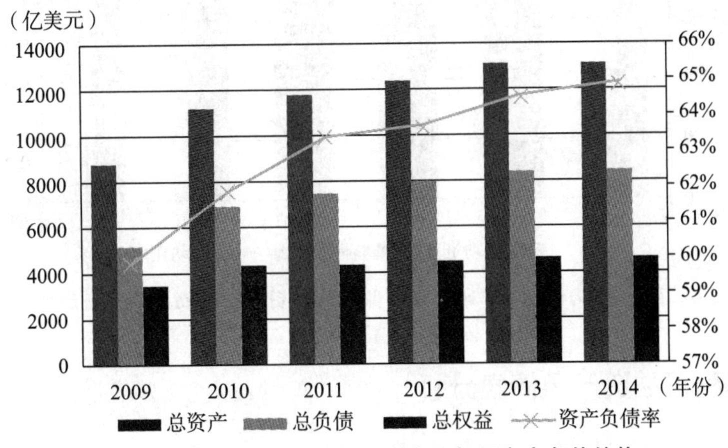

图 47.16　2009—2014 年印度企业部门资产负债结构

与印度企业部门的资产负债率相对应，企业部门的产权比率一路上升，风险暴露愈加明显，清偿力风险逐渐加大，于 2014 年达到 1.84，存在一定的风险。如图 47.17 所示。

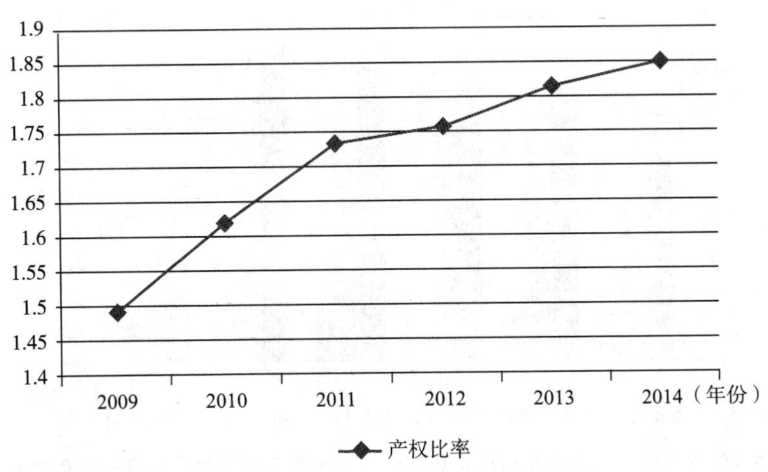

图 47.17　2009—2014 年印度企业部门产权比率

二、期限错配分析

国际金融危机之后，印度企业部门的流动比率自2009年开始处于下降趋势，在2014年达到1.186。由于印度企业部门流动比率下降且低于1.5，体现了印度企业部门短期资金周转困难，债务负担增加，短期偿还能力较差，需警惕流动性风险。如图47.18所示。

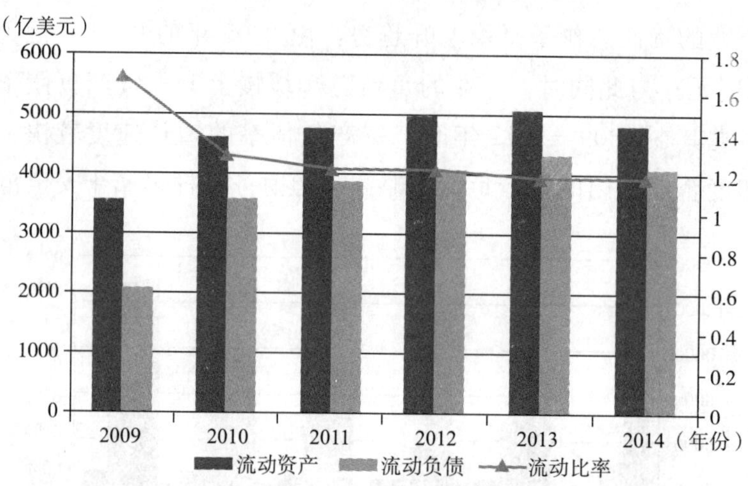

图47.18　2009—2014年印度企业部门流动资产、流动负债及流动比率

三、或有权益资产负债表分析

通过构建企业部门的或有权益资产负债表，得到印度企业部门的资产市值、负债市值和权益市值。自2009年金融危机之后，印度企业部门的或有资产快速增长，美联储量化宽松货币政策的推出，降低了资金成本，这段期

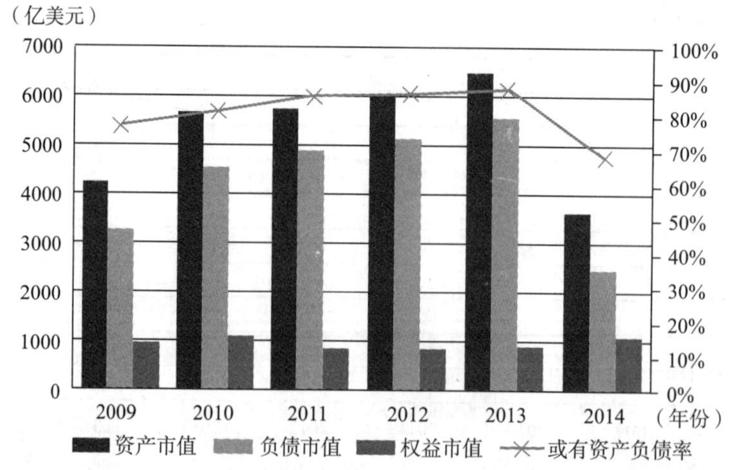

图47.19　2009—2014年印度企业部门或有资产负债结构及或有资产负债率

间，企业的或有负债和或有资产规模逐步上升，资产负债率不断提高，企业部门风险也逐渐暴露。但是 2011 年出现负增长，这主要受国内经济疲软的影响。同时，企业部门的或有负债连续 5 年基本保持平稳，这也导致了企业部门的或有资产负债率连续 3 年基本持平，基本在 74%～76%之间浮动。如图 47.19 所示。

四、风险指标分析

(一) 资产波动率分析

2009—2014 年间，印度企业部门的资产波动总体呈下降趋势。如图 47.20 所示。国际金融危机后，2010 年印度企业部门的资产波动明显减缓。此后，印度企业部门的资产波动率逐渐降低，市场运行较为平稳。

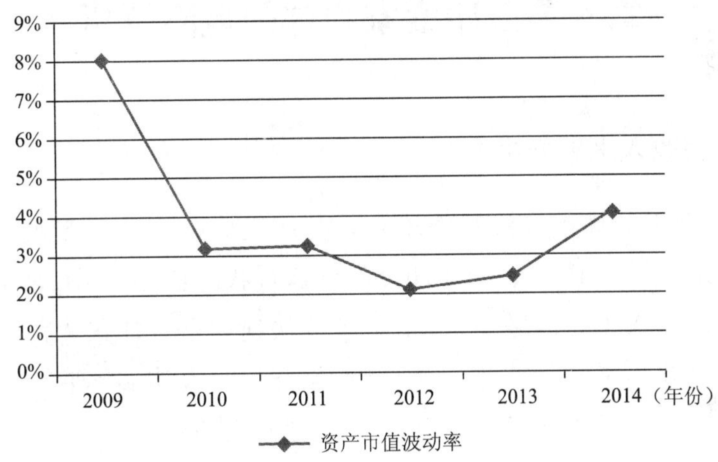

图 47.20　2009—2014 年印度企业部门资产波动率

(二) 违约距离

2010 年，印度企业部门的违约距离增加至 5.33，违约距离增加表明印度企业部门违约风险降低，上市企业部门表现良好，不存在明显的违约风险。这主要源于印度整体宏观经济形势的好转。2011 年企业部门的违约距离又再次下降至 3.5，违约风险凸显。如图 47.21 所示。此后，违约距离呈波动上升趋势，风险敞口总体趋于缩小，违约概率较小。

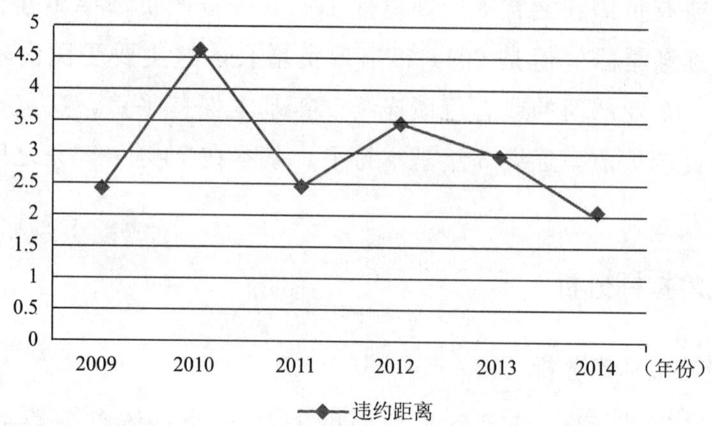

图 47.21　2009—2014 年印度企业部门违约距离

第 6 节　印度家户部门风险分析

一、居民收入水平分析

从 2011 年开始印度经济缓慢增长，其居民收入水平呈现波动趋势。如图 47.22 所示，在 2010 年，由于印度经济运行状况良好，居民收入水平增长率达到前期较高水平，但随着 2011 年经济快速回落，居民人均实际收入迅速下跌，达到几年来较低水平。从 2012 年开始，人均实际收入迎来一段回升，2015 年人均实际收入增速达到 5.5%，创历史新高。

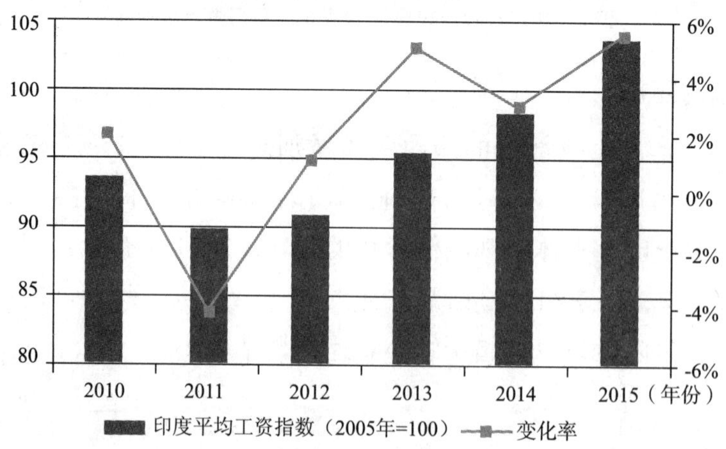

图 47.22　2010—2015 年印度人均实际工资指数及变化率

2011 年，印度经济迅速下滑导致印度个人实际可支配收入快速下降，随着经济有所回暖，从 2011－2015 年印度个人实际可支配收入缓慢上升，在 2015 年达到 875553 亿卢布。如图 47.23 所示。

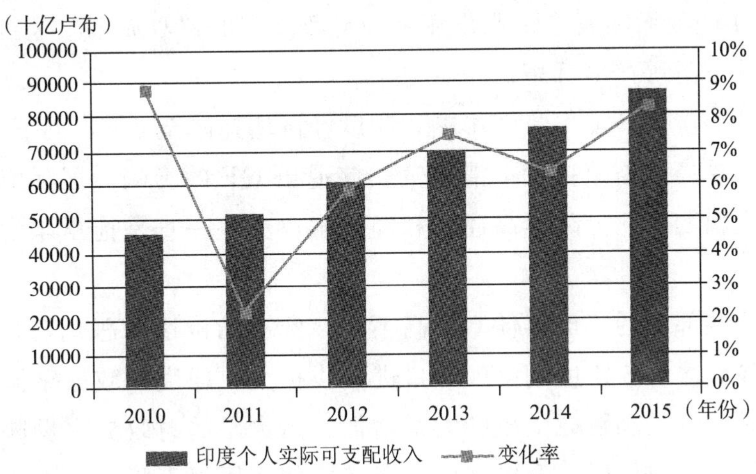

图 47.23　2010－2015 年印度个人实际可支配收入及变化率

二、失业率分析

如图 47.24 所示，2010－2012 年，印度失业率水平大幅升高，整个家户部门的失业率从 8%上升至 9.3%。2011 年以后，经济有所回暖，尽管世界经济有所增长，印度的失业率仍居高不下。由于印度是人口大国，人口数量的庞大是导致印度失业率较高的原因之一。

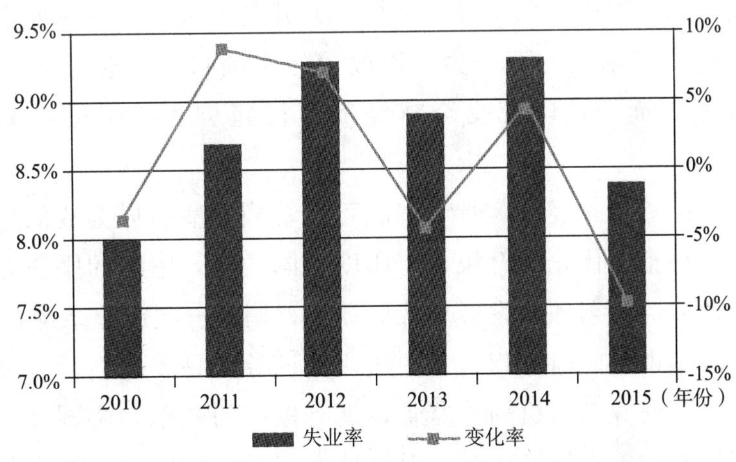

图 47.24　2010－2015 年印度失业率

第7节　结论及对中国的借鉴

2015年印度面临着经常账户赤字和财政赤字的“双赤字”危机，加上经济增速持续下滑等严峻环境。

受全球经济大环境不景气影响，印度经济增速降至6%，创下十年最低。与此同时，受经济增速持续下滑和美联储退出QE的影响，国际资本纷纷出逃，卢布大幅贬值。另外，高通胀和经常账户赤字一直是拖累印度经济的沉重负担。

印度公共部门的资产负债率居高不下，资本结构逐渐恶化，风险暴露较为严重。除此之外，印度的财政缺口进一步扩大。印度财政赤字源于政府财政收入的缓慢增长和财政支出的大幅增加。高水平的财政赤字反映了印度公共部门的偿债能力较弱。金融部门的资产负债率缓慢下降，资本结构状况逐渐好转。资产波动幅度较小，违约风险逐渐减小。

印度企业部门的清偿力风险有所降低，短期流动比率较低，仍存在一定的期限错配风险。家户部门的失业问题十分严重，高失业率未得到根本改变，人均实际收入波动较大。

印度经济呈现这种局面的原因分为内、外两方面原因。从内部原因来看，经济结构未能及时调整。印度制造业的发展速度明显落后于服务业发展速度。电力、交通等基础设施的发展相对落后导致外国投资在当地的发展不振。印度需要抓住时机，调整经济结构，尤其是加大力度发展制造业，增强印度商品在全球市场上的竞争力，以改善经常项目账户长期赤字的收支状况。就外部原因而言，印度受全球经济下行趋势和美国退出QE的影响很深。

中国从印度近年来经济运行的状况可以看到一些引以为戒的地方：必须加快产业结构调整、优化和升级；与印度不同的是，中国的服务业相对制造业发展较为落后，必须加快发展现代服务业，调整三次产业结构。

印度在资本市场的监管权力集中于印度证券交易委员会，负责对证券公司、投资银行、证券交易机构等监管，具有极高的效率和协调性。中国应建立和完善多层次的资本市场体系，对区域性交易所进行改革和完善，使资本在全国范围内自由流动，增强流动性。

参考文献

[1] IMF：World Economic Outlook，October 2015.

[2] Reserve Bank of India：Macroeconomic and Monetary Developments，January 2015.

[3] Reserve Bank of India：Financial Stability Report，December 2015.

[4] 杨文武、邹毅：《印度经济增长模式研究》，《南亚研究季刊》2011 年第 3 期。

[5] 文富德：《金融危机后的印度经济发展前景》，《南亚研究季刊》2010 年第 1 期。

[6] 殷永林：《印度经济持续快速增长的动力因素分析》，《东南亚南亚研究》2010 年第 1 期。

[7] 朱科、文富德：《印度经济放缓的体制原因分析》，《经济体制改革》2014 年第 3 期。

[8] 郭可为：《当前印度经济面临的风险与前景》，《国际研究参考》2013 年第 12 期。

[9] 肖和：《印度经济：第一块松动的“金砖”》，《国际金融》2012 年第 9 期。

第 48 章　韩国宏观金融风险研究

韩国有十大支柱产业，包括半导体、汽车制造、家电、造船、钢铁、通信等。韩国是外向型经济，国际贸易在韩国 GDP 中占有很大的比重。目前韩国经济因结构性因素正陷入衰退。具体来看，劳动生产率和制造业开工率持续下滑，代表性企业销售额也持续减少。韩国的出口无论从数量还是质量上都出现下滑，国民消费也陷入停滞。

第 1 节　韩国宏观金融风险概述

如图 48.1 所示，2010 年韩国国内生产总值同比增长 6.49%，创下 8 年新高，这主要归功于出口利好和制造业的生产及设备投资活跃。但此后经济增长率逐年下降，截至 2012 年下降至 2.3%，此后三年 GDP 增速有小幅上升，这源于韩国政府多次推出财政刺激方案，但是到 2015 年经济增长速度又跌至 2.61%。总体来看，韩国经济虽有上升的态势，但 GDP 增速波动较大，一直不稳定。

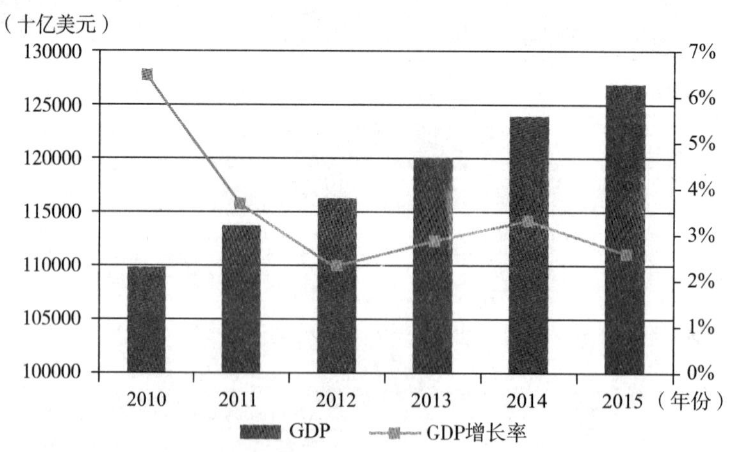

图 48.1　2010—2015 年韩国 GDP 及 GDP 增长率①

① 数据来源于 BvD 全球金融分析、宏观经济指标数据库 https：//www. countrydata. bvdep. com/ip。下面如未作说明，数据来源均与此处相同。

自 2009 年后，韩国私人消费和固定投资对韩国经济增长的贡献度有明显提升，2010 年私人消费和固定投资对 GDP 的贡献率分别为 49.71%和30.33%，表明韩国民间增长动力得到恢复，需求驱动和固定投资刺激了韩国经济快速增长。此后，受低迷的国际经济形势影响，韩国国内内需不足、投资率相对很低、经济增长缺乏动力，私人消费对 GDP 贡献率小幅下降，幅度大约为 2 个百分点；而固定投资对 GDP 的贡献率在一定下滑以后，2015 年又有了明显回升，带动国内 GDP 小幅增长，到 2015 年私人消费和固定投资对 GDP 的贡献率分别为 47.71%和 28.88%。如图 48.2 所示。总体来看，政府消费对 GDP 的贡献率在近六年内一直保持在 14%的水平。

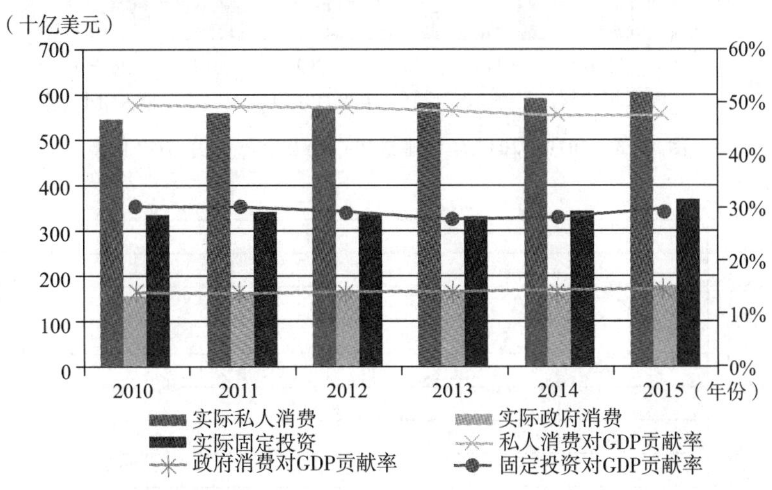

图 48.2 2010—2015 年韩国私人消费、政府消费和固定投资对 GDP 贡献度

如图 48.3 所示，2011 年以后，虽然受韩元升值以及主要国家经济增速放缓等不利因素的影响，但韩国与欧盟的自贸协定使韩国的汽车、船舶等主要出口产品的出口竞争力加强，使得净出口占 GDP 的比重由 2010 年的3.18%增长至 3.89%，贸易情况的改善，对经济增长作出了很大贡献。2013年上半年，受到 172 亿美元的财政刺激方案推动，净出口占 GDP 的比重大幅增至 6.67%，2014 年受美国退出 QE 的影响净出口占比基本与上年持平。整个 2015 年，韩国的出口形势较为严峻，在 10 月以前出口持续负增长。2015 年净出口占 GDP 的比重有较大幅度下降，下降至 5.55%。

如图 48.4 所示，2010—2011 年，国际大宗商品价格持续走高，韩国国内经济复苏导致市场需求增加，韩国通货膨胀率保持高增长势头，从 2.94%增长至 4.02%，增长幅度较大。为了抑制快速上涨的通胀压力，韩国采取了紧缩的货币政策，通货膨胀率在 2012 年下降至 2.18%。此后由于经济增长势头依然疲软，需求拉动的通货膨胀压力依然温和，通货膨胀率一路下行，到 2015 年通货膨胀率下降至了 0.71%。

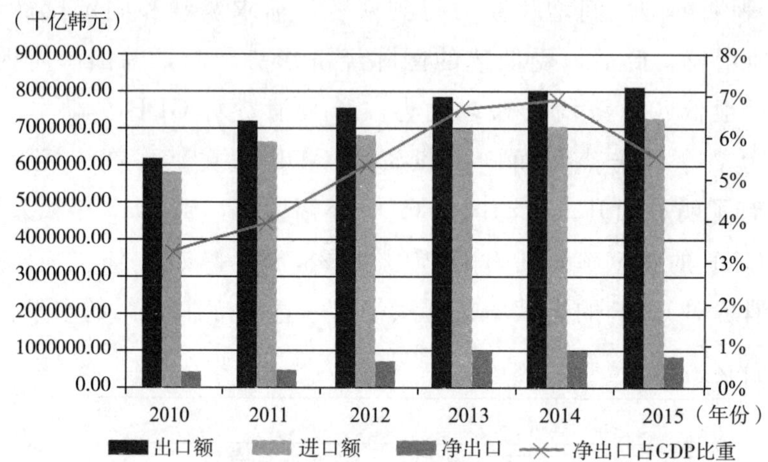

图 48.3　2010—2015 年韩国进出口额及净出口占 GDP 比重

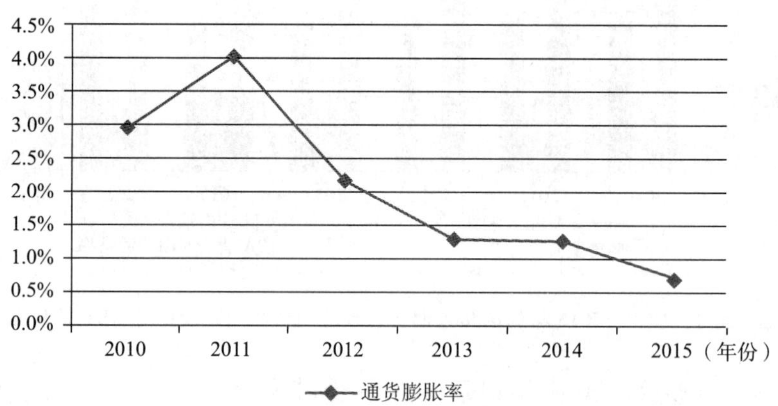

图 48.4　2010—2015 年韩国通货膨胀率

2008 年的国际金融危机以来，各国纷纷采取宽松的货币政策来刺激经济，而韩国依然实行较为紧缩的货币政策，因此 M2 的增长率在 2010—2013 年间基本处于下降趋势。截至 2013 年下降到 4.64%。2014 年后，受日元走软、美国退出 QE 影响，韩国推出 400 亿美元的经济刺激方案来刺激经济恢复，导致国内货币供应量同比增长 8.14%，2015 年的 M2 增长率水平基本与上年持平。如图 48.5 所示。

虽然全球经济低迷，但韩国宏观经济保持较强上升势头，韩国证券市场大盘整体也保持了上升势头，2010 年年底证券市场指数攀至 2051 点。如图 48.6 所示，2011 年美国主权信用评级下调，亚太股市受拖累重挫，韩国证券市场指数跌至 1826 点。此后，随着韩国经济缓慢增长，证券市场表现回暖，截至

2013 年年底报收于 2011.34 点。但是受美国退出量化宽松影响，韩国综合指数表现并不乐观，在 2014 年又跌至 1915.59 点，2015 年稍有回升，但依然在 2000 点以下。

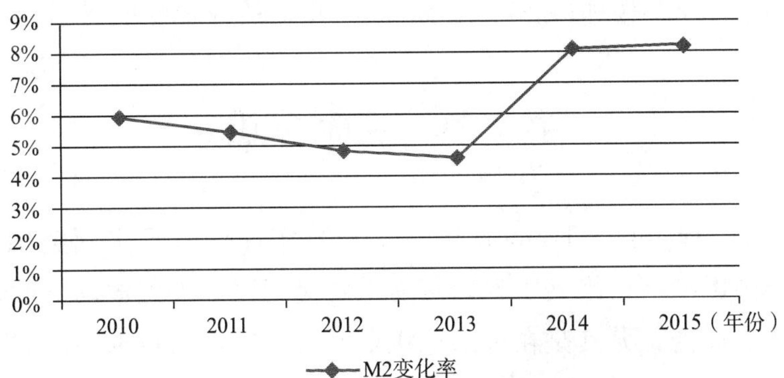

图 48.5　2010—2015 年韩国货币供应量变化率

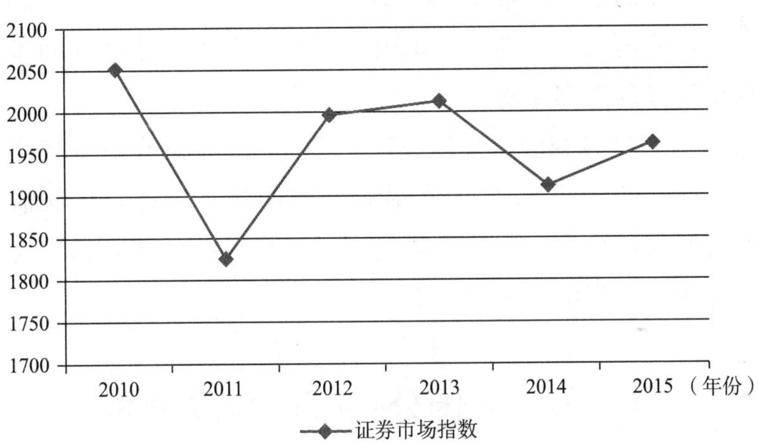

图 48.6　2010—2015 年韩国证券市场指数

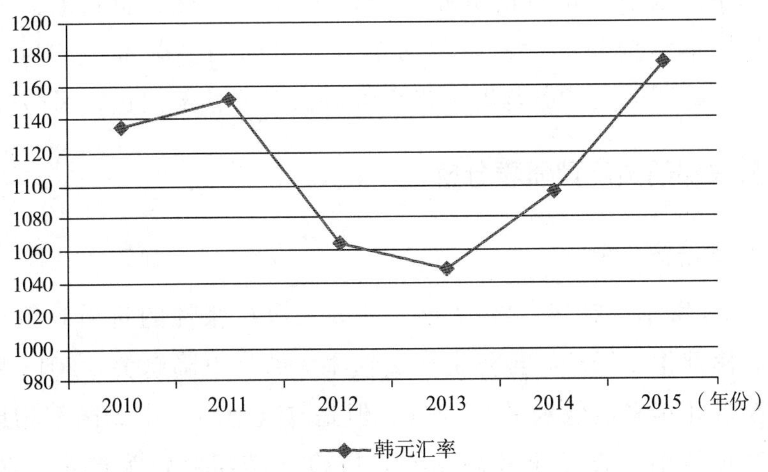

图 48.7　2010—2015 年韩元汇率走势

2011 年美联储退出 QE 预期、全球流动性紧缩等原因使得韩元汇率略有下降，如图 48.7 所示。2012 年，受到日元大幅贬值影响，韩元开始升值。2013 年韩国迎来了史上最大规模的国际收支经常项目盈余，韩元保持升值势头。2014 年韩元出现贬值趋势，直到 2015 年依然处于贬值状态。

第 2 节　文献综述

Sangyeon Hwang、Hyejoon Im（2013）实证分析了国际金融冲击对韩国贸易融资的影响，结果表明韩国贸易融资受到诸如外汇波动、TED 利差等金融变量的负冲击，尤其是在金融危机期间会对国内出口部门不利。

Fabio Milania、Sung Ho Park（2014）研究了全球化对韩国这个开放的贸易依赖型经济体的宏观经济指标的影响。实证结果表明全球化趋势引起了国内宏观经济环境的剧烈波动：韩国国内产出、通货膨胀率和利率等经济指标受到全球化趋势的强烈冲击。

IMF 最新的《世界经济展望》，将 2015—2016 年的全球经济增长率预期分别下调至 3.5%和 3.7%。韩国在最新发布的报告中称，在欧债危机和美国经济复苏缓慢的形势下，明年全球经济增速将继续放缓，韩国经济增长将进一步放缓，预计经济增长率为 3.4%。

第 3 节　韩国公共部门风险分析

本节利用韩国中央银行的数据，编制公共部门资产负债表。在此基础上，主要从资本结构和清偿力风险两个方面对韩国公共部门的风险进行分析。同时，从韩国公共债务与财政赤字两方面对公共部门进行风险分析。

一、公共部门资产负债表分析

（一）资本结构分析

如图 48.8 所示，2010—2012 年，韩国采取扩张性的货币政策，资产总额和负债总额都稳步增长，虽然资产负债率大致呈下降趋势，2012 年资产负债率下降至近几年来最低水平 97.4%，但是与其他新兴市场国家相比，韩国央行的资产负债率一直处于较高水平，风险暴露相对较为严重。2013 年以后，受韩国政府连续的财政刺激政策的影响，资产负债率又有了回升趋势，连年上升的资产负债率到 2015 年达到了 98.53%，出现债务危机的可能性进一步扩大。

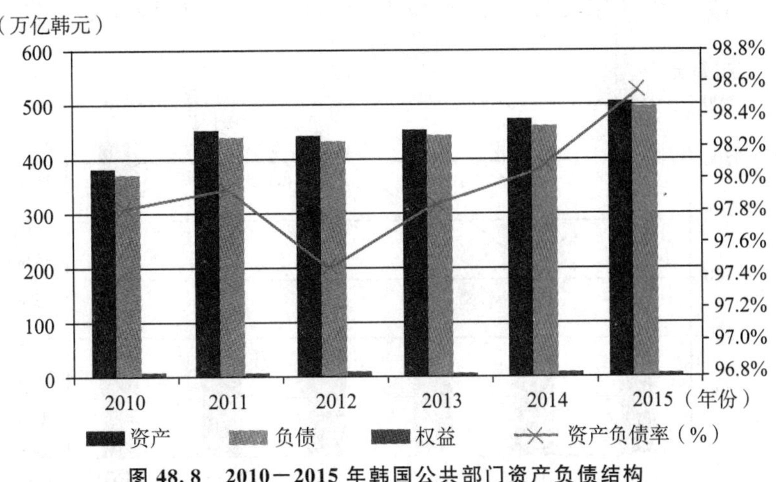

图 48.8　2010—2015 年韩国公共部门资产负债结构

（二）清偿力风险分析

与其他国家相比，韩国公共部门的产权比率较低，如图 48.9 所示。2010 年，中日韩签订《中日韩合作展望》，开展东亚货币合作，韩国公共部门的产权比率较低，国际清偿力得到提升。2013 年以后，产权比率逐年上升，到 2015 年达到 67.14，韩国公共部门的清偿力风险有较大幅度增加。

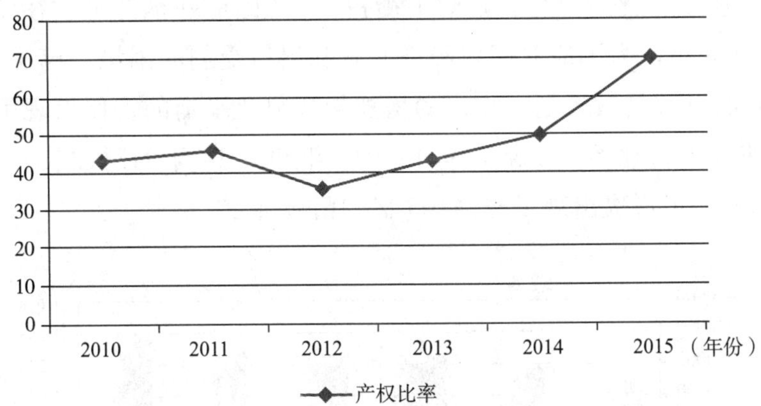

图 48.9　2010—2015 年韩国公共部门产权比率

二、公共债务与财政赤字分析

（一）公共债务分析

受欧债危机影响，韩国经济增长面临下行风险，由于连续推出财政刺激政策，韩国公共部门债务逐年上升，由 2010 年的 402.67 万亿韩元上升至

2015年的538.92万亿韩元，公共债务占GDP比重也由31.82%增长至36.44%，韩国公共部门的偿债压力逐年加大且还有继续上升的趋势，所以公共部门应该注意其偿债能力，避免发生清偿危机。如图48.10所示。

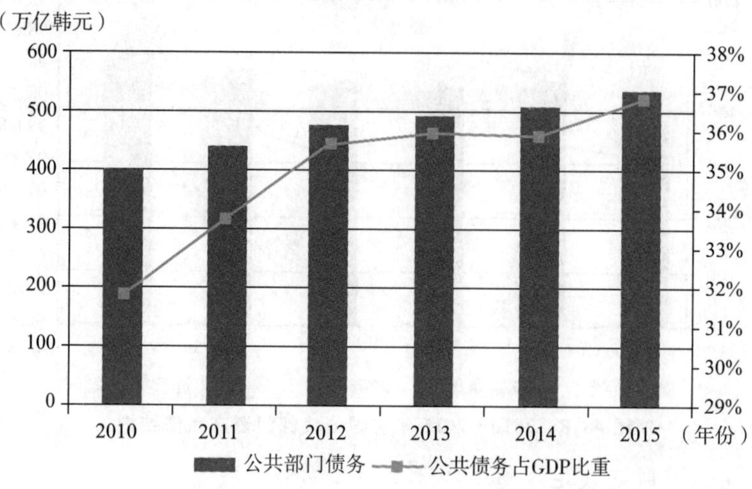

图48.10　2010—2015年韩国公共部门债务

（二）财政赤字分析

2010年韩国国内内需得到恢复，受韩国经济快速增长的影响，韩国财政收入超过了财政支出，扭转了韩国政府财政赤字的局面，实现了财政盈余。如图48.11所示。此后3年，财政平衡占GDP比重基本持平，在2011年稍有上升。2013年，为了应对国内经济疲软和出口受创的困境，韩国政府推出172亿美元的财政刺激计划，支出的增加导致财政平衡的占比出现下降趋势。此后财政平衡的占比逐年下降，其中2013年和2014年的财政收入大于财政支出，到2015年再次出现了-14105亿的财政赤字。

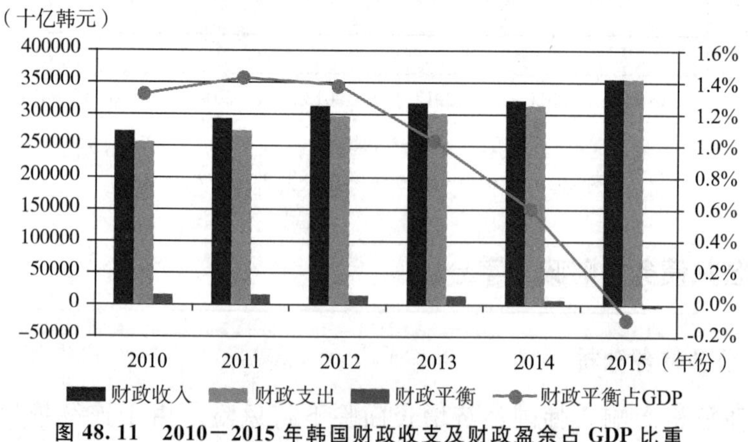

图48.11　2010—2015年韩国财政收支及财政盈余占GDP比重

从外汇储备规模来看，韩国外汇储备额一直处于上涨趋势，但随着因欧洲货币走势疲软和美国退出 QE 预期影响，韩国以美元计价外汇外流，韩国外汇储备增长率由 2010 年的 8.02％下降至 2014 年的 1.20％。如图 48.12 所示。

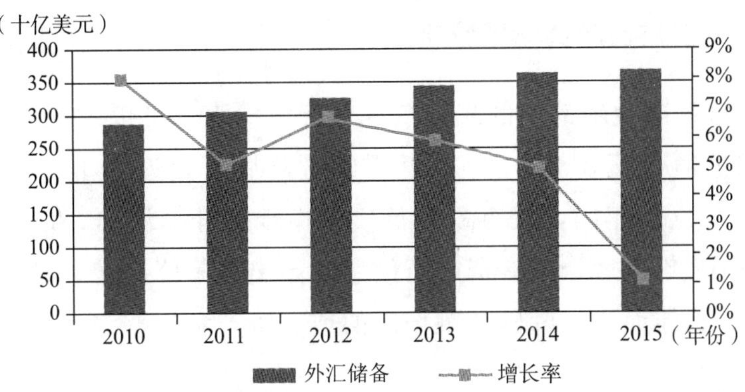

图 48.12　2010—2015 年韩国外汇储备及增长率

第 4 节　韩国金融部门风险分析

本节选取韩国 7 家银行金融机构，通过对金融机构资产负债表进行加总，构建账面价值资产负债表和或有权益资产负债表，对韩国金融部门风险进行分析。

一、账面价值资产负债表分析

受韩国公共部门扩张性的财政政策影响，金融部门的总资产和总负债逐年平稳上升。如图 48.13 所示，金融危机后，随着国际经济的复苏，资产负债率下降至 2011 年的 90.07％。但此后，资产负债率突然回升，2012 年资产

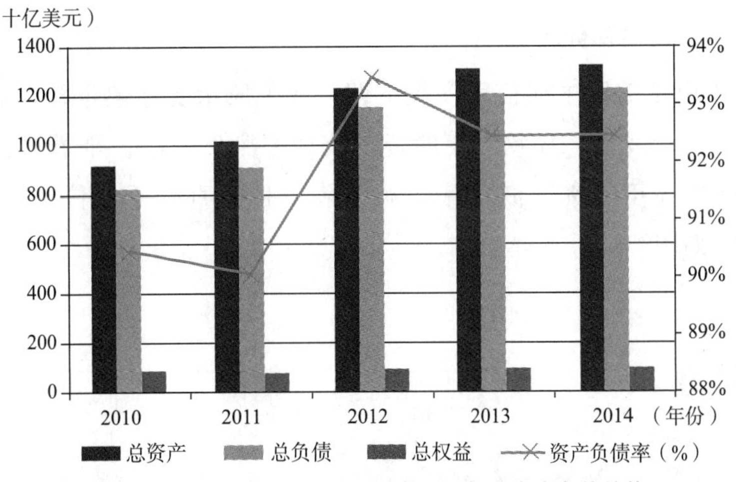

图 48.13　2010—2014 年韩国上市金融部门资产负债结构

负债率达93.44%，成为近5年的高峰值，风险水平略有提高。2013—2014年资产负债率略有下降，保持在92%附近。总体而言，韩国上市金融部门的资产负债率水平较高。

二、或有权益资产负债表分析

通过构造韩国金融部门的或有权益资产负债表，可以发现韩国金融部门资产市值和负债市值在2011年有所下降，此后开始逐年上升，如图48.14所示。2010—2012年间，或有资产负债率稳步上升，从90.28%一路上升到92.76%，2012年以后，或有资产负债率开始出现下降趋势，到2014年下降至92.04%。总体而言，韩国金融部门的或有资产负债率维持在较高水平。

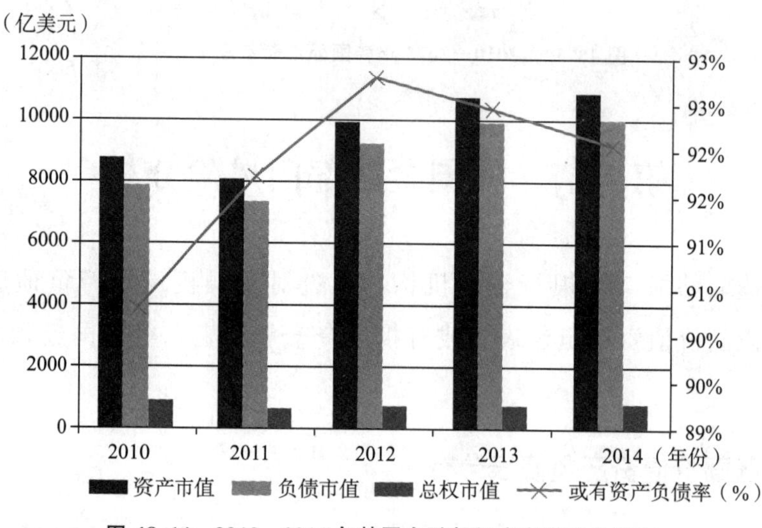

图48.14　2010—2014年韩国金融部门或有资产负债率

三、风险指标分析

（一）资产波动率分析

2011年由于美国主权信用评级下调，亚太股市受拖累重挫，影响了韩国金融部门的资产波动，导致当年的资产波动率突然上涨。随着韩国经济的平稳运行，此后3年的资产波动率开始下降，且一直处于低位，截至2014年状况良好。如图48.15所示。

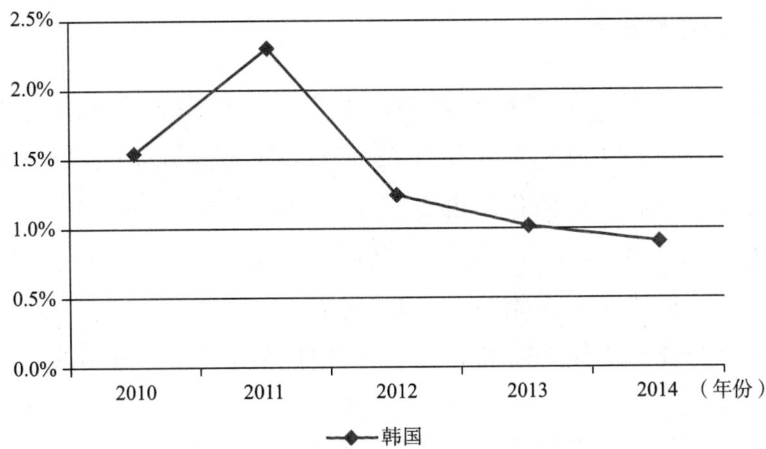

图 48.15　2010—2014 年韩国上市金融部门资产波动率

（二）违约距离

与韩国金融部门资产波动情况相对应，韩国金融部门的违约距离在经历 2010—2011 年间的大幅下降后开始呈现上升趋势，如图 48.16 所示。从 2011 年的 2.37 增加至 6.44。2014 年的金融部门违约风险大幅减小。这些现象主要是受韩国宏观经济形势好转的影响。

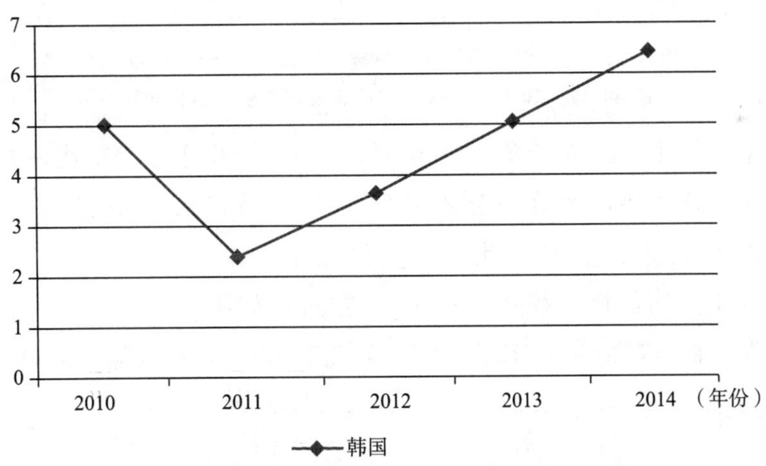

图 48.16　2010—2014 年韩国上市金融部门违约距离

第 5 节　韩国企业部门风险分析

选取韩国总资产排名前 565 家上市企业，并汇总分析这些上市企业的数据和各项财务指标，构建账面价值资产负债表和或有权益资产负债表，对韩国企业部门风险进行分析。

一、资本结构分析

由上市企业的资产负债数据可知，上市企业的资产总额呈平稳上升趋势，由2010年的1.60万亿美元增加至2.09万亿美元，但在2011年稍有下降；与此同时，企业的负债总额也有完全一致的走势，如图48.17所示。资产负债率在2011年减少至58.92%，企业部门的资产结构明显好转。此后，上市企业的资产负债率一直维持在60%左右，总体来看，与其他国家相比，韩国企业部门的资产负债率略高，但财务杠杆仍属于安全范围内。

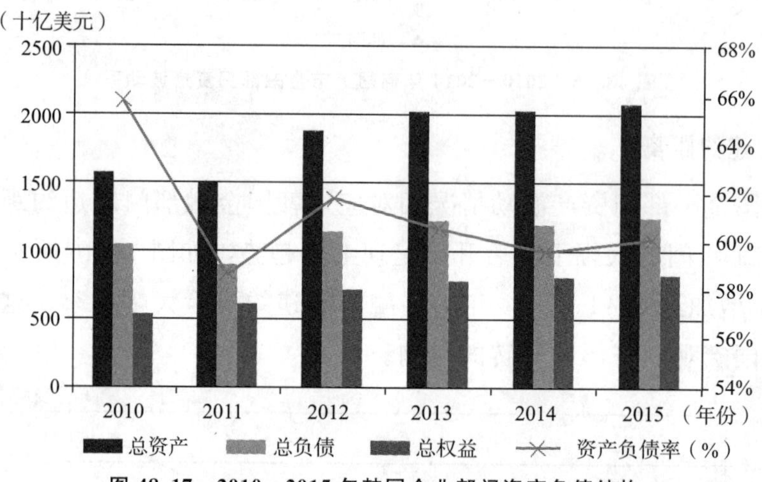

图48.17　2010—2015年韩国企业部门资产负债结构

与韩国企业部门的资产负债率相对应，企业部门的产权比率从2010年之后总体呈下降趋势，风险暴露在逐渐减少，清偿力风险有明显降低，于2011年下降至最低点1.43。此后，产权比率于2012年虽然略有上升，但2013—2015年间均保持平稳水平在1.48左右，如图48.18所示。整体来看，该指标略高于亚洲其他新兴市场国家，还是存在一定的风险，但风险不大。

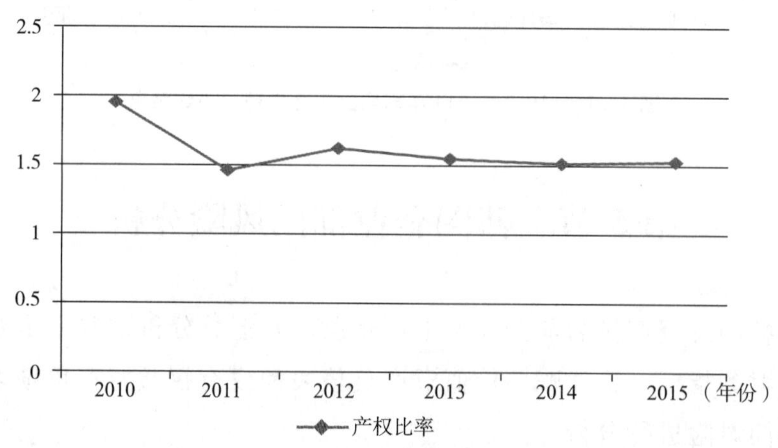

图48.18　2010—2015年韩国企业部门产权比率

二、期限错配分析

2010 年以来，随着韩国经济的复苏，韩国企业部门的流动比率连续 6 年呈上升趋势，在 2015 年达到 1.295，如图 48.19 所示。但流动比率始终低于 1.5，体现了韩国企业部门短期资金周转困难，债务负担增加，短期偿还能力较差的现象，这种现象源于韩国经济放缓，高劳动力成本已严重影响企业盈利能力，因此需警惕流动性风险。

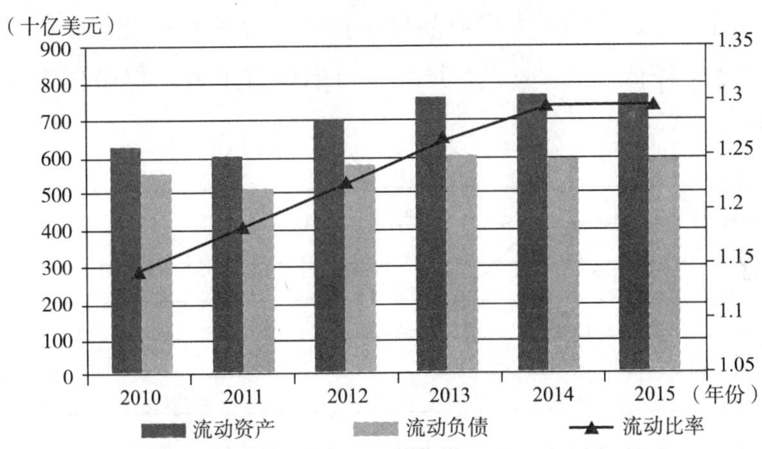

图 48.19　20010—2015 年韩国企业部门流动资产、流动负债及流动比率

三、或有权益资产负债表分析

通过构建企业部门的或有权益资产负债表，得到韩国企业部门的资产市值、负债市值和权益市值，并计算得到或有资产负债率。如图 48.20 所示，自 2010 年起，企业部门的或有资产平稳增长，但是 2011 年出现负增长，这主要受国内经济疲软的影响。同时，企业部门的或有负债连续 5 年基本保持

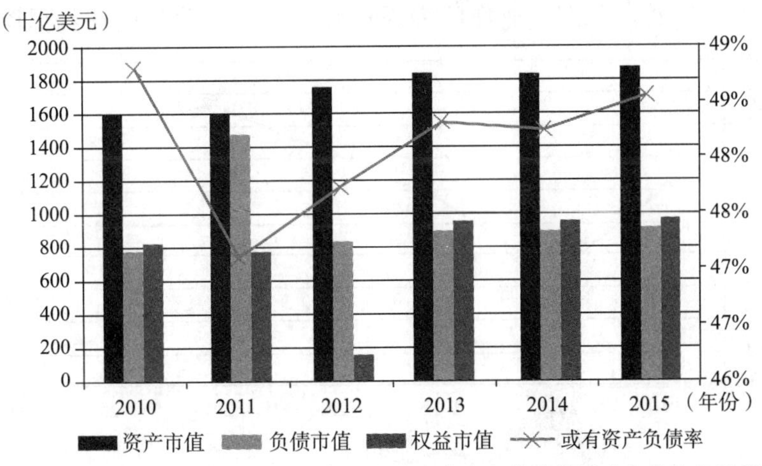

图 48.20　2010－2015 年韩国企业部门或有资产负债结构及或有资产负债率

平稳。企业部门的或有资产负债率在2011年有明显下降，此后有小幅上升，但基本在48%上下浮动。整体来看，企业部门的资本结构较为良好。

四、风险指标分析

（一）资产波动率分析

近5年间，韩国企业部门的资产市值呈现较大波动，如图48.21所示。国际金融危机后，韩国企业部门的资产波动明显减缓。而2011年企业部门资产波动明显加剧，主要是国际大宗商品价格持续上涨所致。此后，韩国企业部门的资产波动逐年降低。到2015年资产波动率略有上升，但整体来看，市场运行较为平稳。

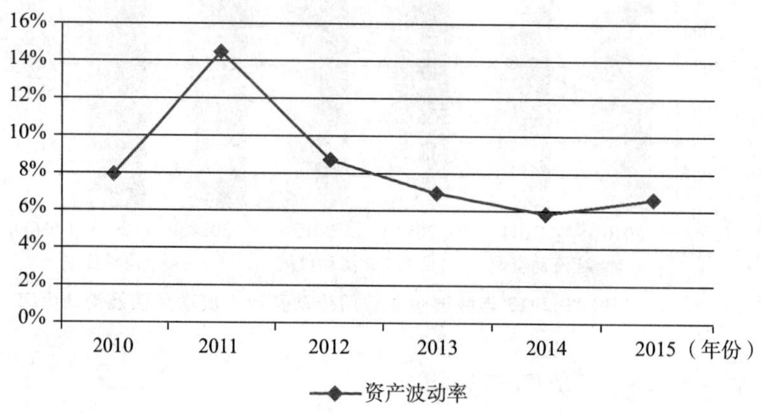

图48.21　2010—2015年韩国企业部门资产波动率

（二）违约距离

韩国企业部门的违约距离与资产波动率情况大致相符。如图48.22所示，2010年，韩国企业部门的违约距离为6.17，违约距离增加表明韩国企业部门违约风险降低，上市企业部门表现良好，不存在明显的违约风险。这主要

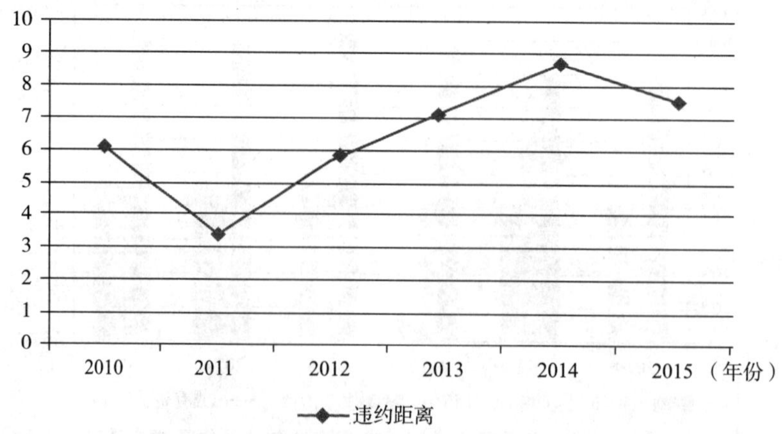

图48.22　2010—2015年韩国企业部门违约距离

源于韩国整体宏观经济形势的好转。但 2011 年企业部门的违约距离又再次下降，违约风险凸显。此后，违约距离一直呈上升趋势，风险敞口逐渐缩小，违约概率较小，截至 2014 年违约距离上升至最高点 8.65，2015 年又稍有下降。目前来看，违约概率较小。

第 6 节　韩国家户部门风险分析

一、居民收入水平分析

韩国居民收入情况与国内经济运行情况基本保持一致。如图 48.23 所示，受韩国国内经济增速的刺激，韩国居民平均工资指数于 2010 年大幅提升，增速达 3.79%。此后，国民经济出现衰退，韩国人均实际工资指数下跌至 97.93。随后，居民平均工资指数开始回升。2012－2014 年，居民平均工资指数平稳上升，但是工资增长率有小幅波动。

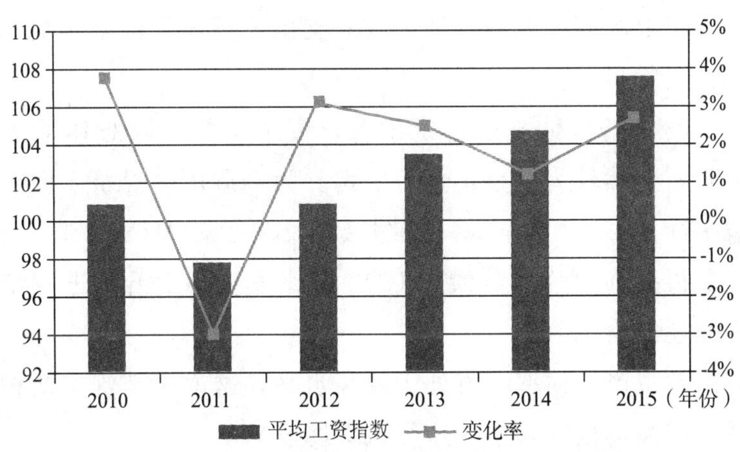

图 48.23　2010－2015 年韩国人均实际工资指数及变化率

二、失业率分析

如图 48.24 所示，受国际金融危机影响，2010 年韩国失业率上升至 3.73%，同比增长了 2.05%。随着国内经济形势的好转，2010 年后失业率和失业率增长率同步下降，国内劳工市场情况逐渐好转。截至 2013 年，失业率降低为 3.13%。2013 年后，受国内内需不振影响，失业率水平又开始呈现上升趋势，但在 2015 年失业率增长率有所下降，总的来说，韩国国内就业情况处于不利局面。

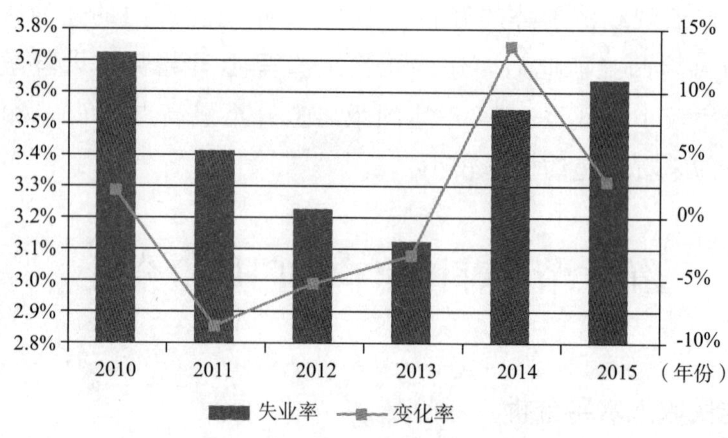

图 48.24　2010—2015 年韩国失业率

第 7 节　结论及对中国的借鉴

2015 年韩国经济增长放缓，基本保持与 G20 国家同步。韩国为了刺激经济，数次推出财政刺激方案，加大政府支出，整体经济增长更加依赖私人消费和固定投资的拉动。

公共部门的资产负债规模稳定增加，资本结构风险总体呈缓慢下降趋势，但风险暴露仍然较为严重，仍需警惕。为刺激国内经济，政府财政支出增加，财政平衡占 GDP 比重进一步缩减，反映了韩国公共部门的偿债能力较弱。金融危机后韩国公共负债占 GDP 中比重逐年上升，进一步凸显公共部门的债务偿还能力风险。

金融部门的资产负债率一直处于较高水平，这说明其资本结构存在一定问题。但其资产波动幅度较小，违约风险逐渐减小。

企业部门的账面资产负债率维持在较低水平，资本结构逐渐优化。流动比率逐渐增加，短期偿债能力有所好转。资产波动率呈现平稳趋势，违约概率减小。但流动比率始终处于较低水平，因此企业部门需警惕流动性风险。

家户部门收入水平虽有缓慢上升，但受国内经济疲软影响，消费、投资需求不足，就业状况逐渐恶化。国内失业率水平总体呈上升趋势，需警惕风险。

针对目前经济低增速、国内消费与固定投资不振的困局，韩国应着力于经济结构改革，将目前以出口和制造业为主导的经济增长模式转变为以内需和服务业为主导的模式；优化调整金融部门的资本结构，降低资产负债率；

提高就业率。

总结韩国经济金融的情况后，能对中国产生以下启示：

第一，转变经济增长模式。与韩国高度依赖出口贸易较为相似，中国也是一个出口大国。一旦过度依赖于国外市场，国家经济很容易受制于全球经济波动，中国需要转变增长方式，推动经济结构的改革，控制系统性风险。

第二，创新金融政策。韩国经济的快速恢复，源于政府致力于创新金融政策和严格的监管，2009 年国际金融危机后，韩国政府通过连续降息、实施大规模金融救援、向市场直接注资、签订货币互换协议、采取传统与创新工具等方式达到稳定金融市场和外汇汇率、增加市场流动性的目的。

第三，加强金融监管。各金融机构加强经营能力与风险管理能力，由人民银行确定统一的风险监管评估体制，对风险较大的金融活动予以干涉。

参考文献

[1] The Bank of Korea，Annual Report 2015.

[2] The Bank of Korea，Annual Report 2014.

[3] The Bank of Korea，Annual Report 2013.

[4] The Bank of Korea，Annual Report 2012.

[5] The Bank of Korea，Annual Report 2011.

[6] The Bank of Korea，Annual Report 2010.

[7] Sangyeon Hwang，Hyejoon Im，“Financial Shocks and Trade Finance：Evidence from Korea”，*Economics letters*，2013，120（1），pp. 104-107.

[8] IMF：World Economic Outlook，October 2014.

[9] IMF：Global Financial Stability Report，January 2015.

[10] 张爱民：《或有权益资产负债表方法及其在行业风险管理中的运用》，《生产力研究》2009 年第 19 期。

第49章　澳大利亚宏观金融风险研究

澳大利亚是一个典型的资源供给型国家。作为南半球经济最发达的国家和全球第12大经济体、全球第四大农产品出口国，其一半以上的商品出口与矿石有关，矿业等资源产业的发展情况在很大程度上影响其财政收入与贸易平衡，对经济增长的贡献率达到80%。2008年国际金融危机期间，与其他经济外向型国家不同，澳大利亚表现出较为强大的抵御风险能力，经济没有出现大规模的下滑，这主要是源于全球贸易以及合理经济政策的运用。但是在国际金融危机后，澳大利亚的经济复苏却并不强势，特别是在2012年后，新兴经济体由于国内通胀严重、资本外逃以及经济结构调整，经济增速放缓，极大程度降低了对澳大利亚出口产品的需求。与此同时，消费需求疲弱、收入增长缓慢、失业率增加和贸易赤字等问题接连出现。澳大利亚呈现出经济增长动力不足的态势，澳政府两次降息以刺激经济，但收效甚微。澳大利亚经济体系过分依赖初级资源产品出口，出口商品价格受制于美元价格走势。受此影响，澳大利亚公共部门债务规模持续扩大；金融部门资产持续被低估，存在期限错配风险；受矿业等产业投资缩减的影响，家户部门的失业率持续提高。

第1节　澳大利亚宏观金融风险概述

在国际金融危机后，澳大利亚经济恢复较为迅速。但在经济下行趋势的大背景下，澳大利亚出现投资疲软，并且随着新兴经济体对进口产品的需求减弱，其出口受到很大影响，宏观经济面临较大下行压力。虽然澳大利亚政府利用澳元贬值来增加出口，但这种方式并不能保证经济的可持续发展。另外，澳大利亚面临着较为严重的通缩压力，虽然政府连续采取降息措施，但并未取得很好的效果。

凭借全球贸易以及合理经济政策的运用，澳大利亚经济在2010－2012年间得到较大程度的复苏，而此时其他发达经济体仍处于国际金融危机与债务危机的阴霾之下。但是在2012年后，澳大利亚经济增长率却呈现下降趋势。走势与中国、巴西等国家表现出较大的一致性。截至2015年GDP及其增长率分别为9583亿美元和2.48%。如图49.1所示。

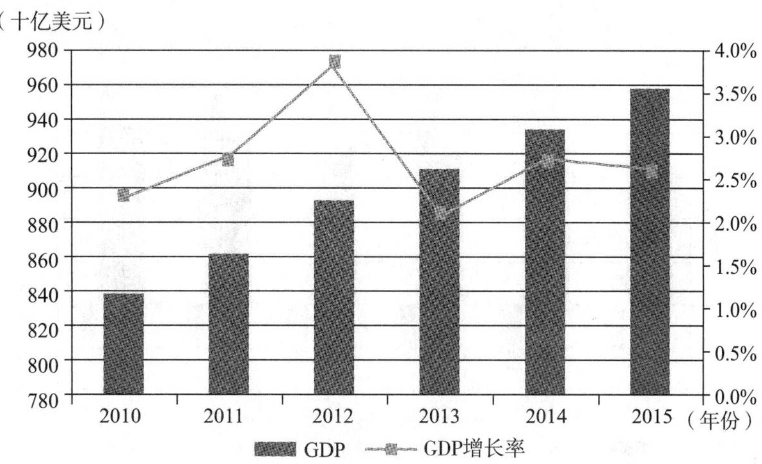

图49.1 2010—2015年澳大利亚GDP及GDP增长率①

图49.2反映的是澳大利亚私人消费、政府消费和固定投资对GDP贡献度的变化情况。2010年以来，私人消费和政府消费对经济增长的贡献最为稳定，而固定投资对GDP的贡献率波动幅度较大，其在2013—2015年间的下降趋势，说明以矿业为主的澳大利亚正面临较为严重的需求不足。

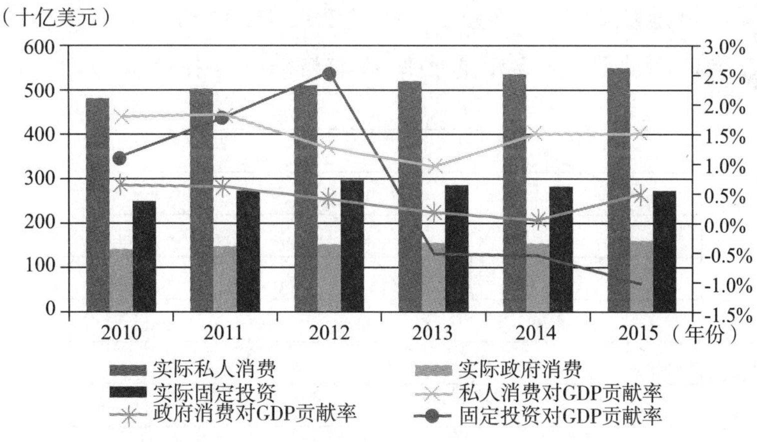

图49.2 2010—2015年澳大利亚私人消费、政府消费和固定投资对GDP贡献度

如图49.3所示，2011年后，澳大利亚净出口基本保持稳定，但一直是负值。出口额小幅度上升，进口额先上升后持平，2014年，得益于澳元的贬

① 数据来源于BvD全球金融分析、宏观经济指标数据库https：//www.countrydata.bvdep.com/ip。下面如未作说明，数据来源均与此处相同。

值，澳大利亚出口仍然保持增长态势，但是通过贬值的刺激并不能保证经济的可持续性发展。2015年新兴经济体经济面临较大的下行压力，对于澳大利亚的国际贸易产生了一定的负面影响。

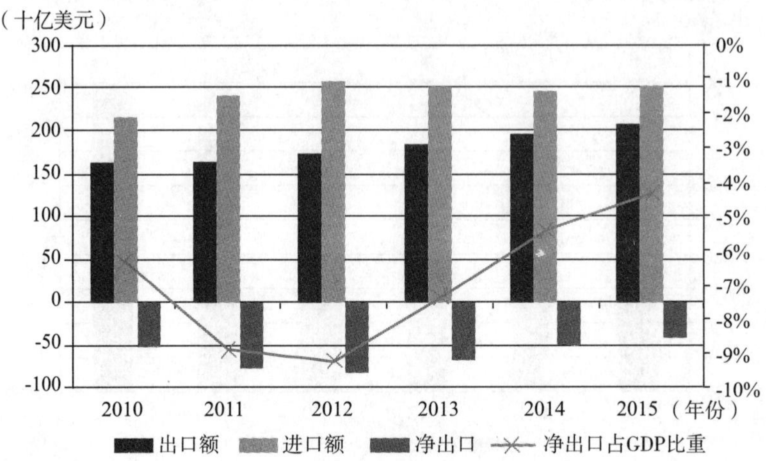

图49.3　2010—2015年澳大利亚进出口额及净出口占GDP比重

如图49.4所示，2011年后，澳大利亚通货膨胀率基本保持下降态势，在2014年，通胀率相比于前一年出现了较大程度的下降，但是宏观经济却出现了较大的下降压力。产品价格下降导致生产者投资的热情降低，固定投资减少导致经济增长疲软，这是典型的通缩表现。虽然澳大利亚央行采取了降息的政策，但是从2014年第三、第四季度的经济数据来看，并没有收到非常好的效果，因此到2015年通胀率基本与前一年持平。

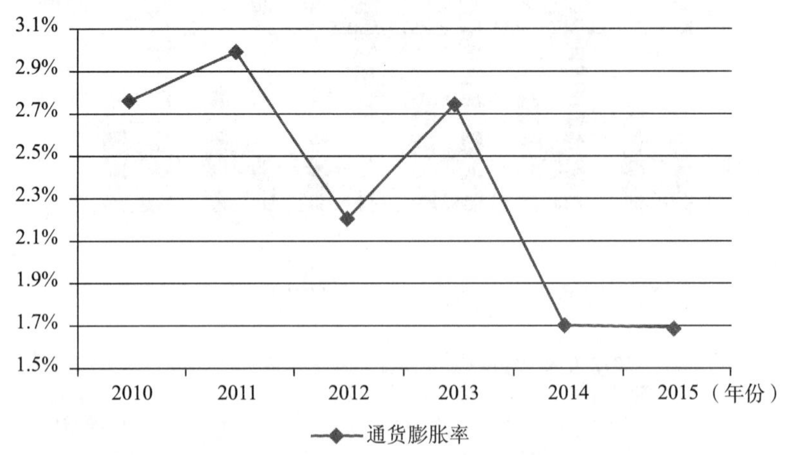

图49.4　2010—2015年澳大利亚通货膨胀率

如图49.5所示，2011年后，澳大利亚M2增长率总体呈下降趋势，大致在7%左右波动，在一定程度上稳定了国内的物价，但是这种较为稳健的货币政策未能带来经济快速增长，特别是在国内近几年面临较大通缩压力的情况下，澳大利亚应该采取较为宽松的货币政策，为应对国内通缩和货币升值压力创造良好的环境。

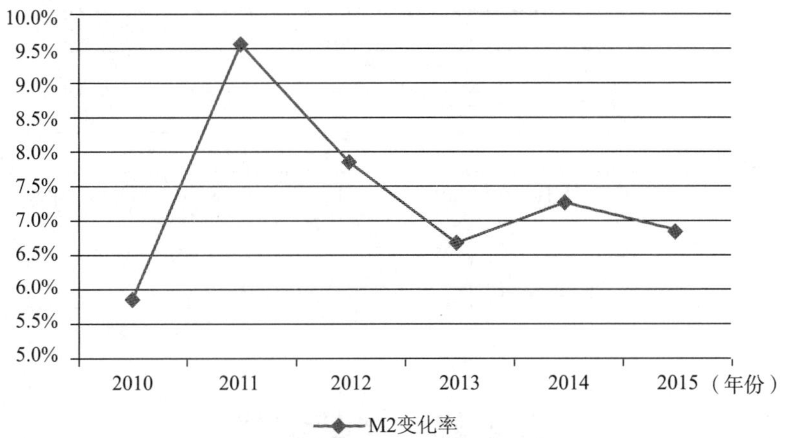

图 49.5 2010—2015 年澳大利亚货币供应量变化率

澳大利亚股市走势在 2013 年前与美国股市大趋势基本相同，均是在 2011 年后出现复苏态势，但是在 2014 年以后，澳大利亚股市并没有出现更大规模的上扬，与全球发达经济体的股票走势存在差异，说明澳大利亚国内经济基本面并不乐观。2015 年澳大利亚经济状况与前两年相比没有出现根本性的变化，缺乏新的经济增长点。如图 49.6 所示。

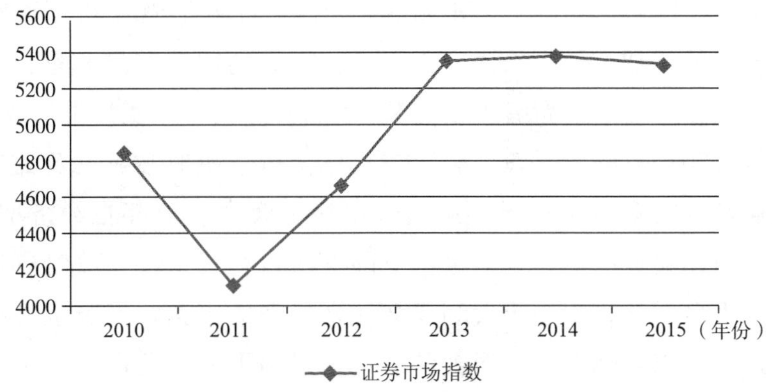

图 49.6 2010—2015 年澳大利亚证券市场指数

2012 年后，澳元兑美元持续走低，特别是在 2013 年后，澳元出现了比较大幅度的贬值，这种贬值在很大程度上是澳大利亚经济不景气的表现。如图 49.7 所示。虽然贬值在一定程度上可以刺激制造业发展，但是随着美国经济的强势复苏，有可能出现的资本外逃会影响澳大利亚的投资，对经济增长的动力造成不利影响。到目前为止，澳元依然呈现贬值趋势。

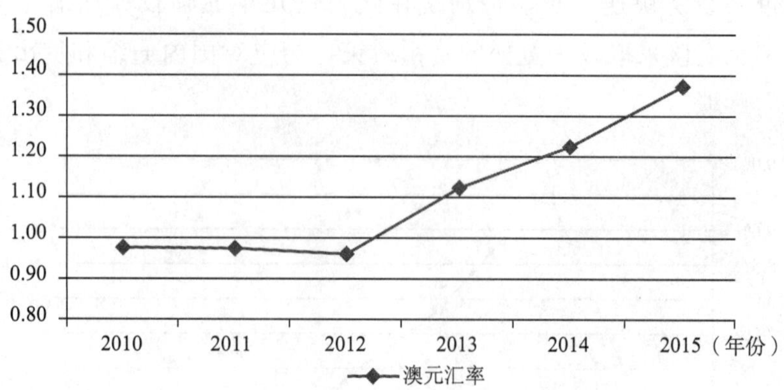

图 49.7　2010—2015 年澳大利亚汇率走势

第 2 节　文献综述

A. Rush、D. Jacobs（2015）认为澳大利亚在过去的几年里工资增长明显下降。低于平均水平的经济活动增长减弱了劳动力需求，这导致澳大利亚闲置产能的增加。同时，通胀预期有所下降。贸易条件下降和矿业投资的下降对经济活动和企业控制成本造成压力。他们认为工资增长率持续下降是近年来抑制需求增长的重要方面。

D. Jacobs、D. Perera、T. Williams（2014）着眼于澳大利亚家庭在过去十年生活成本的增加。他们认为，由于一些固有的观念差异和量化问题，用通货膨胀的变化来衡量消费者价格指数（CPI）夸大"真实"生活成本。

吕寅佳（2015）分析了澳大利亚在全球金融危机时独善其身的原因，以及澳大利亚经济的现状和前景，虽然数据显示澳大利亚存在经济增速下降、投资意愿减弱、失业率高、工资增速下降、出口增速下降、政府负债攀升等因素，使得很多人开始担心澳大利亚会迎来经济的萧条，但其也有很多其他国家不具备的优势，笔者认为澳大利亚不会成为下一个希腊，中国经济转型或将在能源矿产、教育、旅游等方面与澳大利亚加强合作，从这些方面为澳大利亚经济发展带来新的转机。

第 3 节　澳大利亚公共部门风险分析

一、中央银行资产负债表分析

(一) 资本结构分析

2010 年后，澳大利亚中央银行资产负债表规模出现了扩张的态势，但是扩张的速度与规模与其他国家相比并不大，因为在 2010—2012 年间，澳大利亚本国经济在全球所有经济体中表现比较强势。2014 年澳大利亚央行资产规模出现了比较大幅度的上升，资产负债率下降，资本结构相比于 2012 年和 2013 年有了一定的优化。2015 年资产规模继续上升，但资产负债率大幅提升，资本结构不够合理。如图 49.8 所示。

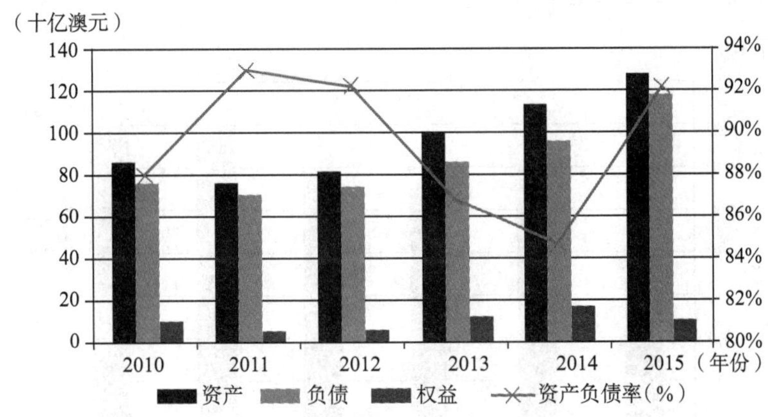

图 49.8　2010—2015 年澳大利亚中央银行资产负债结构

(二) 清偿力风险分析

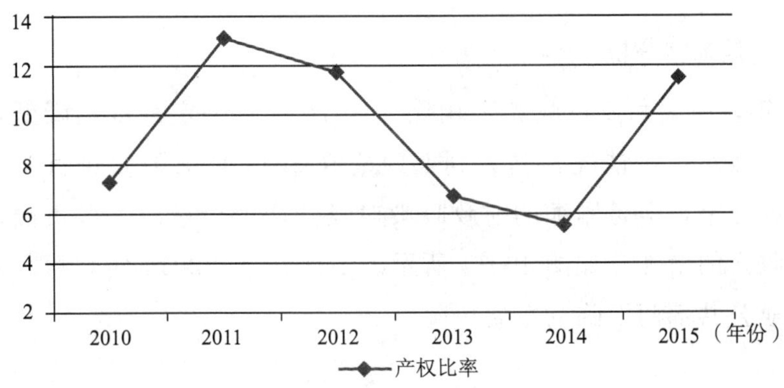

图 49.9　2010—2015 年澳大利亚中央银行产权比率

总的来说，澳大利亚央行的产权比率处在较高水平，相比其他国家而言，清偿力风险较低。具体来说，在2011年后，澳大利亚央行产权比率出现了比较大规模的上升，在此期间，央行的货币政策基本保持稳定，澳元在国际上也被多数投资者看好。如图49.9所示。

二、公共债务与财政赤字分析

（一）公共债务分析

如图49.10所示。2010—2015年间，澳大利亚公共债务规模呈现逐年上升的趋势，在2015年，公共债务占GDP的比例达到了43.63%，创下了近二十年的新高，但是与其他发达经济体相比，这个比例仍是一个较低的水平。值得关注的是，2014年澳大利亚整体经济出现了不景气表现，这对于2015年公共部门的债务会形成一定的压力，鉴于此，澳大利亚政府针对公共服务、社会福利的支出进行了一定的削减。

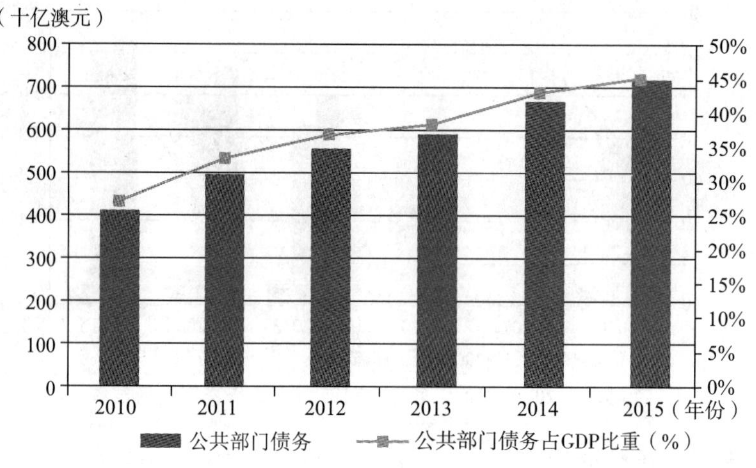

图49.10　2010—2015年澳大利亚公共部门债务

（二）财政赤字分析

2015年，澳大利亚财政赤字相比于2014年有一定程度的降低，但降低幅度不大，面对这一情况，澳大利亚政府在2014年对财政进行了收紧，试图降低财政赤字，但是紧缩的财政政策对经济增长会造成一些负面影响，不利于财政收入的增加。如图49.11所示。由此看来，2015年，财政赤字风险是澳大利亚公共部门面临的主要风险。

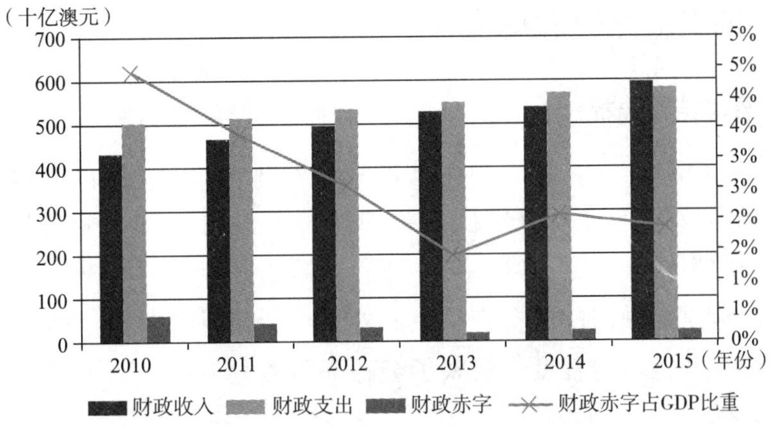

图 49.11　2010－2015 年澳大利亚财政收支及财政赤字占 GDP 比重

（三）外汇储备分析

2010－2013 年外汇储备呈上升趋势，而 2014－2015 年，澳大利亚外汇储备出现了较大幅度减少，这与澳大利亚政府对外投资的增加有着较大的关系，如图 49.12 所示。从全球来看，2015 年澳大利亚的经济增长势头落后于美国等主要发达国家。但由于澳元是一种国际货币，澳大利亚央行的储备波动并不会对澳大利亚的对外清偿力产生很大的影响。

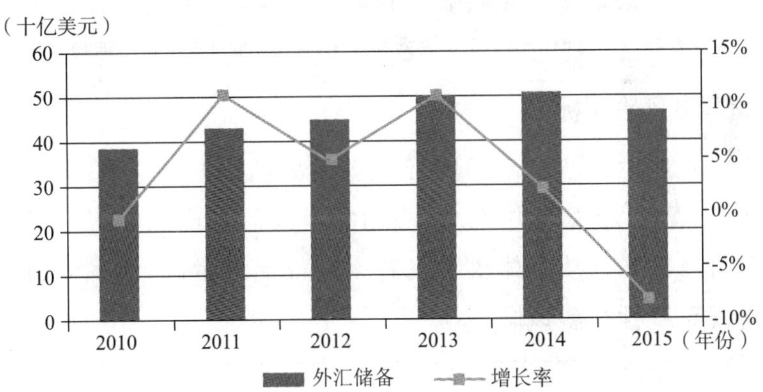

图 49.12　2010－2015 年澳大利亚外汇储备及增长率

第 4 节　澳大利亚金融部门风险分析

本节选取澳大利亚总资产排名前 8 名的银行金融机构，通过对金融机构资产负债表进行加总，构建账面价值资产负债表和或有权益资产负债表，对澳大利亚金融部门风险进行分析。

一、账面价值资产负债表分析

（一）资本结构分析

如图 49.13 所示，2009—2012 年间，澳大利亚上市金融部门资产负债表处于扩张状态，资产总额与负债总额均保持稳步增加的态势，在 2013 年，资产负债表的规模相比于 2012 年出现了下降，资产负债率基本持平。总的来看，澳大利亚金融部门的资产负债率处于一个较高的水平。2013 年资产负债表规模的下降在一定程度上反映了金融部门活力不足。

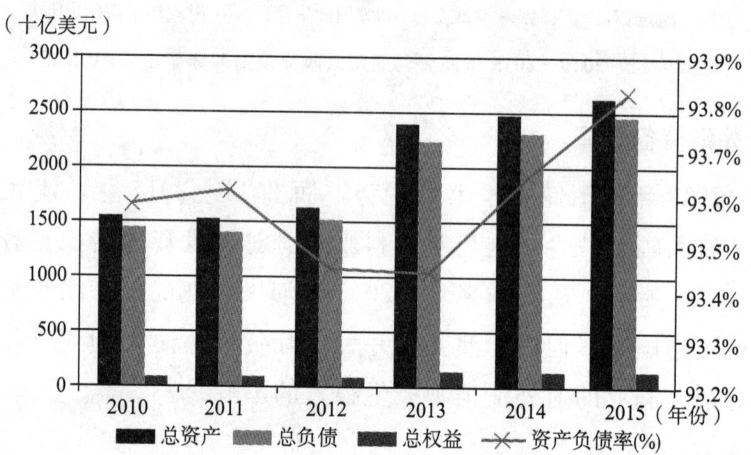

图 49.13　2010—2015 年澳大利亚上市金融部门资产负债结构

（二）清偿力风险分析

如图 49.14 所示，2010—2012 年间，澳大利亚上市金融部门产权比率处于下降趋势，清偿力风险并不大，2013 年以后，产权比率逐年上升，到 2015 年达到了 15.19，从总体水平来看，产权比率过高，金融部门应注意防范发生大规模系统性金融风险。

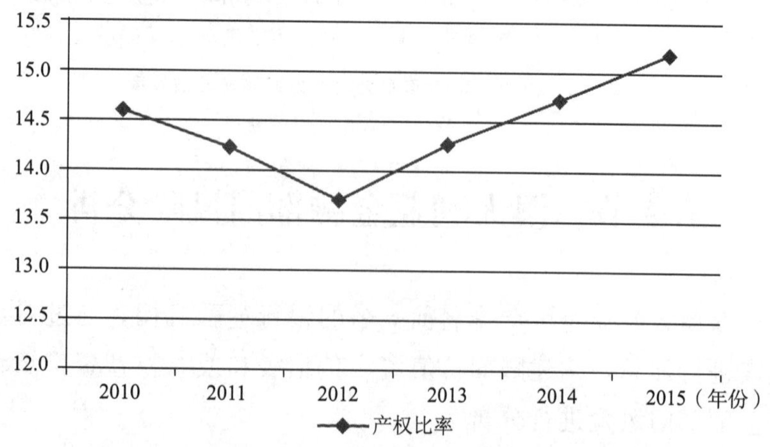

图 49.14　2010—2015 年澳大利亚上市金融部门产权比率

二、或有权益资产负债表分析

通过将市场价值引入账面价值资产负债表，编制澳大利亚公共部门或有权益资产负债表。如图 49.15 所示，2010—2015 年间，澳大利亚金融部门或有资产与或有负债规模均呈现上升趋势，资产负债率有小幅波动。澳大利亚股市在 2012 年后保持小幅度的上涨态势，使得澳大利亚金融部门的市场表现要略好于账面表现，说明投资者对于澳大利亚金融部门未来的走势还是持有一定的信心。同时，澳大利亚央行较为稳定的货币政策，也为澳大利亚金融部门的稳定发展打下了较好的货币基础。

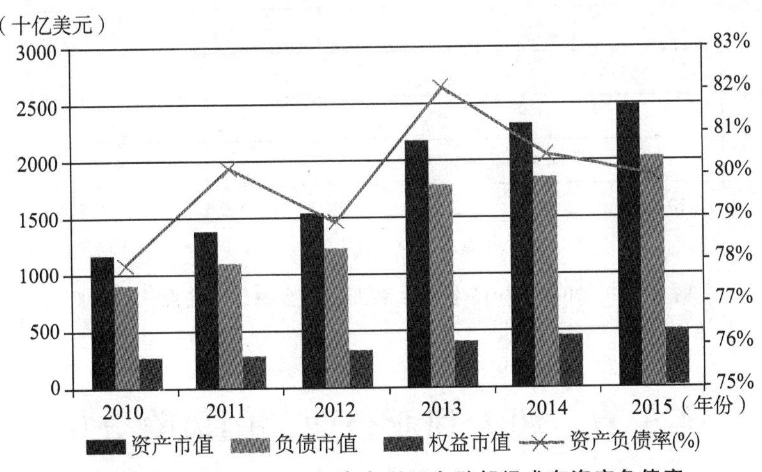

图 49.15　2010—2015 年澳大利亚金融部门或有资产负债率

三、风险指标分析

澳大利亚金融部门的资产波动率一直在较低水平上波动，随着澳大利亚经济的平稳运行，在 2011—2014 年金融部门的资产波动率一直呈下降趋势，状况良好。到 2015 年又有小幅度的上升，需要引起注意。如图 49.16 所示。

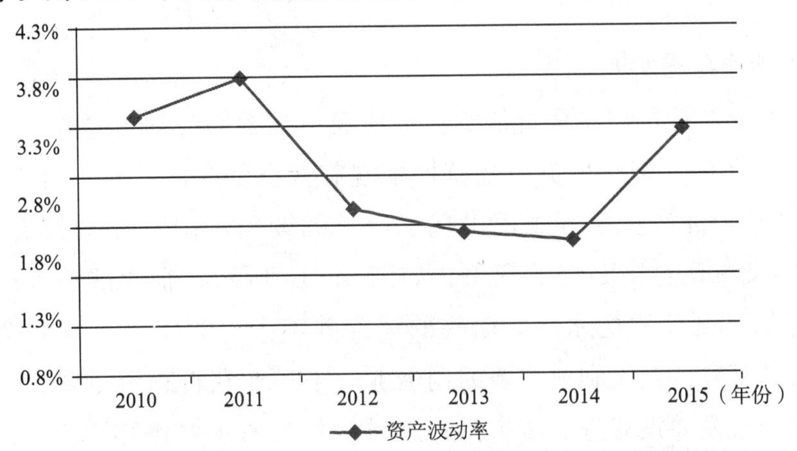

图 49.16　2010—2015 年澳大利亚上市金融部门资产波动率

如图 49.17 所示，2011 年，澳大利亚违约距离处于最近五年的最低点。随着全球经济的复苏，澳大利亚股市也随之上扬，提升了澳大利亚金融部门市场价值，违约距离也相应上升。到 2014 年，澳大利亚金融部门违约距离达到了 8，虽然 2015 年违约距离稍有下降，但也在 5 左右，这说明金融部门风险整体来看处于可控的水平。

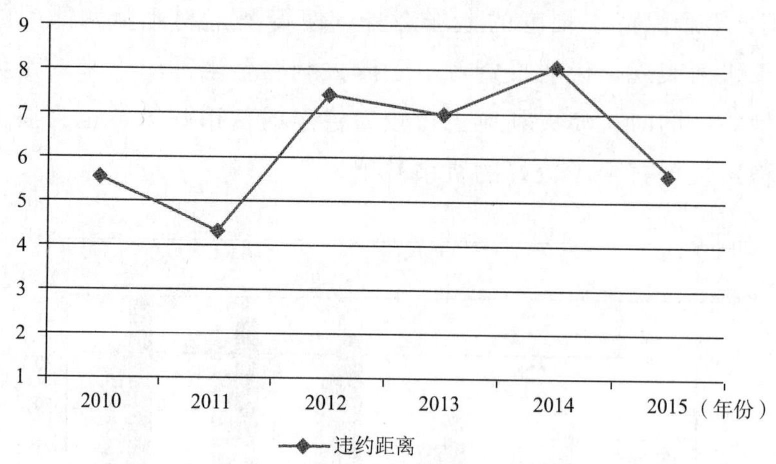

图 49.17　2010—2015 年澳大利亚上市金融部门企业违约距离

第 5 节　澳大利亚企业部门风险分析

本节选取澳大利亚总资产排名前 617 家上市公司，并对上市公司资产负债表进行加总，构建账面价值资产负债表和或有权益资产负债表，对澳大利亚企业部门的风险进行分析。

一、账面价值资产负债表分析

（一）资本结构分析

澳大利亚企业部门账面价值资产负债表与金融部门的走势并不一致，在 2010—2015 年间，资产与负债规模均呈现震荡态势，前三年呈现上升趋势，而在 2013 年，资产负债表规模出现了明显的萎缩，2014 年规模有所提升，但 2015 年又出现急剧萎缩的现象。如图 49.18 所示。企业部门资产负债率基本稳定在 50%左右的水平，面临的风险并不大。2015 年，随着全球大宗商品价格的下降，澳大利亚主要的制造业、采矿业获得投资下降，企业的资产负债表的规模并没有进一步扩张，这预示着未来澳大利亚经济增长的动力会受到一定程度的影响。从长远的角度来看，资产负债表这种一定程度的萎缩并不是一个好的预兆。

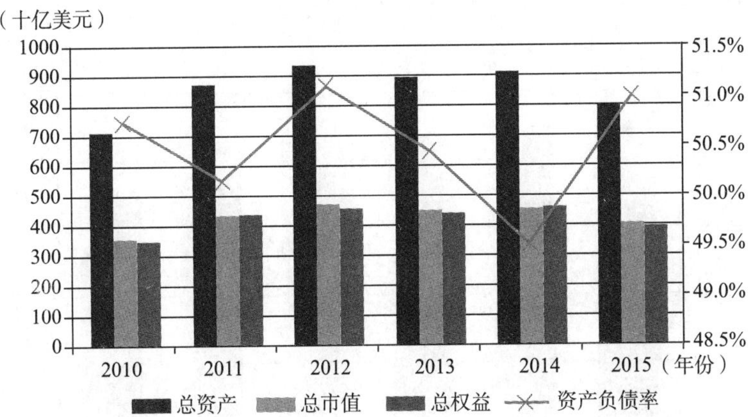

图 49.18 2010—2015 年澳大利亚企业部门资产负债结构

（二）清偿力风险分析

如图 49.19 所示，2011—2015 年间，澳大利亚企业部门产权比率基本在 1.00 左右变化，企业部门的清偿力充足，企业部门出现严重风险的可能性并不大。

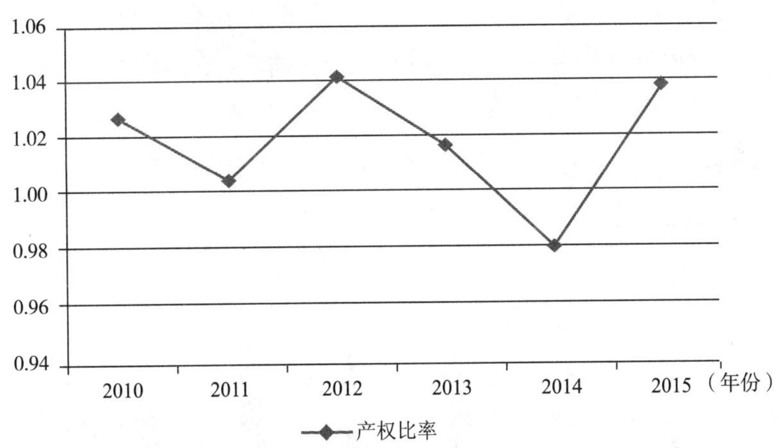

图 49.19 2010—2015 年澳大利亚企业部门产权比率

（三）期限错配分析

从流动资产和流动负债的角度来看，澳大利亚企业部门的短期偿债能力还是比较强的。如图 49.20 所示，2011—2015 年，流动资产与流动负债与资产负债规模趋势基本一致，均呈现波动趋势。流动比率在 5 年之内先降后升。与账面价值资产负债表反映出来的情况一致，企业短期资金的活跃性呈现下降的趋势，这说明2013年后，澳大利亚企业部门并没有继续快速发展的趋势，整体规模没有扩张。随着中国等发展中国家的经济改革步伐放慢，澳大利亚企业部门发展的外部环境也不容乐观。

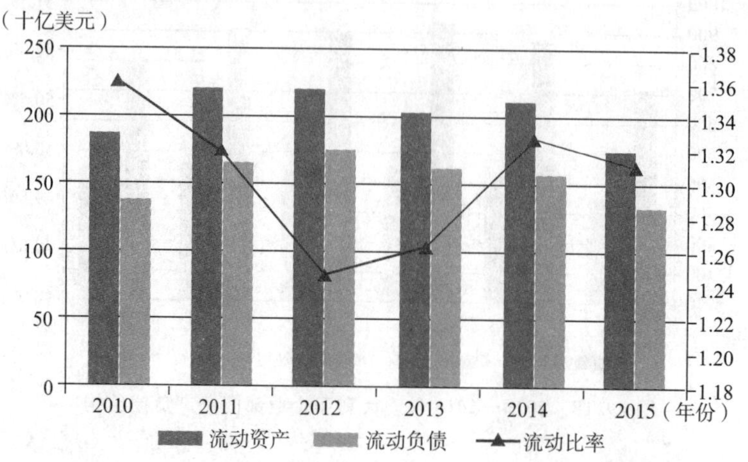

图 49.20　2010—2015 年澳大利亚企业部门流动资产、流动负债及流动比率

二、或有权益资产负债表分析

2010—2013年间，澳大利亚企业部门或有权益资产负债表规模逐年上升，而在2013年后，其规模稍有下降，2015年下降幅度较大，如图49.21所示。从这个角度来说，澳大利亚企业的发展受到一定的影响。或有资产负债率基本维持在50%左右的水平，这说明市场对于澳大利亚企业部门仍有比较大的信心，面临风险较小。

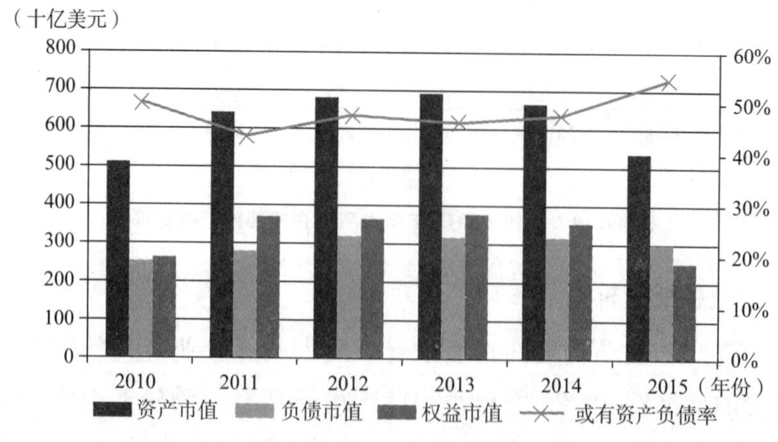

图 49.21　2010—2015 年澳大利亚企业部门或有资产负债结构及或有资产负债率

三、风险指标分析

（一）资产波动率分析

2011—2014 年间，澳大利亚企业部门的资产市值呈现下降的趋势，如图 49.22 所示。国际金融危机后，澳大利亚企业部门的资产波动处于高位，市场总体运行较为平稳。2015 年资产波动率上升，但暂未达到 2011 年的最高点。

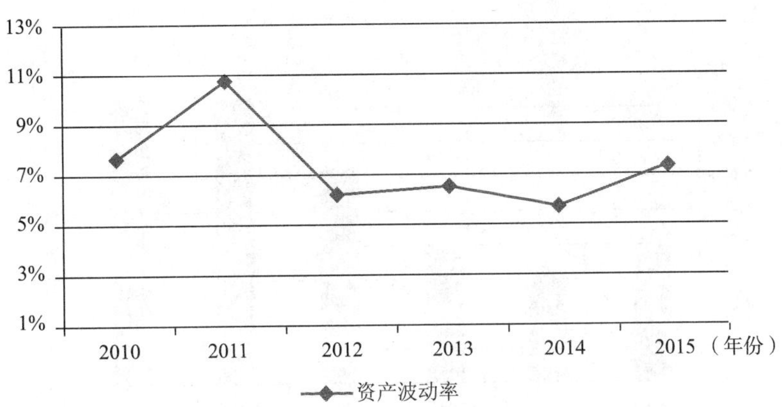

图 49.22　2010—2015 年澳大利亚企业部门资产波动率

（二）违约距离

如图 49.23 所示，2011—2014 年，澳大利亚企业部门违约距离呈现明显的上升趋势，在 2014 年，违约距离为 9，企业部门整体风险处于一个比较安全的水平，与或有权益资产表分析得到的结论基本一致。与资产波动率的走势一致，2015 年违约距离有大幅下降，直线下降至 5.98。那么结合前面的分析来看，澳大利亚企业部门的风险并不小，并且未来的发展会承受一定的压力。

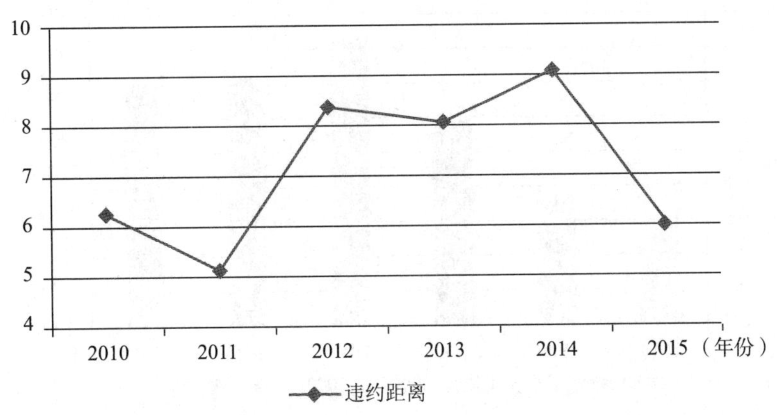

图 49.23　2010—2015 年澳大利亚企业部门违约距离

第6节 澳大利亚家户部门风险分析

2011年后，澳大利亚失业率呈现明显的上升趋势，到2015年，失业率已经达到了6.07%，这说明2015年澳大利亚整体经济面临较大的下行压力，受国际国内经济形势的影响，产业的发展比较缓慢。如图49.24所示。铁矿石需求的减少、矿业投资的缩减和国内增长引擎的缺乏是澳大利亚失业率升高的重要原因。

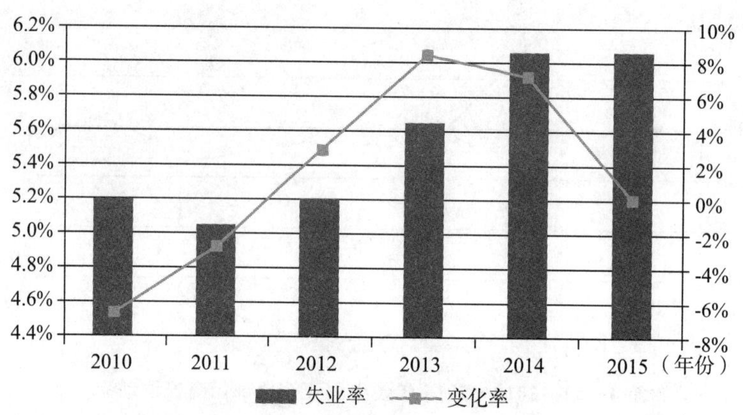

图49.24 2010—2015年澳大利亚失业率

如图49.25、图49.26所示，2015年，澳大利亚居民工资收入水平相比于2014年出现了小幅下降，同时个人可支配收入出现了明显的提升，这说明政府的减税政策在短时间内收到了效果，这种现象也在一定程度上印证了前文对于国内消费拉动经济的分析。但是，澳大利亚政府面临着一定的财政赤字压力，所以这种减税的政策并不可能大规模地持续。

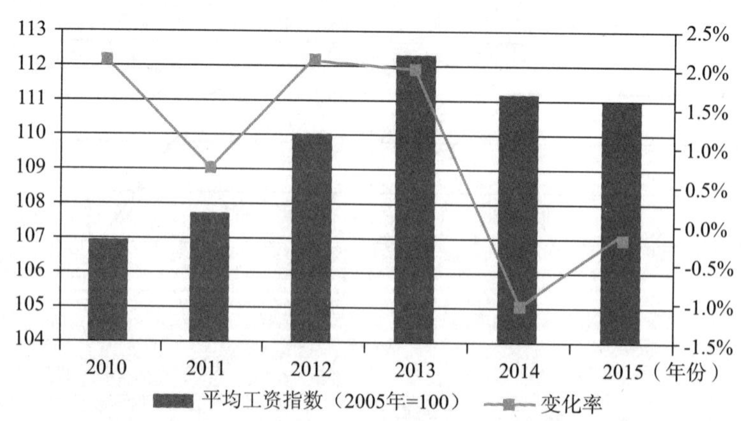

图49.25 2010—2015年澳大利亚人均实际工资指数及变化率

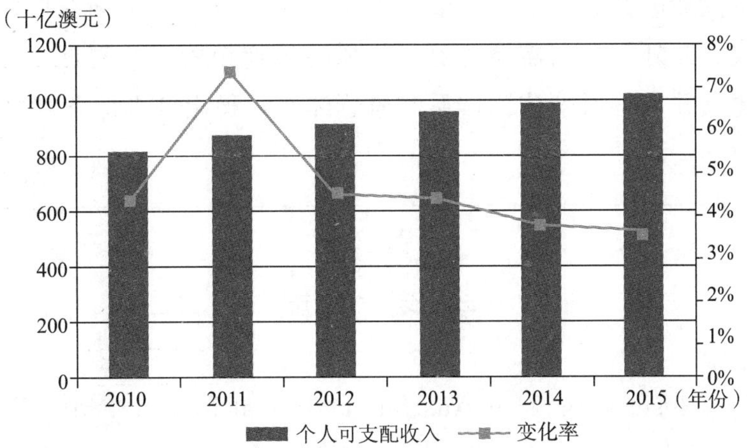

图 49.26　2010—2015 年澳大利亚个人可支配收入及增长率

第 7 节　结论及对中国的借鉴

国际金融危机发生以后，世界各国陷入经济增长的困境，在此背景下，澳大利亚凭借其贸易带来的巨大贡献，成为率先从危机中复苏的国家之一。

通过对澳大利亚四部门进行资产负债表分析和或有权益资产负债表分析，相比其他国家而言，澳大利亚的风险相对并不突出，但依然存在风险苗头。具体而言，澳大利亚四部门均存在一定风险。

澳大利亚公共部门的资本结构风险和清偿力风险相对较低，财政赤字和外汇储备指标不断好转，但公共债务规模不断扩大，仍需防范风险。

澳大利亚金融部门的清偿力风险很低，但市场低迷，金融部门存在资产持续被低估的现象。企业部门的清偿力风险有所降低，但 2012 年出现抬头的迹象，而且短期资产负债率较高，仍存在一定的期限错配风险。受矿业投资过剩的影响，近年来大企业纷纷减少矿业投资，为澳大利亚能源、矿业等重要产业埋下风险隐患。

受矿业等产业投资缩减的影响，澳大利亚家户部门的失业率持续提高，人均实际收入也受到影响，连续下降。

中国需要借鉴澳大利亚经济复苏的经验，避免澳大利亚在风险控制中的不足。为迎接新的增长，改变现有的经济格局或贸易格局，中国首要的是进行经济结构调整，切实找到需求的增长点，通过内生性增长实现经济发展。其次，银行部门应满足《巴塞尔协议》对资本充足率的要求，完善风险管理机制。最后，澳大利亚通过矿业垄断地位保持贸易优势，从而实现复苏，中国需要借鉴宝贵的经验，争取国际竞争中的定价权，使中国在国际市场上更具有主动权。此外，中国需要防范国外风险传递至中国。对此，中国需要稳中求进，建立并完善风险监测体系和监管体系，稳定外汇储备规模。

参考文献

［1］The Reserve Bank of Australia，Annual Report 2010—2015.

［2］A. Rush，D. Jacobs，“Why is Wage Growth So Low?”，*RBA Bulletin*，2015，pp. 9-18.

［3］D. Jacobs，D. Perera，T. Williams，“Inflation and the Cost of Living”，*RBA Bulletin*，March，2014，pp. 33-46.

［4］吕寅佳：《澳大利亚经济的阵痛以及中澳经济发展前景》，《清华金融评论》2015 年第 12 期。

第 50 章　印度尼西亚宏观金融风险研究

在世界经济处于下行趋势的环境下，印度尼西亚（以下简称“印尼”）维持在 4%左右的经济增长，这主要归功于国内私人消费的拉动。据统计，印尼私人消费所占 GDP 比重超过了发达国家私人消费占 50%的标准线。印尼经济增长的外部风险来自于全球经济的下行趋势，煤炭、橡胶、电气设备、纸张等大宗商品价格回落，中、日等主要出口市场需求疲软，以及 2015 年年初印尼实施的原矿出口禁令使得印尼 2015 年出口量大幅锐减，相关出口收汇金额大幅减少，导致国际贸易经常账户出现赤字，这些成为印尼盾币值不稳定的重要因素；内部风险为印尼国内固定投资的下滑和通胀高企，印尼政府和企业以外币计价的债务持续快速增长，这不仅影响了印尼盾币值的稳定，还成为国际投机资本阻击印尼盾的重要原因之一。

第 1 节　印度尼西亚宏观金融风险概述

美国会逐步退出 QE 的预期导致亚洲地区的各国经济普遍走软。随着外资的撤离，印度尼西亚遭受重挫。通货膨胀率高企，国际资本外流，贸易赤字扩大，失业率居高不下，在此情况下印尼央行提高利率，国内经济增长放缓。

金融危机后，印尼的经济逐渐复苏，经济总量逐年增加。在 2010 年经济增速达到 6.22%，这主要是印尼的投资和消费拉动所致。此后 2 年 GDP 增速出现小幅下滑，这主要是由于出口疲软，但在投资增长和强劲的家庭消费的拉动下，印尼 GDP 仍维持在 6%以上。2013 年以后，印尼 GDP 增速持续下降，一方面是由于国际市场不景气影响印尼大宗产品出口，另一方面是国内为抑制高通胀和货币贬值多次调高利率，采取货币从紧的政策所致。2015 年印尼增速降至 4.8%，创下印尼近 5 年以来最低经济增长水平。如图 50.1 所示。

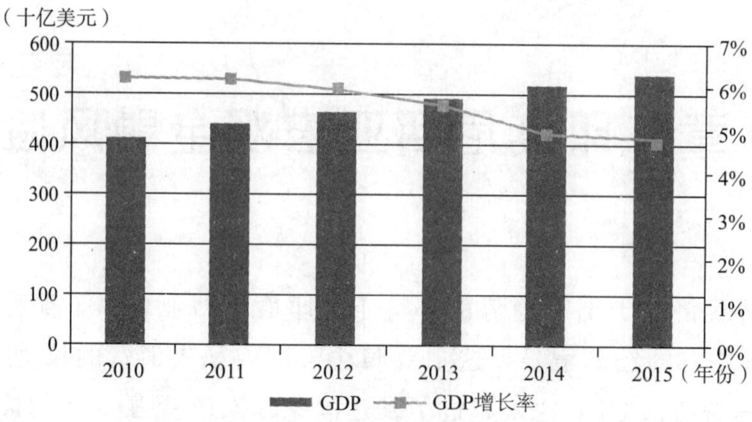

图 50.1　2010—2015 年印尼 GDP 及 GDP 增长率①

受国内高消费支撑，印尼经济在面对全球金融危机时的抵抗力较强，较少受外部需求萎缩冲击。如图 50.2 所示，2010—2015 年，私人消费一直稳定上升，对 GDP 的贡献率也保持高位。印尼国内消费与投资增加带动了经济的增长，从而抵消了全球增长放缓导致出口减少的压力。2013 年印尼私人消费对 GDP 的贡献率维持在高位，固定投资对 GDP 的贡献率出现明显下滑，主要是受到美国退出量化宽松政策的预期影响，印度尼西亚等新兴市场迎来一波资金出走潮，投资大幅减少。2014 年美国正式退出 QE 以后，印尼的投资对 GDP 的贡献率持续走低，到 2015 年依然保持低位。

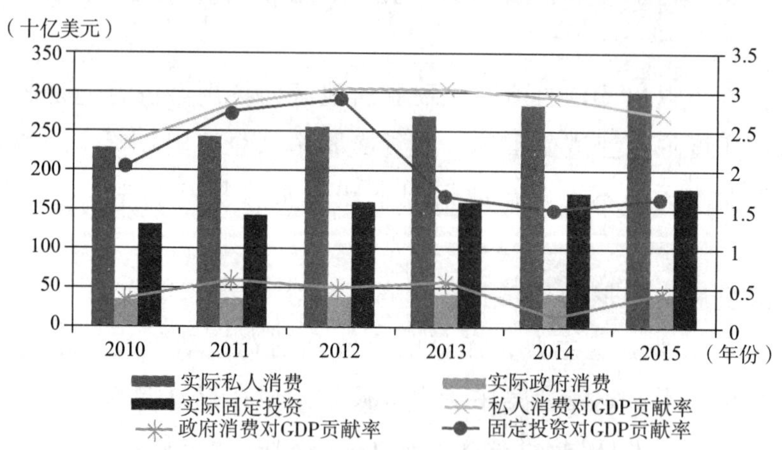

图 50.2　2010—2015 年印尼私人消费、政府消费和固定投资对 GDP 贡献度

2010 年，印尼的通货膨胀率达 5.15%，全球经济衰退导致的需求下降和美元贬值是印尼通货膨胀率进入低位的主要原因。2011 年印尼通胀率达到

① 数据来源于 BvD 全球金融分析、宏观经济指标数据库 https：//www.countrydata.bvdep.com/ip。下面如未作说明，数据来源均与此处相同。

5.35%，为防止经济过热，印尼政府调整汇率、提升存款利率来抑制通胀率上扬的趋势。2011 年印尼央行开始加息，同时印尼政府也通过允许印尼盾升值的办法以控制输入性通胀。2012 年印尼的通货膨胀率出现明显下降，为 3.98%。2012 年后，随着全球经济开始复苏，印尼适度放开对通胀的管制。2013 年通胀率迅速抬头上涨至 6.41%，成为自 2008 年以来最高的全年通胀率。主要原因是印尼盾汇价持续疲弱、最低工资上调及进口限制收紧。此后，印尼通胀率一直居高不下，为抑制高通胀，印尼央行数次上调基准利率。2014 年印尼通货膨胀率为 6.4%，通货膨胀率偏高的主要原因是制定 2014 年国家预算修正案时，并没有提前考虑到削减燃油补贴会引发其他行业"搭车涨价"，并造成通货膨胀率出现失控的状况，截至 2015 年，印尼通货膨胀率依然维持在 6.36%的水平。如图 50.3 所示。

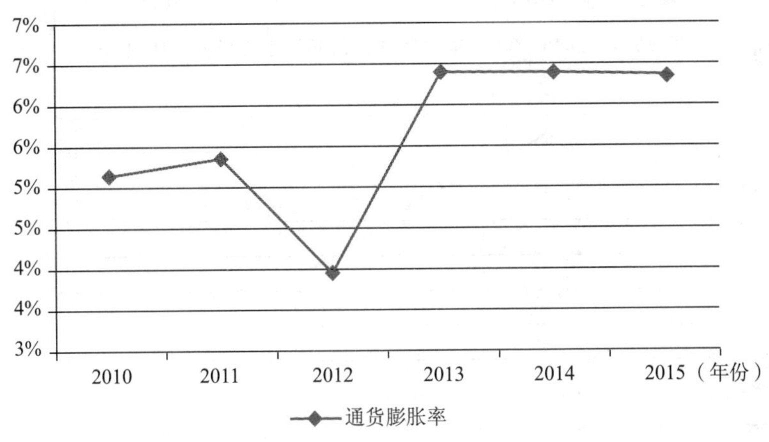

图 50.3　2010—2015 年印尼通货膨胀率

2010—2014 年，印尼的进口额和出口额稳步增长，净出口占 GDP 比重有一定的波动。2012 年，印尼的对外贸易表现不振，净出口占 GDP 比重下降至 2%。出口下跌是因为其他国家对印尼天然资源（如煤及棕榈油）的需求疲弱。另外，印尼私人消费强劲，支持进口持续增长。为实现 2013 年出口目标并保持出口份额，印尼政府继续实施出口市场多元化和出口产品多样化战略。2013 年印尼净出口额出现小幅回升。2015 年，中、日等主要出口市场需求疲软，进口额和出口额同步下降，但净出口占 GDP 比重有所回升。如图 50.4 所示。

金融危机后，为提振国内经济，印尼央行开始实行扩张性的货币政策。2011 年，为抑制印尼盾过度升值，印尼央行增加货币供应量，致使 2011 年货币供应量变化率上升至 16.43%。此后，印尼通过收紧货币政策来将通胀控制在下行趋势，货币供应量变化率开始逐年小幅下降，到2015年货币供应量呈现稳定增长趋势，M2变化率下降到9%的水平。如图50.5所示。

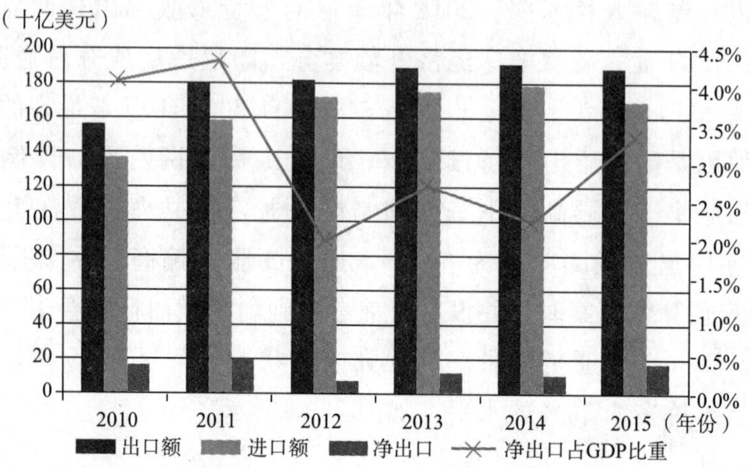

图50.4　2010—2015年印尼进出口额及净出口占GDP比重

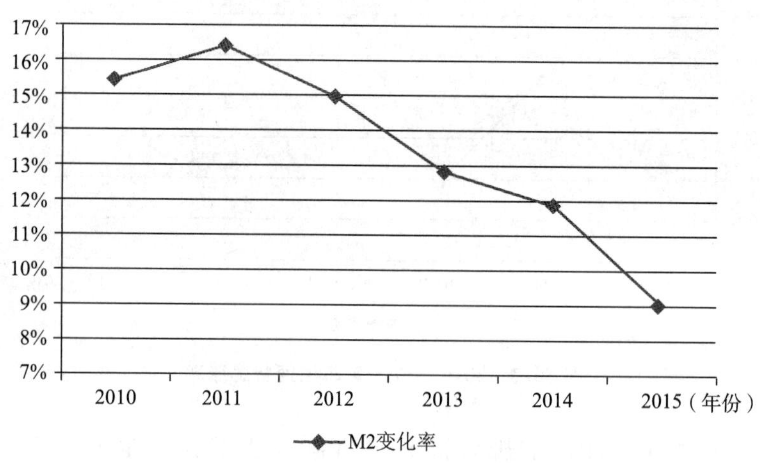

图50.5　2010—2015年印尼货币供应量变化率

国际金融危机后，印尼加大力度投资基础设施，下调存款准备金率和银行间拆借利率，宽松的财政政策和货币政策双管齐下，国际资本大量流入印尼金融市场。如图50.6所示，印尼的证券市场指数总体呈现稳步增长态势。2011年外部经济环境逐渐恶化，外资回流，印尼通胀率升至近4年以来的高位。在经济数据利空频传的背景下，印尼金融市场受到影响。印尼雅加达指数的增长趋势出现停滞。此后，印尼证券市场指数缓慢增长，截至2015年年底，证券市场指数为4593.01。

2010年，在印尼经济振兴计划的影响下，大量国际资本开始回流，印尼盾继续升值。2012年印尼盾出现贬值，主要是由于外资的流出，投资者担心欧洲债务危机进一步恶化而减少印尼国内资产的持有权。2013 年，印度尼西亚政府推出了财政刺激方案，希望促进外商投资，降低进口，支持不断下跌的印尼盾汇率。但是效果并未显现，一方面是受国际经济复苏乏力影响，另一方面是由于进口需求增加而出口下降，再加上印尼国内对外汇需求增加、经常账户赤字，因而印尼盾继续贬值。如图 50.7 所示。

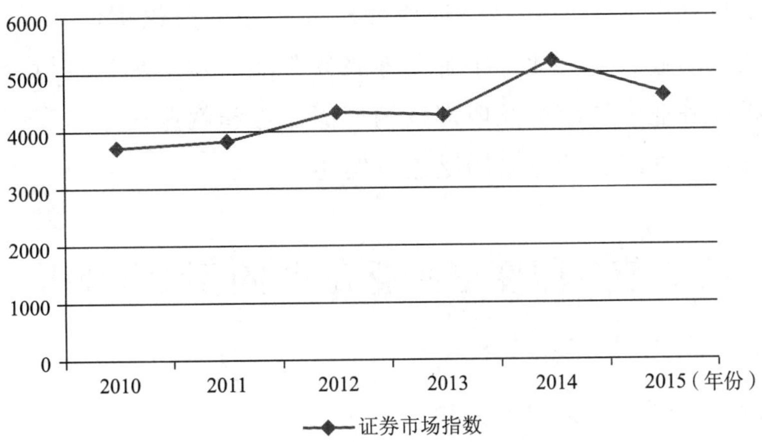

图 50.6　2010—2015 年印尼证券市场指数

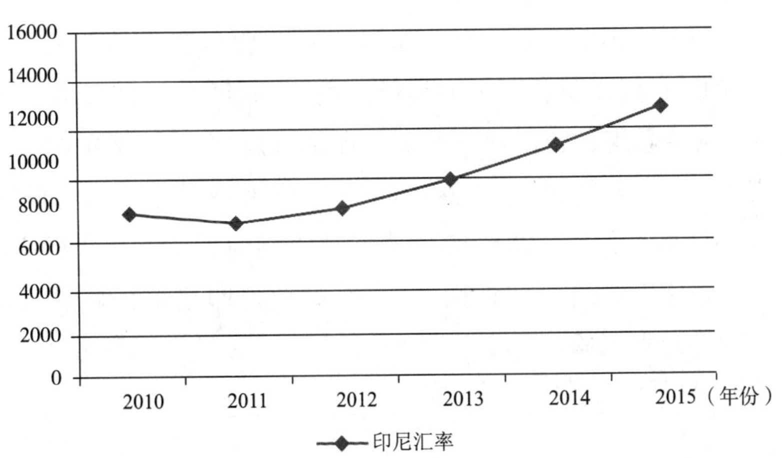

图 50.7　2010—2015 年印尼盾汇率走势

第 2 节　文献综述

龟山卓二（2010）认为相比中国、印度等经济规模很大的新兴国家，印尼的金融部门对 GDP 的贡献率很低，其金融部门还有很大提升空间。《印度尼西亚经济报告 2013》称大宗商品价格下降和全球需求减少是印尼出口不振的主要原因。另外，经常性账户赤字也由于国内有限的产业规模无法满足需求等进口结构问题已经持续很长时间。此外，持续的服务和收入账户赤字也对经常性账户造成很大压力，国内运输服务业促进国际贸易实力有限。印尼央行（2013）指出，印尼现面临三种经济失衡，急需改革。首先是来自外面的失衡，主要是经常账户赤字。其次是税收不达标与燃油补贴增高显示的财政失衡。最后是由能源和食物短缺所显示的实业部门失衡。卢泽回（2014）对印尼交通运输业、金融业、旅游业等服务业部门发展现状进行分析，接着进一步分析服务业整体结构及内部结构产值比重和就业比重演变特征，最后对印尼服务业发展存在的主要问题进行阐述。

第3节　印度尼西亚公共部门风险分析

一、公共部门资产负债表分析

（一）资本结构分析

自2009年后，印度尼西亚公共部门的资产总额和负债总额都呈现稳定增长趋势。2010年资产负债率大幅增长，由2009年的89.8%增长至2010年的94.17%，风险暴露日益严重。此后，印尼政府债务占GDP的比重有所下降，对外资产负债状况得到改善，资产负债率逐渐降低，到2014年为87.44%。如图50.8所示。2011年，国际评级机构惠誉上调印尼主权信用评级前景，由“稳定”提高至“正面”。尽管如此，印尼仍面临着通胀和资本流动大幅波动等短期风险。

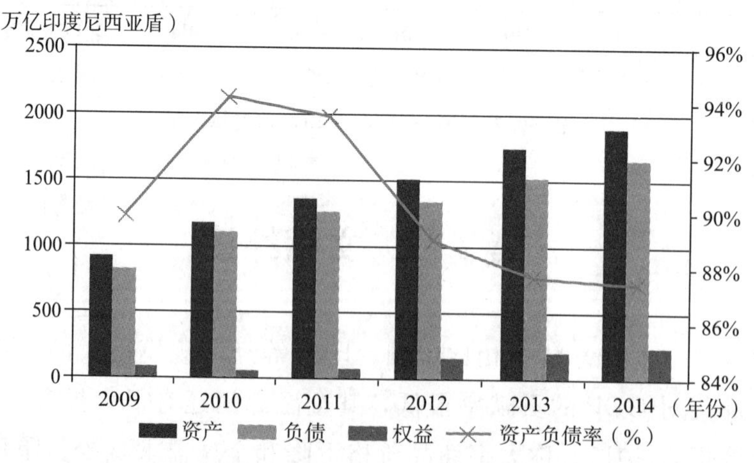

图50.8　2009—2014年印尼中央银行资产负债结构

（二）清偿力风险分析

2009—2014 年，印尼央行的产权比率出现较大波动，从 2009 年的 8.79 上升至 2010 年的 16.15，随后又逐渐下降至 2015 年的 6.96。如图 50.9 所示。总体走势基本与资产负债率走势一致。

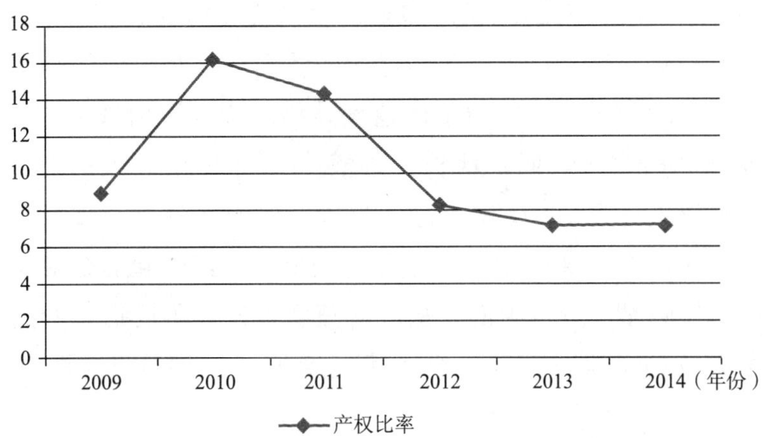

图 50.9　2009—2014 年印尼中央银行产权比率

二、公共债务与财政赤字分析

（一）公共债务分析

2009 年后，印尼公共部门的债务逐年上升，与 2010 年相比，2011 年欧债危机爆发，印尼政府为了防范风险而减少了债务持有量，使得公共部门债务略有下降。如图 50.10 所示。总体而言，印尼公共部门的债务持有量并不多，但是公共部门债务占 GDP 比重呈上升趋势。因此，印尼政府仍需警惕公共部门的债务风险。

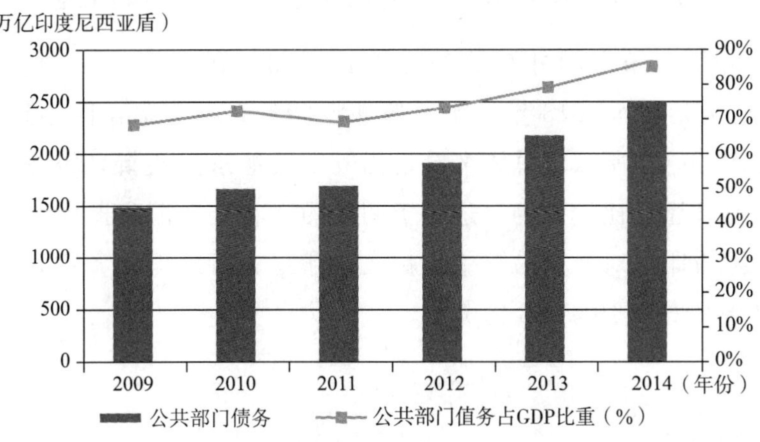

图 50.10　2009—2014 年印尼公共部门债务

（二）财政赤字分析

如图 50.11 所示，2010 年，印尼经济开始复苏，财政收入开始增长，并且一直保持稳步增长的势态。2010 年印尼财政部根据全球和印尼自身形势发展，连续出台基础设施建设、能源、商业、税收、工业等领域的财政刺激政策，成功刺激了财政收入的增长。印尼的财政支出也是从 2010 年开始逐年增加，且增长趋势显著，这是由于印尼的经济发展，对国内的基础建设提出了硬性要求，印尼为了完善国内基础建设，相应增加了财政支出，因此近 5 年来财政支出和财政收入同步增长，截至 2015 年财政收入达到 1673.43 万亿印尼盾，财政支出为 1901.37 万亿印尼盾。但印尼政府一直存在财政收支缺口，可见，2012 年以来，美国的量化宽松货币政策引起的金融动荡对于印尼公共部门的影响是十分巨大的。从政府角度来说，印尼每年的能源补贴已经成为国家财政的负担，不利于经济快速增长，公共部门应注意加强风险防范。

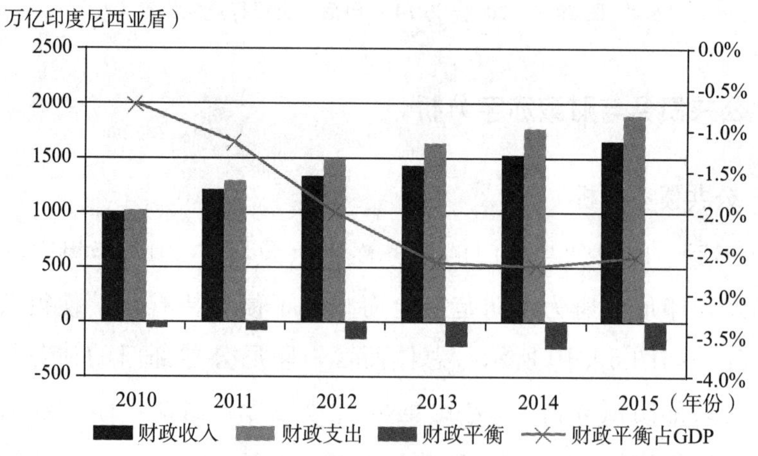

图 50.11　2010—2015 年印尼财政收支及财政平衡占 GDP 比重

2009 年后，印尼的外汇储备一直在增加，到 2012 年，外汇储备达到 1088.37 亿美元，而 2013 年，印尼的外汇储备大幅下降，回落到 963.64 亿美元。如图 50.12 所示。总体来看，相较于其他东南亚新兴经济体国家，印尼的外汇储备还是比较少的，这对于调节国际收支平衡和抵抗金融风险还相对不足。随着印尼对外贸易顺差的扩大，印尼央行外汇储备逐渐增加，2015 年外汇储备又增至 1032.68 亿美元。

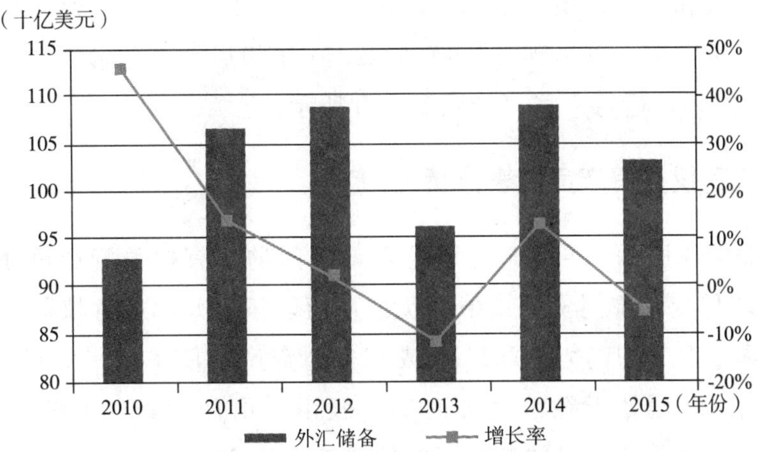

图 50.12　2010—2015 年印尼外汇储备及增长率

第 4 节　印度尼西亚金融部门风险分析

本节选取印尼 43 家银行金融机构，通过对金融机构资产负债表进行加总，构建账面价值资产负债表和或有权益资产负债表，对印尼金融部门风险进行分析。

一、账面价值资产负债表分析

与印尼的经济迅速发展相对应，印尼上市金融部门在 2010—2012 年间的资产、负债和权益规模逐年上升，总资产在 2012 年达到 3322 亿美元，总负债达到 2922 亿美元，总权益达到 400 亿美元。受金融市场动荡影响，印尼经济增速放缓，资产和负债规模都有所下降。2009 年后，印尼一直实行稳

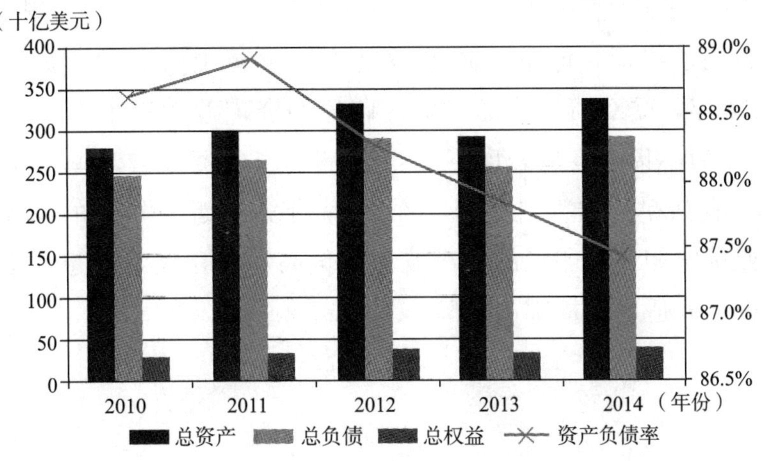

图 50.13　2010—2014 年印尼上市金融部门资产负债结构

健的货币政策和财政政策，主动控制经济发展中的风险，导致印尼上市金融部门的资产负债率一直呈现下降趋势，2014 年印尼上市金融部门的资产负债率降至 87.23%，运行平稳。如图 50.13 所示。

二、或有权益资产负债表分析

如图 50.14 所示，通过构造印尼金融部门的或有权益资产负债表，2010—2013 年印尼金融部门资产市值和负债市值逐年上升。或有权益资产负债率呈现先下降后上升的趋势，2011 年或有权益资产负债率水平陡降至 52.4%。金融危机后，印尼处于经济复苏时期，股市有所回暖，因此资产负债率变低，这也说明金融部门对债务融资的依赖有所改善。此后，或有资产负债率平稳上升，在 2014 年达到 55.96%。总的来看，印尼的金融部门资产结构风险在这几年有明显上升的趋势，但或有资产负债率仍然维持在合理水平。

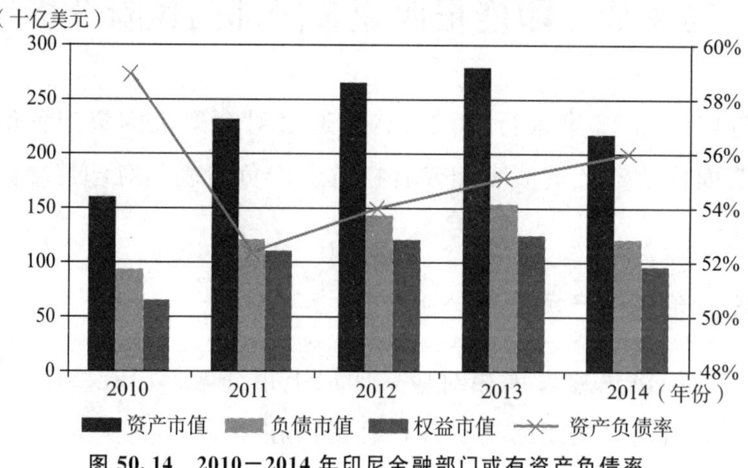

图 50.14　2010—2014 年印尼金融部门或有资产负债率

三、风险指标分析

国际金融危机后，印尼的资产波动率呈整体上升趋势，如图 50.15 所示。在 2011 年，受欧债危机的影响，印尼的资产波动率上升至 10.5%。在经历 2012 年的小幅下降后，印尼上市金融部门的资产波动率又继续攀升达到 11.1%。此后呈稳定上升趋势，在 2014 年达到近 5 年来的最高水平。与其他东南亚国家相比，印尼的资产波动率偏高，存在风险隐患，金融部门应该予以重视，并适度调控部门风险。

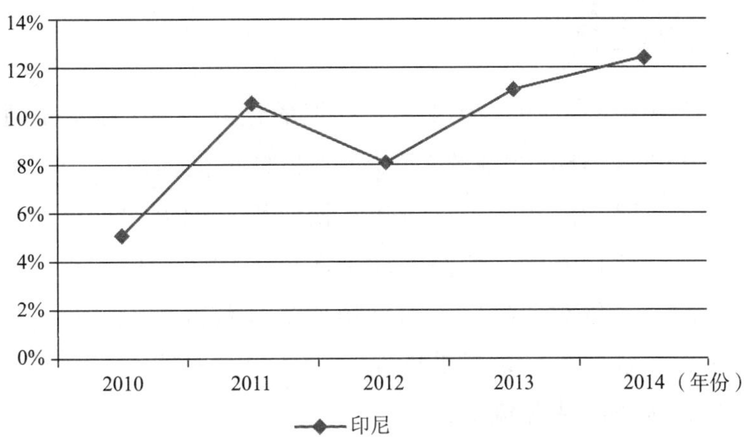

图 50.15　2010—2014 年印尼上市金融部门资产波动率

与印尼上市金融部门的资产波动率情况相对应，2009—2013 年印尼金融部门的违约距离总体呈现下降趋势，如图 50.16 所示。在 2014 年违约距离下降至 3.89，违约概率增大，违约风险凸显，有关部门应予以关注。

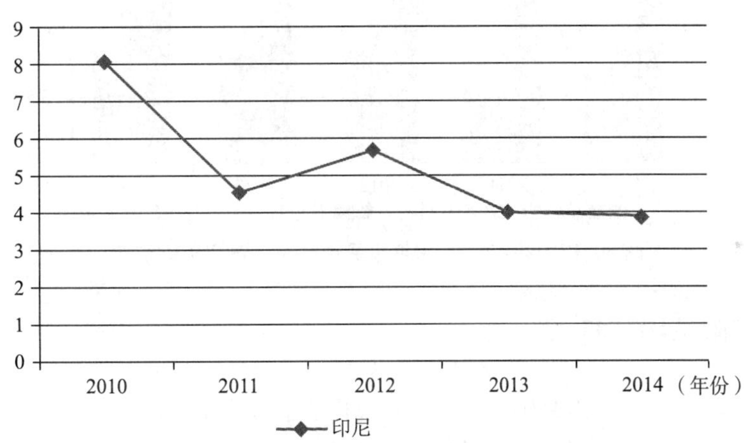

图 50.16　2010—2014 年印尼上市金融部门违约距离

第 5 节　印度尼西亚企业部门风险分析

本节选取印尼总资产排名前 369 企业，并汇总分析这些上市企业的数据，构建账面价值资产负债表和或有权益资产负债表，对印尼企业部门的风险进行分析。

一、资本结构分析

如图 50.17 所示，2010—2014 年，印尼的经济快速发展，企业部门不断扩张，除了 2013 年以外，企业部门总资产和总负债同时呈现增长趋势，且增长速度迅速。同时，由于美国的量化宽松政策，加上印尼的经济发展势头强劲，吸引了大量热钱流入，加快推动了印尼本国企业的发展。另外，印度尼西亚通过限制资产负债率限制企业巨额债务，获得央行支持。从资产负债率这个指标来看，资产负债率都维持在 56%～57%的水平，较低的资产负债率表明印尼的企业部门债务风险较小。

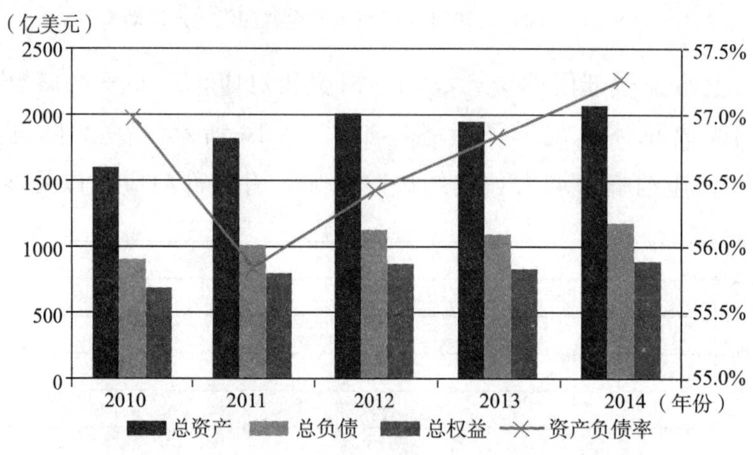

图 50.17　2010—2014 年印尼企业部门资产负债结构

二、期限结构分析

如图 50.18 所示，2010—2012 年，印尼企业部门运行良好，流动资产规模和流动负债规模持续增加。在 2013 年流动资产规模有所下降，但流动负债

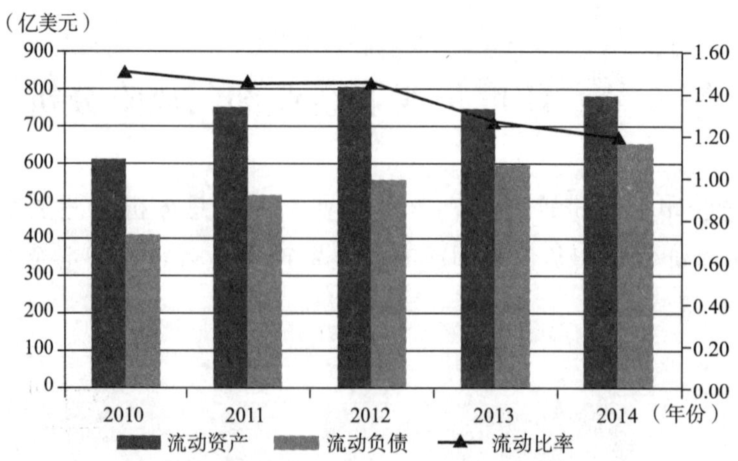

图 50.18　2009—2013 年印尼企业部门流动资产、流动负债及流动比率

规模依然增加。2010—2012 年，印尼企业部门的流动比率维持在 1.5 左右，期限错配风险较小，而 2013 年以后流动比率有所下降，到 2014 年流动比率为 1.2。相较于上年和前几年都有所下降，但总体而言，印尼企业部门面临的期限错配风险较小。

三、企业部门或有权益资产负债表分析

2010—2012 年，印尼企业部门的资产市值和负债市值逐年增加。到 2013—2014 年，资产市值出现小幅下降。或有资产负债率总体呈上升趋势。如图 50.19 所示，印尼企业部门或有权益资产负债率低于账面资产负债率，这主要是因为印尼的发展势头良好，股市出现涨势，权益市值增长，进而拉低了资产负债率。或有权益资产负债率低于账面资产负债率表明市场的表现较好，企业的风险较低。

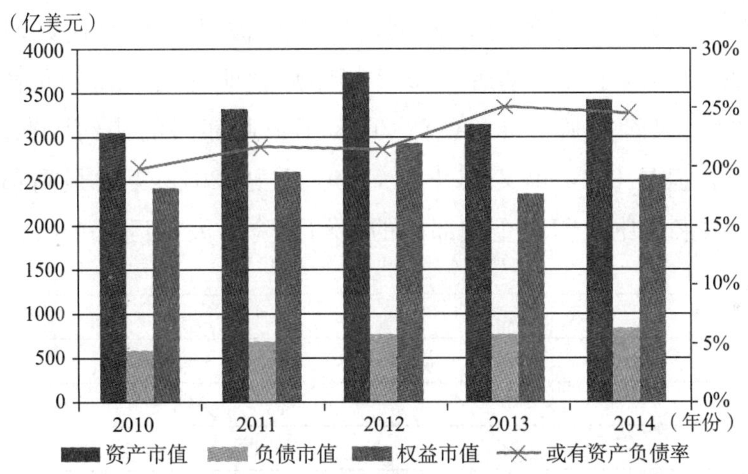

图 50.19　2010—2014 年印尼企业部门或有资产负债结构及或有资产负债率

四、风险指标分析

(一) 资产波动率分析

国际金融危机后，印尼企业部门的资产市值波动率经过逐渐调整，在较低水平波动。2010—2012 年，企业部门的资产市值波动率最小达到 0.106，而最大则在 2011 年达到 0.185。如图 50.20 所示，总体来看，印尼在经历了金融危机以后，资产市值波动率不大，企业部门的稳定性较好，风险不高。

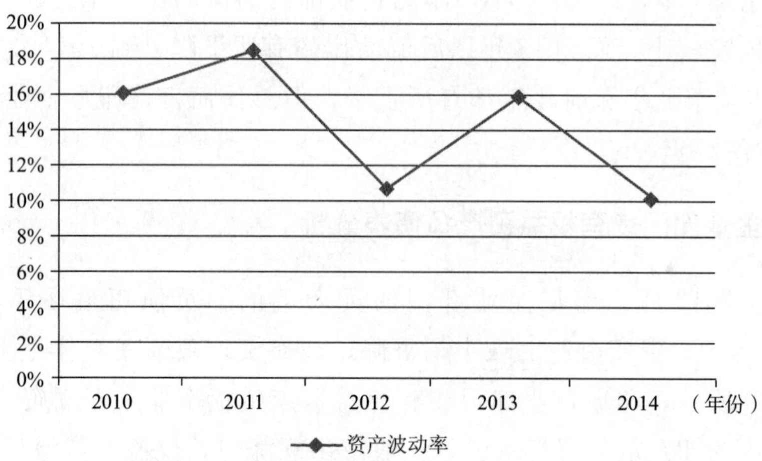

图 50.20　2010—2014 年印尼企业部门资产波动率

（二）违约距离

如图 50.21 所示，与印尼企业部门的资产波动率相对应，印尼在经历 2010 年和 2011 年的小幅波动后，2012 年印尼企业部门的违约距离达到最高值 7.245，违约风险大幅下降。虽然 2013 年企业部门的违约距离略有下降，滑落至 4.58，但是 2014 年又上升到 7.19，接近 2012 年的最高值，总体来看，与其他国家相比，印尼企业部门的违约风险不大，运行平稳。

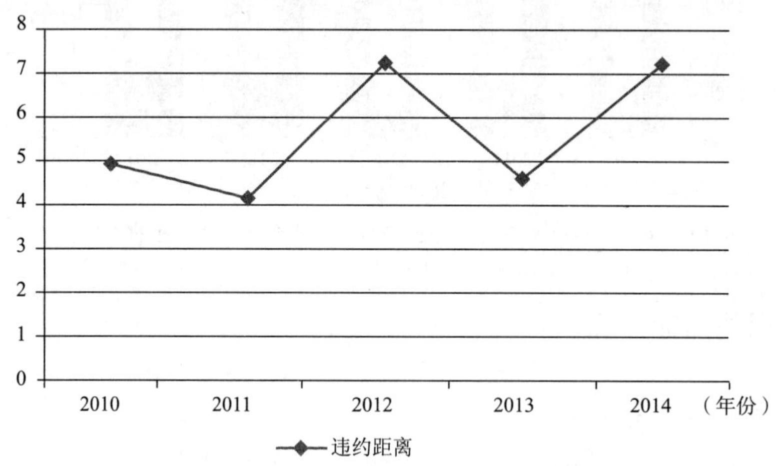

图 50.21　2010—2014 年印尼企业部门违约距离

第 6 节　印度尼西亚家户部门风险分析

一、劳工市场分析

2011－2014 年间，印尼的失业率有所下降，由 7.48％下降至 5.94％。如图 50.22 所示。印尼作为一个新型经济体，经济发展迅速，经济发展依赖出口，劳动力廉价，因此许多国家在印尼发展企业，带动了印尼的整体就业。而印尼 2015 年的失业率有所上升，这是受金融市场动荡影响，印尼经济增速放缓，失业率有所上升。印尼经济虽然增长迅速，但是其经济增长仍然低于创造足够就业以及消除贫困的水平，失业率较高。

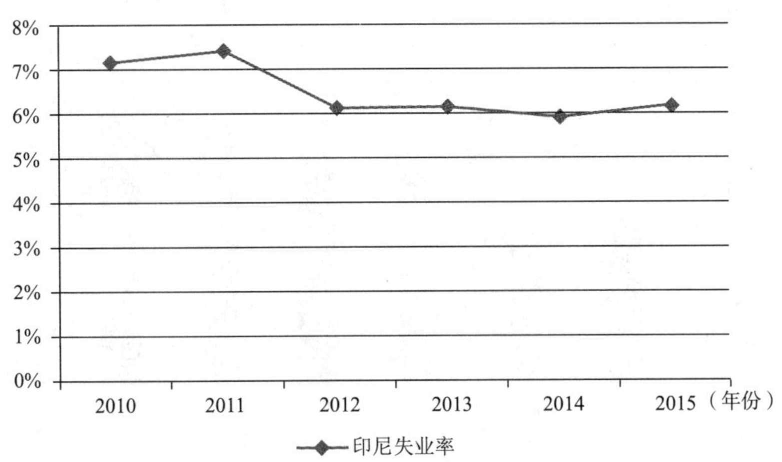

图 50.22　2010－2015 年印尼失业率

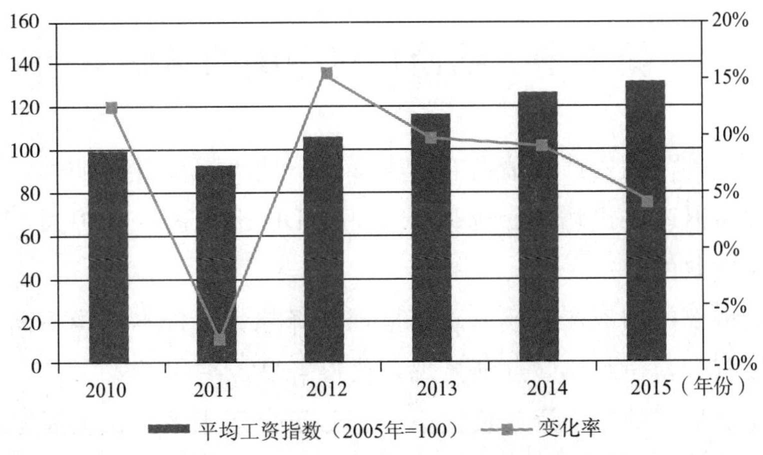

图 50.23　2010－2015 年印尼人均实际工资指数及变化率

近年来，印尼经济发展迅速，内需成为支持经济的坚实动力，而印尼的人均收入也有一定程度的提高。如图 50.23 所示，2010—2015 年，印尼的名义平均工资指数持续增长，从 102.331 增加到 134.6。而印尼的实际平均工资指数也呈增长趋势，但是，2011 年较上一年有所下降，这是由于印尼受 2011 年欧债危机影响，同时，2011 年的通胀率有所上升，导致实际工资水平下降。

二、家户部门收入与消费分析

自 2010 年开始，印尼的个人可支配所得逐年增加。而个人可支配所得变化率在总体上保持较为稳定的态势，这表明家户部门整体较为稳定，风险不大。如图 50.24 所示。

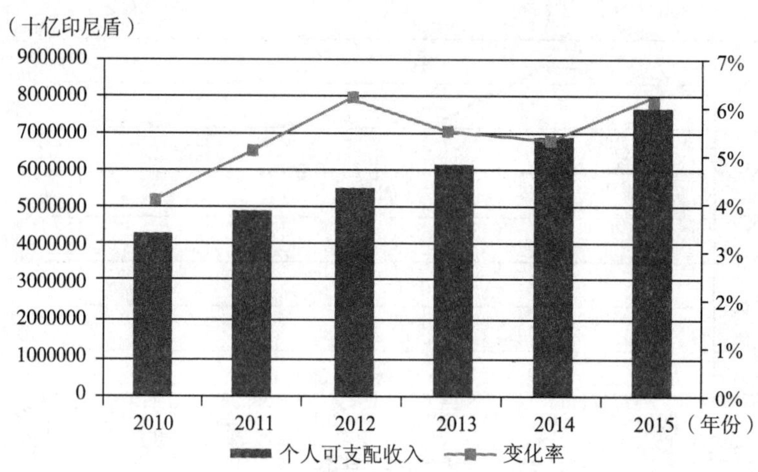

图 50.24　2010—2015 年印尼个人可支配收入及变化率

第 7 节　结论及对中国的借鉴

印尼公共部门的资产负债率有所下降，清偿力风险并不明显。为刺激国内经济，政府财政支出增加，财政赤字占 GDP 比重进一步扩大，这将不利于印尼国家财政的稳定。

印尼金融部门的资产负债率总体呈现下降趋势，资本结构不断优化。资产波动幅度较大，违约风险逐渐显现，值得警惕。

印尼企业部门的账面资产负债率一直处于合理水平，偿债风险较小。流动比率逐渐增加，期限错配风险较小。资产波动率呈现平稳趋势，违约概率减小，企业部门总体运行平稳，风险不大。

印尼家户部门居民失业率水平虽然有缓慢下降趋势，但一直处于高位，需警惕风险。居民平均工资指数绝对值虽呈现上升趋势，但受高通胀影响，居民实际工资水平呈下降态势。

内需是支撑印尼经济发展的主要支柱，其对出口的依赖相对较低。因此，虽然受全球经济疲软和欧债危机的影响，但是印尼仍然连续几年保持4%～5%的GDP增速，主要源于旺盛的国内需求，尤其是私人消费部分。

印尼内需主导型的经济发展模式可以为中国提供许多可供参考的经验：首先，中国应努力开辟国内消费市场，促进私人消费增长，加快消费主导的经济转型；其次，中国应采取切实措施抑制物价过快上涨，控制通胀率在合理水平；最后，中国应实行结构性减税政策，以减税拉动居民消费。

参考文献

［1］The Bank of Indonesia，Annual Report 2015.

［2］The Bank of Indonesia，Annual Report 2014.

［3］The Bank of Indonesia，Annual Report 2013.

［4］The Bank of Indonesia，Annual Report 2012.

［5］The Bank of Indonesia，Annual Report 2011.

［6］The Bank of Indonesia，Annual Report 2010.

［7］IMF：Global Financial Stability Report ，January 2015.

［8］吴崇伯：《印尼内需主导型经济发展及其政策启示》，《亚太经济》2012年第6期，第81—85页。

［9］费盛康：《深化中国与印尼经济合作的思考》，《国际经济合作》2010年第6期，第44—48页。

第 51 章　美洲宏观金融风险总论

本书主要选取美国和加拿大作为北美发达国家代表，墨西哥、巴西和阿根廷作为拉丁美洲发展中国家代表。在介绍美洲国家的经济金融运行概况的基础上，结合公共部门、金融部门、企业部门、家户部门四部门状况进行了进一步分析，特别针对北美发达国家和拉丁美洲发展中国家宏观风险状况的差异进行了比较分析。研究表明，上述美洲五国经济稳健发展，宏观金融风险位于可控范围，有局部风险点需要注意。其中，美国和加拿大公共债务负担较重，对其清偿能力有一定影响，加拿大家户部门债务增加，有一定偿还风险；拉丁美洲国家经济增速下滑，同时存在高利率和货币贬值的问题，增加了经济金融体系的脆弱性；墨西哥公共部门资本结构和期限结构不合理，存在一定的清偿力风险和债务违约风险；巴西经济下行、通胀严重，经济面临滞胀风险，总体风险出现恶化；阿根廷公共部门面临很大的风险，债务违约严重影响经济的运行，企业部门和家户部门受恶性通货膨胀的影响，企业资本结构恶化和私人消费降低，投资前景暗淡。

第 1 节　美洲地区宏观金融风险概述

2009 年金融危机期间美洲国家的宏观经济均受到较大冲击，出现了不同程度的负增长，2010 年各国经济出现大幅反弹，增速达到近五年的高点。此后美洲国家的经济增长速度开始下降但各国表现并不一致。如图 51.1 所示，美国和加拿大等发达国家经济表现平稳，并保持了较高的增长速度，基本都保持在 2％左右；而拉丁美洲的发展中国家的经济增速则出现了较大幅度的下滑，巴西、墨西哥和阿根廷的经济增速分别由 2010 年的 7.55％、5.12％和 9.45％下降至 2015 年的－3.85％、2.14％和 2.25％，经济增速甚至低于北美发达国家。从宏观经济增长态势来看，北美发达国家经济持续向好，而拉丁美洲发展中国家的经济状况恶化，增长乏力，风险加大，经济形势不容乐观。

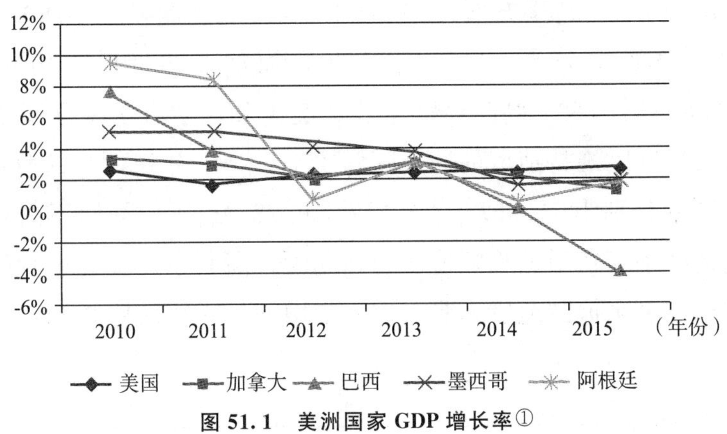

图 51.1　美洲国家 GDP 增长率①

通货膨胀方面，北美发达国家和拉丁美洲发展中国家也表现出明显差异。如图 51.2 所示，2010—2015 年，美国和加拿大的通货膨胀率基本保持在 2%左右，宽松的货币政策并未带来高度通货膨胀，稳定的通胀环境增强了货币政策的可预期性，更有利于经济的稳定发展和居民生活水平的提高。而拉美国家通货膨胀率普遍较高，墨西哥通货膨胀率基本保持在 3%左右，巴西的通货膨胀率曾高于 5%，而阿根廷则出现了高度通货膨胀，其通货膨胀率超过 20%。高度的通货膨胀会造成物价飞涨，货币贬值，给居民生活带来混乱，也限制了政府采取扩张性货币政策来刺激经济发展。总的来看，严重的通货膨胀使得拉美地区国家经济形势严峻，投资前景暗淡。

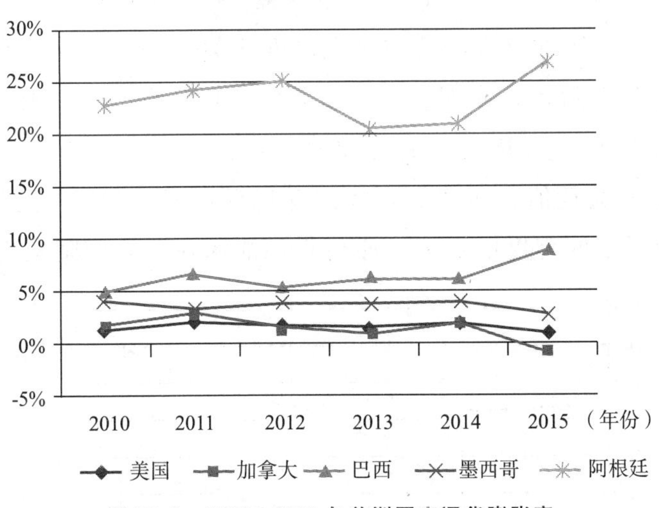

图 51.2　2010—2015 年美洲国家通货膨胀率

① 数据来源于 BvD 全球金融分析、宏观经济指标数据库 https：//www. countrydata. bvdep. com/ip。下面如未作说明，数据来源均与此处相同。

如图 51.3 所示，利率方面，2010—2015 年北美国家基本维持了低利率，而拉美国家利率普遍较高。2015 年美国和加拿大的货币市场利率分别为 0.165％和 0.804％，为了刺激经济增长，美国和加拿大都采取了不同程度的宽松货币政策，同时维持适度的通货膨胀水平。2015 年巴西、墨西哥和阿根廷的货币市场利率分别为 13.367％、3.317％和 22.014％，均属于高利率，高利率使得拉美地区国家货币面临贬值压力；同时，高利率伴随高通货膨胀，使得央行难以通过加息来抑制通货膨胀，进一步增加了通货膨胀预期，国内投资减少，经济下行。

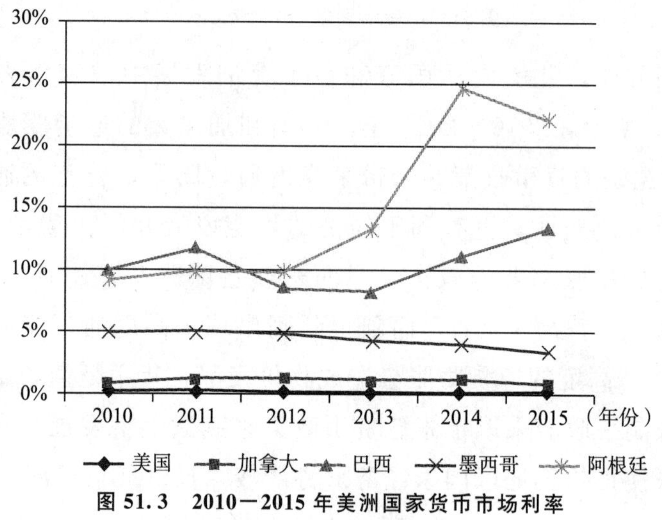

图 51.3　2010—2015 年美洲国家货币市场利率

汇率方面，由于加拿大经济与美国高度相关，2010—2015 年加元兑美元汇率基本维持在 1 附近，相对稳定，如图 51.4 所示。拉美国家货币汇率表现不一，墨西哥比索兑美元汇率由 2010 年的 12.6 上升至 2014 年的 15.8，2015 年出现了较大贬值。而 2010—2015 年巴西雷亚尔和阿根廷比索兑美元的汇率也都出现了不同程度的贬值。原材料和能源在巴西和阿根廷的出口中占

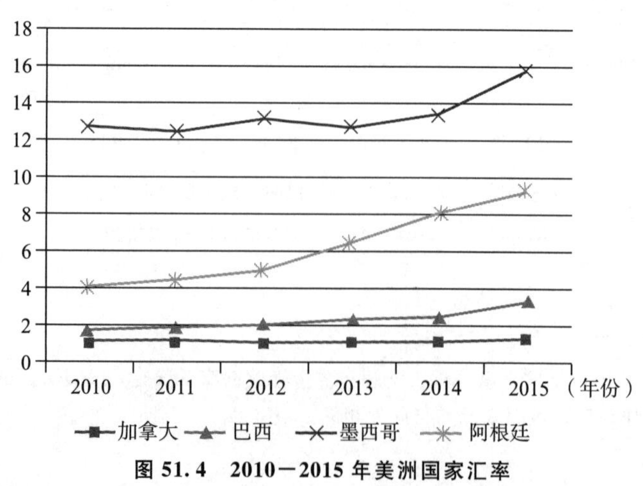

图 51.4　2010—2015 年美洲国家汇率

有较大比重，国际原油价格和大宗产品价格持续下滑、中国等主要经济体经济增长放缓以及美联储加息可能带来国际金融波动，都将进一步增加依靠资源、原料和农产品出口创收的拉美国家未来的经济风险。

综合来看，美洲地区各国经济金融发展状况出现了一定的分化。北美发达地区经济持续向好，宏观金融风险可控；拉丁美洲发展中国家面临经济增速下滑、高利率、高通胀以及货币贬值的风险。

第 2 节　美洲地区公共部门风险分析

本节对比分析美国、加拿大、巴西、墨西哥和阿根廷五国的中央银行资产负债情况，财政收支状况及公共债务状况，对美洲地区公共部门宏观风险进行研究。

一、资产负债表分析

2010—2015 年美洲五国中央银行资产负债率除墨西哥外均保持小范围波动，如图 51.5 所示。墨西哥、加拿大和美国央行的资产负债率较高，2013 年分别达到 106.8%、99.52%和 98.63%，而墨西哥央行资产负债率波动较大，2015 年下降到 88.62%，这可能与这些国家采取扩张性的货币政策有关；巴西和阿根廷央行的资产负债率相对较低，2015 年分别为 88.18%和 87.34%，资产负债率低说明两国的公共部门杠杆率较低，偿债能力较高，资本结构较好，风险较低。

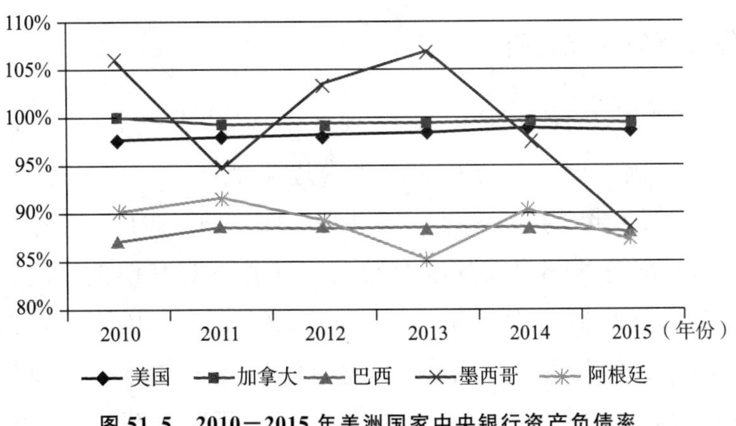

图 51.5　2010—2015 年美洲国家中央银行资产负债率

二、财政收支状况分析

2010—2015年北美发达国家和拉丁美洲国家的财政收支状况有所分化，如图51.6所示。美国和加拿大财政赤字规模占GDP比重较大，但基本保持稳定并有小幅下降趋势，美国财政赤字占GDP比重由8.75%下降到2.68%，财政收支状况显著改善；阿根廷财政收支状况相对较好，而巴西和阿根廷财政赤字规模占GDP比重2013年后有大幅度上升，2015年两国的财政赤字占GDP比重分别为9.76%和32.55%，财政收支状况显著恶化，近年来，阿根廷忽视经济增长的内在动力的建设和产业结构的优化，长期依赖债务扩张解决经济增长面临的问题，通过宽松的货币政策化解财政和债务的压力，最终导致货币贬值、经济滞胀和债务违约，经济前景不确定性增强，严重威胁到社会的稳定。

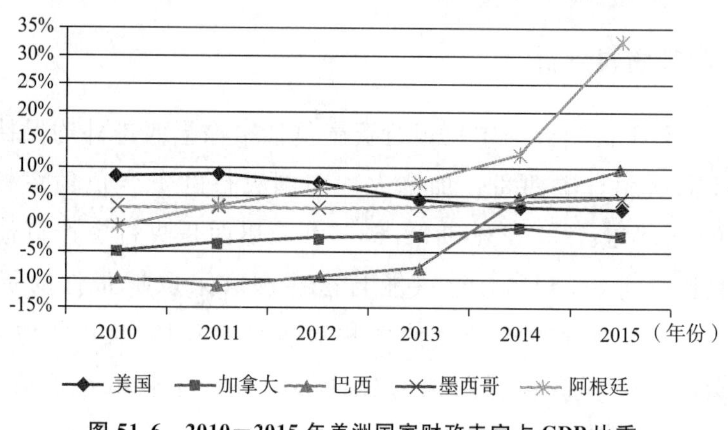

图51.6　2010—2015年美洲国家财政赤字占GDP比重

三、公共债务状况分析

公共债务状况方面美洲国家表现了一定的分化，如图51.7所示。2010—2015年美国和加拿大公共债务规模逐年增加，公共债务占GDP的比重也分别由2010年的61.01%和90.06%增至2015年的79.99%和110.68%，体现出公共部门债务压力增大，需要防范其偿债风险；拉丁美洲国家中，阿根廷公共债务占GDP比重相对较小，2015年为57.29%。而巴西和墨西哥的公共债务占GDP比重都大幅增加，2015年，两国公共债务占GDP比重分别高达324.96%和213.54%。债务状况显著恶化，同时公共债务和财政赤字的增加加大了公共部门债务违约风险。

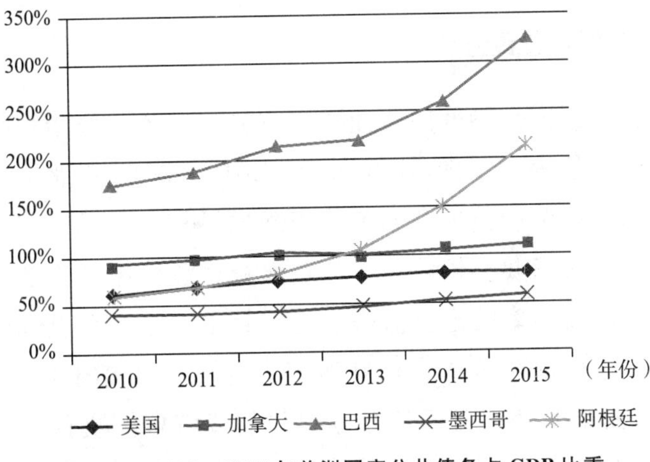

图 51.7　2010—2015 年美洲国家公共债务占 GDP 比重

第 3 节　美洲地区金融部门风险分析

本节对比分析了美国、加拿大、巴西、墨西哥和阿根廷五国上市金融部门的账面资产负债表和或有权益资产负债表状况，同时结合相关风险指标对美洲地区金融部门宏观风险进行研究。

一、账面资产负债表分析

2010—2014 年美洲五国金融部门账面资产负债规模整体在合理范围内波动，如图 51.8 所示。美国、加拿大和巴西三国金融部门资产负债率相对较高，2014 年分别达到 91.82%、94.13%和 91.90%，但尚无持续上升态势；墨西哥和阿根廷的金融部门资产负债率较低，2014 年分别达到 88.11%和 86.63%，资产错配风险较小。总体来说，美洲国家金融部门资产负债率在合理范围内波动，无明显的资本结构风险。

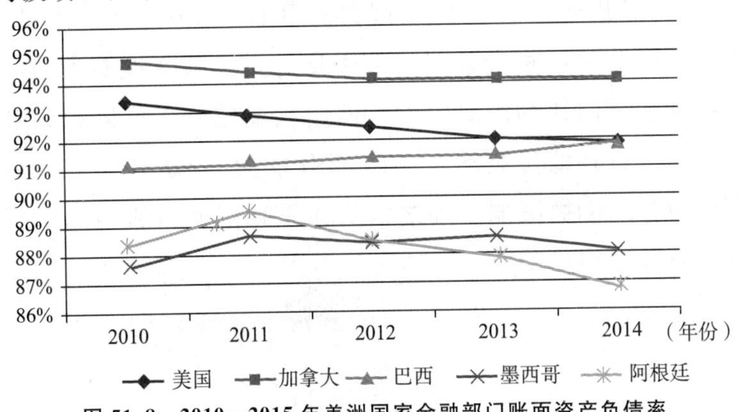

图 51.8　2010—2015 年美洲国家金融部门账面资产负债率

二、或有资产负债表分析

我们基于美洲国家金融部门账面资产负债表及各国股指数据编制出相应的或有权益资产负债表。如图 51.9 所示，2010－2014 年北美国家与拉美地区国家金融部门或有资产负债率的走势表现出了较大差异：美国和加拿大或有资产负债率相对较高并小幅波动，与账面资产负债率的走势类似；而拉丁美洲国家或有资产负债率的走势值得关注，其中，巴西金融部门的或有资产负债率远低于其账面资产负债率，且逐年上升，2014 年出现了大幅度上涨，高达 90.92%。而墨西哥和阿根廷金融部门的或有资产负债率波动较大。综合来看，北美国家金融部门资产负债结构相对稳定，而拉丁美洲金融部门资产负债结构波动较大，经济状况在危机中可能遭受较大冲击。

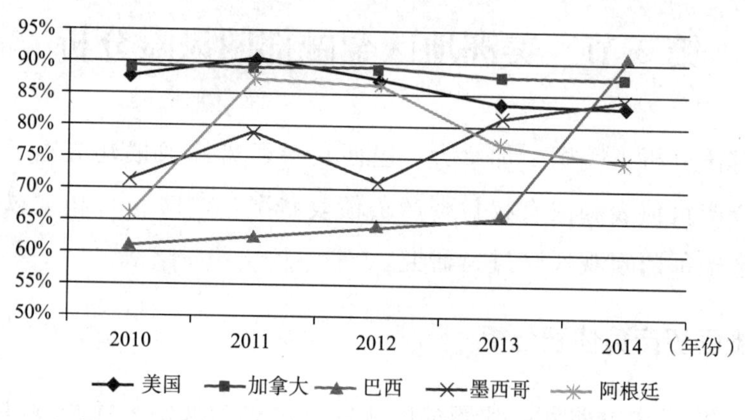

图 51.9　2010－2015 年美洲国家金融部门或有资产负债率

三、违约距离

我们利用美洲国家金融部门或有资产负债表数据和股指数据计算出金融部门的违约距离，如图 51.10 所示。美国和加拿大的违约距离走势基本保持一致，除了 2011 年出现一定幅度下降外，2010－2014 年整体呈上升态势，违约距离增大说明北美国家金融部门信用良好，风险状况有所改善。拉美国家中，墨西哥金融部门违约距离较大，信用状况较好。而阿根廷和巴西的金融部门违约距离一直在低位波动，2014 年分别为 0.99 和 0.16，这说明拉美国家银行偿还债务的能力减弱，加之信贷体系缺陷使得银行违约风险不断增加，银行需要防范违约风险。

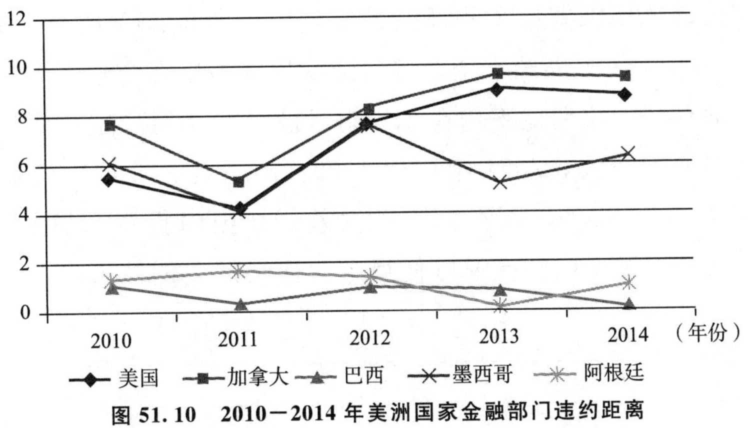

图 51.10　2010—2014 年美洲国家金融部门违约距离

第 4 节　美洲地区企业部门风险分析

本节对比分析了美国、加拿大、巴西、墨西哥和阿根廷五国上市企业部门的账面资产负债表和或有权益资产负债表状况，同时结合相关风险指标对美洲地区企业部门宏观风险进行研究。

一、账面资产负债表分析

2010—2014 年，北美发达国家和拉美国家企业部门的资产负债率的表现有所差距，如图 51.11 所示。美国和加拿大企业部门账面资产负债率无明显趋势，基本在 64%上下波动，2014 年年末分别达到 65.07%和 62.73%；而阿根廷、墨西哥和巴西三国则呈现明显上升的态势，由 2010 年的 54.62%、54.55%和 56.21%增至 2014 年的 60.24%、59.69%和 61.72%，反映出拉美国家企业部门杠杆率增加，债务负担加重，面临诸多风险和较高的成本，对经济前景信心不足。

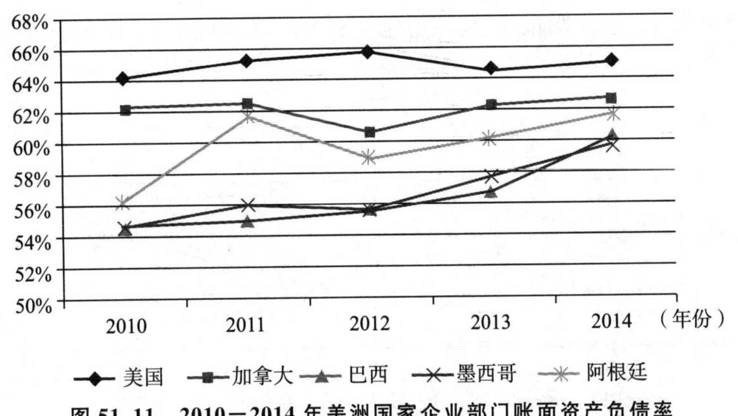

图 51.11　2010—2014 年美洲国家企业部门账面资产负债率

我们用流动比率来衡量企业部门的短期资产负债配置状况。如图 51.12 所示，2010—2014 年美洲国家企业部门流动比率整体在合理范围内波动。美国和巴西企业部门的流动比率均在 1.5 附近波动，相对稳定；而加拿大企业部门流动比率波动较大，2014 年达到 1.29；阿根廷企业部门的流动比率较小，2014 年低至 0.91，企业资金流动性差，在国内投资和贸易大幅减少，政府的赤字政策以及国内的高通胀使得企业面临短期偿债风险，企业债务违约风险大。

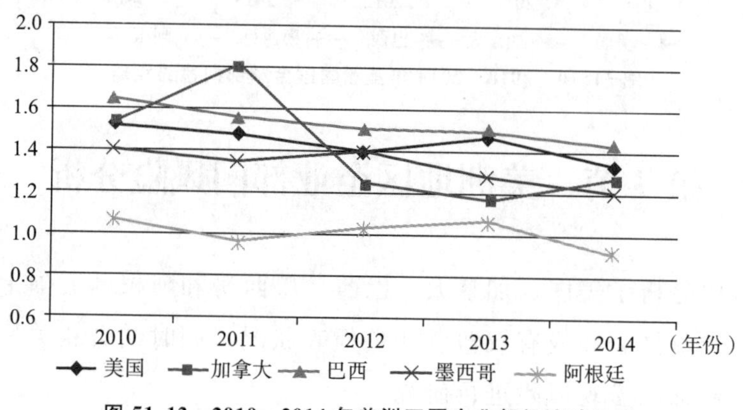

图 51.12　2010—2014 年美洲五国企业部门流动比率

二、或有资产负债表分析

2010—2014 年美洲国家或有资产负债率的情形基本与账面资产负债率类似，如图 51.13 所示。加拿大、巴西、墨西哥和阿根廷四国企业部门或有资产负债率整体呈上升趋势，加拿大资产负债结构相对稳定，墨西哥与阿根廷或有资产负债率上升幅度较大。2014 年分别达到 38.62%、48.06%、34.81% 和 42.21%；2010—2014 年美国企业部门或有资产负债率较低，2014 年更是降至 26.85%，资本结构有所改善；而巴西企业部门或有资产负债率一直维持在较高水平，2014 年更是大幅度上升，企业偿债能力减弱，需要关注其债务风险。

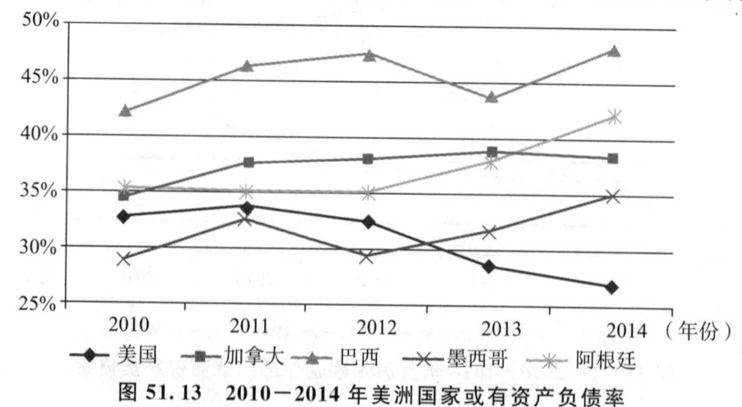

图 51.13　2010—2014 年美洲国家或有资产负债率

三、违约距离

2010—2014 年北美国家企业部门的违约距离走势整体类似，美国和加拿大违约距离较大，基本保持上升态势，其企业部门风险状况逐渐改善，如图 51.14 所示。拉美国家中，墨西哥企业部门违约距离与美国和加拿大走势趋近，违约距离较大，风险状况良好，而与其他三国相比，巴西和阿根廷两国企业部门违约距离数值相对较小，2014 年，巴西和阿根廷两国企业部门违约距离都出现了大幅下滑，分别降至 3.6 和 2.0，表明企业部门信贷状况恶化，存在违约风险。

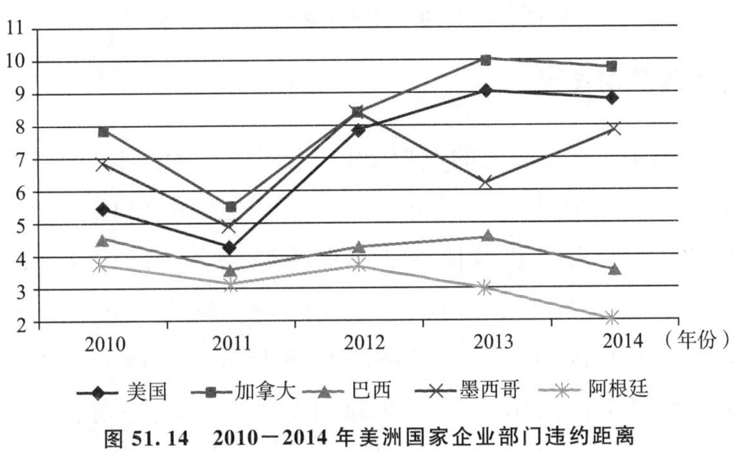

图 51.14　2010—2014 年美洲国家企业部门违约距离

第 5 节　美洲地区家户部门风险分析

本节对比分析了美国、加拿大、巴西、墨西哥和阿根廷五国家户部门的失业率和私人消费增长率，对美洲地区家户部门宏观风险进行研究。

一、失业率

低失业率对于促进国民经济发展与社会稳定至关重要。金融危机之后，随着各国经济的逐渐恢复，2010—2015 年美洲国家的失业率除巴西以外整体上呈逐渐下降态势，如图 51.15 所示。美国、加拿大、墨西哥、阿根廷的失业率分别由 2010 年的 9.63%、7.99%、5.37%和 7.75%下降至 2015 年的 5.28%、6.89%、4.16%和 5.90%，其中美国和阿根廷降幅较大。而从 2013 年起，巴西失业率大幅上升，2015 年升至 8.90%，失业率攀升加之高通胀，巴西经济形势严峻，居民生活受到严重影响。而其他国家失业率的下降反映出其经济好转，家户部门的收入风险有所减少。

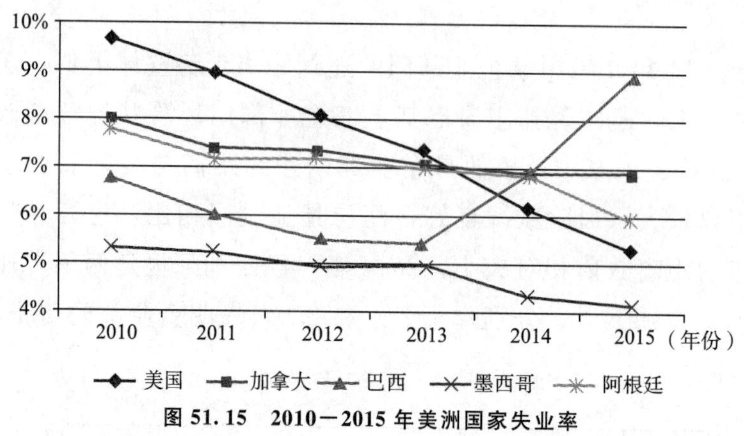

图 51.15　2010—2015 年美洲国家失业率

二、私人消费增长率

私人消费是国民经济增长的重要支柱。2010—2015 年美洲各国的私人消费走势整体一致。如图 51.16 所示。2010—2015 年美国、加拿大、阿根廷、墨西哥四国的私人消费增长率基本保持稳定，2015 年其私人消费增长率分别为 3.18%、1.88%、1.18%和 2.86%，均高于各自 GDP 的增速。美国和加拿大作为发达国家，其经济增长逐渐从依靠政府购买变为依靠私人消费拉动，而拉丁美洲国家经济基础相对薄弱，经济增长更依赖投资和出口。2015 年，巴西私人消费增长率大幅下降至－4%，私人消费水平负增长表明巴西经济面临严重危机，巴西经济增长乏力，民众对巴西经济前景信心不足。

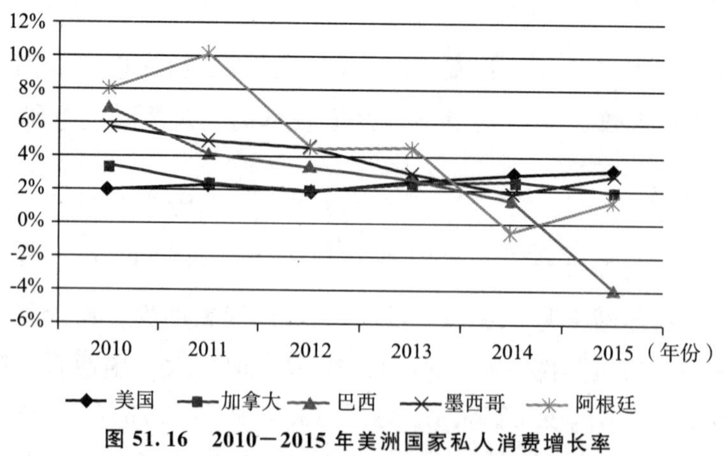

图 51.16　2010—2015 年美洲国家私人消费增长率

第6节　结论及对中国的借鉴

本章基于对美洲五国经济金融运行状况和四大部门风险状况的对比分析，得出如下结论：

在宏观经济金融的运行方面，北美发达国家和拉丁美洲国家表现出明显差距。2015年北美国家经济持续强势复苏，美国和加拿大经济增速上升，宽松的货币政策刺激经济发展的同时保持了低利率和低通胀的态势，经济金融形势较为稳定。而拉丁美洲国家的经济增速普遍下滑，经济增长乏力且通货膨胀水平较高，高利率也使得巴西和阿根廷两国的货币面临贬值压力，这些现状综合反映了拉美国家面临严峻的经济形势。

公共部门方面。美洲五国整体中央银行资产负债结构较为稳定，拉丁美洲国家财政赤字率和公共债务规模相对较低，但出现了上升趋势，公共部门债务增加，偿还力减弱需要防范公共部门违约风险。北美国家的公共债务规模较高，存在一定的清偿能力风险。

金融部门方面。拉美国家尤其是巴西受经济低迷和企业经营不善的影响，金融部门账面资产价值和资产市值缩水，账面资产负债率和或有资产负债率都有所上升，银行偿还债务的能力减弱，银行需要防范违约风险。北美国家账面资产负债率和或有资产负债率均较为稳定，风险指标也逐年向好，资产结构有所改善，风险状况良好。

企业部门方面。美洲五国企业部门总体上资产负债率控制在合理范围内，流动性要求也基本满足。值得注意的是巴西账面资本结构不断恶化，大宗商品价格降低和高通胀率影响企业经营业绩。违约距离增加，短期内违约风险较大。

家户部门方面。除巴西外其余四国失业率逐年下降，私人消费也稳健增长，家户部门风险状况良好，而巴西失业率大幅攀升，加之高企的通胀率，经济形势严峻。

综合来看，美洲国家中北美发达国家宏观金融风险状况较好，需要警惕局部风险点如公共部门偿债能力，而拉丁美洲发展中国家经济疲软与当前全球经济金融发展的趋势基本一致，值得我们分析思考。

当前发达经济体经济金融发展态势良好，而发展中国家面临不同程度的压力和挑战，诸如经济增速下滑、高利率、高通胀和货币贬值等。2012年以来，中国经济增速开始下滑，2012年、2013年、2014年上半年增速分别为7.7%、7.7%、7.4%，是经济增长阶段的根本性转换。中国告别过去30多年平均10%左右的高速增长。经济发展呈现新常态，如何寻找新的增长动力源泉，引导经济发展进入新阶段值得我们思考和研究。我们基于对美洲地区经济金融的研究和分析，提出如下两点建议：

第一，优化升级经济结构，寻找新的经济增长点。发达国家经济体系经过不断改革发展已经逐渐依靠私人消费投资拉动而目前发展中国家的经济结构还较为单一和落后，大部分依赖外部投资和资源出口，产品竞争力不强。中国应在完整的产业体系基础上，进一步进行产业升级，优化产业结构，由工业主导向服务业主导转移，形成以服务业为主导的产业结构优化，同时加快服务业内部结构优化，带来经济增长的新动力。

第二，良好的政策环境是经济稳定发展的重要基础。要进一步推进经济转型升级需要政府进一步简政放权，以监管转型为重点，形成决策权、执行权、监督权相分离同时保障市场监管结构的独立性和专业性，强调政府市场监管主导作用的同时积极引导各类市场主体自治，促进市场主体，建立完善的市场治理体系，更好地适应经济新常态，促进经济进一步发展。

参考文献

［1］IMF：World Economic Outlook［M］，October 2014.

［2］IMF：Global Financial Stability Report［M］，October 2014.

第 52 章　美国宏观金融风险研究

在全球流动性过剩，通胀压力加大的背景下爆发的次贷危机对美国经济带来了巨大的打击，美国作为全球最大的经济体，危机之后美国经济明显放缓。此后美联储一直实施量化宽松的货币政策，美国政府连续降息，大幅度减税以刺激美国经济复苏。危机爆发之后美国政府联合各国央行向市场注资以缓解流动性不足。2015 年世界经济增长低于普遍预期，新兴市场经济体增速下滑，发达经济体有所回升。美国、欧盟和日本三大经济体经济增速有所上升，欧盟中作为经济领头羊的英、法、德三国，经济表现恢复较快，“欧猪五国”除希腊之外表现出较好的态势。而主要新兴经济体除印度经济增长势头较为强劲外基本都面临经济增速下滑、经济结构失衡的问题；俄罗斯、巴西等国陷入负增长。反观美国，2015 年美国失业率有所下降，经济增速有所提高，在全球其他经济体表现不佳的情况下，美国经济能否继续稳步复苏，持续向好，也值得我们进一步的探索。

第 1 节　美国宏观金融风险概述

2010 年美国已经从金融危机中逐步恢复起来，GDP 增速增至 2.53%，GDP 上升至 147838 亿美元，如图 52.1 所示，从 2010 年开始，美国经济开始持续强势复苏，2010—2015 年美国经济增速基本维持在 2. 2%到 2.5%之间，至 2015 年美国 GDP 规模达到 163972 亿美元。根据 IMF 预期，美国经济将继续保持较快增长，但美国经济的走强可能会导致美元升值，美元升值将不利于美国的出口部门，反过来会影响美国经济的增长。总体来看，美国经济形势较好，将延续复苏的格局。

如图 52.2 所示，我们分析各因素对美国经济增长的贡献率，从中可以看出不同因素对美国经济增长主要有以下特征：经济危机之后在复苏过程中美国经济增长的主要拉动力产生了一定变化。具体表现为 2010 年之后，美国私人消费对经济增长的贡献率一路走高，而之前对经济贡献率较高的政府购买和净出口都大幅下降到并保持在较低位置，美国经济增长开始转而依赖私人消费和固定资产投资。究其原因可能是经济危机之后为了刺激经济增长美国开始执行量化宽松的货币政策，从而为美国的经济注入了充足的流动性，促进了信贷消费和固定资产投资规模的扩张，而美国经济的走强也导致了美元升值，影响出口部门，净出口下降，同时美国政府财政支出规模扩张受限，政府购买下降。然而，如果美国的私人消费和投资过分依赖宽松货币政策，一旦美国退出量化宽松，信贷收缩，流动性降低，美国经济增长又将面临重大挑战。

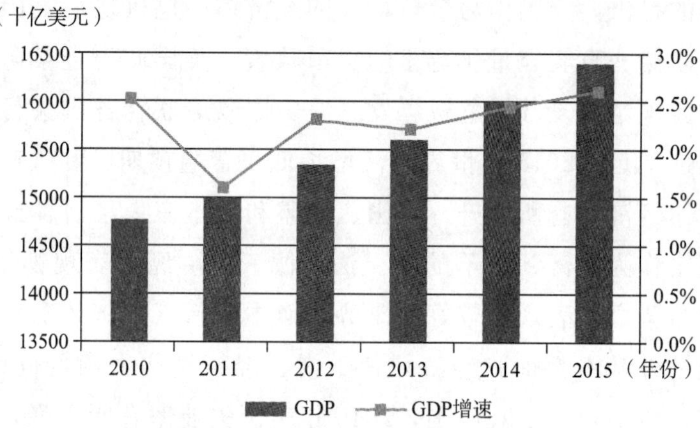

图 52.1　2010—2015 年美国 GDP 及增速①

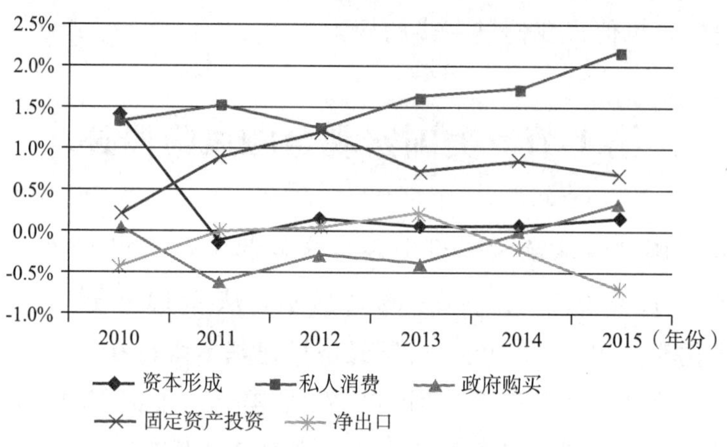

图 52.2　2010—2015 年美国经济增长贡献率

从通货膨胀率方面，可以看出美联储一直将通货膨胀率控制在 1.5%上下的合理水平。如图 52.3 所示，2010 年美国通货膨胀率降低到 1.22%，2011 年则有所上升，此后通货膨胀率又有所下降但基本稳定，随着美国经济的复苏与

① 数据来源于 BvD 全球金融分析、宏观经济指标数据库 https：//www. countrydata. bvdep. com/ip。下面如未作说明，数据来源均与此处相同。

稳定，美国通货膨胀率控制较好。从 2012 年以后的趋势来看，美联储对于量化宽松政策的合理把控将使得美国的通货膨胀率一直维持在合理区间内。

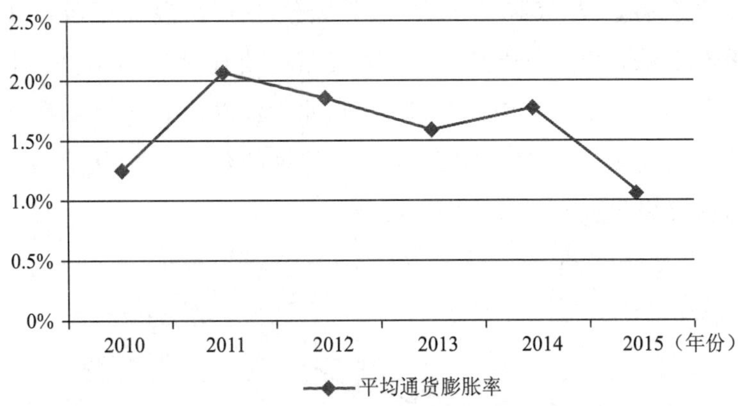

图 52.3　2010—2015 年美国平均通货膨胀率

美国持续实施量化宽松政策也导致美国国内信贷扩张，贷款余额增加，国内贷款余额和广义货币量都保持上升趋势，如图 52.4 所示。2010 年美国广义货币量规模为 85934 亿美元，2015 年为 120166 亿美元，累计增幅 39.8%；美国国内贷款规模也从 2010 年的 148428 亿美元增至 192584 亿美元，累计增幅 29.75%，显著低于广义货币量的增幅。另外，我们通过线性回归估计（R^2＝0.834），发现美国广义货币量每增加 1 个单位，美国国内贷款余额增加 0.928 个单位，这表明大部分的货币增加都流入了信贷市场，货币扩张的确增加了贷款规模，但美国金融市场发达并且包括各类金融衍生产品，新增的货币量可能大量流入影子银行体系，从而脱离了政府监管，无法真正推动实体经济的发展。如果美国政府想让量化宽松政策能够真正地服务

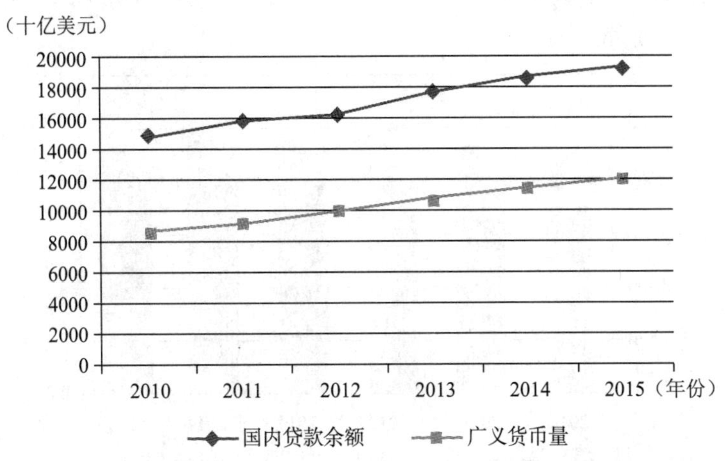

图 52.4　2010—2015 年美国广义货币量和国内贷款余额

于实体经济，并控制相关风险，政府需要将影子银行及各类表外融资方式纳入监管体系。

金融危机之后，从2010年开始，美国经济开始逐渐复苏，美国股指也同时开始缓慢上涨，2010—2015年美国股市一直保持稳步上涨，标准普尔指数从2010年年初1073.87点到2015年涨到了2080.41点，从2010年开始的股指的持续上涨反映市场对美国经济发展前景的信息，也从另一方面印证了美国经济的良好发展态势。如图52.2所示。

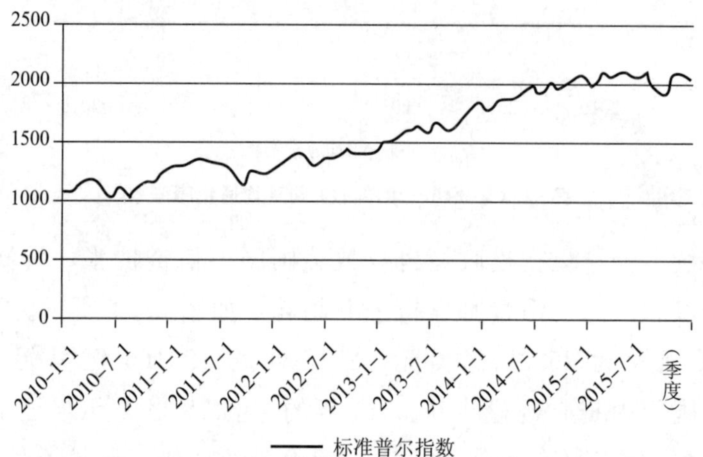

图52.5　2010—2015年美国季度标准普尔指数

对外贸易方面，2010—2015年美国进出口规模都保持稳定增长的态势，如图52.6所示。2010年总出口与总进口规模分别为17766亿美元和22353.5亿美元，2015年分别达到了21205.75亿美元和26605.75亿美元，累计增长为19.36%和19.02%。另外，虽然经济发展导致美元走强，但美国的贸易赤字规模及其占GDP比重却从2010—2013年一路降低，直到2014年有所上升，

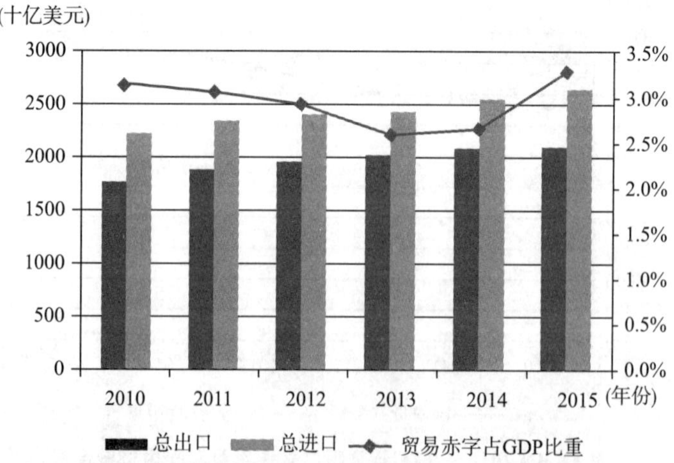

图52.6　2010—2015年美国进出口规模及贸易赤字占GDP比重

2015 年升至 3.29%，虽然美元升值对于出口部门影响较大，但这一趋势也体现出美国对外贸易形势有所好转。

综合来看，美国经济复苏，发展趋势较好，经济增长开始逐渐依靠私人消费与固定资产投资。同时，通货膨胀率维持在合理水平，也增加了货币政策的可预期性，宏观金融尚未表现出明显的风险点。

第 2 节　文献综述

杨文进（2010）从经济长波、货币供给与国际竞争的视角对美国经济危机原因及其影响进行新的解释，认为美国经济危机是其经济长波运行到顶之后以朱格拉周期新式表现的一次调整。在经济的高速发展中，实体经济对新增货币的吸纳能力减弱，货币供给转向高杠杆的金融衍生产品，实体经济与虚拟经济的高度背离导致了经济危机的发生，美国经济危机最终将变为世界经济危机。

李超（2012）从虚拟经济与实体经济分形运行的维度对美国金融风险动态演进进行了研究，文章基于分形动力学的思想构建了美国实体经济与虚拟经济分形运行的模型，在一定程度上实证了 21 世纪美国金融危机的必然性，同时提出要在欧债危机和美债危机的金融风险形势下，协调好虚拟经济与实体经济的分行关系。

黄胤英（2012）等以货币政策传导机制为基础对美国量化宽松货币政策实施效果进行了分析，认为美国前两轮量化宽松货币政策在一定程度上缓解了资金紧张等流动性问题，促进金融危机之后美国经济的恢复。但量化宽松政策所增加的货币并未对实体经济的发展起到很大的促进作用，想要促进实体经济的进一步发展，货币政策只是一方面因素，美国还需要在科技创新产业升级等方面采取进一步措施。

第 3 节　美国公共部门风险分析

本节通过分析美联储资产负债表、美国财政收支状况及公共债务状况，对美国公共部门的宏观金融风险进行分析。

一、资产负债表分析

2010—2015年美联储资产负债规模基本呈上升态势，如图52.7所示，2013年资产和负债规模增幅较前一年有较大增长，分别增长了37.9%和38.6%，这主要是因为美联储直接持有的证券规模大幅增加，由2012年的26696亿美元增至37561亿美元，具体包括国库券、联邦机构债券及住房抵押贷款，同时美联储的资产负债率也有相应的增加，但还是处在可控范围内，2015年资产规模和负债规模相比于2014年都有所下降，资产负债率也有大幅降低，降到了98.72%。总的来看，美国公共部门资产负债错配风险仍保持在正常可控水平。

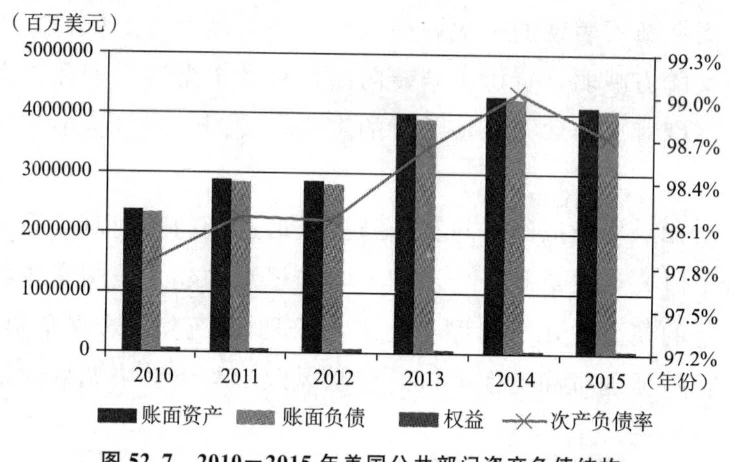

图52.7　2010—2015年美国公共部门资产负债结构

二、财政收支状况分析

2010—2015年美国政府公共财政收入规模逐年上升，由2010年的21617.45亿美元上升到2015年的32486.99亿美元，上升幅度高达50%，其间公用财政支出规模基本维持不变水平，2015年约为36877.93亿美元，略高于2010年的34559.48亿美元，如图52.8所示。因此，美国财政赤字的规模也呈逐年下降态势，财政赤字占GDP比重从2010年的8.75%锐减至2015年的2.68%。由此来看，美国政府的财政收支状况有明显改善，公共部门风险状况好转。而美国公共财政收入规模扩张受限导致了美国的政府购买量下降，这也是造成2010年后政府支出对GDP增长贡献率降低的原因。

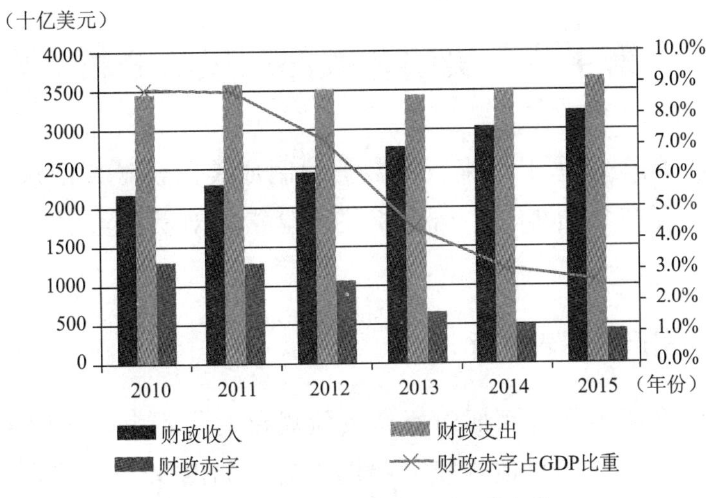

图 52.8　2010—2015 年美国财政收支状况

三、公共债务状况分析

2010—2015 年美国的公共债务规模呈逐年递增态势，如图 52.9 所示，从 2010 年的 90188.82 亿美元增至 2015 年的 131167 亿美元，增幅达 45%，这一数据表明美国财政扩张比较依赖发行国债或政府机构债券。此外，公共债务占财政收入的比重也由 2010 年的 11%增至 14.5%，这表明美国公共债务偿付压力显著增大。然而，美国公共债务利息倍数（公共财政收入/公共债务利息支付）基本保持稳定并略有下降，其原因在于美国政府更多地使用短期贴现债券融资，公共债务利息支付规模减小。综上所述，美国政府公共债务清偿风险值得关注。

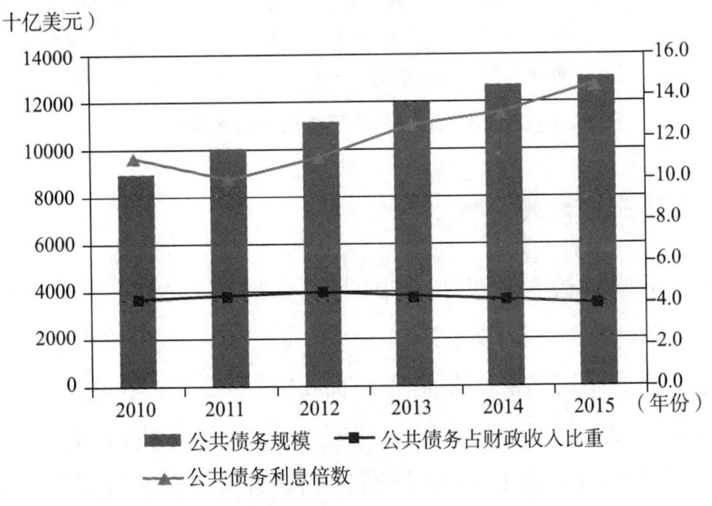

图 52.9　2010—2015 年美国公共债务状况

第4节　美国金融部门风险分析

本节选取美国32家上市银行的数据编制成美国金融部门账面资产负债表和或有权益资产负债表，并结合相关风险指标对美国金融部门风险进行分析。

一、账面资产负债表分析

2010—2012年美国金融部门资产负债规模变化不大，2012年后开始有较大增长，2015年资产负债规模大幅度上升，如图52.10所示。2015年美国资产负债规模分别达到241105亿美元和2240428亿美元，权益规模为20676亿美元，与2014年相比有较大规模增长。2010—2015年美国金融部门资产负债率呈逐渐下降态势，由2010年的93.46%降至2015年的91.42%，反映出美国金融部门资产负债结构有很大改善，清偿力风险降低。

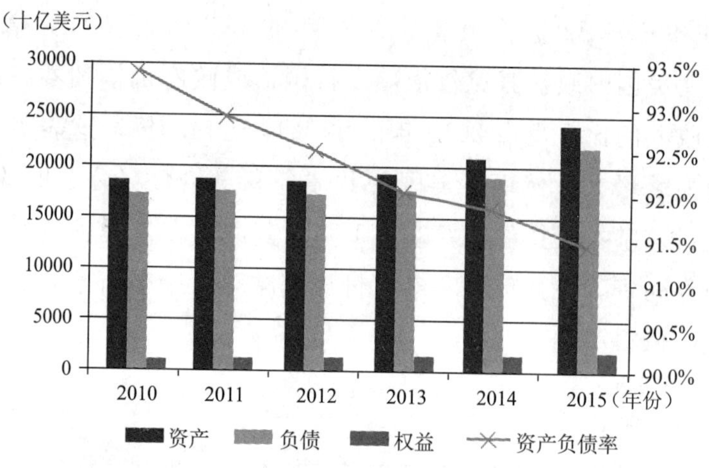

图52.10　2010—2015年美国金融部门账面资产负债表

二、或有资产负债表分析

我们利用KMV模型计算出美国上市金融部门的资产市值和负债市值，并编制成或有资产负债表，如图52.11所示。2010—2012年美国金融部门资产市值和负债市值都有轻微的下降，而2012—2015年则呈逐年递增态势，特别是2015年，美国上市金融部门的资产市值与负债市值都有较大规模上升，2015年资产市值和负债市值分别达到121778亿美元和103078亿美元，较2014年实现了较大增长。另外，金融部门的或有资产负债率从2011年开始逐年增加，反映出美国金融部门清偿力风险有所上升。

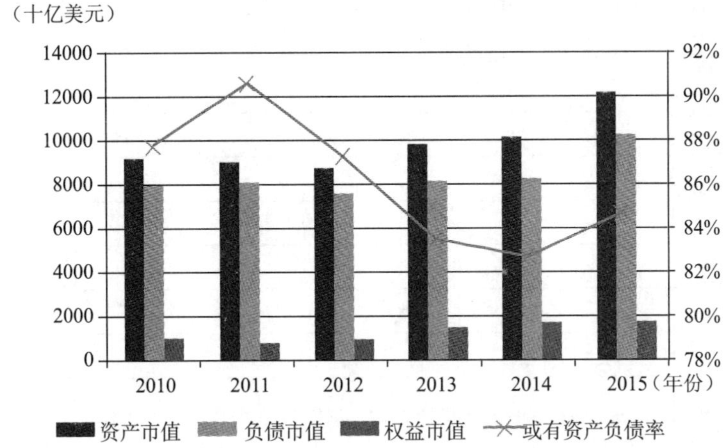

图 52.11　2010—2015 年美国金融部门或有权益资产负债表

违约距离可以用来衡量信用风险的大小，违约距离越大，说明存在的信用风险越小。如图 52.12 所示，2011 年美国金融部门违约距离大幅下降，此后开始上升，2013 年达到最高为 8.89，反映出美国金融部门信用状况较好，2014—2015 年违约距离都有所下降，这说明美国金融部门的信用风险有所增加，需要警惕。

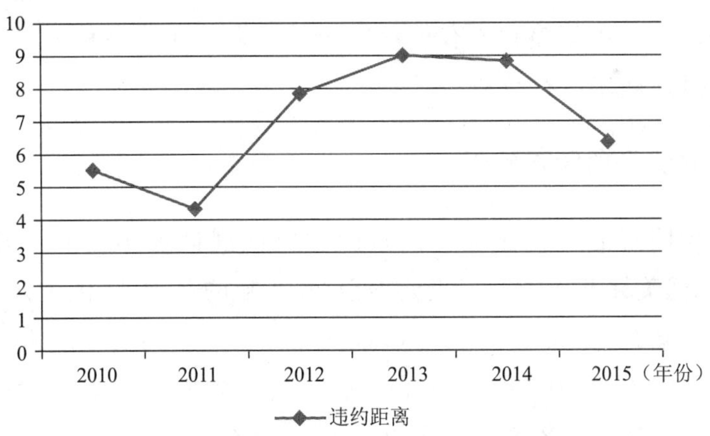

图 52.12　2010—2015 年美国金融部门违约距离

三、盈利能力分析

我们采用净利润率、资产回报率（ROA）和权益回报率（ROE）三个指标来衡量美国金融部门的盈利能力。从图 52.13 中，可以看出三个指标的走势基本保持一致，2010—2013 年三个指标均呈逐年上升态势。2010 年净利润率、ROA 及 ROE 分别为 12.24%、7.31%和 0.49%，2013 年这三个指标分别为32.95%、1.3%和16.25%，达到六年来最大值，实现了较大幅度增长。2014年有所回落2015年又继续增长，由此可以看出美国金融部门盈利能力逐渐提升，抗风险能力良好。

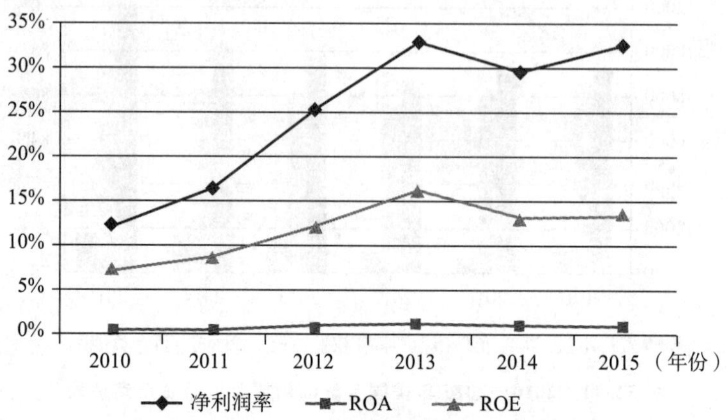

图52.13　2010—2015年美国金融部门盈利能力指标

第5节　美国企业部门风险分析

本节选取美国市值排名前500位的上市非金融企业数据，编制成美国企业部门的账面资产负债表和或有权益资产负债表，并结合相关风险指标对美国企业部门风险状况进行分析。

一、账面资产负债表分析

2010—2015年，美国企业部门资产和负债规模逐年上升，分别从2010年的131658亿美元和42969亿美元增至2015年的210921亿美元和58466亿美元，累计增幅约为60.2%和36.1%，如图52.14所示。相应地，美国企业部门的账面权益也由2010年的88688亿美元增至2015年的152454亿美元。另外，美国企业部门的资产负债率自2011年达到33.64%的高位之后便保持下降趋势，直到2015年有所回升，这说明美国企业部门杠杆率降低，资本错配风险减小，风险状况也趋于稳定。

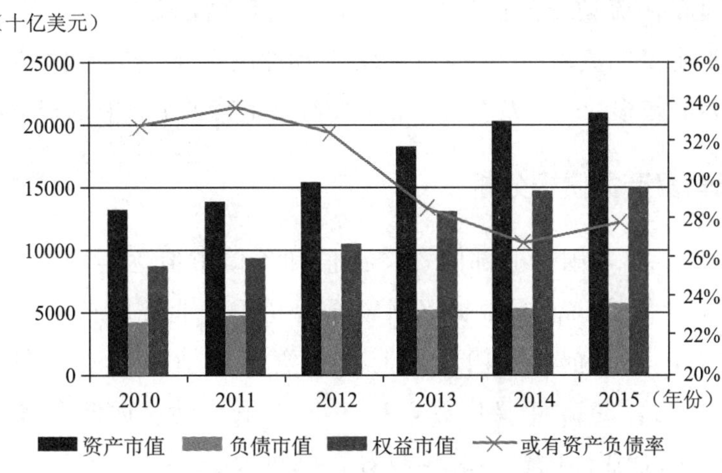

图 52.14　2010—2015 年美国企业部门账面资产负债表

二、流动性分析

流动性反映企业流动资产负债的匹配关系，也是企业短期偿付能力的体现。如图 52.15 所示，2010—2015 年美国企业部门流动资产和流动负债规模基本保持上升态势，除了 2012 年流动资产有小幅度回降，分别由 2010 年的 32613 亿美元和 21436 亿美元增至 2015 年的 38632 亿美元和 27120 亿美元，累计增幅分别为 18.4％和 27.0％，均远低于企业部门总资产和总负债的增速，从中可以看出美国企业部门的流动性增加，融资成本降低，企业部门更多地倾向于固定资产投资等长期资产，同时也偏好于长期负债融资。另外，虽然 2010—2015 年企业部门的流动比率呈波动状态，但其绝对值均位于 1.35 之

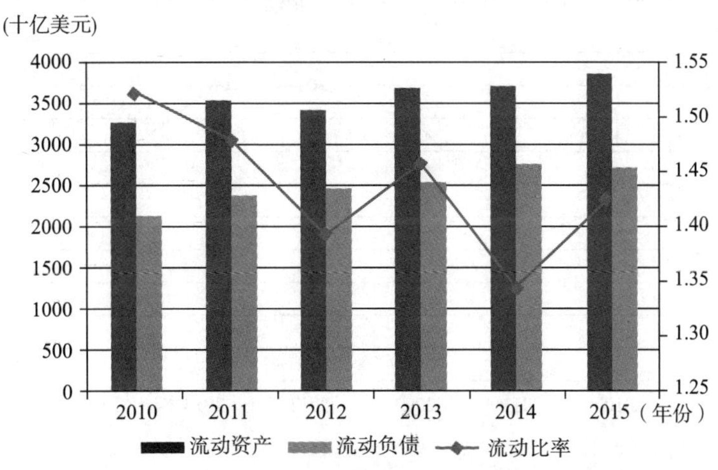

图 52.15　2010—2015 年美国企业部门流动性分析

上，说明企业部门流动资产能较好地覆盖流动负债，短期偿付变现能力较好。2015年美国企业部门流动性又增至1.42，流动性风险进一步降低，流动比率过高意味着企业持有较多的现金及存货，在一定程度上降低了企业的资金利用率。

三、或有资产负债表分析

2010—2015年美国企业部门资产市值和负债市值逐年增加，如图52.16所示。一方面，资产市值是根据KMV模型利用企业部门权益市值计算得出的；另一方面，美国企业部门的或有权益资产负债率呈波动态势，2011—2014年下降之后，2015年又回升，在30%上下波动，远低于账面资产负债率，这说明美国企业部门资本结构较好，风险较小。

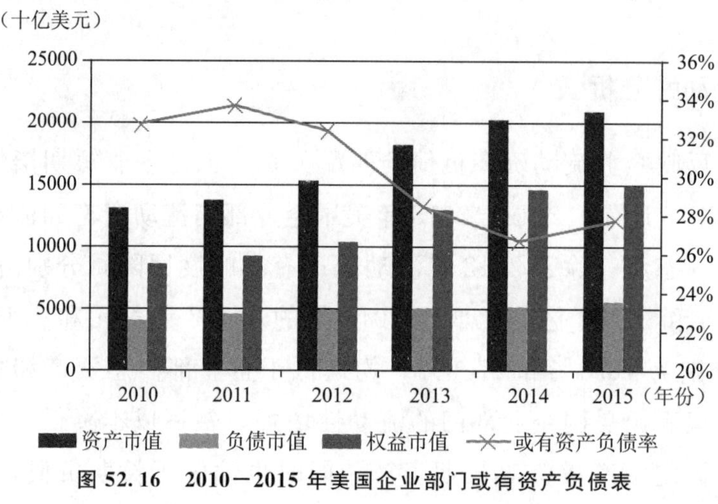

图52.16　2010—2015年美国企业部门或有资产负债表

2010—2015年美国企业部门违约距离也在上下波动，2011年有轻微下降，此后2012—2013年违约距离又逐年增加，如图52.17所示，2013年违

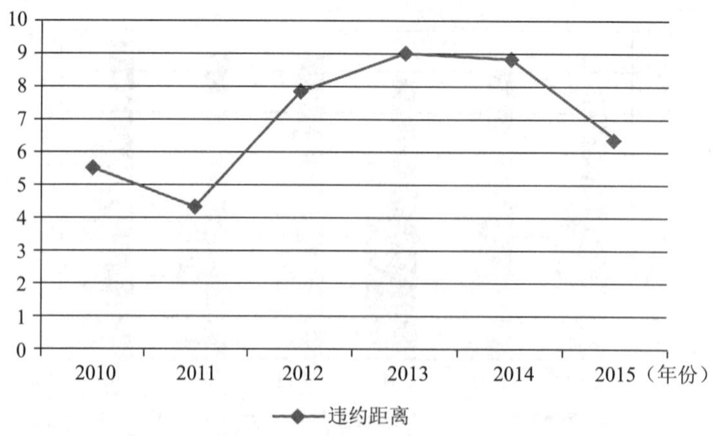

图52.17　2010—2015年美国企业部门违约距离

约距离增至 9，这说明美国企业部门信用状况良好，信用风险水平较低，违约概率非常小。2014—2015 年违约距离又出现了下降趋势，但仍高于 6。综合来看，美国企业部门风险状况较好，资产持续增加，这也有助于美国经济保持良好的增长态势。

第 6 节　美国家户部门风险分析

本节从居民失业率、家户部门资产负债结构、居民收入与消费及家户贷款四个方面对美国家户部门风险状况进行分析。

一、失业率

从图 52.18 中可以看出 2010 年之后，美国居民失业率保持逐年下降态势，且下降幅度较大，这说明美国就业市场和就业状况有了很大的改善，已经逐渐从经济危机的影响中恢复过来，于 2014 年第三季度达到 6%，基本恢复到金融危机之前的水平，2015 年进一步下降到 5.25%。低失业率说明美国经济增长态势良好，同时也有利于维持社会稳定，也反映了美国经济前景较为乐观。

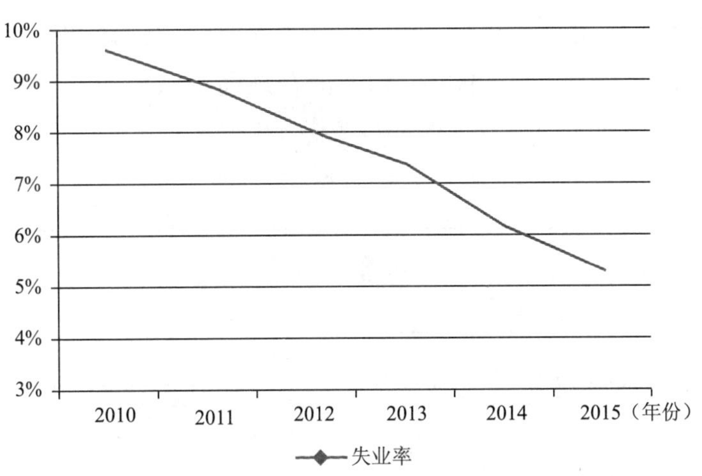

图 52.18　2010—2015 年美国居民失业率

二、个人消费平减指数

如图 52.19 所示，2010—2015 年，美国居民个人消费平减指数呈逐年上升态势，从 2010 年的 110.18 上升到 2015 年的 118.72，个人消费平减指数的上升也间接说明了美国经济的发展态势良好，但消费平减指数的同比变化率在2011年后有所下降，消费平减指数增长率有所放缓，但仍保持在合理区间。

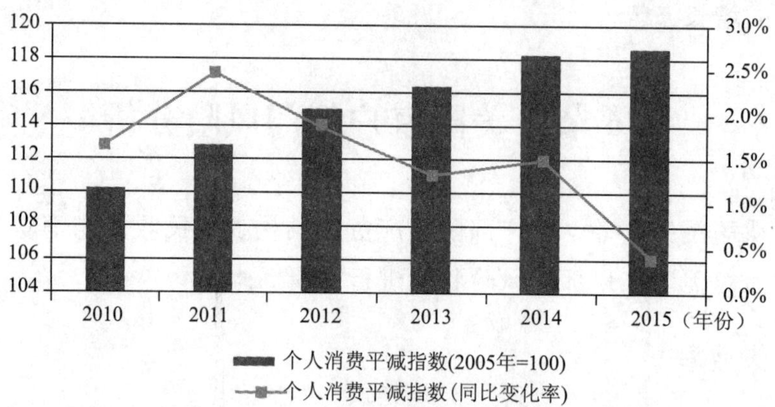

图 52.19　2010—2015 年美国家户部门个人消费平减指数①

三、居民收入与消费

金融危机之后美国经济的增长模式发生变化，开始主要依赖私人消费拉动，而私人消费与居民个人可支配收入有很大关联。如图 52.20 所示，2010—2015 年美国个人可支配收入和私人消费规模总体上呈递增态势，二者累计增长率分别为 13.7%与 6.9%。根据线性回归的估计结果（$R^2=0.926$），个人可支配收入每增长 1 个单位，私人消费规模可以增长 0.8 个单位。由于

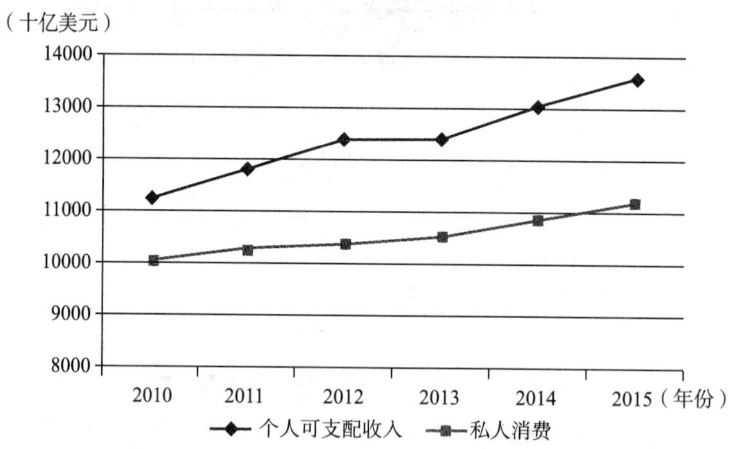

图 52.20　2010—2015 年美国个人可支配收入与私人消费

① 数据来源：Financial Accounts of the United States，Historical Annual Tables 2005—2013.

美国经济更多地依赖私人消费拉动，如果美国想要保持经济的持续增长，那么需要注意调整收入结构，保持个人可支配收入的持续增长。

第7节 结论及对中国的借鉴

在全球经济持续复苏增长的大前提下，欧元区、日本、美国发达经济体表现良好，而其他发展中经济体略显疲软。具体来说，美联储实行量化宽松货币政策解决了金融机构不良资产处置成本，美国政府同时限制财政支出以刺激私人消费和投资规模增加，使得私人消费代替政府购买成为拉动美国经济发展的主要动力。宽松的货币政策降低了美国市场利率，增加了市场流动性，也为美国消费贷款及企业投资扩容降低了成本。

公共部门方面，美国财政收入不断增加同时美国政府限制了财政支出的规模，财政赤字水平降低，但美国公共部门的负债规模增加，需要关注其偿付能力风险。金融部门方面，资产和负债规模持续稳定增加，账面资产负债率和或有资产负债率逐渐下降，盈利能力逐年增加，风险状况较好。企业部门的账面资产负债率与或有资产负债率也呈下降趋势，偿债能力也逐渐提升，风险状况良好。家户部门失业率呈逐年下降态势，同时个人可支配收入增加，私人消费增加，居民消费平减指数上升，居民收入得到一定保障。家户部门资产负债率较低，偿债能力也有提升，不存在明显的违约风险。总的来说，美国经济形势发展良好，风险状况有所改善，但需要警惕公共部门债务扩张造成的偿付压力。

目前我国经济正面临转型期，经济增速面临下行压力，经济结构也有待调整，如何找到新的经济增长点，同时控制可能出现的新的经济危机并促进经济进一步发展都值得我们研究与探索。结合美国经济复苏增长的经验，我们提出如下两点建议：

第一，从经济危机之后美国经济的恢复中可以看出，一方面，美国政府采取宽松的货币政策促进了私人消费与国内投资，同时增强了市场流动性；另一方面，政府限制了财政支出规模，使得美国经济从主要依靠政府购买推动转型为依靠私人消费与固定资产投资拉动，而我国经济增长还是较为依赖政府公共设施投资及出口拉动，而内需相对不足，拉动经济增长和预防经济危机最主要的就是创造国内的需求，我国应该采取灵活审慎的策略来促进国内投资与消费，提高居民收入水平增强消费能力以促进我国经济发展。

第二，美国有着成熟的金融市场，丰富的金融产品为居民投资提供了成熟的平台与渠道。我国应该进一步完善金融市场，改变我国居民以储蓄为主的消费习惯。而美联储所执行的量化宽松的策略在增强市场流动性的同时也使得一部分货币流入影子银行为金融监管带来了风险。目前我国的金融监管体制不够成熟，我国在采取宽松的货币政策促进经济发展时也要防范带来的风险，同时应该完善金融监管体制，加强金融监管，防范金融风险。

参考文献

[1] Board of Governors of the Federal Reserve System：Annual Report 2013 [M]，April 2014.

[2] IMF：World Economic Outlook [M]，October 2014.

[3] IMF：Global Financial Stability Report [M]，October 2014.

[4] 黄胤英、王锦华：《从货币政策传导机制看美联储量化宽松对美国经济的复苏效应》，《经济学动态》2012 年第 11 期。

[5] 李超：《21 世纪美国金融风险动态演进研究——基于虚拟经济与实体经济分形运行的维度》，《求索》2012 年第 2 期。

[6] 杨文进：《美国经济危机原因及其影响的新解释——基于经济长波、货币供给与国际竞争的视角》，《当代财经》2010 年第 10 期。

第 53 章　加拿大宏观金融风险研究

加拿大是一个高度发达的资本主义国家，有着丰富的自然资源和高度发展的科技，作为北美第二大经济体，加拿大同时也是八国集团，20 国集团等国际组织的成员国，也是十大贸易国之一。在国际上，加拿大是公认的金融业相对稳健的国家。首先，加拿大有着丰富自然资源，其领土覆盖了北美的大部分地区，矿藏、原油、森林资源等为加拿大提供坚实的经济基础，作为支柱的资源工业使其能够很好地抵御外界冲击。其次，加拿大稳定的政治和政策环境为经济发展和资本流入提供了有力的保障。另外，加拿大整体的经济结构合理，服务业已成为其国民经济的支柱产业使得加拿大能更好地抵抗经济衰退，保持相对平稳的增长态势。加拿大全面而审慎的金融监管体制使得加拿大的金融体系较为稳定，在金融危机之后经济迅速恢复过来，为加拿大的实体经济发展提供支撑。本章首先介绍了加拿大经济和金融的运行概况，并分别从公共部门、金融部门、企业部门以及家户部门对加拿大的宏观金融风险水平进行分析，最后通过对加拿大宏观金融风险的分析对我国的经济金融发展提出了意见与建议。研究结果表明，金融危机之后，加拿大总体金融风险状况发展良好，风险水平较低，但仍需关注和防范家户部门金融风险。

第 1 节　加拿大宏观金融风险概述

在经历了经济危机之后，加拿大经济开始稳步增长，到 2010 年加拿大经济已经恢复到一定水平。如图 53.1 所示，金融危机之后，加拿大经济经过 2009 年一年的恢复，到 2010 年 GDP 已经恢复到了金融危机之前的状态，达到 15930.36 亿加元，并且 GDP 增速高达 3.37%，到 2011 年，GDP 增速有所回落，2012 年 GDP 增速继续下跌到 2013 年有所反弹，随后 GDP 增速保持在 2%左右，经济一直持续稳定增长，到 2015 年，GDP 增速再次大幅度降低，仅为 1.08%，仅为 2014 年增速的一半，为 2010 以来最低水平，进出口下滑以及加元贬值是导致加拿大经济放缓的主要原因。而国际石油价格持续低迷导致石油业遭遇重挫也是导致加拿大经济衰退的原因之一。

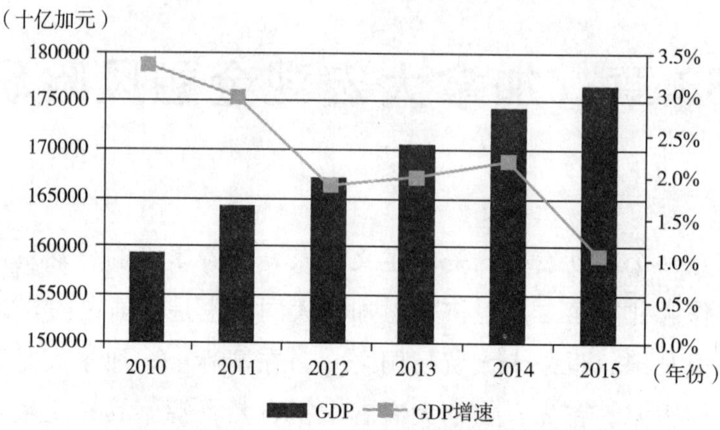

图 53.1　2010—2015 年加拿大实际 GDP 及其增速①

图 53.2 为加拿大经济增长的构成状况，从图中我们可以看出，加拿大经济构成主要有以下几个特征：第一，私人消费一直是拉动加拿大经济增长的主要动力，近五年来的经济增长贡献率比较稳定，平均贡献率为 1.39%；第二，2011 年，加拿大固定资产投资对经济增长的贡献率从 2.45%下降到 1.10%，2012 年小幅回升，到 2013 年，这一贡献率再次下降为 0.20%，2015 年甚至降为负值，这一数据显示出加拿大投资规模大幅下降；第三，2010—2015 年净出口对经济增长的贡献率在波动中上升，2013 年为 0.20%，2015 年达到 0.99%，而这一数值在以往均为负值，说明加拿大在 2013 年和 2015 年都实现了经常账户盈余，净出口可能成为加拿大经济发展的另一支柱。

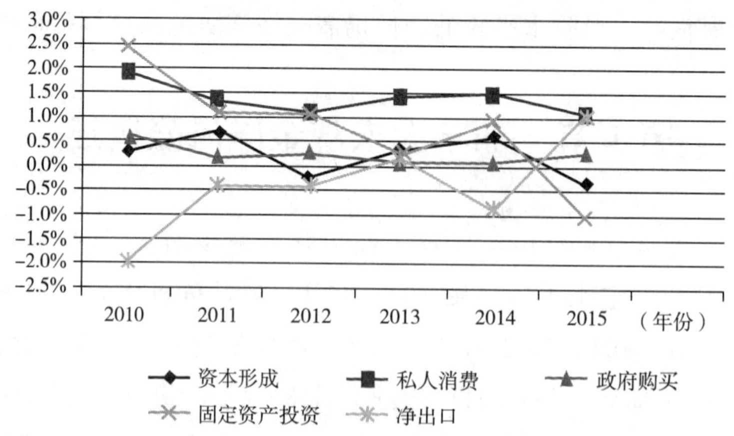

图 53.2　2010—2015 年加拿大经济增长贡献率分析

① 数据来源于 BvD 全球金融分析、宏观经济指标数据库 https：//www. countrydata. bvdep. com/ip。下面如未作说明，数据来源均与此处相同。

加拿大央行货币政策的主要目标是将通货膨胀率控制在 1%～3%的范围内，并稳定在 2%上下。如图 53.3 所示，除了少数几个季度加拿大通胀率超出了控制范围，其余时间均在预期范围内。2010－2011 年加拿大央行为了刺激经济复苏采取了扩张的货币政策，通胀率一度增高甚至超过 3%，但此后加拿大央行将控制通胀率作为重点，基本实现了预期目标，即将通胀率维持在 2%附近。稳定适度的通胀率能保障加拿大居民的生活水平，并能适度地刺激经济发展，也能增加政府货币政策效果的可预期性。

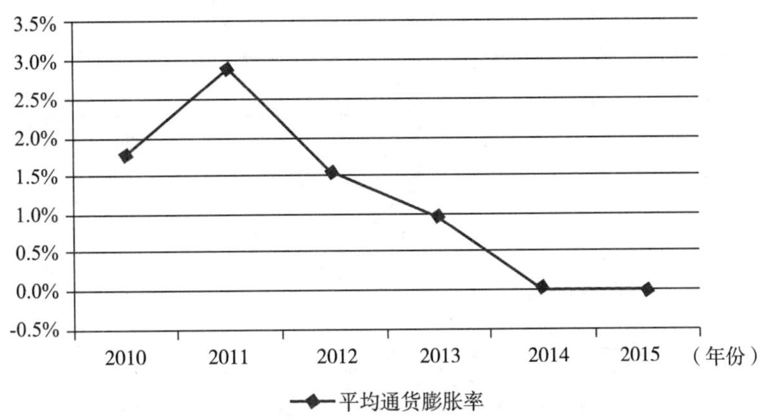

图 53.3　2010－2015 年加拿大平均通货膨胀率

经济危机之后全球各大经济体为了刺激经济复苏，基本都采取了宽松的货币政策，加拿大也不例外。如图 53.4 所示，2010－2015 年加拿大国内贷款余额大规模上涨，广义货币量 M2 也保持稳定增长的态势，其年均增长率分别为 6.1%和 5.1%，二者相差不大，这反映出国内新增的大部分货币的通过渠道进入了信贷市场。根据线性回归拟合的结果（$R^2=0.998$），广义货币

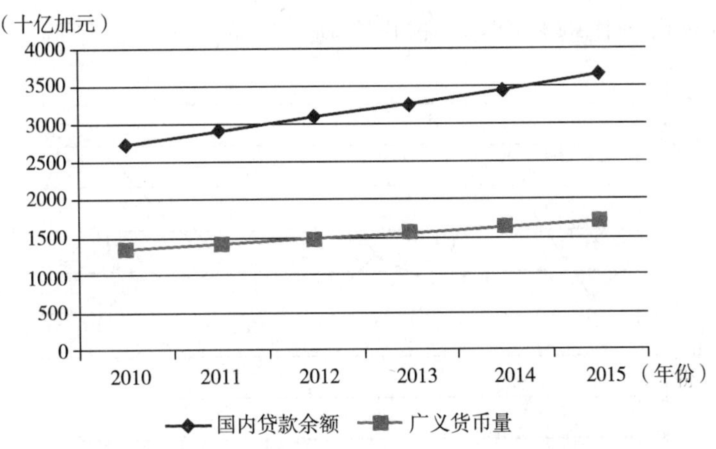

图 53.4　2010－2015 年加拿大广义货币量和国内贷款余额规模

量每增加一个单位，贷款余额增加 2.433 个单位，预计加拿大政府此后会继续维持适度扩张的货币政策，进行信贷扩张，从而为金融市场注入资金增强金融市场的流动性，也能够推动实体经济发展。

汇率方面，加元汇率在 2011 年由于美联储退出 QE 预期、全球流动性紧缩等影响不断升值，此后，受美联储加息预期影响，美元走高，加元一路保持贬值趋势，特别是从 2013 年开始，加元大幅度贬值。如图 53.5 所示。另外，由于加拿大是北美重要的资源国，美元走强，大宗商品走弱，也对作为资源国的加拿大货币造成贬值压力。

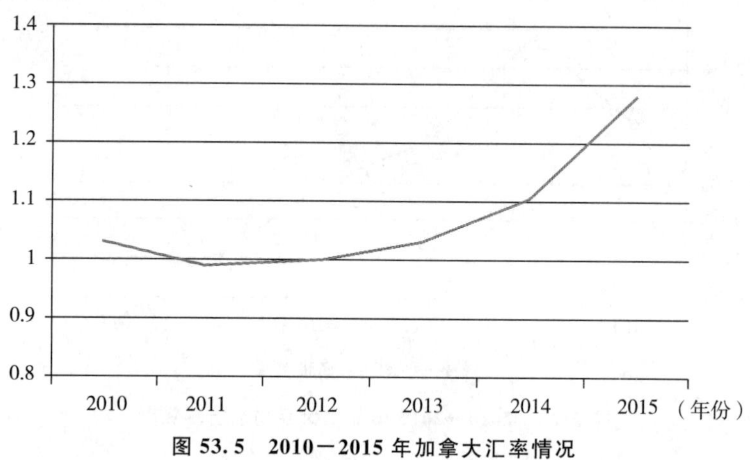

图 53.5　2010—2015 年加拿大汇率情况

股票市场方面，2010—2015 年加拿大股指一直处于波动状态，2011 年加拿大股指上涨至 14116.1 点，如图 53.6 所示，此后逐步回落，2012—2013 年，加拿大股指一直在 12000 点上下徘徊，从 2013 年年底开始，加拿大股指开始大幅度上涨，经过这一轮大涨 2014 年加拿大股指达到 15146.01 的高位，而后 2015 年开始回落。从加拿大股市的变化中可以看出加拿大经济环境较好，投资者对市场比较有信心，这也有利于加拿大今后的经济发展。

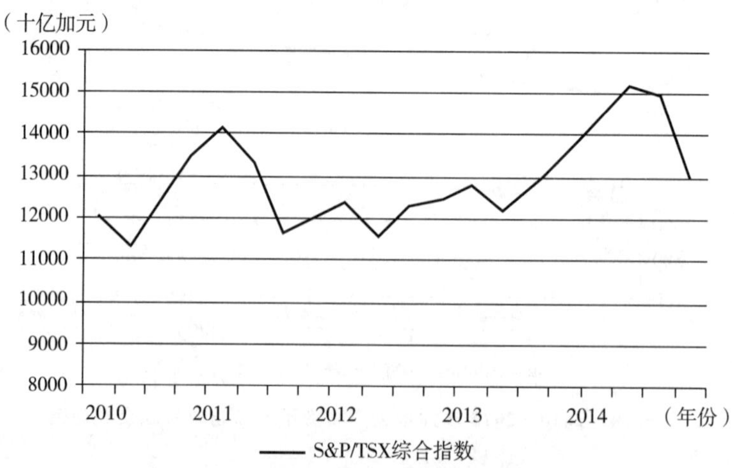

图 53.6　2010—2015 年加拿大股指

对外贸易方面，加拿大进出口规模在金融危机之后逐渐增加，六年来加拿大进出口规模一直保持稳定的上升趋势。到 2015 年，加拿大总出口和总进口规模分别达到了 5731.23 亿加元和 5737.37 亿加元，如图 53.7 所示。从 2010 年开始，加拿大开始出现贸易赤字，赤字规模占 GDP 比重一路上升到 2013 年赤字规模占 GDP 比重达到 2.52%。此后由于加拿大经济进一步增长，GDP 上升，贸易赤字占 GDP 比重开始下降。2015 年，由于受加元贬值的影响，加拿大总出口和总进口基本达到了平衡，贸易赤字降低。

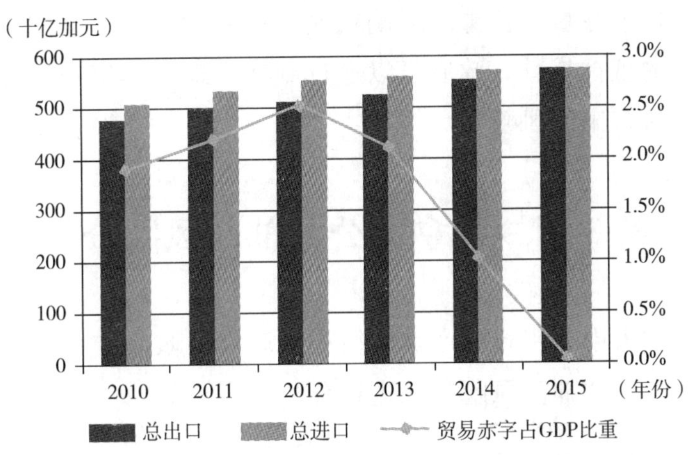

图 53.7　2010—2015 年加拿大进出口状况

综合加拿大的经济和金融数据来看，2010 年以来加拿大经济持续复苏，私人消费与市场投资活跃，宽松的货币政策促进经济发展，加拿大经济增长势头良好。同时，加拿大维持了低通胀和低利率状态，在金融市场发展的同时也有利于推动实体经济的进一步发展。由此可以看出加拿大宏观金融风险状况良好，尚未表现出明显的风险点。

第 2 节　文献综述

刘锋和王敬伟（2004）详细介绍了 1999 年加拿大通过新的《金融监管框架》后金融监管体系发生的一系列进步与改革。新的《金融监管框架》的主题思想是建立以风险为核心的监管体制对金融风险的识别、衡量、检测和控制始终贯穿始末，并形成了一套完整综合的风险评估与管理体系，全面而审慎的金融监管体系有利于加拿大的经济发展，也使得加拿大能够更好地抵御金融危机带来的冲击。

季玲鹏（2016）对加拿大金融业的发展现状和银行监管体制进行了分

析，总结了加拿大金融监管的相关经验并对我国金融监管体制改革提出了建议。

Crawford et. al（2012）发现抵押贷款和非抵押贷款（包括消费贷款）规模增加导致了加拿大家户部门中债务收入比的上升，同时高房价、金融产品创新和低利率政策也使得消费者贷款增加。因此笔者认为需要防范加拿大家户部门过度负债所潜在的风险。

Alpanda and Zubairy（2014）利用DSGE模型刻画了长期固定利率对两类不同的家庭债务存量及流量的影响机制，研究发现，紧缩的货币政策能够降低家户部门的抵押贷款，政府可以通过制定房地产等宏观调控政策以避免贷款规模过大所带来的风险。

第3节　加拿大公共部门风险分析

本节从加拿大中央银行资产负债结构、政府财政收支状况以及公共债务三方面对加拿大公共部门风险状况进行分析。

一、资产负债表分析

2010—2015年加拿大资产负债规模呈小幅扩张态势，从2010年开始资产和负债规模逐年增加，至2015年资产和负债的规模分别达到945.68亿美元和941.52亿美元，较2010年的低点有较大幅度扩张，从图53.8中可以看出，2011年加拿大资产负债率相比于2010年有大幅下降，为99.34%，此后一直维持在99.5%左右。由于中央银行为货币发行部门，其负债主要为经济中的流通货币，因此加拿大公共部门资产负债率较高。综上所述，加拿大公共部门的风险仍保持在可控范围内，但需要防止资产负债率进一步走高造成风险增加。

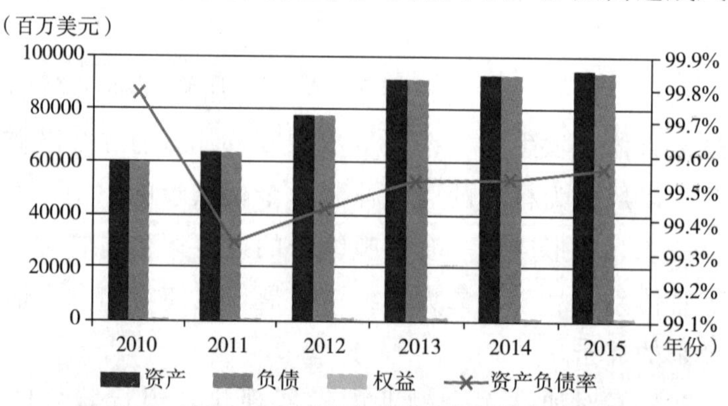

图53.8　2010—2015年加拿大公共部门资产负债结构

二、财政收支状况分析

加拿大政府财政收入与财政支出在2010—2015年都呈缓慢上升的态势，如图53.9所示，2010年财政收入与财政支出分别为6383.4亿加元和7174.66亿加元，到2015年分别达到了7664.49亿加元和8001.52亿加元。从财政支出的增长可以看出近六年来加拿大政府采取的宽松的财政政策。而事实上，经济危机之后加拿大政府正是凭借扩张的财政政策和货币政策推动经济发展，同时加拿大的财政缺口规模自2010年之后呈逐渐下滑态势，到2015年有所增加，财政缺口占GDP的比重也不断下降直到2015年有所反弹，2014年财政缺口仅占GDP比重的0.57%，这说明加拿大政府在采取宽松的财政政策以促进经济增长的同时也很好地平衡了财政收支水平，财政缺口得到有效控制。因此，加拿大政府的财政收支情况有了很好的改善。

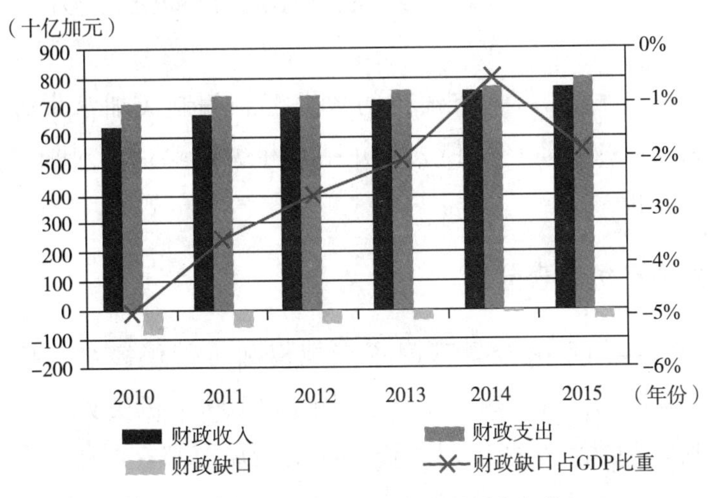

图53.9　2010—2015年加拿大财政收支状况

三、公共债务分析

2010—2015年，加拿大公共债务规模逐年增加，2015年增加到19551.98亿加元，公共债务占财政收入的比重也不断增加，只在2013年有较小幅度的回调。如图53.10所示，2010—2014年，加拿大公共债务利息倍数逐年上升，直到2015年公共债务利息倍数为39.46倍，较2014年有所下降。另外，公共债务利息倍数（公共财政收入与公共债务利息支付之比）在2013年达到57.8倍，这一数字较2012年的54.62倍有较大增加，而2013

年，加拿大公共债务规模有所下降，这一现象可能是由于加拿大10年期国债收益率下降，从而使公共债务利息支付减少而导致的。

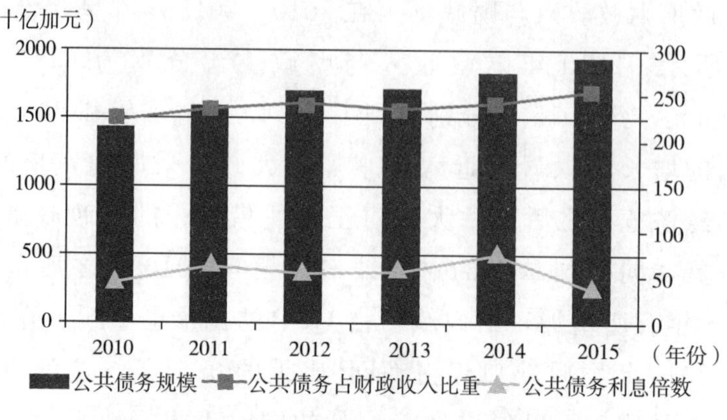

图 53.10　2010—2015 年加拿大公共债务状况

第 4 节　加拿大金融部门风险分析

本节选取加拿大14家上市银行的数据汇总编制成加拿大金融部门账面资产负债表和或有权益资产负债表，并结合相关风险指标对加拿大金融部门风险状况进行分析。

一、账面资产负债表分析

2010—2013年加拿大金融部门资产规模和负债规模均保持稳定增长态势，如图53.11所示，至2013年分别达到36109.4亿美元和33989.5亿美元，2013年后，加拿大金融部门的资产和负债规模都有小幅下降。另外，加拿大金融部门资产负债率从2010年开始大幅下降，2012年下降至94.16%，2012—2014年更稳定在94.2%的低位，2015年资产负债率再次下降到94.01%，资产负债率的降低说明加拿大金融部门杠杆率降低，资产负债结构有所改善，其偿付能力有所提高，风险状况也有所改善。

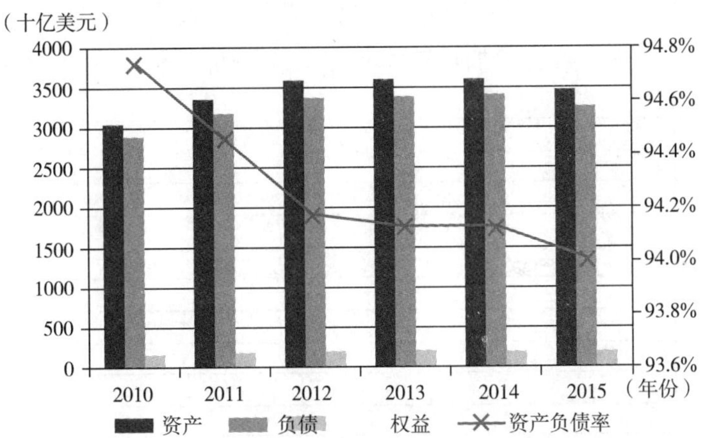

图 53.11　2010—2015 年加拿大金融部门账面资产负债结构

二、或有权益资产负债表分析

我们根据加拿大的无风险收益率、上市金融部门的权益市值、权益收益率波动率以及违约点计算编制出加拿大金融部门的或有权益资产负债表，如图 53.12 所示。加拿大金融部门的资产市值和负债市值的规模总体上也呈逐年扩张态势，这与账面资产负债规模的走势基本一致。2010—2014 加拿大金融部门资产负债率大幅下降至 87.74%，2015 年再次上升到 89.53%，反映出加拿大金融部门杠杆率有所上升。

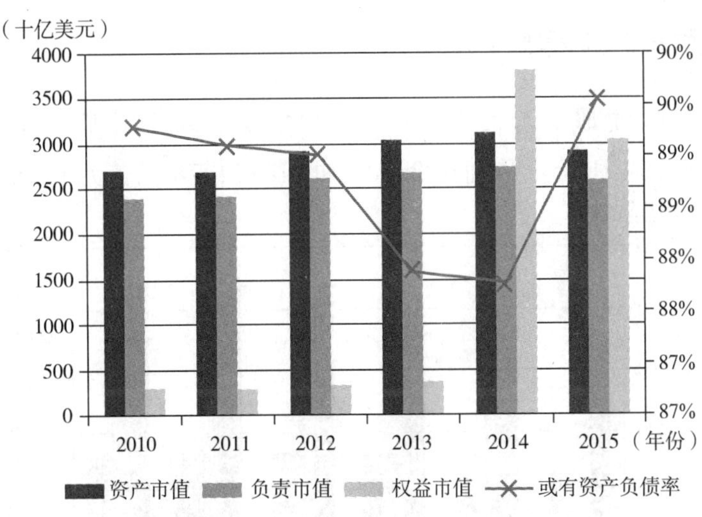

图 53.12　2010—2015 年加拿大金融部门或有权益资产负债结构

我们用 KMV 模型计算加拿大上市企业部门的违约距离，结果如图 53.13 所示。2011 年违约距离有所下降，此后违约距离均呈现逐年上升态势，2013

年达到最高点 9.02。到 2014 年开始回落，2015 年加拿大企业部门的违约距离下降至 6.69。违约距离的增加反映了加拿大金融部门的信用状况好转。

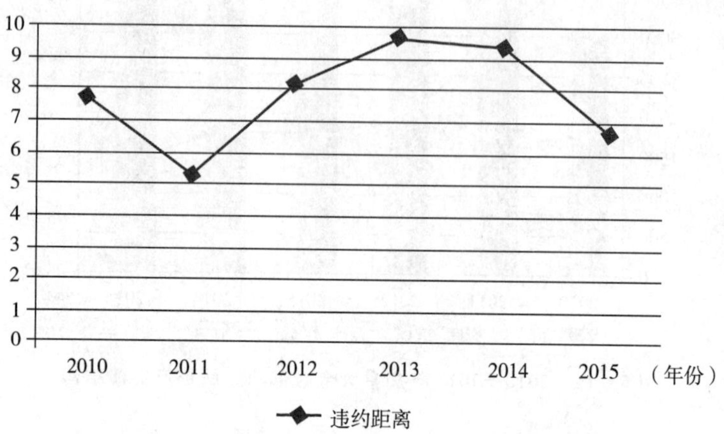

图 53.13　2010－2015 年加拿大金融部门违约距离

第 5 节　加拿大企业部门风险分析

本节选取加拿大市值最大的前 463 家上市非金融企业数据，汇总编制为加拿大企业部门账面资产负债表和或有权益资产负债表，并借助相关风险指标对加拿大企业部门风险状况进行分析。

一、账面资产负债表分析

2010－2014 年加拿大企业部门资产负债规模逐年增加，到 2015 年略有回落。如图 53.14 所示，分别从 2010 年的 14394.78 亿美元和 10815.88 亿美

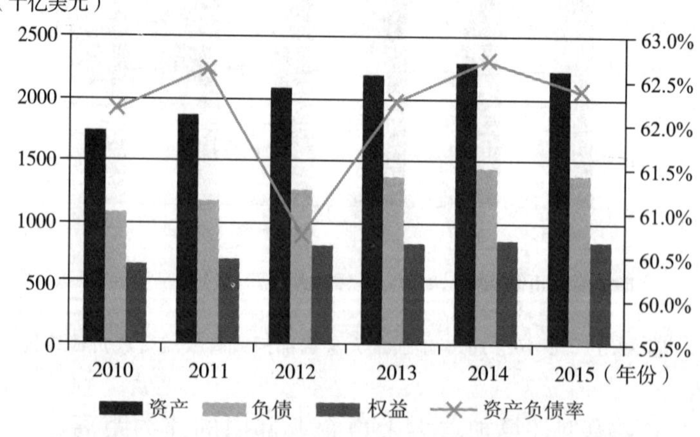

图 53.14　2010－2015 年加拿大企业部门账面资产负债结构

元增至 2015 年的 22328.785 亿美元和 13930.92 亿美元，在经济增长的环境下，加拿大企业部门也从经济危机中恢复了过来。资产负债率除 2012 年有所下降之外其余均维持在 60%～63%之间波动，表明加拿大企业部门并不存在过高杠杆，清偿力风险较小。

二、流动性分析

2010—2015 年加拿大企业部门流动资产处于波动状态，2011 年上升之后开始回落至 3500 亿美元左右，流动比率的变化趋势相似，2011 年达到 1.8 的最高点，如图 53.15 所示。2012 年和 2013 年流动资产规模与 2011 年相比有大幅下降，但流动负债规模仍然呈增长态势，如此导致加拿大企业部门流动比率有较大下降，2013 年仅为 1.18。到 2015 年加拿大企业部门的流动比率下降到 1.08。这些数据表明，虽然加拿大企业部门清偿能力较高，但仍然存在一定的流动性风险，如果加拿大企业部门流动性状况进一步恶化，这将会影响企业的正常生产经营。因此，需要警惕加拿大企业部门的流动性风险。

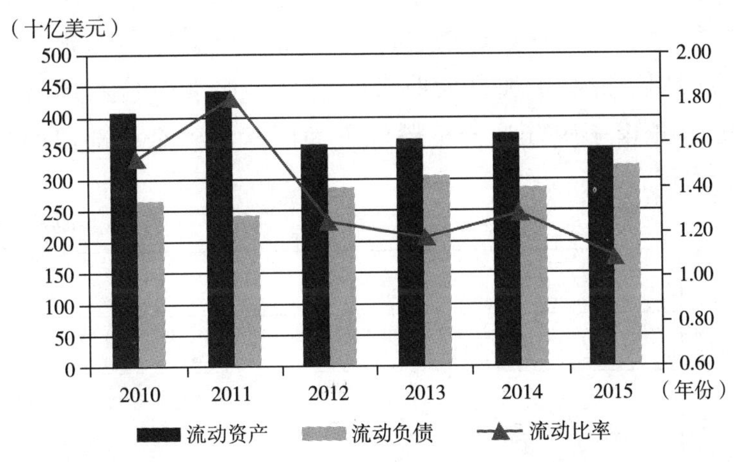

图 53.15 2010—2015 年加拿大企业部门流动性分析

三、或有权益资产负债表分析

通过计算加拿大上市企业部门的或有权益资产负债表，我们发现整体上 2010—2015 年加拿大企业部门的资产市值、负债市值和权益市值均呈上升态势，如图 53.16 所示，在一定程度上反映了市场对加拿大企业部门的信心。另外，加拿大企业部门或有资产负债率也呈逐步上升的趋势，但均维持在 35%～39%的范围内，虽然或有资产负债率缓慢增加，但考虑其数值本身较

小，故可以认为加拿大上市企业部门清偿力风险不大，这与前文账面资产负债表的分析结果类似。

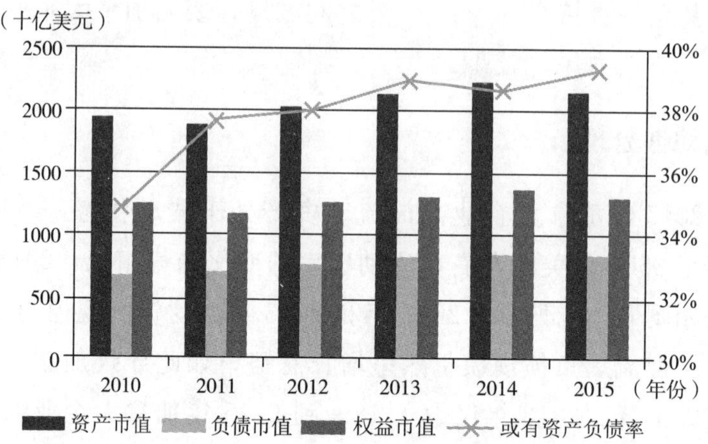

图 53.16　2010—2015 年加拿大企业部门或有资产负债结构

我们用 KMV 模型计算加拿大上市企业部门的违约距离，结果如图 53.17 所示。2011 年违约距离有所下降，此后违约距离均呈现逐年上升态势，2013 年达到最高点 10.2。到 2014 年开始回落，2015 年加拿大企业部门的违约距离下降至 6.97。违约距离的增加反映了加拿大企业部门的信用状况好转，2013 年得益于加拿大股市的增长，加拿大企业部门的违约距离上升。而 2015 年由于国际油价下跌等方面因素导致企业部门的违约距离再次下降。

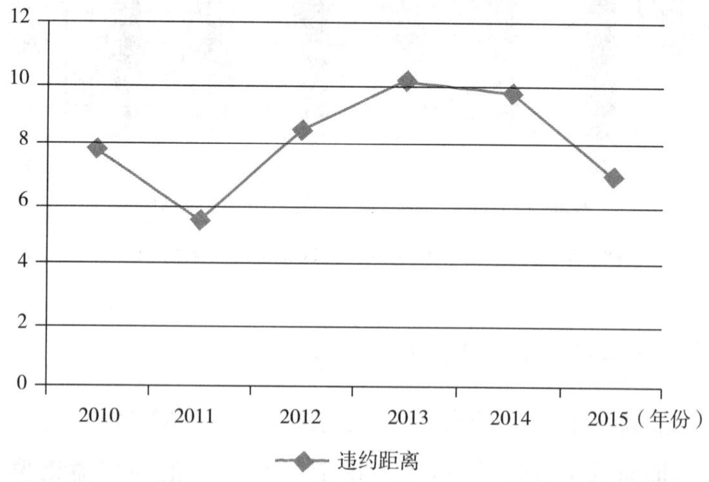

图 53.17　2010—2015 年加拿大上市企业部门违约距离

第 6 节　加拿大家户部门风险分析

本节从居民失业率、清偿能力、家庭债务等角度对加拿大家户部门的风险状况进行分析，并着重研究了加拿大房市与家庭债务风险之间的关系。

一、居民失业率

自 2010 年以来，加拿大失业率逐年下降，到 2015 年就已经降到 7％以下。如图 53.18 所示，根据菲利普斯曲线可知，失业率与通货膨胀率呈反相关的关系。因此，加拿大失业率的降低可能是由于政府采取了扩张的货币政策。如果加拿大政府宽松的货币政策能够促进经济增长并且能够将通货膨胀率维持在可控的水平，那么加拿大的失业率应该能够维持在较低水平。

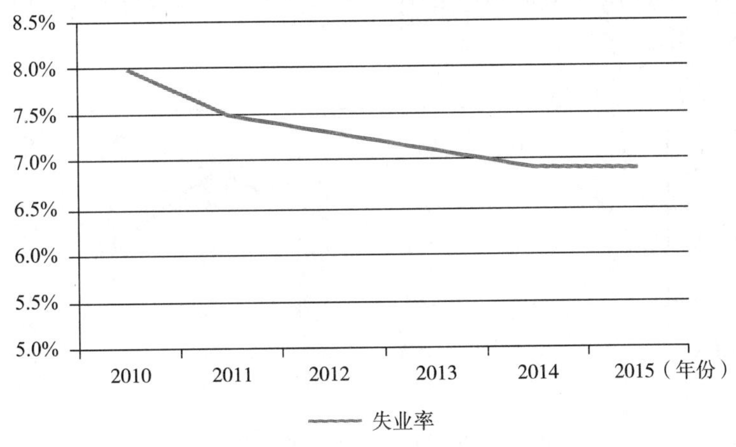

图 53.18　2010—2015 年加拿大居民失业率

二、家户部门收入水平分析

虽然 2010－2015 年加拿大居民可支配收入逐年增加，但私人消费与可支配收入的比值却呈下降态势，居民可支配收入从 2010 年的 962.25 上升至 2015 年的 1162.094，私人消费占可支配收入的比例从 95.48％下降到 89.97％。如图 53.19 所示，加拿大经济虽增长较快，但居民的消费水平并没有大幅度上升。

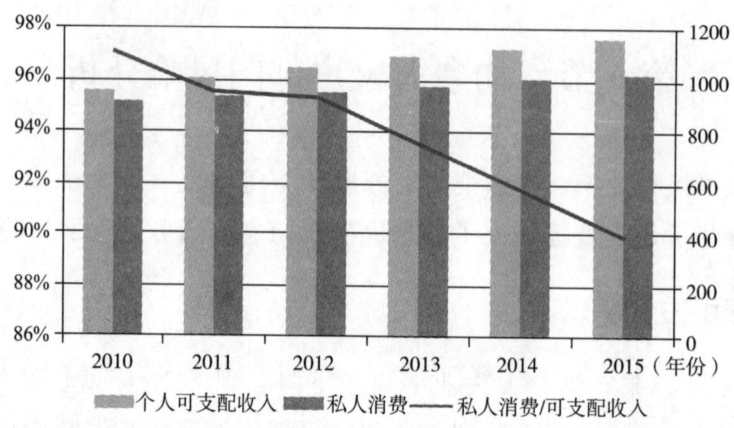

图 53.19　2010—2015 年加拿大家户部门消费能力指标

从图 53.20 中可以看出，2010—2015 年加拿大个人消费平减指数虽然逐年上升，但同比变化率在 2011 年之后开始下降。消费平减指数的消费增长反映出加拿大国内的通胀指数维持在较好水平，这也与我们前面的宏观基本面分析基本一致。

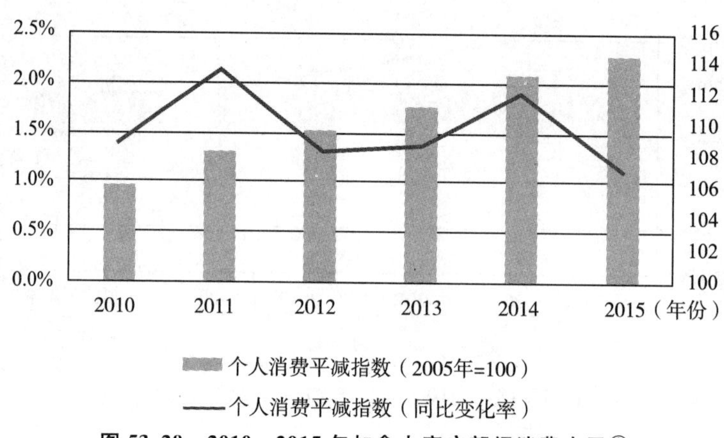

图 53.20　2010—2015 年加拿大家户部门消费水平①

第 7 节　结论及对中国的借鉴

经济危机之后 2010 年以来全球经济都开始了缓慢复苏，加拿大的经济也保持着稳定的增长。2015 年，由于国际油价下跌，加拿大作为石油出口国经济受到影响，GDP 增速大幅下降，经济面临下行压力。2010—2015 年加拿大失业率逐年递减，下降至 7%以下，国内就业市场和就业状况持续得到

① 数据来源加拿大统计局，http：//www. statcan. gc. ca/。

改善。在本章中，我们结合加拿大四大部门的宏观金融数据，对加拿大的宏观金融风险状况进行分析，并得出了以下结论：

加拿大公共部门的资产负债规模稳定增加，资本结构风险有所好转，同时加拿大政府限制了财政赤字规模和公共债务规模的扩张速度，提高了清偿能力。金融部门依然稳健，多项风险指标向好，总体风险趋于稳定，得益于加拿大严格审慎的金融监管与健全的法律制度。企业部门总体风险状况良好，但流动比率有所降低，需警惕流动性风险。家户部门债务规模增加，需要警惕房价下跌引起的家庭债务违约。综上，加拿大总体金融风险状况良好，需要关注局部突出的风险点。

加拿大能够快速地从经济危机的影响中恢复过来，得益于其完善的金融监管框架。我国应该借鉴加拿大新的监管框架，尽快地建立一套完善的业务标准与操作规范，建立一套与以风险为核心的监管理念以及相应的风险评估和评级体系，使我国在全球经济一体化的趋势下能够更好地抵抗来自外界的冲击与风险。

与加拿大相比，我国居民的消费习惯偏保守，私人消费不足而储蓄率偏高，家户部门负债率较低，消费投资偏好也更为保守和谨慎，当前房地产市场高速发展，加拿大家户部门逐渐暴露出的债务风险问题也值得我国参考和防范。除了加拿大居民负债消费较多外，融资的低利率以及房价持续上涨的预期也是造成加拿大家户部门债务收入比率逐年增高的主要原因。

目前，我国经济增长速度有下滑趋势，未来也较难长时期保持高速增长，为了刺激经济增长我国可能会更频繁地采取宽松的货币政策，如释放大量流动性、降低基本利率增加货币供应量等刺激经济发展。随着经济发展我国居民收入水平增加，生活水平提高，社会福利逐渐改善，私人消费开始成为促进我国经济增长的重要动力，同时随着消费理念的改变，我国居民的消费习惯可能会更为开放，家户债务比率也可能会增加。

近十年来，我国房地产价格大幅增加，特别是一线城市的住房价格，一方面是由于需求增加，另一方面过度投机也值得我们关注。一旦央行银根收紧，利率上升，流动性危机爆发就有可能导致房地产泡沫破灭，家户部门由于收入不足会导致不可避免的违约，相应地，提供资金的银行等单位也会受到冲击，对国家实体经济也会带来很大的负面影响。因此，我们既要鼓励私人消费促进内需拉动经济，也要限制家户部门的过度负债消费，可以结合收入债务比等指标对债务规模进行管控，防止家户部门发生债务风险而传导并影响整个宏观经济。

参考文献

［1］Sami Alpanda，Sarah Zubairy. Addressing Household Indebtedness：Monetary，Fiscal or Macroprudential Policy? Working Paper，2014（58）.

［2］Allan Crawford，Adviser，and Umar Faruqui. What Explains Trends in Household Debt in Canada? Bank of Canada Review，2011－2012.

［3］IMF：World Economic Outlook［M］，October 2015.

［4］IMF：Global Financial Stability Report［M］，October 2015.

［5］Bank of Canada：Canada Annual Report 2013［M］，April 2015.

［6］刘锋、王敬伟：《加拿大金融监管框架及对我国金融监管的启示》，《金融研究》2004年第1期。

［7］季玲鹏：《加拿大金融监管经验做法对我国的启示》，《财经界（学术版）》2016年第5期。

第 54 章　巴西宏观金融风险研究

在全球经济不景气、国际需求疲软的背景下，受困于货币贬值、通胀和国际需求疲软、财政状况恶化、美联储加息预期等内外因素，巴西经济一直面临较大的下行压力。作为大宗商品出口国，巴西经济的大幅下滑与大宗商品价格走势下跌密切相关，2012 年以来，大宗商品实际价格上涨趋势发生变化，雷亚尔兑美元汇率呈现出贬值趋势，2015 年以来，雷亚尔贬值幅度大幅增加，前 3 个月贬值幅度超过 20%。因巴西许多消费品依赖进口，雷亚尔贬值大幅推升了国内通胀，通胀风险加大。为降低多重经济风险，巴西政府开始实施货币政策和财政政策双紧缩措施。为了抑制通货膨胀水平持续上涨，巴西央行上调基准利率，并且大幅削减财政预算以改善宏观经济健康环境，恢复市场信心推动经济增长。但是紧缩政策效果不会一蹴而就，可能在短期内引发衰退，并且进一步推高通货膨胀水平。

本章首先对巴西宏观金融风险进行分析，然后从四部门入手展开分析巴西宏观金融风险。总体来看，巴西经济下行、通胀严重，经济面临滞胀风险，总体风险出现恶化，但是处于可控范围，政府仍需防范大规模系统性风险。

第 1 节　巴西宏观金融风险概述

巴西经济消费持续萎缩，恶性通胀和失业率攀升，经济开始出现萧条，成为第一个开启经济大萧条的金砖国家。经济滞胀持续侵蚀了巴西国民消费能力，以消费拉动经济增长模式无法改善巴西经济形势。自 2011 年以来，巴西 GDP 增长率连续下降，2015 年经济下滑严重，GDP 增长率下调至 3.85%，经济出现负增长。在全球经济放缓和国际需求下滑的情况下，金融市场对巴西经济增长信心严重不足，巴西的低迷经济状态仍将持续。2015 年私人消费、政府购买、固定资产投资在巴西 GDP 中所占比重分别为 67.05%、16.61%和 19.24%，其中私人消费日益增长成为经济增长的主要动力，政府购买和固定资产投资占 GDP 的比重相对平稳，如图 54.1 所示。经济增长依赖于私人消费增长，经济滞胀严重削弱居民消费购买力，经济增长引擎受到制约，经济增长衰退预期明显。

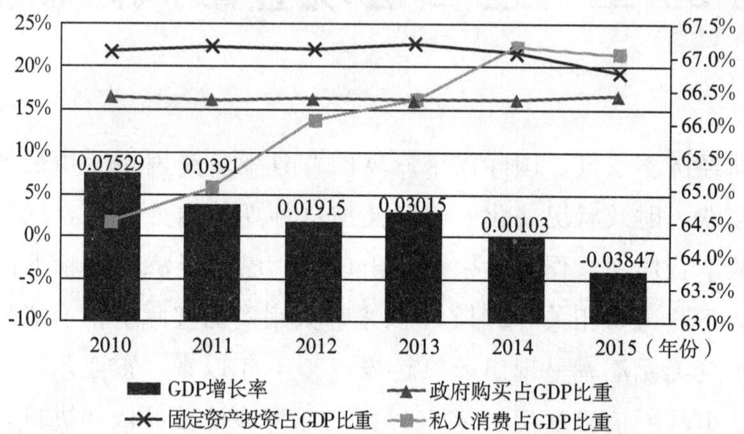

图 54.1 2010—2015 年巴西实际 GDP 增长率及私人消费、政府购买、固定资产投资贡献率①

鉴于巴西的高速通货膨胀，公众消费信心不足，私人消费对 GDP 的贡献率持续降低，2015 年私人消费对 GDP 的贡献率下降为－2.68%，政府购买、固定资产投资对 GDP 的贡献率也下降为负的水平，如图 54.2 所示。总体来看，国内外需求不足消费能力下滑，固定投资减少是导致巴西经济缓慢增长的主要原因。

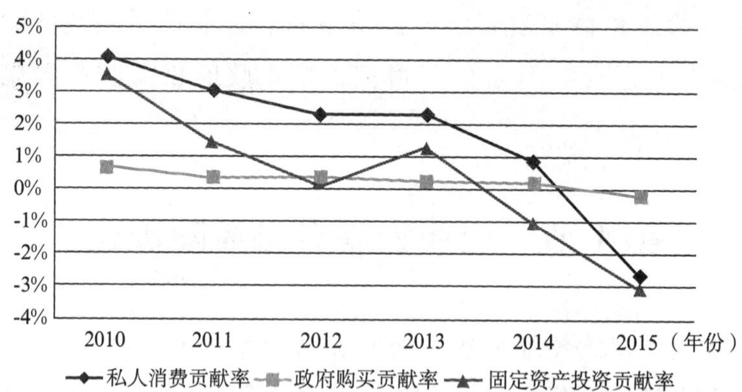

54.2 2010—2015 年巴西私人消费、政府购买、固定资产投资贡献率

巴西 GDP 增长率持续下滑，相反，CPI 表现持续攀升，2015 年巴西通货膨胀率达到 9.03%，经济陷入滞胀，巴西"高通胀、负增长"的经济格局一时

① 数据来源于 BvD 全球金融分析、宏观经济指标数据库 https：//www.countrydata.bvdep.com/ip。下面如未作说明，数据来源均相同。

将难以改变。如图 54.3 所示。2015 年巴西物价上涨幅度最大的是电力和燃油，在电价和油价上涨作用下巴西其他物价也不断攀升。为了避免表现疲弱的经济遭受冲击，巴西央行并未恢复紧缩政策。巴西央行自 2014 以来通货膨胀率突破目标上限，经济面临滞胀风险。巴西经济 2010 年增长 7.5%之后，2014 年增长率骤减至 0.1%，2015 年进一步降至 3.85%，导致私人部门对经济形势持悲观态度。市场预期通货膨胀率将继续增大，金融市场对政府控制通货膨胀的前景信心不足，通货膨胀增加了企业部门和家户部门的购买力风险。

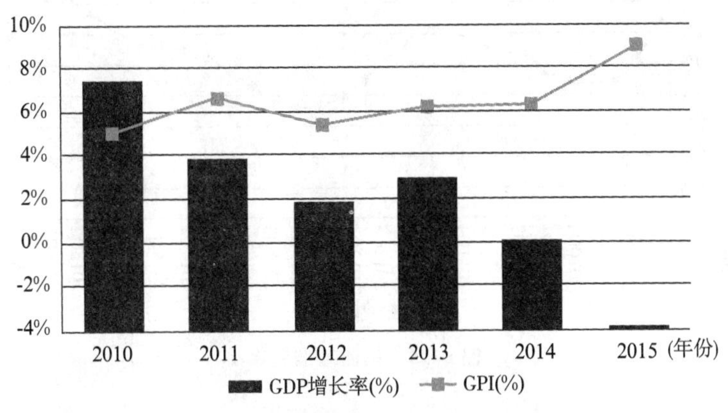

图 54.3　2010—2015 年巴西 GDP 平减指数及 CPI

巴西外贸情况不容乐观，受国际市场大宗商品价格普遍下跌及巴西对燃料等石油进口增加的影响，巴西商品净出口额不断下降，2014 年降为－40 亿美元，净出口额出现逆差。2015 年年初以来，国际大宗商品价格持续回落，尤其是大豆和铁矿石的价格下跌导致巴西的贸易逆差增加，商品进口额和出口额大幅降低，商品进口额增长率和出口额增长率降为－25.18%、15.09%，如图 54.4 所示。初级产品价格下跌影响了巴西经常账户盈余水平，不利于国内经济复苏，财政收支压力趋于上升。

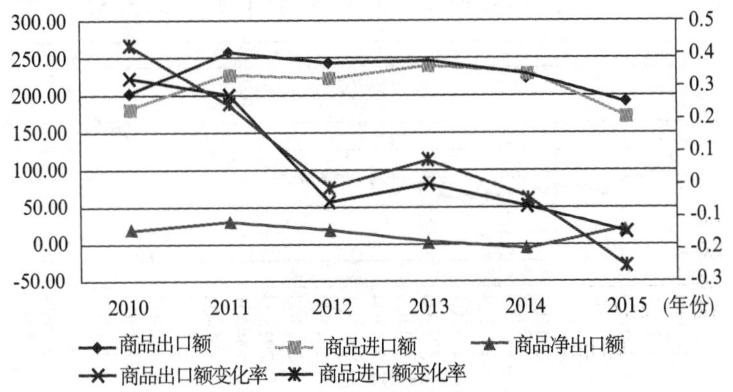

图 54.4　2010—2015 年巴西商品服务实际进出口额及增长率

为平衡财政抑制通胀拉动经济增长，巴西基准利率不断提升，2015年第四季度基准利率水平已提升至14.15%，如图54.5所示。巴西央行不断上调基准利率以期将通胀水平控制在目标区间内，但是过高的利率水平使得贷款和投资成本增加，融资成本的增加加剧中小型企业的融资困境，造成社会融资出现下滑，投资活动受到抑制，高企的利率对巴西经济增长产生负面影响。

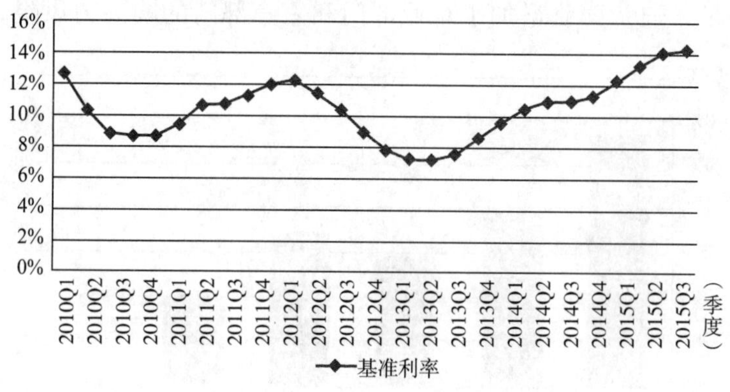

图54.5 巴西基准利率

新兴市场动荡加剧在本轮全球市场动荡，在美联储加息预期下新兴市场货币资金流出趋势仍在加强，美元的持续走强进一步刺激巴西雷亚尔的贬值，雷亚尔汇率从2011年就开始呈现增长的态势，尽管中间出现小幅波动，2015年第四季度达到3.84，但仍然保持着增长的趋势，如图54.6所示。此外，巴西国会下议院同意增加支出，意味着财政恶化可能性增加，国际评级公司标普降低巴西主权信用评级展望至负面，巴西信用评级可能降低至C级，一旦评级下降，巴西将会失去其投资级别的信用评级，巴西以及巴西企业的借款成本或大幅提高，受此影响，雷亚尔贬值形势将更加严峻。虽然目前雷亚尔是自由浮动的货币，但是巴西政府为了确保汇率的平稳浮动，一直

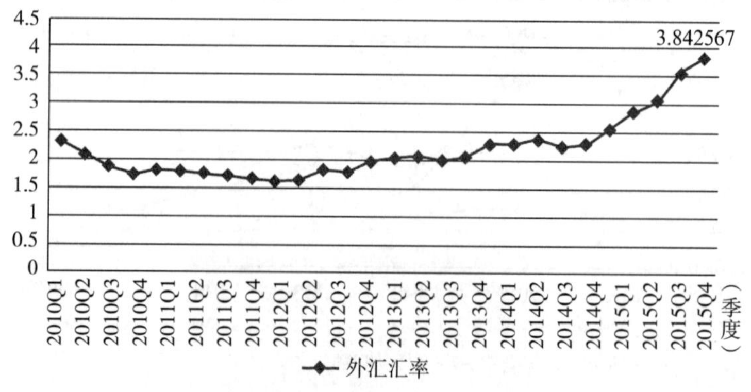

图54.6 巴西外汇汇率

定期出台干预政策，包括允许政府向短期期货美元头寸大于 1000 万美元的外汇衍生品交易征缴 1%的税收。汇率风险的加大对出口贸易也造成不利的影响，外贸方面经济增长受到制约。

第 2 节　文献综述

《巴西投资与经贸风险分析报告》从投资状况以及双边关系分析总结了巴西总体风险情况，指出受去年全球经济低迷及中国经济增速调低的影响，未来经济增长中的风险集中在以下几个方面：一是初级产品价格下跌将降低巴西经常账户盈余，影响国内经济复苏，财政压力加大；二是对欧洲债务危机和美国经济持续低迷的担忧，引发资金回流，加大了汇率风险和金融市场波动幅度；三是国内利率过高，使得投资受到抑制；四是基础设施亟待更新，陈旧的基础设施阻碍了国内经济资源的流通。《国家风险分析报告》提出巴西近年来面临低增长、高通胀、财务失衡等众多经济问题，本币贬值严重，基础设施薄弱，资源的输出有赖于目前不完备的内陆交通系统及无法应对需求的港口运输，投资需多加注意。从税收体系、投资便利性、基础设施和行政效率四个指标来看，2014 年巴西税收体系稳定，投资便利性相对较好，基础设施陈旧，行政效率较低，各项指标与 2013 年度基本保持一致。对巴西 2014 年的商业环境风险展望为稳定。《World Economic Outlook》指出巴西不断严格的金融限制，商业和消费者信心的持续减弱严重阻碍了投资和消费增加。苏振兴（2014）对巴西转型的成就和局限进行分析，认为巴西目前面临的主要问题是适合自身特点的新的经济增长方式尚未建立。安平（2014）认为巴西长期通胀历史导致居民储蓄率较低，政府干预导致信贷市场分割以及银行作为中介收取的信贷交易成本过高，这三方面原因造成巴西信贷成本过高，缺少私人长期信贷市场，制约了经济增长。

第 3 节　巴西公共部门风险分析

本节利用巴西中央银行所披露的资产负债信息，构造公共部门资产负债数据，其中 2010—2015 年公共部门资产负债数据使用 12 月数据。由此分析 2015 年巴西公共部门存在一定的潜在资本结构错配风险和政府违约风险。

一、公共部门资产负债表分析

（一）资本结构错配分析

2010—2015 年巴西公共部门资产和负债规模逐年增长，2015 年资产和负债的增幅达到最大值，相比上年分别增加 29.06%和 28.03%，资产和负债规模也达到最大值。2015 年资产规模相比 2011 年增长 115.75%，而负债规模相比 2011 年增长 118.56%，负债增长幅度超过资产增长规模，资产负债率整体出现增加，2015 年资产负债率达到 88.18%，如图 54.7 所示。巴西央行资产负债结构凸显，政府为了拉动疲乏的经济增长，增加负债规模，导致负债偿还能力风险的上升。

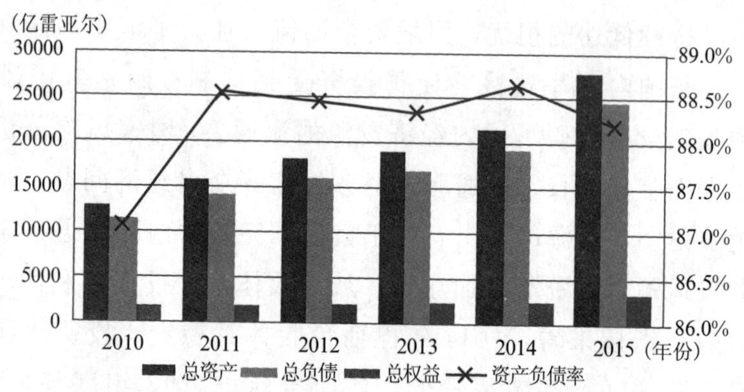

图 54.7　2010—2015 年巴西公共部门资本结构①

（二）清偿力风险分析

公共部门产权比例表示公共债务与所有者权益的相对比率，产权比例越大，清偿力风险越高。2015 年公共部门产权比率为 7.46，相比 2014 年有所降低，但是产权比例远高于 2010 年的 6.72，如图 54.8 所示。经济增长缓慢，扩张

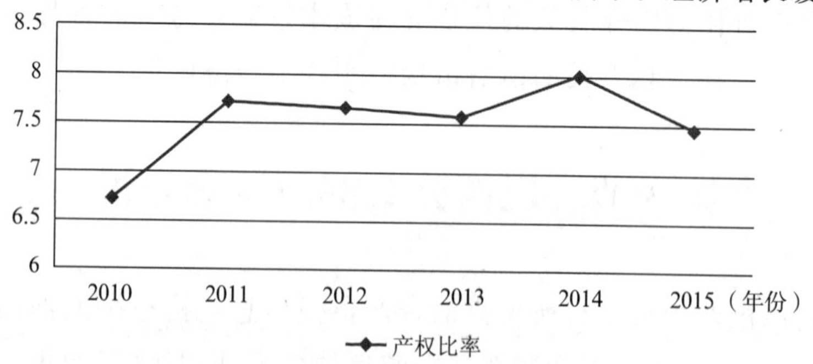

图 54.8　2010—2015 年巴西公共部门产权比例

① 巴西公共部门资产负债数据来源于巴西中央银行资产负债表数据。

型的货币政策使得巴西通货膨胀严重，为了抑制通胀风险，2015 年政府开始采取紧缩货币政策，这使得负债规模相对减少，产权比例相比去年有所下降。

二、公共债务与财政赤字分析

(一) 公共债务分析

巴西公共债务规模逐年增加，公共债务占 GDP 比重连续增加，如图 54.9 所示。2015 年公共债务风险较为严重，公共债务总额达到 39275 亿雷亚尔，公共债务增长率达到 20.75%。名义公共债务总额从 2010 年 20115 亿雷亚尔上升到 2015 年的 39275 亿雷亚尔，增幅达到 95.25%，并且公共债务有不断上升增加的趋势。基础设施的大量投入、财政压力增加使得巴西公共债务不断升高。为了调节国际收支账户平衡，巴西外债规模逐渐增加，也使得公共债务不断增加。高居不下的通货膨胀导致银行基准利率维持在高位，增加银行利息和偿还利息总额。

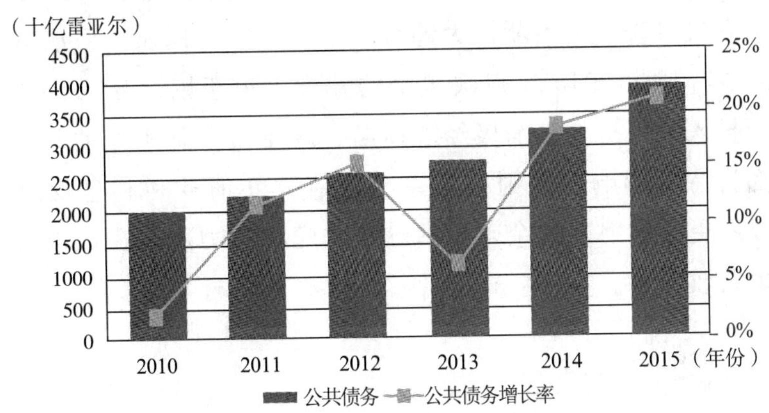

图 54.9 2010—2015 年巴西公共债务及增长率

2010—2014 年巴西外债规模不断增加，2014 年达到最高点 5568 亿美元，2015 年外债规模稍有下降，但是外债规模总额依然保持在 5421 亿美元。如图 54.10 所示。外资在巴西经济增长中起到重要作用，经济对于外部依赖性强，当前国际经济环境恶化，使得巴西出口受挫，不得不借新债以弥补旧债，陷入了债务陷阱。

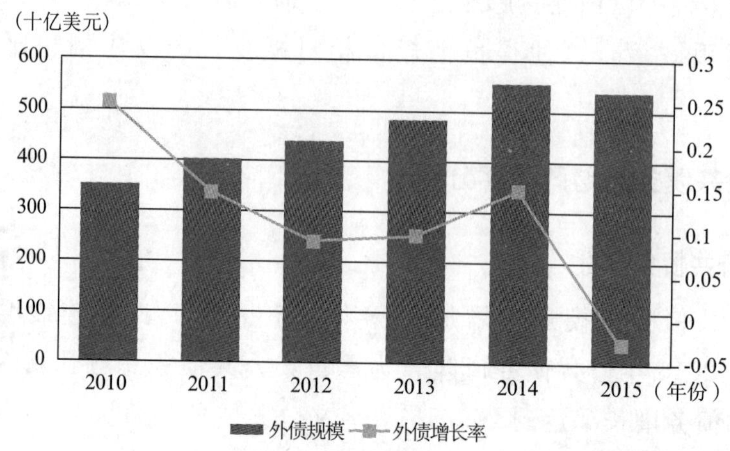

图 54.10　2010—2015 年巴西外债规模及增长率

(二)财政赤字分析

2010—2015 年巴西财政收入和财政支出总额不断增加，财政盈余不断减少，2014 年财政盈余首次减少为负水平，2015 年财政盈余减少为－1180 亿雷亚尔，财政缺口表现出不断扩大趋势，如图 54.11 所示。政府开支的增加和税收的减少都导致 2015 年财政盈余的减少，迫于财政压力，政府对本国公共事业的投入大打折扣。消极经济预期、政府债务利率变动及预期财政收入落空，都将持续影响巴西财政盈余。政府公共债务和利息偿还额不断增加，需要政府更多的财政盈余，预示巴西政府将大力度减少政府开支，增加税收以减少财政赤字。

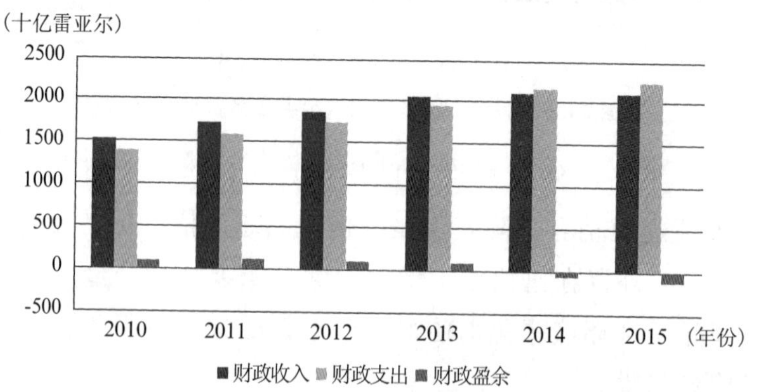

图 54.11　2010—2015 年巴西政府财政收支情况

第 4 节　巴西金融部门风险分析

本节选取巴西 23 家上市金融机构，汇总编制账面资产负债表和或有权益资产负债表并借助风险指标对巴西金融部门宏观风险进行分析。

一、账面资产负债表分析

巴西金融部门 2010—2014 年总资产和总负债表现出先增加后减少的趋势，2015 年巴西总资产和总负债相比上年有所下降，但是下降幅度较小，总资产和总负债分别下降 2.76%和 2.72%，总量保持在较高的水平。资产负债率保持在较高的水平，2015 年资产负债率达到 91.9%水平，如图 54.12 所示。巴西金融部门资产缩水的主要原因在于国内经济形势低迷，国内的金融需求降低，减少了金融部门的收入。受全球经济的影响，巴西金融机构的国际业务不断缩小，也不利于巴西金融部门资产增加，给金融部门利润增加带来冲击。

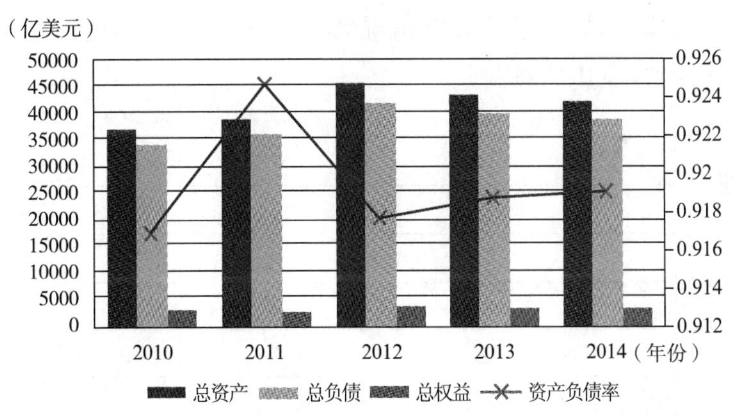

图 54.12　2010—2014 年巴西金融部门账面资本结构

二、或有权益资产负债表分析

2012—2014 年巴西金融部门资产市值和负债市值不断降低，且市值远低于账面价值，2014 年金融部门资产市值仅为 8634 亿美元，如图 54.13 所示。资产市值的下降，而资产负债率的上升，使得银行偿还债务的能力减弱。银行业出现债务偿还危机将对经济产生极大的冲击，因此，政府需要防范银行业面临的市场风险和信用风险，严格控制银行负债规模，确保偿债能力。

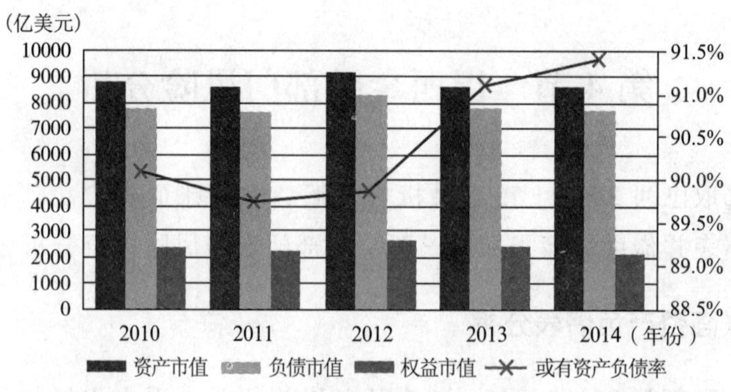

图 54.13 2010—2014 年巴西金融部门或有权益资产负债结构

三、风险指标分析

从违约距离来看，巴西金融部门违约距离 2011 年降低幅度较大，2014 年违约距离同样出现大幅度下降，违约距离下降为 0.16，如图 54.14 所示。受欧债危机影响，2011 年银行部门违约距离下降，金融部门出现一定的风险。但是政府对经济的控制及资产的调整使得巴西金融部门违约状况有所改善，2012 年违约风险降低，但是巴西高存款准备金、高违约成本使得巴西银行业信贷体系缺陷，加之巴西经济情况恶化，2014 年巴西违约距离降至最低点，总体上仍然存在违约风险。

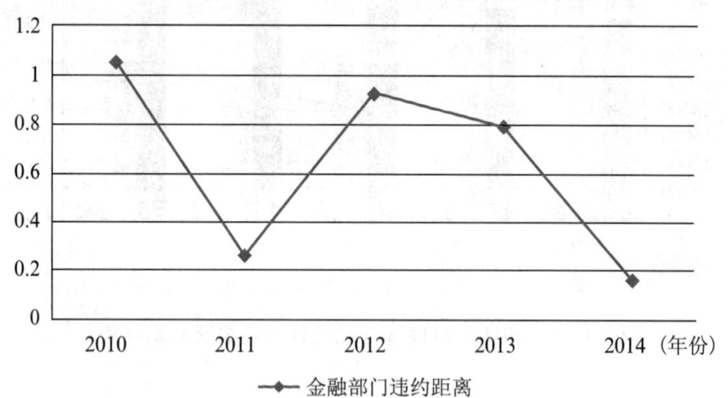

图 54.14 巴西 2010—2014 年金融部门违约距离

第 5 节 巴西企业部门风险分析

本节选取巴西 354 家上市企业编制企业部门资产负债表和或有权益资产负债表，并借助风险指标对巴西上市企业部门的宏观金融风险进行分析。

一、账面资产负债表分析

从账面资产负债表数据来看，巴西企业部门 2010－2012 年资产表现出增加趋势，但是资产增幅很小，资产增幅仅为 6.5％，2012－2014 年资产表现为减少趋势，资产规模缩水严重，资产总额下降幅度达到 13.26％。总负债波动幅度相对较小，2014 年总负债相比上年小幅增加 1.93％，资产负债率从 2010 年起一直表现出上升趋势，2014 年资产负债率达到 60.24％，增长幅度达到 10.28％，企业部门资产结构出现恶化。如图 54.15 所示。上市企业生产经营不景气归因于巴西经济整体下滑，全球经济复苏缓慢，国内外需求不足，美国推出 QE3，这些对巴西的经济造成较大的干扰。巴西是主要金属产品和农产品的生产国和出口国，经济依赖于出口贸易，而 2014 年年初以来，大宗商品价格持续回落，通货膨胀率增加，加之巴西劳动力素质不高，这些严重影响到巴西企业的正常发展，企业部门风险不断显现。

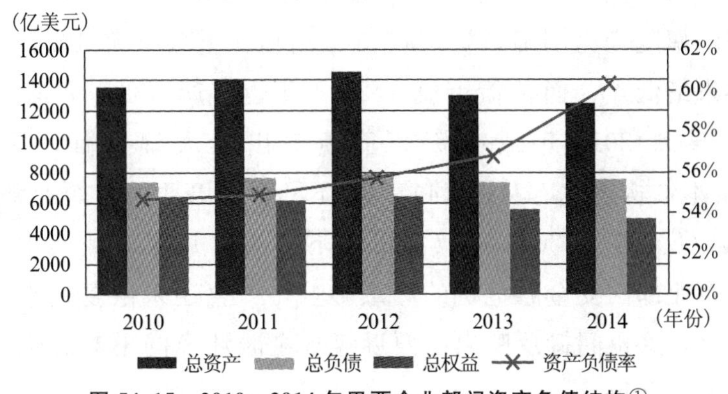

图 54.15　2010－2014 年巴西企业部门资产负债结构①

二、期限结构分析

2011－2014 年巴西企业部门流动资产总额不断降低，从 2011 年 3904 亿美元降低为 2014 年 3419 亿美元，下降幅度达到 12.4％，2011－2012 年企业部门流动负债一直处于上升趋势，2012 年达到最大值 2571 亿美元，之后流动负债有所下降，2014 年流动负债出现下降为 2383 亿美元。从图 54.16 中可以看出，流动比率一直处于下降趋势，由 2010 年的最高位 165％逐步下降到 2014 年的 143.48％，虽然流动比率是下降趋势，但是仍然处于较高的水平，体现巴西企业部门较好的短期偿债能力，同时也要预防短期偿债风险，

① 上市企业部门数据来源于 BvD 全球金融分析、全球上市公司库 https：//osiris.bvdinfo.com/ip。

防止流动比率的过度下降。

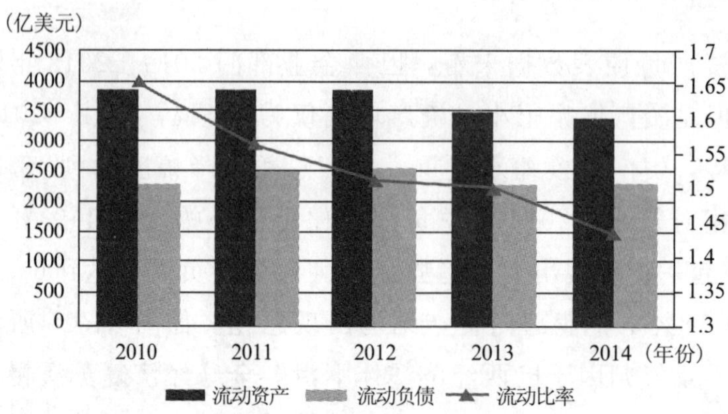

图 54.16 2010—2014 年巴西企业部门期限结构

三、或有权益资产负债表分析

2010—2014 年巴西企业部门资产市值处于波动状态，2014 年巴西企业资产市值下降幅度较为明显，资产市值总额相比上年下降 10.15%，下降幅度达到近年来最低点，而负债市值在 2014 年也有所降低，但是下降幅度仅为 0.85%，导致 2014 年或有资产负债率出现大幅增加，达到最大值 48.05%，资本结构恶化。从图 54.17 中还可看出巴西上市企业部门 2014 年权益市值大幅度下跌，2014 年权益市值下降为这几年最低点 4823 亿美元。这说明巴西企业部门受金融危机的严重影响，一直还未恢复过来，近几年来甚至出现恶化，这也间接反映出巴西近年来金融环境的不断恶化，上市企业受经济下滑影响严重。

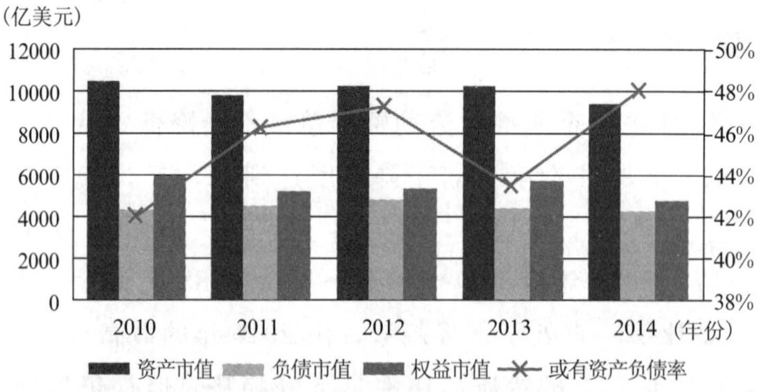

图 54.17 2010—2014 年巴西企业部门或有权益资产负债结构

四、风险指标分析

2012—2014 年巴西企业部门资产波动率大幅增加，从 11.34%上升到 13.05%，资产波动率上升表明企业部门违约风险增加。如图 54.18 所示，2014 年违约距离降到最低点 3.56，违约距离的大幅降低反映出企业违约风险。糟糕的经济环境下，企业部门经营效率较弱，盈利状况不断下滑，违约风险突出。

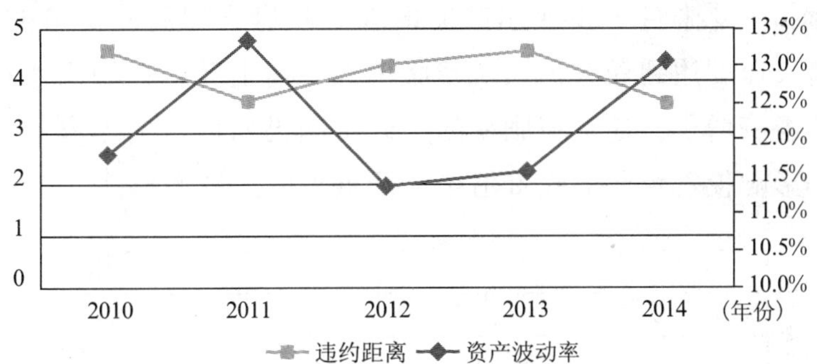

图 54.18　2010—2014 年巴西企业部门资产波动率及违约距离

第 6 节　巴西家户部门风险分析

一、失业和通货膨胀分析

巴西作为世界新兴经济体，劳动力需求总量不断增加，失业率从 2009 年开始不断降低，2011—2015 年失业率整体呈现出增加趋势，2015 年失业率突破 8%，如图 54.19 所示。经济状况持续低迷，建筑业、制造业和零售

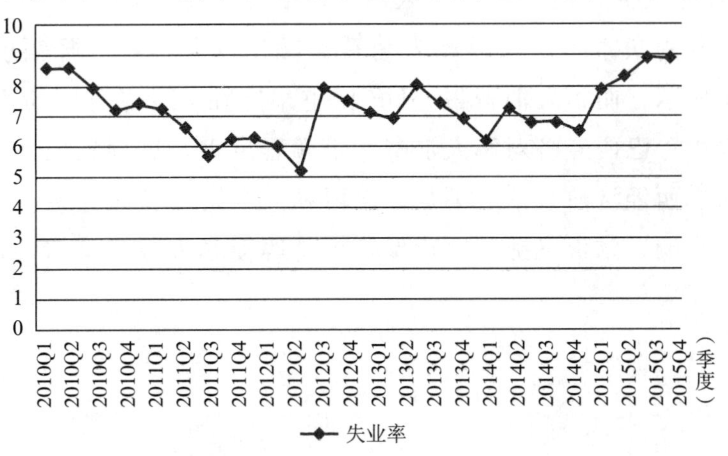

图 54.19　2009—2015 年巴西失业率情况

业受到重创，失业人口主要来自建筑业、制造业和零售业。经济不景气、市场不稳定、结构性调整以及购买力下降因素叠加造成企业部门停产减产，失业率不断攀升。

2011—2015年巴西通货膨胀率整体呈现出上升趋势，2015年第四季度通货膨胀率达到10.39%，相比2012年第二季度4.98%上升幅度达到108.70%，短期内通货膨胀得到抑制的可能性较小，如图54.20所示。巴西的高通货膨胀主要来自于雷亚尔的贬值以及政府管理商品价格的持续上涨，巴西通胀增长速度达到最大。通货膨胀率进一步上升，抑制巴西扩张性的货币政策推动经济增长。通货膨胀率的上升引起巴西民众的不满情绪，消费者开支暴增，影响投资企业的投资情绪，严重阻碍经济增长。

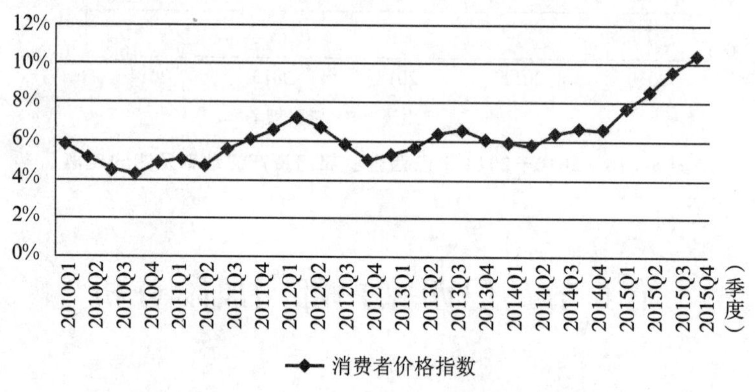

图54.20　2010—2015年巴西消费者价格指数

二、私人消费分析

2010—2014年巴西实际个人消费不断增加，2014年实际私人消费达到最大值8442亿美元，但是实际个人消费增长率不断下降，2015年实际私人消费增长率降为负水平，实际私人消费总额出现降低，下降幅度达到4%，如图54.21所示。而私人消费占GDP比重稳定在65%左右，是巴西经济增长的主要动力，巴西经济对私人消费的依赖程度大，这导致巴西经济增长乏力，民众对巴西经济前景信心不足。巴西私人消费增长减速主要是受宏观经济环境不佳影响，物价飞涨，医疗保险提价等使私人减少消费，购买力水平下降。

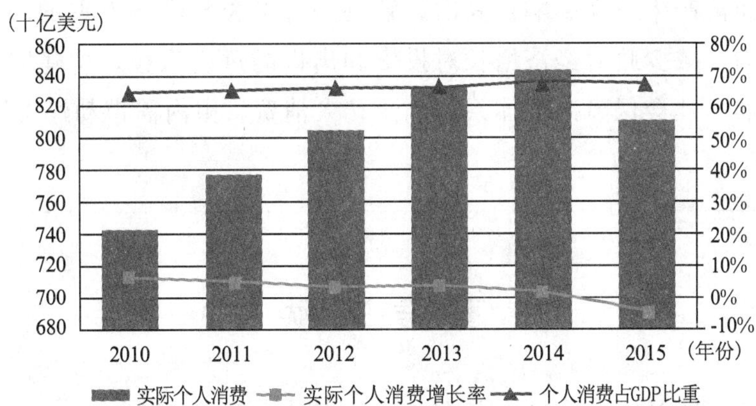

图 54.21　2010—2015 年巴西实际个人消费、增长率和占 GDP 比重

第 7 节　结论及对中国的借鉴

巴西经济的持续低迷、严重的通货膨胀、货币的疲软和高企的债务规模使得巴西面临严峻的经济形势。总体来看，巴西的宏观金融风险不断增加，短期内风险状况难以好转。

公共部门方面，巴西账面资产负债率增加，账面资本结构风险凸显，债务偿还能力增加。公共债务逐年增加，且占 GDP 的比重增加幅度加大，外债规模也不断扩张，债务风险呈扩大趋势。消极经济预期、政府债务利率变动及预期财政收入落空增加财政缺口，公共部门风险不断扩大。

金融部门方面，受国内经济低迷和企业经营不善影响，巴西金融部门账面资产价值和资产市值缩水，账面资产负债率和或有资产负债率同时上升，银行偿还债务的能力减弱，加之信贷体系缺陷使得银行违约风险不断增加，银行需要防范违约风险。

企业部门方面，账面资本结构不断恶化，大宗商品价格降低和高通胀率影响企业经营业绩。企业或有权益市值不断下降，也反映出市场信心不足。从资产波动率和违约距离来看，短期内违约风险较大。

家户部门方面，通货膨胀率上升，失业率上升，投资者投资情绪不高。私人消费疲软，对经济的拉动能力减弱，居民购买力下降。家户部门面临较大的通货膨胀风险和失业风险，经济面临滞胀。

对此，我们认为对同作为“金砖四国”的中国而言，具有如下启示：首先，选择正确的人民币汇率制度，适度进行人民币汇率制度的改革，防止汇率波动对经济产生负面影响。其次，解决经济增长与经济发展的问题，转变经济的动力，减少政府经济增长对投资和出口的过度依赖，构建完备的经济改革稳定器—社会保障制度体系，刺激私人消费，由内需带动经济增长。

参考文献

[1] IMF：World Economic Outlook，2014年10月。

[2] IMF：Global Financial Stability Report，2014年10月。

[3] 中国信保：《巴西投资经营与风险报告》，2014年8月。

[4] 苏振兴：《巴西经济转型：成就与局限》，2014年10月，第5期36卷。

[5] 中国信保：《国家风险分析报告》，2014年8月。

[6] 安平：《巴西低增长背后的信贷体系缺陷》，2014年5月。

第 55 章　墨西哥宏观金融风险研究

墨西哥作为拉丁美洲第二大经济体，经济增速放缓，经济发展分化现象明显。由于经济对出口的依赖，与美国保持贸易联系的州经济继续增长，而以能源产业为支柱产业的州经济放缓超过预期值。经济增速下行，大宗商品价格下跌对拉美各国影响巨大，尽管墨西哥经济中原材料出口比重不大，但墨西哥经济严重依赖美国经济，经济面临较大风险。本章首先对墨西哥宏观经济风险进行分析，然后从四部门入手展开分析墨西哥宏观金融风险。总体来看，墨西哥公共部门资本结构和期限结构不合理，存在一定的清偿力风险和债务违约风险，金融部门、企业部门以及家户部门都表现良好，风险状况较小，但是金融部门和企业部门需要防范风险产生的负面影响，合理调控保持各个部门间的稳定。

第 1 节　墨西哥宏观金融风险概述

复杂的外部经济环境和墨西哥内部经济因素，促使墨西哥经济形势走弱。墨西哥经济增长预期被下调，一方面受国内需求疲软、工业产出不均衡、政府削减公共支出等影响；另一方面受国际油价下跌和美国经济增长放缓等因素影响。2015 年墨西哥各项改革完善，吸引更多外部投资，尽管大宗商品价格下跌对拉美各国影响巨大，但墨西哥原材料出口比重低，经济增速达到 2.55%。全球经济增速减小的背景下，墨西哥政府需要谨防石油价格下跌导致的公共财政收入减少的风险，以及国际金融不稳定和美联储加息对新兴经济体企业部门产生的风险。

近年来，墨西哥经济私人消费和固定资产投资的大幅下降使得经济增长率出现大幅下降。如图 55.1 所示。2010 年以来政府购买对 GDP 的贡献率基本保持不变，私人消费和固定资产投资对 GDP 的贡献率出现下降趋势，从 2010 年 3.73%下降到 2014 年 1.21%的水平，固定资产投资对 GDP 的贡献率自 2011 年起也出现下降，2013 年下降到－0.33%。如图 55.2 所示。墨西哥经济增长主要依赖私人消费和固定资产投资，拉美地区经济形势的严峻影响到墨西哥私人消费和固定资产投资，造成墨西哥经济遭遇经济下滑的境况。2015年墨西哥私人消费和固定资产投资缓慢复苏，私人消费和固定资产投资对GDP贡献率分别增长0.693%和0.098%，墨西哥经济虽然实现了增长，但是经济增速远低于2012年3.11%增速，由于金融市场的不稳定以及外部环境的复杂多变，墨西哥经济增长面临不确性。

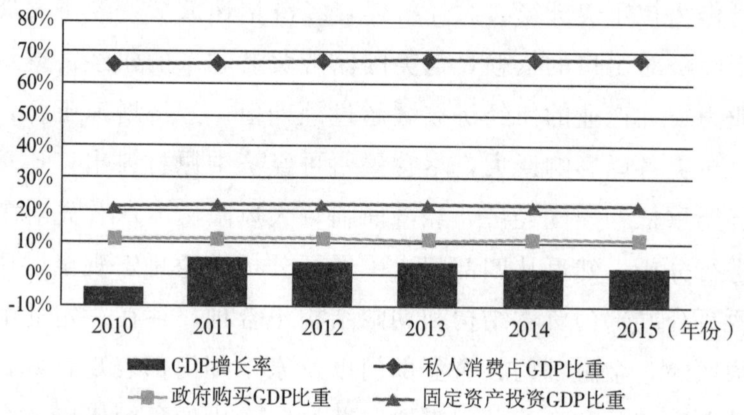

图55.1 2010—2015年墨西哥GDP增长率及私人消费、政府购买、固定资产投资增长率①

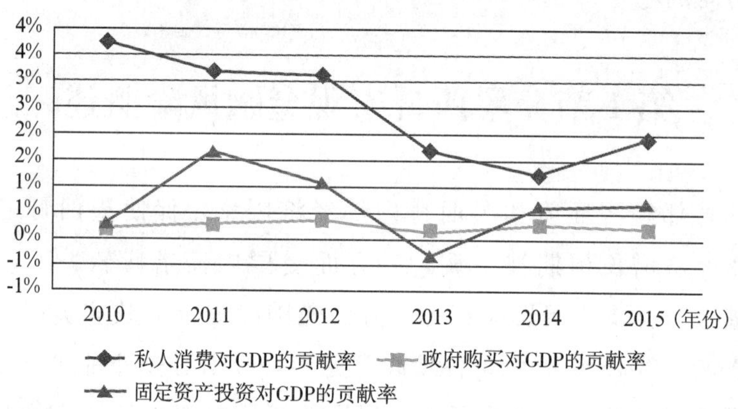

图55.2 2010—2015年墨西哥私人消费、政府购买及固定资产投资对GDP贡献率

由于金融市场一系列非正常的操作，以及桑坦德银行墨西哥子公司将其24.9%的股份挂在纽约和墨西哥证券交易所公开出售，外商直接投资占GDP比重2012年达到最低点1.51%。2013年墨西哥外商直接投资开始增加，占GDP比重3.11%达到历史新高。尽管墨西哥经济增长放缓，但是外商直接投资保持着增长的趋势。如图55.3所示。墨西哥对外资的吸引力主要在于

① 数据来源于BvD全球金融分析、宏观经济指标数据库https：//www.countrydata.bvdep.com/ip。下面如未作说明，数据来源均相同。

其独特的市场条件，国内市场规模和国际市场规模都对外资具有一定的吸引力。尤其是 NAFTA 的建立，降低了其与美、加之间的贸易壁垒，出于降低成本的需要，墨西哥成为大量的外资青睐的投资目的地。2014 年以来，墨西哥吸引外商直接投资同比减少 52%，主要原因在于墨西哥最大啤酒集团莫德罗被收购以及美国电信公司从墨西哥电信公司撤资。2015 年外商直接投资缓慢增长，墨西哥资金外流风险仍存。

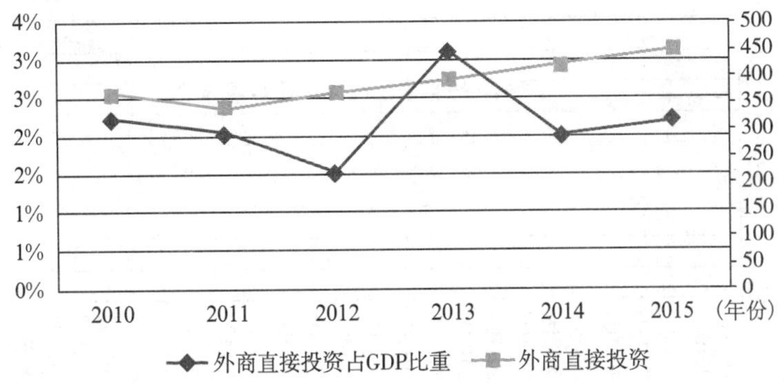

图 55.3　2010—2015 年墨西哥外商直接投资及其增长率

2010—2015 年墨西哥商品服务实际进出口额保持增长的趋势，但是增长率出现下降，仅仅有 2014 年增长率增加。如图 55.4 所示。在外贸方面，墨西哥进口额与出口额基本保持一致，贸易大致处于平衡状态，多数年份商品服务实际进口额超过出口额，贸易处于逆差状况，但是墨西哥外贸总体情况良好。墨西哥贸易逆差主要来源于中国、日本和韩国，顺差来源于美国、哥伦比亚及西班牙等国，墨西哥保持着与美国、中国等国家之间的贸易往来，进出口贸易对于墨西哥经济增长起着带动作用，外贸方面的良好态势对于经济的发展起着有利的作用。

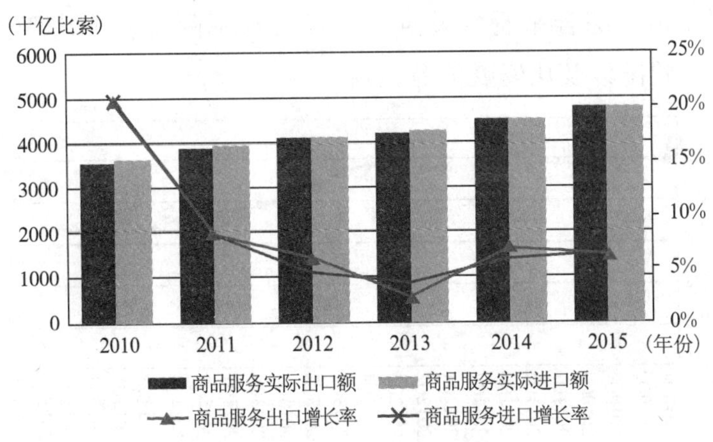

图 55.4　2010—2015 年墨西哥商品服务进出口额及增长率

2014年第三季度以来墨西哥汇率出现较大幅度贬值，2015年第四季度汇率贬值达到1∶17，且保持继续增加趋势。如图55.5所示。受原油价格波动、美联储加息等影响，短期内墨西哥比索汇率或将突破1∶18。全球经济下行，大宗商品价格持续走低，对拉美国家产生冲击，价值市场对美联储加息预期持续升温，大量资本撤出新兴市场回流美国，导致墨西哥比索汇率下跌趋势仍将持续。

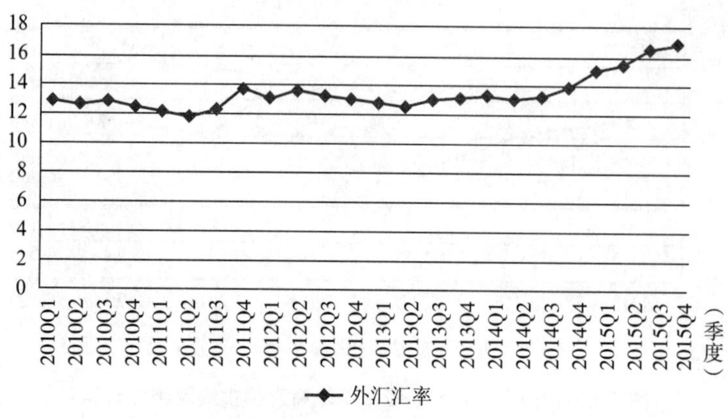

图55.5　2010—2015年墨西哥外汇汇率变化情况

墨西哥基准利率自2010年起基本保持在4.8%左右的水平，从2013年第二季度开始下降，直到2014年第三季度基准利率下降到3.8%水平，之后基准汇率小幅波动，维持在3.3%水平。如图55.6所示。墨西哥央行根据国内经济和外部环境变化对货币政策进行调控，2013年墨西哥经济增长大幅下降，央行为了防止经济进一步下滑，不断下调基准利率刺激经济。受墨西哥比索贬值、石油价格下跌以及美国利率政策调整的影响，墨西哥面临的国际环境更为复杂，2015年第一季度开始，墨西哥央行已经开始回调利率，以避免比索大幅贬值。综合来看，墨西哥央行对利率的态度取决于美国货币政策、经济增长状况以及比索贬值等影响。

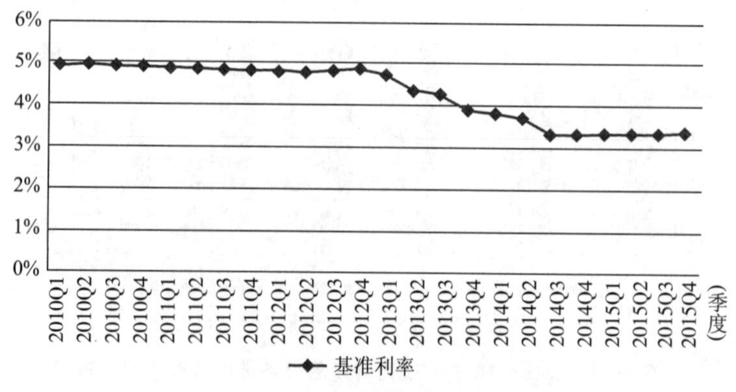

图55.6　2010—2015墨西哥基准利率

第 2 节　文献综述

陈涛涛（2014）等对墨西哥引进外资的现状以及墨西哥开放型投资环境的现状进行分析，分析了外商直接投资对墨西哥经济的推动作用。《World Economic Outlook》指出墨西哥经济开始出现复苏，经济复苏将会给墨西哥带来新的经济增长点。墨西哥固定资产投资出现大幅下降，公共和私人消费增加。受美国急剧增加的需求、公共部门投资的扩张以及不断调整的货币政策的影响，墨西哥经济出现较为平稳的增长。由于政府在能源通信方面重要的改革不断刺激投资，墨西哥投资者商业信心从抑制状态开始逐渐恢复。

第 3 节　墨西哥公共部门风险分析

本节利用墨西哥央行披露的资产负债表信息，构造公共部门资产负债表，由此分析墨西哥公共部门宏观金融风险。公共部门资产负债结构不断恶化，负债增加使得公共部门偿还能力下降，资产错配风险不断增加。央行资不抵债使其陷入拖欠债务的恶性循环中，面临清偿力风险。公共债务和财政赤字的增加都给墨西哥政府敲响警钟，政府需通过财政政策调控保持合理的债务规模，及时防范公共部门债务违约风险。

一、公共部门资产负债表分析

（一）资本结构错配分析

如图 55.7 所示，2010—2015 年墨西哥公共部门账面资产和负债呈现增加趋势，2015 年总资产和总负债增幅分别为 18.11％和 7.14％，2015 年资产负债率高达 88.62％。2012—2013 年总负债规模均超过总资产规模，资产负债率超过 100％，央行资产负债结构恶化，央行资产错配风险不断增加。尽管 2014—2015 年资产负债率有所降低，但是接近 90％高位水平。在全球金融局势动荡背景下，新兴市场面临的风险增加，经济疲软，墨西哥央行为了拉动疲软经济增长，不断增加负债规模，导致负债偿还能力风险急剧上升。

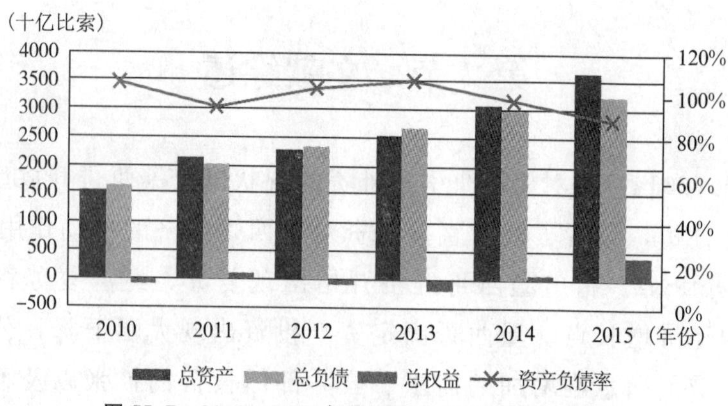

图 55.7 2010—2015 年墨西哥公共部门资本结构①

(二) 清偿力风险分析

2012—2013 年，墨西哥产权比例为负值，央行严重资不抵债，资产规模不足以弥补负债，央行陷入恶性的债务拖欠境况。如图 55.8 所示。产权比例大小反映部门清偿力风险大小，产权比例越大，说明清偿力风险越大。2014—2015 年，虽然负债规模得到控制，保持在资产规模之下，但是产权比例达到 42.44 和 7.79，相比其他新兴经济体，墨西哥央行面临严重的清偿力风险，不利于经济复苏。

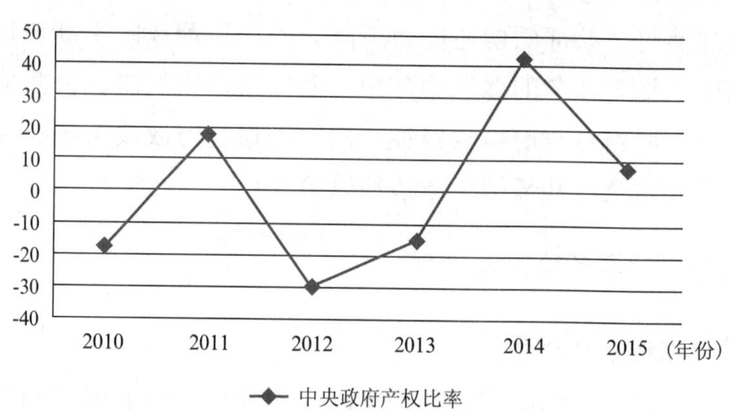

图 55.8 2010—2015 年墨西哥公共部门产权比例

二、公共债务与财政赤字分析

(一) 公共债务分析

墨西哥公共债务逐年增加，2015 年公共债务达到 80929 亿比索，增长幅度达到 12.05%。公共债务占 GDP 的比重从 2010 年 39.23%一直上升到

① 墨西哥公共部门资产负债数据来源于墨西哥公共部门资产负债表。

57.29%，并且公共债务呈现出不断增加的趋势。如图 55.9 所示。公共财政是巩固墨西哥宏观经济稳定的重要保证，公共债务从侧面反映墨西哥经济走势。因石油价格下跌导致墨西哥石油收入减少，财政部通过增加税收弥补石油收入减少带来的影响。2015 年以来，墨西哥比索兑美元贬值和央行加息政策使得债务金融成本增加、公共财政的债务利息支出增加，对墨西哥公共财政造成压力。虽然墨西哥债务不断扩大，但墨西哥利用金融稳定的条件，使墨西哥得到更低的成本融资。2015 年墨西哥公共债务占 GDP 比重高达 57.29%，但是墨西哥已经开始实施财税调整等政策，力争将该比率降至可控范围内。

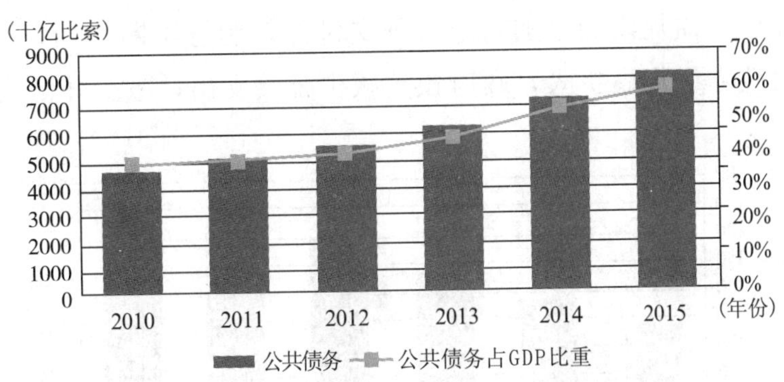

图 55.9 2010—2015 年墨西哥公共债务及占 GDP 比重

(二) 财政赤字分析

财政收支方面，墨西哥财政收入和财政支出稳步增长，财政缺口表现出扩大趋势。如图 55.10 所示。2010—2015 年财政支出都超过财政收入，但是财政赤字规模整体呈现出增加趋势，2015 年财政赤字规模达到 6274 亿比索。2014 年以来，原油价格下跌，墨西哥作为美洲第三大产油国，国家财政收入

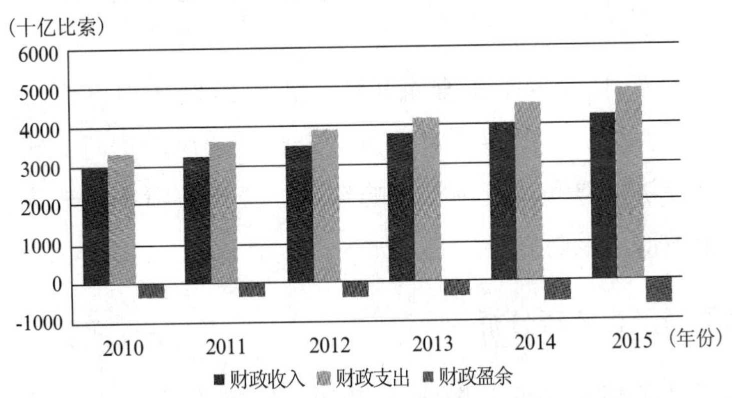

图 55.10 2010—2015 年墨西哥财政收支情况

1/3 来自石油收入，随着国际油价下跌及产量下跌，墨西哥财政收入压力增加。同时，国际资金流动发生重大变化，国际经济增长缓慢，在经济下行的宏观经济背景下，墨西哥财政部将考虑缩减政府开支来减轻财政压力。总体来看，墨西哥财政收入增长减速，财政赤字规模扩大，需要警惕公共部门债务违约风险。

（三）外债分析

2010—2015 年墨西哥外债规模保持增长趋势，但是外债增长率逐年下降，2015 年墨西哥外债总额达到 4418 亿美元，增长率下降至 2.13%。如图 55.11 所示。尽管外债总体规模处于增长趋势，但是外债增长速度处于可控范围内。随着外债规模的增加，墨西哥支付外债利息不断增加，财政压力增加。由于财政赤字规模扩大，政府预算减少公共支出，减少外债偿还压力。

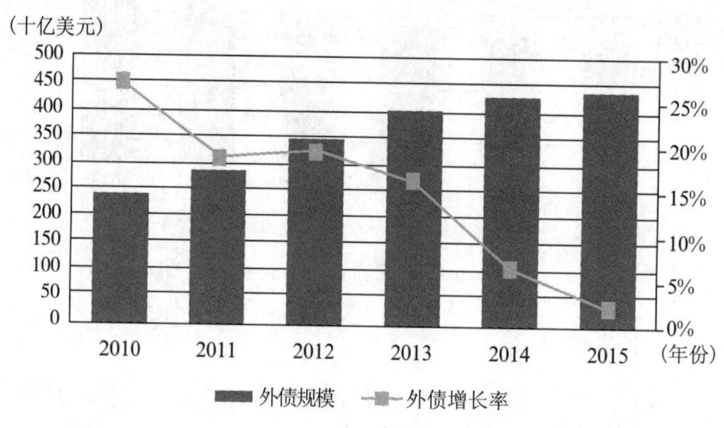

图 55.11　2010—2015 年墨西哥外债情况

第 4 节　墨西哥金融部门风险分析

本节选取墨西哥 15 家上市金融机构，汇总编制账面资产负债表和或有权益资产负债表并借助风险指标对墨西哥宏观金融风险进行分析。墨西哥金融部门受宏观经济形势和政府调控影响较大，资产负债率在较为合理的区间稳定波动，金融部门风险较小。

一、账面资产负债表分析

从账面资产负债表来看，墨西哥 2010—2013 年金融部门总资产和总负债呈现不断增加的趋势，2014 年金融部门总资产和总负债出现下降趋势。如

图 55.12 所示。2010—2014 年金融部门资产负债率整体呈现增加趋势，2014 年资产负债率达到 88.11%，相比 2013 年最高点 88.26%小幅降低，但是资产负债率仍处于高位。2014 年政府削减公共开支，经济预期下滑，不利于金融部门资产的扩张，金融部门资产负债表收缩。受全球经济影响，墨西哥银行国际业务能力也受到影响，不利于墨西哥银行资产规模扩张。

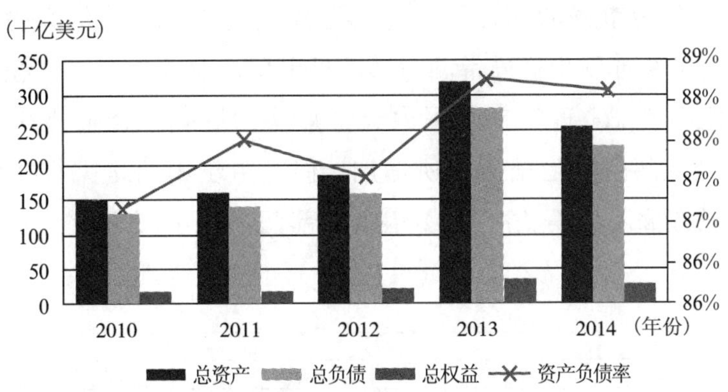

图 55.12　2010—2014 年墨西哥金融部门账面资本结构

二、或有权益资产负债表分析

墨西哥金融部门资产市值和负债市值在 2014 年出现下降，但是或有权益资产负债率保持增加趋势，2014 年达到近五年最高点 84.25%。如图 55.13 所示。总体而言，墨西哥金融部门或有资产负债率维持在较高的水平，2012 年资产负债率下降到 69.4%的最低点，而 2014 年迅速上升到 84.25%的最高点，负债市值增长幅度远超资产市值增长幅度，这表明金融部门受国家政策调控以及宏观经济形势影响较多，政府为了拉动经济增长，财政政策和货币增长调控影响到金融部门稳定。

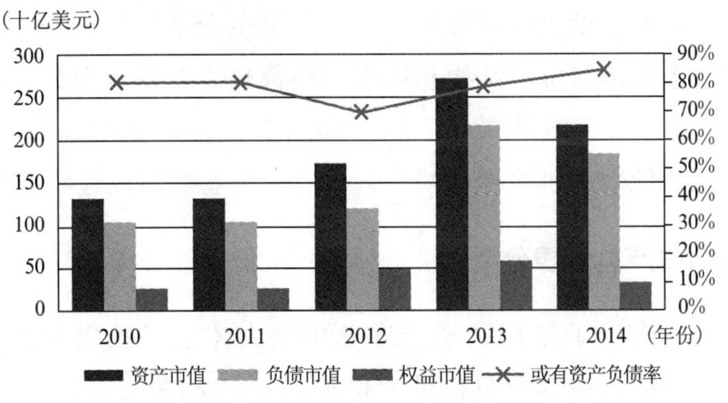

图 55.13　2010—2014 年墨西哥或有权益资产负债结构

三、风险指标分析

墨西哥金融部门的违约距离呈现出波动趋势，2013 年金融部门违约距离较少至 5.41，而 2014 年违约距离增加至 6.22，违约风险减少。如图 55.14 所示。2011 年受外部经济萎缩影响，墨西哥工业和服务业发展受到制约，国内需求锐减，金融市场动荡加剧，违约距离达到 4.03，违约风险较大。2011 年后受美国经济复苏逐步稳固带动，墨西哥出口行业表现突出，经济重返增长轨道，违约距离增加。近年来受国内经济形势的影响，金融违约距离处于波动，2013 年金融部门风险稍微有所增加，但是由于墨西哥央行在控制通胀和抑制金融危机方面不断努力，2014 年金融部门风险呈现出减少趋势，潜在风险情况得到改善。

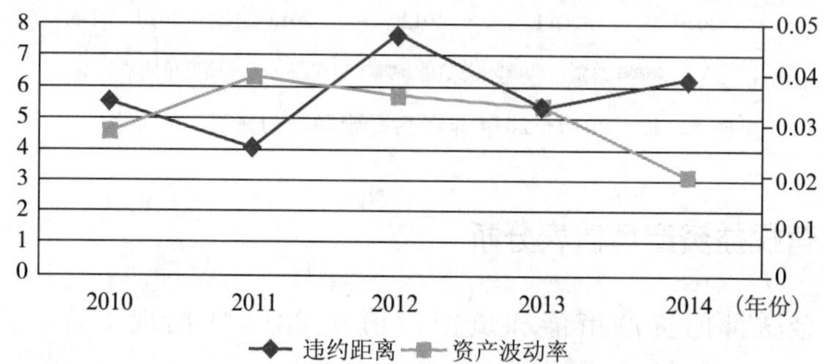

图 55.14　2010—2014 年墨西哥金融部门违约距离

第 5 节　墨西哥企业部门风险分析

本文选取墨西哥 117 家上市企业部门编制企业部门资产负债表和或有权益资产负债表，并借助风险指标对墨西哥上市企业部门的宏观金融风险进行分析。墨西哥企业部门资本结构和期限结构都较为合理，但是企业部门资产负债率持续上升，流动比率持续下降，需要防范资产错配和期限错配风险。或有权益资产负债表和风险指标的分析也表明企业部门风险状况良好。

一、账面资产负债表分析

2010—2013 年企业部门总资产和总负债大体上呈现出上升趋势，2014 年企业总资产小幅较少，总负债继续保持增长。如图 55.15 所示。近年来负债的增长速度快于资产的增长速度，资产负债率呈现出增加趋势，2014 年资产负债率达到 59.69%。2014 年企业部门资产和负债规模都达到最大值，资产负债率也达到 59.69%的高点，但是企业部门的资产负债率基本控制在 60%以下，资产负债较为合理，企业部门资本结构较合理。政府对经济的调控和外部环境的改善使得企业部门得到较好发展。虽然企业部门账面资本结构良好，但是资产负债率有继续增加的趋势，企业部门仍需防范系统性风险。

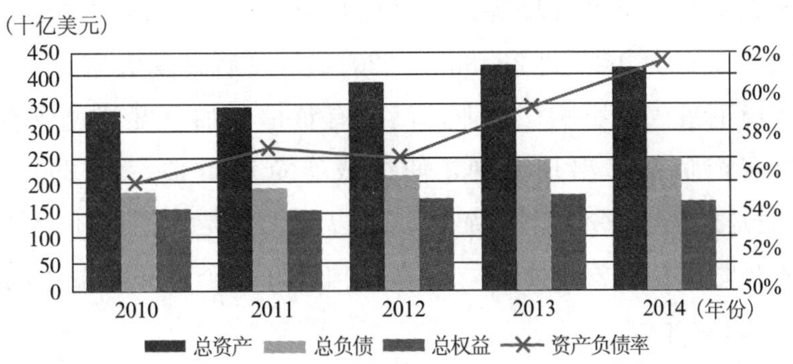

图 55.15 2010—2014 年墨西哥企业部门账面资本结构①

二、期限结构分析

如图 55.16 所示，2010—2014 年墨西哥上市企业部门流动资产和流动负债基本表现出小幅增长的趋势，2014 年小幅减少。2012 年以来流动比率持续下降，2014 年企业部门流动比率降低为 1.2，企业部门期限错配风险增加。2012 年后墨西哥政府增加基础设施的投资，鼓励银行借贷，给予企业更多资金支持，使得企业部门流动率从 1.34 上升到 1.39，此后，流动比率基本保持下降趋势，2014 年流动比率降至最低点 1.2，期限错配风险存在进一步扩大趋势，需引起重视。

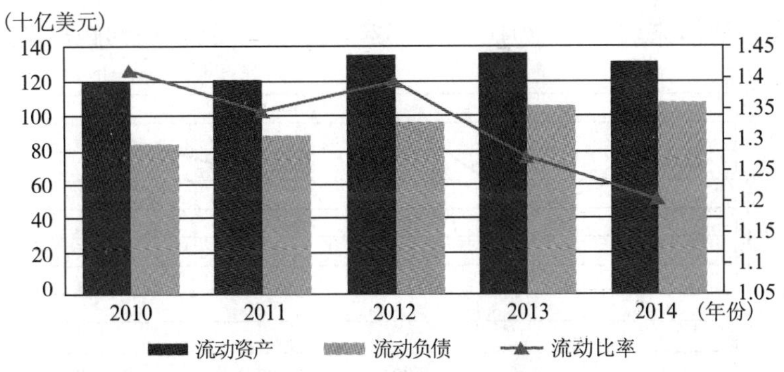

图 55.16 2010—2014 年墨西哥企业部门期限结构

① 墨西哥上市企业部门数据来源于 BvD 全球金融分析、全球上市公司库 https://osiris.bvdinfo.com/ip。

三、或有权益资产负债表分析

2011—2013年企业部门资产市值和负债市值呈现出增加趋势，2014年受经济增速下行影响，资产和负债市值出现下滑。如图55.17所示。2012年墨西哥政府对中小企业进行多层面的经济支持，使得本国中小企业在技术、资金、劳动力素质、市场环境等各个方面均有很大的改善，或有资产负债率从2011年的32.65%下降到29.33%。2012年以后，受大宗商品价格下跌、宏观经济环境不景气的影响，企业部门或有负债增加速度超过或有资产增加幅度，或有资产负债率出现反弹，使得或有资产负债率从29.33%上升到34.81%，但是总体水平仍然保持在40%以下。综上，墨西哥企业部门或有资产负债率暂时保持在安全水平，资本结构良好，企业部门潜在风险小。

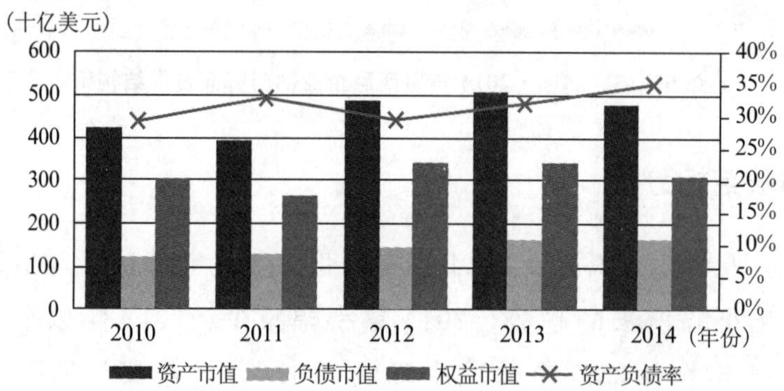

图55.17　2010—2014年墨西哥企业部门或有权益资产负债结构

四、风险指标分析

2010—2014年墨西哥上市企业部门违约距离呈现出波动趋势，如图55.18所示。整体来看，从2010年6.82上升至7.81，违约距离增加表明企业

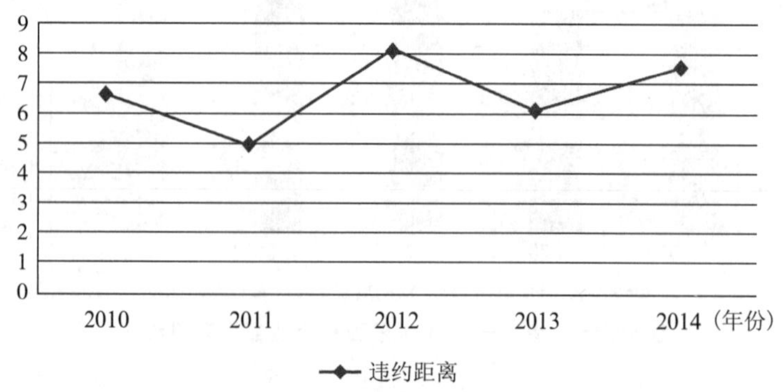

图55.18　2010—2014年墨西哥企业部门违约距离

部门违约风险降低。墨西哥企业部门违约距离变化情况与金融部门情况相类似，受到国内政策调整及外部经济形势的影响，违约距离呈现出增加趋势。2014 年随着墨西哥多项结构性改革逐步实施，企业部门情况好转，违约距离增加，违约概率降低，企业部门金融风险可控。

第 6 节　墨西哥家户部门风险分析

本节主要基于墨西哥家户部门的失业与通货膨胀和私人消费水平状况对家户部门宏观金融风险进行分析。墨西哥家户部门失业率的下降以及通货膨胀水平的稳定表明墨西哥劳动力市场以及消费市场所处情况较好，面临风险较小。尽管私人消费增长率出现下降，但整体来看，墨西哥家户部门情况较为乐观。

一、失业和通货膨胀分析

整体来看，墨西哥失业率呈现逐年下降的趋势，从 2010 年第一季度 5.26%下滑到 2015 年第四季度 4.16%，其中 2012 年和 2015 年失业率出现大幅下降。失业率下降表明墨西哥劳动力市场总体运转良好。从图 55.9 中还可以看出，2012 年后墨西哥失业率基本保持稳定，下降幅度很小，就业增长率出现弱化，国际经济环境不景气对墨西哥经济产生潜在威胁。2010 年以来受美国金融危机影响，墨西哥失业率维持在 5%左右，经济形势逐渐恢复，建筑业回暖和服务业增长，劳动力市场情况有所改善，2015 年失业率降至近年来最低点，墨西哥劳动力市场面临风险较小。

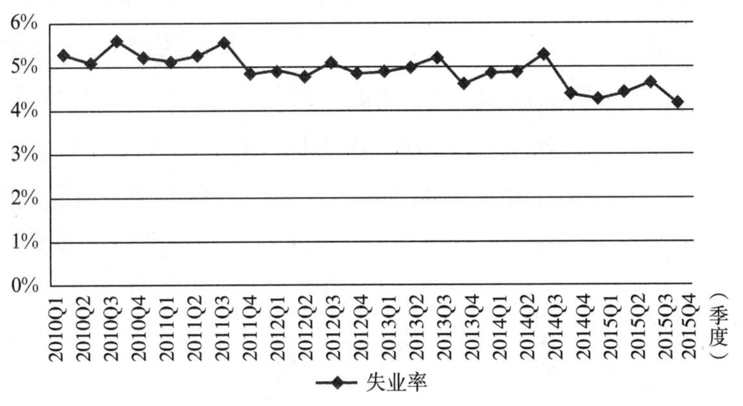

图 55.19　2010—2015 年墨西哥家户部门失业率

2015年消费者物价指数变化率大幅下降，相比上年下降32.32%。如图55.20所示。墨西哥通货膨胀率较为稳定，保持在合理的控制范围，有助于刺激经济的增长。但是墨西哥政府也要防范通货膨胀率上升带来的负面影响。近年来，通货膨胀率控制在墨西哥央行规定的3%～4%的范围内，其中个别年份超过警戒线。2012年墨西哥通货膨胀率达到4.112%，墨西哥央行对价格上涨的发展态势表示担心，但是农产品的价格显著下降减缓了整体价格上涨趋势，使得通货膨胀率超过4%的警戒水平较少。2014年受大宗商品价格下跌影响，以及政府对油价的调控，墨西哥通货膨胀率增加至4.02%。墨西哥政府对油价进行调控，2015年通货膨胀率大幅下跌，墨西哥经济面临通胀风险小。

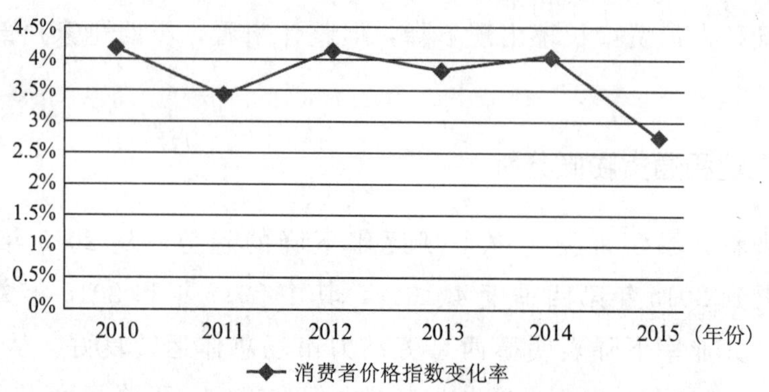

图55.20　2010—2015年墨西哥家户部门消费者价格指数变化率

二、私人消费分析

如图55.21所示，墨西哥私人消费呈现出不断增加趋势，私人消费增长率则呈现出下降趋势，2015年私人消费增长率下降至2.86%，相比2010年5.68%下降幅度近50%，这表明，受外部经济形势及政府削减公共开支等影响，墨西哥实际私人消费受到较大影响。个人消费占GDP比重基本保持稳定，2015年实际私人消费占GDP比重达到67.54%，这表明墨西哥经济增长对实际私人消费具有较强依赖性，政府刺激私人消费可以刺激经济发展。

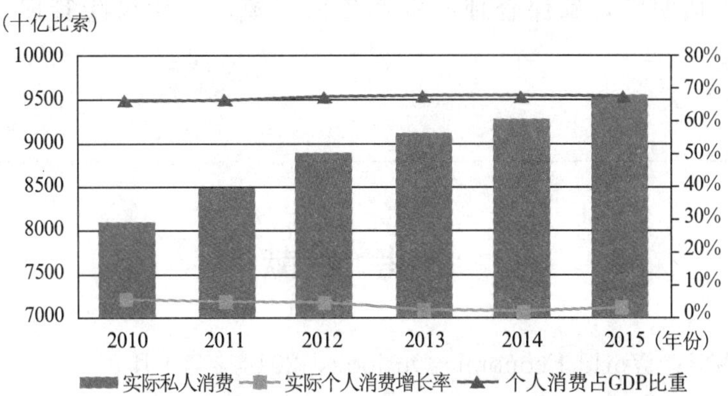

图 55.21　2010—2015 年墨西哥实际私人消费、个人消费增长率及个人消费占 GDP 比重

第 7 节　结论及对中国的借鉴

墨西哥经济增速出现下行，但是通货膨胀率保持稳定，国内失业率水平下降，外汇汇率保持稳定，整体经济形势良好。政府对宏观经济的干预使得墨西哥经济运行风险不大，整体风险水平处于可控范围内。

公共部门方面，资产负债结构不断恶化，公共部门偿还能力下降，资产错配风险不断增加。央行资不抵债使其陷入拖欠债务的恶性循环中，面临较大的清偿力风险，同时公共债务和财政赤字的增加加大了公共部门债务违约风险。政府需通过财政政策调控保持合理的债务规模。金融部门方面，受国家政策调控以及宏观经济形势影响，风险水平较小，金融部门出现金融危机的可能性很小。企业部门方面，资本结构和期限结构都较为合理，但是企业部门资产负债率的上升和流动比率的下降也促使企业部门防范资产错配和期限错配风险。总体来看，企业部门风险状况良好。家户部门方面，失业率的下降表明墨西哥劳动力市场面临风险较小，通货膨胀率的稳定也有助于消费市场的运转。整体来看，墨西哥家户部门情况较为乐观。

中国需要借鉴墨西哥经济运行和政府调控的经验，保障在国内失业率和通货膨胀率较低水平下经济的稳定增长。首先，墨西哥开放的政策较为持续和稳定、投资环境自由、工业基础和人力资源充分使得墨西哥能够较多吸收外商直接投资推动经济发展。中国政府也需搭建引进外商直接投资的平台，合理利用外资推动本国产业结构的升级。其次，公共部门需要控制公共债务的规模，解决企业部门或金融机构所面临的压力，防范大规模冲击对本国实体经济的影响。最后，银行需充分满足新巴塞尔框架下风险所需的资本透明度，确保合理的资产负债规模，强化风险管理，维持治理结构的稳定。

参考文献

［1］IMF：World Economic Outlook，2014年10月。

［2］IMF：Global Financial Stability Report，2014年10月。

［3］陈涛涛、陈忱、顾凌骏：《墨西哥投资环境与中国企业投资机会》，《国际经济合作》2014年。

第56章　阿根廷宏观金融风险研究

2015年年底，阿根廷新政府上台执政以来，在吸引外资、鼓励投资、解决债务问题等经济政策上采取一系列重大调整，取消外汇管制，与国际债权人达成偿债协议，解决拖延长达15年的债务违约问题，对水、电、燃气、公交等公共服务项目实施大幅度涨价，减少政府对公共服务的补贴开支，大幅削减农牧产品出口税负，刺激农牧业出口，鼓励农牧企业扩大投资。一方面，宽松财政政策刺激阿根廷国内产业投资及跨国企业对阿根廷的投资意愿；另一方面，宽松政策造成严重的通货膨胀，导致阿根廷经济决策部门面临经济增长与通货膨胀的两难选择，阿根廷政府密集出台的改革政策使得经济面临转型机遇与风险并存。

第1节　阿根廷宏观金融风险概述

受国际经济大环境、大宗商品价格下降、债务违约等因素影响，2011年以来，以阿根廷为代表的新兴国家出现较大幅度的金融动荡、货币贬值、资本外逃、经济增速放慢。如图56.1所示。2014年阿根廷比索的大幅贬值、外汇储备的急剧缩水、资本外逃和财政赤字压力增加，使得阿根廷金融出现动荡。为遏制通货膨胀和财政赤字压力，阿根廷政府采取紧缩性政策，经济放缓趋势更加明显。2015年阿根廷新政府上台，出台一系列经济政策，经济形势有所好转。2010年以来，阿根廷GDP增长率连续下滑，从2010年9.45%下降至2014年0.45%，经济陷入困境。2015年私人消费、固定资产投资、政府购买占GDP比重分别为72.98%、19.85%和11.40%，阿根廷经济增长主要依靠私人消费拉动。经济增长过度依赖消费，一旦消费受到制约，经济增速下行造成较大负面冲击。

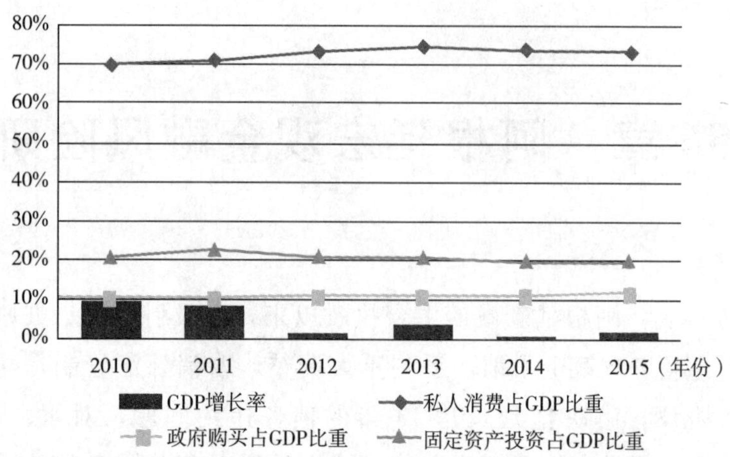

图 56.1　2010—2015 年阿根廷私人消费、政府购买及固定资产占 GDP 比重①

2011 年以来，受经济下行影响，国内市场消费疲软，民众购买力下降，私人消费对市场信心不足，私人消费对 GDP 增长的贡献率减少，2015 年私人消费对 GDP 贡献率仅为 0.9%，相比 2011 年下降 6.21%。如图 56.2 所示。国内市场需求不足，对投资也产生负面影响，固定资产投资对 GDP 贡献率也出现下降。2014 年，阿根廷主权债务的违约，经济前景不确定性增强，私人消费以及固定资产投资对 GDP 贡献率出现较大幅度的减少，出现负增长，对 GDP 贡献率分别为－0.38%和－1.16%。2015 年私人消费和固定资产投资对 GDP 贡献率相比上年增加，经济形势稍有好转，但是经济增速处于历史低位。总体来看，大宗商品物价的下跌、货币市场的控制以及国家的严重干预，导致经济的不平衡加剧，挫伤了企业和投资者的信心，私人消费和固定资产投资的悲观情绪使得阿根廷经济乏力。

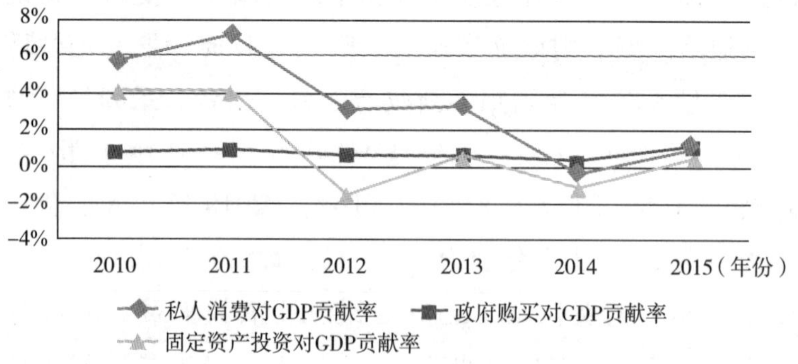

图 56.2　2010—2015 年阿根廷私人消费、政府购买及固定资产投资对 GDP 贡献率

① 数据来源于 BvD 全球金融分析、宏观经济指标数据库 https：//www.countrydata.bvdep.com/ip。下面如未作说明，数据来源均相同。

2011—2015年阿根廷商品服务实际出口额出现下降，商品服务实际进口额出现波动，整体上处于下滑态势。如图56.3所示，出口商品总值持续下跌，势必影响外汇储备净额，进一步恶化阿根廷的通胀形势。国际原油价格下跌，大宗商品下降，阿根廷出口商品服务增长率出现大幅下滑，2014年、2015年连续两年出现负增长，2015年增速下滑至－13.15％。随着比索贬值，商品服务进口成本增加，商品服务进口增长率也出现负增长。国际原油价格和大宗产品价格持续下滑、中国等主要经济体经济增长放缓以及美联储加息可能带来国际金融波动，都将进一步增加依靠资源、原料和农产品出口创收的拉美国家未来的经济风险。

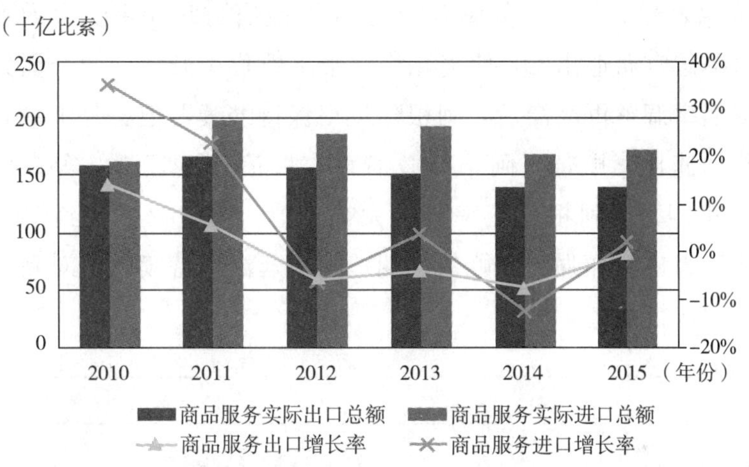

图56.3　2010—2015年阿根廷商品服务实际进出口额及增长率

2010年以来，阿根廷货币供应量保持超高速增长，2015年前三季度，广义货币供应量M2增速达到2％、9％和5％，如图56.4所示。阿根廷长期货币超发问题，使得国内物价上涨，通胀风险增加。同时超发比索导致财政失衡，政府扩张性的财政政策使得财政赤字不断扩大，通货膨胀加剧。由于

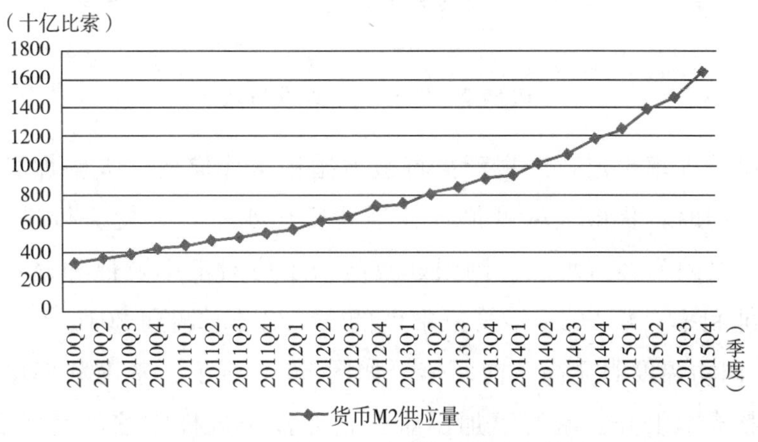

图56.4　阿根廷M2货币供应量变化情况

大部分发达国家都处于低通胀时期，阿根廷的通货膨胀与外部关系不大，核心原因在于政府过度的财政政策和缺乏节制的社会福利。2008年前由于大宗商品价格高涨，阿根廷经济出口形势较好，经济增速达8%，货币过量发行的后果没有及时体现。近年来，受欧美经济不景气冲击，阿根廷经济增速明显下滑，外汇流失严重，货币超发引发的通胀和贬值压力日益明显。

阿根廷汇率持续贬值，保持继续扩大趋势，从2011年第二季度开始，阿根廷比索开始连续贬值，2013年第四季度阿根廷比索贬值达到1∶6.04，自2014年第一季度以来，阿根廷汇率出现大幅贬值，贬值幅度达到25.45%，其中2014年1月23日和24日，阿根廷比索兑美元汇率出现大幅跳水，遭遇2002年以来单日最大跌幅。如图56.5所示。政府财政赤字扩大导致通胀压力加大，同时美国宣布退出QE使美元相对于多数货币升值，两个因素叠加使得阿根廷比索汇率调整再度滞后，阿根廷汇率保持继续贬值。外汇储备不足和外汇供需矛盾加速比索贬值，阿根廷政府宣布取消外汇管制，实施自由浮动汇率，2015年第四季度阿根廷汇率再次大幅贬值，贬值幅度达到10.4%。财政赤字和通胀压力也在加强比索贬值预期，阿根廷汇率持续贬值对新政府的汇率市场化改革构成挑战。

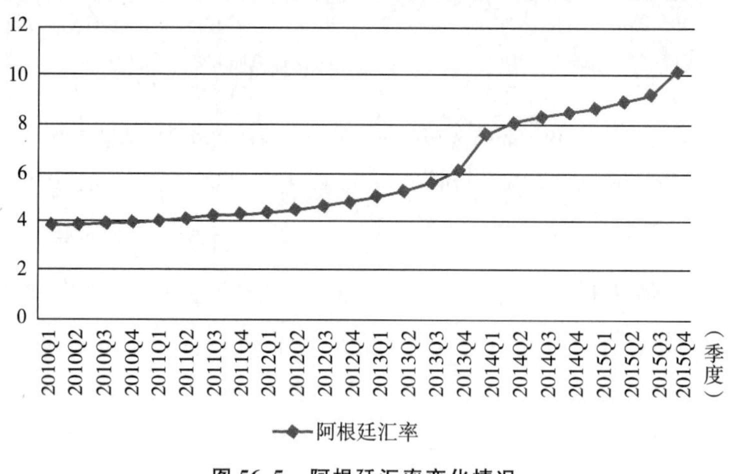

图56.5 阿根廷汇率变化情况

为了维持汇率稳定，阿根廷央行被迫抛售美元储备，大幅加息应对汇率持续贬值。同时，货币大幅贬值加速通货膨胀水平，迫使央行进一步加息，收紧信贷，又阻碍经济增长。阿根廷政府为了应对汇率贬值和通货膨胀，连续调高基准利率，从2014年第三季度的15.82%上调到2015年第四季度的24.25%，调动幅度明显高于前两年。如图56.6所示。基准利率增加后阿根廷企业贷款成本上升，融资更加困难，企业投资规模收缩，发展受到制约。

基准利率调高后银行个人贷款利率也出现大幅上涨，但是考虑到通胀风险，商业银行也不愿意贷款。高通胀和高利率进一步对国内就业形势和个人消费造成负面影响，国内经济增长面临停滞风险。

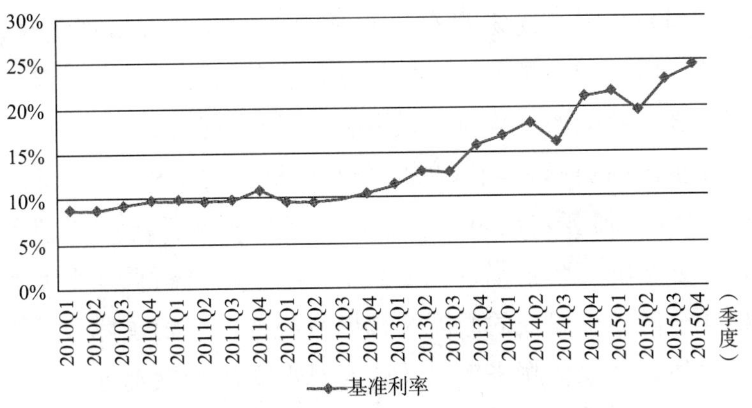

图 56.6　2010—2015 年阿根廷基准利率变化情况

阿根廷央行为应对汇率贬值长期向外汇市场投放美元，而且动用外汇储备偿还外债，加之美国量化宽松货币政策加速国际游资外逃，外汇储备不断减少。2015 年央行外汇储备降低至 255.2 亿美元，达到近 6 年来最低值。2010 年以来，受国际金融环境影响，阿根廷贸易收支状况持续恶化，通过贸易积累外汇变得更加困难，2011 年年底阿根廷为稳定外汇储备，实施一系列严格外汇管制和进口管制措施。虽然外汇管制措施在防止资本外流、抑制通货膨胀方面发挥一定作用，但实际效果有限，加剧了市场运行恶化程度，导致更加严重的通胀。如图 56.7 所示。2015 年年底阿根廷取消外汇管制，增强出口贸易，吸引外来投资，恢复金融市场秩序，增加国际市场和投资者对阿根廷经济的信心。然而阿根廷第一大贸易伙伴巴西经济状况持续低迷，阿根廷出口贸易并未改善，贸易盈余持续减少，外汇流失局面并未逆转。

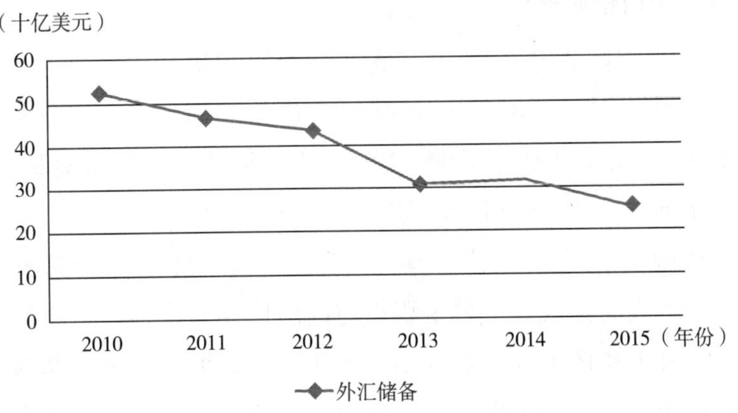

图 56.7　2010—2015 年阿根廷外汇储备变化趋势

第2节 文献综述

吴婧（2014）从阿根廷宏观经济问题入手发现经济出现增长动力不足、通货膨胀高涨、财政赤字扩大、公共债务加剧等问题，究其根源是受到国内政治的动荡、经济政策的不稳定、投资和贸易环境的恶化以及经济结构不合理的影响，并指出阿根廷短期内出现金融危机的可能性不大。李永（2014）阐述阿根廷2014年债务违约事件发生的背景、基本情况分析债务违约产生的原因以及主要影响。张永军、刘向东（2014）通过阿根廷金融动荡的表现分析了阿根廷金融动荡爆发的原因。长期贸易逆差加剧国际收支不平衡，短期货币增长过快，高通货膨胀率以及政府对汇率的干预都导致金融动荡的爆发，并评析了阿根廷应对金融动荡的政策。王维东（2014）分析阿根廷主权债务危机对宏观经济的影响，阿根廷2014年主权债务违约对阿根廷证券市场、融资领域、外汇和通胀方面、国际贸易、期货市场以及阿根廷投资者信心都造成影响。

第3节 阿根廷公共部门风险分析

本节利用阿根廷中央银行所披露的资产负债信息，构造公共部门资产负债表，其中2010－2014年公共部门资产负债数据使用中央银行12月披露的资产负债数据。通过公共部门资产负债表分析宏观金融风险。

一、公共部门资产负债表分析

（一）资本结构错配分析

2010－2014年阿根廷资产和负债规模大幅度增加，尤其是2014年资产和负债规模分别增长52.88％和62.16％，负债规模达到10000亿比索以上，如图56.8所示。2011年以后，资产负债率有所下降，但是总体水平依旧维持在85％以上水平，央行资产负债结构不容乐观，2014年资产负债率再次回升，且增加幅度较大，资产负债率超过90％，公共部门违约风险较大。2015年年底，新政府执政后，力主积极与国际债权人谈判，阿根廷政府向国际投资者发行总额150亿美元主权债券，偿还2001年债务危机以来拖欠债务，阿根廷时隔15年之后重新返回国际资本市场，阿根廷公共部门风险系数下降。

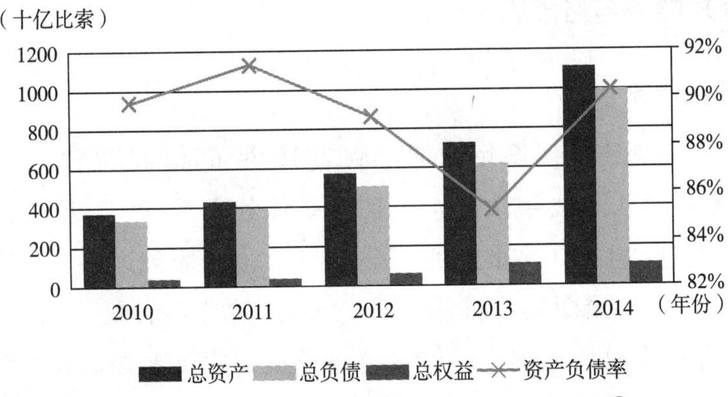

图 56.8 2010—2014 年阿根廷公共部门资本结构①

（二）清偿力风险分析

2014 年公共部门产权比率达到 9.32，相比上年增加 6%，2014 年产权比率接近 2011 年最高点，如图 56.9 所示。公共部门产权比例越大，清偿力风险越大。2011 年阿根廷公共部门产权比例达到 10.62 的最高点，2012—2013 年情况有所好转，但是 2014 年产权比率再次大幅增加至 9.32，清偿违约风险增加。阿根廷政府在 2010 年进行债务重组，93%以上的违约债务经过重组之后谈判解决，使得 2011—2013 年央行资产负债率和产权比例有所下降，但是仍有 7%的债权人不愿接受重组方案，对公共部门清偿能力埋下风险隐患。由于阿根廷政府与“秃鹫基金”之间的矛盾长期未能解决，阿根廷政府一直未能摆脱债务危机，长期被阻挡在国际资本市场之外。

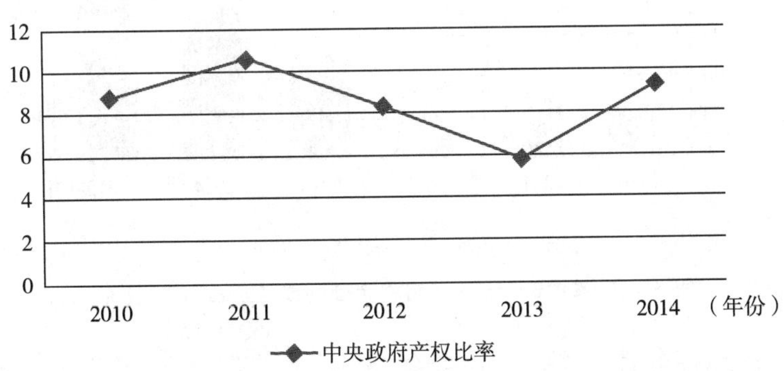

图 56.9 2010—2014 年阿根廷产权比例

① 阿根廷公共部门资产负债数据来源于阿根廷中央银行资产负债表数据。

二、公共债务与财政赤字分析

（一）公共债务分析

阿根廷公共债务规模逐年增加，从2010年6512亿比索上升到2015年25808亿比索，增长率逐年攀升，而且公共债务占GDP比重处于增长趋势，2015年公共债务占GDP比重达到213.53%，公共债务远超过GDP，而且公共债务占GDP比重预期仍将继续上升。如图56.10所示。2014年7月阿根廷未能按时支付主权债务利息，引发债务危机。受此影响，阿根廷股票市场和债券市场出现大幅动荡，股指暴跌，金融市场、产业经济遭到严重打击。债务违约后，国际三大评级机构标普、惠誉、穆迪相继调低阿根廷主权信用主权评级，阿根廷金融市场遭遇严重冲击，资金大幅流出阿根廷，加剧了比索的贬值。国内经济陷入滞胀、经常账户和财政账户双赤字以及外汇储备的急剧缩水都影响到此次主权债务违约，同时国内财政政策和货币政策的统筹失衡增加了债务违约的可能性。近年来，阿根廷忽视经济增长内在动力的建设和产业结构的优化，长期依赖债务扩张解决经济增长面临的问题，通过宽松的货币政策化解财政和债务的压力，最终导致货币贬值、经济滞胀和债务违约，经济前景不确定性增强，严重威胁到社会的稳定。

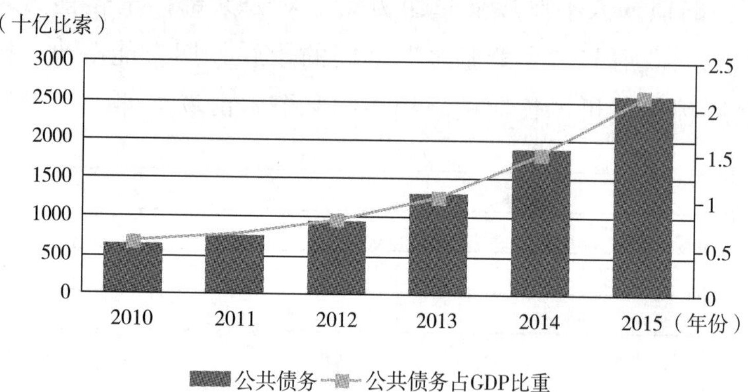

图56.10　2010—2015年阿根廷公共债务及占GDP比率

（二）财政赤字分析

2011年以来，阿根廷财政赤字逐年扩大，2015年财政赤字达到2892亿比索，如图56.11所示。2011年以来，阿根廷财政政策继续保持宽松，财政支出增长率超过财政收入增长率。其中财政支出的增长主要来源于政府在养老金、社保金和工资方面开支的提升，政府对公共交通和家用电气消费补贴大幅增加，同时阿根廷政府选择用公共资源补充国库空虚，央行以预支的方式向国库转移资源，大量财政收入被用于偿还内外债务。实质上，阿根廷经济政策受到政治影响很大，政府为了民众支持，增加公共工程、社会福利和人员工资等开支，导致财政赤字规模扩大。近年来，随着债务总额的增加，也迫使政府增加预支的额度，财政赤字呈现出增加趋势，公共部门债务违约风险加大。政府财政政策使得财政支出不堪重负，并导致黑市美元价格不断飙升，阿根廷比索贬值。同时，阿根廷连续 5 年的财政失衡使市场失去信心，优先拉动内需的资产成效有限，而且还可能增加政府的财政负担，公共部门债务不断增加，一旦债务出现支付问题，对本国养老金系统将产生极大危机。

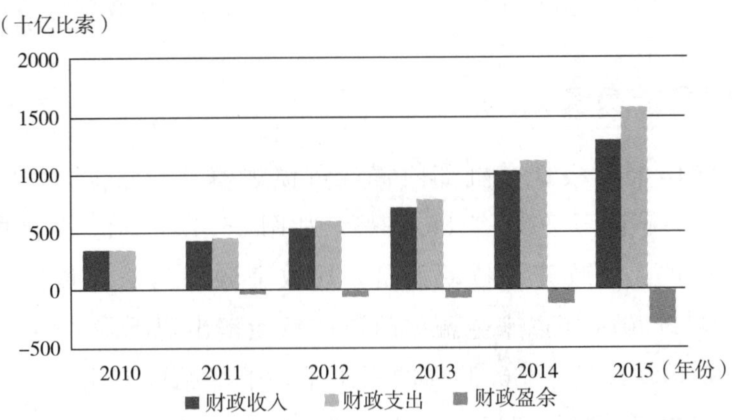

图 56. 11　2010—2015 年阿根廷政府财政收支情况

2010—2014 年阿根廷外债整体规模保持增长，增速较低，2015 年外债出现小幅减少，外债规模达到 1350 亿美元，如图 56. 12 所示。2014 年年底，阿根廷中央银行动用外汇储备成立偿债和稳定基金，用以偿还 2015 年到期部分外债，巩固投资者对阿根廷偿债能力的信心，2015 年阿根廷外债规模小幅下降，为阿根廷重返国际市场创造条件。

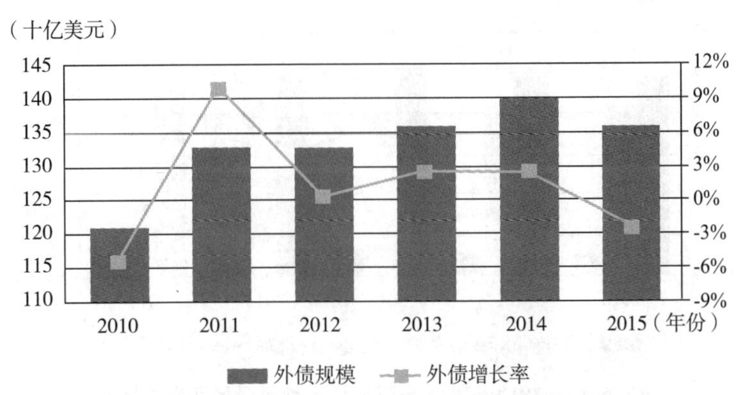

图 56. 12　2010—2015 年阿根廷外债情况

第4节　阿根廷金融部门风险分析

本节选取阿根廷6家上市金融机构，汇总编制账面资产负债表和或有权益资产负债表，并借助风险指标对阿根廷金融部门宏观风险进行分析。2012—2013年阿根廷金融部门风险较2011年有了很大改善，主要由于政府出台一系列调整政策，刺激国内消费增长，优化金融部门资产负债结构。总体来看，2013年阿根廷金融部门风险得到一定控制，但是风险水平仍然突出。

一、账面资产负债表分析

2011—2014年阿根廷金融部门资产负债规模不断收缩，资产负债率从2011年88.90%下降至2014年86.83%，如图56.13所示。受国内通货膨胀的影响，政府扩大财政开支拉动消费，导致金融部门账面负债处于较高水平。虽然2011—2014年以来金融部门资产负债率出现下降，但是2014年金融部门资产负债率还处于86.83%的高水平，下降幅度有限，表明阿根廷政府虽然致力于改善金融部门资产负债结构，但是由于国内经济的下滑、债务规模的扩大，改善效果并不理想，金融部门风险依然较为严重。自从阿根廷爆发金融危机以来，陷入崩溃状态的阿根廷银行体系资不抵债，存款流失，支付能力持续下降，风险不断恶化，尽管阿根廷政府采取种种措施，但是仍未能从根本上解决问题，随着危机的深化，阿根廷银行将面临更为严重的困境。

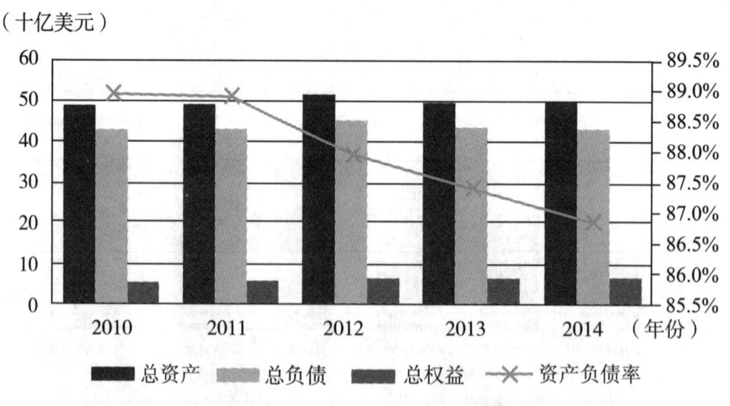

图56.13　2010—2014年阿根廷金融部门账面资本结构

2012 年以来阿根廷银行存款不断流失，2014 年阿根廷银行存款余额下降至 380.54 亿美元，如图 56.14 所示。2013 年阿根廷银行实行冻结银行存款，但是阿根廷最高法院认为银行必须有条件地批准部分储户提取存款，在法律保护下大量存款流失，在此危机下阿根廷银行体系支付能力不断下降。为克服严重的银行危机，阿根廷政府已采取了一系列措施，如通过立法，禁止提取银行存款；允许储户将存款转为政府债券或用被冻结的存款单购买汽车、房屋或不动产；采用指数化调整债务；支持陷入倒闭的银行进行重组，等等。但是，这些措施都未能从根本上解决银行面临的严峻形势。受阿根廷经济停滞影响，贷款需求尤其是消费贷款需求下降，面对高通胀，银行更加脆弱，资产质量风险进一步提升，融资环境更加艰难。

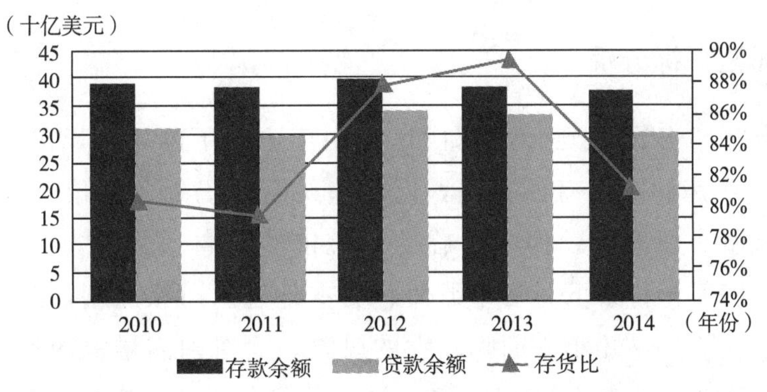

图 56.14　2010—2014 年阿根廷金融部门存贷结构

二、或有权益资产负债表分析

2014 年阿根廷资产市值增加，而负债市值减少，或有权益资产负债率下降，从 2013 年 87.09%下降到 74.80%，下降幅度达到 14.11%，或有权益资产负债情况出现好转，如图 56.15 所示。从总体水平来看，资产市值远远小于账面资产价值，投资者对上市银行部门信心不足。国内经济的下滑，政府采取宽松的货币政策和财政政策刺激经济增长，使得银行业负债市值居高不下，尽管 2014 年负债市值有所下降，但是规模总量仍保持在 332.44 亿美元，且相比上年下降幅度更小。近年来，阿根廷政府采取一系列的政策措施缓解债务违约的压力，使得金融部门资产负债结构得到改善，但是这些措施未能从根本上改善阿根廷银行业风险。

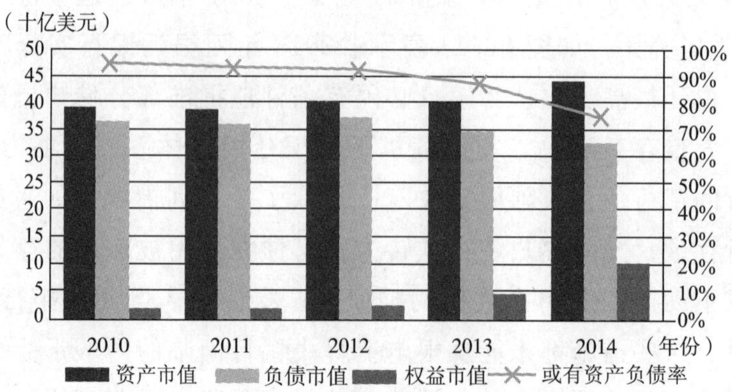

图 56.15　阿根廷 2010—2014 年金融部门或有权益资产负债结构

三、风险指标分析

2011—2013年阿根廷金融部门违约距离不断下降，2013年降至最低点0.21，2014年违约距离有所升高，但是违约距离仍处于低位，表明2014年金融部门风险有所改善，但是面临的风险依然较高。如图56.16、图56.17所示。在经济下行背景下，货币贬值、资本外逃、通胀加剧，经济形势的不稳定使得金融部门这几年来面临较大的风险。面对国内糟糕的经济，政府采取宽松的政策调控改善金融部门资本结构，使得2014年金融部门风险相对减少，但是由于经济前景的不确定性，金融部门依旧面临较大的风险。

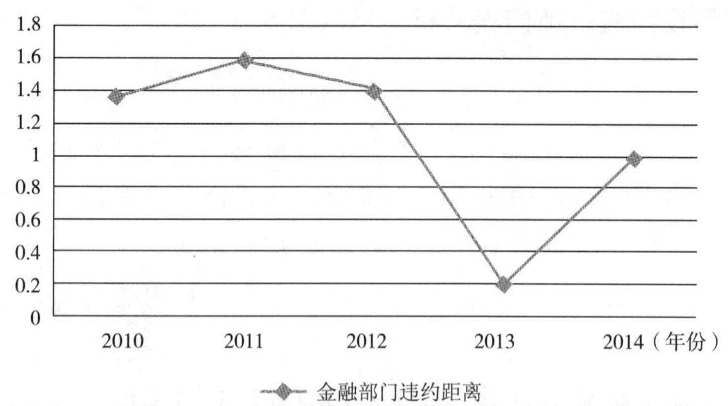

图 56.16　2010—2014 年阿根廷金融部门违约距离

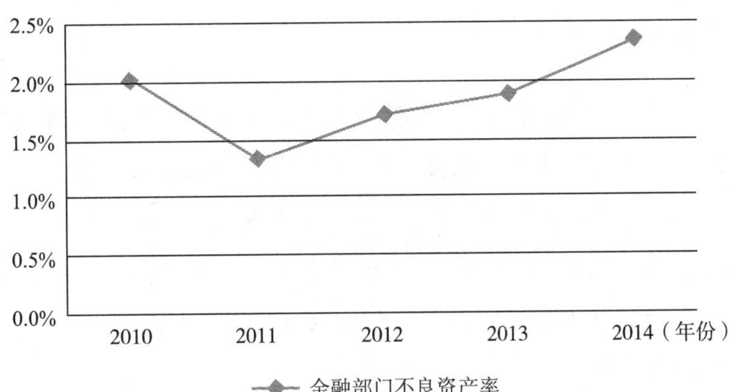

图 56.17　2010—2014 年阿根廷金融部门不良资产率

第 5 节　阿根廷企业部门风险分析

本文选取阿根廷 159 家上市企业编制上市企业部门资产负债表和或有权益资产负债表，并借助风险指标对阿根廷上市企业部门宏观金融风险进行分析。

一、账面资产负债表分析

从账面资产负债表数据来看，阿根廷总资产 2010—2013 年保持增长趋势，2014 年总资产小幅降低 0.47%，企业总负债保持增长趋势，如图 56.18 所示。资产负债率从 2012—2014 年一直处于大幅增长的趋势，2014 年增长到 61.72%，接近 2011 年资产负债率水平。表面上看，近年来，阿根廷企业负债增速超过资产，企业部门资产负债状况恶化。阿根廷经济政策的不确定性和单一的经济结构使得企业部门国际竞争力不强，企业部门面临诸多风险和较高的成本，并且普遍对经济前景信心不足。

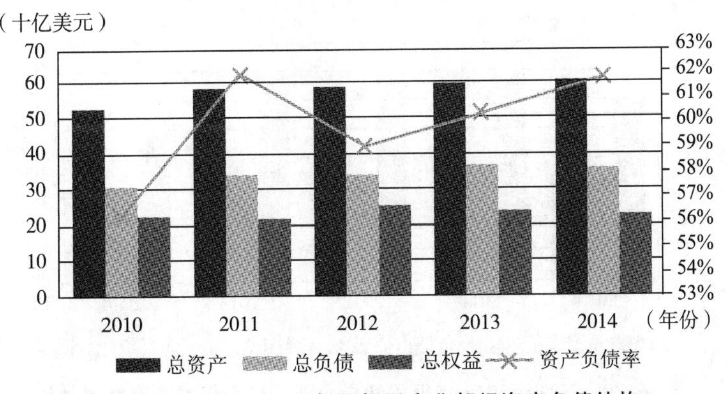

图 56.18　2010—2014 年阿根廷企业部门资产负债结构

二、期限结构分析

2010—2014年阿根廷企业流动资产处于增减波动状态，流动资产总量总体规模大致处于180亿美元，如图56.19所示。流动比率基本保持在100%附近，2014年流动比率为91.47%，企业资金流动性差。在国内投资和贸易大幅减少，消费成为支撑经济发展的单引擎下，政府的赤字政策以及国内的高通胀使得企业面临短期偿债风险，企业债务违约风险大。

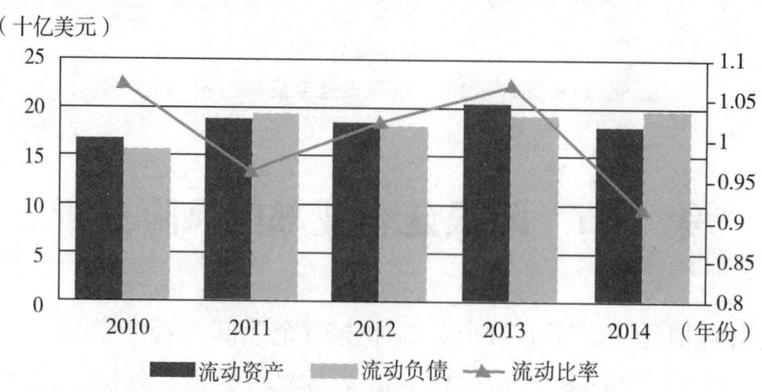

图56.19　2010—2014年阿根廷企业部门期限结构

三、或有权益资产负债表分析

2012年以来，阿根廷企业部门或有资产持续降低，2014年或有资产相比上年降低21.27%，负债市值2013年达到最大值，如图56.20所示。同时，或有资产负债率从2012年以来一直处于增长趋势，或有资产负债率从2012年35.04%的水平上升到2014年42.21%的水平，企业部门的风险不断显现，资本结构恶化。受经济不景气状况影响，社会投资热情受到抑制，阿根廷资本外逃严重，贸易不平衡扩大，国内物质短缺现象频发，企业增长信心不足。

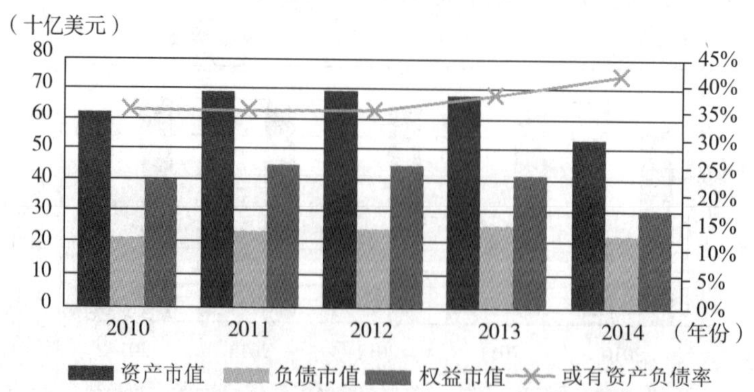

图56.20　2010—2014年阿根廷企业部门或有权益资产负债结构

四、风险指标分析

从图 56.21 中可以看出阿根廷企业部门违约距离处于下降趋势，2014 年违约距离下降至最低点 2.01，企业部门违约风险呈现出逐年增加趋势。资产波动率变化趋势与违约距离变化趋势相反，企业资产波动率增加也表明企业经济状况不稳定，复杂的内外部环境使得阿根廷企业部门信用风险恶化。政府短期内取消物价、进口和外汇管制的政策扭曲市场信号，增加企业投资生产的不确定性。

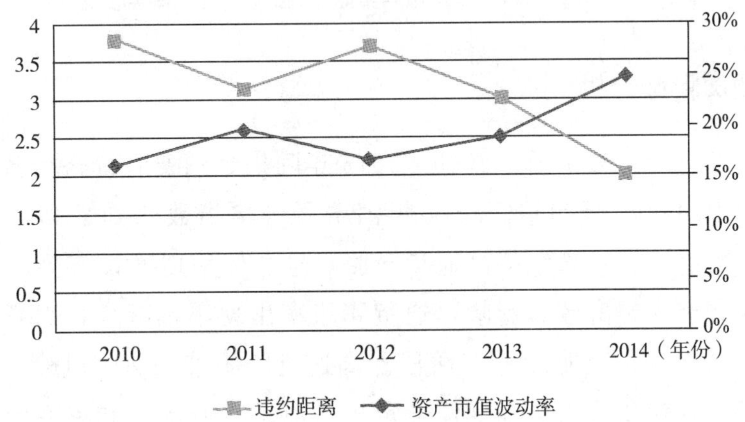

图 56.21　2010—2014 年阿根廷风险指标分析

第 6 节　阿根廷家户部门风险分析

本节主要基于阿根廷家户部门的私人消费水平和通货膨胀率，对家户部门风险进行分析。阿根廷家户部门受通货膨胀影响严重，私人消费不容乐观，通胀风险影响到公众购买力。

一、私人消费分析

私人消费是阿根廷经济增长的单引擎，实际个人消费占 GDP 比重较大，在投资和贸易规模减少的情况下，巴西经济严重依赖于私人消费。政府为刺激消费大举发债，造成严重的通货膨胀，反而影响到私人的消费，2014 年私人消费首次出现负增长。2010—2015 年私人消费增长缓慢，私人消费变化率呈逐年递减，2014 年首次出现负增长，如图 56.22 所示。民众对经济前景缺乏信心，在恶性的通货膨胀下民众消费受到影响。

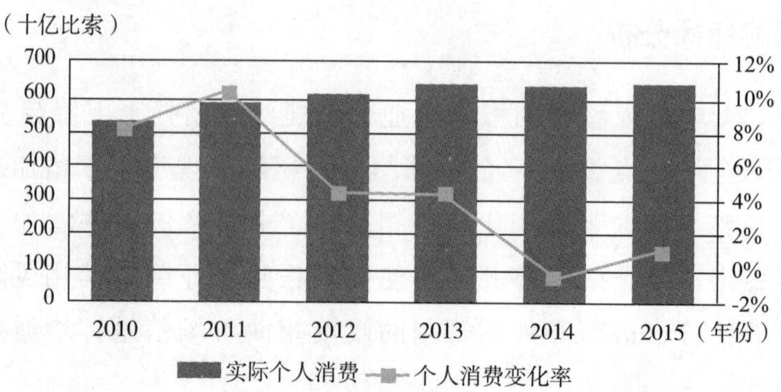

图 56.22　2010—2015 年阿根廷实际个人消费及个人消费变化率

二、通货膨胀分析

从消费者物价指数来看，2009—2015 年阿根廷消费者价格指数整体保持增长趋势，中间有小幅调整，2014 年消费者价格指数达到最高点 37.58%，如图 56.23 所示。近年来维持高通货膨胀，且总体呈现增长态势，其中 2015 年由于受政府宏观经济政策影响，通货膨胀率出现小幅减少，通货膨胀率达到 27.1%，仍处于恶性通货膨胀阶段。高通货膨胀带来通胀风险，导致家庭购买力下降。尽管高通胀会降低债务负担，但是失业增长和家庭收入减少将损害负债人的支付能力，也会促使生产领域成本上升，限制就业和经济增长，导致长期投资计划削减，拖欠贷款增加。公众为避免通货膨胀影响，大量囤积美元、外汇市场美元紧俏，比索出现内外非对称贬值。

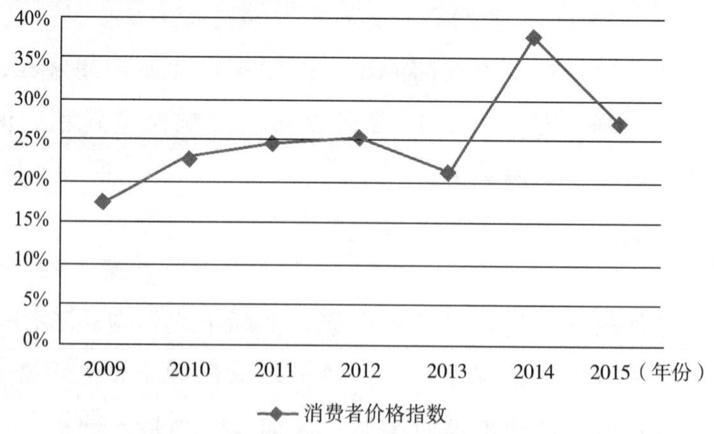

图 56.23　2009—2015 年阿根廷 GDP 平减指数和消费者物价指数

2013 年第四季度以来阿根廷失业率开始上升，2014 年第二、三季度失业率上升至 7.5%。如图 56.24 所示。2014 年受国际贸易萎缩的影响，阿根廷汽车制造业失业率明显上升，随后阿根廷政府成立就业预警机构，主要对农牧业、能源、矿业、建筑、机械制造、电力等关键行业的就业和工资数据进行实时监控和预警，宣布一系列逆周期补贴政策，2014 年第四季度以来，失业率开始下降，2015 年第四季度失业率降至 5.9%。

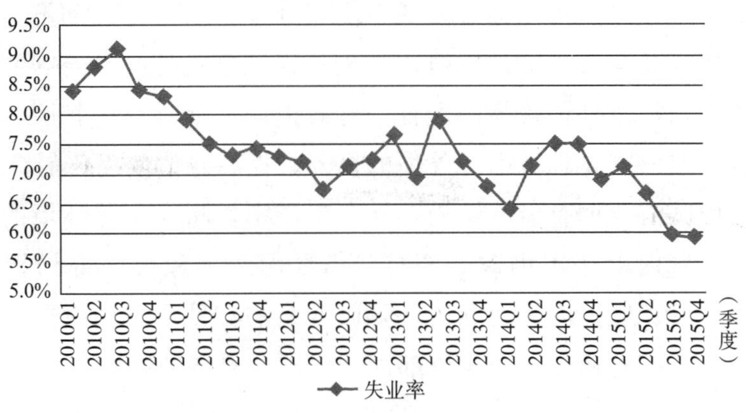

图 56.24　2009—2015 年阿根廷失业率

第 7 节　结论及对中国的借鉴

阿根廷宏观经济形势错综复杂，国内通货膨胀严重，财政赤字扩大，公共债务高居不下，本币贬值加速，外汇储备减少。2015 年新政府上台一系列经济政策措施调整使得阿根廷经济风险与机遇并存。总体来看，阿根廷的宏观金融风险依然较高，经济金融面临较大的不确定性。

从阿根廷四大部门金融风险来看，阿根廷公共部门资产错配结构恶化，短期清偿力风险加大，宽松的货币政策化解财政和债务压力，导致货币贬值、经济滞胀和债务违约，经济前景不确定性增强。阿根廷金融部门资不抵债，存款流失，支付能力持续下降，阿根廷政府政策支持也未能从根本上改善金融部门风险，阿根廷面临的风险仍然较大，需要防范金融部门风险。阿根廷企业部门账面资产负债结构和或有资产负债表都反映出企业部门资本结构出现恶化，实体经济萎缩，风险不断增加。在国内投资和贸易大幅减少的背景下，政府的赤字政策以及国内的高通胀使得企业面临短期偿债风险，企业部门短期偿债风险加大，可能出现资不抵债的情况。阿根廷家户部门受经济增速低迷和高通货膨胀的影响，私人消费情况不容乐观。家户部门的通胀风险不仅影响到公众购买力，而且造成汇率非对称贬值，影响宏观经济稳定。阿根廷经济的衰退很大程度上受到国内债务危机的影响，同时过度的贸易保护政策，单一的经济结构，复杂的政治环境都对阿根廷经济产生负面的影响。通过分析阿根廷宏观金融风险，对我国来说，需要从以下两方面来防患宏观金融风险：

第一，随着中国经济的可持续发展，外债保持扩大规模，防范潜在风险的压力增加。举债虽然可以弥补发展中国家资本积累不足的问题，但是在经济发展过程中需要注意外债的规模，防止外债规模失控，政府需要加强对外债规模的监控，注重外债规模的配置，有效控制短期外债的扩张，适当增加中长期债务。政府需要积极引导外债的投入，提高外债使用效率。

第二，中国需要调整经济结构，提高生产率，防止国际环境的恶化对经济造成重创，同时对于国内政策调控，需要尽可能保障内部均衡和外部均衡。一方面既要克服国内失业和通货膨胀的影响，另一方面也要控制国际收支平衡，保障汇率的稳定，减少外部冲击对国内经济的影响。

参考文献

［1］IMF. World Economic Outlook［M］. October 2013.

［2］IMF. Global Financial Stability Report［M］. October 2013.

［3］吴婧：《阿根廷宏观经济问题及其根源（2011—2013年）》，《拉丁美洲研究》2014年4月第36卷第2期。

［4］王维东：《阿根廷主权债务危机分析及风险防患措施》，《企业研究》2014年9月。

［5］张文军、刘向东：《解析阿根廷金融动荡》，《环球视野》2014年4月。

［6］李永、王渭平、蔡叔燕：《阿根廷债务违约产生的原因、主要影响及其启示》，《甘肃金融》2014年9月。

第57章　中东非洲总体宏观金融风险研究

本书研究的中东非洲金融风险涉及沙特阿拉伯、土耳其和南非三个国家。沙特阿拉伯是中东地区经济总量最大的国家，是国际上主要石油输出国之一；土耳其是具备重要战略地位和政治地位的经济强国；南非是非洲经济发展的"火车头"。分析这三个国家的宏观金融风险对研究中东非洲总体金融风险具有代表意义。

第1节　中东非洲宏观金融风险概述

步入2015年以来，受全球需求疲软和国际油价持续下跌影响，中东非洲总体经济增长速度放缓，以石油出口为经济支柱的沙特阿拉伯经济出现明显下滑，财政缺口逼近千亿美元，土耳其和南非高居不下的通货膨胀率和失业率更是为国内社会稳定带来冲击，短期内经济面临诸多结构性问题，风险压力加大。

一、经济运行概况

从图57.1和图57.2中可以看出，2010—2015年中东非洲整体经济增长十分缓慢，每年增长幅度都较小。具体而言，沙特阿拉伯2015年经济总量实现5592.592亿美元，虽同比增长3.4%，但相比2011年8.57%的增长率明显下滑，增长疲态尽显，说明国际油价的下跌给沙特经济带来冲击。土耳其经济波动幅度较大，2014年经济出现负增长，在2015年经济有所回升，实现经济总量8389.73亿美元。南非2015年经济也陷入低迷，全年经济增长率仅1.33%，全年实现3334.9亿美元，相比其他两国，经济总量和经济增长速度都明显落后。

如图57.3所示，从中东非洲私人消费来看，土耳其实际私人消费保持较高水平且增长态势平稳，远高于沙特阿拉伯和南非的私人消费，这可能受益于土耳其国内经济改革的成功，有效地提高了土耳其私人消费水平。沙特方面，近年来，私人消费水平呈现小幅增长态势，2015年实际私人消费水平为1782.9亿元，同比上涨9.7个百分点，增长势头强劲。由于南非国内近年来通货膨胀率和失业率一直处于较危险水平，南非实际私人消费水平增长幅度很小，消费疲软。

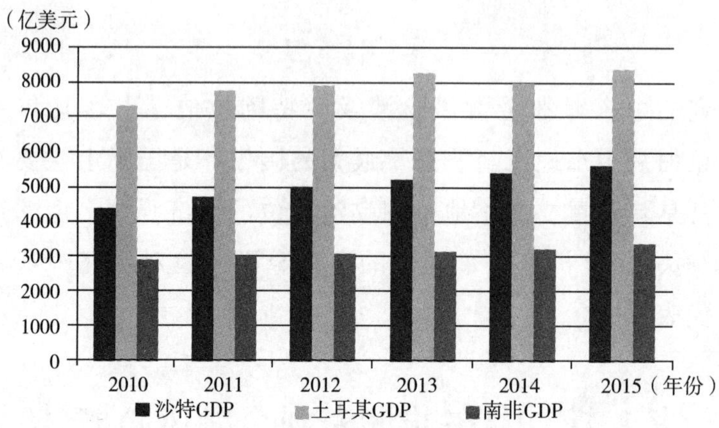

图57.1　2010—2015年中东非洲GDP

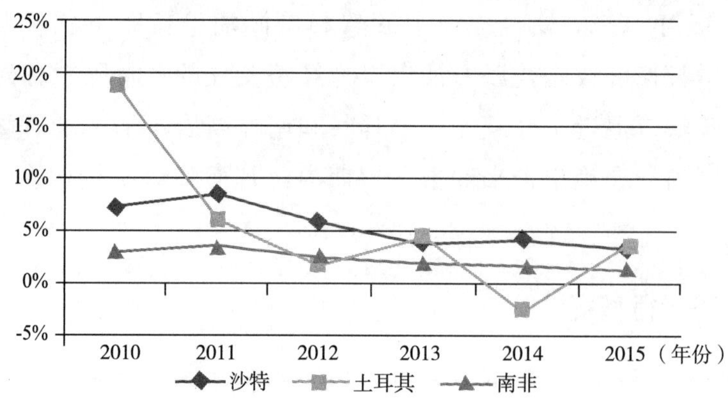

图57.2　2010—2015年中东非洲GDP增长率

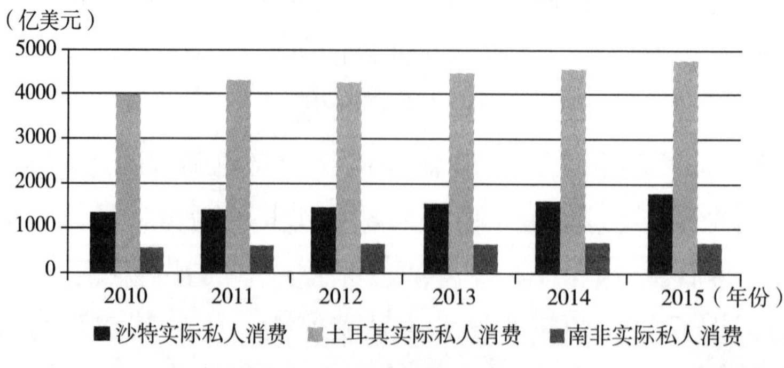

图57.3　2010—2015年中东非洲私人消费

从中东非洲政府消费来看，沙特、土耳其、南非三个国家的政府消费水平都逐年增长，其中沙特政府消费水平最高且增长幅度最大，南非政府消费水平最低且增长幅度最小。政府消费水平的逐年增长受益于近几年中东非洲各国实行积极的财政政策，重视政府投资对本国经济增长的推动作用。由于各国实际经济情况和政策上的差异，刺激效果各不相同，从图 57.4 中可以看出，沙特的财政政策是有效的。

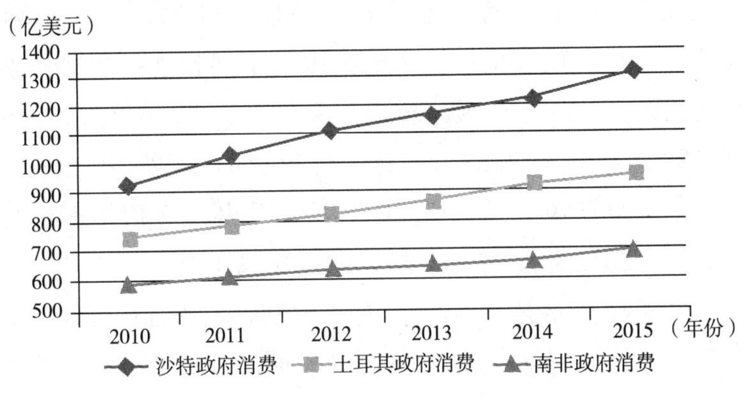

图 57.4　2010—2015 年中东非洲政府消费

从固定投资来看，中东非洲三国的特点也与政府支出类似。沙特各年的固定资产投资最大，而且投资增长速度也较快，如图 57.5 所示，同期该国经济增长率也是三国中最高的；土耳其的固定资产投资在 2011 年之前增长也较快，但是 2012 年之后有大幅下降，之后增长，但 2014 年又有所回落，这与该国政治改革受阻有关，对应地，2013 年之后，该国经济大幅增长的时代就结束了；南非近几年的固定资产投资增长十分迟缓，与之对应的是同期该国经济增长也十分缓慢。各国固定资产投资与其经济增长之间的关系说明，固定资产投资对于拉动中东非洲地区经济增长起着非常重要的作用。

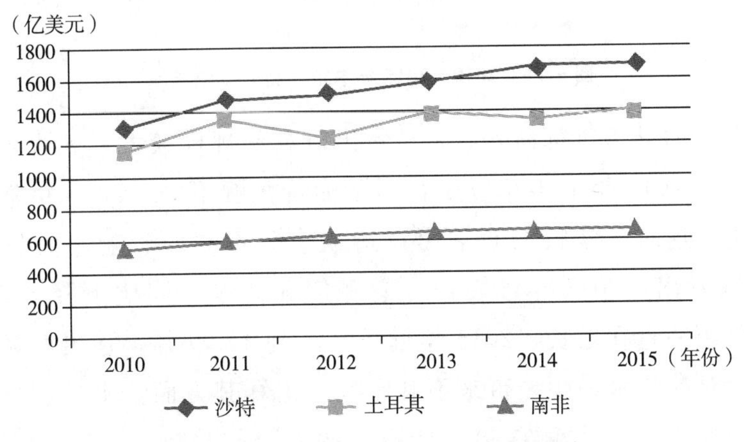

图 57.5　2010—2015 年中东非洲固定投资

从中东非洲固定消费投资来看，沙特固定资产投资规模最大，2010—2015年保持增长态势，2015年增速略有下降，这可能是由于沙特在2015年加大了政府消费的规模。土耳其固定投资水平波动频率较大，2011年增长幅度较大，但2012年又大幅下降，2014年由于国内政治改革受阻，固定投资规模再次下降。南非方面，南非经济总量本身较小，固定投资规模也较小，且增长率一直较低，这与南非近年来不超过3%的经济增长率一致。

从CPI变化角度看，沙特、土耳其、南非三国2010—2015年CPI水平和变化趋势都不一样，反映出这三个国家国内不同程度的通货膨胀问题。沙特的通胀问题在这三个国家中最不突出，并且自2010年以来，CPI增长率呈现下降趋势，2015年只有2.28%，处于较理想的水平。相反地，土耳其国内通货膨胀问题十分严重，从图57.6中可以看出，这几年土耳其国内通货膨胀率高居不下，2011年虽有所下降，但次年马上回升，且多年超过8%的危险水平，国内居民生活压力较大。南非方面，自2011年后，国内通货膨胀率大幅上升且一直保持在5%～6%的高水平，这对于南非经济增长和社会稳定十分不利。

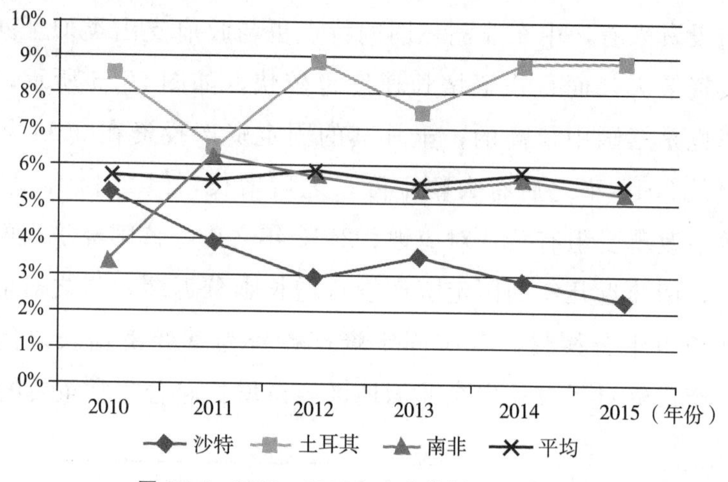

图57.6 2010—2015年中东非洲CPI增长率

从中东非洲进出口贸易来看，沙特出口总额规模较大，远远超过土耳其和南非，但是2014年下半年以来，国际油价大幅下跌，2015年整年油价仍然下跌不止，这对于沙特的石油出口造成十分不利的影响，从图57.7、图57.8中可以看出，2015年沙特出口总额明显减少，同比下降6个百分点。沙特进口总额一直在增长，2015年增长率达到12.36%，在出口额大幅减少的情况下，对沙特贸易顺差带来不利影响。土耳其方面，出口和进口总量变化趋势较一致，出口总额在2012年有小幅下降的趋势，2010—2013年土耳其进口总量大于沙特，2014 年后被沙特超越，进口总额在波动中逐年下降。南非方面，出口规模和进口规模都较小，且都保持小幅增长的趋势，与南非经济增长缓慢一致。

综上所述，在经济运行方面中东非洲整体都呈现经济增长乏力的状态。沙特受油价低迷影响各项指标均有下降趋势，土耳其和南非由于国内内生动力不足以及政治不稳定等因素干扰，经济运行状态也不乐观。

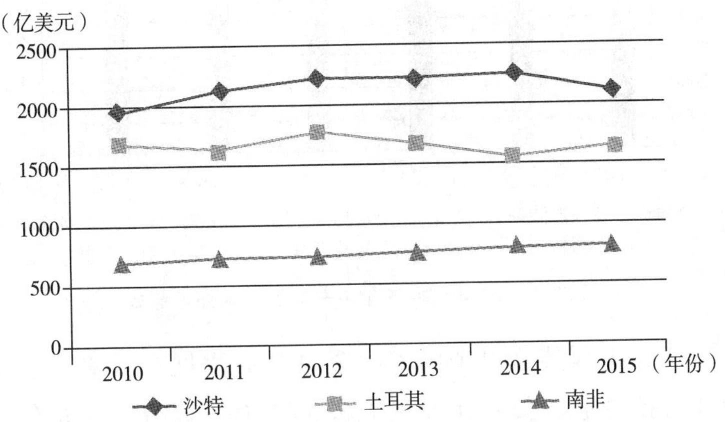

图 57.7　2010—2015 年中东非洲商品和服务出口总额及增长率

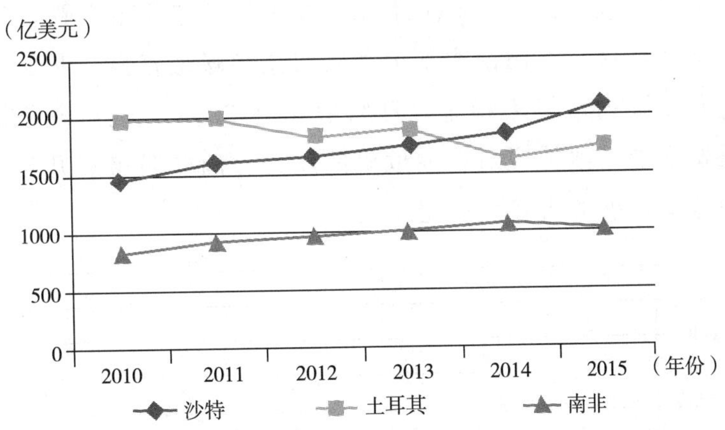

图 57.8　2010—2015 年中东非洲商品和服务进口总额及增长率

二、金融运行概况

沙特长期以来实行的是钉住美元的汇率制度，因此汇率不变，土耳其和南非的汇率都保持上涨趋势，近两年来上涨速度较快，南非尤为明显，本币贬值严重，资本外流压力较大。外汇储备方面，沙特的外汇储备规模远远高于其他二国，2015 年由于沙特政府巨额的政府财政赤字，大量外汇储备被消耗，外汇储备明显减少。土耳其的外汇储备规模较小，这与其较高水平的经济总量不匹配，抵御国际金融风险能力脆弱。南非的外汇储备规模更弱小，2015 年三个国家的外汇储备规模都下降，抵御国际风险能力减弱。

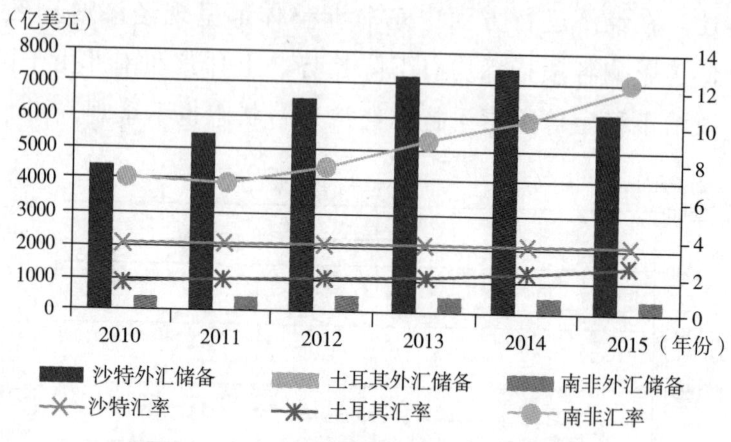

图 57.9 2010—2015 年中东非洲各国外汇储备

沙特、南非、土耳其这三个国家的金融开放程度都较高，金融市场也较完善，银行业、证券业、保险业发展规模都较大，运行情况也较平稳。而在股市方面，这三个国家差异较明显。具体而言，股市波动幅度最大的是土耳其，2012 年股市大涨 52 个百分点后，2013 年却遭遇股市大跌，2015 年土耳其股市仍然下跌，这一方面说明了土耳其股票市场较活跃，另一方面也说明了土耳其近几年国内市场不稳定。沙特股市在 2015 年也出现下跌态势，股市不景气无疑增加了沙特应对石油危机的压力。南非股市近几年一直保持平稳增长的态势，发展势头较为稳定。

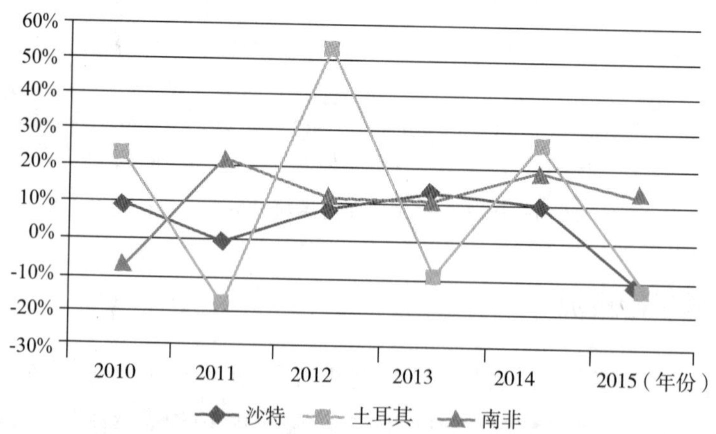

图 57.10 2010—2015 年中东非洲股市增长率

第 2 节　文献综述

国内外学者主要围绕中东非洲的经济发展现状和存在的经济风险进行讨论。张守营（2011）[①] 对中科院发布的《中东非洲发展报告》进行了详细的解读，发展报告详细地分析了中东非洲对外贸易、直接投资。经济发展的现状，也介绍了国内中东非洲研究的最新进展，同时指出随着当前中国经济增速越来越快，中东非洲国家“向东看”倾向日益明显，中国将取代欧美成为中东非洲国家重要的贸易合作伙伴。吴常艳等（2013）[②] 对非洲经济体经济增长的空间溢出效应展开分析，分析结果表明非洲形成了以埃及、尼日利亚、南非等国家为核心的经济“增长极”。黄梅波等（2014）[③] 认为在近 20 年内，非洲地区经济增长取得卓越成效，但是在非洲经济发展的道路上仍然有几大问题亟须解决，如人力资源匮乏、资金缺口明显、基础设施建设不足、农业生产落后等。然后提出以新结构经济学理论方法为指导，为解决非洲结构性问题和经济转型提供政策建议。张春宇等（2013）[④] 介绍了中东非洲地区的出口状况，指出中东非洲是全球重要的天然气产地及出口地区，同时近年来中国对天然气进口需求逐年增加，中国与中东非洲地区在天然气领域的合作将会为双方带来互赢。

第 3 节　中东非洲公共部门风险分析

一、公共部门资产负债表分析

（一）资产负债表分析

从中东非洲资产结构分析来看，沙特公共部门 2010－2014 年总资产和

① 张守营：《中东非洲“向东看”带来机遇和挑战》，《中国经济导报》2011 年 7 月 26 日第 B05 版。

② 吴常艳、黄贤金、李丽：《非洲经济体经济增长的空间溢出效应分析》，《世界经济与政治论坛》2013 年 11 月第 6 期，第 91－104 页。

③ 黄梅波、刘斯润：《非洲经济发展模式及其转型——结构经济学视角的分析》，《世界经济与贸易》2014 年第 3 期，第 63－69 页。

④ 张春宇、唐军：《中国与中东非洲地区天然气合作现状及发展建议》，《国际石油经济》2013 年 10 月，第 39－44 页。

总负债规模逐年增加，2015年总资产规模有所下降，总负债规模进一步增加，导致2015年沙特公共部门总权益规模减少，资本结构有所恶化。土耳其公共部门2010—2013年总资产和总负债规模处于上升通道，2014年总资产和总负债双双减少，2015年由于受土耳其国内高通货膨胀率、赤字加大、政治矛盾突出等不利因素影响，公共部门总资产进一步减少而总负债持续增加，总权益减少。从表57.1中可以看出，2010—2012年南非公共部门的总权益一直处于极低的水平，2013年南非政府偿还了大量的负债，总权益大幅上升接近200亿美元，但由于近两年南非经济陷入低迷，产业发展遭遇困境，总权益规模又进一步减少，存在资本结构错配风险。

表57.1　中东非洲中央政府权益

（单位：亿美元）

年份	沙特	土耳其	南非
2010	4425.764491	95.22691615	13.50213798
2011	4945.457264	212.3480738	12.00209596
2012	5998.541557	153.179242	10.24560738
2013	6656.876995	200.8860698	199.8976103
2014	6669.677333	202.6653794	194.8086277
2015	5951.269333	147.3011471	129.7127743

从图57.11中可以看出，中东非洲这三个国家资产负债率水平具有较大差异，历年来沙特公共部门资产负债率都保持较低的水平，2015年由于沙特国内经济遭遇巨大冲击，资产负债率上升至44.29%，但也没有达到50%的危险水平，表明沙特公共部门资产结构问题不严重，也不存在清偿力风险。土耳其公共部门的资产负债率一直在90%的高水平徘徊，这表明土耳其公

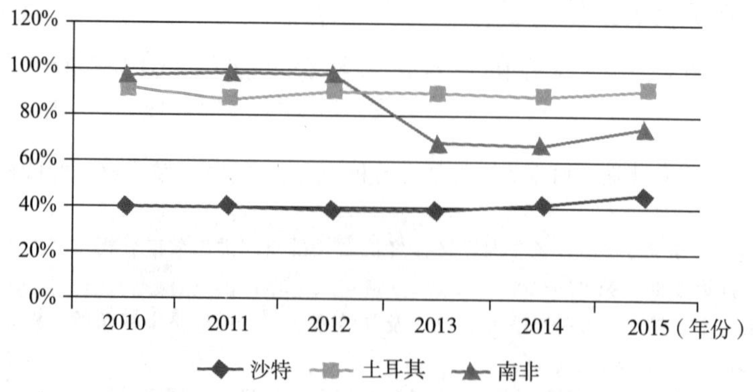

图57.11　2010—2015年中东非洲中央政府资产负债率

共部门存在严重的资本结构错配风险，未来有可能发生公共债务危机。南非公共部门的资产负债率在 2013 年清偿债务后保持在 67%水平附近，2015 年资产负债率上升至 74.3%，要注意及时防范风险。

（二）清偿力风险分析

在对中东非洲国家清偿力风险进行分析时，我们采用产权比率来衡量一个国家公共部门的债务清偿能力，产权比率是将总负债除以总权益，如果产权比率高于 100%临界值，就表明该国公共部门面临严重的清偿力风险。从图 57.12 中可以看出，除了沙特，土耳其和南非公共部门的产权比率都大幅超过 100%，存在较大的清偿力风险，土耳其政府的信用评级面临较大压力。南非公共部门的产权比率虽在 2013 年有大幅下降，但这两年仍远超过 100%危险值，可见南非公共部门债务风险依旧严峻。

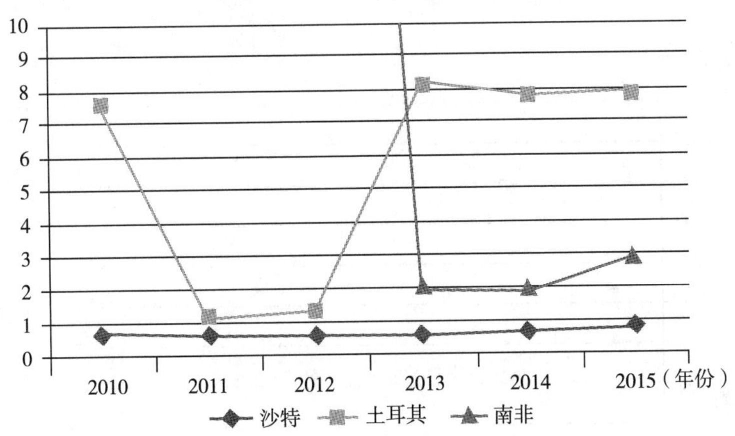

图 57.12　2010—2015 年中东非洲中央政府产权比率

二、公共债务与财政赤字分析

（一）公共债务分析

在对一个国家公共债务风险进行分析时，往往使用公共债务占 GDP 比重这一指标，该指标的危险值为 60%，如果一个国家公共债务占 GDP 比重超过 60%，就表明该国公共部门债务风险较严重。从图 57.13 中可以看出，中东非洲三个国家公共债务占 GDP 比重虽有较大差异，但都没有超过 60%危险值。沙特公共部门公共债务占 GDP 比重最低，2015 年公共债务虽大幅上升，但由于沙特经济的快速增长，债务压力不明显。土耳其公共部门公共债务占 GDP 比重呈逐年递减的态势，表明土耳其公共部门债务压力有所好转。南非公共部门债务占 GDP 比重逐年增加，而且南非近几年经济增长速度十分缓慢，国内社会不安稳因素较多，增加了南非公共部门未来发生债务风险的可能性。如图 57.14 所示。

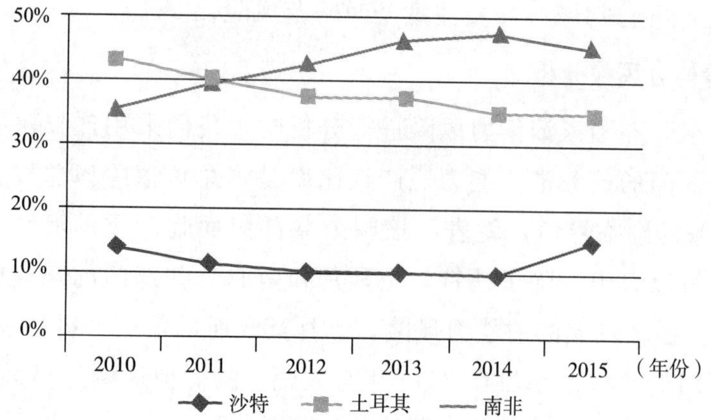

图 57.13　2010—2015 年中东非洲公共债务对 GDP 占比

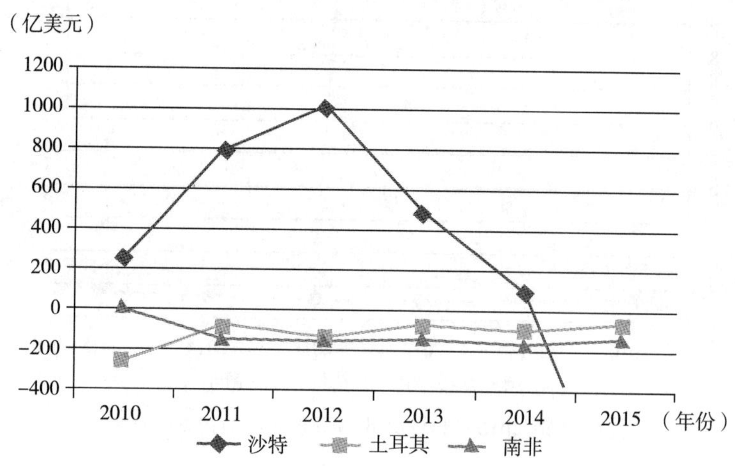

图 57.14　2010—2015 年中东非洲各国财政盈余

（二）财政收支分析

沙特是一个典型的以石油出口为经济支撑的国家，最近两年国际油价的大幅跳水给沙特的经济和贸易都带来了巨大的冲击，石油出口收入占 GDP 比重明显下降，国内福利刚性短时间内难以向下，这些都导致沙特公共政府的财政收支严重失衡，2015 年沙特公共部门财政赤字高达 1166.8 亿美元，这是沙特近几十年来首次出现如此巨大的财政缺口。土耳其公共部门历年来都处于赤字状态，2011 年缺口有所减小，之后一直在 90 亿～110 亿美元范围内小幅波动。南非公共部门也同样面临着财政收支失衡的风险，财政赤字规模较大，变化幅度不大，2015 年财政赤字缩小到 147 亿美元，但相比于南非财政收入仅 935 亿美元，南非公共部门仍然面临着较大的风险。

第 4 节　中东非洲金融部门风险分析

本节选取中东非洲资产市值排名靠前的金融机构为代表，对其数据进行分析研究。通过对这些金融机构的资产负债表进行加总，然后计算或有权益资产负债表，在此基础上分析得出受国际油价暴跌的影响，中东非洲金融市场波动性加大，金融部门流动性风险和违约风险有所抬头，不过资产结构较好，资本结构错配风险不大。

一、资产负债表分析

（一）资本结构分析

自 2010 年以来，中东非洲三个国家金融部门的总资产和总负债规模基本上呈现出先增后减的趋势，各个国家资产负债率变动程度不一。从图 57.15 中可以看出，沙特金融部门资产负债率最低，而且沙特金融部门总资产规模自 2010 年以来一直保持增长，沙特上市金融部门整体实力强劲，收益稳定。土耳其金融部门的资产负债率呈现出递增的变化，以 2013 年和 2015 年增长幅度最大，而土耳其金融部门的总资产和总权益规模自 2013 年

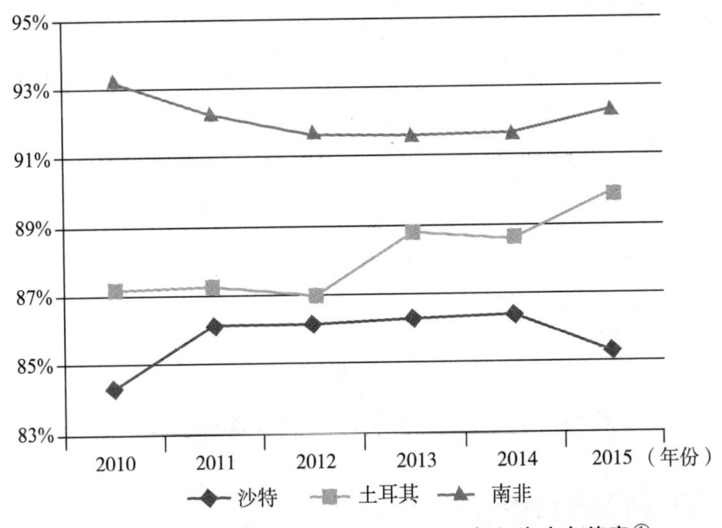

图 57.15　2010—2015 年中东非洲金融部门资产负债率①

① 本节数据来源于 BvD 数据库 OSIRIS 分库——全球上市公司分析，http：//www.osiris.bvdep.com/ip。

后也逐年递减，反映出土耳其金融部门资本结构存在错配。南非金融部门资产负债率最高，且长期维持在90%以上的警戒水平，南非金融部门的总资产规模自2010年就开始逐年递减，这与南非近几年低迷的经济增长有关，金融部门的发展也十分缓慢。总体来说，中东非洲各个国家金融部门的发展存在较大差异，这也与各个国家的经济实力有关。自2014年至今，国际石油市场的巨幅波动都给中东非洲国家金融部门带来了不同程度的冲击，各项指标均出现较大波动。

（二）存贷结构分析

存贷比是衡量存贷结构的重要指标，也是衡量银行流动性风险的重要指标。如图57.16所示，从存贷结构来看，土耳其金融部门超过100%的存贷比值得关注，土耳其金融部门投放的贷款规模超过其存款规模，远远超过《巴塞尔协议》规定的警戒存贷比范围，土耳其金融部门流动性风险十分严重。略低于土耳其存贷比的是南非，南非政府实行的宽松货币政策致使南非金融部门投放贷款规模增加，存贷比也已超过警戒水平，流动性风险较严重。相反，沙特历年来金融机构存贷比都比较稳定，大约在70%，2015年上升至81.49%，借贷市场活跃，但仍需警惕未来有可能出现的潜在流动性风险。

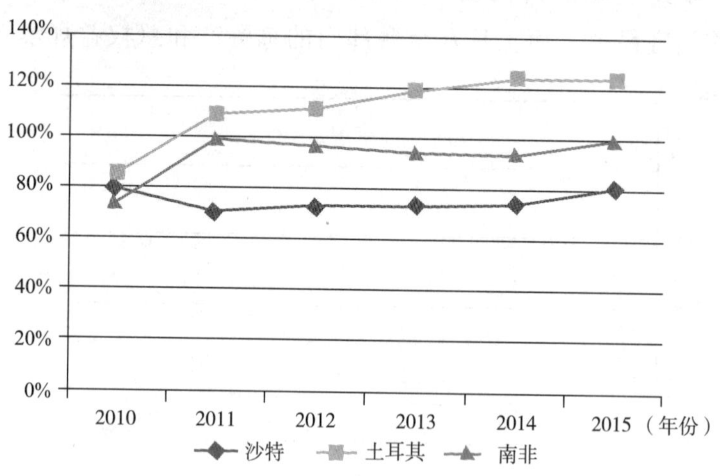

图57.16　2010－2015年中东非洲金融部门存贷比

二、或有权益资产负债表分析

分析金融部门或有资产负债表是衡量金融部门潜在风险的一个非常重要的方法，分析结果通过计算国内无风险利率、金融部门违约点、金融部门权益市值和金融部门权益波动率得到。从图 57.17 中可以看出，与账面资产负债率不同的是，土耳其金融部门或有资产负债率在中东非洲这三个国家之中数值最低，且呈现下降的趋势，这表明土耳其金融部门潜在风险不突出。沙特金融部门或有资产负债率反而是三国之中最高的，且除 2015 年以外，或有资产负债率均高于账面资产负债率，表明沙特金融部门潜在风险较严重，这可能是由于沙特上市的金融机构大多是半政府性质的机构，这些机构大都受到政府的庇护，财务报表并不透明，潜在的风险水平可能很高。南非金融部门或有资产负债率和账面资产负债率相差不大，金融部门估值合理。

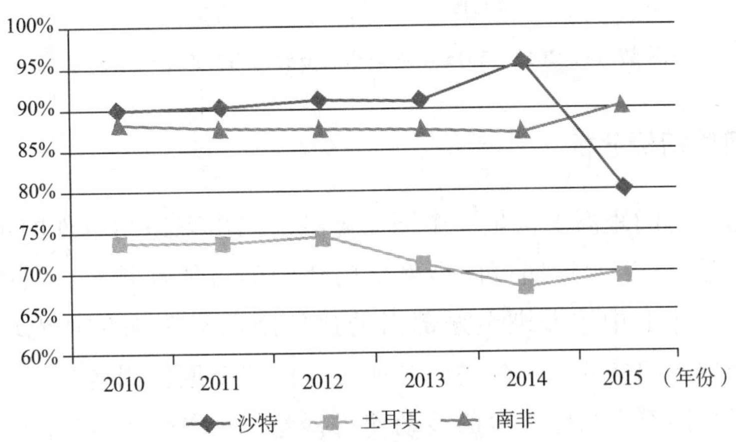

图 57.17　2010—2015 年中东非洲上市金融部门或有资产负债率

资产市值波动率可以用来衡量一个国家金融部门的系统性风险和非系统风险性。如图 57.18 所示，从中东非洲国家资产市值波动率来看，各国之间分化较为严重。沙特金融部门的资产市值波动率长期处于较低的水平，这说明沙特金融市场较稳定，这得益于沙特完善的金融体系、金融市场开放程度高、金融部门资本雄厚。不过 2015 年受到国际油价冲击，金融部门市值波动率出现小幅上升，给沙特金融市场的稳定性带来一定影响。与之相反，土耳其金融部门的资产市值波动率长期处于较高的水平，金融市场比较不稳定，这可能是由于土耳其特殊的地缘政治地位，处于欧亚大陆之间，容易受双边金融市场波动的影响。

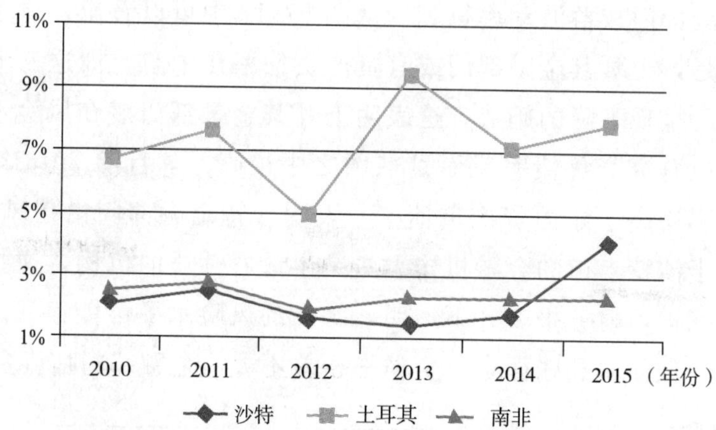

图 57.18　2010—2015 年中东非洲金融部门资产市值波动率

三、风险指标分析

本节选取违约距离来衡量一个国家金融部门出现违约事件的可能性。违约距离越靠近 0，表示近期该国金融部门违约的可能性越大。从图 57.19 中可以看出，整体上中东非洲金融部门的违约距离近年来呈现先增后降的态势，沙特金融部门违约距离较高，与前文中沙特金融部门各项指标表现良好一致，同时也能看出国际油价的波动使得沙特金融部门 2014 年和 2015 违约风险增加，不过总体处于较安全水平。土耳其和南非金融部门的违约距离近两年来有小幅上升。总体来看，中东非洲国家金融部门发生债务违约事件的可能性不大。

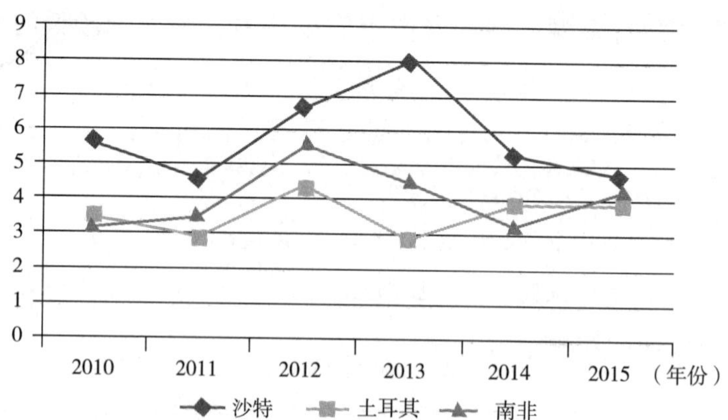

图 57.19　2010—2015 年中东非洲金融部门违约距离

第 5 节　中东非洲企业部门风险分析

近几年，中东非洲国家政府越来越重视私营经济在国民经济中的作用，纷纷出台政策鼓励私营企业的发展，取得了很大的成效，2015 年中东非洲三国上市企业数超过 1000 家。本节根据这三个国家上市企业的合并报表数据，经过计算其资产市值和负债市值，从而得到账或有资产负债率、资产市值波动率、违约距离等数据，然后再与账面资产负债率相比较，进而分析中东非洲上市企业部门的风险。

一、资本结构分析

自 2010 年起，中东非洲国家企业部门的总资产和总负债规模都逐年递增，资产负债率基本维持在 50%～60%，资本结构较为稳定合理，资本结构错配风险不明显。如图 57.20 所示。这主要得益于近几年中东非洲国家积极支持民营经济的发展，认为实现经济的多样化需要靠民营经济的发展，鼓励私营经济发展和外资引入。由于中东非洲国家大多是海湾国家，人口规模不大，国内技术人员长期缺乏，民营经济的发展可以带来外资的引入，弥补专业人才的短缺，为本国企业走向国际化提供支撑。

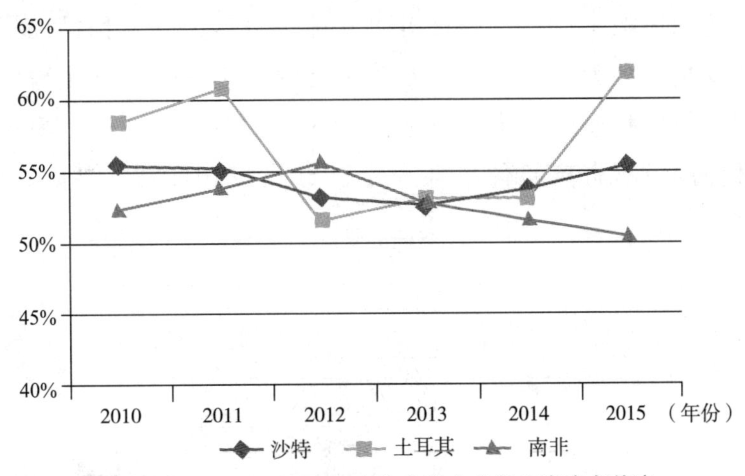

图 57.20　2010—2015 年中东非洲企业部门资产负债率

二、期限错配分析

流动比率是一个衡量一国企业部门流动风险的指标，流动比率越高，表明该国企业部门短期偿债能力越强，流动性风险越小。如图 57.21 所示。总体来看，中东非洲三个国家企业部门的流动比率基本上在1.2～1.6之间上下波动，表明中东非洲国家企业部门资产负债的期限结构存在一定的错配风险。此外，2015年中东非洲国家企业部门的流动比率均出现下降，石油市场的波动以及国际市场需求的疲软的确给以石油、天然气出口为主的中东非洲国家企业部门带来冲击，中东非洲国家应及时调整资产负债的期限结构，提高短期偿债能力。

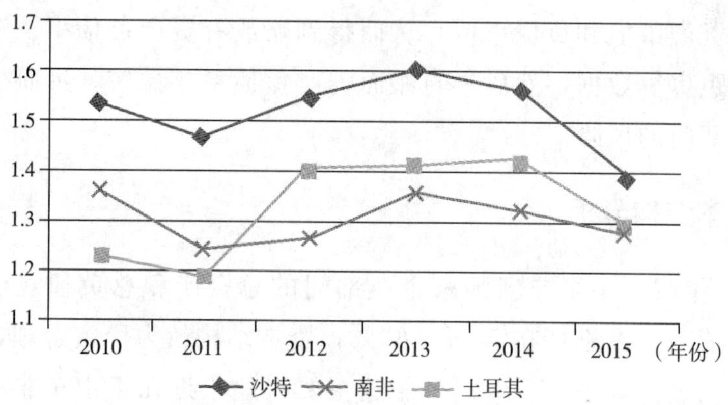

图57.21 2010—2015年中东非洲企业部门流动比率

三、或有权益资产负债表分析

分析中东非洲国家企业部门的或有权益资产负债表可以很好地了解该国企业部门的潜在风险。2010—2015年，中东非洲国家企业部门的资产市值和负债市值的变化趋势为先增后减，尤其是近两年全球经济均出现疲软，资产市值和负债市值下降速度较快。但是从图57.22中可以看出，中东非洲三个国家企业部门的或有资产负债率基本处于20%～40%的水平内，仍然处于

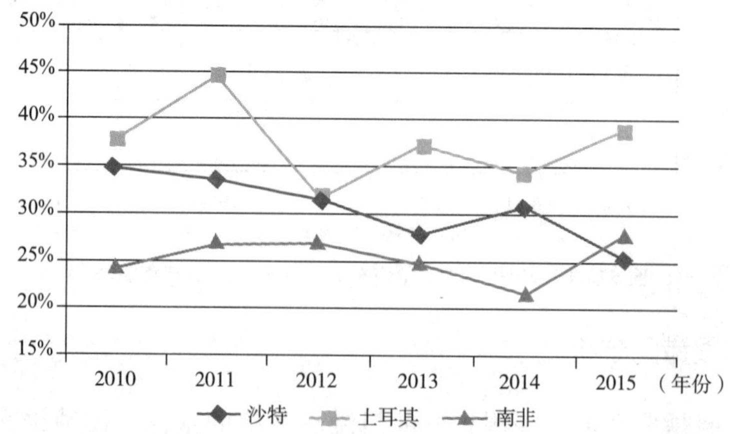

图57.22 2010—2015年中东非洲上市企业部门或有资产负债比率

可控范围内，资本负债结构的潜在风险较低。这一方面说明中东非洲企业部门资本结构良好，短期内不大可能出现资本结构风险，另一方面也说明中东非洲国家近两年资本市场波动较大，企业普遍存在谨慎心理，实行保守投资策略。

四、风险指标分析

（一）资产波动率分析

资产市值波动率是一种衡量一个国家企业部门面临的系统性风险、非系统风险性以及投资者对该国企业部门未来发展持有态度的指标，该值越低，表明系统性风险和非系统性风险越低，投资者的预期越乐观。从图 57.23 中可以看出，自 2012 年后，中东非洲国家企业部门的资产波动率出现较大波动，整体呈现逐年上升态势，2015 年上升速度最快，沙特企业部门的资产市值波动率更是上升至 17.64%，这反映出中东非洲的资本市场稳定性逐年减弱，波动较大，系统性风险增加，投资者对该区域的资本投入持有谨慎态度。具体来看，沙特企业部门的资产市值波动率近两年上涨幅度最大，沙特是这三个国家当中金融市场和资本市场最开放、最发达的国家，沙特一直实行的是金融自由化政策，外资流动速度较快，外资占比也较高。近两年受国际石油市场的巨大冲击，沙特的石油出口受到很大影响，给沙特企业的生产经营也带来了负面冲击。

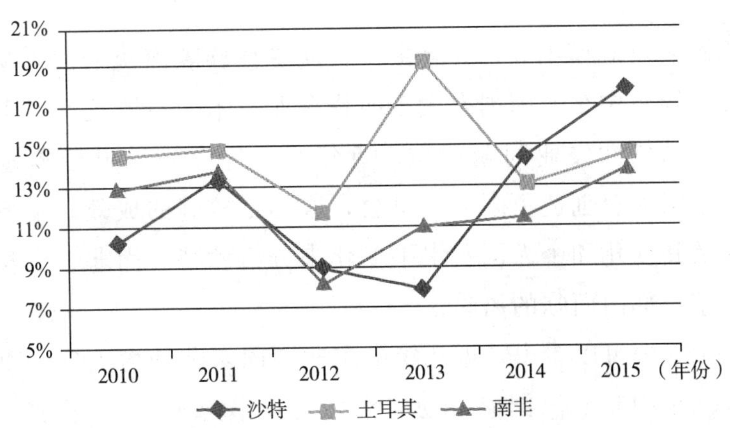

图 57.23　2010—2015 年中东非洲上市企业部门资产市值波动率

（二）违约距离

违约距离是衡量一个国家企业部门发生违约事件的可能性。从图 57.24 中可以看出，中东非洲国家企业部门的违约距离呈现出先增后降的态势。2010 年以后，中东非洲国家逐渐从国家金融危机中恢复出来，企业部门的违约距离呈现逐年递增走势，企业部门的偿债能力较强。但是自 2012 年起，受全球经济疲软、需求下降以及大宗商品价格暴跌的影响，中东非洲国家企业部门的违约距离纷纷下降，这表明近两年中东非洲国家债务压力加大，企业盈利水平的减少增加了中东非洲国家企业部门违约的可能性。但是中东非洲国家企业部门的违约距离整体还处于较高的水平，仍在可控范围内，中东非洲国家企业部门应多加警惕，及时调整资本结构，预防违约风险发生。

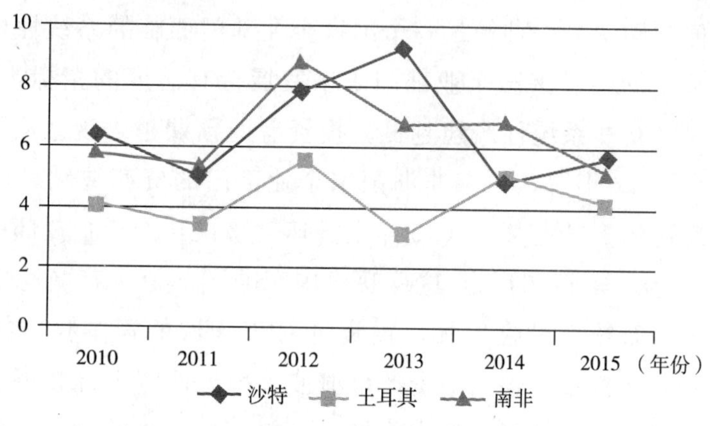

图 57.24　2010—2015 年中东非洲上市企业部门违约距离

第 6 节　中东非洲家户部门风险分析

中东非洲人口规模不大，并且由于长期受种族隔离统治的影响，黑人难以受到教育，导致中东非洲国家大多面临专业技术人员匮乏，劳动力长期依靠外来人口，结构性失业问题严重。近年来，各国纷纷出台本地化劳工政策，旨在为本国人口创造更多劳动机会，取得了较好的成效。本节将从劳动力人口规模及其变化和个人消费水平变化来分析沙特、南非、土耳其三个中东非洲国家家户部门面临的风险。

从图 57.25 中可以看出，近几年中东非洲国家劳动力人口一直保持增长的态势，2015 年中东非洲国家劳动力平均增长率为 4.7%，发展势头还算稳定。具体来看，沙特劳动力人口数量波动较大，近几年沙特政府开始实施劳工“沙特化”政策，2012 年和 2013 年劳动人口增长率虽明显下滑，但 2014 年和 2015 年劳动人口增长率又逐步回升，同时沙特整体失业率也有所下降，这说明该政策实施效果较好。土耳其劳动力人口一直保持着较稳定的增长率，2015 年劳动力人口数进一步上升至 2967 万人，同比上涨 7%，这得益于土耳其政府 2015 年实施积极的就业激励政策，能在一定程度上缓解土耳其国内的高失业率。南非方面，2011 年南非走出劳动力人口负增长的困境，之后劳动力增长率一直在 2%上下小幅波动，考虑到南非这两年高通胀率和高失业率，以及国内制造业和采矿业纷纷陷入困境，这些都将对劳动力需求产生不利影响。

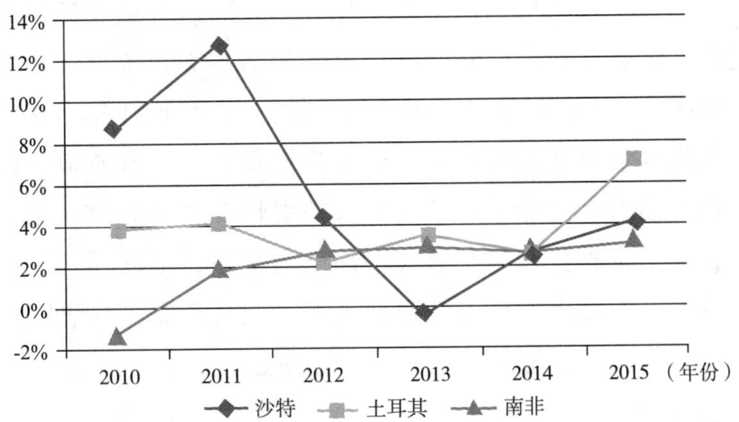

图 57.25　2010—2015 年中东非洲劳动人口变化率

在对中东非洲国家通货膨胀问题进行分析时，我们使用个人消费平减指数这一指标，个人消费平减指数是将一个国家当前的物价除以这个国家居民实际消费支出得到的，它能够反映出这个国家在不同时期内个人消费支出水平的变动程度，能够很好地衡量该国通货膨胀程度。从图 57.26 中可以看出，2010—2015 年中东非洲国家都存在通货膨胀问题，个人消费平减指数都处于上升的通道，通货膨胀压力都逐年递增。其中以土耳其国内通货膨胀问题最严重，土耳其的个人消费指数水平最高，增长速度也最快，土耳其政府应对此问题多加重视。

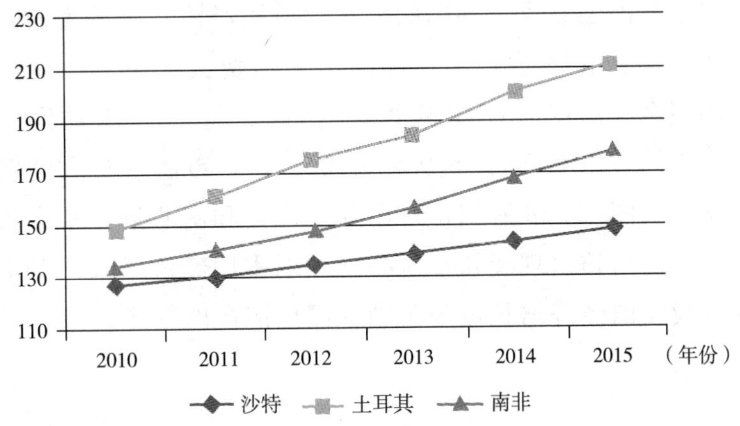

图 57.26　2010—2015 年中东非洲个人消费平减指数

从图 57.27 中可以看出，中东非洲家户部门个人消费增长率波动幅度较大，但基本都处于增长态势。沙特是一个高收入高福利的国家，家户部门的个人消费水平一直较高，个人消费增长率也处于较高水平，2015 年个人消费增长率更是达到 9.71%，看来石油出口市场的低迷并未影响到沙特本国居民的消费水平，但如果未来国际油价仍不见好转，而沙特政府因巨额财政缺口减少福利支出，沙特家户部门将面临较大的生活压力。土耳其家户部门的个人消费增长率在 2010 年和 2011 年处于高速增长，但近几年增长率在波动中下降，这表明土耳其个人消费水平可能达到饱和，土耳其政府要继续出台一些政策刺激国内消费。南非家户部门个人消费情况与土耳其类似，但近几年个人消费增长率下降趋势和幅度更大，在电力危机、通胀压力、企业大量裁员的不利背景下，未来南非个人消费增长率可能又会重回负增长。

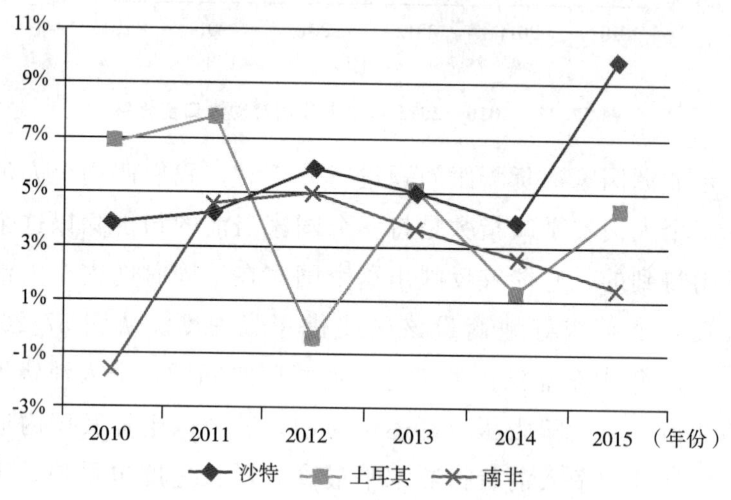

图 57.27　2010—2015 年中东非洲家户部门个人消费增长率

在分析中东非洲国家家户部门的消费对该国经济贡献程度时，发展土耳其和南非都属于消费拉动型，家户部门个人消费占该国 GDP 比重都较高，土耳其家户部门个人消费占 GDP 比重大约为 70%，南非大约为 60%，而沙特家户部门个人消费占 GDP 比重大约在 30%，可以将沙特的经济增长划分为投资拉动型。如图 57.28 所示，考虑到土耳其和南非近几年个人消费增长率逐年下降，消费增长出现疲软，这必将减弱本国经济增长的动力，土耳其和南非亟须寻找新的经济增长极来帮助本国经济走出低迷。

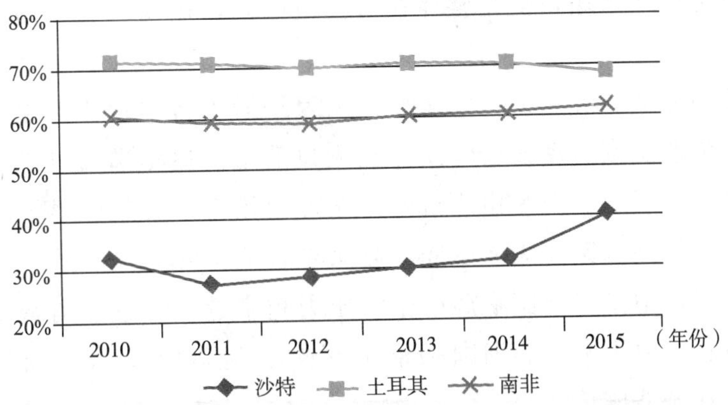

图 57.28　2010—2015 年中东非洲家户部门个人消费占 GDP 比重

第 7 节　结论及对中国的借鉴

近 20 年，中东非洲地区实现了经济快速增长，但是经济的快速增长主要是援助、减债、国际市场商品价格上涨等外部因素和消除弊政等内部因素共同作用的结果，中东非洲国家自身生产能力的提升有限，单一经济结构是其经济发展面临的最大问题。近几年受全球经济不景气以及市场需求疲软的影响，尤其是国家石油市场的剧烈波动，中东各国原本平稳或快速增长的状况已经变得不乐观，各项经济指标分析结果显示 2015 年中东非洲国家各部门风险正在集聚。

公共部门方面，中东非洲国家公共部门总资产和总负债规模在 2015 年均减少，资产负债率有所上升，资本结构风险抬头，而且中东非洲大多数国家公共部门财政收支处于赤字状态，且缺口有扩大趋势，尤其是沙特公共部门 2015 年财政赤字近千亿元，值得关注。

金融部门方面，中东非洲区域金融市场开放化程度较深，市场流动性很高。2015 年由于国际石油市场的大波动，中东非洲各国金融市场出现不稳定，波动性加大。在分析金融部门或有资产负债表后，发现金融部门普遍存在潜在性风险，违约距离有下降趋势，债务压力较大，这些风险在账面资产负债表中表现不明显。

企业部门方面，中东非洲国家企业部门总资产和总负债逐年递增，资产负债率基本维持在 50%～60%，资本结构错配风险不大。但是在对中东非洲国家企业部门流动比率、资产市值波动率和违约距离几个指标进行分析时，发现 2015 年中东非洲区域企业流动性风险有抬头趋势，资本市场波动性较大，债务压力逐年递增，但是整体在可控范围内，短期内发生违约事件可能性不大。

家户部门方面，近年来，中东非洲国家纷纷出台本地化劳工政策，旨在为本地居民创造更多劳动机会，从劳动人口数量的逐年递增可以看出，该政策取得了良好的成效。但是由于近两年全球市场需求疲软，经济增速逐渐放缓，使得中东非洲国家高失业率问题越来越普遍，同时伴随着国内高居不下的通货膨胀率，中东非洲国家居民生活压力越来越大，总体消费水平增长缓慢，趋于饱和。由于中东非洲国家经济基本属于消费驱动型，所以低迷的消费拖累了宏观经济增长。

虽然非洲经济在进入21世纪后有了较为稳定的发展，但是非洲国家的经济发展模式仍然存在许多缺陷，在经济可持续发展的道路上，还存在人力资本问题、资本形成问题、基础设施问题以及农业问题等诸多障碍需要解决。中东非洲国家应积极推进经济转型，促进经济包容性增长。在贸易发展上应遵循资源禀赋发展比较优势产业并逐步将产业动态升级；在引进外资方面，应引导外资流向符合本国“比较优势”的产业，大力发展制造业；在政府财政政策方面，可在加大对基础设施等投资的同时，投资于“潜力”产业，对创新企业给予鼓励；在金融发展上，发展中小银行，为中小企业的融资创造机会；在人力资本发展方面，加大投资力度的同时，制定符合本国经济发展需要的人力资本发展计划。同时，中东非洲国家地处欧、亚、非三洲的结合部，战略地位重要。近年来，随着中东形势的变化，中国经济持续快速发展，综合国力不断提高，中东非洲国家“向东看”的倾向日益鲜明。中东非洲国家“向东看”倾向的出现和发展，为中国进一步发展与中东国家的友好合作关系提供了新的机遇，中国应抓住机遇，以更积极的姿态加强与中东国家的互利合作和处理中东热点问题。

参考文献

［1］South Africa Central BankAnnual Report，2008－2014.

［2］Saudi Arabia Monetary Agency Annual Report，2008－ 2014.

［3］Turkey Central Bank Annual Report，2008－ 2014.

［4］EUI Country Report：Saudi Arabia，South Africa and Turkey. https：//

eiu. bvdep. com/countrydata/ip.

[5] 秦晖：《“彩虹”的启示——新南非十九年评述（一）》，《经济观察报》2013年7月25日。

[6] 杨玉国：《反移民反殖民反外国人一南非为何频频上演排外骚乱》，载《国际在线》，http：//gb. cri. cn/42071/2015/04/17/3245s4935046. htm。

[7] 邹志强：《油价下跌背景下的沙特角色之争》，《中国石油报》2014年12月9日第4版。

[8] 中国人民银行海南州中心支行课题组：《全球金融危机前后土耳其银行业结构变化》，《金融经济》2014年第20期。

[9] 张纪康、齐曲：《土耳其金融改革：非完全自由化的进程与危机教训》，《国际金融研究》2004年第2期。

[10] 赵旭：《南非非国大在经济困境中艰难前行》，《当代世界》2015年第2期。

第58章　土耳其宏观金融风险研究

土耳其是连通三大洲的重要地区大国，具有重要的战略地位。第一，土耳其坐拥重要的地理位置。土耳其既是一个中东国家，又是一个与中亚有着密切关系的突厥语国家；既是一个北约成员国，又是准欧盟国家；世俗化程度较高，长期以来被西方看作是伊斯兰现代化的榜样。第二，经济发展活跃。土耳其是G20成员国，其近几年实现了经济的跨越式发展，正逐步由一个经济基础较为落后的传统农业大国向一个现代化的工业强国转变。2015年，土耳其国内生产总值为15299亿美元，经济总量在全球排第17名，在西亚北非地区位列第一，属于中等偏上收入国家。因此，土耳其被视为有特殊地缘政治地位的中等强国。本章首先介绍土耳其宏观金融风险概况，然后通过各项数据指标分析土耳其四大部门的金融风险，最后针对土耳其应对宏观金融风险以及中土经济贸易发展提出相应建议。

第1节　土耳其宏观金融风险概述

近几年，土耳其经济增长的波动幅度较大。土耳其经济增速曾在2010年冲至9.33%高位，2011年也保持8.84%的高速增长。然而近几年来土耳其国内生产总值急剧萎缩，2014年国民生产总值增幅仅为2.98%，2015年前三季度土耳其经济呈现疲软态势，受第四季度经济强劲增长的拉动，国民生产总值勉强保持住4%的增速，全年实现GDP总值15299亿美元。但是这样的经济指标对于土耳其这种新兴国家来说不容乐观。土耳其近年来经济出现疲软态势，主要受累于土耳其国内严重的通货膨胀、赤字上升、出口下降、内部政治冲突以及地缘政治。尽管土耳其产业结构较为完整，但多集中于传统的制造业领域，与其他发展中国家的产业同质性较强，全球竞争力并不突出，面临的国际贸易摩擦不少。进口方面，土耳其稀有金属矿物资源比较丰富，但土耳其是贫油国，能源主要依赖进口。虽然自2014年以来国际油价大幅下跌，但由于土耳其缺乏结构性改革以及土耳其里拉的持续贬值，油价大跌对于土耳其来说并没有什么意义，土耳其本应是油价下跌的绝对受益者，但土耳其并未享受到。IMF在2015年年底的预测报告中指出，由于严重依赖于中等或较低科技含量的产品，土耳其经济长期持续发展的原动力愈发不足。而土耳其贸易赤字和通胀率的上涨使得国外投资流入以及短期资金扶持无法发挥实质性作用。土耳其的经济严重依赖外资，据土耳其央行统计，2014年时该国吸引外国直接投资净额为86.99亿美元，同比降低11.8%。同时，土耳其股市在2015年出现大跌，大量资本因担忧土耳其国家经济状况而选择撤离这一市场。而在美元升值和土耳其经济受到冲击的影响下，2015年年底土耳其里拉兑美元汇率较年初时2.5082高位更是下跌超过14%，通胀率高居不下和里拉持续贬值制约了土耳其央行进一步采取降低利率以刺激经济增长的政策手段，而经济增速放缓又对央行采取独立货币政策构成巨大压力，这对土耳其国内经济的增长无疑雪上加霜。而以外币计价的外债上涨，导致土耳其在面临货币危机时较脆弱，主权信用评级面临着下调的风险，这或许会为拥有财政和经常账户双赤字的土耳其带来更为严重的冲击。

总体来看，土耳其经济继续呈疲软态势，经济发展面临严重冲击。人口众多、人均国民收入低、失业率高、产业结构不合理是一直以来困扰土耳其经济发展的不利因素。而受累于国内政治矛盾和地缘政治，土耳其本已疲弱的经济在2015年遭遇了更大的冲击，货币贬值，股市大跌，近两年来出现的一系列经济问题——通胀高企、失业增加、赤字上升、出口下降等也在进一步恶化中。根据目前形势，市场普遍预期在2015年整体经济形势走弱，以及俄罗斯发起经济制裁的制约下，土耳其2016年的经济情况很难出现好转。因此，土耳其国内应该启动更有力的经济改革并重整政府机构间的相互制衡系统，以此提升国内政治信心，进而为经济发展提供动力。

第2节　文献综述

昝涛（2010）[①] 针对中国与土耳其的关系以及土耳其对中国崛起的看法展开研究，认为中土之间的经济贸易与政治关系是影响土耳其对中国崛起看法的两个主要因素。在经贸上，土耳其从中国的进口具有明显的贸易逆差，但是土耳其十分看好中国巨大的市场潜力，并把中国崛起视作机遇；在政治

① 昝涛：《中土关系及土耳其对中国崛起的看法》，《阿拉伯世界研究》2010年7月第4期，第59—66页。

上，土耳其在中亚地区和中国存在互补利益，土耳其有意向接触上海合作组织；不仅如此，土耳其在未来有可能会与中国在反恐方面加强合作，这有利于中国解决“东突”问题。因此，中国和土耳其两国应加强合作交流，致力于发展双赢的双边关系。

周密（2015）[①] 认为中土两国之间经贸活动总体仍处于较低水平，双边贸易总量不大、占比较小、波动较大。而影响中土两国经贸活动有很多复杂的因素：地理距离影响贸易意愿、主导产业制约、宗教文化差异带来挑战、反恐形势严峻增加风险、外部国家干预制造麻烦。周密认为在当前“一带一路”的重要契机下，中土双方应共同为双边贸易合作创造更佳的环境，通过建立健全政府间协同机制、加强行业组织桥梁和纽带、做好金融措施协同与配套等重要举措为双方经贸合作提供有效引导和有力支撑。

第3节　土耳其公共部门风险分析

一、公共部门资产负债表分析

（一）资本结构分析

由图58.1中可以看出，2015年，沙特公共部门总资产减少，总负债略微增加，资产负债率达到91.23%，相比2014年的88.23%有较大幅度上升。

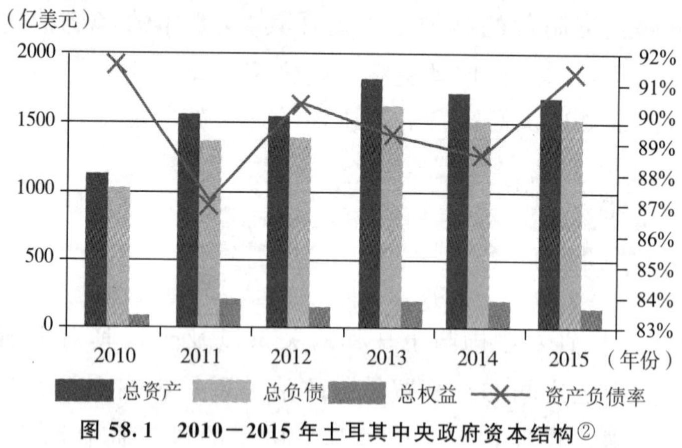

图58.1　2010—2015年土耳其中央政府资本结构[②]

---

① 周密：《如何拓展中土经贸合作更大空间》，《全景报道—国际》2015年第31期，第64—66页。

② 数据来源为土耳其中央银行2009—2014年的年度报告。

近年来，土耳其公共部门的资产负债率一直保持较高的水平，自 2010 年资产负债率呈现小幅下降态势后，2015 年土耳其资本结构进一步恶化。土耳其公共部门的总资产和总负债在 2010 年后增长较快，但 2014 年和 2015 年总资产逐年减少，2015 年土耳其公共部门总资产的进一步降低和总负债的小幅上升导致资产负债率急剧增加。总体来看，2015 年沙特政府债务压力较大，资本结构错配风险较高。

（二）清偿力风险分析

产权比率常常被用于衡量企业的债务清偿能力，该指标也可以用于衡量一国公共部门的债务清偿能力。产权比率简单地说就是总负债与总权益之比。对于公共部门而言，如果其产权比率高于 100%，就表明该国政府存在明显的债务清偿风险。通过对土耳其公共部门 2010—2015 年财政数据计算得知，土耳其的产权比率一直处于较高水平。如图 58.2 所示。虽然土耳其公共部门产权比率自 2010 年后出现缓慢下降趋势，但是 2014 年的产权比率也是高达 7.5，2015 年产权比率更是上升至 10.4，各年的数值都远远超过 100%的风险临界值，这表明土耳其政府的债务清偿风险一直很严峻。根据土耳其央行每年公布年度报告可以发现，土耳其外债占其总债务的比率高达 50%以上。2015 年土耳其里拉的不断贬值、出口持续下降、外汇储备大幅减少给沙特公共部门带来了十分严重的冲击。

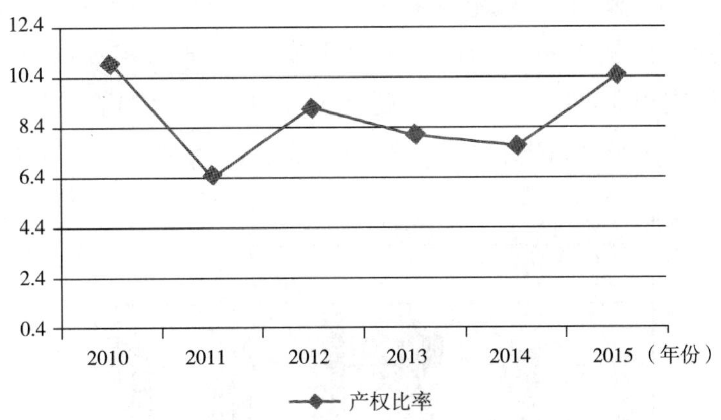

图 58.2　2010—2015 年土耳其中央政府产权比率

二、公共债务与财政赤字分析

（一）公共债务分析

由图 58.3 中可以看出，近几年来，土耳其政府的公共债务总量一直保持逐年增加的态势，按当年汇率算，2015 年土耳其公共债务达到 2491 亿美元，同比上涨 10.98 个百分点。土耳其政府的公共债务占 GDP 比重一直很高，前几年由于土耳其高速的经济增长，公共债务占土耳其经济总量比重保持逐年降低趋势，2010—2012 年下降迅速。但是随着近两年土耳其经济出现增长乏力，公共债务占 GDP 比重下降十分缓慢。而在对土耳其公共债务组成分析过程中发现短期债务占比较大，土耳其公共部门面临流动性风险压力。

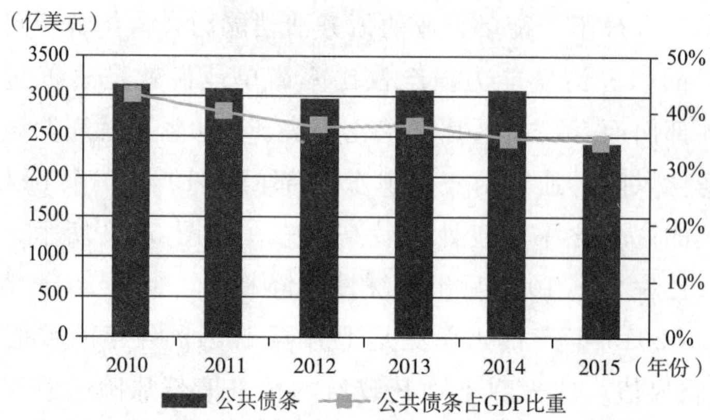

图 58.3　2010—2015 年土耳其公共债务对 GDP 占比

（二）财政收支分析

由图 58.4 中可以看出，土耳其公共部门一直处于财政不平衡状态，长期以来财政赤字问题严重。2015 年，土耳其公共部门实现财政收入 1777.2 亿美元，财政支出 1860.2 亿美元，财政赤字达 83 亿美元。自 2013 年以来，全球需求疲软，对土耳其出口经济影响较大，国内居高不下的通货膨胀率

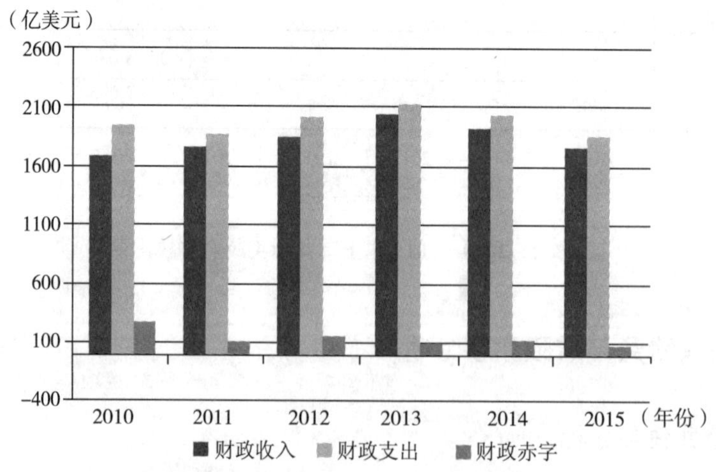

图 58.4　2010—2015 年土耳其财政收支

以及逐年减少的国外资本投资，导致土耳其公共部门财政收入增速放缓，而面对疲软的经济形势，土耳其政府大幅提高名义工资，进行大量政府开支，使其财政收支更加不平衡。如果 2016 年土耳其政府不采取有效措施解决这一困境，那随着美联储加息以及俄罗斯大规模制裁活动进行，拥有财政和经常账户双赤字的土耳其或将遭受更为严重的冲击。

第 4 节　土耳其金融部门风险分析

本节选取土耳其资产市值排名靠前的 15 家金融机构，以这些金融机构为代表对土耳其金融部门存在的风险展开分析。数据来源于 BvD 全球金融数据库，本节图表中的数据来自于这 15 家上市金融机构资产负债表的加总，将在此基础上计算出土耳其金融部门账面资产负债表和或有权益资产负债表。分析结果表明 2015 年土耳其金融市场波动较大，金融部门账面资产负债率和或有资产负债率有所上升，市值有所减少，存在一定风险，需要警惕。

一、资产负债表分析

（一）资本结构分析

从图 58.5 中可以看出，2010—2015 年，土耳其上市金融部门资产规模和负债规模呈现先增后降的趋势，2014 年和 2015 年总资产和总权益规模一直在下降，因此土耳其上市金融部门资产负债率在 2015 年大幅提高，达到

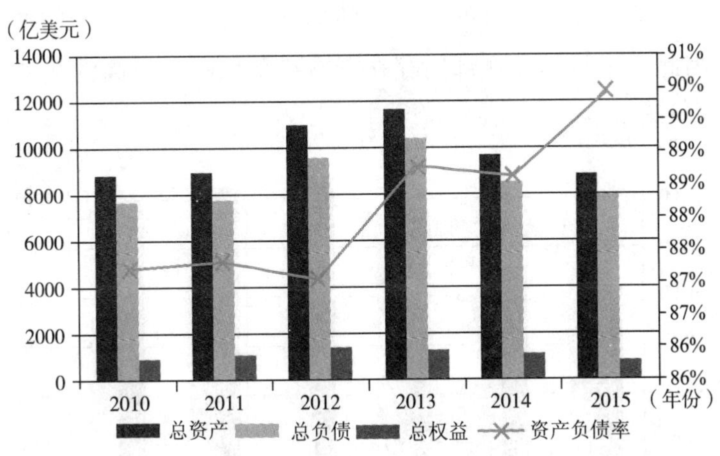

图 58.5　2010—2015 年土耳其金融部门资本结构①

① 本节数据来源：BvD 数据库 bankscope 分库。

89.93%。土耳其金融部门总权益规模自2012年后就保持下降的趋势，资产负债率近几年更是节节攀升，而且土耳其金融部门的资产负债率一直保持在较高的水平，近五年来一直高于87%，表明土耳其金融部门的资本结构存在错配风险，并且有逐年攀升的趋势。在当前国内经济形势不乐观、社会不稳定的背景下，资本充足率的压力对土耳其银行业造成了很大压力，土耳其金融部门要注意及时调整资产结构，保证有充足的资本以抵御外部冲击。此外，我们也要注意到土耳其上市的金融机构大多是半政府性质的机构，这些机构大都受到政府的庇护，财务报表并不透明，潜在的风险水平可能很高。

（二）存贷结构分析

在对土耳其金融部门存贷结构进行分析时，过高的存贷比是土耳其金融部门表现出来的明显特征。除2010年外，其余年份土耳其金融部门的存贷比均超过100%，近两年更是超过120%，贷款投放规模超过银行的存款规模，大大超过了银行的承受水平，与《巴塞尔协议》规定的银行存款准备金规模不符。而且土耳其央行采取紧缩型的货币政策，2015年以来土耳其央行已连续两次降息，2015年土耳其金融部门的存款规模和贷款规模反而逐年减少。如图58.6所示。通胀率居高不下制约了土耳其央行进一步采取降低利率以刺激经济增长的政策手段，而经济增速放缓又对央行采取独立货币政策构成巨大压力。土耳其金融部门如此高的存贷比，使得土耳其金融部门根本没有足够的资金来应对国外市场的冲击，甚至面对国内社会的动荡也存在流动性风险。从土耳其央行公布的数据可以发现，土耳其银行业并没有对其外部债务采取滚动借款，几乎所有的非核心债务均没有对国外市场的冲击留足够的缓冲空间。因此，土耳其金融部门存在资本错配风险和较高的流动性风险。

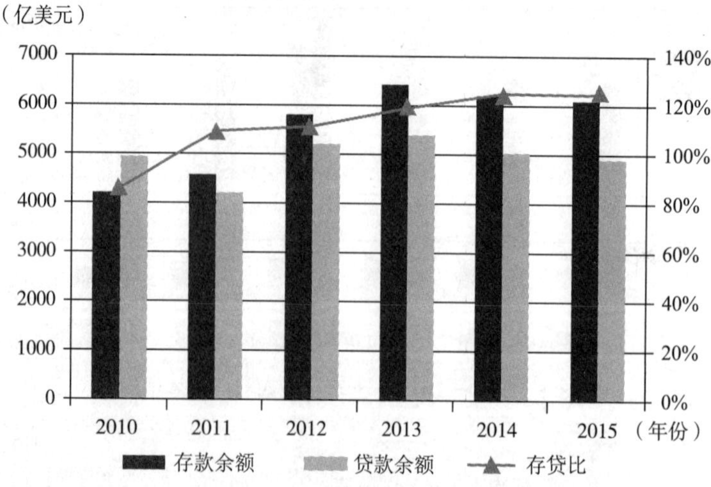

图58.6　2010—2015年土耳其金融部门存贷结构

二、或有权益资产负债表分析

与土耳其金融部门账面资产负债表走势大致相同，土耳其金融部门或有资产市值和负债市值的规模也呈现先增后降的趋势，以 2013 年为转折点。如图 58.7 所示。2013－2015 年，资产市值处于下降通道，负债市值在 2014 年大幅下降后，2015 年出现小幅回升，致使土耳其上市金融部门或有资产负债率在 2015 年有所上升。不过相比于账面资产负债率，土耳其金融部门或有资产负债率明显偏低，而且 2012－2014 年还处于下降趋势，与账面资产负债率走势相反，这说明土耳其上市金融部门潜在风险较低。图 58.8 反映的是土耳其上市金融部门的资产市值波动率，从图中可以看出，土耳其金融部门的资产市值波动率一直保持在较高的水平，2015 年达到 7.32％，相比于同年沙特 3.57％的资产市值波动率，土耳其金融市场明显稳定性更弱，易受国际游资和国际冲击影响，土耳其金融部门存在一定的潜在结构性风险。

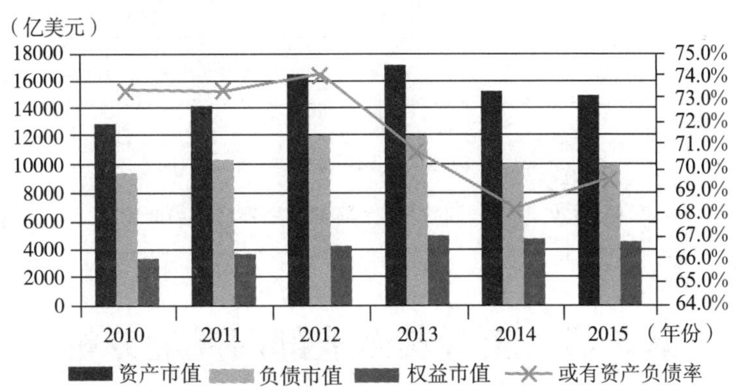

图 58.7　2010－2015 年土耳其上市金融部门或有资产结构

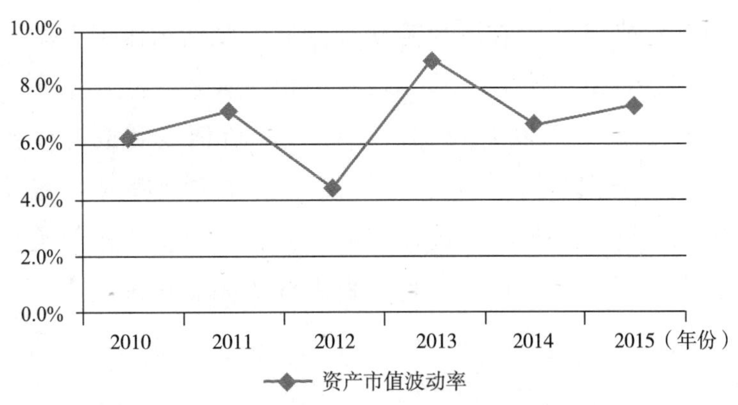

图 58.8　2010－2015 年土耳其上市金融部门资产市值波动率

三、风险指标分析

图 58.9 反映的是土耳其上市金融部门的违约距离。违约距离表示一国宏观经济部门违约的可能性，其数值越接近 0，违约的可能性越大，如果某一年的违约距离的数值较上一年变大，则表明当年的违约可能性降低。从图中数据来看，土耳其金融部门的违约距离在 2013 年后还有所上升，说明虽然近两年来土耳其金融部门资产结构有所恶化，但是违约风险不高，不良贷款率较低，在可控范围内。

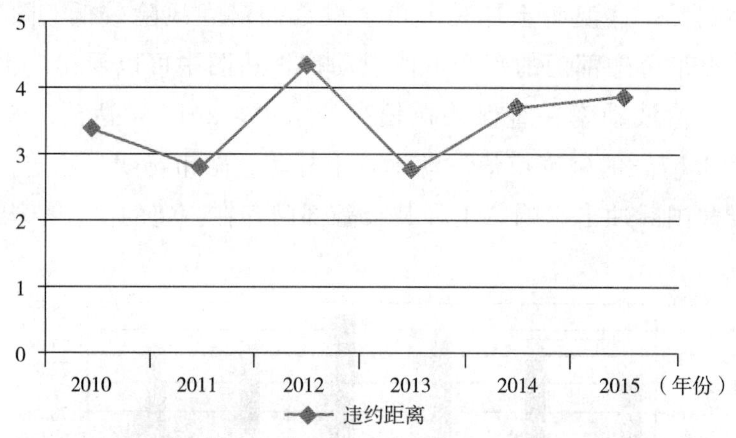

图 58.9　2010—2015 年土耳其金融部门违约距离

第 5 节　土耳其企业部门风险分析

本节选取土耳其资产市值排名靠前的 300 家上市企业，以这些上市企业为代表对土耳其企业部门存在的风险展开分析。数据来源于 BvD 全球金融数据库，本节图表中的数据来自于这 300 家上市企业资产负债表的加总，本文将在此基础上计算出土耳其企业部门账面资产负债表和或有权益资产负债表。分析结果表明土耳其上市企业部门资本结构有所恶化，流动性风险加大，在土耳其近几年经济增速持续放缓的背景下，投资者或许会因为对土耳其未来经济发展感到担忧而选择撤离，资本外流问题可能随着土耳其经济局势的恶化而加剧。

一、资本结构分析

从图 58.10 中可以看到，土耳其企业部门总资产和总负债规模在 2010—

2012 年逐年下降，之后两年基本保持不变，2015 年总资产和总负债规模又大幅增加，但是由于总权益规模不增反减，土耳其企业部门资产负债率在 2015 年大幅提高，上升至 61.82%。由于土耳其里拉的不断贬值，为土耳其的出口贸易带来了一定的利好，有利于土耳其企业部门总资产的积累。但是由于土耳其出口的产品严重依赖于中等或较低科技含量的产品，里拉的贬值对土耳其出口贸易利好有限，土耳其经济长期持续发展的原动力越发不足。土耳其政府在国内实施改革时，进行大量政府开支，大幅提高名义工资水平，增加了土耳其企业部门的生存压力。同时，土耳其贸易赤字和通胀率的上涨使得国外投资流入以及短期资金扶持无法发挥实质性作用，资产负债率的提高增加了土耳其企业部门的风险。

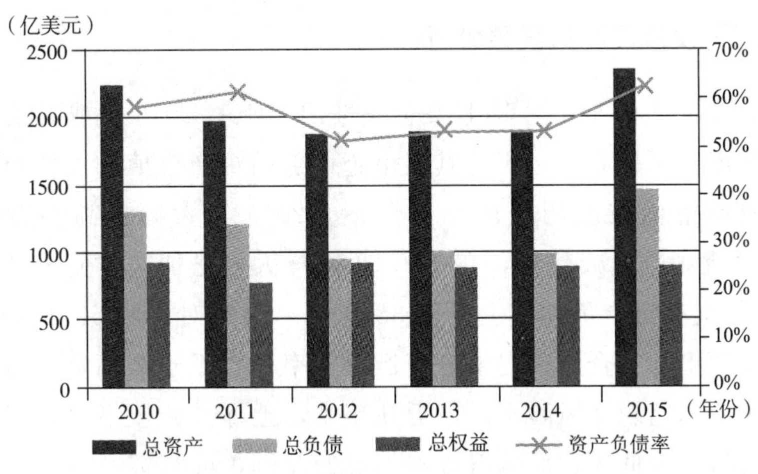

图 58.10　2010—2015 年土耳其企业部门资本结构

二、期限错配分析

在衡量一个国家企业部门流动性风险时，我们采用流动比率这一指标。流动比率是指流动资产和流动负债的比值，流动比率越低，表明该国家企业部门资产变现能力越弱，流动性风险越高，表明存在期限结构错配风险。与图 58.11 反映的土耳其企业部门总资产和总负债规模走势一致，土耳其企业部门流动资产和流动负债在 2015 年也大幅提高，2015 年流动比率减少。而且近几年土耳其上市企业部门的流动比率普遍偏低，在 1.3 上下波动，因此要多加关注土耳其企业部门的流动性风险。

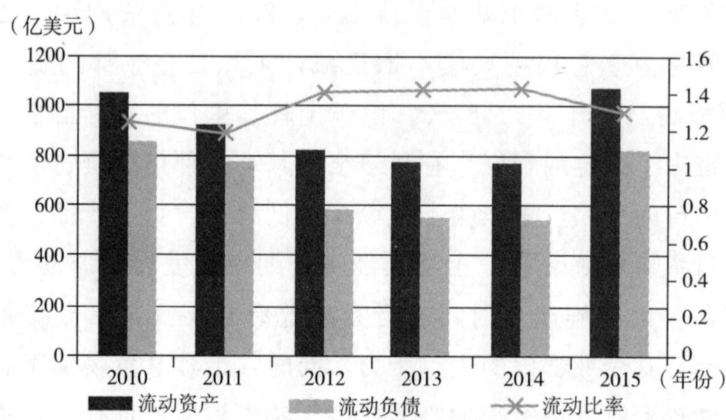

图 58.11　2010—2015 年土耳其企业部门期限结构

三、或有权益资产负债表分析

图 58.12 反映的是土耳其上市企业部门 2010—2015 年或有资产结构变化情况。从图中可以看出，土耳其上市企业部门资产市值和负债市值波动幅度较大，资产市值在经历了两年下降后，2015 年大幅提高。负债市值自 2010 年起呈现小幅递减趋势，在 2015 年同样大幅增加，致使土耳其企业部门 2015 年的或有资产负债率上升至 38.95%。通过对比图 58.10 和图 58.12 的数据，发现土耳其企业部门或有资产负债率一直低于账面资产负债率，说明土耳其企业部门隐性风险不高。近几年来，土耳其疲软经济的现状没有改变，出口贸易持续低迷，而随着资本外流的加剧，或有资产负债率有逐年增加的趋势，资本结构可能进一步恶化。

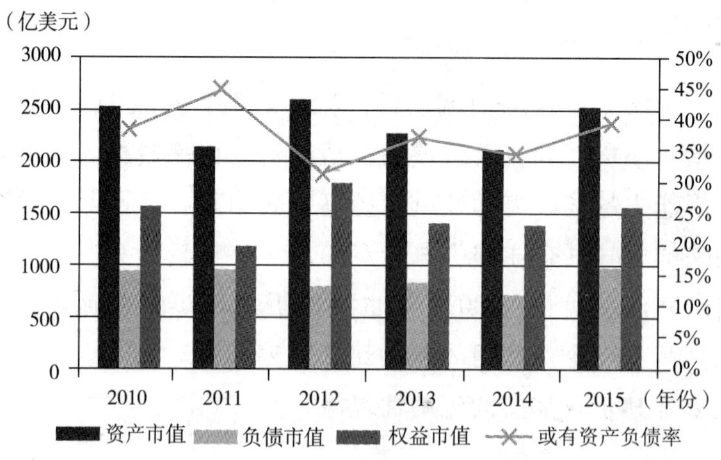

图 58.12　2010—2015 年土耳其上市企业部门或有资产结构

四、风险指标分析

(一) 资产波动率分析

资产市值波动率是衡量系统性风险和非系统风险性的一项指标，它也反映投资者预期，该值越低，表明系统性风险和非系统性风险越低，投资者的预期越乐观；该值越高，则表明系统性风险和非系统性风险越高，投资者的预期越悲观。从图 58.13 中可以看出，土耳其企业部门的资产波动率近几年都处于较高的水平，2013 年达到最高点后有所回落，2015 年资产波动率又小幅增加。由此可见，在土耳其经济增速放缓的背景下，里拉贬值进一步加大了土耳其的经济风险，投资者对土耳其未来经济发展的信心受到影响，大量资本或许将因担忧土耳其国家经济状况而选择撤离这一市场，资本外流情况可能随着土耳其经济局势的恶化而加剧。

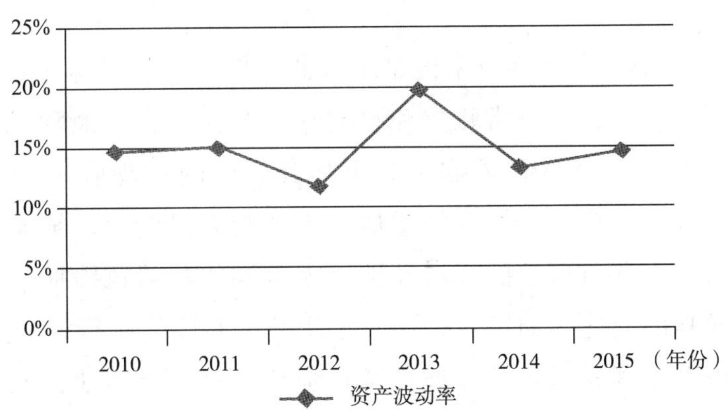

图 58.13 2010—2015 年土耳其上市企业部门资产市值波动率

(二) 违约距离

违约距离表示一国宏观经济部门违约的可能性，其数值越接近 0，违约的可能性越大，如果某一年的违约距离的数值较上一年变大，则表明当年的违约可能性降低。从图 58.14 中来看，土耳其企业部门的违约距离一直处于较低的水平，2015 年更是进一步降低，这说明土耳其企业部门违约可能性越来越高。结合当前土耳其企业部门资本结构有所恶化、资本市场波动加大、系统性风险升高、投资者期望悲观、资本外逃严重等不利背景，我们预计 2016 年土耳其企业部门的违约风险有进一步加大的可能。

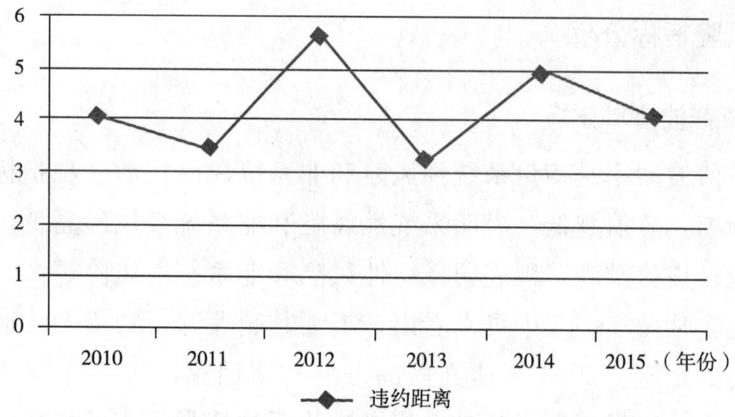

图 58.14　2010—2015 年土耳其上市企业部门违约距离

第 6 节　土耳其家户部门风险分析

2015 年，对于土耳其政府来说是艰难的一年，对于土耳其人民来说也是压力重重的一年。首先，经常账户和财政账户双赤字的不断深化，为土耳其的经济发展设置了一个重要障碍，对土耳其居民的劳动收入产生了不利影响。其次，土耳其里拉的持续贬值增加了土耳其人民的生活成本，降低了他们的实际收入。土耳其里拉的高波动性（因重要的政治风险所致）是一个重要的且代价较高的问题。自 2013 年 5 月以来，土耳其央行一直是通过直接干预外汇来应对土耳其里拉的高波动性，但成本高，收效小。与此同时，土耳其的劳动失业率长期以来居高不下，增加了土耳其居民的生活压力。2015 年以来，土耳其境内恐怖袭击事件不断，安全风险急剧上升，持续拉动经济的国内消费受到严重打击。

2015 年，土耳其政府出台 11 条新政提振就业，包括对私有部门雇主提供补贴、对企业的投资行为给予 50％的税收减免、鼓励女性就业、支持中小企业融资以及激励企业运用自有资金而减少借贷等措施，从图 58.15 的数据走势中可以看出，土耳其化的就业政策产生了一定成效。2015 年土耳其劳动力人数达 2967 万，同比上涨 7 个百分点，登记失业率小幅下降至 10.28％。

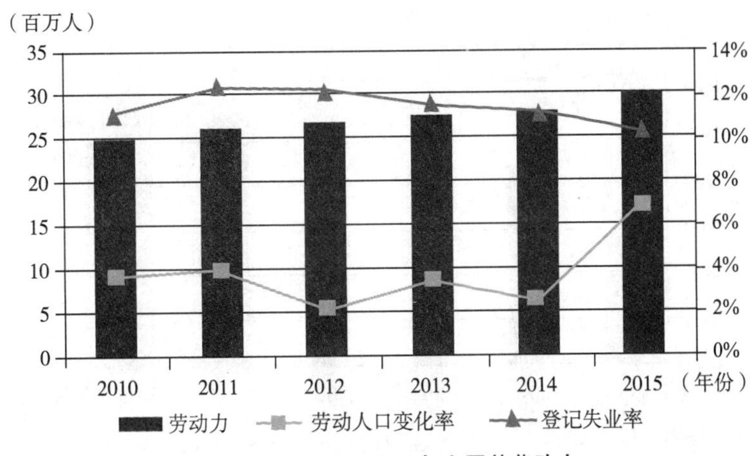

图 58.15　2010—2015 年土耳其劳动力

个人消费支出平减指数是一国当前物价与实际消费支出的比例，从而将以货币表示的名义个人消费支出调整为实际的个人消费支出，它能反映该国在不同时期内个人消费支出总水平变动程度，是衡量国内通胀压力最恰当的指标。如图 58.16 所示，自 2013 年以来，土耳其的个人消费平减（CSD）指数逐年攀升，2015 年个人消费平减指数上升至 210.42，表明土耳其近几年通胀压力较大，2015 年通货膨胀进一步恶化。

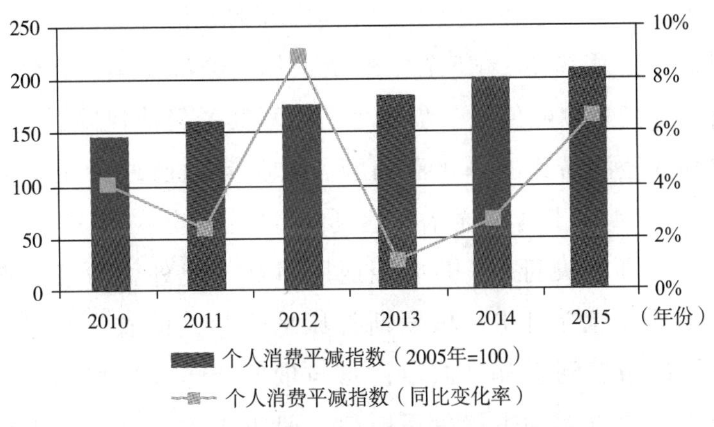

图 58.16　2010—2015 年土耳其家户部门通胀压力

从土耳其家户部门的消费来看，实际个人消费呈增长的态势。从图 58.17 中可以看出，2015 年土耳其家户部门实际个人消费为 4742 亿美元，同比上涨 4.5%，实际个人消费占 GDP 比重为 68.67%。受土耳其居高不下的通货膨胀率影响，家户部门个人消费水平有所上升，生活成本较高。而多年来沙特消费占 GDP 的比重都在 70%左右水平，这说明其经济是以消费拉动为主的。

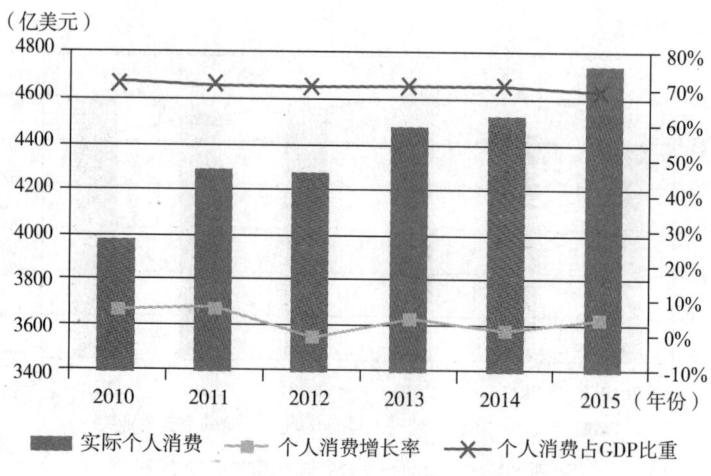

图 58.17　2010—2015 年土耳其家户部门个人消费

第 7 节　结论及对中国的借鉴

"2015 年是土耳其失去的一年。"很多经济学家这么评价。因为欧洲央行推出资产购买计划以刺激经济，以及国际油价下跌不止，土耳其本应该是这些因素的极大受益者。然而，由于土耳其内部的政治冲突和地缘政治抵消了这些利好因素，土耳其 2015 年全年表现不佳，经济低迷。在经济增速放缓的背景下，土耳其里拉贬值进一步加大了土耳其的经济风险，资本外流情况可能随着土耳其经济局势的恶化而加剧。通胀问题已成为土耳其经济面临的头号大敌。2014 年土耳其通胀率达到 8.54%，较 2014 年上升 0.37 个百分点，远高于土耳其央行 5%的中期通胀目标。此外，与俄罗斯紧张的关系也正在令土耳其遭受打击，俄罗斯打压从土耳其的农产品进口，严格限制签证，并限制游客到土耳其旅游。自与俄罗斯爆发冲突以来，土耳其本已疲弱的经济遭遇重大冲击，货币贬值，股市大跌，近两年来出现的一系列经济问题——通胀高企、失业增加、赤字上升、出口下降等也在进一步恶化中。

土耳其公共部门总资产和总权益规模逐年递减，资产负债率进一步上升，负债压力较大。产权比率近年来在 6～14 之间，产权比率一直处于高水平表明土耳其公共部门债务清偿能力不足，并且长期以来土耳其公共部门的财政收支都处于赤字状态，极易受到外部冲击。

土耳其金融市场波动较大，金融部门的资产规模有所下降，资产负债率有所上升。土耳其股市在2015年大幅下跌，资本外逃严重。资产波动率加大，投资者普遍对土耳其资本市场缺乏信心。

土耳其企业部门资产规模和负债规模相比往年有所增加，资产负债率在可控制范围内小幅波动，资本负债结构无明显恶化趋势。流动比率长期处于较低水平，要警惕流动性风险。随着土耳其里拉贬值对土耳其出口贸易带动作用越来越弱，土耳其企业部门需及时调整经营策略，提高产品附加值和科技含量，提高产品竞争力。

土耳其家户部门方面，国内通货膨胀率的居高不下加重了土耳其居民的生活压力，降低了居民的实际收入水平。失业率在2015年又进一步扩大，同时土耳其境内恐怖袭击事件不断，安全风险急剧上升，这给土耳其家户部门的消费带来不利影响，进而影响土耳其经济增长动力。

中国应该从土耳其近几年经济下行中吸取教训，在稳定通货膨胀、降低金融市场波动率、稳定汇率方面多加关注，减少对经济的刺激；加强对公共部门财政收支的管理，防范地方投融资平台违约风险和坏账风险，扩大财政盈余；刺激消费，提高出口产品的科技含量和竞争力，扩大贸易顺差；加强对金融机构的监管，审慎放贷，同时鼓励发展资本市场拓宽企业融资渠道，完善中国金融体系。在当前“一带一路”战略下，中土经贸合作领域广阔，潜力巨大。中国政府的“一带一路”国际合作倡议已经得到了土耳其各界的积极而有建设性的响应，其“新丝绸之路”计划与中国“一带一路”可以实现战略对接。中土双方未来可以探索在交通、能源、投资、文化旅游、多边制度五个方面开展合作，建立健全政府间协同机制，加强行业组织桥梁与纽带，做好金融措施的协同和配套。中国需要意识到土耳其在政治上的重要性，以及土耳其作为欧亚之间桥梁的意义，加强促成中土之间更加紧密的互利合作。

参考文献

［1］annual report 2009－2014，central bank of the republic of turkey joint stock company.

［2］Financial Stability Report，November 2014，central bank of the republic of turkey.

[3] 武美栋：《论中国与土耳其经济贸易合作》，《企业家天地》2011年第1期。

[4] 苏莱：《土耳其经济面临三大挑战》，《中国信息报》2014年12月3日第007版。

[5] 姜明新：《土耳其经济政策从自由主义到国家主义的演变》，《阿拉伯世界研究》2014年第6期。

第59章　沙特阿拉伯宏观金融风险研究

沙特阿拉伯是世界上重要的石油输出国之一，也是中东地区经济总量最大的国家。根据2001年沙特阿拉伯官方公布的数据统计，世界石油储量的25％归沙特阿拉伯所有，占世界石油总量的比重为13％，占世界石油市场份额的比重为20％。沙特阿拉伯拥有巨大的石油产量优势，在欧佩克组织中处于核心地位，在石油领域中拥有一定的话语权。虽然近年来，沙特努力扩大非石油生产，发展采矿和轻工业，但由于经济过度依赖石油，国际油价的变动对沙特的经济发展和社会稳定产生很大的影响。而自2014年下半年以来，原油价格暴跌，2015年国际油价持续低迷，沙特经济面临的风险持续加大。本章对沙特金融风险现状、成因以及四大部门风险状况展开分析，然后对控制沙特的宏观金融风险提出政策建议以及对中国的启示。

第1节　沙特阿拉伯宏观金融风险概述

沙特阿拉伯的国情决定了沙特的经济发展模式，而沙特阿拉伯最大的国情就是石油资源极其丰富，石油工业是沙特经济的支柱产业，无论是国民生产总值还是政府财政收入都高度依赖石油经济。沙特政府的财政收入中石油收入占比高达七成，沙特国民生产总值中石油经济贡献也近四成。虽然近年来，沙特政府努力发展非石油经济，加大对采矿和轻工业的投资力度，重视多元化产业发展，但非石油经济占整个国民经济的比例依旧较低，吸纳劳动力就业能力有限，沙特的经济发展依旧高度依赖石油工业。

自2014年11月27日欧佩克拒不减产开始，国际油价进入疯狂暴跌模式。美国NYMEX原油期货主力合约从107.68元的高点一路狂跌，更是在2016年2月11日跌至26.06美元/桶。2015年整年，国际油价已累计下滑了1/3，现已逼近2004年的低位。作为全球最大的石油出口国，石油出口量占沙特出口额的比重高达90％，石油出口占国民生产总值比重也都在60％以上。石油价格的暴跌对沙特的经济产生了很大的冲击，沙特阿拉伯2015年的石油收入所占比重明显下降，财政收支缺口继续扩大，逼近千亿美元。为节省开支，沙特政府被迫采取大幅财政紧缩的措施，包括大幅降低2016年财政预算、削减能源补贴、上调国内燃油价格等。

一、经济运行概况

受2015年国际油价持续下跌的影响，沙特国民生产总值增长速度放缓。从图59.1中可以看出，沙特GDP在2015年的增长率为3.4%，相比2014年4.08%的GDP增速有一定下降。虽然2015年国际油价低迷，沙特的石油产量非降反增，2014年沙特石油日平均生产能力达971.3万桶，石油产量由2014年969万桶上升至2015年1001万桶，沙特石油生产量稳步增加如表59.1所示。沙特本次维持不限产、主导增产的原因可能是为了巩固市场份额。近年来，非常规油气资源和可替代能源发展势头强劲，欧佩克全球能源市场份额已有明显下降趋势，沙特采取通过增产压价来打压竞争者的策略。但就2015年美国NYMEX原油期货主力合约价格走势来看，由沙特主导的欧佩克不限产和沙特增产政策，加速了油价下跌。进入2015年后，油价虽在3月后有小幅上升，但在7月油价跌势不止，更是跌至26.06美元/桶。沙特本次增产政策的效果有待考验。

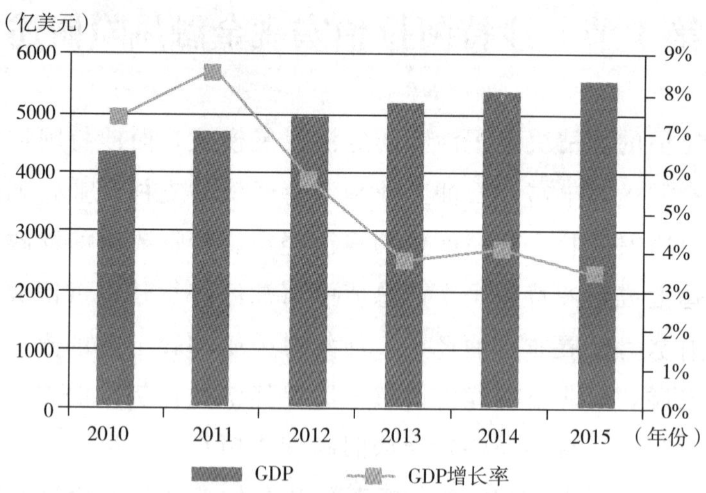

图59.1　2010—2015年沙特阿拉伯GDP及GDP增长率①

① 数据来源：EIU Countrydata—各国宏观经济指标宝典。入口网址：https：//eiu.bvdep.com/countrydata/ip本节各图，如没有注明数据来源，皆源于此。

总之，尽管2015年国际油价的暴跌对沙特经济造成一定冲击，但沙特凭借雄厚的外汇储备及健康的银行与金融体系，通过加大政府投资等方式勉强维持住了经济的平稳发展。

表59.1 2009—2015年沙特阿拉伯石油产量①

单位（万桶/天）

年份	2009	2010	2011	2012	2013	2014	2015
石油产量	819.583	835.250	933.792	987.500	967.3	969.0	1001.0

从消费和投资结构来看，沙特2010—2014年保持平稳发展，2015年略有增长，如图59.2所示。2015年沙特实际私人消费约占GDP的32.96%，相比2014年30%占比有所增加；实际政府消费约占GDP的24.29%，相比2014年22.45%也有一定程度增加；固定资产投资约占GDP的31.56%，与往年相比无较大改变。自2011年沙特的固定资产投资比例超过私人消费和政府消费的比例后，2015年沙特私人消费占比超过固定资产投资占比，投资和消费结构有所恶化。

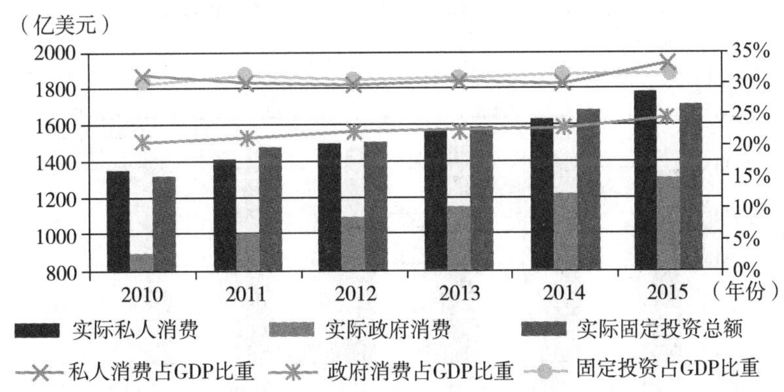

图59.2 2010—2015年沙特阿拉伯消费、投资、政府消费对GDP贡献度

从CPI变化角度来看，自2010年后沙特CPI一直保持下降趋势，如图59.3所示，2015年沙特CPI增长率再次降至2.28%，这说明沙特市场价格平稳运行，通货膨胀问题不明显。但是从GDP平减指数来看，自2012年后沙特GDP平减指数呈现负增长趋势，2015年低至－16.16%，GDP平减指数变化波动幅度较大。这主要是受2015年国际油价大幅度下跌和国际金融市场不稳定的影响，对沙特的宏观物价（除消费品价格之外还包括生产资料价格、资本价格、进出商品和劳务价格等）造成较大幅度的波动，对沙特的

① 数据来源：wind资讯数据终端。

石油经济带来很大的冲击。另外，虽然沙特面临的通货膨胀压力不大，但是由于沙特的粮食主要以进口为主，食品价格较高，沙特国内贫富分化严重，非石油单位人群生活压力较大。再加上今年沙特面临巨大的财政赤字，这可能会导致2016年社会福利支出的减少，这些因素可能在未来降低沙特群众的需求水平。此外，由于国际粮价近两年下降趋势较为明显，所以沙特进口粮食的成本还可能会降低。综合看来，沙特在2016年食品价格大幅上涨的可能性较小。

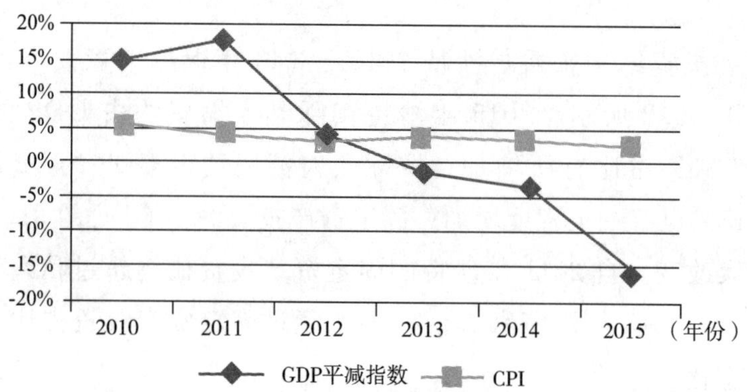

图59.3　2010—2015年沙特阿拉伯通货膨胀率

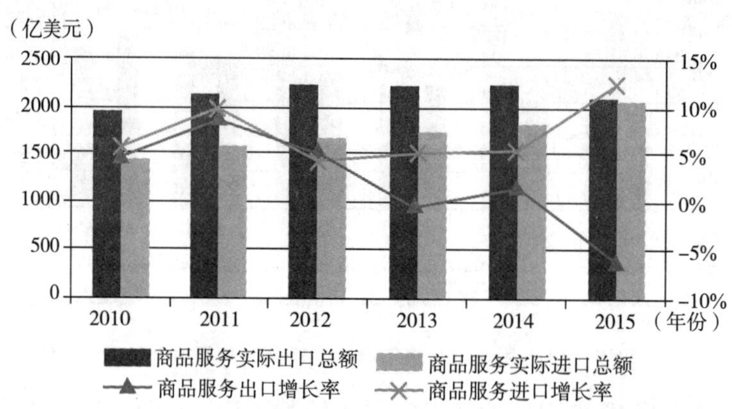

图59.4　2010—2015年沙特阿拉伯商品和服务进出口总额及增长率

自2005年12月沙特加入WTO以来，沙特实行自由贸易和低关税政策，出口以石油和石油产品为主，进口产品主要是机械设备、食品、化学产品、汽车、纺织品等。出口方面，受国际油价下跌的影响，2015年沙特出口总额再次出现负增长，实现出口总额2111.9亿美元，同比下降6.09个百分点。进口方面，沙特进口贸易总额继续保持稳步增长的态势，2015年进口总额更是实现12.36%的正增长率，全年实现进口总额2066.6亿美元。如图59.4所示。整体来看，国际石油市场的波动对于沙特出口贸易方面影响较大，贸易顺差进一步缩小，沙特对进口商品的需求弹性相对于出口商品来说弹性更小。由于沙特有意向继续实行增产政策，加之欧佩克内部的伊朗在国际制裁结束后还将向市场大量供应原油，非欧佩克国家的俄罗斯减产的欲望也不强烈，美国减产更是完全不具可操作性。在供给严重过剩的局面下，低油价时代还远远没有结束。这对未来沙特的出口总额不利，长期来看，沙特的贸易顺差还将进一步缩小。

二、金融运行概况

受低油价影响，沙特今年石油出口收入占 GDP 比重严重缩减，财政赤字逼近千亿美元。为填补财政赤字缺口，沙特政府只得出售国际储备资产。根据沙特央行 2016 年年初公布的数据，截至 2015 年 12 月底，沙特外汇储备 6160 亿美元，相比 2014 年 8 月 7460 亿美元的高峰下降了 16.7%；而根据沙特财政部的数据，2015 年 1—11 月累计消耗外汇储备 978.67 亿美元。沙特 2016 年预算赤字预计为 870 亿美元，2016 年沙特的外汇储备规模还有进一步缩小的趋势。如图 59.5 所示。汇率方面，沙特长期以来实行钉住美元的汇率制度，汇率长期保持在 1 美元＝3.75 沙特里亚尔的水平，这种汇率制度有利于沙特在国际石油市场上保持话语权，从而维持国际地位和稳定宏观经济。

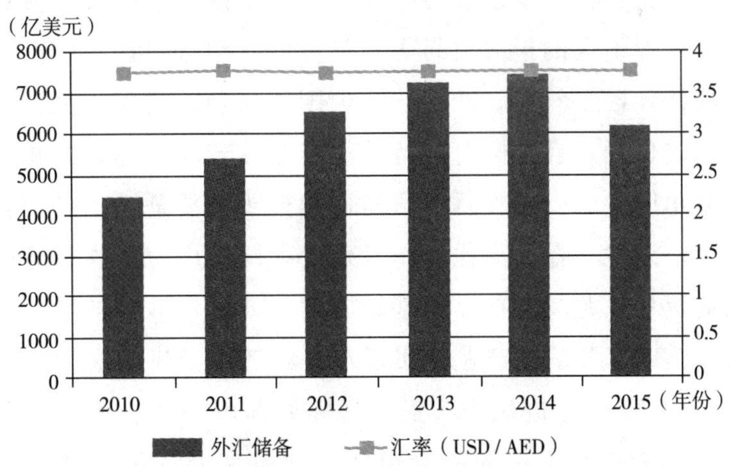

图 59.5　2010—2015 年沙特阿拉伯外汇及外汇储备

沙特是中东经济总量最大的国家，石油经济带来的繁荣也带动了沙特金融业的快速发展。沙特的银行体系比较特殊，它不像西方的商业银行体系——中央银行和商业银行的二级结构，而是由央行、半政府性质的投资机构和公共投资基金三个平行机构管理下的各类银行和基金组成。沙特的保险公司众多，保险业较为发达。2015 年沙特共有 31 家上市保险公司，总资产达 80 多亿美元，其中包括 28 家财险公司，1 家人寿保险公司和 2 家综合保险公司。沙特是著名的高福利国家，实行免费医疗和免费教育的政策，人均收入较高，因此财产保险在沙特的保险业中所占比重较高。此外，沙特奉行自由经济政策，资本的自由流动增加了沙特金融市场的流动性，有利于沙特经济金融的发展。

第 2 节　文献综述

张环（2015）[①] 分析了在油价低迷的影响下，沙特经济面临的危机：沙特阿拉伯 2015 年的石油收入所占比重下降明显，财政赤字逼近千亿美元。为节省开支，沙特政府被迫采取大幅财政紧缩的措施，包括大幅降低财政预算、削减能源补贴、上调国内燃油价格等。但令人担心的是，同为欧佩克成员国的伊朗在国际制裁解除后向市场大量供应原油，加之美元中长期走强几成定局，在前两大利空因素面前，地缘政治风险的刺激作用已相对有限，这意味着油价下行趋势不会停止。在如此恶劣的经济环境下，沙特政府“勒紧裤腰带”的举动或引发政治危机。

李丽丽等（2015）[②] 在对沙特经济发展现状的研究上，对中沙经贸的可持续性展开了研究。分析发现在沙特阿拉伯与中国的经贸往来方面，沙特已经成为中国在西亚地区的最大贸易国及最大的石油进口国，中国目前为沙特的第二大贸易伙伴国。然而，沙特从与中国贸易顺差逐年扩大，顺差额已超过沙特自中国进口额，且中国对沙特的投资存在着较为明显的短期行为，未能从长期战略角度考虑。中沙石油贸易依然处于首要地位，已严重失衡，而且中沙贸易可持续性不强。为此，作者建议我国政府应加强政策引导，加强非石油产品的贸易，尤其是在民用基础方面，鼓励对沙特的投资，多关注基础设施、医疗健康以及信息产业，实现双方经济的互利双盈。

梅新育（2016）[③] 分析认为，当前国际原油市场处于供过于求的基本格局，并且在短期内该基本格局不会逆转。欧佩克卡特尔机制破坏、国家政

---

① 张环：《沙特经济“如履薄冰”》，《金融时报》2015 年 12 月 31 日第 008 版。

② 李丽丽、胡瑞法、王怀豫：《沙特经济发展现状及中沙经贸可持续性》，《经济论坛》2015 年第 10 期，第 123－145 页。

③ 梅新育：《展望 2016 年油价、沙特财政及其国际影响》，载《宁夏社会科学》2016 年第 3 期，第 133－140 页。

治矛盾等导致的国际油价持续低迷，市场油价低于预算设定，国内经济社会矛盾重重，福利支出刚性难以克服，军事和安全开支居高不下，都将导致沙特的财政赤字继续扩大，沙特财政收支面临困境。基于此，文章分析了沙特应对财政赤字的解决办法，并由此提出我国外贸发展面临的机遇和风险。

第3节　沙特阿拉伯公共部门风险分析

沙特作为石油主产国之一，石油出口一直是其经济发展的主要推动力量。沙特同样也是对国际石油市场供给及价格走势影响最大的国家之一，沙特公共部门的财政收支与其石油政策相互影响，并通过其储备资产变动进一步影响国际金融市场。在油价高位期间，良好的财政收支状况使得沙特这类石油生产和出口国限制产量抬高价格，公共部门风险并不突出。然而在熊市期间，石油生产和出口国争先恐后增产压价，石油价格进一步下跌，为了弥补收支赤字，沙特政府又将抛售储备资产，进而造成资产价格下跌，造成油价下跌和收支失衡的恶性循环。本节根据沙特阿拉伯中央银行以及BvD数据库中有关该国公共部门资产和负债的相关数据，分析得出受2015年油价大幅下跌影响，沙特公共部门在资本结构、公共债务等各方面的风险明显上升。

一、公共部门资产负债表分析

（一）资本结构分析

从图59.6中可以看出，2010—2014年沙特中央政府的总资产一直保持稳步增长态势，总负债规模也以合理速度增长，多年来资产负债率都不高。自2014年下半年油价暴跌，2015年整年国际油价下跌不止，沙特公共部门的总资产下跌至10682.2亿美元，同比下降5.3个百分点，近几年来首次出现负增长；总负债约4730.92亿美元，资产负债率高达44.29%，为近十几年来最高位，这说明石油价格的大幅下跌对沙特中央政府的资产和负债结构造成很大的影响。

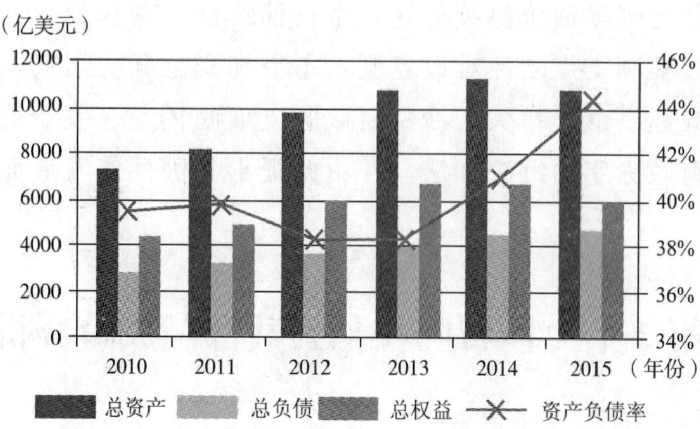

图 59.6　2010—2015 年沙特阿拉伯中央政府资本结构①

（二）清偿力风险分析

历年来，沙特财政部门都有大量的财政盈余，但根据沙特中央银行 2016 年年初发布的数据来看，受油价下跌影响，2015 年沙特政府的财政赤字逼近千亿美元，公共部门面临清偿力风险。同样，2015 年国家油价的大跌也导致了沙特众多企业的财务状况发生恶化，进而对政府的税收收入产生不良影响。为了对抗石油收入和外汇储备减少，沙特 2016 年 4 月启动了 25 年来首次国际贷款，这笔贷款是沙特阿拉伯自 1991 年以来的首次国际发债。在这样的情况下，各评级机构纷纷下调了沙特政府的信用评级。

产权比率是总负债与总权益的比值，被用于衡量一个国家公共部门的债务清偿能力。产权比例的风险值是 100%，如果公共部门的产权比率高于 100%，就表明该国公共部门的债务清偿风险较严重。由图 59.7 可以看出，

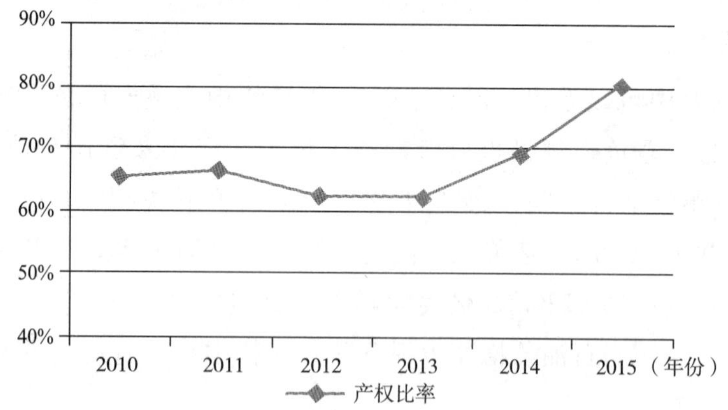

图 59.7　2010—2015 年沙特阿拉伯中央政府产权比率

---

① 数据来源：沙特央行官网年度统计数据。本节各图数据皆源于此。具体网址：http://www.sama.gov.sa/sites/samaen/ReportsStatistics/statistics/Pages/YearlyStatistics.aspx。

2015 年沙特公共部门的产权比率上升至 79.49%，突破了往年 50%～70%产权比率的范围，在 2014 年 69.14%的基础上进一步上升，这表明 2015 年沙特公共部门遭受严重冲击，清偿力风险有恶化趋势。

二、公共债务与财政赤字分析

(一) 公共债务分析

自 2010 年以来，沙特公共债务呈现小幅下降的趋势，2014 年公共债务下降至 736.2 亿美元，公共债务占 GDP 比重更是由 2010 年的 14.10%降至 2014 年的 9.80%。但受国际原油市场冲击，2015 年沙特公共债务大幅增加，达到 969.4 亿美元。公共债务占 GDP 比重更是重回 2010 年水平，达到 14.80%。但是沙特政府资本实力雄厚，与其巨大的经济总量相比，14.80%的比重并不高。如图 59.8 年示。

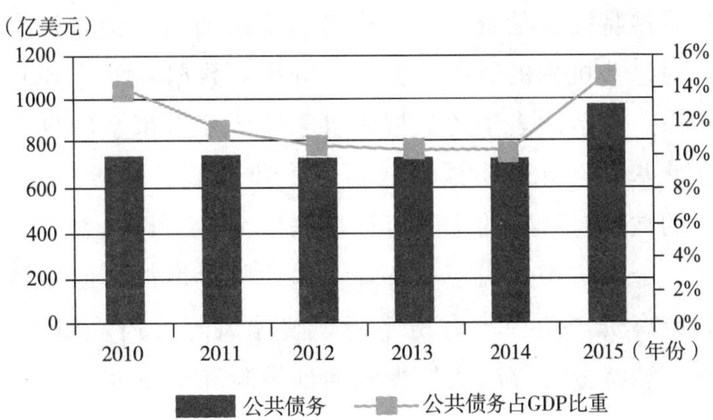

图 59.8　2010—2015 年沙特阿拉伯公共债务对 GDP 占比

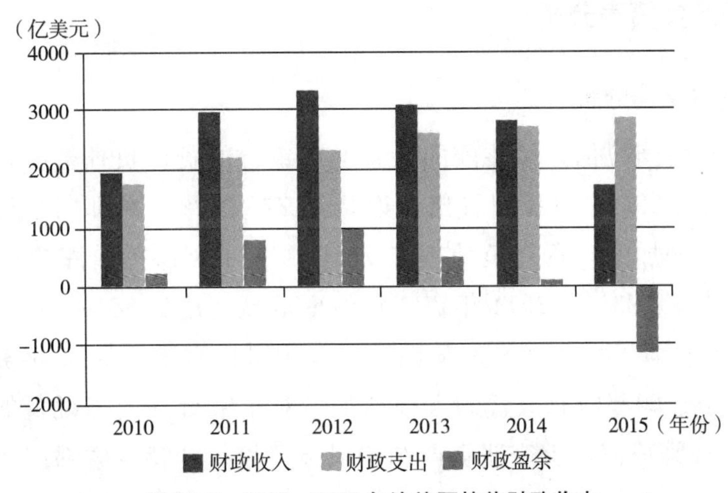

图 59.9　2010—2015 年沙特阿拉伯财政收支

（二）财政收支分析

自 2014 年下半年至 2015 年油价暴跌不止，石油收入占 2015 年 GDP 比重明显下降，不仅收入减少，由于沙特军事安全方面的开支飙升，导致总支出约 2600 亿美元，大大超出预期。入不敷出的结果便是财政赤字直线攀升，财政赤字高达 1166.83 亿美元，财政收支严重失衡，沙特公共部门风险问题严重。如图 59.9 所示，2015 年沙特国家财政收入下降到 1723.52 亿美元，同比下降 3.9%，而财政支出增加到 2890.37 亿美元，同比上升 5.8%，财政缺口由 2014 年的 89.5 亿美元盈余迅速变为 1166.83 亿美元的巨额缺口，这对于沙特公共部门带来冲击。

第 4 节　沙特阿拉伯金融部门风险分析

本节选择了沙特阿拉伯资产市值排名前 8 家的上市金融机构（主要是银行）为代表，对这些机构的财务数据展开分析，数据来源于 BvD 全球银行与金融机构分析库。本节图表中的数据来自于这 8 家上市金融机构的资产负债表的加总，在此基础上计算出或有权益资产负债表，分析结果表明 2015 年国际原油市场的波动对沙特的金融市场带来巨大冲击，从表中看出沙特金融市场波动变大、金融机构违约距离下降，违约风险增加，但沙特金融部门的资产负债率和或有资产负债率有所下降，整体风险可控。如果 2016 年国际油价持续低迷，沙特金融部门要警惕流动性风险和市场波动加剧带来的隐性风险。

一、资产负债表分析

（一）资本结构分析

通过对沙特阿拉伯排名靠前的 8 家上市银行的资产负债数据汇总，得到图 59.10。从图 59.10 中我们看出，近几年来，沙特金融部门总资产、总负债水平是逐年增加的，资产负债率在 2010－2014 年保持上涨趋势，2010 年资产负债率为 84.33%，2014 年资产负债率最高，达到 86.41%，而 2015 年资产负债率则下降至 83.75%。从图 59.10 中可以看出，2015 年资产负债率的下降得益于金融部门总权益的大幅增加。对于银行部门来说，如果资产负债率超过 90%警戒值，就表明资产结构风险严重。沙特金融部门的资产负债率虽波动较大，但一直未超过 90%临界值。就当前数据来看，2015 年沙特虽遭受油价下跌的冲击，但金融部门的资产负债率不升反降，这说明沙特金融部门资产与负债规模尚在可控范围内，资本结构错配风险不高，但是沙特上市的金融机构大多是半政府性质的机构，这些机构大都受到政府的庇护，财务报表并不透明，潜在的风险水平可能很高。

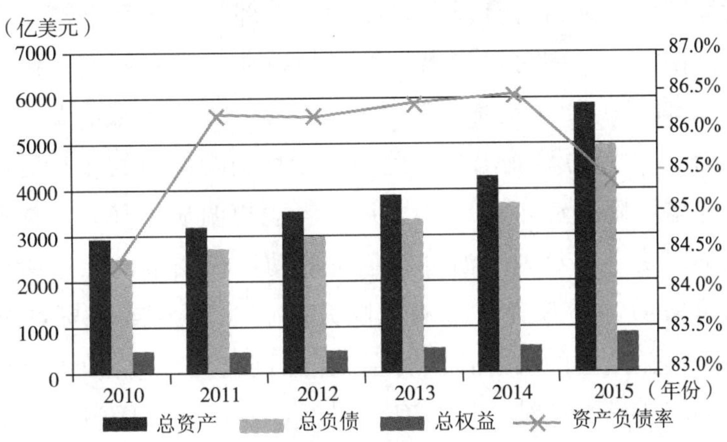

图 59.10 2010—2015 年沙特阿拉伯金融部门资本结构①

（二）存贷结构分析

从图 59.11 中可以看出，近几年沙特金融部门的存款余额和贷款余额都保持平稳增长态势。沙特金融部门的存贷比一直保持较高水平。2015 年沙特金融部门存贷比上升至 81.49%，这主要由于贷款余额的增加，沙特金融部门要警惕流动性风险。

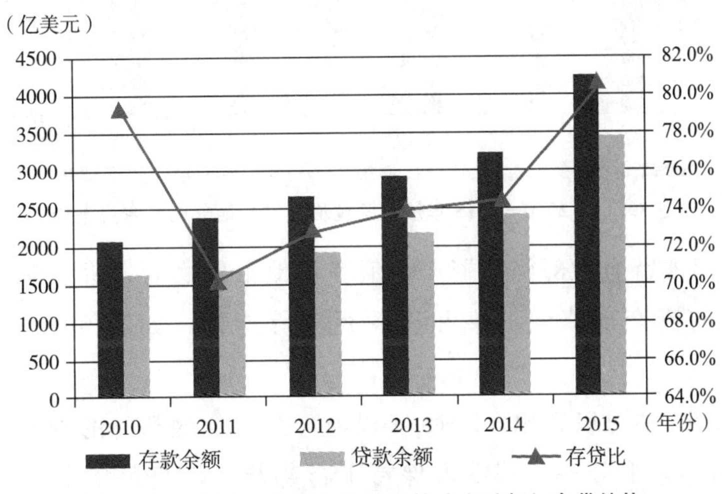

图 59.11 2010—2015 年沙特阿拉伯金融部门存贷结构

① 本节数据来源：BvD 数据库 OSIRIS 分库——全球上市公司分析，http：//www.osiris.bvdep.com/ip。

二、或有权益资产负债表分析

金融部门或有资产负债率是衡量金融部门重要的潜在风险指标，该指标系列由国内无风险利率、金融部门违约点、金融部门权益市值和金融部门权益波动率计算得到。通过计算发现，沙特金融部门的或有资产负债率也一直处于高位。从图59.12中可以看出，沙特金融部门或有资产负债率基本保持在90%左右波动，2014年更是上升至95.36%，2015年或有资产负债率有所降落，但也处于80%的警戒水平。此外，沙特金融部门的或有资产和或有负债的规模呈先增后降之势，2013年之后二者规模明显下降。具体来看，2014年沙特金融部门受下半年国际油价的急剧波动，权益市值急速减少，或有资产负债率急速增加，或有资本结构风险升高。2015年或有资产规模虽然减少，但受益于权益市值的增加，沙特金融部门或有资产负债率有所回落，表明沙特金融部门或有资产结构风险有所缓解，沙特金融部门在面对冲击时的抗风险能力和修复能力较强。这与沙特完善的金融体系、成熟的金融市场和资本充足的金融机构密不可分。

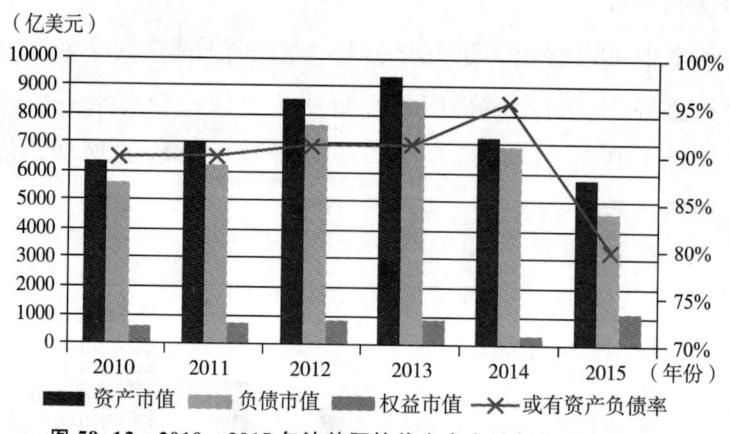

图59.12 2010—2015年沙特阿拉伯上市金融部门或有资结构

在计算出沙特金融部门的资产市值和负债市值之后，进一步可以算出沙特金融部门的资产市值波动率和违约距离等指标，如图59.13和图59.14所示。

从图59.13中可以看出，2015年以前，沙特金融部门的资产市值波动率除2011年有小幅上升外，基本上保持下行趋势，而且每年资产市值波动率都低于2%，2014年资产市值波动率为1.27%。由于沙特金融市场开放程度很高，发育较成熟，所有沙特金融部门的资产市值波动不大。但是，观察2015年的数据，沙特金融部门资产市值波动率上升至3.57%，这表明国际油价的大幅波动对沙特金融市场的稳定性带来一些冲击，沙特国内紧张的政治局势和大规模的财政赤字加快了资本的流动，投资者对沙特市场信心受到影响。不过，即使 2015 年波动率有所上升，但仍处于不高的水平，这表明沙特金融部门具有较为稳定的现金流，沙特金融部门的抗风险能力较强。

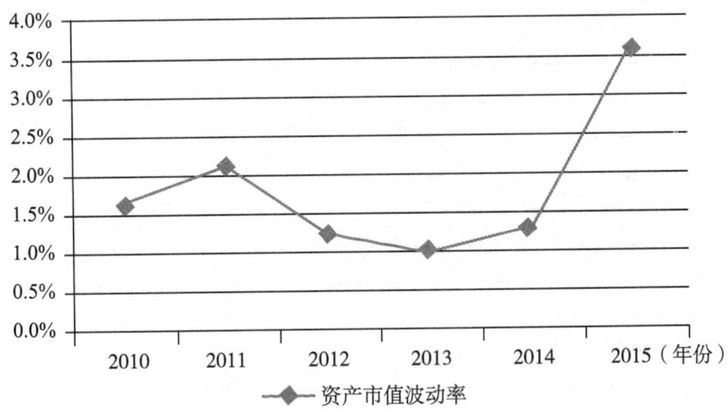

图 59.13　2010—2015 年沙特阿拉伯金融部门资产市值波动率

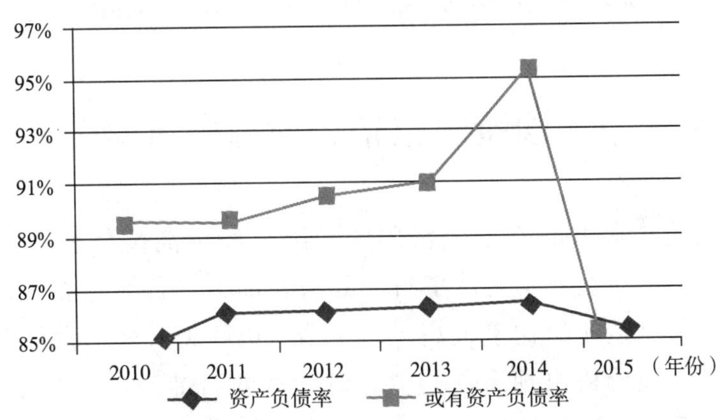

14　2010—2015 年沙特阿拉伯上市金融部门或有资产负债率与资产负债率

沙特金融部门的账面资产负债率和或有资产负债率波动幅度都不算大，2010—2014 年或有资产负债率一直高于资产负债率，2015 年沙特上市金融部门的资产负债率首次超过或有资产负债率，这表明 2015 年沙特金融部门隐性债务风险有所下降。

三、风险指标分析

从违约距离来看，沙特阿拉伯近年来的违约距离呈先增后降的态势，如图 59.15 所示。2013 年违约距离上升至 8.3 后，逐年下降至 2015 年的 4.7，这表明沙特金融部门违约的可能性近两年越来越大，2015 年更是继续恶化。

而从沙特中央银行2015年公布的数据发现，沙特银行总体不良资产率自2013年后也呈逐年上涨的趋势。2014年沙特银行部门总体不良资产率小幅回升到1.37%的水平，不过与2009年3.29%相比，还有很大差距，这表明沙特金融部门受国际油价下跌的冲击违约可能性有所增加，不过处于可控范围内，违约风险不大。

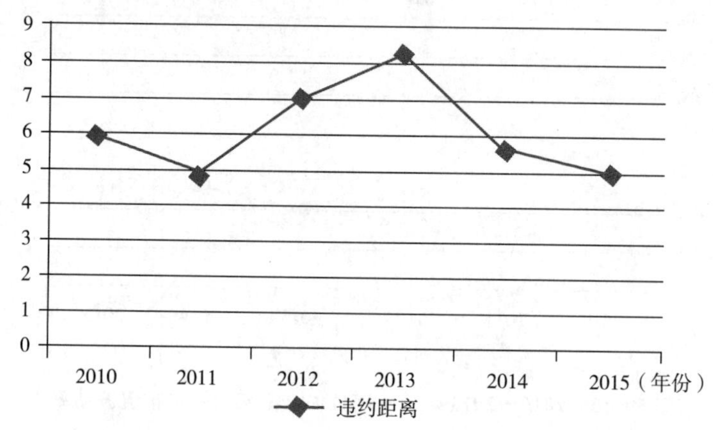

图59.15　2010—2015年沙特阿拉伯金融部门违约距离

第5节　沙特阿拉伯企业部门风险分析

沙特阿拉伯是典型的石油经济国家，国家经济高度依赖石油生产和出口。国内大多数上市企业均为从事石油开采、加工、贸易等相关的产业，石油精炼业占沙特制造业的比重很高。20世纪80年代以来，世界石油市场结构发生变化，石油价格出现下跌趋势，对沙特的石油经济产生了不利冲击，尤其是海湾战争后，沙特开始调整自己的经济发展战略，逐步减轻对石油的依赖，发展下游，加速实现经济多样化。2015年沙特石油精炼业占制造业比重下降至22%以下，去石油化成效显著。不仅如此，沙特在依靠本国财力发展经济的同时，也注重发挥私人资本的作用，加大对私营企业和外资企业的支持。本节选取了121家沙特上市企业的财务数据，通过对这些上市企业的数据汇总计算得到账面资产负债和或有资产负债等，从而分析出沙特阿拉伯企业部门的各项指标近两年确实有所恶化，但整体仍处于可控范围内，风险问题不明显。

一、资本结构分析

沙特政府十分鼓励和重视私营部门在经济发展中的作用，认为实现经济多样化要靠私营经济的带动。沙特政府出台了诸多政策来推动私有化，例如，将一些国营企业变为私营，政府对私营企业在财政上给予支持，鼓励私人投资大型项目。得益于这些举措，沙特私营经济发展迅猛，私营企业数量增多，盈利能力较强。从图 59.16 中可以看出，沙特上市企业的总资产和总权益规模水平较高，增长平稳，2015 年这 121 家上市企业总权益高达 1876 亿美元。沙特上市企业的资产负债率在 2010—2013 年处于下降通道，主要得益于总负债的低速增长。2014 年和 2015 年国际石油市场产生了巨大的波动，对沙特上市企业经营收入产生了冲击，资产负债率在 2014 年和 2015 年都有所上升，2015 年的资产负债率达到 55.2%。但同时我们也看到，沙特上市企业的总资产仍在不断增加，且增长速度较快，总负债的规模也处于可控水平内，资产负债率尚处于安全水平之内。可见，沙特上市企业的抗风险能力和盈利水平较强，有充足的资本应对国际冲击。

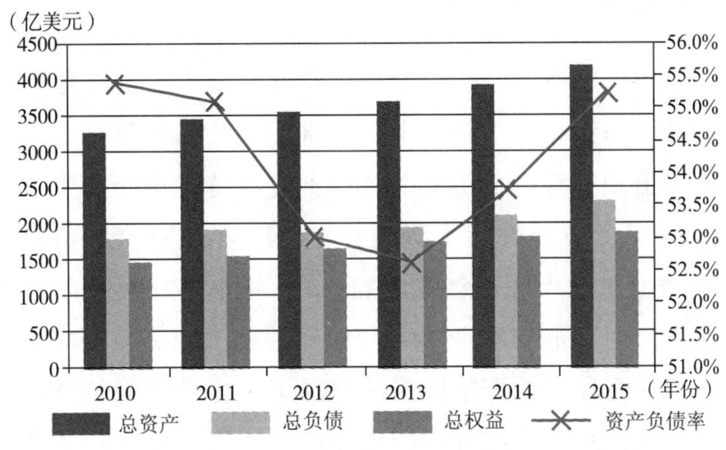

图 59.16　2010—2015 年沙特阿拉伯企业部门资本结构

二、期限错配分析

从图 59.17 中可以看出，自 2010 年以来，沙特 121 家上市企业的流动资产和流动负债规模基本上逐年增加，流动比率呈现先增后降的变化，但最高水平也只有 1.6，没有达到 2 的安全值，这说明沙特企业部门短期偿付能力较弱，流动性风险较大。2015 年沙特企业部门的流动资产减少，流动负债增加，导致流动比率下降至 1.38，这表明国际油价的大幅走低消耗了大量的流动资产，沙特企业部门短期偿债能力减弱。此外，从图 59.17 中可以发现沙特企业部门 2015 年总资产规模是增加的，而流动资产的规模却在减少，这表明沙特企业部门资产结构不合理，存在期限错配风险。

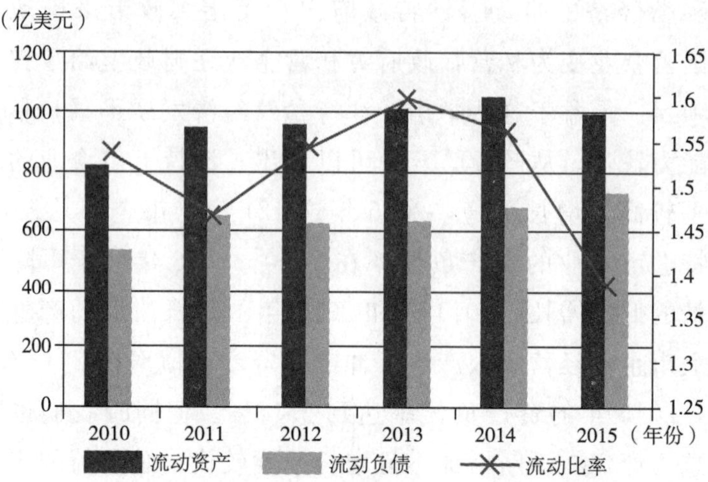

图 59.17　2010—2015 年沙特阿拉伯企业部门期限结构

三、或有权益资产负债表分析

从图 59.18 中可以看出，沙特上市企业部门或有资产市值和或有权益市值呈现先增后降的态势，与沙特上市金融部门或有资产结构走势一致，2013 年后或有资产市值和或有权益市值下降，不过沙特上市企业部门或有资产负债率在 2010—2015 年总体保持下降趋势，2015 年或有资产负债率更是下降至 24.8%，这表明虽然国际石油市场自 2014 年下半年至今暴跌不止，但是这对沙特企业部门的冲击仅在 2014 年有所体现，2015 年沙特企业部门迅速调整经营策略，在石油出口严重低迷的情况下，凭借雄厚的资本和超强的盈利能力，维持了较低水平的或有资产负债率。沙特企业部门整体实力强，抗风险能力值得关注。

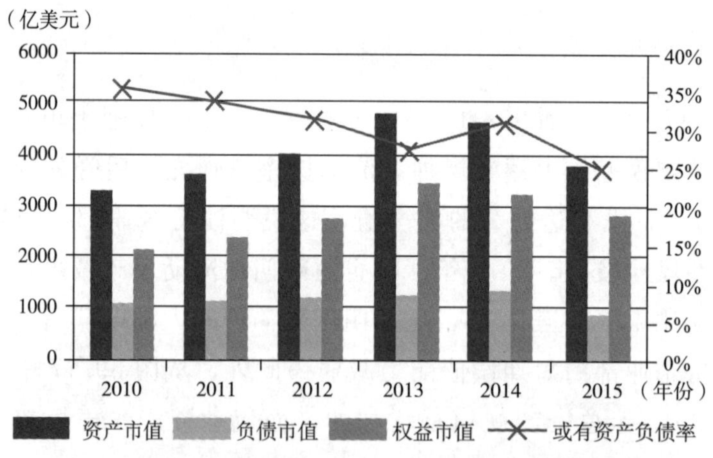

图 59.18　2010—2015 年沙特阿拉伯上市企业部门或有资产结构

四、风险指标分析

（一）资产波动率分析

资产市值波动率是关于系统性风险、非系统风险性的一项指标，它也反映投资者预期，该值越低，表明系统性风险和非系统性风险越低，投资者的预期越乐观；该值越高，则表明系统性风险和非系统性风险越高，投资者的预期越悲观。从图 59.19 中可以看出，受国际石油市场的冲击，2014 年和 2015 年沙特企业部门资产波动率明显增加，沙特资本市场出现大幅波动，资产波动率在 2014 年达到 14.4%，2015 年沙特上市企业部门资产波动率有所回落，下降至 13.28%，低于 2011 年水平，仍然处于沙特企业部门可控范围内，风险问题不大。

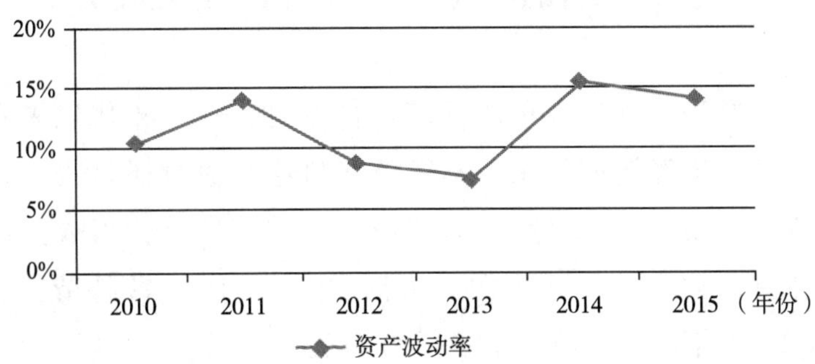

图 59.19　2010—2015 年沙特阿拉伯上市企业部门资产市值波动率

（二）违约距离

与上述沙特上市企业部门或有资产结构和资产波动率走势一致，沙特上市企业部门的违约距离在 2014 年和 2015 年有所下降。违约距离是用来衡量一个部门的违约概率，违约距离越小，表明违约的概率越大。从图 59.20 中可以看出，近两年沙特上市企业部门违约概率增加，存在一定的违约风险。但是即便如此，沙特上市企业部门违约距离也未低于 5 的水平，近两年虽受油价暴跌的冲击盈利能力的影响，但整体维持在较高水平，不必过分担心沙特上市企业部门的违约风险。

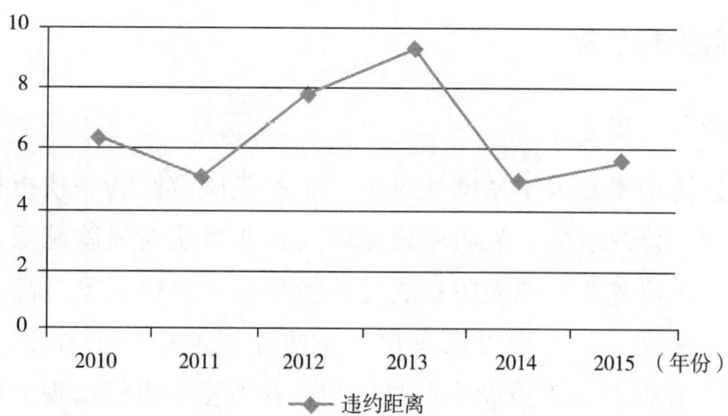

图 59.20　2010—2015 年沙特阿拉伯上市企业部门违约距离

第 6 节　沙特阿拉伯家户部门风险分析

沙特是一个典型的地广人稀的国家，自 20 世纪 70 年代以来石油出口的迅猛发展带动了沙特经济的繁荣，不管是人口绝对数量还是人口相对素质都无法满足沙特经济发展对大量劳动力的需求，致使外籍劳工成为沙特经济各部门招聘和补充劳动力的主要来源。根据 2011 年 12 月沙特劳工部出具的一份报告指出，2011 年沙特私营企业 690 万雇员中，只有 72.4 万雇员为沙特本地人。由于大量外籍劳工逐步渗入沙特社会和经济生活的各个领域，带来了很多负面效应，沙特政府开始实施劳工“沙特化”政策，力图适度控制外籍劳工的增长，并逐步由本国劳动力取而代之。自劳工“沙特化”政策执行以来，在降低沙特国民失业率方面已取得一定效果。由图 59.21 可以看出，沙特劳动力人口在 2013 年虽小幅下降，但之后几年保持稳步增长态势，2015 年沙特劳动力达 11.67 亿人，同比增长 4.01%，而沙特的整体失业率从之前的 12%降至 6.1%，沙特本国居民获得的工作机会相当于过去三十年就业总人数的 38%。

个人消费支出平减指数是指一个国家当前物价与实际消费支出的比值，从而将以货币表示的名义个人消费支出调整为实际的个人消费支出，它能反映该国在不同时期内个人消费支出总水平变动程度，是衡量国内通胀压力最恰当的指标。从图 59.22 可以看出，沙特阿拉伯的个人消费支出平减指数波动较大，2011 年由 4.10%下降至 2.38%，2012 年回升至 3.84%，2014 年再次下降至 2.13%，2015 年 CSD 指数大幅上升至 4.47%，这表明沙特物价波动较大，2015 年低迷的国际石油市场对沙特物价造成一定的上涨压力。

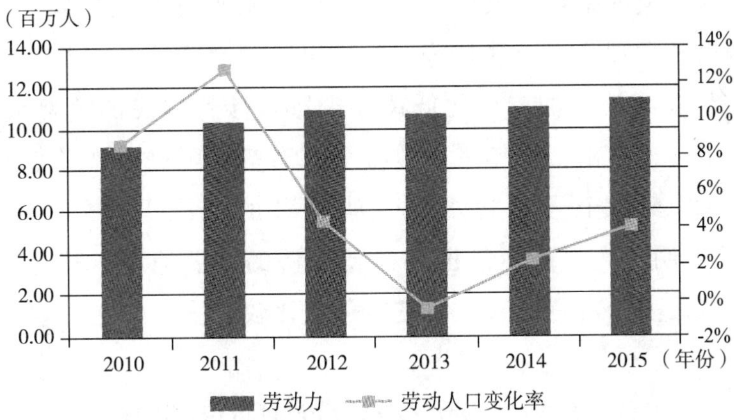

图 59.21 2010—2015 年沙特阿拉伯劳动力

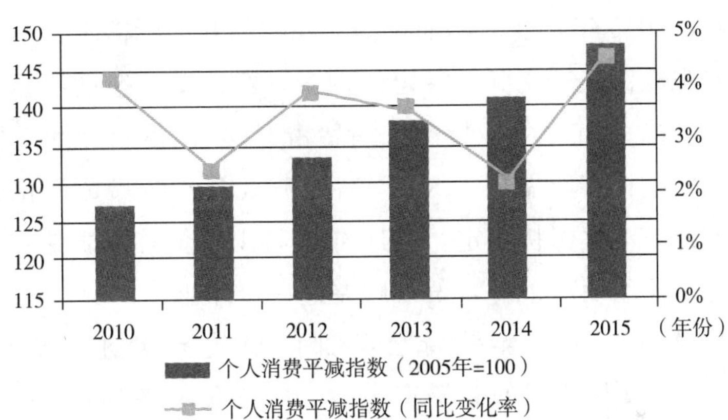

图 59.22 2010—2015 年沙特阿拉伯家户部门通胀压力

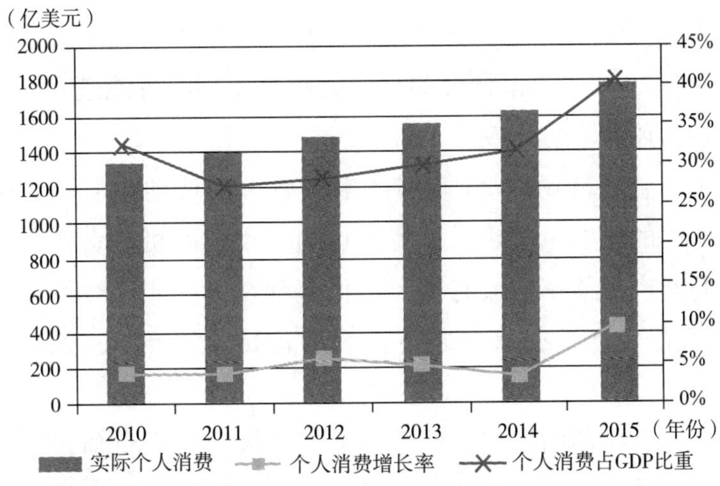

图 59.23 2010—2015 年沙特阿拉伯家户部门个人消费

图 59.23 反映的是沙特家户部门个人消费水平及变化趋势。近几年，沙特个人消费水平呈现稳步上涨趋势，2015 年个人消费水平大幅提升，增长率高达 9.71%，这表明石油市场的低迷并未影响沙特居民的消费水平。此外，从图 59.23 中可以看出，多年来，沙特个人消费占国民生产总值比值一直不高，即使在 2015 年个人消费水平大幅上升的情况下，个人消费占比仅 40.36%，这说明个人消费不是推动沙特经济的主要力量。这也在一定程度上说明沙特虽是一个富有国家，但贫富分化比较严重。

第 7 节　结论及对中国的借鉴

总体来看，2015 年，受国际油价的大幅波动和国际需求市场的疲软，沙特阿拉伯的宏观经济运行受到了一定的冲击，经济增长速度明显放缓，各部门面临的风险加剧。2015 年沙特私人消费占 GDP 比重超过固定资产投资占比，投资和消费结构有所恶化。2015 年沙特 GDP 平减指数变化较大，通货膨胀率有所上升，汇率保持稳定。2015 年沙特出口贸易明显受到冲击，石油收入占生产总值比重明显下降，贸易顺差进一步缩小。

公共部门方面，2015 年沙特公共部门财政赤字进一步扩大，高达 1166.83 亿美元。公共部门的总资产减少，资产负债率高达 44.29%，沙特公共部门存在资本结构的错配风险。产权比率上升至 79.49%，沙特公共部门存在清偿力风险。公共债务占 GDP 比重达 14.80%，沙特公共部门存在违约风险。未来受石油市场供求基本面、能源补贴改革、福利支出向下刚性等负面因素的影响，2016 年沙特公共部门的财政赤字有可能进一步扩大，沙特公共部门面临的风险不容乐观。

沙特阿拉伯金融市场在 2015 年产生了较大的波动，但是这样的波动对于沙特金融部门的影响也较小。沙特阿拉伯上市金融机构资产负债规模进一步增加，账面资产负债率和或有资产负债率都在进一步减少，账面资产负债率更是下降至或有资产负债率之下，表明沙特金融部门 2015 年风险有所好转。

沙特阿拉伯企业部门资产负债结构良好，或有资产负债水平也在可控范围内，企业部门结构错配风险较小。虽然沙特上市企业部门违约距离有所下降，但是未超过警戒水平，不必过分担心沙特上市企业违约风险。不过，沙特企业部门 2015 年流动比率有所下降，在总资产规模增加的背景下，流动资产规模的减少表明沙特企业部门资产结构不合理，要警惕期限错配风险。

沙特的经济外向程度很高，对外贸易是沙特经济发展的主要推动力量。在与中国的经贸往来方面，沙特已经成为中国在西亚地区的最大贸易国及最大的石油进口国，中国目前为沙特的第二大贸易伙伴国。在当前全球经济格局不断变化的背景下，中沙经济与贸易关系已经逐步超越了能源并向其他领域拓展，在双边、海湾、中东、全球等多个层次和能源、贸易、投资、金融等多个领域均具有合作价值与合作空间。在中国大力实施“一带一路”战略的进程中，沙特所在的海湾地区是“一带一路”实施的重要指向与关键所在，中沙经济与贸易的紧密合作对于推进“一带一路”建设具有重大意义。沙特作为最大的海湾国家和海合会领导核心，具有经济实力强、辐射范围广、带动作用大的优势，是中国建设“一带一路”的合作伙伴，中沙经济合作具有重要的战略意义。中国应重视与沙特在区域经济合作、全球经济治理、构建大国中东关系等方面的合作。虽然亚洲与中东的经济与文化联系日益上升，但在中东地区占据支配地位的依然是西方大国，特别是美国。考虑到牢固的沙美盟友关系，中美两国对于沙特经济发展与能源贸易的影响均十分重大，大国在中东的经济冲突不符合沙特的国家利益，沙特在中国与美国在中东地区构建新型经济合作关系中可发挥桥梁作用。在中国发展崛起和参与中东、欧亚大陆与全球经济格局转型中，应更加重视沙特的战略经济地位，在能源合作的基础上有必要以超越石油的宽广视野努力构建中沙战略经济关系。不断夯实中沙经济合作领域，深化在能源、非能源贸易、金融、区域经济合作、全球经济治理等领域的合作，将广阔的合作空间和良好合作前景变为现实。在巩固逐步建立的能源贸易相互依赖关系的同时，特别重视通过建立货币互换机制、扩大相互投资、塑造石油美元流向、共建能源期货交易机构、影响能源定价机制等途径推动沙特对外金融关系的转向，促使沙特对外金融关系进一步转向，为“一带一路”与沙特“东向”政策的真正对接奠定坚实基础。建立官方与民间多层次合作交流机制，适时设立战略经济对话机制，尽快签订中国—海合会自由贸易协定，将中沙经济关系作为双边战略合作关系的压舱石，致力于将沙特打造为“一带一路”建设的战略支点国家之一。

参考文献

［1］Saudi Arabia Monetary Agency Annual Report 2015.

［2］Economist Intelligence Unit：*Country Risk Service Saudi Arabia January* 2015，*the Economist*，Jan. 1，2015.

［3］EIU Country Data：Country Outlook：Saudi Arabia，https：//eiu. bvdep. com/countrydata/ip.

［4］王晓苏：《沙美油价战时隔30年再度打响》，《中国能源报》2014年12月8日第009版。

［5］刊论：《沙特：低油价时代已到来》，《中国石油企业》2014年12月。

［6］邹志强：《油价下跌背景下的沙特角色之争》，《中国石油报》2014年12月9日第4版。

［7］宋磊：《欧佩克价格战：历史会否重演?》，《中国石化报》2014年12月26日第5版。

［8］王云松、吴成良：《国际油价恐将低位徘徊》，《人民日报》2014年12月6日第3版。

［9］普利策：《标普：下调沙特主权信用评级展望至稳定》，汇通网，2014年12月6日，网址：http：//finance. sina. com. cn/money/forex/20141206/012621011011. shtml。

第 60 章　南非宏观金融风险研究

南非是非洲的经济强国，经济总量位列非洲第二。在新南非成立的 21 年里，南非宏观经济保持着稳定增长势头，社会经济取得结构性进展，2010 年南非成功举办世界杯进而成功跻身金砖国家，国际社会地位日益提升。但是国际危机后，南非经济增长势头明显减弱。2015 年南非经济陷入了困境，南非货币兰德自 2014 年以来，兑美元的汇率跌了 30%。占到南非 GDP 8% 的大宗商业的价格下降，矿产订单大幅减少，制造业受到了能源限制的束缚，农业也遭遇了史上罕见的旱灾，黄金储备的消耗远超预期，金矿也因此纷纷关闭。通货膨胀率和失业率大幅增加恶化了工人的劳资僵局，在南非，大规模、频繁的罢工对本已脆弱的南非经济无疑是雪上加霜。

第 1 节　南非宏观金融风险概述

一、经济运行概况

自 2012 年以来，南非经济增长势头明显减弱，如图 60.1 所示。根据 IMF 统计，2012—2014 年撒哈拉以南非洲地区经济分别增长 4.9%、5% 和 6%，其中有将近 1/3 的国家经济增长率超过 6%，但是，作为非洲经济发展“领头羊”的南非经济则呈现明显的减速态势。受欧债危机和国内工人罢工事件的影响，2012 年经济增速降至 2.47%，2013 年经济增速只达到 1.89%，2014 年经济增长率继续降至 1.64%。到了 2015 年，金属价格下跌和电力供应紧张，使经济增长受到重创，南非经济增速再次下降至 1.33%，为 2009 年经济衰退以来的最低点。全年实现生产总值 3334.9 亿美元。这些数据表明南非经济增长陷入停滞。

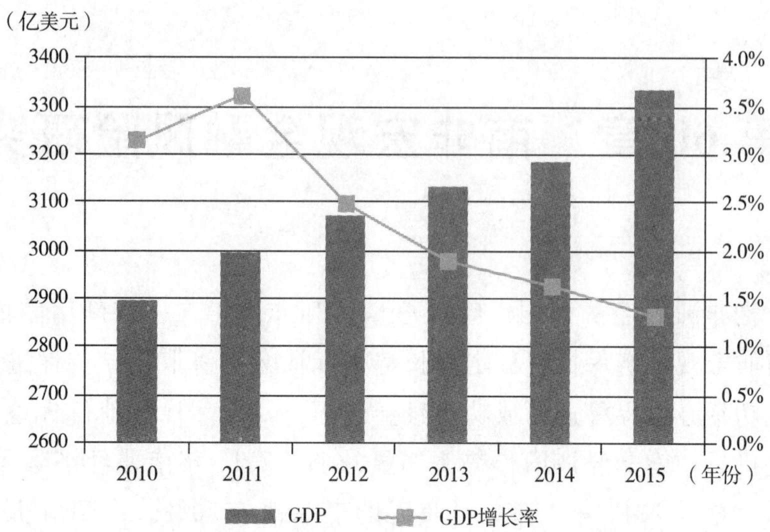

图 60.1　2010—2015 年南非 GDP 及 GDP 增长率

从图 60.2 中我们看出，实际私人消费需求是南非 GDP 的主要构成，常年处于 65%左右的高位，且有逐年递增的趋势。但是南非实际固定投资总额占 GDP 的比例一直在 20%左右徘徊。2015 年，南非实际私人消费总额达到 2170.5 亿美元，实际政府消费总额达到 699 亿美元，实际固定投资总额达到 676.4 亿美元，三项占南非经济总量的比例分别为 65.08%、20.96%和 20.28%。从这些数据中可以看出，南非经济过度依赖私人消费，固定投资不足。这种经济的结构性问题导致南非经济增长动力减弱。由于经济增长信心的变化，国内对家庭的信贷增速下降，加之，南非储蓄率较低，国内储蓄总值/GDP 不足 15%，家庭债务/可支配收入高达 70%以上，另外，劳资矛盾激化情况下，生产性投资受到影响。这些都成为经济快速增长的制约因素。

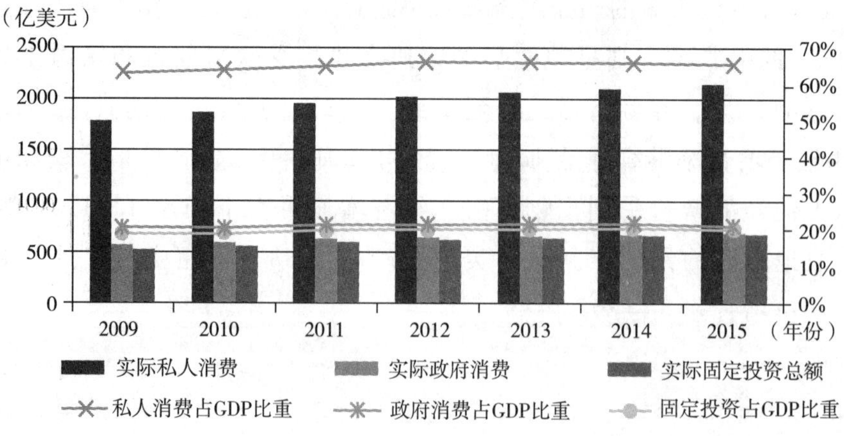

图 60.2　2009—2015 年南非消费、投资、政府消费对 GDP 贡献度

从南非这几年 CPI 数据来看，通货膨胀问题一直困扰着南非经济。2010 年南非通货膨胀率虽降至 3.37%的较低水平，但是 2011 年南非通货膨胀率一度跃升至 6.37%，超过 6%警戒线，并在后五年一直在 5%以上的高位徘徊，从图 60.3 中可以看出。这种上行的通胀压力再加上南非兰特本币的持续贬值，对南非的宏观物价（除消费品价格之外还包括生产资料价格、资本价格、进出商品和劳务价格等）造成较大的影响，增加了南非居民的生活压力。南非的进出口结构将导致经常账户逆差的持续，货币贬值、进口成本增加必然带来国内生产成本的上升，从而带来通胀压力。为控制通货膨胀，南非央行不断地提高基准利率，这无疑也加大了资金成本。

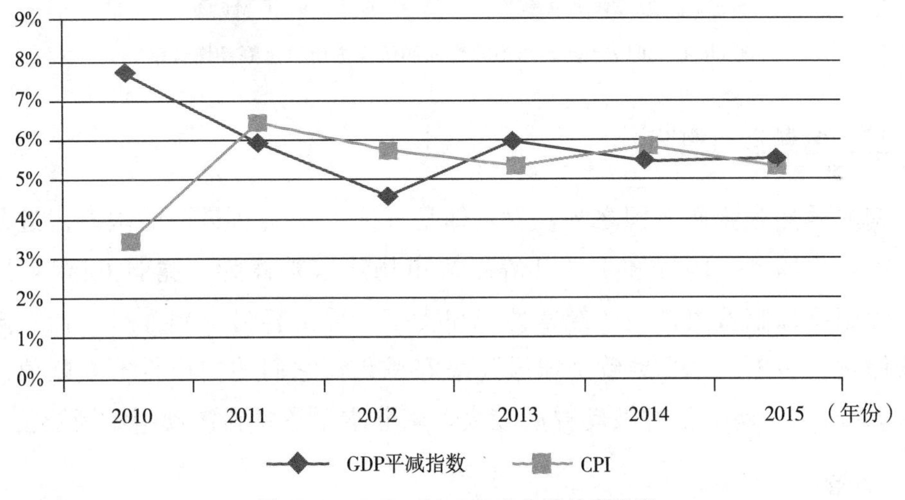

图 60.3　2010—2015 年南非通货膨胀率

从图 60.4 中可以看出，伴随南非缓慢经济增长的是经常账户赤字，且自 2010 年开始，经常账户赤字一直上升。2015 年南非出口量达到 813.9 亿美元，同比增长 1.38%，进口量达到 1027.9 亿美元，同比下降 2.44%，经常账户赤字达到 214 亿美元，相比去年有所下降。南非的经济严重依赖出口和外资，但是南非的制造业在国际市场上竞争力较弱，进口以石油、石化产品和高附加值的机械类为主，进口增速高于出口增速带来了南非经常账户赤字的不断扩大。虽然南非政府采取本币贬值的办法来提振出口经济，但是本币的贬值在出口需求增加有限而石油和机械电子产品进口大幅增加的情况下，又加剧了经常账户赤字的扩大。

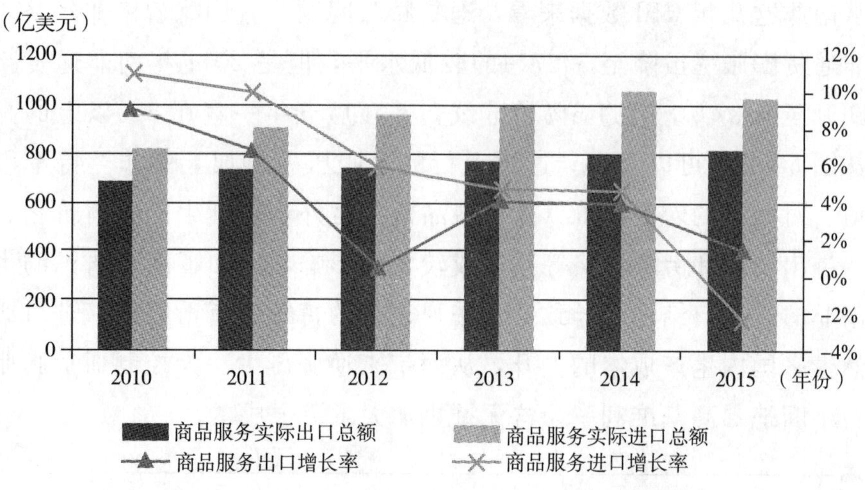

图 60.4　2010－2015 年南非商品和服务进出口总额及增长率

二、金融运行概况

南非虽然是金砖五国之一，但是却是五国之中实力最弱的国家。近几年又与巴西、印度、印尼和土耳其等新兴市场国家被评为“脆弱五国”，因为这些国家都面临着大规模的经常性账户赤字，经济容易受到外来冲击。随着美联储进一步缩减 QE 导致全球风险嗜好恶化，它们的货币将不断贬值。如图 60.5 所示，南非汇率波动幅度较大，南非本币兰特在波动中不断贬值。

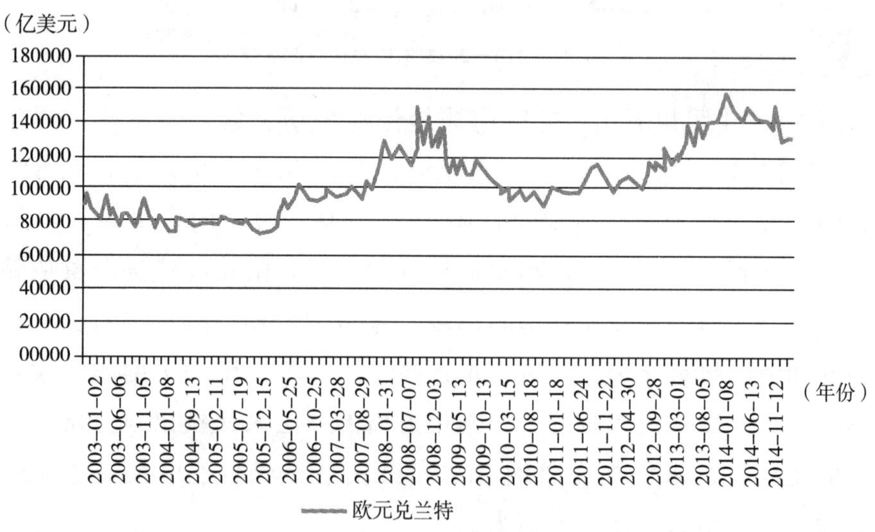

图 60.5　2009－2014 年南非汇率（美元兑兰特）日数据图

自 2011 年以来，兰特兑美元的汇率跌了近 75%。2015 年以来，兰特兑美元已累计贬值 18%，为新兴市场货币中表现最差。兰特持续贬值不仅没有提振出口，还加大了南非国内的通胀压力。而据 Capital Economics 高级市场经济学家戴维·里斯预测，“糟糕的财政状况，加上高通胀率和脆弱的收支平衡，种种迹象表明，在2016/17财年，兰特兑美元将进一步贬值。”

2015年南非货币兰特兑美元比率为12.76，相比2014年的10.83兰特进一步贬值。伴随着货币贬值的是南非外汇储备的减少，由图60.6可以看出，南非外汇储备规模一直处于较低的水平，2010－2013年外汇储备虽一直增加，但是最高点2013年南非外汇储备总量也只有448.64亿美元，2014年和2015年外汇储备规模反而不断下降，2015年南非外汇储备规模为416.2亿美元，同比下降6.22个百分点。南非本币兰特的持续贬值对于本就只有少量外汇储备的南非来说无疑雪上加霜，增加了南非政府稳定经济的压力。

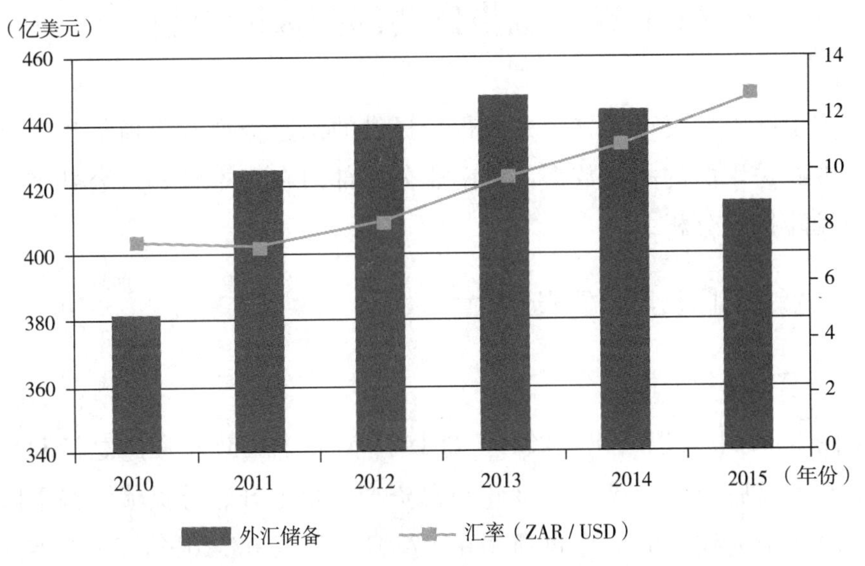

图60.6　2010－2015年南非汇率及外汇储备

第2节　文献综述

姚桂梅（2014）[①] 指出，南非在政治变革的20年内，一直采取与时俱进的财政和货币政策，依法治理经济，提高黑人地位，实施立足非洲融入全球的国际化战略。这些使得南非宏观经济一直保持稳步增长势头。但是当前南非经济陷入低增长、高失业、贫困悬殊的困局，劳动力供求结构失衡、产业

① 姚桂梅：《南非经济发展的成就与挑战》，《学海》2014年第3期，第31－37页。

结构发展不平衡、支撑经常项目赤字的外资结构不合理等是其面临的主要约束。

关秀丽（2016）① 指出南非经济增速持续放缓对其国内经济增长已经造成严重影响，持续的电力短缺以及经济严重依赖采矿业，不仅制约了其制造业和采矿业的增长，而且影响了房地产行业投资，增加了商业运营和居民生活成本。基于此，关秀丽（2016）建议在“一带一路”建设和深化中非合作背景下，以基础设施互联互通和金融为核心抓手，以园区建设为依托，形成国际产能合作新态势；宣扬和输出金融“和合”价值观，在全球和地区事务中加强合作谋取更大话语权。

第3节　南非公共部门风险分析

本节根据南非货币局（中央银行）提供的国家资产和负债信息以及 BvD 数据库中有关该国的相关数据，对南非公共部门在资本结构、公共债务等各方面的风险进行分析。

一、公共部门资产负债表分析

（一）资本结构分析

从图 60.7 中可以看出，2010－2015 年南非中央政府资产总量和负债总量都呈现先增后降的走势，2013 年在总资产大幅上升、总负债大幅下降的情况下，南非中央政府的资产负债率由 97.01％降至 67.20％，2014 年资产负债率保持 66.32％无较大波动。但是 2015 年，受南非本币兰特贬值的不利影响，南非中央政府的总资产价值下降，总负债中以外币计价的负债压力增加，导致南非中央政府总资产和总权益大幅减少，资产负债率上升，资本结构面临一定风险。

① 关秀丽：《南非经济形势及推进中南合作的建议》，《环球经济》2016 年第 4 期，第 81－83 页。

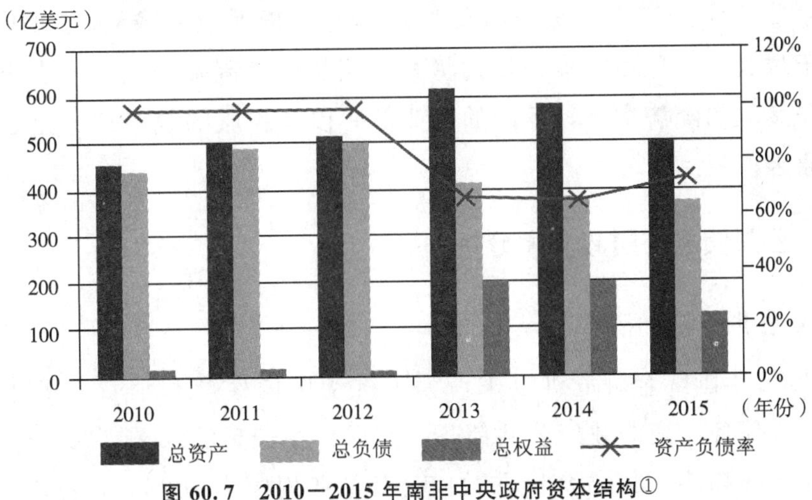

图 60.7 2010—2015 年南非中央政府资本结构①

(二) 清偿力风险分析

一国公共部门的产权比率可以用该国公共部门总负债与该国公共部门的总权益之比来表示，被用于衡量一个国家公共部门的债务清偿能力。从图 60.8 反映的南非公共部门 2010—2015 年产权比率数据来看，产权比率远远高于 100%的风险临界值。虽然 2013 年产权比率急速下降至 2.04，但是南非公共部门的债务清偿风险在 2015 年又进一步上升，产权比率达到 2.89。

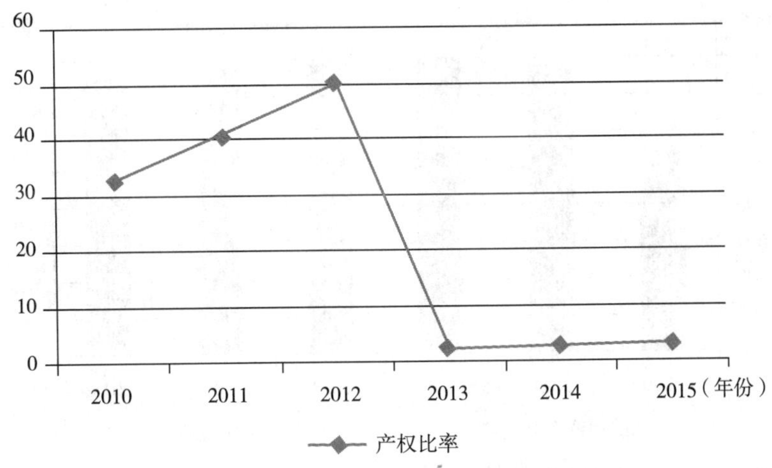

图 60.8 2010—2015 年南非中央政府产权比率

如此高的产权比率表明南非中央政府未来可能存在较大违约风险和潜在资本结构的错配风险。更加糟糕的是，国际三家评级机构在 2015 年都纷纷

① 此图数据来源于：南非中央银行网站 http：//www.resbank.co.za，并且根据各年美元/兰特平均汇率转换而成。本节其他图数据来源于 BvD 全球金融分析、宏观经济指标数据库 http：//www.countrydata.bvdep.com/ip。

降低了南非政府的信用评级，惠誉将南非的信贷评级调降到“BBB－”，只是略高于垃圾等级，而标准普尔则将其预期从稳定调降至消极。惠誉在报告称，南非疲软的经济增长，下滑的企业信心以及膨胀的政府债务是当前评级的主要原因。

二、公共债务与财政赤字分析

（一）公共债务分析

自2008年国际金融危机以来，为了推动国内生产和消费，南非政府不断增加对外债务。南非政府公共债务一直保持在较高的水平，2012－2015年保持小幅下降趋势，2015年南非政府公共债务规模为1528.84亿美元，同比下降3.48个百分点。公共债务占GDP比重同样保持在较高水平，2011年比重达到53.03%，之后虽略有下降，但2015年仍然达到45.84%的高水位。如图60.9所示。公共债务上升风险来源于公共部门的高工资、补贴农民、投资高等教育等。由于经济结构脆弱、投资者对南非经济信心不足、美联储加息等外部因素很容易触发大规模资本流失，南非公共部门的债务风险有可能进一步加大。预计2016年和2017年南非的外债比重可能还会增加。

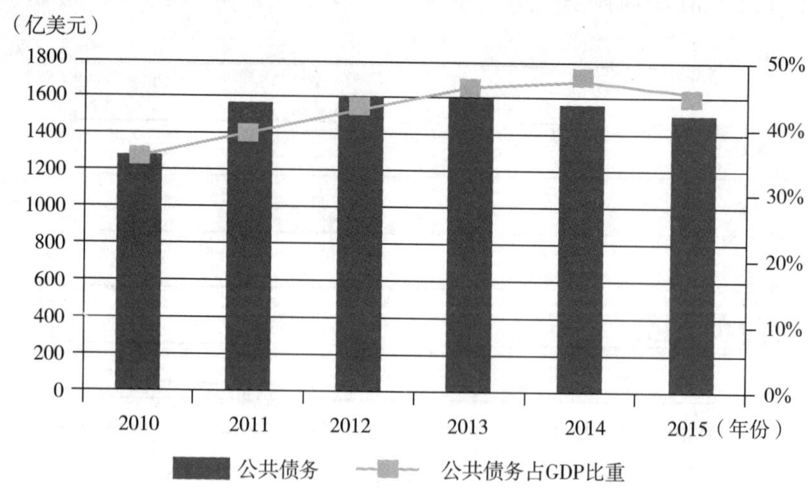

图60.9　2010－2015年南非公共债务对GDP占比

（二）财政收支分析

自2009年起，南非政府一直收不抵支。从图60.10中可以看出，南非政府的财政收支常年处于赤字状态，2014年财政赤字占GDP比重为4.7%。2015年第三季度，南非政府财政赤字占国内生产总值比重由第二季度的3.1%上升至4.1%，至2015年年末财政赤字占国内生产总值比重略微下降至

3.79%。在收入缓慢增长、债务负担加重背景下，南非政府改善财政状况，维持国债信用等级面临巨大挑战。此前，南非财政部发布公告称，2020 年前南非政府将出台一系列举措减少财政赤字占比，并预计 2015—2016 年实现 3.8%，2016—2017 年实现 3.3%，2017—2018 年实现 3.2%，2020 年实现财政赤字占 GDP 的 2.5%。

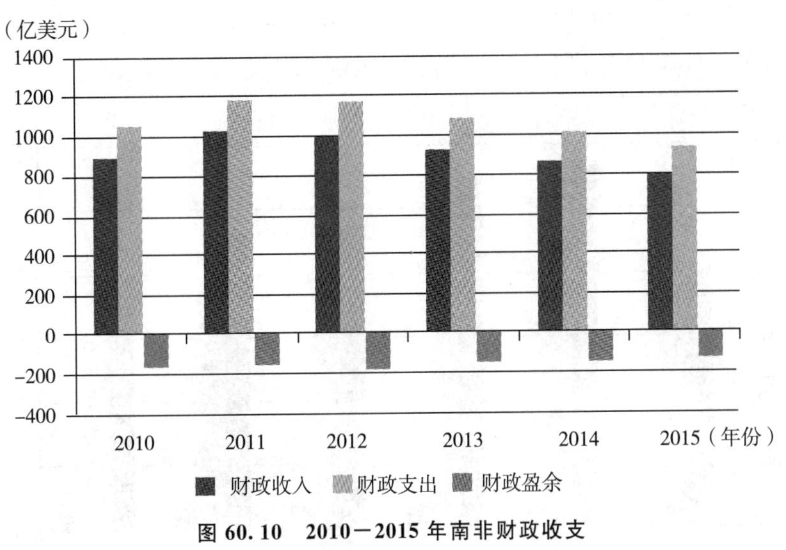

图 60.10　2010—2015 年南非财政收支

第 4 节　南非金融部门风险分析

本节选取南非资产市值排名前 9 家上市金融机构（主要为银行）为代表，对这些金融机构的财务数据进行分析。本节图表中的数据来源于 BvD 全球银行与金融机构分析库，通过对南非 9 家上市金融机构的资产负债表加总，计算出南非金融部门账面资产负债表和或有权益资产负债表，从表中看出南非金融部门违约距离增加、违约风险减少、市值有所增加，但是金融市场波动加大、账面资产负债率和或有资产负债率上升、资产负债结构有所恶化、存贷比接近风险水平。总体来看，2015 年南非金融部门存在一定的风险。

一、资产负债表分析

（一）资本结构分析

在对南非 9 家排名靠前的上市金融机构 2010—2015 年资产负债表中的数据加总后，得到图 60.11。南非金融部门的总资产和总权益自 2011 年开始逐年减少，总负债规模虽也在下降，但下降速度较缓慢，导致南非金融部门的资产负债率一直处于很高的水平。2015 年资产负债率上升至 92.3%，总权益进一步下降，资本结构恶化。这些数据都表明南非金融部门存在明显的资本结构风险，长期高于 90%警戒值的资产负债率使得南非金融部门抵御外来风险的能力薄弱，再加上当前南非制造业陷入困境，经济低迷，投资者对南非经济信心不足等外部因素都很容易触发大规模资本流失，导致国内金融市场的波动，南非金融部门面临的金融风险加大。

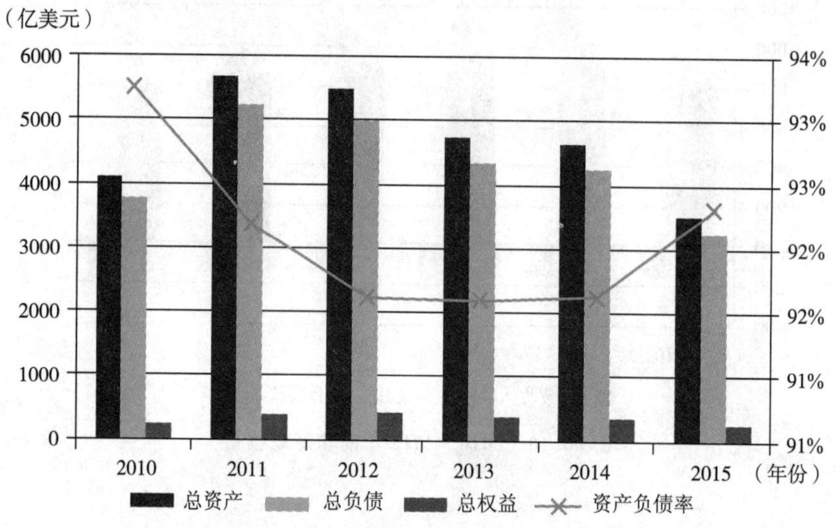

图 60.11　2010—2015 年南非金融部门资本结构①

（二）存贷结构分析

南非金融部门存款余额和贷款余额的变化趋势和资本结构的变化趋势一致，2011 年后二者都处于下降通道。如图 60.12 所示。值得注意的是，南非金融部门的存贷比处于较高的水平，一直在 90%以上，这样的数值对于一个有着同样高水平资产负债率的南非金融部门来说，不容乐观。在国际金融危机后，南非政府采取反周期的经济政策，实施宽松的货币政策和积极的财政政策，国内银行机构对私人部门和政府部门的贷款大幅增加。但是，南非经济自 2011 年陷入低速停滞期后，存贷比仍保持在高水平，这会大大增加南非金融机构的流动性风险。经济低迷，南非本币兰特不断贬值，减少了人们持有南非本币的意愿，人们可能抛售本币而持有外币，这将会导致存款规模的急剧下降，给南非金融部门造成严重的流动性风险。受累于成本提高和老

① 本节数据来源：BvD 数据库 OSIRIS 分库——全球上市公司分析，http：//www.osiris.bvdep.com/ip。注意：2014 年只有 10 家银行公布了数据，而实际上市银行在 50 家左右。

化矿井储备的耗减，南非大多数矿企业陷入困境，收入锐减，这对于南非金融部门的贷款回收也将产生十分不利的影响。因此，从南非金融部门存贷结构的分析中，可以发现南非金融部门面临着严重的流动性风险。

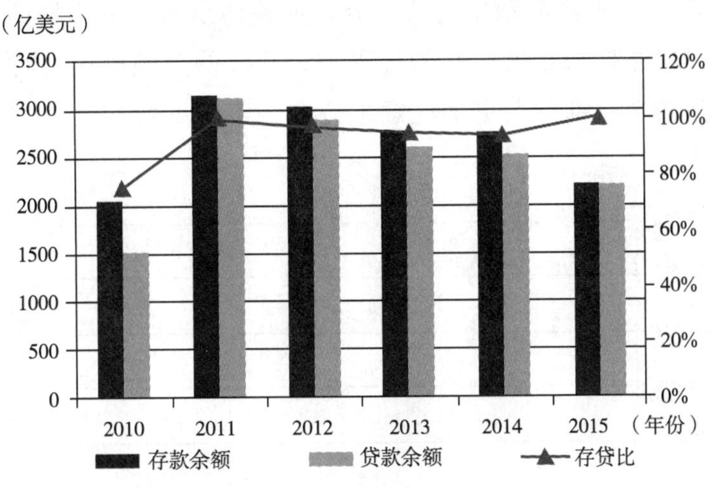

图 60.12　2010—2015 年南非金融部门存贷结构

二、或有权益资产负债表分析

图 60.13 反映的是南非上市金融部门或有资产负债情况，从中可以看出 2010—2014 年南非上市企业部门资产市值和负债市值处于缓慢下降通道，2013 年和 2014 年下降幅度最大，但是权益市值变化幅度不大，因此南非金融部门的或有资产负债率逐年递减。但是步入 2015 年，南非金融部门或有资产负债率大幅增至 90%以上，达到警戒水平，虽然资产市值规模在加大，但是由于 2015 年南非国内经济形势不佳，南非本币的持续贬值增加了南非金融部门的外债压力，负债市值的大幅提高使得或有资产结构恶化，南非金

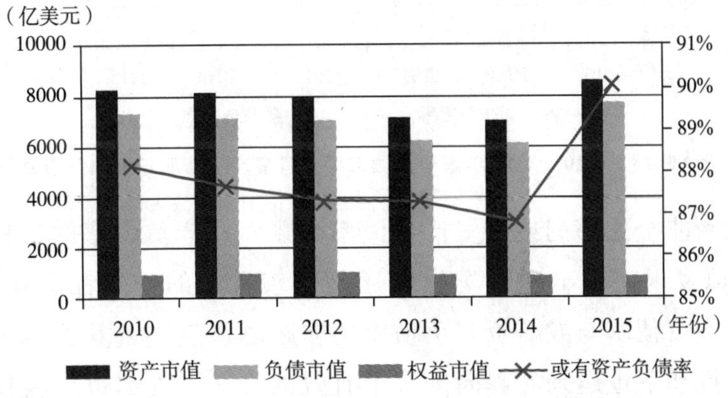

图 60.13　2010—2015 年南非上市金融部门或有资产结构

融部门存在一定的潜在资产结构风险。

2015 年全年南非本币兰特兑美元下跌了 25%，不仅如此，南非股市也在暴跌中。从图 60.14 中可以发现，南非资产市值近几年一直处于比较高的水平，2015 年资产市值波动率有所上升，反映出南非金融市场的不稳定。在未来南非建设中东区域金融中心的过程中，开放的金融市场必将受到更多的外来冲击，南非金融部门要更加注意维持金融市场的稳定性，这样才能吸引更多外资流入。

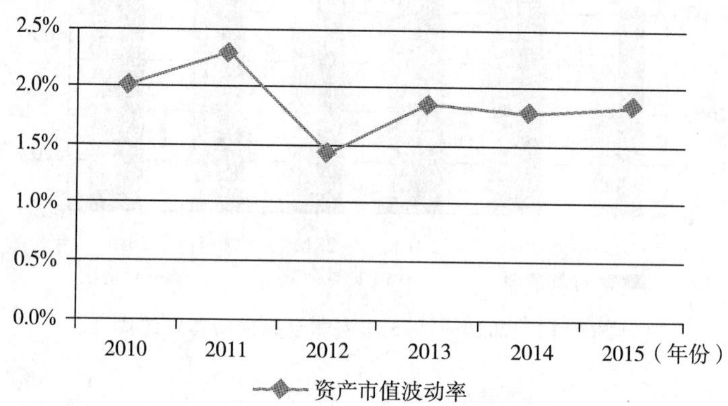

图 60.14　2010－2015 年南非金融部门资产市值波动率

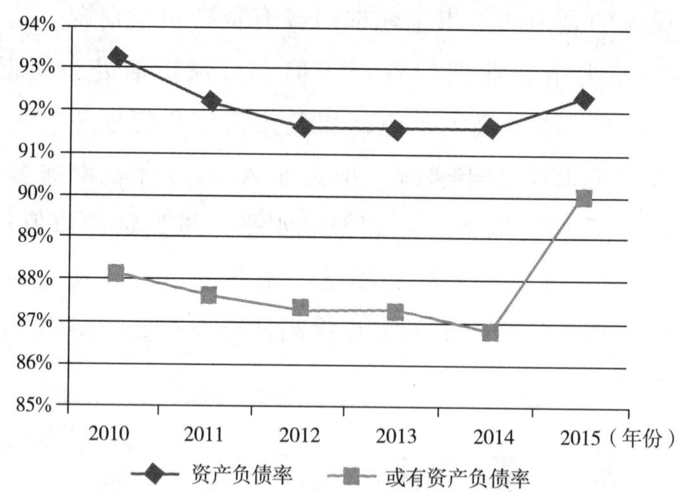

图 60.15　2010－2015 年南非金融部门或有资产负债率与资产负债率

在对比南非金融部门或有资产负债率和账面资产负债率的过程中，从图 60.15 中可以发现南非金融市场发展还是比较有效的，二者走势大致相同，而且账面资产负债率与或有资产负债率的差距越来越小，其资本市场在南非政府改革的推动下也越来越趋向于一个有效的市场，资本市场能较真实地反映实际市场的价值，其金融部门得到了市场较充分的估值。

三、风险指标分析

图 60.16 反映的是南非金融部门的违约概率，在此用违约距离这一指标衡量。违约距离可以用来衡量一个国家金融部门违约的概率，其值越小，表明该部门违约的可能性越高。观察南非金融部门近几年违约距离的变化，可以看出自 2012 年后，违约距离逐年减少，2015 年有所增加。表明近两年来南非经济增长陷入停滞确实加大了金融部门的负债压力，2015 年南非央行陆续出台一些积极的货币政策来刺激经济，从违约距离增加可以看出，这些政策取得了一定的收益，南非金融部门违约事件发生的可能性不大。

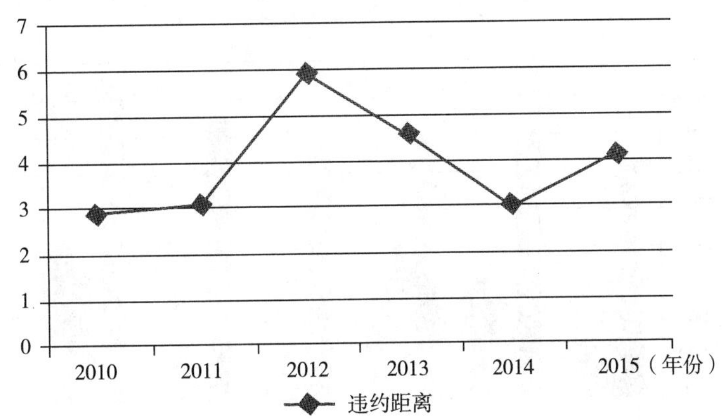

图 60.16　2010—2015 年南非金融部门违约距离

第 5 节　南非企业部门风险分析

南非政府不断缩小工业在国民经济中的比重，扩大服务业比重，优化产业结构。制造业比重的下降同时也意味着南非经济增长内生动力不足，自 2011 年以来，南非的经济增长陷入停滞。数据显示 2016 年 1 月南非制造业 PMI 跌至 43.5，较 2015 年平均水平下降 10.3%，为连续第六个月低于 50，这代表着南非企业处于萎缩状态。本节选取了南非 300 家排名靠前上市企业（主要为工业），通过将这 300 家上市企业的数据加总计算出南非企业部门的账面资产负债和或有资产负债等信息，分析出南非资本市场波动较大，南非上市企业部门面临的风险加剧。

一、资本结构分析

从图 60.17 中可以看出，南非企业部门的总资产和总权益都处于较高的水平，资产负债率也一直保持在50%左右的合理水平。2015年以来，南非本币兰特的贬值在一定程度上增加了南非的出口需求，使得南非上市企业进入了相对比较好的状态中，不少南非黄金矿企的股票都出现了大幅上涨，从图表数据中也可以发现，2015年南非企业部门总资产有所上升，资产负债率有所下降，这大大增加了南非企业抵御风险的能力。但同时，我们也应看到，兰特的下跌也意味着南非国内通胀的上涨，这意味着矿工们的收入在缩水。矿企收益的忽然大增使得矿工们会要求有更高的收入，而且在本币贬值对南非出口需求的增加有限、南非国内矿产储备逐年耗减、矿工罢工已成常态等不利背景下，南非企业部门面临的压力只增不减。

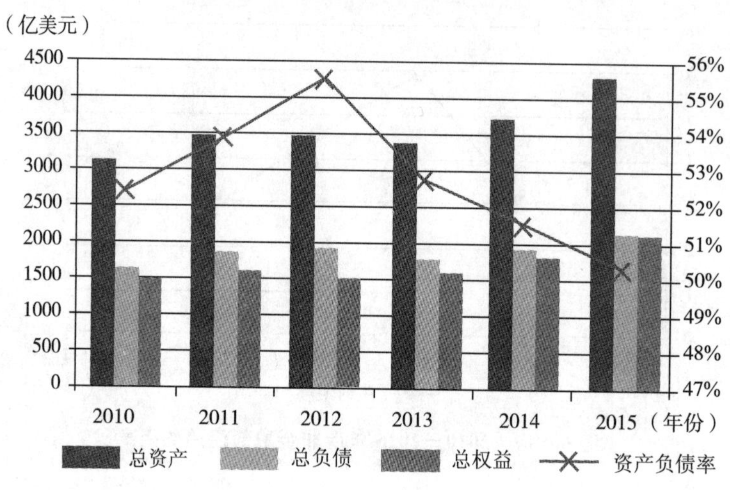

图 60.17　2010—2015 年南非企业部门资本结构

二、期限错配分析

流动比率是将流动资产除以流动负债，该比值能够恰当地衡量一个企业的流动风险和期限结构。流动比率越低，表明短期偿债压力越大，流动性风险越明显。从图60.18中可以看出，南非企业部门的流动比率大多处于1.3左右的水平。2015年流动比率更是进一步下降，大大增加了南非企业的流动性风险。

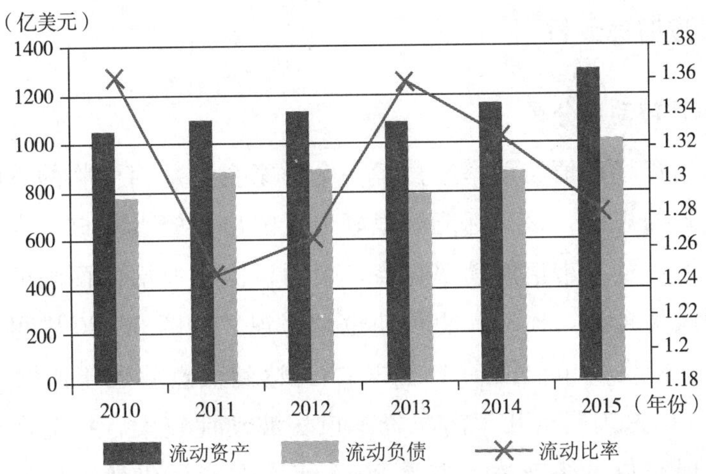

图 60.18　2010—2015 年南非企业部门期限结构

三、或有权益资产负债表分析

南非上市企业部门的资产市值和负债市值自 2011 年以来基本上处于缓慢下降趋势，或有资产负债率也随之下降，2015 年资产市值和负债市值出现较大幅度的上升，但是权益市值增长缓慢，或有资产负债率有较明显的增加，达到 27.72%。如图 60.19 所示。这可能是由于 2015 年由于南非国内政治格局出现变动、社会不稳定因素影响了南非企业部门的生存环境，竞争加剧、需求疲软导致上市企业部门的或有资产负债率有所增加。总体来看，南非上市企业部门的或有资产负债率都处于较低的水平，南非企业部门的权益市值较高，面对外来冲击具备一定的抗风险能力。

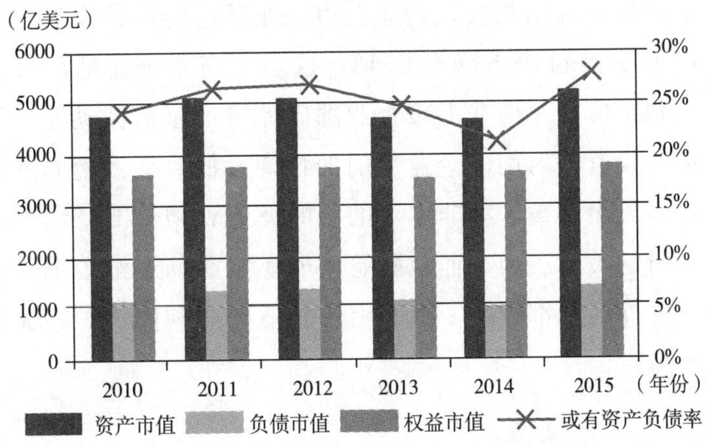

图 60.19　2010—2015 年南非上市企业部门或有资产结构

四、风险指标分析

（一）资产波动率分析

本节选用资产市值波动率来衡量一个国家企业部门面临的系统性风险和非系统性风险的规模，该指标能够很好地反映出投资者对该国家企业部门未来发展的预期。资产市值波动率越高，表明该国企业部门面临的系统性风险和非系统性风险越高，投资者的预期也越悲观。从图 60.20 中可以看出，南非上市企业部门资产市值波动率在 2012 年达到低点后逐年递增，2015 年上升至 13.89%，这表明近几年南非资本市场波动性较大，投资者对南非企业部门未来发展悲观情绪渐浓。如果 2016 年南非经济仍然不见好转，那么大规模的资本外逃可能会加剧资本市场的波动，增加南非企业部门生存压力。

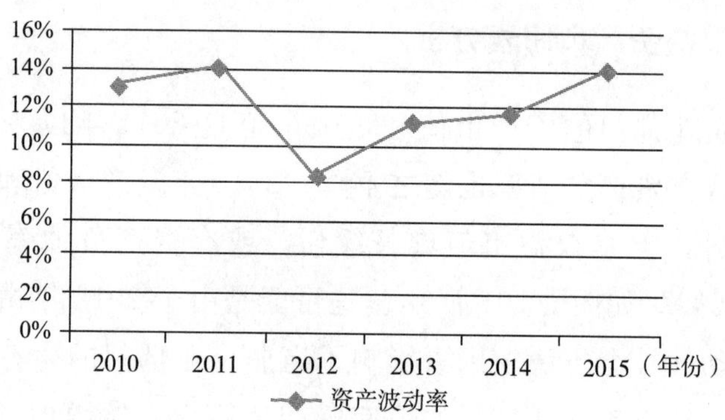

图 60.20　2010—2015 年南非上市企业部门资产市值波动率

（二）违约距离

与南非上市金融部门相反，南非上市企业部门的违约距离近年来处于下降通道，2015 年更是再次下降至 5.13，这表明南非企业部门负债压力越来越大。如图 60.21 所示。南非上市企业部门的资产市值波动率不断变大、资本市场不稳定、投资者对南非企业部门的预期看低，导致南非外国投资规模不断减少，资本流出严重，南非本币的不断贬值和物价的持续上涨也都增加了南非企业部门的负债压力，而且随着南非矿资源的逐渐萎缩，南非制造业也陷入困境，种种因素都影响了南非上市企业的盈利能力，增加了南非上市企业部门违约风险。

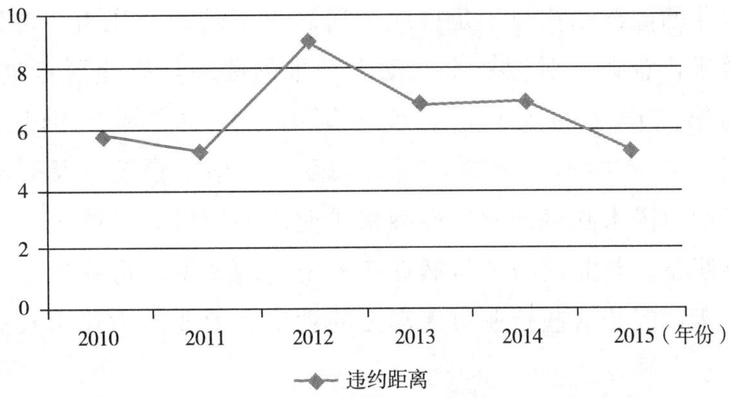

图 60.21　2010—2015 年南非上市企业部门违约距离

第 6 节　南非家户部门风险分析

南非人口规模不大，但劳动力供应比较充足，与其他海湾国家一样，南非的劳动力严重依赖外来人口，既可以雇用到各类高素质的白人或其他国际技术人才，还可以雇用到大量的黑人劳工，但结构性失业特征明显是南非当前面临的主要问题。如图 60.22 所示，2015 年，南非虽新增就业人员 630 万人，但是失业率却高达 25.90%，创下近年新高，有可能继续保持全球最高水平而持续恶化的劳资僵局对于南非的经济无疑是雪上加霜。在劳动力需求方面，受困于南非国内经济低速发展，矿业、采石业、制造业和建筑业等南非支柱性产业萎缩，不仅不能提供充足的就业岗位，而且大规模的裁员活动，导致南非失业率居高不下。失业人群一般集中于青年人、非熟练工人及黑人团体，这些人员大多受教育程度低，劳动力素质和技能水平也较低。

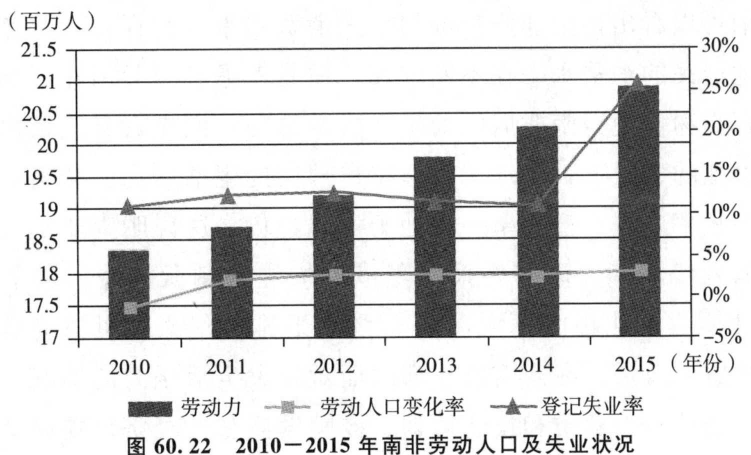

图 60.22　2010—2015 年南非劳动人口及失业状况

当前南非的经济结构也不足以缓解居高不下的就业压力。首先，农业和矿业增长缓慢，意味着对低技术劳动力需求的萎缩，就业形势进一步恶化。其次，作为第二产业的工业增加值占国内生产总值的比例从 1980 年的 48.4%降到 2014 年的不足 30%，受大宗商品价格的暴跌以及受电力危机的影响，对劳动力需求旺盛的制造业和采矿业深陷困境，未能提供充足的就业机会使百姓获益。与此同时，虽然近年来南非的金融、房地产以及商业服务部门发展迅速，但是这些行业对劳动力的素质和专业能力要求较高，对非熟练劳动力需求有限。

物价持续不断上涨也是南非家户部门面临的风险之一。由图 60.23 可以看出，南非个人消费支出平减指数（CSD）一直保持上升趋势，2015 年该指数超过 6%，表明南非通胀压力较大，南非家户部门面临着较大的物价上涨压力。

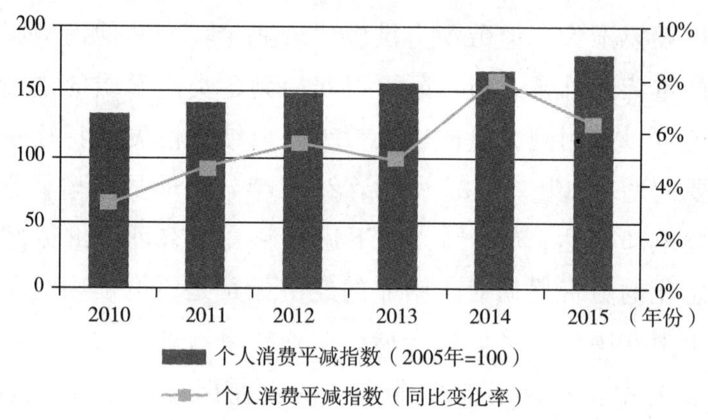

图 60.23　2010—2015 年南非家户部门通胀压力

图 60.24 反映的是南非家户部门 2010—2015 年个人消费水平及变化趋势。从图中可以看出，南非家户部门个人消费水平一直保持上涨趋势，这表明南非本地居民的消费水平在不断增加，但是考虑到当前南非居高不下的通货膨胀率，高物价使得南非居民的生活成本增加，而在名义收入水平不变或者小幅度增加的背景下，增加了南非家户部门的生活压力。从南非家户部门个人消费增长率来看，增长率一直处于下降趋势，这说明南非私人消费可能在未来会陷入停滞期，南非要采取积极的措施来刺激消费。从个人消费占 GDP 比重来看，变化幅度不大，在 60%水平徘徊，这表明消费是推动南非经济发展的重要力量。在当前家户部门面对较大生活压力的情况下，南非政府要通过加强劳动力素质和技能培训、鼓励发展私营经济、提高就业率、抑制通货膨胀等手段，增加南非家户部门的收入水平，提高消费对南非经济增

长的拉动作用。

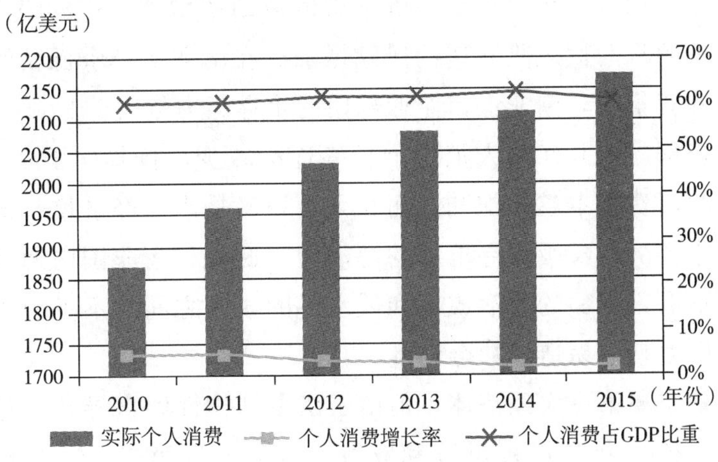

图 60.24　2010—2015 年南非家户部门个人消费

第 7 节　结论及对中国的借鉴

总体来看，2015 年南非经济遭遇重创，增长速度明显放缓。南非本币兰特持续贬值，国际大宗商品价格的暴跌使得南非矿业和制造业部门陷入困境，国内通货膨胀率和失业率高居不下加重了南非家户部门的生活压力，劳资纠纷愈演愈烈，长期前景令人担忧。

南非公共部门 2015 年总资产和总权益双双大幅减少，资产负债率上升，资本结构面临一定的风险。高数值的产权比率反映出南非公共部门违约可能性较大，国际各评级机构纷纷降低南非主权债务评级。不过南非公共债务占 GDP 的比重不大，2015 年还有所下降，降低了该国发生债务危机的可能性。由于金融危机后南非政府实行反周期的财政扩张政策，使得南非公共部门财政收支长期处于赤字状态，且财政缺口占 GDP 比重逐年增加。

南非金融部门近几年总资产和总权益水平同样处于下降趋势，2015 年资产负债率有所增加，资本结构存在错配风险。金融部门或有资产负债率和账面资产负债率变化趋势一致且差值逐年缩小，这表明南非金融部门估值合理，隐性风险不严重。随着南非本币的持续贬值以及投资者预期越来越悲观，南非金融市场可能会面临大规模的资本外流，加剧南非金融市场的波动。

南非企业部门资产规模和负债规模近几年都呈上升趋势，资产负债率逐年减少，资本结构良好，或有资产负债规模也在可控范围内。不过 2015 年南非上市企业部门流动比率降低、资本市值波动率增加、违约距离减少，故企业部门面临的流动性风险和违约风险增加。在南非矿产资源持续萎缩、电力能源不足的背景下，南非上市企业部门的生存压力较大。

南非家户部门近几年个人消费增长率逐渐减少，且趋向于 0，这表明南非家户部门的消费基本趋于饱和，而私人消费又是南非经济增长的重要推动力，未来南非经济增长亟须寻求新的源动力。此外，南非国内通货膨胀率和失业率居高不下，高额的生活成本和低水平的收入之间的不平衡加大了南非居民的生活压力，容易造成社会动乱。

南非曾是非洲第一大经济体，但由于诸多结构性因素导致近年来南非经济陷入低迷，2013 年一度被尼日利亚取代位居非洲第二，这一转变令人深思。当前，中国正处于“新常态”背景下经济转型的关键时点，综合南非近几年经济发展过程中出现的问题，中国政府应在以下几点多加注意：第一，特别关注青年失业问题，应通过改革来加强教育与职业培训，提升劳动者的素质与技能，增强就业竞争能力；第二，必须通过长期稳定的产业政策和利用比较优势，大力发展矿业和加工制造业，打造有益于私营企业发展的环境；第三，继续改善投资环境，促进外国投资商信心，鼓励外商以多种组合形式投资南非实业；第四，继续立足亚洲，通过“一带一路”战略的实施，加强与周边国家的经济和贸易联系，加强中国的国际地位。而在中国实施“一带一路”战略的过程中，中国和南非作为“金砖国家”中两个重要的成员国，更应加强中南双方在经济和贸易上的合作，在国际方面产生强大的协同效应，谋求共同进步、共同发声。

参考文献

[1] South Africa Central Bank Annual Report2015.

[2] South Africa Central BankAnnual Statistics 2015.

[3] 张环：《南非经济艰难筑底“彩虹之国”亟待再放异彩》，《金融时报》2015 年 1 月 31 日第 008 版。

[4] 秦晖：《“彩虹”的启示——新南非十九年评述（一）》，《经济观察报》2013 年 7 月 25 日。

[5] 杨玉国:《反移民反殖民反外国人一南非为何频频上演排外骚乱》,载《国际在线》,http://gb.cri.cn/42071/2015/04/17/3245s4935046.htm。

[6] 邢志凯:《论南非犹太人对种族隔离制的态度》,苏州科技学院 2014 年硕士学位论文。

[7] 张小峰、沈虹:《南非金融发展新动态与中南金融合作》,《国际观察》2015 年 3 月。

[8] 本·图罗克、李淑清:《南非非洲人国民大会经济政策的演变》,《海派经济学》2015 年第 1 期。

第61章　全球宏观金融风险研究

2015年，全球经济活动依然疲软，全球宏观金融风险上升。新兴市场和发展中经济体的增长虽然仍占全球增长的70%以上，但已经连续第五年下滑，而发达经济体继续温和复苏；中国的经济活动逐渐放缓并进行再平衡调整，从投资和制造业转向消费和服务业，加剧了对世界经济的溢出效应；全球能源和其他大宗商品价格下跌，使得新兴市场经济体市场风险居高不下；美国在经济强劲复苏的背景下逐步收紧货币政策，其他几个主要发达经济体的中央银行继续放松货币政策。金融条件收紧、资产负债表修复受阻、风险偏好下降、信用风险上升是2015年全球宏观金融风险的基本特征。

第1节　全球宏观金融风险概述

2015年，全球经济增长3.1%，相比于2014年增速下降0.3个百分点，如图61.1所示。就几个发达经济体而言，美国的总体经济活动保持强劲，这得益于依然宽松的金融条件以及不断加强的住房和劳动力市场，但美元走强将对制造业活动产生不利影响，石油价格的下跌将抑制对采矿设施和设备的投资。在欧元区，石油价格的下跌和宽松的金融条件使私人消费增强，这种有利作用将超过净出口减弱的不利影响。日本的经济增长坚实，这得益于财政支持、石油价格的下跌、宽松的金融条件以及收入的提高。其他经济体方面，就亚洲而言，中国随着经济的持续再平衡调整，经济增长放缓；尽管受到中国经济再平衡调整和全球制造业疲软的严重不利影响，印度和其他亚洲新兴经济体普遍保持了强劲增长；巴西和其他一些处于经济困境的国家面临经济衰退；中东地区石油价格的下跌继续拖累经济增长，一些国家还受到地缘政治紧张局势和国内冲突的影响。从欧洲范围看，欧洲新兴经济体继续以基本稳定的步伐增长，2016年将有所减缓，英国“脱欧”对欧洲整体经济的不利影响还将持续。俄罗斯继续对低油价和西方制裁作出调整，预计在

2016年仍将处于衰退。独联体的其他经济体受到俄罗斯衰退和地缘政治紧张局势的影响，其中一些还受到国内结构性疲软和低油价的影响。撒哈拉以南非洲多数国家的经济增长逐渐回升，但由于大宗商品价格下跌，这些国家的增长率低于过去十年水平。这主要反映了对大宗商品价格下跌以及借款成本上升的持续调整，这些因素对该地区的大型经济体（安哥拉、尼日利亚和南非）以及一些规模较小的大宗商品出口国造成了严重影响。

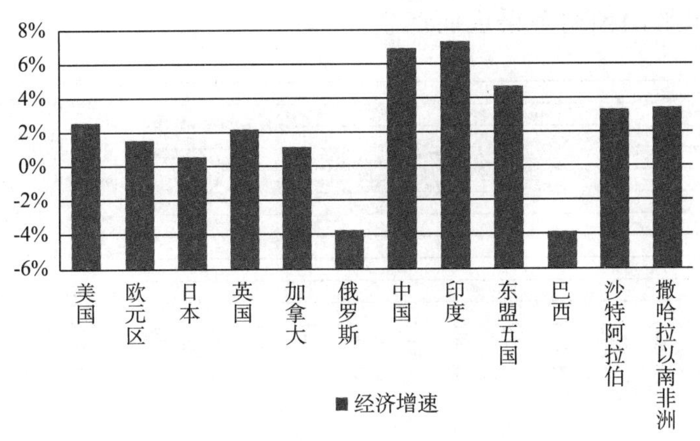

图 61.1 2015年全球各主要经济体经济增速①

就全球整体宏观金融风险而言，下行风险对于新兴市场和发展中经济体而言尤为显著，包括以下几方面：中国在朝着更平衡的增长作出必要调整的过程中，经济的减缓可能比预期幅度更大，通过贸易、大宗商品价格和信心等渠道产生更大的国际溢出效应，并对全球金融市场和汇率估值造成相应的影响；随着美国退出异常宽松的货币政策，美元可能进一步升值，全球融资条件可能收紧，这将带来不利的公司资产负债表效应和融资挑战；全球避险情绪可能突然增强，导致脆弱的新兴市场经济体出现货币进一步急剧贬值，并可能产生金融压力。在避险情绪增强、市场波动加剧的环境下，即使是在规模相对较大的新兴市场或发展中经济体中发生的特殊冲击，可能也会产生更广泛的蔓延效应；一些地区目前的地缘政治紧张局势可能升级，从而影响信心，破坏全球贸易、金融和旅游业。

对于新兴国家（EM）而言，由于发达国家为拯救债务超发了海量货币，而这些货币以热钱的形式全面流入以商品、资源和市场为价值背书的EM国家，快速地拉抬和推升了EM国家的汇率、债券、资产和全球商品价格，带

① 注：数据来源于BvD系列数据库，IMF《2016全球金融稳定报告》。下面如未作说明，数据来源均相同。

来了这些国家的严重通胀。如图 61.2 所示，2015 年，全球大宗商品价格下跌明显，2016 年上半年各大商品价格回扬。大宗商品市场有两方面的风险。从下行风险看，大宗商品价格的进一步下跌会削弱已经相当脆弱的大宗商品生产国的经济，并且，能源部门债务收益率的上升可能导致更广泛的信贷条件收紧。从上行风险看，石油价格近期下跌对石油进口国需求产生的促进作用可能大于目前的预期，这种促进作用可能通过消费者对油价将在更长时间内处于更低水平的预期等渠道而产生。

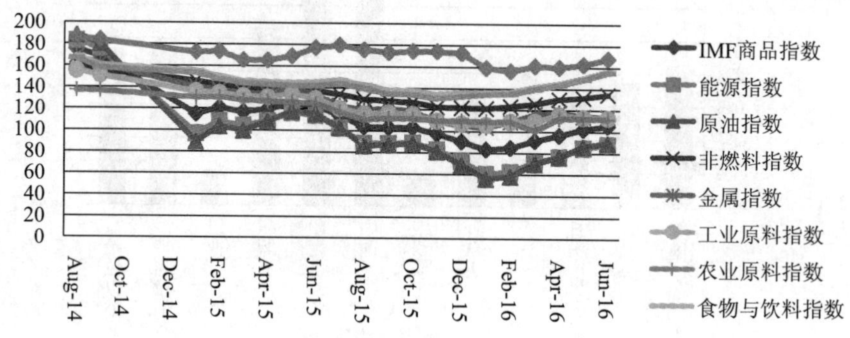

图 61.2　2014—2016 年 IMF 全球商品指数

第 2 节　文献综述

关于全球宏观金融风险的研究文献并不多，诸多世界性的金融机构和国际会议对全球的风险进行了研究。IMF（2016）《全球经济展望》认为 2015 年下行风险严峻，世界贸易增速下降、石油价格下跌影响明显，必须谨防长期萧条的风险。IMF（2016）的《全球金融稳定报告》指出新兴市场经济体的金融溢出效应日益显著，新兴市场的冲击给发达经济体和新兴市场经济体的股票价格和汇率带来的溢出效应也明显上升，如今这些国家的资产价格波动中有 1/3 以上来源于上述溢出效应。在发达经济体，寿险公司对系统性风险的影响近年来有所增加，主要原因是对总体风险的共同暴露程度提高，而这在一定程度是由于保险公司的利率敏感度上升。因此，一旦发生不利冲击，在其他金融机构都无法有效发挥金融中介作用时，保险公司也不太可能发挥这种作用。

第 3 节　全球公共部门风险分析

一、中央银行资产负债表分析

（一）中央政府债务风险

从总规模来看，全球债务总规模从 2007 年的 142 万亿美元增长至 2014 年的 199 万亿美元，增长了 40%，而同期 GDP（不变价）仅增长了 7.25 万亿美元，GDP 有效增量仅为债务增量的 12.7%。2007—2014 年间全球以债务与 GDP 比率衡量的总杠杆率增加 17 个百分点，达到 286%，如图 61.3 所示，也就是说，2007 年次贷危机引起的债务问题在此过程中不仅没有得到修正与回归，反而变本加厉。综上所述，全球企图通过债务扩张引导经济复苏的方式接近失败。

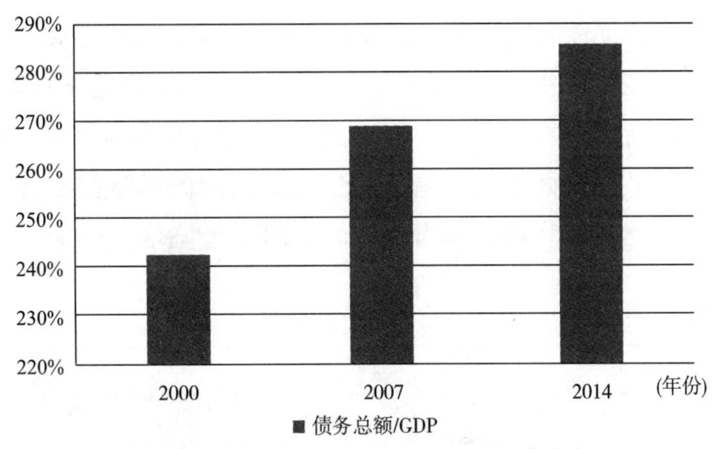

图 61.3　2000—2014 年全球债务杠杆率

2010—2015 年美国的中央政府债务占 GDP 比重呈逐年递增态势，如图 61.4 所示，2015 年债务规模 18.9 万亿，较 2008 年 10.61 万亿上涨了 78%，美国政府总债务占 GDP 的比重已经超过 100%，更加不可忽略的数据来自美联储的资产负债表，经过多次 QE 政策，2015 年年底美联储资产负债表总规模已经达到创纪录的 4.5 万亿美元，是危机前（不足 0.9 万亿）的 5 倍多。与债务扩张形成鲜明对比的是美国经济增长的疲弱，过去七年间美国 GDP 增量仅为 1.09 万亿，较 2008 年增长了 7.3%。从欧元区来看，主权债务危机严重，欧洲以 QE 保全了欧盟的完整，通过央行的负债挽救了欧盟国家破产，从主权债务杠杆率来看，欧洲主权债务的风险敞口依然高位，截至 2015

年年底，欧元区和欧盟成员国政府债务比例（即债务总额在国内生产总值所占比例）分别为92.2%和87.8%，其中希腊、意大利、葡萄牙依然维持在167.8%、136%和128.7%的超高位。虽然欧元区已经实施了严格的财政收缩政策，但是与债务快速膨胀相比，这一指标仍远高于60%警戒线。德国由于债务危机前经济基础较好，实体经济实力强大，财政政策较为稳健，在危机后，德国政府积极采取措施，同时加大公共投资，2015年，德国公共债务占比进一步下降。亚太地区国家中，日本、印度、印度尼西亚的公共债务占GDP比重较高，日本公共债务问题严重。2015年年末日本国债规模超过274万亿日元，增长了29%，与此同时，央行资产负债表增长了250%，达到历史最高的278万亿日元，其中基础货币M1增加了150万亿。而同期GDP（不变价）仅增加了2.41万亿日元（增长0.46%），目前日本政府的债务余额占GDP的比重接近180%，高居发达国家首位。伴随老龄化问题日益加剧，日本政府为填补不断增加的社保费而接连发行国债，而持续的QE政策加剧了债务扩张。基础货币超发和汇率贬值导致了日本股市的疯涨。数字显示，日元汇率（美元兑日元）从2012年初的76.30一路贬值到2015年7月124.22，贬值幅度高达62.80%；同期日经225指数从8616.71飙升至20403.84，涨幅高达136.79%。韩国与澳大利亚的公共债务占GDP的比重较小，总体保持平稳略微增加的趋势，公共部门债务风险控制能力较好。新兴市场国家，以土耳其和俄罗斯为例，由于国家经济增速的加快，主权债务问题得到缓解。

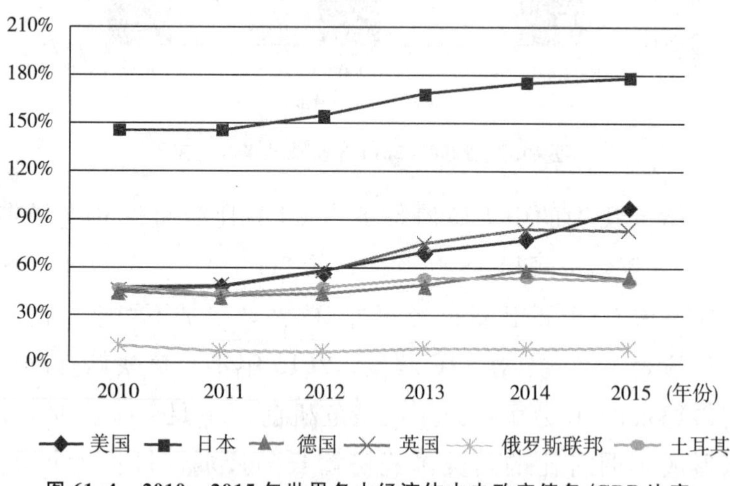

图61.4　2010—2015年世界各大经济体中央政府债务/GDP比率

二、国家储备分析

1997年亚洲金融危机之后，大多数EM国家都从固定汇率制度转为浮动汇率制度，与资本自由流动相对应。如图61.5所示，从国家主体来看，国际资本在新兴市场国家的流动加剧，几乎所有资源型国家都出现了汇率大幅波动、经济增速下滑、资产价格巨震、储备流失等现象，印度、南非、土耳其和俄罗斯等新兴经济体等储备资产下降明显。与之对应的是，日本等发达经济体储备资产大幅增加，其中日本的储备资产规模最大，截至2015年12月，日本外汇储备达到12070亿美元。自从2008年全球金融危机发生以来，日本长期处于贸易顺差的地位，同时美国实行量化宽松的政策，使得日本每年的外汇储备逐年增加，在2011年达到12581亿美元，达到较高水平。

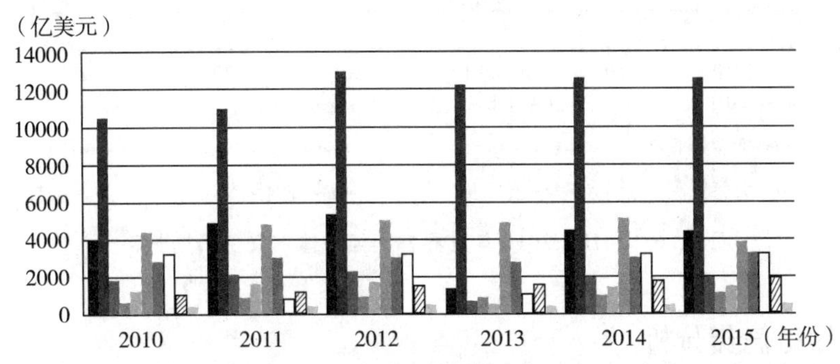

图61.5 2010—2015年世界各大经济体国家总储备①

第4节 全球金融部门风险分析

一、货币政策分析

2015年全球四大央行的货币政策开始“分道扬镳”。美联储时隔十年首次启动加息周期，这不仅有工资上涨等原因，还有避免“监管监管者”的大选年的政治考量，2015年的广义货币增速下滑明显。其他大国央行预计仍在宽松周期。欧洲央行的QE计划预计将持续至2017年，购债力度较大。日本

① 总储备包括持有的货币黄金、特别提款权、IMF持有的IMF成员国的储备以及在货币当局控制下的外汇资产。这些储备中的黄金成分的价值是根据伦敦年底（12月31日）价格确定的。数据按现价美元计。

央行加大买债力度和债券年期，实施了QQE政策。中国人民银行在利率、存款准备金率和汇率上三箭齐发，政策中心在定向宽松上。相比危机期时的货币政策同步共振，2015年的政策方向更分歧，政策透明度下降，市场更动荡。由图61.6可以看出，除美国、英国等少数国家外，世界各主要经济体的广义货币增长率均有所增加，各国央行均采取了宽松的货币政策刺激经济，货币投放加快。

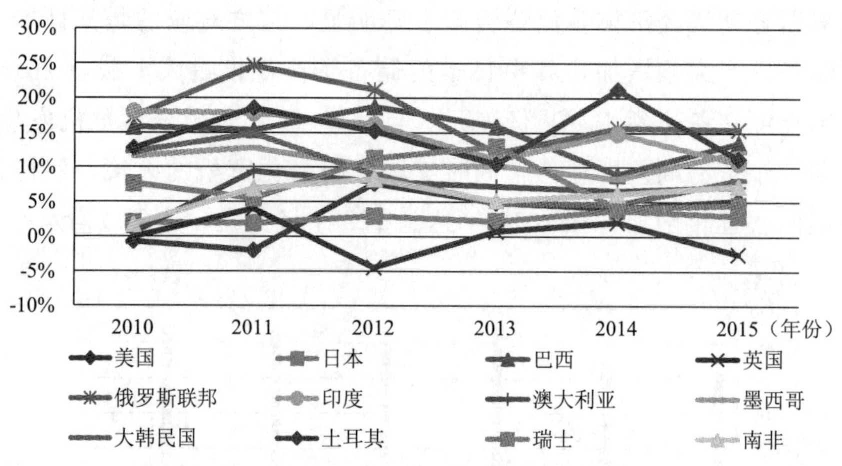

图61.6 2010—2015年世界各大经济体广义货币增长率

二、银行信贷分析

2015年以来，全球金融市场波动剧烈。银行业作为全球经济发展所需资金流动性的提供者，其发展战略与经营水平的变化，对金融市场或整个经济体系的正常运行有直接的影响。从2015年年初开始，随着美联储加息预期的不断升温，全球流动性呈现出整体收紧的态势，银行业的流动性风险也有所上升。相较而言，发达国家如美国、英国的银行业，在实施一系列严厉有效的监管举措后，资本实力普遍增强，银业内的系统性风险也得到了缓解。2012年以来，随着信贷收紧的影响，美国银行业不良信贷比率持续下降，如图61.7所示。受经济回暖、地产复苏等影响，2015年美国银行业近期出现贷款激增现象，美国银行业的巨额抵押贷款业务正在持续膨胀，与此同时，信贷违约的风险也在积累，未来美国银行业必须防范银行信贷风险。在欧元区，瑞郎危机、欧元区量化宽松政策、希腊债务危机、石油价格屡创新低等事件，既加剧了短期波动性，又深层激化了欧元区金融市场的长期风险。对于欧元区银行业来说，宏观经济增长的不确定性直接影响了金融市场的稳定性，银行业所面临的经营风险及压力依旧不容乐观，图61.7就显示出法国、意大利的银行不良贷款率 2015 年出现上升的趋势，其中意大利银行业不良贷款率上升明显，银行业流动性风险和信用风险凸显。2015 年，新兴经济体银行资产质量问题开始逐步暴露，新兴经济体银行业的系统性风险正在上升。经济高增长和刺激政策是银行风险的根源。由于经济的高速增长和直接融资市场的有限体量，新兴经济体多数存在经济“过度银行化”的特征，特别是储蓄率较高的亚洲，表现为银行资产负债表快速膨胀、信贷占 GDP 比率较高等。在内部风险管理薄弱的背景下，新兴经济体银行资产规模的扩大通常会伴随不良资产比率的升高。亚洲金融危机之后，亚洲国家银行体系曾经历了艰难的“排毒”过程。然而，2008 年金融危机以来，在政府宽松经济政策刺激下，部分国家的银行信贷再次急剧膨胀。巴西、印度、印尼、韩国等在高峰时也保持着年均 30％的增长速度。一方面，外部需求减弱、内部改革举步维艰，导致企业效益下滑；另一方面，央行为抑制高通胀、回收危机期间的流动性，采取了连续加息手段，进一步加速了不良贷款的形成。巴西、印度、韩国银行业的不良贷款率都有小幅上升。

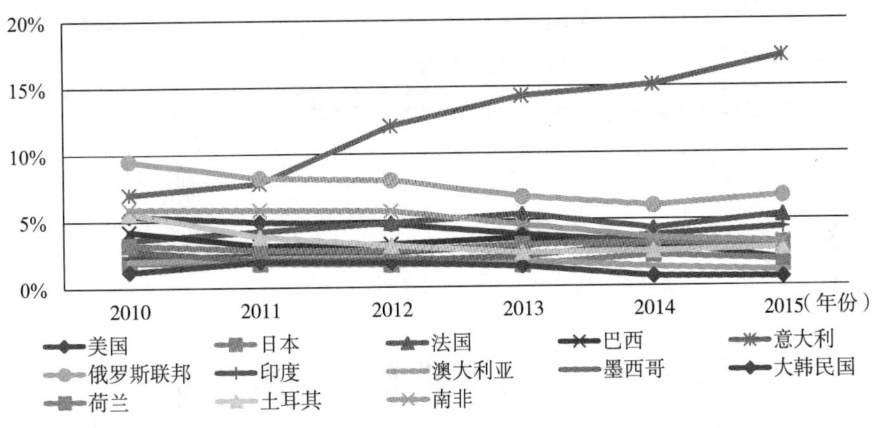

图 61.7　2010—2015 年世界各大经济体银行不良贷款率

三、证券市场分析

2015 年以来，全球证券市场整体呈震荡上升走势，其中道琼斯工业指数在 2016 年 7 月突破历史新高，于 2016 年 7 月 20 日创下 18622.01 的历史新高点。如图 61.8 所示。数据显示，在全球 73 个股票市场指数中，2015 年以来有 39 个指数获得了正涨幅，占比达到 53.42％，有 16 个市场指数涨幅超过 10％、7 个市场指数涨幅超过 15％，阿根廷 MERV、圣保罗 IBOVESPA 指数和俄罗斯 RTS 指数 2015 年涨幅均超过 20％，分别达到 34.46％、31.15％和 21.75％。截至 2016 年 7 月，有 64 个市场指数获得了正收益，占比达到87.67%，有28个市场涨幅超过5%，还有开罗CASE30、纳斯达克生物技术、圣保罗IBOVESPA指数、卢森堡LUXX和AMEXBTK制药指数涨幅均超过10%，分别达到14%、11.47%、10.34%、10.18%和10.13%。亚洲地区的台湾加权指数2016年7月以来涨势不俗、刷新年内新高，7月合计上涨了4.73%，年内涨幅达到8.86%，恒生指数7月更上涨6.64%、创下年内新高，全年涨幅达到6.64%。美联储、日本、欧元区等主要经济体的持续量化宽松政策导致资本流向新兴经济体的资本市场，美国、日本等发达经济体经济的复苏是全球股市上涨的重要原因。

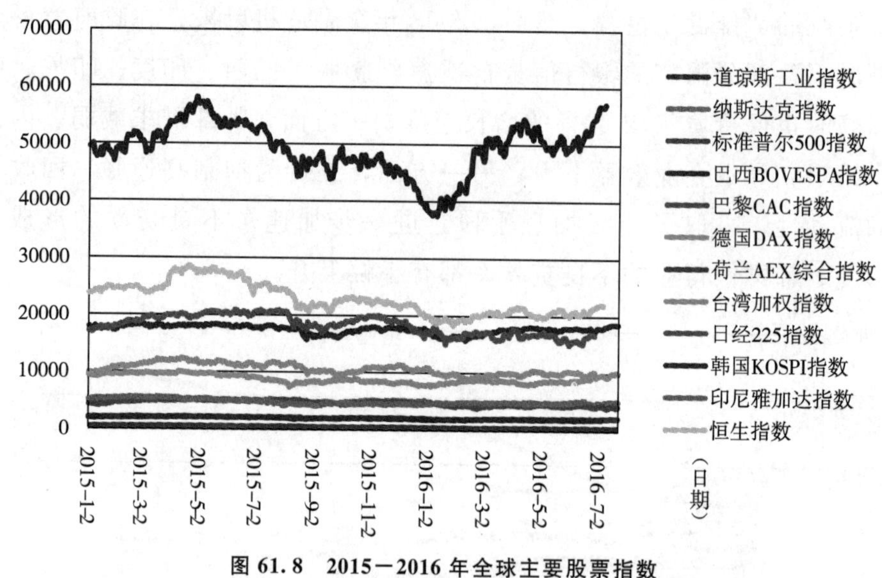

图61.8　2015—2016年全球主要股票指数

第5节　全球企业部门风险分析

一、资本结构分析

2015年，全球经济下行压力渐大，企业债券违约如影随形，这在诸如钢铁、能源类的传统行业尤为明显。2016年上半年，全球企业债券违约数量超过100起，同比增长50%，为金融危机以来最高增长水平。穆迪预计2016年全球投机级债券违约率将攀升至4.9%。

就欧洲地区而言，如图61.9所示，2009—2013年欧洲地区资产负债率呈整体下降趋势，欧洲信贷趋紧是企业资本结构优化的主要原因。随着欧洲宽松货币政策的执行，企业去杠杆化进程加快，尽管英国脱欧导致金融市场剧烈波动，但是在脱欧后，资本市场流动性充足，预计不会导致企业违约率急剧攀升。尽管欧洲企业的资产负债率高达 90%，但是流动性资金充足，资产负债率下降趋势明显，违约风险有下降的迹象。

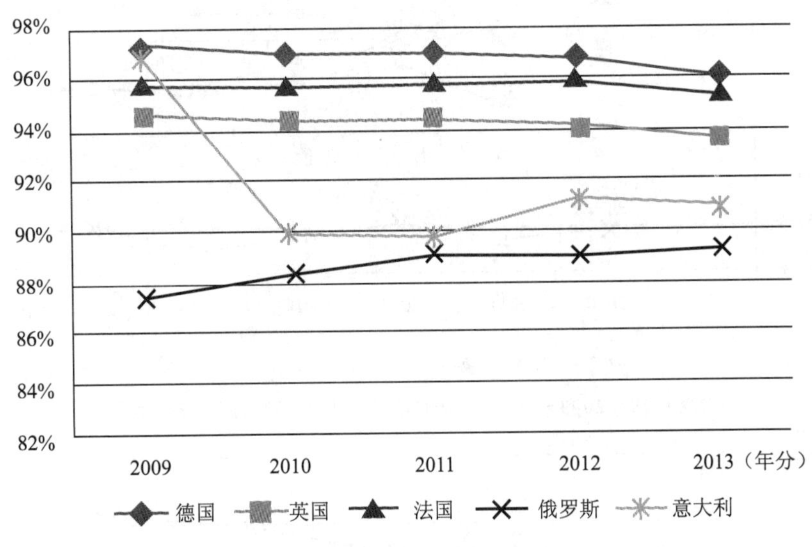

图 61.9 2009—2013 年欧洲地区企业部门账面资产负债率①

在亚洲，未获评级（因而风险更高）的企业发行债券的比例也在不断上升，在当前经济增长放缓、信贷供应收紧的环境下，随着亚洲银行更加惜贷，亚洲企业的高杠杆使其面临着较为严峻的偿付风险。汇丰银行（HSBC）估计，亚洲各地企业债券的规模已达到银行对企业贷款的 1/3，约 80%的亚洲企业债券以本币计价，但美元债券的份额正在快速上升。随着美元利率上升和一度宽松的流动性开始蒸发，亚洲企业偿还债务的难度将变大。此外，亚洲各地经济走弱、劳动力成本上升和国内竞争加剧等因素开始侵蚀亚洲企业的利润。如图 61.10 所示，在印度、印尼、马来西亚、泰国和韩国等亚洲新兴经济体，企业债务占总债务的比例最高，超过 60%；日本由于信贷政策的放松，企业资产负债率也居高不下。

目前全球企业债券违约事件集中出现在美国，2016 年第二季度出现 33 例，其中包括墨西哥湾钻井承包商赫拉克勒斯海上开采公司（Hercules Offshore）、三角洲石油公司（Triangle Petroleum Corp）等；此外，巴西电信巨头 OiSA 6 月申请破产，评级债券规模为 100 亿美元，创下拉美最大违约案例。由图 61.11 可以看出，2015 年，美洲地区企业账面资产负债率普

① 2014 年、2015 年数据暂缺，后同。

遍上升，全球大宗商品价格下跌压榨企业利润是导致美洲企业违约率上升的主要原因。

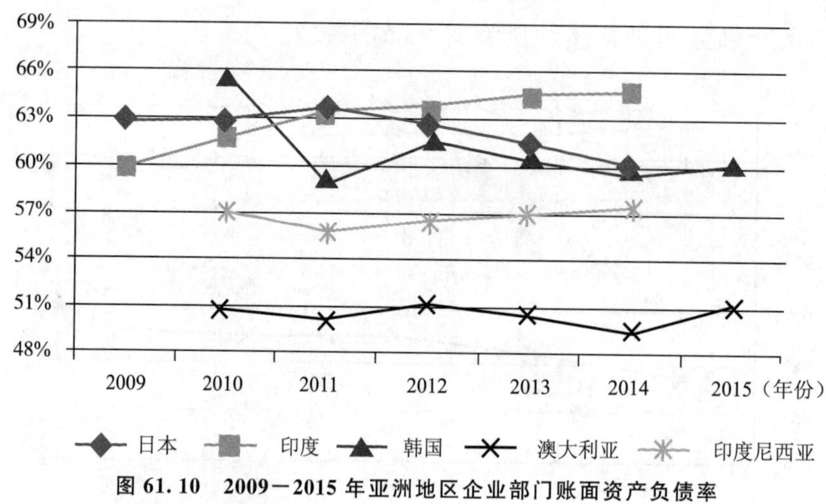

图 61.10　2009—2015 年亚洲地区企业部门账面资产负债率

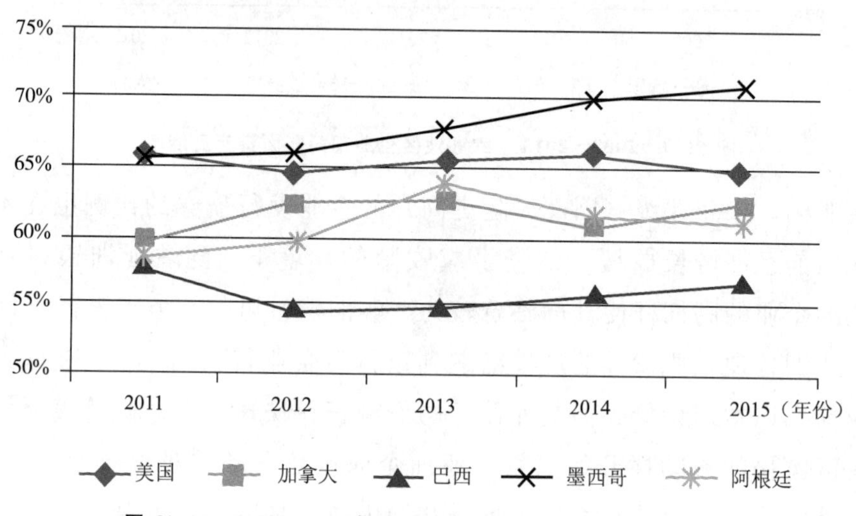

图 61.11　2009—2015 年美洲地区企业部门账面资产负债率

二、或有权益资产负债表分析

从或有资产负债率看，欧洲地区的或有资产负债率低于账面值，实际资本结构优于账面水平，违约风险被高估。随着欧洲企业去杠杆化进程的加快，预计这一数字有进一步降低的可能。如图 61.12 所示。

亚洲地区中，印度的或有资产负债率高于账面水平，企业负债风险十分严重，粗放的经济增长方式和经济下行风险的传染可能导致印度的企业举步维艰。如图 61.13 所示。

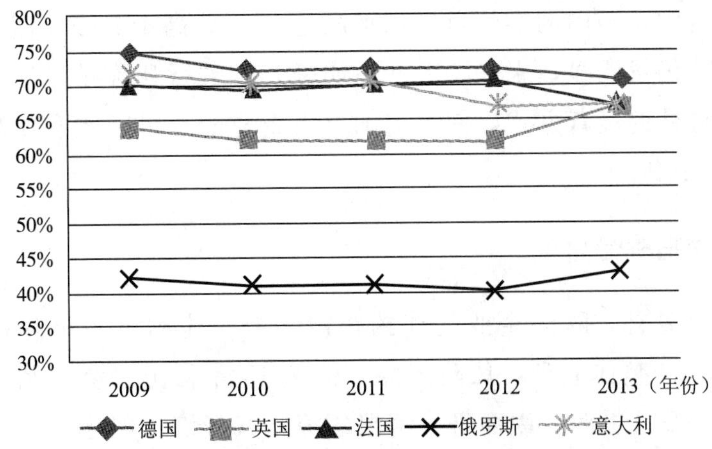

图 61.12　2009—2013 年欧洲地区企业部门或有资产负债率

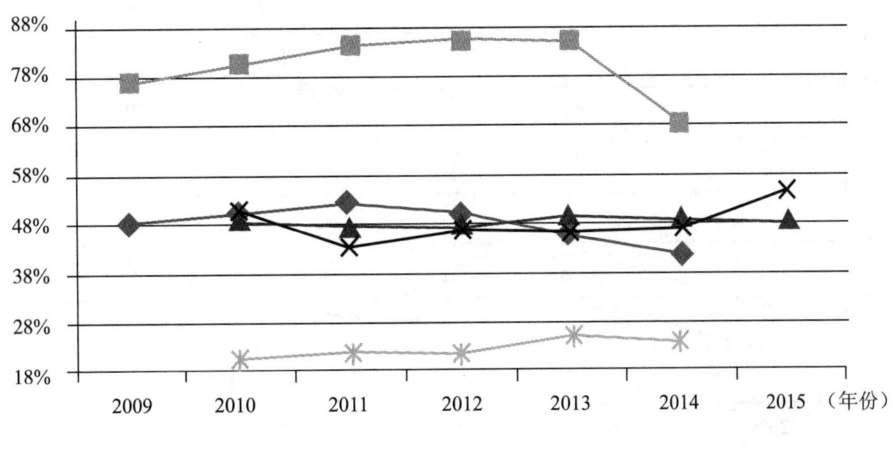

图 61.13　2009—2015 年亚洲地区企业部门或有资产负债率

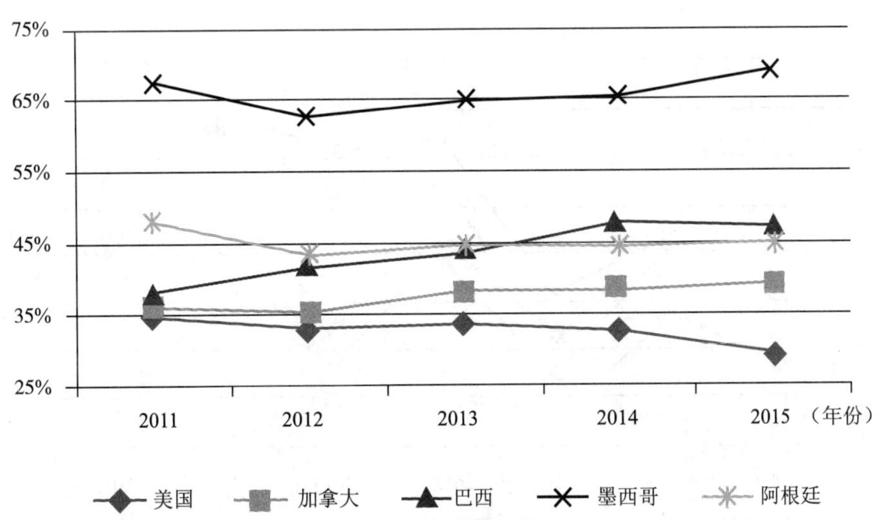

图 61.14　2009—2015 年美洲地区企业部门或有资产负债率

美洲地区中，美国的实际负债水平高达70%，高于其账面值。全球大宗商品价格震荡仍然明显，未来走势并不明晰，钢铁行业萧条，美国工业企业的困境和高杠杆的经营方式，使得美国上市企业的偿付问题有愈演愈烈的趋势。如图61.14所示。

三、风险指标分析

从违约距离看，欧洲企业的违约距离上升，违约风险下降；亚洲地区2014年违约距离整体上升，风险下降，但2015年韩国和澳大利亚违约距离下降，风险上升；巴西、墨西哥、阿根廷等新兴经济体的上市企业部门违约距离下降，企业违约风险上升。如图61.15、图61.16、图61.17所示。

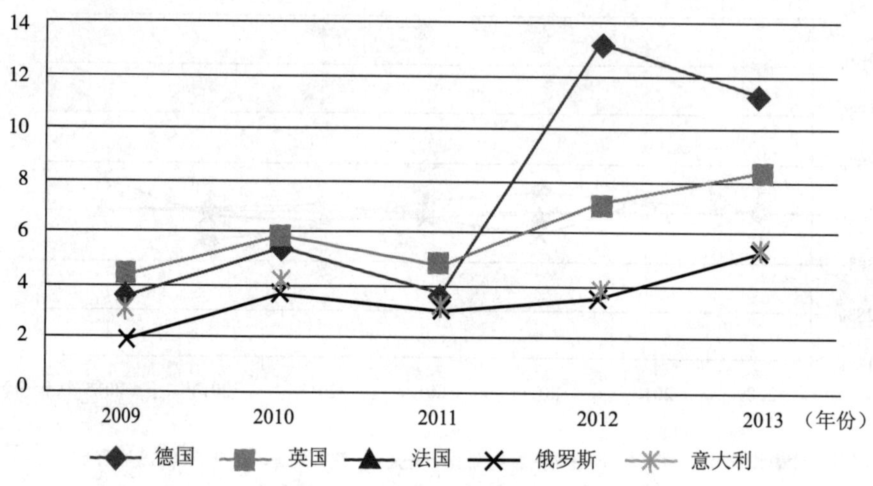

图61.15 2009—2013年欧洲地区企业部门违约距离

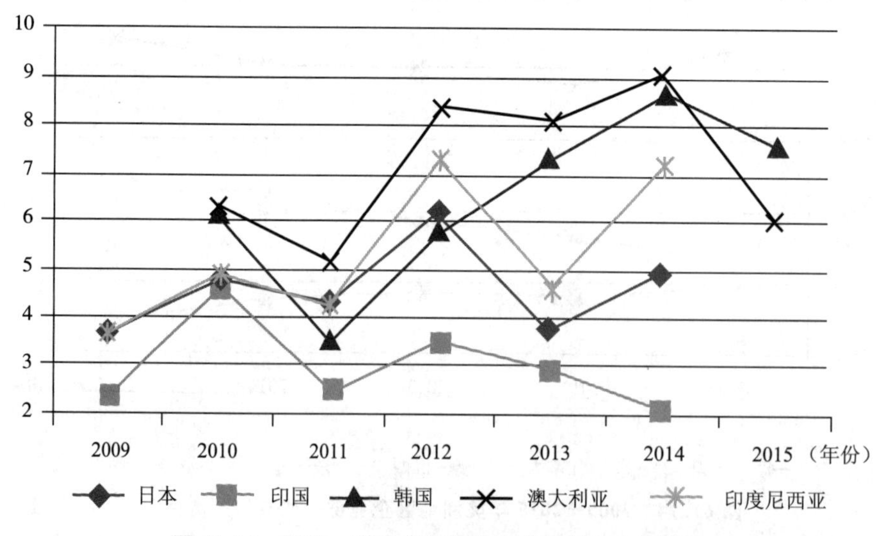

图61.16 2009—2015年亚洲地区企业部门违约距离

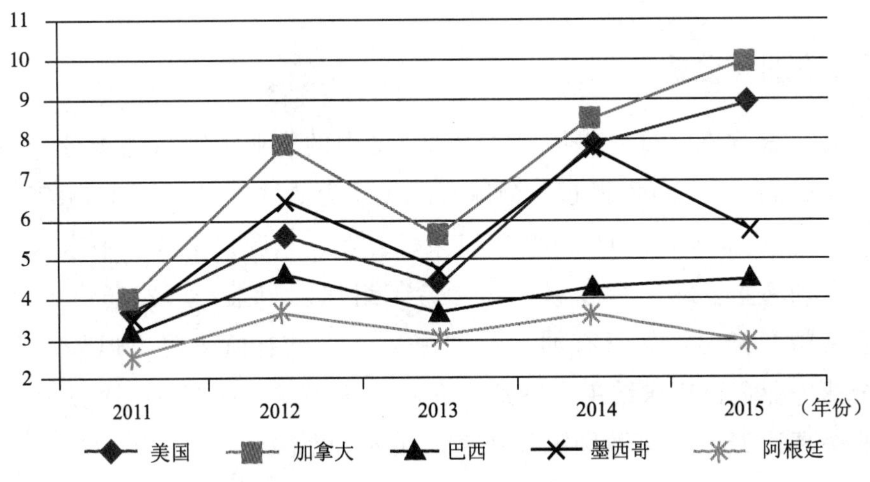

图 61.17　2009—2015 年美洲地区企业部门违约距离

第 6 节　全球家户部门风险分析

一、家庭消费分析

2011—2014 年，世界经济缓慢复苏，受全球资本流动影响，发展中国家居民收入上升，家庭消费增速较快；但是欧债危机以来，意大利、法国、德国等欧洲国家的私人消费呈低速甚至负增长状态，如图 61.18 所示。总体来看，新兴经济体的私人消费受经济增速和收入上升的影响，家庭消费普遍上升，欧洲、美国等发达国家的私人消费增速缓慢。2016 年，全球经济下行风

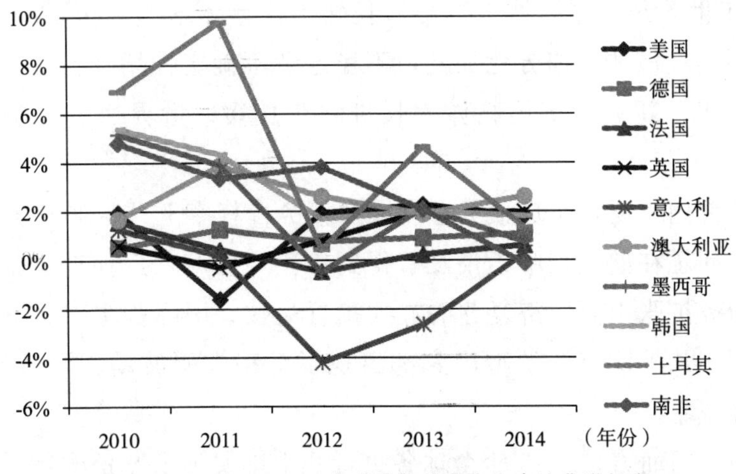

图 61.18　2009—2014 年世界部分国家家庭消费增长率

险严峻，私人消费面临着萎缩的风险。

二、失业率分析

尽管金融危机已过去6年，但全球范围内的就业形势依然十分严峻，失业率普遍较高。自2008年起，全球有6.1千万人失去工作。2014年，全球约有2.01亿失业人口。自2009年以来，北美、东欧、南亚、中东地区的社会运动愈加频繁。2016年1月，国际劳工组织发布报告《2016年世界就业和社会展望》指出，尽管有的发达国家失业率已有所下降，但最新分析显示，全球失业危机仍未结束，特别是在新兴经济体。如图61.19所示，印度的失业率高达15%，多数国家失业率都在8%以上。

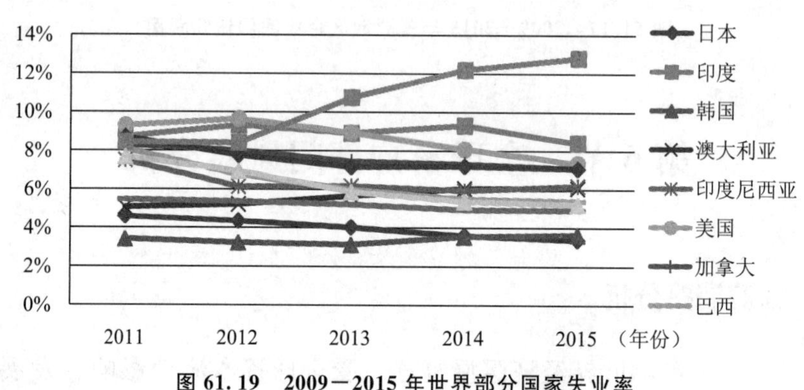

图61.19　2009—2015年世界部分国家失业率

第7节　结论及对中国的借鉴

2015年世界经济继续处于缓慢增长轨道，整体增速降至2010年以来最低水平，不同经济体增速分化加剧，不稳定和不确定性增加。发达国家整体经济有所改善；新兴经济体整体增长进一步放缓；世界经济面临着低增长困境。

就公共部门来说，全球债务总规模和债务杠杆率上升，2007年次贷危机引起的债务问题在此过程中不仅没有得到修正与回归，反而变本加厉，全球企图通过债务扩张引导经济复苏的方式接近失败；国际资本在新兴市场国家的流动加剧，几乎所有资源型国家都出现了汇率大幅波动、资产价格巨震、储备流失等现象。

就金融部门而言，2015年全球各央行几乎都实施了宽松的货币政策，美国的广义货币增速下滑明显，欧洲央行购债力度较大；日本央行加大买债力度和债券年期，实施了QQE政策；随着美联储加息预期的不断升温，全球流动性呈现出整体收紧的态势，银行业的流动性风险也有所上升；随着信贷收紧的影响，美国银行业不良信贷比率持续下降；欧元区银行业所面临的经营风险及压力依旧不容乐观，银行业流动性风险和信用风险凸显；新兴经济体银行资产质量问题开始逐步暴露，新兴经济体银行业的系统性风险正在上升。美联储、日本、欧元区等主要经济体的持续量化宽松政策导致资本流向新兴经济体的资本市场，美国、日本等发达经济体经济复苏，全球股市上涨。

就企业部门而言，2015年，全球经济下行压力渐大，企业债券违约如影随形，这在诸如钢铁、能源类的传统行业尤为明显；欧洲地区流动性资金充足，资产负债率下降趋势明显，违约风险有下降的良好迹象；亚洲地区，各地经济走弱、劳动力成本上升和国内竞争加剧等因素开始侵蚀亚洲企业的利润，银行惜贷加剧了这一现象。全球大宗商品价格下跌压榨企业利润导致美洲企业违约率上升，多起债券违约事件使得美洲地区成为企业部门违约风险最严重的地区。

家户部门中，新兴经济体的私人消费受经济增速和收入上升的影响，家庭消费普遍上升，欧洲、美国等发达经济体的私人消费增速缓慢。全球范围内的就业形势依然十分严峻，失业率普遍较高。

2015年，中国GDP增速在6.9%，经济增速从“9时代”下滑到7%以下，越来越面临着经济下行的风险。依靠投资、劳动力的经济增长模式难以为继，人们的消费结构发生了变化，中国必须加强结构性改革，在适度扩大总需求的同时，提高供给体系质量和效率。要通过以改革促进创新、提高生产效率和提高产品市场竞争力的方式来促进经济增长，而不是再靠刺激政策提升总需求的套路来促进经济增长。

参考文献

[1] IMF:《世界经济展望》，2016年4月。

[2] IMF:《世界金融稳定报告》，2016年4月。

图书在版编目（CIP）数据

2016 中国与全球金融风险报告 / 叶永刚等著．—北京：人民出版社，2016. 12
ISBN 978 - 7 - 01 - 017196 - 8

Ⅰ.①2… Ⅱ.①叶… Ⅲ.①金融风险防范—研究报告—中国—2016②金融风险防范—研究报告—世界—2016 Ⅳ.①F832 ②F831

中国版本图书馆 CIP 数据核字（2016）第 306256 号

2016 中国与全球金融风险报告

2016 ZHONGGUO YU QUANQIU JINRONG FENGXIAN BAOGAO

叶永刚 宋凌峰 张 培 等 著

责任编辑 巴能强 车金凤 王 霞 张肖旸
出版发行 人 民 出 版 社
地　　址 北京市东城区隆福寺街 99 号
邮　　编 100706
网　　址 http：//www. peoplepress. net
经　　销 新华书店
印　　刷 环球东方（北京）印务有限公司
版　　次 2016 年 12 月第 1 版 2016 年 12 月北京第 1 次印刷
开　　本 787 毫米×1092 毫米 1/16
印　　张 57. 5
字　　数 1000 千字
书　　号 ISBN 978 - 7 - 01 - 017196 - 8
定　　价 148. 00 元